中国镇江

长江运河相约的地方

城市数字（2008）ChengShi ShuZi

人口：268.77 万人
土地面积：3847 平方公里
建成区土地面积：141.45 平方公里
长江境内岸线长：259 公里，其中深水岸线 85 公里
京杭大运河境内长：42.6 公里
地区生产总值：1408.14 亿元
人均地区生产总值：46473 元
财政收入：233.20 亿元
社会消费品零售总额：410.21 亿元
合同利用外资：23.34 亿美元
实际利用外资：12.02 亿美元
自营进出口总额：74.61 亿美元，其中自营出口 42.52 亿美元
港口货物吞吐量：10055 万吨
在岗职工年平均工资：30958 元
农民人均纯收入：8703 元

风景名胜 FengJing MingSheng

全国重点文物保护单位：焦山碑林、丹阳南朝陵墓石刻、镇江英国领事馆旧址、昭关石塔
全国重点寺庙道观：金山江天禅寺、焦山定慧寺、宝华山隆昌寺、茅山道院
国家重点风景名胜区：“三山”风景名胜区（金山、焦山、北固山）
国家 AAAA 级旅游风景区：金山公园、茅山风景名胜区、焦山公园、宝华山国家森林公园、镇江博物馆、南山风景名胜区
国家森林公园：南山国家森林公园、宝华山国家森林公园
国家重点公园：金山公园
省级风景名胜区：南山风景名胜区、茅山风景名胜区
省级自然保护区：宝华山自然保护区、长江豚类自然保护区

图书在版编目(CIP)数据

镇江年鉴.2009/镇江市史志办公室编. —北京:方志出版社,2009.9
ISBN 978-7-80238-565-8

Ⅰ.镇…　Ⅱ.镇…　Ⅲ.镇江市-2009-年鉴　Ⅳ.Z525.33

中国版本图书馆CIP数据核字(2009)第132744号

镇江年鉴(2009)

编　　者:镇江市史志办公室
责任编辑:陈　颖
出 版 者:方志出版社
(北京市建国门内大街5号中国社会科学院科研大楼12层)
邮编　100732
网址　http://www.fzph.org
发　　行:方志出版社发行部
(010)85195814 85196281
经　　销:新华书店总店北京发行所
法律顾问:北京市大禹律师事务所
印　　刷:南京凯德印刷有限公司
开　　本:889×1194　1/16
印　　张:24.5
字　　数:1228千
版　　次:2009年9月第1版 2009年9月第1次印刷
印　　数:0001-2800册

ISBN 978-7-80238-565-8/K·249　　定价:200.00元

《镇江年鉴》主审

许津荣　刘捍东

《镇江年鉴》编审人员

主　　编　孙晓南　胡　振
副 主 编　杨国祥　傅雪元　刘爱玲　孙爱军　陈恒明
编辑部主任　杨正宏
编　　辑　（以下按姓名笔画排序）
丁秋波　毛向阳　孙燕宾　杨正宏　姚丽华
翁红霞　缪　丹　戴　芸
特约编辑
王　涛　王　磊　王金涛　付久成　冯　杨
冯鸿鸣　石铁流　刘　松　吕联泰　朱　彤
朱利荣　吴　琼　李小亮　李世华　杜晓镇
束国玉　沈忠华　范　涛　赵传华　倪克强
贾泽栋　梅贵根　曾文兵　蒋依民　褚和平
辖市（区）编辑
丁　阁　尹宏蔚　陈　瑜　殷　红　殷　明
谢竞美　蔡德才
英文翻译　刘爱玲
彩页设计　盟艺广告

《镇江年鉴》撰稿单位审稿人名单

（按姓名笔画排序）

马　进　马鹤利　尤　廉　尹连荣　戈　矛　王　欣　王　琴　王建宏　王俊秋　王厚明
王咸平　王根生　王桂宏　王海波　王梅芳　王联东　王曙明　史国平　叶有伟　田先华
乔文兵　任一鸣　任振棣　刘贤忠　刘晓东　刘晓波　刘海东　吕联泰　孙　彤　孙　杰
孙中良　孙志安　孙志辉　孙德举　庄　钧　庄义庆　朱士富　朱小坤　朱绮云　毕延中
江凇宁　许宝庆　邬书棋　严竹波　冷青松　冷剑桦　吴　强　吴林宝　吴春明　宋成玺
宋晓霞　宋勤华　宋儒卿　张　龙　张　明　张　健　张久成　张士成　张仁海　张双贵
张水娟　张永志　张国云　张宗政　张忠波　时秋香　李少华　李江苏　李国平　李剑峰
李柏暇　材卫平　杜晓镇　杨　斌　杨宁国　杨家丰　沈　红　沈红亮　肖军荣　苏启善
邹荣清　陆廷秀　陆应祥　陈　凯　陈　晨　陈凤翔　陈发荣　陈可可　陈志兰　陈建云
陈林海　陈泰龙　陈莹莹　周　文　周　社　周万宝　周国年　周国建　周祝全　周胜贤
宗加伟　尚亚波　屈振国　经颜明　范广庭　金汉甫　金国使　金晓萍　金彩曦　祝瑞洪
祝瑞银　胡云霞　胡龙海　赵兴根　赵庆荣　赵伯廷　赵晓春　赵斯勤　夏新平　徐恒功
徐晓元　徐海亮　徐跃明　殷国兴　殷金胜　袁　平　郭东歌　郭必东　郭瑞龙　钱五龙
钱伯安　钱忠文　陶建明　顾伟刚　顾宜方　顾雄林　高　明　高宝旺　康　勇　戚亚新
章纯钢　黄　毅　黄万荣　傅太生　焦国平　葛建强　蒋　宁　蒋伟亮　蒋建新　韩建玲
裔玉乾　褚和平　管鹤楼　缪纪银　蔡　萍　蔡小海　蔡晓伟　潘文瑜　潘早云　潘国建
霍爱平　戴江澄　戴非平

编辑说明

《镇江年鉴》是镇江市人民政府主办、镇江市史志办公室编撰的大型综合年鉴，创刊于 1992 年，每年一卷，旨在逐年记载镇江市经济和社会发展的基本情况，为社会各界认识镇江、研究镇江、发展镇江提供基本资料。

《镇江年鉴（2009）》记载 2008 年全市经济、社会等方面的基本面貌、发展状况和各行各业取得的新进展、新成就、新经验，出现的新矛盾、新问题以及新探索。《镇江年鉴（2009）》对框架结构进行了适当调整，以体现地方特色、年度特色。全书新设改革开放 30 年大事记、“5·12”汶川地震大救援、为民办实事、农村“三百”行动、“大爱镇江”主题活动、西津渡历史文化街区建设、2008 中国镇江金山旅游文化节、全球规划师联盟大会、历史文化名城研究与建设、纪念赛珍珠获诺贝尔文学奖 70 周年暨镇江市国际友好交流大会等内容。彩色画页继续设立《城市名片》，介绍城市特点和重要荣誉。为增强年鉴实用性，在相关部类安排重点企事业单位、科研机构、科研成果、大专院校等“点”上的信息，刊登最新版《镇江市政区图》《镇江市城区图》，继续选登有资料价值、史料价值的图表。

全书分类目、分目和条目 3 个层次，共设 40 个类目、216 个分目、近2000个条目(图表)。部分分目下设立次分目，其标题前后加·表示。条目为记述实体，其标题用黑体字加【 】表示。《大事记》中△表示“同日”。全书所用稿件由市各部门、单位，各辖市（区）专人撰写，并经过各单位领导审阅，事实与数据均经过反复核对。统计数据均使用法定计量单位，为保持文献原貌，《特载》所刊报告中数据的量与单位均不作变动。对有些重要资料的记载在时限上适当放宽，以提高资料使用的时效性。地图经市国土资源局、地名管理办公室等单位审核，并由镇江市测绘管理办公室监制。

全书配有双重检索方法：卷首设中、英文目录，卷末设主题分析索引，并辅之以全书条目参见系统。为行文简洁，对主要机构（单位）名称采用习惯性简称，并在目录前配有《〈镇江年鉴〉主要机构（单位）简称全称对照表》，全书所有信息资料可通过目录、索引、条目参见系统以及书眉等查寻。2000 年起，《镇江年鉴》进入互联网（http：//nj.zhenjiang.net.cn）；2006 年起附电子版光盘，以方便读者使用。

镇江市政区图

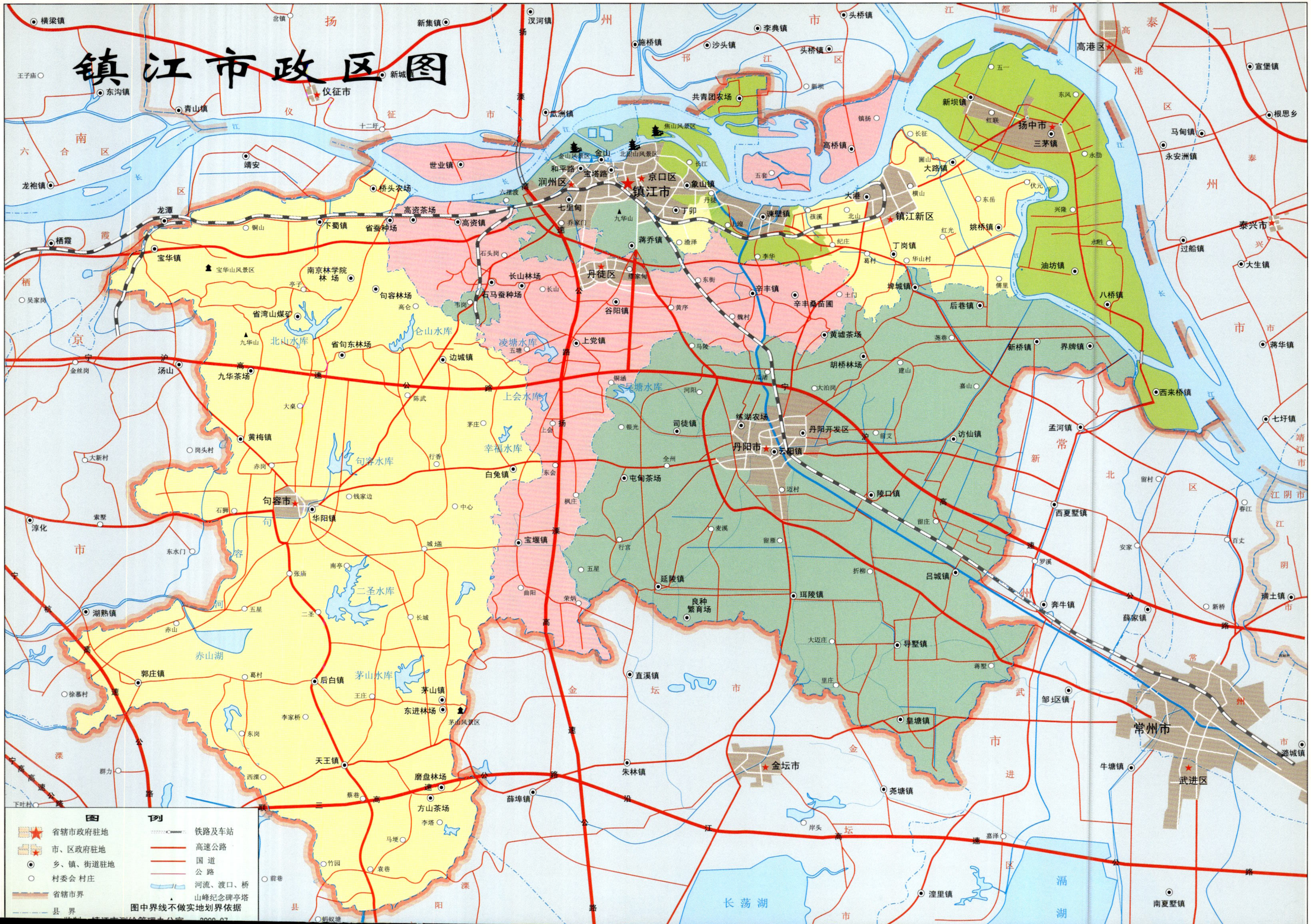

镇江市
京口区
润州区
丹徒区
镇江新区
丹阳市
句容市
扬中市
常州市
武进区
金坛市
仪征市
泰兴市
高港区
长荡湖
赤山湖
图例
省辖市政府驻地
市、区政府驻地
乡、镇、街道驻地
村委会 村庄
省辖市界
县界
铁路及车站
高速公路
国道
公路
河流、渡口、桥
山峰纪念碑亭塔
图中界线不做实地划界依据

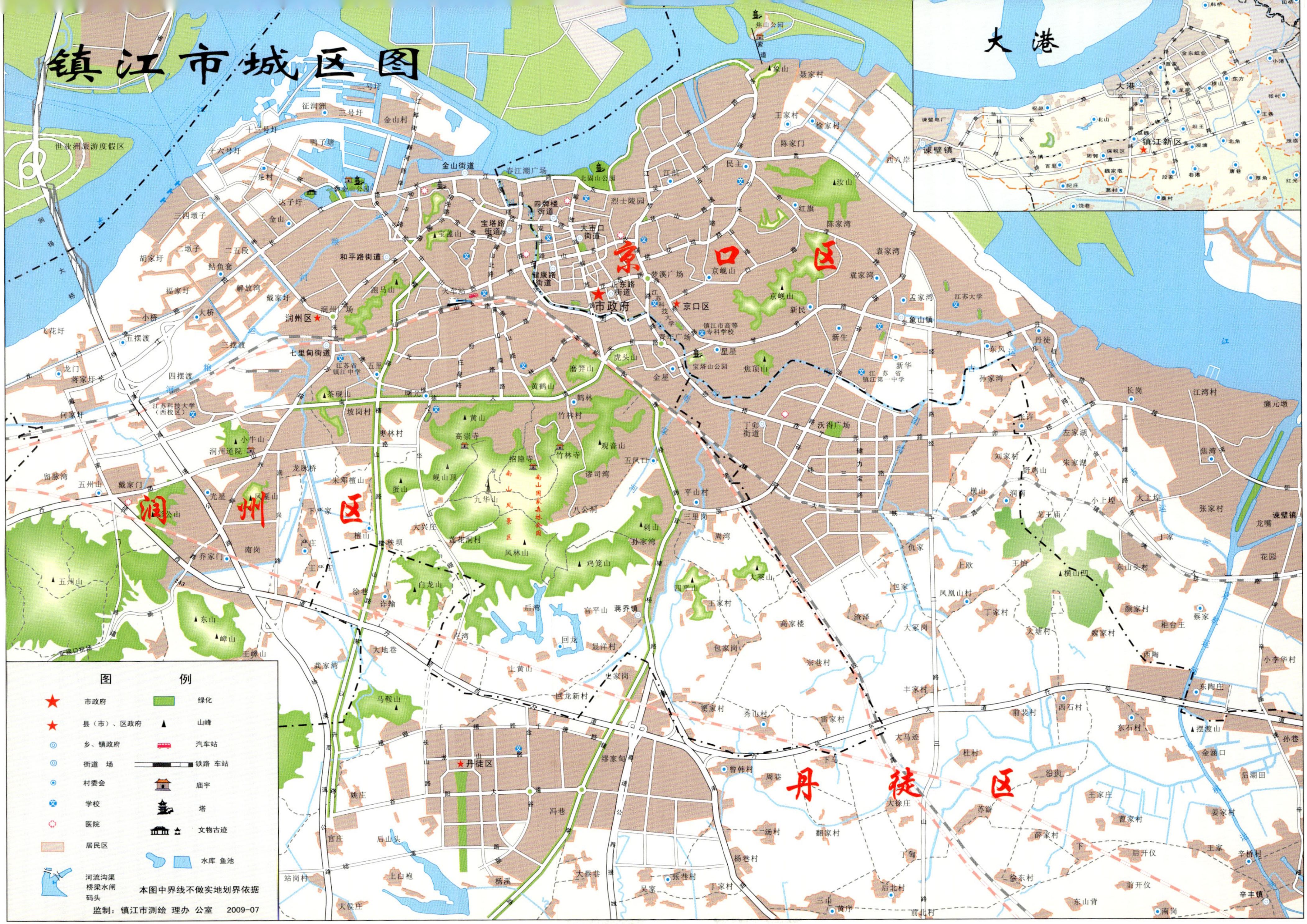
镇江市城区图
大港
京口区
润州区
丹徒区
市政府
图例
市政府
县（市）、区政府
乡、镇政府
街道
村委会
学校
医院
居民区
河流沟渠
桥梁水闸
码头
绿化
山峰
汽车站
铁路 车站
庙宇
塔
文物古迹
水库 鱼池
本图中界线不做实地划界依据
监制：镇江市测绘 理办 公室 2009-07

2008年8月16日，省委书记梁保华（中）视察瓦锡兰公司

2008年7月22日，省长罗志军（右二）到镇江调研社区卫生服务工作

2009年1月11日～14日举行的镇江市六届人大二次会议上，许津荣当选为市人大常委会主任

2009年1月11日～14日举行的镇江市六届人大二次会议上，刘捍东当选为镇江市市长

2009年1月11日～14日和1月10日～12日，镇江市分别召开六届人大二次会议和政协六届二次会议

2009年1月10日～12日镇江市政协六届二次会议上，市政协主席郭礼荣作常务委员会工作报告

改革开放 30
镇江市主要经济社

国内生产总值情况图　单位（亿元）

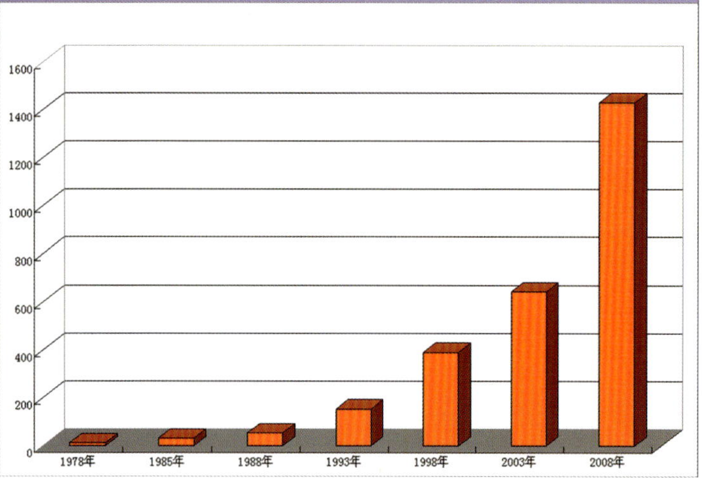

社会消费品零售总额情况图　单位（亿元）

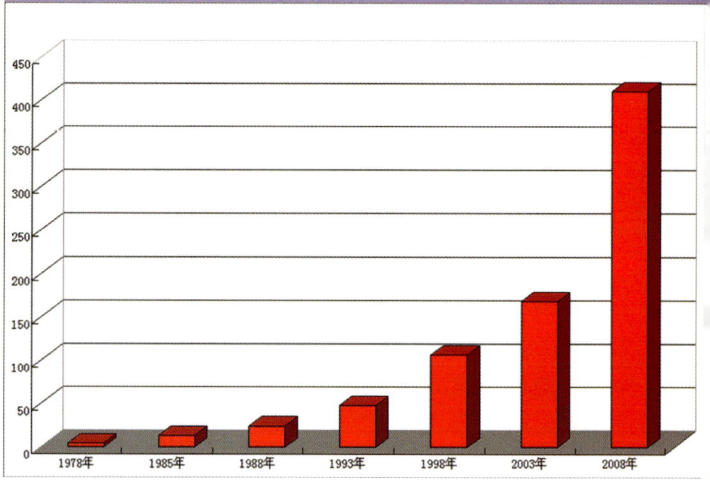

农民人均纯收入情况图　单位（元）

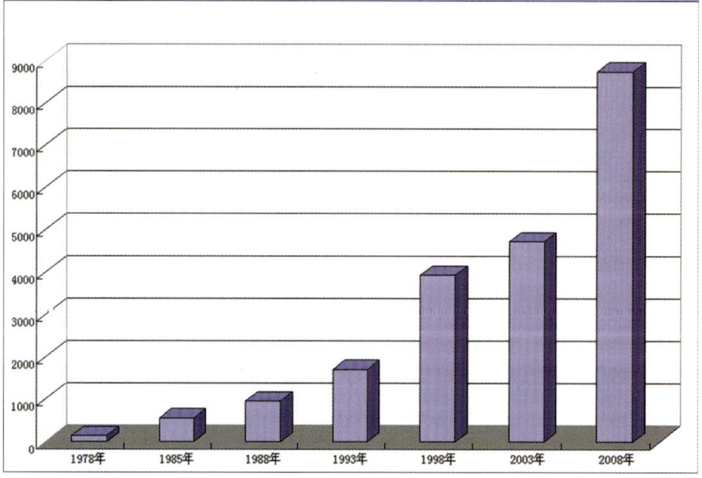

年部分年份
会指标完成情况

固定资产投资情况图　单位（亿元）

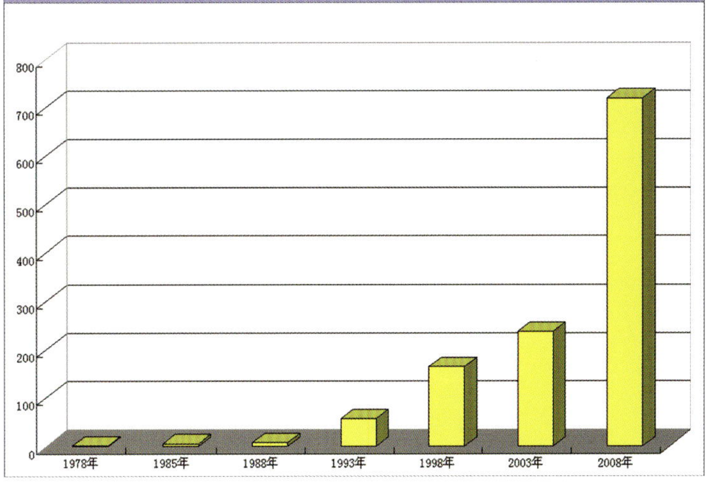

人口情况图　单位（万人）

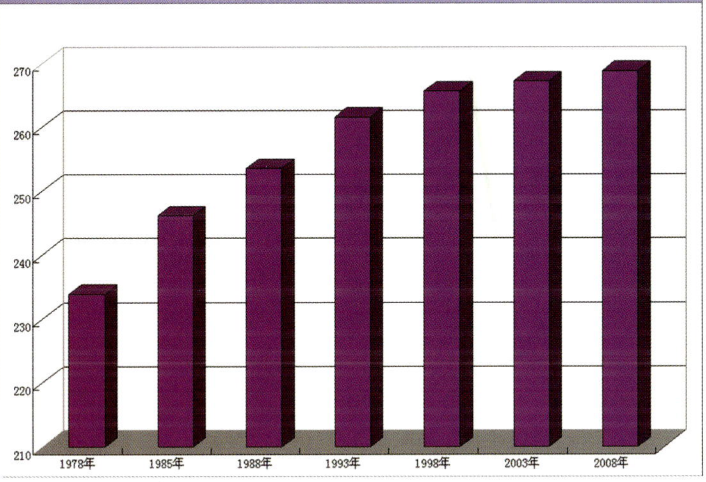

职工年平均工资情况图　单位（元）

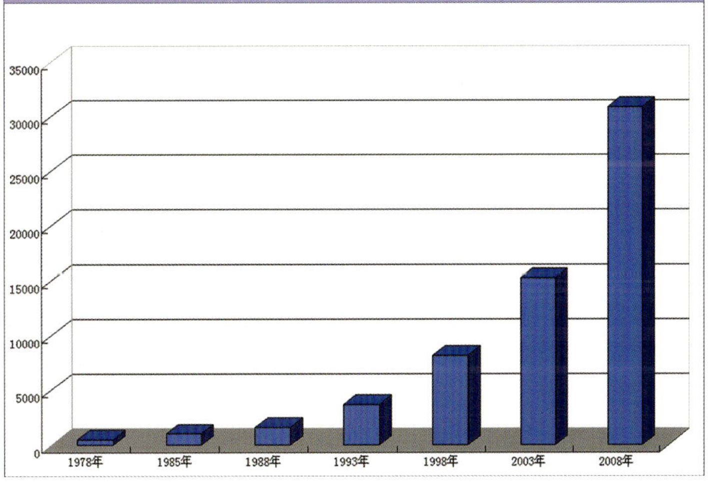

2008

2008年1月，镇江军民众志成城，成功抗击了罕见的冰雪凝冻灾害

“天堂短信妈妈”陈素文（中）

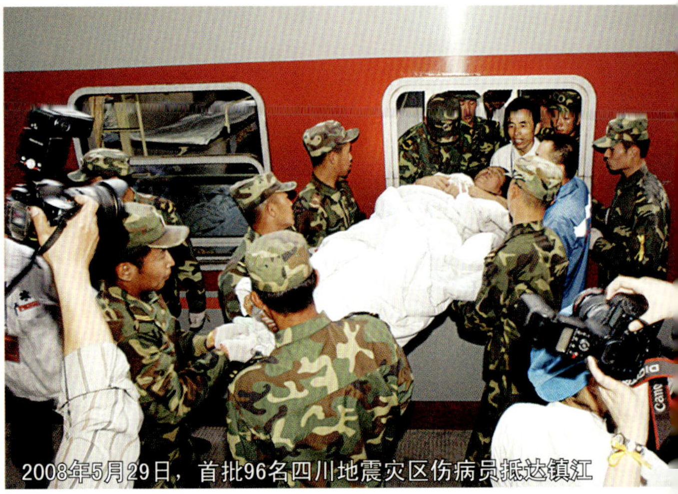
2008年5月29日，首批96名四川地震灾区伤病员抵达镇江

依依惜别的深情

“5·12”汶川大地震发生后，镇江人民发扬“一方有难，八方支援”的精神，急灾区所急，解灾区所难，办灾区所需，用大爱之情，全力支援灾区抗震救灾

爱心车队

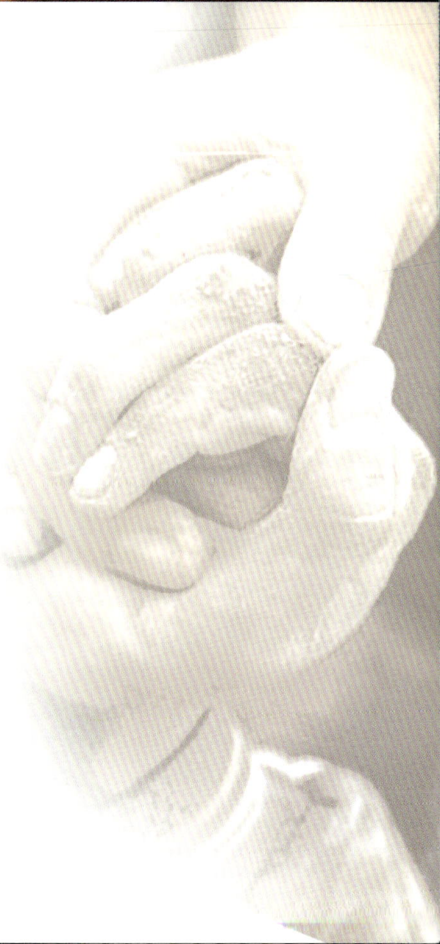

2008年5月27日，戚熙娟等8名奥运火炬手在南京传递奥运火炬

庆奥运广场千人俯卧撑

2008年7月9日，1200张奥运纪念钞被抢兑一空

2008年，镇江市迎北京奥运会突出公益普惠、民本民生、和谐建设，开展迎奥运倒计时100天庆祝活动、“人人健身家家乐”体育社区行活动等“与奥运同行”全民健身系列活动

市委书记许津荣（右）会见美国总领事季瑞达

全球规划师联盟大会志愿者为大会提供服务

纪念赛珍珠获诺贝尔奖70周年的外国来宾学打太极拳

镇江市代市长刘捍东（右）和韩国益山市市长李汉洙互赠两市结好十周年纪念品

日本友人在中国镇江第16届中日友谊梅活动暨南山梅樱园建设启动仪式上合

2008年，镇江市全面落实新形势下外事工作的主要任务，把外事工作融入经济社会中，更多地把外事资源转化为经济社会发展的成果，取得可喜的业绩，不断开创了外事工作新局面

推动日本津市与中国镇江结好、与镇江共同首创中日友谊梅樱园活动的津市前市长冈村初博（左二）

镇江赛珍珠纪念馆和赛珍珠对外文化交流中心博爱文化广场"博爱亭"举行揭幕典礼

镇江宝德汽车服务有限公司举行正式开业典礼

赛珍珠国际文化交流团成员作画

2008年10月30日—11月2日，第二届全球规划师联盟大会在镇江市举行，会议通过《镇江宣言》

2008年11月29日，航天英雄杨利伟（右）参加了飞向太空——中国载人航天（镇江）展开幕

香港凤凰卫视主持人杨锦麟

经济学家郎咸平

2008年，一批专家、学者、名流访问镇江

万科董事局主席王石（右）

北师大教授于丹

“超女”歌手张靓颖

相声演员郭德纲（左）

历史学家阎崇年

央视主持人蒋小涵和影视演员王宝强

举重运动员陈艳青

话剧《立秋》

1 "发现镇江"网络征文大赛
2 "'物价杯'镇江表情 1978—2008"图片征集、图片展
3 阎崇年走进"文心讲堂"讲《康熙与读书》
4 天工国际·2008 年镇江市文化嘉年华活动新闻发布会
5 天工国际·文化嘉年华活动启动仪式暨央视电影频道《爱电影》送·学"晚会
6 "4·23"世界阅读日活动暨"网络文化镇江行"启动仪式
7 "新第一江山图——百米长卷国画咏镇江"开笔仪式
8 茅山抗日根据地创建 70 周年纪念大会暨将帅馆开馆典礼
9 镇江博物馆免费开放仪式
10 《镇江博物馆馆藏历代书法精品展》
11 "建设杯"《欢乐家园》广场文化活动系列演出
12 宁波小百花越剧团越剧《荣华梦》
13 王石走进"文心讲堂"讲《让灵魂跟上脚步》
14 京剧名家折子戏展演
15 于丹走进"文心讲堂"话孝道
16 天工国际·"文化嘉年华，镇江再发现"知识竞赛
17 历史话剧《立秋》
18 收藏估值大会、鉴宝知识讲座
19 先锋话剧《天上人间》
20 中国登山队队长王勇峰走进"文心讲堂"
21 国缘杯·央视《探索·发现》栏目专题片《探秘瘗鹤铭》开机仪式
22 京剧《西施归越》
23 生活的艺术——江苏省非物质文化遗产摄影艺术展
24 流淌的记忆——发现镇江 感受生活"第一楼街民间艺术嘉年华"
25 昆曲《牡丹亭·精华版》暨 2008 年"文化遗产日"江苏系列活动月开幕仪式
26 七弦风骚·古琴名家音乐会、"和鸣"中国古琴艺术进大学
27 "国泰之声"高雅艺术走进大众——音乐无限讲座
28 蒙古族长调民歌、新疆维吾尔木卡姆艺术
29 "新市民"周末免费专场电影
30 编辑出版《喜欢镇江的 N 个理由》
31 "今夜镇江最美"——"6·25"大型综艺晚会
32 "广玉兰之夜"
——文化嘉年华活动闭幕式暨首届文化艺术广玉兰奖颁奖晚会

文化嘉年华　镇江再发现

2008年4月～6月，镇江市举办首届"文化嘉年华活动"。活动以"文化嘉年华，镇江再发现"为主题，开展了央视电影频道爱电影栏目"送·学"晚会、名人名家走进"文心讲堂"、精品剧目展演、打捞《瘗鹤铭》碑石、创作"百米国画长卷咏镇江"等32项有影响、有品位的大型活动，再现镇江文化魅力，激发百姓文化热情。同时开辟宣传渠道，走文企联姻之路，拓展文化发展空间

乐无限》讲座

2008年6月3日，"盛世壮举——打捞'瘗鹤铭'"文化行动启动

2008年6月21日，人类非物质文化遗产代表作蒙古族长调民歌和新疆维吾尔木卡姆艺术在镇江展演

镇江市第13届运动会开幕式“和谐镇江”大型文体表演

延续了26年的军民情

恩师如山

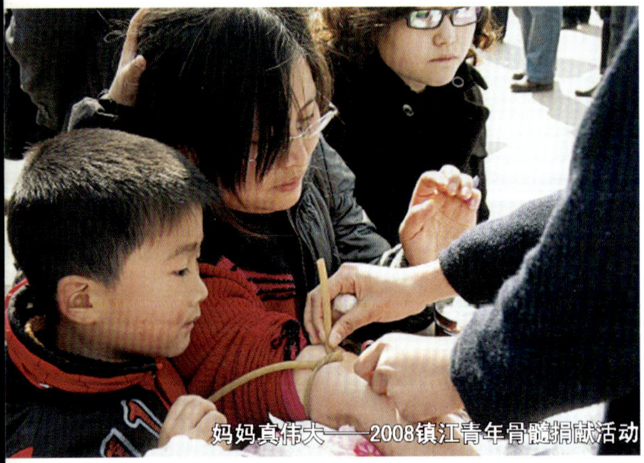
妈妈真伟大——2008镇江青年骨髓捐献活动

农民的朋友——赵亚夫

老外义务站马路

为社区百岁老人祝寿

2008年，镇江人继续为创造人与人、人与社会、人与自然和谐可持续发展的美好家园而努力

2008年，镇江人民开拓奋进，努力建设风光无限、辉煌无限的美好家园

2008年底建成的金山广场

镇江滨江的湿地成了鸟的天堂

丹徒新城谷阳大道

如诗如梦的都市风光——镇江句容的李塔水库

镇江北部滨水区沿江而建，因水生灵，滨江旅游专线景色迷人

中油4号油桃

美人指葡萄

金太阳杏

优质皇冠梨

太空辣

江苏省农林科技示范园——生物技术研发区

2008年，镇江市以农业规模化为重点，推动现代农业优化布局和调整结构，促进农业增效、农民增收

夕阳下的十里长山

润扬长江大桥下的大桥公园

依托润扬长江公路大桥，镇江市生态旅游、农业观光旅游有了长足的发展

专栏图片由镇江日报社摄影中心、市文化局、市农林局和赵寅生、石小刚、王呈、张斌、陶春、张桂安、陈大经、贾骏、李行华、吴新亚、宋建设、文雯、马吉、季翔、丁慧娟、奚向红、梅贵根、缪丹、倪红阳（按图片先后顺序排列）等摄影供稿，封面图片摄影为章晓斌

◎[illegible]最大的眼镜生产基地

迈向现代化建设新丹阳

——回眸2008（丹阳篇）

◎大亚木业中密度纤维板生产线

◎城市客厅——人民广场

丹阳地处风光秀丽的长江南岸，是长三角地区一座新兴的工贸城市，面积1059平方公里，户籍人口81万人。丹阳历史文化悠久，被誉为“王气之地”，拥有近2400年的建城史，为南朝齐梁两代帝王故里，季子“三让王位”成为千古佳话。丹阳区位优势突出，既有长江、运河的自然地利，又有铁路、高速公路、机场的立体交通，是沪宁经济带人流、物流、信息流交汇的节点。丹阳产业基础厚实，在国内享有“眼镜之都”“灯具世界”“钻头王国”“木业航母”的美誉，是全国最大的眼镜、医疗器械生产基地，亚洲最大的铝箔、人造板、农用机械生产基地。近年来，丹阳人民抢抓机遇，创业创新，开拓开放，经济社会保持持续、快速、协调发展的良好态势，首批通过全省教育现代化建设水平评估验收，连续六年被评为全省社会治安安全县（市）。2008年全市实现GDP430亿元，财政收入55亿元，地方一般预算突破20亿元，分别增长15%、32.4%和20%。经济基本竞争力位居全国百强县（市）第18位，江苏省十强县（市）第8位。

◎全球最大的高速钢生产基地天工集团

◎可持续发展实验区（丹阳新桥）

◎3月18日，国家“CAD工程”项目在丹徒签约

◎3月20日，市长许津荣在丹徒世业洲同干部群众一起参加植树活动

驾驭宏观 灵活应变 克难奋进 保增长 促发展

——回眸2008（丹徒篇）

2008年，丹徒区以科学发展观统领经济社会发展全局，围绕“增幅领跑镇江，均量比肩苏南”的总体要求，团结和依靠全区人民，沉着应对严峻挑战，积极化解各类不利因素，在科学发展的道路上解放思想、开拓创新，主动作为、务实进取，各项工作取得新进展，综合实力持续增强，发展活力加速显现，城乡面貌明显改观，群众生活更加安康，和谐局面不断巩固。

全年实现地区生产总值127.27亿元，比上年增长12.7%，人均GDP达到4.32万元。规模以上固定资产投资76.76亿元，增长42.8%。产业结构不断优化，一、二、三产比例调整为6∶60.2∶33.8。实现财政总收入17.39亿元，地方一般预算收入7.00亿元。全年实现社会消费品零售总额26.66亿元，增长28.7%。全年进出口总额3.3亿美元，增长54.3%，其中，出口总额2.9亿美元，增长94.4%。全年注册外资3.78亿美元，增长22.91%；实际到账外资1.21亿美元，增长34.99%。全年城镇居民人均可支配收入18486元，增长15.3%；农民人均纯收入8020元，增长14.5%。顺利通过省“质量兴区”和“小康区”考核验收。

◎4月30日，代市长刘捍东在丹徒视察世业四季青农业科技示范园

◎5月28日，丹徒区举行重点项目集中开工启动暨泛太信息技术设备项目奠基仪

◎8月14日，省政协主席张连珍来到丹徒世业洲考察生态农业项目

◎9月11日，丹徒区在新城广场举行“迎中秋、奔小康”广场文艺晚会

◎11月19日，丹徒规划展示馆开馆

◎12月28日，中国二重（镇江）重大技术装备制造基地一期工程在丹徒经济开发区举行开工典礼

◎丹徒区“两推一考”领导干部民主推荐大会会场

跨越奋进快速提升

◎省长罗志军视察鼎胜铝业

◎市委书记许津荣视察省高新技术企业——蓝舶金属防腐有限公司

◎第一楼街步行街开街

◎举办国内首个社区党建文化论坛

◎区高新技术创业服务中心
（京口软件园）揭牌

◎成立全市首家创业服务中心

◎区老年活动中心竣工

争创又好又快发展新业绩

——回眸2008（京口篇）

2008年，京口区坚持以科学发展观为指导，高扬“跨越奋进，快速提升”的总基调，开拓创新，攻坚克难，实现了经济社会的平稳较快发展。

国民经济平稳发展。全年完成地区生产总值60.5亿元，增长14.7%；财政总收入14.7亿元，增长3.2%；全社会固定资产投资100亿元，增长35%；合同利用外资2.12亿美元，实际到位外资8038万美元，分别增长78.9%和8.2%。全年实现社会消费品零售总额100.7亿元，增长25.8%，增幅列全市第一。争取各类科技扶持资金2260万元，为历年之最。建成京口软件园，创建成省级高新技术创业服务中心，通过省知识产权试点区验收。

民生水平加快提高。在全市率先实现村（社区）劳动保障服务平台全覆盖，成立全市首家创业服务指导中心，新增城镇就业6082人，扶持创业599人，新增社会养老保险扩面13840人，征缴基金4.4亿元。新型合作医疗参保率保持100%。建成区老年活动中心。城镇居民人均可支配收入19611元，农民人均纯收入9238元，分别增长13.5%和12.5%。

城乡环境加速改善。累计拆迁近40万平方米，谏辛公路、镇大公路等项目拆迁创造了“又好又快”的新成绩。双井路棚户区改造拆迁全面启动，完成缪家门“城中村”改造。开展谏壁地区环境综合整治。新增绿化造林333公顷。

社会建设和谐稳定。江一社区被省委、省政府授予省“文明社区标兵”称号，全区被团中央授予“全国青年中心建设先进区”称号。举办全国首个社区党建文化论坛。在全市率先制定三级党务公开目录。完成第三届社区换届选举工作，直选率达97%，列全市第一。四牌楼街道“侨法宣传角”获国务院侨办授牌。

◎全国侨务系统五五普法“侨法宣传角”揭牌

◎公安京口分局治安防控指挥中心大楼落成

◎2008年5月28日，省长罗志军（左二）视察润州惠龙码头

◎2008年8月13日，省政协主席张连珍（前左二）、市委书记许津荣（左一）在润州区委书记庄兆林（右二）、区长王冬生（右三）陪同下视察润州高效农业

抢抓机遇 加速赶超 建设现代

2008年，润州区紧紧围绕“聚焦翻番、一年突破”的总目标，准确把握宏观形势，沉着应对各种挑战，用心做事，聚力发展，出色地完成了各项目标任务。

经济工作又好又快。全年实现地区生产总值134亿元，增长12.7%；全口径财政收入14.6亿元、地方一般预算收入7.3亿元，均增长14%;规模以上固定资产投资82.5亿元，增长22.8%。实现全口径工业销售180亿元、利税16亿元，分别增长19%、25%。定报企业新增30家，累计184家，销售、利税分别占全口径工业的83.9%、93.8%，分别提升2.1和2.9个百分点。销售超亿元企业23家，占定报工业销售的66.9%，其中2家企业超10亿元。实现全社会消费品零售总额50.1亿元，增长19.5%；服务业增加值65.6亿元，增长13.1%。“三农”工作突破性进展。农业精品不断增多，引进推广名特优新品种40多个，引进“三资”开发农业项目18个、总投资2.1亿元。实现城镇居民人均可支配收入19144元、农民人均纯收入8961元，分别增长13%、12%。

社会文化事业、精神文明建设、党的建设取得新成绩。拆迁工作创造奇迹。4月1日后，短短9个月，以拆迁5863户、115万平方米的总量，开创了润州拆迁历史；以单周突破500户的惊人业绩，创造了“润州速度”，铸就了“迎难而上、奋勇争先”的润州精神。2008年，在市委、市政府组织的综合考核中，润州区创历史地荣获第一名。

◎润州区四套班子主要领导调研工作

◎人民生活步入小康

七新城区

——回眸2008（润州篇）

◎一批大项目开工建设

◎农业走上高效、观光、绿色之路

◎百万大拆迁铸就新时代润州精神

镇 江 新 区

◎2008年11月，市领导在镇江新区调研

◎2009年初，市长刘捍东调研大项目

◎2009年初，副市长、镇江新区党工委书记李小平在丁卯片区调研

◎2008年2月，镇江新区召开城建重点工程现场办公会

镇江新区总面积218.9平方公里，人口21.7万人，下辖3个镇和2个街道，享有国家级开发区相应经济审批权限和行政级别。2008年，镇江新区完成地区生产总值170.1亿元，比上年增长17.3%；规模以上工业销售456.2亿元，增长26.3%；规模以上固定资产投资129.35亿元，增长23.8%；到位外资完成3.82亿美元，增长15.99%；财政总收入完成26.7亿元，增长20.2%；一般预算收入10.15亿元，增长15.17%。

2008年，镇江新区实到外资占全市总量近1/3。完成工商注册外资项目中，有7个项目符合市大项目标准，比上年净增4个。大项目注册外资2.65亿美元，是上年的2.5倍，占全区注册外资比重51.8%，其中环保产业项目2个，船舶配件、汽车零部件、光电子、医疗服务业和精细化工项目各1个，改变了化工项目偏重的大项目引进状况。

◎2008年4月，镇江新区人力资源配置市场开业

◎2008年11月，圌山报恩塔灯光工程通过验收

◎2008年5月8日，镇江新区举办“银山之春”投资洽谈会

◎2008年9月，镇江新区人民公园竣工

◎镇江新区群众生活充满和谐的情趣

◎2008年5月14日，镇江新区群众踊跃向“5·12”汶川大地震灾区捐款

◎2008年5月，出入境商品检验镇江新区办事处揭牌

◎2008年6月，恒顺达试投产庆典

◎省委常委、省纪委书记冯敏刚（右二）在镇江调研“重要权力节点监控机制”

◎市委书记许津荣出席党的纪律检查机关恢复重建30周年纪念大会
反腐倡廉建设理论研讨会并作重要讲话

2008年，全市各级纪检监察机关在省纪委和市委、市政府的领导下，认真贯彻落实科学发展观，认真落实中央纪委二次全会和省、市纪委三次全会的精神，围绕中心、服务大局，深入学习贯彻中央关于建立健全惩治和预防腐败体系《工作规划》、省委《实施办法》和市委《工作意见》，按照系统性、阶段性、逻辑性和可操作性的要求，构建具有镇江特色的惩防体系。加强对贯彻落实科学发展观和优化发展环境的监督检查，认真做好纠风治乱工作，扎实推进反腐倡廉制度建设，深入开展反腐倡廉教育，严格依纪依法办案，党风廉政建设和反腐败各项工作在继承中创新发展，不断取得新的成效，为推动全市经济社会又好又快发展提供了强有力的政治保证。

2008年镇江市党风廉政建设和反腐败工作集锦

构建惩防体系 促进科学发展

◎全市学习贯彻中央惩防体系《工作规划》和省委《实施办法》培训班

◎贯彻落实市委惩防体系《工作意见》动员部署会会场

◎受中央纪委邀请，2008年6月24日，市委常委、市纪委书记杨建赴中央纪委北戴河培训中心，为第142期培训班学员授课，专题介绍了镇江市党务公开的经验和做法

◎为加强纠风治乱工作，2008年9月28日开通“镇江纠风网”

◎着力加强纪检监察干部队伍自身建设

◎中央纪委党风室到镇江调研建立后备干部财产申报制度的做法

◎全市优化经济发展环境领导小组会议

集中学习实践科学发展观活动

2008年6月举办纪念新四军韦岗战斗胜利70周年活动

镇江市史志办公室

2008年，镇江市史志办公室获市级机关作风建设和目标管理考核先进单位称号，并被市委、市政府命名为2005～2007年度文明机关。《镇江年鉴（2007）》在第四届全国年鉴编校质量检查评比中获特等奖。1人被评为全国党史部门先进工作者，2人被评为全省党史系统2007～2008年度先进工作者。

2008年，镇江市史志办公室完成党史二卷本初稿32万字，出版《镇江改革开放30年大事记》《茅山抗日根据地简史》，《京江画卷——纪念镇江解放60周年图册》搜集整理各类图片2000余张。在《镇江日报》开辟史志专刊，与镇江日报社联合举办镇江改革开放30周年大事记评选活动，在《镇江广播电视》开辟专栏选登部分大事记内容。推进《镇江市志（1983～2005）》编修工作，篇目形成修订稿，资料收集完成85%，初稿完成55%。各辖市（区）二轮修志工作全面展开。《丹阳市志》《句容市志》《扬中市志》《丹徒区志》《润州区志》初稿编写分别完成98%、70%、83%、60%、92%。《镇江市工商志》《镇江市电力工业志》通过审稿。《茅山道教志》出版发行。《镇江年鉴（2008）》成功改版，《丹阳年鉴》《句容年鉴》《丹徒年鉴》《京口年鉴》《润州年鉴》亦同时出版。

镇江解放60周年广场纪念活动

全面提升中的镇江市残疾人事业

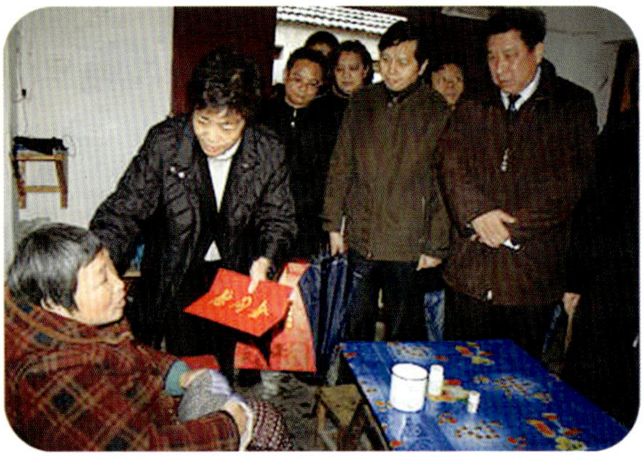

◎市委书记许津荣慰问残疾人

◎副市长曹当凌协调残疾人综合服务中心用地

◎市首个省级庇护安养机构梦溪启聪园揭牌

◎慈善助残假肢赠送仪式

◎央视《残疾人保障》广场论坛

2008 年镇江市残联全力完成市政府为民办实事的“助残项目”，全面启动服务设施建设。各辖市（区）残疾人康复中心建设已基本完成；市级残疾人庇护所——梦溪启聪园 5 月份揭牌，下半年丹徒区又建成爱心农疗站，这两个机构均被评为省示范单位，市残疾人综合服务中心市政府划拨 1.33 公顷土地，8000 平方米建筑已规划、立项、开建。实施省“三个一万”工程，广开就业门路，新增就业 1036 人，现城镇残疾人就业率上升至 93%。丰富职培内容，全年 552 名残疾人参加各种技能培训，举办市第三届职业技能比赛，50 余名选手参加了 9 个大项的比赛，组队参加“省第四届职业技能选拔赛”获团体总分第三名。扶贫形式多样化，创建 12 个基地，解决温饱 475 人，危房改造 66 户，在社会帮扶中，结对帮扶成效显著。全面建设普惠加特惠的社保体系，市、县两级政府出台文件，全市 5486 名无固定收入重残人员及时得到了救助。实施重点康复工程，康复服务加速完成，“助听”30 名聋儿，“助明”1800 名白内障患者手术复明，“助行”安装功能性假肢 80 条，1683 户精神病人免费服药，社区康复示范市（区）及白内障无障碍市（区）创建工作成绩显著。新增丹阳市为全省社区康复示范市，6 个辖市（区）全部通过“白内障无障碍市（区）”省级验收。抗震救灾中，对到镇伤员，残联快速应对，进行早期康复干预，筹资为 60 名伤员装配矫形器 25 副、轮椅 48 辆、拐杖 14.5 副。2008 年是残奥之年，宣传文体工作再创辉煌，残疾人事业社会影响进一步扩大，由市、县推荐和参与培养的市 2 名选手入选北京残奥会，许娟获女子盲人门球亚军。3 名女聋人参加残奥会开闭幕式的表演。作为全国 8 个城市之一，参与组织中央电视台“12·4”特别节目《残疾人保障》，彰显“平等参与，放飞梦想”的主题。2008 年，镇江市残联获白内障无障碍市创建、重度残疾人保障工作优秀奖、就业成就显著奖，社区康复连续 2 年评为省先进。

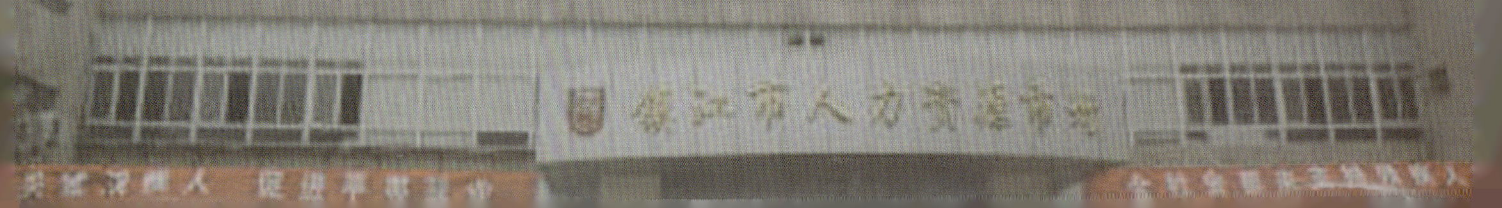

◎2009年1月1日，市委书记许津荣、市慈善总会会长周大平启动青少年白血病专项救助基金

◎2008年6月27日，六家慈善救助医院挂牌

◎2008年5月13日，市长刘捍东为“5·12”汶川大地震灾区捐款

镇江市慈善总会

2008年，镇江市慈善总会本级募集各类资金（含增值）1398.11万元；各类救助支出450.1万元，救助3432人次，当年结存448.11万元。截至年底，市本级慈善资金总规模（含认捐）已达17749 万元，账面实际结存资金5862.9万元。全市慈善资金总规模（含认捐）已达79895.24万元；账面实际结存资金14006.24万元；全年救助支出1358.8万元，救助8168人次。“5·12”汶川大地震发生后，全市慈善机构会同民政部门专项募集抗震救灾款7159.7742万元，物折款1067.76万元，其中市慈善总会单独接收捐款472.72万元，全部用于抗震救灾。4月，在市区开展“2008爱在镇江·慈善一日捐”活动。截至5月上旬，市区“慈善一日捐”活动共募集善款974.63万元，其中市本级374.63万元。

慈善总会围绕助医、助学、助残、助孤、助困等实施慈善救助。开展慈善助医“阳光”行动，确定市区六家医院为“慈善救助医院”；开展慈善助学“圆梦”行动，资助375人，支出资金49.1万元；开展慈善助残“健行”行动，资助市区低保和低保边缘家庭79名贫困残疾人安装普及型假肢80条；开展慈善救助“温暖”行动，给予市区447名特困对象2000至3000元的一次性救助；开展慈善助残“复明”行动，使100名贫困白内障老人经过手术重见光明。

◎2008“圆梦”行动慈善助学金首发仪式

◎2008慈善助残“健行”行动假肢赠送仪式

中共镇江市委党校

◎新农村建设课题组成员调研句容市戴庄村现代农业

◎走进军营，感受国防现代化

◎被授予中国浦东干部学院现场教学点

◎成功承办南京都市圈党校（行政学院）发展论坛第四届年会

近年来，镇江市委党校认真学习贯彻全国、省、市党校工作会议精神，全面落实党校工作条例，紧贴市委、市政府中心工作，牢固确立“教学科研是立校之本，校风建设是治校之基，积聚人才是强校之路”的工作思路，凝心聚力，创新发展，高起点、高标准完成了以干部教育培训为中心的各项工作任务。2008年在省委对辖市党校工作检查评估中，被评为“优秀”等次。

教学工作始终坚持党的干部教育培训方针，坚持理论联系实际，不断更新教学理念，狠抓教学质量，教学水平有较大提高。尤其是在研究式教学、党性锻炼、教学基地的开发运用等方面取得了突破性进展。与中国延安干部学院、井冈山干部学院、浦东干部学院建立了长期的教学合作关系。科研工作按照“四个服务”的要求，坚持实施“顶天立地”战略，注重搭建高层合作平台，科研水平实现了新的突破。2006至2008年连续三届获得镇江市调研工作先进集体组织奖。连续三年获省社科规划办课题立项，在省委党校和市政府软课题的立项上，也连年中标，并取得多项较高层次的研究成果。与中央党校《学习时报》社、上海社科院等多家高层科研机构建立了长期合作关系，并取得了阶段性成果。行政后勤工作按照制度化、规范化、信息化的要求，不断提高工作水平，较好地服务了以教学为中心的各项工作任务的完成，教学科研条件得到较大改善，校园建设面貌呈现新的气象。

◎第23期县处班学员走进井冈山接受现场教学

◎中浦院“推动社会主义文化大发展大繁荣”专题研究班走进镇江

◎以信息化建设推动党校事业新发展

◎1984年6月11日，镇江市市长邓鸿勋（前右）与日本津市市长冈村初博在镇江签署两市缔结友好城市关系协议书

◎2006年12月16日，江苏省省长梁保华（右）在镇江会见到访的新加坡副总理黄根成

行板如歌三十载　友谊相伴沐春风

——纪念镇江市外事办公室成立30周年（1978～2008）剪影

镇江的国际友好城市

日本津市（1984年6月与中国镇江市结为友好城市）
美国坦佩市（1989年3月与中国镇江市结为友好城市）
日本柴田町（1994年2月与中国丹阳市结为友好城市）
加拿大拉克·梅岗蒂克市（1995年10月与中国镇江市结为友好城市）
土耳其伊兹米特市（1996年11月与中国镇江市结为友好城市）
巴西隆德里纳市（1997年6月与中国镇江市结为友好城市）
日本仓敷市（1997年11月与中国镇江市结为友好城市）
韩国益山市（1998年10月与中国镇江市结为友好城市）
德国曼海姆市（2004年3月与中国镇江市结为友好城市）
澳大利亚费尔费德市（2007年10月与中国镇江市结为友好城市）

◎2004年10月9日，镇江市市长许津荣（右二）在日本津市纪念与镇江结好20周年津祭活动中向津市赠送中国结

◎2002年10月10日，赛珍珠国际学术研讨会暨纪念赛珍珠诞辰110周年活动在镇江举办

◎1999年1月8日，泰王国公主诗琳通殿下（中）由慈舟住持陪同参观金山寺

◎1999年9月10日，马里共和国总统阿尔法·乌马尔·科纳雷（中）参观扬中新坝镇农业生态示范区

武警 消防

◎副省长史和平率队检查指导国庆期间消防安保工作

◎省政府对全市消防工作进行专项检查

◎市委书记许津荣“八一”节前带队慰问消防官兵

◎市人大常委会组织视察全市消防工作

◎被市政府授予集体二等功

武警镇江市消防支队

武警镇江市消防支队下辖8个消防大队、10个消防中队，现役官兵338人，合同制消防员307人，各类执勤消防车58辆。全市还建有公管专职消防队1个，地方政府专职消防队3个，保安联防消防队55个。

2008年，全市各项消防工作取得明显成效，连续5年未发生重特大火灾事故。攻坚克难，圆满完成抗雪救灾、抗震救灾和奥运安保等重大执勤任务。投入1310万元加强消防队（站）和车辆装备建设，部队灭火救援能力有新提升。实施《镇江市城市消防规划》，加快灭火救援应急中心、消防博物馆、乡镇消防站、城市消防安全远程监控系统等基础设施建设，消防工作社会化基础进一步夯实。

2008年，市消防支队被评为全省执勤岗位练兵先进支队，所有基层单位被评为市级及以上“青年文明号”先进集体，扬中市消防大队和特勤中队、九里街中队分别被评为“全国公安系统青年文明号”和“省级青年文明号”先进集体。支队团委被团市委评为“五四红旗团委”。特勤中队士官干波被公安部评为“全国公安系统抗震救灾”先进个人、被部消防局荣记一等功，被团省委等8家单位联合授予第二届“江苏省杰出青年消防卫士”。先后有33名官兵立功受奖。

◎民间艺术家向市消防支队捐赠抗震救灾文艺作品

◎镇江市消防支队扬中市大队“全国公安系统青年文明号”命名授牌仪式

◎一线督查

在"保民平安、服务大局"中科学发展的镇江公安

◎使命召唤

◎群星璀璨

◎雪中深情

◎三月春风

◎科技强警

◎扎根社区

◎打黑除恶

◎强化自防

2008 年，镇江市公安局以北京奥运安保工作为主线，全力以赴投入抗雪救灾、抗震救灾等工作，严厉打击、严密防范各类违法犯罪活动，倾情服务保障民生，确保了社会平安、和谐与稳定。镇江市被公安部、科技部联合授予"科技强警示范城市"称号。市公安局刑警支队被公安部评为"侦破命案工作先进集体"，打黑除恶工作绩效位居全省前列。因在奥运安保工作中的突出表现，市公安局奥运安保工作指挥部荣获全省公安机关奥运安保工作先进集体，并荣立集体二等功，市政府专门给市公安局集体嘉奖一次。出入境办证大厅获全国"巾帼文明岗"称号。

◎禁赌

镇江市人民检察院

2008年，全市检察机关认真履行法律监督职能，各项检察工作取得新的进展。市检察院被评为全国检察机关文明接待室、市文明机关、全市社会治安综合治理先进单位、全市学法用法示范机关、全省检察机关行政装备工作先进集体。市检察院侦查监督处被评为全省检察机关“严格规范执法，确保司法公正”先进单位、控申处被评为市级机关文明示范岗。丹阳市检察院被评为全国先进检察院，扬中市检察院被评为全省先进检察院。

◎副省长史和平视察检察工作

◎积极开展大学习、大讨论活动

◎省检察院党组书记、检察长徐安视察镇江检察工作

◎举办深入贯彻党的十七大精神，全面加强和改进检察工作专题研讨班

◎江苏大学在市检察院建立法学实践基地

◎举办镇江市检察机关恢复重建三十周年纪念大会

◎最高人民检察院深化检察改革座谈会在镇江市召开

◎副省长史和平视察法院

◎全省法院系统代表参观规范化建设

镇江市中级人民法院

◎法官走上街头铲雪抗灾

◎举办台商法律服务恳谈会

2008年，全市法院积极践行“三个至上”指导思想，按照坚持科学发展、为大局服务、为人民司法的工作思路，采取提升队伍素质挖潜力、提高司法能力增效率的工作举措，认真履行审判职责，扎实开展审判执行工作，着力构建公正司法与服务大局共融、化解矛盾与促进和谐共振的良好格局，为全市经济社会又好又快发展作出了积极贡献。全年受理各类案件47519件，办结44902件，同比分别上升21.93%和23.53%，涌现出“全省优秀法院”京口法院、“全国模范法官”朱沪生等一大批先进典型，先后有73个先进集体和92 名先进个人受到省、市级以上表彰。

◎法官展示职业服装风采

◎法官上街义务法律咨询

◎公开审理全市首例网络侵权案

科学发展的镇江人防（民防）事业

◎省人防办主任张永康（左二）视察斜桥街人防工程

◎镇江市人防学习实践科学发展观座谈会

2008年，镇江市人防(民防)工作认真贯彻国家关于新时期人防(民防)建设的一系列方针政策，紧紧围绕市委、市政府各项决策部署，紧扣镇江城市建设发展实际，突出抓好军事斗争人防应急准备工作，全面开展人防(民防)机关“准军事化”建设提升年活动，着力加强机关质量效能建设，努力增强人防(民防)部门服务社会能力，人防（民防）事业实现又好又快发展。

至2008年底，全市人防工程总面积达43万平方米，其中有36万平方米用于地下停车场，可为社会提供停车泊位1.2万个。市人防办（民防局）与规划部门共同编制《镇江市城市地下空间开发利用规划》《镇江市城市人防工程规划》，通过了专家评审和市政府批准，并纳入镇江市城市建设总体规划。斜桥街至山门口街地下通道工程于2008年4月18日开工建设，12月5日完成主体工程，预计2009年5月正式投入使用。人防经费应收尽收，专款专用。成功组织镇江市首届防空防灾知识赛和句容市防空防震综合演练，两次活动内容先后在中央电视台4套和7套播出。坚持依法行政，努力改进服务，实现人防行政服务和执法工作“零投诉”。

◎城市防空演练

◎防空防灾知识竞赛

◎小学生人防知识教育

◎镇江人防地面指挥中心

镇江市财政局

2008年，各级财政部门贯彻落实市委、市政府的决策部署，积极主动从全局谋划财政工作。全年共完成全口径财政总收入233.2亿元，同比增长14.73%，其中完成地方一般预算收入85.66亿元，同比增长6.7%，完成税收收入70.17亿元，占一般预算收入81.92%，比上年提高3.52个百分点。服务经济发展推出新举措，为帮助企业度过难关，各级财政部门用足用好各项财税优惠政策，共为企业办理退税、免税总额28亿元。减轻企业负担，取消或停征行政事业性收费和政府性基金61项，为企业减负约1.8亿元。改善民生取得新成效，落实改善和保障民生的措施，压缩一般性支出，确保新增财力向“三农”、教育、文化、科技、社会保障等事关民生的关键领域倾斜，市委、市政府确定的重点支出得到有力保障。财政重点改革实现新突破，推进市区财政体制调整，出台新一轮市区财政体制调整方案。推进零基预算改革，在市直行政事业单位全面实施以收支脱钩为主要特点的零基预算改革，财政支出改革不断向纵深推进。

◎局党组带领中层干部深入企业调研帮助企业寻求发展壮大之路

◎王荣正局长一行深入农村了解财政支持服务保障民生情况

◎通过“一折通”将支农补贴资金直接发放到农民手中

◎开展“财政宣传月”活动向群众详细介绍财政便民政策

◎向农民宣传创业担保贷款帮助农民解决创业资金难题

◎举办乡镇财政成立[illegible]周年大型成果展

◎住房公积金中心建立服务大厅，采取一条龙服务，方便职工贷款取款

◎2008年11月1日，国土资源部副部长王世元（左一）在镇江丹阳市调研万顷良田建设工程情况，省国土资源厅厅长夏鸣（右二），市委常委、丹阳市委书记李茂川（左二）陪同调研

◎2008年9月1日，市政府市长刘捍东、副市长陈杰专程调研国土资源工作

积极主动服务　严格规范管理

——镇江市国土资源局

2008年，镇江市国土资源系统在市委、市政府和省国土资源厅的正确领导下，按照“守土有责、护土有方、动土有据、用土有益”的指导思想，始终高举保护国土资源、节约集约利用两面旗帜，积极主动服务，严格规范管理，做到保护耕地落实共同责任、保障发展推行节约集约、矿山管理强化整顿规范、维护民生强调以人为本、基础业务突出技术支撑、队伍建设力争人民满意。全市办理农用地征转用2417.47公顷，市场招拍挂出让工业、房地产用地成交金额突破100亿元，基本农田“争先达标”全部通过省厅验收，实施土地开发整理新增耕地387.67公顷，关闭采矿企业43家、91个宕口，全面完成各项工作任务。

◎2008年3月，市政协主席郭礼荣带队调研全市土地节约集约利用情况，市政府副市长陈杰陪同调研

◎2008年8月20日，市人大党组书记、代主任张甫雄，副主任李壮云对全市贯彻实施《土地管理法》进行执法检查

◎2008年6月25日，市四套班子分管领导与参加“今夜镇江最美——庆祝第十八个全国土地日专场文艺晚会”的演出人员合影留念

◎2008年11月，市国土局与市公安局联合召开国土资源执法联席会议，市领导陈杰、夏新平出席会议并为市公安局经济犯罪侦查支队驻市国土局警务室揭牌

◎2009年2月10日，全市国土资源工作会议在碧榆园召开，市国土局局长雷志强（右一）作工作报告

◎地税局开展“走进企业、深化服务、共谋发展”服务调研活动

镇江市地税局

2008年，市地税局树立科学发展观，坚持“为政府分忧，为财政解难；为发展加油，为稳定出力；为群众服务，为地税增光”的工作定位，解放思想，务实创新，各项工作迈上新台阶。

全系统累计组织各项收入906086万元，比上年增加132240万元，增长17.1%。其中：组织税收收入546115万元，比上年增加54168万元，增长11%；征收社会保险费273391万元，比上年增加59181万元，增长27.6%，组织收入保持与全市经济的同步增长。

税收信息化建设水平不断增强。成功开发国、地税联合办证软件，升级整合网上申报系统软件，网上申报率96.07%，实现无纸化申报和网上税款扣缴。

依法治税工作卓有成效。推行分类分级稽查在全省地税系统得到推广。落实各项税收优惠政策，全年共减免各类税费3.6亿元，为企业持续发展增强后劲。

税收服务的质量和水平不断提高。成立纳税服务中心，集中功能开展服务。梳理优化六大模块45个流程，减并报表26种，为纳税人减轻负担。建设12366服务热线和地税网站品牌，开展全天候、零距离服务，服务热线和网站已成为纳税人咨询首选方式。开展“走进企业、深化服务、共谋发展”主题调研活动，落实整改纳税人的反馈意见，促进税收服务更加符合纳税人需求。在全系统深入开展工作创新活动，全系统共上报并取得成果的集体创新项目31项、个人创新项目20项，有力推动地税事业又快又好发展。

◎市地税局成立全国首家纳税人权益维护协会

◎参加中国镇江在线访谈

◎成立维权志愿团

镇江市劳动和社会保障局

◎省委常委、省纪委书记冯敏刚（左四）视察局党务政务公开栏

◎市委书记许津荣（左三）视察调研劳动保障工作

◎市长刘捍东（中）视察春风行动招聘会现场

◎市委常委、常务副市长陈照煌（右二）在市技师学院调研创业工作

◎市劳动和社会保障局解放思想大讨论动员会

◎服务企业促进发展动员会

◎全市被征地农民就业和社会保障部署会议

◎老年居民养老补贴实施动员会

◎钳工技能操作竞赛

◎镇江市赴四川绵竹对口援助就业招聘会

◎2008年首期大中专毕业生创业培训班

◎开展“访老问医送温暖”活动

◎2008年春风行动招聘会

江苏省镇江工商行政管理局

◎局长、党组书记刘海东（右三）陪同市领导视察市场升级改造工程

2008年，镇江工商系统全面深化“服务型、监管型、法治型”工商建设，服务地方经济发展不断取得新成效；大力规范市场经济秩序，忠实地履行了市场经济卫士的职责；机关作风建设扎实深入，队伍素质有了新提升，各项工作都有了长足进步，受到了政府和群众的一致肯定。先后荣获全国工商行政管理系统法制宣传教育先进单位、全国工商系统廉政文化建设示范点、全省工商行政管理系统依法行政先进集体、镇江市服务开放型经济先进单位、发展和服务民营经济先进集体、全市社会治安综合治理工作先进集体等十余项荣誉。

◎南京区域经济工商行政管理第22次协作会议在镇江召开

◎副局长、党组副书记邓世安（右二）参加打击非法传销广场咨询活动

◎检查奶粉市场安全

◎苏浙沪地区第一届公平交易执法协作会议在镇江召开

◎全省工商系统乒乓球比赛在镇江举行

◎提倡使用环保购物袋

◎组织中青年干部拓展训练

—镇江食品药品监督管理局—

◎党组书记、局长史国平（右二）赴企业调研推进医药产业健康快速发展

◎副局长李杭军陪同省食品药品安全委员会领导检查恒顺醋厂

◎党组书记、局长史国平陪同市领导检查超市食品安全

◎采取环保方式集中销毁假劣药械

食品药品安全直接关系到人民群众的身体健康和生命安全。镇江食品药品监督管理局始终树立和实践科学监管理念，把保障人民群众饮食用药安全作为中心任务，大力整治和规范食品药品市场秩序，切实把这项民生工程和德政工程抓紧、抓实、抓出成效。

依托平台，注重协调，大力提升食品安全综合监督效能。以政府名义出台《食品安全工作意见》，层层落实食品安全监管责任；定期召开食品药品安全委员会成员会议等，积极部署全市食品安全工作；牵头组织开展麻油、肉及肉制品、学校及周边食品、宗教餐饮等专项整治，有效净化食品市场秩序；积极推进农村食品安全“三网”创建，全市食品安全监管责任网、群众监督网覆盖率100%，乡镇放心超市覆盖率100%，农村放心店行政村覆盖率97.7%。

高压态势，依法治药，切实规范药械市场秩序。2008年，先后开展电疗、磁疗、光疗物理治疗设备，隐形眼镜市场检查，贵重、滋补中药材和饮片，以及肝素纳制剂，人血白蛋白等专项整治。全系统累计出动执法人员11924人次，检查涉药单位4037家次，立案586件，取缔无证经营户48家。全市涉药企业日常监管覆盖率100%，药品市场秩序进一步规范。

◎深入推进文明行业创建和机关作风建设塑造良好形象

◎牵头组织召开全市食品药品安全工作会议部署09年工作任务

◎开展药品检验技能竞赛

镇江市安全生产监督管理局

◎2008年5月1日，市委书记许津荣（中）检查建筑工地安全生产工作

◎市长刘捍东（中）检查工作

镇江市安全生产监督管理局以邓小平理论、“三个代表”重要思想和科学发展观为指导，坚决贯彻“安全第一、预防为主、统合治理”的方针，紧紧围绕建设一支“政治可靠、作风务实、业务精通”的安监队伍，依照《安全生产法》，落实安全生产责任，加强安全监管体系建设，实现了全市连续7年事故起数和死亡人数“双下降”。该局先后荣获全国安全生产先进集体称号，从2005年起连续四年安全生产工作位于全省先进的第一方阵，被评为优秀，2005～2007年被评为市文明单位，2007年被评为市“优化经济建设发展环境十佳单位”。

◎副市长冯士超（右一）检查尾矿库安全

◎省安监局局长[illegible]（左一）、市安监局局长赵兴根检查江南化工有限公司安全生产工作

◎市安监局局长赵兴根（左一）走进“行风热线”直播室

◎镇江市烟草专卖局（公司）
局长、经理、党组书记　胡龙海

坚持烟草专卖专营制度
维护国家利益和消费者利益

江苏省镇江市烟草专卖局
江苏省烟草公司镇江市公司

◎国家烟草专卖局李克明副局长（右一）视察镇江烟草

◎国家局纪检组长潘家华（右三）到镇江烟草调研

2008年，镇江市局（公司）在市委、市政府和省局（公司）的正确领导下，认真学习贯彻党的十七大精神，落实科学发展观，牢固树立“国家利益、消费者利益至上”的行业价值观，围绕全面建设“严格规范、富有效率、充满活力”的中国烟草的目标任务，大力实施“三大战略”，团结奋斗，锐意进取，保持了科学发展、和谐发展的良好势头。全系统经济效益稳步增长，全年共销售卷烟117277箱，实现税利7.11亿元，第三方调查客户综合满意度达99.12%。市场净化水平进一步提升，查获违法卷烟8.1万条，其中假冒卷烟5.7万条，破获两起百万元案值的假烟网络案件，获得江苏省局通令嘉奖2次。党风廉政建设进一步加强，大力推行党务政务公开和廉政文化建设。开展以学习型、自律型、实干型、创新型、服务型、节约型为主要内容的“六型机关”建设，促进了企业管理和队伍作风建设的新提升。积极参与抗震救灾、慰问孤寡、社区共建和结对帮扶等社会公益活动，累计捐款捐物80余万元。2008年，镇江烟草还获得了镇江市纳税十强企业、放心消费创建活动先进集体、行政执法工作先进单位和精神文明建设十佳单位等荣誉称号。

◎镇江烟草系统工作会议

◎镇江烟草在岗副科级以上人员参加行业经营管理人员法律知识统一考试

◎镇江市局领导班子慰问汶川地震灾区的伤员家属

奋进的镇江市物价局

◎物价局党组一班人

◎市物价局党组书记、局长朱晓法检查农副产品市场价格

◎现场解答群众价格咨询

◎市场价格监督检查

◎市场价格监督检查

镇江市统计局

2008年，镇江市统计局紧紧围绕市委、市政府中心工作，以提升统计服务科学发展水平为目标，积极应对国际金融危机对经济运行产生的影响，深化统计方法制度改革，创新创优统计工作手段，建立健全反应灵敏、全面客观、高效快捷的统计监测预警机制，为全市经济“好字优先、又好又快”科学发展提供有力的统计服务保障。圆满完成各项统计报表、全面小康社会进程统计监测、全国第二次农业普查、“五五”普法等任务。全国第二次经济普查、各项重点调查工作取得积极进展，为“文明城市”“生态城市”创建提供优质统计服务。

一年来，镇江市统计局荣获全国投入产出调查国家级先进单位、全国第二次农业普查省级先进单位、市委市政府市级机关作风建设和目标管理先进单位等荣誉称号。

◎市统计局总结表彰大会

◎“两会”“全面小康”统计展板

◎组织干部职工集中业务培训

◎全市第二次经济普查动员大会

《镇江年鉴》主要机构(单位)简称全称对照表

简　称	全　称
市　委	中国共产党镇江市委员会
市人大常委会	镇江市人民代表大会常务委员会
市政府	镇江市人民政府
市政协	中国人民政治协商会议镇江市委员会
纪　委	中国共产党镇江市纪律检查委员会
中级法院	镇江市中级人民法院
检察院	镇江市人民检察院
市委办	中国共产党镇江市委员会办公室
保密办(局)	中共镇江市委保密委员会办公室(镇江市国家保密工作局)
史志办	镇江市史志办公室
党史办	中共镇江市委党史工作办公室
市政府办	镇江市人民政府办公室
外　办	镇江市外事办公室
港澳办	镇江市港澳事务办公室
国资委	镇江市国有资产监督管理委员会
侨　办	镇江市人民政府侨务办公室
法制办	镇江市人民政府法制办公室
仲裁委	镇江仲裁委员会
接待办	镇江市人民政府接待办公室
机关事务局	镇江市市级机关事务管理局
行政中心	镇江市行政服务中心
残　联	镇江市残疾人联合会
企业工委	中共镇江市委企业工作委员会
机关工委	中共镇江市委市级机关工作委员会
编　办	镇江市机构编制委员会办公室
团市委	中国共产主义青年团镇江市委员会
妇　联	镇江市妇女联合会
关工委	镇江市关心下一代工作委员会

简　称	全　称
日报社	镇江日报社
医保中心	镇江市医疗保险结算中心
人口计生委	镇江市人口和计划生育委员会
广电局	镇江市广播电视局
文　联	镇江市文学艺术界联合会
社科联	镇江市哲学社会科学界联合会
统战部	中共镇江市委统一战线工作部
民宗局	镇江市民族宗教事务局
台　办	中共镇江市委台湾工作办公室(镇江市人民政府台湾事务办公室)
民革市委	中国国民党革命委员会镇江市委员会
民盟市委	中国民主同盟镇江市委员会
民建市委	中国民主建国会镇江市委员会
民进市委	中国民主促进会镇江市委员会
农工市委	中国农工民主党镇江市委员会
致公市委	中国致公党镇江市委员会
九三市委	九三学社镇江市委员会
工商联	镇江市工商业联合会
台　联	镇江市台湾同胞联谊会
侨　联	镇江市归国华侨联合会
政法委	中共镇江市委政法委员会
综治委办	镇江市社会治安综合治理委员会办公室
消防支队	中国人民武装警察部队江苏省总队镇江市消防支队
武警支队	中国人民武装警察部队江苏省总队镇江市支队
船艇学院	中国人民解放军镇江船艇学院
农　办	中共镇江市委农村工作领导小组办公室
农发局	镇江市农业资源开发局

简称	全称	简称	全称
扶贫办	镇江市扶贫工作领导小组办公室	联通公司	中国联合网络通信有限公司镇江分公司
茅　办	镇江市茅山革命根据地经济开发指导小组办公室	环保局	镇江市环境保护局
		城管局	镇江市城市管理局
防　办	镇江市防汛防旱指挥部办公室	房管局	镇江市房产管理局
国土局	镇江市国土资源局	园林局	镇江市园林管理局
农机局	镇江市农业机械管理局	公用事业局	镇江市市政公用事业管理局
供销社	镇江市供销合作总社	人防办	镇江市人民防空办公室
农科所	镇江市农业科学研究所	干道办	镇江市城市干道工程建设办公室
发改委	镇江市发展和改革委员会	科技局	镇江市科学技术局
无管办	镇江市无线电管理办公室	科　协	镇江市科学技术协会
国税局	镇江市国家税务局	外经贸局	镇江市对外贸易经济合作局
地税局	镇江市地方税务局	贸促会	中国国际贸易促进委员会镇江支会
工商局	江苏省镇江工商行政管理局	人　行	中国人民银行镇江市中心支行
烟草局(公司)	镇江市烟草专卖局（江苏省烟草公司镇江分公司）	银监分局	中国银行业监督管理委员会镇江监管分局
		农发行	中国农业发展银行镇江市分行
盐业公司	江苏省盐业集团镇江有限公司	工　行	中国工商银行镇江市分行
经贸委	镇江市经济贸易委员会	农　行	中国农业银行镇江市分行
民发办	镇江市民营经济发展领导小组办公室	中　行	中国银行股份有限公司镇江分行
安监局	镇江市安全生产监督管理局	建　行	中国建设银行股份有限公司镇江分行
经协办	镇江市经济协作办公室	交　行	交通银行股份有限公司镇江分行
质监局	江苏省镇江质量技术监督局	农联社	镇江市农村信用合作社联合社
药监局	江苏省镇江食品药品监督管理局	口港局	镇江市口岸和港口管理局
机电冶建行办	机械电子冶金建材行业管理办公室	海　关	中华人民共和国镇江海关
轻化物行办	轻工化工物资行业管理办公室	缉私局	中华人民共和国镇江海关缉私分局
纺建煤行办	纺织建筑煤炭行业管理办公室	检验检疫局	中华人民共和国镇江出入境检验检疫局
中石化镇江分公司	中国石油化工股份有限公司江苏镇江石油分公司	边检站	中华人民共和国镇江边防检查站
		教育工委	中共镇江市委教育工作委员会
中石油镇江分公司	中国石油天然气股份有限公司江苏镇江销售分公司	江　大	江苏大学
		江科大	江苏科技大学
电信公司	中国电信股份有限公司镇江分公司	高　专	镇江市高等专科学校
移动公司	中国移动江苏公司镇江分公司		

目　　录

特　　载

镇江概况

中共镇江市委员会

镇江市人民代表大会

镇江市人民政府

政协镇江市委员会

民主党派·工商联

社会团体

国　防

政　法

综合经济管理

水　　利

工　　业

交通·邮政

信息化建设

城市建设与管理

环境保护

旅游·园林

商贸流通

对外及对港澳台经济贸易

港口·口岸

财政·税务·审计

金 融

民营经济

科学技术·社会科学

教　　育

文　　化

新闻出版

卫 生

体 育

社会生活

辖市(区)

镇江新区·开发园区

人　　物

大事记

书目·文摘·题录

统计资料

工作生活指南

索　　引

CONTENTS

FEATURES

GENERAL SURVEY OF ZHENJIANG

ZHENJIANG COMMITTEE OF THE COMMUNIST PARTY OF CHINA

THE PEOPLE'S CONGRESS OF ZHENJIANG

THE PEOPLE'S GOVERNMENT OF ZHENJIANG

ZHENJIANG COMMITTEE OF THE PEOPLE'S POLITICAL CONSULTATIVE CONFERENCE

DEMOCRATIC PARTIES · ASSOCIATION OF INDUSTRY AND COMMERCE

SOCIAL ORGANIZATION

MILITARY AFFAIRS

POLITICS AND LAW

OVERALL ECONOMIC CONTROL

PERSONNEL AFFAIRS · LABOUR AFFAIRS · SOCIAL SECURITY

AGRICULTURE

WATER CONSERVANCY

INDUSTRY

COMMUNICATIONS · POSTAL SERVICE

INFORMATIONIZE CONSTRUCTION

CONSTRUCTION AND MANAGEMENT OF URBAN

ENVIRONMENTAL PROTECTION

TRAVEL INDUSTRY · GARDENS · AFFORESTATION

DOMESTIC TRADE

ECONOMY RELATIONS AND TRADE WITH FOREIGN COUNTRIES AND HONGKONG, TAIWAN, MACAU

PORT

FINANCE · TAXATION · AUDITING

BANKING · INSURANCE · SECURITIES

INDIVIDUAL AND PRIVATE ECONOMY

SCIENCE AND TECHNOLOGY · SOCIAL SCIENCE

EDUCATION

CULTURE

JOURNALISM · PUBLICATION

HYGIENE

SPORTS

SOCIETY

COUNTIES AND DISTRICTS

ZHENJIANG NEW AREA · DEVELOPMENT ZONES

FIGURES

CHRONICLES OF EVENTS

BOOKLISTS DIGEST TITLES

STATISTICAL DATA

GUIDE TO LIFE AND BUSINESS

特 载

责任编校：杨国祥

报 告

抢抓机遇 迎难奋进 全力推进镇江发展新跨越

——2008年12月27日在中共镇江市五届七次全委会议上的报告（摘要）

市委书记 许津荣

在宏观环境发生重大变化、经济发展面临重大挑战的形势下，我们召开市委全会，主要任务是：认真贯彻党的十七届三中全会、中央和省经济工作会议精神，分析形势、理清思路，总结今年、部署明年，动员全市各级党组织和广大干部群众坚定信心、积极应对，抢抓机遇、迎难奋进，全力推进镇江发展新跨越。

一、认真回顾总结，增强新跨越的信心

1. 正视差距、自加压力，激发加速赶超的新动力。召开学习研讨会、组织参观考察、举办张家港精神报告会等活动，引导广大干部跳出镇江看镇江，正视差距、认清不足，进一步激发了全市各级坚持苏南定位、奋勇争先进位的意识。利用晚上或周末的时间，每月举办一次“领导干部新知识讲座”，促进各级干部加强学习、开阔视野、提高层次，运用新知识、研究新问题、解决新矛盾。丹阳财政收入高位增长，句容、丹徒达到省定小康标准，扬中名列全国中小城市百强第33位，新区全方位加快开放开发步伐，京口加快发展现代服务业，润州一手抓城市拆迁、一手抓项目引进。

2. 理清思路、突出重点，又好又快发展呈现新态势。通过深入调研、集思广益、精心谋划，先后制定实施工业经济“千百亿工程”和现代服务业三年翻番计划，旅游业、文化产业、创业创新人才引进等三年行动计划和加快全民创业、加快开发区建设的政策意见，有力指导了新一轮发展。每个季度确定一个主题，召开“解放思想、科学发展”现场推进会，引导各地集中精力抓重点、抓关键、抓主要矛盾，有效推动了全年目标任务的落实。在困难和挑战不断加剧的情况下，全市经济社会仍然保持了平稳较快发展。呈现出五个鲜明特点：一是产业结构优化，二是重点项目建设加快，三是消费拉动作用增强，四是开发园区建设如火如荼，五是高效农业发展迅速。

3. 攻坚克难、众志成城，城市面貌发生新变化。以建设让人民自豪的城市为目标，集中力量、狠抓重点，“南城北水”建设全面推进，规划展示馆主体工程完成，一批新城骨干道路建成通车，“金山湖”景区加快建设，金山广场建成开放，引航道水利枢纽水下工程、焦南坝主体工程完成。新广电中心封顶、国防园竣工。连接禄口国际机场的243省道和沿江高等级公路镇江段全线贯通，镇大公路拓宽改造工程开工建设。全市共完成拆迁量310万平方米，拆迁力度、速度、效果均创历史之最，“两铁”（高速铁路、城际铁路）征地拆迁在全省率先完成，城市建设在攻坚克难中闯出了一条新路，令人振奋、催人奋进。

4. 创新机制、激发活力，干部队伍建设取得新成效。市委全委会票决正处职领导干部、“两推一考”副处职年轻干部、

“公推直选”社区党支部书记、公务员交流轮岗、选派年轻干部到基层挂职锻炼、选拔“大学生村官”等一系列干部人事制度的创新举措，既增加了干部工作的透明度、公信力，又增强了干部队伍活力。新一轮“强基工程”扎实推进，基层党组织推动发展、服务群众、凝聚人心、促进和谐的作用有效发挥。坚决查处党员干部违法违纪案件，严肃整治损害群众利益的不正之风，反腐倡廉建设进一步加强。

5. 求真务实、团结奋进，形成共创镇江美好未来的新局面。今年以来，以市委、市政府名义下发的文件、召开的会议同比减少近40%。针对宏观经济形势出现的重大变化、企业发展面临的实际困难，市委、市政府连续召开7场调研座谈会，现场办公，解决问题。下力气优化发展环境，严格控减涉企收费，全年减免收费近2亿元。

二、深刻分析形势，把握新跨越的总体要求

根据当前形势，明年全市工作的总体要求是：以党的十七届三中全会、中央和省经济工作会议精神为指导，深入贯彻落实科学发展观，把保增长、促发展作为首要任务，全力抢抓扩大内需的政策机遇，突破发展重点、转变发展方式，切实改善民生、促进和谐安定，主要经济指标高于全省平均、快于沿江八市，全力推进镇江发展新跨越。

按照这一总体要求，市委提出，明年镇江地区生产总值增长预期目标为11%～12%，财政一般预算收入增长13%～16%，城镇居民人均可支配收入、农民人均纯收入增长12%～14%，社会消费品零售总额增长18%～20%，全社会固定资产投资完成1000亿元，增长30%以上。

三、突出工作重点，主攻新跨越的关键环节

1. 强势推进重大项目建设。对总投资85亿元的二重重大技术装备制造基地项目、总投资6亿美元的巨宝科技项目、总投资12亿元的中船发动机项目、总投资15亿元的恒神碳纤维项目、索普60万吨甲醇项目、亚太薄膜太阳能和圣睿薄膜太阳能等一批项目，要确保明年下半年投产；对已经获得国家支持的中储粮粮食中转基地项目，要力争明年3月底前开工；对总投资4亿美元的大全多晶硅项目、风电电机项目、总投资30亿元的中远川崎大型船用柴油发动机等项目，要紧抓不放、尽早落地。围绕“千百亿工程”，加大招商选资、招才引智力度，努力打造商务成本较低、投资环境较好的新优势。

2. 统筹推进城乡建设。一是保持强势抓拆迁。明年，长江路以北除少数文物保护单位等建筑外，要全部拆除，以南地区要加大成片改造的力度。二是重点工程抓突破。南徐新城方面，规划展示馆对外开放，体育会展中心开工建设，规划建设镇江职工文体活动中心。北部滨水区方面，金山湖景区要全面开放，内江控水工程要全面完成，内江清淤工程要全面启动。滨江风光带要全线贯通，2010年元旦迎新年长跑活动在此举行，向全市人民展示新形象。加快沪宁城际高铁新站场建设，推动周边环境改善。完成镇大公路拓宽改造等工程。进一步完善镇村路网配套、农村通达工程建设。三是快出形象抓整治。着力推进主城区和城市主要出入口的环境整治，突出抓好主要景区出入口形象“重塑”。推进三山风景区、南山森林公园及古运河整治，把镇江山水做精做美。加强城市管理，继续抓好市容市貌、环境卫生、交通秩序、市场秩序等专项整治，塑造环境优美、秩序优良、管理优化的城市新形象。

3. 积极推进生态建设。要更为严格地保护环境，要更加扎实地抓好节能减排，要更高层次地推进生态建设，广泛开展全民植绿、全城增绿活动，新增绿化造林面积15.6万亩，全市森林覆盖率提高2.6个百分点。

4. 扎实推进民生建设。一要进一步加强就业和社会保障工作。二要努力安排好困难群众的生产生活。三要切实解决住房、教育、医疗、交通等与人民群众密切相关的问题。加快建设廉租房、安居房、保障性住房、改善性住房，满足市民的不同住房需求。加大旧城改造力度，成片改造棚户区。丹阳、句容、扬中都要加快老城改造，改善人居环境。巩固提高义务教育和高中教育普及成果，积极整合高校和职教资源，加快教育现代化步伐。继续对低保家庭子女实施入学救助。大力发展农村卫生事业，提高农村公共卫生服务水平，推动社区卫生服务中心（站）达标升级，为人民群众提供安全、有效、方便、价廉的医疗卫生服务。搬迁改造市第二人民医院，为新城居民就医提供便利。加快公交基础设施建设，扩大城市公交覆盖范围，有效缓解交通拥堵。搬迁南门汽车站。高度重视饮用水安全、加快完成区域供水目标。大力发展繁荣文化事业，加强文化基础设施建设，发展社区文化和群众体育，丰富群众精神文化生活。高度重视发展文化产业，完成西津渡历史文化街区保护开发建设任务，加快建设文化创意产业园区。

推进“四大建设”（重大项目建设、城乡建设、生态建设、民生建设），必须充分发挥金融的促进和保障作用。金融机构要增强大局观念和服务意识，坚决贯彻适度宽松的货币政策，切实保证资金流向企业、用到实体经济。要加强政府、银行、企业间的合作，落实相关优惠政策，推动金融机构加大有效信贷投放力度，确保明年全市信贷投放增幅高于全省平均水平。要加强财政手段和金融手段的有效配合，形成促进经济增长的合力，使经济和金融在共同克服困难中实现“双赢”。

四、深入贯彻十七届三中全会精神，推进农村新一轮改革和发展

一要深化农村制度建设和创新。大力发展农民专业合作、土地股份合作、社区股份合作，提高农民组织化程度，增强合作经济组织的带动力和影响力。

二要大力发展现代农业。发展特色农业，加快高效农业基地建设，新增高效农业20万亩。

三要强化农业基础设施建设。全面实施河塘疏浚整治、饮水安全、脱贫攻坚、清洁能源、绿色家园五大农村实事工程。

五、加强和改进党的领导，凝聚新跨越的强大合力

要科学把握、有效应对。在项目投资上，既着眼于促进增长，又着眼于推动结构调整，增强发展后劲，坚决防止乱上项目，坚决防止投资高耗能、高污染和产能过剩行业项目。明年3月份起，全省将开展第二批深入学习实践科学发展观活动。要把这一活动作为转变发展方式、解决发展难题、增强发展活力的过程，高度重视、精心组织，深入推进、务求实效，实现党员干部受教育、科学发展上水平、人民群众得实惠。严格落实科学发展评价考核体系，努力从政策和机制层面，增强全市各级贯彻落实科学发展观的自觉性、推进跨越发展的坚定性。

要转变作风、真抓实干。明年目标已经确立，各级干部要进一步增强责任意识、大局意识、机遇意识，深入实际、深入基层、深入群众，调查研究，做到问政于民、问需于民、问计于民，努力使我们的发展思路、工作部署、政策措施更加符合客观实际、符合群众意愿。要加强和改善对企业的服务，做到增加服务、减少负担，少收费，少检查，少干扰，为企业营造宽松的发展环境。党政机关要带头过紧日子、苦日子，将更多的财力用在支持发展上，用在改善民生上，用在提高公共服务水平上。要加强反腐倡廉建设，落实党风廉政建设责任制，各级领导干部都要严格执行廉洁自律各项规定，以为民务实清廉的良好形象，带领广大群众战胜困难，创造经济社会发展的新业绩。

要维护稳定、团结奋进。切实加强信访工作，注意解决好因经济环境变化引发的社会矛盾，防止酿成群体性事件。加强社会治安综合治理，严厉打击各种违法犯罪行为，加大对多发性侵财犯罪的打击力度，始终保持对各类严重刑事犯罪的“严

打"高压态势，切实维护人民群众的生命财产安全和生产生活秩序，增强人民群众的安全感。深入开展平安创建活动，健全完善大调解机制，着力构建大防控体系，加强基层基础建设，巩固提高平安镇江建设成果。健全落实安全生产和食品药品安全制度，坚决遏制重特大安全事故发生。

人大、政协要在全市发展大局中进一步发挥重要作用，依法履行职责，积极开展工作。要大力唱响抢抓机遇、迎难奋进的主旋律，切实加强正面引导、鼓劲造势。宣传思想工作要更好地贴近实际、贴近生活、贴近群众，用跨越的旗帜凝聚人，用赶超的目标激励人，用发展的成果鼓舞人，让镇江大地到处充满干事创业的激情，展现争先进位的态势，形成团结奋进的氛围。

政府工作报告（摘要）

——2009 年 1 月 11 日在镇江市第六届人民代表大会第二次会议上

代市长　刘捍东

2008 年工作回顾

过去的一年，是我市发展进程中很不平凡的一年，国际国内经济环境复杂多变，面临的挑战极其严峻，经受的考验非同寻常。我们在市委的坚强领导下，坚持以科学发展观为指导，以"推进思想解放、推动科学发展"为主线，以"做人民群众喝彩的事"为目标，与全市人民一道，攻坚克难、开拓进取，基本完成市六届人大一次会议确定的各项目标任务。

一、国民经济平稳增长，运行质量有所提升

预计完成地区生产总值 1408.14 亿元，同比增长 12.3%，人均超过 6700 美元。财政总收入 233.2 亿元，增长 14.7%，其中地方财政一般预算收入 85.66 亿元，增长 6.7%，完成市人大常委会调整指标。全社会固定资产投资 718.5 亿元，增长 22.2%。

以高效农业规模化为重点，推动现代农业优化布局、调整结构。优化"三大板块""七条走廊"的区域布局，新增高效农业面积 20.88 万亩，其中设施农业 5.44 万亩，新增农村"三大合作"组织 240 家、农业"三品"认证 52 个，有力地促进了农业增效、农民增收。

以打造千亿产业、百亿企业为重点，推动工业集群发展、高端延伸。装备制造、新材料、绿色化工、特种金属和造纸五大产业实现销售超 2000 亿元，增长 32%，占全市工业总量的 80%。其中，装备制造业实现销售 1050 亿元，率先突破千亿目标。新增两家上市公司，两个投资超 10 亿元的重大项目成功落户。

以实施现代服务业三年翻番行动计划为重点，推动服务业规模扩张、层次提升。现代物流业等九大服务行业实现营业收入 1137 亿元，增长 24%；社会消费品零售总额 411 亿元，增长 24%，创近年来新高。

二、城乡建设奋力推进，基础设施日益完善

突出规划龙头地位，促进城乡资源要素集约利用。编制完成全市电力、通讯、绿地、污水处理系统等一批重大基础设施规划和丁卯—三山地区战略发展规划，区域发展空间布局进一步优化。

破解城乡拆迁难题，城建重点工程有序推进。坚持依法、阳光、惠民、和谐拆迁，完成拆迁面积 310 万平方米，其中市区 175 万平方米，创历史新高。南徐新城道路骨架初现雏形，规划展示馆顺利封顶。金山广场、西津渡历史文化街区保护更新二期工程建成并对公众开放，金山湖整治、引航道水利枢纽和焦南闸扩建工程进展顺利。

加大建设力度，综合交通能力不断增强。交通基础设施投入超过 60 亿元，投资总额为历年最高。"两铁"拆迁进度全线领先，泰州大桥南接线、镇大公路开工建设。沿江高等级公路完成 80% 的工程量，243 省道、宁杭高速公路镇江段等重点工程相继建成。全社会港口吞吐量突破亿吨，其中沿江港口达 8700 万吨。

三、改革开放继续深入，发展活力明显增强

对外开放水平进一步提升。实际利用外资 12.1 亿美元，增长 13.7%。太阳能光伏、船用装备、新材料等产业招商取得重大突破。开发园区实际利用外资占全市比重达 75%，同比提高 15 个百分点。完成进出口总额 73.6 亿美元，增长 16.6%，其中出口 42 亿美元，增长 13.9%；完成外经营业额 2.56 亿美元，增长 24.4%。

体制机制创新成效明显。国企改革进一步推进。市属事业单位分类改革有序推开。制订新一轮财政体制调整方案。在全国率先试点"淡马锡"中小企业融资模式，全省首家农村小额贷款公司挂牌营业，另有 6 家正在筹建。新增民营企业 3700 家，个体工商户 13800 户，到位民资 175 亿元。

四、生态建设力度加大，环境质量不断改善

确立 2010 年创建国家生态市的目标定位，节能减排成效明显。完成国家生态市建设规划修编，扎实推进生态县（市）和环境优美乡镇创建工作。化工集中区压减为 3 个，扬中、句容和京口、润州不再设立化工集中区；关闭小化工企业 25 家、电镀企业 37 家。黄岗取水口延伸工程顺利推进。化学需氧量、二氧化硫排放量分别削减 2.2% 和 4%，单位 GDP 能耗下降 4.82%。市区空气质量良好以上天数达 332 天。

强力推进太湖流域治理，水环境整治初见成效。太湖流域内 19 个乡镇的污水处理厂开工建设，199 家工业企业提标改造，对入湖河道实施综合治理、重点污染源实行在线监测，水环境整治工作取得初步进展。

五、加强统筹协调，推动经济社会和谐发展

全力改善民生。认真落实市委 2008 年 1 号文件精神，以辖市为单位达到全面小康省定目标值。城镇居民人均可支配收入 19040 元，增长 13.5%；农民人均纯收入 8742 元，增长

14%。城镇登记失业率为2.54%,各类社会保险参保覆盖率进一步提高。15件为民办实事顺利完成,农村新五件实事全部办结。

推动各类社会事业较快发展。县级区域教育现代化创建基本达到省定标准。全面启动《引进培育创新创业领军人才三年行动计划》。成功举办市第十三届运动会、金山旅游文化节、首届"文化嘉年华"等群众性文体活动,"文心公益行动"深受市民欢迎,新广电中心顺利封顶。市第一人民医院内科医技大楼开工建设。成为全国城乡居民医疗保险相衔接试点地区。食品药品安全和安全生产工作进一步加强。

切实加大经济工作组织力度。面对金融风暴的巨大冲击,各级政府迅速反应,与企业共同应对各种困难。兑现各项税费优惠政策,共取消、减免行政事业性收费和基金项目87项,综合费率由4‰下降至1‰。

2009年主要工作

2009年是新中国成立60周年,也是实施"十一五"规划的关键一年。当前,全球金融危机还在蔓延,宏观经济环境短期内难以根本好转,企业运行困难的局面仍将持续,政府组织经济工作的压力依然很大。但挑战是相同的,困难是共性的,只要我们坚定信心、积极应对,迎难而上、奋力作为,就一定能实现镇江发展的新跨越!

2009年,全市经济社会发展的主要预期目标是:地区生产总值增长11%;地方财政一般预算收入增长13%;全社会固定资产投资增长20%;社会消费品零售总额增长18%;实际利用外资增长5%,进出口总额增长5%;城镇居民人均可支配收入增长12%,农民人均纯收入增长12%;城镇登记失业率控制在4%以内;单位GDP能耗下降4.4%,化学需氧量、二氧化硫排放量分别削减2.2%和4%。工作中,我们将力争做到主要经济指标增幅高于全省平均水平、快于全省沿江八市。

围绕上述目标,我们将全力抓好以下六个方面:

一、努力保持经济平稳较快发展

保持经济平稳较快发展是政府工作的首要任务,我们将以项目建设为主要抓手,以大项目带动大投入、大调整,全面增强投资、消费和出口的拉动力,确保实现"保增长、扩内需、调结构"的目标。

扩大有效投入。力争完成全社会固定资产投资1000亿元,其中产业类投资600亿元以上。坚持扩大投资规模和优化投资结构并举,重点投向"千百亿工程",积极推进一批先进制造业、新能源、新技术重点项目,五大产业力争实现销售收入2600亿元,占工业总量的85%。加快高新技术产业化和传统产业高新化步伐,确保高新技术产业产值突破1000亿元。继续实施现代服务业三年翻番行动计划。加快推进一批单体投资额超10亿元的商贸项目。以大港港口、惠龙钢铁和中储粮等为重点,做大现代物流产业;以省级大学科技园、软件园、新区国际服务外包示范区等为重点,做强科技信息产业。力争服务业增加值占GDP的比重达39%以上。吸引"三资"投入农业34.5亿元,完成土地流转10万亩,发展"三大合作"组织300家,新增高效农业20万亩。

增加即期消费。城区内建设一批高档商场、宾馆、品牌店和休闲娱乐设施,促进本地消费。积极拓展农村消费市场,实现现代流通网络镇村两级全覆盖。大力实施24个总投资1000万元以上的旅游重点项目,提档升级"三山"风景区,力争实现旅游总收入270亿元。促进房地产市场健康发展,开工建设经济适用住房10万平方米、廉租房1.1万平方米、安居房90万平方米、商品房200万平方米,改善2万户以上居民居住条件。

稳定外贸出口。抓住国家大幅上调出口退税率的机遇,鼓励外贸企业加快发展,推动外贸产品转型升级。

二、奋力突破体制机制瓶颈

加大重点领域和关键环节的改革力度,破解发展难题,增强发展活力。

深化投融资改革。坚持先规划后建设、先征地后配套、先储备后开发、先做环境后出让,实现城市资产效益最大化。进一步加大市城投公司等六大投融资平台建设力度,增强政府投融资能力,力争总资产达到400亿元。改善金融服务,积极引进外资和股份制银行,新增农村小额贷款组织7家以上,力争全市贷款余额突破1200亿元,着力破解中小企业融资难题。

推进其他领域改革。积极推动农村改革和制度创新,培育农民新型合作组织,加快农村土地流转。全面完成国有企业改革扫尾工作。开展新一轮机构改革,严控机构编制增长。全面推进事业单位分类改革。落实财政管理体制改革方案。

三、加快推进城乡一体化建设

深入贯彻落实党的十七届三中全会精神、发挥好中心城市对农村的辐射带动作用,着力构建城乡经济社会一体化发展新格局。

建设花园城。南徐新城区力争规划展示馆竣工对外开放,新行政中心办公楼主体工程封顶,总投资14.74亿元的体育会展中心开工建设,加快推进中心商务区建设,基本形成新城区道路框架,基本完成安居房建设,南山景区西大门及广场建成并投入使用,初显花园新城雏形。

打造第一景。加快北部滨水区建设,全景开放金山湖景区、全线贯通滨江旅游专线、全面完成内江控水主体工程、全面启动内江清淤工程、全部封顶金泉花园安置房。坚持高标准、大力度出新长江路沿线,打造西津渡品牌。

完善大交通。加快京沪高铁、沪宁城际铁路镇江段及场站等配套工程建设,规划实施以"两铁"站为节点的综合交通枢纽,推进宁杭城际铁路镇江段以及泰州大桥南接线建设,启动大港四期工程,建成兴隆港一期工程;完成镇大公路拓宽改造工程,做好五凤口高架前期准备,建成禹山北路东段、左湖路,形成连接主城与镇江新区的两条主干道。

改造老城区。继续加大拆迁改造力度,全市完成拆迁260万平方米,形成若干新的城市商务区。实施中华路、双井路、迎江路、新河街片区等50万平方米危旧房片区改造,推进40万平方米老小区整治,投入8亿元改造庄泉村、戴家湾、新华村等城中村。投入3亿元实施高速公路镇江西、镇江南和镇江出入口环境综合整治。

统筹城乡建设。统筹城乡空间布局,推进工业向园区集中、人口向城镇集中、居住向社区集中,城市化率达64%。统筹城乡产业发展,统筹城乡基础设施建设,统筹城乡就业社保。

四、切实加大生态建设力度

紧扣国家生态市建设指标体系,实行最严格的环境保护制度,以刚性约束保护生态环境。

加快生态市创建步伐。全面实施《镇江生态市建设规划纲要》,确保实现国家生态市建设的阶段性目标。

加强太湖流域水污染治理。建成投运太湖流域19个乡镇污水处理设施。

加大绿化造林力度。积极创建国家生态园林城市。新增绿化造林15.6万亩,全市森林覆盖率达到23.9%。

五、着力改善城乡居民生活

大力扶持创业。把全民创业作为城乡居民增收的根本途径,落实激励政策,优化创业环境。

积极促进就业。实行更加积极的就业政策,一手抓扩大就业,一手抓控制失业。深入实施"充分就业市"创建三年行动计划。完善就业服务体系,开展职业技能培训2.5万人次。新增城镇就业3万人,下岗失业人员再就业1.5万人,农村劳动力转移3万人。

切实完善保障。加快推进城乡社会保障制度全覆盖，企业职工基本养老保险新增扩面3万人，新型农村养老保险和城乡居民养老保险参保覆盖率超过50%。推进市与辖市医保政策接轨，城乡居民医保人口覆盖率稳定在90%以上。高度重视慈善事业，完善城乡救助体系。消除年人均收入2500元以下的贫困人群，消除年集体收入10万元以下的行政村。

六、协调推进各项社会建设

坚持以人为本的发展理念，进一步加大社会事业领域的改革和投入力度，促进社会繁荣和谐。

提高全民素质。加大争创全国文明城市工作力度，大力弘扬新时期镇江精神，以“大爱镇江”特色活动为主线，深化“百万市民学文明礼仪”系列活动，广泛开展“我与文明同行”等群众性道德实践活动，深入开展“和谐社区”、“和谐家庭”等创建活动，切实提升城市软实力，进一步形成良好社会风尚。

加强文化建设。加大项目建设力度，形成一批具有带动产业链发展的龙头企业和具备承载产业发展功能的文化产业园区。建设西津渡民俗文化街区和特色博物馆区，打造健康路健身文化休闲区，建成金山宝地大型演艺广场，提升大市口商业文化娱乐圈，兴建新广电中心影视文化城，创作有市场、有前景、有重大影响的文化艺术精品。继续开展“文化嘉年华”系列活动，免费开放市图书馆。

繁荣社会事业。加快科教兴市进程，力争第七次创成全国科技进步先进市。坚持公共医疗卫生的公益性质，强化政府责任和投入，加快推进市第一人民医院内科医技楼、中医院门诊外科综合大楼建设，迁建市第二人民医院和中心血站。新建全民健身点50个。六创全国双拥模范城。争创节水型城市。

维护社会稳定。制订应急预案，着力防范企业生产经营风险，妥善处置企业裁员、拖欠工资等问题，避免引发群体性事件。强化食品、药品监管，创建“质量兴市先进市”。加强社会治安综合治理，增强人民群众的安全感。切实加强信访工作，发挥“大调解”机制作用，确保社会和谐稳定。

努力建设人民满意的现代服务型政府

面对严峻形势，承载人民重托，市政府全体组成人员和公务员，将以时不我待的紧迫感，树立现代服务理念，按照现代政务方式建设服务型政府，使政府工作充满生机和活力。

强化责任意识。对人民负责是政府工作的基本准则。在困难的形势下，全市各级政府、全体公务人员将强化为基层服务的责任、抓工作落实的责任，与企业、与群众共渡难关，多做人民群众喝彩的事。全面实施行政问责制，强化督查、行政监察、审计监督和绩效评估，做到有责必问、有错必究。

坚持依法行政。遵守法律是政府工作的根本原则。深入推进法治政府建设，全面提高依法行政能力。自觉接受市人大及其常委会的依法监督，主动接受市政协和各民主党派、工商联、无党派人士的民主监督。加强政务公开，重大决策实行社会参与，保障人民群众的知情权、参与权、表达权和监督权。

提高行政效能。效能是政府管理的核心要素。以新一轮政府机构改革为契机，以提高行政效能为突破口，整合行政机构，简化审批事项，改进工作方式，使机关运转更加快捷高效。加强电子政务建设，努力运用现代方式优化工作流程，提高行政效率。

保持清正廉洁。清廉是政府机关的第一形象。深入落实廉政建设责任制，建立健全惩防体系，全面推进行政权力网上公开透明运行。坚决反对铺张浪费，带头过紧日子，严格控制出国出境、公务接待和公车使用等支出。全面实施市直部门收支脱钩、零基预算，切实降低行政成本。

专 记

镇江改革开放30年大事记

1. 1979年1月16日，镇江地委召开县(市)委书记会议，对贯彻党的十一届三中全会精神、落实党的政策，作了认真研究部署。要求各级党委抓紧处理好历史遗留问题，巩固、发展安定团结的政治局面，顺利实现全党工作重点的战略转移。

2. 1981年9月11日～16日，镇江市第七届人民代表大会第一次会议召开，恢复因“文化大革命”而中断15年的人民代表大会制度。会议选举产生镇江市人民代表大会常务委员会。会议决定撤销镇江市革命委员会，恢复镇江市人民政府。

3. 1982年9月，镇江地区51700多个生产队中，有99.8%建立了各种形式的生产责任制，其中，实行联产承包责任制的占92.6%。

4. 1983年3月1日，经国务院批准，撤销镇江地区，实行市管县新体制，镇江市改为省辖市，辖丹徒、丹阳、句容、扬中4县。

5. 1984年2月19日，应日本三重县津市政府的邀请，镇江市政府友好考察团赴日考察。当年12月10日，由镇江市与旅日华侨合营的镇江市第一家中外合资企业——京侨饭店开业。

6. 1985年9月8日，江苏省政府将茅山等19个乡镇列为经济开发重点地区。15日，镇江市委、市政府成立茅山革命根据地开发指导小组，具体组织和指导茅山老区的经济开发工作。

7. 1986年12月8日，国务院公布第二批国家历史文化名城名单，镇江市名列其中。

8. 1987年3月5日，镇江港对外开放通过国家验收，经国务院批准，自3月15日起对外籍船舶开放。21日，举行镇江港对外开放典礼。

9. 1987年12月31日，总长3936米、宽40米的中山路拓宽改造工程全线贯通。其中大市口至中山桥段于1984年10月11日开工，1985年2月5日竣工；中山西路于1985年8月开工，1986年7月1日竣工；中山东路大市口至原镇江一中段于1987年开工，当年竣工。

10. 1988年3月18日，国务院发布《关于扩大沿海经济开放区范围的通知》，规定镇江市及所辖的丹徒、丹阳、扬中、句容4县(市)为新开放区。

11. 1990年10月6日，金山江天禅寺举行大雄宝殿落成、藏经楼奠基和佛像开光仪式。10月7日，焦山定慧寺举行天王殿落成、藏经楼奠基和佛像开光仪式。

12. 1991年11月，镇江市政府决定建立“丁卯桥工业区管理委员会”。1992年4月，丁卯桥工业区更名为“镇江经济技术开发区”。当年京口、润州两区行政区划进行了调整，改以古运河为界，东为京口区、西为润州区，实行城乡一体化。

13. 1992年11月18日，镇江市政府发布《镇江市解决市区住房困难户实施方案》，决定用3~5年时间兴建"解困房"，解决人均居住面积4平方米以下住户的住房困难。

14. 1993年4月1日，镇江市实施放开粮价改革。全市取消粮食、油料定购任务，收购价格放开，对定量、定(统)销供应的粮油价格放开。

15. 1994年12月，国务院正式批准镇江市作为医疗保险制度改革的试点市。

16. 1995年10月12日，第三届中国综合实力百强县评价揭晓，镇江市所辖丹阳、扬中、丹徒、句容四县(市)全部入选。

17. 1996年5月1日，镇江市与港商合资新建的商场——镇江商业城开业。9月18日，镇江市首家上市公司——江苏索普化工股份有限公司的股票在上海证券交易所成功上市。

18. 1997年5月18日，由亚洲浆纸业股份有限公司(APP)投资建设的大型纸业公司金东纸业(江苏)有限公司在镇江市正式成立，总投资151.46亿元(折合18.25亿美元)。当年12月2日，具有国际先进水平的、全国规模最大台资水泥项目——京阳水泥有限公司在镇江市建成投产。

19. 1998年3月21日，镇江市政府发布文件，决定成立镇江新区。6月30日，新区及所辖大港、丁卯、化工三个开发总公司成立。

20. 1999年2月8日，镇江市中小企业信用担保中心成立，这是全国第一家为中小企业贷款提供制度化、专业化、商业化、规范化信用服务的机构。1997年11月，联合国计划开发署援助我国实施小企业改革与发展项目在镇江市启动，担保中心的成立进一步推动了该项目的实施。

21. 2000年11月10日，镇江市企业养老金实现100%社会化发放。

22. 2001年9月21日，镇江城建"四大工程"(大市口广场建设、长江路拓宽改造、镇宝路拓宽改造、中山路与解放路出新)竣工，城市面貌焕然一新。

23. 2001年10月27日，经教育部、江苏省政府批准，由原江苏理工大学、镇江医学院、镇江师范专科学校3所学校合并组建的江苏大学正式成立。

24. 2002年11月4日，镇江市与上海铁路局联合举行上隍货场建设开工奠基仪式，迁建沪宁铁路镇江段三线项目正式实施。12月15日，始建于1905年的沪宁铁路镇江段三线被拆除，镇江城告别了"铁路穿城过"的历史。

25. 2003年6月2日，《镇江城市水环境质量改善与生态修复技术示范工程》项目被科技部列入国家级重大专项"863"快速启动计划。项目立足镇江这座滨江城市的特点，综合运用和开发水利、环境、生态三大领域先进技术，为"生态镇江"的建设提供水环境平台。

26. 2004年1月22日，镇江"三山"风景区被列入国务院公布的"国家重点风景名胜区"。

27. 2005年4月30日，润扬长江公路大桥通车。

28. 2006年6月8日，国务院颁布《第一批国家级非物质文化遗产名录》，镇江"恒顺香醋酿制技艺"和"白蛇传传说"入选。

29. 2007年1月2日，镇江市义务教育阶段全免学生学杂费。全市初中、小学25万多名学生从中受惠，涉及金额6536万元。

30. 2008年，镇江市加快城市建设步伐，全力推进"南城北水"建设。1月13日，镇江市使用了20多年的人工煤气正式退出历史舞台，全市12万户管道燃气用户全部置换成天然气。一批重点工程相继动工，京沪高速铁路镇江段4月18日正式开工，沪宁城际铁路镇江段7月1日正式开工。

(镇 报 志 办)

镇江市援川抗震救灾工作情况

"5·12"汶川大地震灾害发生后，镇江市各级党委政府和广大干部群众积极响应党中央、国务院和省委、省政府的号召，发扬"一方有难、八方支援"的精神，急灾区所急、解灾区所难、办灾区所需，全力支援灾区抗震救灾，为夺取抗震救灾的重大阶段性胜利作出了积极贡献，体现了镇江人民的大爱之情。

2008年5月21日20时，省委书记梁保华召集13个省辖市市长召开抗震救灾对口支援紧急会议，布置下达救灾任务。镇江市委、市政府迅速在建设局、建工建设集团、卫生局三个系统内抽调600余名精兵强将组成镇江援川抗震救灾建设大队，赴四川德阳绵竹市抢建过渡安置房。抗震救灾进入恢复重建阶段后，根据市委、市政府的部署，8月初，由市发改委、建设局等部门组成的市援建指挥组进驻绵竹板桥镇，争分夺秒、夜以继日，做了大量艰苦细致的工作。

一、迅速完成抢建过渡安置房任务。5月22日下午，市建设局召开援川建设工作动员会，迅速制定方案，紧急调集援建车辆，积极筹措物资器材。援川人员车辆于5月24日上午10时从镇江出发，经过江苏、安徽、河南、山西、陕西、四川六省，行程2000多公里，沿途克服重重困难和余震威胁，日夜兼程，经过36个小时的急行军，所有援川建设人员于25日晚22时安全抵达四川省德阳绵竹市，成为江苏省率先进入四川绵竹市的建设队伍之一。过渡安置房援建工作历时39天，于2008年7月2日竣工交付。共搭建板房1403套、22504平方米，建设小区配套道路2000米，施工排水管道2200米，安装水电1403套。所有援川抗震救灾参战人员以"甘于吃苦奉献，强化一线协调，狠抓进度质量，确保任务完成"为宗旨，冒着余震威胁，顶着炎热酷暑，发扬不怕疲劳、连续作战的顽强作风，加班加点、超负荷工作，提前、超额、安全完成了省委、省政府交给镇江市的援川抗震救灾过渡安置房建设任务。在江苏省13个省辖市中首家完成整体竣工交付，得到各级领导的高度评价。镇江市援川抗震救灾建设大队现场指挥部工程处、镇江建工建设集团援川抗震救灾李必忠项目部等七个单位被授予全省建设系统援川抗震救灾、重建家园先进集体"工人先锋号"，镇江市建设局副局长、建设大队大队长滕道远荣获江苏省五一劳动奖章，镇江建工建设集团徐贵宝被评为江苏省支援抗震救灾先进个人。

二、完成板桥镇灾后规划编制工作。在对口援建中，援建指挥组坚持以科学规划为龙头，统筹推进城乡布局、住房建设、公益事业、基础设施及经济发展等各个方面工作。镇江规划设计研究院组织精干设计人员，近百人次地赴绵竹，现场调研勘查，在多次征求绵竹市党委、政府及相关职能部门和板桥镇党委政府及群众意见的基础上，于2008年9月完成板桥镇总体规划和首批援建项目的建设方案，10月份完成27个农民集中居住点规划方案的编制工作，并帮助培训当地技术人员和志愿者，做好其他农民集中居住点的规划工作。规划方案得到四川省、德阳市及江苏省相关部门和专家的高度评价。

三、迅速启动第一批、第二批援建项目建设。援建指挥组坚持以人为本、民生优先的原则，优先安排人民群众最关心、最迫切的民生项目。一方面加快推进首批确定的板桥学校、卫生院、幼儿园项目，主动与绵竹市协调土地征用、拆迁补偿的工作，抓紧规划论证和项目审批；另一方面，在条件相对成熟的情况下抓紧开工建设，首批项目估算投资5500万元，10月进入全面施工阶段。到年底：板桥小学5500平方米的教学楼正在进行二层楼面结构的施工，1700平方米的学生宿舍、953平方米的风雨操场、820平方米的学校服务中心基础桩芯砼浇铸完毕；板桥卫生院及幼儿园两项目桩芯砼浇铸接近尾声，即将转入基础施工。同时，根据省援建领导小组的统一部署，对板桥镇农房重建户均补助3000元，共计1632.9万元；农房贷款担保资金907.27万元；农民安全过冬专项资金200万元全部及时拨付到位。

四、统筹推进各项援建工作。一是抓紧做好房屋鉴定工作。援建指挥组组织镇江检测中心的专家，用近一个月的时间，对板桥镇37221.2平方米的城乡住房进行了鉴定，全面完成了绵竹市政府委托的房屋建筑安全鉴定任务。二是积极配合做好就业援助工作。配合市劳动社会保障局，为板桥镇劳动所安装了就业面试远程视频系统，积极和施工单位协调，优先使用当地劳动力，全市援川建设工程共吸纳近百名当地劳动力。三是走访慰问当地困难群众。指挥组全体党员积极开展“献爱心，送温暖”活动，在越冬前结对走访当地困难群众，为他们送去食品和热水袋，并在节假日慰问当地的孤寡老人，受到当地政府和群众的高度评价，增进了同灾区干群的感情。四是积极做好镇江大爱的传递者角色。主动和市民政部门保持密切联系，做好镇江捐赠物资的衔接和发放监督工作，由市沃得集团捐赠的30台工程机械在灾后重建工作中发挥重要作用。由市慈善总会捐助的8.1万元助学金及时发放到新入学大学生手中，由全市人民捐赠的2.2万件新棉衣棉被等物资过冬前全部发放到户，在当地引起强烈反响。

五、坚持以科学发展观统领援建工作，讲大局、讲政治、讲奉献。一是加强制度建设。指挥组从筹建初期就注重建章立制，规范管理。制定指挥组工作规则、工作人员守则、工程管理制度、廉政建设规定和党建制度，严明工作纪律，树立良好形象，打造镇江援建的“品牌”。二是紧密结合恢复重建工作实际加强党的建设。指挥组党总支始终把加强党建作为一项重要工作，把抓好班子、带好队伍作为重中之重，制定了支部议事规则、支部学习制度，严格议事程序，规范议事范围，严肃议事原则，确保市委市政府的决策部署落到实处，通过严格的管理和教育，不断增强大家做好援建工作的使命感、责任感。指挥组机构7名人员，冒着余震不断的危险，面对多雨潮湿的恶劣自然环境（8月6日以来，发生余震306次，其中3级以上183次）和极端异常气候（9月24日夜晚，绵竹10小时雷击2万余次，平均每分钟30多次），克服水土不服、吃住条件艰苦等困难，争分夺秒，忘我工作。不少同志生病不离岗位，家庭困难不回家，大部分同志因为气候长期潮湿并住在板房引起身体不适，但没有一个叫苦，涌现出许多感人事迹。

（路　琪　发　改）

西津渡清代小码头遗址的发现和发掘

西津古渡，揭开诗一般的谜团

一石激起千层浪！西津渡清代小码头遗址的成功发掘，吸引了省内外众多考古专家关注的目光。这座千年古渡，正在一天天向世人揭开神秘面纱；西津渡独特的“津渡文化”，正在被注入越来越多的崭新内涵。

西津渡因渡而名，可渡在何处？西津渡因水而名，可水在何处？古街无语，西津渡给了人们太多诗一般的谜团。从2008年初开始发掘，到取得阶段性成果，短短半年时间，一座清代的渡口码头静静地走进人们的视线中。西津渡考古取得的重大突破，解开了人们心头的很多谜团。随着西津渡考古工作的不断进展，让人们有理由相信：这座千年古渡，将会带给大家更多的精彩与震撼。

西津古渡，终于结束无渡尴尬

西津渡小码头发掘现场，位于蒜山游园东侧的停车场工地。工地上方被塑料薄膜覆盖着，透过密密的脚手架，整个发掘现场震撼地呈现在大家面前——

一条台阶，沿着斑驳的坡台，缓缓地伸入深约4米的地下。尽管台阶历经岁月侵蚀已是“伤痕累累”，但一节节阶面仍然清晰可辨。在台阶左侧，一道高高的木桩板墙基本完好。台阶下面，残存的木桩平台、石铺踏步，无不让人真切地感受到这座古渡码头的悠远历史……

“这就是镇江人挂在嘴边的‘小码头’。经过考古发掘，人们终于可以见到‘小码头’的‘庐山真面目’了。”镇江市古城考古所名誉所长、研究员刘建国话语中满是激动：“人们常提西津古渡，可长期以来却有街无渡，现在随着小码头遗址的成功发掘，西津古渡终于结束无渡的尴尬了。”

近几年来，随着西津渡历史文化街区的保护性修复，这个古街区正得到越来越多有识之士的关注。如何进一步发掘古街区的历史文化内涵，使古街区能够在原真性上有所突破，成为摆在建设者面前的新课题。西津渡考古，无疑成为完成这道课题的必然选择。

2008年1月中旬，西津渡公司找到市古城考古所，希望能够对西津古渡的地下“宝贝”进行一次考古发掘。古城考古所欣然同意，很快刘建国“领衔”，霍强等考古人员参加，这支由镇江博物馆、考古所组成的西津渡考古队，就开赴到了古街区。

“西津渡共有大码头、小码头两个古渡码头，我们原计划从大码头开始考古发掘，但小码头区域内正巧在建停车场，我们临时改变计划，决定结合停车场施工，首先发掘小码头。”回忆起这半年来考古发掘历程，刘建国娓娓而谈，脸上满是成功后的欣喜与快慰。

西津古渡，艰苦发掘重见天日

岁月无情，西津古渡早已不复旧日容颜。寻找沉睡地底的小码头，谈何容易？考古人员果断决定，从寻找通往小码头的道路入手，找到小码头的准确位置。

考古人员手头的两份珍贵资料，这时发挥出了重要作用。一份是清周镐绘于160年前的《京江二十四景》图卷，其中一幅“江上救生”，生动地再现了当时西津渡的风貌。图卷显示，当时通往小码头的道路起点在救生会，呈南北向。另一份资料是绘于1905年的清代镇江地图，图上没有标注救生会门前的道路，通往渡口的道路起点已变成了义渡局。

根据这两份资料，结合现场踏勘，考古人员依据大致推测到的方位，开始了艰难的考古发掘。他们在路面打了十多个探孔，往下探测。几天之后，在深约1.1米的地面下，他们终于发现了一条道路遗存，同时发现的，还有义渡局楼宇式街渡亭的房基！这条道路大约建于同治年间，宽2.7米。道路走向和1905年的那幅地图完全吻合！

道路找到了，码头在何处？沿着道路中轴线，考古人员不断向北打探孔，小心寻找着沉埋地底的古渡。在打了5个探孔之后，他们惊喜地发现，探孔下面的石头自然地向北倾斜着，上面有相当多的淤土。前面应该就是小码头！考古人员抑制不住内心的狂喜，展开了现场发掘。当一个长14米、宽11米的探方发掘成功后，一座沉埋地底百年的古渡码头终于重见天日！

西津古渡，珍贵宝藏沉埋地下

“小码头始筑于康熙年间。当时码头呈上下结构，上面坡台，下部石头踏步，南北长 9 米，东西宽 7 米。后来随着江沙淤积，下方踏步被逐步淹埋，同治年间，码头被向上加高 1 米多，两侧又加筑坡台。后来随着淤沙不断上涨，两侧又被加实一道木桩板墙。1900 年前后，存在了大约 200 年的小码头被彻底废弃。”谈起这次考古的结论，刘建国如数家珍。

这次考古发掘，除了发现小码头，还带来了不少意外收获。刘建国介绍说，他们在现场发掘时，发现康熙年间码头路基上可以看到石砌水沟。正是通过这一发现，考古人员在深约 3 米的地下找到了康熙时期的道路。这条道路的走向和周镐的“江上救生”图完全一致。在深约 2.3 米的地下，考古人员还发现了嘉庆、道光年间的道路。

周镐“江上救生”图上绘有一组救生会的建筑。这组建筑是否存在？考古人员通过在救生会旧址发掘，成功地找到了这组建筑的房基、砖墙以及石头门道。从考古结果来看，这应该是救生会用于储藏、作业、修理的场所。

西津古渡，是一座沉埋地下的珍贵宝藏。这次考古发掘，还出土了大量的生活用瓷及铜、铁器物。在考古队临时办公用房里，这些出土文物几乎摆满了一间房间的全部架子。这是烟袋，这是船篙上的铁脚，这是外国瓷……在刘建国的介绍中，似乎能够触摸到当年西津古渡的生活图卷，“这次发掘，仅瓷片就发现了数千片，目前我们已经修复了其中的一小部分，你看，这只碗下面印着‘大清乾隆年制’，这只盘下面印着……”

西津古渡，太多的谜令人期待

“尽管通过发掘，人们知道当年的小码头规模不算很大，但这次考古发掘的意义非常重大。”多年从事古城考古的不寻常经历，让刘建国对这次考古有着更深的认识，“西津渡是历史文化遗产，历史文化遗产的价值意义取决于其本身的特定历史文化内涵。小码头是救生会和义渡局的专用码头。作为世界上最早出现的水上救生组织，救生会在我国乃至国际的慈善事业史上都有着光辉的一笔。这次考古发掘，生动地展现了清代救生会、义渡局时期的人文活动。小码头遗址具有以港兴市的镇江城市特色，是承载镇江历史文化的重要内涵，是形成西津渡历史街区的根脉所在，更是中国救生体系的实物证据。”

西津古渡有着太多的谜，这所有的谜底都是如此令人期待。其实，镇江从上世纪九十年代开始，就对西津渡开展了考古发掘。1998 年，通过探井、探方发掘，第一次在这条古街下面发现了唐代的历史遗址，让人们对“千年古街”第一次有了准确的认识。2002 年，通过小型探方，考古人员沿山坡栈道坡路对古街地层进行了发掘，找到了由唐至清的道路遗存，这也就是现在“一眼看千年”的古街独特景观。同时，考古人员还发现了铁柱宫房基、紫阳洞遗存，这些考古发掘，对于古街区保护性修复来说，具有无法估量的价值。

西津渡考古，这是一个几乎不可能穷尽的探索。目前考古人员已开始准备对大码头遗址实施考古发掘。依据史料记载，大码头的方位大约在超岸寺附近的玉山，这座古渡码头在唐代就已出现，同治年间被废弃，至少存在了千年历史。相信随着这次考古发掘的进行，人们将会对西津渡有着更多的了解和认识。而已经成功发掘的小码头遗址，将会在整理修复后，对公众开放展示，让西津渡“津渡文化”得到最真实的复原。

（宝 摘）

第二届全球规划师联盟大会简述

2008 年 10 月 31 日至 11 月 2 日，由美国规划协会主办、镇江市政府协办的“第二届全球规划师联盟大会”（以下简称 GPN 大会）在镇江市碧榆园举行。这是迄今为止镇江市举办的规模最大、级别最高的国际性会议。来自世界 22 个国家的 83 名规划专家，围绕“城市化、贫困问题、气候变化及危害”三大主题进行深入的讨论，达成多方共识，并通过《镇江宣言》。镇江筹备协调小组认真做好大会的筹备、服务工作，确保了大会的圆满成功。全球规划师联盟会后致电镇江市政府，代表全世界的规划师，感谢镇江市承办这一具有历史性的 2008 年度全球规划师联盟大会和给予的热情接待，表示将永远记住镇江这座花园城市。这次 GPN 大会的主要特点：

一、承办方领导重视，准备充分。镇江市委、市政府高度重视这次 GPN 大会，要求做好各项筹备工作，确保办出水平、办出特色。2008 年 1 月 22 日至 25 日，市政府副秘书长、研究室主任雷志强牵头组织市政府办公室、研究室、发改委、外办、接待办、规划局等部门，专门赴大连、青岛、南京三市考察学习筹办大型国际性会议的经验。5 月底，成立由副市长陈杰任组长的 GPN 大会镇江市筹备协调小组，下设秘书组、后勤接待组、环境整治组、新闻宣传组、安全保卫组五个小组，负责 GPN 大会的各项筹备工作。筹备协调小组和各工作小组都制定了详尽的筹备工作实施方案，明确具体工作任务、完成时间和责任单位、责任人。市委书记许津荣、代市长刘捍东多次听取筹备工作的汇报；市政府常务会议多次研究筹备工作情况；副市长陈杰多次到现场检查指导工作，及时研究部署各项筹备工作。领导的高度重视，完善的筹备工作实施方案，健全的安保体系，为 GPN 大会的成功召开奠定了良好的基础。

二、组织缜密，保障有力。一是镇江首次为国际性会议开展招募志愿者活动。从驻镇高校、旅游学校 200 多名报名者中甄选出 30 名志愿者参与 GPN 大会的外宾接待、材料翻译、参观导游等服务工作。二是坚持向国际标准看齐，认真搞好服务接待。强化全过程衔接，注重细节把握，精心筹划会议的各项服务工作，制作镇江简介、旅游地图等数十种会议资料，编印会务指南。三是确保会议安全。针对国际嘉宾多和游览线路点多、量大的特点，镇江按照一级警卫的要求开展安保工作，做到突出重点、点面结合、多措并举、综合整治。GPN 大会期间，共投入警力 2200 人次、保安 1500 人次。实现了“确保活动场所治安、消防、交通绝对安全，确保人员、车辆、道路井然有序”的目标。

三、规模较大，层次较高。参加 GPN 大会的 83 名规划专家来自美国、英国、法国、意大利、波兰、巴西、澳大利亚、加拿大、日本、越南、巴基斯坦、汤加、瑙鲁、斐济、肯尼亚、斯里兰卡、巴巴多斯、瓦努阿图、巴布亚新几内亚、所罗门群岛、中国等 22 个国家，代表了当今世界规划师的最高水平。联合国副秘书长、人居署执行主任安娜·蒂贝琼卡博士和江苏省副省长史和平、国土资源部副部长王世元、国家文物局局长单霁翔等国家有关部门和北京市、江苏省有关领导和嘉宾应邀出席大会。新华社、《人民日报》、中央电视台、香港《大公报》、美国《侨报》、法国《欧洲时报》、人民网、东方网等 30 多家境内外媒体记者参加大会的新闻报道。

四、讨论热烈，成果丰富。GPN 大会开幕式上，联合国副秘书长、人居署执行主任安娜·蒂贝琼卡博士、江苏省副省长史和平、镇江市委书记许津荣等先后致辞，市领导刘捍东、张甫雄、陈杰出席开幕式。在三天的会议中，与会者在上届《温哥华宣言》的基础上，就城市化、贫困问题、气候变化及危害三大主题进行了讨论。副市长陈杰在主题会议上作题为《建设山水人文交融的生态宜居城市》的主题演讲。代表们在讨论中认为，当今世界的两大主题就是和平与发展，而镇江会议提出的三个议题，与这两大主题密不可分。通过规划，从而重新审视贫困的原因，这对于贫困和发展中国家尤为重要，同时也反衬出镇江会议的重要性。过去，由于规划不到位，加上城市快速发展，从而产生了很多障碍性的东西，出现了很多问题。从道义和责任上来讲，全球规划师应责无旁贷地站起来，应对这些挑战。会议认为，中国中央政府以及地方政府对环境保护、消灭贫困以及城市化建设做了很多卓有成效的工作，对重塑未来奠定了很好的基础，使与会者受到了很大启发，作为负责任的政府，应该承担起对现在和未来的责任，坚持以人为本，积极面对挑战。大会通过《镇江宣言》，并在南山风景区文苑举行《镇江宣言》揭碑仪式。

五、强化宣传，影响深远。为更好地利用此次GPN大会这一平台，展示镇江经济建设、城市发展、投资环境等方面的成就，增强镇江的影响力和吸引力，在对外宣传上重点抓了四项工作：一是在具有国际声誉和影响力的《中国日报》上进行专题宣传，有重点、有特色地对外宣传推介镇江。二是邀请《人民日报》、新华社、中央电视台、中新社、《经济日报》《瞭望周刊》《解放日报》《文汇报》《南方周末》《东方早报》《中国建设报》《中国旅游报》《新华日报》及上海东方卫视、江苏卫视，香港《大公报》《香港商报》、美国《侨报》、法国《欧洲时报》、人民网、东方网、江苏网等30多家境内外媒体记者参加10月31日举行的GPN大会新闻发布会。来自加拿大规划设计院、英国皇家规划设计院、澳大利亚国家规划设计院以及美国规划协会的负责人就全球城市规划、气候、环境保护以及《镇江宣言》等方面回答了记者的提问。据不完全统计，大会期间，仅参加采访报道的市外媒体就发出消息百余条，内容既有与会专家对城市规划建设的不同观点，也有对镇江城市建设成就的深度报道。镇江3000多年的古老文明与现代文明的有机交融，成为媒体记者关注的焦点，通过众多平面、网络媒体的多角度、多层次报道，镇江在海内外的知名度和美誉度得到进一步提升。三是借GPN大会的机会，举行“引进培育创新创业领军人才政策”新闻发布会，由市政府新闻发言人雷志强发布有关政策，各参会新闻媒体及时予以宣传报道，在社会各界引起良好反响。四是注重扩大社会宣传。推出形式多样的城市形象宣传广告和公益广告，并在城市主干道、出入口处精心布置壮观、醒目的欢迎宣传牌。

（张忠民）

村企互动　合作双赢

——全市实施“百企百村百亿”行动的做法及成效

建设新农村，发展现代农业，最重要的一条是让有技术、有品牌、有市场的工商资本到农村投资，打破一家一户分散经营的状况，把农村变成农场，把农民变为产业工人，让资本与土地、科技和劳动力联姻，实现多位一体的共赢。

为吸引工商资本投入现代农业，推动城乡统筹发展，促进新农村建设，2008年，镇江市紧紧抓住工商企业调整产业结构、投资现代农业的强烈愿望，因势利导，创新举措，大力开展“百企百村百亿”（简称“三百”）行动——组织全市数百家规模企业与全市605个建制村挂钩合作，力争通过三年努力，促进“三资”投入农业、农村超过100亿元，以企带村，以村促企，实现村企互动发展、村企共赢。

经过一年的努力，到2008年底，全市统计上报的634个建制村（含29个涉农社区），已有607个开展村企结对，结对率达95.74%，签订和开展的合作项目达313个，总投资额达11.67亿元，平均每个项目投资额达到363.53万元，实际到位资金4.85亿元。省委常委、副省长黄莉新视察镇江现代农业建设时，对镇江“三百”行动给予高度评价。

一、“三百”行动的主要形式

一是以扬中市新坝镇立新村、丹阳市后巷镇飞达村为代表的村企合一，企业法人代表兼任村主要负责人，直接参与村务管理，村企合建党组织，全面推进新农村建设。

二是以恒顺集团、丹阳沃得集团为代表的村企合作，根据村企各自实际，合作双方在宜工的地方建设企业生产基地，在宜农的地方发展设施农业、高效农业、观光农业。企业出资金、建产品配套基地，村提供土地、劳动力资源，实现企业拓展发展空间与村改变面貌、农民增加收入的共赢。

三是以韦岗铁矿、吉贝尔药业为代表的村企挂钩，企业主动捐资捐物兴办村各类公益设施和福利项目，帮助挂钩村建设水、电、路等基础设施，帮助发展社会事业，帮助贫困户发展增收项目，加快脱贫致富步伐。

二、推进“三百”行动的主要做法

1. 狠抓行政推动。为扎实推进“三百”行动，市委、市政府专题召开全市“百企百村百亿”行动推进会和全市“三百”行动现场推进会。各辖市区积极作为，大力发动，引导企业和村充分发挥自身优势，制定村企合作规划，各镇、村主动对接，排出建设项目。各工商企业积极响应政府号召，主动挂钩，自主选择合作形式，拓展企业发展领域，谋求村企合作双赢。一系列强有力的行政举措，有效推动了“三百”行动不断取得新的进展。

2. 注重政策引导。市政府制订出台《关于推进“百企百村百亿”行动的实施意见》，对村企合作给予土地、税收、用电、培训就业等方面的优惠。对高效农业项目的实施主体实行财政引导资金补助，鼓励农业适度规模经营；对村级道路等公益事业项目，在立项、税费、产权转换等方面予以减免建设规费，切实从政策上引导和鼓励各类工商企业投资现代农业，从而推动现代农业迅猛发展，推动工商企业拓展发展空间，实现双赢。

3. 坚持典型引路。工作中，不仅抓政策引导，更抓典型引导。对村企合作过程中涌现出的特色、亮点和先进典型进行广泛宣传。丹阳市成功培育了一批企业和村共同建设新农村的“共建型”、企业带动村发展特色农业的“带动型”、企业和村发挥各自优势合作建设发展项目的“合作型”、企业安排村劳动力进厂务工的“吸纳型”等合作典型。句容市涌现出茅山百事特鸭业有限公司带动周边1000多农户养殖樱桃鸭，受益农户户均年增收近1万元等帮扶典型。市委、市政府对这些先进典型及时进行总结，加大宣传力度，在全市各新闻单位开设专栏、专题，集中宣传“三百”行动已取得的突出成果，宣传各种先进典型，提高“三百”行动的知晓率和支持度，营造浓厚的工作氛围。

4. 强化督查推进。市以及各辖市区组织相关部门人员经常深入各村项目建设现场实地察看，现场督查，协调矛盾，解决问题，推进面上工作。市委农办还建立了村企挂钩合作进展情况月报表制度，定期公布“三百”行动推进情况，并作为《镇江市2008～2010年新农村建设村级考核评价暨“双百”工程“双十佳”评比办法》的内容之一。各辖市区党委、政府高度重视，切实加强领导，加大组织推进力度。丹阳市召开专题会议进行动员部署，出台专门文件，村企结对共建覆盖率达100%，高效农业投资总额达7600余万元。镇江新区两次召开“三百”行动专题推进会，出台《关于推进全区村企挂钩工作的实施意见》，35个建制村与42个结对挂钩企业结对挂钩，年内到位资金1000多万元。

三、“三百”行动的主要成效

1. “三百”行动已成为以城带乡、以工促农的载体。实施

“三百”行动，充分调动了政府部门、村级组织和工商企业三个方面的积极性，实现了工商企业投入新农村建设由过去的政府推动向主动参与转变，由过去的无偿支持向互利双赢转变，农村发展由等待输血向积极造血转变。在工商资本投资项目中，基础设施项目数列第一位，占总项目数的35.5%，农民集中居住项目投资额居第二位，占总投资额的17.7%，工商资本的投入，推动了农村面貌的显著改善。

2. “三百”行动给现代农业发展提供了新的平台。在已到位的4.85亿元投资中，高效农业居首位，占总投资额的58.9%。在工商资本的带动下，2008年全市新增高效种植业面积1.33万公顷（其中设施农业3600公顷）、高效渔业面积1467公顷，农业结构不断优化，农业效益稳步提升。“三百”行动还推动了“三大合作”（农民专业合作、土地股份合作、社区股份合作）的进一步发展，全市新增农村“三大合作”300家，总量达到500家。农民收入增长较快，2008年农民人均纯收入8703元，比上年增长13.5%，来自一产的收入2401元，比上年增加491元，增幅高达25.7%，增幅创近年来的新高。

3. “三百”行动为企业获得了更大的发展空间。丹阳大海集团几年来先后投资近1亿元，选择茶叶、林木两个项目，建成2000多公顷的农业基地，形成了4亿多元的农业资产；丹徒正东机械厂投资近5000万元建设食用菌工厂化生产基地，获得了比工业更多的利润，同时带动1000多农户种植食用菌致富；句容便民超市投资近2000万元建设的养鸭基地，获得了企业与农户的共赢；扬中环太集团投资建设的渔乐园成为国家级农业旅游示范点。在这些企业的示范带动下，索普、天工、恒宝、万新光学等一大批企业集团相继投资建设农业项目，投资总量和单体规模大幅攀升，投资领域不断拓宽，经济效益稳步提高。

（石铁流）

“大爱镇江”主题活动

“大爱镇江”主题活动，是镇江市委、市政府2008年加强全市精神文明建设、彰显城市特色、提升城市形象而开展的一项重要活动。“大爱镇江”主题活动开展以来，经过全市上下共同努力，广大群众积极参与，活动有序推进，影响广泛，初显成效。

活动开展富有特色

2008年7月2日，“大爱镇江”主题活动启动仪式暨四川省绵竹市教育系统抗震救灾英模事迹报告会隆重举行。市委常委、宣传部部长张洪水对开展好“大爱镇江”主题活动提出明确要求。绵竹市教育系统抗震救灾英模事迹报告团成员生动讲述灾难面前的爱心壮举。启动仪式暨报告会在全社会产生广泛影响，成功拉开了“大爱镇江”主题活动的序幕。9月25日，“大爱镇江”品牌建设研讨会召开，来自相关研究领域的省市专家和学者、“大爱精神”的传播者和优秀践行者代表，围绕“大爱镇江”品牌建设畅所欲言，出谋划策，相互启迪，勾画未来。10月份，组织开展“大爱镇江”主题活动徽标、主题语公开征集活动，得到全国10多个省市区广大市民群众的积极响应，共收到徽标设计作品40多件，主题语2000多条。经组织有关专家评选，遴选出“大爱镇江”主题活动徽标、主题语各10件作品，并在全社会广泛宣传。从近年来新闻媒体报道中遴选出115个先进人物及其先进事迹，形成了《“大爱镇江”爱心故事集》一书。举办“大爱镇江”大型图片展，按穿越时空的爱、飘舞的黄丝带等9个专题板块，共展出400多幅图片。

各部门也根据市文明委的统一部署，开展了丰富而富有个性特色的爱心大行动。市总工会在广大职工中开展“四送”活动，为困难职工、下岗职工、外来务工人员“送温暖、送岗位、送培训、送服务”。团市委在团员青年中开展“希望工程”圆梦行动，为238名大学生和520名中小学生提供助学资金。市妇联在广大妇女中开展“社会妈妈”五周年回访以及巾帼红丝带关爱活动，突出对弱势和特殊女性群体的关爱。市老龄办以“敬老孝心”为主题，开展“爱心助老”志愿者结对服务活动，以及敬老模范村镇、模范家庭创建活动，年底有44户家庭获表彰。市残联在广大残疾人中开展“助残健行”活动，为80名家庭困难的残肢人安装假肢。市教育局在教育系统开展“爱教育、爱学生、爱自己”“三爱”主题教育活动，评选出“感动校园十佳教师”和“感动校园之星”。组织首届“大爱镇江:感动教育十大社会人物”，评选产生出“大爱镇江:感动教育十大社会人物”。市卫生局在卫生系统开展“天使爱心”工程活动，实施惠民行动，为全市低保特困人群提供医疗服务。市红十字会积极开展“博爱送万家”活动，为1500多户贫困户及6名白血病患儿分别送去棉被、食油、大米以及就医资金等。市“爱心车队”开展爱心送考、抗震救灾捐赠等活动，为600多名交通不便及特困考生免费服务，为13名在镇江的四川籍重灾区出租车司机捐款5万多元。镇江日报社组织策划了“社会儿女助老圆梦”大行动，为30余位空巢或孤寡老人实现了心愿，实现圆梦价值共计2.8万多元。这一系列活动的开展，不仅形成了部门联动、密切配合的良好工作格局，而且使“江河汇文明、古城有大爱”有了更广泛、生动的体现。

“大爱之星”评选影响广泛

先进人物和先进群体是城市的精神脊梁。为了进一步激发全市人民学习先进、争当先进的热情，根据全市“大爱镇江”主题活动的总体部署，镇江市组织开展了首届“大爱之星”评选活动。

为了增强评选工作的广泛性、公正性，在各地、各部门推荐的基础上，由市委宣传部、市文明办、镇江日报社、市广电局、团市委、市妇联、市总工会等有关部门的负责同志组成的评委会，于11月3日召集新闻界的专家代表对先进人物、先进事迹的新闻价值和推广价值进行初选；11月10日，组织各地文明办的负责同志和有关方面的代表对先进人物和先进事迹的社会影响力进行初选；11月24日，又召集初选入围人物的所在单位和地区的负责同志对初选名单从群众性的角度进行评选。考虑到是首届评选，在评选对象上不仅着眼于当年，而且把时限延伸到近年来涌现出的先进典型，做到新老典型相结合。在评选的标准和条件上，着眼先进典型事迹的感人程度、典型的公认度和社会的影响力这几个因素，最后，经过认真筛选并广泛征求意见，初步确定“大爱之星”候选个人22个、群体10个，共计32个。

12月3日开始分别在《镇江日报》《镇江广播电视》、名城镇江网、镇江文明网等新闻、网络媒体上刊登候选个人及群体的先进事迹及选票。积极组织发动广大群众参与投票评选，努力把投票评选的过程，作为学习先进、争当先进的过程，使评选活动收到实效。在为期一周的投票评选中，广大群众踊跃参与，截至12月10日，共收到选票113000张。12月17日，评委会第四次召开评审会议，根据群众投票情况初步确定建议名单，上报市文明委领导审定，共推荐出符合评选条件的“大爱之星”个人及群体共计17人（个）。

颁奖典礼恢弘大气

“大爱镇江”新闻人物颁奖典礼由市文明委主办，市文明办、市广电局、凤凰卫视承办。市领导对举办好市首届“大爱镇江”新闻人物颁奖典礼高度重视，市委书记许津荣提出明确要求，市委常委、宣传部部长张洪水多次听取活动有关筹备情况汇报，并就加强组织领导、把握典礼晚会基调、社会舆论宣传、安全保障等方面提出具体意见。为确保“大爱镇江”新闻人物颁奖典礼的成功举办，专门成立活动组委会，组委会下设策划编导组、技术保障组、新闻宣传组、嘉宾联络组、观众组织组、安全保卫组等，分工负责相关事宜，并按倒计时紧张有序地筹备各项工作。

颁奖典礼由市文明办、市广电局和凤凰卫视共同策划组织，于2009年1月1日晚7:30在镇江体育馆隆重举行。凤凰卫视派出著名主持胡一虎、陈晓楠主持颁奖典礼，著名评论员杨锦麟主持点评。具体形式包括五方面内容：一是展示环节：用电视短片叙述和主持人、嘉宾讲述的方式，讲述“大爱之星”的爱心故事，以小见大，以点带面，对“大爱镇江”给以形象演绎。二是对话环节：由凤凰卫视著名主持人胡一虎、陈晓楠与颁奖嘉宾、获奖者进行面对面交流，对“大爱镇江”给以深情诠释。三是点评环节：由凤凰卫视著名评论员杨锦麟现场点评，对“大爱之星”及开展“大爱镇江”主题活动的意义给以深度点评。四是颁奖环节：市委常委、宣传部部长张洪水宣布镇江市首届“大爱之星”12名个人以及5个群体名单。他们分别是农民致富的铺路人赵亚夫、“江上义翁”陆明才、优秀反扒民警胡雪林、造福百姓的民营企业家朱国平、“公推民选楼长”怀民、“茶水奶奶”李茂兰、天堂短信传递人间至爱的好母亲陈素文、走进《千手观音》的聋哑女孩吴倩、无私奉献的下水道疏通班班长唐顺平、烈火中永生的消防班长史建华、捐出一生积蓄80余万元的退休老人徐志云、“爱心大使”戚熙娟以及社会妈妈、生命志愿者、助残26年成佳话的镇江船艇学院学员四队、“满城尽飘黄丝带”镇江网络爱心行动、镇江出租汽车“爱心车服务队”。此外，孙春兰、潘弘程、鲍元瑞、吴金川、童财宝、殷杏华、王彦波、马立平、朱国锋、严军等10人和雷锋车服务班、徐深海清粪队、京口区法院少年庭、润州区迎江路社区“爱心辅教”、格桑花扬中工作站等5个群体获得镇江市首届“大爱之星”入围奖。市领导许津荣、刘捍东、郭礼荣、张庆生、张甫雄为“大爱之星”及入围奖获得者颁奖。颁奖典礼上还宣布了“镇江市青少年白血病救助资金”正式建立。五是艺术元素：邀请关牧村、孙楠等表演艺术家、著名歌手，江苏及镇江艺术团体表演大爱主题的相关曲目，对“大爱镇江”颁奖典礼辅以艺术烘托，唱响人们心中对于爱的礼赞。

市委、市人大、市政府、市政协领导黄宝荣、李国忠、陈苏、卢章平、王萍、赵腊根、宋余庆、赵庆荣、许能斌、宦祥宝、宋敬伟、徐平、孙志安，老同志周大平等出席颁奖典礼。 （陈志耕）

2008年市政府为民办实事项目圆满完成

为更好地体现广大人民群众的愿望和要求，市政府2008年共确定15件为民办实事项目。在各实施单位的共同努力下，这些项目圆满完成。

1. 超计划完成扩大就业。新增城镇就业5.7万人，完成目标任务的190%；新转移农村劳动力4.35万人，完成目标任务的145%；培训农村劳动力3.5万人，完成目标任务的116.7%。

2. 关爱老年人和特困群众。建立并实施老年居民养老补贴制度，对没有任何保障的城乡老年居民，60周岁～80周岁者每月补贴50元，80周岁以上者每月补贴100元，2008年7月开始发放，全市享受养老补贴7.3万人，其中市区（不含丹徒区）2.57万人。按计划顺利完成市区10.4万名退休人员免费健康体检。率先在全国实施“基本医疗服务包”救助制度，对市区70岁以上医疗救助对象实施免费社区门诊服务，全年救助医疗费用支出544万元，对387名特殊困难人员全年救助医疗费用支出25万元，人均获得630元的门诊费“服务包”救助。

3. 提高城镇居民医保、农村新型合作医疗保障水平。提高城乡居民医疗保险缴费和财政补贴标准，市区人均筹资标准提高到每人每年250元，财政补贴提高到150元，其中“5060”（指50周岁以上女性、60周岁以上男性）老年居民财政补贴标准提高到200元。市区居民医保参保33.46万人，参保率超过90%，财政补助2500万元。

全市参加新型农村合作医疗农村居民达163.26万人，参保率99.49%，人均筹资水平达125元。截至2008年11月底，住院可结报费用补偿比例达到38.72%。

4. 新建、升级改造菜市场，新增蔬菜生产基地。新建成丁卯、林隐路2个菜市场。完成永安、花山湾、人民街、牌湾、王家巷、京口闸、三茅宫、谷阳和丹凤9个菜市场升级改造。在丹徒、京口、润州和镇江新区共建设130多公顷蔬菜生产基地。

5. 实施危桥改造项目。燕舞桥改造完成主体工程；塔山桥改造完成主体工程，快车道通车。农村公路危桥改造完成21座，投资2010万元。

6. 治理山体滑坡，整治改造老小区。烈士陵园周边滑坡治理，主要采用削坡、护坡、抗滑桩、挡墙、局部锚杆格构梁等技术，同时理顺排水系统，对坡面绿化美化；东吴路74号南侧山体滑坡治理主要采用抗滑桩、挡墙支护，理顺排水系统，表面绿化美化。两项工程均已通过竣工验收。实施润州船厂宿舍片区、花巷片区二期等9个老住宅小区50余万平方米改造，完成小区道路、排水、落水管、楼道出新绿化等工程。完成周家河新村、光明村、梳儿巷16号等低洼积水区和岗子下53号等积水区整治。完成永安路9号等67条街巷2.49万平方米道路改造。完成118处20860平方米直管公房改造，投资810万元。完成中华路及支路、京畿路、斜桥街和山门口街的路灯设施更新改造。

7. 提高住房保障水平。开工新城市花园、凤凰家园、九华山庄等11个经济适用房（拆迁定建房）小区，规划建筑面积约95万平方米，竣工11.7万平方米，其中凤凰家园5万余平方米，金泉花园6万余平方米。在凤凰家园小区购置廉租住房5600平方米。完成2008年第二批廉租住房保障家庭116户的实物配租。完成编制《镇江市市区住房保障发展规划》及年度住房保障计划。

8. 大力发展公交事业。南徐新城公交停车场建设已完成停车坪主体工程。新购置环保节能公交车90辆，投资3000余万元。新辟或优化公交线路11条。公交线路向丹徒新城区、上党镇农贸市场延伸。

9. 推进“全民健身工程”。新建成20个全民健身工程点。农村1049个小篮球架已安装完毕（丹阳市483个、句容市270个、扬中市146个、丹徒区150个）。对市区健身器材进行普查，维修更换23处。

10. 干预出生缺陷，提升人口素质。为18068对新婚夫妇提供健康教育服务，孕前指导普及率达95%以上。其中发放宣传品49264份，开展孕前TORCH检测6499例，染色体检测6157例，孕前健康体检3489例，孕中期唐氏筛查239例。

11. 完善残疾人事业基础设施建设。市级残疾人综合服务中心建设完成立项、规划定点和土地划拨，启动代建程序。市级残疾人庇护所“梦溪启聪园”已建成并通过省级验收，运行情况良好。句容市残疾人康复中心已完成选址，丹徒区残疾人康复中心正在装修；京口区残疾人康复中心局部完成改建扩容。

12. 全面推进农村社区建设。村级社区服务中心已建成504个,占年度考核目标的166%,其中丹阳市202个、句容市117个、扬中市68个、丹徒区63个、京口区6个、润州区13个、镇江新区35个。已建乡村为农服务社568个,其中二星级社86个,三星级社126个,服务中心43个,为农服务社行政村覆盖率达到93.57%。

13. 新建市区停车场。新建成西津渡停车场(泊位88个)、南门高架桥下停车场(泊位85个),金山广场停车场(泊位263个)完成地下主体工程施工;新增设四院、新河西岸路、第一楼街3个社会停车场,增加泊位450个,在电力路等主干道新增设路内临时停车点33处泊位约600个;在山巷广场、建设学校、三茅宫小区增设3处停车场,停车泊位约350个;在老住宅小区整治中增加停车泊位300余个。累计增加停车泊位1600余个。

14. 区域供水已经覆盖至全市各镇。需镇江市区供水的乡镇有13个,已实现区域供水的镇有5个:丁岗、谏壁、姚桥、上党、大路。白兔镇管道已通达镇区,高资、下蜀镇主管道随沿江公路同步实施,除跨河管道外,其余已完成。

15. 建立和完善法律援助工作保障机制,全市共立案办理法律援助案件1200件。 (卢 俊)

2008中国镇江金山旅游文化节综述

2008中国镇江金山旅游文化节,在市委、市政府的正确领导下,在省旅游局的大力支持下,活动组委会认真筹备、精心策划、严密组织,各辖市(区)、各相关部门紧密配合,全市上下共同努力,活动取得圆满成功,打造了品牌,吸引了客源,拉开了全市旅游业振兴发展的帷幕。

一、金山旅游文化节的成功举办,推介了镇江旅游资源,打造了镇江旅游品牌,展示了镇江旅游新形象,体现了旅游振兴发展的总要求

一是突出创新,体现特色。该届金山旅游文化节由省旅游局、镇江市政府联合举办,由镇江市旅游系统独立承办,既确保了旅游文化节的专业性、系列性和外向性,又充分展现了旅游节的区域性、互动性和参与性。所谓专业性,是指该届旅游文化节没有依附于市政府每年举办的金秋经贸洽谈会,而是作为市政府的一项重点节庆活动,专门举办。所谓系列性,是指旅游节期间,各地、各单位共同办节,既是主体活动的参与者,又是各项子活动的承办者,形成了全社会关注旅游、参与旅游、共同办节的浓厚氛围。所谓外向性,体现在对奥运会、世博会的高度关注,体现在一系列互动合作协议的签署,体现在对海内外嘉宾的邀请。金山旅游文化节邀请到国际休闲产业协会主席王军、省旅游局局长周乃翔,德国、印度、韩国、日本驻沪领馆总领事(领事)及家属,上海市旅委、中国国旅总社、中国台湾高雄观光协会主要负责人,德国、日本、美国、新加坡等国家和中国台湾、中国香港、中国澳门等地区旅行商,国内主要城市旅行商,省内兄弟城市的旅游局局长、旅游界同仁,以及中央电视台、江苏电视台、浙江电视台、上海电视台、《人民日报》《中国旅游报》《上海旅游时报》、人民网、新浪网、搜狐网等各大媒体记者共约150多人参会。所谓区域性和互动性,是指与"宁镇扬"的联合,与"长三角""泛长三角"的联合,与境内外主客源市场的互动。所谓参与性,体现在当地市民及周边游客的广泛参与,开幕式现场的近万名镇江市民,"快乐UP"现场处处洋溢着市民的欢声笑语,南京、扬州212辆私家车近700名车友参加自驾游活动等,无一不展现出欢乐、祥和、喜庆的节日气氛。

在旅游文化节期间,组委会策划组织了一系列民俗文化及时尚旅游活动,体现了浓厚的传统气息、鲜明的时代特色和高尚的文化品位。9月19日晚的市政府风味招待酒会,市经贸委召集全市烹饪大师、名师精心准备特色菜肴。开幕式文艺晚会上,市文化局精心组织的《广玉兰盛开迎嘉宾》《南乡田歌》《金山传奇》《活力镇江》等地方特色节目,从不同的角度展示镇江丰厚的旅游文化资源和广阔的发展前景。团市委举办的"快乐UP"大型广场趣味文体活动,团体表演声势浩大,时尚表演耳目一新,互动类节目趣味横生。园林局组织的焦山桂花节,体现了观赏、游览、参与和互动性。由市经贸委主办、全市各大饭店推出的特色菜肴品尝月活动,市总工会组织的职工文化活动,给海内外游客献上了一道味觉、视觉大餐。丹阳、句容、扬中、丹徒、京口、润州等辖市(区)政府主办的系列特色节庆活动,也非常好地展示了各地的民俗、民风、民情、名品特色。整个活动体现了传统文化的继承,时代精神的弘扬,地方特色的展示。

二是活动规模大、规格高。2008中国镇江金山旅游文化节,由"风味镇江""相约镇江""牵手镇江""体验镇江""多彩镇江"五个篇章组成,系列活动规模宏大、特色鲜明、规格非常高。全市各大景区、旅游饭店、娱乐场所推出的一系列优惠酬宾活动,更是受到市民、外地游客的追捧。这次旅游文化节活动时间跨度长、涉及范围广,主题鲜明、内容丰富、阵容庞大、形式多样、气势恢弘、生动活泼,充分展现了镇江自然、人文特色和传统旅游城市的魅力。

9月19日晚,在市体育场举行的开幕式活动,规格高、规模大。国际休闲产业协会主席王军、江苏省旅游局局长周乃翔、市委书记许津荣,市委副书记、代市长刘捍东,市政协主席郭礼荣,市委副书记张庆生,市委常委、秘书长李国忠,市人大党组书记、代主任张甫雄,市委常委、宣传部部长张洪水,副市长王萍、冯士超,市政协副主席、财政局局长许能斌,市政协副主席、园林局局长徐平,市政府秘书长孙晓南等应邀出席开幕式。来自海内外的150多位特邀嘉宾出席开幕式。代市长刘捍东作热情洋溢的致辞。国际休闲产业协会主席王军、江苏省旅游局局长周乃翔、中共镇江市委书记许津荣,共同为"2008中国镇江金山旅游文化节"揭幕。市政府秘书长孙晓南主持开幕式,并展示区域旅游合作协议成果,公布镇江旅游形象宣传主题语和标识评选结果,启动镇江英文网站。开幕式现场,数以万计的镇江观众也是一道靓丽的风景线,热情洋溢、和谐友好、秩序井然,充分展示了镇江人民的激情、淳朴和开放。

三是加强合作,注重实效。年初以来,全市各旅游行政部门、经营单位未雨绸缪,积极谋划,推进区域旅游合作。市旅游局全面启动"长三角世博主题体验之旅"专题合作项目,与南京、扬州共筑"宁镇扬"旅游联合体、共推"扬子江之旅"精品旅游线路。各辖市(区)、相关部门、各旅游接待单位,均高度重视、通力协作,通过广泛沟通、深度推介,积极推进区域旅游合作。截至旅游节开幕前,共签订132份旅游合作协议,其中:境外合作协议12份,境内合作协议120份。按照镇江方签约对象来分,旅行社81份,旅游星级饭店33份,旅游景区18份。

在旅游节举办期间,应邀出席的海内外嘉宾、旅行商,更是对镇江流露出浓厚的兴趣,表达了深度合作的意愿。韩国驻沪总领事馆部长郑益守表示,回国后将重点向韩国旅游机构和民众推荐镇江,关注并促成1700名韩国学生镇江休学游。日本金宇国际旅行社部长康僖喆表示,早在20世纪80年代,镇江就是日本出境游客的旅游目的地之一,回国后将尽快组织日本旅行商来镇江踩线、编排线路。中国台湾高雄观光协会创会理事长黄金祥,就如何发展镇江旅游休闲娱乐和旅游购物、推进

深度体验游，提出建设性建议，并表示10月份将再次带队到镇江，就输送台湾游客做进一步对接。国旅总社副总裁冯意明也表示出与镇江旅游深度合作的意向。

四是宣传有力，影响广泛。为营造浓厚的节日氛围，市委宣传部、市旅游局组织召开了旅游节活动新闻发布会，在《新华日报》《扬子晚报》、中国旅游网、上海旅游网及市级主要媒体上进行前期报道。市旅游局在《京江晚报》专栏公布旅游节主要内容，在9月10日发行的《新民晚报》《扬子晚报》上开辟专栏，公布并推出一系列优惠酬宾活动，市外游客凭当天的报纸可以享受优惠。在开幕式当天，江苏电视台、浙江电视台、上海教育电视台、《人民日报》《中国旅游报》《华东旅游报》《新华日报》《扬子晚报》《现代快报》《上海旅游时报》、人民网、新浪网、江苏旅游网等近百家知名媒体对活动进行报道，宣传镇江旅游形象，大力招徕客源。粗略统计，仅网络媒体报道的就有搜狐网、人民网、腾讯网、西祠胡同网、央视网、中国旅游网、旅游联盟网、E游天下网、中国侨网、中国食品产业网、长三角联合网、上海旅游网、浙江在线、中国江苏网、江苏法制网、新华报业网、扬子晚报网、游易天下网、名城镇江网等300多家网站。

2008中国镇江金山旅游文化节的成功举办，展示了名城形象，打造了旅游品牌。作为一场文化旅游大餐，既满足了群众精神需求，吸引了广大游客的关注，又锻炼了队伍，振奋了精神，鼓舞了士气，转变了作风，提高了办节的水平。据不完全统计，在旅游文化节期间，全市各大景区游客接待量明显好于上年。

二、金山旅游文化节的成功举办，体现了市委市政府的高度重视，体现了组委会的精心组织，体现了参与单位的强力支持，体现了工作人员的忘我投入

一是得益于市委、市政府领导的高度重视。市委书记许津荣高度关注金山旅游文化节的举办，并提出创意。代市长刘捍东专题听取汇报，并数次督查指导筹备工作。7月2日，刘捍东在调研全市旅游工作时提出，要按照市委、市政府的要求和部署，突出办好金山旅游文化节，树立镇江旅游节庆品牌。8月28日，刘捍东专题听取金山旅游文化节筹备情况汇报，要求活动安排紧凑集中，要突出地方特色，体现参与和互动性，聚集人气，打造品牌。副市长冯士超亲历亲为，自始至终，十多次主持召开协调推进会议，深入一线考察指导。市委、市政府领导对旅游节的高度重视、正确领导、强力指挥，是这次活动成功举办的前提。

二是得益于活动组委会的精心组织。活动组委会制订了周密的活动总体方案，并由市政府以文件形式下发各单位执行。组委会设立秘书处、后勤处、安保处、活动处、接待处、宣传处、文艺处、合作协议处8个工作处，各工作处和责任单位都制订了详细的专题活动实施方案和工作流程。组委会秘书处将其中的31个重点工作方案编印成册，并报市委、市政府主要领导审定。在活动筹备期间，围绕旅游节期间的安保和相关后勤保障工作，市公安局针对每一项活动都拟定详实的安保工作方案及应急预案；市卫生局、城管局、供电公司分别拟定了卫生防疫保障工作方案、市容环境卫生保障工作方案和文艺晚会供电保障方案。一系列保障方案和扎实有效的工作，确保了旅游节期间的安全、有序、质量和高效。旅游节期间，没有发生一次旅游安全事故、旅游责任事故。

三是得益于各参与单位的强力支持。活动筹办工作是大合唱，需要各单位齐心协力、共同努力。市旅游局牵头统筹协调整个活动的筹备工作，组织赴周边城市以及北京、福建、广东等地，做好前期宣传造势工作；认真落实相关活动的筹备，邀请国内外知名旅行商，抓好区域旅游合作协议的签署等；会同市外办完成驻沪部分国家总领事（领事）及重要客商的邀请、接待工作。市委宣传部认真部署做好活动前、活动中、活动后的宣传报道，配合做好主流媒体记者的邀请和采访工作，扩大了活动影响。市文化局积极选审地方戏曲节目，选定外请节目，认真指导调度文艺节目，负责做好演出场地的组织准备。市教育局、双拥办及部分重点企业组织拉拉队观看开幕式文艺演出。市总工会举办职工文化活动。市财政局及时拨付旅游节工作经费，提供强力资金保障。市公安局调配大批警力，确保活动安全万无一失。市园林局、建设局、民宗局、交通局积极做好有关景区的氛围营造、规范秩序和接待服务等工作。市卫生局、城管局、镇江工商局、镇江食药监督局共同做好食品卫生安全、市容市貌管理工作。市接待办对省级以上领导实行一对一的接待服务。团市委、市体育局、供电公司、经贸委、台办、镇江供电公司、镇江国际饭店都出色完成了各自的任务。各辖市（区）政府安排专门的机构、人员、经费，组织开展专题旅游活动，展现各地特色和风采。

四是得益于全体人员的忘我投入。全体筹备工作人员以时不我待、争分夺秒和高度负责的态度，发扬团结拼搏、争创一流的精神，忘我地投入活动各项筹备工作。8月份以来，组委会各相关工作处的很多干部、职工没有休息过周末，经常晚上加班加点，在活动冲刺阶段连续通宵工作。市政府副秘书长周凤霞事无巨细，事必亲躬，认真细致做好统筹调度工作。市旅游局副局长文雁才带病坚持工作，连续两天粒米未进仍坚守岗位，后勤处副处长李臻，由于连续高强度、不间断地工作，病倒在案头。活动筹备工作中，涌现了很多感人的事迹。

三、金山旅游文化节的成功举办，需要体现在办节成果转化为旅游生产力上，体现在培育国内一流旅游节庆品牌上

这次旅游文化节成效显著，但要把成果转化为旅游生产力，激发全社会创业旅游的热情，推进镇江旅游业的全面振兴，还需要我们发扬连续作战的精神，不遗余力地抓好推进，高效务实地落实创新，努力培育国内一流的旅游节庆品牌。

一是做好重要嘉宾的联络。对有投资意向、有客源输入、有实力的重要嘉宾和旅行商实行专人跟踪服务。做好电话回访、拜访或邀请工作，深度推进旅游合作，签订更多、更有分量、更有针对性的旅游合作协议，拓展客源市场。

二是抓好签约项目的推进。对旅游节前后集中签订的旅游合作协议，明确单位、明确处室、明确专人，抓好推进，并及时通报推进情况。

三是加大旅游商品的培育。以这次活动的举办为契机，注重旅游商品市场的整合和开发，注重旅游商品的“产、销、研”结合，走市场开发的路子，拉长旅游商品短腿。

四是强化旅游人才的培养。通过旅游节的举办，挖掘人才、锻炼人才、储备人才、识别人才、使用人才，为镇江旅游振兴发展培养一支想干事、能干事、干成事的人才队伍。

五是推进节庆品牌的打造。这次旅游文化节是全市规模较大、影响广泛、参与性极强的盛会，为办好今后的相关旅游活动积累了宝贵的经验。应当以此为契机，认真总结、不断创新，高起点规划，高标准要求，高强度造势，积极推进手段市场化、过程动态化、效果盈利化的运作方式，实现旅游资源的有效整合和利用，全面提升办节水平，打造国内一流的旅游节庆品牌，提高影响力、凝聚力，为推进镇江经济和社会又好又快发展作出积极贡献。

（蒋云峰）

2008年镇江市十件大事

一、1月4日，镇江市连续第五次被命名为“全国双拥模范城”。

二、镇江市在2007年以大市为单位总体实现全面小康省定目标值。25个指标中，以市为总体，全市有24个达到省定全面小康指标值。

三、6月28日，镇江援川建设大队建设的1403套水电完备、配套齐全的过渡安置房交付给绵竹市剑南镇政府，在江苏省13个省辖市中首家完成板房安装及整体竣工交付任务。7月2日，镇江市启动“大爱镇江”主题活动，并特邀四川省绵竹市教育系统抗震救灾英模到镇江作事迹报告。首届“大爱之星”评选、“大爱镇江”年度新闻人物颁奖晚会等一系列活动，打造“大爱镇江”城市品牌，产生广泛社会影响。

四、全市有7家企业入选全国民营企业500强。具体排名为：大亚科技集团有限公司第95名、江苏飞达工具股份有限公司第209名、大全集团有限公司第251名、江苏天工工具有限公司第272名、中电电气集团有限公司第288名、江苏沃得机电集团有限公司第367名、江苏省交通工程集团有限公司第494名。

五、11月27日～28日，市委书记许津荣率镇江经贸代表团赴新加坡，参加“2008新加坡—江苏经贸合作论坛”，签约3个总投资在5000万美元以上的项目，其中新加坡高登置地有限公司总投资1亿美元的五星级国际酒店项目、新加坡邦建航运控股有限公司总投资3.3亿美元的海洋工程产品及船舶制造项目参加省重点合作项目签约仪式。

六、11月9日，南乡田歌传承人孙阿英、古琴艺术（梅庵派）传承人刘善教、扬剧传承人筱荣贵和姚恭林、玻璃雕绘画传承人费维本、乱针绣传承人吕存、上党挑花传承人王月兰、秦淮灯彩传承人陈柏华、扬中竹编传承人耿月新、天鹅绒织造技艺传承人戴春明、封缸酒酿制技艺传承人许朝中、唐老一正斋膏药制作技艺传承人唐镇北等人入选第二批省级非物质文化遗产项目代表性传承人名单。

七、1月19日，原镇江市人大常委会副主任、扬中市人大常委会主任陆朝银被评为“和谐中国·2007年度十大影响力人物”之一。

八、4月17日，市政府印发《镇江市市区老年居民养老补贴暂行办法》。规定具有本市市区累计15年以上户籍、现居住在本市市区、年满60周岁而没有养老社会保障待遇的城乡居民，自2008年7月1日起可以享受政府养老补贴。镇江市市区近2.5万名老年人享受补贴，市、区两级财政支付1667.12万元。

九、10月31日～11月2日，全球规划师联盟大会在镇江举行，来自世界22个国家的83名规划师，讨论城市化、贫困、气候变化三大主题，发表《镇江宣言》，这是镇江市协办的第一个国际性专业会议。联合国副秘书长、人居署总干事安娜·蒂贝琼卡博士参加会议。

十、12月30日，镇江市国防园竣工。该园占地10.67公顷，总投资4800万元。

（《镇江年鉴》编辑部）

地情概要

【位置、面积】 镇江市地处江苏省西南部，长江下游南岸，北纬 31°37′～32°19′、东经 118°58′～119°58′。东西最大直线距离 95.5 公里，南北最大直线距离 76.9 公里。东南接常州市，西邻南京市，北与扬州市、泰州市隔江相望。全市土地总面积 3847 平方公里，占全省 3.7%。其中，市区 1082 平方公里，丹阳市 1047 平方公里，句容市 1387 平方公里，扬中市 331 平方公里。（叶　卜）

【地貌】 镇江市地势西高东低，南高北低，呈波状起伏，形成以丘陵岗地为主的地貌特征。其间，宁镇山脉大体为东西走向，茅山山脉略呈南北走向。最高峰为句容的大华山（437.2 米），市区最高峰为十里长山（349.7 米）。滨江低地和江心沙洲系近代由长江泥沙淤积而成。江中洲地自西向东有世业洲、征润洲、新民洲、江心洲、顺江洲和扬中 4 洲（雷公嘴、太平洲、西沙、中心沙）。（叶　卜）

【资源】 土地资源：全市低山丘陵以黄棕壤为主，岗地以黄土为主，平原以潜育型水稻土为主。全市土地面积中丘陵山地占 51.1%，圩区占 19.7%，平原占 15.5%，水面占 13.7%。2003 年末，耕地 15.73 万公顷，其中，市区 4.18 万公顷，丹阳市 5.5 万公顷，句容市 4.92 万公顷，扬中市 1.13 万公顷。

水资源：全市河流 60 余条，总长 700 余公里，以人工运河为多。水系分北部沿江地区、东部太湖湖西地区和西部秦淮河地区。长江流经境内长 103.7 公里。京杭大运河境内全长 42.6 公里，在谏壁与长江交汇。全市人工水库、塘坝总库容量 5 亿多立方米。其中，库容 10 万立方米以上的水库 107 座，库容量 3.74 亿立方米。

矿产资源：主要集中在宁镇山脉。矿种有铁、铜、锌、钼、铅、银、金等金属矿藏和石灰石、膨润土、白云石、大理石、磷、耐火黏土、石膏、石墨等非金属矿藏。其中：石灰石矿石质优良，储量 30 多亿吨；膨润土矿 1.5 亿吨，储量居全国第三。宝华山发现省内第一处大型红柱石矿，开发前景广阔。此外，尚有煤、泥炭和地热资源等。

生物资源：植物方面，落叶阔叶树有麻栎、枹树、黄连木、山槐、枫杨等；常绿阔叶树有青风栎、苦槠、石楠等。药用植物有 700 多种。引进的树种有黑松、杉木、泡桐等。宝华山自然保护区有木兰科中最珍稀的宝华玉兰。动物方面，鱼类资源丰富，青、草、鲢、鲤等淡水养殖鱼类和鲍、鲶、鳝等非人工养殖鱼类均有大量出产。境内长江鱼类有 90 多种，其中刀、鲥、鳗、鮰、河豚是名贵品种；白鳍豚、中华鲟等是我国珍稀动物。全市有鸟类 100 多种，其他野生动物 20 多种。（叶　卜）

【建置沿革】 考古发现："宜"为镇江最早地名，是 3000 年前周康王封给宜侯的领地；春秋时镇江称朱方，后曾用谷阳、丹徒、京口、润州等名称。北宋建镇江府（1113 年），始称镇江，历经宋、元、明、清。辛亥革命后称丹徒县，1928 年改为镇江县。1929 年至 1949 年 2 月为江苏省政府所在地（其中 1937 年至 1945 年镇江沦陷期间，省政府迁往苏北）。

1949 年 4 月 23 日镇江解放后，划城区和近郊为镇江市，划四乡为丹徒县，均隶属苏南行政区镇江专署。1953 年，苏南、苏北行政区合并建江苏省后，设镇江专员公署，辖镇江市和 10 个县；镇江为县级市和专署所在地（其中 1958 年 9 月～1959 年 9 月，专署迁至常州，改称常州专员公署）。1983 年 3 月，镇江市改为省辖市，辖 4 县 2 区。1987 年、1994 年、1995 年，所辖丹阳、扬中、句容先后撤县设市。现镇江市辖丹阳市、句容市、扬中市和丹徒区、京口区、润州区及镇江新区（省级经济开发区）。（叶　卜）

【城市性质】 经过有关专家实地考察和论证，镇江市因地处沪宁工业带、长江和运河十字交汇点，具备发展基础工业所必要的港口、交通、能源、水利、用地及城市依托等优势条件。经江苏省政府批准，镇江城市性质为：国家历史文化名城，长江下游重要的港口、工贸、风景旅游城市。1978 年，镇江被国务院列为对外开放城市；1986 年，镇江港经国务院批准对外开放；1986 年底，镇江被国务院列为第二批国家历史文化名城；1988 年，被国务院列为沿海经济开放区。

（叶　卜）

【行政区划】 至 2008 年底，全市共有 51 个镇（街道）。其中：镇 41 个，街道 10 个。丹阳市辖 13 个镇，句容市辖 10 个镇，扬中市辖 5 个镇，丹徒区辖 7 个镇，京口区辖 2 个镇、4 个街道，润州区辖 1 个镇、4 个街道，镇江新区辖 3 个镇、2 个街道。（徐雨平）

【气候】 2008 年，全市平均气温 16.3℃（摄氏度，下同），较常年偏高 1.0℃，其中春、秋季气温异常偏高。年降水量接近常年平均，冬季出现持续低温雨雪冰冻天气。年日照时数接近常年。

气温：全市各地年（2008 年 1 月～2008 年 12 月）平均气温为 16.0℃（句容）～16.5℃（丹阳），比常年偏高 0.6℃（镇江）～1.3℃（丹阳、扬中）。镇江 16.2℃，偏高 0.6℃。2008 年，全市平均气温 16.3℃，属异常偏高年份。冬季（2007 年 12 月～2008 年 2 月）全市平均气温 3.7℃，比常年偏低 0.1℃，各地平均气温 3.3℃（句容）～4.1℃（扬中），与常年同期相比，镇江、句容偏低 0.3℃，扬中偏高 0.3℃，丹阳正好是常年平均值。冬季极端最低气温 －9.0℃，2008 年 2 月 4 日出现在句容，是 1990 年以来最低值。春季（3 月～5 月）各地平均气温 16.3℃（句容）～16.4℃（镇江、扬中、丹阳），与常年同期相比，偏高 1.8℃（镇江）～2.4℃（扬中），各地均为 1961 年以来的第二高值，仅次于 2007 年。全市春季平均气温 16.4℃，比常年偏高 2.1℃，

表 2-1

2008 年镇江市行政区划一览表

辖市（区）	镇	街道办事处
丹阳市	云阳、陵口、珥陵、访仙、司徒、延陵、埤城、新桥、界牌、后巷、吕城、导墅、皇塘	－
句容市	华阳、宝华、下蜀、白兔、边城、黄梅、后白、茅山、天王、郭庄	－
扬中市	三茅、新坝、油坊、八桥、西来桥	－
丹徒区	谷阳、辛丰、上党、宝堰、高资、高桥、世业	－
京口区	象山、谏壁	正东路、健康路、大市口、四牌楼
润州区	蒋乔	宝塔路、和平路、七里甸、金山
镇江新区	大路、姚桥、丁岗	大港、丁卯

（徐雨平）

表 2-2

2008 年度镇江市区气候资料统计表

项目		12月	1月	2月	3月	4月	5月	6月	7月	8月	9月	10月	11月	12月	全年值	常年值
平均气温(℃)	历年	5.2	2.7	4.2	8.5	14.9	20.3	24.2	27.7	27.4	23.0	17.6	11.2	5.2	–	15.5
	本年	6.7	1.6	2.9	11.2	15.8	22.2	23.5	29.2	27.0	24.5	19.3	11.6	5.8	16.2	–
降水量(mm)	历年	28.7	41.3	48.8	82.4	71.0	90.9	197.1	187.7	131.6	87.0	63.9	57.8	28.7	–	1070.0
	本年	47.4	102.4	18.8	32.5	75.1	102.2	134.2	215.5	195.8	25.5	35.3	33.4	24.9	995.6	–
梅雨量(mm)		–	–	–	–	–	–	118.7		–	–	–	–	–	–	–
日照(小时)	历年	155.3	132.6	127.4	138.6	170.7	194.1	166.3	200.8	214.2	172.2	171.4	157.4	155.3	–	2057.2
	本年	99.3	87.5	199.7	211.6	155.1	250.8	91.8	206.5	165.2	175.7	143.7	178.8	186.8	2053.2	–

注:表中前一个“12 月”指 2007 年 12 月,后一个“12 月”指 2008 年 12 月,“历年”“常年值”均指 1971 年~2000 年的平均值。

(陆海泉　居小虎)

为 1961 年以来第二高值,仅次于 2007 年,异常度值 2.9,属异常偏高年份。3 月 10 日进入春季,比常年平均提前 16 天。终霜日接近常年。5 月 20 日进入夏季,比常年平均提早 9 天,比 2007 年晚 6 天。夏季(6 月~8 月)全市各地平均气温 26.6℃(镇江、句容)~26.9℃(丹阳),比常年同期偏高 0.2℃(镇江)~0.8℃(扬中)。句容、镇江夏季平均气温为 2000 年以来最低值(镇江与 2003 年相同)。全市夏季平均气温 26.7℃,比常年平均偏高 0.5℃,属正常年份,是 2000 年以来最低值(与 2003 年相同)。夏季最高气温 37.8℃,7 月 6 日出现在扬中。秋季(9 月~11 月)平均气温为 18.6℃,比常年偏高 1.8℃,属异常偏高年份,与 2006 年并列为历史同期第二高值。全市各地平均气温为 18.1℃(句容)~18.9℃(丹阳),比常年同期偏高 1.2℃(镇江)~2.2℃(丹阳),其中丹阳为 60 年代以来最高值。镇江 18.5℃,比常年平均偏高 1.2℃。9 月 26 日镇江市进入秋季,比历史平均晚 7 天,11 月 25 日全市进入冬季,比常年平均晚 4 天。全市各地 12 月平均气温 5.3℃(句容)~6.3℃(扬中、丹阳),比常年偏高 0.6℃(镇江)~1.6℃(丹阳)。镇江 5.8℃,比常年偏高 0.6℃。月内气温分布不均,上旬和中旬气温分别偏高 1.1℃~2.0℃和 1.9℃~2.9℃,下旬偏低 0.1℃~1.1℃。月最低气温为 -7.8℃,23 日出现在镇江。全市平均气温为 5.9℃,比常年偏高 1.1℃,属正常年份。

降水:全市各地年(2008 年 1 月~12 月)降水量为 914.1mm(毫米,下同)(丹阳)~1053.6mm(句容),属正常年份,雨雪日为 115 天~129 天,少于常年平均值。镇江降水量 995.6mm,比常年偏少 9%,雨雪日 116 天,少于常年平均。全市冬季降水量 151.8mm(扬中)~179.5mm(丹阳),与常年同期相比,偏多 3.7 成~5.5 成。全市平均降水量 166.5mm,比常年平均偏多 4.6 成,镇江 168.6mm,偏多 4.2 成。冬季降水量分布不均,2007 年 12 月份降水量显著偏多,其中 12 月中旬异常偏多;2008 年 1 月上旬无降水,中下旬多雨雪天气,雨雪量异常偏多;2008 年 2 月降水量显著偏少,其中镇江、扬中 2 月 3 日起连续 22 天无降水,句容、丹阳 2 月 6 日起连续 19 天无降水。冬季镇江市出现一次 1961 年以来持续时间最长的连续阴雨雪天气过程,从 2008 年 1 月 10 日夜里起到 2 月 5 日白天长达 26 天,其中 1 月 26 日、27 日、28 日连续 3 天出现区域性暴雪,最大积雪深度 34 厘米~39 厘米,并出现严重的道路结冰。全市春季各地降水量为 194.1mm(扬中)~225.9mm(句容),除丹阳偏少外,其他各地属正常范围。春季降水时空分布不均,空间分布西多东少,时间分布为 3 月降水量显著偏少,4 月、5 月降水量接近常年平均。全市夏季各地降水量 452.4mm(丹阳)~649.2mm(扬中),与常年同期相比,除丹阳偏少 5.6% 外,其他各站偏多 5.6%(镇江)~16%(扬中),属正常范围。全市夏季平均降水量 535.2mm,比常年偏多 7%,属正常年份。夏季降水日数 37 天(丹阳)~44 天(句容),较常年偏多。

8 月,全市 38 个自动气象站中有 19 个站点达暴雨以上(其中有 3 个站点为大暴雨)。

各地秋季降水量 79.5mm(扬中)~124.7mm(句容),比常年偏少 3.6 成(句容)~6 成(扬中)。镇江 94.2mm,比常年同期偏少 5.5 成。秋季全市平均降水量偏少,为 101.2mm,比常年偏少 4.9 成。全市 12 月降水量 20.5mm(丹阳)~25.2mm(扬中),比常年偏少 7%(扬中)~25%(丹阳),镇江 24.9mm,偏少 13%。

日照:年(2008 年 1 月~12 月)日照时数 1736.0 小时(丹阳)~2054.7 小时(句容),接近常年。镇江 2053.2 小时,接近常年。全市冬季(2007 年 12 月~2008 年 2 月)日照时数 363.3 小时(丹阳)~405.3 小时(句容),比常年平均偏少 3.8%(句容)~10%(扬中),属正常范畴。镇江 363.3 小时,比常年偏少 6.9%。全市春季(3 月~5 月)日照时数 522.3 小时(丹阳)~620.1 小时(句容),接近常年平均。镇江 617.3 小时,接近常年平均。夏季(6 月~8 月)日照时数 355.3 小时(丹阳)~480.9 小时(扬中),比常年偏少 19.7%(句容)~35.9%(丹阳)。镇江 463.5 小时,比常年同期偏少 20.3%。秋季(9 月~11 月)日照时数 403.7 小时(丹阳)~498.2 小时(镇江),接近常年同期平均。

2008 年 12 月,日照时数为 117.9 小时(丹阳)~188.0 小时(扬中),比常年平均偏多 18%~21.4%,扬中、句容属正常年份,镇江、丹阳偏多。镇江 186.8 小时,比常年偏多 20.3%。全市平均日照时数为 184.6 小时,比常年偏多 19%,属正常年份。

(陆海泉　居小虎)

【主要气象灾害】 2008 年,镇江市气象灾害较多,主要灾害性天气有持续低温雨雪冰冻、高温、暴雪、暴雨、大雾、寒潮、台风、雷电、冰雹、大风、霾等。

1. 持续低温雨雪冰冻。受北方不断南下的冷空气和南方暖湿气流的共同影响,从 1 月 10 日夜里起到 2 月 5 日白天,镇江市出现长达 26 天的持续低温阴雨雪天气。1 月 15 日、17 日、18 日分别出现小雪,19 日、20 日出现中雨。1 月 25 日下午到 29 日早晨,出现连续降雪天气,其中 26 日、27 日、28 日连续 3 天出现区域性暴雪,最大积雪深度 34 厘米~39 厘米,并出现严重的道路结冰。2 月 1 日中午前后,再次出现降雪,12 小时内达大到暴雪。2 月 5 日白天,又出现小雪天气。此次持续 26 天的低温阴雨雪天气是 1961 年以来持续时间最长的连续阴雨雪天气过程。在此期间,全市平均气温为 -0.2℃~0.7℃,比常年同期偏低1.5℃～2.3℃，共有18个降雨（雪）日，其中14个是降雪日，降雪日数之多、连续暴雪日之长、积雪之深均为镇江市有气象记录以来之最。持续暴雪导致全市农作物受灾面积9766公顷；绝收面积445公顷；受灾人口36.24万人，紧急转移安置人口1246人，雪灾共造成5人死亡，2人受伤；倒塌居民住房340间，损坏房屋1884间；直接经济损失2.55亿元。

2. 持续性高温。7月3日出梅后镇江市出现持续高温天气。镇江、句容3日到6日连续4天出现高温天气，扬中3日到8日连续6天出现高温天气，丹阳4日到6日连续三天出现高温天气，其中5日和6日连续两天镇江、扬中、丹阳三站的最高气温都大于37℃。

3. 暴雨。6月21日扬中出现单点暴雨，20日20点到21日20点降水量为61.3mm。7月19日下午到夜里，扬中、丹阳分别出现92.1mm和87.8mm的暴雨。7月31日镇江、句容出现暴雨，30日20时到31日20时降水量句容52.1mm、镇江96.7mm。8月1日08时到2日08时镇江市西部和沿江地区出现暴雨，扬中、句容、镇江24小时降水量分别为130.7mm、98.2mm、84.7mm，全市38个自动气象站中有19个站点达暴雨以上（其中有3个站点为大暴雨）。

4. 霾。10月28日下午到29日凌晨，镇江市出现严重霾天气，最低能见度小于1000米，并伴有烟味，同时，镇江周边的南京、泰州、扬州、南通都出现霾天气。造成这次大面积霾天气的原因，一是江苏省苏中、苏南等沿江部分市县农民焚烧稻草等秸秆物（《扬子晚报》报道），烟雾颗粒物悬浮空中并随东到东北风向下游飘移，使镇江市上空的悬浮颗粒物增加；二是镇江市高空受偏西气流控制，没有明显的冷空气活动，低空有云层覆盖，大气层稳定，对流弱，3000米以下存在逆温层，近地面风力仅为1级～2级，气象条件不利于污染物向高空扩散。11月4日下午到夜里，镇江市又出现霾天气，能见度2500米左右。

5. 台风。2008年有三次台风影响全市，分别是7号热带气旋“海鸥”、8号热带风暴“凤凰”以及第13号超强台风“森拉克”。

6. 大雾。1月8日夜里到9日上午，镇江市出现区域性大雾，最低能见度只有10米。3月10日、23日出现大雾天气，最低能见度小于50米。4月7日出现大雾，最低能见度只有40到100米。5月1日早晨，全市出现能见度在100米以下的浓雾天气，最低能见度只有20米。7月1日，出现能见度为200米的浓雾，镇扬汽渡一度封航，对交通带来一定影响。11月4日，全市范围内出现浓雾天气，最低能见度40米（镇江）。11月26日，扬中、丹阳出现浓雾天气，最低能见度40米。（陆海泉　居小虎）

【水文水情】　2008年，镇江市汛期面平均雨量604.1mm，比多年均值（657.5mm）偏少近1成，比上年同期（724.1mm）偏少1成半，最大为752.6mm（北山水库站），最小为505.0mm（茅山水库站）。汛期平均雨日为44.3天，略多于上年同期（42.1天），最多为56天（北山水库、句容站），最少为33天（幸福水库站）。

镇江市6月14日入梅，7月3日出梅，梅雨期19天，比多年平均（22天）少3天，其间全市24个报汛站降雨日为7天～13天。全市平均梅雨量达125.3mm，只占多年平均梅雨量（238.5mm）的5成多。

汛期长江大通水位一直维持在警戒水位（14.5米）以下，水位、流量总体上呈现前低后高趋势，与上年趋势相似；5月～8月水位流量小于多年同期，9月则大于多年同期。大通站9月8日出现汛期最高水位12.43米（上年13.16米），11日出现汛期最大流量48000立方米/秒（上年55900立方米/秒）；5月27日出现汛期最低水位7.03米（上年5.77米），28日出现汛期最小流量为21200立方米/秒（上年16400立方米/秒）。长江镇江站汛期潮位总体低于上年同期。8月出现2008年最高潮位6.95米（8月3日）。汛期镇江站未超警戒水位（7.00米），这种现象近几年少见。全市境内的主要河道大运河、香草河汛期平均水位低于上年同期和多年同期，句容河汛期平均水位低于上年同期，但高于多年同期，赤山湖汛期平均水位高于上年同期和多年同期。上述河湖中仅句容河有超警戒水位现象（2天）。谏壁闸汛期引水量459.1百万立方米；九曲河闸引水量252.6百万立方米，排水量22.38百万立方米；沿江闸站汛期总引水量为711.68百万立方米；总排水量为22.38百万立方米；赤山闸汛期排水47.02百万立方米。谏壁、九曲河、赤山抽水站汛期未开机。镇江市5月1日16座报汛水库总蓄水量为88.72百万立方米，大于上年同期（75.83百万立方米），以后总蓄水量持续下降，到6月17日降至2008年最小83.26百万立方米，到8月3日增至2008年最大111.21百万立方米，到10月1日蓄水量为91.96百万立方米，大于上年同期（89.92百万立方米），汛期中16座报汛水库总蓄水量增加2.64百万立方米。（姚允龙）

【交通】　镇江临江近海，水陆交通极为便利。镇江为国家级水路主枢纽和省级公路主枢纽城市。世界闻名的“黄金水道”——长江和京杭大运河在此交汇，沪宁高速公路、京沪铁路、312国道穿市而过。飞架于大江之上的润扬长江公路大桥将苏南、苏北紧紧连在一起，成为长江南北的主要通道。2008年末，镇江公路总里程6314公里。104、312国道和122、231、238、204、241、243、337、340省道构成镇江与外省、市连接的公路网络。距南京机场和常州机场均为60公里。镇江港是国家一类开放口岸，全国主枢纽港之一，－10米以下岸线长85公里。高资港区、龙门港区、谏壁港区、高桥港区、大港港区、扬中港区构成镇江港口群体。2008年全市港口吞吐量超亿吨，比上年增长13.6%。全市现有航道70条597.19公里，其中干线航道10条183.89公里。苏南运河镇江段42.74公里，是全国第一条国家级文明样板航道，四级标准，可常年通行500吨级船队。镇江口岸为国家一类对外开放口岸，海关、商检、卫检、动植检等查验机构齐全。（叶　卜）

【人口】　2008年，全市常住人口304.07万人，比上年增加2.14万人。全市户籍人口268.77万人，比上年减少0.01万人，其中：市区102.81万人，比上年减少0.01万人。在户籍人口中：京口区33.69万人，润州区24.34万人，丹徒区27.91万人，镇江新区16.88万人；丹阳市80.65万人，扬中市27.49万人，句容市57.82万人。在户籍人口中：男性人口134.69万人，女性人口134.08万人，男女性别比（女＝100）为100.5，其中：市区102.3、丹阳市99.2、扬中市97.8、句容市100.2。

全市户籍人口总户数100.06万户，比上年增加0.03万户，户均2.69人，其中：市区38.75万户，比上年增加0.10万户，户均2.65人。全市出生人口20028人，其中男性10316人，女性9712人。人口出生率7.5‰，比上年提高0.1个千分点，其中：市区7.7‰，丹阳市7.7‰，扬中市5.5‰，句容市7.5‰。全市死亡人口22335人，人口死亡率8.3‰，比上年增加0.7个千分点，其中：市区5.8‰，丹阳市9.3‰，扬中市8.0‰，句容市11.4‰。全市人口自然增长率－0.8‰。（吕联泰）

【民族】　2008年，全市有回族、蒙古族、满族等41个少数民族、16256人（含未识别民族10人)少数民族人口占全市人口总数的0.57%。在少数民族人口中,省政协委员1人;市人大代表9人,其中常委1人;市政协委员6人,其中常委1人;辖市(区)人大代表10人,政协委员19人,其中常委2人。全市有清真饮食习惯的回族、维吾尔族、撒拉族、塔吉克族、东乡族等10个少数民族的人口约1.3万人。 (唐玉川)

【方言】 镇江话属于北方方言的江淮次方言,位于北方方言与吴方言两大方言的结合部,大致以谏壁为东界、上党为南界。古代的镇江话属吴方言,由于特殊的政治、社会、交通等原因,导致方言属性的变化。镇江话虽属北方方言范畴,但构成复杂,其中既有吴方言的遗痕,又有旗腔(类似京腔)的影响。与普通话相比,镇江话没有全浊声母和舌尖后音声母;鼻化元音介于前鼻音韵母与元音韵母之间,in、ing、en、eng、n、l不分;有入声调。词汇中保留着丰富的吴方言词。句容、丹徒、扬中的方言类似镇江话,虽构成复杂,但均属北方方言系统。

大港以东、宝堰以南、句容傍茅山一线及至丹阳市西部的语言自西向东渐次出现吴方言特点。多文白异读,说话音接近吴语,读书音接近官话;全浊声母消失,舌面声母多,没有舌尖后音声母;单元音韵母多;读书音4个声调,说话音6个声调。丹阳东部则进入吴语区。

(叶 卜)

【风景名胜】 镇江为中国优秀旅游城市,具有"城市山林"和"真山真水"的独特风貌,以"天下第一江山"闻名于世。市区北部"珍珠项链"长江路自西向东串联起金山、北固山和焦山,组成风景各异的"三山"风景区。"寺裹山"的金山以绮丽著称,"山裹寺"的焦山以雄秀闻名,"寺冠山"的北固山以险峻称雄。东部有山上矗立"万里长江第一塔"——报恩塔的圌山风景名胜区。市区有南山国家森林公园,这里青山连绵,古木幽深,昭明太子读书台、文苑、增华阁和赵伯先墓等点缀其中。还有宝塔山公园和伯先公园、河滨公园、西津渡古街、梦溪园、赛珍珠旧居和长达5公里的古运河风光带,有保存完好的三国东吴铁瓮城遗址。句容市有以佛教"律宗第一山"之称的隆昌寺和以"宝华玉兰"著称的宝华山国家森林公园,有集江南名山、道教胜地、革命根据地于一体的茅山风景名胜区。镇江的宗教活动在全国乃至东亚及东南亚有广泛影响。金山江天禅寺、焦山定慧寺、宝华山隆昌寺、茅山道院均为全国重点寺庙道观。

镇江是国家历史文化名城,有着深厚的文化积淀。焦山碑林、丹阳南朝陵墓石刻、镇江英国领事馆旧址为全国重点文物保护单位。焦山碑林中有"大字之祖"瘗鹤铭以及苏轼、黄庭坚、米芾、陆游等书法大家的墨迹碑刻和摩崖石刻;南朝陵墓石刻存有齐梁两代帝王归葬丹阳故里的陵墓11处26件,葬于句容的1处4件,是南朝石刻瑰宝。全市有全国重点文物保护单位4处,省级文物保护单位23处,其中有焦山古炮台遗址、相传为孔子所书的延陵季子碑(唐拓本)、被誉为"江南第一钟"的唐中和铜钟、古代建筑奇葩隆昌寺无梁殿和铜殿、宋抗金名将宗泽墓、圌山炮台遗址等。还有市、县级文物保护单位200处,文物控制单位25处。 (叶 卜)

【历代名人】 镇江扼南北要冲,得山水之胜,钟灵毓秀,代不乏才。历代文人墨客纷来寻幽探胜,寄情抒怀,耕耘风雅,播种斯文。其中有李白、杜牧、范仲淹、王安石、苏轼、陆游、辛弃疾等才士名贤。王昌龄的"洛阳亲友如相问,一片冰心在玉壶",王安石的"春风又绿江南岸,明月何时照我还",辛弃疾的"何处望神州,满眼风光北固楼"等成为千古绝唱,流风遗韵,至今袅袅不绝。李白的"丹阳北固是吴关,画出楼台云水间",杜牧的"青苔寺里无马迹,绿水桥边多酒楼",范仲淹的"山分江色破,潮带海声来",沈括的"楼台两岸水相连,江北江南镜里天",冷士嵋的"槛外晴川甘露寺,窗前秋水玉圌峰",是一幅幅活色生香的有声画、无声诗。东晋时,中原鸿儒显宦纷纷南下,移居京口者众多,或完成大业,或著书立说,著名的有:南朝宋开国皇帝刘裕(寄奴),撰有《世说新语》的刘义庆,著有《晋书》的臧荣绪,选编《玉台新咏》、诗文与庾信齐名的徐陵,中国第一部诗文总集《昭明文选》的编纂者萧统,著有中国第一部系统文艺理论巨著《文心雕龙》的刘勰等。北宋移居镇江的有:著有被誉为"十一世纪的科学坐标"《梦溪笔谈》的科学家沈括,制造世界上最早天文钟"水运仪象台"的科学家苏颂,书画家米芾,抗金名将宗泽。明清两代镇江名人有:官居吏部尚书兼武英殿大学士的杨一清,主持编修《大清一统志》《佩文韵府》《康熙字典》的张玉书。近代以来有:著有《铁云藏龟》和《老残游记》的刘鹗,著有第一部全面系统的汉语语法专著《马氏文通》的马建忠,历史学家柳诒徵,飞机制造专家巴玉藻,华生电扇发明者杨济川,世界语运动开创者之一的符恼武,金融家陈光甫,桥梁专家茅以升,辛亥广州起义总指挥、被南京临时政府追授为上将军的赵声,辛亥革命著名将领李竟成、解朝东,"黄花岗七十二烈士"中有镇江籍5人,有爱国民主人士冷遹、诗人闻捷。此外,丹阳市为三国吴大帝孙权和南朝齐高帝萧道成、梁武帝萧衍故里,近代有爱国老人马相伯,美术家吕凤子,当代有语言学家、语文教育家吕叔湘;句容市有被誉为医药鼻祖的葛玄,晋朝道教理论家、炼丹术家和医学家葛洪,南朝道教思想家、医药学家陶弘景。 (叶 卜)

【历代兵事】 镇江扼水陆交通要冲,地理形势险要,自古以来就是军事重镇。春秋时吴楚争霸,发生朱方之战。东晋隆安五年(401年),孙恩领导的农民起义军在镇江大战蒜山。宋高宗建炎四年(1130年),韩世忠率水兵8000名在江面截击金兀术的10余万大军,金兵被围困在黄天荡48天。元世祖至元十二年(1275年),南下元军在瓜洲、西津渡打败宋军,南宋抵抗力量受挫。清顺治十六年(1659年),郑成功北伐直抵焦山,与清军在城下大战,后郑成功据守镇江城38天,因南京战事失利退出镇江。清道光二十二年(1842年)农历六月,英国侵略军侵入镇江,遭镇江军民誓死抵抗,英军虽破城,但伤亡惨重。恩格斯在《英军对华的新远征》中对镇江人民给予高度评价。清咸丰三年(1853年)农历二月,太平天国军队攻占镇江,此后进行了4年9个月的镇江保卫战。清宣统三年(1911年),驻镇新军起义,光复镇江。民国26年(1937年)12月,日军攻占镇江,镇江城蒙受巨大损失。民国27年(1938年)5月~6月间,新四军先遣支队和一支队、二支队进入苏南,6月17日在韦岗伏击日军车队,打响新四军苏南抗战第一枪,随后创建了以茅山为中心的苏南抗日根据地,领导苏南人民进行7年多的顽强抗战,直至取得抗战胜利。1949年4月21日,中国人民解放军发动渡江战役;22日晚,驻镇江国民党军队不战而逃;23日,镇江获得解放。

(叶 卜)

【市树、市花】 市树:广玉兰。1985年3月,市一届人大第三次会议决定广玉兰为市树。

市花:杜鹃花。1985年2月,市一届人大常委会第十二次会议决定腊梅为市花。1994年11月,市三届人大常委会第十三次会议重新决定杜鹃花为市花。

(叶 卜)

国民经济和社会发展

【概况】 2008年，全年实现地区生产总值1408.14亿元（统计公报数，下同），按可比价计算：比上年增长12.8%，三次产业结构由上年的3.8∶59.8∶36.4调整为3.6∶59.9∶36.5，人均地区生产总值46473元。

全市实现农业总产值92.1亿元，比上年增长15.0%。全市134个高效农业项目完工率75.0%，新增农业观光园区137个。粮食生产丰收，全年粮食种植面积17.59万公顷，增长2.6%，粮食总产量112.42万吨，增长11.6%；油菜子总产量6.27万吨，增长14.6%。养殖业形势明显好转，全市生猪存栏量45.67万头，增长3.0%，出栏量为58.22万头，增长2.0%；家禽存栏量588万羽，增长2.0%，出栏量1180万羽，增长1.0%；水产品产量8.25万吨，增长2.1%。

全市规模以上工业增加值完成682.92亿元，比上年增长16.8%。全市前50强工业企业实现总产值1286亿元，增长28.5%。全市有8个行业实现工业产值超100亿元。规模工业高新技术产业实现总产值843亿元，增长29.3%。全市规模以上工业企业实现销售收入2590亿元，增长27.8%；实现利税总额210亿元，增长20.6%。

全市完成固定资产投资718.5亿元，增长22.2%。全市在建亿元以上投资项目150项，新开工亿元投资项目38项。 （统计局）

【对外经济】 2008年，全市完成进出口总额74.62亿美元，比上年增长18.3%。从贸易方式看，一般贸易完成出口总额30.18亿美元，增长21.6%，加工贸易完成出口总额12.33亿美元，增长1.3%。全市新批工商注册外资企业146家，新签千万美元以上项目77项。实际利用外资12.1亿美元，增长13.7%。全市省级以上开发区实际利用外资9.2亿美元，增长45.2%。

全市新签对外承包工程和劳务合作合同金额3.03亿美元，增长20.1%；完成营业额2.56亿美元，增长20.4%；年末在境外人数1.12万人，其中当年新派境外劳务人员4750人。年末境外企业达49家，其中当年新批12家。 （统计局）

【社会事业】 2008年，全市拥有各类专业技术人员13.05万人。拥有市级以上工程技术研究中心47家。获市级以上科技进步奖74项，其中省级16项。全年研发经费支出22.8亿元，增长25.1%。全市专利申请量6600件，增长26.9%；专利授权量2500件，增长23.6%。拥有省级实验小学71所，省级现代化示范初中64所，四星级以上高中10所，省级以上重点中等职业学校10所。普通高等学校、中学、小学在校学生分别为8.35万人、14.23万人和13.46万人；职业学校、中等专业技术学校在校学生分别为0.93万人和2.82万人。全市幼儿入园率达96.0%，初中毕业升学率达到99.38%，高中阶段教育毛入学率100.0%，高等教育毛入学率达60.1%，优质教育资源学生覆盖率超过70.0%，人均预期受教育年限14.4年。

举办首届“文化嘉年华活动”，推出以文心剧场、文心影院、文心讲堂为主要平台的“文心公益行动”。乡镇文化站达标率93.0%，村文化室建成率90.0%。市急救中心建成投入使用，江大附院、市一院通过省“三级甲等”医院评审，市中医院通过省三级中医院评审。城乡卫生医疗保障统筹发展。群众性、竞技性体育活动协调发展。新建全民健身工程（点）135个，拥有标准体育场馆29所。省级以上体育比赛共获得金牌82枚、银牌61枚、铜牌73枚。 （统计局）

【城市建设】 2008年，南徐新城新行政办公楼桩基工程开工，建成九华山路、九华山支路等11条道路。加快旧城改造步伐，整治22处积水区（点），改造街巷道路67条，区域供水管网基本实现乡镇全覆盖。市区建成区面积98.18平方公里。市区园林绿地面积6099公顷，绿化覆盖率42.12%，人均公园绿地面积14.5平方米。环境污染治理投资21.21亿元、太湖流域18座污水处理厂全部开工建设、建成16个农村居民点生活污水处理设施、完成3家污水处理厂除磷脱氮技术改造、建成畜禽粪便发酵床养殖技术示范点12个、关闭37家重点污染电镀企业，工业废水排放达标率92.0%、工业烟尘排放达标率98.9%、二氧化硫排放达标率95.6%。空气优良天数优良率91.0%，饮用水源地水质达标率为100%，环境质量综合指数82.5分，新增城市绿地面积206公顷，城市绿化覆盖率42.1%，新增植树造林面积8886.67公顷，森林覆盖面达21.2%。 （统计局）

【人民生活】 2008年，全市城市居民人均可支配收入19040元，比上年增长13.5%；农民人均纯收入8742元，比上年增长14.0%。城市居民及农民人均住居面积分别为33.6和47.8平方米，城市百户家庭拥有电话287部、电脑75.5台，有线电视入户率达66.5%。

保障覆盖保持较高水平，基本养老保险参保人数57.31万人，比上年增加5.36万人，覆盖面达96.9%；基本医疗保险参保人数69.9万人，比上年增加3.6万人，覆盖面达97.6%；失业保险参保人数42.08万人，比上年增加0.31万人，覆盖面达98.1%。城乡居民低保标准分别提高到每人每月330元和220元，农村五保户集中供养率60.6%。农村居民保障水平快速提升，全市农村养老参保率45.7%。 （统计局）

社会主义政治文明建设

【概况】 2008年，市委、市政府围绕建设现代服务型政府的目标，深化行政管理体制改革，加快职能转变。规范行政审批，加强市行政服务中心建设，强化社会管理和公共服务，完善公共服务体系。深入推进政务公开，加快电子政务建设，实现政府新闻发布制度常规化，确保权力在阳光下运行。坚持依法行政、从严治政、廉洁从政。严格落实党风廉政建设责任制，完善惩治和预防腐败体系。强化效能监察和行政问责，严肃查处行政不作为和乱作为，纠正损害群众利益的各种不正之风。加强绩效评估，切实提高工作效率和服务水平。体制机制创新成效明显，国企改革进一步推进。市属事业单位分类改革有序推开。加强民主法制和“平安镇江”建设。自觉接受人大、政协监督，重视办好人大议案、代表建议和政协提案。进一步发扬社会主义民主，完善村民自治、社区居民自治和企业职工代表大会等制度，保障基层群众依法行使民主权利，维护社会公平正义。把社会管理放在更加突出的位置，推进管理重心下移，强化街道社区的社会管理和服务居民职能。 （史志办）

【政务公开】 2008年，全市政务公开工作施行《中华人民共和国政府信息公开条例》，全面推进行政权力公开透明运行，深化公共企事业单位办事公开，探索建立乡镇、村政务公开互动机制，统筹兼顾，突出重点，提高政务公开工作质量和水平。

制订《镇江市2008年政务公开工作要点》，指导政务工作。明确政务公开“党委统一领导，政府主抓，政府办协调，纪检监察机关监督检查”,并确定由市政府办公室牵头,集中力量抓好《条例》施行工作。对各辖市(区)政府办公室主任和市直70个部门的办公室主任进行业务培训。市政府办公室牵头,按条口通过“一听、二看、三评、四整改”进行督查(即:听取分管领导汇报,查上届政府即2003年~2007年以来的文件清理和政府信息公开目录及指南上网情况,评议政府信息公开情况,提出整改意见),并以镇政办发〔2008〕166号发出通报,表扬领导到位、机构到位、职责到位、经费到位、技术保障到位等“五到位”的16个部门。按规范要求,提出统一网站域名,统一政府信息公开栏设置,规范政府信息公开目录,规范依照申请公开程序的要求,促进全市政府信息公开平衡推进。

开展行政权力网上透明公开运行工作,召开全市政务公开和电子政务推进大会,学习贯彻省政府行政权力网上公开透明运行推进会精神。市政府办公室印发《全市开展行政权力网上公开透明运行工作实施意见》,对行政权力网上运行指导思想、基本原则、工作重点、目标任务、推进步骤、保障措施等作了明确。成立以政府秘书长为组长的工作小组,每月召开碰头协商会议确保工作中问题的及时协调解决。由市政务公开办牵头组织对62个行政权力网上运行部门,开展行政权力清理审核。(陆志方)

【深化党务公开】 2008年,镇江市党务公开在全省乃至全国范围内产生积极影响。进一步完善党务公开运行机制,通过编制各个层次和类型的党务公开目录,使不同党务内容以适当形式在不同范围公开,为实现民主监督创造条件。拓展党员参与党内事务平台,推行重大决策公示和征求意见、党代表询问质询和民主听证等制度,保障党员群众的知情权、表达权和监督权。试行党务公开绩效评价机制,保持党务公开的生机和活力。3月,中央纪委副书记张毅和省委常委、省纪委书记冯敏刚等领导专门到镇江调研党务公开工作,并给予充分肯定。6月,镇江市在全国党风室主任培训班上,就党务公开进行专题讲课。8月,镇江市被中央纪委确定为全国35个党务公开工作联系点之一。11月,市委书记许津荣在全省党的纪律检查机关恢复重建30周年纪念大会暨反腐倡廉建设理论研讨会上,作大会交流发言。

(方 明)

【干部人事制度改革】 2008年,镇江市多策并举,统筹联动,探索新举措、新方法、新程序,打造富有朝气、充满活力和创造力的干部队伍。

一是正处职干部实行“两类人员推荐,三项差额程序,一次全会票决(两推三差一决)”。市委拿出市纪委副书记、财政局局长、环保局局长、信息产业局局长、园林局党委书记、行政服务中心主任等6个正处职岗位,实施“两推三差一决”的选任方式,即由市委全委会成员和全市其他正处职以上干部两类人员,对照任职资格条件和职位要求分别进行定岗推荐,再由市委常委会差额酝酿、差额考察、差额票决,产生拟任人选或推荐人选,提交市委全委会投票表决。2008年11月12日,通过这一方式,6名正处职人选产生并就任。

二是副处职干部推行“两轮推荐、差额考察(两推一考)”。市委在市级机关部门、事业单位选择市委办副主任、市科技局副局长、市文化局副局长、市卫生局副局长、市统计局副局长、市侨办副主任、镇江日报社副社长、市行政服务中心副主任、团市委副书记和市疾控中心党总支书记等10个副处级职位,面向全市重点选拔富有创新锐气、创业激情、敢闯敢干的40岁以下的优秀年轻干部。第一轮推荐由职位所在部门的领导班子成员、部门其他工作人员及下属单位领导班子成员,辖市(区)业务对应部门领导班子成员,行业相近部门的市党代表、人大代表、政协委员和部分服务对象四类人员参加,每个职位按得分高低产生5名人选。第二轮由市四套班子领导从首轮5名人选中民主推荐产生2名人选,进行差额考察,按照干部管理权限由市委常委会或市委组织部部务会差额票决产生任职人选。“两推一考”工作影响面广、竞争性强,其中副处职岗位有222人报名,214人资格审查合格,1161人参加推荐。同时,市委组织部指导辖市(区)开展“两推一考”工作,共有30人走上副科级领导岗位。

三是开展公务员交流轮岗和挂职锻炼工作。2008年10月,市委、市政府在全市科级及科级以下公务员和参照公务员法管理单位工作人员中组织实施交流轮岗工作。交流轮岗工作采取跨部门交流和内部轮岗两种形式。在市政府部门(含市政府行政机构及参照管理单位)中跨部门交流80名正科职公务员。重点交流对象是市管县处级后备干部,在执纪执法、组织人事、财政审计、办公室、项目审批、资金管理、工程建设管理等岗位担任正科职满5年,以及在同一单位担任正科职满8年的公务员。12月,全市39个部门80名正科职公务员上岗履职。在各辖市(区)和市级机关部门组织开展内部交流轮岗工作,轮岗人数占实有公务员人数的5%左右。此外,市委于7月从市、辖市(区)机关部门选派108名年轻公务员和机关工作人员到市重点工程、重点建设项目和农村(社区)基层工作一线进行为期2年的挂职锻炼。(顾国栋)

【“公推直选”社区党组织成员】 2008年,全市城市社区党组织集中换届。在换届过程中,市委组织部选择润州区金星社区党支部、同德里社区党总支、润州花园社区党支部、三茅宫第二社区党总支、桃园第二社区党总支、小街社区党总支和太古山社区党总支等7个不同特点的社区开展“公推直选”党组织成员试点工作。试点工作主要采取“4+1”模式:选举时,根据党组织委员、书记、副书记产生的不同顺序和方法,概括形成4种“公推直选”模式,社区党组织根据实际情况,采取其中一种最适合本社区的选举模式,选举产生新一届党组织领导班子;部分党员数量较多的社区通过召开党员代表大会,结合4种模式,公推直选社区党组织领导班子。(顾国栋)

【加强职代会建设】 2008年,市总工会采取一系列措施加强职代会建设:对市直100家百人以上重点企事业单位职代会工作情况进行调查,全面掌握100家重点单位职代会的届期、职工代表构成以及职代会召开基本情况,并建立电子台账。转发省总工会《江苏省职工代表大会操作办法》,规范基层的职代会工作。加大《江苏省企业民主管理条例》的宣传力度,举办两期《江苏省企业民主管理条例》培训班。抓好职代会超期未换届单位的督促工作,推动这部分单位排出换届改选计划。加强区域、行业联合职代会制度建设。推广建立村级联代会。通过这一系列举措,1741家企业327家事业单位建立职代会、厂务公开制度;343个区域、行业建立联合职代会制度,覆盖小企业1.23万家。(王重阳)

【深化厂务公开工作】 2008年,市总工会继续做好深化企事业单位厂务公开工作。召开全市厂务公开民主管理电视电话会议,市委常委、组织部部长、市厂务公开民主管理领导小组组长魏红军对厂务公开民主管理工作提出要求。开展纪念厂务公开民主管理十周年系列活动,对市直1万名企事业单位职工代表进行民主管理知识培训,印发1万份《江苏省企业民主管理条例》和培训试题,组织市直百人以上企事业单位职工代表进行学习。开展厂务公开民主管理理论与实践征文活动，向省总工会报送27篇优秀征文。在10家高技能、高收入和办公自动化程度高的企事业探索推广职代会网络数字化。推荐镇江船厂作为全国非公有制企业的代表参加全国纪念厂务公开十周年座谈会大会发言。 （王重阳）

社会主义精神文明建设

【概况】 2008年，全市以“大爱镇江”为主题，有效提升公民思想道德素质。一是精心组织开展“大爱镇江”主题活动。开展启动仪式暨四川省绵竹市教育系统抗震救灾英模事迹报告会、首届“大爱之星”评选、“大爱镇江”年度新闻人物颁奖晚会等一系列活动。市各有关部门开展“社会妈妈”“生命志愿者”等实践活动。通过“大爱镇江”主题活动的开展，彰显“大爱之城”的良好形象。二是深化“百万市民学文明礼仪”教育实践活动。以“迎奥运、讲文明、树新风、促和谐”为主题，打造“礼仪之城”。组建全市“文明礼仪志愿者讲师团”，普及文明礼仪知识。举办“迎北京奥运、讲文明礼仪”职工书法展。举办“微笑相约迎奥运”礼仪风采大赛。三是开展精神文明建设先进典型的评选、宣传活动。在镇江文明网推出“公民道德建设大看台”专题，集中展示文明行业、文明单位公民道德建设成果。

推进全国文明城市各项指标达标工作，组织编写《文明城市创建知识问答》一书，下发到各行各业、街道社区，普及文明城市创建知识。发挥新闻媒体作用，加大社会宣传力度，形成浓厚的创建氛围。下发《关于做好镇江市创建全国文明城市台账准备工作的通知》，落实台账材料收集整理任务。编印40多期文明城市创建工作简报。检查指导各辖市做好省级文明城市创建工作。确保全国文明城市创建主要指标任务按序时要求完成。开展“城乡结对、文明共建”活动，推进农村精神文明创建工作。

巩固扩大未成年人思想道德建设成果。以抗震救灾、举办北京奥运会、纪念改革开放30周年、国家法定节假日调整等为契机，以开展“知荣辱、树新风、我行动”道德实践活动为主线，未成年人思想道德建设各项工作取得成效。 （陈志耕）

【开展文明礼仪知识“五进”活动】 2008年，市文明办在全市组织开展文明礼仪知识进机关、进行业、进企业、进校园、进农村“五进”活动。活动以市委宣传部、市文明办编印的《文明礼仪知识问答》为基本教材，以生活礼仪、家庭礼仪、公共礼仪、职场礼仪、校园礼仪、涉外礼仪等为重点授课内容。组建文明礼仪志愿者讲师团，选派教师到各行业、各部门、各单位授课。活动从6月启动，历时3个多月，全市共举办文明礼仪讲座180多场。 （陈志耕）

【一批精神文明建设先进单位受中央表彰】 2009年1月20日，一批精神文明建设先进单位受中央表彰。丹阳市新桥镇、扬中市新坝镇、丹阳市埤城镇常兴村被命名为全国文明村镇，镇江供电公司、丹阳市国家税务局第一分局、镇江市计量所被命名为全国文明单位。丹阳市后巷镇、句容市华阳镇、镇江市丹徒区辛丰镇被命名为全国创建文明村镇工作先进村镇，镇江市劳动就业管理中心、镇江市碧榆园、镇江市第一人民医院、扬中工商行政管理局被命名为全国精神文明建设工作先进单位。 （徐　红　周陪袁）

【举办“微笑相约迎奥运”礼仪风采大赛系列活动】 2008年1月至7月，镇江市组织开展群众性以迎奥运为主题的“微笑相约迎奥运”礼仪风采大赛，大赛突出群众参与性和社会影响力，得到社会各界的广泛认同和热情参与，报名选手逾2000名，约有16万人参与活动。经过14场预赛、初赛和半决赛，15名选手进入总决赛，镇江籍奥运火炬手、奥运裁判到现场发表奥运感言。结合礼仪风采大赛，市文明办还举办以迎奥运为主题的系列活动，组织开展“微笑相约迎奥运”签名活动，邀请部分市领导、镇江籍奥运火炬手和参赛选手在20.08米的横幅上签名留念；设计制作参赛感言集，请选手在感言集上留影并签写支持奥运的参赛感言；现场制作长10米、宽1米绘有奥运五环和福娃的巨型蛋糕，在第一楼街中心广场免费请市民品尝，选手和现场市民为汶川人民捐款近1万元等，产生良好的社会反响。 （徐　红　周陪袁）

【组织“迎奥运，文明交通进校园”系列活动】 2008年5月至9月，镇江市文明办、公安局、教育局、团市委、广电局、镇江日报社等六家单位共同举办“迎奥运，文明交通进校园”系列活动。“迎奥运，文明交通进校园”系列活动重点推出大学生文明交通电视辩论赛、开展“红绿灯真会赏”活动，组织外国留学生“文明交通行动”等，还制作和发放家长、学生答题卡10万份，进行文明交通课堂讲课160余场。 （刘玉祥）

【成立“未成年人成长指导中心”】 2008年11月18日，由镇江市文明办、教育局、关工委、团市委等四家单位共同筹划成立的未成年人成长指导中心成立（位于市青少年活动中心内），谢钢等36人被聘请为指导中心首批志愿者心理辅导教师，南京师范大学教育科学学院副院长、博士生导师傅宏作《中小学生心理健康教育》专题报告。 （刘玉祥）

【“知荣辱、树新风、我行动”未成年人道德实践活动】 2008年4月～12月，镇江市文明办牵头，市教育局、妇联、团市委等部门共同参与，在全市开展“知荣辱、树新风、我行动”未成年人道德实践活动。组织“做一个有道德的人”主题实践活动，开展“抗震救灾英雄少年”的评选和学习活动，邀请四川绵竹英雄教师和学生到镇江举办教育系统英模报告会，推出“扬起心中的奥运风帆”青少年书画展，并以“我们的节日”主题活动为主线，开展传统节日纪念活动等。 （刘玉祥）

【市首批13所社区“四点钟学校”获授牌】 2008年11月20日，镇江市首批13所社区“四点钟学校”获得授牌。“四点钟学校”旨在解决城市双职工家庭在学生下午四点放学后至家长下班回家前这段教育管理“真空”，是一种由社区主办、学校支持，各级团委、教育部门协调管理的办学模式。它整合高校大学生、中小学年轻教师及退休职工等志愿者资源，由社区居委会、社区志愿者服务站负责日常管理和运转，为社区内小学生提供下午放学后学习、娱乐、托管等服务。（参见第74页） （刘玉祥）

组织机构及领导人名单

中共镇江市委员会

书　　记　史和平（　～2008－03）
　　　　　许津荣（女，2008－03～　）
副 书 记　许津荣（女，　～2008－03）
　　　　　刘捍东（2008－04～　）
　　　　　张庆生
常　　委　江里程（　～2008－04）
　　　　　陈士志（　2008　11）
　　　　　黄宝荣　李国忠　李茂川
　　　　　张甫雄（　～2008－01）

杨　建
陈照煌(2008－06～　)
魏红军
张洪水(2008－01～　)
秘书长　李国忠
副秘书长　陈林海(兼)
岳卫平(　～2008－12)
杭祝鸿　朱开宝
褚　祎(2008－12～　)
何培树　杜官彪
施正中(2008－12～)

办公室

主　任　朱开宝(兼)
副主任　杜官彪(兼，　～2008－12)
朱　亮(　～2008－08)
陈鹏飞(　～2008－12)
毛　健(　～2008－02)
杜晓镇(2008－12～　)
赵　军(2008－12～　)
翟春辉(2008－12～　)
市委机要局局长　谈国兴
调研员　左金霞(女)
副调研员　曹青兰(女)
吴同舟(2008－12～　)

组织部

部　长　魏红军
副部长　陈　晨
岳卫平(2008－12～)
徐冀锋　吴　彤(女)
部务委员　李明洪

企业高级经营管理人才评价推荐中心

主　任　彭忠东(　～2008－12)
宋平生(2008－12～　)

宣传部

部　长　张甫雄(　～2008－02)
张洪水(2008－02～　)
副部长　卜晓放(　～2008－12)
赵　珏(2008－12～　)
周国建　宋成玺　王红卫
部务委员　杨苏镇
调研员　郭廉福　欧阳箐
副调研员　刘晓鸣

对外宣传办公室

主　任　朱广宝

精神文明建设指导委员会办公室

主　任　卜晓放(兼，　～2008－12)
赵　珏(兼，2008－12～　)
副主任　李　洪　刘玉祥

统一战线工作部

部　长　吕顺洪(　～2008－02)
宦祥宝(2008－02～　)
副部长　张永志　魏跃明
王曙明(2008－02～　)
调研员　谈金和
副调研员　徐礼宾　唐铁军

政法委员会

书　记　黄宝荣
副书记　冯士超(兼，　～2008－12)
夏新平(兼，2008－12～　)
陈林海
政治部主任　周国平
副调研员　宋守满

社会治安综合治理委员会办公室

主　任　陈林海(兼)
副主任　杨　健
陈顺平(2008－12～　)

依法治市办公室

副主任　陈顺平

研究室

主　任　岳卫平(兼，　～2008－12)
施正中(兼，2008－12～　)
副主任　霍爱平(女)
屈振国(兼)
胡敖成
杜晓镇(　～2008－12)
吴　杨
副调研员　袁云萍(2008－12～　)

农村工作领导小组办公室

主　任　何培树(兼)
副主任　屈振国　卢小扣
郭丹平
翟胜勇
副调研员　王惠英(女)　陆顺根

防范和处理邪教问题领导小组办公室

主　任　马玉根(兼)
副主任　朱忠华　夏民强　张凤良
于共青

台湾工作办公室
(市政府台湾事务办公室)

主　任　刘晓东(　～2008－11)
褚　祎(2008－12～　)
副主任　黄志中
张国芳(女)
张　明
调研员　蔡文斌

机构编制委员会办公室

主　任　陈孝信
副主任　吕永生

市级机关工作委员会

书　记　张建国
副书记　邓扣平　侯军生　周国年
纪工委书记　任曼青(女)
调研员　吴智良(　～2008－04)
副调研员　王嘉年　许国庆(女)
朱永敖(2008－12～　)

老干部局

局　长　褚　祎(女，　～2008－12)
岳卫平(2008－12～　)
副局长　石燕宁(女，　～2008－11)
张国平　陈建云　王瑞卿
调研员　靖　辉(　～2008－04)
石燕宁(女，2008－11～　)
副调研员　张爱群(　～2008－12)

信访局

局　长　华兴龙
副局长　金晓萍(女)　吴海平
段洪波　李　丹
党组书记　华兴龙
党组副书记　金晓萍(女)
副调研员　蒋祥林(2008－12～　)

保密委员会办公室
(市国家保密工作局)

主任(局长)　冷剑桦(女)

史志办公室
(市委党史工作办公室)

主　任　胡　振
副主任　杨国祥　傅雪元
刘爱玲(女)　孙爱军(女)
陈恒明
党组书记　胡　振

党　校
(行政学院)

校　长　张庆生(兼)
常务副校长　王　华
副校长　印　明　张欣平
张水娟(女，2008－12～　)
教育长　张水娟(女，　～2008－12)
徐　光(2008－12～　)
党委书记　王　华
纪委书记　王会明(2008－12～　)
行政学院院长　江里程
(兼，　～2008－09)
陈照煌
(兼，2008－09～　)
副调研员　任延梅
丁朋荣(2008－12～　)

档案局

局　长　王　欣
副局长　高浩良(　～2008－12)

汪　好
党组书记　王　欣
党组副书记　高浩良(　～2008－12)
调 研 员　陆开法
高浩良(2008－12～　)
副调研员　徐晓生

镇江日报社

社　　长　周国建
副 社 长　朱纪平
林少麟(　～2008－11)
柳昌焰(2008－12～　)
总　　编　周国建
副 总 编　林少麟(　～2008－11)
刘乃生(　～2008－11)
孙肖苏　顾洪恩　杨苏宜
党委书记　周国建
党委副书记　朱纪平
纪委书记　郑卫星
调 研 员　朱宏瑗(　～2008－11)
副调研员　林少麟(2008－11～　)
刘乃生(2008－11～　)

镇江市人民代表大会常务委员会

主　　任　史和平(　～2008－03)
代 主 任　张甫雄(2008－06～　)
副 主 任　吴树南(　～2008－01)
张学东(　～2008－01)
邵振羽(　～2008－01)
陆朝银(　～2008－01)
张甫雄(2008－01～　)
李壮云
郑宏章(　～2008－01)
卞大庆(　～2008－01)
陈　苏
卢章平(2008－01～　)
王守和(2008－01～　)
秘 书 长　蔡文俊
副秘书长　任振棣　温小卫
陈春燕(女)
党组书记　吴树南(　～2008－01)
张甫雄(2008－01～　)
党组副书记　张学东(　～2008－01)
李壮云(2008－01～　)
正 处 级　刘乐满(　～2008－04)
钟伟德

办公室

主　　任　任振棣(兼)
副 主 任　周玉琴(女)　尹克己
张　俊　徐　强
信访处处长　吴圣涛
副调研员　鲍建明(女)
张宾明

内务司法委员会

主　　任　胡荣明
副 主 任　赵　宁(2008－12～　)
副调研员　赵　宁(　～2008－12)

财政经济委员会

主　　任　殷宪广
副 主 任　周义平(2008－12～　)
副调研员　贺留中

农业经济委员会

主　　任　李谊忠
副 主 任　徐建平

环境资源城乡建设委员会

主　　任　张定岐
副调研员　王春福

教科文卫委员会

主　　任　潘法强
副 主 任　周建华(女)

民族宗教侨务委员会

主　　任　秦党人
副 主 任　罗福春

人事代表联络委员会

主　　任　周以蓉(女)
副 主 任　许勤梅(女)　于士和

研究室

主　　任　温小卫(兼)
副 主 任　纪　东　徐　策

镇江市人民政府

市　　长　许津荣(女，　～2008－04)
刘捍东(2008－04～　)
副 市 长　江里程(　～2008－04)
陈照煌(2008－06～　)
陈建设　陈　杰
王　萍(女)　冯士超
曹当凌(2008－01～　)
夏新平(2008－11～　)
张洪水(　～2008－01)
市长助理　许俊华
夏新平(～2008－11)
秘 书 长　孙晓南
副秘书长　周凤霞(女)　顾大福
沈宝来　龚志才(兼)
赵志新　华兴龙(兼)
孙乾贵(兼，　～2008－02)
雷志强(　～2008－12)
林　枫
黄　鸣(兼，　～2008－12)
朱金生
卜晓放(2008－12～　)
王　飚(2008－12～　)
朱仲蔚(2008－12～　)
张伟清
陈鹏飞(2008－12～　)
党组书记　许津荣(女，　～2008－07)
刘捍东(2008－07～　)
党组副书记　江里程(　～2008－04)
陈照煌(2008－07～　)

办公室

主　　任　顾大福(兼)
副 主 任　蒋建新　徐海亮
施正中(　～2008－12)
吕　舟　赵荣庆(兼)
朱晓华(兼)
王　飚(兼，　～2008－12)
陆永喜(兼，　～2008－11)
党组书记　孙晓南
党组副书记　顾大福
周凤霞(2008－12～　)
纪检组长　连维义
调 研 员　解宪荣(　～2008－04)
吴新生
许巧生(　～2008－08)
副调研员　廖秀珍(女)
陆永喜(2008－11～　)
赵权升(2008－12～　)
副 处 级　许志民(2008－12～　)
双拥办主任　蒋建新

研究室

主　　任　雷志强(兼，　～2008－12)
卜晓放(兼，2008－12～　)
副 主 任　万峻松　张卫平　严竹波
党组书记　雷志强(兼，　～2008－12)
卜晓放(兼，2008－12～　)
副调研员　陈　明(2008－12～　)

发展和改革委员会

主　　任　尹名年
副 主 任　赵顺凌　吴志优　丁羽如
殷国兴　高　明(兼)
许军炯
谈沁磊(2008－12～　)
党组书记　尹名年
党组副书记　赵顺凌
纪检组长　陈金瑞
副调研员　缪　云　王永其　真启琮
巫宇声(2008－12～　)
镇江市对口支援四川省绵竹市板桥镇地震灾后恢复重建指挥组现场指挥(正处职)　丁羽如(2008－12～　)

经济贸易委员会
(乡镇企业管理局)

主　　任　裔玉乾
副 主 任　宋炳国　黄秉东　徐志伟

周　毅
专职委员　陈建平
党组书记　裔玉乾
党组副书记　朱炳国
纪检组长　邹海莉(女)
调 研 员　汤　翔　李学科
刘金田(　~2008-02)
副调研员　周以镇　陶跃俊(女)
乡镇企业管理局副局长　陈建平(兼)
中小企业局局长　朱炳国
(2008-12~　)
中小企业局副局长　朱治臣

教育局
(市委教育工作委员会)

局　　长　刘国荣
副 局 长　方俊洪
陈国栋(　~2008-12)
赵　珏(　~2008-12)
蔡晓海　陈国俊
刘元良(2008-12~　)
党委书记　刘国荣
党委副书记　方俊洪
纪委书记　李玉扬
副调研员　睢开华(女)
教育工作委员会书记　刘国荣(兼)
教育工作委员会副书记　方俊洪(兼)
教育工作委员会纪工委书记　李玉扬(兼)

市政府教育督导室

主　　任　朱金生(　~2008-12)
陈国栋(2008-12~　)
副 主 任　曹阳根

科学技术局
(知识产权局)

局　　长　柏晓宏
副 局 长　潘国建　陆介平　葛玉连
肖敬东(2008-12~　)
党组书记　柏晓宏
党组副书记　潘国建(2008-12~　)
纪检组长　唐圣洋
调 研 员　汪天武
知识产权局局长　柏晓宏(兼)
知识产权局副局长　陆介平(兼)

公安局

局　　长　夏新平
副 局 长　高晓光　隋　明　马玉根
褚先明　张卫东　梁　坚
张为人　石重光
党委书记　夏新平
党委副书记　高晓光
纪委书记　王新辉
政治部主任　褚先明(兼)
副 处 级　丁浩北　曲乃仁　孙江桥
许祥荣　仇卫民　刘爱萍
朱国庆
范志敏(2008-08~　)
胡新群　王友春
调 研 员　顾其洪
副调研员　左敦传
姜长源(　~2008-02)
毛新镇　王玉寿　丁智慧
夏志祥(2008-12~　)
指挥中心主任　钱建平
指挥中心政委　夏成强(2008-08~　)
治安警察支队队长　陶苏闽
治安警察支队政委　班同霞(女)
刑警支队支队长　顾传先
刑警支队政委　王公渠
经侦支队支队长　高建新
经侦支队政委　张耘田
交巡警支队支队长　陶文章
交巡警支队政委　杨国平
水警支队支队长　张柏林
水警支队政委　颜景林
国保支队支队长　陈金友
国保支队政委　范志敏(　~2008-08)
朱继军(2008-08~　)

维护稳定工作领导小组办公室

主　　任　高晓光(兼)
副 主 任　赵立源　邱新芳

监察局

局　　长　宋敬伟
(女,兼,　~2008-02)
杨志伟(2008-02~　)
副 局 长　茆新毅
顾开宁(　~2008-02)
徐洪兴　徐邦义(兼)

民政局

局　　长　汤才顺
副 局 长　张梅梅(女,　~2008-11)
戴江澄　吴　当　陈平清
党委书记　汤才顺(2007-09~　)
党委副书记　张梅梅
(女,　~2008-11)
纪委书记　李　俊
调 研 员　朱海虎(　~2008-07)
张方荣(　~2008-10)
张梅梅(女,2008-11~　)
副调研员　顾　言　徐卫国　黄金云
陆松林(2008-12~　)

司法局

局　　长　陈　琳(女,　~2008-02)
殷　敏(女,2008-02~　)
副 局 长　史雪峰　张俊昌　张汉涛
刘　芳(女)
党组书记　陈　琳(女,　~2008-02)
殷　敏(女,2008-02~　)
党组副书记　史雪峰
纪检组长　周国达
调 研 员　苏建春(　~2008-06)
副调研员　黄品涛　郑斌斌

财政局

局　　长　许能斌(　~2008-11)
王荣正(2008-11~　)
副 局 长　朱国芳(女)　孙广平
彭家明　戴　坚
党组书记　许能斌(　~2008-11)
王荣正(2008-11~　)
党组副书记　朱国芳(女)
孙广平(2008-02~　)
宋晓霞(女)
纪检组长　宋晓霞(女,兼)
调 研 员　石　耘(女)

人事局

局　　长　秦双林
副 局 长　程天龙　马　进　黎　平
魏弘扬
党组书记　秦双林
党组副书记　陈孝信　程天龙
纪检组长　杨春华
调 研 员　许忙耕
副调研员　袁玉林

人才服务中心

主　　任　朱建忠
党总支书记　顾中朝

外国专家局

局　　长　黎　平(兼)

军队转业安置工作小组办公室

主　　任　吴志龙

劳动和社会保障局

局　　长　朱云峰
副 局 长　顾　笈　蒋更俊　封汉桥
蒋建中　陈新中(兼)
党组书记　朱云峰
党组副书记　顾　笈
纪检组长　于德道
调 研 员　周梅生(　~2008-08)
副调研员　陈继忠(　~2008-04)
印德祥　黄亚平　张久成

医疗保险局

局　　长　陈新中
党总支书记　陈新中

建设局

局　　长　鄂金书
副 局 长　龚建平　祝瑞洪
褚桂馨(兼,　~2008-12)

滕道远
强南山 陈可可(兼)
荆天翔
党委书记 鄂金书
党委副书记 龚建平 孙 杰
纪委书记 符永华(~2008-11)
丁建武(2008-12~)
调 研 员 褚桂馨(2008-12~)
副调研员 王晓红(女)
符永华(2008-11~)
朱苏镇(2008-12~)

规划局

局 长 刘 云(~2008-12)
王根生(2008-12~)
副 局 长 王根生(~2008-12)
朱富坤 谢庚龙 沙振镇
党委书记 刘 云(~2008-12)
王根生(2008-12~)
党委副书记 高久珍(~2008-11)
纪委书记 吕金虎
调 研 员 高久珍(2008-11~)
副调研员 王国生
规划监察支队支队长 陈新生

城市管理局(城市管理行政执法局)

局 长 徐建国(~2008-11)
郭必东(2008-12~)
副 局 长 刘 端(女) 张春发
徐金和(~2008-11)
黄祝山 杨晓勤(女)
邓世安(兼)
党委书记 徐建国(~2008-11)
郭必东(2008-12~)
党委副书记 刘 端
(女,2008-12~)
纪委书记 张国富
城市管理行政执法支队支队长
黄祝山(兼)
城市管理行政执法支队党委书记
黄祝山(兼)
副调研员 汤达敏
徐金和(2008-11~)
张茂桃

交通局

局 长 周 社
副 局 长 丁 锋 郜大浩 袁 琦
陈德兴
党委书记 周 社
党委副书记 丁 锋 方德龙
纪委书记 张正祜
调 研 员 季秀全(~2008-04)
副调研员 孙建敏
袁茂林(~2008-04)
蒋伟骏(2008-12~)

水利局

局 长 王梅芳
副 局 长 曾万余 张岱峰 吴青龙
张益民(2007-12~)
党组书记 王梅芳
纪检组长 赵慕萱(女)
调 研 员 马万顺
副调研员 马云新 张志远

防汛防旱指挥部办公室

主 任 张岱峰(兼)

农林局

局 长 王冬生(~2008-02)
潘早云(2008-02~)
副 局 长 郭荣贵 荆国芳 王敏敏
孙德举 周惠瑜
党组书记 王冬生(~2008-02)
潘早云(2008-02~)
纪检组长 陈 俊
调 研 员 章壮金
副调研员 田 峰

畜牧兽医局

局 长 陈生荣

信息产业局(信息化办公室)

局 长 吴志优(兼, ~2008-11)
于建武(2008-11~)
副 局 长 贾云平 刘建宁
于建武(~2008-11)
陈凤翔
党组书记 吴志优(兼, ~2008-11)
党组副书记 贾云平
纪检组长 王加军
调 研 员 伏明楠
副调研员 孙国艾

无线电管理办公室

主 任 刘建宁(兼)
副 处 级 王洪富
党组书记 刘建宁(兼)

对外贸易经济合作局

局 长 刘吉顺
副 局 长 周祝全 袁聿森 张志军
桂祈亮
吴小华
(挂职,2008-12~)
党委书记 刘吉顺
党委副书记 周祝全
纪委书记 顾克新
副调研员 欧阳兵 吉建霞(女)

文化局

局 长 张 兵
副 局 长 余爱国 王玉国 赵 峰

陆艳华(2008-12~)
党委书记 张 兵
党委副书记 徐 力
纪委书记 徐 力(兼)
调 研 员 史建和
副调研员 顾雄林 王建一
程亚平(2008-12~)

新闻出版局(版权局)

副 局 长 余爱国(兼)
王玉国(兼)
赵 峰(兼)

卫生局

局 长 李照金
副 局 长 赵庆荣 许黎明 伏庆鸣
苏 枫(2008-12~)
党委书记 尹瑞林
党委副书记 李照金
纪委书记 金长安
调 研 员 吕振声
副调研员 孔汉良 樊德高

爱国卫生运动委员会办公室

主 任 伏庆鸣(兼)

医疗保险结算中心

主 任 李一平
党支部书记 葛艺群

人口和计划生育委员会

主 任 袁 平(女)
副 主 任 徐伟珍(女)
许豪勤(女)
李建华(女,兼)
李文福
党组书记 袁 平(女)
党组副书记 徐伟珍(女)
纪检组长 包舒平(女)

审计局

局 长 黄 可
副 局 长 张炳良
陈宏贵(~2008-11)
蒋建军 孙浩琦 乔文兵
党组书记 黄 可
党组副书记 张炳良
纪检组长 杜友义
调 研 员 周本友
副调研员 陈宏贵(2008-11~)

环境保护局

局 长 孙纪英(女, ~2008-11)
刘晓东(2008-11~)
副 局 长 郁长生(~2008-11)
姚继承 梁晨辉 贾云亮
李鼎如(兼)

党委书记　孙纪英(女，　～2008－11)
　　　　　刘晓东(2008－11～　)
党委副书记　郁长生(　～2008－11)
　　　　　姚继承(2008－12～　)
纪委书记　唐国义
调 研 员　孙纪英(女,2008－11～　)
　　　　　郁长生(2008－11～　)
副调研员　曲新华(女)　郭祥明

广播电视局
(广播电视总台)

局长(台长)　戈　矛
副局长(副台长)
　　　　　孙家政(2007－12～　)
　　　　　陈　杰(　～2008－11)
　　　　　邬建国
党委书记　戈　矛
党委副书记　孙家政(2007－12～　)
纪委书记　江忠顺
调 研 员　朱邦治
副调研员　董有成
　　　　　陈　杰(2008－11～　)
镇江人民广播电台台长　孙小梅(女)
镇江电视台台长　陈　炜
镇江电视台台长级干部
　　　　　周宜一(2008－12～　)

体育局

局　　长　徐　萍(女)
副 局 长　何广涛　曹双林
　　　　　毕延中(　～2008－11)
　　　　　李　彬
党组书记　徐　萍(女)
党组副书记　何广涛
纪检组长　王友照
副调研员　毕延中(2008－11～　)
　　　　　彭钦彦(女)

统计局

局　　长　张建华
副 局 长　周文娟(女)　施章传
　　　　　潘荣军
　　　　　史　强(2008－12～　)
党组书记　张建华
调 研 员　沈春英(女)
　　　　　凌惠民(　～2008－10)
副调研员　吕联泰

安全生产监督管理局

局　　长　赵兴根
副 局 长　李瑞林　唐洪云
　　　　　张　勤
党组书记　赵兴根
党组副书记　李瑞林
纪检组长　朱　丹
副调研员　原　丁　姜宪光
安全生产监察支队支队长　徐　军

旅游局

局　　长　卢道富
副 局 长　王协祖(2007－12～　)
　　　　　文雁才　赵春寅　蔡晓伟
党委书记　王协祖
党委副书记　文雁才
纪委书记　张学斌
副调研员　沈庆平　陈　琨

物价局

局　　长　朱晓法
副 局 长　田先华　凌继宁　臧腊坤
　　　　　殷建国
党组书记　朱晓法
纪检组长　臧鹏刚
副调研员　刘德俊　徐晓苏
　　　　　蔡　华(2008－12～　)
物价检查分局局长　霍　鹏

粮食局

局　　长　吕振亚
副 局 长　吴伯安(　～2008－11)
　　　　　桑锁明　姚爱生　孙国忠
党委书记　吕振亚
党委副书记　吴伯安(　～2008－11)
纪委书记　陈和胜
调 研 员　吴伯安(2008－11～　)
副调研员　殷国文
　　　　　黎永康(2008－12～　)

民族宗教事务局

局　　长　王曙明
副 局 长　夏和生　张大华　孙正林
党组书记　王曙明
党组副书记　夏和生
调 研 员　王　珏
副调研员　胡贵留

口岸和港口管理局

局　　长　高国成
副 局 长　周　宁　孙锡礼　戴永胜
　　　　　倪成才
党组书记　高国成
党组副书记　周　宁
纪检组长　肖军荣
调 研 员　傅腊春　徐瑞芝　张　立
副调研员　陆崇俭　赵承中
　　　　　翟金成(2008－12～　)

人民防空办公室(民防局)
(2008年12月人防办主任、副主任分别兼任局长、副局长)

主任(局长)　朱冬生
副主任(副局长)　江明跃　范广庭
　　　　　　　蒋晓龙　权秀阳
党组书记　朱冬生
党组副书记　江明跃

纪检组长　吴解平
调 研 员　夏如祥
副调研员　李洪祥
　　　　　朱向前(2008－12～　)

外事办公室

主　　任　薛　峰
副 主 任　张国云　刘志强　李金方
党组书记　薛　峰
党组副书记　张国云
纪检组长　王晓明
副调研员　杨方明(2008－12～　)

侨务办公室

主　　任　许宝庆
副 主 任　王金华　周晓保
　　　　　崔海柱(2008－12～　)
党组书记　许宝庆
调 研 员　王继尧
副调研员　吕鸿生　彭五全　曾龙祥

法制办公室

主　　任　金国使
副 主 任　孙　放　薛国荣　钱家宝
党组书记　金国使

仲裁委员会秘书处

秘 书 长　金国使(兼)
副秘书长　李少华

国有资产监督管理委员会

主　　任　尤　廉
副 主 任　夏敏章　徐志刚　谭浩俊
　　　　　王　林
党委书记　尤　廉
党委副书记　栾卫东
纪委书记　栾卫东(兼)

房产管理局

局　　长　经颜明
副 局 长　徐罗照　徐爱民　陈纪华
　　　　　张百和
党委书记　经颜明
党委副书记　徐罗照
纪委书记　胡德义
调 研 员　司端余
副调研员　马智国

园林管理局

局　　长　孙乾贵(　～2008－02)
　　　　　徐　平(2008－02～　)
副 局 长　徐　平(　～2008－02)
　　　　　王建国　陈　凯
　　　　　余　雷
党委书记　孙乾贵(　～2008－02)
　　　　　徐建国(2008－12～　)
党委副书记　王建国　闻锁芝

纪委书记　谢　键
副调研员　冷志伟
　　　　　陆洪发（　～2008－10）
　　　　　孙永康

南山风景名胜区管理委员会

主　　任　孙乾贵（　～2008－02）
　　　　　徐　平（2008－02～　）
副 主 任　徐　平（　～2008－02）
　　　　　戴宏才　陈　凯（兼）
　　　　　朱国夫
　　　　　范永放（兼，　～2008－12）
　　　　　王敏敏（兼，　～2008－12）
党委书记　孙乾贵（　～2008－02）
　　　　　徐建国（2008－12～　）
副 书 记　戴宏才
纪工委书记　谢　键

市级机关事务管理局

局　　长　龚志才
副 局 长　孔宪忠　周万宝　赵洪春
　　　　　张剑斌
党组书记　龚志才
纪检组长　高善国
副调研员　徐　刚

农业机械管理局

局　　长　滕玉林
副 局 长　胡厚汉（　～2008－11）
　　　　　郭东歌　陈昆山（兼）
党组书记　滕玉林
调 研 员　赵挺俊
副调研员　唐建伟
　　　　　胡厚汉（2008－11～　）

农业资源开发局

局　　长　潘早云
副 局 长　丁洪坤　戚方平　李　林
党组书记　潘早云
正 处 级　王德友
调 研 员　黄玉明
副调研员　袁继强

地震局

局　　长　冷国桂
副 局 长　宦亚平　赵伯廷　曹　惠
党组书记　冷国桂
调 研 员　赵荣宝（　～2008－10）

市政府接待办公室

主　　任　杜官彪（兼）
副 主 任　沈　红（女）
党组书记　杜官彪（兼）
副调研员　朱纪斌

经济协作办公室

主　　任　高　明
党组书记　高　明

市政公用事业管理局

局　　长　陈可可
党委书记　陈可可
副处级　陶德明
副调研员　陶　毅
　　　　　匡玉玉（2008－12～　）

供销合作总社

主　　任　韩迎农
副 主 任　梁　勇　卫锁宏　孙　彤
党委书记　韩迎农
党委副书记　梁　勇
纪委书记　卫锁宏（兼）
调 研 员　李世春
副调研员　马家明（　～2008－04）
　　　　　迟永普（2008－12～　）

行政服务中心

主　　任　林　枫（兼，　～2008－11）
　　　　　戚亚新（2008－11～　）
副 主 任　戚亚新（　～2008－11）
　　　　　陆永喜（　～2008－11）
　　　　　张　敏（2008－12～　）
党组书记　解宪荣（　～2008－04）
　　　　　顾开宁（2008－12～　）
纪检组长　李桂芳（　～2008－11）
　　　　　闻　风（2008－12～　）
副调研员　赵金良

镇江新区
（党工委、管理委员会、经济开发总公司、人大工委）

党工委书记　赵腊根
党工委副书记　罗洪明　陈发祥
　　　　　　　王桂宏　王祥义
党工委委员　刘祥生　经山河　仲新福
　　　　　　邵　兵　沈　沉　路月中
　　　　　　王德家　贺宏福
纪工委书记　王桂宏（兼）
主任（总经理）　罗洪明
副主任（副总经理）　陈发祥　刘祥生
　　　　　　　　　经山河　仲新福
　　　　　　　　　邵　兵　沈　沉
　　　　　　　　　路月中
主任助理　杨菊兰（女，2008－02～　）
人大工委主任　赵腊根（兼）
人大工委副主任　王桂宏（兼）
　　　　　　　　戴荣林
正 处 级　陈锡福
副 处 级　杨菊兰（女，2008－02～　）
调 研 员　尤其斌（　～2008－12）
建设局局长　杨菊兰
　　　　　（女，　～2008－02）
招商一局局长　张宁晖
工会主席　张红庆

轻工化工物资行业管理办公室

主　　任　朱鲁生（～2008－03）
副 主 任　焦国平
　　　　　（主持工作，2008－03～　）
　　　　　于文丰　卞纪发
　　　　　张本荣（　～2008－11）
党委书记　朱鲁生（　～2008－03）
副 书 记　焦国平
　　　　　（主持工作，2008－03～　）
纪委书记　张本荣（　～2008－11）
调 研 员　周建平　章程贵　刘来根
助理调研员　沈兆明　陈晓妹（女）

机械电子冶金建材行业管理办公室

主　　任　顾伟刚
副 主 任　凌仁泉
　　　　　周义平（　～2008－12）
　　　　　李　明
党委书记　顾伟刚
纪委书记　李　明
调 研 员　朱来宝
助理调研员　张寿祖　夏仁宇　刘永安

纺织建筑煤炭行业管理办公室

主　　任　陆应祥
副 主 任　陆　俊　冯学云　唐承军
　　　　　杨传军
党委书记　陆应祥
纪委书记　杨传军
调 研 员　韦来容　施国俊　汤永德

农业科学研究所

所　　长　庄义庆
副 所 长　潘跃平（2007－09～　）
　　　　　李国平
党委书记　潘跃平
党委副书记　庄义庆
纪委书记　李国平

中国国际贸易促进委员会
镇江市支会

会　　长　刘吉顺
副 会 长　徐加荣

中房集团镇江房地产开发公司
（2008 年 12 月撤销）

经　　理　褚桂馨（　～2008－12）
副 经 理　杨贵亮（　～2008－12）
　　　　　严永生（　～2008－12）
　　　　　何新荣（　～2008－12）
党组书记　褚桂馨（　～2008－12）
党组副书记　杨贵亮（　～2008－12）
助理调研员　项　智（　～2008－12）

城市水利管理处

主　　任　朱拥军
党总支书记　朱拥军

水利投资公司

董 事 长 吴青龙
总 经 理 李明俊
党支部书记 吴青龙

房屋投资建设发展公司

总 经 理 司端余（ ~2008－08）
祝瑞洪（2008－08~ ）

拆迁管理办公室

主 任 吕建峰
党总支书记 戴卫东

城市干道工程建设办公室

主 任 邓 峰
党支部书记 邓 峰

城市建设投资公司
（2008年12月机构升格）

总 经 理 祝瑞洪（2008－12~ ）
副总经理 杨贵亮（2008－12~ ）
何新荣（2008－12~ ）
党委书记 祝瑞洪（2008－12~ ）
党委副书记 杨贵亮（2008－12~ ）
助理调研员 项 智（2008－12~ ）
严永生（2008－12~ ）

给排水管理处

处 长 胡 坚
党委书记 胡 坚

燃气管理办公室

主 任 胡继生

地方海事局

局 长 赵永富
党总支书记 何继培
助理调研员 陈定国

运输管理处

处 长 管小牧
党总支书记 谭才林

公路管理处

处 长 石小武
党委书记 陈德兴

航道管理处

处 长 符 明
党委书记 张 庆
助理调研员 丁 竞（女）

交通工程建设管理处

处 长 戴嘉平
党支部书记 戴光明
助理调研员 宫建国

交通投资建设发展公司

董 事 长 周 社
总 经 理 李 坚

住房公积金管理中心

主 任 王 捷

高级技工学校

校 长 王社宁
党总支书记 黄亚平（2008－05~ ）

劳动就业管理中心

主 任 胡 强
党总支书记 胡 强

社会劳动保险基金管理中心

主 任 朱殿月
党总支书记 朱殿月

财政干部培训中心
（2008年2月机构升格）

主 任 吕小建（2008－09~ ）

中国人民政治协商会议镇江市委员会

主 席 郭礼荣
副 主 席 张克敏（ ~2008－01）
陈冬姣（女， ~2008－01）
解信鹏（ ~2008－01）
吕顺洪（ ~2008－01）
杜正起（ ~2008－01）
赵腊根（2008－01~ ）
宋余庆
赵杰文（ ~2008－01）
赵庆荣
卢章平（ ~2008－01）
潘一乐（ ~2008－01）
许能斌（2008－01~ ）
宦祥宝（2008－01~ ）
宋敬伟（女，2008－01~ ）
徐 平（2008－01~ ）
孙志安（2008－01~ ）
秘 书 长 陈惠祥
副秘书长 姜 辉 陈泰龙 俞立群
吕纯贵 佘其瑞（女，兼）
王建宏（兼） 李柏椴（兼）
沈红亮（兼） 孙中良（兼）
宗加伟（兼） 钱伯安（兼）
季 平（兼）
党组书记 郭礼荣
党组副书记 张克敏（ ~2008－01）
陈冬姣
（女， ~2008－01）
赵腊根（2008－01~ ）
正 处 级 金富楼
姚安南（ ~2008－10）
钱 凯
杨雨绵（ ~2008－10）

办公室

主 任 陈泰龙（兼）
副 主 任 张荣军

研究室

主 任 谈德成

提案委员会

主 任 杨晓英（女）
副 主 任 张友林

经济科技委员会

主 任 郭必东（ ~2008－12）
蒋平权（2008－12~ ）
副 主 任 林泰富

农业经济委员会

主 任 蒋平权（ ~2008－12）
副 主 任 朱志江

教卫文体委员会

主 任 范 然
副 主 任 孙振亚

文史资料委员会

主 任 赵康琪
副 主 任 朱竞林

社会法制委员会
（民族宗教委员会）

主 任 吴登昌
副 主 任 汪 勉（2007－12~ ）

港澳台侨委员会
（外事委员会）

主 任 王骏康
副 主 任 许小琦

城乡建设委员会

主 任 邵孟大
副 主 任 徐佳兆（ ~2008－10）
孔 萍（女）

政协委员工作办公室

主 任 蒋 勃
副 主 任 霍 双（女）

中共镇江市纪律检查委员会

书 记 杨 建
副 书 记 宋敬伟（女， ~2008－04）
杨志伟 高庆国

常　　委　茆新毅　顾开宁　徐洪兴
　　　　　张凤华　李国平
秘 书 长　胡培红(2008－12～　)
办公室主任　徐　军
监察综合室主任　李　锋
纠正部门和行业不正之风室主任
　　　　　许　明
法规研究室主任　尹盐生
宣传教育室主任　闻　风
　　　　　(女，　～2008－12)
信访室主任　何　明
案件审理室主任　丁建武
　　　　　(　～2008－12)
执法监察室主任　司马东良
第一纪检监察室主任　邵宁乙
第二纪检监察室主任　翟新跃
党风廉政室主任　王永京
　　　　　(　～2008－12)
　　　　　谢继步
　　　　　(2008－12～　)
行政效能监察室主任　李桂芳
副处级纪检员　陈伯顺　杨敏之
　　　　　孙华杰　肖家林
　　　　　张锡苏(女)
　　　　　蒋小平　宋飞雄
调 研 员　戴忠仪

镇江市中级人民法院

院　　长　帅巧芳(女)
副 院 长　顾其荣(　～2008－11)
　　　　　眭瑞华　郑　清(女)
　　　　　章纯钢
党组书记　帅巧芳(女)
纪检组长　李明胜
政治部主任　刘茂顺
调 研 员　顾其荣(2008－11～　)
副调研员　褚冬平
副处级审判员　汤　流　史培勤
　　　　　张榕宁　吴绍祥
副 处 级　张子敏
镇江经济开发区法院院长　高国华
执行局局长　戴小南

镇江市人民检察院

检 察 长　蒋伟亮
副检察长　孙云国　董新建(女)
　　　　　游巳春　岳　岭　殷建兵
党组书记　蒋伟亮
纪检组长　郭夕培
政治部主任　侯建伟(女)
副调研员　孟广礼
副处级检察员　刘荣清(　～2008－08)
　　　　　钱云山　刘才荣
　　　　　王海燕(女)　余巧生
　　　　　马江宁　王增建
　　　　　严忠镕(　～2008－02)
　　　　　戴以平
　　　　　仇运泉　赵国兴
　　　　　胡志勇　王　云
　　　　　高春荣(　～2007－12)
　　　　　倪艳平(女)　宋林芝
　　　　　管　俊
　　　　　董振华(　～2008－04)
反贪局局长　游巳春(兼)
反渎职侵权局局长　殷建兵(兼)
镇江经济开发区检察院检察长　朱国忠
湾山地区检察院检察长　张　斌

镇江军分区

司 令 员　甄邢兵
政治委员　陈主志(～2008－12)
　　　　　王树均(2008－12～　)
副司令员　管晓阳(兼参谋长)
　　　　　毕伟国(2006－03～　)
政治部主任　李江苏
后勤部部长　方乐平
党委第一书记　史和平(～2008－04)
　　　　　许津荣(2008－04～　)
党委书记　陈主志(～2008－12)
　　　　　王树均(2008－12～　)
党委副书记　甄邢兵
纪委书记　李江苏
纪委副书记　方乐平

民主党派、工商联

中国国民党革命委员会镇江市委员会

主任委员　宋余庆
副主任委员　王　萍(女)　王加友
　　　　　朱富坤　沈红亮(驻会)

中国民主同盟镇江市委员会

主任委员　陈昆山
副主任委员　佘其瑞(女，驻会)
　　　　　李鼎如　任一鸣

中国民主建国会镇江市委员会

主任委员　强南山
副主任委员　孙中良(驻会)　夏　军

中国民主促进会镇江市委员会

主任委员　徐　平
副主任委员　李柏椵(驻会)
　　　　　李耀明
　　　　　邹家生　于庆芳(女)

中国农工民主党镇江市委员会

主任委员　赵庆荣
副主任委员　郑金旭　王建宏(驻会)
　　　　　李建华(女)　蒯开明

中国致公党镇江市委员会

主任委员　卢章平
副主任委员　谢志荣　宗加伟(驻会)

九三学社镇江市委员会

主任委员　王贵成
副主任委员　陈沛华　颜　斌
　　　　　毛　颖(女)
　　　　　钱伯安(驻会)

工商业联合会

会　　长　孙志安
副 会 长　张永志　季　平　蔡永祥
　　　　　朱国平(兼)
　　　　　鄂秀萍(女，兼)
　　　　　苏启善(兼)　徐　翔(兼)
　　　　　周东海(兼)　应　军(兼)
　　　　　叶有伟(兼)　耿忠毅(兼)
党组书记　张永志
副调研员　柏新民

社会团体

总工会

主　　席　陈　苏
副 主 席　时秋香(女)
　　　　　王愉夫(　～2008－11)
　　　　　姜　勇　蒋新民
党组书记　陈　苏
党组副书记　时秋香(女)
纪检组长　杨维勤
调 研 员　于富强
副调研员　吴　科
　　　　　王愉夫(2008－11～　)
　　　　　徐镇伟
　　　　　郑飞星(2008－12～　)

共青团镇江市委员会

书　　记　黄万荣
副 书 记　贺建国　蒋　敏(女)
　　　　　王为华(2008－12～　)
党组书记　黄万荣

妇女联合会

主　　席　武白苹(女)
副 主 席　树世萍(女)
　　　　　朱绮云(女)
　　　　　张宜英(女)
党组书记　武白苹(女)
党组副书记　树世萍(女)
妇儿工委办公室主任
　　　　　苏　枫(女，　～2008－12)

归国华侨联合会

主　　席　陈晓元
副 主 席　张俊昌(兼)
　　　　　支　芸(女，兼)

科学技术协会

主　　席　赵振祥
副 主 席　马鹤利　张志明
　　　　　邵锦亚（女）　朱炳国（兼）
　　　　　陈国栋（兼）　葛玉连（兼）
　　　　　孙广平（兼）　庄义庆（兼）
　　　　　李照金（兼）　袁寿其（兼）
　　　　　王自力（兼）　薛　玉（兼）
党组书记　赵振祥
调 研 员　陈　浩

哲学社会科学联合会

主　　席　潘文瑜
副 主 席　唐明觉　邵利明
　　　　　唐永泽（兼）　孙秀法（兼）
　　　　　唐成海（兼）　姜　辉（兼）
　　　　　顾大福（兼）　郭廉福（兼）
　　　　　尹卫东（兼）　董德福（兼）
　　　　　王　华（兼）　张卫平（兼）
党组书记　潘文瑜
调 研 员　严忠沛

文学艺术界联合会

主　　席　宋成玺（兼）
副 主 席　蒋　宁（女）　蒋光年
　　　　　丁伟民　王　川（兼）
　　　　　余爱国（兼）
党组书记　蒋　宁（女）
调 研 员　陈春鸣
副调研员　张　丹（2008－12～　）

台湾同胞联谊会
（2007年1月升格为副处级建制）

会　　长　刘贤忠（2008－12～　）

残疾人联合会

理 事 长　王联东
副理事长　赵　斌　史寿胜
党组书记　王联东
调 研 员　朱朝华

红十字会

会　　长　江里程（兼，　～2008－12）
　　　　　王　萍（兼，2008－12～　）
副 会 长　蒋宗宁

部省属单位

国家安全局

局　　长　黄　鸣（　～2008－03）
　　　　　朱仲蔚（2008－03～　）
副 局 长　张建荣　张　强
　　　　　徐向阳
党委书记　黄　鸣（　～2008－03）
　　　　　朱仲蔚（2008－03～　）
纪委书记　戴以力
调 研 员　魏可德

国家税务局

局　　长　高逸民
副 局 长　张宁忠　刘卫忠　郭瑞龙
总经济师　朱智宏
党组书记　高逸民
纪检组长　马国钧
调 研 员　赵凤英（女）　陈正明
助理调研员　袁小保　郭建平　宋志鹿
　　　　　胡小宁
　　　　　陆京川（　～2007－09）
　　　　　黄厚荣（2008－06～　）

地方税务局

局　　长　陈德华（　～2008－05）
　　　　　夏照明（2008－05～　）
副 局 长　唐晓鹰（　～2008－05）
　　　　　赵桂芳（女）
　　　　　施竞平（2008－05～　）
　　　　　张　健
　　　　　尹家朋（　～2008－05）
党组书记　陈德华（　～2008－05）
　　　　　夏照明（2008－05～　）
党组副书记　唐晓鹰（　～2008－05）
纪检组长　李　峻
副调研员　徐立标（2008－04～　）

工商行政管理局

局　　长　刘海东
副 局 长　邓世安（正处级）
　　　　　黄春年　邓国平　祝明良
党组书记　刘海东
党组副书记　邓世安（正处级）
纪检组长　张云星
调 研 员　杨杏云（　～2007－08）
　　　　　张招顺（　～2008－05）
　　　　　刘公华
副调研员　张金法（　～2007－06）
　　　　　蒋长寿　赵盘根

质量技术监督局

局　　长　黄昌林
副 局 长　乐　意　陈　珑　赵常男
党组书记　黄昌林
纪检组长　于光勤
调 研 员　朱昌圣　吕荣伟
助理调研员　林纪龙（　～2008－05）

食品药品监督管理局

局　　长　李　华（　～2008－12）
　　　　　史国平（2008－12～　）
副 局 长　翟耀华（　～2008－12）
　　　　　吴　龙（　～2008－01）
　　　　　李杭军（2008－09～　）
　　　　　陈　黎（2008－03～　）
党组书记　李　华（　～2008－12）
　　　　　史国平（2008－12～　）
党组副书记　李杭军（2008－09～　）

纪检组长　万煜华（　～2008－09）
　　　　　赵永书
　　　　　（2008－09～2008－12）
调 研 员　赵以诚（　～2008－06）
　　　　　王成荣

国土资源局

局　　长　王荣正（　～2008－12）
　　　　　雷志强（2008－12～　）
副 局 长　吕国奇　郑永红（女）
　　　　　袁华荣　黄　毅
党委书记　王荣正（　～2008－12）
　　　　　雷志强（2008－12～　）
党委副书记　吕国奇
纪检组长　马加荣
副调研员　田克昌　沈仁法　张连华
　　　　　李根伟
　　　　　黄东平（2008－12～　）

土地收购储备中心

主　　任　何玉博

国家统计局镇江调查队
（2008年4月成立）

队　　长　周文娟（女，2008－04～　）
副 队 长　罗凌俊（2008－04～　）
党组书记　张建华（2008－04～　）
党组副书记　周文娟
　　　　　（女，2008－04～　）

出入境检验检疫局

局　　长　陶卫忠
副 局 长　张甫华（正处级）
　　　　　朱金连
　　　　　吴小华（2008－02～　）
党组书记　陶卫忠
纪检组长　王咸平
助理调研员　郭宝来　俞　峰　陶益新

海　关

关　　长　马金平（　～2008－12）
　　　　　陶建明（2008－12～　）
副 关 长　欧叔民（正处级）
　　　　　钱卫民　贡立新　李　建
党组书记　马金平（　～2008－12）
　　　　　陶建明（2008－12～　）
党组副书记　欧叔民（正处级）
纪检监察特派员　封抗勇

海关缉私分局

局　　长　钱卫民
副 局 长　束　健
　　　　　宋　平（2008－05～　）

外轮代理公司

总 经 理　王　勇
副总经理　王跃华（～2007－01）

蔡文强(2007－01～　)
党支部书记　周玉兴(　～2007－01)
王　勇(2007－01～　)

海事局

局　　长　张士元
副 局 长　郭学军　茆德胜
宋儒卿
党委副书记　徐义勇
纪委书记　徐义勇
调 研 员　王志炼

中国船级社镇江办事处

经　　理　周胜贤
党支部书记　唐　骏

烟草专卖局
(省烟草公司镇江分公司)

局长(经理)　刘茂珍(　～2008－01)
胡龙海(2008－10～　)
副 局 长　胡龙海(　～2008－10)
张其富(2008－10～　)
副 经 理　尤小平(　～2008－10)
胡龙海
(2008－01～2008－10)
党组书记　刘茂珍(　～2008－01)
胡龙海(2008－10～　)
党组副书记　胡龙海
(2008－01～2008－10)
纪检组长　张其富
调 研 员　刘茂珍(2008－01～　)
尤小平(2008－10～　)

盐务管理局
(省苏盐连锁有限公司镇江分公司)

董 事 长　魏保家(　～2008－01)
赵斯勤(2008－01～　)
副董事长　赵斯勤(　～2008－01)
局长(总经理)　魏保家
(　～2008－01)
副局长(副总经理)　陈　明
(　～2008－01)
陈方晓
(2008－01～　)
李功正
(2008－07～　)
党委书记　赵斯勤(　～2008－01)
陈方晓(2008－01～　)
党委副书记　魏保家(　～2008－01)
卢惠华(　～2008－01)
张惠明(2008－01～　)
纪委书记　卢惠华(　～2008－01)
张惠明(2008－01～　)
工会主席　卢惠华(　～2008－01)
张惠明(2008－01～　)
督 导 员　刘克强
调 研 员　王兆灿　陈友德

供电公司

总 经 理　张　龙
副总经理　郦明先
陈宪平(　～2007－11)
芮松华　傅六林
高昇宇
王惠明(2007－11～　)
总工程师　蔡洪波(　～2008－10)
崔恒志
总会计师　张金洪(　～2008－02)
朱　洪(2008－04～　)
党委书记　郦明先
党委副书记　张　龙
纪委书记　陆克奇
工会主席　刘宽心

邮政局

局　　长　江淞宁
副 局 长　刘晓波(　～2008－04)
徐　晓　强　斌
党委书记　江淞宁
纪委书记　刘晓波(　～2008－04)
强　斌(2008－04～　)
工会主席　徐　晓
调 研 员　夏一震(2007－07～　)

中国电信镇江分公司

总 经 理　吴　强
副总经理　刘文龙　翁坚莉(女)
张忠(2008－06～　)
吕笃公(2008－10～　)
总工程师　刘文龙
党委书记　吴　强
纪委书记　刘文龙
工会主席　翁坚莉(女)

江苏移动镇江分公司

总 经 理　杨　斌
副总经理　卢新奇　沈建林
党委书记　杨　斌
纪委书记　沈建林
工会主席　卢新奇

省广电信息网络公司镇江分公司
(2008年10月组建)

总 经 理　袁剑峰(2008－10～　)
副总经理　陈　剑(2008－11～　)
包信家(2008－11～　)
党委书记　袁剑峰(2008－10～　)

气象局

局　　长　尹连荣
副 局 长　张永强
党组书记　秦荣强
党组副书记　尹连荣
纪检组长　柳达萍(女)

金融保险单位

人民银行镇江市中心支行

行　　长　何敏峰(女)
副 行 长　顾　强　姚盛敏　赵晓春
党委书记　何敏峰(女)
纪委书记　周宜强
工会主任　顾　强(　～2008－04)
马　成(2008－04～　)
助理调研员　马洪山(2008－04～　)

银行业监督管理委员会
镇江监管分局

局　　长　张宗政(2008－07～　)
副 局 长　张宗政(　～2008－07)
薛润生　贺平泉
党委书记　张宗政(2008－07～　)
党委副书记　张宗政(　～2008－07)
纪委书记　薛润生
助理调研员　严振生

交通银行镇江分行

行　　长　刘雅刚
副 行 长　马鹤俊(　～2007－02)
叶齐芝(女，　～2008－05)
张国民
曹云杰(2007－02～　)
罗来珍(女,2008－03～　)
党委书记　刘雅刚
纪委书记　张国民

中国银行镇江分行

行　　长　王玉刚
副 行 长　陆　鸿
孙志辉
王震雷(　～2008－11)
刘瑞成(2008－12～　)
党委书记　王玉刚
纪委书记　尹国瑞
调 研 员　刘南和(　～2008－02)

工商银行镇江市分行

行　　长　周　乃
副 行 长　李奇瑞
庄　钧　汪　航
党委书记　周　乃
纪委书记　张万生
工会主任　张万生
副处级调研员　谭寅生

建设银行镇江市分行

行　　长　姚恒元
副 行 长　许良大
朱士富
党委书记　姚恒元
纪委书记　朱士富

中国农业银行镇江市分行

行　　长　刘　坚
副 行 长　宋国云　李剑锋　周清清
　　　　　荆玉萍(2008－08～　)
党委书记　刘　坚
党委副书记　宋国云
纪委书记　李剑锋
副处级调研员　张静淮

农业发展银行镇江市分行

行　　长　姚小迁
副 行 长　南亲亚(　～2008－01)
　　　　　孙秋生
　　　　　钱五龙(2008－05～　)
党委书记　姚小迁
纪委书记　南亲亚(　～2008－01)
　　　　　钱五龙(2008－05～　)

江苏银行镇江分行

行　　长　眭建群
副 行 长　陈志勇(　～2008－05)
　　　　　邹荣清
　　　　　殷才驹
总 稽 核　赵长亮
党委书记　眭建群
纪委书记　赵长亮
副处级调研员　张锁兆(　～2007－12)
　　　　　陈福祥(　～2007－12)
　　　　　朱晓川
　　　　　(女，　～2007－12)
　　　　　陈志勇(2008－05～　)

人民财产保险镇江市分公司

总 经 理　戎　军
副总经理　王海波
　　　　　王爱国
　　　　　陈　德(2008－12～　)
党委书记　戎　军
纪委书记　王海波

人寿保险镇江市分公司

总 经 理　黄　俊
副总经理　康　勇
　　　　　陈士珠　陶有为
党委书记　黄　俊
党委副书记　康　勇
纪委书记　康　勇

太平洋财产保险镇江中心支公司

总 经 理　杨宁国
副总经理　陆　忠
　　　　　陈国华　贺旺成
　　　　　马利干(　～2008－06)
党委书记　杨宁国

太平洋人寿保险镇江中心支公司

总 经 理　陈海燕
党委书记　陈海燕

学校、医院

江苏大学

校　　长　袁寿其
副 校 长　曹友清(　～2008－06)
　　　　　宋京章(　～2008－06)
　　　　　许化溪　宋余庆
　　　　　袁银男(　～2008－06)
　　　　　孙玉坤　李萍萍(女)
　　　　　程晓农
　　　　　姚冠新(2008－06～
　　　　　田立新(2008－06～　)
　　　　　陈　龙(2008－06～　)
党委书记　朱正伦(　～2008－06)
　　　　　范　明(2008－06～　)
党委副书记　曹友清
　　　　　姚冠新(2008－12～　)
纪委书记　柴顺根(　～2008－06)
　　　　　曹友清(2008－12～　)

江苏科技大学

校　　长　王建华
副 校 长　张庆奎　董师润　王文义
　　　　　王自力　葛世伦
　　　　　景旭文(2008－06～　)
党委书记　姜建中
党委副书记　王建华
　　　　　孙秀法(　～2008－06)
　　　　　张庆奎
纪委书记　孙秀法(　～2008－06)
　　　　　夏纪林(2008－06～　)

高等专科学校

副 校 长　潘天华　夏光荣　戴光辉
党委书记　杨国祥
党委副书记　徐　铭
纪委书记　徐　铭

江苏农林职业技术学院

院　　长　尹汉学(　～2008－05)
　　　　　黄　焱(2008－05～　)
副 院 长　俞禄生
　　　　　李振陆
　　　　　苏小冬(2008－05～　)
党委书记　朱洪生
党委副书记　尹汉学(　～2008－05)
　　　　　黄　焱(2008－05～　)
　　　　　王润贤
纪委书记　王润贤(2006－12～　)
调 研 员　周国正

江苏省交通技师学院
(2008年11月机构升格)

党委书记　刘　云(2008－11～　)
党委副书记　张永春(2008－12～　)
纪委书记　张永春(2008－12～　)
调 研 员　周以德
　　　　　(正院级，2008－11～　)

镇江中学

校　　长　张玉坤
副 校 长　于　健　张尤嘉　徐　杰
　　　　　邢淳镇
　　　　　龚保庆(2008－08～　)
党委书记　张玉坤
党委副书记　钱　进
纪委书记　钱　进

第一中学

校　　长　黄法祥
副 校 长　周晓宇　王　健
　　　　　赵竹林(2008－08～　)
　　　　　郭晓峰(2008－08～　)
　　　　　王　瑞(2008－08～　)
党委书记　黄法祥
党委副书记　王明春(女)
　　　　　周晓宇(2008－08～　)
纪委书记　王明春(女)
督 导 员　邓干成(副处级)
　　　　　游曙辉(副处级)

第一人民医院

院　　长　朱　夫
副 院 长　许文林　蒋鹏程　姚恒祝
党委书记　朱　夫
党委副书记　凌能侃
纪委书记　凌能侃

第二人民医院

院　　长　周　云
副 院 长　张红光
　　　　　李震宇(　～2006－12)
　　　　　曹卫东
党委副书记　周　云
纪委书记　蔡玉清

第四人民医院

院　　长　周伟明
副 院 长　钱秋菊(女，　～2008－03)
　　　　　毛　雨
　　　　　吴善凤(女，2008－03～　)
　　　　　芮　清(女，2008－03～　)
党委书记　吴家平
党委副书记　傅忠宇(　～2008－12)
纪委书记　傅忠宇(　～2008－12)

(市委组织部　镇江军分区)

中共镇江市委员会

责任编校:戴　芸

综　述

【概况】 2008年,实现地区生产总值1408.14亿元,增长12.3%;全社会固定资产投资718.5亿元,增长22.2%,工业性投入457.71亿元,比上年增长22%;城镇居民可支配收入和农民人均纯收入分别增长13.5%和14%。

产业结构优化。高新技术产业产值增长30.3%,高于全省10个百分点;利税增长42.4%,高于全市平均水平24.4个百分点。装备制造、新材料等五大支柱产业实现产值2000亿元,增长32%。其中,装备制造业实现销售近千亿元,增幅高于全市平均水平5.8个百分点。

加快建设重点项目。80个重点项目提前1个月完成全年投资计划,规模以上工业投资增长32.5%。

推进城市建设。“南城北水”建设全面推进,规划展示馆主体工程完成,一批新城骨干道路建成通车,“金山湖”景区加快建设,金山广场建成开放,引航道水利枢纽水下工程、焦南坝主体工程完成。新广电中心封顶、国防园竣工。连接禄口国际机场的243省道和沿江高等级公路镇江段全线贯通,镇大公路拓宽改造工程开工建设。全市完成拆迁量310万平方米。

增强消费拉动作用。服务业增加值占GDP比重提高0.9个百分点,社会消费品零售总额增长24%,创近十年来新高,快于全省平均水平,比上年提高5.7个百分点。

建设开发园区。全市各类开发园区基础设施投入35亿元,是年度目标的1.75倍。实到外资占全市比重比上年提高15个百分点。

迅速发展高效农业。吸引规模以上三资投入农业34.5亿元,新增三大合作组织293家,新增高效农业面积1.39万公顷。 (陈　莹)

【部分中央及部委领导人先后视察镇江】 2008年1月16日,卫生部部长陈竺在副省长何权,省卫生厅厅长郭兴华、市委书记史和平、市长许津荣陪同下,到镇江市调研卫生事业改革发展情况,陈竺肯定市卫生事业改革发展成就,希望在全国新一轮医疗卫生制度改革中,镇江继续担当先行者。

3月11日,中纪委副书记张毅率有关部门负责人到镇江调研党务公开工作。他肯定镇江市在党务公开工作中做出的有益探索,尤其是在推动将党务公开写入党的十七大报告和中国共产党党章中所作出的贡献,希望镇江市在推进党务公开的规范化、制度化、科学化建设方面继续进行研究探索,为进一步深化党务公开工作提供更多成功经验。

4月4日,全国人大常委会原副委员长、民进中央原主席许嘉璐在省人大常委会副秘书长葛绍林,市委书记许津荣陪同下,先后参观考察南山景区、金山景区、西津渡历史文化街区和焦山景区。许嘉璐希望镇江进一步挖掘好资源优势,加大市场开发力度,促进旅游业取得更大发展。

4月4日下午,国家发改委副主任、国家能源局局长张国宝在省长罗志军、市委书记许津荣陪同下,考察市国家级大型企业大全集团。张国宝肯定镇江发展成就,希望镇江依托现有基础,全面提升企业竞争力和产品附加值,向产业链高端延伸,走出一条具有镇江特色的产业发展之路。

5月17日,全国政协副主席阿不来提·阿不都热西提在省政协副主席张九汉、市委书记许津荣、市政协主席郭礼荣等陪同下,参观考察金山景区、镇江博物馆和西津渡历史文化街区。

7月11日,商务部外资司司长李志群一行调研江苏恒顺调味食品有限公司50万吨香醋项目(一期)工程,以及金东纸业(江苏)有限公司和镇江奇美化工有限公司。李志群鼓励企业开展技术攻关,以创新促进产量,以技术抢占市场。副省长张卫国、市委书记许津荣、市长刘捍东会见李志群一行。

9月27日~29日,原中共中央政治局常委、国务院副总理李岚清在省、市领导史和平、许津荣、李国忠等陪同下视察西津古渡遗迹、伯先公园等地,并挥笔作画。

10月21日~23日,原中共中央政治局常委、中央纪委书记吴官正在市领导许津荣、刘捍东等陪同下视察茅山景区、扬中大全集团、金东纸业、镇江博物馆、西津渡古街和金山景区。

11月5日,中共中央政治局委员、全国人大常委会副委员长、中华全国总工会主席王兆国就贯彻落实中国工会第十五次全国代表大会精神到镇江市考察调研。(参见第72页) (陈　莹)

【市党政代表团赴南通、苏州学习考察】 2008年4月18日,市委书记许津荣、市长刘捍东率镇江市党政代表团赴南通考察。市领导郭礼荣、张庆生、陈主志、黄宝荣、李国忠、张甫雄、杨建、张洪水、李壮云、陈杰、冯士超、赵腊根、许能斌,各辖市(区)党政主要负责人,市相关委办局主要负责人,省级开发区和部分规模骨干企业的主要负责人参加。党政代表团参观考察综艺数码城、南通家纺城、金太阳卧室用品公司、南通中集、南通中远川崎船舶公司、南通港口集团集装箱码头分公司、南通园艺博览园和濠河风景区夜景。4月19日,党政代表团考察苏州市相城区生态农业示范园、相城区荷塘月色湿地公园、苏州家具博览中心、苏州科技文化艺术中心、苏州工业园区以及金鸡湖及环湖景区、旅游商业区李公堤。 (陈 莹)

【政策研究工作】 2008年,市委研究室与市委办在市级机关作风建设和目标管理考核中得分第一。

重要文稿起草。年初,对改善和保障民生问题进行专题调研,市委、市政府发布2008年1号文件《关于进一步改善和保障民生的意见》。省委书记梁保华,省委常委、常务副省长赵克志分别对文件作出重要批示。年底,分制度创新、高效农业规模化、城乡一体化统筹发展、农村党的建设等四个专题,开展农村改革发展系列调研。为此,市委、市政府发布2009年度1号文件《关于加快推进农村改革发展的实施意见》,以及农村"三集中"、土地流转等6个配套文件。

全局性战略性问题研究。8月,国务院《关于进一步推进长江三角洲地区改革开放和经济社会发展的指导意见》出台后,开展"抢抓长三角一体化发展"专题调研,就镇江如何抢抓长三角一体化机遇从经济、科技、文化、交通方面提出今后的重点和努力方向,形成系列调研报告6篇。其中关于抢抓"两铁"建设契机,科学规划综合交通枢纽,真正发挥好"两铁"推进经济发展作用,向市委提交建议报告并被采纳;一篇调研报告在省委研究室《调查与研究》上刊登。

重点、热点、难点问题调研。在镇江"文化大发展、大繁荣"调研中,联合市委宣传部、文化局、江苏大学、江苏科技大学、市委党校等,围绕社区文化、文化产业、文化基础设施建设、文化体制改革等重点深入调研,形成3篇调研成果,为全市宣传文化工作会议召开,特别是科学规划文化产业、合理布局重大文化项目、文化项目招商,提供决策服务。针对拆迁问题,集中优势力量,总结句容的拆迁经验,并针对存在问题提出合理化建议。8月,市委开展"解放思想、科学发展"重点调研,确定14个重点调研课题,调研成果除为市委全委会作准备外,还直接转化成市委、市政府8个重要文件。开展全市软环境重点治理和政策文件调研。开展低收入纯农户增收、农村"三大合作"、转变农业发展方式、戴庄有机农业合作社、调整最低工资标准、台资企业加快转型升级和医疗保险制度改革等课题调研。

调研工作组织协调。5月19日召开全市党委系统调查研究工作会议,对10个调研工作先进单位、20名调研工作先进个人和45篇优秀调研成果进行表彰,对优秀调研文稿进行整理汇编。全年出刊《决策参考》19期、出刊《调查研究》24期。 (袁剑峰)

【保密工作】 2008年,镇江市未发生泄密事件。11月12日召开市委保密委员会(扩大)会议,传达学习中央和省保密委员会议精神、领导人重要批示精神。

结合社会信息化保密普法宣传教育和《中华人民共和国保守国家保密法》颁布20周年宣传教育活动,制发保密教育光盘400张,发放《社会信息化保密常识普法教育读本》350本,印发《社会信息化保密常识普法考试试题暨承诺》6000份,印发《导考指南》450本,播放保密宣传影像140多场次,全市张贴宣传标语和宣传画500余张。各地各部门干部职工参加教育率达95%以上,领导干部和涉密人员参加考试和签约率100%。组织不同专题的保密工作专项培训4次:4月组织军工单位涉密人员培训、5月联合市政务公开办公室组织政府信息公开保密审查专门人员培训、10月组织党政机关单位定密责任人培训、11月组织定点复制单位涉密人员培训。

4月~10月,先后开展军工单位保密管理工作检查、保密要害部门部位检查、计算机及其存储载体保密检查、政府信息公开保密审查工作检查、国家秘密载体在寄递环节的保密检查、定点复制单位保密工作年审、互联网信息日常巡查等检查。

8月,制发《军工科研生产单位涉密人员培训证》,规定军工单位全体涉密人员必须每年接受培训一次,作为年检的重要内容之一;9月,举办全省国家秘密载体定点复制单位保密管理现场会。制发《国家秘密载体定点复制单位涉密人员培训证》,规定定点复制单位所有涉密人员必须经过培训,且考试合格,持证上岗。10月,对全市党政机关单位定密责任人组织培训和书面测试,对成绩合格的统一制发《国家秘密定密责任人资格证书》,并通知各单位领导正式授予定密权限。11月,检查、规范机关单位台账。

11月,根据人员变动,调整市委保密委员会成员,继续将各辖市(区)委书记和市委组织部副部长、市纪委副书记、监察局局长纳入市委保密委员会。各辖市(区)保密组织机构基本健全,人员基本到位。集中购置一批书籍,保密系统干部每人一套。组织读书活动、协调提供学习机会、组织业务研讨、推荐外出讲课、参与部门检查、开展练兵活动和技能竞赛。 (林厚玉)

【市委办公室开展"业务建设年"活动】 2008年,市委办公室开展"业务建设年"活动,年终评出先进集体3个、先进个人22名。市委办公室全年完成各类文稿500多篇,组织各类会议活动250多场,《创新》杂志改版,举办解放思想征文活动,全年文件收发交换处理近100万份,安全行车70多万公里。办公室围绕"业务建设年",开展一系列活动:举办读书活动,汇编读书心得《学习与思考》;组织全体办公室人员进军营,进行为期三天的封闭式军训;利用晚上时间开展业务培训,先后组织"怎样写新闻""怎样写评论""怎样写领导讲话"和"专家谈经济""专家谈数字""专家谈礼仪"等系列辅导讲座;以"做精兵强将,争当行家里手"为主题,开展录入能手、校对能手、写作能手、记号能手、办会能手、技术能手等"六手"岗位练兵竞赛活动;到句容监狱——听罪犯讲悔恨,进行警示教育;到句容开发区——听市长话发展,进行科学发展的教育;建立各类兴趣小组,开展迎春联谊、登山、乒乓球、羽毛球、太极拳等文体活动;除向地震灾区捐款、捐物,缴纳特殊党费外,先后为身患白血病的女孩和市青少年白血病基金自发捐款5万余元。 (陈 莹)

重要决策和会议

【加强农业基础建设 促进农民持续增收】 2008年6月10日,市委、市政府颁布《关于加强农业基础建设 促进农民持续增收的实施意见》。主要内容:一是推进新农村建设,推动全市100个示范村村企合作挂钩,办好"新五件实事"(实施农村道路通达工程、农村教育培训工程、农民健康工程、农村环境整治工程、农村文化建设工程);二是发展高效规模农业,强化政策扶持,发展农民专业合作组织,优化为农服务,推进土地股份合作;三是加强农业基础建设,加大农田水利建设力度,提高农业机械化水平,加强耕地保护和土壤改良,建立农业风险防范机制,加强农村环境综合治理;四是促进农民增收,鼓励农民自主创业,加快农村劳动力转移,落实各项规范性补贴,完善农村社会保障体系。 (陈 莹)

【实施工业"千百亿工程"】 2008年7月16日,市委、市政府颁布《关于实施工业"千百亿工程"的若干意见》。《意见》要求完成两大目标任务:一是发展壮大五个销售千亿元产业；二是做强做大销售超百亿元企业。保障措施有两大方面：对于千亿元产业，编制发展和布局规划，实行生产要素倾斜，提供财政支持，协调融资服务，开展产业招商，优化工业布局，鼓励自主创新；对于百亿元企业，实行税收奖励，给予专项奖励，强化人才激励。（陈 莹）

【促进全民创业】 2008年8月18日，市委、市政府颁布《关于进一步促进全民创业的若干意见》。意见主体分为6个部分：一是培育壮大创业主体。扶持初始创业，鼓励科技人员创业，鼓励机关干部离岗创业，鼓励镇江籍人士返乡创业，鼓励二次创业。二是推进创业载体建设。规划建设中小企业创业基地，建设培育创业专业市场，鼓励家庭创业，开发社区服务项目，推进高效农业项目。三是加强创业的产业引导。编制《镇江市全民创业产业导向目录（2008～2010）》，举办创业项目推介会，征集评选优秀创业设计方案。四是加大创业资金扶持。加大政府性资金扶持，加大信贷支持，加强融资担保扶持。五是完善创业服务体系。完善创业咨询服务体系，完善技术与人才服务体系。六是营造良好创业环境。进一步优化收费环境，进一步规范执法检查行为。（陈 莹）

【加快发展农村合作经济组织】 2008年11月18日，市委、市政府颁布《关于进一步加快发展农村合作经济组织的实施意见》。《意见》要求全面发展农民专业合作，重点突破土地股份合作，稳步推进社区股份合作，积极探索资金互助合作、富民合作、资金互助＋专业合作等多种合作形式，注重加强合作社规范营运。《意见》制定四项政策措施：加大财政激励力度，加大税收扶持力度，加大金融支持力度，加大注册、用地、用电、环评等支持力度。（陈 莹）

【加快和促进开发区建设发展】 2008年12月4日，市委、市政府颁布《关于加快和促进开发区建设发展的意见》。（参见第300页）（陈 莹）

【全市经济工作会议】 2008年2月16日，市委、市政府召开全市经济工作会议。副省长、市委书记史和平指出：一是认识要更到位，二是目标要更坚定，三是重点要更突出，四是思路要更开阔，五是作风要更务实。市长许津荣作工作报告，要求：一是坚持好字优先，促进优化发展；二是坚持双轮驱动，调整产业结构；三是坚持改革开放，推进自主创新；四是坚持环保优先，狠抓节能减排。（陈 莹）

【市委五届六次全委会议】 2008年7月10日，中共镇江市五届六次全委会议在一泉礼堂召开。市委书记许津荣代表市委常委会作报告。报告分为四个部分：一、继续深入解放思想，推进又好又快发展；二、加快转变发展方式，增创镇江发展新优势；三、坚持以人为本，着力改善民生；四、以改革创新精神全面加强党的建设，着力形成干事创业的浓厚氛围。（陈 莹）

【市委五届七次全委会议】 2008年12月27日，中共镇江市第五届七次全体会议在一泉礼堂召开。报告分为五个部分：一是认真回顾总结，增强新跨越的信心；二是深刻分析形势，把握新跨越的总体要求；三是突出工作重点，主攻新跨越的关键环节；四是深入贯彻十七届三中全会精神，推进农村新一轮改革和发展；五是加强和改进党的领导，凝聚新跨越的强大合力。会议通过中共镇江市五届七次全会决议，市委副书记、代市长刘捍东对会议作小结，市委副书记张庆生作《关于加快推进农村改革发展的实施意见（讨论稿）》有关问题的说明，市委常委、纪委书记杨建作市委常委会自身建设和廉洁从政情况报告。（陈 莹）

【全市农村工作会议】 2008年3月12日，市委、市政府召开全市农村工作会议。会议总结上年"三农"工作，分析当前农业和农村形势，部署今年目标任务，动员全市上下进一步强化农业基础建设，促进农业增效、农民增收，扎实推进新农村建设。副省长、市委书记史和平要求，把解决"三农"问题作为全局工作的重中之重，把增加农民收入作为中心任务，把加强农村基础建设作为关键举措，把改革创新作为根本动力，把提高干群素质作为重要保证。会上授予赵亚夫"科技兴农特别贡献奖"，并对2006～2007年度全市农业农村工作先进单位和先进个人予以表彰。（陈 莹）

【贯彻十七届三中全会精神】 2008年12月29日，市委、市政府召开贯彻十七届三中全会精神推进农村改革发展大会。会议深入分析镇江市农业和农村发展形势，研究部署下一阶段工作，动员全市上下进一步统一思想，提高认识，创新思路，奋力作为，全面兴起农村改革发展热潮，为推动镇江发展新跨越作出应有的贡献。市委书记许津荣要求，要大力发展现代高效农业，稳定农民增收来源；认真落实强农惠农的政策措施，保护好调动好农民的生产积极性；高度重视返乡农民工就业问题；办好实事工程，加快发展农村公共事业。（陈 莹）

组织工作

【概况】 2008年，镇江市委组织工作全面突破。

加强领导班子和干部队伍建设。全市调整变动市管干部189人次。其中，提拔干部73人，其中40岁以下的占提拔干部的19.2%。健全地方党委配备改革后的决策机制，落实党委副书记分管党的建设。指导各基层党委（党组）开好民主生活会。实行"菜单"选学和在线测试，创新干部教育培训的方式方法，实行干部培训表现反馈制度。安排23个主体班次，调训干部1524名，对800名县处级领导干部进行学习中央9号文件精神轮训。选派108名优秀年轻干部到重大项目、重点工程建设一线和村（社区）挂职锻炼、帮助工作，选调24名后备干部到市信访部门担任信访督导员，选调5名年轻干部到润州区参与重点工程、大项目建设。扩大区域内外干部交流。推动援疆干部和赴四川绵竹市援建干部工作，推动市外经贸局与镇江出入境检验检疫局互派干部挂职，与广东肇庆市合作互派乡镇干部挂职。加强对《干部任用工作条例》执行情况和领导班子贯彻民主集中制情况检查，完善干部监督联席会议制度，做好"12380"举报电话和日常信访受理工作，探索网上举报、网上述职，强化对领导干部决策行为的监督。

深化干部人事制度改革。由全市领导干部会议推荐，市委常委会差额酝酿、差额票决提名，市委全委会无记名投票表决市纪委副书记、财政局局长、环保局局长、信息产业局局长、园林局党委书记、行政服务中心主任等6个正处职领导干部推荐（拟任）人选。采取"两轮推荐，差额考察"方式，面向全市重点选拔10名40岁以下副处职领导干部，指导辖市（区）"两推一考"30名副科职领导干部。采取县市联动方式，实施公务员大规模交流轮岗工作，市政府部门（含参照管理单位）跨部门交流80名正科职公务员，辖市（区）交流轮岗和市级机关部门内部轮岗人数各占实有公务员人数的5%左右。

制定实施"镇江市引进培育创新创业领军人才三年行动计划"。成立市领军人才工作办公室，设立领军人才专项资金,开展百名海外博士镇江行、武汉推介会和军民两用科技成果洽谈会等推介宣传活动。推进“169学术学科带头人培养工程”,全市有12名人才进入“省创新创优人才引进计划”,各获经费资助100万元,2项科技成果获得市自主创新重大成果奖,每个项目奖励20万元,有2人获得自主创新杰出人才奖,每人奖励10万元。

推进“强基工程”。推进市直改制企业党群组织属地化管理,全年移转党群关系144家。开展城乡基层党组织统筹共建活动,明确以国有企业与民营企业党组织、企业与村党组织、部门和科研院校与企业党组织、社区与村党组织、部门与社区党组织、部门与村党组织等六种形式,组织共建双方“共同推进科学发展、共同开展组织活动、共同培育人才队伍、共同兴办惠民实事、共同建立互助机制”。指导扬中市、京口区开展“推进区域性党建工作”试点,形成区域内各类组织资源共建共享、基层党组织互帮互助的城乡一体的党建工作新格局。全市所有村、社区分别完成300平方米和220平方米以上服务用房建设任务。重点培植15个市级农村党建示范点、15个市级社区党建示范点和15个市级“两新”组织党建示范点。指导基层开展“上级党组织为下级党组织服务、基层党组织为党员服务、基层党组织和广大党员为群众服务”以及“为发展所需要、为党员所欢迎、为群众所拥护”的党组织活动。

党员管理工作。开通镇江市党员干部远程教育网,建立流动党员网上汇报交流平台和信息月报工作制度,制定党内关怀、激励、帮扶行动计划,建设城乡一体的流动党员信息管理系统。优化远程教育终端接收站点建设布局,向产业基地、龙头企业延伸。推进党员服务中心(站)建设,评选出30个市级党员服务中心示范点,开展党员志愿者服务活动,命名市级党员示范岗50个。“5·12”汶川大地震发生后,全市153790名共产党员自愿交纳特殊党费22482961元,党员参与率83.43%。 (顾国栋)

【实施“引进培育创新创业领军人才三年行动计划”】 2008年9月,市委、市政府制定出台“镇江市引进培育创新创业领军人才三年行动计划”,计划在三年内,引进培育30个领军人才团队和100名领军人才,称为“331计划”。同月,面向海内外发布《镇江市引进创新创业领军人才公告》。《公告》要求引进的创新创业人才应具有硕士研究生以上学历(学位),并具备以下条件之一:1. 在国内外具有创新创业经历,拥有自主知识产权和发明专利,其技术水平国际先进,能够填补国内空白或引领相关产业发展的人才;2. 在国际某一学科、技术领域为带头人、拥有高技术含量科研成果、市场开发前景广阔的人才;3. 能引领镇江市产业发展的带技术、带项目、带资金的创业或创新人才(团队)。

对引进领军人才创新创业项目,经评审后,分重点推荐、优先推荐、一般推荐三类予以资助。1. 创业投资企业(公司)注册后1个月,分别给予重点推荐项目、优先推荐项目、一般推荐项目领军人才(每个创业投资项目)300万元、150万元、60万元创业启动资金,创业投资企业注册地所在的地区负责提供100平方米工作场所和100平方米住房,三年内免收租金,住房三年后优惠出售给领军人才个人或由财政给予专项补贴。创新领军人才(团队)落户企业后1个月,按照重点推荐项目、优先推荐项目、一般推荐项目,分别给予其100万元、60万元、40万元创新资助资金,落户企业负责提供工作场所和住房。2. 从事科技开发项目的,经论证、审批,根据其项目的投资需求,由市、县两级科技风险投资资金,按照重点推荐项目、优先推荐项目、一般推荐项目三类分别给予不低于300万元、200万元、100万元创业投资。3. 对具有市场需求的高新技术产品产业化生产过程中流动资金不足的,由市、县两级担保中心分别给予重点推荐项目、优先推荐项目不低于300万元、200万元的贷款资金担保。4. 以技术成果入股投资的,经评估其技术成果按注册资本可超过30%作股参与分配。5. 对引进领军人才创办的企业,企业所得税形成的地方财政收入,三年内分别以100%、50%奖励给重点推荐项目、优先推荐项目的企业用于研发或扩大生产;对领军人才个人所得税形成的地方财政收入,三年内全额奖励给个人;对资金来源于财政、用于各类领军人才的专项奖励,经相关部门审核后,免征其个人所得税。

(顾国栋)

【部署开展城乡基层党组织统筹共建活动】 2008年10月,市委组织部在全市范围内部署开展城乡基层党组织统筹共建活动,三年内形成城乡一体党建工作新格局、开放互动基层党组织活动新机制、和谐共进城乡统筹发展新局面。一是创新共建形式。以国有企业与民营企业、企业与村、部门和科研院校与企业、社区与村、部门与社区、部门与村等6种形式,组织首批200家城乡基层党组织签订统筹共建协议。二是开放党内活动。通过组织联网、阵地联建、活动共办、党员共育等途径,联合开展党课教育、文体交流、技能竞赛以及党员志愿者服务,实现基层党组织之间活动场所、公共设施、教育师资等资源开放共享。三是健全互助机制。组织机关、国有企业与农村、社区、民营企业,党员“能人”与

表3-1 **2008年镇江市党员和党组织情况表**

单位	党员队伍(人)					发展党员(人)				基层党组织(个)			
	党员数	女党员	少数民族党员	35岁以下	大专文化以上	发展数	女党员	35岁以下	大专文化以上	总数	党委	党总支	党支部
市直	42624	12080	562	15766	25715	4708	2446	4379	1205	2520	190	174	2156
中共丹阳市委	46082	6399	39	8043	10753	836	201	451	357	2173	75	242	1856
中共句容市委	31744	4416	32	4329	7343	490	170	368	241	1431	42	159	1230
中共扬中市委	19904	2697	7	2847	6826	485	111	388	357	1027	68	78	881
中共丹徒区委	19057	3116	47	2871	4603	387	106	215	204	809	26	67	716
中共京口区委	11153	3547	173	1435	4178	85	47	56	75	616	10	83	523
中共润州区委	10051	2451	84	1128	3240	104	58	81	84	555	13	58	484
中共镇江新区工委	8205	1273	10	1463	1880	161	56	87	61	400	13	47	340
合计	188820	35979	954	37882	64538	7256	3195	6025	2584	9531	437	908	8186
所占比例(%)	100	19.05	0.51	20.06	34.18	100	44.03	83.03	35.61	100	4.59	9.53	85.89

(王丰江)

困难群众结对，提供就业、培训、项目和权益维护等方面服务，通过社会赞助、党费列支、党员捐赠等筹集资金，建立公益性、互济性、群众性党内互助资金。机关、企事业单位把农村、社区作为党员党性锻炼实践基地，农村、社区把机关、企事业单位作为干部培养基地。四是谋求发展共赢。以党建工作为桥梁，共建单位充分发挥各自在政策、资金、文化、信息、技术、项目等方面优势，寻求项目合作，促进城乡生产要素优化配置。重点引导工商资本投入新农村建设，发展规模高效农业，转移农村富余劳动力。

（顾国栋）

【实施“5+1”远程教育模式】 2008年，镇江市开展远程教育“学用年”活动，实施远程教育服务新农村建设致富工程，获全省组织系统创新创优成果奖。远教+部门。邀请省农林厅、农科院、南农大等省内涉农高校、科研院所和126个市、县机关部门共同参与，通过远程教育网络，组织开展“信息大篷车进镇入村”“健康教育进万家”“千名科技人员三帮三带”等活动。远教+专家。市、县两级组织400名农业科技专家，印制5万份专家通讯录发给党员群众，根据农时农事组织专家利用远程教育开展技术指导。下发8万多张“远程教育惠民一卡通”，将50多项惠民内容和专家信息印制下发，党员群众凭卡可获得上网、培训、项目帮扶、健康诊疗等六项免费服务。建设视频会议系统，定期组织专家开设专题讲座。利用远教辅助网站开设“专家答疑”和“农信通12582技术服务热线”，建立“远程教育致富热线”直播专栏和手机短信互动交流平台等。远教+项目。采取自建、代建和合作共建等形式，每个镇、村落实发展项目1～2个，依托项目发展开展技术培训和教学辅导。全年提出发展规划479个，落实发展资金2400余万元，合作开发新技术89项，发展农业项目312个，新增项目面积1192.67公顷。远教+基地。把远程教育终端站点延伸到产业基地、种养大户。全市培育种养大户1700多户，建成各类示范基地、产业基地、培训基地、创业基地、教育实践基地等1879个，带动13000多户农民增收致富。远教+经济合作组织。依托经济合作组织开展专业技术技能培训，使农村党员和群众掌握1～2门先进实用技术和就业技能，全市组织开展各类远教培训3972场次，培训对象17万多人次，其中依托经济合作组织开展专业技术培训783场次，新建、领办项目或基地563个，辐射带动群众7万多人。

（顾国栋）

【老干部工作】 2008年春节前，市委、市政府主要领导走访慰问老红军和地市职老领导。市委、市政府召开情况通报会，向地市级老同志通报全市经济建设、城市建设、农业和农村工作等情况。市委办转发市委老干部工作领导小组《关于进一步加强新形势下离退休干部工作的实施意见》。下发《镇江市市直单位离休干部和遗属特殊困难帮扶办法》和《镇江市市直离休干部及遗属特殊困难帮扶操作实施细则》，为有特殊困难的离休干部和遗属进行补助。

落实老干部政治待遇。编发双月刊《老干部时政学习资料选编》，邮寄给各离休干部。举办离退休干部“余热生辉、共建和谐”双月教育讲座，请上海、南京专家和本市老领导、党校教授作“改革开放30年伟大成就与基本经验”“台海形势的最新发展”“历史文化名城的开发与保护”和“贯彻落实科学发展观”等专题报告，1500余名老同志听讲座。市委组织部、老干部局在“七一”共同表彰全市离退休干部思想政治建设先进集体和先进个人，授予扬中市委老干部局等10个单位先进集体称号，授予钱永波等10人先进个人称号。在《镇江日报》设专版宣传老干部典型事迹和老干部工作政策。举办离退休干部党支部书记培训班。针对企业实行属地管理后企业离退休干部党支部工作难题，提出老干部党员组织集中管理推进方案，企业离休干部党员由各行业办实行集中管理，属地管理企业党员组织关系上收一级集中管理。组织离休干部参加“全面达小康、建设新镇江”参观考察活动，600余名老同志参观扬中市和大港新区建设情况。开展“常走访、常看看”走访慰问活动，全年走访老干部176名，协调解决24个问题。全市2388名离、退休党员干部自发向“5·12”汶川大地震灾区交纳特殊党费19.8万元，其中有80名老党员交纳数额在1000元以上。

落实老干部生活待遇。2008年，离休干部人均医药费统筹标准1.6万元，市财政解决50家破产企业、特困单位142名离休干部198.8万元统筹费。依托社区为离休干部实行医疗保健服务工作。重阳节开展为离休干部送保健药箱活动。离休干部与社区签订医疗保健协议，有1377人签约。对离休干部因病情需要安装人工器官造成个人承担医药费过重的，在年终给予一次性适当补贴。为65家事业单位212名离休干部解决住房补贴。开展督查离休干部实施规范地方性津补贴工作。

组织老干部开展活动。投入160多万元改造装修老干部活动中心多功能报告厅、钢琴室等近5000平方米场所，添置活动设备，更新活动器具。制定下发《关于进一步加强和改进老干部活动中心（室）管理服务的实施意见》《关于市老干部活动中心办证的通知》等文件，规

表3-2

2008年镇江市离休干部情况表

单位：人

单位	离休干部总人数	参加革命工作时期				享受待遇情况						
		红军时期	抗战前期	抗战后期	解放战争时期	享受地（厅）级待遇	享受副地（厅）级待遇	享受地（厅）级医疗乘车待遇	享受县（处）级待遇	享受副县（处）级待遇	享受正（副）科级待遇	享受其他待遇
镇江市	2204	3	193	407	1601	8	143	141	20	971	157	764
市直	1129	3	113	202	811	8	104	108	20	536	84	269
丹徒区	221	–	14	51	156	–	9	1	–	101	16	94
京口区	88	–	6	20	62	–	7	1	–	51	9	20
润州区	48	–	–	6	42	–	1	4	–	20	12	11
镇江新区	24	–	3	3	18	–	–	–	–	8	2	14
丹阳市	362	–	22	64	276	–	11	17	–	105	15	214
句容市	224	–	25	37	162	–	9	5	–	102	17	91
扬中市	108	–	10	24	74	–	2	5	–	48	2	51

（陈　红）

范活动中心各项工作制度。利用活动中心现有资源创办老干部大学，开办电脑班、书画班为离退休干部免费教学。围绕庆祝改革开放30周年和举办北京奥运会，组织老干部举办诗歌会、书画展、摄影展等活动。市老干部参加全省老干部太极拳比赛获得团体第三名、1个单项第一名、4个单项第三名。

（陈　红）

【市级机关党的工作】 2008年末，市级机关有机关基层党组织471个，其中机关党委32个，党总支35个，党支部404个；党员8434名，其中预备党员320名。女党员1913名，占党员总数22.7%，少数民族党员100名；有大专以上学历党员6392名，占党员总数75.8%；35岁以下党员1624名，占党员总数19.3%；新中国成立前入党党员171名，离退休党员1983名；组织关系在人才（劳动）服务中心党员303名，有流动党员303名。

分四期组织市级机关专兼职党务干部、科级干部和普通党员干部到市委党校培训，系统学习党的创新理论、科学发展观等有关知识，到革命传统教育基地实地考察学习。组织机关党员参加"学习十七大、学习新党章"知识竞赛活动。组织市级机关党员参加"纪念改革开放30周年"论文研讨活动，收到论文31篇。组织参加苏浙沪"魅力长三角"纪念改革开放30周年摄影展，获得二等奖1个、优秀奖8个。组织建党87周年纪念活动。

组织2007年机关党建目标考核和评先工作。召开辖市（区）、市级机关党委、总支和支部党建工作交流会。举办入党积极分子培训班。推行党员过"政治生日"制度，向机关党员赠送"政治生日卡"。组织党建工作创新成果评比活动，评出优秀成果17项，汇编《机关党建探索与实践》一书。

完善机关日常考核、目标管理、社会评议"三位一体"考评办法，制定社会各界评议市级机关实施细则，更新维护3万人的评议人员库。设计市级机关作风建设问卷调查表和整改意见汇总软件，整理出批评意见和建议960条4万多字。

组织机关党员干部学习胡锦涛总书记关于加强领导干部作风建设的讲话。开展向优秀纪检干部和"十佳"勤政廉政干部学习活动，开展"每月放一片"和"以案说纪"教育活动。制定下发《"弘扬清风正气，构建和谐镇江"主题教育活动实施方案》《关于争创廉政文化建设先进单位的实施意见》，将其纳入机关党组织工作目标管理考核重要内容。调整市级机关纪检工作领导小组和信访工作网络，成立市级机关申诉案件受理小组，出台市级机关《党纪案件申诉"首诉必办"制度（试行）》，全年查处党员违纪案件7件，受党纪政纪处分7人。组织理想信念、勤廉形象、从政道德教育，选送38篇领导干部撰写体会文章；组织"双学"（学习十七大，学习新党章）活动，机关党员干部5800余人参加知识竞赛。

坚持机关党组织思想状况定期分析会和"必谈必访"制度。组织2005～2007年度文明机关评比工作，评出镇江市文明机关44个。开展全民健身活动，组织"迎奥运、传邮情"——2008镇江市首届"梦之蓝"杯乒乓球邀请赛，组织2000人组成的元旦长跑市级机关方阵，组织1000人参加第13届城运会开幕式广播操表演赛，举办2000多人参加的市级机关"新镇江、新南山"登山比赛，组织电子商务职业技能竞赛等活动。

"5·12"汶川大地震后，机关党组织和党员干部向地震灾区捐款310余万元，党员交纳"特殊党费"251万余元；向绵竹灾区群众捐赠棉衣1757件，棉被1174条，捐款22万余元。开展"送温暖、献爱心"活动，捐款343万余元。组织机关党员干部参加抗击冰雪灾害、植树造林、社会治安综合治理、志愿者服务、创建"党员示范岗"等活动。

（曾　平）

宣传工作

【概况】 2008年，全市宣传思想战线推进新一轮思想大解放。市委制定下发《关于开展新一轮解放思想大讨论活动的意见》，开展"推进思想解放，推动科学发展"主题教育活动。组织"十七大报告解读""纵论新一轮解放思想"等专题宣传，开展"张家港精神"学习宣讲活动。举办"理论热点面对面"电视专题论坛12期，每月举办一期"领导干部新知识讲座"和"市民大讲堂"。在县处级以上领导干部中开展"坚持科学发展，决战全面小康"读书调研活动，形成近200篇学习调研成果。

推进新闻宣传改革。制定《关于进一步加强新闻宣传组织协调工作的意见》，完善新闻季度例会制度、新闻策划制度、分级新闻阅评制度，改进重大活动、重要会议、重点工作宣传报道，改革电视台《今日头条》和《镇江日报》头版《新闻广角》《百姓故事》等栏目，选送5名新闻骨干赴省级媒体学习锻炼。制定《关于进一步加强典型宣传工作的意见》，建立先进典型资料库。组织中共十七届三中全会和市委五届五次全会等专题宣传。组织"破解难题、加快发展""坚定信心、应对危机、科学发展""千百亿工程""张家港精神"、全面小康、"抗震救灾、人爱镇江"、北京奥运、节能减排、自主创新和大项目建设等系列宣传。开展纪念改革开放30周年系列活动，举办"走过30年——改革开放成果大型展览"，推出"回眸30年"特别报道，组织"纪念改革开放30周年"新闻宣传、理论研讨、征文等系列活动。与央视合作拍摄《诗话镇江》宣传片。外宣片《人间白蛇》获得第十届电视外宣"彩桥奖"一等奖。

推进文化事业和产业发展。举办"文化嘉年华"系列活动，举办32场文化活动，央视《爱电影》《探索·发现》等品牌栏目走进镇江，上演话剧《立秋》、昆剧《牡丹亭》、戏曲《荣华梦》。举办"欢乐农家——2008文化乡村行"系列活动、"情系奥运——我是镇江人"名家书画作品展、第四届南山读书节等活动。开展"爱在镇江"大型创作采风活动，围绕新农村建设等4个专题，创作一批文艺精品。书法家宇文家林获得省政府颁发的林散之奖。音乐剧《水漫金山》被评为"江苏省舞台艺术精品工程"剧目。市委、市政府制定下发《2008～2010年重点文化产业项目建设实施意见》，启动建设西津渡民俗文化街区和特色博物馆区、健康路健身文化休闲区、大市口商业文化娱乐圈、金山宝地"超越神话"大型演艺广场、新广电中心影视文化城等重点产业项目。筹拍以镇江及镇江制醋行业为背景的30集电视连续剧《沉香》，2009年在央视播出。制订出台重大文艺创作项目相关资助办法。举办镇江首届文化产业招商会，推介产业项目35个，签订正式合同2份、合作意向15份，引资总额1.92亿元。梳理16个文化产业项目参加第三届南京文化产业交易会，其中瓷刻、竹编、乱针绣等作品分别获得省"艺博杯"金、银、铜奖。推进文化设施建设，新广电中心顺利封顶，茅山新四军纪念馆新展厅建成并正式对外开放，韦岗战斗胜利纪念碑展厅建设、梦溪园局部复建、陆小波故居修缮等工程顺利推进。推进基层文化设施建设，街道社区文化中心100%达标，93%的乡镇文化站和90%的村文化活动室达标，建设"农家书屋"284个，新增农村有线电视村村通140个，推进数字电视整体平移。

打造"大爱镇江"城市品牌。举办四川省绵竹市教育系统抗震救灾英模事迹报告会，组织"大爱镇江"主题活动徽标、主题语公开征集活动，举办"大爱镇江”品牌建设研讨会，编印《“大爱镇江”爱心故事集》，组织首届“大爱之星”评选活动，与凤凰卫视合作举办“大爱镇江”年度新闻人物颁奖晚会。召开全市争创全国文明城市千人大会，制定下发《关于加快推进新一轮全国文明城市创建工作的实施意见》《镇江市2008～2010年全国文明城市创建主要指标任务分解》。推进“城乡结对、文明共建”活动，组织100个文明行业、文明单位与村结对共建。开展“百万市民学文明礼仪”教育实践活动、“文明与春运同行”系列活动、“公民道德建设大看台”网络宣传展示活动、“知荣辱、树新风、我行动”未成年人道德实践活动，举办“微笑相约迎奥运”礼仪风采大赛，建成镇江市未成年人心理健康指导中心和首批13所社区“四点钟学校”。

加强网络文化建设和管理。6月27日，镇江市互联网行业协会成立，由镇江市从事互联网业及互联网相关产业的企事业单位，以及关心和有志于推动互联网事业发展的单位组成。建立完善网络管理联席会议成员单位协作机制、网络舆情快速反应机制、网上有害信息处理程序、重要舆情四级响应机制等一整套网络管理制度体系，网络舆论事件处理纳入市应急管理体系。举办2008镇江首届网民节活动，组织“畅谈网事，共建和谐”市领导与网友互动交流活动，建设“网络民生直通车”，组建“黄丝带网络志愿者”队伍。组织“百家网络媒体镇江行”旅游采风活动、“文明城市江苏行”长三角百名西祠网友看镇江活动，宣传镇江城市风光和人文风情。

创新完善工作机制。在全市宣传文化系统和宣传部机关全面推行目标管理考核机制，设立100万元“金山奖”奖励基金，每年对全市宣传思想工作中取得重要标志性成就和具有重大影响的优秀思想理论、文化艺术、社会科学、新闻策划、对外宣传等进行奖励。（鲜永超）

【编印《中国镇江》画册】 2008年5月上旬，镇江市人民政府新闻办、镇江市外事办共同编印《中国镇江》画册。画册分江河要津、吴地生辉、和谐乐章、山水神韵、希望乐土等五个篇章，全面、形象地推介、宣传镇江。（朱广宝）

【举办领导干部新知识讲座】 2008年5月29日，由市委、市政府主办，市委宣传部承办的“领导干部新知识讲座”正式开讲。“新知识讲座”以处级以上领导干部为主要对象，围绕网络时代、文化力、金融改革、生态和人文城市建设、领导理念等专题，以学习马克思主义中国化最新理论成果和各类新知识为主要内容，解读科学发展新阶段、新实践、新领域所涉及的知识。邀请香港中文大学教授郎咸平，北大教授俞孔坚、王岳川，复旦大学教授钱文忠等专家学者到镇江开课。每月一期，至年底举办8期，每场听课人数都在500人以上。（殷国平）

【推出“理论热点面对面”电视栏目】 “理论热点面对面”电视论坛是2008年理论宣传品牌栏目，该节目由市委宣传部主办，镇江电视台承办。自2007年12月25日首播，至2008年年底举办8期，以电视为载体，通过访谈、嘉宾与观众互动等形式，围绕科学发展、股市、通胀、就业、生态等群众关注的话题进行理论宣传，开辟手机短信和网络热线。

（殷国平）

【黄丝带网络爱心活动】 2008年1月，由镇江市委宣传部组织编写的《飘舞的黄丝带》由江苏大学出版社正式出版，该书由黄丝带网络志愿者策划，纪录2007年镇江救助“爱心天使”陈静的事迹。图书发行利润全部用于建立“黄丝带爱心资金”救助市青少年白血病患者，市红十字会设立专门账户管理。3月22日，镇江市委宣传部、镇江市红十字会、江苏大学出版社共同举行“黄丝带爱心资金”募集启动仪式暨《飘舞的黄丝带》图书首发式，成立黄丝带网络志愿者服务队，现场义卖图书募集“黄丝带爱心资金”。黄丝带网络志愿者组织贯穿全年的一系列爱心活动。7月～8月，组织黄丝带网络圆梦行动，帮助17名大学生顺利进入大学校园；11月～12月，发起黄丝带网络冬日阳光行动，为镇江近郊农村孤寡残疾送去大米、食用油、御寒衣物及爱心款。黄丝带网络志愿者参与组织策划“万人免费品尝江心柑橘”等活动。

（师丹丽）

【镇江首届网民节】 2008年10月～12月，镇江首届网民节举办。网民节活动由市委宣传部、市互联网协会共同组织，活动主题和形式主要靠网上征集。10月25日，“我为南山洗把脸”大型环保健行活动拉开活动序幕，活动期间组织开展“陪你去看新镇江”大型公益自驾游、“古城文化寻宝”、网络亲子运动会、镇江“十大城市名片”网络征选、“爱镇江·爱网络”网民节图片展览、健康网络游戏大赛、动漫秀等多项活动。12月10日，镇江网友大联欢暨首届网民节颁奖典礼宣布网民节闭幕。本次网民节参与活动网友近5000人次，其中有近百名外地网友。（师丹丽）

【市领导与网友“芙蓉楼上话网络”】 2008年12月18日，市委书记许津荣等市领导与十余名网友代表相聚芙蓉楼，“畅谈网事，共建和谐”，互动交流，是镇江市领导第一次与网民公开见面。市领导肯定网友为镇江建设作出的贡献，期待网民继续为镇江发展献计献策，表示将进一步利用网络来促进各部门工作，让镇江网站成为全市经济社会发展的一个助推器。（师丹丽）

【《市民大讲堂》开讲】 2008年6月，由市委宣传部主办，市社科联、《京江晚报》和镇江电视台联办的《市民大讲堂》

黄丝带爱心资金募集启动仪式暨图书首发式　（丁伟民）

正式开讲，《市民大讲堂》每月一期，邀请名家名师到镇江为市民讲课，面向全市广大市民免费赠票，内容以宣传传统文化、国学精华为主，融通俗与高雅于一体。全年邀请钱文忠、纪连海、周士渊、李工真等7位名师，《市民大讲堂》成为镇江一个品牌性、标志性栏目。

（曹永忠 何 俊）

【举办“走过30年——镇江改革开放成果大型展览”】 2008年12月22日，由市委、市政府主办，市委宣传部承办的“走过30年——镇江改革开放成果大型展览”在市体育馆开幕。该展览是镇江纪念改革开放30周年系列活动的一项重点内容，展出10天，12月31日落幕。展览分腾飞镇江、纪事镇江、活力镇江、嬗变镇江、锦绣镇江、品牌镇江、文明镇江、展望镇江等八个部分，通过图片、文字、实物、声像等形式展示全市改革开放以来在经济社会等方面具有突破性、首创性做法和经验。全市3万多人参观。

（曹永忠 何 俊）

【推出省级典型史建和】 2008年4月，茅山新四军纪念馆党支部书记、馆长史建和被江苏省委宣传部确定为省宣传典型。在他带领下，纪念馆获得“全国爱国主义教育示范基地”“江苏省优秀博物馆”“江苏省文化系统先进集体”等称号。镇江市以新四军茅山抗日根据地成立70周年及爱国主义教育基地免费开放为契机，宣传其先进事迹，并向省推荐。4月17日，省委宣传部会同市委宣传部组织《新华日报》、江苏卫视等8家省级媒体，联合镇江各市级媒体赴茅山对史建和进行集中采访。4月21日～23日，各媒体均在重要版面和时段，用通讯、人物故事、访谈等形式开展集中宣传。（曹永忠 何 俊）

【市解放南路被评为江苏省“百城万店无假货”活动示范街】 2008年2月，经江苏省委宣传部、江苏省经贸委等有关部门验收评审，镇江市解放南路（大市口至正东路口）被新命名为2007年度江苏省“百城万店无假货”活动示范街，镇江大润发卖场、镇江北京华联综合超市、镇江苏宁电器中山桥店、镇江五星电器大卖场、句容市便民超市购物中心等5家店被命名为省级示范店。

（曹永忠 何 俊）

【爱国主义教育基地免费开放】 2008年，根据中央、省关于公共博物馆、纪念馆和爱国主义教育基地免费开放的精神，镇江市在“开放时间不减，开放内容不减，服务水平不减”前提下，协调免费开放工作，茅山新四军纪念馆、镇江市烈士陵园、韦岗战斗胜利纪念碑等首批14家博物馆、纪念馆和爱国主义教育基地面向公众免费开放。

（曹永忠 何 俊）

【开展“三下乡”活动】 2008年1月30日，由市委宣传部牵头组织，市文明办、市科技局、市文化局等21个部门组成“三下乡”服务团赴京口区谏壁镇开展集中服务活动，活动组成文化、科技、卫生、法律、理论、服务等6个分团，捐赠30余万元的电脑、书籍及医疗器械等，送去一场文艺演出。（曹永忠 何 俊）

【“欢乐农家——2008文化乡村行”系列活动】 2008年7月～12月，由市委宣传部牵头，市文化局、广电局、体育局、文联共同参与开展“欢乐农家——2008文化乡村行”系列活动，在全市农村展开。“文化乡村行”系列活动，旨在丰富农村居民的文化生活，推动镇江文化大发展大繁荣，活动分解为“六个一”项目，即：演出一台小戏、赠送一次摄影、拍摄一部电视短片、放映一部电影、提供一项服务、资助一个项目。全市各级文化部门共组织送戏下乡556场，组织农村电影放映3553场，观众101.8万人次。

（吴修飞 朱巍巍）

【镇江首次组团参加南京文交会获奖】 2008年11月1日～3日，镇江首次组团参加第三届南京文化产业交易会。文交会在南京国展中心举行，全国30多个城市和近600家企业和单位参展。镇江市参展文化项目获“艺博杯”一金一银二铜四项大奖，位居全省前列。此届文交会与世界名城会同步进行，世界50座著名城市的市长及商贸机构应邀前来观展，会展当日参观人数突破10万人，签约文化产业项目12个，资金总额约25亿元。（吴修飞 朱巍巍）

【党校教育】 2008年，市委党校完成年度干部教育培训任务，培训主体班次16期1336人次，其中县处班2期、中青班1期，年底通过省委评估工作，被评为“优秀”等次。

进行干部教育培训。召开全市党校教学工作会议，加强专题教学，坚持三级备课制度，教师开设60个教学专题，涉及特色理论和镇江市情，经济、环境、文化、新农村、党风建设及领导能力、应对媒体诸多方面，更新率50%。教学管理实行“联络员＋班主任”双考勤制度，学员结业实行个性化评价。围绕市委、市政府重点工作，开展研究式教学、评比“优秀学员＋优秀调研文章”活动。形成从确定主题、组织计划、协调调研，到跟踪督查、组织评审、论文汇编、成果运用等一整套专题调研工作程序。在第20期、21期县处班，第6期中青班分别进行“镇江优化发展、加速提升问题与对策”“推进自主创新、加快镇江新型工业化步伐”“转变发展方式、争创镇江发展新优势”专题调研，形成37篇调研文章，举办学员论坛、编印调研文集3期，调研文章在《镇江日报》专版发表，调研成果成为镇江决策咨询重要依据。与中国延安干部学院、井冈山干部学院长期合作，与浦东干部学院互为教学基地，组织学员到革命圣地和改革开放前沿进行党性教育。

创新科研工作思路。坚持在核心期刊上发表科研成果和立足镇江实际形成有咨询价值的科研调研成果，鼓励成果转化为教学专题。全年组织申报课题34项，立项24项，成果110项。组织开展与上海世博会对接课题，开辟科研新途径。与中央党校合建新农村调研基地，2008年《学习时报》发表镇江党校关于新农村建设调研成果。在省级以上报刊发表论文52项，其中核心期刊42项；获得各类科研奖项21项，其中包括三年一度全省党校系统科研组织奖。

拓展办学领域。组织中国浦东干部学院海南农垦班镇江现场教学。相继有浦东干部学院中青班、上海市委党校中青班、中央党校社会主义文化建设班等学员到镇江参加现场教学活动。党校函授规模减小，在校生2300人，函授招生录取1100人，其中直属班575人。拓展网大办学领域，招生速度提升，网大在校生485人，录取新生245人。镇江市委党校继续成为省委党校在职研究生优秀教学点，录取74人。举办中央党校在职研究生班，录取63人。继续开办国家心理咨询师考前培训等职业技能培训班。

图书电子信息中心创办《信息快车》内刊。重大会议组织和保障有力，举办南京都市圈党校会议，苏、皖两省共12个党校参加。参加省党校系统联谊活动，参赛小品《鱼塘新歌》获得二等奖。

（张文斌）

纪检监察

【概况】 2008年，全市各级纪检监察机关反腐倡廉各项工作取得成效。

系统推进惩防体系建设。市委组织集中轮训市管干部，市纪委在系统内开展全员培训。针对镇江腐败易发多发领域和党员干部作风等方面存在的薄弱环节以及群众最不满意的突出问题，制定下发市委建立惩防体系阶段性目标工作意见，力争到2010年建成具有镇江特色的惩防体系基本框架。

规范领导干部廉洁从政行为。在全市开展以学习新党章、学习纪律处分条例为主题的“双学”活动，举办“艰苦奋斗、永葆本色”演讲比赛，培植35个廉政教育基地，形成一批新的廉政文化示范点。为纪念改革开放30周年和党的纪律检察机关恢复重建30周年，举办“永远的忠诚”文艺晚会、“勤政廉政促发展”媒体采风和反腐倡廉创新成果理论研讨会等纪念活动。对新上岗县处级领导干部进行为期一周的廉政教育培训。2008年9月11日，市委组织全市1034名市管干部进行学习贯彻中央《工作规划》和省委《实施办法》的集中培训，组织召开省勤廉标兵巡回演讲报告会和全市领导干部警示教育大会。执行中央纪委《关于严格禁止利用职务上的便利谋取不正当利益的若干规定》。全市694名领导干部报告个人有关事项，633人上交礼品礼金，折合人民币237.24万元。

加强纠风治乱工作。开展对教育收费、医药购销和医疗服务等领域专项治理，推行教育收费和医德医风民主监督卡制度，反映教育收费的投诉列全省倒数第二。加强对市场物价、住房公积金、社保基金和强农惠农政策落实情况监管，开展制止党政干部公款出国（境）旅游和清理评比达标表彰活动、党政机关事业单位公有房屋土地等资产以及通讯方面的专项工作。推进便民服务网络建设，全市镇、村全部建立便民服务中心。开展民主评议行风工作，探索建立党政干部下访和“行风热线”联动机制，开辟镇江纠风网。

遏制消极腐败现象。全年纪检监察机关立案查处涉及土地出让、工程建设、医疗购销和企业改制等领域的党员干部违纪违法案件323件，给予党政纪处分316人，挽回经济损失3297万元。开通“12388”全国信访举报电话，开展重信重访专项治理。

提高反腐倡廉制度建设水平。全面梳理反腐倡廉制度，编印制度目录。修订完善党风廉政建设责任追究实施办法。全市14名县处级领导干部和40名科级干部，按照规定承担从自我批评、书面检查，到扣发津贴、取消评先评优资格等责任。对30名党员干部给予纪律处分和组织处理。试行后备干部和拟提拔干部个人及家庭财产申报工作。探索建立公共权力重要节点监控机制。一些地方梳理出行政执法、工程建设、土地出让等公共权力的重要节点，建立领导监督、民主监督和专门机关监督等权力运行报告、报备及公开机制。推行县级招投标领域集中廉政监管制度，开展重点工程、重大项目和重要领域审计监督工作。

加强机关作风和效能建设。加强对宏观调控、环境保护、土地管理和镇江市对口支援灾区重建捐赠款物管理使用情况等方面监督检查，加强对重点工程建设、文明城市和生态城市创建以及公务员轮岗等工作专项检查，保证中央和省、市各项决策部署落实。探索效能监察的途径和方法，加强对各单位依法行政和落实优化经济发展环境各项政策规定情况的监督检查，组织实施千企监测工作，坚持每季度召开一次经济发展环境情况分析会，督促部门自查自纠。落实违反优化发展环境处理办法等有关制度规定，对相关部门和责任人进行责任追究，集中抽查95个单位的955件行政案例，行政行为合格率为97.28%。监督政策制度的制定。牵头组织有关部门制定落实镇江经济开发区有关职能、减轻涉企收费、加强中介组织管理和信用体系建设等有关规定。（方　明）

【市纪委五届四次全会】 2009年1月20日，中国共产党镇江市第五届纪律检查委员会召开第四次全体会议，市纪委委员25人出席会议。镇江市委常委，市人大、市政府、市政协主要负责人，各辖市（区）、镇江新区、市级机关各部门主要负责人和纪检监察负责人以及直属单位、企事业单位纪检监察负责人，各乡镇（街道）纪委书记，以及市纪委、监察局特邀监察员出（列）席会议。会议审议通过市委常委、市纪委书记杨建代表市纪委常委会作的《深入贯彻落实科学发展观 全面推进反腐倡廉建设》工作报告和中国共产党镇江市第五届纪律检查委员会第四次全体会议决议。（方　明）

【实施后备干部和拟提拔干部财产申报工作】 2008年，在全面推行领导干部廉政档案制度基础上，从后备干部和拟提拔干部入手，试点先行、总结完善、逐步推广，在全市各辖市（区）、市级机关部门后备干部和拟提拔干部中推行个人及家庭财产向组织申报工作，把是否如实申报作为衡量和检验干部对组织忠诚和个人诚信的重要标准，作为考察干部德的方面表现，归入干部个人廉政档案，为干部选拔任用提供参考。全市有1200名后备干部和拟提拔干部建立包括个人及家庭财产状况在内的廉政档案。中央纪委和省纪委领导多次到镇江市专题调研后备干部家庭财产申报工作，镇江市设计的廉政档案管理软件在全省得到推广，并作为全省唯一地级市在中央纪委后备干部财产申报座谈会上介绍经验。（方　明）

【建成开通镇江纠风网】 2008年10月22日，镇江纠风网（http://www.zjjfw.gov.cn/）开通，开辟12个一级栏目和29个二级栏目，内容涉及教育治乱、医药双纠、农民减负、住房公积金和社保基金监管等群众比较关注的热点问题，并以网上满意度调查、网上行风评议和网上举报为手段，开辟媒体聚焦、投诉咨询、处理反馈、行风评议和网上举报等栏目。（方　明）

统战工作

【概况】 2008年，全市统战各项工作取得成效。

举办“民营企业家推进思想解放，推进科学发展”研讨会。组织民营企业家参加江苏省第五届民营企业家高层论坛，讨论“改革开放与江苏民营经济发展”，飞达集团董事长朱国平作《责任重于泰山，发展高于一切》演讲。成立8家行业商会，包括镇江市东北商会、句容市酒业商会、句容市白兔新型建材商会、丹阳市锯业同会、丹阳市台州商会、扬中市建筑房地产业商会、扬中市阀海商会、京口区酒类行业工会。会同市经贸委、工商局、工商联、科技局、统计局开展“创业明星”评比活动，评选出10名“创业新星”、10名“创业先锋”；会同市税务局、劳动和社会保障局开展省民营企业纳税百强、就业百强推荐工作。市委统战部、市工商联、市光彩事业促进会组织全市民营企业家向四川地震灾区捐款捐物4000余万元。

全年召开双月座谈会、情况通报会和民主协商会9次。开展“围绕中心工作，贴近重点使劲”活动，各民主党派、工商联和无党派人士围绕市委、市政府中心工作，紧扣“推进思想解放、推动科学发展”主题，就“南山北水”重点工程、“推动解放思想”“发展农村三大合作组织”“发挥驻镇高校人才优势”“发展职业技术教育”“推动节能减排”“做好招商引资”“改善投资环境”“建立创业投资引导基金”等课题开展调研，提出意见建议30多条。健全和完善市领导与党外人士联系交友制度，调整市委领导与党外人士联系交友名单。拓宽民主监督渠道，配合市检察院新聘请特约检察员7人，市公安局新聘请警风警纪监督员18人，组织民主党派成员对镇江市30多家保险公司、12家银行和农村信用合作联社开展行风评议。协助指导市各民主党派开展以“坚持走中国特色社会主义政治发展道路”为主题的政治交接学习教育活动，提高民主党派成员政治把握能力、参政议政能力、组织协调能力和合作共事能力。举办纪念中共中央“五一口号”发布60周年报告会，邀请省委统战部副部长、省侨联党组书记李熙诚作辅导报告。组织民主党派领导到井冈山、南昌等地开展“红色之旅”参观学习，接受传统教育。民主党派全年发展新成员123名，截至年底，全市有民主党派成员2367名。

在民族宗教领域开展“服务科学发展、服务和谐建设、服务改善民生”活动。开展“平安奥运、和谐镇江”活动，排查影响民族宗教领域稳定因素，制定涉及民族宗教方面群体性事件应急预案。赴丹阳市天主教爱国会和天主教堂调研，妥善处理天主教信徒赴佘山朝圣和天主教教产遗留问题。推荐镇江出席省基督教第八次会议和省伊斯兰教第五次会议的代表，沈成钧、尹素华分别当选为省伊斯兰教协会、省基督教协会副会长。

制定下发《加强统战信息工作意见》和《统战宣传考核办法》，全年编发信息260多条，在市级以上新闻媒体发稿156篇。在《镇江日报》开辟专版，开设领导专访、工作交流、经验介绍、知识常识等栏目。制订下发18条统战理论研究和调查研究课题，成立联合调研组，就改革开放30年来镇江市统一战线基本经验、贯彻落实全国全省统战工作会议精神情况开展专题调研。开展“纪念改革开放30周年统战理论研究征文”活动，收到理论研讨文章58篇。

调研全市党外干部队伍建设现状，向市委推荐一批党外干部人选。截至年底，市政府部门配备20名党外县处级领导干部，市园林局、旅游局、信息产业局配备正职党外领导干部。加强工商联领导机构建设，增补3名常委和7名执委。充实调整全市无党派人士队伍，建立100名人员信息的人才库。深化“树统战干部形象，建党外人士之家”活动，市委统战部再获市级文明机关称号。开展思想解放大讨论活动，营造“立足本职，争先创优”良好氛围。制定《市委统战部违反优化经济发展环境处罚办法》，落实廉政建设责任制。　（刘　飞）

【省委督查组检查镇江统战工作】　2008年6月3日～4日，以省政协副主席、省委统战部部长周珉为组长的省委督查组到镇江，对镇江贯彻全国全省统战工作会议精神情况督导检查。省委督查组分别召开市各民主党派、工商联、无党派代表人士座谈会和各辖市（区）、驻镇江高校党委统战部部长座谈会，实地走访江苏大学、京口区督查指导工作。督察组认为，镇江市在多党合作、民族工作、宗教工作、新社会阶层人士统战工作、海外统战工作等领域搭建调研献策、实践出力、交流合作和创业奉献平台，取得明显成效。　（刘　飞）

【农村三大合作组织建设联合调研】　2008年，按照“党委出题，党派调研，政府采纳，部门落实”参政议政机制，就“推动农村三大合作组织建设”课题，市委统战部组织市各民主党派、工商联和无党派人士开展联合调研。在听取市农林局情况通报和赴南通实地调研的基础上，围绕培育壮大农民专业合作社、推进农村土地股份合作、探索农村社区股份合作、农业产业化建设等议题向市委、市政府提出建议：要激活农村体制，创新农村经营形式，培育壮大农民专业合作社，提高农民生产组织化程度，促进现代高效规模农业发展和农民增收；推进农村土地股份合作，通过市场机制更有效地配置土地资源，为引导资金、品种、技术等生产要素投入农业创造条件；探索农村社区股份合作，通过政府支持、健全制度等方式加以大力推广；创新农业产业化建设，要依托科技创新、项目化带动等措施，打造镇江农业品牌。12月16日，市委邀请各民主党派、工商联负责人和无党派人士座谈。市委、市政府2009年“一号文件”《关于加快推进农村改革发展的实施意见》吸收采纳部分建议。　（刘　飞）

【开展无党派人士政治交接主题教育活动】　2008年5月～12月，镇江市委决定在全市无党派人士中开展以“自觉接受中国共产党领导，坚持走中国特色社会主义道路”为主题的政治交接教育活动。活动期间，组织无党派人士集中观看《圆梦千秋——杂交水稻之父袁隆平》宣传片，学习中央统战部在试点地区开展主题教育活动的先进经验。邀请省、市专家教授讲解中共十七大精神、科学发展观、统一战线理论政策和领导干部能力建设等内容。开展实践锻炼进行社会调研，形成调研报告，并将成果汇编成册。组织参观市重点工程、重点项目和重点成就。组织赴延安、井冈山等红色革命基地，接受革命传统教育。　（刘　飞）

【成立全市无党派人士联谊会】　2008年12月3日，镇江市首届无党派人士联谊会成立，会议通过《镇江市无党派人士联谊会章程》，选举产生镇江市无党派人士联谊会第一届理事会和常务理事会。市旅游局局长卢道富当选为会长，于建武为常务副会长。镇江市无党派人士联谊会是由镇江市各界有影响、有代表性的无党派人士自愿组成的具有统战性、地方性、联合性、非营利性的社会组织，宗旨是加强与各界无党派人士的联谊、交流与合作。联谊会首批理事82人，既有从事自然科学或社会科学的专家学者，也有各行业、各领域的无党派领导干部，还有新的社会阶层中自由择业的知识分子代表。　（刘　飞）

台湾工作

【概况】　据1985年调查统计，镇江市有台籍同胞62人，到2005年，全市常住台胞969人（含台商667人）。1995年5月在全市范围内开展台情普查，结果显示：1945年后从镇江去台人员有13330人，在镇江去台人员家属（简称台属）31400人。

2008年11月4日，海峡两岸关系协会会长陈云林与台湾海峡交流基金会董事长江丙坤在台北签署《海峡两岸海运协议》，镇江成为两岸直航后开通的15个河港之一。全年全市对台工作突出对台经济发展和服务台商工作中心。全年完成20个项目信息编制，相应建立推进平台。邀请接待到镇江的经贸考察团组41个276人次。9月中旬配合全省苏台（淮安）经贸洽谈会，组织全市20多名台商由市领导率团参加。同月，镇江市在南京组织举办镇江市车船研发服务外包合作推介会，市台办联系邀请台资企业江苏晨扬交通器材、镇威汽配等公司的一批台企人员参加。全市全年新批台资企业45家，合同利用台资3.31亿美元，比上年增长33.97%，实际到位台资2.09亿美元，全年台资企业增资31家，增资总额1.07亿美元。年内，新批台资企业中，1000万美元以上的项目18个，占项目总数的40%。年内，市台办受理台商投诉、求助43起，结案率95%。协助做好企业员工赴台培训，全年实现赴台交流20批67人次，接待到镇江旅游、经商、考察、探亲台胞3203人次，处理涉台信访42件，接待台胞、台属来访60人次。与市财政局、民政局、劳动和社会保障局等单位联系协调，形成涉及台胞、台属特困救助、医疗保障、劳动就业、子女入学、低保补贴等6项优惠政策。强化对台商协会的"组织、指导、管理、协调"职能,组织和指导协会会员开展迎新春、庆中秋等联谊活动,举办"嘉新杯"羽毛球比赛,组织台协分别与《镇江广电报》、镇江广电总局、市慈善总会等单位联合举办"大爱镇江、情系灾区""古城镇江抗震救灾晚会"等公益活动。市台协出资2万元资助在镇江的30户特困台属台胞。台协丹阳联络委员会筹资3.5万元资助23名贫困大学生。"5·12"汶川大地震发生后,市台协会员向慈善总会、红十字会捐款逾800万元。

与中国台湾网、江苏与台湾网、全国台企联网、华夏经纬网及国台办《两岸关系》《台湾工作通讯》、省台办《海峡广角》等网站和杂志社联系,提供反映镇江经济发展、投资环境、台企发展、台商创业等内容的报道,年内在省以上各大涉台网页和杂志上刊登各类新闻稿件、企业专访等34篇次,在市电台、电视台、报刊等媒体用稿121篇次。10月,为配合全市引进培育创新创业领军人才新闻发布会,市台办特邀中国台湾网记者到镇江采访报道,并在众多媒体中首家发稿,第一时间被新浪等多家网站转发。全年编发《镇江对台工作信息》、特刊共13期,向各级领导通报两岸关系发展新形势,党和国家对台方针政策、镇江与台湾两地经贸交流合作发展情况。围绕"镇江利用台资现状及其发展趋势""如何提升利用台资的水平,实现镇江对台经济工作的提升"两个重大课题进行调研,形成《台资企业发展现状分析及发展之对策研究》《转型升级给台资企业带来新的发展机遇》等调研文章。配合国台办关于台资企业使用土地情况的调查,省台办关于南京周末包机运营情况的调查。针对复杂多变的台海形势,抓住两岸关系热点问题,以报告会、座谈会等形式,加强涉台形势教育。3月,以"反台独,促统一"为主题,组织台胞台属及各民主党派人士座谈讨论;8月,市台办与市级机关工委联合举办大型台海形势报告会;12月,市台办与市台联等单位就两岸"三通"等热点问题举办专场报告会。制定《2008年对台工作目标管理考核办法》和《2008年对台工作目标管理实施细则》,首次与各处室和辖市(区)台办签订《2008年目标管理责任书》;下发市台办《关于违反优化经济发展环境相关政策规定的处理办法》;制定市台办《关于建立健全惩治和预防腐败体系2008-2010年阶段性目标的工作意见》,第一次全面系统地制定切合镇江地区和台办工作实际的《处置地震灾害应急预案》,出台《镇江市涉台突发事件应急处置预案》《奥运会期间涉台突发事件应急处置预案》。（章邦勇）

【台企奇美、国亨成功合并】 2008年7月初,台湾奇美实业集团、台湾国乔集团决定将两企业在镇江投资建立的镇江奇美有限公司、镇江国亨化学有限公司合并,合并后总投资额达35.2亿元。(参见第130页)（章邦勇）

【旅台江苏阜宁同乡会参访团参观考察镇江】 2008年4月12日,由旅台江苏阜宁同乡会理事长、台湾醒吾技术学院董事顾建东为荣誉团长,台湾省原教育厅厅长许智确伟为团长的旅台江苏阜宁同乡会参访团一行38人到镇江市参观考察韶关、西津古渡、蒜山、市博物馆、北固山公园等景点。（章邦勇）

【镇江籍台湾导演徐天荣回乡考察交流】 应市台谊会邀请,镇江籍台湾导演徐天荣于2008年5月18日到镇江考察交流。徐天荣此次回乡,先后参观市博物馆、民俗艺术馆、西津古渡等景点及城市建设。5月20日,徐天荣受江苏大学人文学院和校学工处联合邀请,为江苏大学全体师生开设一场文学创作学术讲座。（章邦勇）

【台联工作】 2008年,市台联通过台情报告会、《镇江台联通讯》等介绍台湾政情、民情,宣传党在新形势下的对台方针政策。召开纪念改革开放30周年座谈会。举办"台胞之家",利用中秋、春节等联谊活动,推荐台胞参加全国、省台联活动。重视中青年台胞培养教育,及时为台籍学生出具台籍证明,有两名台籍学生考入高校。看望慰问老台胞和生病台胞,转发省台联困难补助款。组织丹阳台商参加第三届省台联"江苏台商看江苏"活动,接待省台联组织的在宁台湾大学生夏令营。加强和常驻台胞的联系,先后接待台湾通达国际行销有限公司等3批次38人到镇江参观考察。全年在省、市人大和政协全委会上提出市政协集体提案3件,个人提案12件,省政协提案2件。内容涉及环保、教育、城建、交通、旅游等方面,受到有关部门重视和采纳。（刘　迅）

信访工作

【概况】 2008年,市人民来访接待中心接待群众来访3256批16893人次,同比批次下降11%,人次上升5%;其中集访582批13018人次,同比批次下降3%,人次上升18%。群众信访主要反映:劳动保障方面,企业拖欠职工工资福利、建筑商拖欠民工工资、劳动争议;农村土地征用方面,以租代征、擅自占地、非法转让及征地补偿安置等;城镇房屋拆迁方面,拆迁政策宣传、拆迁程序公开、无证自建房拆迁、安置补偿等;企事业单位改制、破产遗留问题;环境保护方面,区域性废水废气污染、三产行业油烟噪音污染、居民居住区包围工厂现象等;涉法涉诉方面,民事、刑事、经济案件当事人不服法院判决和判决后执行问题;公务员津补贴调整引发问题。

2月1日,市信访工作领导小组办公室印发《关于开展走访慰问特困信访群众家庭的通知》,成立4个走访慰问工作小组,春节前夕走访慰问37户特困信访群众家庭。围绕企业改制遗留问题、独生子女奖励金等信访热点问题开展专题调研,为领导决策和职能部门化解信访矛盾提出建议。

全年,中央、省交办市信访案件182件,按期结案率100%;群众给市委、市政府主要领导的人民来信1528件,按期反馈处理结果1484件,反馈率97.8%;市委办公室、市政府办公室三次集中交办信访案件236件,按期结案率71.3%;市信访联席会议办公室交办各专项工作小组信访突出问题196件,全部按期结案。

加大对特困信访群众的救助帮扶,一批困难信访群众停诉息访。开展"三无"县区(无进京和重复去省集访、无信访积案、无突发信访事件)和"四无"(无进京非正常上访和重复访、无进京和重复去省集访、无信访积案、无突发信访事件)乡镇(街道、开发区)创建活动。扬中市、京口区、新区被评为"三无"县区,有37个乡镇(街道、开发区)实现"四无"目标,达标率72.5%。加强信访重点乡镇(街道、开发区)管理。1月,市信访工作领导小组公布2008年度信访问题突出、越级上访较多乡镇(街道、开发区)名单,句容市边城镇、扬中市八桥镇、京口区象山镇、润州区蒋乔镇、镇江新区大港街道等5个乡镇(街道)被列为全市信访重点管理乡镇(街道)。重点管理乡镇(街道),把信访问题妥善解决在基层,进京、去省和到市信访总量大幅下降。11月,市信访工作领导小组决定对以上乡镇(街道)不再实行重点管理。

5月26日,市委、市政府召开全市信访稳定工作会议,决定从5月开始,用4个月时间在全市集中开展矛盾纠纷排查化解和重信重访专项治理活动。会上,市委办公室、市政府办公室交办99件重信重访问题。各职能单位逐案落实包案领导，按照"案结事了"要求，做到合理诉求一次性解决到位；家庭生活困难的积极帮扶救助；对坚持过高或无理要求的，采取公开听证、"六步工作法"等方式公开处理，依法终结。加大对家庭生活困难上访老户帮扶救助力度，救助帮扶64名上访老户，其中包括多名精神病人和身有残疾的上访群众，停诉息访率85%。全市排查各类矛盾纠纷3961件，调处化解纠纷3245件，调处成功率81.9%。

在北京奥运会和残奥会期间，各地、各部门有一名主要领导人具体负责信访稳定工作，确保一旦发生情况能够及时妥善处置，将可能造成的影响降到最低限度。按照"属地管理、分级负责，谁主管、谁负责"原则，把信访稳定的各项工作责任落到具体单位、具体人。增强驻京工作力量，参加奥运会和残奥会信访应急工作。把集体上访和突发事件化解在初始。市纪委、人大信访处、信访局等部门组成联合督查组，加强对全市信访稳定工作专项督查。奥运会和残奥会期间，没有发生省备案老户进京重访、没有发生进京集体上访、没有发生进京上访劝返人员倒流、没有发生有影响重大信访事件。

加大违法上访行为的处置力度。5月23日，市公安局、市检察院、市中级人民法院联合出台《关于依法处理非正常上访行为若干问题的意见》，对群众非正常上访行为作出明确界定，规定处罚程序和处置意见。（吴建明）

【开展辖市（区）委书记大接访活动】2008年7月1日至11月30日，全市开展辖市（区）委书记大接访活动。市委书记许津荣、代市长刘捍东、市委副书记张庆生等市领导接待7批到访群众，解决信访群众反映的合理诉求，教育无理上访人。各辖市（区）、镇江新区每个工作日都有一名党委或政府负责人接待上访群众。采取在人民来访接待中心现场接访、带案到重点地区下访、约谈信访老户等方式，直接听取群众诉求。从7月起，每月初的《镇江日报》公布各辖市（区）、镇江新区参与大接访活动的接访领导姓名、职务，接访的时间、地点和形式。各乡镇（街道、开发区）也参照以上做法，开展大接访活动。各辖市（区）、镇江新区分别在当地报纸、电视、广播等主要媒体公布大接访安排情况。市直有关部门结合领导信访接待日活动，研究解决本系统突出问题。截至11月30日，全市各级党政领导参与书记大接访活动7702人次，接待来访群众2655批9513人次，其中各辖市（区）、镇江新区党政主要领导参与接待94人次，接待群众473批1564人次。（吴建明）

【贯彻落实中央两个《规定》】2008年6月30日，监察部、人力资源和社会保障部、国家信访局联合发布《关于违反信访工作纪律处分暂行规定》；7月4日，中纪委颁布《关于违反信访工作纪律适用〈中国共产党纪律处分条例〉若干问题的解释》。全市开展《解释》和《规定》学习宣传活动。《解释》和《规定》明确界定信访稳定工作的"领导责任"，归纳概括十六种信访工作中需要追究领导责任的违纪行为，并规定相应的党纪、政纪处分量纪标准，增强责任追究的可操作性。全市按照《解释》和《规定》的标准制定完善信访稳定工作的相关配套制度和工作措施。（吴建明）

史志工作

【概况】2008年，市史志办获2008年镇江市市级机关作风建设和目标管理考核先进单位称号，被市委、市政府授予2005～2007年度文明机关称号。《镇江年鉴（2007）》在第四届全国年鉴编校质量检查评比中获特等奖。1人被评为全国党史部门先进工作者，2人被评为全省党史系统2007～2008年度先进工作者。

党史工作取得新成果。继续征集《中国共产党镇江史》（1949～1978）（第二卷）资料，查阅档案、核对史料、整理编撰，完成党史二卷本初稿32万字，部分初稿征求意见和研讨。编印《镇江改革开放30年大事记》。启动《京江画卷》图册征编工作，搜集整理各类照片2000余张。加强地方党史资料研究，挖掘整理以茅山为中心的苏南抗日根据地史料。编印《茅山抗日根据地简史》。在《镇江日报》开辟史志专刊，与镇江日报社联合举办镇江改革开放30周年大事记评选活动，在《镇江广播电视报》开辟专栏选登部分大事记内容。11月11日，协助市人大常委会组织召开纪念原中共镇江地委副书记、人大常委会主任夏岩逝世两周年座谈会。

推进《镇江市志（1983～2005）》编修工作。《镇江市志》篇目经广泛征求意见，反复研讨，形成修订稿。6月召开全市转段动员和业务培训大会。年末，全市二轮修志资料收集工作完成85%，初稿完成55%。各辖市（区）二轮修志工作全面开展，《丹阳市志》《句容市志》《扬中市志》《丹徒区志》《润州区志》初稿编写分别完成98%、70%、83%、60%、92%。12月，江苏省地方志办公室在丹阳市召开市县二轮修志省级试点单位工作座谈会。省级试点单位领导及所属市志办分管领导、联系点单位及省志办相关人员30余人参加座谈，镇江市、丹阳市等10家单位作交流发言。《镇江市工商志》《镇江市电力工业志》通过审稿。《茅山道教志》出版发行。

规范、创新年鉴工作。《镇江年鉴（2008）》出版发行。6月27日，中国地方志指导小组办公室年鉴处处长王熹、方志出版社总编周均美应邀为《镇江年鉴》编辑人员授课。《丹阳年鉴》《句容年鉴》《丹徒年鉴》《京口年鉴》《润州年鉴》出版。

加强地情文献资料整理。年末，统计整理各类史志出版物153册，其中志书57册，年鉴56册。（翁红霞）

【市政府组织二轮修志督查】2008年9月23日～27日，市政府派出督查组对各辖市（区）、镇江新区和市有关部门二轮修志工作进行督查。督查组全面了解修志情况，听取工作汇报，调阅部分志稿，实地察看修志工作条件，并就督查情况进行通报。截至三季度末，市级124个部门参加修志，资料收集完成率80%、初稿完成率26%，部分单位进入初稿修改阶段。各地资料收集完成率75%、初稿编写完成率30%，其中，丹阳市资料收集完成率100%，初稿编写完成率92%，分纂完成率75%；镇江新区资料收集完成率100%，初稿编写完成率100%，进入初稿修改阶段。（翁红霞）

【市党史学会换届】2008年12月18日，镇江市中共党史学会召开会员代表大会，举行换届工作。会议审议镇江市中共党史学会第二届理事会工作报告和《镇江市中共党史学会章程》。通过镇江市中共党史学会第三届理事会理事建议名单。会议选举产生镇江市中共党史学会第三届理事会理事。胡振当选为镇江市中共党史学会第三届理事会会长，傅雪元、孙爱军（女）、陈恒明、马红霞（女）、刘华明、史建和为镇江市中共党史学会第三届理事会副会长，陈恒明为秘书长（兼）。（翁红霞）

【市地方志（年鉴）研究会换届】2008年12月18日，镇江市地方志（年鉴）研究会召开会员代表大会，举行换届工作。会议审议镇江市地方志（年鉴）研究会第一届理事会工作报告和《镇江市地方志（年鉴）研究会章程》，通过镇江市地方志（年鉴）研究会第二届理事会理事建议名单，选举产生镇江市地方志（年鉴）研究会第二届理事会理事。胡振当选为镇江市地方志（年鉴）研究会第二届理事会会长，杨国祥、刘爱玲（女）、陈恒明、吕联泰、徐晓生、笪远毅为镇江市地方志（年鉴）研究会第二届理事会副会长，陈恒明为秘书长（兼）。（翁红霞）

【编印《镇江改革开放30年大事记》】 2008年10月，市史志办围绕改革开放30周年主题，编印《镇江改革开放30年大事记》，由方志出版社出版。全书30余万字，由市委书记许津荣作序，以大事记形式反映改革开放30年镇江发生的深刻巨变，反映30年镇江改革开放进程，具有史料价值、镜鉴作用。（翁红霞）

【《镇江年鉴（2008）》改版】 2008年9月，《镇江年鉴（2008）》由方志出版社出版，改版为大16开，附有电子版光盘。全书125万字，设40个类目、223个分目、1900多个条目（图表），全面记述全市政治、经济、社会等方面的基本面貌、发展状况。新版年鉴在原有框架基础上新设市政府为民办实事、“五创”全国“双拥模范城”、建设小康社会进程、2007中国镇江金秋经贸洽谈会、太湖流域水污染治理、众志成城抗击大暴雪、“满城尽飘黄丝带”爱心行动等内容。彩色画页重点展示2007年镇江新收获、新变化和新风貌。刊登经过市有关部门审核监制的最新版《镇江市政区图》《镇江市城区图》。在相关部类安排重点企事业单位、科研机构、科研成果、大专院校等“点”上的信息，增强年鉴实用性。12月15日，市史志办十年来首次表彰年鉴优秀条目，31个《镇江年鉴（2008）》优秀条目（图表）获表彰。（翁红霞）

【李忠杰到镇江指导党史工作】 2008年5月21日，中共中央党史研究室副主任李忠杰在省委党史工作办公室副主任万建清的陪同下，到镇江指导党史工作。就地方党史工作开展，特别是对如何抓好新形势下党史工作，如何把握党史工作、扩大党史工作影响、有效地延伸党史工作进行面对面指导。对围绕大局，探索党史工作新途径，加强党史教育，开展党史的宣传、培训，深入挖掘党史资源，加强党史研究，实现资料向成果转化，及时反映党史工作新情况，推动党史工作全面开展提出建议。（翁红霞）

档案工作

【概况】 2008年，市档案局转发国家档案局《关于加强民生档案工作的意见》，与有关职能部门联合下发《镇江市最低生活保障档案管理办法》《污染源普查档案管理办法》《卫生档案管理暂行规定》。

推进政府信息公开。市档案局设立政府信息查阅场所，全年接待查档1006人次，提供档案8400卷，复印7977页，接收政府各部门公开文件1600余份，为社会各界编史修志、工作参考、学术研究、落实政策等提供资料。

完善重点工程档案备案制度和重大活动档案工作。10月，市委、市政府出台《镇江市重大活动档案管理暂行办法》（镇办发〔2008〕80号），对重大活动档案资料的收集、整理、保管、保密、移交和利用作出明确规定。全年完成80家重大建设项目的档案登记备案。

服务新农村建设呈现亮点。市档案局承担省档案局“新农村档案工作走向”研究课题并完成结题。先后下发《关于加强社会主义新农村建设档案工作的意见》《镇江市社会主义新农村建设档案暂行办法》《关于加强全市农村合作经济组织档案工作的意见》以及相关档案归档范围和保管期限参考表等研究成果，并转化运用。培植句容天王戴庄村的有机农业、丹阳司徒杏虎村的果品种植和润州平山村的一品莓种植等合作经济组织档案工作示范点。依照镇江市《2008～2010年社会主义新农村建设村级评价办法》，全市有30个行政村达到合格以上等级。

加强档案基础业务建设。贯彻实施国家档案局8号令，制作《档案整理跟我学》幻灯片和《档案业务工作文件选编》分发各单位。对97家进馆单位《文件材料归档范围和文书档案保管期限表》进行审核，对110家单位进行年检，40家单位达省以上等级。全年有12家单位档案管理工作通过省级评定，其中省特二级5家、省一级5家。

加强档案征集接收和开发与利用。市档案局对1963年～1972年档案进行划分和清查登记，全年划控目录31000卷，其中确定开放档案30280卷，开放率98%。接收18家单位近5000卷档案进馆。为配合名城历史文化研究，国家档案局、省档案局下拨抢救与保护专项资金近10万元。接收省档案馆录入民国时期有关镇江的档案目录2605件，完成抢救和保护国家重点档案483卷。征集珍贵照片、奖牌等档案1617卷（件、盘、册）。

按照国家级档案馆建设标准，市档案局新馆建设被列入新行政中心建设项目，规划建筑面积11000平方米。丹阳市6000平方米、扬中市5500平方米新馆建成使用。镇江新区新馆建设方案确定，将档案馆与文化馆、图书馆、展示馆“四馆合一”，其中档案馆面积4400平方米。

全市档案部门组织开展“永乐方正档案综合管理应用系统”软件推广应用工作。全年完成113家进馆单位的软件安装调试和数据迁移，转换馆藏目录数据库全宗519个，目录1710122条，全文140219件。完成数字化扫描馆藏档案211万页，校对目录及全文数据45000条，导入新进馆档案4000卷。全年完成重要活动采集视频光盘27张、6480分钟。

市档案局围绕纪念镇江解放60周年、市档案馆建馆50周年，全年征集照片600余张。接收鲍氏名人诗词集23本，编辑出版《镇江鲍氏名人诗词合集》《杰出代表——镇江市人民奖章获得者简介》。与市总工会、市人事局合作，汇编完成《时代先锋——镇江劳模风采》一书。与市史志办公室合作，如期完成《镇江改革开放30年大事记》。参与由市委宣传部牵头的“走过30年——镇江改革开放成果大型展览”筹备工作。

（王洪军）

表3-3 **2008年镇江市档案资料馆藏及利用情况一览表**

单位	全宗（个）	案卷（卷）	开放档案（卷、册）	特种载体（盘、张）	电子档案（盘、张）	资料（册）	档案利用（人次）
镇江市档案馆	307	157770	30280	2504	463	19000	1117
丹阳市档案馆	137	99210	41453	3644	10	20000	39000
句容市档案馆	99	63022	9459	378	33	9078	1020
扬中市档案馆	97	115550	6000	1520	301	8206	1620
丹徒区档案馆	115	54294	7690	81	136	5394	1591
京口区档案馆	73	27398	184	1852	–	2500	1700
润州区档案馆	57	13000	324	119	–	2387	278
镇江新区档案馆	39	9187	–	447	–	260	300
镇江市城乡建设档案馆	1532	80972	80972	17800	307	8040	871

（王洪军）

镇江市人民代表大会

责任编校：缪　丹

综　述

【概况】 2008年，市人大常委会发挥人大在全局工作中的作用。审议2007年财政总决算和同级审计情况、2008年计划和预算执行情况，分别作出关于批准2007年市本级财政决算的决定、批准调整2008年财政预算的决定。分别对“建设国家生态园林城市”和“加快推进乡镇区域供水”两件议案作出决议，要求市政府力争早日把镇江市建成生态园林城市，确保在2010年完成全市区域供水任务。组织检查农村河塘疏浚整治工作。督查全市污染物减排工作，推进乡镇污水处理厂及管网建设。跟踪检查全市限制开山采石和整治废弃宕口情况。牵头开展振兴镇江旅游发展调研，形成《关于振兴镇江旅游发展的调研报告》和《振兴镇江旅游发展三年行动纲要》。调研科技三项经费管理和使用、高中教育债务化解、辖市（区）教育现代化等问题。跟踪督办“全面推行清洁生产，促进经济增长方式根本转变”和“加大镇江品牌战略实施力度”两件议案，推进经济结构调整和经济发展方式转变。督办“做大中小企业创业风险投资基金”和“加强软件人才基地建设、推进服务外包产业发展”两件重要建议。组织150多名市人大代表视察城建重点工程和为民办实事项目，了解进展情况和取得的社会效果。听取2008年城建重点工程安排、南徐新城建设情况的汇报。继续督办“加快城市北部滨水区建设”议案，支持政府破解资金、征地、拆迁难题，加快形成南山北水城市建设新格局。

维护人民群众的根本利益。通过常委会组成人员联系基层人大代表、开展行业代表小组活动和建立乡镇人大联系点等形式，了解代表闭会期间生产、生活和履职情况，听取代表的意见和建议。邀请公民旁听人民代表大会和人大常委会，直接听取公民的意见，增强人大工作的透明度，促进公民有序政治参与。围绕经济建设、社会事业发展、法律法规实施以及群众普遍关心的民生问题，组织代表开展民意调查，同时在镇江人大网上征集民意。调查研究农村经济发展、农民增收、农村金融改革与发展、社保基金运行和金保工程建设等重点和难点问题，提出意见和建议供市委决策。审议全市社区卫生事业发展情况，推进社区卫生服务机构法人地位、编制核定、考核机制和运行资金等问题的解决，推动社区卫生服务提高水平、彰显公益。听取文化产业发展情况汇报，开展专题调研，形成《重点突破，加快推进文化产业的发展》调研报告；视察广电中心建设，推动文化、广电事业发展。专题听取“加快老城区危旧房屋改造步伐”“解决市区停车问题”“加强历史文化街区与其周边地区统筹协调工作”等重要建议办理情况，促进政府加大办理力度，解决群众反映强烈的热点、难点问题。审议劳动法、工会法执法检查报告，推动相关部门切实维护职工合法权益，加快构建和谐稳定的劳动关系。加强人大信访工作，全年接待群众来访580批、1350人次，办信395件，其中交办、督办领导批示15件。参与市信访联席督办信访件87件次，被市信访联席会议授予奥运会、残奥会期间维稳先进集体称号。

推进法治镇江建设进程。开展土地管理法、农民专业合作社法执法检查。调研台湾同胞投资保护法、仲裁法实施情况，督办行政许可法、森林法、科技进步法等执法检查意见，促进法律法规的有效实施。参与上级人大有关社会保险、残疾人权益保障、未成年人保护、气象、水文、地质环境保护、城市社区卫生、国防教育等立法和执法调研。检查“五五”普法工作，推动市委“五五”普法规划和市人大常委会“五五”普法决议的落实。审议法院审判监督工作，督促市检察院落实查办和预防职务犯罪的审议意见，视察政府采购、公安、消防、检验检疫等工作，调研法律援助工作情况。坚持党管干部原则，依法做好任命、批准任命、免职等人事任免工作。组织拟任命人员进行任前法律知识考试，提交拟任职发言；召开颁发任命书大会，向新一届市政府组成部门负责人和部分市中级法院审判人员集中颁发任命书，提出履职要求。主任会议决定聘任13名人民监督员，监督和支持市检察院的工作。

发挥代表作用。组织代表学习宪法、地方组织法、监督法、选举法、代表法。召开政情通报会，市政府主要领导向代表通报全市经济社会发展情况，并现场解答代表们提出的问题；邀请代表列席常委会，参加有关视察、调研、执法检查，向代表定期寄送资料、提供信息。按区域和专业对代表进行双重编组，召开代表小组组长、联络员会议，制定代表小组活动意见，加强工作指导；编发《人大代表反映》。常委会组织全国、省、市、县、乡五级部分人大代表视察法院巡回审判点工作情况，为全国、省人大代表调研循环经济发展、现代服务业发展、农村区域供水，视察谏壁地区环境综合治理、科技创新、新农村建设等做好服务。推进“人大代表之家”建设。督办市六届人大一次会议期间代表提出的2件议案、256件建议以及闭会期间提出的35件建议，继续跟踪督办市五届人大期间代表提出的部分议案和建议。主任会议听取6件重要建议办理情况的汇报，人大工作委员会也分别选择6件重点建议进行督办。开展建议办理情况“回头看”，了解督促12个重点承办单位182件建议的办理。

提升人大工作水平。两次赴辖市（区）人大调研，召开辖市（区）人大常委会主任座谈会。组织基层人大的人员参加省人大的相关培训，举办镇（街道）人大干部培训班，召开镇（街道）人大联系点会议，推进基层人大工作。各基层人大开展代表接待选民、向选民述职、评议部门工作等活动。通过网络开展宣传。2008年10月1日，镇江人大网正式开通运行。常委会利用人大网开展民意调查，在市六届人大二次会议期间开设人代会专栏，与全国人大、省人大及各辖市（区）人大联网，初步实现资源共享。利用《民主建设》内部刊物，宣传人民代表大会制度、人大工作和代表履职情况。常委会还积极开展对外交往，先后接待韩国益山市议会代表团和日本仓敷市、津市政府友好代表团。与匈牙利里维兹市签订友好城市备忘录。关心和支持人大工作理论研究会、历史文化名城研究会、赛珍珠研究会的工作。（卢　军）

重要会议和工作

【市六届人大二次会议】 2009年1月11日～14日上午举行。应到代表349名，实到332名，组成7个代表团、21个代表小组。市政府组成人员和其他方面负责人、离退休老干部代表列席会议，20名市民旁听会议。会议举行3次全体会议、3次主席团会议。

会议听取和审议《政府工作报告》《关于镇江市2008年国民经济和社会发展计划执行情况及2009年计划（草案）的报告》（书面）、《关于镇江市2008年财政总预算执行情况和2009年财政总预算（草案）的报告》（书面）、《镇江市人民代表大会常务委员会工作报告》《镇江市中级人民法院工作报告》《镇江市人民检察院工作报告》，通过以上各项报告并作出相应决议。市环保局作《关于镇江市2008年环境保护工作情况和2009年工作打算的报告》（书面）。

会议选举产生1名省十一届人民代表大会代表，并报请省人大常委会代表资格审查委员会审查，确认代表资格有效。选举产生镇江市人大常委会主任许津荣（女）、镇江市市长刘捍东。

会议收到代表10人以上联名议案111件。周松宝等10名代表提出的《关于被拆迁村级集体经济组织资产保值增值问题的议案》和王月芳等10名代表提出的《关于加强农产品质量安全检验检测体系建设，提高农产品质量安全监管能力的议案》，交由市人大常委会审议决定。郑宏章等18名代表提出的《关于加快市场整合与培育，促进我市现代服务业发展的议案》和徐三顺等10名代表提出的《关于我市现代服务业发展的议案》（并案处理）、钱永波等12名代表提出的《关于加快镇江主城区建设的议案》、卞大庆等11名代表提出的《关于加快快速公交系统建设，推进我市大公交发展步伐的议案》和张荣连等10名代表提出的《关于将公交优先发展战略落到实处的议案》（并案处理）、程美瑛等10名代表提出的《关于进一步加强对我市改制企业职工保全资产监管工作的议案》、朱拥军等10名代表提出的《关于加强我市农村小型泵站建设，促进农业增效、农民增收的议案》、耿仲毅等11名代表提出的《关于提高我市企业科技创新能力的议案》和杨钢等10名代表提出的《关于扶持我市中小企业科技创新，促进健康发展的议案》（并案处理）、张学军等10名代表提出的《关于加快“数字镇江”建设，提升全市信息化水平的议案》等7件议案作为重要建议交由市人大常委会主任会议处理。其余99件议案均作建议处理。会议收到代表建议、批评和意见108件。（卢　军）

镇江市第六届人民代表大会第二次会议现场　（镇江日报社）

【市人大常委会会议】 2008年3月～2009年1月，市六届人大常委会举行10次会议。审议和讨论镇江市政治、经济和社会发展等方面的工作情况报告28个（含书面报告9个）、议案2件，作出决议2项、决定14项，任免国家机关工作人员83人次。

2008年3月3日召开第1次会议。组织学习地方组织法、市人大常委会议事规则、市人大常委会组成人员守则、市人大常委会关于加强思想作风建设的决定等法律、制度。围绕如何发挥人大优势，切实关注民生；如何依法履职，发挥人大在“加速提升、优化发展”中的重要作用；如何加强自身建设，不断提高履职水平交流学习心得。审议通过市人大常委会2008年工作要点和历次常委会会议、主任会议主要议程初步安排。市委书记、市人大常委会主任史和平就做好新一届人大常委会工作提出要求。

2008年3月30日～31日召开第2次会议。组织学习江苏省各级人民代表大会常务委员会人事任免工作条例。听取和审议市人大常委会执法检查组关于检查劳动法、工会法实施情况的报告。审议关于“镇江建设国家生态园林城市”和“加快推进乡镇区域供水”两件议案处理意见的报告，分别作出决议。审议关于全市人大换届选举工作的总结报告，作出关于撤销市人大常委会选举工作办公室的决定。通过市六届人大常委会代表资格审查委员会及各工作委员会组成人员名单。通过关于接受史和平辞去镇江市人大常委会主任职务请求的决定和关于接受杨志伟辞去镇江市人大常委会委员职务请求的决定。通过人事任免。

2008年4月21日召开第3次会议。通过关于任命刘捍东为镇江市副市长的决定、关于接受许津荣辞去镇江市市长职务请求的决定、关于刘捍东代理镇江市市长的决定和关于接受江里程辞去镇江市副市长职务请求的决定。

2008年5月29日～30日上午召开

第4次会议。组织学习关于提高市人大常委会会议质量的实施办法和市人大常委会关于讨论、决定重大事项的规定。听取和审议市政府关于2007年财政总决算和同级审计情况的报告，通过关于批准镇江市2007年市本级财政决算的决定。听取和审议市中级法院关于审判监督工作情况的报告。通过市人大常委会组成人员守则、市人大常委会关于加强思想作风建设的决定、市人大常委会关于提请任命人员进行任前法律知识考试的办法等三项制度（修正案）。通过关于张甫雄代理镇江市人大常委会主任的决定和有关人事任免。

2008年7月4日下午召开第5次会议。通过关于任命陈照煌为镇江市副市长的决定。

2008年7月29日召开第6次会议。组织学习市人大常委会关于加强市本级预算审查监督的决定。听取和审议市政府关于2008年上半年国民经济和社会发展计划及财政预算执行情况的报告。市委书记许津荣到会讲话，要求人大要在凝聚发展合力、营造干事创业氛围、推进重点工作、改善民生和关注民意中充分发挥作用。

2008年9月25日召开第7次会议。组织学习镇江市人大机关贯彻实施监督法若干意见。听取和审议市人大常委会执法检查组关于检查土地管理法实施情况的报告。听取和审议市政府关于全市社区卫生工作情况的报告。通过人事任免。

2008年11月21日～22日召开第8次会议。听取和审议市人大常委会执法检查组关于检查农民专业合作社法实施情况的报告。审议市政府关于“镇江建设国家生态园林城市”和“加快推进乡镇区域供水”两件议案办理情况的报告。审议市六届人大一次会议代表建议、批评和意见办理情况的报告。审议市政府关于2008年1月～10月财政预算执行情况及预算调整意见的报告，作出关于批准调整2008年财政预算的决定。审议通过关于召开市六届人大二次会议的决定、关于任命夏新平为镇江市副市长的决定和有关人事任免。市政府提交关于2007年财政同级审计中发现问题整改情况的书面报告。

2008年12月30日召开第9次会议。讨论市人大常委会工作报告（讨论稿）；讨论通过关于补选的市第六届人大代表的资格审查报告、关于“镇江建设国家生态园林城市”等议案办理情况的报告和市六届人大二次会议列席人员名单；讨论市六届人大二次会议主席团和秘书长、计划和预算审查委员会、主席团常务主席、副秘书长等建议名单和选举办法草案，提请市六届人大二次会议通过。会议通过有关人事任免。市人大常委会内务司法、财政经济、农业经济、环境资源城乡建设、教育科学文化卫生、民族宗教侨务、人事代表联络委员会和新区工作委员会分别书面报告2008年度工作。

2009年1月14日下午召开第10次会议。审议通过市人大常委会2009年工作要点和历次常委会会议、主任会议主要议程初步安排。市委书记、市人大常委会主任许津荣就做好2009年的人大工作提出要求。（卢　军）

【市人大常委会主任会议】 2008年，市六届人大常委会举行14次主任会议。

2008年2月18日下午召开第1次主任会议，研究决定市六届人大常委会主任会议成员分工，市委书记、市人大常委会主任史和平就新一届人大常委会做好新形势下的人大工作提出要求。

2008年2月22日下午召开第2次主任会议，讨论市人大常委会2008年工作要点和历次常委会会议、主任会议主要议程初步安排，讨论市六届人大一次会议议案、重要建议的处理意见，讨论市六届人大常委会代表资格审查委员会和各工作委员会组成人员建议名单，讨论市六届人大代表相关法律知识学习培训方案，讨论召开市六届人大代表小组组长、联络员会议方案，讨论确定市六届人大常委会组成人员分组和座次安排，讨论确定《民主建设》编委会主任等分工及凤凰岭饭店相关工作。

2008年3月12日下午召开第3次主任会议，讨论关于劳动法、工会法执法检查情况的报告，讨论全市人大换届选举工作的总结报告以及撤销市人大常委会选举工作办公室的有关事项，通报人事任免情况，讨论关于向新一届市政府组成人员颁发任命书大会的方案。

2008年4月14日上午召开第4次主任会议，讨论关于征润洲土地综合治理开发有关情况。

2008年4月29日下午召开第5次主任会议，听取市政府关于2008年城建重点工程安排的汇报，讨论市人民检察院人民监督员有关工作，研究有关制度修改问题。

2008年5月22日上午召开第6次主任会议，听取市政府关于全市文化产业发展情况的汇报，商定市检察院人民监督员人员名单，听取镇江海关缉私分局有关案件情况的汇报，通报人事任免情况，讨论机关网络建设方案。

2008年5月28日上午召开第7次主任会议，讨论关于人大常委会代主任和调整机关车队班子事宜，讨论确定干部考评结果。

2008年6月30日上午召开第8次主任会议，听取市政府关于“做大镇江市中小企业创业风险投资基金”重要建议办理情况的汇报。

2008年7月23日上午召开第9次主任会议，听取市政府关于“加强历史文化街区与其周边地区统筹协调工作”重要建议办理情况的汇报，听取新区人大工委五年工作情况的汇报，讨论土地管理法执法检查方案，讨论市人大常委会组成人员联系市人大代表名单。

2008年8月26日上午召开第10次主任会议，听取市政府关于“加强软件人才基地建设，推进镇江服务外包产业发展”重要建议办理情况的汇报，听取市政府关于“解决市区停车问题”重要建议办理情况的汇报，听取上半年农村经济发展和农民增收情况的调查报告，听取上半年代表建议办理情况的汇报。

2008年9月23日上午召开第11次主任会议，听取市政府关于“加快老城区危旧房改造步伐”重要建议办理情况的汇报，讨论土地管理法执法检查情况的报告，讨论农民专业合作社法执法检查的方案，讨论通过《镇江市人大常委会网站管理暂行办法》。

2008年10月29日上午召开第12次主任会议，听取市政府关于农村河塘疏浚整治工作情况的汇报，听取市政府关于“尽快拆除葛村收费站”重要建议办理情况的汇报，讨论社保基金扩面征缴及管理课题调研报告。

2008年11月20日召开第13次主任会议，听取市政府关于“加大镇江市品牌战略实施力度”和“全面推进清洁生产，促进经济增长方式根本转变”两件议案办理情况的汇报，讨论农民专业合作社法执法检查情况的报告，讨论市六届人大二次会议筹备工作意见，讨论视察为民办实事项目的方案，通报人事任免情况。

2008年12月26日召开第14次主任会议，听取市政府关于“加快城市北部滨水区建设”议案办理情况的汇报，听取市政府关于南徐新城建设情况的汇报，听取市政府关于2009年财政预算初步安排情况的汇报，讨论市人大常委会工作报告（初稿），讨论代表资格审查情况的报告，讨论市六届人大二次会议主席团和秘书长等建议名单，讨论市六届人大二次会议选举办法（草案）。

（卢　军）

【开展振兴镇江旅游业发展调研】 2008年6月～7月，市人大常委会开展振兴镇江旅游业发展调研，形成《关于振兴镇江旅游发展的调研报告》和《振兴镇江旅游业三年(2008 年 ~ 2010 年)行动纲要》。建议:到 2010 年,实现全市旅游经济指标比 2007 年翻一番的目标。在工作重点上要科学编制旅游规划,引领产业健康发展;实施品质提升战略,建设五大旅游板块;实施产业融合战略,提升综合服务功能;实施形象品牌战略,拓展旅游客源市场。在保障措施上要强化旅委职能,提供强有力的组织保证;出台扶持政策,提供强有力的激励措施;创新体制机制,提供强有力的制度保障;实施科教兴旅,提供强有力的人才支持。市委、市政府以镇发〔2008〕43 号文件将三年行动纲要下发执行。 (卢 军)

【开展《中华人民共和国各级人民代表大会常务委员会监督法》贯彻实施情况调研】 2008 年 3 月 ~ 4 月,市人大常委会就 2007 年 1 月 1 日开始施行的《中华人民共和国各级人民代表大会常务委员会监督法》在镇江市的贯彻实施情况进行专题调研,形成《我市贯彻实施监督法情况的调研报告》。建议:各级党委要加强领导,把人大监督工作摆上重要议事日程,关心、重视、支持人大依法做好监督工作;人大自身要深入学习和研究监督法,从法律层面、工作层面、操作层面提升监督的水平、层次、质量和效果;"一府两院"要进一步树立人大意识,自觉接受人大监督;加大宣传力度,营造良好氛围,共同推进本区域内民主政治建设。市委以镇办发〔2008〕47 号文件转发调研报告。 (卢 军)

【开展市区社会保险基金运行及金保工程建设情况的调研】 2008 年 9 月 ~ 10 月,市人大常委会对市区社会保险基金及金保工程建设情况进行专题调研,建议:一、加大宣传力度,增强社保扩面征缴意识,创新举措狠抓重点,不断扩大社保覆盖面,加大清欠稽查力度,促进社保基金增收,确保社保基金平稳运行;二、提高社会保险统筹层次,调整公共财政支出结构,完善基金管理监督,切实防范基金风险;三、加大组织协调力度,强化部门联动,进一步完善税费同征、同管、同查机制,形成基金监管合力;四、抓紧立项,筹措资金,完善方案,稳妥实施,全力推进金保工程,促进社保健康发展。 (卢 军)

【开展统筹城乡经济社会发展构建农民增收长效机制的调研】 2008 年 7 月 ~ 8 月,市人大常委会对农民增收的长效机制进行调研,并召开主任会议专题讨论研究,形成《关于统筹城乡经济社会发展构建农民增收长效机制调研报告》。建议:一、统筹城乡生产力布局和社会事业布局,统筹城乡政策体系,营造有利于城乡"成果共享、全民创业、共同发展"的机制和体制,实现城乡共同发展、协调发展。二、在加强农民组织化程度和农业服务体系上下功夫,在农业龙头企业等项目上下功夫,正确引导和规范土地承包经营权流转,提高科技支撑能力,加快农业结构调整的步伐。三、构建创业平台、拓宽融资渠道、减轻企业负担、发展农村三产,进一步改善创业环境,营造全民创业的氛围。四、进一步落实帮扶政策,实施脱贫攻坚工程。 (卢 军)

【办理代表议案和建议】 市六届人大一次会议期间,代表提出议案 163 件,除其中 2 件由大会主席团交市人大常委会审议决定外,其余 161 件议案转为建议办理;代表提出建议 95 件。在 256 件建议中,市政府及所属单位和各辖市(区)政府承办 250 件,其他单位承办 6 件。问题解决的 80 件,占 31.25%;正在解决的 142 件,占 55.47%;因条件限制或其他原因无法解决的 34 件,占 13.28%。收到代表反馈意见表 239 份,表示满意的 189 份,占 79.08%;表示基本满意的 50 份,占 20.91%;表示不满意的 1 份,有关单位进行重新办理后代表表示基本满意。大会闭会期间代表提出书面建议 35 件,办理并答复代表 25 件。

2008 年,有 3 个政府序列以外的单位承办 6 件代表建议。市人大承办《关于进一步提高代表议案、建议办理质量的建议》《关于畅通代表与本级政府组成人员联系的建议》和《关于加强对财政预算决算审查的建议》;市委组织部承办《关于重视村级干部的培养、改善办公条件、提高经济待遇的建议》;市中级人民法院承办《关于镇江市中级人民法院应当坚决执行江苏省高级人民法院终审民事判决的建议》和《关于对未成年犯罪人员拟处以缓刑、管制时进行社区矫正可行性评估规范的建议》。 (卢 军)

议案和重要建议

【关于被拆迁村级集体经济组织资产保值增值问题的议案】 由于城市周围大多数行政村都面临拆迁,村民担心没有集体资产,无法进行社会事业建设,村级基层组织将难以实现正常运转。政府部门应制订相关政策规定,确保村级资产不流失。市六届人大二次会议期间,代表建议:征用单位在规划区域内提供 0.2 公顷 ~ 0.33 公顷(3 亩 ~ 5 亩)的集体用地,给拆迁村以今后的生存及发展空间;进行产权的合理置换,提供商业门面房,使拆迁村有生存的资金来源,保证基层组织的正常运行和集体资产的保值增值。 (卢 军)

【关于加强农产品质量安全检验检测体系建设,提高农产品质量安全监管能力的议案】 市六届人大二次会议期间,代表针对全市农产品质量安全检验检测机构不全、检测手段不足、人员力量薄弱、检测能力不强、监管监测覆盖面不广、对农产品质量安全监管重执法轻检测的问题,建议:加强对农产品质量安全检验检测体系建设的组织领导,农林、发改委、质监、财政等部门各司其职,建立科学合

市人大代表建议办理工作经验交流会现场 (卢 军)

理的工作责任制；完善农产品质量安全检验检测体系。以现有农产品质检机构为基础，整合资源，合理布局，确定建设重点，从产地监管、投入品监管和产品监管需要出发，以法律法规和技术为依据，科学界定检测功能，强化基础设施建设，更新、配置仪器设备，改善检测手段，建成与其检测任务相适应的实验室。充实专业人员增强技术力，依托检测体系，开展质量监管工作，为农产品质量全程监管提供技术依托，全面提升农产品质量安全监管能力。（卢　军）

【关于加快市场整合与培育，促进镇江现代服务业发展的建议】 市六届人大二次会议期间，代表针对镇江近几年的商贸流通业（大市场、大流通）发展问题，建议加快市场整合与培育，促进全市现代服务业发展。一、抢抓“两铁”建设机遇，制定镇江市大市场快速发展的详实的近期规划（年度）、中期规划（3～5年）和长期规划（10年以上），发挥规划的导向作用，合理布局，全面形成配置合理、错位发展、功能清晰、相对集中的服务业空间结构体系。二、整合资源，走大市场的集聚发展之路。重点整合一批市场、扶持一批市场、限制一批市场。三、强化商贸业与旅游、文化产业发展的联动和配套延伸，建设一批特色街区、购物中心、休闲会所、娱乐中心等，形成旅游消费商圈，打响镇江旅游休闲城市品牌。四、构建大交通，为大市场发展提供基础。进一步实施“公交优先”发展战略，扩大城市公交向乡镇延伸的覆盖面。加快大市口、大西路、金山景区商业圈大型停车场的建设。利用长江独特的水运优势，促进服务业发展。（卢　军）

【关于加快镇江主城区建设的建议】
市六届人大二次会议期间，代表建议：一、新老城区要统筹安排，合理分工，各有侧重，共同繁荣。二、原有主城区大体可分为城市中心区、城市滨江区、名城风貌区三大块进行规划建设。三、在老城区建设中，要正确处理名城保护和现代化建设的关系，使历史文明与现代文明交相辉映。（卢　军）

【关于加快快速公交系统建设，推进镇江市大公交发展步伐的建议】 市六届人大二次会议期间，代表建议结合镇江市南城北水重点工程建设和沪宁城际铁路、京沪高速铁路、宁杭城际铁路建设，可以主城区为中心，规划建设三条BRT快速公交线路，形成以BRT快速公交系统为骨干，普通公交为主体的公共交通体系。一、按照“政府主导、政策扶持、统一规划、加快建设”的原则，成立专门的规划建设工作机构，在充分调研的基础上，高点定位，规划建设镇江BRT快速公交系统。二、结合镇大公路、丁卯桥路的拓宽改造，科学合理地规划建设快速公交系统的线路、首末站、停靠站和换乘接驳枢纽。加快对中山路、解放路进行适度改造，增设公交专用道，为开通BRT快速公交线路提供必要的条件。三、加大对快速公交系统所需车辆的投入，选用绿色环保节能的大运量高档快速公交客车。采用与轨道交通类似的收费系统，实行站下收费，在车站上设置电子收费系统、公交运营信息管理和智能调度系统，便于车辆监控、调度和乘客上下客，提高整个系统的运营能力与效率。四、建立快速公交系统运营保障体系，包括专门的运营组织机构和保障设施。由政府相关部门牵头，建立道路交叉口交通信号灯系统、配置公交车辆全球定位系统和智能化调度系统，提高快速公交运营速度。五、通过对城市交通现状、需求和发展前景进行充分调查研究，以公共交通为核心，确定城市交通发展战略，科学配置和利用交通资源。统筹安排城乡公共交通基础建设，将城市综合交通规划、公共交通专项规划纳入城市总体规划，充分考虑城市公交对周边乡镇的辐射作用，努力构建城市大公交协调发展的格局，实现城市公共交通全覆盖。（卢　军）

【关于加强对全市改制企业职工保全资产监管工作的建议】 市六届人大二次会议期间，代表建议要进一步加大对职工保全资产的监管力度。一、纠正职工保全资产中存在的隐患和问题。二、明确属地管理的改制企业职工保全资产的监管主体。三、进一步加强各相关职能部门对职工保全资产监管的把关作用。四、进一步加强市各相关职能部门在监管工作上的联系、沟通和协调。（卢　军）

【关于加强镇江市农村小型泵站建设，促进农业增效、农民增收的建议】 镇江市建于20世纪六七十年代的农村小型泵站，经过长期运转，水泵、电机及电气设备趋于老化和报废状态，很多泵站难以充分发挥其设计功能，难以满足农田水利排涝及灌溉要求。市六届人大二次会议期间，代表建议：重视农村水利基础设施建设，合理规划泵站布局；体现城乡统筹精神，建立新的投入机制；制定泵站更新改造的计划，分步实施，努力实现恢复和提高小型泵站灌排能力；积极探索，制定出产权清晰，管理人员和经费落实，保证泵站正常养护、维修、运行的科学管护制度；把实施小型泵站更新改造列入2009年政府为民办实事的项目之中，为农业增产、农民增收、农村社会经济发展提供有效保障。（卢　军）

【关于提高镇江市企业科技创新能力的建议】 镇江的中小企业研发能力不足，企业研发机构较少，在科技创新中尚未成为真正的主体；多数企业尚未形成自己的核心技术能力，自主知识产权的品牌少；创新人才缺乏，人才流失现象较严重，影响经济社会的发展。市六届人大二次会议期间，代表建议：着力构建和完善产学研紧密结合的科技创新体系。积极支持有条件的企业、行业创建工程技术中心，大力推进技术研究院（所）、科技创新服务中心、重点实验室、博士后工作站、企业技术中心等各类研发机构的建设，让更多的企业掌握并拥有核心技术；制订和完善激励科技创新的政策措施，加大政府对各类技术进步的支持力度；通过留住现有的人才、培养人才、引进人才，加快科技创新人才队伍建设；实施知识产权战略，支持企业开发具有自主知识产权的关键技术，打造知名品牌，形成自己的核心技术和专有技术，增强核心竞争力；加快现代科技服务业发展，为各类科技人才和企业提供科技咨询和创业服务；更好地发挥政府的战略导向、综合协调和服务功能，创造更好的创新环境，分行业分阶段对企业进行科技扶持，帮助企业提升科技创新的能力。（卢　军）

【关于加快“数字镇江”建设，提升信息化水平的建议】 市六届人大二次会议期间，代表建议采用政府引导，市场运作，统一标准，横向整合，分步实施，加强宣传的总体思路，适时启动镇江“数字城市”建设。一、由政府牵头，采用市场化方式选择专业的软件企业，建设和管理三维数字基础地理（GIS），并牵头落实在民政、国土建设规划、房管、城管等部门的电子政务系统中优先加强推广。二、在建成的三维数字地理信息系统基础上，进一步采集和加载由民政部全力推广的网络门牌项目数据，运用互联网、移动网、固话网、局域网四网结合提供当地地名，同时也将成为国家地名数据的组成部分。三、统一数据格式和标准，为信息化的互联、互通、共享做好准备。四、由政府出面打破不同行业，不同部门间的信息壁垒，建立一个统一的数据（存储）中心和数据（身份）认证中心，以实现多领域间的信息交换与共享。（卢　军）

镇江市人民政府

责任编校：杨正宏

综　述

【概况】 2008 年，全市完成地区生产总值 1408 亿元，比上年增长 13.6%，人均 46473 元。财政总收入 233.2 亿元，增长 14.7%，其中地方财政一般预算收入 85.66 亿元，增长 6.7%。全社会固定资产投资 718.5 亿元，增长 22.2%。实际利用外资 12.02 亿美元，增长 13.7%。完成进出口总额 74.61 亿美元，增长 18.3%，其中出口 42.52 亿美元，增长 15.4%。社会消费品零售总额 410.21 亿元，增长 23.8%。城镇居民人均可支配收入 19044 元，增长 13.5%；农民人均纯收入 8703 元，增长 14%。城镇登记失业率为 2.54%。15 件为民办实事顺利完成，农村新五件实事全部办结。以辖市为单位达到全面小康省定目标值。成功举办市第十三届运动会、金山旅游文化节、首届“文化嘉年华”等群众性文体活动。镇江成为全国城乡居民医疗保险相衔接试点地区。

全市新增高效农业面积 1.39 万公顷，其中设施农业 3340 公顷，新增农民专业合作组织、社区股份合作组织、土地股份合作组织等农村“三大合作”组织 336 家，无公害农产品、绿色食品和有机食品农业“三品”认证 52 个。

以打造千亿产业、百亿企业的“千百亿工程”为重点，推动工业集群发展、高端延伸。装备制造、新材料、绿色化工、特种金属和造纸五大产业实现销售超 2000 亿元，增长 32%，占全市工业总量的 80%，其中，装备制造业实现销售 1050 亿元，率先突破千亿元目标。提升对外开放水平，太阳能光伏、船用装备、新材料等产业招商取得突破。新增两家上市公司，两个投资超 10 亿元的重大项目成功落户。

推进城乡建设，基础设施日益完善。编制完成全市电力、通信、绿地、污水处理系统等一批重大基础设施规划和丁卯—三山地区战略发展规划。坚持依法、阳光、惠民、和谐拆迁，完成拆迁面积 310 万平方米，其中市区 175 万平方米。南徐新城道路骨架初现雏形，规划展示馆封顶。金山广场、西津渡历史文化街区保护更新二期工程建成开放，金山湖整治、引航道水利枢纽和焦南闸扩建工程进展顺利。

综合交通能力增强。交通基础设施投入超过 60 亿元。京沪高速铁路和沪宁城际铁路建设拆迁进度全线领先，泰州大桥南接线、镇大公路开工建设。沿江高等级公路完成工程量 80%，243 省道、宁杭高速公路镇江段等重点工程建成。全社会港口吞吐量突破亿吨，其中沿江港口达 8700 万吨。

事业单位分类改革有序推开。制订新一轮财政体制调整方案。在全国率先试点“淡马锡”中小企业融资模式，全省首家农村小额贷款公司丹阳市天工惠农农村小额贷款有限公司挂牌营业，并筹建 6 家。新增私营企业 3937 家、个体工商户 14816 户，到位民资 175 亿元。

确立 2010 年创建国家生态市目标定位，节能减排成效明显。完成国家生态市建设规划修编，扎实推进生态县(市)和环境优美乡镇创建工作。化工集中区压减为 3 个，扬中、句容和京口、润州不再设立化工集中区；关闭小化工企业 25 家、电镀企业 37 家。黄岗取水口延伸工程顺利推进。化学需氧量、二氧化硫排放量分别削减 2.2% 和 4%，单位 GDP 能耗下降 4.82%。市区空气质量良好以上天数达 332 天。太湖流域内 19 个乡镇污水处理厂开工建设，199 家工业企业提标改造，对入湖河道实施综合治理、重点污染源实行在线监测。

面对金融风暴，各级政府与企业共同应对各种困难。兑现各项税费优惠政策，取消、减免行政事业性收费和基金项目 87 项，综合费率由 4% 下降至 1%。

（钱　智）

重要会议和政务

【市政府全体(扩大)会议】 2008 年 7 月 11 日召开。会议贯彻市委五届六次全会精神，确保完成 2008 年各项目标任务。代市长刘捍东作工作报告《做人民群众喝彩的事》。会议要求全体政府组成人员狠抓规划提升，加快重大基础设施建设，提升园区建设水平，加强生态建设，推动新农村建设；推进“千百亿工程”，发展现代服务业和现代高效农业，增强自主创新能力；加快“南城北水”建设，加强城市精细化管理，做好城市形象设计；推进为民办实事项目，抓好民生工程。

（钱　智）

表 5-1　**2008 年镇江市人民政府常务会议情况一览表**

序号	文　号	主　要　内　容	日期
1	常务会议纪要 1 号	1. 讨论《2008 年政府工作要点》；2. 讨论《2008 年全市国民经济和社会发展目标任务分解》；3. 听取安全生产工作汇报；4. 讨论 2008 年政府廉政工作要点；5. 讨论 2008 年企业退休人员养老金调整方案	01－24

续表 5-1

序号	文 号	主 要 内 容	日期
2	常务会议纪要2号	1. 讨论《镇江市老年居民养老补贴暂行办法》；2. 讨论关于构建"大城管"工作格局的实施意见	03-31
3	常务会议纪要3号	1. 讨论修订市政府工作规则；2. 研究太湖流域水污染防治及生态市创建工作；3. 通报2008年城建重点工程责任落实情况；4. 讨论编制大运河镇江段保护规划；5. 听取1月～4月安全生产工作汇报；6. 讨论2007年度有突出贡献中青年专家候选人名单；7. 听取1月～4月经济运行和产业类重点项目进展情况汇报	05-06
4	常务会议纪要4号	1. 落实生态市创建工作任务；2. 讨论城投公司直接融资方案；3. 听取全球规划师协会年会筹办情况汇报；4. 研究无军籍退休退职职工享受地方性津补贴问题；5. 研究加强大调解工作领导管理体制建设的实施意见；6. 听取夏收夏种和高效农业发展情况汇报；7. 听取招生情况汇报；8. 部署落实支援四川灾区抗震救灾工作；9. 听取给予陈庆霖开除公职处分的汇报	05-27
5	常务会议纪要5号	1. 讨论关于实施"千百亿工程"的若干意见；2. 讨论关于深化完善工业企业改革工作的实施意见；3. 讨论关于解决城市低收入家庭住房困难的实施意见；4. 讨论加强水库水资源与周边环境保护的暂行规定；5. 研究赛珍珠故居管理处整体移交市文化局的有关事宜；6. 研究"5·12"汶川大地震抗震救灾工作	06-20
6	常务会议纪要6号	1. 讨论关于进一步加强城镇污水处理设施建设和管理的若干意见等文件；2. 听取全市安全生产情况汇报;3. 讨论市政府全体(扩大)会议有关事项；4. 研究交流三季度市政府重点工作；5. 研究市政府领导分工	07-08
7	常务会议纪要7号	1. 讨论关于加快"数字镇江"建设的意见等文件；2. 通报市编委会关于编制工作的情况；3. 讨论沪宁城际铁路镇江站规划建设方案；4. 听取全市安全生产工作情况汇报；5. 分析1月～9月经济工作形势,研究贯彻省委苏南工作会议精神,讨论市政府四季度工作安排	09-23
8	常务会议纪要8号	1. 讨论镇江市科学发展评价考核实施意见等文件；2. 听取2009年为民办实事项目征集情况汇报；3. 研究秋收秋种和农村工作；4. 研究镇江市创建国家生态园林城市工作	11-14
9	常务会议纪要9号	1. 讨论市区居民社会养老保险暂行办法；2. 讨论镇江市城市地名总体规划；3. 研究市第二人民医院搬迁方案；4. 听取"三山"风景区改造融资方案汇报；5. 讨论镇江市铁瓮城遗址保护规划方案；6. 听取镇江市污染减排工作情况汇报；7. 听取镇江港新、老港合并重组方案汇报；8. 讨论"两铁"镇江段征地拆迁工作嘉奖方案；9. 讨论第二批市级非物质文化遗产名录；10. 讨论2009年市直部门预算安排方案；11. 讨论政府工作报告(讨论稿)；12. 研究当前政府工作	12-10

（钱 智）

【督查工作】 2008年，市委、市政府督查工作对政府重点工作目标、城建项目和为民办实事项目以及其他重要事项进行专项督查。办理市领导批文90件次，办结率100%。公开电话受理投诉4700件次（其中自办3316件次，转交网络单位及相关单位办理1384件次），办结率95%。处理并回复市委书记信箱信件756件、市长信箱信件3482件，办结率96%。处理人民来信29封，办结率98%。处理省政府转办省长信箱信件112件，办结率100%。参与或现场直接协调处理问题117件次，编发《督查情况》41期、《为民服务公开电话》5期。办理人大代表建议250件、政协提案450件，满意率96%。此外，全市23个为民服务公开电话网络单位接投诉电话24702件次，处理率100%。市委书记、市长信箱信件反映较为集中的是社会保障、拆迁补偿、违法建设、环境保护、城市管理、医疗卫生、城市公交、人事工资、小区物业管理等问题。为民服务公开电话主要反映的是违法建设、拆迁补偿、环境污染、市容卫生、社会保障、占道经营、商品质量、道路维修等问题。 （邰星华）

【调查研究工作】 2008年，市政府研究室组织开展生态市建设和风电、光伏、生物质能等产业发展、构建宁镇扬板块、新农村建设等重点调研课题20多项，并得到有效转化；起草市政府主要领导讲话稿70多篇；为市委、市政府起草政策文件10多份；牵头组织、参与第二届全球规划师联盟大会等全市重大活动10多项；组织市政府新闻发布会6次；编发市政府内刊《参阅材料》36期，编发《专家视点》19期、《调研信息快报》5期，丹阳企业上市、句容戴庄有机农业合作社等调研文稿被省级以上报刊采用。

完成重要任务方面：参与全市优化发展环境督查工作并起草相关文件；起草《市政府关于进一步促进旅游产业发展的若干政策》和组建市政府咨询专家库、举办镇江船舶配套产业高层论坛方案等文件；起草《市委、市政府关于加快和促进开发区建设发展的意见》，并对省级开发区考核评价、土地节约集约利用、人事编制管理、绩效薪酬管理、完善审批服务等5个配套文件进行统稿。分别组织召开各辖市（区）、镇江新区和城建系统解放思想专题讨论会，形成向省政府调研组汇报的专题调研稿。

开展课题调研方面：1. 撰写风电产业、光伏产业、生物质能产业发展走势和对策建议等长篇调研报告。进行新材料、煤化工产业发展走势研究，并形成调研报告初稿。2. 调研全市船舶产业发展情况，形成镇江市船舶及配套产业概况、当前国际金融危机影响下造船业发展形势分析等调研报告。3. 调研镇江出口加工区发展情况，形成调研报告并转化成加快开发区建设发展的政策文件。4. 调研镇江生态市建设情况，提出相关对策建议，形成创建生态市的基础资料。5. 分析当前改制企业职工上访情况及原因，提出工作中需要关注的问题及相关建议。6. 提出镇江市对接宁镇扬经济板块的总体思路、原则和战略举措，形成《主动对接、增强合作、互利共赢——关于镇江主动对接宁镇扬经济板块的思考》和《对接宁镇扬需要推进的项目》。7. 完成省社科联重点立项课题《镇江市产业集群研究报告》并结题。8. 参加全市农村改革发展专题调研和市政协农村基础设施建设、土地流转情况调研；与有关部门联合开展以土地流转促进高效规模农业发展、财政支农等课题调研，形成专题调研报告；对全市纯农区农民增收、农村和农业发展、句容天王戴庄有机农业合作社、丹阳界牌农民集中区建设等情况进行调研并形成调研报告。 （陈 明）

【市政府接待工作】 2008年，镇江市政府接待办公室完成接待任务375批11443人次，其中，接待党和国家领导人6批，省部级领导48批，厅局级领导50

批，地市级领导36批。承办各类会议20个。完成李岚清、吴官正、王兆国、许嘉璐、罗富和、阿不来提·阿不都热西提等党和国家领导人的重要接待任务。接待外地同行38批214人次。接待办公室所属两家宾馆饭店超额完成经营指标，全年实现经营收入3364万元，其中，一泉宾馆经营收入2426万元，完成全年指标的131％；京口饭店经营收入938万元，完成全年指标的101％。"5·12"汶川大地震发生后，市政府接待办公室组织捐款45518元，交纳特殊党费14650元。一泉宾馆、京口饭店为灾区到镇江治疗的伤病员义务送餐，并进行心理疏导。一泉宾馆为北川灾区解决十多名技校毕业生实习和就业问题。（张建平）

【市级机关事务管理工作】 2008年，镇江市市级机关事务管理工作，一是加强国有资产管理。拆除1号楼尾楼，调整20余个单位160余间办公用房；参与全市党政机关事业单位经营性资产清理工作；新增登记国有资产850余万元，核销报废520万元资产；完成梦溪园22号危旧平房拆除改建。二是提升服务质量。完成市级机关相关部门1.4亿元经费保障，追加指标3850余万元；保障各类会议312场次，做好话务通信和报刊、信件收发及日常医疗保健工作；机关食堂餐厅科学调整膳食结构；机关日常维修服务2300余人次；车辆保障服务3800台次，安全行驶29万公里。三是开展节约型机关建设。对公务用车实行燃油定量定额控制、定点维修，对用水、用电设施设备节能改造。四是严格机关大院安全秩序。定期组织机关安全生产巡查、检查、督查；组织开展安全生产和消防管理资格培训；新建武警执勤岗亭，做好奥运安保工作；开展机关车辆秩序整治，新增车位60余个；配合有关部门处置疏导群众集访335起10626人次。

市级机关事务管理局先后被镇江市表彰为2005～2007年度文明机关、双拥五创三等功单位、安全生产先进集体、社会治安综合治理先进部门、南徐新城区建设贡献奖单位、先进机关党委、机关先进工会、档案年检优秀单位等，市级机关中心幼儿园通过省级文明单位复评验收。（胡福乾）

【推进行政办公用房迁建工程】 2008年，市行政办公用房迁建工程取得以下进展：完成初步设计并通过省发改委审批，完成除华罐以外的工程勘察和主楼桩基试桩及检测工作，优化工程设计方案，完成土方工程招标和主楼、副楼、市民大厅、会务中心施工图设计工作，开展后勤服务楼建设功能布置前期工作，分别听取市领导和有关部门对设计方案、功能安排的意见和建议。（胡福乾）

政府法制

【概况】 2008年，市政府法制办公室审核完成各类规范性文件12件，内容一是基本生活保障方面，其中有《镇江市老年居民养老补贴管理办法》《镇江市市区城乡居民临时生活救助暂行办法》《镇江市社会医疗保险办法实施细则》等事关民生的规范性文件；二是城市管理方面，其中有《镇江市水库水资源与周边环境保护暂行办法》等保护群众饮用水安全的规范性文件。从2008年8月开始，在全市范围内对2007年底前的规范性文件进行全面清理，并在网上公布需清理的规范性文件目录。当年办理省政府有关规章征求意见稿24件。

2008年，全市收到行政复议申请220件，受理212件，上年结转28件，审结213件。在办结的案件中，作出维持决定的163件，占76.5%；申请人撤回行政复议申请的27件，占12.6%；作出撤销决定的3件，占1.4%；调解6件，和解协议6件，驳回3件，以其他方式结案1件。其中，市政府收到行政复议申请47件，受理42件，不予受理3件，以其他方式处理2件，2007年结转3件，办结33件。在办结的案件中，作出维持决定的28件，占84.8%；申请人撤回行政复议申请的4件，占12.1%；作出撤销决定的1件，占3.0%。同时，各级政府及部门行政应诉案件135件。

2008年，市级机关全年备案重大行政处罚决定1282件，纠正行政处罚中各种问题92个，备案规范性文件53件，责成发文单位自行撤销规范性文件1件，修订3件。推行行政负责人出庭应诉制度，全市行政负责人出庭应诉比例60%，其中市公安系统90%，扬中市100%。7月，市政府与市中级人民法院联合对全市行政首长出庭应诉情况进行检查调研并通报。

全市各行政执法部门均建立并实施规范行政执法自由裁量权基准制度。9月，市依法行政领导小组办公室、市法制办公室组织在全市行政执法部门中开展说理式行政处罚文书评比活动，评出"十佳"文书。开展行政执法监督检查。7月，市政府邀请市人大和市政协相关委员会及市政府特邀行政执法监督员组成检查组，对市农林局等部门贯彻实施农产品质量安全法情况进行执法检查。开展宣传培训工作。针对国务院《关于加强市县政府依法行政的决定》举办专题辅导报告，并将其列为行政复议人员培训班学习内容，对全市260余名专职行政复议人员进行系统培训。强化法制信息宣传工作。2008年，市法制办共编发政府法制工作简报10期，编发《镇江市人民政府公报》6期；在全国、省、市各类信息刊物、网站和新闻媒体上发表稿件65篇。（姚宏敏）

【检查评议考核行政执法工作】 2008年10月，市依法行政领导小组办公室调研检查辖市（区）依法行政工作并通报基本情况。根据《镇江市行政执法评议考核办法》和《镇江市行政执法评议考核细则》要求，12月，市依法行政领导小组办公室组织4个检查组，评议考核市级机关51个行政执法单位依法行政工作情况，对先进单位通报表扬。同时，市依法行政领导小组办公室配合依法治市领导小组办公室和市优化经济发展环境办公室，对全市法治镇江建设情况和优化经济发展环境情况进行集中督查和检查考核。（姚宏敏）

【评查行政处罚案卷】 2008年，镇江市将案卷评查工作延伸到县级行政执法部门。9月，市政府组织对参评的39个市级行政执法单位和50个县级行政执法单位选送的2007年7月至2008年6月的行政处罚案卷进行集中评查，对10个市级行政执法单位和10个县级行政执法单位通报表彰，对评查中发现的问题和不足，要求相关执法部门及时改进。各辖市（区）亦开展行政处罚案卷评查工作，以提高案卷质量。（姚宏敏）

行政服务

【概况】 2008年，市行政服务中心（以下简称"中心"）受理办件169483件，办结169588件（含上年结转）。被省委、省政府授予"人民满意的公务员集体"称号。全年收到群众、企业和投资者送来锦旗51面。

2008年，中心优化经济发展环境，定期组织对质量管理进行监视和测量。市政府办公室印发《关于进一步做好部门行政服务处职位设置工作的通知》，26个市直部门完善行政服务处职位设置要求。按照ISO 9000质量管理体系认证要求，在3月、7月和10月分别对窗口质量管理运行情况集中检查，有6个窗口不合格项目得到查纠。对标准化窗口进行复核验收。按照中心《关于开展标准化窗口建设的实施意见》，43个窗口全部通过验收。制定出台《违反优化经济发展环境相关政策规定的处理办法》和《关于进一步优化收费环境的意见》等文件，取消压力容器登记证、特种设备准用证、特种设备作业人员证3个事项收费，对土地登记费、新建房屋白蚁防治费2个事项减半征收。对在中心的工商咨询服务费和未进中心但与审批有关的建设项目环境影响咨询收费2个减半收取的事项在窗口进行公示。2008年8月14日，中心召开"投资者永远是对的"服务理念大讨论动员大会，中心机关党委制定《关于开展"投资者永远是对的"服务理念大讨论实施方案》，年底大讨论征文被汇编成册，同时还制定《镇江市行政服务中心工作人员行为准则》。

完善大项目行政服务"直通车"窗口。中心与市外经局建立外商投资企业项目报批联席会议制度，定期沟通情况，提高项目报批协同性和针对性，全年为20多个大项目提供"直通车"服务。

专题调研联审会办事项。中心于年初对基本建设项目、外商投资企业设立、企业和个体工商户注册、占（挖）道路、户外广告设置、施工图联合审查等6条龙联审会办事项运作情况进行专题调研。完善市城管局、公用事业局、对外经贸局、公安局等窗口联审会办事项以及联合审图统一受理等工作。 （陈晓荣）

【推进二期电子政务建设】 2008年，中心推进二期电子政务建设。一是实行注册号制度。每个审批项目一个注册号，每

表5-2 **2008年镇江市行政服务中心各窗口办件情况一览表** 单位：件

窗口名称	即办件		承诺件					联办件		上报件		答复	补办	汇总		办结率（%）
	受理	办结	受理	已办结	应办结	提前办结	超期办结	受理	办结	受理	办结			受理	办结	
发改委	0	0	189	194	196	158	0	0	0	0	0	0	15	189	194	100.00
经贸委	224	224	152	152	138	145	0	0	0	72	72	0	0	448	448	100.00
交通局	4327	4327	1765	1767	1765	1753	0	0	0	1464	1464	0	0	7556	7558	100.00
卫生局	65	65	709	620	643	470	137	0	0	15	15	0	0	789	700	88.72
民政局	0	0	66	71	67	65	6	0	0	0	0	0	0	66	71	100.00
园林局	0	0	258	258	256	257	1	0	0	0	0	0	0	258	258	100.00
财政局	2316	2316	0	0	0	0	0	0	0	0	0	0	0	2316	2316	100.00
国土局	0	0	3369	3571	3550	2751	13	0	0	2	2	51	132	3371	3573	100.00
农林局	1494	1494	1766	1766	1769	1766	0	0	0	158	158	0	0	3418	3418	100.00
对外经贸局	1554	1558	262	262	264	242	9	299	299	116	116	0	0	2231	2235	100.00
城管局	835	835	408	408	416	400	0	47	51	0	0	44	0	1290	1294	100.00
文化局	5	5	70	70	72	65	4	0	0	97	106	0	0	172	181	100.00
劳动保障局	0	0	15	15	15	13	0	0	0	0	0	0	0	15	15	100.00
广电局	0	0	25	25	25	25	0	0	0	0	0	0	1	25	25	100.00
规划局	306	306	435	442	445	380	1	0	0	0	0	102	0	741	748	100.00
水利局	0	0	19	19	21	19	0	0	0	1	1	0	0	20	20	100.00
地震局	0	0	82	82	82	78	0	0	0	0	0	0	2	82	82	100.00
环保局	120	120	584	584	600	575	0	0	0	0	0	0	0	704	704	100.00
建设局	389	389	538	535	540	500	9	9	15	0	0	0	0	936	939	100.00
人防办	94	94	34	34	34	30	0	0	0	0	0	0	0	128	128	100.00
公安局	3921	3921	1661	1661	1637	1657	4	0	0	0	0	0	0	5582	5582	100.00
统计局	432	432	0	0	0	0	0	0	0	251	251	0	0	683	683	100.00
房管局	2867	2867	248	260	264	249	0	0	0	0	0	0	0	3115	3127	100.00
公用局	4309	4309	2004	2004	2022	2003	0	902	907	0	0	0	0	7215	7220	100.00
质监局	1678	1678	3726	3726	3733	1979	0	0	0	0	0	0	0	5404	5404	100.00
口港局	0	0	0	0	0	0	0	0	0	0	0	0	0	0	0	0.00
工商局	0	0	5699	5699	5718	5699	0	0	0	0	0	0	0	5699	5699	100.00
药监局	0	0	470	485	483	481	0	0	0	16	17	0	2	486	502	100.00
国税局	1670	1670	0	0	0	0	0	0	0	0	0	0	0	1670	1670	100.00
人　行	299	299	141	141	141	141	0	0	0	0	0	0	0	440	440	100.00
气象局	16	16	258	256	260	253	1	0	0	0	0	0	0	274	272	99.27
安全局	0	0	56	56	52	56	0	0	0	0	0	0	0	56	56	100.00
地税局	8958	8958	0	0	0	0	0	0	0	0	0	0	0	8958	8958	100.00
烟草局	0	0	38	38	38	38	0	0	0	0	0	0	0	38	38	100.00
安监局	0	0	254	254	250	253	0	0	0	21	21	3	1	275	275	100.00
消防支队	0	0	652	659	662	620	0	26	26	0	0	0	0	678	685	100.00
江苏银行	60061	60061	0	0	0	0	0	0	0	0	0	0	0	60061	60061	100.00
国税车购办	25670	25670	0	0	0	0	0	0	0	0	0	0	0	25670	25670	100.00
商务中心	0	0	0	0	0	0	0	0	0	0	0	0	0	0	0	0.00
社会保险中心	568	568	0	0	0	0	0	0	0	0	0	0	0	568	568	100.00

续表 5-2

窗口名称	即办件		承诺件					联办件		上报件		答复	补办	汇总		办结率（%）
	受理	办结	受理	已办结	应办结	提前办结	超期办结	受理	办结	受理	办结			受理	办结	
勘察测绘	0	0	0	0	0	0	0	0	0	0	0	0	0	0	0	0.00
城建档案处	306	306	753	753	759	753	0	0	0	0	0	0	0	1059	1059	100.00
燃气公司	0	0	101	118	118	54	8	0	0	0	0	0	0	101	118	100.00
规划设计院	0	0	0	0	0	0	0	0	0	0	0	0	0	0	0	0.00
土地勘察事务所	0	0	0	0	0	0	0	0	0	0	0	0	0	0	0	0.00
移动公司	0	0	0	0	0	0	0	0	0	0	0	0	0	0	0	0.00
自来水公司	0	0	1665	1665	1674	1665	0	1652	1652	0	0	0	0	3317	3317	100.00
京口区卫生局	0	0	517	513	537	510	0	0	0	0	0	0	0	517	513	99.23
润州区卫生局	0	0	311	311	314	311	0	0	0	0	0	0	0	311	311	100.00
京口区工商局	0	0	4852	4852	4786	4845	0	0	0	0	0	0	0	4852	4852	100.00
润州区工商局	0	0	5057	5057	5161	5027	0	0	0	0	0	0	0	5057	5057	100.00
京口区环保局	0	0	61	61	60	60	1	0	0	0	0	0	0	61	61	100.00
润州区环保局	0	0	96	96	96	90	0	0	0	0	0	0	0	96	96	100.00
京口区国土局	0	0	1220	1140	1134	884	3	0	0	0	0	29	1	1220	1140	93.44
润州区国土局	0	0	1065	1047	958	978	9	0	0	0	0	1	2	1065	1047	98.31
出入境检验检疫分中心	44	44	0	0	0	0	0	0	0	0	0	0	0	44	44	100.00
房产交易分中心	129	129	0	0	0	0	0	0	0	0	0	0	0	129	129	100.00
镇江海事分中心	0	0	0	0	0	0	0	0	0	0	0	0	0	0	0	0.00
地方海事分中心	27	27	0	0	0	0	0	0	0	0	0	0	0	27	27	100.00
合　计	122684	122688	41651	41727	41755	38298	206	2935	2950	2213	2223	230	156	169483	169588	100.00

注：办结率包含统计时受理的办件，也包含统计时未办结但并未超过承诺办理时间的办件；办结件含上年结转。　（陈晓荣）

个注册号对应一个项目审批基本信息表。通过注册号，就能了解项目所有审批信息和进展情况。各部门窗口通过注册号实现相关审批信息和申报材料共享。二是实行“一表制”审批。在工商注册后，推行“一表制”审批，实行一次性集中登记录入审批信息，一次性提供相关材料，相关窗口自动生成含共享信息的申请表格，一次性办理国、地税税务登记、企业代码、社保登记证、统计登记证、外资财政登记证，避免办事人重复填表、重复递交材料，缩短办理时间。三是实行网上联合办理。将已实现的并联审批项目全部上网操作，做到一门受理申报材料、受理窗口抄告相关窗口、网上联合审批、在规定时间内办结。四是实行全程信息共享。以注册号制度和申报材料电子化为基础，实现信息共享，重点解决23个申报材料重复提交的问题和前置部门审批信息为后置部门共享的问题。经过2个多月软件开发，初步完成所有事项的流程编制，软件系统完成安装进入试运行。

（陈晓荣）

【开展“创全省最佳、让人民喝彩”主题活动】　2008年8月13日，市政府召开“创全省最佳、让人民喝彩”主题活动动员会，常务副市长陈照煌到会动员部署，会议同时发布《“创全省最佳、让人民喝彩”主题活动的实施意见》。活动期间明确创全省最佳行政服务中心目标体系：一是体制机制最完善，二是办事效率省一流，三是电子政务创品牌，四是群众评议争第一。各窗口及时制订实施方案，建立和完善部门前后台运作机制。截至年底，16个部门20个审批事项承诺时限进一步压缩，有68项即办件和承诺件平均承诺时限为5.89个工作日，达到全省领先水平。

（陈晓荣）

外事及港澳台事务

【概况】　2008年，全市外事系统接待邀请外宾及港澳人士171批1541人次，其中，副部级以上3批52人，使领馆官员8批32人，外国记者2批8人。受理并审核发放外国人签证函840批1727人次，比上年增加152%。全年压缩出访团组38批156人次，审核审批和办理因公出国（境）人员213批567人次，比上年下降55%。承办境内外招商活动12场次。市政府授予外国人“金山友谊奖”荣誉称号8人。向日本派遣研修生118名。在国（境）内外举办印度·中国镇江信息技术论坛、美国高新产业与服务外包（镇江）招商会、中日眼镜产业交流合作恳谈会、“荷兰商机面向镇江”投资与贸易推进会、中国镇江服务外包（上海）推介会等。引进了总投资1500万欧元的西班牙明珠公司与镇江东邦公司合作在第一楼街投资商业项目。市政府发出《关于加强全市机关团体及国有企事业单位工作人员因私出国（境）管理的通知》（镇办发〔2008〕第52号）。处理本市境内涉及西班牙、约旦、俄罗斯和韩国涉外事件4起，处理镇江市公民在日本、卡塔尔、俄罗斯等国（境）外发生的涉外事（案）件7起。与加拿大不列颠哥伦比亚省新西敏市、美国加利福尼亚州福瑞蒙市、英国北安普敦郡建立友好交往城市关系。制作镇江友城成果展板赴宁参加江苏省友好城市30周年纪念大型图片展。组团赴美国参加亚太经济展望论坛（APBO）；参加美国规划师协会成立100周年纪念会，镇江代表作《中国快速城市化进程中镇江特色发展之路》的主旨发言。制作《中国镇江》对外宣传画册和《镇江外事30年》纪念邮册，召开镇江市外事办公室成立30周年座谈会。镇江市外事办公室获江苏省外事办公室颁发的对外交流贡献奖和市委、市政府颁发的“市级机关作风建设和目标管理先进单位”“维护国家安全工作先进单位”称号，丹徒区外事办公室获江苏省人民政府外事办公室颁发的外事管理成果奖。6月，根据市政府2008年第5号《常务会议纪要》和镇政办〔2008〕286号办文单批复，市外事办公室将下属事业单位赛珍珠故居管理处整体移交市文化局管理。

（奚向红）

表 5-3

2008 年外国副部级以上贵宾及中外使节到镇江访问情况表

到访月日	团　组	访　问　目　的	主要访问点
01-12	奥地利驻沪总领事凯泰斯夫妇	工作访问	稳润光电有限公司、镇江新区留学生创业园、镇江博物馆
02-29	韩国驻沪副总领事文有根夫妇	工作访问	-
03-04	荷兰驻沪副总领事浦熙烨一行 11 人	举办"荷兰商机面向镇江"投资贸易说明会	-
03-09	印度驻沪总领事白加尉夫妇	与江苏大学商谈电子信息产业、人才和技术培养等事项	扬中宜禾服装股份有限公司、世业洲
05-18	越南共产党中央对外部副部长谢明洲一行 9 人	考察"三农"工作	扬中市新坝镇治安村、渔乐园
05-23	美国驻沪总领事季瑞达	工作访问	普莱克斯有限公司、美加马达有限公司、恒顺集团
08-28	巴基斯坦驻沪总领事扎法尔·乌丁·马赫默德	工作访问	亿华系统集成有限公司、镇江博物馆、联友历代服装公司、金东纸业
09-19	德国、印度、日本、韩国等国驻上海领事馆官员一行 15 人	参加 2008 中国镇江金山旅游文化节	世业洲
10-17	美国驻沪总领事康碧翠	参加纪念赛珍珠获诺贝尔文学奖 70 周年暨镇江市国际友好交流大会	赛珍珠故居、赛珍珠纪念馆、镇江市第二中学
11-29	老挝工业和贸易部党委委员、干部组织局局长巴色·再翁曼一行 25 人	考察工业、财政、维护消费权益和能源矿产开发政策	联友历代服饰工艺品有限公司、江大源生态生物科技有限公司和江苏恒顺醋业集团
12-19	印度驻沪总领事戴思锐	工作访问	-

（奚向红）

表 5-4

2008 年外国友好城市主要团组到镇江访问情况表

到访月日	团　组	访　问　目　的	主要访问点
04-14	日本津市前市长冈村初博一行 3 人	重访镇江	南山文苑、焦山
09-03	日本仓敷贸易振兴会专务理事冈野胜仁一行 55 人	选拔 2009 年度赴日本缝纫研修生	丹阳市
11-12	日本津商工会议所专务理事山口修一行 8 人	选拔第 17 批赴日本津市研修生	丹阳市、扬中市
11-24	韩国益山市议会副议长金世铉为团长的议会代表团一行 7 人	商谈友城交流项目	-

（奚向红）

表 5-5

2008 年其他重要团组到镇江访问情况表

到访月日	团　组	访　问　目　的	主要访问点
03-24	印度弗莱门大学校长印地拉·派瑞克一行 2 人	与江苏大学签署合作备忘录	江苏大学
03-27	美国国际市场新闻社、意大利广播电视公司、马来西亚《星报》等外国媒体驻华记者一行 5 人	采访生态农业建设，专访央视 2007 年度"三农"人物赵亚夫	镇江农科所万山红遍农业园、王柏生草莓合作社
04-08	德国 BMW 集团大中华区执行总裁丹尼尔	出席镇江宝德汽车服务有限公司开业典礼暨慈善捐赠仪式	-
04-20	美国哈里斯集团总裁里昂·施万波一行 3 人	考察镇江新区基础设施和高新企业	-
04-20	美国西北理工大学校长谢佐齐一行 3 人	考察人才培训、服务外包项目	-
04-22	香港高级公务员考察团一行 15 人	考察镇江经济和社会事业发展情况	镇江博物馆、镇江英国领事馆旧址、西津渡街、金山寺
05-07	加拿大中文电视台台长安妮一行 3 人	拍摄《魅力中国——改革开放 30 周年系列报道》节目	稳润光电有限公司、金东纸业，句容农科所示范园、王柏生草莓合作社、茅山风景区
05-21	香港特区政府公务员团一行 21 人	清华大学第 64 期国情班学员考察活动	扬中市、句容市、镇江新区
06-09	美国建筑大师理查德·迈耶	商讨镇江市文化艺术中心方案设计合作事宜	南徐新城、北部滨水区
06-10	美国加州富乐敦州立大学校长米顿·高登一行 4 人	商谈教育合作项目	江苏大学、江苏科技大学、镇江市第一中学
06-12	加拿大不列颠哥伦比亚省新西敏市市长万恩·莱特率政府代表团一行 12 人	签署镇江与新西敏市缔结友好交往城市关系协议书，洽谈镇江宾馆改造项目	-
07-03	美国宾夕法尼亚州友好使者音乐团一行 58 人	交响乐音乐会演出	江苏大学
07-22	日本丰田汽车（中国）投资有限公司上海分公司总经理鹿子木洁一行 2 人。	举办镇江市·丰田汽车项目合作座谈会	镇江新区

续表 5-5

到访月日	团组	访问目的	主要访问点
08－05	日本美作市日中友好协会会长黑田和则率冈山汤乡BELL奥运女足观战团一行11人	友好访问	－
08－06	日本著名音乐家吉冈茂美一行3人	参加七夕纪念活动	丹徒上党镇槐荫村
10－12	新加坡第一家食品有限公司董事局主席魏成辉	了解中新合资江苏调味品有限公司项目进展情况	－
11－08	以越南中央党校校长阮仲耀为团长、美国西北理工大学校长谢佐齐为副团长的国际教育联盟代表团一行15人	高校交流与合作	江苏大学、句容市
12－18	香港特区政府驻沪经贸办事处副主任陈纳思一行2人	考察镇江投资环境	北湖滨水区、南徐新城项目

（奚向红）

【镇江市国际友城及友好团体向四川地震灾区捐款】 “5·12”汶川大地震发生后，镇江市国际友城及友好团体通过各种方式表达慰问，开展募捐活动。5月22日，美国坦佩市姐妹城市协会主席理查德·纽海塞致电慰问，坦佩市通过美国红十字会向中国四川捐赠2500美元。5月25日，日本仓敷市政府、仓敷市国际交流协会根据日本地方政府国际救援条例，实施为期1个月的“支援四川灾区重建”募捐活动，在仓敷市市民公馆等公共场所设置10个募捐箱，共募集976647日元；仓敷市日中友协在车站、美观地区和趣伏里公园募集517872日元。7月15日，仓敷市1494519日元捐款到账。7月18日，位于仓敷市的冈山县输出缝制品工业协同组合370000日元的募集捐款到账。仓敷市捐赠款项由镇江转交对口支援单位——四川省绵竹市，用于灾后重建。6月1日，德国曼海姆市在中国园内举办“5·12”大地震赈灾义演音乐会，20多名中德艺术家同台义演，曼海姆市市政委员、各界人士，中国驻法兰克福副总领事王锡廷，华侨华人、留学生及中资机构代表约120人出席赈灾晚会。义演活动募集捐款3000多欧元，通过德国红十字会转交中国用于四川赈灾。丹阳市友城柴田町捐款115000日元。（奚向红）

【中国镇江市·韩国益山市缔结友好城市关系10周年庆祝大会】 2008年9月25日，镇江市政府举行庆祝大会，纪念中国镇江市与韩国益山市缔结友好城市关系10周年。代市长刘捍东、市对外友好协会会长吴树南、副市长王萍和韩国益山市市长李汉洙、议长金炳沃、益山市代表团一行26人，市外办、发改委、外经贸局、广电局、文化局、科技局、教育局、体育局、农林局、镇江新区管委会等单位负责人，以及市民代表百余人出席庆祝大会。刘捍东和李汉洙分别致辞。镇江市广电局局长戈矛和益山市锦江电视台代表理事李钟星共同签署镇江广播电视总台与益山市锦江电视台建立友好关系协议书。镇江艺术剧院和益山市国乐室内乐团同台表演中国戏曲、韩国古典民族音乐等文艺节目。镇江市代市长刘捍东和韩国益山市市长李汉洙互赠两市结好10周年纪念品，镇江市赠送图为“金山·润扬大桥”的漆器贝雕作品。益山市赠送特制银铜纪念牌，底座为“人”字形，顶端用14K银与255粒人工钻石镶嵌一粒益山市特产蓝宝石，组成“10”的图案。在镇江期间，益山市代表团考察镇江新区、镇江广电局。代市长刘捍东、市人大常委会代主任张甫雄分别会见益山市代表团。（奚向红）

【镇江宝德公司举行开业典礼暨慈善捐赠仪式】 2008年4月8日，镇江宝德汽车服务有限公司举行开业典礼，同时举行“行有道、爱无界”慈善捐赠仪式。德国BMW集团大中华区总监戴雷、华东区总监鲍尔刚等高层管理人员，中国国民党中央委员、南京市台商协会常务副会长海中天出席。戴雷向镇江宝德公司董事长唐小熊颁发授权经销商证书。镇江宝德公司从试营业期间的利润中提取10万元捐赠给镇江市社会福利院，以后宝德每出售一辆宝马汽车，将提取50元用于扶残助弱。镇江宝德公司由华晨宝马和德国BMW汽车集团于2006年7月投资兴建，总投资1500万元，占地6000平方米，自2007年12月竣工并试营业以来，营业额已超亿元。（奚向红）

【中日友城共建南山梅樱园】 2008年4月15日，中国镇江第16届中日友谊梅樱园植树活动暨南山梅樱园建设启动仪式，在南山风景区黄鹤山上举行。与镇江共同首创中日友谊梅樱园活动的津市前市长冈村初博率日本津市友好代表团，仓敷市副市长西博率仓敷市第29次友好访华团，奈良社会福祉院副院长山本亮率奈良社会福祉院友好访华团共36人，与镇江百余名市民代表一起，为

日本友人在中国镇江第16届中日友谊梅樱园植树活动暨南山梅樱园建设启动仪式上合影 （外 办）

南山梅樱园建设奠基，首批种植200多株樱花树。市对外友协会长吴树南出席，副市长陈杰致辞。

鉴于宝塔山公园6.7公顷建成范围内的种植树木已趋饱和，镇江与日本友好城市商定，在南山风景区开辟“中日友谊梅樱园活动”新基地，计划用3年~5年时间，分别种植8000棵~10000棵樱花和梅花树，建成南山梅樱园。4月15日，参加植树活动的日本友人还走进镇江米山社区，与市民共享“和谐·友谊”饺子宴，并分组走访5户镇江市民家庭，体验中国传统文化。（奚向红）

【选拔培训全球规划师联盟大会志愿者】 全球规划师联盟（GPN）大会于2008年10月31日在镇江开幕，此次大会是镇江市承接的第一个国际性专业会议。市外办通过网上招募及有关单位推荐，从江苏大学、市旅游学校等5家单位选拔出22名有较高外语水平的志愿者，并对其进行全球规划师联盟大会背景知识，镇江历史、人文和发展状况，礼宾礼仪和外事纪律，主要景点导游、会场引导等方面培训。3天会期中，志愿者负责外宾接送、咨询、导游和翻译工作，并提供24小时英语接线服务。11月2日，副市长陈杰代表市政府向志愿者颁发荣誉证书。（奚向红）

侨 务

【概况】 镇江市是江苏省重点侨乡之一，全市有华侨华人、港澳同胞3.6万多人，分布在世界50多个国家和地区，主要集中在日本、东南亚等国家和地区；有归侨侨眷6万多人，其中归侨195人，主要分布在农村；有留学人员3000人，主要分布在美、加、澳、新等国家。在2008年4月和5月召开的全国侨务工作经验交流现场会和全国华侨捐赠工作会议上，镇江市侨务办公室分别作侨务工作经验介绍。

推动镇江经济社会发展。4月，在美国洛杉矶和硅谷举办领军人才说明会，80多名旅美科技精英和创业人才与镇江新区和润州区就20余个高新技术项目进行交流；6月，举办华侨华人专业人士创业发展镇江洽谈会；12月，举办“‘331计划’政策说明暨项目对接会”，美国中创协会科技代表团与镇江市及辖市（区）高新技术创业园等部门及相关企业负责人90多人对接交流。拜会美国、日本、法国等国家和地区华侨华人推介项目。全年向海外发送镇江情况介绍、项目资料、慰问函、贺卡、邮件2万多件。接待拜访海外侨胞969人次，其中市侨办接待拜访31批684人次。引进唐桥微电子AVS视频芯片、东方集团农业产业化等项目。美籍华人臧其忠、黄振春、陈惠和日籍华人许士稳被聘为市政协港澳台侨和外事委员会首批特邀委员。

依法维护归侨侨眷权益。全市首个全国侨务系统“侨法宣传角”在京口区四牌楼街道挂牌。全年慰问、救济、帮扶、定补困难归侨侨眷和重点侨界人士440户（人），投入经费32.54万元，受补面62%。全年受理来信来访175件（次），办结率98%。开展“百侨助百村”活动，组织侨（港）资企业与村结对，通过资金帮扶、项目投资、助学帮扶等手段促进新农村建设，资助高资唐驾庄村5.5万元、辛丰镇庄泉村6万元，用于道路、老年活动中心等建设。召开陶馨吾奖学金、张孝真奖学金颁奖大会，17名教师和学生获奖。全市接受海外华侨华人捐赠100宗1055.14万元。

加强侨务对外宣传。联合镇江电视台拍摄《镇江华商企业巡礼》电视片，记录市侨港资企业情况；在《镇江日报》开设《海外镇江人》专栏，介绍镇江籍海外侨胞创业发展新形象和新成就；在《镇江广播电视》刊出《与时代脉搏同频共振的镇江侨务》，反映30年来侨务工作情况。印制并向海外侨胞发送中国镇江情况宣传邮册、镇江十景剪纸500多份。“镇江侨网”改版升级，实现共享、查询、交流、受理、互动等功能。分别在《欧洲时报》《环球华报》《伊犁华报》《南美侨报》刊登《江南名城——镇江欢迎您》《江中明珠——世业洲》《近70名高级“海归”镇江话创业》《共同创建新镇江》《彰显侨字效应 镇江侨办谱写新篇》等宣传镇江专版。在全国、省、市三级媒体及海外华文媒体刊播各类稿件280篇。（张霖汉）

【举行华侨华人专业人士创业发展镇江洽谈会】 2008年6月24日~27日，由国侨办经科司、省侨办、镇江市政府联合主办，市侨办承办的华侨华人专业人士创业发展镇江洽谈会在碧榆园举行。来自美、加、澳、日、英、法等11个国家和地区70名华侨华人专业人士携75项高新技术项目参会，市及辖市（区）有关部门

表5-6 **2008年镇江市侨办邀请接待海外和中国港澳台地区重点访问团组及客商情况表**

到访日期	团组	访问内容
01-15	北京维柯视信息技术有限公司总经理李维衡一行2人	与镇江新区洽谈高性能显示芯片项目
01-24	澳大利亚伍龙贡大学超导及电子材料研究所汪国秀一行2人	友好交流
02-19	美国连信网路有限公司创始人孙翼一行3人	与镇江新区留学生创业园就高性能显示芯片项目进行洽谈
02-21	西班牙巴塞罗那华人商贸总会常务副会长吴致力一行2人	商贸考察
03-10	美国七海集团董事长姚应文一行4人	与教育局商谈出国培训合作项目
03-21	捷美综研咨询（上海）有限公司总经理陈沪英一行9人	与镇江新区洽谈服务外包项目
04-18	挪威华侨华人协会会长戴成方一行6人	商贸考察
04-22	南京瑞威置业有限公司董事长姚威一行3人	考察镇江新区
05-04	美国ADA集团首席代表陈洁一行2人	考察丹阳市
05-09	芬兰芬中人民友好协会华人委员会会长李海卓一行2人	参加镇江新区“银山之春”活动
06-23	2008华侨华人专业人士创业发展镇江洽谈会客商70人	与镇江市近120家企业就有关科技项目进行交流、洽谈，参观考察镇江新区
07-08	匈牙利侨商余欣一行4人	考察锅炉节能改造项目
07-09	加拿大保护水资源基金会会长金莉莉一行5人	洽谈水资源保护项目
07-15	省侨办重点华商团一行18人	考察南徐新城和丹阳市
09-12	美国慈心慈善事业基金会董事长谢政达一行5人	参观镇江市特教中心
09-14	无锡尚德太阳能电力有限公司董事长施正荣一行3人	考察镇江新区

续表 5-6

到访日期	团　　组	访　问　内　容
09-23	参加2008镇江市车船服务外包合作推介会一行8人	推介镇江市车船服务外包项目
10-08	美国核心生物公司总经理万宏勇一行3人	与润州区洽谈污水处理项目
10-23	美国江浙沪代表团一行10人	考察镇江新区
10-21	日本三江会馆常务理事马文璧一行3人	为镇江教育事业捐资
10-27	奥登投资有限公司副总裁吴剑峰	考察润州区
10-28	海外百名博士江苏行一行147人	参加对接洽谈会
11-05	睿光国际集团董事长黄子为	商贸考察
11-06	巴基斯坦拉合尔华人华侨协会秘书长吴宜璘一行2人	商贸考察
11-08	日本东京华侨总会会长陈学全一行11人	友好交流
11-10	东方集团(国际)投资控股有限公司董事局主席王建坤一行7人	考察句容市农业项目
12-20	中创会美国硅谷代表团一行19人	参加镇江市领军人才"331计划"政策说明暨项目对接会,考察镇江新区、润州区
12-25	"2008海外学子回国创业周"江苏考察团一行50人	参加镇江新区领军人才"331计划"政策说明暨项目对接会,考察镇江新区、丹阳市

（严玥玥）

单位负责人100多人参加开幕式。国侨办经科司副司长张毅,省侨办主任韩健民、副主任申晓健和市领导刘捍东、卢章平、许能斌、冯士超等出席开幕式。洽谈会期间,海外华侨华人专业人士就75个拥有自主知识产权的高新技术合作项目与镇江市120家企业开展面对面专题洽谈,内容涉及电子信息、新材料、生物与医药、先进制造业以及现代服务业等方面,50余个项目成功对接,16个项目达成意向。海外嘉宾还赴镇江新区、镇江市国家级留学人员创业园和句容市进行实地考察。　（张霖汉）

【含羞草农业产业园区项目签约】 2008年中国镇江(上海)名特优农产品推介会暨农业项目签约仪式11月28日在上海举行。镇江市政府及句容市政府与南京农业大学、东方集团共同签订《句容基地科技型新农村建设项目战略合作协议》。由市侨办牵线推动的东方集团(国际)投资控股有限公司与句容市黄梅镇经济实业总公司合作的含羞草农业产业园区项目,占地3330公顷,总投资10.6亿元,分三期实施,辐射周边1.3万公顷高效农业生产开发,带动全市农业产业化发展和新农村建设。东方集团(国际)投资控股有限公司系福建东方食品集团有限公司控股子公司,是现代农业企业集团,创建于1995年,采用"公司+基地+合作社/农户"的产业化经营模式,推行标准种植、绿色栽培,促进种植结构调整。　（张霖汉）

【镇江市华商会成立】 2008年12月18日,镇江市华商会成立庆典在碧榆园举行。省侨办副主任孙彬、市委副书记张庆生等和23个顾问单位、华商会会员共160余人出席大会。大会推举市委副书记张庆生、副市长陈建设、金光集团董事长黄志源、无锡尚德太阳能电力有限公司董事总经理施正荣、天工国际有限公司董事局主席朱小坤、市侨办主任许宝庆等6人为荣誉会长,市人大、市政协及市有关部委办局23名领导组成顾问团,融锦集团董事长陈荣华为会长,江苏建华管桩有限公司总经理王刚等10人为副会长,首批会员单位102家。

镇江市华商会成立揭牌　（侨　办）

镇江市华商协会是由海外华侨华人、港澳同胞投资者和市有关企业负责人共同组成的非盈利性社会团体,接受镇江市侨务办公室、镇江市社会团体登记管理机关的业务指导和监督管理。协会遵守国家法律、法规和政策规定,维护和争取会员的合法权益;倡导会员遵守社会道德风尚,依法经营,拥护法治公平;帮助会员协调与政府有关部门关系,配合政府改善投资环境;联系海内外工商企业及经济组织,促进与会员之间的经济与技术进步,致力于争取国际商贸优惠,提高企业管理水平,推动技术进步,促进镇江经济发展。　（张霖汉）

【摄制电视片《镇江华商企业巡礼》】 由市侨办、市电视台、市海协、市华商会联合摄制,第一部记录镇江侨务工作史实的电视片《镇江市华商企业巡礼》,2008年5月8日开拍,12月18日镇江电视台播出。《镇江华商企业巡礼》片长16.5分钟,分序幕、开创篇、发展篇、展望篇、服务篇、尾声等6个部分,记录改革开放期间镇江华商企业发展历程和创业成就。镇江华商从1984年镇江市第一家华商企业镇江京侨饭店成立,发展到2007年17个国家和地区的华商在镇江投资兴办1000多个项目,涉及机械、造纸、制药、物流、服装、电子、酒店、

地产等领域，占全市外资企业数的 50% 以上。 （张霖汉）

【镇江市留学人员亲属协会换届选举】 2008 年 10 月 28 日，镇江市留学人员亲属协会召开第三次代表大会，选举产生第三届理事会。上届会长陈伟远作工作报告，大会选举邬建国为会长，喻日昌、王伟、朱建新、范德平、陆熙会、郑孟亚、程华棣、汤静霞为副会长，潘荣东为秘书长，26 人为理事。留学人员协会是由镇江市留学人员亲属自愿结成的联谊性的非营利性民间社会组织，旨在沟通交流信息，发挥招商引资、招才引智的作用，开展经济、科技合作，引导镇江籍海外学子，关注镇江，发展自己，为镇江经济建设和社会事业发展贡献力量。

（张霖汉）

【陈岭获镇江首张中国"绿卡"】 2008 年 6 月 3 日，市公安局颁发镇江市第一张外国人永久居留证，江苏奥雷光电有限公司总裁陈岭成为镇江市第一位被公安部批准永久居留的外籍人士。陈岭，美国国籍，1985 年毕业于南京大学，1993 年获得美国纽约州大学 Albany 分校理学博士学位，自 2002 年以来一直担任江苏奥雷光电有限公司总裁。根据中国法律，外籍人士要获得永久居留权，必须符合《外国人在中国永久居留审批管理办法》中第六条第一款第二项的规定，即"在中国担任副总经理、副厂长等职务以上或者具有副教授、副研究员副高级职称以上，已连续任职满四年、四年内在中国居留累计不少于三年且纳税记录良好"的规定。 （张霖汉）

【侨联工作】 2008 年，全市各级侨联接待美国、加拿大、澳大利亚、法国、巴西、新西兰、日本、马来西亚、泰国等 11 个国家近 70 名海外华侨华人专业人士，征求镇江国家高新技术企业服务中心以及留学生创业企业负责人对侨联工作的意见和建议，市侨联制定《关于违反优化经济发展环境相关政策规定的处理办法》。走访金东纸业等在镇江的侨资侨属企业，与市外经贸局、市贸促会向省有关部门推荐，金东纸业（江苏）股份有限公司、镇江奇美化工有限公司、句容台泥水泥有限公司、镇江李长荣综合石化工业有限公司、江苏融锦置业发展有限公司被评为首届江苏省优秀侨资企业。

2008 年 6 月，市侨联与江苏大学侨联开展交流活动 （市侨联）

履行参政议政民主监督职能，侨界人大代表、政协委员在 2008 年 1 月市政协六届一次全会上提出《关于进一步加强我市节能减排工作的建议》《关于对老城区改造的几点建议》《关于尽快对镇江烈士陵园周边环境进行改造的建议》等提案、议案 50 件。其中，市侨界政协委员通过市政协《社情民意》简报反映《招大项目，需关注其公司白领吃住行》的建议，市主要领导给予批示。市侨界省人大代表、市第四人民医院眼科主任、侨眷陆鸣冈被新聘任为人民监督员。

推荐新一届市县两级侨界人大代表、政协委员 59 名，其中 1 名当选为省级人大代表。推荐出席省第六次归侨侨眷代表大会代表 25 名，并向上级侨联推荐 13 名归侨侨眷先进个人和 4 名侨联先进工作者人选。市侨界李昌峰、马江华、张学军、朱坚强、朱玲当选省侨界青年总会首届理事。

依法维护侨益，召开苏南五市侨联工作研讨会、市侨联五届三次常委会和全委会，贯彻中国侨联确定的"调研创新年"和省侨联《关于开展"调研创新年"活动的实施意见》。全市各级侨联走访慰问市直归侨侨眷、结对帮扶对象和侨界重点人士 80 多户，并发放慰问金、慰问品。落实镇江市 83 名困难归侨、3 名低保户、22 名企业归侨、6 名年满 90 周岁（含 90 周岁）以上归侨的补助款 24 万元。参加镇江市"爱在镇江·慈善一日捐"、"献爱心送温暖"、机关党支部交纳"特殊党费"，并组织市各级侨联、归侨侨眷向"5·12"汶川大地震灾区和为重建北川中学捐款活动。市侨资企业金东纸业（江苏）股份有限公司、句容盛业管业制品有限公司和侨界严军、吕存、仲庆、王禄定被省侨联分别授予抗震救灾先进集体和先进个人称号。编辑《镇江侨联》4 期、《侨联工作简报》14 期，接待上访群众 60 人次，处理来信 10 多件。

（印钢林）

政协镇江市委员会

责任编校：缪 丹

综 述

【概况】 2008年，市政协履行政治协商、民主监督、参政议政职能，为推动镇江经济社会发展作出贡献。

推进全市重大决策贯彻落实。将市委书记许津荣在市政协六届二次常委会议上所作的《团结一致，艰苦奋斗》的讲话印发各委员活动小组，就“坚持苏南定位、奋勇争先进位”组织委员学习讨论。就学习贯彻市委五届六次全会精神，作出《同心同德，群策群力，为开创镇江美好未来而共同奋斗》的决议，号召全体委员勇于解放思想，勤奋扎实工作，为镇江新一轮发展献计出力。在全体政协委员中开展“树形象、展风采”主题活动，要求全市各级政协组织和委员，以亲和、睿智、进取的形象参与到全市现代化建设之中。在全市解放思想大讨论活动中，组成6个调研组，深入辖市（区）和部分企业调研，形成《关于进一步促进全民创业的若干意见》，市委以38号文件印发。

推动经济社会又好又快发展。围绕全市经济社会发展中具有宏观性、前瞻性、战略性的问题调查研究专题议政，提出建议案2件、参政议政专报11件，反映社情民意信息101条，为市委、市政府科学决策、民主决策发挥参谋作用。围绕促进城乡统筹发展，就农业科技服务体系建设、节约集约利用土地、水利基础设施建设等开展专题调研或专项视察，形成《关于贯彻〈城乡规划法〉，推进城乡建设统筹发展的建议案》和《关于加强农村生态环境建设的建议》。围绕加快转变经济发展方式，就加强园区建设、加快汽车及零部件产业发展、发展现代物流业、发展与镇江产业需求相适应的职业技术教育等开展专题调研，形成《关于加强市场建设、促进市场繁荣的建议案》等一批调研报告。围绕推进文化大繁荣、大发展，就全市公共文化服务体系建设、文化产业发展进行调研，赴河南省郑州、洛阳等市考察文化产业，向市委报送《关于河南六城市文化产业发展情况的考察报告》等建议。

关注民生，促进和谐社会建设。支持各民主党派、工商联和无党派人士参政议政，安排民主党派负责人列席主席会议，参加专项视察，进行大会发言，重点办理他们提出的提案，反映社情民意信息。就城市重点工程建设、生态农业建设、土壤污染及防治、农村环境长效管理、公共文化服务体系建设、和谐社区建设、为老服务体系建设、教育现代化工作、全民健身与奥运同行等方面，组织专题议政、开展专项视察。运用提案、视察、民主评议、反映社情民意等形式，对一些群众反映强烈，党委、政府高度关注的问题开展监督。围绕重大项目的推进落实、治污减排、老城区改造等涉及发展和老百姓切身利益的重大事项组织民主监督。加强同各方面人士的沟通联系和团结合作，主席会议成员就宗教工作进行调研，就法治镇江建设听取通报，驻会主席专程走访民主党派机关、走访委员集中单位江苏大学，举行各界人士迎新午座谈会，邀请海外华人代表人士担任港澳台侨委员会特邀委员，开展《我与改革开放30年》征文活动，密切与社会各界的联系，营造大团结大和谐氛围。

（卢小芳）

重要会议和工作

【市政协六届二次会议】 2009年1月10日～12日召开。会议应到委员347名，实到委员336名。会议分组学习中共镇江市委书记许津荣在市政协六届二次会议开幕式上的讲话，审议通过市政协主席郭礼荣所作的常务委员会工作报告和副主席宋敬伟所作的提案工作情况的报告。全体与会人员列席市六届人大二次会议，听取和讨论《政府工作报告》和其他报告。围绕《政府工作报告》，市各民主党派、工商联和政协委员以“沿铁经济发展战略思考”“关于加快实现全市经济发展新跨越的对策建议”“创建国家生态市，精心打造镇江名片”“加快土地流转进程，推进农业适度规模经营”“关于减轻中低收入群众就医负担的建议”“关于金融机构支持镇江经济平稳发展的建议”“关于发展高职教育，培养与镇江产业结构相适应的人才的建议”“关于秸秆焚烧和综合利用的建设”“关于支持中小企业生存发展的建议”“强化机遇意识，全力推进城乡建设新跨越”等为题进行大会发言。市委书记许津荣，市长刘捍东，市委常委、市委秘书长李国忠，市委常委、常务副市长陈照煌到会听取委员发言。会议期间，委员们还就镇江在当前宏观形势下如何保增长、促发展，推动农村改革与发展、加快生态市建设等专题展开联组讨论，就镇江经济和社会发展中的重大问题，与市委、市政府分管领导开展交流互动。大会收到网上和书面提案462件，立案457件。其中：市各民主党派、工商联、台联、侨联、市政协专委会、无党派人士界别和工会界别集体提案70件；委员个人和联名提案387件。按类别分：经济建设方面249件，科教文卫体方面79件，政治法律、劳动人事方面52件，政协、统战方面9件，其他方面68件。对不立案的5件提案，提案委员会主动与有关委员协商并征得同意，1件拟委托省政协委员作

表 6-1

2008 年市政协主席会议成员专项视察一览表

时间	视察内容	陪同领导
2月22日	视察"全民健身与奥运同行"	市委常委、宣传部部长张洪水,副市长王萍
3月6日	视察节约集约利用土地工作	副市长陈杰
3月18日	视察国税工作	市委常委、常务副市长江里程
4月11日	调研宗教工作	副市长曹当凌
7月3日	视察全市水利工作	副市长曹当凌
7月28日	视察出入境检验检疫工作	
9月12日	视察教育现代化工作	市委常委、宣传部部长张洪水,副市长王萍
11月13日	视察镇江创建国家生态园林城市工作	副市长陈杰
11月17日	视察镇江新区经济社会发展情况	
12月8日	视察工会工作	市人大副主任、总工会主席陈苏
12月19日	视察公安工作	副市长夏新平

(卢小芳)

为省政协提案提交,2件作为信息向上级部门反映,2件撤案。会议审议通过六届常务委员会工作报告的决议、六届常务委员会关于提案工作情况报告的决议和政协镇江市委员会第六届委员会第二次会议决议。市各部委办局负责人和在镇江的全国政协委员及省政协委员列席大会。(卢小芳)

【常委会议】 2008年,市政协召开5次常委会议。

1月11日下午召开市政协六届一次常委会议,审议通过关于市政协工作机构设置的决定,通过市政协副秘书长及各委办主任、副主任名单。市政协主席郭礼荣出席会议并讲话。市政协副主席赵腊根主持会议。

5月15日召开市政协六届二次常委会议,市委书记许津荣作题为《团结一致,艰苦奋斗》的讲话。会议通过《关于贯彻〈城乡规划法〉,推进城乡建设统筹发展的建议案》;听取并讨论许津荣讲话;研究部署以"推进思想解放、推动科学发展"为重点的政协当前工作。市政协主席郭礼荣在会上讲话。主席郭礼荣、副主席赵腊根分别主持会议。

7月22日下午召开市政协六届三次常委会议,听取代市长刘捍东所作的关于全市上半年经济社会发展情况和下半年主要工作安排的通报;通过市政协关于学习贯彻市委五届六次全会精神的决议——《同心同德,群策群力,为开创镇江美好未来而共同奋斗》,会议部署当前政协工作。市政协主席郭礼荣主持会议并讲话。

10月23日召开市政协六届四次常委会议,听取讨论关于市政协六届一次会议以来提案办理情况的通报,讨论通过《关于加强市场建设促进市场繁荣的建议案》和《镇江市政协关于充分发挥委员主体作用的意见》。市政协主席郭礼荣,市委常委、副市长陈照煌分别讲话,副主席赵腊根主持会议。会议决定免去徐佳兆市政协城乡委副主任职务。

12月22日召开市政协六届五次常委会议,决定2009年1月10日召开六届二次全体会议。主席郭礼荣在会上讲话。(卢小芳)

【主席会议】 2008年,市政协召开12次主席会议,专题讨论经济和社会事业发展的重大问题,邀请市委、市政府有关领导及相关部门负责人到会通报情况,听取意见。

1月11日,召开市政协六届一次主席会议,讨论并通过六届政协工作机构设置和有关人事事项,提请市政协六届常务委员会第一次会议审议。

2月21日,召开市政协六届二次主席会议,审议通过《镇江市政协2008年工作要点》和六届市政协各专门委员会组成人员名单,讨论通过2008年度重点提案、委员活动小组分组名单。

3月27日,召开市政协六届三次主席会议,听取讨论市政府关于《加强我市和谐社区建设的建议案》落实情况通报。

4月28日,召开市政协六届四次主席会议,讨论加强镇江市公共文化服务体系建设,副市长王萍到会听取意见。会议还决定召开市政协六届二次常委会议的相关事宜。

5月30日,召开市政协六届五次主席会议,就进一步加强工业园区建设进行专题讨论,副市长陈建设到会听取意见。

6月20日,召开市政协六届六次主席会议,就发展与镇江产业需求相适应的职业技术教育进行专题讨论,副市长王萍到会听取意见。

7月15日,召开市政协六届七次主席会议,讨论关于积极应对人口老龄化,推进为老服务体系建设事宜。会议还决定了召开市政协六届三次常委会议有关事宜。副市长曹当凌参加会议。

8月21日,召开市政协六届八次主席会议,就全市农业科技服务体系建设情况进行专题讨论。副市长曹当凌参加会议。

9月17日,召开市政协六届九次主席会议,听取并讨论市政府关于2008年城市重点工程建设情况。副市长陈杰参加会议。

10月16日,召开市政协六届十次主席会议,听取法治镇江建设情况通报;审议通过《镇江市政协"优秀政协委员"评选办法》《镇江市政协先进委员活动小组评选办法》《镇江市政协关于表彰优秀提案的实施办法》《镇江市政协关于市各民主党派、工商联和有关人民团体提案的征集和办理办法》和《镇江市政协关于评选表彰优秀社情民意信息的办法》;主席郭礼荣,市委常委、政法委书记黄宝荣分别讲话。

11月28日,召开市政协六届十一次主席会议,听取市发改委关于加快发展镇江市现代物流业情况通报并进行讨论。副市长冯士超参加视察并讲话。

12月15日,召开市政协六届十二次主席会议,讨论市政协常务委员会工作报告(讨论稿)、提案工作报告(讨论稿)。听取六届二次会议筹备情况汇报,决定召开市政协六届五次常委会议的有关事宜。市政协主席郭礼荣主持会议并讲话。(卢小芳)

【市政府、市政协情况通报交流会】 2008年2月29日,市政府、市政协召开情况交流会,就全年重点工作进行通报交流。市政协主席郭礼荣主持会议。

市委常委、常务副市长江里程通报2008年政府主要工作。围绕坚持"好"字优先,促进优化发展;坚持先进制造业和现代服务业双轮驱动,调整产业结构;坚持改革开放,推进自主创新;坚持环保优先,狠抓节能减排;坚持以民为本,建设高水平小康;坚持和谐发展,推进民主法治建设等六个方面做好工作。市政府将更加重视和听取政协和广大政协委员的意见，加强与政协的沟通，加强与委员的联系，把好主意、好建议充分吸纳到政府各项决策中去。希望政协积极建言献策，对政府工作进一步加强监督。

市政协主席郭礼荣通报2008年市政协重点工作。选择具有全局性、综合性、前瞻性的重大问题进行调查研究，促进决策的科学化民主化；围绕全市各项目标任务开展调研视察、专题议政，促进经济社会更好更快发展；坚持以民为本，促进改善民生、构建和谐社会，为富民惠民多做贡献。市政协要围绕市委、市政府的中心工作，认真开展调研视察，积极建言献策，为全市经济社会发展服务。

（卢小芳）

【反映社情民意】 2008年，市政协收到各方面反映的社情民意信息101条。根据内容，分门别类，主要采取三种方式予以处理：一是编辑《社情民意》简报，直接报送市委、市政府主要领导、分管领导和相关部门；二是经编辑后转报省政协；三是直接转送市有关部门参阅。在编辑报送市委、市政府的26期《社情民意》简报中，市领导有批示的14期。绝大多数《社情民意》简报所反映的意见和建议，都由市有关部门向市政协办公室或者向反映该社情民意的政协委员进行办理情况和意见的沟通与答复，其中关于建立优质农产品展示销售中心、解决部分狂躁型精神病人失管问题、农村社区卫生服务站刷卡就医、改造老城区破损道路等一批信息，都不同程度地得到解决。

（卢小芳）

【提案办理】 2008年，全体委员和政协各参加单位围绕党和国家的大政方针，紧贴市委、市政府的中心工作，关注社会热点、难点问题，提交提案486件，经审查立案479件。其中，问题解决或采纳的296件，占提案总数的61.8%；列入计划拟解决的124件，占25.9%；留作参考或说明的59件，占12.3%。市政协以重点督办、跟踪视察、民主评议、定期发布办理情况等形式，推进机制和方法的创新。市委、市政府及各承办单位高度重视，认真办理，许多意见和建议被吸纳到地方性政策、规划和党政部门实际工作中。如关于完善中小企业担保体系建设、盘活土地资源发展村级经济、加快农贸市场改造、救助弱势群体等一批涉及经济发展和人民群众切身利益的建议，得到采纳和落实。提案者对办理表示满意的342件，基本满意的107件，不满意的7件。

（卢小芳）

市政协举行“我是一名政协委员”报告会　（徐炳辉）

【“我是一名政协委员”报告会】 2008年3月起，市政协在全体委员中组织开展“树形象、展风采”主题活动，通过座谈、问卷调查、征文、辖市（区）政协主席研讨会、委员活动小组大讨论等形式，深入研讨，提出新形势下政协组织和政协委员要树立团结民主、合作共事的亲和形象，勤于学习、善于思考的睿智形象，积极向上、开拓创新的进取形象。8月13日，举办“我是一名政协委员”报告会，6名委员在会上作事迹报告，省政协主席张连珍、市委书记许津荣到会并讲话。《新华日报》、江苏卫视对此进行连续报道。9月5日，《人民政协报》在头版头条以《为委员搭舞台、让委员唱主角，镇江市政协多层面全方位发挥委员主体作用》为题，报道镇江市开展主题活动的情况。10月7日出版的《人民政协报》用第二、第三两个整版，刊登省、市领导讲话和政协委员报告摘编。省政协将这次会议材料汇编成册，以《江苏政协通报》的形式印发省、市、县三级政协委员和政协机关。

（卢小芳）

重点建议

【关于促进全民创业的建议】 2008年5月，市政协对全民创业工作进行专题调研，形成调研报告，报送市委、市政府。报告提出：一、全民创业的重要意义和工作目标。1. 充分认识促进全民创业的重要意义。2. 营造激励创业的社会氛围。3. 全民创业的工作目标。二、培育壮大创业主体。4. 扶持初始创业。5. 鼓励科技人员创业。6. 鼓励机关干部离岗创业。7. 鼓励镇江籍人士返乡创业。8. 鼓励二次创业。三、推进创业载体建设。9. 规划建设中小企业创业基地。10. 建设培育创业专业市场。11. 鼓励家庭创业。12. 开发社区服务项目。13. 推进高效农业项目。四、加强创业的产业引导。14. 编制《镇江市全民创业产业导向目录（2008～2010）》。15. 举办创业项目推介会。16. 征集评选优秀创业设计方案。五、加大创业资金扶持。17. 加大政府性资金扶持。18. 加大信贷支持。19. 加强融资担保扶持。六、完善创业服务体系。20. 完善创业咨询服务体系。21. 完善技术与人才服务体系。七、营造良好创业环境。22. 进一步优化收费环境。23. 进一步规范执法检查行为。八、切实加强组织领导。24. 加大领导力度。25. 加大考核力度。在此基础上，市委、市政府出台《关于进一步促进全民创业的若干意见》。

（卢小芳）

【关于推进城乡建设统筹发展的建议案】 2008年3月～5月，市政协调研全市城乡规划工作的现状，经过市政协六届二次常委会议审议形成《关于贯彻〈城乡规划法〉，推进城乡建设统筹发展的建议案》。建议：一、创新理念，增强全社会规划法律意识。建议开展以城乡规划上水平为主题的城乡规划宣传月、违法建设整治月、规划成果展示月等“城乡规划年”系列活动。二、理顺体制，强化城乡规划管理职能。建议将市规划局更名为城乡规划管理局，将原来由市建设局承担的全市乡镇和村庄的规划管理职能全部划归市城乡规划管理局，理顺市、辖市（区）、镇三级规划管理体制。建立规划、建设、国土、行政执法等各部门的执法协调机制。三、立足长远，进一步优化城乡规划体系。高质量完成地下空间利用规划、综合交通规划、历史街区保护规划等专业规划；完善南山北水和世业洲等重要区域、重要节点的规划编制和城市设计；加强市与各辖市规划的衔接；加强"城中村"和老城区危旧房成片改造规划、市区景观工程规划等专项规划的编制；加快建设城乡规划管理信息系统和城市规划信息公共平台。四、加强引导，提升镇村规划建设水平。加强对中心镇控规的编制和村庄规划的编制，在重大公用设施建设、工业集中区建设上要科学规划，增强小城镇的辐射带动能力和承载力。五、弘扬特色，把城市设计摆上重要位置。要延续镇江城市文脉，准确把握特色，加强具有标志性特征的重要地段和重要节点的设计。六、注重监督，完善规划监督制约机制。要加强对城乡规划编制、审批和实施管理全过程的监督和制约。加大规划公众参与度和规划透明度，全面推行"阳光规划"，广泛听取群众意见，主动接受社会监督。七、形成合力，坚决查纠各类违法建设。（卢小芳）

【关于加强市场建设促进市场繁荣的建议案】 2008年7月～10月，市政协专题调研市区生产资料、工业品、农产品市场建设情况，并发动市政协委员开展"我为繁荣市场献一策"活动，经过市政协六届四次常委会议审议形成《关于加强市场建设促进市场繁荣的建议案》。建议：一、统一思想，走科学发展之路。转变发展方式，促进工贸协调发展；抢抓市场发展机遇，构建发展新优势；抢抓市场发展主导权，促进市场繁荣兴旺。二、统筹规划，走有序发展之路。修编《镇江市城市商业网点规划》，提高规划实施的刚性，确保市场建设的规范有序，维护全市大市场建设的整体利益和长远利益。三、整合资源，走集聚发展之路。针对目前市场布局散乱、大路货充斥、特色不明显、集聚度不高的现状，通过重点整合、扶持、限制一批市场，进行资源有效整合。四、依托产业，走特色发展之路。在市场整合、集聚发展的基础上，加强市场建设与地方产业的衔接，实施差别发展、错位竞争战略，重点打造有产业支撑的专业性、区域性的特色大市场，重点发展为先进制造业服务的大市场，重视发展为旅游文化产业服务的大市场，大力发展为民生服务的大市场。五、加大投入，走多元发展之路。借鉴工业大投入办法，依托规划加大招商引资力度，大力扶持本土商贸企业二次创业和全民创业，加大融资服务力度，增加市场发展的有效投入。六、政策扶持，走优化发展之路。制定可操作的培育市场优惠扶持政策，打造便捷的城市交通环境，创造重商、亲商、护商的经营环境。七、加强管理，走规范发展之路。实施市场建设"一把手"工程，制定《镇江市市区市场建设管理规定》，建议成立镇江市商务局，统一管理全市内外贸易。市委办以〔2008〕90号文件转发这一建议案。（卢小芳）

【关于推进镇江和谐社区建设的建议】 2008年2月～3月，市政协调查了解《关于推进我市和谐社区建设的建议案》落实情况，提出建议：一、突出重点。发挥好党委政府在和谐社区建设中的组织领导作用尤为重要，要坚持全面性和针对性相结合，特别要注意解决当前群众呼声强烈的突出问题，每年或每个阶段在一个方面重点推进。二、放大亮点。市区所有社区均开展平安创建工作、开设慈善超市，"邻里节"等亮点也在社区建设中频显，一定要发扬光大，加强宣传，为和谐社区建设注入新的生机和活力，使亮点更亮、特色更特。三、关注焦点。要进一步完善社区弱势群体帮扶救助机制，加快完善社区为老服务机制，不断加强和完善警务站建设。四、消除盲点。在和谐社区建设中，还存在农村的留守儿童教育问题、外来务工人员和流动人口的管理、出租房的管理等盲点。攻克难点，费随事转、重心下移等难点问题更需要多加研究和解决。该建议以市政协2008年第1号《参政议政专报》形式报市委、市政府作决策参考。（卢小芳）

【关于加快镇江汽车及零部件产业发展的建议】 2008年6月6日，市政协召开专题议政会，就加快镇江市汽车及零部件产业发展进行协商讨论，形成《关于加快我市汽车及零部件产业发展的建议》，并以市政协2008年第2号《参政议政专报》的形式报送市委、市政府。建议：一、思想认识要有大提高。目前国际汽车产业第四次转移正加速进行，汽车配件采购正加速全球化，镇江应紧紧抓住契机，抓紧发展特种车辆、专用车辆、改装车辆整车企业，迅速形成产业规模。同时要抓住汽车零部件市场需求旺盛又竞争激烈的契机。二、产业发展要有大战略。着力改变整车生产企业、零部件生产企业小而散、小而全、小而弱的格局，要在整车生产企业和零部件行业中千方百计培育壮大龙头。三、资源优势要有大整合，要通过重点产业基地建设、重点产业市场建设、发挥行业协会作用，推动集群发展，带动资源的整合。四、技术创新要有大突破，要建立公共技术平台，加快构建公共技术创新体系；以促进企业研发投入为着力点，加快提高企业自主创新能力；完善质量检测体系；以培育专业人才为基础，有力支撑汽车产业结构调整、优化升级的要求；以品牌建设为中心，提高产业竞争力。五、政策支持要有大举措，应加强扶持汽车产业发展的政策研究并及时出台，构建完整的支持汽车产业发展的政策体系，促进生产企业、研发检测机构、专业化供应商的集聚。六、组织领导要有大力度，要打破部门和区划限制，尽快理顺产业管理体制，成立镇江市汽车及零部件产业发展领导小组，统一指导、协调全市汽车产业的发展。（卢小芳）

【《关于设置我市优质农产品展示销售中心的建议》社情民意信息推动办理落实情况的专报】 2008年2月底，市政协委员黄金利通过社情民意向市政府反映镇江市农产品大多为农户自产自销、靠路边设摊、提篮叫卖、农产品市场小而散、辐射半径短的状况，建议学习南京、苏州、宿迁等地的成功做法，建设镇江市优质农产品展示销售中心，打造本地农产品品牌，帮助农民致富，拉动地方经济发展。6月5日，市政协办公室、市农林局进行会商，形成《专报》建议：一、句容市便民超市有限公司为镇江市绿色农产品展示销售中心的承办单位。二、市绿色农产品展示销售中心选址在第一楼街，专营"亚夫"牌农产品。三、市绿色农产品展示销售中心定于九、十月份开业。四、市政府及有关部门要积极予以扶持。（一）给予专项引导资金。（二）将该中心定为旅游定点商店。（三）请农林局牵头，组织全市各农产品专业合作组织和龙头企业积极参与此项建设活动。（四）请市政府给予市场支持。在餐饮接待、福利发放、礼品赠送等方面优先考虑。（五）请宣传部门配合给予深度报导。五、由黄金利委员经营的市绿色农产品展示销售中心要承担以下义务。（一）市绿色农产品展示销售中心建成后，对进场销售的镇江市农产品，该中心不收进场费和其他服务费用，保护广大农产品专业合作组织和农户参与合作的积极性。（二）为确保农产品质优价廉，中心将严格各项管理措施，制定合理的产品价位，控制好毛利率，不牟取暴利，力争以量取胜。（三）搭建镇江市农产品对外推介交流的平台。市农林局等相关政府部门采纳建议，于2008年11月在大市口商业圈成立集生产、加工、流通于一体的镇江市优质农产品展示销售中心。（卢小芳）

【关于积极发展与镇江产业需求相适应的职业技术教育的建议】 2008 年 5 月~6 月,市政协对市区职业教育情况进行专题调研,由市政协六届六次主席会议通过《关于积极发展与镇江产业需求相适应的职业技术教育的建议》,并以市政协 2008 年第 4 号《参政议政专报》的形式报送市委、市政府。建议:加强领导,形成有利于职业教育健康、持续发展的良好环境,形成全社会关心、重视和支持职业教育的良好氛围;要调整布局,着力优化资源配置,根本改变镇江职业教育小而全、小而散、小而弱的现状,做优做强做特职业教育;要产教结合,贴近镇江产业需求,合理调整专业结构,协力打造专业品牌,形成具有镇江产业特色的专业结构体系;要加大投入,切实落实好职业教育经费投入的各项政策,努力构建保障机制。 (卢小芳)

【关于积极应对人口老龄化,推进镇江市为老服务体系建设的建议】 2008 年 7 月 15 日,经市政协六届七次主席会议讨论通过,以市政协 2008 年第 5 号《参政议政专报》的形式报送市委、市政府。建议:落实各项为老服务政策措施,尽快制定出台镇江市为老服务工作专项规划,制定符合市情的有关为老服务工作的政策和规定,为镇江市居家养老工作提供系统的、完善的、强有力的政策支撑。增加为老服务工作经费投入,各级政府要根据经济发展和老年人口增长的实际情况,安排适当的老龄工作经费,并将其列入财政预算予以保证。加强为老服务专兼职队伍建设。加强为老服务载体建设,在现有的基础上,继续落实好市和各辖市(区)老年活动中心的建设,继续实施社区"星光老年计划"。推进为老服务产业化发展,积极探索市场化运作的模式。建立和完善为老服务组织体系,确保各项服务工作运作有序、落到实处。 (卢小芳)

【关于推动全市文化发展的建议】 2008 年 4 月 28 日,市政协召开六届四次主席会议,围绕加强镇江市公共文化服务体系建设进行讨论。5 月 19 日~23 日,市政协组织委员赴河南开封、焦作、郑州、洛阳、登封、周口六市考察文化产业发展情况,向市委报送《关于河南六城市文化产业发展情况考察报告》。8 月 5 日,以市政协 2008 年第 6 号《参政议政专报》的形式向市委、市政府报送《关于推动我市文化大发展大繁荣的几点建议》。这两份报告,从不同的角度,就促进镇江文化产业更大更快发展,提出以下建议:加强领导,增强发展文化产业的推动力;整合资源,增强发展文化产业的聚合力;壮大企业,增强发展文化产业的竞争力;人才兴业,增强发展文化产业的创造力;加强宣传,增强发展文化产业的影响力。 (卢小芳)

【关于加快发展台商投资企业的建议】

2008 年,市政协组织部分委员,就如何加快发展台商投资企业,推动镇江经济又好又快发展进行专题调研,并将形成的建议以市政协 2008 年第 7 期《参政议政专报》形式报送市委、市政府。建议:各级领导要强化为台资企业服务的意识,高度重视台海形势变化带来的新机遇,积极应对,从组织保证、政策措施、招商规划等方面,及时调整对台招商引资策略,总结以前对台经济工作的成功经验和不足,扬长避短,以适应台商的投资需求。一要创新招商理念,争取新的台资大项目落户镇江。二要发挥驻镇高校优势,为台资企业提供人才支撑。三要进一步优化投资软环境,营造台资企业良好的发展氛围。 (卢小芳)

【关于加强农村生态环境建设的建议】

2008 年,市政协在深入调研的基础上形成《关于加强农村生态环境建设的建议》,并以市政协 2008 年第 8 号《参政议政专报》形式报送市委、市政府。建议:一、加强宣传,提高认识,营造农村生态环境建设的氛围。把农村生态环境建设摆上重要议事日程,利用各种媒体加大环保宣传力度,向广大农民宣传公益意识、环保意识,充分调动广大群众保护生态环境、投入生态环境建设的积极性。二、规划先行,分步实施,提高农村生态环境建设水平。要按照城乡统筹、生态保护的要求,切实开展农村环境规划编制工作,将农村环境规划与农业结构调整、农民生产生活方式转变、镇村布局和村庄建设规划结合起来。三、政府主导,加大投入,推进农村环境综合整治。可建立专项资金,从城市维护费、土地出让费中切出一块用于农村环境基础设施建设。用"以奖代补"的方式,从各种专项资金中拿出一定比例资金支持农村环境综合整治。按照"谁投资,谁受益"的原则,制定优惠政策,运用市场机制吸引各类社会资金参与农村环境基础设施建设。四、政策引导,技术推广,大力发展生态农业。加强农业科技的攻关和推广工作,努力实现农业产业结构合理化、生产技术生态化、生产过程清洁化、生产产品无害化。五、源头控制,严格监测,切实抓好农村污染防治。严格乡镇工业企业达标排放,提高畜禽养殖业集约化、工厂化水平,巩固开山采石和砖瓦窑整治成果。六、抓住重点,专项整治,着力解决农村生态环境的突出问题。进一步巩固垃圾"百日整治"成果,确保长效管理体系规范化运转,切实改变农村"脏乱差"的面貌。七、加强领导,完善机制,确保农村生态环境保护各项措施落到实处。 (卢小芳)

【关于加快镇江现代物流业发展的建议】 2008 年 11 月 28 日,市政协六届十一次主席会议就加快发展镇江现代物流业进行专题讨论。建议:一、帮助物流行业树立信心,努力转危为机。这次世界金融危机对物流业冲击巨大。政府部门应把困难估计得充分一些,把准备做得充分一些,把临时救援措施落实到更扎实一些,与企业共度难关。二、帮助物流行业勤练内功,打好发展基础。要立足把现有成长型现代物流企业建设好,把物流共用信息平台建设好,把现代物流人才队伍建设好。三、推进物流集聚区基础建设,提高平台承载能力。狠抓物流集聚区、园区和基地及配套设施建设,引导、扶持重点物流基地大力扩大对外开放,着力完善物流园区和基地的外部交通体系,形成铁、公、水、空互联互通、多式联运的大交通、大物流、大市场格局。四、促进物流社会化,强化产业支撑。积极引导大中型制造业企业物流社会化,引导企业自营物流独立化,鼓励工商企业与物流企业形成供应链伙伴关系,让现代物流企业做大做强。五、推进物流区域化协作,扩大经济腹地。要千方百计扩大港口物流市场,鼓励成长型现代物流企业走出去,加强区域间物流业的合作,使镇江市更多的物流企业业务通过电子商务物流走出长三角、走向世界。六、强化支持服务,着力改善软环境。加强组织领导,完善和细化鼓励现代物流业发展的政策,推进全市物流绿色通道建设,营造有利于物流业大发展的宽松环境。 (卢小芳)

民主党派·工商联

责任编校：杨正宏

综　述

【概况】 2008年，全市各民主党派、工商联履行参政议政、民主监督职能，就"南山北水"工程、发展农村经济、促进农民增收、发展职业技术教育、推动节能减排工作、改善投资环境、促进政府部门行政能力提高、建立创业投资引导基金等课题开展调研，建言献策。参加中共镇江市委组织召开的双月座谈会、情况通报会、民主协商会9次，就党风廉政建设、民主政治建设和人民群众关心的问题等提出意见和建议。在市政协六届一次会议上，各民主党派、工商联提交集体提案45件、个人提案312件，并分别作《建设先进制造业国家基地，努力提升区域竞争力》《把握发展机遇，构筑镇江汽车及零部件产业新优势》《发挥镇江市光伏优势，推动可再生能源产业发展》《倡导民营企业社会责任，促进社会和谐发展》《落实科学发展观，建设生态经济市》《以创建文明城市为载体，提升城市综合竞争力》《加强动物防疫体系建设，保障公共卫生安全》《加快镇江市科技中介服务业发展的建议》的大会发言。全年有7人被市人民检察院聘请担任特约检察员，18人被市公安局聘请担任警风警纪监督员。民主党派成员会同市政府纠风办对镇江市30多家保险公司、12家银行和农村信用合作联社等进行行风评议。

加强自身建设。各民主党派驻会副主委开展学习活动，并参加中共镇江市委统战部组织的外出参观活动，接受爱国主义和社会主义教育。民主党派各级组织坚持"自觉、自主、自为"方针，继续开展以"自觉接受中国共产党领导，坚持走中国特色社会主义道路"为主题的政治交接教育活动。各民主党派、工商联举办各类学习教育培训班、报告会20余场次。开展纪念中共中央发布"五一口号"60周年活动，增强党派成员接受中国共产党领导的自觉性和坚定性。各民主党派坚持以协商确定的范围和对象为主、以大中城市为主、以有代表性人士为主，组织发展与后备干部队伍建设相结合，全年发展新成员123名。截至2008年底，全市有民主党派成员2367名。市工商联增补3名常委和7名执委。

2008年，各民主党派、工商联和无党派人士开展"围绕中心工作，贴近重点使劲"活动，就"南山北水"重点工程、发展职业技术教育、培养人才、改善投资环境、提高政府部门行政能力等课题开展调研，提出意见和建议。 (胡华东)

开展社会服务。市各民主党派、工商联开展医疗义诊、扶贫济困、农技指导和义务支教社会服务活动，受益人员达万余人次。民建市委与市人口计生委、市人口计生协会联合开展"思源工程——生育关怀丹阳一日行"活动。"5·12"汶川大地震发生后，市各民主党派、工商联发出"灾难无情人有情，一方有难八方援"号召，送温暖、献爱心。农工党成员严军自费赴灾区当医疗志愿者；民建市委主委强南山担任四川省绵竹市板桥镇灾后重建指挥部副总指挥，长期在灾区做灾后重建工作。市委统战部、市工商联、市光彩事业促进会联合发文，号召民营企业家奉献爱心。全市各民主党派、工商联向灾区捐款捐物超6000万元。民建会员李光千被民建中央授予"全国抗震救灾优秀会员"称号。江苏飞达集团有限公司董事长朱国平、镇江液压件总厂董事长潘正东、镇江金佰利文教用品有限公司董事长蔡政、镇江市东方制冷空调设备配件有限公司董事长谭荣生等4名会员被中国个体劳动

表 7-1 **2008 年镇江市各民主党派组织、成员、参政情况一览表**

党派名称	组织情况(个)				成员情况(人)			参政情况(人)									
								人大代表				政协委员				任实职(处以上)数	市特邀(约)人次数
	市委会	总支部	基层委员会	支部(支社)	总数	高级职称	新成员	县(市)区	市	省	全国	县(市)区	市	省	全国		
民革	1	–	–	11	217	77	10	2	5	–	–	16	15	2	1	3	9
民盟	1	–	3	35	677	405	21	7	2	1	–	22	27	2	–	4	15
民建	1	1	–	15	298	61	18	3	4	1	–	43	14	2	–	1	16
民进	1	1	–	13	272	106	20	2	2	–	–	17	22	1	–	2	10
农工党	1	1	1	18	427	236	27	3	6	1	–	30	19	2	–	2	12
致公党	1	1	–	7	128	42	17	2	4	–	–	13	9	1	–	–	10
九三学社	1	–	2	16	348	260	10	4	2	–	–	25	13	2	–	–	7
合计	7	4	6	115	2367	1187	123	23	25	3	–	166	119	12	1	12	79

注：统计时间截至 2008 年 12 月 31 日。 （刘　飞）

者协会评为抗震救灾无私奉献会员。

2008 年，市工商联提出加强行业商会建设的意见，全年成立 10 家行业商会。丹阳眼镜产业集群和扬中工程电器产业集群获选中国社会科学院工业经济研究所公布的“2008 中国百佳产业集群”名单。组织非公有制经济代表人士参加“改革开放与江苏民营经济”高层论坛，增强面对世界金融风暴、战胜困难、加速民营经济发展的信心。在中华全国工商业联合会 2007 年度上规模民营企业调研排序中，镇江市 7 家企业入选全国民营企业 500 强。其中大亚科技集团有限公司（第 95 名）、江苏飞达工具股份有限公司（第 209 名）、大全集团有限公司（第 251 名）、江苏天工工具有限公司（第 272 名）、中电电气集团有限公司（第 288 名）、江苏沃得机电集团有限公司（第 367 名）、江苏省交通工程集团有限公司（第 494 名）。一批民营企业在依法纳税和扩大就业方面受到省委统战部和省经贸委、国税局、地税局、劳动和社会保障厅、工商联的联合表彰。江苏飞达工具股份有限公司、大全集团有限公司、江苏沃得机电集团有限公司、中电电气集团有限公司、江苏船山集团有限责任公司、江苏鸿泰钢铁有限公司等 6 家企业被评为 2007 年度江苏省民营企业纳税百强。大亚科技集团有限公司、华鹏集团公司、镇江建工集团、江苏南自通华电气集团有限公司、江苏环太集团有限公司、江苏太白集团有限公司、江苏省镇江船厂有限责任公司、江苏宏达新材料股份有限责任公司等 8 家企业被评为 2007 年度江苏省民营企业纳税大户。大亚科技集团有限公司、江苏沃得机电集团有限公司、大全集团有限公司、江苏飞达工具股份有限公司、中电电气集团有限公司、江苏船山集团有限责任公司、江苏省镇江江天汽运集团有限责任公司、句容市盛钢旅游用品有限公司、华鹏集团公司等 9 家企业被评为 2007 年度江苏省民营企业就业先进单位。10 名“创业新星”和 10 名“创业先锋”受到市委统战部和市工商联、经贸委、工商局、科技局、统计局的表彰。 （刘　飞）

【民主党派开展政治交接学习教育活动】 2007 年 4 月至 2008 年 12 月，市各民主党派开展以坚持走中国特色社会主义道路为主题的政治交接学习教育活动。活动分为四个阶段：调查摸底和动员准备阶段、学习教育阶段、查找差距和不足阶段、总结和措施制定阶段。学习教育活动学习中国特色社会主义理论，加强基本国情和形势政策教育，多党合作历史和理论，民主党派党史、章程和优良传统。其间举办报告会、座谈会、研讨会、培训班等，还参观图片成就展，撰写纪念文章，开展演讲比赛，拜谒革命圣地，参与社会实践等。通过谈心、走访、调查问卷等形式，了解成员思想现状及自身建设存在的突出问题，并结合实际提出解决措施，制定完善规章制度，建立长效机制。 （刘　飞）

民革镇江市委员会

【概况】 2008 年，民革镇江市委员会参加市委“双月座谈会”“情况通报会”，就提高科技创新能力、推动农村三大合作组织建设等问题发表意见和建议。全国政协十一届一次会议期间，民革市委主委宋余庆递交《完善公共财政体制，让人民共享改革和发展的成果》等 5 件提案。市政协六届一次全会期间，市委会递交集体提案 5 件，副主委沈红亮作《落实科学发展观，建设生态经济市》大会发言。民革成员中市、区两级人大代表和政协委员提交建议和提案 43 件，市委会全年有 5 篇社情民意被民革中央采用。民革镇江市委员会被评为民革江苏省参政议政机制建设先进集体。

加强思想建设和组织建设。继续开展政治交接学教活动，召开新老市委委员和市人大代表、政协委员政治交接座谈会，举办政治交接征文活动、新成员培训班。市委会被民革省委授予政治交接学教活动创新奖、全省宣传工作先进集体一等奖、政治交接知识竞答活动优秀组织奖，学教成果被《团结报》刊载。妇女工作委员会组织女成员赴无锡调研水环境与水资源工作，老龄工作委员会组织老年同志座谈会。全年发展成员 10 人，平均年龄 39 岁，其中高级职称 2 人、中级职称 7 人，与民革有渊源关系的 5 人。2008 年，民革市委表彰江苏科技大学支部、财经支部、丹徒支部、江苏大学支部、润州支部为民革先进支部，66 名成员为民革先进党员。10 月，市孙中山思想研究会召开“孙中山与近代中国的开放”研讨会，形成成果在内刊上发表。宋余庆当选为全国孙中山思想研究会副会长。

为经济建设和社会发展服务。民革医卫支部和江大支部成员开展义诊活动，中山书画社组织开展迎奥运书画笔会。中山业余学校全年办班 35 个，招收学员 1280 人。“5·12”汶川大地震发生后，民革市委发出“缴纳特殊党费向四川地震灾区献爱心”倡议书，组织镇江民革抗震救灾特别党费缴纳仪式，全体成员捐款总数21万元。

开展促进祖国和平统一工作。民革市委与市人大、市政协和市台办、市台联联合举办台情报告会，举办迎春联谊会、政治交接学教活动总结暨迎中秋庆国庆联谊会等。（蔡　俊）

【提出完善全市中小企业投资担保体系的建议】 资金短缺，贷款难、担保难，是民营企业发展的第一难。镇江担保机构注册资金规模不够大、业务运营不够规范、主营业务不够突出、风险共担机制不够完善等，影响民营企业发展。2008年1月，民革镇江市委在市政协六届一次全会上提出建议：1. 壮大担保规模，担保公司要增资扩股，吸引社会资金包括外资投入信用担保领域。要积极探索与国家开发银行合作，争取开发银行软贷款注入担保公司注册资本金。2. 加强担保力度，要以战略眼光，发现一批有前途的中小企业，帮助其成长。要认真研究国家产业政策，并以此作为客户准入依据，把高新技术企业、农业产业化龙头企业、环保型企业、有市场发展前景企业列入支持重点。要围绕解决"三农"问题，开展农户小额贷款担保业务。3. 健全体系建设，担保机构要加强对担保项目的风险审查，完善决策机制和项目跟踪制度，随时掌握资金使用情况。（蔡　俊）

民盟镇江市委员会

【概况】 2008年，民盟镇江市委员会履行参政议政职能，形成《加强动物防疫体系，建设保障公共卫生安全》《关于统一规划合理布局，做强我市特殊教育的建议》《高度重视中小学生上学用车安全问题》《镇江籍未成年人犯罪成因的调查、对策和建议》《关于做大做强我市职业教育的建议》《当前的新型农村合作医疗存在的问题》等调研报告，并就西津渡街区保护存在的问题提出建议。

加强组织建设和自身建设，新发展成员21人。开展纪念中共中央"五一口号"发布60周年和改革开放30周年活动，邀请南京大学博士生导师、台湾研究所所长崔之清教授和南京民盟原副主委尹树人分别作台海形势报告和盟史盟章辅导报告，组织各专门委员会成员、镇江中学支部全体成员赴南京参观梅园新村纪念馆和侵华日军南京大屠杀纪念馆。全年在全国、省、市新闻媒体刊发新闻报道近百篇。"5·12"汶川大地震发生后，民盟镇江市委组织开展抗震救灾、支援灾区活动，向灾区捐款捐物6.8万元。

开展以"送知识、送法律、送温暖"为主题的系列活动，开展"中国传统文化教育年"活动，选派10名相关专家给市未成年犯管教所司法干警、服刑人员作中国传统文化专题讲座11场，2000多人次接受教育，并与之编排文艺节目参加江苏省未成年犯管教所首届服刑人员文艺节。（张苏明）

【提出加强动物防疫体系建设的建议】 近年来，"非典"、高致病性禽流感、猪链球菌病和口蹄疫等疫情不时发生，镇江市动物防疫体系存在兽医管理体制改革不到位、基层动物防疫工作基础条件薄弱、应急反应机制不完善、动物防疫技术手段落后、防疫监督及屏障设施不健全等薄弱环节。2008年，民盟镇江市委在市政协六届一次全会上提出建议：1. 推进动物防疫管理体制改革。按照国务院《关于兽医管理体制改革的若干意见》，完善市、县、乡镇三级兽医行政管理机构，在合理区分经营性服务和公益性职能的基础上把公益性职能履行好，乡镇畜牧兽医站人员、业务、经费等应由县级兽医行政主管部门统一管理，承担动物防疫、检疫和公益性技术推广服务职能。2. 建设高素质防疫队伍。机构编制部门要会同财政和兽医行政主管部门合理核定畜牧兽医工作机构人员编制，并对兽医行政执法机构实行全额预算管理。3. 加强动物防疫体系基础设施建设。要把动物防疫体系硬件建设作为农业综合服务体系建设的重要内容，完善动物防疫经费财政保障机制。4. 推进饲养方式向规模化、标准化、规范化转变。5. 建立和规范市场监管体系。畜牧、工商、质监等部门要加强对动物饲料、药品生产和使用等全程执法监管。6. 建立健全有利于畜牧业发展的风险保障机制。（张苏明）

民建镇江市委员会

【概况】 2008年，民建镇江市委员会履行参政党职能，参加各类情况通报会、座谈会，分别就推进节能减排、推进新一轮思想解放、培育发展壮大农村三大合作组织等协商议题提出意见和建议，部分建议得到采纳。在市政协六届一次全会上，提交6件集体提案。其中《关注城市困难群体，促进镇江和谐发展》《加快提高我市农民收入的建议》《关注新〈劳动合同法〉施行，切实保护劳动者合法权益》等提案，得到市政府及市有关部门采纳。民建镇江市委大会发言《把握发展机遇，构筑镇江汽车及零部件产业新优势》，市政协就此召开议政会予以推进。

继续推进政治交接学习教育活动，市委会被民建省委授予组织奖。开展纪念改革开放30周年、"五一口号"发布60周年活动。孙中良、柳骏等民建会员撰写的《坚定不移地走中国特色社会主义政治发展道路》《写在改革开放30年》在《江苏民建》发表，民建会员严勇进、徐祥摄影作品参加民建省委纪念改革开放30周年书画摄影作品展。全年被各类媒体采用新闻稿件60余篇，编印《镇江民建》4期。

加强组织建设，制定《民建镇江市第十届委员会委员守则》，加强对委员履行职责的管理和考核。做好骨干会员培养、推荐和安排工作，制定上报民建镇江市委2008年～2011年后备干部名单。会员中担任新一届县（区）以上人大代表、政协委员分别为8人次和59人次，担任省政协委员2人。担任各类特邀（约）职务16人次。制定《民建镇江市第十届委员会组织发展工作规划》，全年发展会员18人，净增长率2.8%。

开展社会服务。妇女工作委员会赴市福利院献爱心。民建会员参与四川省汶川抗震救灾工作，自发捐款23万余元。李光千被民建中央授予全国抗震救灾优秀会员称号。主委强南山作为镇江市对口支援四川省绵竹市板桥镇灾后重建指挥部副总指挥，长期工作在抗震救灾第一线。与市人口计生委、市人口计生协会联合开展"思源工程——生育关怀丹阳一日行"活动，市委会与丹阳总支捐资3000元，丹阳总支会员代表与6户计生困难家庭签订"亲情牵手协议书"，对计生困难家庭关爱常态化。在国际金融危机发生以后，组织企业界会员参加各种讲座，帮助会员企业为规避金融风险出谋划策。市委会机关创建"镇江民建QQ群"，加强与民建会员联系和交流。（赵　红）

【提出对发展镇江汽车及零部件产业的建议】 在2008年1月召开的市政协六届一次全会上，民建镇江市委提出建议：全市汽车及零部件产业要在国际、国内产业整合形势下谋求可持续发展空间，必须明确产业发展思路和重点突破方向。要全面优化整合，错位发展，构筑发展新平台，做优做特，尽快地把资源优势转化成规模优势、技术优势和品牌优势，集中企业，集聚产业，分工协作，有序发展，形成"企业"和"产业"相互烘托、共同发展的良好局面。要建立强力推进全市汽车及零部件产业组织领导机构，理顺产业管理体制，明确责任主体，构建产业发展政策支持和服务体系。要依据《镇江市汽车及零部件产业发展规划》，按照重点发展汽车零部件产业、选择发展汽车整车制造业、发展零部件产业的思路，制订规划实施细则。要优化结构，整车发展本着"巩固、提高、创特色"的原则，巩固和提高载重汽车的基地建设，引导专用车生产创特色、上规模。零部件产品发展着眼于高新技术、高附加值。要创新招商方法，强化产业链招商，吸引国内外知名汽车制造企业到镇江合资合作，消化吸收国内外先进生产技术、管理方法，力求短期内达到先进技术"本土化"，产品销售"国际化"。要整顿和规范市场秩序，特别是要加大对零部件生产企业的监管力度，打击制假售假、商业欺诈等违法行为。（赵 红）

民进镇江市委员会

【概况】 2008年，民进镇江市委员会继续推进政治交接学习教育活动，召开主委会议6次、市委委员会议7次、支部主任会议4次、机关作风建设座谈会2次、专题学习交流会4次。

发挥参政议政作用。软科学研究计划项目"建设创新型企业的政策环境与内在动力研究"被市科技局立项。中标民进江苏省委2008年度调研课题"中医现状及发展对策"。在2008年市政协六届一次会议期间，提交集体提案6件、个人提案38件，其中《加快打通健康桥黄山东路黄山西路朱方路，以缓解中山路交通压力》提案被采纳并实施。

加强基层组织建设。全年发展会员20人，平均年龄36.7岁，73%具有大学以上学历。组织会员参加纪念中共中央发布"五一口号"60周年辅导报告会和参观茅山新四军纪念馆等活动。参加2008年9月在苏州召开的民进江苏省机关建设工作会议（2008）。直属支部联系企业向市特教中心捐款1万元，民进丹阳总支组织召开纪念中共中央发布"五一口号"60周年座谈会，民进机电高职综合支部、直属支部与市特教中心党支部成员座谈改革开放30年成就，民进润州小教支部在教师节、中秋节慰问老教师，民进江苏大学支部邀请在日本做访问学者回校的会员介绍国外经济发展及政治文化等状况。

创新信息宣传工作机制，下发《民进镇江市委会新闻宣传工作先进基层组织及个人评选办法》。完成杂志及网站改版工作。全年上报社情民意信息30余篇，其中《关于加快出台〈个人信息保护法〉的建议》被省政协采用并报送全国政协。全年报送新闻宣传稿件近40篇，其中2篇被中央级媒体采用，4篇被省级媒体采用。

2008年4月4日，民进中央原主席许嘉璐到镇江视察。7月27日，民进江苏省委八届八次主委会议在镇江召开。"5·12"汶川大地震发生后，民进市委发出"交纳一份特殊会费，向灾区人民献爱心"倡议，3天收到2.48万元特殊会费，会员还通过其他渠道捐款5万余元。民进丹阳总支被授予民进江苏省抗震救灾先进集体称号，会员尹红敏获民进江苏省抗震救灾优秀会员称号。

（尹红敏）

【提出推进镇江市光伏产业发展的建议】 民进镇江市委在2008年市政协六届一次全会上就推进镇江市光伏产业发展提出建议：1. 加快制定镇江市光伏产业发展规划，强化政策扶持。在扶持产业基地建设方面，建议市政府成立光伏产业发展工作领导小组，负责制定产业总体发展规划、扶持政策以及产业企业组织、协调、服务等工作。设立光伏产业建设扶持引导资金，用于产业项目、前期关键技术开发、基础设施建设等。在扶持光伏产品应用方面，建议引导企业加快产品在多领域的示范应用步伐。如建设光伏示范电站、光伏居民小区、百顶或千顶居民住宅"光明工程"以及其他光伏应用试点、示范工程等。对正在建设中的光伏产业项目，切实解决好用地、资金、人才、政策激励等问题，确保项目顺利投产。2. 重点培植特色产品。主攻硅锭硅片生产，重点发展太阳能电池，培育光伏系统应用。建议以扬中辉煌硅能源项目为核心，规划建设镇江市光伏产业园，推进光伏产业规模、集聚发展。3. 通过实施专向培训计划培养专门人才、扩大与国内外科研机构和高等院校合作等，吸引光伏领域科技人才到镇江就业创业。（尹红敏）

【拓宽改造谏辛公路李华段的建议被采纳】 民进镇江市委在2008年镇江市政协六届一次全会上提出建议：加快拓宽改造谏辛（谏壁—辛丰）公路李华段，该建议被市政府采纳。谏辛公路拓宽改造工程被纳入镇江市2008年重点城建工程，按二级公路标准建设，土十道双向四车道，路基宽25米，总投资8000万元，改造工程5月启动。（尹红敏）

农工党镇江市委员会

【概况】 2008年，农工党镇江市委员会参加统战系统纪念中共中央"五一口号"发表60周年大会，结合纪念改革开放30周年，市委会组织成员到江阴华西村学习考察社会主义新农村建设。在政治交接学习教育活动中探索建立适合农工党市委特点的政治交接长效机制，完成"学教活动"各项工作。加强组织建设，新发展成员27人，完成市第一人民医院、江大委员会基层支部换届工作。市委会被农工党江苏省委评为政治交接学习教育活动先进集体，江苏大学委员会、丹徒区支部和丹阳人民医院支部获农工党江苏省委先进基层组织称号。

发挥参政议政职能，在省、市人大和政协会议提出议案、提案和建议30多件。在市政协六届一次全会上，农工党市委作《以创建文明城市为载体，提升城市综合竞争力》大会发言。省政协委员、农工党市委主委赵庆荣在省政协全委会上提出《对使用塑料袋进行收费，限制社会上无节制地使用塑料袋》提案。省人大代表、农工党市委委员陆鸣冈在省人代会上领衔提出《加快制定江苏省精神卫生立法条例》的建议，该建议被列入省人大常委会审议；《建议出台江苏省农民工社会保障条例》在《新华日报》《扬子晚报》和江苏人民广播电台刊播；《建议江苏省实行收取企业污染成本排放收费制度》在《新华日报》刊登，并被香港《大公报》引用。市人大代表、农工党京口区支部主任王德标《关于把加快发展社区卫生服务、完善社区卫生服务体系作为市政府为民办实事的议案》被评为市人大优秀建议。市人大代表、农工党成员王杏凤提出《加快老城区危旧房改造，建设优美人居新环境》建议被市人大列为重点建议。全年向农工党中央、农工党省委、市政协、市委统战部上报社情民意信息200多条。

"5·12"汶川大地震发生后，市委会向各基层支部发出紧急通知，7个医院支部及医疗卫生界200多名成员向各自所在医院报名参加抗震救灾医疗队。农工党成员向灾区伸援手、献爱心、送温暖，捐款18万多元，向农工党中央缴纳特别党费5万多元，创下捐款数历史之最。农工党市委宣传处获农工党中央抗震救灾先进集体称号，8人获农工党中央抗震救灾优秀党员称号。

开展社会服务。组织8场100多人次送医到扬中、丹阳、丹徒乡镇和隆昌

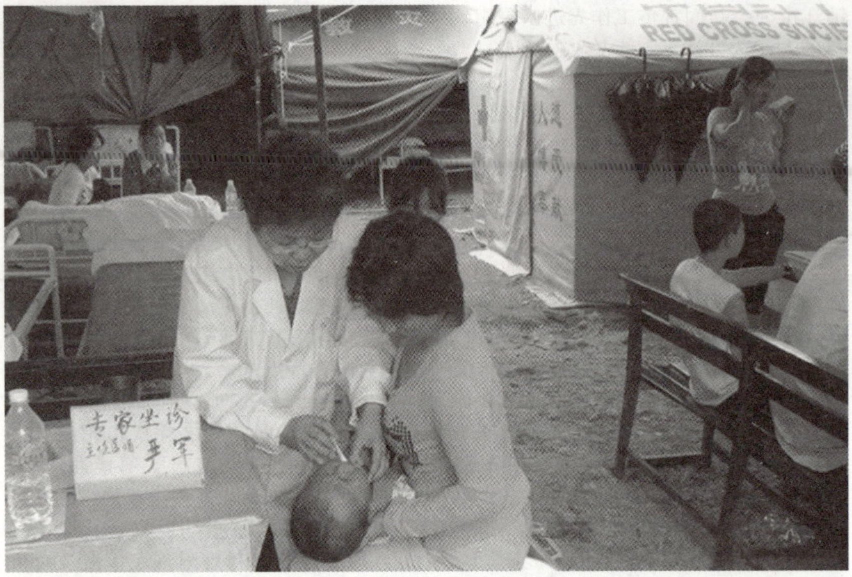

2008年5月17日，市农工党成员严军只身自费赶赴陕西省地震重灾区宁强县燕子砭镇中心卫生院为儿童治病，坚持工作半个多月　　（陈根生）

寺、金山寺等，发放常用药品，义务为3000多名患者诊治，向1万名群众进行卫生宣传教育。（陈根生）

【提出实行污染成本排放收费制度的建议】　省人大代表、农工党市委委员陆鸣冈在2008年1月省十一届人大一次会议上提出《建议江苏省实行收取企业污染成本排放收费制度》，建议：完善政策法规，强化激励和约束机制，用法律手段促进节能减排，加快出台和实施有利于节能减排的价格、财税、金融等政策，加快制定和实施促进节能减排的市场准入标准、强制性能效标准和环保标准；对控污的边际成本和边际收益调研，消除治污成本小于污染成本的状况；按照排污成本收排污费，使排污费征收标准接近污染治理成本，促使企业自觉减排污染。（陈根生）

【提出创建文明城市的建议】　在2008年市政协六届一次全会上，农工党市委会针对创建文明城市中存在的薄弱环节，建议：要提高市民对创建工作的认识和参与度。要注重创建实效，针对经济社会发展中的热点、难点问题，突出办几件影响大、效果好、群众欢迎的实事。要德治法治并举，开展教育和专项管理，引导公民自觉规范日常社会生活行为。要构筑牢固根基，开展文明社区创建活动，规范创建工作标准，对不同条件社区实行分类指导，鼓励创造符合实际、有自己特色的创建模式。要完善长效机制，建立健全组织领导机制、投入保障机制、责任考核制度。（陈根生）

致公党镇江市委员会

【概况】　2008年，致公党镇江市委员会参政议政取得新成绩。全年致公党市委提交调研报告14件，其中省级2件、市级2件；《关于抢占先机加快发展台商投资企业的建议》获市领导批示。在双月座谈会上，就解放思想、就业和农村新土地改革三方面问题提出建议和措施。全年被致公党省委和中共镇江市委统战部采用社情民意信息44条。

加强自身建设，全年发展成员17人。学习宣传工作有新特色，完成政治交接学习教育活动各项任务，组织参观苏北革命遗迹，丹徒支部组织"一辈子愿做中国共产党的同路人"演讲。致公党市委组织纪念中共中央"五一口号"发布60周年报告会和纪念改革开放30周年座谈会，并开展相关征文活动。

做好社会服务工作。在2008年南方雪灾和"5·12"汶川大地震中，全市致公党成员通过致公党市委捐款21410元、衣被496套(件)，成员季道静、江红卫获市优秀志愿者称号。致公党润州支部参与"社会妈妈"活动，与贫困学生结对帮扶，江大支部为恒美嘉园社区图书室捐赠图书，市直支部为丹徒、句容两地7名高考生解决数万元学习费用；成员庐山承担两名到镇江读高中受灾羌族学生的全部费用。（张　明）

【提出民营企业履行社会责任的建议】　近年来，镇江市民营企业参与各种抗灾捐款、扶贫济困、新农村建设等社会活动，累计投入1400余万元。为进一步倡导全市民营企业履行社会责任，在2008年市政协六届一次会议上，致公党镇江市委提出建议：1. 加强企业社会责任方面的教育和引导，帮助民营企业把履行社会责任内化为自觉行为，实现经济效益和社会效益双赢。2. 加强行政推动，加快建立企业社会责任体系。出台镇江市推进企业履行社会责任的工作意见和评价考核标准，建立民营企业诚信体系和发布平台等。防止将企业社会责任极端化和简单化，把社会责任等同于"解囊相助"，随意向企业拉"赞助"，甚至搞变相摊派。3. 媒体要广泛宣传和发动，形成有利于广大民营企业履行社会责任的舆论氛围。理顺各种中介组织管理体制，支持各类中介组织建设，发挥它们在促进政府部门与企业之间的沟通、为企业提供服务的重要作用。要对民营企业家公益行为给予公正评价和合理社会激励，让民营企业家树立投身社会公益事业自豪感，使企业社会责任转化为企业发展动力。（张　明）

九三学社镇江市委员会

【概况】　2008年，九三学社镇江市委员会继续开展政治交接学习教育活动，组织成员学习中共十七届三中全会精神和王选、闵乃本事迹，召开纪念改革开放30周年和九三学社成立63周年座谈会及纪念中共中央"五一口号"发布60周年报告会，组织"以坚持走中国特色社会主义政治发展道路"和"纪念改革开放30周年"为主题的征文活动，被九三学社省委表彰为"学教"活动先进集体。在"5·12"汶川大地震"献爱心"活动中，全体成员捐款8.9万元。"国际科学与和平周"期间组织开展"关爱民生健康，义诊服务进社区"活动，4名成员分获九三学社省委组织、宣传、参政议政和社会服务工作先进个人称号。

基层组织建设得到加强。全年发展新成员10人，其中高级职称4人，平均年龄37岁。把2008年作为基层组织建设年，制定《基层组织工作考核办法》《先进基层组织和优秀社员评选办法》，年内完成基层组织换届和调整。完成组织管理系统数据的录入与更新，加强对成员的动态管理，规范新成员发展程序。开展优秀社员、优秀社务工作者评选活动。3月下旬，丹阳基层委员会在九三学社省委组织发展工作研讨会上作交流发言。九三学社中央组织部到丹阳就组织建设工作进行调研。丹阳基层委员会结合纪念基层组织成立10周年开展“关注公益救济,走进敬老院”活动。江苏大学委员会和丹阳基层委员会分别被九三学社省委授予组织工作和宣传工作先进集体称号。

关注民生建言献策。制定《关于加强提案、调研工作的意见》,实行重要提案审核制度。在九三学社省委提案招标中,有3个提案中标。在市政协六届一次全会上提交集体提案6件、个人提案29件,其中《关于加快镇江市科技中介服务业发展的建议》作为大会发言。

信息宣传保持优势。向九三学社中央、省委和市委统战部门上报信息稿件近60件。4月,举办信息员培训班。办好《镇江九三》,并更新九三学社镇江市委员会网页。被九三学社省委授予宣传工作先进集体称号。 (赵俊华)

【提出加快镇江市科技中介服务业发展的建议】 在2008年市政协六届一次全会上,九三学社市委就加快镇江市科技中介服务业发展提出建议:1. 制定镇江市发展科技中介服务业政策、规定或意见;从同级财政应用技术与研发资金中,安排资金作为发展科技中介服务专项经费;放宽对科技服务类中介机构注册资金限制,在信用贷款、税收减免等方面给予政策优惠;培养科技中介人才,推进科技咨询师、项目管理师、质量认证师、技术经纪人等职业培训和资格认证工作。2. 培育科技中介服务业品牌。实现信息资源共享,倡导科技中介机构与高等院校、科研机构、其他中介机构的联合与协作;选择具备较强社会化服务能力、拥有特色业务的单位,给予重点支持。3. 激发科技中介机构生机和活力。科技中介机构要加快与政府职能部门脱钩,转为独立经营社会化服务组织;发展股份制中介组织,培育多元化科技中介服务市场;组建行业协会,建立会员准入资格、资质认证、服务标准、职业操守、违规惩戒、信誉评估等制度。4. 推进科技中介服务规范化和科学化。建立健全管理制度,对行业准入标准、主体资格、活动范围、服务职能、权利与义务、酬金标准以及违法处理等做出明确规定;由科技主管部门对科技中介机构进行资质认证,实行资质等级制度,建立信息资源库,制定服务流程和管理办法;依托行业协会,对机构的业务能力、服务业绩、社会知名度、内部管理水平等进行评价。 (赵俊华)

镇江市工商业联合会

【概况】 2008年,镇江市工商业联合会加强组织建设,全市新发展会员企业500个,新成立行业商会10个;截至年底有会员总数8376个,行业商会总数48个。加强调查研究和参政议政工作,全市工商联系统形成调研报告20篇,向上级党委、政府和工商联组织上报参阅材料10份。为民营经济服务。举办、协办各类经贸活动25次;加强民营企业宣传表彰力度,推荐企业参与纳税大户、就业先进、和谐企业、全国民企500强、创业典型等评选,100余家企业获得省、市表彰,其中镇江船厂成为全国模范劳动关系和谐企业;创办“镇江商会”电子杂志,向会员企业发送经济信息。上报各类会务、政务信息超过300条,在市以上媒体刊发稿件超过20篇。

努力构建和谐劳动关系。市工商联宣传《关于深入推进创建“劳动关系和谐企业”工作意见》,制定全市《劳动关系和谐企业创建工作三年行动计划》及其考核细则,开展和谐劳动关系先进民营企业推荐活动,产生省级以上劳动关系和谐企业25家;推进全市行业商会工资集体协商工作;同总工会等部门组织开展《中华人民共和国劳动合同法》专题讲座,百余家企业参与学习培训;组织民营企业家座谈会,就《中华人民共和国劳动合同法》《中华人民共和国就业促进法(草案)》实施过程中出现的新情况向市劳动和社会保障主管部门提出工作建议;联合市劳动、工商等5个部门组织百家民企举办“迎五一劳动用工民营企业专场招聘会”,提供近3000个就业岗位;与市委宣传部、总工会等8个部门联合举办第二届职工文化艺术节。 (左建香)

【开展沿铁经济发展战略调研】 2008年,市工商联围绕京沪高速铁路、沪宁城际铁路开通与镇江发展,开展调研。借鉴中外历史交通发展给沿线城市的影响,市工商联和省委党校联合形成调研报告《抢抓机遇,重塑节点,江铁联动,彰显特色,错位竞争,跨越发展——“两铁”开通对镇江的影响及对策建议》。调研认为,“两铁”的“节点效应”和“同城效应”,将给镇江提供产业发展机遇、城市拓展机遇和要素集聚机遇。为此要放大“节点效应”,推进城市与城市对接、公路与铁路对接、沿江与沿铁对接,打造沿铁经济发展“火车头”;呼应“同城效应”,实施经济结构战略调整,坚持特色发展、错位竞争,实施“千百亿”(千亿产业、百亿企业)工程,发展现代服务业,发展高效农业;加快南徐新城建设,加快建设宜居城市。 (左建香)

【组织民营企业家抗震救灾】 “5·12”汶川大地震发生后,市工商联组织全市民营企业家向灾区人民伸援手、献爱心、勇担社会责任,并通过各辖市(区)工商联、乡镇街道商会和眼镜商会、汽车零部件商会、钢材贸易商会、火锅餐饮商会、句容浙江商会等基层组织、行业商会发动民营企业家救灾捐助,市工商联、市商会的副会长企业家带头捐款捐物,建工集团、交通工程、天工集团、中电电气、沃得机电、鱼跃股份、堂皇家纺、海昌眼镜、盛业管件等民营企业支持灾后重建工作。全市民营企业向四川灾区捐赠款物近6000万元。 (左建香)

社会团体

责任编校：缪 丹

镇江市总工会

【概况】 镇江市总工会领导班子7人，下设9部1室，机关干部51人，直属企事业单位5家，即工人文化宫、职工学校、疗养院、互助互济会和职工旅行社。全市基层工会组织3512个，其中，独立基层工会3114个，联合基层工会398个，基层工会覆盖单位10583个，会员645119人，其中女会员263245人，农民工会员184603人。

2008年，市总工会围绕庆祝改革开放30周年和北京奥运会，开展职工诗会、书画展等系列活动；抓住中国工会十五大、江苏工会十二大召开以及王兆国到镇江视察的契机，推进各项重点工作；各级工会组织职工捐款捐物合计1272万元，把镇江职工的爱心和问候传递给灾区职工群众；市总工会联合市工商联等单位，向全市企业家、工会和职工发出"共迎挑战、共度时艰、共创和谐"倡议，开展系列宣传提倡社会责任、提高信心、振奋士气，积极应对金融危机。

市委1号文件《关于进一步改善和保障民生的意见》下发后，市总工会推进劳动关系和谐企业创建、工资协商、互助互济等工作，促进民生改善。组织22万名职工参加"安康杯"竞赛，促进平安镇江创建。根据市委"加快国有企业改革，推进改制企业属地管理"要求，积极稳妥地做好工会属地管理工作，确保平稳过渡。市总工会抽调20多名工会干部，参加色织总厂、赛博电子改制破产的职工分流安置工作；全年接待职工信访455批，依法化解劳动争议6169起。

工会组建取得新进展，全市41个乡镇建立35个总工会。开展创建省、市工会工作模范乡镇，促进乡镇总工会提高工作水平。建立行业工会14个，覆盖企业363家。突破联合水泥等建会难点企业，推进全市麦当劳、肯德基门店全部建立工会。全年新增工会会员6.23万人，新增独立基层工会398家，增长率分别达8.4%和12%。有39个基层工会获得全国、省模范职工之家称号。

市总工会机关建设进一步加强。开展新一轮解放思想大讨论，以思想大解放促进工作新提升。推行"十要十不要"行为规范，促使工会干部内强素质、外塑形象。组织有关人员赴昆山学习研讨，借鉴先进地区工作经验。制定《镇江市总工会工作规则》，推动工作规范化、制度化。

市总工会服务基层举措更加扎实。明确市总工会常委、部长联系点制度以及工作职能，督促指导联系单位推进各项重点工作。组织10名资深律师向基层工会提供免费法律服务，提高基层工会依法维权能力。市总工会干部深入基层开展调研，为基层工会提供业务指导，发布42篇调研成果，提出对策，帮助解决实际问题。市总工会会同市地税局开展基层工会留成经费检查，为基层工会开展工作提供资金保障。组织百名劳模免费疗休养、体检，并慰问百名困难劳模，提高服务劳模的水平。培训基层工会干部3834人，提高工会干部综合素质。在全国纪念厂务公开十周年会议上，镇江船厂工会作为唯一的民营企业工会作交流发言。

党委重视工会工作，市委与各辖市（区）委都召开工会工作会议，研究推进工会工作。市委书记许津荣3次对工会工作作出批示，要求加大和谐企业创建力度，促进社会和谐稳定。市委常委、常务副市长陈照煌到市总工会调研，市委组织部部长魏红军担任创建劳动关系和谐企业领导小组、职工培训教育技能竞赛领导小组组长，协调推进工会重点工作。市和辖市（区）两级党政下发55个文件，促进工会工作开展。人大常委会委员和政协常委视察、检查工会工作，营造良好的社会环境。 （王重阳）

【劳动关系和谐企业创建】 2008年1月，市委常委会研究决定，将创建工作绩效纳入各辖市（区）党政综合目标考核，辖市（区）党政推进创建工作的力度进一步加大。3月14日，市总工会制定《市总工会机关各部门推进和谐企业创建工作职责》，形成齐抓共推的创建格局。6月16日，市总工会下发《关于在全市推行签订〈共建劳动关系和谐企业集体合同〉的通知》，明确企业签订和执行集体合同的目的就是共建和谐企业。9月26日，市委、市政府在全国率先下发《深入推进劳动关系和谐企业创建工作三年行动计划》，全面系统推进和谐企业创建工作。在创建工作中，各辖市（区）工会积极探索，形成各具特色的做法，丹阳市总工会开展"履行民主程序、共决企业规章制度"活动，从源头上维护职工基本权益。京口区总工会推行"指导和谐企业创建一线工作室"制度，加强分类指导。全市1900多家企业积极参加创建活动，参与面达81%。申报市级和谐企业的单位从2007年的124家上升为2008年的184家，增长率达48%。全年涌现出劳动关系和谐企业63家，和谐企业职工满意率、劳动合同签订率、社会保险缴纳率等均达95%以上。

（王重阳）

【全国总工会主席王兆国到镇江考察】 2008年11月5日，中共中央政治局委员、全国人大常委会副委员长、中华全国总工会主席王兆国，与随行的中华全国

中共中央政治局委员、全国人大常委会副委员长、中华全国总工会主席王兆国(中)视察镇江船厂 (肖克永)

总工会副主席、书记处第一书记孙春兰,就贯彻落实中国工会第十五次全国代表大会精神到镇江考察调研。

镇江市在全省率先启动劳动关系和谐企业创建工作,经验在全国推广。王兆国一行到镇江市第一家全国模范劳动关系和谐企业——江苏镇江船厂实地考察调研,重点了解镇江创建劳动关系和谐企业,维护职工民主政治权利方面的情况。王兆国对镇江船厂坚持召开职工代表大会,形成工资协商、厂务公开、职工技能提升等制度的做法给予高度评价,鼓励企业让职工参与企业管理和民主决策,切实维护职工民主政治权利。他希望镇江的广大职工和各级工会干部要增强责任感和使命感,在继承中发展,在实践中完善,在创新中提高,努力把中国特色社会主义工会建设好、完善好、发展好。王兆国还会见了镇江市部分劳动模范和获得全国五一劳动奖章的代表。 (王重阳)

【开展职工培训教育、技能竞赛工作】 2008年3月4日,市委、市政府在原镇江市技能竞赛领导小组的基础上,成立镇江市职工培训教育、技能竞赛领导小组,领导小组办公室设在市总工会。3月14日,市总工会在一泉礼堂召开全市培训教育、技能竞赛动员大会,下发《关于加强全市职工培训教育和技能竞赛工作的意见》,授予潘炳国等42人"镇江市技术能手"称号,授予赵曙勤等110人"市五一技术标兵"称号,授予市建设局等30个单位镇江市职工职业技能竞赛优秀组织奖。表彰2003~2007年度镇江市职工培训教育工作先进单位和自学成才优秀职工,表彰镇江市"十大职工技术创新成果""十佳职工节能减排合理化建议"。全年开展电子商务、砌筑工等市级10大工种技能竞赛,全市16万名职工参加146个工种的练兵、竞赛工作,100多家企事业单位开展"名师带高徒"活动,成立8个技师工作室,促进技能人才培养,全市10万多名职工技术能力得到提升,全年新增30名市技术能手、100名五一技术标兵。市直32500名职工参加学历教育、技能培训工作,4678名职工接受大专以上教育,2186名班组长接受培训。 (王重阳)

【组织劳动立功竞赛】 2008年,市总工会会同市建设局、交通局等单位,在沿江公路、南徐新城等32个重点工程开展建功立业劳动竞赛,推动全市90%以上规模企业开展劳动竞赛,保证建设任务优质高效完成。市总工会会同相关部门开展第二轮"优化投资环境,争当服务标兵"立功竞赛活动,涌现出25名优化投资环境服务标兵。开展"我为节能减排献一计"合理化建议工作,提出合理化建议32000多条,12800多条被采纳并产生经济效益。全年产生全国、省、市五一劳动奖章(状)38个,59个集体被命名为全国、省、市"工人先锋号",命名劳模创新工作室30个。 (王重阳)

【推进工资集体协商】 2008年1月2日,市总工会会同市劳动保障局、经贸委等部门开展"工资协商春季要约行动",努力扩大工资协商工作社会影响。编发《镇江市集体协商制度操作指南》,提高指导基层工会开展协商的针对性。全市符合条件的1909家企业中,有95%的企业与工会签订工资协商专项合同。润州区总工会实施"代行要约",帮助基层工会开展协商,丹阳皮鞋行业、丹徒轴承行业等14个行业签订工资协商合同,促进职工工资有效增长。镇江市有288名工资集体协商指导员帮助基层工会开展工资协商工作。全市开展工资协商的企业中,有90%的职工工资收入得到提高。在2008年的工资协商工作中,市总工会将提高一线关键岗位和技术工人收入作为工资协商重点,在部分企业探索技术工种岗位津贴和特殊人才协议工资的做法,带动职工整体工资水平提高。 (王重阳)

【扶贫帮困工作】 2008年,市总工会按照"普惠职工,扩大覆盖面,提高受益面"的原则,推进职工互助互济工作。扩大保障范围,推行优惠补贴制度和《会员慰问金实施办法》,让职工得到更多实惠。全年参加互助互济的职工达到12万人次,慰问困难职工43055人次,发放慰问金、互助金938万元。2万多名党员干部落实帮扶资金125万元,结对帮扶1128户困难职工家庭。752名职工领取特困证,496名困难职工子女得到助学金近40万元。举办SIYB创业培训40期,培训职工1200名;培育树立"上新岗、创新业"基地28家。 (王重阳)

【职工文化活动】 2008年4月30日,市总工会组织庆祝五一大会暨"五一欢歌"专场文艺演出,拉开第二届职工文化艺术节的序幕,先后开展迎奥运健身操比赛、厂报厂刊巡展、文明礼仪书法展等8个系列的活动。9月20日~21日,市总工会组织开展职工职业服装风采秀、职工歌舞大赛,扩大职工文化的社会影响。从10月份起,市总工会举办职工诗会、职工书画展等7个系列活动,用职工文化的形式表现和反映改革开放30年成果。 (王重阳)

共青团镇江市委员会

【概况】 2008年,全市14至35周岁青年总数为571811人,14至28周岁青年数为450445人,其中共青团员199283人,女性团员89940人,少数民族团员1421人。全年发展新团员数18876人,超龄离团13035人,全市有24738名团员申请入党,有5675名团员被批准入党。全市有590个基层团委,365个团总支,7926个团支部,137个基层团工委,配备290名专职团干部，其中女性团干部119人。

全市各级团组织和团员青年推进“青少年阳光导航计划”“农村青年创业行动”“社区青年和谐工程”“强基兴团工程”等各项工作。

团市委组织城乡青年开展各类就业创业活动。开展“康桥工程”，全年举办大型广场招聘会3期，其他各类小型招聘会10期，为城乡青年提供就业岗位2万余个，促进1万多人实现就业。加强与农信社、邮政储蓄等金融机构的合作，扩大小额信用贷款的发放范围，为农民创业提供资金便利。加强与相关农业生产基地以及农业大户的联系，为农村青年学习农业技术提供平台。发挥团组织的自身优势，为姚桥镇与句容农林学院的合作牵线搭桥，服务农业产业化发展。加强与周边城市团组织的联系，做好农产品销售和优质农业项目的学习引进工作。加强对农村青年网络创业、文化创业等创业新形式的研究和分析，引导农村青年创新创业形式，增收成才。团市委被评为全市促进农民就业创业工作先进单位。全市团干部领办项目有较大发展，涌现出句容白兔樊磊草莓种植基地等一批典型团干部领办基地。

团市委带领全市团员青年积极投身和谐镇江建设。自4月起在全市范围内启动“社区青年和谐工程”，评定三星级“青年和谐社区”8家，二星级社区8家。8月28日，团市委、市希望工程办公室举行希望工程2008大学圆梦行动助学金集中发放仪式，为201名学子发放每人4000元的助学金共80.4万元，帮助其顺利进入大学校门，受助学子全部为2008年高考被本二以上院校录取、品学兼优的应届高中毕业生。全市青少年对外交流活动进一步扩大。9月，团市委书记、市青联主席黄万荣随中国青年代表团出访朝鲜。韩国青年代表团应团市委、市青年联合会的邀请于7月24日到镇江市开展友好访问，20余名镇江大学生与韩国大学生在南山开展“中韩青年手拉手共迎绿色奥运”活动，共同参观镇江博物馆、西津渡历史文化街区，加深两国青年之间的沟通和交流。

团市委以“关注健康、关注心理、关注环境”为主题，开展“爱在镇江”——2008年镇江青年骨髓捐献志愿者行动、《直播镇江》“生命志愿者”为您服务、“生命志愿者”与您相约《今晚九点半》系列活动，全市抗震救灾志愿服务专项行动等各类志愿者行动。其中，“爱在镇江”——2008年镇江青年骨髓捐献志愿者行动当天采集血样598份，全市骨髓捐献志愿者总数达到10614人。占全省人口总数不到4%的镇江，骨髓捐献志愿者突破万人，占中华骨髓库江苏省分库的1/7，成功捐髓志愿者总数18人，占全省的1/5。全年开展《直播镇江》“生命志愿者”为您服务、“生命志愿者”与您相约《今晚九点半》系列活动32期，直接受益群众5000余人。

开展全市青年文化建设。团市委先后开展全市首届大学生校园歌手大赛、首届大学生电影节、全市中学生“青春·成长·责任”主题教育活动，在全市青年中培育健康向上的青年文化。由团市委、市学联、市交通广播台举办，江苏大学、江苏科技大学、镇江市高等专科学校、江苏省农林职业技术学院四所驻镇江高校协办的镇江市首届校园歌手联盟大赛历时1个多月，决赛以“青春有爱·情系灾区”为主题，现场为四川地震灾区捐款5000余元。由团市委、驻镇江各高校联合举办的镇江市首届大学生电影节开幕之后，展映10余场主旋律电影，开展影评活动，在大学生群体中营造和谐生动的校园文化氛围。团市委、市教育局联合举办“青春·成长·责任”主题教育活动，举办“青春·成长·责任大讲堂”“‘90后’素质拓展训练营”“‘90后’成长与社会责任”问卷调查，先后发放问卷5000份。

2008年5月4日，团市委召开纪念五四运动89周年暨“解放思想·青春畅想”学习实践推进会。团市委先后组织开展镇江各界青年“解放思想·青春畅想”学习实践座谈会、征文比赛、演讲比赛，在全市团干部和团员青年中掀起解放思想、青春畅想的学习实践热潮。此外，团市委、市志愿者协会按照专业化、社会化发展要求，相继成立医疗卫生志愿者、120急救志愿者、地震应急志愿者、防空减灾志愿者、癌症康复志愿者、文明交通志愿者等8支专业志愿者服务队，全市志愿服务事业呈现专业化发展趋势。 (朱明珠)

【开展抗震救灾志愿服务专项行动】 “5·12”汶川大地震发生之后，团市委、市志愿者协会获悉131名灾区伤员到镇江医治，于2008年5月29日正式启动全市抗震救灾志愿服务专项行动，成立以四家接收伤员医院(市第一人民医院、江苏大学附属医院、市第四人民医院、解放军359医院)团委牵头、各志愿服务站(队)参与的志愿者服务组织，向市内各大媒体发布志愿者招募信息，招募健康陪护类、心理咨询类抗震救灾志愿者各200人。志愿者经过健康陪护、心理咨询岗前培训后为灾区到镇江医治伤员提供志愿服务，直至8月底最后一名伤员离开镇江。团市委还向全市团干部、团员青年发出倡议，缴纳特殊团费支援灾区，全市团干部、团员青年共缴纳特殊团费677579元，团市委被团省委评为全省抗震救灾优秀团组织。 (朱明珠)

【“大学生村官”兼任基层团干部】 2008年，团市委按照共青团中央“双基”电视电话会议的部署，加强团的基层基础工作，把握“大学生村官”这一基层团建生力军，与市委组织部联合下发《关于明确到村任职大学生兼任基层团干部的通知》，加强基层团组织的力量建设。截至12月，全市到村任职大学生村官223人，其中兼任村(社区)基层团组织负责人157人，兼任镇(街道)团委负责人37人。各辖市(区)团委成立大学生村官信息平台，以建立QQ群的方式，加强大学生村官之间的沟通交流。 (朱明珠)

【镇江市青少年违法犯罪发生比例明显下降】 2008年，团市委、市预防青少年犯罪领导小组办公室针对全市青少年违法犯罪情况开展“禁毒宣传进社区”“中学生法律大讲堂”等活动，全市青少年违法犯罪发生比例明显下降。全市25周岁以下青少年犯罪占犯罪总人数的比例为20.9%，未成年人犯罪占犯罪总人数的比例为2.1%，在校生犯罪占犯罪总人数的比例为0.1%，比前三年的平均值分别下降9.19个百分点、6.21个百分点和1.48个百分点，三项数值在全省省辖市中均为最低。5月，镇江市以考核总分第一的成绩被江苏省综治委评为全省预防青少年违法犯罪工作先进市。

(朱明珠)

【加强“四点钟学校”建设】 2008年，团市委在全市范围内加强“四点钟学校”建设，依托各级宣传部门、共青团组织和社区，整合高校大学生、中小学年轻教师及“五老”等志愿者资源，由社区居委会、社区志愿者服务站负责日常管理和运转，为中小学生提供下午放学后学习、娱乐、托管等服务，解决城市双职工家庭在学生下午四点钟放学后至家长下班回家前这段教育管理的“真空”问题。11月20日，团市委牵头召开全市“四点钟学校”建设推进会。截至12月，全市建成社区“四点钟学校”13所，“四点钟学校”志愿者近300名，服务社区青少年500多人。 (朱明珠)

镇江市妇女联合会

【概况】 2008年，镇江市有省辖市妇联

1个；辖市（区）妇联6个；乡镇（街道）妇联58个；基层妇代会（社区、居委会、村）766个，民营企业妇代会218个，合资、外资企业妇代会7个；直属机关及事业单位妇工委186个。

统筹城乡妇女发展。全市有市级以上巾帼示范培训基地、高效农业三八示范基地21个，其中省级11个，筹集投放基地建设资金32.4万元。举办蔬菜、茶叶、食用菌等农业实用技术培训班70多期，培训妇女近7000人。联合市劳动和社会保障局、市总工会举办“迎三八、架金桥”女性就业援助专场招聘活动，提供就业岗位1800个，832人签订意向性协议。句容市实施“城乡手牵手、致富奔小康”工程，为15个“巾帼示范村”、121名贫困妇女争取项目13个、滚动扶持金10万多元。开展“巾帼牵手SYB导师行动”，对50名在校女大学生和女大学生村官进行SYB培训，10名女企业家与50名女大学生签约结对。马金芳获省“十佳女企业家”称号，宜禾职业装当选江苏省“巾帼十大自主创业品牌”；崔桂玲种植的“迈春”吟春碧芽茶获江苏省“巾帼十大自主创业品牌”入围奖。

加强精神文明建设。联合市体育局、国税局举办“迎奥运、塑形象、展风采”巾帼健身展示活动。联合市委宣传部等单位主办“微笑相约迎奥运”礼仪风采大赛，与移动公司合作开展“文明礼仪大家传”活动。在窗口行业开展“争创巾帼文明岗、优质服务迎奥运”活动。丹徒区农村信用合作社营业部等5个岗位在全国妇女“迎奥运百城千岗”表彰活动中被授予全国“巾帼文明岗”称号。开展节能减排活动，与70%的社区家庭签订《家庭节能减排责任状》。与市环保局、中国人寿镇江市分公司联合开展“绿色家园我创造，节能减排我先行”主题活动。市妇联获江苏省“争创绿色家庭，共享美满人生”活动最佳宣传奖。争取全国妇联和美国圣徒慈善协会支持，为全市残疾妇女儿童获得价值36万余元的250辆轮椅和250部助行器的捐赠。与《京江晚报》联合开展“社会妈妈”伴成长五年庆系列活动，开展“与爱同行”“给社会妈妈写封信”“捐建爱心书屋，造福留守流动儿童”等活动。组织全市妇女参与抗震救灾，募集捐款近15万元。与市红十字会、金山网联合开展“关爱灾区姐妹，再伸援助之手”活动，社会各界共捐赠价值4.5万元女性护理用品。

做好妇女儿童权益维护工作。对妇女病普查率低、城镇登记失业人员中女性比重高、婚检率低等难点指标逐一分析，并将监测统计纳入统计部门的工作职责范围，形成《妇女儿童“十一五”规划中期监测评估报告》。孕产妇死亡率、5岁以下儿童死亡率、辖市（区）党政领导班子女干部配备率等重点指标提前达省级标准。在电台、报纸开辟专题访谈，走进社区、企业、大学举办《中华人民共和国妇女权益保障法》《江苏省实施〈妇女权益保障法〉办法》法律知识讲座90场，受众2万多人次。接待群众来电、来信、来访1089件，妇联干部人民陪审员参与陪审案件113件，法律援助3件。与市司法局联合在市公安戒毒所、拘留所、收容所建立“法制教育基地”，开展心理健康知识讲座和“缅怀先烈、净化心灵、重塑自我”主题活动。与市综治办、公安部门联合下发《镇江市开展“平安家庭”建设工作实施意见》，召开“平安家庭”建设工作研讨会。“维权代言人”制度获“江苏省市县妇联工作十大创新成果奖”。在全市娱乐场所妇女中启动艾滋病防治“面对面”宣传教育活动。举办骨干培训班5场，培训骨干169人次，发放宣传品5万份。借助“流动妇女儿童之家”平台，举办流动妇女培训班18期、400人次，并首次在外来姐妹中组织“我与第二故乡同发展”征文比赛。协调市教育局出台流动人口子女借读费和市人口计生委对流动妇女优生优育及孕期优生检测费等减免方案。开展“预防拐卖、安全流动”防拐春雨行动，全年发放各类宣传资料1万多份。“巾帼红丝带”行动获省妇联系统品牌工作称号。

强化组织建设。市级机关事业单位妇委会组建率70.2%。在“慈母关爱白血病儿童”爱心救助活动中，机关事业单位妇委会为白血病患儿李蔚捐款6万余元。举行镇江市妇女学研究会第四次会员代表大会暨“纪念改革开放30周年”妇女发展论坛，举办“从衣食住行看改革开放30周年”座谈会。与江苏大学合作的《女性创业的现状与促进对策研究——以镇江市为例》论文获中国妇女研究会第二届妇女/性别研究优秀论文一等奖。2008年，市妇联被评为全市调研工作先进单位，在全市机关作风建设和目标管理考核中被评为十佳单位。

（王　军）

【镇江市“预防拐卖女童和青年妇女”项目通过考核验收】 2004年4月，联合国国际劳工组织与中国有关政府部门和非政府组织合作，通过中华全国妇女联合会实施中国预防拐卖女童和青年妇女项目，镇江市妇女联合会承担并实施其分项目。2004年以来，镇江市投入40多万元项目资金，用于改善流动妇女儿童的生存和发展环境。建立项目专职人员队伍、专家支持队伍、大学生和社区志愿者队伍以及目标人群互助骨干队伍。有30万人次接受“防拐”信息；募得善款20多万元，帮助500多名流动女童获得教育援助；有500名家长接受男女平等、家庭教育等方面的培训；超过3万名流动妇女获得就业信息和咨询服务，有2000名流动青年妇女获得工作；创建6个流动妇女（儿童）之家；开展讲座、培训、娱乐等活动100多次，2000多人次参加。2008年3月13日，国家项目办专家组组长丁亚·莱卡卡率领终期评审组，对镇江市四年来“预防拐卖女童和青年妇女”项目的开展情况进行全面考核验收。9月28日，京口区正东路街道贺家弄社区代表镇江试点地区在昆明召开的“中国预防拐卖项目经验交流会”介绍经验。正东路街道党工委书记虞军和市妇联权益部部长魏苏珍获得国际劳工组织和全国妇联联合表彰。（王　军）

【“社会妈妈”活动获评“大爱之星”】 2008年，市妇联开展的“社会妈妈”活动获得镇江市首届“大爱之星”群体奖。从2003年开始，市妇联与《京江晚报》联合开展“社会妈妈”活动，积极动员社会力量捐资助学。截至12月，全市“社会妈妈”专用基金账户累计收到善款240万元，5000多名贫困学童得到“社会妈妈”在物质、生活和精神上的关爱。5月31日，市妇联组织“社会妈妈”与来自汶川地震灾区的孩子进行手拉手活动，引导他们走出心理困境。（王　军）

【镇江市妇女学研究会第四次会员代表大会召开】 2008年12月5日，镇江市妇女学研究会召开第四次会员代表大会。市妇女联合会主席、市妇女学研究会会长武白苹作题为《把握机遇 开拓创新 积极推进妇女理论研究事业的繁荣发展》的工作报告。会议表决通过《镇江市妇女学研究会章程》修改意见和镇江市妇女学研究会第四届理事会建议名单。会议选举产生镇江市妇女学研究会领导机构，王萍当选为名誉会长，武白苹当选为会长，朱琴、朱绮云、张水娟、张宜英、张晓燕、苏枫、郑清、树世萍、睢开华、霍爱萍等10人为副会长，解军英为秘书长。会议同时举行“纪念改革开放30周年”妇女发展论坛，周广甲、姚小梅、许利等3人作大会交流发言。（王　军）

国 防

责任编校：戴 芸

人民武装

【概况】 2008年，镇江军分区围绕党的十七大主题，开展“讲党性、重品行、作表率”“坚定中国特色社会主义信念，有效履行我军历史使命”“加强和改进军队党的建设”和“中国特色社会主义发展史”等系列专题教育，下发4期理论学习纪要，编印下发20万字《改革开放30年》学习资料，组织28篇体会交流文章，邀请市委书记许津荣作《解放思想、促进科学发展》专题讲座，组织官兵参观社会主义新农村示范点、大型企业和镇江市改革开放30年成果图片展。《中国国防报》《人民前线》先后报道经验做法。镇江市第五次被评为全国双拥模范城，分区政治部被记集体三等功，政治部主任李江苏立二等功。全市新闻媒体都开设国防教育专栏专题，全年落实国防教育专栏149期，用稿774篇。

联合市规划、交通、电信等相关部门，对高炮阵地和部分群、营指挥所进行实地勘察，进一步明确阵地位置、通信联络保障等事项；在谏壁发电厂召开重要目标地面防卫现场观摩会；成立“三战”（心理战、舆论战、法律战）领导小组，加紧推进“三战”准备，组织民兵“三战”骨干集训；组织分区、人武部两级党委班子开展岗位练兵活动；组织分区干部、战士、职工进行“三实”（实枪、实弹、实爆）课目训练考核；采取网上异地同步的方法，参加省军区组织的首长机关军事理论学习，37名干部接受省军区半年军事考核，军事理论成绩获全省第一；在丹阳市人武部召开信息化建设现场观摩会，建成视频终端58个；完成3020名民兵训练任务；组织351人参加整组法规常识集训，编印6万余字的《民兵预备役工作文件选编》及1万余字的《整组百题知识问答》；组织以非战争军事行动为主要内容的室内战术演习，深化对可能担负的非战争军事行动的认识、规范处置各类突发情况的程序和方法。政治部主任李江苏关于做好非战争军事行动中政治工作的理论研讨文章在《中国国防报》发表。

组织“学条令、训队列、整军纪”教育整训活动。排查安全隐患，投资40万元，修缮物资器材仓库，更换库区内供电线路，更新部分防雷、防火和防盗设施。投资40余万元，在四个办公区建立闭路电视监控系统。对18台常用车辆恢复GPS系统。做好奥运安全稳定工作，组织应急值班分队按预案进行实兵、实地拉动演练。分区连续15年无事故、无案件、无严重违纪问题发生，民兵武器仓库实现第24个安全年。

组织财务人员进行财务管理系统使用业务培训。落实后勤保障社会化工作，协调地方减免29名职工养老保险金11万元，将南门大街78号移交社区实行物业管理。京口区国防动员指挥中心、句容市国防动员指挥中心先后落成，扬中市国防动员指挥中心封顶。镇江市国防园竣工。

2008年初，镇江发生雪灾，协调驻军部队官兵12800人、组织民兵预备役人员11426人，出动车辆装备300余台次，清扫积雪道路439公里，保障市区主干道、润扬大桥、沪宁高速畅通。“5·12”汶川大地震后，组织官兵、职工向灾区捐款5.2万元，缴纳“特殊党费”19.2万元，走访慰问35名到镇江医治的灾区伤病员。继续开展“双带双扶”活动，定点帮扶7个经济薄弱村，援建1所贫困小学，挂钩帮扶58个贫困户，结对助学45名特困学生，各级协调和投入资金327万元。 （刘晓平 陈文水）

【市国防园落成】 2008年12月30日，镇江市重点建设工程项目——市国防园竣工落成（蒋乔镇五州山南麓），占地10.67公顷、建筑面积约11400平方米、总投资4800余万元。新建成的市国防园，资源配置合理、设施配套完备、训练功能齐全、科技含量较高，能满足专业技术兵战技术训练，能评估参训分队训练质量和作战能力，成为全市民兵预备役人员和学生军事训练的一流场所和研究试验新战法、新训法的新型训练基地。 （刘晓平）

【民兵预备役整组】 2008年，民兵组织整顿工作自1月1日开始至3月底结束。省军区和军分区两级重点点验现役部队岗位预编预备役人员、应急作战队伍、“三战分队”、民兵应急分队和“水、电、气、化、火”抢修救援分队等队伍到点率96.8%。 （檀永军）

【士官征集】 2008年，开始在普通高校（本科、大专）招收男性毕业生，直接充实到部队士官队伍之中，在关键岗位上从事专业技术工作。年龄要求不超过24周岁，政治、身体条件符合义务兵征集规定，文化条件应获得国家承认的毕业证书，已开展职业技能鉴定的专业还应获得国家颁发的职业资格证书。从4月开始到8月10日结束，全市完成计算机科学技术、通信工程、电气自动化、道路与桥梁等专业招收任务。 （檀永军）

【冬季征兵】 2008年，冬季征兵工作发生变化：征集对象主体由农村、城镇待业青年调整为各级各类院校2008年应届毕业生；调整部分体检标准，增加心电图、B超为体格检查的普查项目；为南京军区部队征集的新兵全部由兵役机关送到部队。全市征集的新兵文化程度普遍提高，高中以上学历占93.2%，各级各类院校应届毕业生占52.6%，党团员比例为79.7%，比2007年分别提高15%、12.3%、22.4%，完成征兵任务。

（檀永军　刘晓平）

【国防潜力调查】　根据省国动委要求和年度工作计划安排，2008年8月1日至11月10日，全区运用《国防动员管理与辅助决策系统》，组织全市国防动员潜力调查。基本摸清核准全市国防动员潜力的数量、质量和分布情况，完善充实国防动员潜力数据库，为战时国防动员潜力快速转换为战争实力提供可靠依据。

（何　兵）

武　警

【概况】　2008年，武警镇江市支队全面建设质量进一步提升，部队高度安全稳定，完成以执勤处置突发事件为中心的各项任务。支队被武警总部评为连续19年"三无"（无执勤事故、无行政责任事故、无案件）单位。

每季度组织党委成员到市委党校听课，撰写研讨文章，落实《党委工作条例》和《建立健全军队惩治和预防腐败体系实施意见》等法规制度，组织官兵开展"献计支队建设"活动。

依据《思想政治教育大纲》，开展"坚定理想信念，忠实履行使命，永远做党和人民的忠诚卫士"主题教育，抓好历史使命、理想信念、战斗精神、社会主义荣辱观和争当忠诚卫士等系列教育及主题实践活动。对近年来战士入伍动机功利化、成长目标追求平庸化现象，抓住战士入伍后第一、二适应期以及复退前三个主要阶段，组织官兵与企业家对话、与大学生畅谈、与革命前辈交流，学习抗雪、抗震救灾英模，组织老兵巡回演讲，引导官兵正确回答"当兵为什么、当兵干什么、当兵留什么"等问题。奥运期间，针对官兵心理压力大，思想出现波动情绪，组建文艺演出小分队，开展"兵写兵、兵演兵"活动。9月23日～25日，支队举办第十一届篮球比赛，10个代表队参加。二大队四中队、二大队五中队、扬中市中队分别获一、二、三名。开展"双争"活动（争创先进中队、争当优秀士兵），19名官兵记三等功，134名战士被评为优秀士兵。

年初开始，采取试点先行，骨干集训、业务培训、勤训轮换、岗位竞赛等多种方法提高执勤技能和部队战斗力，在江苏总队参谋业务集训和军事技能竞赛中分别获得第二名和第四名。完成地方政府交给的铲冰除雪任务，救助受灾群众300余人。跨区机动600余公里至南通，完成奥运圣火传递安保任务。截至年底，支队连续25年执勤无事故，连续4年执勤违纪通报"零纪录"。

开展以学条令、查隐患、保安全为主要内容的条令学习月活动。将"身边人、放心人、重点人、外出人、老实人"和患有不同程度心理疾患的人登记造册，加强跟踪管理。在奥运安保期间，严格落实封闭式管理要求。在经费物资管理上，严格落实党委（支部）集体理财、经济责任审计等制度，防范经济风险。

开展"学规章、用规章、守规章"活动。对地方资助经费、招待费等易超难管经费，坚持每月公开，强化监督管理。车辆管理实行"批准领导、车场值班、营门哨兵、带车干部、驾驶人员"五位一体联管责任制，开展交通安全教育整顿，组织专驾专训。落实卫生巡诊制度，及时发现并送救1名患有再生障碍性贫血战士。对司务长、驾驶员、炊事员等后勤人员实施阶段性考核，按成绩和评分排名顺序实行末位淘汰制。

严格落实蹲点调研帮建规定，健全完善帮建责任制，继续采取支队党委成员与基层支部建立定点挂钩帮扶形式。继续巩固"小、散、远、直"单位集中整治成果。推行队务公开，抓好以基层三大组织联建联创为主要内容的基层民主建设，发挥团支部委员会和武警委员会这两个群众性组织在基层建设中的桥梁作用。开展"岗位练兵、周末育才"等活动。

（施伟伟）

军事院校和医院

【镇江船艇学院概况】　2008年，镇江船艇学院组织8次集中学习，确立科学发展观为学院建设的根本指导。推进党的创新理论"三进入"（进入教材、进入课堂、进入学员思想）工作，组织优秀政治教员授课竞赛；开展"坚定中国特色社会主义信念，全面履行我军历史使命""迎奥运、讲文明、树新风"及学习"载人航天精神"等教育活动。针对南方雨雪冰冻、"5·12"汶川大地震等灾害，及时组织教育动员、抗灾救灾和捐款捐物；开展纪念改革开放暨学院定点镇江办学30周年系列活动，部分反映学院建设成果的新闻在央视等媒体报道。

加强教学训练向信息化条件下转变的研究和"院校师资队伍素质培养"等32个教改项目建设，5项成果获军队教学成果奖。推进全军"2110工程"和总后"530工程"，8部电视教材分获总后或全军等级奖，4门课程或教材列入总后"双百计划"。抓好科研学术工作，其中1个项目获军队科技进步三等奖，1个项目被列入国家社科基金军事学项目，2个项目获第八届全军后勤学术研究优秀成果一、三等奖，1项课题被列入全军后勤重大学术研究计划。学院先后出版7部专著和论文集，发表学术论文300余篇，其中核心期刊122篇，被SCI、EI和ISTP收录14篇。3名学员获中国航海学会"航海奖学金"，14名学员在全国和省级竞赛中获奖。

开展安全稳定教育、"四反"（反渗透、反心战、反策反、反窃密）教育以及揭批"法轮功"邪教组织等活动，开展"条令学习周"和阅兵等活动。贯彻《预防犯罪工作条例》《安全条例》，开展"迎奥运、保安全、促稳定"等活动，未发生刑事案件、严重责任事故和群体性事件。制定学院《关于严格落实党的组织生活制度的暂行规定》，开展党支部书记培训。1个单位党委、1个基层党支部被总后评为先进党委、先进基层党组织。召开学院第二次团代会，1人当选为共青团十六大代表。

完成新校区的全面接收和连通后的局部出新，改造新校区实验楼、学员食堂及部分附属设施，完成船艇教练大队公寓楼和院区学员浴室建设。新建"物理仿真与数学建模"等信息化实验室，整合改造多个数字实验室，改建运动场，维修改造教学楼，建成体能训练房、专业专修室、军人心理行为训练场，建立饮食保障社会化竞争机制，校区食堂实现"一卡通"。开展爱国卫生活动，没有发生传染病疫情或其他公共卫生事件。学院被评为全军绿色营区。

（李红杰）

【解放军第359医院概况】　2008年，中国人民解放军第359医院通过全军肢体伤残中心评审，创建"全军文明卫生军营"达标，全年安全稳定。被上级表彰为新闻报道先进单位。全年门急诊17.6万人次、收治7350人次、手术5276次，全年医疗毛收入6969万元。

开展"信念、使命""中国特色社会主义发展史"等主题教育活动。在"信念、使命"主题教育活动中，采取片区教育协作形式进行，方法手段共用，教育资源共享，先进典型共学，通过板报横幅营造浓厚氛围，组织官兵到丹徒新区参观，感受和见证改革开放取得的新成果和新成效。抗冰雪灾害和"5·12"汶川大地震后，开展向灾区群众送温暖献爱心活动，捐款24万余元，交纳特殊党费16.5万元。针对医院特点和医务人员思想实际，开展以反商业贿赂为重点的预防职务犯罪专题教育、“坚定政治信念，强化保密意识”专项教育、“四反”教育、法制教育、医德医风教育活动，在党委机关开展党纪条规学习教育活动。

组织开展战伤救治训练和医疗队拉动演练。战伤救治技术通过考核。与解放军理工大学合作进行《液体炸药爆炸生物效应》课题研究。10月，医院抽组应急兵站医疗队参加军区“东海14号”演习。开展岗位练兵活动，制定党委班子岗位练兵活动措施，党委常委个人制定自学和自训计划，建立完善学习和训练档案；组织党委机关参加分部两级首长机关为期一周的战役理论集训。把医疗队队员和部分基础较弱的官兵单独抽出来进行脱产训练，组织17名非现役文职人员参加分部集训，设立训练专室，购买添置训练器材。在上级岗位练精兵大比武活动中医院获得4个第一、1个第二、7个第三。医院岗位练兵做法在12月6日《人民前线》报头版头条报道。

定期召开体系部队和伤病员座谈会，修订为部队服务措施。主办军区口腔疾病防治技术骨干学习班，培训基层部队军医和卫生员30人。先后派出5批专家组下部队巡诊，抽调15名技术骨干组成体检小组，深入基层部队和干休所，为60多个医疗体系单位的7358名官兵和老干部及家属进行体检。10月，组织2批医疗队到体系部队开展“健康军营行”活动，为官兵送医送药、举办健康知识讲座。全年医院贴补军免费用835万余元。（文建明）

【救治“5·12”汶川大地震灾区伤员】2008年5月28日，359医院到江苏省卫生厅受领四川地震伤员收治任务。5月30日，到扬州火车站接收伤员35名，陪护31名。医院成立院长、政委挂帅的领导小组，专门设立以全军肢体伤残中心为主体的抗震救灾“爱心病区”，选拔25名骨干组成专家指导组、心理干预组、预防感控组、医疗保障组、后勤保障组伴随服务。协调邀请镇江市、军区专家到院为危重伤员会诊。为每个病房新装液晶电视，安装两部亲情电话，为伤病员及陪护人员准备一份慰问金、一封慰问信、一套洗漱用品、一束鲜花、一份水果、一袋奶粉、一份报纸、一份生活用品。联系川福楼酒店专门为他们制定科学合理的膳食。为每名陪护人员体检。组织协调人员为陪护、伤员理发。为一名五年级的小陪护联系协调最好的学校就近就读。伤员先后于6月19日、7月2日、7月30日分三批全部康复返乡。（文建明）

【加强专科建设和科技创新】2008年，医院做好骨科“全军肢体伤残治疗中心”中期评审工作，军区口腔中心、睡眠疾病中心、肝（肿瘤）科、中药生产推广等项目建设取得明显成效。推荐6人为军区卫生专业学科带头人培养对象。5月底举办第十期显微外科培训班，9月举办第二期军区口腔牙病防治培训班。全院在研课题近20项，发表论文55篇，出版专著2部。刘永义研究的《阻塞性睡眠呼吸暂停低通气综合症生物力学研究和临床应用》获得军队医疗成果二等奖，姜林研究的《儿童注意缺陷多动障碍临床诊治研究》获军队医疗成果三等奖。院长刘文华牵头的《构建军队医院平战结合运行机制研究》被列为全军科技攻关课题，胡坤研究的《军人口腔疾病调查研究》被列为军区课题。（文建明）

【推行全成本核算工作】2008年，医院落实军区“福州”全成本核算管理工作会议精神，汇编《医院全成本核算管理实施规程》，全面规范全成本核算工作。加大成本开支管控，控制经费支出。改革医药款支付方式，实施“四权分离”（计划、采购、付款、库存四权）制度，确保阳光操作。推行公务结算卡使用，提高经费使用效能和安全。（文建明）

人民防空

【概况】2008年，市人防办加强“两防一体化”建设，探索战时防空和平时防灾的指挥体系。着手开展城市防空防灾疏散地域建设工作。9月中旬，组织镇江市首届防空防灾知识竞赛和句容市防空防震综合演练，中央电视台4套和7套节目先后予以报道。完成“5·19汶川大地震全国哀悼日”和“9·18国耻日”防空警报鸣放工作。市人防办在市委党校向不同层次学员进行人防知识教育3次；在市区8个街道的12个社区、3所大学开展“防空防灾常识宣传月”活动；人防知识教育走进特教中心的活动两次被《中国人民防空杂志》报道；完善“镇江人防（民防）”网站，在《镇江日报》《京江晚报》上开辟人防和民防专栏。全年在市级以上报刊用稿85篇，在省级以上刊物用稿19篇，在《中国人民防空》《人防科技》等国家级杂志上用稿12篇。举办改革开放30周年人防摄影成果展、印发宣传手册和《江苏省实施〈人防法〉办法》单行本。

市人防办与规划部门共同编制的《镇江市城市地下空间开发利用规划》《镇江市城市人防工程规划》通过专家评审，市政府予以批准。按照两个《规划》制定大市口商业区地下开发方案。全年市区开工建设人防工程面积创历史最高。

市人防办把2008年定为人防机关“准军事化”建设提升年，开展精细化管理活动。开展经常性党风廉政教育和廉政文化建设，完善党务、政务公开工作。完善系统预防体系，规范财务、执法、收费及内部管理等制度，实现人防行政服务和执法工作“零投诉”，被市委、市政府评为2005～2007年度文明机关。市人防办全年执法巡查97次，立案10件，结案4件，结案率40%，依法追缴人防经费245万元。6月，举办首期全市人防系统法制干部培训班。人防办行政服务窗口保质保量完成年度各项工作任务，职能归并率、授权率、现场办结率及一事一评群众满意率均达100%，被评为市优质行政服务窗口，2人次被评为优质服务先进个人。（刘坚）

【斜桥街地下人防通道工程主体完工】2008年4月18日，镇江市大市口地下过街通道一期工程斜桥街至山门口街通道正式开工建设。该工程总建筑面积1750余平方米，整体埋深7.5米、层高约4米、南北长59米、东西宽24米，地下通道南北两端的东西方向各设置1个宽3.9米的出入口，出入口按1.5米宽自动扶梯和2.4米宽楼梯设置；地下人防通道中间约8米为人行过街道，两旁各预留有8米宽的商铺位。年底，一期工程斜桥街至山门口街地下通道主体工程全部结束，恢复路面交通，计划2009年5月正式投入使用。该工程项目实施后，有助于完善城市功能，解决交通难、停车难等问题，拓展商业空间、改善经营环境、美化城市景观、提升城市形象。（刘坚）

双拥共建

【概况】2008年是新一轮全国双拥模范城创建第一年。镇江市第五次获全国双拥模范城称号，召开“五创”庆功暨“六创”动员会，表彰有功单位和个人、进行“六创”动员、布置2008年双拥工作、签订年度军地互办实事责任书。召开双拥领导小组37次组长办公会，确定镇江双拥创新发展“八大工程”、2008年双拥十件大事。根据人事变动，及时调整双拥工作领导小组成员单位。驻军整体联动启动第四轮“百户扶优”工程。随军家属继续实行指令性安置。市政府下达安置指标、召开高规格全市随军家属安置布置会、开展岗位送军营活动，90多名随军家属得到妥善安置。在某集团军驻地三省九市第五次联席会议上，镇江双拥做法受到全国双拥办领导高度评价，市交通局作为江苏唯一基层单位代表作经验介绍。

年初雨雪冰冻灾害发生后，协调组织驻镇江部队在市区主干道和润扬大桥、沪宁高速等重点路段破冰除雪。9天中，部队出动官兵30000余人次，机械500多台次。73016部队部队长方福仙被解放军四总部表彰为抗雨雪冰冻灾害先进个人。“5·12”汶川大地震后，镇江消防支队派出官兵赴四川地震灾区一线救灾，市委、市政府领导慰问消防支队和赴川救灾一线的官兵家属。驻镇江解放军第359医院接受35名灾区伤员救治任务，73056部队派出官兵运送伤员。各辖市(区)和乡镇、街道慰问200多名赴川抢险的军人家庭。为缓解中山路交通压力，确保市中心主干道大动脉畅通，73016部队用两昼夜，为城市建设重点工程大市口地下通道建设架起百米钢桥。

春节前，市领导随省春节慰问团慰问73016部队，省、市分别向部队赠送慰问金；市委、市政府慰问镇江船艇学院学员四队、武警支队机动中队、73016部队舟桥二连和“镇江舰”全体官兵，向部队赠送慰问金。“八一”期间，市领导分多路走访慰问驻镇江团以上部队，向部队赠送百余台电脑。举办庆祝建军81周年军民联欢会，《双拥放歌》受到军地领导和社会各界高度评价。南京军区著名剧作家以润扬大桥会战为背景，创作演出的大型音诗画《雪战图》，在军内外形成广泛影响。各辖市(区)与部队结对的共建单位和有驻军的乡镇、街道、社区慰问驻地部队；市及丹阳市、句容市分别举办迎“八一”拥军爱民专场大型招聘会，为随军家属提供就业岗位；各双拥学校积极为部队培养军地两用人才。

一批宣传镇江双拥工作的文章在《双拥》杂志、《国防报》《解放军报》等国家级刊物发表，2月28日《新华日报》以《创出更多“亮点” 铸就城市品牌》为题用一个整版宣传镇江双拥。2月21日，省双拥办授予市双拥办《江苏双拥简报》用稿“连续7年第1名”匾牌。从2001年至2007年，《江苏双拥简报》采用市双拥稿件177篇，连续7年名列各省辖市首位。2008年，全市双拥稿件在《江苏双拥简报》刊登64篇，连续第8年保持全省第一名，比第二位的无锡市多27篇。《中国双拥网》分别发布镇江市双拥领导小组《关于在支援灾区抗震救灾中广泛开展双拥活动的意见》、军分区政治部《江苏镇江双拥工作纪实》等消息。市、区两级和有关部门投资近百万元在高速公路镇江主出口、镇江西、镇江南、东吴路、学府路增设5块大型双拥宣传牌。市区及辖市(区)的高速公路进出口均竖起大型永久性双拥宣传牌。

(吴　琼)

【“五创”全国双拥模范城获成功】 2008年1月4日，在新一轮全国双拥模范城命名表彰大会上，镇江市第五次获得“全国双拥模范城”奖牌，镇江市在全省名次由第5位上升到第4位，代表江苏省在命名表彰大会上作题为《创出更多双拥亮点，铸就镇江城市品牌》书面工作经验交流。1月18日，市委、市政府表彰奖励全市131个先进单位、181名先进个人。其中，29个单位获集体二等功，52个单位获集体三等功，51个单位受到嘉奖；24名个人记二等功、82名个人记三等功，74名个人受到嘉奖。

(吴　琼)

【确立“三更”的“六创”总体思路】 2008年到2011年，全市双拥工作总目标是全面启动“六创”工作。“六创”总体思路为“标准更高、特色更优、品牌更响”。在双拥“五创”表彰暨“六创”动员会上，市委书记史和平要求：全市上下，要以“三更”的总体思路，推进“六创”工作，确保实现“两个先行”和“三个更加满意”，即：在镇江更好更快发展实践中，双拥工作要先行；在同类城市双拥争创中，镇江双拥要先行；让驻镇江部队更加满意，让优抚对象更加满意，让人民群众更加满意。(吴　琼)

【完成2008年度双拥实事】 一是经费投入多。地方拥军本年度投入8000多万元。镇江市国防园建成投入使用，句容市、扬中市各投资近2000万元的国防指挥中心竣工。市财政、建设、交通、水利、供电、规划等部门投资千余万元的高炮预备役二团训练中心建设工程实施中。润州区、市交通局出资为军分区和73057部队修建的“双拥路”提前办结。二是科技含量高。市委、市政府一次性向驻镇江团以上部队赠送百余台配置较高、性能较好的联想电脑，出资30万元支持“镇江舰”建立水兵局域网。镇江高等专科学校向73045部队赠送10台配置较高的手提电脑。丹阳市、丹徒区、京口区、镇江新区、市城管局分别出资为91079部队、73855部队、73016部队、镇江消防支队、镇江船艇学院教练大队、南京军区副食品基地新建拥军电教室和图书室。江苏大学、江苏科技大学为镇江船艇学院、73056部队、73057部队设立科技拥军奖励基金。润州区、市科协、市委党校、市劳动和社会保障局、镇江机电职业技术学校根据部队需要，为部队官兵举办10多期电脑、厨师、科普、心理知识等内容的培训班和讲座。三是综合效益好。为支持镇江船艇学院扩建工程、山西省军区镇江干休所拆迁改建工程，市委、市政府要求市规划、建设、国土、房管等部门支持、配合，提供减免、优惠服务。驻镇江各部队在主动承担驻地扫雪、抗洪、灭火等抢险救灾任务的同时，镇江船艇学院、73056、73016、73860、武警支队、消防支队等部队多次出动官兵参与驻地文明城市、卫生城市、旅游城市创建和斜桥街地下人防过街通道工程建设、金山旅游文化节等活动。(吴　琼)

【驻军启动第四轮“百户扶优”工程】 2008年，针对一些“三老”优抚对象(老烈属、老残疾军人、老复员军人)生活相对困难的状况，驻镇江部队分别于1996年、1999年、2004年连续组织实施三轮“百户扶优”工程，每次用3年时间与100户以上生活困难的“三老”对象结对帮扶。驻军通过开展“关爱功臣行动”“双带双扶”、与空巢老人结对、连队团支部“一帮一”、设立“爱心帮扶基金”、送医送药、“缺什么、帮什么”等多种形式的活动，送温暖、献爱心，访贫问苦、访疾问难，确保“三老”对象与当地人均收入同样、生活水平同等、迈入小康同步。驻镇江部队主动向所在地乡镇政府、街道办事处申报增加帮扶指标。通过前三轮帮扶，镇江驻军共帮扶“三老”对象500多户。全市启动第四轮“百户扶优”工程，即3年内20支驻镇江部队整体联动，与103户“三老”家庭结对帮扶。省政府办公厅向全省转发推广这一做法。

(吴　琼)

政 法

责任编校：丁秋波

综 述

【概况】 2008年，镇江市各级政法机关推进平安建设、法治建设、基层基础建设和政法队伍建设，落实奥运安保措施，应对金融危机给社会稳定带来的影响，维护社会和谐稳定，保障社会公平正义，为促进全市率先发展、科学发展、和谐发展作出新贡献。

完成奥运安保任务。各地各部门把确保奥运平安作为全市维护稳定工作的重中之重，落实各项安保措施，实现奥运期间无人进京和进赛区干扰滋事，不发生暴力恐怖事件、大规模群体事件、重特大安全生产事故和重特大恶性刑事案件的目标。市公安局奥运安保工作指挥部获全省公安机关奥运安保工作先进集体，并荣立集体二等功。奥运信访稳定工作得到省联席办公室肯定。各级党委和政府落实工作责任，防范和打击"法轮功"等邪教组织捣乱破坏活动。根据中央和省委部署，开展"书记大接访"活动，集中开展矛盾纠纷排查调处活动，解决涉法涉诉信访问题。各辖市（区）均建立矛盾纠纷排查调处中心，全年排查各类矛盾纠纷9458起，调处9363起，调解成功9083起，调解成功率97%。

各级政法机关为经济社会发展提供有力的司法保障和良好的法律服务。各级法院审结各类民商事一审案件22645件，审结各类行政一审案件371件；组织开展集中清理执行积案活动，受理各类执行案件11872件，办结11038件，执结标的额13.79亿元。各级检察机关依法查办大案要案，立案侦查贪污贿赂等职务犯罪案件70件73人，其中大案67件，要案5件5人，为国家挽回直接经济损失1440余万元；立案侦查渎职侵权犯罪案件10件11人。各级公安机关受理经济犯罪案件327起，抓获犯罪嫌疑人188人，挽回经济损失3049.2万元。全市律师代理案件11958件，办理公证37043件，出具司法鉴定文书2320件，促进司法公正和社会公平。

市检察院在全省政法系统大学习、大讨论会议上作书面交流。市委政法委会同市委组织部联合下发《关于举办预防和处置公共事件专题培训班的通知》，在全市组织开展以《处置突发公共事件典型案例汇编》为教材的专题培训。举办抗震救灾暨政法英模事迹报告团巡回宣讲。通过教育培训，统一全市政法干警对新时期政法工作重大理论和实践问题的认识，增强当好中国特色社会主义事业建设者、捍卫者的责任感和使命感，促进严格、公正、文明执法。2008年，全市政法干警违法违纪率在全省继续保持较低水平。 （张 威）

【召开全市政法工作会议】 2008年2月27日，镇江市召开全市政法工作会议。市委副书记、市长许津荣主持会议，副省长、市委书记史和平讲话，市委常委、政法委书记黄宝荣作工作报告。市委政法委委员，市综治委委员，市平安建设和依法治市领导小组各成员单位，各辖市（区）政法委书记和政府分管领导，市及各辖市（区）、镇（街道）有关部门负责人300多人参加会议。市委、市政府表彰2007年度"社会治安安全镇（街道）"。市社会治安综合治理委员会表彰2007年度全市社会治安综合治理工作先进集体。市委、市政府与各辖市（区）和市综治委成员单位签订2008年社会治安综合治理责任书。市公安局和扬中市作交流发言。 （张 威）

社会治安综合治理和平安建设

【概况】 2008年，镇江市再次被省委、省政府批准为社会治安安全市，并被省推荐为全国社会治安综合治理优秀地市，接受中央综治委的考核检查。全市6个辖市（区）再次被省委、省政府批准为2008年度"社会治安安全县（市、区）"，镇江新区被省综治委批准为2008年度"社会治安安全开发区"，全市再次实现"满堂红"，没有一个受到警示的辖市（区），是平衡发展最好的一年。镇江市获全国"科技强警示范城市""全国平安铁路示范区段""全省预防青少年违法犯罪工作先进市"等称号。

各地排查整治治安混乱地区和突出治安问题，一些治安突出问题明显改观。坚持严打方针不动摇，保持对刑事犯罪主动进攻的态势。全市刑事案件发案数比上年下降0.5%，"八类"案件（对杀人、纵火、投毒、抢劫、强奸、绑架、爆炸、故意伤害等八种暴力恶性案件的总称）发案数比上年下降3.6%。"八类"案件破案率93.9%，比上年提高0.7%，高于全省3.9个百分点。年内发生的42起命案全部成功侦破，实现"命案必破"目标，市公安局刑警支队被公安部评为"侦破命案工作先进集体"。严重影响群众安全感的市区"飞车"抢夺案件连续三年为全省同类城市最低。没有发生在全国、全省有重大影响的群体性事件、恶性刑事案件和治安灾害事故。人民群众对社会治安的满意度98%。完善社会治安防控体系，全市技防镇（街道）建成率100%，技防村（社区）建成率超过90%，城区新建、改建55个治安岗亭。所有镇

(街道)全部成立政法综治工作中心。推进基层平安创建活动,提升流动人口服务与管理水平,暂住人口登记发证率99.5%,47.5万户出租房屋全部签订治安责任书。全市54家司法所全部创成"省规范化司法所"。

推进法治镇江建设,规范执法行为。清理全市范围内2007年12月31日前的规范性文件。全市各行政部门均建立规范行政执法自由裁量基准制度。扬中市在全省率先推行标准化行政执法试点工作。全市规模以上企业均实行企业法律顾问制度。加大基层执法评议力度,提高司法公信力。全省法院系统执法规范化现场会在镇江召开,全面推广润州法院的经验。全市为1728件案件中经济确有困难的诉讼当事人缓减免诉讼费近277.73万元。完善法律援助工作保障机制,扩大援助覆盖面。推进法治创建活动,扬中市被评为全省18个"法治县(市、区)创建工作先进单位"之一,全市有3个村被命名为国家级"民主法治示范村",57个村和社区被命名为省级"民主法治示范村(社区)",全市市级以上"民主法治村(社区)"达全市村和社区总量的65%以上。推进法制宣传教育,加强法治文化建设,"律师送法进村入户"活动经验由司法部向全国推广,市"五五"普法被评为全省中期检查先进市,并被省司法厅推荐为省人大视察的两个城市之一。 (张 威)

【深化系列平安创建活动】 2008年,镇江市在全省率先将基层系列平安创建活动范围扩大到包括"平安港口"在内的19个系列,并采取部门承包方式,以有计划、有部署、有推进、有活动、有检查、有总结、有表彰命名的"七有"为标准,开展创建活动,把综治和平安建设各项措施落实到各部门、各系统内部,实现平安镇江建设的"全覆盖"。市综治委多次召开专题会议,部署开展创建活动,统一规范各系列创建活动标准,明确各相关单位创建责任。在成员单位建立完善工作例会、信息反馈、经验交流和督查督办等创建日常机制。由综治部门牵头协调,各牵头单位具体推进,相关部门密切配合,促进创建活动有序开展。在平安校园创建工作中,全市283所中小学警务站(室)的建成率和法制副校长的配备率100%。在平安企业和平安港口创建中,100家重点企业和16个参加创建港口创建达标率100%。平安家庭参加创建率超过80%,有1个村、2户家庭分别获得全国平安家庭创建活动先进示范村、示范户称号。在平安医院创建中,全市二级甲等以上医院全部实行医疗责任保险,经鉴定的医疗事故比上年下降55%以上,实现安全"零事故"和医患纠纷到政府的"零集访"目标。镇江铁路区段成为"全国平安铁路示范区段"。通过系列创建活动,全市社会各界对平安建设的知晓率达到100%,认同率达到98%以上。 (张 威)

【开展"规范执法行为、促进执法公正"活动】 2008年,镇江市在全市政法系统推出一批"规范执法示范单位(部门)"和"规范执法先进个人"。各政法部门突出执法窗口部门和热点岗位,采取开门纳谏、走访群众和民主测评等方式,解决不公正、不规范、不文明、不作为等突出问题。为加强对政法机关的监督,全市各政法机关以公开促规范、以公开促公正,落实审务、检务、警务公开,完善公开制度,创新公开形式,推广执法告知制度。落实各项便民措施,增强执法工作透明度。全市各级政法机关聘请1200名公正执法特约监督员,其中政协委员160名。全市政法机关执法规范化水平明显提高,涌现出一批先进单位,丹阳市检察院被最高人民检察院授予全国先进检察院,市检察院被评为全国文明接待室。全市法院系统涌现出三个全省法院"规范司法行为示范点"。润州公安分局被公安部授予"全国县级公安机关执法示范单位"称号。 (张 威)

【开展"大接访"活动】 2008年,镇江市各级党政领导成员参与大接访活动7000人次,接待来访群众8300人次,其中58.7%的问题妥善解决。全市召开五次信访稳定工作会议,通报信访形势,部署工作任务,逐人落实责任单位和包案领导。上级交办、督办的重点信访案件结案率100%。奥运前后,按照中央和省综治委部署,开展"两个排查"(排查调处矛盾纠纷,排查整治治安混乱地区和突出治安问题活动。这是政法部门用以排查社会不稳定因素的一种通称)专项活动,矛盾纠纷化解率97%以上。152件重点矛盾无一激化扩大、无一进京上访,3个治安重点地区、26个突出治安问题全部在期限内整治好转。全市没有发生严重影响社会稳定、严重危害国家安全的重大事件和有影响的邪教组织活动事件。 (张 威)

公 安

【概况】 2008年,镇江市公安局以北京奥运安保工作为主线,确保社会平安、和谐与稳定。镇江市被公安部、科技部联合授予"科技强警示范城市"称号。市公安局刑警支队打黑除恶工作绩效位居全省前列,被公安部评为"侦破命案工作先进集体"。因在奥运安保工作中的突出表现,市公安局奥运安保工作指挥部荣获全省公安机关奥运安保工作先进集体,并荣立集体二等功;市政府给市公安局集体嘉奖一次。出入境办证大厅获全国"巾帼文明岗"称号。

深化同"法轮功"等邪教组织的斗争,及时侦破"法轮功"宣传煽动性案件。开展社会不稳定因素排查,化解各类突出矛盾。"奥运火炬过境安保"、第二届全球规划师联盟大会、"金山旅游文化节"等90余场次的安保活动部署周密,措施扎实。

根据社会治安的动态性特点,分析社会治安发展趋势,探索打防犯罪对策,掌握维护社会治安的主动权。全年破获刑事案件1万余起,破案率比上年提高0.1%,命案破案率100%。坚持打防结合,预防在先,全部刑事案件及杀人、伤害等重大刑事案件发案比上年分别下降0.5%、3.6%,没有发生在全国、全省有影响的大案要案。

结合公安服务职能,优化各项服务举措,提升服务经济社会发展水平。在出入境办证大厅设立"一号窗口",专门为前来创业的境外人员开辟"绿色通道"。该办证大厅获得全国"巾帼文明岗"称号。在道路交通管理中推出首次违法不处罚措施,强化法制教育和社会效果。在消防管理中推进城市消防安全远程监控、火灾公众责任险、灭火救援应急中心和消防博物馆等四大系统工程建设,提升消防应急灭火能力。

组织民警学习党的十七届三中全会精神,把握时代要求。加强对民警的社会主义法治理念教育,推进执法规范化建设,提高执法公信力。加大典型培养力度,胡雪林被评为全市第一个全国公安系统二级英模。与新闻媒体联手开展"寻找新时期马天民式民警"系列宣传活动,成功推出"镇江首届十大马天民式民警"。落实党风廉政建设责任制,推进廉洁警队建设,建立队伍定期分析研判机制,预防民警违法违纪工作有新的成效。 (赵立源 王 超)

【镇江市获"科技强警示范城市"称号】 2008年,镇江市委、市政府继续把科技强警示范城市建设作为全市经济和社会发展的重点工程来抓,探索"政府主导、建用同步、创新进取"的建设模式,为公安事业可持续发展奠定坚实基础。市公安局、科技局作为科技强警示范城市

表 10-1

2008 年镇江市暂住人口管理统计表

单位：人

	合计	性别		暂住时间			来自地区						居住处所					
		男	女	一个月以下	一个月至一年	一年以上	省内		省外		港澳台	国外	旅店	居民家中	单位内部	工地现场	租赁房屋	其他
							市	县	市	县								
务工	136590	93064	43526	17333	71220	48037	21375	41896	17116	53900	1165	1138	2376	7245	61066	32031	31004	2868
务农	8677	5706	2971	581	3966	4130	620	2991	1109	3957	0	0	31	787	767	402	6091	599
经商	26412	19220	7192	4441	12778	9193	3983	6395	4787	6622	2295	2330	3969	2686	6279	788	10308	2382
服务	24834	10245	14589	3823	13672	7339	3062	8285	3990	9497	0	0	617	3660	7183	244	11933	1197
因公出差	23398	16373	7025	16658	5408	1332	2911	7754	4567	5461	1316	1389	17349	517	3888	505	918	221
借读培训	7235	4134	3101	489	3620	3126	1845	2858	772	1633	6	121	168	1535	4224	6	1174	128
治病疗养	1704	978	726	1024	420	260	855	438	190	221	0	0	115	917	475	5	149	43
保姆	3988	591	3397	1056	2073	859	347	1466	590	1581	1	3	63	2338	114	9	1237	227
投靠亲友	8445	3715	4730	4543	1679	2223	2204	2583	1618	2025	6	9	168	6881	153	249	778	216
探亲访友	5928	3159	2769	3788	1593	547	972	1735	549	1677	582	413	2643	2202	603	17	409	54
旅游观光	16551	8891	7660	11470	4625	456	3211	2137	1760	1534	3889	4020	14901	1151	400	11	31	57
其他	7650	4726	2924	1351	2583	3716	922	2397	723	3264	175	169	529	1577	648	644	2876	1376
合计	271412	170802	100610	66557	123637	81218	42307	80935	37771	91372	9435	9592	42929	31496	85800	34911	66908	9368

（赵立源　王　超）

建设的主要职能部门，发挥主力军作用，按序时进度抓好各个科技项目建设，并合力推进科技强警示范区县和示范所队建设，使镇江建成科技强警三级示范体系。市公安局结合实战需求，总结实践经验，大胆创新，细致谋划，严谨工作，精心建设一批特色项目。在全国公安系统首创“打防经济违法犯罪信息共享系统”，在省内率先建成应急处置辅助决策系统，探索“技防到田头”“室外电气设备远程监控系统”“道路交通事故处理系统”等科技应用成果。通过加大科技建设与应用力度，提升平安建设、公安基层基础质态，促进现代警务机制的确立，提高公安机关整体战斗力。5 月 8 日 ~ 9 日，公安部、科技部检查验收专家组检查验收镇江市科技强警示范城市建设情况。专家组一致认为，镇江市科技强警示范城市建设达到第二批科技强警示范城市建设标准。9 月 10 日，镇江市被公安部、科技部联合授予“科技强警示范城市”称号。（赵立源　王　超）

【完成 2008 北京奥运会安保任务】 2008 年，镇江市公安局把 2008 北京奥运会安保作为压倒一切的首要政治任务和中心工作，以“迎奥运、保稳定、促平安”为目标，全力投身奥运安保，完成各项安保任务。市委、市政府协调相关部门和有关方面，为全市公安机关全力投身奥运安保提供组织保障。全市公安机关加强组织领导，形成近年来“时间跨度最长、工作要求最高、安保措施最严”的专项工作格局。按照严而再严、细而再细、实而再实的工作要求，抓好各项奥运安保措施的落实，顺利完成“奥运火炬过境安保”等各项安全保卫任务。整个奥运期间，全市公安民警、武警和保安联防队员发扬吃苦耐劳、连续作战、无私奉献的精神，一律取消休假，全身心投入奥运安保，为确保整个奥运期间镇江的平安、稳定、和谐作出应有贡献。

（赵立源　王　超）

【打击刑事犯罪活动】 2008 年，镇江市公安局以奥运安保工作为主线，坚持以打开路，深化打击，深挖犯罪，开展侦破命案、打黑除恶等专项行动，解决影响奥运安全和社会稳定的治安突出问题。对发生的现行命案等大要恶性案件，坚持快速反应、靠前指挥、领导盯案、条块协作，年内现行命案破案率 100%，突破 2 起命案积案。坚持主动进攻，彻查深挖，深入开展打黑除恶工作，摧毁黑社会性质犯罪团伙 2 个，摧毁恶势力犯罪团伙 69 个，抓获团伙成员 309 人。组织开展“雷霆”系列行动、“打盗抢抓逃犯”、禁赌禁毒等专项斗争。“打盗抢抓逃犯”专项斗争破获各类刑事案件 8763 起，抓获作案成员 7418 人，抓获网上逃犯 2081 人。禁赌禁毒专项斗争查破涉赌案件 1048 起，处理违法犯罪嫌疑人 2252 人，收缴赌资 621.2 万元；破获毒品犯罪案件 186 起，抓获毒品犯罪嫌疑人 189 人。针对群众反映强烈的治安热点问题，开展查禁打击行动，做到露头就打、萌芽就

全市公安机关奥运安保暨镇江首届十大“马天民”式好民警表彰会

（赵立源　王　超）

治，整治治安混乱地区 18 处。通过严厉打击刑事犯罪活动，解决治安突出问题，为全市经济社会发展打造良好社会治安环境。 （赵立源 王 超）

【强化动态巡防机制建设】 2008 年，镇江市公安局完善适应动态社会治安特点的巡防勤务模式，扩大“四色布警”（红橙黄绿四个等级）范围，实行“点对点”的扁平化指挥，实现巡防勤务由静态向动态、由被动向主动、由机关化向实战化方向的转变，增强公安机关对社会面的控制本领，确保镇江整体社会治安始终处于可控状态。按照“统一规划、科学设点、条块结合、紧贴实战”原则，投入 203 万元，新建、改建治安岗亭 55 个，配备执勤警力 198 人，专职巡防保安 394 人，路面见警率、管事率、抓获率和现场处置率明显提高，盘查嫌疑人员 3585 人，抓获违法犯罪嫌疑人 273 人。年内，全市公安机关通过巡防抓获违法犯罪嫌疑人 5504 人，其中刑事作案成员 2477 人，比上年分别增加 11.2%、9.8%。

（赵立源 王 超）

【抗雪救灾，保障民生】 2008 年 1 月 25 日至 2 月初，镇江市出现多年未遇的持续强降雪天气，积雪导致的交通受阻、房屋受灾等问题严重，给社会生产、群众生活造成诸多不便。在这短短的几天时间，全市公安“110”报警服务台接入有关报警求助电话 2 万余个。在强降雪天气到来之前，市公安局严格按照市委、市政府和上级公安机关的部署要求，制定抗雪救灾工作预案，组织广大公安民警、武警和保安联防队员，对辖区内各大广场、交通干道等进行不间断的积雪清理，保障车辆安全通行和群众方便出行。各级交巡警部门提前排摸辖区内高速公路，国道、省道主干线，城市道路易积雪结冰路段，桥梁、涵洞、临河路段，排摸梳理出全市境内各类险段 98 处。增派路面执勤警力，加强道路交通分流疏导、秩序维护等工作，强化对营运车辆，特别是客运车辆驾驶人的安全宣传教育。各级治安、消防、经文保等部门，分别结合自身职能，指导相关行业、治安保卫重点单位做好抗雪救灾工作。组织基层民警深入辖区摸实情，献爱心，救助受灾受困群众 8640 人，其中汽车驾乘人 3550 人、车站滞留乘客 958 人，为受灾受困群众捐款送物累计 10 余万元。

（赵立源 王 超）

【支持抗震救灾工作】 2008 年“5·12”汶川大地震后，镇江公安机关把抗震救灾作为一项重要政治任务，发扬“一方有难，八方支援”的光荣传统，以实际行动全力支持抗震救灾工作。根据国务院抗震救灾总指挥部的部署和公安部、省公安厅的紧急调派，镇江市 23 名消防抗震救灾突击队员不畏险阻，深入灾区开展救援工作，先后疏散被困群众 632 人，救治受伤群众 126 人。镇江市公安局下发《关于开展向四川省汶川县地震灾区群众捐款活动的紧急通知》，动员各级公安机关开展各种形式的捐助活动，先后筹集捐款 200 余万元，分别通过中国红十字会、市民政局转交灾区。市公安局还成立对口支援四川灾区公安机关工作领导小组，组建由 50 名特警组成的援川警队，赴四川绵竹任务区参与对口支援工作。援川工作期间，出动警力 1782 人次，出动车辆 448 辆次；参与接处警 167 起，调解纠纷 137 起；参与办理刑事、治安案件 4 起，逮捕 1 人，治安拘留 2 人；开展入户调查 383 户，服务群众 432 次；获锦旗 21 面、感谢信 2 封，完成支援灾区的各项工作。 （赵立源 王 超）

【服务经济社会发展】 2008 年，镇江市公安局引导全体干警，内外联动，创造性地落实镇江市委 1 号文件中“改善和保障民生”的有关要求，服务经济社会发展，不断满足人民群众新要求、新期盼。将与人民群众切身利益密切相关的扒窃、入室盗窃、盗车等犯罪列为查处打击重点。专项整治市区 8 个重点小区，落实人防、物防、技防措施，整治后发案数比上年下降 51.8%。深化平安建设，加大“零发案社区”创建力度。全市 808 个社区和行政村，月创建成功率均在 64% 以上。加强经济案件预警服务措施，打击经济犯罪，为企业、个人挽回经济损失 3000 余万元，保障经济社会健康发展。依托户籍、出入境、车辆管理及消防等窗口，为群众提供服务。2008 年，换发“二代身份证”220 余万张，通过“绿色通道”办证 6.3 万张，受到市民尤其是外出务工人员欢迎。出入境部门推行节假日预约服务、上门特色服务和满意评价服务，办理各类证件 3 万余件。公安行政服务窗口受理行政审批（服务）事项 5582 件，群众满意率 100%。交巡警部门全面实行交通事故当事人轻微事故自行协商处理机制，通过协调保险公司直接理赔 2000 元以下财产损失轻微事故 1 万余起，提升事故处理及理赔效率。市政府“民心工程”之一的城市停车场建设取得实质性进展，市区新增大型公共停车场 5 个，增设临时停车场（点）33 处，累计新增停车泊位 1600 个，有效缓解市区停车难问题。 （赵立源 王 超）

【全面构建和谐警民关系】 2008 年，镇江市公安局坚持以警为本，着力打造保民平安的公安精兵、执法为民的廉洁警队，树立犯罪分子最怕、人民群众最亲的公安新形象。落实与党代表、人大代表、政协委员结对联系制度，广泛听取他们的意见和建议。开展“报告评议”“春风行动”“警营一日”等社会活动，发挥警风警纪监督员、“啄木鸟”巡访团的监督作用，推动社会各界了解公安、理解公安、支持公安。构建与新闻媒体的良好协作互动关系，强化舆论保障，宣传警营文化，向社会各界展示新时期人民警察良好形象。在全力参与抗击冰雪灾害行动中，全市公安民警做好事 720 余件，推出被困车辆 880 辆次。全市见义勇为工作保持健康发展态势，各级见义勇为基金保障实力不断增强。年内，表彰、奖励见义勇为人员 278 人，颁发奖金、慰问金 35.4 万元。 （赵立源 王 超）

【建立反恐应急机制】 2008 年，镇江市公安局以“看住人、管住物、守住重点目标”为核心，落实各项反恐工作措施。坚持演练与实战相结合，修订和新建 12 项反恐预案，成功举办 6 次以防范恐怖袭击为科目的“红蓝对抗”演练，提升公安机关与社会联动部门合力应对突发事件的能力和水平。突出反恐应急机制建设，抓好应急实战演练、应急基础建设、应急保障机制等重点环节的工作，理顺上下关系，畅通指挥渠道，形成实战能力。在江苏省公安厅组织的应急拉练暗访中，镇江公安机关应急快速反应机制建设得到考评组充分肯定。落实反恐工作领导责任，会同相关部门开展大排查、大清查、大检查，及时整改各类隐患 1500 余条，确保全市未发生恐怖袭击事件。 （赵立源 王 超）

【胡雪林获“全国公安系统二级英雄模范”称号】 2008 年 9 月，公安部授予镇江市公安局公交分局副局长兼反扒大队大队长胡雪林“全国公安系统二级英雄模范”称号。胡雪林自 1989 年 1 月参加公安工作以来，长期战斗在反扒工作第一线，先后抓获 4000 余名扒窃等违法犯罪嫌疑人，破获刑事案件 3000 余起，为群众挽回损失总计 450 余万元。曾荣立个人一等功、二等功各 1 次，三等功 2 次；被授予“全国优秀人民警察”“全国特级优秀人民警察”“江苏省爱民标兵”等称号。 （赵立源 王 超）

【全市道路交通事故分析】 2008 年，镇江市发生道路交通事故 557 起、死亡 292 人、伤 457 人，比上年分别下降 17.9%、

表 10-2

2008 年镇江市汽车拥有量统计表

名　称	单位	合计	丹阳市	句容市	扬中市	市区直辖	丹徒区	京口区	润州区	镇江新区
民用汽车	辆	128576	36524	13586	14924	723	12628	25349	17514	7328
载客汽车	辆	98288	28305	8309	12747	450	8064	20884	14097	5432
私人汽车	辆	84756	25613	9510	10732	208	8227	14829	11386	4251
小型汽车	辆	86182	25429	6933	11629	365	6604	17990	12474	4758
合　计	辆	397802	115871	38338	50032	1746	35523	79052	55471	21769

（赵立源　王　超）

4.0%和25.5%，直接经济损失297.2万元，比上年上升5.7%。事故特点：公路发生道路交通事故357起、死亡225人，分别占总数的64.1%、77.1%。丹阳、句容道路交通事故分别死亡94人、78人，占道路交通事故死亡人数的58.9%。机动车驾驶人不按规定让行、超速行驶、违法占道行驶、违法超车等影响安全行车的行为，引发事故474起、死亡253人，分别占总数的85.1%、86.6%。私家车是主要肇事车辆，肇事276起、死亡128人，分别占总数的49.6%、43.8%。三年以内驾龄驾驶人肇事141起、死亡82人，分别占总数的25.3%、28.1%。

（赵立源　王　超）

【全市火灾事故分析】 2008年（2007年12月21日～2008年12月20日），镇江市发生火灾事故226起，死4人，伤1人，直接财产损失115.96万元，与上年相比，除死亡人数增加3人外，火灾起数、伤人数、直接财产损失数分别下降18.12%、50.00%、52.84%，未发生重特大火灾事故。事故特点：新区、京口辖区发生火灾事故较多，分别为49起、43起，占火灾事故总数的21.68%、19.03%。丹阳、润州辖区发生的火灾事故直接财产损失较大，分别为33.06万元、32.27万元，分别占直接财产损失总数的28.51%、27.83%。居民住宅、宿舍仍是发生火灾并造成人员伤亡的主要场所，发生89起，造成4人死亡，1人受伤，直接财产损失29.11万元，用火、用电不慎仍是引发火灾的主要原因。

（赵立源　王　超）

【消防工作和部队建设成绩显著】 2008年，镇江市消防支队打好抗击冰雪、抗震救灾和奥运消防安保三场硬仗，完成全年工作目标任务。连续三年被评为全省执勤岗位练兵先进支队、消防执法先进单位。支队机关及所有基层单位被评为市级及以上“青年文明号”先进集体，扬中市消防大队和特勤中队、九里街中队分别被评为全国公安系统青年文明号和省级青年文明号。特勤中队士官干波被公安部评为全国公安系统抗震救灾先进个人，被公安部消防局荣记一等功，被团省委等8家单位联合授予第二届“江苏省杰出青年消防卫士”。全年有33人次立功受奖。

以奥运消防安全保卫为主线，全年督改隐患3470处，查处消防违法行为813起。全市火灾形势持续稳定，连续5年杜绝重特大火灾事故和群死群伤火灾事故的发生。12月22日～23日，市政府组成2个考核组检查考评各辖市（区）政府2008年消防工作任务目标完成情况，推动消防工作责任制的落实。全年参与处置火灾、各类抢险救援事故和社会救助1641起，出动警力3406车次、15834人次，抢救受灾群众226人，疏散人员433人，保护财产总价值数亿元。“5·12”汶川大地震后，支队23名官兵在第一时间赶赴灾区，抢救生命，疏散群众，得到当地群众高度赞誉。重新修编《镇江市城市消防规划》，投入1310万元组建消防战勤保障大队，新建新区圌山消防站，配齐合同制消防员11项个人防护装备和中队23项专勤器材。全市新增市政消火栓299只。推进丹阳导墅、后巷，句容宝华等10个中心乡镇消防站建设。出台“大型项目消防审核验收绿色通道”等十项便民服务措施，规范消防执法行为，支队行政服务中心窗口及工作人员多次被评为先进。（董万青）

【扬中市消防大队被评为“全国公安系统青年文明号”先进单位】 2008年6月19日，共青团中央、公安部联合下发《关于命名和认定2007年度全国公安系统青年文明号的决定》，命名扬中市消防大队为“全国公安系统青年文明号”先进单位。8月1日，镇江市消防支队举行扬中市消防大队“全国公安系统青年文明号”命名授牌仪式。团省委副书记张国梁，省消防总队政委陈益新、副总队长蒋正林，副市长、市公安局局长夏新平，团市委书记黄万荣，扬中市政府领导以及公安、武警等部门青年团员代表，新闻媒体记者计200余人参加授牌仪式。近年来，扬中市消防大队依法履行消防监督职责，确保辖区火灾形势平稳，部队建设取得可喜成绩。大队先后荣立集体三等功2次，连续8年被扬中市委、市政府授予“文明单位”称号。

（董万青）

检　察

【概况】 2008年，全市检察机关履行法律监督职能，各项检察工作取得新进展。丹阳市检察院被最高人民检察院授予全国先进检察院，市检察院接待室被评为全国文明接待室。两级检察院有3个集体和3名个人受到省委、省政府和省检察院的表彰，有38个集体和51名个人受到两级党委、政府的表彰，其中市检察院被评为市文明机关、全市社会治安综合治理先进单位，市检察院侦查监督处被评为全省检察机关“严格规范执法、确保司法公正”先进单位，丹阳市检察院和扬中市检察院被评为全省先进检察院，润州区检察院干警袁媛被评为全省“十佳公诉人”。

全年受理公安机关提请批准逮捕的各类刑事犯罪嫌疑人2170人，经审查批准逮捕1955人；受理移送审查起诉4206人，提起公诉3752人。市检察院制定《化解涉检矛盾纠纷、维护社会稳定工作实施意见》，开展排查化解重信重访专项工作及“规范执法，维护稳定”系列活动，运用宽严相济刑事政策促进社会和谐，全年不批准逮捕199人，不起诉58人；受理群众来信来访1117件次，受理涉检信访案件597件，均妥善处理；上级交办的9件重信重访全部息诉，没有发生一起新的集体访和告急访，没有在全国、全省“两会”和奥运会期间出现赴省、进京上访，连续六年没有出现一起新的进京上访。做好综治联系点共建等工作，针对发案单位在安全防范等方面存在的问题，发出《检察建议书》284份。开展检察进社区、进企业、进学校、进乡镇活动，开展各类法制宣传活动125场次。镇江市经济开发区检察院推出“阳光教育基地”等举措，保障新区连续七年实现在校生“零犯罪”。

全年立案侦查贪污贿赂等职务犯罪案件70件73人，其中大案67件，大案率95.7%，要案5件5人，为国家挽回直接经济损失1440余万元。立案侦查渎职侵权犯罪案件10件11人。查办镇江市轻工化工物资行业管理办公室原主任、党委书记朱鲁生(正处级)受贿案,江苏科技大学后勤集团总经理刘贵林(正处级)贪污、受贿案,丹阳市交通局原副局长殷汉龙受贿案、原副局长万成受贿案,句容市城管局先后两任局长张远玉、笪宏斌受贿案,原扬中市公安局城东派出所民警张小林徇私枉法罪。深化职务犯罪预防工作,综合运用检察建议、预防调查、警示教育和行贿犯罪档案查询等预防措施,遏制职务犯罪发生。全年发出预防检察建议60份,推动相关单位落实预防措施38项;剖析69起职务犯罪典型案例,形成调查报告34篇,获领导批示12篇;举办各类警示教育活动80场,受教育人数近万人;对2371家单位、2196名个人进行行贿犯罪档案查询,9个有行贿记录的单位和个人被取消参与竞标资格。

全年依法监督公安机关立案32件59人,撤销不当立案32件68人,建议行政执法机关移送线索37件48人。对侦查工作中的违法情况提出书面纠正意见41件次,依法追捕139人,追诉53人。依法提出、提请刑事抗诉4件,提请和提出民行抗诉16件,提出再审检察建议18件。办理被监管人员再犯罪案件26件46人,对监管场所在执法中的违法情况提出纠正意见43件次,提出检察建议81件次,提出不予提请呈报减刑、假释、暂予监外执行79人。在省检察院年底的考评中,镇江市检察机关监所检察工作连续三年名列全省第一。

从2008年4月开始,全市检察机关开展党的十七大精神和胡锦涛总书记在全国政法工作会议代表和全国大法官、大检察官座谈会上的重要讲话"大学习、大讨论"活动。7月,市检察院代表镇江市政法机关在全省政法工作会议上介绍"大学习、大讨论"活动经验。(周绪平)

【全国部分省(区、市)检察机关深化检察改革座谈会在镇江召开】 2008年9月25日~27日,最高人民检察院在镇江召开全国部分省(区、市)检察机关深化检察改革座谈会。最高人民检察院副检察长孙谦,省检察院党组书记、检察长徐安,最高人民检察院司法改革领导小组办公室常务副主任万春,市委书记许津荣,省检察院副检察长吴汝信、邵建东,市委常委、政法委书记黄宝荣,以及来自北京、内蒙古、吉林等15个省(区、市)检察院的分管检察长、研究室主任出席会议。会议重点研究讨论检察机关深化检察改革的五年规划。 (周绪平)

【开展案件监督管理】 2008年1月,镇江市检察院经市编委批复,成立案件监督管理处,监管各业务部门执行办案流程、涉案款物的扣押冻结处理情况等重点环节,集中开具主要法律文书。至6月,各基层检察院均成立案件监督管理科。5月,市检察院在全省率先制定《关于加强案件监督管理工作的决定》,确立"全面监督、集中管理"的案管工作模式。全年两级检察院案件监督管理部门备案审查法律文书7140余份,开具法律文书1760余份,对50余件案件进行赃款赃物监管,涉及金额1300余万元,检查考评案件1400余件,提出案件程序、质量监管方面的书面意见和建议210份,促进检察业务规范化。 (周绪平)

最高人民检察院深化检察改革座谈会在镇江市召开 (周绪平)

【深化情报信息网络建设】 2008年10月,镇江市检察院出台《关于进一步加强职务犯罪情报信息工作的决定》,规范全市检察机关情报信息网络建设。至年底,建立特定人员信息库等6大类40余种信息库,收录各类情报信息资料200余万条,从社会各界聘请检察信息联络员16名。开展情报信息网络建设的成功经验受到最高人民检察院关注,派专人到镇江调研;在最高人民检察院召开的全国电视电话会议上作经验介绍。市检察院被确定为全国检察机关侦查信息工作试点单位。 (周绪平)

【推进检察工作一体化建设】 2008年5月,市检察院制定《关于加强检察工作一体化、执法规范化、管理科学化、队伍专业化和保障现代化建设的意见(试行)》,具体规划未来五年内建立检察工作一体化机制及相关配套机制,对每项目标任务进行责任分解,落实到人,受到省检察院党组书记、检察长徐安的批示肯定,并派专人到镇江市调研,为出台全省性的制度提供参考。至年底,全市检察机关侦查一体化、维稳工作一体化和民事行政检察监督一体化等工作机制均已建立,查办的职务犯罪案件有74%启动侦查一体化机制。 (周绪平)

【在全省首家实现人民监督员新选任模式】 2007年底,省检察院下发《关于进一步做好全省检察机关人民监督员换任工作的通知》,要求各地检察机关探索由当地人大对人民监督员进行确权的新选任模式。镇江市检察院加强与市人大常委会的协调,获得市人大常委会对人民监督员选任工作的支持。至2008年5月,全市两级检察院所有人民监督员全部由同级人大常委会采取聘任、任命或者确认三种方式予以确权,其中市检察院、扬中市检察院分别在全省省辖市检察院和基层检察院中率先实行由人大聘任人民监督员。市检察机关的做法受到省院党组书记、检察长徐安的批示肯定,要求在全省检察机关及时总结推广镇江市的经验。 (周绪平)

【实施"五大为民工程"】 镇江市检察院落实党的十七大和市委、市政府2008年1号文件,出台《关于进一步保障和改善民生的意见》,在全市检察机关全面实施检察亲民、安民、惠民、护民、济民等"五大为民工程",打击侵害民生的各类犯罪,化解涉及民生的矛盾纠纷,保障人民群众合法权益,受到副省长、原镇江市委书记史和平的批示肯定。全市两级检察院落实"五大为民工程"要求,将严重影响人民群众安全、扰乱和破坏经济建设的刑事犯罪案件和发生在群众身边、严重侵害群众切身利益的职务犯罪案件作为打击重点，依法公诉各类侵害民生的刑事犯罪案件1681件，查办涉及民生的职务犯罪案件33件，对法院判决不当、侵害当事人合法权益的14件民事审判、行政诉讼案件提出抗诉或发出再审检察建议，妥善处理271件涉及民生的矛盾纠纷。结合检察职能，开展一系列服务民生活动，市检察院民行处和京口区检察院组织民行检察进社区、进乡镇服务活动，润州区检察院在拆迁地区开展“访民情、宣法制、促和谐”基层行活动，丹徒区检察院在江心洲开展以扶贫帮困为主题的“春晖行动”等，取得良好社会反响。（周绪平）

【召开检察机关恢复重建30周年纪念大会】 2008年11月18日，镇江市检察院召开镇江市检察机关恢复重建30周年纪念大会。会议总结回顾镇江市检察机关恢复重建以来立检为公、执法为民、改革创新、服务大局的光辉历程。市委书记许津荣，省检察院党组成员、政治部主任王建国，市委常委、政法委书记黄宝荣，以及市人大、市政府、市政协、市中级法院的领导出席会议，许津荣和王建国分别讲话。老检察官代表、基层检察院检察长代表、全市检察机关先进人物代表和青年干警代表分别回顾镇江市检察机关恢复重建以来的发展历程，表达继往开来、为党和人民再立新功的坚定信心。市领导、省检察院领导为从事检察工作25年以上的检察官代表颁发检察荣誉勋章。为配合检察机关恢复重建30周年纪念大会召开，市检察院拍摄《创新奋进，追求卓越》电视专题片，撰写《追求卓越30年》（内部资料）一书，举办《追求卓越30年》大型图片展，以纪录片、图片和文字的形式回顾镇江市检察机关恢复重建30周年的过程。（周绪平）

审 判

【概况】 2008年，镇江市法院系统履行审判职责，各项工作取得新进展。全年受理各类案件47519件，办结44902件，比上年分别上升21.93%和23.53%，结案率94.49%。其中市中级法院受理各类案件9083件，办结8767件，比上年分别上升11.16%和10.72%，结案率96.52%。一年来，全市法院涌现出“全省优秀法院”京口法院、“全国模范法官”朱沪生等一批先进典型，先后有73个先进集体和92名先进个人受到市级以上表彰。

受理刑事一审案件2344件，审结2303件，比上年分别下降2.29%和1.96%，判处人犯3493人。依法审结邪教组织犯罪案件4件5人，涉黑案件2件11人，毒品犯罪案件143件161人，故意杀人、抢劫等严重侵犯人身权、财产权犯罪案件1422件2533人，诈骗、走私、生产销售假冒伪劣商品等经济犯罪案件53件86人，贪污、贿赂等职务犯罪案件66件67人。全年判处拘役、管制和适用缓刑1503人，占43.03%，比上年上升1.39个百分点。

受理民商事一审案件24396件，审结22645件，比上年分别上升29.12%和30.20%，解决争议标的28.32亿元。审结各类经济合同纠纷案件13088件，解决争议标的20.81亿元。审理企业破产案件25件，盘活企业资产8232.72万元，协助主管部门安置职工2015人。集中开展“知识产权司法保护行动月”活动，依法审理关牧村、王洛宾等名歌名曲著作权侵权纠纷等知识产权案件76件，审结75件。

受理行政一审案件378件，审结371件，比上年分别上升51.20%和58.55%，依法纠正23件违法具体行政行为。完善行政诉讼协调和解机制，协调处理因拆迁、征地引发的大量矛盾纠纷。市中级法院与市政府办公室联合发文规范行政首长出庭应诉活动，配合法制部门抓好行政执法人员业务培训，加强司法建议工作，促进行政审判与依法行政良性互动。

受理执行案件11872件，执结11038件，执结率92.98%，执结标的13.79亿元。构建综合治理“执行难”格局，开展“执行宣传月”和“集中清理执行积案”等专项活动，打造“组织保障”“执行联动”和“执行网络”三大平台，完善执行联动威慑机制，健全基层协助执行网络。通过采取悬赏执行、限制高消费、公开拍卖财产等强制执行方法和“放水养鱼”、执行和解等人性化执行举措，实现债权人合法权益。

民商事案件调解、撤诉率54.41%，比上年增加1.85个百分点；刑事自诉案件调解率21.3%，比上年增加6.36个百分点。将调解贯穿于诉讼全过程，推进诉调对接工作，引导当事人以和谐方式解决纷争。全年为人民调解组织举办法律培训63场次，指导调解各类民间纠纷627件，调结465件，调解成功率74.16%。

3月17日，江苏省副省长、镇江市委书记史和平到镇江中院调研、指导工作。他充分肯定全市两级法院为营造镇江良好的经济环境、平安环境和法治环境作出的重大贡献。（张传军）

【全省法院司法规范化建设经验交流大会在镇江召开】 2008年12月30日，江苏省法院司法规范化建设经验交流大会在镇江市润州区法院召开。最高法院宣教部部长董文濮和处长叶健，省法院党组成员、副院长胡道才，镇江市市委常委、政法委书记黄宝荣和全省13个中级法院的领导及创建单位代表出席会议。镇江中院、淮安中院、润州法院、金湖县法院等六家法院分别发言交流经验。扬中法院新坝法庭、盐城市盐都区法院秦南法庭等五家单位向大会提交书面交流材料。镇江市法院示范点创建工作成效显著，创建成10个省级示范点和25个市级示范点。（张传军）

【全市法院毒品犯罪案件审判工作受省表彰】 2008年7月，在江苏省高院召开的全省法院毒品犯罪案件审判先进表彰大会上，镇江市中级法院刑一庭和润州区法院刑庭被评为先进集体，另有3人被评为先进个人。近年来，全市法院加强毒品犯罪案件审判工作，严惩毒品犯罪分子。注重利用各种媒体宣传反毒禁毒工作，配合市禁毒委深入开展创建“无毒社区”“无毒村”“无毒学校”“无毒家庭”活动，落实帮教责任，做好对戒毒人员的社会帮教工作，取得显著成效。（张传军）

【丹徒宝堰法庭落成乔迁】 2008年11月6日，镇江市丹徒区法院举行宝堰法庭落成乔迁典礼。省市法院、丹徒区委、宝堰镇党委领导和兄弟法院及有关单位嘉宾百余人参加典礼。宝堰法庭2007年动工兴建，2008年9月竣工，建筑面积1800平方米。法庭按照庄重、实用、和谐的理念建造，具备现代化办公条件和完善的附属设施，法庭周围环境优美，充满人文气息，用“通谐桥”“文化石”“明理楼”等表达“和谐司法”理念。最高法院宣教部部长董文濮在2008年12月底参观宝堰法庭时，盛赞法庭设计、布局及文化、环境，并把“最美丽的法庭”这一美誉留给宝堰法庭。（张传军）

【便民利民措施结硕果】 2008年初，镇江市中级法院出台《关于依法保障和服务民生的工作意见》。该《意见》共28条，着重从七个方面完善依法保障和服务民生的司法举措：一是加强诉讼指导，实行立案导诉、法律咨询、指导举证一条龙服务，引导人民群众合理表达诉求。

二是强化审务公开，实行“阳光审判”，保障诉讼当事人知情权。三是拓展便民举措，实行“一站式”立案，加强和改进巡回审判工作，方便当事人就近诉讼。四是强化诉讼调解和诉调对接工作，完善诉讼调解机制，将调解贯穿于案件审理全过程；完善与社会大调解相衔接的工作机制，引导当事人以和谐方式解决纷争。五是加大执行工作力度，不断创新执行举措，构筑社会执行大网络，最大限度实现当事人合法权益。六是健全涉诉信访机制，坚持把依法处理信访与帮助当事人解决实际问题结合起来，做好息诉维稳工作。七是完善司法救助措施，加大诉讼费的减、缓、免力度和范围，健全执行救助专项资金制度，尽力满足困难群众的司法需求。

2008 年，市中级法院推出“诉讼便民卡”“法官联系卡”，方便当事人诉讼。推行上门立案、预约开庭、假日法庭、电子签章等便民利民举措。创新和完善巡回审判工作机制，建立覆盖全市大部分集镇和村庄的巡回审判网络，实现“审理一案，教育一片”的良好效果。全市法院设立巡回法庭 9 个、固定巡回审理点 16 个和若干个流动巡回审理点。全年组织巡回审判 696 次，审结案件 630 件。推行简易案件速裁机制，全市法院适用简易程序审理的一审案件超过 82%。落实公开审判制度，逐步建立审判信息互联网查询系统。案件当事人输入个案查询密码，即可随时了解案件审理进度。做好对企业下岗职工、低保失业人员、进城务工人员、城乡特困群众以及老弱病残等社会弱势群体的司法救助工作，对事关民生的案件，坚持快立、快审、快执的“三快”原则，满足困难群众司法需求。全年为经济确有困难的诉讼当事人缓减免诉讼费 277.73 万元。（张传军）

【聘请新一届执法执纪特邀监督员】 2008 年 7 月 28 日，镇江市中级法院举行新一届聘任执法执纪特邀监督员会议。党组成员、纪检组组长李明胜主持聘请仪式，党组书记、院长帅巧芳宣读市中院《关于聘请执法执纪特邀监督员的决定》，并向聘请的 12 名特邀监督员颁发证书。（张传军）

【促进社会稳定和谐】 以开展“综治联系点共建月”活动为契机，深入综治联系点专题调研，健全和完善综治共建长效机制。强化非监禁刑执行与社区矫正工作的有效对接，使 92% 以上的非监禁刑犯顺利进入社区矫正。注重延伸审判服务职能，通过开展共创法制校园、共建法制社区、共筑绿色防火墙等活动，加强对

聘请的新一届 12 名特邀监督员（张传军）

未成年人权益保护和青少年犯罪预防工作。注意总结、分析和研究影响全市社会治安稳定大局的新情况、新问题，反映《劳动争议纠纷呈现新特点新动向》的信息被国务院办公厅转发，副省长何权对上报的《职业技术学校在校生犯罪问题突出》信息作出专门批示。“5·12”汶川大地震发生后，全市法院及时制定和完善安全工作应急处置机制，妥善处理涉灾区审判执行案件 30 件。分析因国际金融危机和宏观经济环境变化给审判工作带来的新挑战，研究制定司法对策，妥善处理润州朝友服装厂因企业主“隐身”而引发的 88 名民工集体讨薪案等群体性纠纷。（张传军）

【开展“知识产权司法保护行动月”活动】 2008 年 11 月，镇江市中级法院开展以“依法护权、激励创新”为主题的“知识产权司法保护行动月”活动。邀请部分人大代表、政协委员和高校学生旁听典型知识产权案件庭审，召开知识产权保护座谈会，通过各类媒体、展板等形式宣传镇江知识产权司法保护情况，总结知识产权司法保护的成就和经验，加强对知识产权的司法保护，促进创新型城市建设和发展。（张传军）

【向市人大常委会报告审判监督工作】 2008 年 5 月 29 日，镇江市六届人大常委会第四次会议听取和审议镇江市中级法院《关于开展审判监督工作情况的报告》。市中级法院院长帅巧芳向到会的各位副主任、秘书长和委员们报告全市法院近年来开展审判监督工作的情况。与会人员在讨论、审议报告后的发言中，对全市法院的审判监督工作给予充分肯定，并针对法院存在的审判资源严重不足、办案经费缺口大、审判监督流程管理运行不尽完善以及个别审判人员的司法能力有待提高等问题，提出宝贵意见和建议。（张传军）

【组织纪念改革开放 30 周年演讲比赛】 2008 年 9 月 12 日，镇江市中级法院组织全市法院纪念改革开放 30 周年演讲比赛。经层层筛选，8 名参赛选手的演讲，以人民法院的发展见证改革开放历程，描绘改革开放的华彩篇章，集中反映当代法官尊崇、弘扬和发展法律的职业精神。举办方中级法院邀请市纪委、市委组织部、市委宣传部、市电视台和市广播电台的领导和专家担任评委。最终评出一、二等奖各 1 名，三等奖 3 名。（张传军）

司法行政

【概况】 2008 年，镇江市司法行政机关加快全市司法行政工作“全省争一流、全国创特色”进程，为推动镇江发展新跨越作出新贡献。

繁荣法治文化，强化法制宣传教育。深化“法律六进”（进机关、进乡村、进社区、进学校、进企业、进单位）活动，创新公务员和青少年等重点对象学法形式，首批 17 家“学法用法示范机关”被市委、市政府命名表彰，市领导干部学法用法在全国“法律六进”工作会议上作经验交流。组织“律师送法进村入户”活动，发放法律服务联系卡 28 万张，开展义务法律咨询 2000 次，该做法被司法部确定

为“五五”普法经验向全国推广。举办全市“五五”普法骨干培训班，170余名普法骨干参加培训，市委常委、政法委书记黄宝荣作辅导报告。启动普法驻村、入厂、进校园“润民工程”，农民、职工及青少年等十支普法宣讲队伍针对重点对象开展深度普法宣传。各地举办“人文奥运，法治同行”法律知识电视大赛，创办“法治论坛”，组织法治文艺演出，营造普法氛围。强化组织领导，调整充实普法领导小组。召开全市法制宣传教育领导小组会议，对各成员单位争创“五五”普法全国先进城市进行动员部署。出台加强网络普法意见，推出民主法治村（社区）动态管理办法，全市建成市级以上“民主法治村（社区）”489个，占全市的56.6%。推进非人大任命领导干部法律知识考试。强化宣传阵地建设，利用电视、报刊、网络等载体，提高法制宣传教育的覆盖面和渗透力，全市普法对象接受法制教育率为95%，满意率98%以上。在省“五五”普法中期考核中，由于普法成效突出，“律师送法进村入户”“法律夜市”等创新工作获得高加分，镇江市考核总分名列全省前茅，被推荐为省人大领导视察的唯一苏南城市。

服务科学发展，法律服务职能得到新拓展。推动政府法律顾问团建设，辖市、区覆盖率100%，镇（街道）顾问团组建率大幅提升，为党委、政府重要决策发挥参谋作用。完善律师参与信访接待工作，参与矛盾纠纷“大调解”，在辖市（区）书记大接访中发挥独特作用。举办“全市首届公诉人律师辩论大赛”“第三届十佳律师、优秀律师评选”活动，开展涉外律师人才选拔和实习律师集中培训。完成合作制律师事务所调整转制工作。全市律师办理各类法律事务11958件。开展公证质量建设年活动，规范办证程序、强化质量监管。在全省公证质量大检查中，镇江市优秀卷宗率51.4%，在全省名列第一。公证机构全国首创奥运商品知识产权公证、开辟网上证据保全公证、提供遗体捐赠公证等做法，在省内外有一定影响。同城公证资源共享、协作互补、共同发展。全市全年办理公证事项37043件。出台《镇江市基层法律服务管理制度》，规范执业行为，引导科学发展，提升服务层次。推进司法鉴定工作规范化建设，全市出具鉴定文书2320件，采信率99.5%。 （朱宇程）

【超额完成法律援助为民办实事项目指标】 截至2008年12月31日，镇江市办理法律援助案件1200件，超额完成年初市政府下达的为民办实事项目法律援助办案1000件的指标，得到市委、市政府的高度肯定。市司法局把法律援助为民办实事项目作为工作重点，以法律援助机构的规范化建设为抓手，加大对法律援助工作人财物的投入，尤其是两级法律援助中心基本建成临街便民的接待场所，方便了老百姓。建立法律援助志愿律师与法律援助联络员两支队伍，健全法律援助工作网络，开展“牵手正义、秉公助弱”法律援助“彩虹2+1”行动，加强与社会弱势群体的联系，扩大法律援助社会知晓率。放宽法律援助经济困难标准，降低社会弱势群体获得法律援助的门槛，对农民工申请支付劳动报酬、工伤赔偿和其他人身损害赔偿的，不再审查其经济状况，对依靠政府供养人员、城镇特困人员、重度残疾人员等特殊群体，因交通事故、医疗事故等突发性事件致贫人员的法律援助申请，只要侵权事实存在，都予以援助。通过规范办案程序，加强质量监督，提高服务标准和办案质量。利用《中华人民共和国法律援助条例》颁布实施5周年契机，开展法律援助宣传月活动，组织专题法律咨询活动23场。编印《案件选编》，发放宣传资料近3万份，在电台、电视台专题宣传近百次，展示援助成果，扩大社会影响。建立健全首问负责、审查指派、质量跟踪等制度，规范工作标准和操作规程，在全省办案质量检查中获得高度评价。全市加强法律援助中心规范化建设，5家援助中心通过省级规范化验收，法律援助社会满意度98%以上，各级法律援助机构收到群众赠送锦旗30余面。 （朱宇程）

【大调解建设有良好开端】 2008年，镇江市把理顺体制、健全网络、完善机制作为重点，大调解建设有了良好开端。市“两办”下发《关于在新一轮平安镇江建设中深入推进“三大建设”的意见》，市综治办、司法局出台《关于加强大调解工作领导管理体制建设的实施意见》，市长常务会专题研究大调解体制建设。丹徒、京口、扬中、丹阳等地办公用房、工作经费和人员配备等都得到落实，为大调解建设提供有力保障。市一级成立“指导委”，各辖市（区）和镇（街道）成立社会矛盾纠纷调解工作领导小组及调处服务中心，全市建成四级大调解网络。在企改、医患、环保、消费等领域成立专门调解小组，构建新平台；在消协、房屋拆迁等行业建立专业调解组织，延伸新触角。建立纠纷排查预警、受理登记、分流移交、协调会办、听证评议等制度。公检法司联合出台公调、检调、诉调对接办法，逐步形成“调处中心受理，多条渠道运作，多种形式调处”的格局。各级调解组织在“两会”“奥运会”等特殊时期，抓好矛盾纠纷排查调处。全年排查矛盾纠纷9458件，调处各类纠纷9363起，调解成功9083起，调解成功率97%。大调解建设的良好开端，使维护稳定“第一道防线”的作用得到体现。 （朱宇程）

【召开全市第三次律师代表大会】 2008年12月20日，镇江市第三次律师代表大会在碧榆园召开。会议选举新一任会长、副会长及新一届理事会成员。市司法局党组书记、局长殷敏当选为会长，刘芳、闵建君、王江南、戴闻喜等当选为副会长。副市长曹当凌、省律师协会会长王凡出席大会。截至2008年年底，镇江市有律师事务所38家，执业律师345人，其中具有本科以上学历的300人，占律师总数的87%；具有硕士学位的20人，党员律师107人，高出全省平均水平7个百分点。自2005年3月以来，全市律师承办各类案件30556件，解答法律咨询32330人次，担任2710家政府机关、企事业单位、社团组织及公民个人的常年法律顾问，其中在市及辖市（区）两级政府均成立法律顾问团，并正在向乡镇级政府延伸，律师通过法律服务为当事人索回赔欠款近10亿元。 （朱宇程）

【举行“牵手正义、秉公助弱，法律援助彩虹2+1行动”启动仪式】 2008年6月24日上午，由镇江市司法局主办的“牵手正义、秉公助弱，法律援助彩虹2+1行动”启动仪式在大市口广场举行。市委常委、政法委书记黄宝荣，市人大副主任陈苏，副市长曹当凌，市政协副主席宋敬伟等领导出席启动仪式。法律援助“彩虹2+1行动”是市司法局落实2008年市政府法律援助为民办实事项目的一项重大举措，使法律援助更好地关爱民生、服务大局。与会领导向受聘法律援助志愿律师和联络员代表颁发聘书，向社区群众代表发放法律援助联系卡及宣传资料。仪式结束后，法律援助志愿律师为现场群众提供法律咨询，集中接待、受理法律援助案件。 （朱宇程）

【启动普法驻村、入厂、进校园“润民工程”】 2008年12月4日是第8个“12·4”全国法制宣传日。镇江市普法办和司法局在大市口广场联合举行仪式，启动全市普法驻村、入厂、进校园“润民工程”，推进农民、企业职工和青少年学生等重点对象学法用法工作。该工程将持续至“五五”普法期末，历时两年多时间，着力完成四大任务：一是在先前实施“万人法律需求调查”基础上，了解广大农民、企业职工和青少年的法律法规需求，推动法制宣传活动按需分类、因人制宜地开展；二是利用人员相对集中的有利时机，开展“千人法律咨询活动”；三是引导高校法学专家、法律服务工作者等深入农村、企业和学校，举办“百场法制巡回报告”；四是动员具备相关法律知识和较强工作能力的法律人才，分别组建镇江市农民、职工、青少年三支普法宣讲团和辖市（区）七个普法宣讲分团共十支普法宣讲队伍。市委常委、市委政法委书记黄宝荣，市人大副主任陈苏，市政协副主席宋敬伟以及司法、宣传、农林、教育、劳动、总工会等部门负责人出席仪式，并为十支普法宣讲团授旗。副市长曹当凌代表市委、市政府作动员讲话。市普法办主任、司法局局长殷敏部署普法“润民工程”。普法宣讲团成员代表作表态发言。仪式启动后，市普法各成员单位和各普法宣讲团在现场举行大型法律咨询活动。（朱宇程）

【国家司法考试通过率创历史新高】2008年，镇江市司法考试组织工作成为全省考务工作全程“零差错”的唯一市。全市参加国家司法考试报名人员755人，实际参加考试662人，通过173人，通过率26.13%，比上年的19.58%高出6.55个百分点，创镇江市司法考试开考以来之新高。（朱宇程）

【强化社区矫正和帮教安置措施】2008年，镇江市司法机关出台矫正对象分类管理暂行办法、外出务工矫正对象管理规定、心理矫治志愿者服务办法等制度，建立和落实定期分析排查制度。出台《镇江市刑释解教人员帮教安置工作考核评定办法》，细化责任、量化管理。实施社区矫正信息平台二次开发，增强系统稳定性和科学性。推广心理矫治，建立一支近50人的心理矫治志愿者队伍，进行心理辅导、心理咨询。恢复性矫正工作在司法部主办的“中美罪犯矫正与和谐社会建设研讨会”上交流推广。推行分类管理、审前调查等工作，开展全市社区矫正示范镇（街）考核评比，推进专、兼职社区工作队伍建设。推广应用帮教安置信息管理系统。（朱宇程）

【镇江监狱】2008年，江苏省镇江监狱根据“打造文明监狱、服务和谐社会”的总体要求，以确保奥运之年安全稳定为主线，以开展“争当全国监狱系统排头兵”活动为载体，实施监狱工作法制化、科学化、社会化建设。监狱被省司法厅评为首批“规范执法合格单位”，被江苏省文明委授予江苏省精神文明建设先进单位称号。

做好奥运安全保卫工作，深入推行监区安全4A等级评估，深化精细化管理，开展应急处置演练，监管秩序持续稳定，实现不发生罪犯脱逃、不发生狱内重大案件、不发生重大生产安全事故、不发生重大疫情及集体食物中毒事件等“五个不发生”目标。加强罪犯教育改造工作，开展以学习十七大精神和迎奥运为主题的应时性教育活动。“5·12”汶川大地震后，对四川籍罪犯逐人谈话教育，安排拨打亲情电话，开展心理危机干预，及时稳定他们的思想情绪。规范罪犯文化教育，鼓励罪犯参加高等教育自学考试，全年有420人次报考，单科合格率为73.8%。设立“起航”广播站，建成“启迪”罪犯教育网，实现广播电视网、电话视频咨询网、罪犯教育网“三网合一”，监狱《启明报》和专题片在全省监狱系统评比中获得两个三等奖。做好罪犯心理健康教育、心理测试和心理矫治，罪犯心理健康知识普及率100%，其经验在全国和全省教育改造工作会议上分别进行交流。推进改造质量评估工作，结合评估结果及时对罪犯兑现狱政奖励，促进罪犯本质改造。强化新犯教育集训，新犯身份甄别面100%，新犯集训质量受到接收单位好评。

落实宽严相济的刑事政策，推进执法规范化建设。修订《罪犯改造计分考核实施办法（试行）》，加大罪犯思想改造考核比重，严格按照日记载、旬评定、月公布的要求操作，确保罪犯日常考核公开、公平、公正。依法开展罪犯减刑、假释工作，办理的罪犯减刑、假释、暂予监外执行案件均符合法律规定。严格罪犯饮食卫生管理，确保罪犯饮食安全。执行罪犯伙食实物量标准，每月上网公布罪犯伙食实物量执行情况，保证罪犯吃饱、吃热、吃得卫生。加强卫生检查考核，每季度评比“文明卫生监区”。实行医院医生到监区巡诊制度，畅通罪犯医疗急救“绿色通道”，保证罪犯生病得到及时治疗。

深化党委争创“三好班子”优胜单位、支部创建“五好党支部”、党员争创“党员示范岗”的党建“三创”活动，规范政工管理网络建设，实行政工联系点制度，监狱领导、纪委委员、政工部门民警分别挂钩到党支部、部室和监区，强化督促检查。开展争当全国监狱系统排头兵和“守警纪、尽警职、正警风”等活动，提高广大民警理论水平。推进党风廉政建设，开展警示教育月活动，逐级进行廉政谈话，创建省级廉政文化示范点，在省纪委检查组的验收中获得较高评价。按照竞争、择优、交流原则，实施三年一轮的科监区领导竞争上岗和普通民警双向选择，充实科监区后备干部人才库，配强科监区领导班子，民警的参与度、公认度都很高。根据司法部和省监狱管理局统一部署，在全监民警中开展岗位练兵活动，促进民警熟练掌握讲评教育、公文写作、信息技术应用和应急处置等四项基本功。重视人才队伍建设，挑选科监区领导参加省监狱管理局组织的轮训，两名民警被省监狱管理局分别评为创新创业杰出人才和优秀人才。“五五”普法教育成效在省级机关法制宣传办检查中受到较高评价。加强警察文化建设，组织征集镇江监狱、镇江监狱警察精神图标，组织参加江苏监狱警察精神大征集、大讨论、大实践活动，开展“纪念改革开放30周年”系列活动。全年没有民警因违纪受到纪律或行政处分，民警滕婉芬被评为全国司法行政系统抗震救灾工作先进个人，19名民警被省司法厅、省监狱管理局记功。（史 欣）

【镇江市公证处】2008年，镇江市公证处办理各类公证2.1万件，接待来信来访和义务法律咨询2万多人次，帮助当事人起草、修改和完善合同文本和法律文书1万多件，涉及经济标的20多亿元，避免直接经济损失3000余万元。办理涉外及涉港、澳、台公证事项3100多件，公证文书发往40多个国家和地区使用，均未出现错、假、伪证，被江苏省文明委授予江苏省文明单位称号。（张晓淑）

仲 裁

【概况】2008年，镇江仲裁委员会社会影响力不断提升，受案数量稳步增长，对维护市场经济秩序、化解社会矛盾、促进全市经济发展和推动和谐社会建设发挥了积极作用。全年审理仲裁案件202件，涉案标的额1.3亿元。涉案类型有房屋拆迁纠纷和商品房买卖、金融保险、物业、建设工程施工、买卖、租赁等合同纠纷。全年没有出现被法院撤销及不予执行案件。全年受理案件数量和标的额都超过预定工作目标。（朱 明）

【深入推行仲裁制度】2008年，镇江仲裁委员会积极宣传《中华人民共和国仲裁法》，提高仲裁影响力。9月，镇江仲裁委员会联合市人大内司委、市政府法制办组成调研组，对镇江银监分局、保险行业协会、建设局、房管局、国土局、工商局、交警支队、运管处等部门实施仲裁法情况组织专题调研。调研内容包括仲裁法宣传贯彻情况，清理、规范合同文本情况，合同中解决争议方式的条款修订情况，重视选择仲裁方式解决纠纷的情况。调研组通过听取调研单位汇报，查看有关合同文本，提出贯彻实施好仲裁法的具体意见，扩大仲裁的社会影响。在工作中注重发挥镇江仲裁委员会9个办事处和企业仲裁联络员的作用，通过仲裁办事处和联络员，介绍、宣传仲裁委的性质、地位和作用，引导相关地区和单位在本地区和本单位推荐用仲裁方式解决纠纷。2008年，经仲裁办事处立案审理的仲裁案件43件，占受案总数的21%。（朱 明）

【镇江仲裁委员会换届】 2008年3月，镇江仲裁委员会面向市内外印发《关于第三届镇江仲裁委员会仲裁员推荐的通知》，着手仲裁员推荐工作。经过个人申报、组织推荐，对照仲裁员条件，确定第三届仲裁委员会聘任仲裁员172名。人员结构有较大幅度调整，退休法官、大学教授、资深律师以及各行各业的专家均占有一定比例。通过换届，以求逐步达到人员调精，结构调优，水平调高。加强仲裁工作的领导，调整仲裁委员会组成人员。9月1日，市政府发文公布镇江仲裁委员会新一届组成人员：市政府常务副市长陈照煌任镇江仲裁委员会主任，孙晓南、金国使、顾其荣任副主任，许能斌、何敏峰、张俊昌、赵常男、朱炳国、邓世安、徐罗照、滕道远、张志军、季平任委员。（朱 明）

【加强仲裁员管理和办案规范】 2008年，镇江仲裁委员会建立仲裁员业绩档案，以德、能、勤、绩、廉等情况评价仲裁员。秘书处对仲裁员办案质量进行跟踪管理，将有关仲裁员办案中的表现和相关裁决书纳入仲裁员档案。在办案规范上，注重加强三个方面：一是严把组庭关。注重组庭环节，组好每个庭，独任仲裁员和首席仲裁员的指定优中选优，做到科学配置，结构合理优化，优势互补。从专业知识、驾驭庭审的能力、调解水平、文字能力、道德修养、敬业精神等多方面考虑仲裁庭的组庭工作，确保案件审理活动公正和高效。二是始终强调和谐办案，坚持调解为主、裁决为辅原则，提高仲裁案件快速结案率、和解调解率及自动履行率。坚持庭内审理和庭外调解相结合，做好案件审理工作。三是对重大疑难案件，启动专家咨询程序，征求专家意见，确保案件裁决公正合理，所裁案件经得起当事人检验，经得起社会和历史检验。（朱 明）

【调解一拆迁纠纷】 2008年3月，丹阳一开发公司将7户被拆迁户"告"到镇江仲裁委员会，要求被拆迁户履行拆迁补偿协议，立即腾空被拆迁房屋并交付给开发公司拆除，且承担逾期交付的违约金。镇江仲裁委员会考虑到该案件涉及面广、处理不当易产生群体性事件等因素，组织了该方面业务能力好、协调能力强的仲裁员组成仲裁庭。通过仲裁庭不厌其烦的调解，最终这7户拆迁户都与开发公司达成调解协议，和解结案。通过独立、公正、合理、及时的调解处理，拆迁双方当事人都满意，矛盾化解，不稳定因素消除，法律效果和社会效果得到有机统一。（朱 明）

典型案例

【原镇江市轻工化工物资行业管理办公室主任、党委书记朱鲁生受贿案】 2008年3月，镇江市检察院以涉嫌受贿罪立案查处原镇江市轻工化工物资行业管理办公室主任、党委书记朱鲁生（正处级）。4月2日，犯罪嫌疑人朱鲁生被市检察院决定逮捕。检察机关查明，2002年春节前至2008年春节前，被告人朱鲁生利用担任镇江市物资资产管理公司总经理、党委书记及镇江市轻工化工物资行业管理办公室主任、党委书记的职务便利，在下属企业改制、安置分流、协调矛盾、收取管理费、发放奖金等过程中为他们谋取利益，先后非法收受他人所送现金及购物券计人民币14万元。2008年7月1日，市检察院以被告人朱鲁生犯受贿罪，向市中级法院提起公诉。8月4日，市中级法院经公开开庭审理，依法作出一审判决，以被告人朱鲁生犯受贿罪，判处有期徒刑5年6个月，并处没收财产人民币5万元。一审判决后，被告人朱鲁生未提起上诉。（周绪平）

【原江苏省建设厅（建管局）行政审批办公室主任孙广仁受贿案】 2008年5月6日，镇江市中级法院对原江苏省建设厅（建管局）行政审批办公室主任孙广仁受贿案作出一审判决：被告人孙广仁犯受贿罪，判处有期徒刑9年，并处没收个人财产人民币240万元，已追缴在案的赃款人民币363.7万元、美元1.79万元予以没收，上缴国库。

市中级法院经审理查明：2002年1月至2007年5月，被告人孙广仁（男，1959年3月14日生）分别利用担任泗阳县副县长、江苏省工程技术翻译院院长兼江苏远大投资公司法定代表人、江苏省建设厅（建管局）行政审批办公室主任等职务便利，先后收受、索取财物计人民币363.7万元、美元1.79万元。被告人孙广仁在侦查期间主动交代受贿犯罪事实，检举他人受贿犯罪行为，并退清了赃款。（张传军）

【纪清才诈骗、集资诈骗案】 被告人纪清才，男，1949年8月出生，汉族，农民，住江苏省句容市华阳镇杨家边自然村。2005年1月因犯诈骗罪被判处有期徒刑六个月。2007年，被告人纪清才与镇江市丹徒区辛丰镇下方村池某结婚，其后即以虚假的50万元存单遗失证明骗取粮食和工商管理部门对其资质的审核，以池某的名义领取"镇江市丹徒区辛丰海英粮食收购经营店"粮食收购许可证和个体工商户营业执照。而后在当地招募多名工人，以高价向农户收购稻谷为诱饵，又将收购回的稻谷加工成大米后，以明显低于市场的价格出售，从中骗取钱财。被告人纪清才为骗取农户信任，在初期高价收购稻谷，并及时兑现钱款。从2008年1月起，便开始用口头承诺兑现稻款的方式欠账收购稻谷。2008年1月7日至4月2日期间，被告人纪清才率店内工作人员在镇江市丹徒区辛丰镇、三山镇及丹阳市司徒镇等地以欠款的方式高价收购骗得48户农户稻谷149962.5公斤，价值256558.8元，同时还骗得现金137319元，扣除已付稻谷款25964元，实际骗得计367913.8元。另外，2007年10月至2008年3月期间，被告人纪清才还以50%的高利息为诱饵，以借钱解决资金周转困难为幌子，先后骗取吕某、吴某等7名被害人现金计28.5万元。2008年3月底4月初，因农户陆续催要欠款，被告人纪清才遂于同年4月3日晨携妻池某逃跑，同年6月26日在广东省汕头市被公安机关抓获归案。案发后，被告人之妻池某仅代为退赔4942元。庭审中，被告人纪清才拒不如实供认犯罪事实。

镇江市丹徒区人民法院审理后于2008年10月13日依法作出一审判决：1.以诈骗罪判处被告人纪清才有期徒刑13年，剥夺政治权利3年，并处罚金人民币8万元；以集资诈骗罪判处被告人纪清才有期徒刑五年六个月，剥夺政治权利一年，并处罚金人民币5万元，决定执行有期徒刑18年，剥夺政治权利4年，并处罚金人民币13万元。2.责令被告人纪清才退赔违法所得人民币647971.8元，发还于各被害人。3.随案移送的作案工具印章6枚予以没收。

被告人纪清才不服一审判决，向镇江市中级法院提出上诉。镇江市中级法院于2008年11月17日作出"驳回上诉，维持原判"的终审裁定。（张传军）

综合经济管理

责任编校：孙燕宾

发展规划管理

【概况】 2008 年，镇江市开展市域主体功能区初划。市发改委对各辖市（区）自然生态条件和经济社会发展状况进行全面分析评价，结合发展战略目标，将全市划分为重点开发、优化开发、限制开发和禁止开发等四类功能分区；对各辖市（区）划为重点开发区域的制约性指标进行逐一分析研究，并多次召集辖市（区）发改委，对制约性指标的基础数据提出核调意见，多方争取省相关厅（局）对数据的认可。上报的《镇江市主体功能区划分方案》中，除部分重要生态功能区划分为限制开发区，京口、润州、扬中划为优化开发区外，其他地区均被划入重点开发区域。

全市完成固定投资总额 715.8 亿元，比上年增长 22.2%。重大项目 80 项，总投资 1191.9 亿元，年度计划投入 157.7 亿元，实际投入 188.1 亿元，超过计划数 19.3%。组织开展“十一五”中期评估工作，重点对“十一五”规划重点目标、重点任务和重大项目前两年完成情况进行评估；对规划实施过程中出现的问题和原因进行分析，提出促进规划进一步有效实施的有力举措。评估显示：“十一五”规划纲要明确的 7 大类 41 项经济社会发展主要指标完成情况良好，其中城镇养老保险、森林覆盖率等 15 项指标已经达到或基本达到“十一五”目标，地区生产总值、城镇居民人均可支配收入等 18 项指标按照序时进度顺利推进，服务业增加值占地区生产总值比重等 5 项指标未能达到序时进度要求。“十一五”规划纲要提出的社会主义新农村建设、产业结构优化、生产力布局优化、城市现代化、经济国际化、深化体制改革、自主创新、社会发展建设资源节约和环境友好型社会九大重点任务进展顺利。“十一五”规划纲要规划建设的 170 个重大项目，按计划实施的项目 120 项，占 70.6%；滞后计划的项目 32 项，占总数的 18.8 %；取消的项目 20 项，占总数的 11.8%。

开展对影响投资环境的经济类市属社会中介组织的调研工作，对从事中介服务和经营服务事业单位进行分类。拟订打破垄断、规范管理社会中介组织方案。拟定关于促进全市行业协会发展的若干建议和对镇江市知识密集型中介组织发展对策的建议的报告。参加镇江市医改政策的讨论修订、医疗保险专题调研组的工作。参与镇江中房、路桥总公司事业单位转企改制方案调研和认证工作。

引导和推动宁镇扬跨区域合作与发展。4 月，宁镇扬三市发改委通力合作，以南京 2008 年“重大项目洽谈会”为契机和平台，组织三市部分行业协会商会进行产业对接和经贸合作专场活动，推进行业协会商会及关联企业在经贸项目、资金、技术、信息和人才等方面进行实质性交流协作。配合南京市发改委做好发展“宁镇扬经济板块”的调研工作和宁镇扬协调发展综合改革方案初稿修改工作。邀请南京发改委、句容发改委到宝华镇进行调研，协调处理宝华镇对接南京市的相关事宜。组织开展《长江岸线开发利用总体规划》修编，突出生态保护，注重岸线功能叠加和集约开发，强调精细化管理，对岸线功能布局进行规划，制定岸线准入标准，提出岸线调整方案和岸线有偿使用、岸线储备、动态管理机制、多元化投资等规划实施建议。12 月 31 日，《镇江市长江岸线开发利用总体规划（修编）》通过来自南京大学、省口港局、省沿江办等单位的专家评审。

出台《镇江市现代服务业三年翻番行动计划》，狠抓服务业重点项目和集聚区建设。2008 年，服务业实现增加值 513 亿元，增长 14.6%；服务业占 GDP 比重 37.3%；服务业规模以上投资 222 亿元，增长 21.3%。完善服务业重点项目储备库，排出 300 个总投资 5000 万元以上服务业重点储备项目。加快 33 个服务业重点产业项目推进，完成投资 30.16 亿元，建立 10 个市级服务业集聚区，涉及现代物流、商贸、科技信息服务等领域，其中惠龙现代钢铁物流、丹阳眼镜城和镇江高创中心等被列入省级服务业集聚区。争取国家、省服务业扶持资金，中储粮、惠龙钢铁物流等 12 个服务业重点项目获国家和省服务业专项扶持资金 3.02 亿元。加强服务业绩效考核工作，在辖市（区）和市相关单位开展服务业绩效考核工作，评选出江苏中江能源有限公司等服务业十佳企业。 （卢永强）

【《镇江市太湖流域水污染防治规划》出台】 2008 年，镇江市组织编制《镇江市太湖流域水污染防治规划》，推进太湖水污染治理。市发改委在制订《镇江市主要入湖河道达标方案》基础上，组织开展《镇江市太湖流域水污染防治规划》编制工作。该规划充分考虑镇江太湖流域水系状况，明确镇江市太湖治理范围为除扬中市外的所有区域，并将规划范围划分为核心区和扩展区；明确全市太湖治理控制指标和近、远期指标目标值；提出推进产业结构调整、强化工业点源污染治理、加强城乡污水和垃圾处理、控制农业面源污染、加强河网整治、防治交通船舶运输污染、加大生态修复、健全水环境监测预警体系建设等八项主要任务，选排饮用水安全、点源污染治理、城镇污水处理、垃圾处理、面源污染治理、河网整治、生态修复、水环境监测预警体系建设等太湖流域水环境综合治理工程共八大类298个项目，总投资55.6亿元，其中近期实施280个，总投资36.8亿元。12月12日，该规划通过省发改委在南京主持召开的专家审查会；省发改委表示"认可镇江太湖治理范围，同意将镇江市区太湖治理项目纳入省规划"。

（卢永强）

【二重镇江项目开工建设】 参见第293页。

（卢永强）

【农业龙头企业销售170.2亿元】 2008年，镇江市市级以上龙头企业实现销售170.2亿元、利税13.8亿元，分别比上年增长15%、20%。全年，镇江市有1家省级龙头企业晋级国家级、2家市级龙头企业晋级省级重点龙头企业，并对市级龙头企业进行调整，形成3家国家级、15家省级、60家市级农业龙头企业梯队。建成镇江市农业龙头企业网（http://nyltqy.xnc.gov.cn），加强全市政企、企业之间交流、合作，宣传和推荐农业龙头企业优质农产品，提高农业产业化和企业信息化水平。依托句容市茅山百事特鸭业有限公司，建设龙头企业优质农产品宣传和展示中心。

（涂少煜）

【组团参加农业龙头企业名优产品展销会】 2008年12月5日～8日，市发改委组团参加在扬州举办的"江苏省第七届农业龙头企业名优产品展销会"。全市35家市级以上农业龙头企业参加，推出产品20个系列、百余品种，展期共实现零售160万元，签订销售合同550万元，签订销售意向1200万元。并在展会期间参加银企对接、产销衔接、高层论坛等活动。

（涂少煜）

【涉农项目申报取得大突破】 2008年11月中旬，根据国家发改委新增1000亿元中央投资安排方案以及与省的咨询沟通，市发改委初步确定将重点水利、农村饮水安全、大中型病险库除险加固、农村沼气、动物防疫体系、农产品质量安全体系、优质粮食、重点防护林、现代农业示范9大类项目作为申报1000亿元国债资金项目的重点，并建成2009年申请国债资金涉农项目库，排定拟申请2009年国债资金的涉农项目30个，总投资16.9亿元，拟申请国债资金7.44亿元，其中重点水利项目9个、大中型病险库除险加固2个、农村沼气工程3个、动物防疫体系项目1个、农产品质量安全检验检测体系8个、优质粮食工程3个、重点防护林工程2个、现代农业示范类项目3个。2008年新增中央投资项目下达镇江市农口项目共4类，分别为：4个中型水库除险加固项目（句容市句容水库、二圣桥水库、墓东水库和丹徒区凌塘水库）、丹阳市优质粮食产业工程标准粮田建设项目、丹阳和句容防护林工程以及2009年乡镇兽医站基础设施建设项目。项目总投资14019万元，已下达投资总额6726万元，其中中央预算内投资2511万元，省预算内投资2157.6万元，地方配套2057.4万元。

（涂少煜）

【经济技术协作工作】 2008年，全市筹措对口支援、扶贫资金701万元，牵头洽谈和签约经济技术合作项目34项。

对口支援西藏达孜县，帮助发展经济和社会事业。资助400万元援建的西藏达孜县工业园区延伸段、农牧民安居工程、广电中心等项目竣工。市公安局、检察院，新区检察院，市规划局、红十字会，江苏沃得集团等单位出资150万元，分别援助达孜县公安局规范化建设项目、检察院办公自动化及设备购置、县城规划修编、灾后重建、唐嘎乡中心小学等项目。继续实施智力援藏，选派两名医生赴达孜县医院进行为期一年的诊疗工作。

推进与陕西渭南挂钩协作，加快融入西部大开发的工作步伐。组织30多家企业50余人参加在西安召开的第12届东西部投资贸易洽谈会，签约投资贸易、科技合作等项目34个，参加省重点签约的合作项目2个，投资额达23.9亿元。实施扶贫项目和帮困活动，改善对口支援地区的基础条件。援助40万元建成富平县觅子乡铁佛寺村饮水工程，解决3000多人、4万头牲畜的饮水问题；投资40万元援建白水县城关镇东关村村级道路；投入22万元建成渭南市商务局信息中心项目；投入资金9万元，以市委党校为培训基地，采取授课和考察相结合的方式，举办第四期渭南经济干部培训班；帮助销售渭南苹果700多吨，价值300余万元。

完成对口支援三峡库区的各项任务。京口区、润州区、镇江新区共同筹措无偿援助资金40万元，援建的湖北秭归县人民医院外科综合楼投入使用。恒顺醋业集团向云阳分公司投入750万元实施豆瓣酱项目，年产豆瓣酱1000吨，其他酱类产品500吨，实现销售额900余万元，利润50多万元，吸纳库区移民就业100多人。扬中市大全集团在重庆市万州区总投资40亿元的首期年产1500吨多晶硅项目，成功产出高纯度多晶硅。帮助销售脐橙450余吨，价值200多万元。

2008年，六次参加长江三角洲16个城市、南京区域19个城市组织的区域经济年会、协调会和考察交流活动。对长三角协调会第八次会议确定的深化港口合作、推进旅游景区（点）道路交通指引标志达标、进一步推进"协调会"建设、深入实施"交通卡"互通、创建区域性行业协会、环保合作、长三角世博主题体验之旅等7个合作专题，落实参加的责任部门领导和联络员，细化实施方案，加强进度管理和督查协调。贯彻在芜湖召开的南京区域经济协作工作会议精神，完善区域现代物流联盟和建立管理部门联席会议制度，组织长江、内河集装箱码头、堆场、枢纽设施建设规划的衔接，推进区域集装箱运输体系建设和港口的联动发展。参加2008年南京都市圈发展论坛，主要研讨南京都市圈建设在泛长三角分工合作中的战略地位与意义，南京都市圈政策差别研究与生产要素流动情况，南京都市圈发展规划、主体功能区规划与区域物流规划的联动研究。参与编制《南京都市圈综合交通发展规划》，推动镇江市交通发展规划中的区域经济合作。

（吴 敏）

国有资产监督管理

【概况】 2008年，镇江市24家国有出资企业资产总额692.21亿元，净资产达316.49亿元。营业收入增长的企业13家，占出资企业总数54%。完成项目投资32.2亿元，被列入全市重点项目的索普60万吨醋酸造气、华地购物中心等项目进展迅速，大港三期、恒顺香醋扩产一期、船山水泥二期运营投产。市属工业企业中的金河纸业、色织总厂、赛博电子、汽车制造厂、电容器厂5家企业由于涉及职工较多，历史问题突出，改革难度较大，其中：金河纸业由索普集团托管重组；汽车制造厂改制方案经职代会通过，进入挂牌交易阶段；电容器厂、色织总厂、赛博电子依法破产，人员分流基本结束。在突出抓好五家重点企业改革的同时，制定《关于深化企业改革工作的实施意见》，经市政府常务会议讨论通过，以镇政发〔2008〕50号文下发实施，全面推进国企改革进一步深化。加强国企改革后续监管，下发通知再次重申对改制企业国有资产处置管理进行规范，并对金茂职校等单位违规转让产权行为进行严肃查处。

调整优化国有经济结构。将华润燃气公司国有股权、自来水和水业公司、城区主干道国有资产合计42.72亿元注入城市建设投资公司，实施城投公司与中房集团、房投公司的重组合并，使城投公司总资产规模超过100亿元。港联公司引进韦岗铁矿加盟，通过资源互补，扭转困难局面。启动国有出资单位应分配股利核查登记工作，对以前年度国有股应得股利使用情况进行调查分析、严格审查核实，确保国有资产经营使用依法合规，实现经济效益最优和最大；完成上年度企业经营者业绩考核；进行索普集团期权确认工作；制定开发区薪酬绩效考核办法；对出资单位公益性捐赠程序进一步明确，防止发生不规范行为。

优化国企发展环境。市水产总公司等4家企业金融债权回购，回购金融债权6938万元，回购价格1580万元，占回购企业债权的22.7%。截至年底，累计签订打包回购金融债权协议18份，涉及企业314家，涉及不良金融债权本息合计人民币196650.78万元、美元215.96万元，支付打包回购资金22341万元，平均打包回购比率11.3%，为企业减少174309.78万元人民币、215.96万美元的债务负担。华融和长城在镇江的债权回购完成，东方和信达尚余镇江市的债权企业330家，债权本息合计20亿元左右，按市属企业和辖市（区）企业分别进行摸底排队，制定整体打包回购方案，报市政府待批。接待、化解各类矛盾纠纷集访75批次，并组织工作组进入重点集访企业做好矛盾化解工作，使镇江锁厂、路桥公司职工停访、息访，恒泰实业局势趋于平稳，色织总厂破产分流加快推进，安达公司少数缠访、闹访人员加强防控，为企业改革发展营造稳定的社会环境。

（沈忠华　李昌元）

表11-1

2008年镇江市国有及国有控股企业基本情况表

地区＼指标	企业数（家） 合计	企业数（家） 其中：大中型	国有资产总量（万元）	在职人数（人）	年人均工资（元）
市直	53	17	2713822.37	13785	28882.00
丹阳市	6	3	23436.05	5290	17651.33
句容市	35	0	24258.63	2181	10972.15
扬中市	3	2	1236.26	607	14246.90
丹徒区	37	1	82086.31	1565	13223.06
润州区	7	0	2610.00	393	14681.52
新区	8	2	60053.90	1039	17984.22
合计	149	25	2907503.53	24860	22780.15

（钱月新　吴端生）

表11-2

2008年镇江市国有及国有控股企业资产负债结构表

单位：万元

分类	资产总计		负债合计		净资产		国有资本金	
	全市	市直	全市	市直	全市	市直	全市	市直
工业企业（17家）	1410085.27	1293248.86	1049843.39	962176.04	360241.87	331072.82	109795.99	88461.04
投资公司（7家）	4112124.63	4112124.63	1707570.43	1707570.43	2404554.19	2404554.19	168567.18	168567.18
贸易及餐饮（12家）	81492.70	3303.97	84245.28	2095.80	-2752.57	1208.16	4526.22	387.30
房地产业（11家）	150594.38	48528.95	138031.84	41211.75	12562.54	7317.20	26130.45	10731.03
服务及其他（102家）	812069.79	234472.52	552839.70	165323.61	259230.10	69148.93	101902.61	39636.62
合计	6566366.77	5691678.93	3532530.64	2878377.63	3033836.13	2813301.30	410922.45	307783.17

（钱月新　吴端生）

表11-3

2008年镇江市国有及国有控股企业经济效益指标表

单位：万元

分类	营业收入		利润总额		上缴税金		净资产收益率（%）	
	全市	市直	全市	市直	全市	市直	全市	市直
工业企业（17家）	761254.12	648328.60	-1259.13	9277.98	51521.46	46238.22	-0.98	2.15
投资公司（7家）	1549.34	1549.34	-3748.23	-3748.23	1051.61	1051.61	-0.23	-0.23
贸易及餐饮（12家）	43724.23	4510.58	-175.83	75.82	609.83	182.40	7.14	4.09
房地产业（11家）	18445.90	859.98	-2355.67	-1624.13	2795.13	1121.09	-20.07	-20.05
服务及其他（102家）	487002.87	154109.41	9634.31	1744.71	13752.91	6283.27	2.74	1.20
合计	1311976.45	809357.91	2095.45	5726.14	69730.95	54876.58	-0.13	0.12

（钱月新　吴端生）

表11-4

2008年镇江市国有资产监管企业经济效益指标表

单位：万元

企业名称	资产总计	净资产	营业收入	利润总额	上缴税金	工业增加值
江苏索普（集团）有限公司	686526.13	178335.18	501035.32	5258.43	35699.39	81145.00
江苏恒顺集团有限公司	363095.00	61658.59	72250.50	303.97	6424.65	31300.00
镇江金河纸业有限公司	18315.87	10556.38	157.06	-2073.17	0.65	0
江苏华通机械有限公司	10974.93	2576.62	375.77	-587.32	36.94	12.82

续表 11-4

企业名称	资产总计	净资产	营业收入	利润总额	上缴税金	工业增加值
镇江船山石灰石矿有限公司(合并)	162927.64	92740.63	71371.29	5240.28	9222.03	26397.20
江苏太白集团有限公司	49613.64	10854.35	60588.22	-4346.20	4001.43	9048.00
镇江大东纸业有限公司	44847.25	1536.82	62979.01	-746.63	2263.69	8884.20
镇江汽车制造厂	6303.52	-55.45	680.69	-199.12	52.00	61.00
镇江飞驰汽车集团有限责任公司	6085.79	-1116.05	12101.98	-538.99	597.94	762.10
江苏捷诚车载电子信息工程有限公司	72287.50	22679.88	45212.44	1560.35	5947.23	8000.00
镇江市交通投资建设发展公司	966770.33	354211.33	294.75	82.60	40.93	-
镇江市城市建设投资公司	2123414.30	1373824.03	951.11	16.13	1003.93	-
镇江市水利投资公司	858887.24	619689.07	0	-452.49	0	-
镇江市房屋投资建设发展公司	79232.08	29060.43	0	-148.36	0	-
镇江市能源开发总公司	6447.90	6387.44	0	347.96	1.91	-
镇江市镇扬大桥投资经营管理有限公司	36794.43	-13586.78	4.45	-3626.28	0	-
镇江港口有限责任公司	40578.36	34968.67	299.02	32.20	4.85	-
镇江市公共交通总公司	14723.54	5818.11	13577.90	-434.68	572.74	3634.66
镇江华润燃气有限公司	66388.36	32266.72	44593.56	7798.78	2535.40	15024.44
镇江市自来水公司	77941.04	46649.16	10600.31	92.34	862.32	6043.80
江苏省镇江市路桥工程总公司	54492.52	2623.11	82278.14	559.54	3239.62	-
中房集团镇江房地产开发公司	23178.94	4415.37	494.79	-809.84	425.00	-
镇江宾馆	4264.33	-1099.44	2018.06	-241.19	136.51	-
镇江市诚信担保有限责任公司	9288.12	7192.90	400.87	159.84	0	-
合　计	6922132.07	3164892.69	1612822.18	3825.23	96670.96	211635.80

（钱月新　吴端生）

【索普60万吨醋酸造气技改等重点大项目进展迅速】 2008年，索普60万吨醋酸造气技改项目土建工程设备安装到位，累计签订合同830个，完成投资24.15亿元，占总投资的85.6%，预计2009年二季度项目建成。恒顺50万吨香醋一期工程主体工程完工，2008年11月12日投产。大港三期主体工程建设基本结束，集装箱码头开始船舶作业，散货泊位完成吞吐量达到预定目标，试运行情况良好，交通部拟于2009年3月竣工验收。华地项目购物中心完成地下室工程建设，主楼地面上土建开始，挖出土方11万立方米，浇筑混凝土5.1万立方米，其中：桩基2.4万立方米，墙面、楼面2.7万立方米。累计投资6亿元，占预计总投资的6%。（沈忠华　李昌元）

【组建镇江国投投资担保公司与天润典当有限公司】 2008年，以原汉邦担保公司为基础发起创立镇江国投投资担保公司，初始注册资金3000万元，构建镇江市国资企业重大项目投资担保平台，解决企业融资担保难题。截至年底，市国投投资担保公司注册到位500万元，其中：市国有资产投资管理公司投入400万元，江苏太白集团投资100万元。市国有资产投资管理公司、市产权交易中心与江阴申达集团所属无锡普润投资担保公司共同出资1000万元（无锡市与镇江方各出资50%）组建镇江天润典当有限公司，经省有关部门及商务部批准成立，筹备开业。（沈忠华　李昌元）

【拓宽企业融资渠道】 2008年，市国资委积极推进企业与金融机构的银企协作，利用新型金融产品，拓宽企业融资渠道。利用江苏银行镇江分行推出的流动资金循环贷款、应收账款质押贷款、银票质押贷款等十几种新型金融产品，组织船山矿等11家企业开展金融产品对接活动，通过点对点对接，争取信贷支持，达成3亿元的融资计划，支持索普集团发行短期融资券7亿元。

（沈忠华　李昌元）

【推进华通集团与新加坡新科动力合资合作】 2008年，一拖集团全部转让其所占华晨华通集团59%股权给新加坡新科动力公司。同时，华通集团增资参股20%，新科动力相应增资，一期投资3100万美元，后续投资累计5000万美元以上。一拖集团出让股权公告发布，合资合作项目协议签订。

（沈忠华　李昌元）

国土资源管理

【概况】 2008年，全市国土资源系统按照"守土有责、护土有方、动土有据、用土有益"的工作要求，结合全市建设用地需求，制定"创新供地思路，缓解要素制约"八条措施，保障发展用地。全年上报86个用地批次，办理征转用地2417.47公顷，其中国家计划1031.07公顷、独立选址计划936.67公顷、点供计划206.93公顷、挂钩计划110.73公顷、集体存量土地132.07公顷，保障"两铁""南城北水"等工程及二重等项目用地。完善市场供地机制，实行"净地上市"，全年供地922宗，面积1878.33公顷。其中市场出让经营性用地210宗，面积567.93公顷；市场出让工业用地276宗，面积829.33公顷，成交金额达100亿元。实行新建项目用地挂牌施工制度，开展新增建设用地供地、闲置土地清查，清理供而未用闲置土地75宗，面积410.66公顷，依法收回13宗，收取闲置费12宗。开展土地收储工作，参与项目化运作。实施市区地价动态监测，完成基准地价更新。

落实保护耕地共同责任。对86个批次及47个项目进行规划审查和用地预审。按程序对45个镇级规划进行修改，调整建设预留地800公顷。市级土地利用总体规划修编前期成果通过省国土厅审查，进入规划大纲编制阶段；丹阳、句容、扬中、丹徒土地利用规划修编前期成果通过市级审查并报省国土厅备案。开展基本农田“争先达标”活动，健全基本农田保护制度，设立基本农田保护区68个，保护片1372个，保护块7712个，所辖市(区)基本农田“争先达标”工作通过省国土厅验收；丹阳、扬中被评为“江苏省基本农田保护争先达标先进集体”。实施土地开发整理项目86个，新增耕地387.67公顷。与市公安局、监察局分别建立国土资源联合执法制度和土地违法案件联合通报制度，强化问责制度，保护耕地资源。11月4日，通过农业部、国土资源部和国家统计局联合组织的耕地保护责任目标中期考核。

整顿规范矿产开发秩序，改善矿山生态环境。市政府与各辖市(区)签订矿山关闭目标责任状，9月底前全面完成第二轮禁采关闭任务。全年关闭采矿企业43家，采石宕口91个，保留开山采石企业26家。加大砖瓦窑业治理，完成市政府规定关闭任务。规范采矿权监管制度，实施矿山资源储量动态监管和矿山监理工作，出台《矿业权实地核查工作实施方案》，建立采矿权管理信息系统，对全市269个采矿企业进行年检，句容市国土局被评为“全省采矿权、探矿权年检工作先进集体”。健全矿产资源补偿费依法申报制度，征收入库近150万元。市国土局与各辖市(区)国土局签订废弃矿山环境整治目标责任状，全市完成废弃矿山环境整治项目14个，正在治理和即将开工项目26个，句容惠民山、韦岗铁矿、镇江新区赵魏宕口等矿山地质环境治理项目通过省、市验收。镇江市国土局和句容市国土局被评为全省废弃矿山环境整治工作先进单位。

开展第二次土地大调查，农村土地外业调查结束，内业数据处理和建库工作完成；开展土地登记发证，全市办理土地登记发证2万余本，办理土地抵押登记1500余本；编制出版《镇江市城区图》；完成永久性测量标志土地证发放工作。开展滑坡治理，完成烈士陵园周边和东吴路74号南侧滑坡治理两个市政府为民办实事项目。加强汛期地质灾害防治，山体滑坡21处，无一起人身伤亡事件发生。规范征地行为，建立征地补偿费预存款制度。完善被征地农民基本生活保障制度，健全补偿标准增长机制。强化信访工作，全系统受理来信512件，接待群众来访385批次、783人次，信访办结率100%。推进依法行政，市国土局举行土地、矿产资源违法案件听证25场；承办行政复议、行政诉讼案件18起。市国土局被市全面推进依法行政领导小组评为行政执法先进单位，丹阳市国土局被丹阳市政府法制办评为依法行政工作先进单位，扬中市国土局获“江苏省依法行政示范点”称号，润州分局被评为“全省国土系统依法行政先进单位”。开展法制宣传，4月22日，在全市范围开展国土资源科普知识竞赛活动；6月23日，选择润州工业园区、高资镇政府开展“送法到乡镇、村”活动；6月25日，举办庆祝第18个全国“土地日”专场文艺晚会。按照国家六部(局)部署，联合开展全市县(市)、镇(街道)和村级干部国土资源法律知识宣传教育培训活动。推进国土资源科技工作，1个项目被列为省国土厅指令性项目、3个被列为省国土厅指导性项目。推进电子政务建设，制订“金土工程”一期建设方案，推进广域网建设，句容市国土局、扬中市国土局、丹徒国土分局广域网延伸到基层国土所。开展文明创建，加强国土窗口建设，受理各类办件5311件，提前办结3823件。加强基层所建设，开展争创“人民满意国土资源所”活动。加强队伍建设，选派5人到系统内外挂职锻炼。加强党风廉政建设，落实“一岗双责”，开展领导干部述职述廉、提醒谈话和任前廉政谈话。开展廉政文化活动，市国土局通过省级廉政文化建设示范点检查验收，被市纪委表彰为全市廉政文化建设先进单位。 (巫少群)

【制定“创新供地思路，缓解要素制约”八条措施】 2008年，市国土局提出“创新供地思路、缓解要素制约”八条措施，获得市委、市政府主要领导肯定，市委办、市政府办联合发文转发。一是积极包装项目，争取点供用地指标，保障占地少、能耗低的高新技术产业项目、现代服务业项目和先进制造业项目用地需求。二是完善节约集约用地措施，提高土地利用效益，对城市规划区、省级经济开发区内不含土地费用，投资额低于3000万元(投资强度低于300万元/亩)，其他地区低于2000万元(投资强度低于200万元/亩)的工业项目不再单独供地；对符合规划、不改变工业用地用途前提下，提高土地利用率和增加容积率的，不再增收土地价款。三是开展城乡建设用地增减挂钩试点和“万顷良田建设工程”试点。对除基本农田以外，农村集体经济组织、农民和畜牧业合作经济组织兴办规模化养殖所需用地，不需办理农用地转用审批手续；对村民自愿腾退或符合申请条件购买空闲宅基地的，给予奖励或补助。四是挖掘存量建设用地潜力，加快批而未供和闲置土地处置利用。五是开展第二次土地大调查，科学修编新一轮土地利用总体规划，拓宽发展用地空间。六是完善土地市场，采用“净地”上市、存量建设用地先收储后出让，扩大市场供地范围。七是合理规划使用未利用地，加快关闭砖瓦窑、矿山宕口废弃地的再利用。八是建立健全考核评价机制，建议将新增建设用地对GDP增加值、地方一般预算财政收入增加值、单位新增建设用地固定资产投资额及耕地保护情况等内容纳入对基层政府年度目标考核，增强土地资源的持续保障能力。 (巫少群)

【开展全市性国土资源法律知识宣传教育培训活动】 根据国家六部(局)利用2008年一年时间，联合开展全国县(市)、乡(镇)、村级干部国土资源法律知识宣传教育培训活动安排，市国土局与市委组织部、市委宣传部、市教育局、市司法局和市广电局联合成立全市国土资源法律知识宣传教育培训活动领导小组，建立联席会议制度，制定活动实施方案，市委组织部将国土资源法律知识培训纳入全市“十一五”领导干部和基层干部培训计划，成立全市国土资源法律知识宣讲团，落实培训对象，统一征订教材，先后在市委党校集中举办全市镇(街道)领导干部国土资源法律知识培训班3期，加上各辖市(区)自行组织培训，共计培训镇(街道)干部252人次，超过应训人数1.8倍；各辖市(区)集中举办村级干部培训9期，加上各镇(街道)自行组织培训25期，共计培训村级干部3700多人次，超过应训人数3.49倍。2009年2月11日，全国、全省召开县(市)、乡(镇)、村级干部国土资源法律知识宣传教育培训活动总结通报电视电话会议，市国土局巫少群获评全国先进个人；丹徒区委组织部、句容市国土局获评省先进集体，市委组织部丁立新和扬中市国土局张锦华获评全省先进个人。 (巫少群)

【推进基层国土所建设】 2008年9月9日，市国土局组织56个基层所负责人现场观摩蒋乔国土所、上党国土所、新桥国土所和新坝国土所建设，并在扬中召开全市国土系统基层所建设推进会。自2006年全省系统开展创建“人民满意国土资源所”活动以来，市国土局按照全省国土资源所建设“六有”标准，先后投入4500多万元用于基层所基础设施建设，新建11个基层所，改造32个基层所，全部达到“六有”标准。健全规章制度，提高队伍素质，强化服务意识，提升社会满意度，全部建成“人民满意国土资源所”，其中8个基层所被评为“江苏省优秀国土资源所”，29个基层所被评为“镇江市先进国土资源所”。在年度基层站所测评中，全系统有43个基层所排名前三位,其中 18 个排名第一位。

(巫少群)

【市公安局经济犯罪侦查支队驻市国土局警务室成立】 2008 年 11 月 3 日,市国土局与市公安局在碧榆园联合召开国土资源执法联席会议,明确在查处、打击土地、矿产违法犯罪等方面实行联合执法,规范全市国土资源市场秩序,并成立市公安局经济犯罪侦查支队驻市国土资源局警务室,由市公安局经济犯罪侦查支队派出警力参加国土资源联合执法。2008 年,全系统开展动态巡查 700 余次,查处土地违法案件 252 件,面积 249.8 公顷,向各级纪检监察机关提出党政纪处分建议 48 人次,向各级法院申请强制执行 72 宗。丹徒区依法向公安机关移送国土资源违法案件 3 宗,1 人被正式批捕。扬中市再次成功创建土地执法模范县,句容市被授予创建先进单位称号。

(巫少群)

【市土地收储中心开展注入土地回购工作】 2008 年,市土地收储中心作为城市建设市场化运作主体,继续推进南徐路西延(东)段工程建设,当年投资 9960 万元,累计投资 2.796 亿元,占总投资额的 96.4%,道路主体工程全面完成。做大土地收储,运作资金 3 亿元,直接收储、委托收储土地 662.53 公顷。对 8 宗 62.03 公顷注入土地进行成本预审,压缩计划成本 1.27 亿元。同时,出资 6000 万元对 3 宗 42.18 公顷注入土地实施回购,统一上市节奏。全年市场出让收储土地 6 宗 43.83 公顷,成交金额 11.52 亿元,其中回购 3 宗土地市场出让 38.48 公顷,成交金额达到 10.96 亿元。

(巫少群)

【全市关闭第二批砖瓦窑厂名单公布】 在 2007 年底全面完成镇政发〔2005〕60 号文下达第一批关闭 34 座砖瓦窑厂基础上,2008 年,市政府下达《关于关闭第二批砖瓦窑厂的通知》(镇政发〔2008〕128 号),要求在三年内(2008 ~ 2010),在全市范围内关闭第二批 66 座砖瓦窑厂,其中丹阳市 12 座、句容市 15 座、丹徒区 9 座、京口区 3 座、润州区 5 座、镇江新区 22 座;指出对工作不力、关闭不到位的地区,将冻结建设用地审批,并予以通报批评。5 月 22 日,市国土局、市墙改办联合组织专业爆破公司对被列为第二批关闭首家单位——镇江市扬中砖瓦厂 3 座高达几十米的烟囱实施爆破拆除,拉开全市关闭第二批砖瓦窑工作序幕。镇江新区 22 座砖瓦窑厂当年全部关闭到位。

(巫少群)

【专场文艺晚会获全省"土地日"宣传好项目优秀奖】 2008 年 6 月 25 日,围绕第 18 个全国"土地日"宣传主题,结合 2008 镇江文化嘉年华活动,市国土局与市委宣传部、市文化局联合主办,由市文化馆承办,邀请南京前线文工团演员和国土系统职工代表倾情表演,在镇江影剧院举办"今夜镇江最美"——庆祝第 18 个全国"土地日"专场文艺晚会。110 分钟的演出,《土地公公轶事》《快乐老太》《国土资源发展谱新篇》等 12 个节目,在给广大市民奉上精神文化大餐的同时,宣传土地管理法律法规,也将镇江文化嘉年华活动推向高潮。市四套班子分管领导、市各相关部门负责人和全市国土系统干部职工代表 1200 多人观看演出。在 2008 年全省国土资源系统开展的全国"土地日"宣传好项目评选中,获省国土资源厅宣传好项目优秀奖,并被评选为镇江市普法宣传十件新事之一。

(巫少群)

工商行政管理

【概况】 2008 年,全市私营企业 25459 家,从业人员 37.62 万人,注册资本 464.28 亿元;个体工商户 8.67 万户,从业人员 13.79 万人,从业资金 35.22 亿元。内资企业 11865 家,注册资金 204 亿元;新发展内资企业 456 家,新增注册资金 6.45 亿元。外商投资企业 1590 家,投资总额 97 亿美元,注册资本 50 亿美元,其中新设立外资企业 245 家,投资总额 14 亿美元,注册资本 9 亿美元;有 145 家外资企业进行增资变更,新增外资 3.55 亿美元。对外资未到账企业进行友情提醒,催缴出资 1.5 亿美元。全市有各类市场 202 个,其中商品市场 184 个、生产资料市场 8 个、生产要素市场 10 个,市场年成交额 122.9 亿元;新发展市场协会会员 135 个。"重信用守合同企业"(以下简称"重守企业")1359 家,其中国家级"重守企业"19 家,省级"重守企业"88 家,市级"重守企业"948 家,县级"重守企业"304 家。

开展奥运食品安全专项检查、保护奥林匹克专有权专项执法、一月一类广告市场环境整顿、防范和打击传销、非法销售卫星电视地面接收设施专项整治、安全生产百日督查等执法行动,查处各类案件 1019 件,其中组织商品质量检测 4623 个批次;查处商标侵权案件 59 件,没收并销毁侵权商品、商标标识 6.99 万件;监测广告 8.3 万条,发放行政告诫通知 426 份,查处违法广告案件 82 件;取缔卫星电视地面接收设施非法销售点 17 户,拆除非法安装户 600 余个;捣毁传销窝点 346 个,送返传销人员 5300 余人次,解救被骗群众 94 人次,打掉传销团伙 36 个,破获非法经营案件 1 起,抓获涉传违法犯罪嫌疑人 159 人,给予刑事处罚 93 人;取缔涉及公众安全的网吧、餐饮、娱乐等行业无照经营 1940 户。

各级工商部门和消费者协会围绕"消费与责任"年主题,以消费维权社会化为发展方向,开展千家企业诚信承诺签名、基层消费维权网络建设月活动,成立维护消费者权益合议庭,设立消费教育手机短信平台,开通电视台消费点击栏目,推行消费投诉回访制度、诉调对接工作制度等,为营造全市安全放心的消费环境做出努力。各地加强维权基础建设,推进"12315"进社区、村镇、商场、学校,扩大"一会两站"覆盖面。各级"12315"举报中心和消协组织全年接受消费者咨询 4.4 万人次,受理申投诉 3626 件,解决率 99.7%,为消费者挽回经济损失 300 万元。加强上市商品质量监测和食品安全动态管理,全市大中型商场、超市和集贸市场食品经营户落实索证索票和进销货台账两项制度达 100%,农村食品市场两项制度覆盖率 80%。开展农村食品安全示范店创建、放心消费创建用户满意度调查、深化食品安全电子备案监管等活动,确定市级试点行业 28 个,省级试点行业 16 个,省级试点企业 10 家。

优化投资软环境,提升登记准入服务效能。实行大登记指导模式,创新推出注册登记短信互动平台、注册登记联络员网络、外资登记《行政许可建议书》等服务举措,开展"规范高效、热情周到、文明礼仪"品牌主题建设。全市登记注册窗口受理各类办件 15241 件,办结率 100%,次次被评为"优胜服务红旗窗口"。扬中工商局注册窗口被中华全国妇女联合会评为全国三八红旗集体。

镇江市被授予全省放心消费创建活动先进单位称号。镇江工商局被评为全国工商行政管理系统 12315 行政执法体系建设工作先进单位,扬中工商局城区分局被评为全国工商行政管理系统先进工商所,刘海东、何建平被评为全国工商行政管理系统优秀工商行政管理人员。京口分局象山工商所被人力资源和社会保障部、国家工商总局联合表彰为全国工商系统先进集体。

(黄莉)

【推进社会主义新农村建设成效显著】 2008 年,全市工商系统把促进农业增效、农民增收、农业发展作为服务型工商建设的重要内容,培育农副产品商标

496件，认定集体商标1件，新申报集体商标1件。建立农村合同工作指导站34个，培养持证农业合同管理员400人，推广使用种子、化肥、农药、农机具等规范性合同文本1000余份，审查农业合同6000份，调解农业合同纠纷72起，挽回经济损失1500万元。解决农副产品销售难题，开展产地、场地对接工程，支持农民专业合作社、农业龙头企业直接向城市超市、社区菜市场和便利店配送农产品，全年共举办场地对接活动8次，帮助农户销售各类农副产品400余吨，销售额9000万元。全市经纪业和经纪人呈现快速、稳定、健康发展趋势，有各类经纪企业4000家，持证经纪人31000人，年经济撮合65亿元，约占全市GDP的7%。其中农村经纪企业1200余家，农民经纪人2200余人，经济撮合10亿元。《中华人民共和国物权法》实施以后，动产抵押登记成为农村企业和个体工商户的一个重要融资途径，全市办理动产抵押登记462件，抵押物价值15.8亿元，担保主要债权金额12.1亿元，比上年分别增长52.5%、46.2%、49%。其中个体工商户动产抵押登记3起，担保主要债权金额108万元；农村专业合作社抵押登记32起，担保主要债权金额3200万元。（黄　莉）

【处置问题奶粉及乳制品突发事件】 2008年9月，针对突发的问题乳制品事件，全市启动“流通领域奶粉及乳制品突发事件”一级应急响应方案，确保不合格乳制品的迅速退市和消费纠纷的妥善处理。各级工商部门对近4000家食品经营户、超市、商场、食品经销企业、地区经销代理进行检查，对问题乳制品的下架、撤柜、封存、登记、召回实行全过程监管。全市下架并回收问题奶粉及乳制品1.6万公斤，其中农村地区下架并回收问题奶粉及乳制品6113.5公斤，销毁问题奶粉及乳制品2600公斤。市“12315”申诉举报中心实行24小时值班，向105家大型商场、超市派驻210名工商工作人员，“点对点指导”做好消费者的解释与纠纷调解工作。截至11月底，受理消费者有关咨询、申诉、举报4639件，帮助消费者退换问题奶粉及乳制品46350公斤，依法妥善处理问题奶粉事件患儿赔偿问题，未发生群体性事件。（黄　莉）

【举办苏、浙、沪地区首届公平交易执法协作会议】 2008年11月11日，“苏、浙、沪地区第一届公平交易（经济检查）执法协作会议”在碧榆园宾馆召开，46个地区工商部门参加会议，就如何加强三地公平交易执法协作、维护公平竞争的市场秩序、促进地区间经济合作发展进行探讨，并明确三项协作机制：“异地受理”机制，对请求人与被请求人不在同一地区的案件，请求人可就近向当地工商部门举报，并由其负责移送案件线索、反馈处理结果；“信息资源共享”制度，通报大案要案，分析研究对策，介绍政策措施，交流办案经验，实现信息共享。“重点企业重点商品保护”机制，将苏浙沪地区市场知名度较高、被假冒侵权情况发生较多的重点企业、重点商品列入苏浙沪重点企业重点商品保护名录，优先受理其权利人的举报申诉，从快处理违法行为。“打击传销执法区域协作”机制，组织开展双边或多边打击传销联合执法行动，实现交界地区联防联治，切实挤压传销活动生存空间。山东、安徽、江西、福建四省工商局应邀参加会议。（黄　莉）

【首家实行消费投诉回访制度】 2008年8月，镇江市消协在全省首家实行消费投诉回访制度。回访对象包括消费投诉的主体消费者及所涉及的经营单位。回访方式采取电话、信函、上门等形式。回访内容包括对投诉处理情况满意与否，维权过程存在哪些困难，受理投诉的工作人员有无态度不文明、操作不规范、违规违纪情况等。截至年底，各级消协组织共受理消费投诉2179件，回访2136件，回访率98%，收到消费者、经营者感谢信55封，锦旗21面。（黄　莉）

【实行城区监管大联动】 2008年，镇江工商局在实行集中办案模式的基础上，在城区实行集中立案、集中会审的大联动监管模式，其主要操作办法：统一案件核审，市工商局成立案件会审领导小组，对复杂案件立案处理进行集体研究；下设立案科和案件指导科，负责立案、销案及热点案件、重要案件的审核及查办指导。统一联动执法，除法律规定须以市工商局名义查处外，所有案件由违法行为发生地的工商部门查处，杜绝对企业同一行为的重复执法、重复处罚。统一案件处罚权，传销案件，罚没款总额超10万元案件，涉及商业贿赂、商业秘密、限制竞争等不正当竞争案件以及省、市领导、媒体、群众关注的热点案件，由案件会审领导小组会审后，决定最终处罚。（黄　莉）

【高知名度商标发展迅速】 2008年，全市新增中国驰名商标13件，其中行政认定2件，分别是中电电气集团的“中”字图形商标、索普集团的“索普”商标，全市驰名商标总数累计24件，同比增长70%，列全省第四位。新增农副产品集体商标件1件，即句容“云兔草莓”，集体商标总数累计3件，列全省第一位。新增省著名商标29件，著名商标总数126件，市知名商标总数327件。（黄　莉）

【丹阳、扬中入选全国县域商标发展百强行列】 2008年11月，中华商标协会中企商标发展中心与《中国工商报》商标世界专刊联合统计并发布“2008年中国县域商标发展情况TOP100名单”，丹阳、扬中位居其中，分别列第18位、第52位。此次评选依据全国各县（市）行政区域内拥有的注册商标数、驰名商标数、著名商标数等数据，按照注册商标每件1分、著名商标每件100分、驰名商标每件300分累加总积分，按照总积分排列百强名单。（黄　莉）

【首批七家企业获准使用镇江香（陈）醋集体商标】 镇江香（陈）醋集体商标2008年3月正式投入使用。经过专家技术委员会验收组审查，恒顺醋业集团、恒康调味品厂等7家企业达到规定的资质条件、卫生管理、产品质量等要求，得到醋业协会第一届七次常务理事会的商标使用批准，并签订《“镇江香（陈）醋”集体商标标识使用承诺书》，承诺在指定企业印制商标标识，每月将印制及使用情况向协会备案，规范使用集体商标标识，并由专人负责标识管理与使用。理事会还指定3家印刷企业负责“镇江香（陈）醋”集体商标印制。（黄　莉）

物价管理

【概况】 2008年，全市价格工作围绕“以调控稳价格、以服务促发展、以监管惠民生”主线，在各方面都有新的提升。镇江市价格认证中心获得全国“2006～2008年度价格认证机构规范化建设示范单位”称号，辖市（区）6家价格部门的价格认证中心被评为国家规范化价格认证机构。

出台《关于进一步优化收费环境的意见》，减免26项收费，为企业年减负2100万元。落实省取消或停征63项收费，为社会年减负约2亿元。编印《镇江新区投资企业主要收费项目指南》1000余册，免费赠送企业。出台《关于违反优化经济发展环境相关政策规定的处理意见和责任追究措施》，进一步规范收费管理行为。严格涉企收费培训审批，全年拒批数超过报批总数的1/3。针对上半年严峻价格形势，采取多方面措施抑制

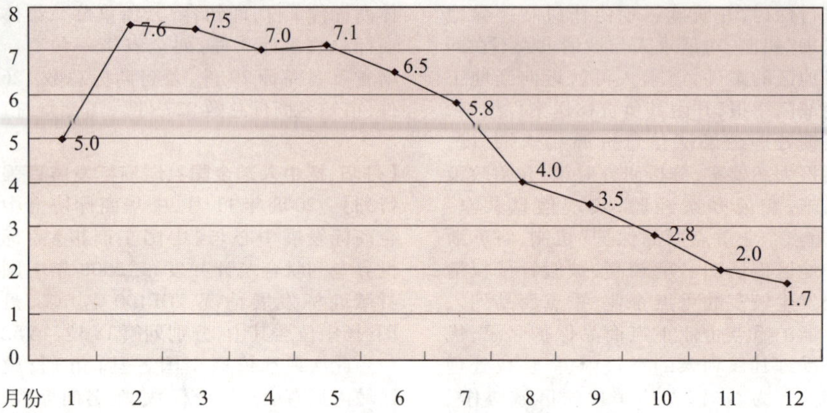

图 11-1　　2008 年镇江市价格指数全年走势图

物价过快上涨。修订和完善《镇江市物价局关于应对市场价格异动的工作预案》,将稳价工作细化分解到各处室。对猪肉等六大类食品和液化石油气市场价格实施临时干预措施,抑制物价过快上涨势头。增加28个价格监测点,对主要主副食品和重要商品市场价格实施重点监测并一日一报,对相关定点监测单位派驻价格监测员。全年,居民消费价格指数前高后低,上半年高位运行,下半年呈明显的逐月下降态势,全年累计上涨105.0%,比全省平均水平低0.4个百分点,年度价格宏观调控目标实现。

取消普通住宅商品房政府指导价管理模式,实行市场调节价。适度上调物业管理收费标准,支持物业管理企业发展。修订《镇江市热电联产企业煤热价格联动暂行办法》,化解热汽供需价格矛盾。调整镇扬城际公交票价和生猪定点屠宰加工费标准,确定有线数字电视相关收费标准,核定西津渡历史文化街区游览门票价格等,促进了相关行业发展。取消人才市场、革命烈士纪念馆和博物馆门票费,缩减22项殡葬收费。细化落实化肥等农资价格和夏粮收购最低保护价政策,监督实施粮食直补和粮食收购保护价、生猪养殖补贴等惠农措施,稳定农副产品价格。适时发布涉农商品价格信息,提高价格信息对农民生产生活的指导性。对相关经营者减半收取集贸市场管理费和个体工商管理费,对相关车辆实施"绿色通道"收费优惠政策,缓解雪灾对物价尤其是鲜活农产品价格的影响。

针对年初物价过快上涨形势,成立两个领导小组和三个突击检查组,强化市场价格检查。价格举报电话实行24小时值守,并在商场(超市)等场所设立多家投诉联络站。奥运会期间及重大节日开展市场价格检查,确保市场价格稳定。及时检查抗震救灾物资价格,使抗震救灾物资及相关原材料价格维持在或恢复到灾前水平。劝诫少数企业放弃借"三鹿奶粉"事件上调价格计划。实施电力、电信、邮政、惠农价费政策、教育、药品和医疗服务价格等专项检查,查处价格违法案件22起。市"12358"受理群众投诉及咨询136例,立案查处价格违法行为38例,为消费者挽回经济损失2.43万元。开展"放心消费"创建活动,全市18家企业成为江苏省价格诚信单位。

对有线电视、城市供水、城建档案、殡葬收费、热汽价格、景点门票、高中教育收费等22项收费或价格的成本进行监审,审核成本82531.57万元,核减掉10168.86万元,核减量超过总成本的12%。实施节能环保措施,对全市117家石灰生产企业和118家采(轧)石企业实施淘汰类差别电价政策。确定今后两年自来水价格及污水处理费调价方案。太湖流域主要水污染物排放指标有偿使用收费管理办法得到贯彻,谏壁地区顺利开征污水处理费。服务南徐新城和北湖滨水区建设,在全市"百日拆迁大会战"中,累计抽调人员750人次,完成3个片区、320户、64000平方米的拆迁评估任务。　(余殿福)

【实施临时价格干预措施】　镇江市为应对价格过快上涨,从2008年1月30日起实施临时价格干预措施,把面粉、粳米、食用植物油、猪肉、鸡蛋、纯牛奶和液化石油气等商品列为调价备案品种,把北京华联超市、镇江市长江乳业有限公司、江苏招商局道达尔液化气有限公司等16家批发零售企业定为调价备案企业。列入备案的商品一次调高价格达到4%以上、10日内连续调高价格累计达到6%以上、30日内连续调高价格累计达到10%以上的,相关经营者需在价格调整后24小时内将调价情况的书面报告送达指定的价格主管部门备案。价格主管部门收到备案报告后,如对企业调整价格有异议,须在3个工作日内将意见告知有关企业。对调价理由不充分的,价格主管部门可以责令有关经营者恢复原价,或者降低调价幅度;逾期未告知的,视为对调价没有异议。食品类临时价格干预措施于12月8日解除,液化气临时价格干预措施于2009年1月1日解除。在实施临时价格干预措施期间共有23例调价备案,其中驳回调价1例、降低调价幅度3例。　(余殿福)

【确定"十一五"期间水价改革方案】2008年11月4日召开价格听证会确定"十一五"期间水价改革方案,方案在"十一五"期间分步实施,逐年推进。方案具体分为五部分:一是"十一五"期间居民生活用水到户价由现行的2.63元/吨逐步调整到3.35元/吨,其他各类用水价格按一定比例同时调整。二是逐步实施居民生活用水阶梯式水价。4人及以下家庭每户每月用水25吨为第一级,26吨~40吨为第二级,40吨以上为第三级;5人及以上家庭按每人每月用水6吨为第一级,7吨~10吨为第二级,10吨以上为第三级。第一级按到户价计量收费,第二、三级分别加收25%、50%的水费。三是对环卫、绿化、消防等市政设施用水按居民生活用水含税基本水价计量收费。四是运用价格政策鼓励消防、绿化、环卫等行业使用再生水。五是对特困家庭、低保户继续给予用水补贴。

(余殿福)

【确定有线数字电视收视维护费标准】

2008年经过价格听证会听证,有线数字电视基本收视维护费各类用户收费标准确定为:城区住宅用户24元/月·户,农村用户20元/月·户,低保特困家庭减半收取;每户均限四个终端,从第五个终端起每个终端按6元/月的标准收费;集团用户按不高于24元/月的标准由双方协商收取,公益性社会福利机构减半收取;第一个终端机顶盒免费配置,其他终端机顶盒由用户自己购买。(余殿福)

【价格信息服务农民生产生活】　2008年将化肥、农药、种子、成品粮、食用油、肉禽蛋、水产品、蔬菜、民用液化气等和农民生产、生活关系密切的8大类46项涉农商品的价格信息通过新农村致福网对外发布。同时在新农村致福网上设有价格政策等栏目,发布相关涉农价格政策等内容。物价网站同新农村致福网相

链接,使农民更容易进入物价网站获取更多价格方面的信息。（佘殿福）

【降低鲜活农产品运输销售成本】2008 年初罕见雪灾对市场价格尤其是鲜活农产品价格造成较大影响,为降低鲜活农产品运输和销售成本,稳定市场价格,镇江市对鲜活农产品运输和销售等环节实施收费优惠措施:一是自 1 月下旬起全市各收费站点对运输鲜活农产品的车辆实施“绿色通道”收费优惠政策,累计免收过路过桥费 80 余万元。二是集贸市场管理费、个体工商管理费对销售鲜活农产品的经营者减半收取,对下岗失业人员免收。三是农副产品批发交易市场对销售鲜活农产品的车辆免收入场费。全市共减免集贸市场管理费 22.98 万元,减免个体工商管理费 9.1 万元。（佘殿福）

【设立“12358”价格投诉联络站】2008 年 5 月 15 日,市物价局在镇江百盛商城等 10 家主要商品零售经营场所建立“12358”价格投诉联络站,并在镇江新区投资服务中心设立联络站。各联络站在物价部门的指导下接待和受理价格咨询,调解和处理消费者对本单位的投诉,向物价部门举报有关部门的乱收费行为,协助物价部门处理价格争议和查处价格违法案件。（佘殿福）

质量技术监督管理

【概况】 2008 年,镇江市制定创建全国质量兴市先进市实施意见,召开全市质量兴市工作会议。丹阳积极争创国家质量兴市先进市,扬中、句容两市积极探索质量兴市工作常态机制,丹徒质量兴区工作顺利通过省级验收,四个辖市(区)全部通过省级质量兴市先进市(区)验收。按照“做大镇江名牌、做优江苏名牌、做强中国名牌”的工作方针,大力实施名牌发展战略。组织开展镇江名牌申报和综合评审工作,组织 9 家企业申报中国名牌产品、48 家企业申报江苏名牌产品。

加强对重点企业和重点产品的质量监控,促进全市省级以上产品质量监督抽查合格率的稳步提升。前 3 个季度,省以上监督抽检镇江市食品、服装、家具等产品 973 个批次,合格 921 个批次,产品抽样合格率为 94.66%;产品质量指数为 99.48。

加强安全责任体系建设,建立覆盖全市的协管员、联络员队伍,建立镇江市特种设备应急管理和事故调查处理办公室,开展日常检验和现场监察,加强制造、安装和使用等重点环节的日常监管。在相关重点企业建立液氯充装、液化石油气充装、氧气充装、锅炉、压力容器、电梯、索道等七个应急救援分队。全市定检特种设备 8133 台,监检制造和安装设备 10159 台,检验率 100%,现场监督检查使用单位 256 个、气瓶充装单位 76 个、生产单位 18 个。组织开展特种设备安全百日督查专项行动,加强对易燃易爆、剧毒介质的化工生产企业,气体充装单位,以及小型锅炉、起重机械、游乐设施、客运索道、人员聚集场所使用的特种设备重点监控。2008 年,全市未发生特种设备重特大事故。

以食品、农资、建材等涉及人身财产安全的产品为重点,组织开展 17 个专项整治行动,先后检查生产销售单位 2798 家,受理举报投诉 373 件,查办案件 424 起,涉案货值 2710 万元,移送公安机关案件 12 起。在农资集中打假活动中,对 95 家农资生产销售单位进行了执法检查,立案 5 起;在对建筑工程使用的钢材、水泥等建材产品的专项检查中,查获不合格钢材 765.4 吨,货值达 790 余万元。丹阳质监系统与公安部门联手开展保护知识产权行动,捣毁 3 个生产假冒照明器材窝点,现场查获假冒飞利浦、欧司朗等品牌的照明器材 14000 多只。（戴　韵）

【实施技术标准战略】 2008 年,全市质监系统指导高新产品、出口产品、名牌产品和主要工业产品采用国际标准或国外先进标准 264 项,比上年增长 65%。帮助 900 家企业制定 1300 项产品企业标准,指导 19 家企业健全并运行标准体系,取得 3A 级“标准化良好行为”确认。指导 27 家企业申报牵头承建标准化分技术委员会或工作组、9 家企业申报起草国家标准项目,在大全集团建立全国桥架标准化分技术委员会,在索普集团、大全集团分别建立醋酸和母线槽 2 个全国标准化工作组。组织起草和申报“秀珍菇菌种生产技术规程”等 33 项省级地方标准、“肉用黄牛养殖技术规程”等 28 项市级地方标准项目;启动“应时鲜果”等 4 个全国农业标准化示范区和“肉用灰天鹅”等 6 个镇江市农业标准化示范区;启动 2 家企业实施“良好农业规范”国家级试点。培育申报“第三方物流标准化服务”国家级试点项目。争取“镇江香醋”参加“中—欧地理标志产品双边保护”工作取得历史性突破,“镇江香醋”有望获得双边保护注册备案。（戴　韵）

【推进计量基础工作】 2008 年,全市质监系统紧贴改善民生,组织实施“菜篮子”“餐饮消费”“百姓出行”“水电气”“学生配镜”“百姓就医”等八大民生计量放心工程,食品、农资产品、加油机、出租车计价器等计量合格率稳定在 95%以上。紧贴科学发展,组织实施计量服务节能工程,指导 68 家市级重点耗能企业配备计量器具 1746 台(件),配备率为 91.17%,合格率 100%。紧贴产业升级,以民营企业为重点,开展“计量强基”活动,帮助 245 家企业完善计量管理体系,江苏天工集团等 115 家企业通过计量确认。市、县两级计量技术机构为 3873 家企业检定、校准计量器具 102000 多台(件),保证企业在用计量器具量值准确。（戴　韵）

【优质产品生产基地建设取得初步成效】 2008 年,市、县两级质监部门深入界牌、新桥、访仙等乡镇汽配生产企业,摸清汽摩配件生产企业底数并登记造册,帮助 230 多家 3C 认证企业建立质量档案。对质量基础工作薄弱的企业,进行技术帮扶,指导企业建立和完善质量管理、标准化和计量体系,提升检测能力和自主创牌意识。对主观故意造假的企业,加大打假力度,促进其规范生产,先后查获假冒汽车配件 3000 多件,货值 150 多万元。（戴　韵）

【食品质量安全监管工作力度加大】2008 年,全市质监系统严把食品安全市场准入关,加强食品企业和小作坊的日常监管,规范食品生产经营行为,384 家企业取得食品生产许可证。组织开展抗震救灾食品专项监督抽查,抽查合格率达 100%。对 30 家供奥城市食品生产企业进行重点监管,保证供奥食品的质量安全。（戴　韵）

食品药品监督管理

【概况】 2008 年,镇江市制定出台《2008 年食品安全工作意见》,确定 23 项工作目标,并将各项责任落实到各辖市(区)政府和各有关职能部门。牵头组织开展奥运期间和高温季节食品安全、麻油、肉与肉制品、学校及周边食品、宗教餐饮等多项专项整治,有效净化食品市场秩序。组织开展水产品、禽及禽蛋、调味品安全状况信息调研,为食品安全工作提供科学依据。

开展电疗、磁疗、光疗物理治疗设备及隐形眼镜市场,贵重、滋补中药材和饮片,基层药品质量大检查;进行肝素钠制剂、人血白蛋白等专项整治,运用“事先侦察查窝点”“心理突破查实情”“外围排查找证据”等方法,严厉打击制售假劣药械等违法违规行为。出动执法人员11191人次,检查涉药单位3777家次,立案577件,结案498件,取缔无证经营户31家。加强药品检验检测体系建设,全年完成药品针对性检验1794批。强化药械企业日常监管,药械生产经营企业检查覆盖面实现100%。对高风险企业实行驻厂监督,先后对吉贝尔药业、厚生药业、云阳药业等开展飞行检查。优化药品许可程序,对药械经营企业申办新证启用网上审批系统,试行委托审批、授权审批的新办法,累计受理药品零售企业筹建办件75件,核发各类许可证160张,办理变更许可事项152件,注销办理各类许可证319张。积极推进诚信体系建设,全市20家二级以上医疗机构创成“规范药房”,完成率100%,乡镇卫生院、村卫生室“合格药房”498家,达标率100%。联合工商、医保、放心消费创建办等部门开展“评星级药店、售放心药品”活动,评选星级药店160家。构建药品远程监控和特药监控网络,全市安装远程监控系统的药品零售店782家,覆盖率87%,实现网络数据及时报送和实时监测。江苏吉贝尔和云阳药业两家特殊药品生产企业按期完成网络建设工作,实现对麻醉药品和第二类精神药品从生产到流通的动态监控及异常流向的预警。推进兴奋剂生产经营专项治理,联合公安等部门牵头开展麻黄碱、蛋白同化制剂和肽类激素生产经营专项治理,出动执法人员35507人次,检查药品生产企业7家次,批发企业33家次,零售企业1225家次,检查覆盖率100%,含《兴奋剂目录》所列物质的药品标签或说明书上加注“运动员慎用”字样率100%,未加注下架率100%。积极配合工商部门对全市1987家化工类生产经营企业开展联合检查,并充分发挥药品检验优势,为工商部门严肃查处化工企业非法生产销售蛋白同化制剂、肽类激素提供意见和建议。积极整治药品违法广告,开展药品广告大检查“飓风行动”,每月与工商部门计算机监测系统监测的药品广告进行核对,累计提请查处违法药品广告12次,提请77个品种,提请江苏省药品监督管理局采取强制措施暂停销售13个品种。（姜玉才）

检查超市食品安全（姜玉才）

【农村食品药品监管网络建设】 2008年,全市巩固食品安全“三网”建设成果,印发《2008年食品安全“三网”建设工作方案》,加大经费投入,强化协管员、信息员管理,支持配合有关部门在全市食品流通企业推广食品电子备案查询系统、电子诚信通系统,鼓励行政村“放心店”建设和食品集中配送。全市食品安全监管责任网、群众监督网覆盖率100%。通过验收的乡镇放心超市140家,食品集中配送率80%以上,覆盖率100%;农村放心店689家,食品集中配送率70%以上,行政村覆盖率97.7%。推进食品安全示范县创建工作,督促、帮助和指导丹阳、扬中市于7月份顺利通过省级食品安全示范县验收考核。推进药品“两网”示范县创建工作。在扬中市创成省级药品“两网”建设示范县的基础上,通过政府推动、政策驱动、典型促动和经验带动,丹阳、丹徒、句容3市(区)成功创成药品“两网”建设示范县。推进食品安全示范镇、达标镇创建。全市45个乡镇(区)通过食品安全示范(达标)乡镇验收,达标率84.9%。（姜玉才）

【突发事件处置】 2008年,镇江市面对三鹿牌污染奶粉、黑龙江完达山刺五加注射液不良反应致人死亡、江西博雅人免疫球蛋白不良反应等食品药品安全突发事件,药监系统制定污染奶粉事件应急处置方案,坚持24小时值班制度和信息日报制度,牵头组织各职能部门开展本地奶质量检验、污染奶粉清查及下架、婴幼儿免费体检及治疗等工作,每天向市政府上报污染奶粉应急情况,全面排查问题食品、药品购进和使用情况,在第一时间内积极稳妥地处置突发事件。排查食品药品安全隐患,注重食品安全检测信息分析研究,按季度汇总全市种养、生产、流通和消费环节各相关部门执法、监测信息,实施食品安全检测信息季度报告制度,及时发现隐患。加强药品不良反应监测,制定包含报告总数、在线呈报单位数、新的严重的报告总数及所占比例、每百万人口报告书等项目的药品不良反应监测综合考核指标,建立药品不良反应报告质量现场评价例会制度,全年上报药品不良反应报告1978份。开展食品安全应急演练,制定Ⅳ级食品安全事故应急演练方案,组织辖市(区)局考察学习先进地区应急演练经验。句容、丹阳、扬中、丹徒先后成功开展Ⅳ级食品安全事故应急演练。（姜玉才）

安全生产监督管理

【概况】 2008年,全市各类安全生产事故644起,死亡243人,分别比上年下降22.9%和下降16.8%,事故死亡人数占省政府下达控制指标71.5%。其中,道路交通事故557起,死亡292人,比上年下降24.4%和下降18.4%,占省政府下达控制指标的71.9%;火灾事故226起,比上年下降18.12%,死亡4人;工矿商贸安全事故21起,死亡25人,比上年下降8.7%和上升4.2%,占省政府下达控制指标的83.3%。全市工矿商贸企业未发生重大以上安全事故。

市政府所有领导成员均实行“一岗双责”,分管各个条口的副市长把安全生产放在与其分管工作同等重要的位置,对分管范围内的安全生产工作主动部署、主动督查、主动协调,每逢重大节日或重大活动,按分工条线有针对性地进行安全检查,督查重大事故隐患整改情况。全年组织5次由市委、市政府领导带队的安全生产大检查,市政府召开四次常务会议听取安全生产工作方面的汇报。在整治市级挂牌的重大安全事故隐患上创新督办方式,采取重大信访案件的督办方式督办挂牌重大隐患。对整改难度较大的市级挂牌重大隐患,要求由分管副市长率市安监等职能部门一一过堂,分别将每一个存在重大隐患的单位和整改责任单位,单独召集进行督办,当面明确隐患部位、等级和包括整改措施、方案、期限、整改期间的应急措施等在内的各项整改要求以及整改责任单位和有关职能部门的责任,现场交办,责任到人,每次重大隐患督办会都要以"重大安全事故隐患督查谈话备忘录"的形式形成督办纪要。对每一个挂牌的重大隐患的整改,要求市安监局等职能部门都进行全程跟踪,每十天向市政府上报督办会的有关落实情况,督促整改责任单位按期限完成整改。挂牌的24个重大隐患,年内全部完成整改。

健全和完善安全生产责任制,明确各级政府、部门和单位在安全生产工作方面的责任。年初,根据安全生产形势及安全生产工作情况,制定《2008年镇江市安全生产工作意见》,并完善2008年度安全生产监督管理责任书的内容。分解2008年全市安全生产控制指标,签订责任状,将责任和指标明确到各地区、各部门和各单位。各辖市(区)人民政府都能确保每季度召开的安全生产常务会议,听取安全生产工作情况汇报,讨论决定关于安全生产的有关问题。严格奖惩制度,推行和完善安全生产目标责任书和行政正职年度安全生产述职报告制度,严格安全生产一票否决制。

注重利用新闻媒体开展宣传教育,运用各种媒介宣传安全生产法律、法规,举办"安全生产月"活动,营造"关爱生命、关注安全"的舆论氛围。4月初召开全市安全生产宣传工作会议,对全年的安全生产宣传和通讯报道工作进行部署。利用四个载体:即一张报纸(《镇江安全电子周报》)、一个网站(镇江市安全生产监督局网站)、一份刊物(《镇江安全生产》)和一个栏目(《安全时空》,与镇江电台合作创办)。大范围、全覆盖地宣传安全生产法律、法规,点评事故隐患和案例,通报隐患治理情况等,在全社会营造"关爱生命、关注安全"的良好氛围。在6月份的"安全生产月"中,开展多种形式的宣传活动,通过在报刊上开辟《安全生产大家谈》专栏,制作专题、刊播公益广告、举办安全生产知识竞赛、演讲比赛、歌咏比赛、街头大型咨询等形式,进行安全生产法律、法规的宣传普及;强化全社会的安全文化理念,提高安全工作的社会参与度,使安全生产工作得到社会各界理解和支持。

复印《安全生产违法行为行政处罚办法》4000余份,分别张贴到各个企业、社区和居委会,进行宣传学习。强化安全生产管理人员队伍的基础建设,和高校合作成立两个安全生产管理专业的大专班,仅丹阳一个班就招收146人。培训考核企业负责人、安全管理人员1600人,各类特种作业人员12500余人。

开展隐患排查和整改工作,建立隐患排查治理的"零申报"制度、检查督办制度、隐患公示制度、联席会议制度、联合执法制度、"一患一档"制度和隐患排查责任制、落实进展情况通报制,加快相关资料数据库的建立。自4月下旬以来,全市开展"双百"行动(安全生产百日督查、百万员工查隐患),下发《关于开展安全生产"双百"行动的通知》,明确隐患排查治理的重点企业、重点场所和重点部位,坚持隐患排查治理与重点行业领域专项整治、日常监管监察和完善应急救援体制机制相结合,加大隐患排查治理力度。全市自查自改企业共26453家,查出隐患共10789条,其中重大隐患共53条,整改隐患10249条,整改率95%。同时以非煤矿山、道路和水上交通、公众聚集场所、消防等行业、领域为重点,强化监管,开展一系列有针对性的安全专项整治活动。

开展创建安全诚信企业活动,下发《关于转发镇江市安全诚信企业评选管理办法(试行)的通知》,在全市范围内评选出"镇江市安全诚信优秀企业"和"镇江市安全诚信十佳企业"予以表彰。在全市高危行业推广"岗位安全应急卡"措施,努力做到人人懂安全知识,人人会应急处置安全事故。3月12日,在新区召开全市高危行业的"岗位安全应急卡"现场会。出台镇江市实施企业安全生产风险抵押金存储工作方案,成立镇江市企业安全生产风险抵押金存储工作领导小组。开设专户150余户,缴存风险抵押金总额2000余万元。

修订《镇江市重特大安全事故应急救援预案》和10个子预案,并汇编成册,下发给相关部门和单位。6月24日针对地下矿山事故特征在韦岗铁矿进行一次实战演练。9月27日在长江镇江段润扬大桥附近水域举办"长江一号"防污综合演习。投资200多万元安装重大危险源的预测预警系统,实现对全市30个重大危险源24小时的监管,将在"十一五"期间完成对全市173个重大危险源的监控。 (夏 军)

【推行高危行业"岗位安全应急卡"】 2008年3月12日,市安监局召开专题现场会,在全市高危行业推行"岗位安全应急卡",并对全市高危行业推行"岗位安全应急卡"工作进行部署。2008年首先在高危行业的危险化学品生产、储存企业推行,在冶金行业的重点企业的重点工段、岗位试点。2009年推广到全市其他高危行业。 (夏 军)

【建设工地安装探头监控】 为加强建筑工程安全生产和文明施工监督管理,镇江市从2008年4月起计划用两年的时间,实现对镇江建成区范围的工地监控全覆盖。从5月起,对市区范围内的5类建筑工程采取强制性措施,施工现场全部安置远程视频监控系统,每处工地至少安装两个摄像探头。市区范围内设置远程监控系统的建筑工程包括深基坑、地下暗挖、深水作业等危险性较大的工程,市区主次干道、广场、旅游景点等人员密集区工程,单体建筑面积在1万平方米以上或群体建筑面积达到3万平方米以上的工程,省级文明工地目标管理项目,以及监督管理部门认定必须设置远程监控系统的其他工程。 (夏 军)

【"十项制度"构建隐患排查治理长效机制】 为落实"隐患治理年"工作要求,2008年,镇江市制定"十项制度"构建隐患排查治理长效机制。这"十项制度"分别是隐患排查治理分级制度、隐患排查治理责任制度、隐患定期排查制度、隐患排查治理"一患一档"制度、隐患申报与零申报制度、隐患排查治理公示制度、隐患治理进展情况通报制度、隐患排查治理联合执法制度、隐患排查治理联席会议制度和隐患排查治理检查督办制度。"十项制度"明确事故隐患的分级原则和标准,隐患排查治理的责任主体和监管主体、各级各部门监督整改的责任,各级各部门组织排查的时限、重点和方式,各级各类隐患建档的具体内容,各级申报隐患的时限、方法、内容和要求,各级隐患公示的责任、时限、内容和方式,各级隐患治理进展情况通报、备案的时限和要求,隐患排查治理督促检查的责任、方式、时限和要求等。 (夏 军)

【举行地下矿山应急救援演练】 为适应地下非煤矿山安全生产要求,提高突发事件应急救援能力,2008年6月24日,镇江市矿山应急救援中心在韦岗铁矿举行地下矿山事故应急救援演练。演习以3名矿工在井下-150米延伸巷道掘进头作业中,因巷道突然垮冒,供电线路中断,风机停止运行,造成掘进工作面

3 人被困为背景。"险情"发生后，各部门在市领导的组织指挥下联合展开救援，"110""119""120"及市安监局负责人和救援专家迅速赶到事故现场，几十部井下矿山应急设备和 20 多名应急队员投入救援演练。经过 40 分钟的救援行动，被困 3 名矿工全部得到及时抢救，事故现场得到妥善的处理，避免一起重大伤亡事故的发生。（夏 军）

【国务院安委办检查镇江安全生产】2008 年 10 月 21 日～26 日，国家安监总局监管三司副司长李万春率国务院安委办化工安全检查组到镇江检查安全生产工作。在镇江期间，国务院安委办检查组一行听取市政府及丹阳市、镇江新区的情况汇报，查看丹阳市、镇江新区部分乡镇街道和基层村，查阅各级安全监管部门的有关台账资料，召开 2 次危险化学品安全监管人员座谈会，检查 7 家化工生产企业。检查组认为，镇江市高度重视安全生产工作，认真贯彻国家安全生产法律法规和方针政策，切实加强对安全生产的领导，不断完善监管执法体系，强化基础管理，积极开展安全生产专项整治和隐患排查治理，加强应急救援体系建设，严肃安全生产责任追究制度，相关部门认真履职，积极配合落实安全监管主体责任，促进安全生产形势继续稳定好转。在通报检查中发现的企业和政府部门存在的主要问题后，检查组建议镇江市进一步强化基层基础工作，继续强力推进隐患排查治理，深入开展安全生产各项创优达标活动。（夏 军）

统 计

【概况】 2008 年，全市统计系统以提升统计工作科学发展水平为目标，深化统计方法制度改革，创新创优统计工作手段，建立健全反应灵敏、全面客观、高效快捷的统计监测预警机制，为全市经济"好字优先、又好又快"科学发展和各项预期目标实现提供强有力的统计服务保障。市统计局被国家统计局表彰为全国投入产出调查国家级先进单位、全国第二次农业普查省级先进单位；获市委、市政府市级机关作风建设和目标管理先进单位、全市价格工作先进集体、生态市建设目标责任考核先进单位等称号，统计信息公众网被表彰为优秀政府网站。

创新统计方法制度，提高对经济运行监测的时效性，加强对受金融危机影响的重点行业发展形势的实时监测；严格月、季度经济形势分析例会制度，着重加强对经济运行趋势、运行绩效、横向发展对比等情况的分析研究。全年编写统计分析 54 篇，统计信息 88 篇，专题分析报告 15 篇，组织编写"改革开放 30 年"系列统计分析资料。定期提供《领导专报》《镇江统计月报》《国民经济情势分析及预测报告》等资料，公布《统计公报》，编辑《镇江统计年鉴 2008》，《统计画册》受到"两会"代表和委员的普遍欢迎。

加强制度建设，打造有效载体，着力提升统计管理新水平。出台《镇江市统计局工作规则》《镇江市统计年定报工作考核评比暂行办法》等文件，规范全市统计工作。将"统计执法检查宣传周"活动引向深入，完成"五五"普法工作考核验收，完善统计监督检查制度，使统计督查检查制度化、规范化。全年监审 6 个乡镇街道，专项检查 286 家单位，查出统计违法行为 57 件，其中立案查处 34 件。加强队伍建设，充实基层力量，举办各专业业务知识培训班近 35 期，参加培训人员近 5500 人，1126 人通过全国统计从业资格考试。

提升统计信息网络建设水平，加快推进统计信息化工作步伐，在专业统计数据联网直报建设上有所突破，实现通过网络直接报送统计资料，明确基本单位名录库建设的方向、模式，发挥名录库在统计调查中的基础性作用，进一步扩大统计信息网的数据信息量，提高统计信息发布的时效和密度。（吕联泰）

【农业普查工作完成】 2008 年，镇江市完成历时两年多的全国第二次农业普查各项工作任务，5 月 26 日，全市农业普查主要数据在《镇江日报》上发布。普查数据显示：全市有农业生产经营户 47.76 万户，农业生产经营单位 1485 个，农村从业人员 107.46 万人，其中一产从业人员 28.95 万人；农村居民户均拥有住宅面积 155.30 平方米。利用农业普查资料，撰写农普信息和分析，更好地服务政府和社会。做好农普工作总结、技术总结和资料归档工作，完成农普资料编印。（吕联泰）

【全国第二次经济普查】 2008 年，全市抽调参与全国第二次经济普查工作的指导员、普查员 4000 余人，调查预算经费近 1400 万元。在全市开展的单位清查阶段，共清查出法人单位 3.06 万家、个体经营户 13.05 万户。全市统计部门动员全部力量，确保普查数据真实、客观、可靠，各级普查机构加强对经济普查工作的组织领导，紧扣普查的各个阶段、各个环节，狠抓源头，对数据填报、审核、录入、汇总、审定等从严控制，确保经济普查登记工作的开展。（吕联泰）

【建立科学发展评价考核监测制度】 2008 年，镇江市统计部门会同相关单位，对科学发展评价考核指标体系 5 大类 28 项 47 个指标进行任务分解，建立相应的组织机构和实施办法，形成部门协助、县市联动以季度为定期的监测及报告制度，对全市及各辖市（区）科学发展状况进行全面监测，确保科学发展评价考核工作在全市的顺利开展。（吕联泰）

【全国生态城市创建监测】 2008 年，镇江市创建全国生态城市的工作启动。统计部门作为生态市创建目标的责任部门，担负着全市生态市创建统计监测的职责。全市统计系统研究制订生态市创建统计监测指标体系，形成以季度为定期的监测分析制度，为全市生态市的创建工作提供数据支撑和决策参考。（吕联泰）

人事·劳动·社会保障

责任编校：姚丽华

人 事

【概况】 2008年，全市组建人才开发专门机构，开展领导挂钩联系30家重点骨干企业服务，推进人事人才信息化工程，实施“双百两会”（百所高校镇江行、百家企业高校行、2008中国镇江发展新兴产业项目与人才对接洽谈会、2008中国镇江引进高层次创新创业人才与智力洽谈会）专项活动。全年举办人才集市281场（其中8场综合性招聘会和10场专场招聘会），提供岗位23万个次，组织赴外地专场招聘55场。推进综合人事外包服务，市人才市场与115家单位签订人才派遣合作协议，净增派遣1200人，为68家单位成功猎头287人，新增人事代理4328人。拓展社会化培训，举办各类培训班140个，培训3.98万人次，围绕镇江国际服务外包发展战略，组织近20家服务外包企业负责人赴欧洲开展国际服务外包培训。拓展服务项目，促成远程对接，开展联动招聘，网上人才市场获得发展。推进公益性服务，4月1日起实行人才市场免门票服务，举办7场纯公益性招聘会。

接收本科以上毕业生5200余人，其中硕士以上高层次人才538人，高层次人才引进目标提前超额完成。出台《引进培育创业创新领军人才三年行动计划》和《领军人才集聚工程实施细则》，发布领军人才公告，开展网上申报工作。引进以上海交通大学阮雪榆院士为首的博士创业团队，在丹徒区建立国家CAD模具工程研究中心。新增江苏恒宝股份有限公司、江苏绿扬电子仪器集团有限公司两家企业博士后科研工作站，全市企业博士后科研工作站达10家。中国镇江留学人员创业园吸引11名海外博士、2个海外博士团队，创办13家高层次创新创业企业。举办第二期全国稻鸭共作技术引智成果培训班。新增江苏宏达新材料有限公司“省级引智示范基地”和丹阳迈村首家“省级引智示范村”。引进15名清华博士到唐桥微电子有限公司等6家企业开展社会实践。

启动实施专业技术人才知识更新“351”工程（3年内在5个重点领域培训10万名中高级专业技术人员），全年评定初级职称1200人、中级职称2200人、高级职称1100人。开展专家选拔工作，40人被评为市有突出贡献中青年专家，2人被评为省有突出贡献中青年专家，组织34个项目申报省“六大人才高峰”项目资助。

全市招录普通公务员149名、农村交巡警99名。完成省级以上开发区275名公务员的登记工作。健全公务员招录、挂职锻炼、绩效考核和奖励惩戒等管理制度，强化公务员职位职数管理，规范政府奖励表彰。选派108名年轻公务员到基层挂职锻炼，开展公务员交流轮岗。在全省率先完成“5＋X”公共管理核心内容培训，1.2万名公务员参加培训。实施苏南苏北公务员对口培训，承办连云港市40多名乡镇干部“和谐发展与农业现代化”培训班。实施公务员初任、任职、公文写作与处理和预防处置公共事件能力培训。开展评选“人民满意的公务员”和“人民满意的公务员集体”活动。修订镇江市机关津贴补贴标准，制定实施细则，完成规范公务员津贴补贴工作。加强退休干部管理服务，创办工作简讯，开展“重唱经典——纪念改革开放30周年”广场文艺会演等活动。

出台规范事业单位公开招聘意见，为市直事业单位公开招聘407人。优化行政管理体制，完成丹徒区乡镇机构改革试点，理顺镇江新区管理体制，调整数字化城管执法体制，调研乡镇纪检资源重组试点工作，确定法、检两院政法专项编制分配方案。深化事业单位分类改革，起草并以市委市政府名义出台《关于市属事业单位分类改革的意见》，完成事业单位分类基础工作。收回47家单位1015个事业编制，事业编制压缩5.5%。分四期培训市直400多家事业单位法人代表。继续实施编制和计划双控制，实施人员和机构编制实名制管理，加强用编管理和清理“吃空饷”等专项督查。

加强高校毕业生就业指导，以创业带动就业，启动运作镇江市3家省级高校毕业生就业见习基地，154名未就业高校毕业生进入基地上岗见习。优化高校毕业生就业环境，开展第二届“高校毕业生就业服务百日行动”，举办高校毕业生基层就业巡回报告会，继续开展免费提供就业信息、进场求职、人事代理、岗位技能培训、推荐就业等“五免”服务，市直零就业家庭毕业生保底就业36人。在江苏大学、江苏科技大学和镇江市高等专科学校设立人才市场分市场，促进人才市场与高校毕业生市场的贯通。组织实施2008年农村村级组织选聘优秀大学生工作，100名大学生赴农村任职。

完成军转安置任务，接收安置军转干部178名，其中自主择业4人，接收安置随调随迁和随军家属46人。落实解困政策，做好部分企业军队转业干部解困维稳工作。做好人事编制信访与纠偏工作，接待群众来访960余人次，其中接待集访6批，处理答复群众来信42件，办理网上信访16件。 （江 华）

【举办首届中国镇江发展新兴产业项目与人才对接洽谈会】 2008年4月26日，首届中国镇江发展新兴产业项目与人才对接洽谈会在碧榆园国际会议中心举办。全国各地40多所高校的千余名硕士以上高层次人才报名，近700名高层次人才、100多名高校领导和专家参会，在63个高新技术项目上进行对接，194名硕士以上研究生（其中博士26名）与镇江市企业达成人才引进、技术合作意向，35所高校在镇江市设立高层次人才创业创新基地，13家企事业单位与9所高校签订技术项目合作与人才引进协议15项，9家企业与11名博士签订人才引进协议。（江 华）

【拜望镇江籍院士】 2008年8月底开始，由市委、市政府及市人事局领导带队，先后登门拜访分布在全国各地的19名镇江籍院士，详细介绍家乡经济社会事业及相关产业发展情况，并颁发市政府高级顾问聘书。8月28日，在北京举办镇江籍院士餐叙会，同时为其订阅《镇江日报》。著名数学家王元院士手书“香不过家乡茶 亲不过家乡人”，赠市人事局。中国科学院和中国工程院中有镇江籍院士20名，其中中国科学院院士14名、中国工程院院士8名，两院院士2名。这些院士主要从事计算机软件运用、自动控制、船舶电子及制造、雷达技术、化学、物理学、数学、医学等专业。院士们现居住在7个城市，其中北京12名，上海2名，武汉2名，南京、成都、太原、长春各1名。该次拜望的是：北京的王礼恒、王越、吕敏、周秀骥、杨启业、吴宏鑫、孙家广、王元、严家安、于渌、李德毅院士，上海的杨櫵、戴立信院士，太原的彭堃墀院士，长春的汪尔康院士，武汉的李德仁、马伟明院士，南京的祝世宁院士，成都的钱清泉院士。（江 华）

【开展“海外智力服务镇江月”活动】 2008年7月～10月，镇江市开展“海外智力服务镇江月”活动，以讲学，交流研讨，赴企业和农村咨询、推广等形式，为IT、机械制造、新材料、农业新品种引进、循环农业以及医疗等领域提供智力服务。分别为江苏安特耐科技有限公司、江苏宏达新材料公司、丹徒区天成畜禽生态养殖场、镇江市长江乳业有限公司、句容市天王镇戴庄有机农业合作社、丹阳市云阳镇迈村、江苏大学医学院等15家单位引进美国、德国、日本等国家专家，进行项目指导，并填补国内技术空白。经过引智培育，江苏宏达新材料有限公司和丹阳市云阳镇迈村成为示范基地和示范村。（江 华）

【举办百名海外博士江苏行镇江对接洽谈会】 2008年10月28日，镇江市百名海外博士江苏行镇江对接洽谈会在国际饭店举行，市领导向海外博士介绍了镇江的经济社会发展情况、人才政策和引进培育领军人才三年行动计划，147名留学美国、加拿大、日本等国家和地区的海外博士与镇江市96家单位进行洽谈交流，68个项目达成初步合作意向。江苏大学与美国匹兹堡大学助理教授严泓渠就临床医学教学与科研交流项目、江苏久正光电有限公司与留德博士潘友谊就一种新型平板显示技术项目、江苏佳誉信实业有限公司与留美博士钱军就新型汽油添加剂项目经过现场洽谈，当场签订意向合作协议。会后，博士一行参观考察镇江新区高新技术创业服务中心及镇江大学科技园，听取镇江新区情况介绍和留美博士、隆智半导体有限公司首席执行官史方先生在镇江创业的经验介绍。海外博士表示要加强与镇江的合作，在条件成熟时将首选镇江进行科研成果转化。洽谈会前，全市122家企业申报高层次人才项目需求，69家企业与73名博士达成初步意向，确保洽谈活动取得良好效果。（江 华）

【举办镇江市招才引智武汉洽谈会】 2008年11月9日，镇江市举办招才引智武汉洽谈会，包括招才引智供需双方现场交流会、产业专题对接洽谈会、引进创新创业领军人才政策推介会三项内容。镇江市96家企事业单位在华中师范大学与1.1万名高校毕业生和专业技术管理人员进行洽谈交流，带去1600个岗位，涉及近20个行业；江苏银佳企业集团、江南化工公司等15家镇江市知名企业在华中科技大学、武汉大学、武汉理工大学三个高校联动进行校企产业专题对接，5个技术项目达成合作开发和成果转让意向协议；镇江市还在武汉推介创新创业领军人才集聚工程政策，与华中科技大学签订《产学研项目合作协议》，与教育部在武汉直属高校毕业研究生就业工作协作组签订《高层次人才引进与培养合作协议》。（江 华）

【申报省高层次创新创业人才引进计划所获资助取得零突破】 2008年，镇江市人事局会同市委组织部等部门，开展2008年省高层次创新创业人才引进计划的申报工作，编印申报材料填报说明，召开专门会议进行培训布置，深入辖市（区）有关企业指导申报工作，审核修改申报材料，并邀请省人事厅有关领导给予指导。全市申报37个省高层次创新创业人才引进计划，其中，通过人事部门申报15个，较上年有大幅度增加。经省统一组织技术评审、综合评审、现场考察、社会公示等程序，全市12个项目通过评审，其中人事部门6个，每个项目获得100万元资助，实现由人事部门组织申报省高层次创新创业人才引进计划获得资助的零突破。（江 华）

【启动事业单位分类改革】 2008年，镇江市按照行政管理、社会公益、生产经营三类，启动对事业单位改革的分类工作。经过调研，镇江市出台《关于市属事业单位分类改革的意见》（镇发〔2008〕50号）和《关于实施市属事业单位分类工作的通知》（镇政人〔2008〕131号），组织各主管部门按要求提交分类工作报告和定类申报，科学合理地按职能属性完成分类定位。分类定位奠定了分类改革基础，事业单位分类改革工作按序时分步推进。在分类的基础上，将清理规范行政管理类事业单位职能，推动公益性事业单位的重组整合，实施生产经营类事业单位的转企和改制。（江 华）

【实施机构编制实名制管理】 2008年，镇江市将机构编制实名制管理实施工作列为工作重点，制订工作计划，定期召开分析会，按期保质保量完成任务。同时把该项工作列为对辖市（区）机构编制部门年度目标考核重要内容，召开编办主任会议动员和推进，两次对工作进度进行专项督查，确保全市同步实施。镇江市本级从1月起、各辖市（区）从4月起按照制度规定执行，在全省省辖市中首先实现实名制管理。5月通过省编办检查验收。镇江经验被省编办印发简报专刊在全省推广，并作为全省唯一省辖市代表上报中央编办。（江 华）

【承办全国远程培训工作研讨会】 2008年9月19日，镇江市承办全国远程培训工作研讨会，研讨人事人才远程培训工作，110人参加会议。镇江市人事局以《注重实效、创新服务，积极拓展人事远程教育培训》为题作经验交流。镇江市人事局依托“两星一网”培训品牌，打造人事远程教育平台，与原人事部高级公务员培训中心合作成立国家人事人才培训网卫星远程培训学院镇江分院，与建设部有关部门合作建立卫星远程培训镇江工作站，与北京“环球职业教育在线”网合作开发40多项专业技术人员培训项目。利用以上平台，远程培训成为镇江人事培训的主要方式，基本上实现对公务员、专业技术人员和企业经营管理人员的分类培训、按需施教。近年来，共培训超过6万人次，其中公务员1.62万人次、专业技术人员4.42万人次，通过考核考试5.335万人次。镇江远程培训工作经验在《中国人才》杂志2008年

第 11 期全文刊载。（江 华）

【规范事业单位公开招聘】 2008 年 5 月 28 日，镇江市出台《事业单位公开招聘工作人员实施办法》（镇政人发〔2008〕50 号），规范事业单位公开招聘工作人员工作。实施办法突出五个方面内容和要求：坚持德才兼备的用人标准，贯彻公开、平等、竞争、择优的原则；明确规定各类事业单位新进人员都必须通过公开招聘方式进行；明确公开招聘原则上由组织、人事部门集中组织实施，特殊情况，用人单位可以在组织、人事部门的监督指导下具体组织实施；用人单位接收国家政策性安置人员或引进紧缺急需的高层次人才，可以通过考核直接录用；规定公开招聘不得设置歧视性条件，招聘工作实行回避制度，招聘信息、过程和结果必须公开透明，广泛接受社会和有关部门的监督。（江 华）

【开工建设江苏省苏南人力资源市场】 2008 年 9 月 5 日，江苏省苏南人力资源市场开工奠基。3 月底，江苏省人事厅批复同意镇江市人才市场为“江苏省苏南人力资源市场”。市场大楼位于市运河路 100 号，丁卯桥路和宝塔山路的交叉口，占地 0.69 公顷，建筑面积为 1.66 万平方米，市场大楼主楼 11 层，辅楼 5 层，地下室 1 层。在大楼的东南侧结合古运河风光带，统一规划，资源共享，建设 3000 平方米的开放式人才公园。市场功能定位为立足镇江，面向苏南，辐射长三角，建立统一规范的人力资源市场，构建公共就业管理服务、人力资源市场配置、信息化网络服务、人力资源能力建设、高层次人才服务、人力资源社会保障等六大服务系统，融业务受理、人才招聘、人才培训、人才评价、人才配置、人才保障、人才就业、人事考试、人才信息化服务于一体，建设苏南地区各类人才的集聚地和信息港，为用人单位和各类人才提供服务，为更好实施人才强市战略、促进镇江又好又快发展提供人才支撑。苏南人力资源市场将于 2010 年 8 月前竣工交付使用。（江 华）

劳 动

【概况】 2008 年，镇江市共安排就业、再就业资金 1.28 亿元，其中市直安排 8827 万元，比上年增长 14.64%，帮助 1.2 万名灵活就业人员稳定就业，巩固和拓展公益性岗位就业 2600 人。推进创业园、创业街、创业村示范点建设，成功扶持创业 2387 人，完成年计划的 119%。制定并实施“充分就业市”，139 个社区达到省、市创建标准，49 个镇和 658 个村达到省、市充分转移就业创建标准。

启用镇江市高技能人才公共实训及鉴定基地，发挥实训基地作用，探索教培研产一体教改模式。完成各类社会培训及鉴定 4000 多人次，其中技师 300 多人；完成学历制学生鉴定 1700 多人次，其中高级工 700 多人。

全市劳动保障监察机构共受理各类举报投诉 1757 起 3225 人次，其中集体上访 79 起 1999 人次，接待群众有关劳动保障法律法规和政策咨询 3126 起 3307 人次。投诉举报案件查处率 100%。全市监察检查用人单位 4189 户（市直 1310 户），立案查处违法案件 1282 件（市直 448 件），法定期限内结案率达 100%，督促补签劳动合同 25073 人，责令补发 8224 名职工工资计 1959.12 万元（市直 1529 人 188.84 万元），扩面参保 19494 人（市直扩面 10945 人），其中医疗保险 3980 人，对屡教不改严重违反劳动保障法律法规的用人单位实施行政处罚 110 件，行政处理和行政处罚案的正确率 100%。全市各级劳动保障监察机构通过各类新闻媒体、劳动保障网站和《劳动保障信息》发稿报道信息、工作成果、案例分析、调研报告 202 件。镇江市劳动监察“两网化”（网络化、网格化）工作基本建成涵盖市、辖市（区）、街道（乡镇）、社区（村）的一级指挥、二级网格、三级执法、四级监管，以网络化支撑网格化运行的劳动保障监察维权新体系。在全市 41 个乡镇、10 个开发区（工业园区）、10 个街道建立劳动保障服务所，并在全市 128 个社区成立劳动保障服务平台（站），聘请 1266 名劳动保障协理员，将社区内企业全部属地编成网格。

年初，镇江市制定《创建充分就业标兵社区标准》，实现平台“组织领导、硬件达标、功能覆盖、制度建设、素质提升、考核激励”新的“六到位”，实现户外标牌、室内效果、工作网络、工作职责、文明用语、业务流程“六统一”。同时，通过公开、公平、公正竞选办法，为市区 10 个街道新招聘 18 名劳动保障监察协理员，并对全市所有协理员开展江苏省办公自动化中级考核，合格率 95% 以上。

10 月，镇江市劳动和社会保障局被市政府确定为首批学法用法示范机关。全局系统先后获全国就业宣传工作先进单位、全国技工院校培训援助行动抗震救灾突出贡献单位、全省农民工工作先进集体、全省劳动保障监察“两网化”建设先进单位一等奖、全省劳动保障系统优质服务窗口单位、全省机关事业单位社会保险经办工作先进单位、全省城镇居民基本医疗保险经办服务工作先进单位、全省劳动争议处理先进集体，全市“双拥五创十面红旗单位”并立集体二等功等 48 项荣誉和表彰。在 2008 年全省劳动保障综合考核中，获一等奖和争先进位特别奖，八项工作成果获开拓创新奖；在省劳动保障厅公布的 2006 年～2008 年各地劳动保障事业发展综合评估报告中，镇江市劳动保障综合发展指数三年平均增幅列全省第一；市直劳动保障系统被评为江苏省文明行业，市就业中心被评为省文明单位标兵，并被推荐上报为全国精神文明建设先进单位，市社保中心、技师学院被评为省文明单位创建工作先进单位等。（范国富 郁 宏）

【开展“充分就业辖市（区）”创建活动】 2008 年，镇江市劳动和社会保障局在全市开展“充分就业辖市（区）”创建活动，初步认定 3 个“充分就业辖市（区）”（京口、润州、扬中），辖区内充分就业街道、社区创建率 98% 以上，农村劳动力充分转移就业镇、村创建率 95% 以上。

年初，该局提出“充分就业辖市（区）”创建目标：2008 年，扬中、京口、润州建成；2009 年，丹阳、镇江新区、丹徒建成；2010 年实现全市建成“充分就业市”的总体目标。为此制定六条创建标准、三年行动方案：一、以实现社会充分就业为目标，实施统筹规划引导新举措。二、以统筹城乡就业政策为核心，实施普惠政策支持新举措，将城乡新生劳动力、城乡就业困难人员和被征地农民纳入优惠政策覆盖范畴。三、以促进创业就业为重点，实施鼓励创业带动就业新举措。明确对下岗失业、大学毕业生等人员从事创业的情况，依次减免 8000 元税收，免收各项行政事业性收费，给予 1000 元～2000 元创业奖励和 20 万元以下贴息创业贷款以及免费创业培训。对建立创业孵化基地的街道、社区，一次性给予 2000 元补贴。同时建立创业扶持资金，明确市本级三年创业扶持资金不少于 800 万元。四、以人力资源开发为基础，实施劳动职业技能提升新举措。五、以推进星级市场建设为抓手，实施公共服务保障新举措。截至 2008 年底，市、辖市（区）市场建设标准都达到三星级；乡镇人力资源市场建设标准达到二星级以上；村级劳动保障平台覆盖率达 80% 以上；基层劳动保障平台建设达到规范化、标准化，功能实现全覆盖。六、以建立失业预防调控为手段，实施劳动关系和谐新举措。2008 年，全市城镇登记失业率为2.37%，低于全省平均水平。

（范国富　郁　宏）

【创建充分就业标兵社区】 2008年，全市在上年开展充分就业社区创建活动基础上，将此活动提升为创建“充分就业标兵社区”。截至2008年底，全市有46个社区初步被评为“充分就业标兵社区”，占全市社区总数的36%。

根据街道社区就业再就业工作的实际，提出有劳动能力和就业愿望的零就业家庭适龄成员实现就业率90%以上，零就业家庭动态清零，其他困难群体就业率95%以上，社保补贴、小额贷款等各项政策落实到位，建立1个创业孵化基地等具体指标。制定《充分就业标兵社区创建活动考核评分标准》，把街道、社区劳动保障机构建设及社区平台人员配备、场所建设、政策落实等进行量化，把失业人员登记、职业介绍、职业培训、创业服务、典型宣传等列入考核内容，实行量化考核，与创建“充分就业标兵社区”工作有机结合，并在开发岗位上实现“多层次”结合。　（范国富　郁　宏）

【建立帮扶城乡困难群体就业机制】 2008年，镇江市劳动和社会保障局下发《关于开展农村低收入家庭专项调查的通知》，在全市城乡开展充分就业社区活动和充分转移就业镇村创建活动。同时，组织街道（乡镇）、社区（村）劳动保障平台工作人员深入社区、乡村和城乡居民家庭，开展送政策、送岗位、送培训、送信息、送服务、送温暖“六送”援助。由于成效明显，全市城乡困难群体就业帮扶援助长效机制基本形成。全市针对城乡困难群体及时提供各类就业服务1.85万人次，帮扶2547户零就业家庭和农村零转移农户（低收入家庭）成员共3786人通过各种途径实现就业、再就业。　（范国富　郁　宏）

【镇江市劳动争议仲裁院成立】 2008年5月30日，镇江市劳动争议仲裁院成立。该院为全额拨款事业单位，下设立案调解庭、综合审理一庭和综合审理二庭，并核定5名全额拨款事业编制。市劳动和社会保障局在该院成立后为其增加仲裁办公用房，新设仲裁庭。当年劳动争议案件结案率从一季度的45%上升到三季度的90%。

该院全年为劳动者提供法律援助服务300余人次。建立预审制度，实现案件繁简分流。截至2008年底，85%以上的案件均经过预审程序，经预审审结劳动争议案件202件，占所有审结案件的35%，预审审结案件的平均审理天数为10天，有36%的案件在一周内甚至立案当天就审结，有效缓解办案压力。

（范国富　郁　宏）

【高技能人才工作室成立】 2008年，镇江市制定下发《关于印发高技能人才工作室工作暂行规定的通知》（镇人才高办〔2008〕2号）和《镇江市高技能人才工作室工作暂行规定》，成立焊工、冷作工、食醋制作工、数控加工、公路施工与养护、花卉园艺工、民间工艺品制作工等以突出贡献技师领衔的高技能人才工作室，经市人才工作领导小组高技能人才工作办公室批准并对其授牌。

高技能人才工作室组织指导相关领域和单位高技能人才的培训、进修活动，组织技术咨询，开展技术攻关，加强同国内外有关部门、行业、学术团体、培训机构、企业的交流与协作，接受行政部门委托，开展技能人才评选、名师带徒、技能竞赛、技术服务、鉴定机构资质评估等工作，接受有关部门、单位委托，开展高技能职业培训相关工作。在创新创优、技术攻关、授艺带徒、课题研究、服务企业和群众等方面开展几十项相关工作和服务：焊工高技能人才工作室为镇江船厂、江苏捷诚车载电子信息工程有限公司的焊接工艺进行改进，生产效率、焊接质量得到提高；数控加工高技能人才工作室接受委托，承接全市数控机床职业技能竞赛技术服务及场地、设备准备等相关工作；民间工艺品制作工高技能人才工作室为全市首次残疾人职业技能竞赛部分项目提供免费培训服务；冷作工高技能人才工作室面向全市开展名师带高徒活动，三个月培养达中级工标准的技能人才；花卉园艺工高技能人才工作室在全市花鸟市场开展“星期日免费咨询活动”等。　（范国富　郁　宏）

【四川震区技校生到镇江就读】“5·12”汶川大地震后，为帮助受灾地区技工学校学生继续完成学业，镇江市接受首批来自四川绵竹市中国电器高级技工学校（高级重点技校）的学生，全部为男性，汉族。根据他们原来学习的专业，其中17人安排在镇江技师学院一年级机电一体化专业学习，15人安排在省交通技师学院二年级汽车修理专业学习。镇江技师学院将接受的17名学生全部安排在一个班级。为使灾区学生尽快适应学校的教学，学校针对他们的专业、学制特点编制专门的教学方案，组织教材，选择工作经验丰富、教学业务能力强的教师担任实训教师、专业补差教师和心理咨询师，结合教学模块，使心理干预融入技能教学中。　（范国富　郁　宏）

农村劳动力转移

【概况】 2008年，镇江市各级劳动保障部门重视促进农民就业创业工作，推进农村劳动力转移。继上年全市新增转移农村劳动力5.67万人后，当年新增农村劳动力转移4.27万人，完成年计划142%，其中1月～6月新增劳务输出0.73万人；培训农村劳动力2.06万人，完成全年目标的68%。

注重统筹城乡，优化农民就业创业环境。辖市（区）各级公共职业介绍机构免费为进城务工农民提供就业信息和政策咨询，免费为求职登记的农民提供职业指导和介绍服务。上半年，全市有500多名进城务工农民返乡创业，创办各类企业300多个。镇江市劳动和社会保障局开展农村劳动力资源调查工作，建立数据库。建立被征地农民就业和失业登记制度，为被征地农民发放就业登记证和再就业优惠证，使其享受与城镇下岗失业人员同等扶持政策。开展春风行动、技能岗位对接和劳务输出输入招聘月等专项活动，发放“春风卡”等宣传资料2万多份，举办免费专场招聘32场，进场求职农村劳动力达5.6万人次。

强化基层基础，服务农民就业创业。镇江市在安排50万元培训补助资金基础上，采取以奖代补的形式，推进村级劳动保障平台试点工作，为润州区所有村级平台配备电脑、打印机等设备。截至2008年8月，全市有24个镇建成充分转移就业镇，创建率59%；有571个村建成充分转移就业村，创建率89%。

重抓技能培训，提升农民就业创业质量。各地各级劳动保障部门整合农村劳动力转移培训专项资金，继续推行培训券制度，采取进村入户直接发放、培训班现场发放等形式，累计发放使用培训券5万张，培训补助资金由间接补贴转变为直接补贴，让农民自主选择培训机构、培训时间和培训工种，形成政府和农民共同分担培训费用、培训优惠政策直接到人的补助机制。各级妇联组织依托巾帼示范培训基地，3000多名农村妇女享受到减免费培训。

依法维护权益，巩固农民就业创业成果。各级劳动保障部门以工伤、医疗保险为突破口，加强社保扩面征缴，依法维护农民工社会保障权益，建立劳动保障书面审查、劳动合同书面报告、企业劳动保障诚信、工资支付监控和工资保证金制度。建设部门在建筑行业推行农民工劳动计酬手册，对农民工的劳动过程、劳动时间、劳动保护和报酬发放等情况进行记载；劳动保障、建设、公安、工会等部门在元旦春节期间，开展农民工劳动保障权益专项执法检查；物价部门按照"整顿、减负、监督"的原则，清理、取消并降低涉及促进农民就业创业的收费项目和收费标准；各级工会创新组建方式，引导农民工加入工会，开展针对农民工的帮扶关爱行动，走访慰问困难农民工并提供生活救助。　（范国富　郁　宏）

【做好被征地农民就业帮扶工作】2008年，镇江市共有被征地农民10.2万人，其中劳动年龄内的被征地农民5.57万人，占被征地农民总数的54.6%，其中初中及以下文化程度的占78%。

市劳动和社会保障局实施"一三一"工程。一是提供一次免费职业指导。针对被征地农民特点，采取镇（街道）办班、政府出钱"埋单"、农民免费受训的方式，对2878名被征地农民进行就业指导培训。二是提供三次有效就业信息。全市各级人力资源市场加大信息岗位采集力度，举办"就业超市"，利用所掌握的各类就业信息和培训信息开展送岗位、送培训、送政策活动。举办专场招聘会六场次，提供岗位1.37万个，达成意向2463人。三是提供一次免费职业技能培训。组织被征地农民免费参加"订单式"职业技能培训，培训合格的被征地农民统一发放培训合格证书；参加职业技能鉴定考核合格的，发给相应等次的职业资格证书。全市培训被征地农民3820人，培训后就业率78.6%。优先吸纳被征地农民，有548名被征地农民被当地新办（新引进）企业和用人单位吸纳为工勤人员。全年帮扶7000名被征地农民实现就业，被征地农民就业率87.4%。对有创业意愿的被征地农民，免费开展一次创业意识教育和创业基本知识培训。对培训合格的843名被征地农民，发放再就业优惠证，享受小额担保贴息贷款和有关税费减免、社保补贴等优惠政策。截至年底，有182名持有再就业优惠证的被征地农民自谋职业。

（范国富　郁　宏）

【推进农村劳动力转移培训】　2008年，镇江市在推进农村劳动力转移培训过程中，发挥村级党员活动中心的作用，依托市委组织部建立的镇江市党员远程教育网络，以不离乡、不离土、不离岗的方式培养农村需要的各类人才和群众致富的带头人，对农民实施有组织的实用技术培训，覆盖农村和贴近农民，方便农民就地就近参加培训，降低培训的组织成本和农民接受培训的成本。采取的主要做法是：一、对劳动密集、用工量大的家政服务员、餐厅服务、宾馆服务、保安服务、物业服务、电动缝纫和电子操作等岗位开展培训。二、开展农村劳动力转移职业技能培训，通过签订培训"订单"或输出协议按需培训，确保培训后的输出，建立信息服务统一平台，扩大信息资源总量和输出渠道，加强信息资源的整合和共享。三、根据不同岗位的技能要求，探索培训形式，举办网络短期培训班，扩大培训规模。　（范国富　郁　宏）

社会保障

【概况】　2008年，镇江市采取"无缝覆盖"策略，在推进建筑安装、餐饮服务等行业务工人员的参保工作和农民工专项扩面行动的同时，将残疾人、僧人等特殊群体纳入医保。全市农民工参保14万余人，增加5万人。镇江监狱系统4400多名职工参加统账医保。在全省首先出台和实施被征地农民医保"即征即保"的政策。推动城乡居民、学生及居民子女参加居民医保，扩大"基本医疗服务包"等救助制度的覆盖面。先后通过"三万"（进万户家门，送万份资料，增万人参保）行动、医疗保险大型公益"寻保"活动等多种载体，并通过属地管理、激励奖惩、强化稽核等手段，实现参保登记最大化。开通京口区、润州区、丹徒区和镇江新区双向就医结算，推行医保信息披露制度、率先实施经办内控管理，创成全省第一个医保制度覆盖所有省部属单位的地区。2008年底，全市社会医疗保险参保247.07万人，人口覆盖率92%，提前两年实现"十一五"目标，其中统账结合（职工）基本医疗保险参保69.9万人。市直社会医疗保险参保人数70.31万人，覆盖率93.47%；其中统账医保36.85万人，新增扩面3万余人；71639名救助医疗对象通过政府资助进入医疗保险体系，比上年增加3924人。城镇医疗保险覆盖率98.66%，超省定医保小康指标。向市区2031名离休人员免费发放常用保健箱。镇江市医疗保险局完成为民办实事项目：完善医疗救助制度，对特殊困难人员提供免费的基本医疗社区门诊服务，完成市区10万名企业退休人员的健康体检；城镇居民医保参保率达90%以上。

全市征缴各项医疗保险基金12.8亿元，增幅19%。其中，统账医保基金征收9.35亿元，增收1.33亿元，增幅16.4%。通过完善制度体系、推进参保扩面、清欠追缴等办法，建立较为完善的医保基金筹集机制。完善"总额预算、弹性结算和部分疾病按病种付费相结合"的综合付费办法，当年统筹基金基本释放用于参保人员待遇和普惠性支出。为全省唯一当年职工医保统筹基金零结余的城市。

全市通过建立社会保险缴费基数审核和稽查新机制，征收养老保险费基金12.4655亿元，完成市区征收12.3亿元目标，比上年增收2.06亿元，增幅20%；核定缴费基数47.29亿元，比上年增加7亿元，拉动基金征收2.1亿元；续保14481人，比上年增加2400人；清欠基金5000万元，比上年多清欠944万元，增幅20%。

2008年1月1日起，镇江市实施《镇江市社会医疗保险办法》《镇江市社会医疗救助办法》，围绕"两基本一救助"的基本医疗保障格局，在全国率先形成新形势下城乡一体、覆盖全民的多层次医保体系。一是突出"全民"医保。将合作医疗保险改为居民基本医疗保险，职工基本医疗保险改为统账结合基本险，取消住院保险，构成两个基本险种，在全国率先将包括补充险种在内的所有险种面向全体城乡居民开放。二是完善待遇政策。将统账医保个人账户分设为一、二级，解决账户积累性不够、有积累的发生较高费用后一次性被释放的问题。同时提高基本医疗保险封顶线、居民门诊待遇和最高支付限额顶线。三是推进实施城乡居民医保。重点在筹资和待遇水平、保障方式、管理机制、经办服务以及辖市工作推进等方面深化完善。四是完善医疗救助制度。在扩大救助范围的同时，实施医保、救助和慈善一体化运作、"基本医疗服务包"救助等新政策。　（王　翔）

【完善社保体系推进新型农村养老保险】　2008年，镇江市出台《镇江市建立新型农村社会保险制度指导意见》（以下简称"新农保"制度），通过"低缴费、低保障、广覆盖，政府适当补助"的办法，完成年内"制度覆盖率100%"的目标。

"新农保"制度努力在全市范围内全面建立起与农村经济发展水平相适应，与其他社会保险相配套，农民个人缴费、集体补助、政府补贴相结合的新型农村社会养老保险制度。采用实行社会统筹和个人账户相结合，或实行财政预算和个人账户相结合的两种制度模式，并预留农保转换为企业职工基本养老保险的通道。"新农保"保险缴费基数，按不低于上年度全省在岗职工平均工资15%，不高于上年度全省在岗职工平均工资300%的标准确定。缴费率在16%~20%之间设定,其中个人缴费8%,各级政府承担其余缴费,有条件的村集体经济组织可给予参保人员一定的补助,明确各级政府财政补贴和保费发放的责任。新办法将首次领取养老金年龄设定在男、女60周岁,设置激励机制,多缴多得、少缴少得。养老金由基础养老金和个人账户养老金组成。同时建立正常调整机制。 (范国富 郁 宏)

【实行"基本医疗服务包"救助新办法】 2008年1月1日起,镇江市在全国率先尝试依托社区实行"基本医疗服务包"救助办法,对年满70岁以上参加居民医保的救助对象实行"基本医疗服务包"服务救助。即他们在本人定点社区发生的基本医疗门诊费用,由医疗保险基金和救助资金共同支付,个人不需付费。"基本医疗服务包"对象在本人定点的社区卫生服务中心门诊医疗,在减免挂号费、治疗费等有关费用后,按社会医疗保险有关政策结算其余医疗费用。属于个人支付的部分,由"基本医疗服务包"救助资金补助。全年,市区社会医疗救助支出544万元,人均获得630元门诊费救助。市区"基本医疗服务包"救助对象签约率90%以上。

(王 翔)

【创设市内医保关系转续和异地就医绿色通道】 2008年,镇江市明确参保人员在本市行政区域内跨辖市(区)流动时,可自由接续社会医疗保险关系,个人账户资金随同转移,认可参保年限。在市内为参保人员开通异地就医通道,方便参保人员就医结算。9月1日起开放市区双向就医结算;各辖市医疗保险经办机构在镇江市区选择1家以上综合性医院作为本地医疗保险定点机构,方便参保人员到市区就医;为本地外出务工人员在其务工相对集中的地方选择社区卫生服务机构,为外出务工人员提供方便、灵活的普通门急诊服务。(王 翔)

【被征地农民医保"即征即保"】 从2008年1月1日起,镇江市施行《镇江市被征地农民参加居民基本医疗保险管理办法》,对被征地农民医疗保险实行"即征即保"。市医保中心负责为被征地农民建立个人医保基金往来户。被征地农民个人医保基金往来户资金为个人所有,可以选择缴纳统账结合基本医疗保险费、大病医疗统筹金或者居民基本医疗保险费,不足缴纳部分由个人支付。至2008年底,市区850名被征地农民实现"即征即保"。 (王 翔)

【出台《医疗保险业务经办内控管理办法》】 2008年2月25日,镇江市医疗保险局制定《医疗保险业务经办内控管理办法》,主要包括业务运行控制、基数申报控制、财务基金控制、信息系统控制、稽核运行控制五大部分。通过建立运作规范、管理科学、监控有效、考评严格的内控体系,对业务运行中的重点环节进行全过程监管,科学评估、分析和监控基金运行,提高医疗保险政策和制度的执行力。镇江市医疗保险基金中心制定《内部控制实施办法》,从组织机构、事务运行、基金征缴、基金财务、信息系统、稽核运行等各方面,对内控管理办法进行细化明确。 (王 翔)

【医保定点医疗(药)机构实行动态管理】 2008年,镇江市对医保定点医疗(药)机构实行动态管理。新申请定点资格的每三年评审确认一次,已取得定点资格的每三年进行动态复审。评定范围为市区所有申请定点的社会性一级定点医疗机构(诊所)、零售药店。已取得定点资格的需要重新申报,进行复审确认,逾期作放弃处理。首次评定时间为2008年10月~11月,10月20日为提交申请截止时间,11月评定公布后三年医保定点资格的单位。该次评定确认工作由评定工作小组负责实施。成员由市医保行政部门、市人大、政协、财政、卫生(结算中心)、纪检等有关部门人员组成,接受市劳动和社会保障局纪检组的纪检监督,同时接受公众和媒体监督。12月8日~15日,镇江市对首批动态评定结果面向社会进行公示,新增9家社会性一级定点医疗机构(诊所)、零售药店纳入医保定点。 (王 翔)

【开通医保费银行代收业务】 2008年,为拓宽缴费渠道,方便参保单位和个人办理缴费,市医疗保险中心与中国银行、工商银行合作开通医保费代收业务。6月起,在市区6个中国银行网点开通统账医保单位缴费业务,缴费流程、发票与医保事务大厅柜面一致。12月6日起,在市区13家工商银行网点开通统账医保个人医保费代收业务,凡2008年已享受60%缴费基数照顾政策的统账医保个人参保人员,可持医保卡就近办理缴费。

6家中国银行网点:中国银行镇江分行(镇江市中山东路235号)、中国银行镇江江滨支行(镇江市东吴路123号)、中国银行镇江三茅宫分理处(镇江市朱方路225号)、中国银行镇江润州支行(镇江市电力路1号)、中国银行镇江丁卯支行(镇江经济技术开发区健力宝北路)、中国银行镇江大港支行(镇江新区大港兴港西路26号)。

13家工商银行网点:大西路分理处(大西路263号)、怡海家园分理处(大西路99号怡海家园A幢103号)、南大街分理处(南门大街192号)、南门分理处(解放路22号)、黄山南路分理处(黄山南路31号)、万家分理处(大西路440号)、花山湾分理处(花山湾新村三区21号)、象山分理处(东吴路161号)、丁卯桥分理处(丁卯桥路108号)、船院分理处(梦溪路6-1号)、长江路分理处(桃园新村81幢底楼东端)、新区分理处(丁卯开发区沃得购物广场17幢105~106号)、大港支行营业处(镇江新区大港兴港路北侧)。 (王 翔)

【推行医疗保险信息披露制度】 2008年,镇江市医疗保险局制定《关于建立医疗保险信息披露制度的意见》,披露内容包括规范性文件及权威解释、医疗保险基金收支管理情况和预决算执行情况等16项。披露形式有:镇江市政府门户网站、镇江劳动保障网、镇江医疗保险信息网,新闻发布会、听证会和报刊、广播、电视等新闻媒体,通过文件、会议、简报等形式公开,医保事务大厅、定点医疗机构、定点社区服务机构等地设立资料索取点、信息公告栏、电子显示屏、触摸屏等,印制医保政策简介、办事指南,"12333"劳动保障电话咨询服务系统等。还建立考核制度、责任追究制度等相关保障措施。4月29日,通过《镇江日报》医保专版和镇江医疗保险信息网,首次对市本级及各辖市(区)医疗保险信息集中披露,同时各辖市(区)利用各自报纸、医疗保险网(劳动保障网)及其他方式进行披露。 (王 翔)

【开展社会医疗保险大型公益"寻保"活动】 2008年12月8日~28日,镇江市医疗保险局在市区范围内开展以"谁是参保最后一人"为主题的社会医疗保险大型公益"寻保"活动。活动对象为市区范围内有参保意愿但未参加社会医疗保险的人员。根据登记情况进行分类统计,了解被登记人员的需求,并按照当事人意见提出处理建议。活动期间,接受未保人员登记2万余人,新增参保7773人(统账1805人,居民5968人),有13276名个人参保人员接续参保,有1226人补缴差额从居民医保转入统账医保,145名未参加统账医保的退休人员通过照顾政策进入医保。同时通过寻找、走访"职工医保"第一人、"居民医保"第一人、"学生医保"第一人、"低保救助"第一人,反映镇江市多层次医保制度体系的发展历程。 (王 翔)

农 业

责任编校：孙燕宾

综 述

【概况】 2008 年，市委、市政府在政策制定、工作部署、财力投放、干部配备等方面，突出“三农”工作重中之重的地位，召开全市农村工作会议、“三百”行动动员会以及现场推进会、三大合作推进会等会议。组织 20 多个部门、60 多名干部，分 4 个专题开展推进农村改革发展系列调研，并于 12 月下旬召开全市贯彻中共十七届三中全会精神、推进农村改革发展千人大会。出台《关于加强农业基础建设促进农民持续增收的实施意见》《关于进一步加快发展农村合作经济组织的实施意见》《关于大力发展现代农业的实施意见》《关于深入开展百村百企百亿行动的实施意见》等文件。各辖市（区）委明确一名副书记分管农村工作，各级党委农办发挥政策指导、综合协调、组织实施、督查考核等职能作用。开展城乡基层党组织统筹共建，一大批“双强型”村干部脱颖而出；建立农村基层干部激励机制，村定额干部的月基本报酬高于当地职工最低工资标准；通过实施“126”工程，培养一批大学生村官。

2008 年，全市“三农”工作取得新业绩。粮油全面增产。全市实现粮食总产 112.42 万吨，比上年增长 11.6%；油菜子总产 6.27 万吨，比上年增长 14.6%。多种经营快速提升。新增茶叶、花卉、水果、蔬菜面积 1573 公顷，实现销售收入 24.45 亿元，比上年增长 28%；实现水产品总产 8.5 万吨，增长 7.59%。全年出栏肉猪 57.96 万头、家禽 1223.9 万只，比上年分别增长 2.0% 和 4.79%。农民收入跃上新台阶，全年农民人均纯收入达 8703 元，比上年增长 13.5%，农民来自一产收入达 2401.7 元／人，比上年增加 491 元，增幅高达 25.7%，增幅创近十年来的新高。高效农业取得新进展。以高效农业规模化为重点，推动现代农业优化布局、调整结构，强势推进 143 个高效农业规模基地建设，新增高效种植业面积 1.39 万公顷（其中设施农业 3340 公顷）、高效渔业面积 1513 公顷，高效规模农业收入占农民一产收入比重超过 30%。全面发展农民专业经济合作，重点突破土地股份合作，稳步推进社区股份合作，鼓励发展合作社联社，全市新增农村“三大合作”（农民专业合作、农村社区股份合作、农村土地股份合作）组织 336 家，总量达 570 家，其中农民专业合作组织 458 家。科技兴农得到新加强。推广土著菌、秸秆气化、稻鸭共作等新技术，普及各种农业机械，机插秧、旱育秧、抛栽稻、直播稻等新型栽培面积达到 8 万公顷，比上年增长 15%，农机总动力达 135.1 万千瓦，比上年提高 2.6%；耕翻、播种、植保、收割四项农业机械化综合作业水平达 76%，比上年提高 2%；开展“农技人员学赵亚夫”活动，调动农技人员开发新品种、推广农业技术的积极性，全年新增农业“三品”认证 52 个，并有 10 个农产品被授予首批镇江名牌农产品称号。强化财政投入，全年各级财政预算安排农业投入 4.32 亿元，比上年增长 29.88%。其中，农业综合开发总投入达 1.19 亿元，镇江市农机总投入达 3583 万元，比上年增长 44%。组织全市数百家规模企业与 605 个建制村挂钩合作，鼓励全市规模企业和村结对挂钩，实施“百村百企百亿”行动。市委、市政府专门出台文件，制定土地、税收等一系列优惠政策，引导和鼓励工商资本积极参与村企合一、村企合作和村企挂钩，投身现代高效农业和新农村建设。“三百”行动开展以来，工商资本投资现代农业渐入佳境，村企结对率达 95% 以上，签订和开展的合作项目达 313 个，总投资额达 11.67 亿元，平均每个项目投资额达 363.53 万元；大力吸纳“三资”投入“三农”，共吸引“三资”项目 450 个，总投资 34.82 亿元，其中外资项目 19 个，实际到账 6844.46 万美元，“三资”投入农业比上年增长 15%。 （石铁流）

【镇江农科所】 2008 年，镇江农科所组织申报各类项目 87 项，立项 51 项，其中省科技支撑农业类项目 3 项、省国际科技合作计划项目 2 项、省三项工程项目 1 项、省开发局课题 10 项、省科技服务平台 1 项、省自主创新资金项目 6 项、省科技支撑地方标准 1 项，获得项目经费 791 万元，到账经费 540 万元。水稻新品种选育：推荐 2 个新品系参加省生产试验、6 个新品系参加省区试，其中，中熟晚粳稻新品种镇稻 654 在省生产试验中名列首位，油菜新品系镇 2405 通过省审定。开展辐射育种、抗稻瘟病和抗除草剂的育种及鉴定工作，其中抗稻瘟病育种实现异地鉴定，功能稻米育种初见成效，获得巨胚、绿米、红米等一批具有补血、补铁特殊用途的功能稻种质资源。开展花培育种，第一批试管苗已送海南种植。小麦新品种选育：小麦新品种选育坚持以优质专用、高产、多抗、广适为目标。继 2007 年突破性地育成淮南首个优质强筋红皮品种镇麦 168 后，广适高产新品系镇 02166 通过国家审定，定名镇麦 8 号；镇麦 4 号、镇麦 5 号获品种权，2 个新品种（系）申报保护并受理；新品系镇 05185 在省区试中，表现突出；6 个新品系分别参加国家、江苏和浙江省小麦品种区试、预试；镇麦 4、5、6 号和镇麦 168 均被列入 2008 年江苏省小麦良种补贴品种。应时鲜果研究中葡萄果粒膨大和无籽处理试验进展良好，其中先锋葡萄无籽率达100%；开展草莓杂交、种子播种育苗，高温还原消毒法克服连作障碍试验效果明显。同时还开展桃杂交育种和果树栽培新模式研究。植保技术研究重点以土传枯、黄萎病害和南方根结线虫为研究靶标，开展细菌生防制剂研发，启动生物质能源的综合利用探索工作并初见成效。蔬菜花卉研究在圆球型、耐抽苔牛心型春甘蓝方面积累较丰富的材料，选育的几个新组合在内销市场所占比重不断扩大。有机农业研究启动丘陵山区果园害虫的收集、分类、鉴定；开展果树病虫害的监测和防治技术的研究，初步筛选出多种无公害新农药；开展经济昆虫黄粉虫和豆天蛾的养殖研究；开展草莓、蔬菜作物上小型昆虫的研究工作，重点针对蓟马、粉虱等害虫的饲养、捕食性天敌的饲养和生物防治。全年在省级以上专业刊物上发表论文83篇，其中SCI1篇、学报级18篇，出版书籍4部，申报专利、品种保护17个，获品种保护或专利11个(其中发明专利2项、外观设计专利3项)。

全所开展培训、讲座120多次，现场指导1000多次，发放宣传材料1万多份，向农民免费发送草莓苗3000多株，直接技术服务应时鲜果333多公顷，到上海、无锡、常州等地进行技术指导，在宜兴、武进、丹徒、句容等地新建立20多个科技服务点，大面积推广应时鲜果新品种及配套栽培新技术。利用当地土著菌制作的固体生物菌肥代替化学肥料，使草莓、桃等果品的品质明显提升。在镇江各区市建立农药双减行动计划植保技术集成基地4个，受到示范户的好评。参与整村推进，组织科技干部参与社会主义新农村建设、远程教育服务新农村建设致富工程、句容市脱贫攻坚决胜小康结对帮扶等主题活动，抽派近10名科技骨干联系到相关试点村，帮助培训农民和建立科技示范基地和产业基地。通过远程教育网络集中授课、科技讲座、现场技术指导等多种方式在试点工作中培训农民5000多人次，帮助新发展应时鲜果种植面积133多公顷。戴庄有机农业整村推进，全年种植有机稻133公顷，产出有机大米20余万公斤、有机桃约3万公斤，散养草鸡15000只；引进优质大豆品种4个，山芋品种5个。农田用电设施架线5000米；新修砂石路5000米；农民培训约2000人次。大米加工厂9月投产，秸秆炭醋厂建成。接待各级领导及游客5000人次，全年销售产品及接待游客收入约800万元，戴庄农民人均纯收入超过8000元，较上年增长近10%。围绕应时鲜果支柱产业，在全市筛选梨、草莓、葡萄、桃领域的50名农民专家候选人，重点对他们进行技术提升。“万山红遍”申报省级著名商标获得命名。完成“亚夫”牌商标的申报、注册工作，并制定“亚夫品牌三年发展规划”，初步启动品牌整合工作。在宿迁、丹阳、丹徒、宜兴挂牌“万山红遍”园区基地6个，挂牌园区面积133.3公顷。万山红遍农业园启动对4个科技园区的整合工作，把园区发展和旅游经济有机结合，发展观光农业，提高资源综合利用效益。通过与句容市政府多次沟通、协调，出台《关于镇江农科所试验基地转让与新建试验场等问题的协调会议纪要》。(农科所)

【高效农业规模化】 2008年，全市突出设施农业、143个重点项目、农村“三大合作”组织等工作，启动农业科技人员与高效农业基地结对挂钩活动，在全市143个高效农业重点项目中，筛选出具有代表性的重点基地30个，并从江苏省农林职业技术学院、镇江市农科所及市级和县级农林部门选出具有中级职称以上、实践经验丰富的农业技术人员30名，组成专家组，根据专长，实行一对一挂钩，为基地提供技术指导、销售及信息服务，全力推进高效农业发展。全年新增高效种植业面积1.39万公顷(其中设施农业3340公顷)、高效渔业面积1513公顷，总面积分别为4.52万公顷(其中设施农业6087公顷)、5687公顷，分别比上年增长44.5%(其中设施农业增长121.6%)、36.3%。生猪、蛋禽、肉禽、奶牛规模养殖比例分别达到55.4%、59.3%、89%、86.8%，较上年分别增加8.1、10.6、5、10.7个百分点。高效种植业中，亩效益在1万元以上的高效农业种植面积3967公顷，占8.8%；亩效益在5000元~10000元的面积1.09万公顷，占24.1%；亩效益在2000元~5000元的面积2.50万公顷，占55.3%。

(刘常珍)

【农业招商签约项目38个】 2008年，全市组织参加第十届江苏农业国际合作洽谈会、第六届中国国际农产品交易会、中国镇江(杭州)农业项目发布会、中国镇江(上海)名特优农产品推介会、丹阳金秋经贸洽谈会、中国丹阳现代农业项目发布会等12场招商和产品推介活动，制作《生态镇江绿色农业》宣传片，共签约项目38个，总投资23.49亿元和8380万美元；签订贸易合同14个，贸易额3.4亿元。在首届丹阳现代农业项目发布会上，签约农业项目29个，总投资11亿元，其中合同利用外资4000万美元，签约项目中亿元以上的2个。(刘常珍)

【农产品质量建设】 2008年，全市新增无公害、绿色和有机农产品产地18个，新增面积1353公顷，总面积10.27万公顷，无公害家畜存栏27.5万头，无公害家禽存栏2453.2万只；新增无公害、绿色、有机农产品52个，总数达到478个，其中无公害农产品180个、绿色食品142个、有机食品156个。开展农产品标准化建设，新增省、市级农产品标准20个，省、市级农业标准化示范区7个，国家级标准化示范区2个(丹阳市的江南食用菌标准化示范区和荣鑫生猪标准化示范区)，全市三级标准化示范区46个。推进农产品品牌建设，丹阳市江南明珠米业有限公司生产的晖玉牌大米获江苏省名牌农产品证书。(刘常珍)

【生态农业建设】 2008年，全市生态农业建设紧紧围绕国家生态市创建工作目标任务，大力实施生态农业重点工程。完成特色农业示范基地5个，循环型农业生产示范基地3个，立体种养综合示范基地2个，林业产业基地3个，无公害、绿色、有机稻米示范基地2个，润州区长江洲滩湿地保护区建设有序推进。推广运用农药化肥减量技术，全年推广测土配方施肥15.2万公顷，应用配方肥3.5万多吨，氮肥用量为5.87万吨，较上年降低11.8%；推广病虫害综合防治面积17.3万公顷，化学农药使用量3695吨，较上年降低10.6%。加强规模化养殖场畜禽粪便综合处理，完成规模养殖场畜禽粪便治理151家，标准化养殖场建设23家，创建省级生态健康养殖示范点11家；新建规模养殖场沼气治理工程17处，累计达39处，新增“一池三改”户用沼气工程建设1300户，累计达3300户；推广建成发酵床养猪示范点20个，面积5000平方米。开展秸秆综合利用，新建丹阳市吕城镇蔡塔村秸秆气化集中供气工程1处，累计达3处；在丹徒、丹阳、句容和镇江新区4个重点乡镇发展户用秸秆气化炉400台(套)，推广应用秸秆还田11万公顷。推进生态功能区保护建设，投资430余万元，建设完成了抢救性观察围网工程、永久性界牌和标牌设置、业务用房、监测用房及码头和水闸工程等；投资10万余元，建立长江水生动物陈列馆。(刘常珍)

【农村合作经济组织570家】 积极采取举办专题培训班、强化项目和政策扶持、召开全市农村“三大合作”推进会等措施，强势推进农民专业合作、农村社区股份合作、农村土地股份合作“三大”合作组织发展。2008年，全市新增农村合作经济组织336家，总数达570家，其中：新增农民专业合作组织 235 家,总数达 458 家(工商部门注册登记的 343 家),社(会)员 6.9 万人,带动农户 16.1 万户;新增土地股份合作组织 82 家,总数达 92 家(工商部门注册登记的 12 家),入股农户 1.46 万户,入股土地面积 3480 公顷;新增社区股份合作组织 19 家,总数达 20 家,入社社员 6970 人。 (刘常珍)

【农业生产遭雪灾损失 4.42 亿元】 2008 年 1 月 27 日～29 日,全市普降大雪,农业生产遭受巨大灾害,造成直接经济损失 4.42 亿元,其中:1420 公顷小麦、5593 公顷油菜受灾,损失 555 万元;倒塌园艺设施 498.37 万平方米(约 500 公顷),占设施园艺总面积的 15%,2340 公顷露天蔬菜、305 公顷大棚蔬菜、73.3 公顷茶叶、222.7 公顷应时鲜果、223.3 公顷花卉苗木受灾,直接经济损失 1.58 亿元;林业受灾 6640 公顷,倒伏林木 500 万株,倒塌房屋 4400 平方米,直接损失 2.6 亿元;倒塌畜禽舍 3.09 万平方米,死亡畜禽 6.2 万头(只),直接损失 735 万元;倒塌渔棚 1.85 万平方米,1.5 万公斤蟹苗死亡,损失 1010 万元。 (刘常珍)

【创新为农服务平台新举措】 镇江市为创新服务手段,搭建服务平台,践行"学习赵亚夫,帮助农民富"活动。2008 年 6 月 29 日,开通镇江市农林服务热线"12316",热线分农林技术和政策咨询、投诉举报、行风监督、行政审批四个栏目,实行正常工作日开放,采取人工接转和智能接转专家受理,为农民提供便捷、高效的农业技术咨询和指导服务。全年热线 472 次,为农民解答农业生产上遇到的难题。2008 年 8 月 16 日,市农林局开启镇江市为农服务"城乡直通车",通过参与和体验的形式,弘扬镇江农业文化,不定期组织市民到农业基地进行农事体验、采摘、认养等活动;沟通城乡销售,重点组织优质农副产品进市区销售,建立优质农产品展示展销店,让市民更便捷品尝到优质地产农产品;定期向各企事业单位及广大市民发放镇江特色农产品"月历",逐步建立镇江农产品网上交易平台。全年组织上千名网友、中小学生等到句容市继生葡萄园、镇江市南山农业科技示范基地、丹徒区江心洲进行水果采摘、品尝农家菜、农事体验活动。2008 年 12 月 28 日,镇江市优质农产品展示展销中心开业,商品种类 2000 余种,其中地产优质农产品 800 多种。 (刘常珍)

【镇江市农林系统举办"三展"活动】 2008 年 12 月 31 日,由市农林局主办的农林系统"三展"活动在大市口城市客厅开幕。活动包括:"金色农林,大地的丰收"——优质农副产品展销,汇聚全市 70 余家农业龙头企业、农产品生产基地生产的百余个优质农产品,并以年货节、礼品蔬菜节、肴肉节、食用菌节、黄酒节、产品节、草莓节、秧草节、江蟹节等主题推出,货值 50 万元的农产品被销售一空,实现优质农副产品与市民零距离对接。"活力农林,希望的田野"——农林系统才艺风貌展示,由农林系统干部职工自编自演的 10 余个节目充分体现本地农村和农民的艺术文化,为广大市民奉献一场精彩纷呈的文艺演出。"印象农林,我们的足迹"——改革开放 30 周年农林图片展览,展出图片 200 余幅,展出面积 120 平方米,展览共分《亲切关怀》《改革进程》《发展巨变》《辖市区风采》四大部分,全面展示 30 年来镇江农村面貌发生的翻天覆地变化、农业经济发展取得的显著成就、农民日新月异的幸福生活。 (刘常珍)

【种养行业评选"十大王"】 2008 年,镇江市为总结近年来高效农业发展成果,鼓励先进,在各辖市(区)农林(农业、林业、农经、农水)局推荐的基础上,经市级农业专家评审,初评结果在镇江市农林信息网公示征求意见后,产生 2008 年镇江市农林系统种养行业"十大王":草莓大王纪荣喜、葡萄大王方继生、种粮大王戴启松、柑橘大王洪广胜、食用菌大王姜建新、养猪大王陆朝荣、蔬菜大王毛洪文、苗木大王李忠玉、水蜜桃大王杨修林、养鱼大王宦国宏。 (刘常珍)

【市农产品质量检测中心大楼落成使用】 2008 年 12 月 31 日,镇江市农产品质量检测中心大楼举行落成典礼,市农林局、农业开发局、农机局迁入大楼办公。镇江市农产品质量检测中心大楼工程是市政府 2003 年为民办实事之一,大楼于 2004 年 9 月破土动工,建筑面积 12952 平方米,投入资金近 5000 万元。 (刘常珍)

农业资源开发

【概况】 2008 年,全市农业综合开发完成治理面积 4923.3 公顷,总投资 11901.33 万元,其中财政资金 5143 万元,自筹资金 6758.33 万元。

国家立项开发的土地治理项目总投资 3172 万元,其中中央财政资金 1220 万元,地方配套资金 1220 万元,自筹资金 732 万元,共改造中低产田 3733.3 公顷,其中丹阳市 866.7 公顷、句容市 1533.3 公顷、丹徒区 800 公顷、扬中市 533.3 公顷。新建渠系建筑物 1631 座,新建中沟级以上建筑物 111 座,新建拦河坝 9 座,修建排灌站 15 座,修建机耕路 74.45 公里,开挖疏浚渠道 20.7 公里,衬砌渠道 63.85 公里,绿化造林 80.7 公顷,技术培训 9550 人次。通过综合治理,全市新增灌溉面积 546.7 公顷,改善灌溉面积 1446.7 公顷;新增除涝面积 266.7 公顷,改善除涝面积 860 公顷;新增节水灌溉面积 1220 公顷;增加农田林网防护面积 1347 公顷;扩大良种种植面积 1600 公顷;控制水土流失面积 0.6 平方公里。扶持农机服务站 11 个,完善农产品质量检测体系 3 个。项目区新增粮食生产能力 613 万公斤,新增油料生产能力 86 万公斤,新增其他农产品生产能力 339.50 万公斤,新增种植业总产值 2992 万元,项目区农民年收入增加总额 1708 万元。

国家立项开发建设的产业化经营项目 3 个,其中 2 个种植项目,为"镇江市丹徒区 1800 吨无公害金针菇生产基地扩建项目"和"镇江市丹阳市 1000 吨金针菇生产基地扩建项目";1 个养殖项目,为"镇江市扬中市 100 吨长江水产种苗繁育与养殖基地扩建项目"。项目总投资 1708.33 万元,其中财政资金 700 万元,企业自筹资金 1008.33 万元。财政资金中,中央财政资金 350 万元,省级配套 288.5 万元,市县配套 61.5 万元。项目建成后新增总产值 2629 万元,新增利税 614.47 万元,新增固定资产 1584.02 万元,带动农户 1700 户,安排劳动力 1560 人,年直接受益农民增加收入总额 860 万元。

镇江市农产品质量检测中心大楼
(尤 恒)

全市经省立项的丘陵山区农业综合开发高效农业基地项目10个，分别为句容市白兔镇应时鲜果基地项目、句容市茅山镇丁庄葡萄园项目、句容市华阳镇石狮蔬菜基地项目、句容市后白镇西冯高效农业基地项目、句容市茅山镇地道中药材生产基地项目、句容市生态农业基地(戴庄)项目、丹徒区上党千亩葛根种植黄牛养殖基地项目、镇江润扬农业生态园(荣炳)项目、丹阳市白龙寺生态园应时鲜果基地(埤城)项目、丹阳市屯甸优质茶生产基地项目。项目总投资6968万元，财政资金1950万元，其中省级财政资金1500万元，市、辖市(区)配套资金450万元，自筹资金5018万元。建设各类花卉苗木、蔬菜、经济林果等高效农业基地1190公顷，其中句容市800公顷、丹徒区166.7公顷、丹阳市223.3公顷。投劳工日1.5万工日，完成土石方17.9万立方米，修建塘坝10座，修建排灌站2座，输变电线路配套13.4公里，修建渠系建筑物802座，修建衬砌渠道10.186公里，埋设灌排管道0.1公里，修建机耕路67.456公里，新建喷灌和微灌61.4公顷，新建钢架大棚56.6公顷，新建连栋大棚日光温室3公顷，新建棚架386.8公顷，新建简易分级包装流水线3条，新建茶叶加工生产线2条，新建良种种苗959公顷，新建无性系茶树种苗36.7公顷，新建禽类房舍及生产设施33150平方米，新建奶牛房舍及生产设施5824平方米，技术培训6110人次，引进新品种4个，推广新技术4项，吸引"三资"8224.3万元。新增产值28500.4万元，新增利税4345.8万元，安排劳动力2700人，带动农户7415户，年直接受益农民增加收入总额13780万元。

(范云中)

表13-1

2008年镇江市农业综合开发项目情况表

单位：公顷、万元

项目名称	总投资	财政资金						自筹	建设面积	建设地点
		小计	中央	地方配套						
				小计	省级	市级	县级			
土地治理项目	3172	2440	1220	1220	938	162	120	732	3733.3	–
	676	520	260	260	202	34	24	156	866.7	丹阳市
	208	160	80	80	40	16	24	48	266.7	云阳镇
	208	160	80	80	72	8	–	48	266.7	珥陵镇
	260	200	100	100	90	10	–	60	333.3	延陵镇(行宫)
	1456	1120	560	560	464	66	30	336	1533.3	句容市
	260	200	100	100	50	20	30	60	333.3	郭庄镇
	208	160	80	80	72	8	–	48	266.7	后白镇
	208	160	80	80	72	8	–	48	266.7	方山茶场
	780	600	300	300	270	30	–	180	666.7	茅山镇(规模)
	624	480	240	240	192	30	18	144	800	丹徒区
	156	120	60	60	54	6	–	36	200	谷阳镇
	156	120	60	60	54	6	–	36	200	荣炳盐资源区
	156	120	60	60	30	12	18	36	200	辛丰镇
	156	120	60	60	54	6	–	36	200	高资镇
	416	320	160	160	80	32	48	96	533.3	扬中市
	416	320	160	160	80	32	48	96	533.3	新坝镇
丘陵项目	6968	1950	–	1950	1500	225	225	5018	1190	–
	4173	1391	–	1391	1070	160.5	160.5	2782	800	句容市
	1170	390	–	390	300	45	45	780	266.7	白兔镇
	1170	390	–	390	300	45	45	780	266.7	茅山镇
	273	91	–	91	70	10.5	10.5	182	66.7	华阳镇
	390	130	–	130	100	15	15	260	133.3	后白镇
	312	104	–	104	80	12	12	208	66.7	茅山镇
	858	286	–	286	220	33	33	572	–	天王镇
	1170	234	–	234	180	27	27	936	166.7	丹徒区
	520	104	–	104	80	12	12	416	83.3	上党镇
	650	130	–	130	100	15	15	520	83.3	世业洲
	1625	325	–	325	250	37.5	37.5	1300	223.3	丹阳市
	650	130	–	130	100	15	15	520	90	埤城镇
	975	195	–	195	150	22.5	22.5	780	133.3	司徒镇
产业化经营项目	1708.33	700	350	350	288.5	–	61.5	1008.33	–	–
丹阳市1000吨金针菇生产基地扩建	363.32	220	110	110	82.5	–	27.5	143.32	–	–
扬中市100吨长江水产种苗繁育与养殖基地扩建	512.02	220	110	110	82.5	–	27.5	292.02	–	–
丹徒区1800吨金针菇生产基地扩建	832.99	260	130	130	123.5	–	6.5	572.99	–	–
省级科技推广项目	53	53	–	53	53	–	–	–	–	–
	40	40	–	40	40	–	–	–	–	句容市
	13	13	–	13	13	–	–	–	–	扬中市
合　　计	11901.3	5143	–	3573	2779.5	–	406.5	6758.33	4923.3	–

(范云中)

【农村扶贫及茅山老区开发情况】 2008年，茅山老区12个乡镇实现国内生产总值158.3亿元，实现入库税收8.84亿元、财政收入9.02亿元，农民人均纯收入7683元，比上年增长15%，人均银行存款7788元，人均住房面积达到42平方米。实施农业综合开发2122公顷(31831亩)，累计建成农业龙头企业63家，特色农业生产基地197个、22267公顷(334013亩)。老区水、电、路、通讯建设进一步加强，新建农村道路315公里，新建农桥52座，乡村干道网络基本形成。新建涵闸、泵站1079座，新增自来水受益人口达4.41万人。

实施"百村"帮扶工作，帮扶项目190个、资金4722.6万元。以村企挂钩为主体的百村、百企、百亿"三百"行动与企业已开展的"百村"帮扶有效衔接，全市有607个村开展村企挂钩结对，结对率95.74%，签订和开展的合作项目达313个，总投资额达11.67亿元，到位资金4.85亿元，到位率41.56%。加大对"两有四缺"贫困户的帮扶力度，帮扶10379户，脱贫8586户，脱贫率达到82.7%，累计投入帮扶资金2007.1万元。其中：帮扶种植业项目2909个，面积910公顷(13661亩)，资金1218.2万元；养殖业项目2945个，家禽97904头，资金1177.4万元；三产项目254个，资金128.5万元；培训5598人次，投入116.1万元；劳动力转移634个，投入206.4万元。依据年初省农村贫困人口快速调查结果，将全市农民人均纯收入2500元以下的"两有四缺"低收入户5695户作为开发式扶贫工作重点。市级重点实施36个经济薄弱村"两有四缺"贫困户的帮扶工作；各辖市(区)重点实施其余经济薄弱村"两有四缺"贫困户的帮扶工作；非经济薄弱村的贫困户由所在村和乡镇组织党员干部实施帮扶工作。各级帮扶年脱贫率均达到20%以上，户均帮扶资金不少于3000元。市财政扶贫资金50万元重点用于市直帮扶的36个经济薄弱村的"两有四缺"贫困户，总计帮扶177户、177个短平快项目，脱贫140户，实现脱贫率79.1%，产生效益813700元，户均增收4597元。其中丹徒区帮扶71户有69户脱贫，脱贫率达到97.2%。开展教育扶贫，依托镇江市振华职业技术学校设立扶贫班，为部分农村贫困家庭子女解决就学就业的实际困难。做好贫困人口建档立卡工作。根据省扶贫办要求，市扶贫办牵头协调统计局、财政局、民政局开展建档立卡工作，召集统计、财政、民政召开协调会，明确分工和职责，并与统计局联合召开培训会议。在培训工作中做到"六个明确""四个讲清"。即：明确建档立卡的范围和内容、明确建档对象的确认、明确时间安排、明确培训要求、明确数据质量要求和明确文档建立要求；讲清调查目的、调查内容、完成时限要求和工作要求。确保准确无误，不漏一户。做好扶贫小额贷款的争取和投入，贷款投放工作重点仍在句容，向上争取全年投入额度1680万元，累计投放1900多万元，结合句容市农业产业结构调整重点发展花卉苗木、草坪、应时鲜果、养殖等高效农业，帮助2300多户农户发展种植业和养殖业，初步测算达到户均增收3000元左右。 (李　冀)

种植业

【概况】 2008年，全市种植粮食175.93千公顷，比上年增长2.6%；粮食平均单产6390公斤/公顷，比上年增长8.8%；实现粮食总产112.42万吨，比上年增长11.6%。

播种夏粮7.59万公顷，比上年增长18.3%；单产公斤4785/公顷，比上年增长6.5%；总产36.24万吨，比上年增长43.8%。播种秋粮11.06万公顷，比上年增长2.4%；单产8040公斤/公顷，比上年增长12.5%；总产88.9万吨，比上年增长17.6%。其中：种植水稻9.605万公顷，与上年持平；单产8565公斤/公顷，比上年增长13.5%；总产82.2万吨，比上年增长14.58%。

全年种植油菜2.87万公顷，比上年增长2.0%；油菜子单产2186公斤/公顷，比上年增长10%；总产6.27万吨，比上年增长14.6%。

茶园面积4272.3公顷，比上年增长2.43%；茶叶总产1225.6吨，比上年减少3.95%；实现产值1.57亿元，比上年增长6.08%。果品面积6468.6公顷，比上年增长16.2%；果品总产38956吨，比上年增长68.2%；实现产值1.89亿元，比上年增长25.2%。蔬菜面积3.34万公顷，比上年增长33.6%；蔬菜总产84.73万吨，比上年增长59.9%；实现产值18.52亿元，比上年增长28.61%。花卉苗木面积3182公顷，增长25.94%；实现产值2.25亿元，比上年增长134.4%。桑园面积1113.6公顷，比上年减少41.8%。中药材面积433.3公顷，比上年增长18.2%，实现产值0.23亿元。

(刘常珍)

【14只茶样在"陆羽杯"评比中获奖】 2008年4月25日～29日，江苏省第13届"陆羽杯"名特茶评比活动在南京举办，本届参评茶样113只，由茶叶质量管理专家组成评委会，采取内质外形双密码法对茶样进行感官审评，评出特等奖28名、一等奖42名。镇江市参评茶样26只，获奖14只，获奖率为53.8%，其中特等奖6只、一等奖8只。镇江市五州山茶场、句容市方山茶场生产的2只金山翠芽茶和句容市方山茶场、张庙茶场、赵庄林苗场、高庙茶场生产的4只茅山长青茶获特等奖。 (刘常珍)

【5个果品在"神园杯"评比中获奖】 2008年，在第四届"神园杯"江苏优质果品评比中，镇江市有6家单位5个品种获得3个金奖和3个银奖。获得金奖的有：扬中市云标果园生产的霸红枇杷、扬中市纪福葡萄种植专业合作社生产的夏黑葡萄、京口区京元果品专业合作社生产的华雨牌爱甘水梨。获得银奖的有：丹阳市国庆果园生产的源东白桃、扬中市纪福葡萄种植专业合作社生产的美人指葡萄、句容行香金根果园生产的金根牌美人指葡萄。 (刘常珍)

【10个农产品被评为2008年镇江市名牌】 根据《镇江市名牌农产品评选认定办法(试行)》规定的评选认定范围和程序，经过企业(协会)自愿申报、辖市(区)农林部门推荐、镇江市名牌农产品评审专家组公开评审并向社会公示，获2008年镇江市名牌农产品称号的为：丹阳市正大油脂有限公司的香喷喷牌菜籽油、丹阳市康力乳制品有限公司的康力健牌牛奶、丹阳市荣源食品有限公司的天乐牌豆腐衣、镇江市金莲小磨麻油厂的金莲牌芝麻油、丹徒区正东生态农业发展中心的正东牌金针菇、镇江缘源葛业开发有限公司的山杰牌葛根茶、丹阳市荣鑫农牧发展有限公司的武阳牌生猪、镇江市江冠食品科技有限公司的江冠牌绿豆饼、句容市高庙茶场的容宝牌茅山常青、句容市二圣镇丰源果园的丰之源牌砂梨。有效期为2008年9月至2010年9月。 (刘常珍)

【农作物病虫草害防治】 2008年，全市农作物病虫草害防治达73.3多万公顷次，挽回水稻损失46.2万吨、小麦2.95万吨、油菜子1.12万吨，分别占水稻、小麦、油菜子收成的55.8%、9.4%、14.6%。加大对吡蚜酮、骄子、锐劲特等高效低毒新农药的推广力度，全市应用面积达13.3万公顷次，较上年增长10.8%。开展对加拿大一枝黄花等外来生物的防除，防除面积达251.1公顷。

(刘常珍)

养殖业

【概况】 2008年,全市畜牧生产保持稳定,生猪和家禽、奶牛生产略有增长,山羊生产继续增长。实现五肉产量6.55万吨,比上年增长5.4%。出栏肉猪57.96万头,比上年增长2.0%。出栏家禽1223.9万只,比上年增长4.79%。出栏山羊4.58万只,比上年增长30.86%。奶牛存栏5900头,比上年增长11.7%;实现牛奶总产1.89万吨,比上年降低4.55%。

渔业发展继续保持上升势头,全市养殖面积2.47万公顷,其中特种水产品养殖面积1.4万公顷,占养殖面积的56.68%;实现水产品总产8.5万吨,比上年增长7.59%;实现渔业总产值14.5亿元、增加值6.6亿元,比上年分别增长5.38%、10.37%。 (刘常珍)

【开展生鲜奶生产和质量安全专项检查】 自"三鹿牌"婴幼儿奶粉三聚氰胺污染事件发生后,全市农林部门紧急开展生鲜奶生产和质量安全专项检查,成立检查工作小组,分赴奶牛饲养量较大的润州区、句容市、丹阳市奶牛养殖重点市(区),对奶牛饲养场的饲养条件、防疫条件、饲料供应与质量、奶牛场及生鲜奶收购单位设施设备及生鲜奶质量监测情况进行实地重点检查。并启动三聚氰胺拉网式抽查抽检工作,对存栏20头以上的奶牛养殖场、2家奶站的生鲜牛奶和存栏20头以上的奶牛养殖场的自配料、饲料厂的奶牛用配合饲料及蛋白饲料原料等奶牛饲料,进行抽检检测,送检生鲜奶样品35份、饲料样品10份,均未检出三聚氰胺,生鲜奶质量良好。

(刘常珍)

林 业

【概况】 2008年,全市围绕绿色镇江建设,按照"一区、二带、三网、多点"的森林生态系统建设布局,加快绿化造林步伐,加强森林资源保护和合理利用,森林覆盖率得到大幅提高。全市共完成造林面积3958公顷,其中用材林2057公顷、经济林869公顷、防护林1032公顷,村庄绿化合格260个。

加强防火基础设施建设,2008年全市建设完成防火通道132公里,累计储备风力灭火机702台、油锯112台、水枪772支、灭火弹11516枚、割灌机35台、2号工具2300把。全市发生森林火警12起,过火面积22公顷,受害面积4.5公顷,森林火灾受害率为0.007‰,控制率为0.37公顷/次。办理林地征占用手续26起,征占用林地面积230公顷。完成松材线虫病清理防治面积2722公顷,防治率达100%。 (刘常珍)

【一镇二企分别被评为省级"花木之乡"和"花卉先进企业"】 根据江苏省第三批"花木之乡"和"花卉先进企业"称号评定结果,丹阳后巷镇获江苏省"花木之乡"称号,江苏花王园艺有限公司和句容市生态园林工程建设有限公司获江苏省"花卉先进企业"称号。

(刘常珍)

农业机械

【概况】 2008年,全市农业机械总值(原值)达7.5亿元,比上年底增长0.7亿元;农机总动力达135.1万千瓦,大中型拖拉机达1989台,配套机具达3746部;小型拖拉机保有量19289台,其配套机具达38515部;稻麦联合收割机达1815台,其中高性能1448台;油菜收割机达333台;机动插秧机达1366台,农机作物秸秆还田机及综合利用机械达1924台。全市农业生产的耕翻、播种、植保、收割四项农业机械化综合作业水平为76%,其中机耕达91%;机械化种植水平,三麦达94.2%、水稻达63%;机植保达72%;机械化收割水平,三麦达95.6%、水稻达94.4%;油菜种植和收割机械化水平也有较大幅度提高。

(刁野军)

表13-2 **2008年镇江市农业机械化情况一览表**

项 目	单 位	2007年	2008年	净 增	增长(%)
一、农机总动力	万千瓦	131.71	135.11	3.4	2.6
其中:柴油机动力	万千瓦	69.03	74.98	5.95	8.6
汽油机动力	万千瓦	9.03	8.8	-0.23	-2.5
电动机动力	万千瓦	53.65	51.33	-2.32	-4.3
二、大中型拖拉机	台	1617	1989	372	23
小型拖拉机	台	15751	19289	3538	22.5
大中型拖拉机配套农具	部	3554	3746	192	5.4
小型拖拉机配套农具	部	41187	38515	-2672	-6.5
三、主要农机具拥有量					
稻麦联合收割机	台	2015	1815	-200	-9.9
其中:自走式	台	1370	1576	206	15
玉米联合收割机	台	2	3	1	50
油菜联合收割机	台	248	333	85	34.3
机动脱粒机	台	49383	40882	-8501	-17.2
专用水稻直播机	台	198	218	20	10.1
机动插秧机	台	1108	1366	258	23.3
秸秆还田机械	台	942	1924	982	104.2
粮食烘干机	台	39	40	1	2.6

续表 13-2

项　目	单　位	2007 年	2008 年	净　增	增长(%)
四、农机作业水平					
农机化综合水平	%	74	76	2	2.7
1. 机耕面积	千公顷	143.6	172.76	29.16	20.3
机耕水平	%	91.29	91	-0.29	-0.3
2. 机播面积	千公顷	128.89	131.03	2.14	1.7
机播水平	%	59.43	62	2.57	4.3
其中：水稻机种面积	千公顷	56.8	65.96	9.16	16.1
水稻机插面积	千公顷	12.17	15.65	3.48	28.6
水稻机播面积	千公顷	44.63	50.31	5.68	12.7
水稻机械种植水平	%	58.6	63	4.4	7.5
三麦机播面积	千公顷	71.97	61.96	-10.01	-13.9
三麦机械化种植水平	%	96.43	94.2	-2.23	-2.3
3. 机收面积	千公顷	163.55	162.29	-1.26	-0.8
机收水平	%	76.93	79	2.07	2.7
其中：水稻机收面积	千公顷	89.28	91.81	2.53	2.8
水稻机收水平	%	92.57	94.4	1.83	2
三麦机收面积	千公顷	72.15	67.28	-4.87	-6.7
三麦机收水平	%	95.6	95.6	0	0
4. 秸秆还田面积	千公顷	93.21	100.36	7.15	7.7
5. 机械植保面积	千公顷	145.15	169.13	23.98	16.5
机械植保水平	%	71.41	72	0.59	0.8

（刁野军）

【农机跨区作业创收 1.04 亿元】 2008 年，镇江市提高农机跨区作业组织化程度，组织和协助各类农机服务组织、农机大户、中介服务经纪人等联系接洽业务，建立稳固的协作网络。利用电视、报纸、电台等新闻媒体，广泛宣传，全力引导。做好"跨区作业证"的发放管理，建立农机跨区作业应急处理机制，市、辖市(区)两级农机管理部门成立跨区作业应急处理工作领导小组，设立"农机 110"热线电话，成立跨区作业服务接待站 55 个。全市跨区作业联合收割机达 2180 台次，跨区机收面积 14.05 万公顷，创收 1.04 亿元。（刁野军）

【农机化装备水平提高】 2008 年，镇江市以农机化新机具新技术示范推广带动，优化农机装备结构，提高农机化装备水平。中央和省级财政农机购置补贴共补贴 8 大类 19 种机具，市级财政补贴 12 种机具，各级财政补贴资金 2087 万元，比上年增长 44%；补贴机具 4904 台，带动农民投入 6000 多万元。全市新增插秧机 371 台(其中乘座式 5 台)、大中型拖拉机 249 台、联合收割机 124 台、油菜播种机 100 台、油菜联合收割机 85 台、秸秆还田机 982 台、精少量播种机 526 台、水稻直播机 15 台、果蔬保鲜设备 18 座、高效植保机械 411 台、增氧机 239 台、投饵机 229 台。（刁野军）

【农机安全生产】 2008 年，全市通过落实责任，强化管理，加强依法行政，提高依法管机水平，促进农机安全生产工作的开展。检验拖拉机 7843 台，其中年检 6247 台，安全检测 2176 台，联合收割机年检 994 台；全市发生农机道路交通事故 13 起，死亡 10 人，道路外农机事故 4 起，死亡 3 人，未发生重特大农机责任事故。（刁野军）

【农作物秸秆机械化还田及综合利用成效显著】 2008 年，全市抓好农作物的秸秆禁烧和综合利用工作。通过宣传发动、组织培训和加大购机补贴政策倾斜力度、完善配套扶持政策等措施，扎实推进秸秆还田示范乡镇建设。做好秸秆气化炉的示范推广，在丹徒区荣炳盐资源区曙光村 20 台示范成功的基础上，在全村推广到 100 台。在丹阳、句容、新区各选一个高速公路沿线或市郊重点乡镇，整村推进各 100 台(套)秸秆气化炉。《镇江日报》《京江晚报》及辖市(区)电视台电台多次进行专题报道。省委常委、副省长黄莉新两次到镇江视察秸秆气化炉，高度评价镇江秸秆气化炉试验、示范、推广工作，要求省、市有关部门加大扶持和推广力度。（刁野军）

水 利

责任编校：孙燕宾

综 述

【概况】 2008年，镇江市针对年初的重大冰雪灾害，编制完成《镇江市水利设施雨雪冰冻灾后重建规划方案》；配合省水利厅开展好长江流域综合规划修编工作，下达《关于积极做好配合流域综合规划修编工作的通知》，并将工作任务分解落实至各辖市（区）及市直有关单位，各项配合工作按省水利厅部署逐步展开；根据省2009年～2015年血吸虫病综合治理水利专项规划编制要求，完成镇江市14个河道治理类项目、1个饮水安全类项目、3个灌区改造类项目的规划方案，并上报省水利厅；秦淮河流域防洪规划通过省水利厅组织的审查；镇江市水利发展“十一五”规划中期评估报告完成。

水利重点工程项目储备充足，完成丹徒区长山提水站除险加固工程可行性研究报告和丹阳市晓墟河撇洪工程可行性研究报告的编制工作。镇江新区新竹河水利血防整治工程初设及丹徒大坝、靠背山，句容小沿坝、龙海及新区坝塘等5座小水库除险加固工程初设由省水利厅批复下达。严格规范重大设计变更审批事项，完成长江镇扬河段世业洲左缘加固工程、孟家港上段护岸工程、和畅洲潜坝下游护底防崩层加固工程和句容红旗、迎春、白沙、南庄、茅陈、小马埂，丹阳舟山等小水库除险加固工程的重大设计变更及动用预备费的审批工作，并整理上报句容市长江提水站除险加固工程和长江镇扬河段世业洲左缘先锋段、洲尾段护岸工程重大设计变更及动用预备费的请示。配合开展好新孟河延伸拓浚工程的基础资料调查和征求意见工作，向太湖局、水利厅、市政府及相关设计单位反馈扬中市对新孟河延伸拓浚工程入江口门方案的意见。结合省水利厅水利投资效益专项调研工作，对镇江市2005年～2007年水利重点工程建设、投资完成情况及效益达到情况进行梳理、分析，并形成调研成果。为及时掌握长江镇扬河段河势变化，以镇水发〔2008〕43号专文下达2008年镇扬河段监测分析计划，对世业洲左汊口门全断面、世业洲头左缘等8个重点工段进行监测，对世业洲汊道、和畅洲汊道分流比及断面流速分布情况进行水文测验，并对世业洲汊道5条固定断面进行监测。根据监测分析计划，在汛前完成世业洲头左缘、世业洲先锋段、世业洲洲尾段、龙门口上段、和畅洲头段等5个重点工段的监测分析工作，完成世业洲汊道固定断面测量和水文测验工作，为保证长江镇扬河段河势稳定、防洪安全及应急治理方案的确定提供重要的基础性资料。农村水利前期工作方面，积极组织编制《小型泵站更新改造规划》和《长江流域综合规划灌溉规划》，组织开展镇江市太湖流域圩区建设管理情况调查，帮助有关辖市（区）做好中央财政农田水利建设项目、江苏省小型泵站更新改造项目的立项工作。

各类重点工程建设总体上进展良好。长江治理方面，镇扬河段世业洲左缘先锋段及洲尾段应急护岸工程4月下旬开工，水下抛石工程全部完成，累计完成投资900万元。小水库除险加固方面，2005年度10座及2006年10座小水库除险加固工程全部建成；2007年批复的6座小水库除险加固工程水下主体工程基本完成；2008年批复下达5座小水库除险加固工程全面开工；2005年以来，全市累计批复下达32座小水库除险加固工程建设，其中通过竣工验收12座，另有10座通过水下工程阶段验收，累计完成投资5005万元。区域重点工程方面，丹阳市城北分洪道整治工程城区段具备施工条件的河段进行挡墙工程施工，工程累计完成投资2474万元。

（谢立新）

2008年镇江市水利工程基本建设情况表

表14-1　　单位：土方、石方、混凝土－万立方米，水泥、钢材－吨，木材－立方米

项目名称	累计计划						累计完成						本年			
	土方	石方	混凝土	水泥	钢材	木材	土方	石方	混凝土	水泥	钢材	木材	土方	石方	混凝土	征地面积（公顷）
小型水库	76.51	6.35	2.12	－	－	－	68.59	6.18	2.03	－	－	－	9.11	0.81	0.71	－
1. 2005年10座小水库	39.85	2.79	0.83	－	－	－	39.85	2.79	0.83	－	－	－	－	－	－	－
2. 2006年10座小水库	19.395	2.069	0.401	－	－	－	19.395	2.069	0.401	－	－	－	4.465	0.09	0.043	－

续表 14-1

项目名称	累计计划						累计完成						本年			
	土方	石方	混凝土	水泥	钢材	木材	土方	石方	混凝土	水泥	钢材	木材	土方	石方	混凝土	征地面积（公顷）
3. 2007 年 6 座小水库	17.262	1.4933	0.8935	–	–	–	9.342	1.323	0.803	–	–	–	4.642	0.723	0.663	–
丹阳舟山水库	0.73	0.3	0.06	–	–	–	0.73	0.3	0.06	–	–	–	0.13	0.1	0.02	–
润州区长山湾水库	1.49	0.2	0.05	–	–	–	1.32	0.15	0.03	–	–	–	0.82	0.05	0.02	–
句容市小马埂水库	2.49	0.15	0.05	–	–	–	2.49	0.15	0.05		–	–	0.59	0.05	0.02	–
句容市南庄水库	2.33	0.23	0.06	–	–	–	2.33	0.23	0.06	–	– –	–	1.13	0.13	0.03	–
句容市茅陈水库	0.98	0.24	0.06	–	–	–	0.98	0.24	0.06	–	–	–	0.48	0.14	0.03	–
丹徒大干水库	1.492	0.253	0.543	–	–	–	1.492	0.253	0.543	–	–	–	1.492	0.253	0.543	–
2008 年 14 座水库																
句容市幸福水库	7.75	0.1203	0.0705	–	–	–	7.75	0.1203	0.0705	–	–	–	7.75	0.1203	0.0705	–
丹徒区大坝水库	2.37	0.11	0.15	–	–	–	2.00	0.07	0.10	–	–	–	2.00	0.07	0.10	–
丹徒区靠背山水库	0.68	0.1	0.06	–	–	–	0.60	0.08	0.04	–	–	–	0.60	0.08	0.04	–
句容市龙海水库	7.32	0.01	0.04	–	–	–	5.00	0.00	0.02	–	–	–	5.00	0.00	0.02	–
句容市小沿坝水库	1.80	0.08	0.08	–	–	–	1.50	0.06	0.04	–	–	–	1.50	0.06	0.04	–
镇江新区坝塘水库	1.40	0.05	0.03	–	–	–	1.10	0.01	0.02	–	–	–	1.10	0.01	0.02	
句容青菜地水库	12.02	0.06	0.13	–	–	–	6.00	0.01	0.02	–	–	–	6.00	0.01	0.02	–
句容戴木坝水库	2.14	0.03	0.12	–	–	–	1.20	0.01	0.05	–	–	–	1.20	0.01	0.05	–
句容团结水库	5.24	0.03	0.04	–	–	–	1.00	0.00	0.00	–	–	–	1.00	0.00	–	–
句容中心水库	2.1	0.05	0.03	–	–	–	0.50	0.00	0.00	–	–	–	0.50	0.00	–	–
丹徒区西麓水库	3.29	0.24	0.09	–	–	–	1.00	0.02	0.00	–	–	–	1	0.02	–	–
丹徒区海燕水库	2.32	0.11	0.023	–	–	–	1.00	0.05	0.01	–	–	–	1	0.05	0.01	–
句容虬山水库	–	–	–	–	–	–	–	–	–	–	–	–	–	–	–	–
丹徒薛村水库	0.84	0.06	0.062	–	–	–	0.30	0.02	0.02	–	–	–	0.3	0.02	0.02	–
城市防洪工程																
引航道水利枢纽工程	58.64	1.8	10.2	48000	8000	900	43.4	0	0.4	–	–	–	22	0	0.4	7.2
焦南闸建设工程	93.5	2.61	1.11	2302	234	44	73	1.8	0.95	–	–	–	65	1.8	0.89	–
运粮河节制工程	–	–	–	–	–	–	–	–	–	–	–	–	–	–	–	2.87
世业洲左缘先锋段和洲尾段护岸工程	–	9.6	–	–	–	–	–	9.6	–	–	–	–	–	9.6	–	–
句容河城区段水环境工程	45.57	0.43	0.59	–	–	–	45.57	0.43	0.59	–	–	–	5.57	0.31	0.39	–
天王翻水站拆建工程	0.845	0.0274	0.0605	–	–	–	0.845	0.0274	0.0605	–	–	–	0.845	0.0274	0.0605	–

（谢立新）

【北部滨水区建设工程】 2008 年，北部滨水区各项工程建设完成投资 11 亿元。“1123”工程年度建设目标：一湖——退渔还湖工程全部完成，金山湖湖形初步形成，其中东湖区形成湖面。一场——金山广场竣工。二闸——一是引航道水利枢纽，主体基坑防渗施工完成，闸站桥基础工程加紧施工；二是焦南闸扩建与焦南坝恢复工程，焦南闸水下主体工程通过通水验收，进入启闭机房建设阶段，焦南坝加高培厚工程完工。三路——一是滨江外环路，起点为润州路，终点为引航道，全长 3400 米，铺设 700 米；二是中山北路延伸一期工程竣工，起点为长江路，终点为引航道南路，全长 1832 米；三是环湖路，起点为长江路，终点为新河西岸路，全长 3164 米，铺设 800 米。

北部滨水区工程拆迁面积 12 万平方米，拆迁 689 户居民。完成滨水区范围内失水渔民安置工作，协调解决长江村渔民安置和润泉村渔民停船问题，基本解决引河内渔船清理及内江住家户渔民问题。完成滨水区范围内 36 家中小企业的关停和搬迁工作，与省交通工程公司、轮联公司、象山油库等五家企业签订搬迁补偿协议，搬迁工作进行中。金泉花园安置房一期全面封顶，建筑面积 13 万平方米，建设安置房 43 幢，其中 20 幢全面启用，拆迁户陆续入住。

资金运作形成日趋完善的建设资金链，初步实现“拆迁生地、以地生财、加快建设”的良性循环。共办理国有土地使用权证近 533.33 公顷（8000 亩），完成土地上市 18 公顷（270 亩）、土地划拨 54.4 公顷（816 亩）。获得 9 家银行授信审批申请贷款 11.85 亿元，到位 5 亿元。全年新增贷款 9 亿元。 （谢立新）

农村水利

【概况】 2008 年，镇江市农村水利工作完成各类土方 1820 万立方米，占年度计划任务的 121.3%；完成各类建筑物 1792 座，占年度计划任务的 105.4%；新建改造塘坝 563 座，占年度计划任务的 102.3%；修建防渗渠道 90 公里，占年度计划任务的 106.7%；完成中低产田改造 3066.7 公顷（4.6 万亩），治理水土流失面积 12.1 平方公里。

通过规范各重点农水项目的前期工作管理，审核批复各项目的可行性研究报告、项目初步设计及实施方案，不定期现场督查面上在建项目实施情况等方式，强化对农水项目特别是重点农水项

表 14-2

2008 年度镇江市农村水利建设完成情况表

项目 县别	土方（万立方米）	改造中低产田（公顷）	恢复治理水土流失面积（平方公里）	修建防渗渠道（公里）	圩堤加固		新建改造塘坝		疏浚县乡河道			疏浚整治村庄河塘	
					万立方米	公里	座	增加蓄水（万立方米）	条	公里	万立方米	条/个	万立方米
合 计	1820	3066.6	12.1	90	147	65	563	558	115	243	415	1581	721
丹阳市	466	1400	2.9	45	76	31	65	68	59	111	204	810	272
句容市	579	866.7	5.5	12	34	7	262	402	8	23	28	242	225
扬中市	312	333.3	–	10	4	5	–	–	28	39	57	286	95
丹徒区	287	333.3	3.0	20	30	20	128	55	9	32	42	73	65
京口区	23	–	0.4	1	–	–	5	6	1	4	4	16	5
润州区	35	133.3	0.3	–	–	–	8	4	5	15	24	21	8
镇江新区	118	–	–	2	3	2	95	23	5	18	56	149	51

（谢立新）

目监督管理，促进面上各重点农水项目建设工作顺利开展。扬中市 2007 年度中央财政小型农田水利试点项目基本完成，丹阳市 2007 年度中央财政小型农田水利试点项目完成工程量的 85% 以上，扬中市油坊农村水利现代化示范工程、句容市郭庄镇西圩及华阳镇新生圩综合整治、丹徒区荣炳三叉河整治工程及中心河谷阳段整治工程等省市重点农水工程竣工并发挥工程效益。塘坝改造、干渠整治达标等年度水源建设工程也完成全部建设任务。（谢立新）

【农村河道疏浚整治】 2008 年度，镇江市围绕社会主义新农村建设和全面建设小康社会对水环境提出的新要求，推进农村河道疏浚整治工作。全市计划疏浚县乡河道 115 条，疏浚土方 415 万立方米，疏浚整治村庄河塘 1581 条（个），疏浚土方 721 万立方米。截至 5 月底，全市完成疏浚县乡河道疏浚 103 条，疏浚土方 414 万立方米；村庄河塘疏浚行动村 380 个，疏浚河塘 1560 条（个），完成疏浚土方 643 万立方米。为总结全市农村河道长效管理经验，巩固河道疏浚整治效果，镇江市专门组织开展农村河道长效管理专题调研活动，力求将疏浚整治后的河道管理作为工作再上新台阶的抓手，建立长效管理机制，逐步落实管理经费和人员。（谢立新）

【农村饮水安全】 2008 年，根据省委、省政府要求，“十一五”期间镇江市要以辖市（区）为单位编制和实施农村饮水安全实施规划，解决全市 48.55 万人口的农村饮水不安全问题。镇江市专门召开农村饮水安全建设工作推进会，定期督查有关辖市（区）工作进展情况。有关辖市（区）完成以县为单位《“十一五”农村饮水安全工程建设规划》的编制任务。全市唯一享受省级以上补助政策的句容市完成实施规划的编制工作并通过省、市评审。句容市 2009 年度农村饮水安全项目可行性研究报告报省待批复。丹阳市饮水安全工程基本完成，总投资 2907 万元，完成管道铺设 1154 千米，增加泵站 9 座，解决农村饮水不安全人口 6.24 万人。（谢立新）

城市水利

【概况】 2008 年，全市城市水利建设攻坚克难，引航道水利枢纽工程解决困难，迈入正轨。市城市水利管理处成功创建省水利工程二级管理单位，单位固定经营资产增加，下属企业新拓展的市场业务取得重大进展；获得省文明单位、省模范职工之家、省水利系统文明单位标兵、省水利政策法规工作先进单位等荣誉。

引航道水利枢纽工程先后解决基坑渗漏、桩基承载力不足、桩基施工进展艰难等难题。强化目标考核和现场管理，确保工程质量、进度、安全、投资的有效控制。主体工程基坑防渗项目在组织进一步地质勘探基础上，会同设计方完成基坑防渗工程设计和抽水试验，采取悬挂式截渗墙结合管井降水方案，最终成功解决主体基坑防渗问题。防渗项目 5 月 19 日全面完成，6 月 20 日完成闸塘排水和移交工作。防渗工程共完成后戗台土方填筑 7 万立方米，多头小直径截渗墙施工 1.9 万平方米，高喷截渗墙施工 1.3 万平方米，后戗台管井施工 46 口，闸塘南北岸管井施工 20 口。主体工程基础施工会同设计方上海勘测设计院优化钻孔灌注桩和地连墙设计。截至 12 月 31 日，完成南、北桥台土方开挖、主基坑清淤土方开挖量约 10 万立方米，主基坑管井 46 口，外购黄黏土填筑桩基施工平台约 1.3 万立方米，主基坑内主、次道路全部完成，完成桩基施工 187 根、钢筋 840 吨、砼 1.7 万立方米，地连墙施工 56 幅长 340 米，各项机电设备按进度要求加紧生产。闸站桥主体工程共完成投资

整治出新后的京口闸 （徐雪峰）

1.4 亿元，枢纽工程完成总投资 1.95 亿元。

通过联合调控运行京口闸、丹徒闸和丹徒南闸，引入长江水保持市区古运河水体流动，同时调节保持合适的景观水位。全年开泵 2778 台时、启闭闸 1418 次。近三年以来，古运河闸站共开泵引水 5300 万立方米，开闸引排水 3.6 亿立方米。开展内江控制运行方案、古运河水环境优化实施方案研讨。根据新出台的河道管理考核细则，加强城市河道（风光带）管理考核。将集中整治与长效管理相结合，创造城市清新优美的水环境。

城区水政管理从审批、收费，到关注社会公益、实现市民共享和提供专业服务，实施后评价转变。完善落实水政巡查制度、督查制度、责任追究制度，新增每月一次乘艇在城区内河水上巡查行动，形成日常巡查和节假日动态巡查、陆域巡查和水上巡查多方位全覆盖的巡查执法机制，把水事违法行为消除在萌芽状态，制止各类水事违法行为 30 余起，查处 10 余起。水行政审批减免城建重点工程规费数百万元。对涉水工程珍珠桥、塔山桥及污水截流施工现场加强监督，保证按审批要求实施，履行竣工后评价制度。做好水资源管理工作，特别是古运河水功能区，加强对沿线主要排口的监控，协调环保部门加强水污染事件的预防和查处，维护良好的水环境。

（徐雪峰）

【城区平安度汛】 镇江市水利系统按应急预案处理古运河特教中心操场段滑坡问题，组织治理工程前期工作，工程于 2008 年 11 月开工。做好汛前检查，全面落实维修计划，结合创级要求，实施闸站和河道堤防、风光带维修。对京口闸 4 台液压启闭机油缸解体维修，对所有机电设备进行维修调试，按预案处理突然停电事故，配齐消防救生安全设施并组织消防演练。汛期周密准备，全面及时巡查，平安度汛。（徐雪峰）

防汛防旱工作

【概况】 2008 年，镇江市组织汛前检查，市防汛防旱指挥部于 2 月 1 日发出《关于大力推进水利工程汛前大检查的通知》，召开专门会议，及早部署汛前工作，落实防汛防旱工作责任制。全市 317 公里江港洲堤防、在册 101 座水库、64 条骨干河道、9 座大中型闸站及各类穿堤建筑物，均落实行政责任人、技术责任人，并在网上公布。市及辖市（区）防汛指挥机构和防汛防旱工作责任制落实到位。做好防汛物资储备和抢险队伍落实，全市储备编织袋 106.2 万只、草包 42 万只、木材 494 立方米、土工布 4.33 万平方米、铁丝 16.8 吨、块石 1.57 万吨、钢管 40 吨，防汛抢险队伍 518 个，总人数 16959 人。修订完善各类流域性、区域性防洪调度方案、防台风预案、城市防洪预案、水库出险防范预案、河堤溃口性决堤抢险预案和防旱工作预案等。抓好防汛工程建设，提高防汛抗旱能力。

受 8 号台风“凤凰”外围影响，7 月 29 日至 8 月 1 日镇江市出现中到大雨，局部暴雨。市防汛防旱指挥部办公室于 8 月 3 日、8 月 5 日派工作组分别对各险工险段进行实地检查，督促有关责任单位尽快修复。尽管台风影响镇江市时间较长，暴雨造成内河水位上涨，多座水库溢洪，但由于准备充分，科学调度，损失较小。第 13 号强台风期间，全市部署全面，强化防范措施，加强值守，切实做好防御强台风的各项准备工作，没有发生大的险情。（谢立新）

水政水资源管理

【概况】 2008 年，全市开展水政水资源工作，营造政策法规氛围。开展 3 月 22 日第 16 届“世界水日”及第 21 届“中国水周”宣传活动。按照市政府领导要求，起草《镇江市加强水库水资源与周边环境保护的暂行规定》规范性文件，获市政府常务会议原则通过，由市法制办按规范性文件出台程序办理。迎接“五五普法”工作中期考核，准备好汇报材料及台账。接受市政府“优化经济发展环境建设”方面的检查，对行政许可、规费收缴等方面进行的督查，制定市水利局《违反优化经济发展环境相关政策规定的处理办法》。接受省发改委、财政厅、水利厅组织的水资源管理工作综合目标检查。完成句容市节水型社会创建规划。完成市政府交办丹阳市取水口延伸工程保护范围界桩确定工作。分解下达水资源费征收指标。督查与配合南水北调基金和水资源费征收审计与稽查工作。

推进行政许可与行政执法，接受省水利厅关于“涉河建设项目行政许可方面”的检查。支持地方经济发展，为招商引资项目服务。丁卯污水处理厂建设项目排污口设置获省水利厅批准，对沪宁城际轨道交通项目、丹阳市“恒神”取水项目、扬中润昌造船和龙源港机等项目进行前期工作服务。对惠龙码头、大港三期码头及北山河工程进行专项验收。为扬中邦建造船、润昌造船、龙源港机、扬中电厂，丹阳市取水口延伸工程，润州区胜华造船、吉林重工，丹徒区联合水泥、光辉造船等项目提供行政服务。为丹阳市 7 个污水处理厂项目、镇江 3 个污水处理厂项目、市自来水厂扩建工程提供论证及行政许可服务。

制订打击非法采砂“陆治水打”集中整治方案。参加省水利厅、省公安厅组织的集中打击行动。做好省水利厅颁布的“行政处罚自由裁量权”的落实工作，坚持集体通案制度，重罚非法采砂分子。查处省水利厅督办的 4 起违法吹填及未批先建项目。（谢立新）

【水土保持监督执法工作】 2008 年，镇江市水利系统开展水土保持监督执法专项行动，制订《镇江市水土保持监督执法专项行动实施方案》，由局领导带队对有关辖市（区）专项行动进行督查，专项行动期间全市累计调查有关开发建设项目 186 个（其中公路交通项目 31 个，房地产开发项目 26 个，工业建设项目 20 个，采矿企业 62 个，砖窑厂 32 个，铁路项目 1 个，其他开发项目 14 个），进行违法违规案例的分析处理工作。完善水土保持配套法规，会同市发改委、环保部门联合下发《关于进一步加强建设项目水土保持监督执法工作的通知》，制定出台《镇江市水土保持方案审批办法》，确定全市水土保持重点监督防治区域，做好水土保持方案前置审批等社会化服务工作。

（谢立新）

工 业

责任编校：姚丽华

综 述

【概况】 2008 年，镇江市拥有规模以上工业企业 2504 家，从业人数 32.7 万人。从行业结构看，食品业 56 家，纺织业 303 家，轻工业 275 家，化工 348 家，建材 144 家，冶金业 127 家，机械业 1073 家，电子业 152 家，其他行业 26 家；从地区分布看，市直企业 2 家，丹阳市 1005 家，扬中市 404 家，句容市 355 家，丹徒区 269 家，京口区 130 家，润州区 167 家，镇江新区 172 家；从体制结构看，国有企业 39 家，集体企业 198 家，股份合作企业 7 家，股份制企业 1203 家，三资企业 611 家，其他企业 446 家。

工业产销平稳增长。全市工业增加值完成 682.9 亿元，比上年增长 16.8%。县域工业发展快于市区，辖市工业增加值增幅为 18.4%，高于市区 2.8 个百分点。其中丹阳市最高为 18.7%，其次为扬中市 18.3%，润州区最低为 12.8%。规模工业实现销售、利税、利润增幅分别为 27.8%、20.6% 和 20.6%。

工业投资规模逐步扩大。全社会完成工业投资 457.7 亿元，比上年增长 22%。其中，规模以上工业完成投资 384.7 亿元，占年度计划的 101.2%，增长 32.5%。全市完成技术改造投资 400.5 亿元，增长 26.2%。其中：京口区工业投资完成 40.05 亿元，完成全年目标的 100.1%，比上年增长 23.3%；扬中市完成 51 亿元，完成全年目标的 107.4%，比上年增长 28.9%；镇江新区完成 52.53 亿元，完成全年目标的 100.0%，比上年增长 28.1%。

重点企业支撑明显。全市销售超亿元企业 464 家，完成销售收入 2043.2 亿元，其中销售超 20 亿元以上企业 17 家，10 亿元～20 亿元企业 15 家。重点培植的 50 强企业实现销售 1163.8 亿元，比上年增长 23.9%，占全市比重达到 45%，实现的销售、利税、利润占全市规模以上工业的比重分别为 45%、53% 和 60%。其中有 13 家企业销售增幅超过 50%，有 14 家企业利税超 50%，有 14 家企业利润增幅超 50%。

工业用电继续保持领先。全市工业用电量累计完成 112.48 亿千瓦小时，比上年增长 6.79%，比全省平均增幅（3.61%）高 3.18 个百分点，列全省第五。其中 50 强企业完成工业用电 53.08 亿千瓦小时，比上年增长 6.7%，占全市工业用电量总量的 47.2%。

规模扶持推进有力。全市累计净增规模定报企业 656 家，其中丹阳市完成 273 家，扬中市完成 97 家，丹徒区完成 91 家，句容市完成 91 家，镇江新区完成 58 家，京口区完成 30 家，润州区完成 16 家，完成年初下达的 600 家的规模计划。

民营经济势头良好。全市私营企业累计 25459 家，比上年底增长 17.89%；个体工商户累计 86655 家，比上年底增长 2.84%。全市私个企业累计 112114 家，比上年末净增 6258 家，完成年度计划的 125%。从全市新增情况来看，全年新增私个企业 18559 家，其中：新增私营企业 3745 家，占年计划 113.5%；新增个体工商户 14814 家，占年计划的 114%。全年新增私营个体经济注册资本 71.94 亿元，占年计划 130.8%。至 12 月末，全市私营个体经济注册资本累计 500 亿元，比上年底增长 23.97%；当年净增 96.57 亿元，占年计划 120.7%。私营企业户均规模 182.4 万元，比上年底提高 9.7 万元。全市私营企业呈现出量质并进的态势。

2008 年，全市着力加快转变经济发展方式。制定出台《关于实施“千百亿工程”的若干意见》，提出三到五年内将重点培育发展装备制造、绿色化工、造纸、新材料、特种金属 5 个千亿元主导产业和 20 个左右百亿元企业的调整目标、发展方向和保障措施。全年，“千百亿工程”实施情况良好，五大产业实现销售突破 2000 亿元大关。机械行业、电子行业投资增幅分别达到 58.2% 和 33.1%，高于全市平均增幅 36.2 和 11.1 个百分点；企业备案技术改造项目 179 个，总投资 53.7 亿元，申报落实 10 个总投资 1 亿元以上的工业技改项目列为省重点技改项目；对镇江船用柴油机厂低速柴油机等一批重点项目，用变通办法，为企业先行备案申请土地指标。着力推进自主创新。中电电器集团研制开发的蒸汽冷却变压器技术研究项目被列入国家重大产业技术开发专项；大亚集团获第 15 批国家级企业技术中心称号，镇江中船设备有限公司等 5 家企业获第 11 批省级企业技术中心称号；组织申报 45 个项目列入省重点项目，焦化煤气集团的高纯石墨碳材产品的延伸开发等 11 个项目被列入 2008 年度全省重点技术创新导向项目计划；组织企业申报 21 个重点技术创新项目，有 11 个项目被省经贸委列入全省重点技术创新导向项目计划，10 项 QC 成果获得江苏省质量管理小组称号。加强项目源头能耗控制，执行行业产品能耗限额标准，强化对全市 99 家重点耗能企业的监督，组织实施节能及循环经济项目 41 个，年实现节能量 39.03 万吨标准煤；新安建材等 9 家企业获批省资源综合利用认定企业。继续开展化工行业专项整治，全年关闭 93 家化工企业。推进北部滨水区企业搬迁。会同京口、润州两区对省交通工程公司范围内的 42 间、近 1350 平方米的违法建设，会同相关部门联合执法拆违；审核润州区

36家搬迁企业的评估和补偿方案。

经济运行调节能力增强。在抗击特大雪灾中，市及各辖市（区）经贸委制定保障预案，争取用电指标，加强与重点煤矿的联系协调，开设成品油运输“绿色通道”等，保证工业生产的平稳运行。在市区，先后组织两家农副产品批发市场、7家重点零售企业销售蔬菜1500多吨、猪肉300多吨、家禽200吨、水产100多吨；各辖市（区）结合本地实际，加大货源准备和运输保障，保证市场供应稳定。春运期间，协调抽调社会车辆参与爱心车队，运送滞留旅客。在抗震救灾中，加大生产物资的调度和供应，组织企业做好12500顶救灾帐篷的生产和调运工作。通过召开银企合作会议、“绿色金融”座谈会等，帮助重点企业签订银企合作资金69.1亿元，向省金融机构推介符合产业政策的重点融资项目79个；先后四次开展重点企业需协调解决的问题专项调查，征集各类问题共160个，涉及企业38家，企业满意率97.2%；协调解决79家企业的汽油灌桶和“三夏”期间的农业生产用油难等问题。

民营经济快速发展。开展“全民评星”暨“全民创业百日宣传”活动，近10万人参加投票评选。举办2008“投资宝地财富镇江”网络、媒体大型民营经济信息发布会，开展多形式的招商活动。全年实际引进到位民资175亿元。在全国首创“建行—淡马锡”中小企业融资新模式。开展中小企业信用担保工作，落实省政府办公厅百亿元中小企业担保贷款项目，全市新增贷款担保规模7.8亿元。10家企业入选2008年~2009年度江苏省重点培育高成长型民营、中小企业。

在全市三级经贸系统机关干部中，开展“服务中小企业千户行”活动，走访慰问中小企业1000余家，帮助中小企业协调解决各类问题1000多个。确定88家重点工业企业作为“防风险、保重点”对象，由主要贷款银行逐企建立金融服务小组，确保企业正常生产经营所需资金。全年共组织有融资需求的1050家企业，与各金融机构全面对接，协调解决资金119亿元。邀请产业专家、金融专家等，免费为企业开展专家讲座、进行咨询指导。帮助企业争取国家、省级各类扶持资金1.1亿元。（王跃峰）

表15-1

2008年镇江市工业总产值前50家企业表

序号	企业名称	所属地区	序号	企业名称	所属地区
1	金东纸业（江苏）股份有限公司	镇江新区	26	丹阳市申阳电梯部件有限公司	丹阳市
2	大亚科技集团有限公司	丹阳市	27	江苏南自通华电气集团有限公司	扬中市
3	江苏飞达工具股份有限公司	丹阳市	28	丹阳市无氧铜材厂	丹阳市
4	镇江奇美化工有限公司	镇江新区	29	华鹏集团公司	扬中市
5	江苏天工集团有限公司	丹阳市	30	国电江苏谏壁发电有限公司	京口区
6	大全集团有限公司	扬中市	31	镇江强凌电子有限公司	润州区
7	江苏索普（集团）有限公司	京口区	32	江苏大力神钢铁有限公司	丹阳市
8	江苏沃得机电集团有限公司	丹阳市	33	镇江美驰轻型车系统（第二）有限公司	镇江新区
9	镇江联成化学工业有限公司	镇江新区	34	江苏省镇江船厂有限责任公司	润州区
10	镇江江南化工有限公司	镇江新区	35	优利德（江苏）化工有限公司	镇江新区
11	金海宏业（镇江）沥青有限公司	丹徒区	36	镇江中船设备有限公司	润州区
12	江苏镇江发电有限公司	丹徒区	37	镇江市三明集团公司	镇江新区
13	镇江鼎胜铝业有限公司	京口区	38	汽巴精化（江苏）有限公司	镇江新区
14	江苏鸿泰钢铁有限公司	京口区	39	江苏华厦电气实业集团	扬中市
15	镇江国亨化学有限公司	镇江新区	40	镇江新区中信铜材厂	镇江新区
16	中电电气集团有限公司	扬中市	41	句容市中容铜业有限公司	句容市
17	中国国电集团公司谏壁发电厂	京口区	42	镇江南帝化工有限公司	镇江新区
18	丹阳市龙江钢铁有限公司	丹阳市	43	辉煌硅能源（镇江）有限公司	扬中市
19	中化镇江焦化有限公司	丹徒区	44	华东泰克西汽车铸造有限公司	镇江新区
20	镇江国亨塑胶有限公司	镇江新区	45	镇江大成硅科技有限公司	镇江新区
21	江苏建华管桩有限公司	句容市	46	江苏宏达化工新材料股份有限公司	扬中市
22	江苏环太集团有限公司	扬中市	47	镇江大东纸业有限公司	京口区
23	句容市宁武化工有限公司	句容市	48	镇江科佳轴承制造有限公司	丹徒区
24	镇江韦岗铁矿有限公司	润州区	49	现代重工（中国）电气有限公司	扬中市
25	江苏晶谷米机集团公司	丹阳市	50	丹阳市双阳化工厂	丹阳市

（统计局）

表15-2

2008年镇江市工业企业产品销售收入前50家企业表

序号	企业名称	所属地区	序号	企业名称	所属地区
1	金东纸业（江苏）股份有限公司	镇江新区	5	大全集团有限公司	扬中市
2	大亚科技集团有限公司	丹阳市	6	江苏索普（集团）有限公司	京口区
3	江苏飞达工具股份有限公司	丹阳市	7	江苏天工集团有限公司	丹阳市
4	镇江奇美化工有限公司	镇江新区	8	江苏沃得机电集团有限公司	丹阳市

续表 15-2

序号	企业名称	所属地区	序号	企业名称	所属地区
9	镇江联成化学工业有限公司	镇江新区	30	镇江强凌电子有限公司	润州区
10	镇江国亨化学有限公司	镇江新区	31	江苏省镇江船厂有限责任公司	润州区
11	金海宏业(镇江)沥青有限公司	丹徒区	32	镇江市三明集团公司	镇江新区
12	江苏镇江发电有限公司	丹徒区	33	镇江美驰轻型车系统(第二)有限公司	镇江新区
13	镇江江南化工有限公司	镇江新区	34	江苏大力神钢铁有限公司	丹阳市
14	江苏鸿泰钢铁有限公司	京口区	35	丹阳市申阳电梯部件有限公司	丹阳市
15	镇江鼎胜铝业有限公司	京口区	36	优利德(江苏)化工有限公司	镇江新区
16	中国国电集团公司谏壁发电厂	京口区	37	镇江中船设备有限公司	润州区
17	中电电气集团有限公司	扬中市	38	镇江新区中信铜材厂	镇江新区
18	丹阳市龙江钢铁有限公司	丹阳市	39	句容市中容铜业有限公司	句容市
19	江苏环太集团有限公司	扬中市	40	汽巴精化(江苏)有限公司	镇江新区
20	江苏建华管桩有限公司	句容市	41	江苏华厦电气实业集团	扬中市
21	句容市宁武化工有限公司	句容市	42	镇江南帝化工有限公司	镇江新区
22	镇江国亨塑胶有限公司	镇江新区	43	镇江大成硅科技有限公司	镇江新区
23	镇江韦岗铁矿有限公司	润州区	44	江苏宏达化工新材料股份有限公司	扬中市
24	江苏南自通华电气集团有限公司	扬中市	45	华东泰克西汽车铸造有限公司	镇江新区
25	中化镇江焦化有限公司	丹徒区	46	镇江科佳轴承制造有限公司	丹徒区
26	华鹏集团公司	扬中市	47	嘉新京阳水泥有限公司	句容市
27	江苏晶谷米机集团公司	丹阳市	48	正茂集团有限责任公司	润州区
28	国电江苏谏壁发电有限公司	京口区	49	辉煌硅能源(镇江)有限公司	扬中市
29	丹阳市无氧铜材厂	丹阳市	50	镇江大东纸业有限公司	京口区

(统计局)

表 15-3

2008 年镇江市工业企业利税总额前 50 家企业表

序号	企业名称	所属地区	序号	企业名称	所属地区
1	金东纸业(江苏)股份有限公司	镇江新区	26	镇江韦岗铁矿有限公司	润州区
2	镇江江南化工有限公司	镇江新区	27	镇江鼎胜铝业有限公司	京口区
3	江苏索普(集团)有限公司	京口区	28	丹阳市龙江钢铁有限公司	丹阳市
4	大全集团有限公司	扬中市	29	镇江华润燃气有限公司	润州区
5	江苏镇江发电有限公司	丹徒区	30	丹阳市双阳化工厂	丹阳市
6	大亚科技集团有限公司	丹阳市	31	江苏吉贝尔药业有限公司	镇江新区
7	江苏飞达工具股份有限公司	丹阳市	32	海昌隐形眼镜有限公司	丹阳市
8	江苏天工集团有限公司	丹阳市	33	江苏太白集团有限公司	镇江新区
9	江苏沃得机电集团有限公司	丹阳市	34	江苏省镇江船厂有限责任公司	润州区
10	江苏环太集团有限公司	扬中市	35	华东联合制罐有限公司	润州区
11	中电电气集团有限公司	扬中市	36	江苏恒宝股份有限公司	丹阳市
12	镇江中船设备有限公司	润州区	37	镇江李裕碳素有限公司	丹徒区
13	优利德(江苏)化工有限公司	镇江新区	38	江苏苏源振光电力设备制造有限公司	丹徒区
14	华鹏集团公司	扬中市	39	镇江万发化纤有限责任公司	丹徒区
15	镇江美驰轻型车系统(第二)有限公司	镇江新区	40	江苏恒顺集团有限公司	润州区
16	江苏建华管桩有限公司	句容市	41	辉煌硅能源(镇江)有限公司	扬中市
17	镇江奇美化工有限公司	镇江新区	42	江苏汤始建华管桩有限公司	句容市
18	江苏鸿泰钢铁有限公司	京口区	43	江苏鱼跃医疗设备有限公司	丹阳市
19	江苏南自通华电气集团有限公司	扬中市	44	江苏宏达化工新材料股份有限公司	扬中市
20	中化镇江焦化有限公司	丹徒区	45	镇江液压件厂有限责任公司	润州区
21	镇江南帝化工有限公司	镇江新区	46	镇江强灵照明有限公司	京口区
22	江苏晶谷米机集团公司	丹阳市	47	江苏丹化醋酐有限公司	丹阳市
23	镇江中船瓦锡兰螺旋桨有限公司	润州区	48	阿雷蒙紧固件(镇江)有限公司	镇江新区
24	句容市宁武化工有限公司	句容市	49	江苏星河集团公司	扬中市
25	金海宏业(镇江)沥青有限公司	丹徒区	50	镇江铁科橡塑制品有限公司	润州区

(统计局)

表 15-4

2008 年镇江市工业企业利润总额前 50 家企业表

序号	企业名称	所属地区	序号	企业名称	所属地区
1	金东纸业(江苏)股份有限公司	镇江新区	26	江苏苏源振光电力设备制造有限公司	丹徒区
2	镇江江南化工有限公司	镇江新区	27	镇江鼎胜铝业有限公司	京口区
3	江苏索普(集团)有限公司	京口区	28	江苏鸿泰钢铁有限公司	京口区
4	江苏天工集团有限公司	丹阳市	29	海昌隐形眼镜有限公司	丹阳市
5	大全集团有限公司	扬中市	30	江苏晶谷米机集团公司	丹阳市
6	江苏镇江发电有限公司	丹徒区	31	江苏恒宝股份有限公司	丹阳市
7	江苏沃得机电集团有限公司	丹阳市	32	镇江液压件厂有限责任公司	润州区
8	江苏飞达工具股份有限公司	丹阳市	33	江苏宏达化工新材料股份有限公司	扬中市
9	江苏环太集团有限公司	扬中市	34	镇江联成化学工业有限公司	镇江新区
10	优利德(江苏)化工有限公司	镇江新区	35	阿雷蒙紧固件(镇江)有限公司	镇江新区
11	中电电气集团有限公司	扬中市	36	镇江铁科橡塑制品有限公司	润州区
12	镇江中船设备有限公司	润州区	37	辉煌硅能源(镇江)有限公司	扬中市
13	江苏建华管桩有限公司	句容市	38	丹阳市双阳化工厂	丹阳市
14	大亚科技集团有限公司	丹阳市	39	镇江大成硅科技有限公司	镇江新区
15	镇江美驰轻型车系统(第二)有限公司	镇江新区	40	江苏太白集团有限公司	镇江新区
16	镇江奇美化工有限公司	镇江新区	41	江苏鱼跃医疗设备有限公司	丹阳市
17	镇江南帝化工有限公司	镇江新区	42	江苏省镇江船厂有限责任公司	润州区
18	镇江中船瓦锡兰螺旋桨有限公司	润州区	43	大赛璐安全系统(江苏)有限公司	丹阳市
19	金海宏业(镇江)沥青有限公司	丹徒区	44	江苏汤始建华管桩有限公司	句容市
20	华鹏集团公司	扬中市	45	丹阳市龙江钢铁有限公司	丹阳市
21	镇江华润燃气有限公司	润州区	46	江苏双仪光学器材有限公司	丹阳市
22	中化镇江焦化有限公司	丹徒区	47	镇江李裕碳素有限公司	丹徒区
23	镇江韦岗铁矿有限公司	润州区	48	江苏恒顺集团有限公司	润州区
24	江苏南自通华电气集团有限公司	扬中市	49	江苏丹工实业总公司	丹阳市
25	江苏吉贝尔药业有限公司	镇江新区	50	华东联合制罐有限公司	润州区

(统计局)

表 15-5

2008 年镇江市工业企业资产总额前 50 家企业表

序号	企业名称	所属地区	序号	企业名称	所属地区
1	金东纸业(江苏)股份有限公司	镇江新区	26	江苏晶谷米机集团公司	丹阳市
2	大亚科技集团有限公司	丹阳市	27	中化镇江焦化有限公司	丹徒区
3	江苏索普(集团)有限公司	京口区	28	中储粮镇江粮油有限公司	京口区
4	大全集团有限公司	扬中市	29	江苏鹤林水泥有限公司	丹徒区
5	江苏镇江发电有限公司	丹徒区	30	现代重工(中国)电气有限公司	扬中市
6	江苏沃得机电集团有限公司	丹阳市	31	镇江市自来水公司	京口区
7	江苏飞达工具股份有限公司	丹阳市	32	优利德(江苏)化工有限公司	镇江新区
8	江苏天工集团有限公司	丹阳市	33	镇江江奎集团有限公司	镇江新区
9	嘉新京阳水泥有限公司	句容市	34	江苏丹化醋酐有限公司	丹阳市
10	江苏恒顺集团有限公司	润州区	35	江苏建华管桩有限公司	句容市
11	中电电气集团有限公司	扬中市	36	丹阳市龙江钢铁有限公司	丹阳市
12	镇江奇美化工有限公司	镇江新区	37	江苏捷成车载电子信息工程有限公司	丹徒区
13	国电江苏谏壁发电有限公司	京口区	38	华东泰克西汽车铸造有限公司	镇江新区
14	辉煌硅能源(镇江)有限公司	扬中市	39	镇江华润燃气有限公司	润州区
15	镇江鼎胜铝业有限公司	京口区	40	江苏恒丰集团	丹徒区
16	镇江中船设备有限公司	润州区	41	镇江强凌电子有限公司	润州区
17	镇江国亨化学有限公司	镇江新区	42	江苏恒宝股份有限公司	丹阳市
18	中国国电集团公司谏壁发电厂	京口区	43	江苏宏达新材料股份有限公司长江分公司	镇江新区
19	江苏环太集团有限公司	扬中市	44	镇江中船瓦锡兰螺旋桨有限公司	润州区
20	江苏船山集团有限责任公司	润州区	45	丹阳市长丰造纸厂	丹阳市
21	江苏宏达化工新材料股份有限公司	扬中市	46	句容华叶新技有限公司	句容市
22	镇江联成化学工业有限公司	镇江新区	47	镇江普迪混凝土有限公司	镇江新区
23	镇江江南化工有限公司	镇江新区	48	正茂集团有限责任公司	润州区
24	华鹏集团公司	扬中市	49	江苏大力神钢铁有限公司	丹阳市
25	江苏省镇江船厂有限责任公司	润州区	50	镇江韦岗铁矿有限公司	润州区

(统计局)

【工业增加值能耗降幅列全省前列】 2008年，全市规模以上万元工业增加值能耗为1.432吨标准煤，比上年下降12.84%，降幅列全省13个市第三；单位GDP能耗为0.894吨标准煤/万元，比上年下降5.51%。全年共组织实施节能技改项目33个，总投资11.05亿元，年形成节能量29.75万吨标准煤；实施循环经济项目16个，总投资9.7亿元；实施清洁生产审核企业43家，年节能3万吨标准煤，减排废水1237万吨、固体废弃物152万吨；淘汰落后电机424台、风机65台、水泵53台、变压器66台，年节能743吨标准煤；再循环再利用工业废渣260多万吨。（王跃峰）

【五大产业实现销售突破2000亿元大关】 2008年，全市工业“千百亿工程”五大产业实现销售2139.2亿元，比上年增长29.1%，占全市规模工业的82.6%。其中：装备制造业实现销售1005.5亿元，比上年增长32.5%，率先突破千亿元级产业大关；绿色化工业实现销售566.4亿元，比上年增长30.6%；特种金属业实现销售314亿元，比上年增长36.3%；新材料业实现销售109.6亿元，比上年增长9.5%；造纸业实现销售143.6亿元，比上年增长7.2%。

（王跃峰）

【规模企业培育成效显著】 2008年，全市工业销售收入10亿元以上企业32家，比上年净增12家；销售收入50亿元以上企业7家，比上年净增4家。其中：金东纸业（江苏）股份有限公司实现销售99.4亿元，大亚科技集团有限公司实现销售89.1亿元，江苏飞达工具股份有限公司实现销售79.9亿元，镇江奇美化工有限公司实现销售71.7亿元，大全集团有限公司实现销售55.38亿元，江苏索普（集团）有限公司实现销售55.29亿元，江苏天工集团有限公司实现销售54.4亿元。（王跃峰）

【50强企业效益支撑作用明显】 2008年，全市50强企业实现工业利税111.9亿元，占全市规模以上工业企业总量的53.1%；实现工业利润73亿元，占全市规模以上工业企业总量的60.2%。其中有32家企业利税增幅呈增长态势，14家企业的增幅超过50%，6家企业的增幅超过100%；29家企业利润增幅呈增长态势，14家企业的增幅超过50%，7家企业的增幅超过100%。（王跃峰）

【镇江市机械电子冶金建材行业管理办公室】 2008年，镇江市机械电子冶金建材行业管理办公室（以下简称行办）有下属企业20家。其中，改制企业11家：镇江无线电专用设备厂有限责任公司、镇江元润（丰）电器有限责任公司、镇江立华电容制造有限责任公司、镇江液压件厂有限公司、江苏齐航数控机床有限公司、镇江电磁设备厂有限公司、镇江硅酸盐有限公司、镇江韦岗铁矿有限公司、江苏惠通接插件有限公司、镇江华东铝业有限公司、镇江丰欣电子器材有限公司；事业单位5家：镇江市地质勘探队、镇江市电子研究所、镇江市建材研究所、镇江电子工业学校、镇江冶金技工学校；公有企业4家：镇江中福马机械有限公司、中国农牧业机械镇江公司、镇江电容器厂、镇江市电子管厂。2008年，行办进行属地改制管理企业24家：镇江江奎集团有限公司、镇江飞亚轴承有限责任公司、镇江美佳环保设备有限公司、镇江菊花线缆有限责任公司、镇江斯伊格机械有限公司、镇江华强电子有限责任公司、镇江跃进机械厂有限公司、镇江升隆机械制造有限公司、江苏联合水泥有限公司、镇江合成建材有限责任公司、镇江市恒裕物资有限责任公司、镇江永阳预应力钢丝有限公司、镇江精工焊接设备有限公司、镇江金江机械制造有限责任公司、镇江安达机械有限公司、镇江恒益机械有限公司、镇江华诚电子进出口有限责任公司、镇江金象照明电器有限责任公司、镇江联合机械工业学校、镇江同威汽车销售有限公司、江苏华龙管业有限公司、镇江迈特化工新材料有限公司、镇江东联仓储设备有限公司、镇江东联进口汽车维修中心有限公司。

行办破解历史遗留问题，维护社会稳定，形成有效应急预警机制。在年初全国、全省“两会”期间，平息化解镇江市升隆机械制造有限公司百人酝酿上访和镇江恒益机械有限公司集访省、市政府重大稳定隐患。帮助企业引进战略投资人，指导鼓励改制后因各种原因陷入困境而引发规模集访的企业，利用厂房、土地、区位优势等有效载体，出让股权，进行新的资产重组，寻找新的发展空间。镇江无线电专用设备厂有限责任公司、镇江恒益机械有限公司成功重组，形成企业发展新平台。

推进改革扫尾工作。镇江水泥厂被列为全市“分流走人一号工程”，行办通过出让土地，拍卖地面资产变现资金化解债务，完成分流职工889名，工作进入收尾阶段。推进江苏华龙管业有限公司、镇江安达机械有限责任公司改制完善工作，严把政策关、收还股权，通过拍卖、重组，引进战略投资者，确保企业稳定和发展。通过引进资金、引进产品、引进管理经验，使镇江无线电专用设备厂有限责任公司和镇江恒益机械有限公司起死回生。地处南山风景区的镇江第二建筑材料厂关闭歇业工作事关市政府对上海铁路局的承诺，行办完成厂内分流人员工作，拆迁工作近尾声。拆除住（租）户53户，拆除各种房屋1万多平方米，剩余两户已签订协议，实现同区域拆除速度最快。完成破产企业镇江标准件厂的拆迁任务。系统内39家破产歇业企业收尾工作平稳有序。对24家完成工作任务的关闭破产企业留守小组予以撤销，对存在各种遗留问题的15家关闭破产企业留守小组集中管理，减少工作人员56人。归并成立关闭破产企业管理中心。镇江水泥厂、镇江市广播电视配件厂、镇江市音响设备总厂、镇江第二建筑材料厂等单位分流职工1541人。解决江苏惠通集团、镇江市轧钢厂、华东铝加工厂、镇江飞亚轴承有限责任公司、镇江无线电专用设备厂有限责任公司等企业1.24亿元银行债务缩水问题。解决华东铝加工厂、镇江市轧钢厂、镇江蓄电池厂、镇江水泥厂、镇江标准件厂等单位多年遗留的80多户拆迁“钉子户”问题，拆迁面积11500多平方米。完成解困职工移交代理工作，移交解困范围内239名职工，移交退休职工档案982份。根据10月14日市政府召开的市电容器厂破产工作会议精神，上报破产方案，成立清算小组，分流职工322人，占应分流数的95%。同时做好企业破产的程序性工作，刊登破产公告，审计评估工作进入收尾。完成镇江市电子管厂改革搬迁的土地征用工作。明确华东铝加工厂处理方案。

“5·12”汶川大地震后，全系统上缴赈灾捐款105万元、特殊党费33.2万元。做好机关直管的230多名离退休老干部和企业100多名离休干部的服务管理工作。（钱仿瑾）

【镇江市轻工化工物资行业管理办公室】 2008年，镇江市轻工化工物资行业管理办公室（以下简称行办）有正常运行企业11家：金东纸业（江苏）股份有限公司、镇江聪聪食品工业有限责任公司、镇江江南化工有限责任公司、镇江同立橡胶有限公司、镇江金生钢材市场经营公司、镇江九泰有限公司（含江苏吉贝尔）、镇江展销馆有限公司、江苏七〇七天然制药有限公司、镇江天元玩具制造有限公司、镇江化工职工中等专业学校、镇江化工压力容器检测站。行办进行属地管理企业26家：镇江市金山典当有限责任公司、镇江锁厂有限公司、镇江制革厂有限公司、镇江市中恒船舶工程有限公司、江苏福仕特集团化工有限公司(含下属镇江倍特福肥业有限公司)、镇江市玻璃厂有限公司、镇江华强化工液化气有限责任公司、镇江市金奎金属回收有限公司(镇江大港机电有限公司)、镇江联友历代服饰工艺品公司、镇江汇文塑料金属有限公司、江苏中兴药业有限公司、镇江市制刷厂有限公司、镇江奥力聚氨酯机械有限公司、镇江农药厂有限公司(含镇江前进化工有限公司)、镇江恒泰实业有限公司、镇江金田房地产开发有限公司、镇江金钰金属工业有限公司、镇江美驰轻型车系统(第二)有限公司、镇江市华丰燃料有限责任公司、镇江市金禾电器机械有限公司、镇江荧欣打火机有限公司、镇江市梦溪商贸有限公司、镇江市天亿化工研究设计院有限公司、镇江皮革制鞋厂有限责任公司、镇江华耀制药有限责任公司、镇江华东物资再生利用有限责任公司。

行办的破产企业人员分流工作规范有序,重新调整改革工作领导小组,成立三个改革工作推进小组,实行周例会、月小结,对所有破产企业进行调查了解。严格规范改革专项资金的管理和使用。在人员分流资金缺乏的情况下,行办倒排人员分流目标进度,各推进小组深入破产企业一线开展工作,到年底累计分流7793人,待分流人数减少为604人。破产企业职工移交及退休职工档案整理移交工作基本结束。

全年,行办接待来信来访1500人次,成立两个工作小组,处理和化解镇江锁厂有限公司、镇江恒泰实业有限公司等企业群访群诉矛盾,维护行业的和谐与稳定。加强镇江江南化工有限责任公司的项目协调,镇江同立橡胶有限公司、镇江天元玩具制造有限公司、镇江奥力聚氨酯机械有限公司、镇江市中恒船舶工程有限公司的新厂建设,镇江皮革制鞋厂有限责任公司、江苏福仕特集团化工有限公司战略投资人加入等重大项目推进。

树立镇江江南化工有限责任公司、金东纸业(江苏)股份有限公司两家作为全市"抓党建促发展百企示范"党建活动单位。镇江江南化工有限责任公司申报镇江市基层党建工作示范点,该公司固二车间顾玉洪所在岗被市命名市级党员示范岗。江苏中兴药业有限公司和金东纸业(江苏)股份有限公司分别参加国企与民企、国企与外企党建品牌统筹共建活动。上半年组织8个企业党组织书记赴镇江市纺织建筑煤炭行业管理办公室的镇江立达纤维工业有限责任公司,对其党建活动室、党建台账等进行参观和学习交流。选择镇江江南化工有限责任公司作为"和谐企业推进年"活动的重点企业。

行办对挂钩帮扶结对的12名困难职工和34名困难党员进行走访慰问,慰问金3.1万元;为维护军转干部的稳定,做好军转干部的思想工作,解释政策,化解矛盾,落实好相关政策。处理基层来信来访案件8起,对2名违纪党员进行立案处理,并对1名违法党员开除党籍。建立448户困难家庭档案,在此基础上完成特困职工的申报,帮助63户困难职工领取特困证。全系统各级工会开展送温暖活动,企业共自筹资金20万元,慰问职工1200多户,解决特殊群体的实际困难。参加市首届企业体育节、市第十三届运动会职工部的项目、第二届职工文化艺术节。

重新修订机关离退休干部待遇规定,按时足额发放离休干部的各项费用。坚持"常走访、常看看"慰问老干部制度,上门慰问率90%。组织开展老干部书画展、老干部健康知识讲座和咨询活动,组织各类老干部活动兴趣小组,参加市老干部局组织的参观社会主义新农村建设成就活动。 (丛　雷)

【镇江市纺织建筑煤炭行业管理办公室】 2008年,全系统实现销售收入31亿元,比上年增长12.73%;实现利税9400万元,比上年增长10.59%。其中9家建筑改制企业年销售超24亿元,利税7800万元,职工收入平均比上年增长10%以上。镇江市纺织建筑煤炭行业管理办公室(以下简称行办)有正常生产经营企业5家:镇江建工建设集团有限公司、江苏华泰装饰工程有限公司、镇江安装工程有限公司、立达纤维有限公司、第二建筑工程有限公司。破产未终结企业4家,关闭企业10家,破产已终结企业14家。首批属地化管理企业有11家:镇江市立达纤维有限公司、镇江维科精华棉纺织有限公司、镇江古洞热镀锌有限公司、镇江市第二建筑工程有限公司、镇江雄金机电设备安装有限公司、镇江市正大建筑工程监理有限责任公司、镇江市华夏不锈钢有限公司、镇江市华夏物资有限公司、镇江市华中建材有限责任公司、镇江市光大建筑工程有限公司、镇江纺织研究所实验工厂。

行办以行业稳定为主线,做好行业稳定工作。2008年,行办完成了镇江市色织总厂的破产工作。市色织总厂是市区老大难企业,也是行业内最大的特困企业。四季度,行办机关80%以上人员到蹲点工作,指导企业核算职工补偿金等工作,找职工谈心交流,向职工宣传解释政策等。市色织总厂工作组和企业、行办经过一个多月的努力,色织总厂95%以上职工顺利分流,破产分流工作取得突破性成效。

全年完成14家改制企业属地管理交接工作,完成8家流通企业和2家工业企业的审计和破产准备工作。对"三场一班"(镇江蚕种场、高资蚕种场、石马蚕种场和蚕桑培训班)未纳入改制出让的资产,制定并落实看管办法。煤矿职工尘肺病及有关企业的工伤老大难问题大部分得到解决。做好领导干部下访工作,全年到有关企业下访达30多次,努力把职工矛盾和问题解决在基层。共接待职工上访2000多人次,职工合理诉求基本得到解决。全年无进京上访事件。

2008年,行办在抓好行业稳定工作的同时,注重改制企业的创新发展工作。镇江建工建设集团拓展海外市场,在俄罗斯、伊拉克等国家开展海外工程项目。镇江建工建设集团参与镇江市援川抗震救灾工作,徐贵宝获江苏省政府抗震救灾先进个人称号,李必钟等所在集体获全省建设系统援川抗震救灾、重建家园先进集体"工人先锋号"。镇江华泰装饰公司的镇江海关业务综合楼、沈阳卓展时代广场装饰工程获中国装饰业最高奖项"中国建筑装饰奖"。 (吴耀宗)

电力工业

【概况】 2008年,全市有电力、热力生产企业9家,从业人员4704人,工业销售产值66.97亿元,产品销售收入67.32亿元,利税总额4.91亿元,利润-3688万元。 (丽　书)

【中国国电集团公司谏壁发电厂】 2008年,中国国电集团公司谏壁发电厂克服低温雨雪冰冻灾害、燃料价格大幅上涨以及亏损的严峻形势,实现连续安全生产2192天,连续19年发电量超百亿千瓦小时。全年统配机组和11、12号机组全口径发电124.8亿千瓦时。其中,统配机组全口径完成发电量85.86亿千瓦时,超计划1.02亿千瓦时;供电标准煤耗完成327.15克/千瓦时,比上年减少0.19%;综合厂用电率完成5.44%,比上年减少0.06个百分点。受委托代为管理的11、12号机完成发电量38.94亿千瓦时,超计划5.28亿千瓦时;供电标准煤耗完成325.49克/千瓦时,比上年减少0.33%;综合厂用电率完成4.66%,比上年减少0.92个百分点。2008年10月实现止亏,第四季度单季度扭亏为盈。全年较好地完成各项工作任务，被中国国电集团公司命名为首批"五星级企业"。

全年安全生产态势保持稳定，以落实安全生产第一责任人为核心的各级各类人员安全生产责任制为切入点，注重生产现场、检修现场和改扩建施工现场安全，严防人身、严重自然灾害和涉网等事故。以开展"隐患治理年"活动为主线，培育安全管理长效机制。全年确立法律制度、责任制、安全例行工作、应急管理、教育和培训、"安全措施和反事故措施"、劳动安全与作业环境、设备设施管理、基建及技改工程等10个方面93项内容为安全生产重点检查内容。隐患排查治理工作坚持"四个结合"，即坚持与安全性评价、季节性安全大检查、安全专项检查、重大节日检查和安全生产月活动相结合，坚持与日常安全监察相结合，坚持与加强安全管理和技术进步相结合，坚持与加强应急管理相结合。健全"一患一档"隐患治理台账，突出"宣传、检查、整改、总结"四环节闭环管理。完成"奥运保电"，7号机组大修，8、9号机组中修和12号机组小修等工作任务，开展安全生产月活动。

忠实履行社会责任。北京奥运会和残奥会期间，该厂奥运保电工作安全稳定。以"隐患治理年"为主线，以"优化管理，积极提升安全管理水平"为目标，以维护涉网设备、治安保卫、队伍稳定及食品安全为重点，落实安全生产责任制，组织开展防汛反事故演习，配合电网实施电网反事故演习，演练全厂停电、突发公共卫生事件、危险化学品事故等应急预案，加强设备管理、运行管理。在燃煤价高量缺风险下，优化海轮运力，保证海上下水煤到厂，提高兑现率。运用扩容、压实等方式提高场地存煤容量，部署奥运保电安全稳定工作，保证电煤供应和发电机组安全运行。制定《国电谏壁发电厂关于迎奥运保安全治安保卫的意见》，成立反恐和安全防范领导小组以及安全保卫工作小组。安全监察部门执行"零汇报"制度，每日向当日带班厂领导报告安保工作情况。提高门卫值班质量，对全厂重点要害部位落实内部治安保卫负责制。围绕2009年一季度四期(7、8号机组)脱硫双投的目标，推进四期脱硫系统双投工作。成立脱硫项目组，从技术措施、组织措施提供保证，结合四期机组计划性检修工作，制定详细、科学的工程计划进度。

全厂开展"学习苏龙公司经验、学习陶建华同志事迹，推进企业转型、实现扭亏增盈"活动。增强积极主动的市场意识、勇于改革的创新意识、争创效益的经营意识、现代企业的管理意识、以人为本的团队意识、不断创造一流的发展意识和甘于吃苦的奉献精神、高度负责的敬业精神。开展思想解放大讨论活动、党员组织生活会和党日活动。安排好职工的带薪休假和职业病疗养。做好对"老、弱、病"等重点职工的访谈慰问工作，定期做好党务公开、内务公开工作，为扭亏增盈、企业发展营造良好软环境。

（谢松山）

【谏壁发电厂扭亏增盈初见成效】 2008年，谏壁发电厂自第一季度起，受燃料价格上涨等因素影响，持续亏损，全年合计亏损27419万元(含国电江苏谏壁发电有限公司亏损额)。该厂在中国国电和国电华东分公司、国电江苏电力有限公司领导下，努力拓展经济效益增长渠道。严控财务费用，优质完成技改项目，强化工效挂钩机制，热电联产实施煤热价格联动等多元方式，全面查找，深入挖掘减亏点。强化管理，注重管理流程和技术指标。清理、修订企业管理标准103条，规章制度50项，构建职责清晰、整体协调、运转高效的管理体系。学习江阴苏龙发电有限公司"精细管理"模式，加强企业管理，创新和改进管理方式，完成84项"优化发展积极提升"项目。开展对标管理，全过程管理生产指标，细化对标管理标杆值，严格控制主汽压、主汽温、凝器真空、凝器端差、高加投用率、排烟温度、炉口氧量、飞灰含碳量、脱硫电耗、各辅机电耗等，确保供电煤耗、综合厂用电率指标处于较高水平。2008年11月、12月盈利3831万元，第四季度单季度实现扭亏增盈，盈利1028万元。

（谢松山）

【谏壁发电厂扩建工程推进有力】 2008年，谏壁发电厂一台100万千瓦机组"上大压小"项目的核准报告于6月28日正式上报国家发改委，且委派专人全程跟踪核准相关信息。第二台机组参加评优的材料经多轮修改，已编制完成。在该厂两台100万千瓦机组扩建工程前期工作中，发挥安全网络和安全保障体系作用，认真落实安全文明生产责任制。通过增强安全施工意识，加强施工过程中现场监督、分包工程安全和日常的安全检查。编制、施行基建三标体系及相关管理制度，试运行项目信息管理系统(MIS)和项目管理软件(P3)，突出科学管理。重视工程项目优化设计，优化设计投资项目25项，节约资金约38000万元。多次召开由各参建单位主要负责人参加的工程推进会。全年扩建工程完成第2～6批5个批次的辅机招标和第1～5批5个批次的进口设备招标工作。开展工程主体施工、循泵房施工，锅炉、主厂房、炉后脱硫区域、烟囱等桩基施工与检测，循环水管制作与埋设、码头施工等工作，浇注烟囱，完成年初计划的项目节点。争取项目融资，全年扩建项目融资53199万元。

（谢松山）

【谏壁发电厂综合产业规范优化】 2008年，谏壁发电厂的综合产业工作围绕"理顺关系，规范管理"，明确思路，重组公司产权，规范主辅管理，切断关联交易。做好职工对主业持股的清退工作。7月，清退完毕职工持有的国电江苏谏壁发电有限公司20%股份；对职工持有的厂机组技改12万千瓦容量的股份结束评估，上报中国国电集团公司。理顺主辅业关系，5月完成燃料、除灰回归主业的相关工作。全部停止燃料、除灰、检修与主业的关联交易，业务纳入主业统一管理。全年灰、渣、石膏等固体废弃物的销售，为主业增加收入4960万元。对后勤服务、物业管理等保留的多种经营企业，规范关联交易行为，核减关联交易额度30%。

（谢松山）

【江苏省电力公司镇江供电公司】 2008年，全市全社会用电量完成137.69亿千瓦时，比上年增长8.58%，增幅居全省第6位。全市最高用电负荷达201.4万千瓦，比上年增长7.41%；最高日用电量达4200万千瓦时，比上年增长8.22%；完成供电量117.5441亿千瓦时，售电量107.7414亿千瓦时，比上年均增长11.03%，实现连续安全生产无考核事故纪录1372天。截至年底，全市拥有35千伏及以上变电站125座，主变压器211台，总容量872.03万千伏安，其中500千伏开关站1座，220千伏变电站15座，110千伏变电站56座，35千伏变电站53座；35千伏及以上输电线路3285.251公里，其中500千伏310.64公里，220千伏937.342公里，110千伏939.669公里，35千伏1097.6公里。全市形成以220千伏电网为主网架、110千伏及以下输配电网覆盖全市城乡的电网布局。

2008年1月21日，镇江供电公司计量中心通过江苏省质量技术监督局、江苏省电力公司、镇江市技术监督局法定计量检定机构授权复查，各项主要指标符合省法定计量检定机构授权要求。4月24日，镇江供电公司根据《关于镇江供电公司对丹徒供电公司实施本部化管理的批复》(苏电人〔2008〕511号)，对丹徒供电公司实施本部化管理，撤销"丹徒供电公司"建制，其人、财、物及生产、管理职能并入镇江供电公司本部。5月31日，该公司举行镇江电网2008年度应急预案暨迎峰度夏反事故演习，涉及《防汛抗洪应急预案》《防止供电设备事故应急预案》等各项应急工作。10月13日，该公司在江滨新村组织开展"电磁环境及电力保护"广场宣传活动，使社会公众认识到电网设施对于生态环境并无不利影响，使社会各界了解电网原理和电网工程环保建设流程。

2008年，镇江供电公司获全国文明单位称号，8月被中国水利电力质量管理协会授予全国电力行业优秀QC小组称号。4月，镇江供电公司、丹阳市供电公司、句容市供电公司和扬中市供电公司获2005～2006年度江苏省文明行业称号。（黄　冰）

【镇江最高供电负荷突破200万千瓦大关】 2008年7月8日21时25分，镇江电网最高供电负荷突破200万千瓦，达200.526万千瓦。7月18日达201.409万千瓦，同比增长7.418%。（黄　冰）

【镇江电网调度自动化系统OPEN3000投入试运行】 2008年12月8日，新一代镇江电网调度自动化系统OPEN3000投入试运行。镇江电网调度自动化系统的升级改造工作始于2007年7月，经过初步设计、初步设计审查、设备招投标及系统工厂生成、现场调试等阶段。OPEN3000系统的投运是对原有系统的升级换代，更标志着镇江电网的自动化应用程度和管理水平迈上新台阶。（黄　冰）

【镇江市16项输变电工程全部通过环保验收】 2008年12月4日，镇江市2008年16项输变电工程，全部通过江苏省环境保护厅、市环境保护局现场工频电场、工频磁场、无线电干扰和噪声的验收监测。这16项工程分别为：220千伏南凤输变电工程、220千伏零横输变电工程、220千伏丹阳变改造工程、220千伏金凤变扩建工程、220千伏长湾变扩建工程、220千伏华阳至苏庄线路（镇江段）改造、220千伏南凤变至水北变线路（镇江段）工程、110千伏东沛输变电工程、110千伏团结变扩建工程、110千伏东郊变扩建工程、110千伏五峰变扩建工程、110千伏界牌变扩建工程、110千伏新桥变扩建工程、110千伏河阳变扩建工程、110千伏油坊变扩建工程、220千伏南凤变110千伏配套线路工程。（黄　冰）

【110千伏东郊变1号主变更换完成】 2008年5月9日11时36分，110千伏东郊变增容改造，1号主变及10千伏101、100间隔电流互感器更换工作完成并正式投运。该工程的投运满足了大市口商业中心区域的用电，缓解110千伏大市口变的供电压力，为该地区电网安全稳定运行打下基础。（黄　冰）

【220千伏凤水线路工程成功送电】 2008年5月20日，总投资2946万元的220千伏凤水（2Y65\2Y66）送电线路工程一次顺利送电成功。该线路于2007年7月28日开工，镇江境内全长16.145公里，双回全铁塔线路，线路经过丹阳的折柳、导墅、里庄和皇塘四个乡镇。该工程投运有效释放了220千伏南凤变的负荷。（黄　冰）

【220千伏零横输变电工程建成投运】 2008年6月10日，220千伏零横输变电工程在京口工业园区颜家村建成投运。该工程总投资3077万元，本期新安装240兆伏安变压器2台、220千伏出线8回、110千伏出线8回、35千伏出线6回。该工程改善全市电网结构，提升东部地区供电能力，为地方大项目的发展提供电力支撑，优化线路布局，使全市电网能够完全按照地理位置和供电区域分片。（黄　冰）

【220千伏金凤变电所扩建工程建成投运】 2008年6月25日，220千伏金凤变电所扩建工程建成投运。220千伏金凤变位于丹阳东北部，投运于2005年12月，主供丹阳市经济发展最为迅速的后巷、界牌、新桥、埤城四个乡镇。随着该地区用电负荷增长，年负荷平均增长率近30%，原有一台18万千伏安主变压器已满负荷运行。为满足该地区急剧增长用电需求，该工程投资2461万元，新增18万千伏安主变压器一台，提高迎峰度夏供电可靠性，使丹阳市220千伏变电总容量达到138万千伏安，供电能力比原来增加1/3。（黄　冰）

【镇江供电公司开展迎峰度夏有序用电演习】 2008年6月26日，镇江供电公司联合全市2980家企业举行迎峰度夏有序用电演习，模拟在用电高峰期间突发应急情况下紧急限制10万千瓦负荷。此前，公司与相关单位签订了限制非生产性负荷责任协议书，明确各单位电网高峰期间限负荷指标。各单位接到限负荷指令后，迅速按照协议开展限负荷作业，在30分钟内完成10万千瓦限负荷指标。通过演习，检验和增强电网和客户各级人员的应急处置能力，提升应急预案的可操作性，确保迎峰度夏和奥运保电工作。（黄　冰）

【镇江供电公司支援四川抗震救灾】 2008年5月15日，在江苏省电力公司的统一部署下，镇江供电公司出动10辆工程车，20名驾驶员，奔赴抗震一线，支援灾区救灾工作。救灾行动历时三个半月，并先后为灾区捐款119.7万元。（黄　冰）

【镇江供电公司获全市消费者满意度调查最高分】 2008年8月19日，镇江供电公司在全市18个服务行业"放心消费用户满意度调查"中，以86.22分名列榜首。该公司坚持把服务社会放在首位，提出"一个职工一窗口，不换面孔就换人"的服务口号，制定严格文明服务等12种服务规范和一次申告查实待岗、内部优质服务月度考核等系列制度，并注重从客户所需所想进行换位思考，推出为老红军、孤寡老人、残疾人等10多项便民特色服务措施，发放便民服务卡2000多张。为进一步方便市民交电费，推出同城异地交叉收费、电信代收服务项目，让居民在全市各地随时缴上电费。（黄　冰）

【江苏省电力建设第三工程公司】 2008年，江苏省电力建设第三工程公司有员工2568人，总资产12.67亿元，净资产2.14亿元，固定资产净值2.06亿元。该公司在建项目：江苏吕四港电厂2×60万千瓦一期工程#2、#3机组安装、国华陈家港电厂一期1×66万千瓦、国华徐州发电有限公司1×100万千瓦机组（上大压小）工程、徐州彭城发电厂三期工程1×100万千瓦机组工程、徐矿综合利用发电有限公司一期2×30万千瓦循环流化床机组、福建晋江天然气发电有限公司4×39万千瓦级燃气—蒸汽联合循环发电机组、江苏射阳港电厂"上大压小"2×66万千瓦超超临界燃煤发电机组、华能金陵电厂二期2×100万千瓦工程、大唐南京下关发电厂工程1×66万千瓦工程、国电谏壁1×100万千瓦工程等10个火电工程项目，送变电工程17个（变电站7个、线路10条）。（钱　俊）

【镇江华东电力设备制造厂】 2008年，镇江华东电力设备制造厂实现产值2.8亿元，实现利税1264万元，全员劳动生产率71万元/人·年，固定资产5968万元，超额完成江苏省电力公司下达的承包指标和企业年度奋斗目标。

坚持科技创新，不断推出精品产品。2008年，该厂承担的江苏省科技厅推广项目高压变频调速装置通过调试，进入使用阶段，该产品被江苏省科技厅认定为高新技术产品。石子煤真空清理系统获国家“实用新型”专利；高压变频器量回馈制动装置和高压变频器功率单元控制信号传输系统两个发明专利已被国家知识产权局受理。工厂坚持以 ISO9001 质量管理体系为标准建立内部管理模式，在 2002 年完成 ISO9001：2000 质量管理体系转版工作的基础上，2008 年 9 月又通过 ISO9000：2000 质量体系的复查，继续获得使用质量证书和标志。

该厂曾两次获得江苏省文明单位称号，在连续 12 年保持江苏省电力系统双文明单位的基础上，2008 年继续获得江苏省电力公司文明单位和安全生产先进单位称号，并获得镇江市五一劳动奖状和镇江市“劳动关系和谐企业”称号。

（孔繁寅）

冶金建材煤炭工业

【概况】 2008 年，全市有冶金建材煤炭工业生产企业 598 家，从业人员 101453 人，工业销售产值 633.77 亿元，产品销售收入 619.1 亿元，利税总额 45.18 亿元，利润 24.08 亿元。其中采矿业 25 家，从业人员 8386 人，工业销售产值 43.48 亿元，产品销售收入 42.41 亿元，利税总额 3.69 亿元，利润 1.77 亿元；非金属矿物制品业 144 家，从业人员 26554 人，工业销售产值 127.11 亿元，产品销售收入 124.41 亿元，利税总额 10.47 亿元，利润 5.83 亿元；黑色金属冶炼及压延加工业 40 家，从业人员 8738 人，工业销售产值 89.81 亿元，产品销售收入 89.07 亿元，利税总额 4.96 亿元，利润 2.16 亿元；有色金属冶炼及压延加工业 62 家，从业人员 8379 人，工业销售产值 55.38 亿元，产品销售收入 54.59 亿元，利税总额 2.64 亿元，利润 1.38 亿元；金属制品业 302 家，从业人员 41010 人，工业销售产值 274.53 亿元，产品销售收入 266.21 亿元，利税总额 19.74 亿元，利润 11.16 亿元。 （丽 书）

【镇江焦化煤气集团有限公司】 2008 年，镇江焦化煤气集团有限公司实现销售收入 31.92 亿元，实现利税 1.76 亿元，实现利润 1.14 亿元，实现进出口总额 2.03 亿美元。净资产收益率、资产利润率、全员劳动生产率等各项指标继续保持较高水平。

为确保年度经营目标的实现，该公司积极采取金融危机应对措施。中化镇江主动调整产品结构，减少国内市场滞销的冶金焦产品生产，扩大焦化焦产品出口。苏润高碳材推进技术攻关，提高石墨化焦炉的运行周期和运行效果，超额完成全年经营目标。金钟机械和贝雷钢桥整合内部资源，扩大内部配套，降低加工成本。物流公司完成 106 船计 41.8 万吨的出口焦装船任务。企业股改工作启动，组建江苏苏润高碳材股份有限公司，推进企业整体上市。

3 月，该公司与日本铁钢株式会社等合资建设的苏润船舶机械项目一期工程开工建设。6 月 12 日，与日本三菱合资建设的 22 万吨铝用阳极项目一期工程开工建设，预计 2009 年三季度建成投产。9 月 28 日，研发大楼项目完成结构封顶。

捣固焦炉消烟除尘车改造取得突破性成果，解决焦化焦生产中的烟气问题。脱硫废液提盐项目试验成功，减少对生产设备的腐蚀，提高能源综合利用效果。

为全体员工人均增资 10%，并为部分职工发放住房补贴 72 万元。关心弱势群体，全年拿出 10 万多元慰问、补贴困难和患病职工。为“5·12”汶川大地震捐款 15 万元，交纳特殊党费 2.4 万元。 （杨敬仁）

【江苏船山集团有限责任公司】 2008 年，江苏船山集团有限责任公司完成采剥总量 1400 万吨，比上年下降 11%；生产水泥 171 万吨，比上年增长 23%；销售水泥 170 万吨，比上年增长 22%；实现销售收入 7.14 亿元，比上年增长 21%；年末资产总额 16.29 亿元。

该公司抓好节能减排和资源综合利用，创建环境友好型矿山。通过组织采场原矿和生产过程成品配矿等，年利用高硫矿、粗晶灰岩等低品位矿 200 多万吨，减少岩土排倒和土地占用，并提高了经济效益。5 月，实施水洗矿尾矿“零排放”技术改造工程，10 月投入运行，结束了矿山水洗矿石必须排放尾矿的历史。为拉长产业链，提高矿产品附加值，延长矿山服务年限，继 2005 年鹤林水泥一期工程建成投产后，日产熟料 5500 吨的鹤林水泥二期工程于 2008 年 10 月建成投产。 （曹学良）

【天工国际有限公司】 2008 年，天工国际有限公司实现销售 54.4 亿元，利税 4.8 亿元，自营出口 1.5 亿美元，比上年增长 30%。全年总投资超 6 亿元，引进安装 910 可逆轧机和 1300 吨精锻机及其配套装备。引进十余台丝锥螺纹磨、全自动磨床。申报国家一级计量、国家级特钢实验室和出口产品免验。工模具钢、复杂刀具材料的内在质量和外观质量均有提升；麻花钻切削性能提高，所有质量技术参数符合标准。生产涵盖所有客户需求的熔炼高速钢钢种，开发系列专用材，模具钢覆盖所有合金模具钢；生产高碳高合金不锈钢；为满足国际国内市场需求自主研发 W7、TGX4、TGX5 等新钢种，成品材种类齐全。通过引进美国诺马克全套丝锥生产设备，开发生产全磨制直槽、螺旋槽机用、手用丝锥、螺尖丝锥、无切屑挤压丝锥、直管螺纹丝锥、锥管螺纹丝锥、螺母丝锥等，并加大批量生产高档全磨制钻。全年工资发放超亿元，发放公积金 360 万元，工龄奖 200 万元，敬老费 20 万元。举办第四届职工运动会。

5 月，在市场物价高位运行的情况下，该公司提出“降库增效”号召，节约资金 2 亿元。

7 月 20 日，该公司成立江苏省第一家农村小额贷款公司。“5·12”汶川大地震后，捐款近 160 万元。2008 天工发展助学奖学金颁发仪式在南京师范大学举行。冠名丹阳市慈善资金 1500 万元。

10 月，该公司在湖南益阳收购一家占地 1 平方公里，集矿山、生产、技术、科研、开采于一体，钒金属含量 145 万吨可开采 30 年的钒矿和年产 400 吨五氧化二钒及钒铁的资源性企业，以及一个待开采的 9 平方公里的钨矿资源。从源头上掌控生产原材料，直接获得企业所需的主要材料钨、钼、钒等稀有金属，确保原材料的自给自足。并收购肯纳英国百事通（PRESTO）品牌，该品牌有 160 余年历史，是英国工业级市场的顶级品牌。该公司与德国 OB 公司、美国熔炉斯伯（CRUCIBLE）公司、韩国元一特钢会社（WONIL）、台湾力巨公司（RICHSPECIALMETAL）等加深钢材供货关系。产品销售到 35 个国家 160 余家客户。

（严荣华）

【江苏建华管桩有限公司】 江苏建华管桩有限公司由香港汤始有限公司全额投资，占地 40 多公顷。有 10 条生产线投产使用，生产能力 2100 万米。2004 年 9 月通过 ISO9001 国际质量管理体系认证，同期获“质量管理优秀企业”称号；2006 年 10 月，获 2006 年度中国建材行业“最具影响力品牌”；2008 年，被评为“2007 年度镇江三星级企业”和句容市“2007 年度三十强外资企业”。2007 年销售收入 11.81 亿元，纳税总额 7405 万元，利润总额 1.4 亿元，净利润 1.23 亿元，从业人数 2600 人。 （章存保）

【句容台泥水泥有限公司】 2008 年 3

月14日，原嘉新京阳水泥有限公司因经营团队变更为台湾水泥集团，更名为句容台泥水泥有限公司。该公司注册资金1.73亿美元，建成一条年产300万吨水泥生产线，有两个5万吨级的深水码头和一个5000吨级的辅助码头以及三个400吨级的小驳船码头，年吞吐能力超过1000万吨。矿区坐落在句容市黄梅镇，占地面积300公顷，石灰石储量3.2亿吨，满足两条日产6000吨熟料生产线50年的需要，由法国REI公司设计曲度达16公里远程皮带廊将厂区和矿区连为一体。公司生产的TypeI/II、PI52.5R、PII52.5R、PO42.5R水泥产品的出厂合格率、28天抗压富裕强度合格率、优等品合格率达到100%。该公司取得ISO-9001质量体系认证及产品质量认证、ISO14001环境管理体系认证、外商投资先进技术企业证书和国家环境保护百佳工程称号，于2006年12月被列入国家重点支持的60家水泥工业结构调整的企业名录。公司的实验室能根据GB、ASTM、EN标准要求开展检测工作，于2007年10月获得中国合格评定认可委员会(CNAS)颁发的实验室认可证书。2008年初开始二期扩建工程及余热发电项目的建设。二期工程总投资约10亿元，建成第二条水泥生产线配套码头及水泥库，计划于2009年10月点火投产。2007年销售收入9.27亿元，内销4.67亿元；纳税总额3494万元，利润总额7372万元，净利润6465万元，从业人数573人。 （章存保）

【中化镇江焦化有限公司】 中化镇江焦化有限公司位于镇江市丹徒经济开发区(高资镇)，由镇江焦化煤气集团有限公司和中化国际贸易(新加坡)有限公司共同投资2960万美元成立，实收资本2490万美元，2005年建成投产。主要生产经营焦炭及其延伸产品、碳素制品、阳极产品、化工产品(危险化学品除外)的制造、加工和销售。2007年销售收入7.03亿元，全部内销；纳税总额1774万元，利润总额4762万元，净利润4762万元，从业人数550人。 （章存保）

【丹阳龙江钢铁有限公司】 丹阳龙江钢铁有限公司成立于2003年4月，位于丹阳经济开发区新港路111号，由福建省长乐市江福贸易有限公司和台商共同出资3.5亿元设立。公司占地面积6.67公顷。主要生产设备包括：28平方米、72平方米烧结机各1台，300立方米、450立方米高炉各1座，25吨氧气顶吹转炉2座和3机3流、4机4流连铸机各1台，与炼钢配套的4000立方米和4500立方米制氧机各1套，全连轧棒材生产线2套以及相应的配套设施。主要产品有20MnSi(牌号HRB335)规格为Φ12～Φ25毫米钢筋混凝土用热轧带肋螺纹钢筋和Q195～Q235、Φ12～Φ25毫米圆钢。2007年销售收入6.79亿元，全部内销；纳税总额1596万元，利润总额3230万元，净利润3230万元，从业人数600人，其中各类高、中级技术和管理人才268人。 （章存保）

化学医药工业

【概况】 2008年，全市有化学医药工业生产企业348家，从业人员47490人，工业销售产值598.67亿元，产品销售收入591.38亿元，利税总额50.94亿元，利润34.55亿元。其中石油加工、炼焦及核燃料加工业9家，从业人员1489人，工业销售产值51.19亿元，产品销售收入52.51亿元，利税总额2.78亿元，利润1.8亿元；化学原料及化学制品制造业203家，从业人员28380人，工业销售产值474.7亿元，产品销售收入466.06亿元，利税总额40.1亿元，利润28.66亿元；医药制造业15家，从业人员2549人，工业销售产值13.02亿元，产品销售收入13.1亿元，利税总额1.73亿元，利润1.02亿元；化学纤维制造业4家，从业人员994人，工业销售产值7.01亿元，产品销售收入6.84亿元，利税总额8089万元，利润3533万元；橡胶制品业24家，从业人员4698人，工业销售产值17.1亿元，产品销售收入16.63亿元，利税总额1.1亿元，利润5789万元；塑料制品业93家，从业人员9380人，工业销售产值35.64亿元，产品销售收入36.23亿元，利税总额3.53亿元，利润2.14亿元。 （丽　书）

【江苏索普(集团)有限公司】 2008年，江苏索普(集团)有限公司受国际经济危机影响，经济效益与计划目标差距较大，主要经济指标下滑较多。完成工业总产值48.88亿元，比上年增长1.83%；工业增加值8.11亿元，比上年下降40.51%；实现销售收入50.02亿元，比上年增长3.13%；利税2.47亿元，比上年下降73.79%；利润0.5258亿元，比上年下降92.15%。

主要产品产量完成较好。全年生产醋酸63.3万吨，醋酸乙酯24.43万吨，分别比上年增长10.8%、7.7%。完成发电量1.08亿千瓦小时，供汽量176万吨。生产烧碱11.92万吨，ADC3.65万吨，硫酸25.1万吨，促进剂1.17万吨，PVC树脂2.26万吨。

该公司加快60万吨/年醋酸造气技改项目建设：项目土建进入扫尾阶段；进行项目安装工程；各单项工程中，水厂、码头、总变电所、循环水、空氮压站完成安装并投入运行；原料贮运全线打通；热电1号炉点火成功，具备供汽条件。截至年底，项目累计完成财务支出18.93亿元，占总投资的67%。

开展规划项目前期准备工作，其中：60万吨醋酸三期工程进行工艺设计，报批80万吨/年醋酸造气工艺技术改造项目、30万吨/年醋酸乙烯技术改造项目、20万吨/年醋酸乙酯联产15万吨/年醋酸丁酯技术改造项目，落实8万吨/年离子膜碱等量替代隔膜碱节能减排技术改造项目和10万吨/年过氧化氢技术改造项目的可行性研究报告和节能专篇的编制、评估工作。

该公司醋酸厂不断探索和完善高压尾气回收工艺条件，实现尾气回收系统的稳定运行，每小时可回收浓度为90%的一氧化碳气体1000标准立方米，减少尾气排放量，每年还可创造效益1200万元。能效水平对标活动成效明显，通过生产系统改造，离子膜吨碱蒸汽耗比上年下降290千克，每吨ADC蒸汽消耗下降118千克。热电厂对3号机组实行调峰运行，增加系统运行的经济性。6号炉技改完成后，醋酸乙酯供热由原来的工业锅炉改为高压循环流化床锅炉，每年可节约标煤3.19万吨，年可节约3000万元以上。申报国债贴息节能减排项目，争取国家节能减排奖励资金1138.6万元。 （孙汉武）

【金海宏业(镇江)石化有限公司】 2007年，该公司销售收入25.34亿元，全部内销；纳税总额1371万元，利润总额6621万元，净利润6621万元，从业人数200人。 （章存保）

【镇江联成化学工业有限公司】 该公司占地86.67公顷，有年产12万吨苯酐(PA)、6000吨顺酐(MA)、26万吨PVC增塑剂DOP、DINP、DOA、TOTM、DIDP等生产装置及配套公用工程和辅助设施，生产的聚氯乙烯增塑剂及苯酐等系列产品应用于胶布、玩具、电线、鞋类、手套、油漆、涂料等行业，产品质量、技术性能均达到国际水平。2007年销售收入23.33亿元，其中国内销售17.12亿元；纳税总额1.66亿元，利润总额1亿元，净利润1亿元，从业人数307人。 （章存保）

【镇江奇美化工有限公司】 2008年9月，台湾奇美实业集团、国乔集团将其在镇江投资建立的镇江奇美有限公司、镇江国亨化学有限公司合并，合并后总投资额35.2亿元，成为大陆最大的ABS生产厂家。镇江奇美化工有限公司为合并后的续存公司，年销售额可望超过110亿元，并争取海外上市。2007年，镇江奇美化工有限公司销售收入56.74亿元，全部内销；纳税总额9.42亿元，利润总额1.8亿元，净利润1.57亿元，从业人数382人。镇江国亨化学有限公司销售收入21.5亿元，全部内销；纳税总额2.56亿元，利润总额5923万元，净利润4486万元，从业人数221人。（章存保）

【江苏太白集团有限公司】 2008年，江苏太白集团有限公司实现销售收入6.05亿元，资产总额4.96亿元，缴纳税金3822万元，从业人数896人。该公司拥有年产8万吨高档钛白粉、20000吨聚合硫酸铁的生产能力。将"立足主业、壮大规模、开发新品、永续经营"作为其发展战略目标。

2008年，该公司以清洁生产为宗旨的"518"项目投产。并将在技术创新、产品和工艺开发体系革新、客户服务体系建设等方面加大投入，以提高技术为先导，环境保护为使命，开发钛白粉新品和新的应用领域。（朱阳光）

【镇江李长荣综合石化工业有限公司】 2007年，镇江李长荣综合石化工业有限公司销售收入5.82亿元，其中内销5.64亿元；纳税总额3003万元，利润总额6109万元，净利润5301万元，从业人数132人。（章存保）

【镇江南帝化工有限公司】 2007年，镇江南帝化工有限公司销售收入5.67亿元，其中内销5.47亿元；纳税总额4341万元，利润总额9676万元，净利润8526万元，从业人数149人。（章存保）

【镇江环太硅科技有限公司】 镇江环太硅科技有限公司生产、销售直拉单晶硅棒、太阳能级单晶、多晶硅片，有直拉单晶炉16台、多线切割生产线8条、数控切滚机20台，年生产能力2000万片。2007年销售收入3.38亿元，其中内销4.53亿元；纳税总额5673万元，利润总额1.15亿元，净利润1.14亿元，从业人数1084人。（章存保）

机械工业

【概况】 2008年，全市有机械工业生产企业519家，从业人员102073人，工业销售产值571.32亿元，产品销售收入549.37亿元，利税总额43.89亿元，利润23.43亿元。其中通用设备制造业229家，从业人员39852人，工业销售产值206.55亿元，产品销售收入195.73亿元，利税总额16.79亿元，利润10.1亿元；专用设备制造业64家，从业人员10261人，工业销售产值54.09亿元，产品销售收入52.23亿元，利税总额3.84亿元，利润1.97亿元；电气机械及器材制造业226家，从业人员51960人，工业销售产值310.68亿元，产品销售收入301.41亿元，利税总额23.26亿元，利润11.36亿元。（丽 书）

奇美化工全貌

【中电电气集团有限责任公司】 2008年，中电电气集团有限责任公司完成销售收入58.44亿元，比上年增长20.30%；利润4.4亿元；资产总额52.21亿元，比上年增长13.26%；缴纳税金1.26亿元，比上年增长26.36%。

2008年1月26日，由中国企业联合会、中国企业家协会联合举办的2007年度"中国优秀诚信企业"和"中国最佳诚信企业"评选活动颁奖典礼在北京人民大会堂举行，中电电气集团被授予"2007年度中国优秀诚信企业"称号。在2008年上半年驰名商标评选中，该公司获"中国驰名商标"称号。在"5·12"汶川大地震后，该公司向灾区捐赠款物158万元。5月23日下午，为帮助地震灾区恢复光明，该公司在扬中变压器生产基地将20台变压器等发电配套设备送往灾区。10月12日~26日，由中电电气集团有限责任公司承办的科技部援外培训班——2008太阳能电池及应用技术国际班在中电电气南京科技园开班。"太阳能电池及应用技术国际培训班"是中国政府在对外援助项目下专门为发展中国家举办的培训班，是作为科技部太阳能发电领域唯一的援外科技培训班。这是该公司第二次受科技部委托承办该项目。11月8日，由中国电器工业协会、中国电机工程学会、中国自动化学会主办的"第五届中国电气工业发展高峰论坛暨第九届中国电气工业100强颁奖盛典"在北京举行。论坛主题为"中国电气30年回顾与展望"。中电电气集团与西电集团、正泰集团等十家单位被授予中国电气工业最具竞争力企业十强。12月18日，中电光伏四条高效SE太阳电池生产线开工生产。（陈 洁）

【江苏天工工具有限公司】 2008年9月2日，由江苏出入境检验检疫局、镇江市人民政府主办，丹阳市人民政府、镇江出入境检验检疫局和江苏天工工具有限公司协办的天工出口产品申报免验签约仪式举行。之前全国有107家免验企业，江苏16家，镇江空白。江苏天工工具有限公司是镇江市政府和出入境检验检疫局共同推荐的第一家和唯一申报企业，国家出口免验可加快获证企业的通关速度、降低企业成本，给企业带来经济效益。2007年，天工销售收入17.46亿元，其中国内销售8.23亿元；纳税总额1007万元，利润总额1.52亿元，净利润1.52亿元，从业人数4586人。

（章存保）

【沃得精机（中国）有限公司】 2007年，沃得精机（中国）有限公司销售收入5.6亿元，其中内销5.56亿元；纳税总额

5546万元，利润总额1.65亿元，净利润1.49亿元，从业人数2186人。

（章存保）

【江苏省机械工业供销储运总公司】 2008年，江苏省机械工业供销储运总公司实现销售2亿元，实现利润270万元。该公司响应江苏省农垦集团“二次创业”号召，开展“解放思想，创新发展”讨论活动，根据公司实际制定“保稳定、保安全、抓管理、促发展”的工作思路，按照现代企业要求，加强企业内部管理。同时会同市场合作伙伴，加强市场安全管理力度。

（方　晴）

船舶汽车工业

【概况】 2008年，全市有船舶、汽车等交通运输设备制造业生产企业252家，从业人员32759人，工业销售产值186.47亿元，产品销售收入179.86亿元，利税总额12.68亿元，利润6.66亿元。

（丽　书）

【镇江中船设备有限公司】 2008年，镇江中船设备有限公司完成柴油机交验450台，比上年增长44.2%；工业总产值实现10.23亿元，比上年增长41.0%；工业增加值实现2.67亿元，比上年增长50.5%；主营业务收入8.55亿元，比上年增长57.7%；实现利润1.71亿元，比上年增长364.4%。年末，该公司在册职工935人，在岗职工911人，专业技术人员155人（其中：高级职称50人，中级职称51人，高级技师11人，技师15人）。

全年，镇江中船设备有限公司所属参股投资公司情况如下：

正茂日立造船机械有限公司完成工业总产值0.75亿元，比上年增长13.2%；工业增加值实现580万元，比上年下降63.2%；主营业务收入0.70亿元，比上年增长6.3%。

镇江中船现代发电设备有限公司完成工业总产值1.08亿元，比上年增长149.2%；工业增加值实现0.27亿元，比上年增长244.1%；主营业务收入0.98亿元，比上年增长214.8%；实现利润1016万元，比上年增长1139%。

正茂集团公司完成工业总产值5.55亿元，比上年增长48.1%；工业增加值实现0.61亿元，比上年增长14%；主营业务收入6.23亿元，比上年增长58.3%；实现利润2343万元，比上年增长188.2%。

镇江中船瓦锡兰螺旋桨有限公司完成工业总产值5.3亿元，比上年增长99.6%；工业增加值实现1.71亿元，比上年增长335.6%；主营业务收入6.2亿元，比上年增长77.6%；实现利润1.4亿元，比上年增长660.9%。

南京中船绿洲镇江船舶辅机厂完成工业总产值1.7亿元，比上年增长27.5%；工业增加值实现0.46亿元，比上年增长33.2%；主营业务收入1.68亿元，比上年增长22.5%；实现利润327万元，比上年增长61.1%。

镇江中船设备有限公司利用上半年船市高位运行的机遇，优先承接大额合同和集团公司系统内船厂合同。手持合同中，集团公司系统内客户的比例从17%提高到34%，接单均价高于往年。下半年，加大整机款和预付款回笼力度，全年货款回笼总额超过12.9亿元。截至年底，公司手持柴油机订单1267台，全年新承接柴油机合同108台，合同总金额5.71亿元，其中低速机合同8台，大缸径中速机合同1台。实施产供计划，执行月度生产计划和柴油机出机进度表，控制各生产环节，明确生产配套、装配试验、对外交验节点要求，改善生产流程，组织三次生产提速活动。开发二轮配套资源，疏通了配套瓶颈。拓宽许可证签订面，引进德国MAN公司32、48中速柴油机以及缸径50及以下低速柴油机等系列许可证技术，与瓦锡兰公司签订RT－FLEX50以下低速机许可证协议。对包括L16/24、L21/31连杆、燃油滤器、高压油管和L27辅机等主要关键部件国产化项目予以立项并明确进度要求重点推进。完成L27/38主机主要关键部件、L21/31启动装置总成、L27/38发电机组机架，L21/31滚轮等一批关键重要部件的国产化技术开发，加快L32/40主机的国产化开发进度，为提升功率型L16/24柴油机的市场开发推广做好技术准备，完成首台全自制7L27/38主机的装配调试和8L28/32A配国产增压器的配机试验工作。

该公司组织完成MCS51凸轮轴磨床数控系统应用等十多项技术改进工作。申报的L16/24中速柴油机国产化及关键技术研究项目被评为中国船舶工业集团公司科技进步三等奖。10月，公司被认定为国家级高新技术企业。该公司技术中心被评定为省级企业技术中心。在镇江市科技进步目标管理年度考评中，公司获先进集体一等奖。完成三项专利申报工作，其中两项获得授权。“曲面上的孔口专用工具”专利项目在第六届国际发明展览会上获金奖。“试车台水系统改造项目”被评为镇江市职工十大经济技术创新项目之首。11月14日，公司被授予“全市维护国家安全工作先进单位”称号。该公司综合分厂高级技师王永隆获江苏省“五一创新能手”称号。在支援“5·12”汶川大地震灾区活动中，企业和员工捐款和慈善捐助近50万元。

成立信息化工作推进委员会，并设立信息化工作小组，统筹安排信息化工作和项目开发。CAPP系统（计算机辅助工艺设计系统）得到应用，PDM系统（产品数据管理系统）数据输入和功能完善工作有序进展，成本信息化工程取得阶段性成果，企业资源计划（ERP）和协同管理（OA）两个项目小组有序进行。建立月度行政工作例会制度，及时通报经济运行状况。该公司通过质量认证中心和海军装备部的现场审查，落实六项质量攻关项目，质量损失率比上年有所下降，整机一次交验合格率和产品出厂合格率为100%；针对连杆供方及MAN公司出现的质量问题，组织分析、索赔；收集船东售后服务信息，满足客户需求；针对多年售后服务中发现的质量问题，编写《售后服务案例汇编》。

实施薪酬制度改革，引进大中专毕业生118人，成熟技术工人79人；拓宽培训面，各种培训超过1230人次，并利用上海沪东重机平台，培训新基地技术骨干。实施老厂区扩能、大功率中速柴油机新基地建设、中船现代发电机二期工程、柴油机二期国债项目、老厂区填平补齐改造等多个重大项目在内的技术改造，总投资超10亿元。老厂区扩能成效显著，先后完成数控大件加工厂房、柴油机清洗预装厂房、曲轴生产线接跨厂房、热处理扩建厂房建设，安装调试并交付14台（套）关键设备。实际完成投资5000多万元，占集团公司累计下达投资计划的87%。进行新基地建设，累计完成投资3.3亿元，占项目固定资产建设总投资的37.0%。发电机和国债二期项目进展顺利。新建机组车间完成单项竣工验收并交付使用，联合厂房接跨施工基本完工，配套设备安装正同步进行。为节约开支，在保证生产能力不变的情况下，调减设备29台，减少投资1300多万元。

（刘文远）

【中船集团大功率船用柴油机生产基地在镇江奠基】 2008年5月12日，中船集团镇江中船设备有限公司大功率船用柴油机生产基地落户镇江市润州船舶工业园区。该项目总投资12亿元，占地26.7公顷，一期投资为8亿元，初步形成年产船用大功率柴油机100台，总计60万千瓦的生产能力，船机型号主要为

MAN 系列 132/40、132/44CR 等中小缸径、中低速大功率船用柴油机，一期工程于2009 年6 月建成投产。该项目是国家船舶产业中长期规划项目、2008 年省国防科工委重点推进项目和省船舶产业集群重点研发项目，建成后镇江市将成为江苏省五大船舶产业基地之一。（陈 敏）

【镇江中船设备有限公司项目获专项资金支持】 2008 年，镇江中船设备有限公司组织申报的“形成 100 台大功率船用柴油机生产能力”项目，经过审核被列入 2008 年江苏省自主创新和产业升级专项资金项目，并获得省财政 80 万元补助资金支持，市、区政府再给予 150 万元财政专项资金支持。同时，镇江中船现代发电设备有限公司“发电机二期建设”项目获得省财政补助资金 50 万元。（徐国富）

【镇江中船现代设备有限公司一期工程通过竣工验收】 2008 年 10 月 22 日，中国船舶工业集团公司发展计划部在镇江组织召开镇江中船现代发电设备有限公司“引进生产韩国现代船用交流无刷同步发电机项目（一期工程）”竣工验收会。会议听取镇江中船现代发电设备有限公司所作的项目建设过程和完成情况的汇报，项目竣工验收专家组通过查阅相关文件和竣工验收资料，实际察看建设项目现场，给予项目投资少、工期短、见效快的评价，通过该项目竣工验收。镇江中船现代发电设备有限公司一期工程的建成投产，实现了大功率船用发电机的替代进口，填补了中船集团公司船用发电机产品领域的空白。（徐国富）

【镇江中船设备有限公司获得低速船用柴油机生产许可证】 2008 年 1 月 16 日，镇江中船设备有限公司、沪东重机、中船三井和中国船舶贸易有限公司四方共同与德国 MAN 公司签订低速机许可证协议，MAN 公司将镇江中船设备有限公司加入低速机许可证生产厂家中，镇江中船设备有限公司引进 MAN 公司 50 厘米以下的低速柴油机，主要机型有 S50、S46、S42、S40、S35、L35、S26，功率范围为 2000 千瓦～16020 千瓦。

4 月 8 日，镇江中船设备有限公司、沪东重机、中国船舶贸易有限公司三方共同与瓦锡兰公司签订低速机许可证协议，瓦锡兰公司将镇江中船设备有限公司加入低速机许可证生产厂家中，镇江中船设备有限公司引进瓦锡兰公司缸径 50 厘米以下的低速柴油机，主要机型为 RT－FLEX50，功率范围为 5650 千瓦～19000 千瓦。（任丽瑛）

【镇江中船设备有限公司知识产权工作成效显著】 2008 年，镇江中船设备有限公司有两项专利获得授权：发明专利“活塞环槽高频淬火工艺”和实用新型专利“曲面上孔口倒角专用工具”。其中“曲面上孔口倒角专用工具”在第六届国际发明博览会上获得金奖。申请并被受理的专利有：发明专利“曲轴划线滚轮支架”和“球型凹凸面加工装置”及实用新型专利“内孔定位夹具”。申请并被受理的商标有三项：镇江中船设备 ZJMD 和 CME 及中船现代 CMXD。（陈广平）

【镇江中船设备有限公司管理创新成果获奖】 2008 年，镇江中船设备有限公司的不合格品网上评审升级系统被评为该公司 2008 年企业管理现代化创新成果一等奖，同时获上海公司管理现代化创新成果二等奖。9 月，该公司装试分厂“提高 L21/31 型柴油机联轴节一次安装成功率”QC 成果获 2008 年度江苏省国防科技工业先进成果奖，并获船舶行业质协 2008 年度优秀质量管理小组称号。（陆文蔚）

【《镇江中船》报获船舶行业全国先进企业报刊称号】 2008 年 5 月 23 日～27 日，中国国防科技工业新闻工作者协会船舶分会（简称全国船舶记协）在西安召开 2008 年年会。会上公布首届（2007 年度）全国船舶新闻先进、优秀企业报刊评选结果，镇江中船设备有限公司主办的《镇江中船》报以排名第三的成绩获得先进企业报刊称号。

该会议有 20 多家来自中船集团公司、中远集团和福建、江苏、浙江、山东等省的地方船舶企业报刊参加全国船舶新闻先进、优秀企业报刊的评选，有 8 家报刊获得先进企业报刊称号、13 家获得优秀企业报刊称号。（彭小民）

【镇江美驰轻型车系统（第二）有限公司】 2007 年，镇江美驰轻型车系统（第二）有限公司销售收入 9.04 亿元，内销 5.5 亿元；纳税总额 9618 万元，利润总额 1.73 亿元，净利润 1.56 亿元，从业人数 356 人。（章存保）

【华东泰克西汽车铸造有限公司】 2008 年 1 月，华东泰克西汽车铸造有限公司成为江苏省高新技术企业。该公司先后投入 700 余万元建成理化、型芯砂、金相尺寸等试验分析室，并投入 100 余万元引进 AUTOCAD、CAM、CAE、UG、PRO－E 等技术开发软件，用于研发技术和管理的信息化工作。2007 年，华东泰克西汽车铸造有限公司销售缸体 123.8 万件，成为国内首家缸体年产量突破 100 万件的铸造企业，国内缸体市场占有率全国第一。先后设计开发出 V 型六缸、直列四缸、直列三缸等 22 种各类型缸体的生产工艺，开发出数百套工装、模具、胎具。当年销售收入 5.73 亿元，其中内销 4.41 亿元；纳税总额 2916 万元，利润总额 4237 万元，净利润 4237 万元，从业人数 584 人。（章存保）

【镇江汽车制造厂完成企业改制前期工作】 镇江汽车制造厂是一家国家定点生产汽车整车的国有企业。在市场经济条件下，由于企业资产规模小，虽然有过发展，但难以做强做大。1998 年与跃进汽车集团合资成立江苏跃进农用车有限公司，生产低速汽车产品；2002 年与精功集团有限公司合资成立精功镇江汽车制造有限公司，生产系列客货车。2008 年 10 月，镇江汽车制造厂作为以上两公司的出资单位，为解决历史遗留问题，根据市委、市政府在企业产权制度上重组及环保搬迁的总体要求，市国资委批准产权出让立项，经资产审计评估，该厂职代会审议《产权制度改革实施方案》，审议通过《职工劳动关系调整和安置办法》，完成企业产权制度改革的前期相关工作。（黄 俊）

【镇江飞驰汽车集团有限责任公司注重产品开发】 2008 年，镇江飞驰汽车集团有限责任公司先后开发鸡苗孵化车、军用固定方仓、油田食品专用车等，满足市场发展的需要。

“5·12”汶川大地震后，灾区的道路运输中断，新鲜竹笋无法及时运输到熊猫保护区。该公司根据这一特殊情况，为卧龙大熊猫保护区开发满足新鲜竹笋运输要求的冷藏车，并无偿向灾区提供 5 吨新鲜大米。

2008 年北京奥运会期间，该公司的车辆通过与北京夏晖和 UPS 公司的合作，成为 2008 年北京奥运会食品运输和器材运输的指定车辆生产单位。按照绿色奥运、环保奥运的理念，该公司设计生产时执行工艺、材料符合绿色环保的要求，生产的冷藏车可以一次配送三种不同温度要求的食品，满足奥运食品物流运输高效多能的要求。（黄 俊）

电子工业

【概况】 2008 年，全市有电子工业生产企业152家，从业人员31322人，工业销售产值101.43亿元，产品销售收入97.13亿元，利税总额7.8亿元，利润4.78亿元。其中通信设备、计算机及其他电子设备制造业93家，从业人员16618人，工业销售产值66.94亿元，产品销售收入63.91亿元，利税总额4.58亿元，利润2.77亿元；仪器仪表及文化、办公用机械制造业59家，从业人员14704人，工业销售产值34.49亿元，产品销售收入33.22亿元，利税总额3.22亿元，利润2亿元。（丽 书）

【镇江默勒电器有限公司】 镇江默勒电器有限公司位于扬中市新坝镇新中南路154号，是1993年由大全集团有限公司和德国默勒集团合作创建的中德合资企业。该公司采用德国默勒公司的技术和加工设备，设计制造低压配电系统。主要产品包括：MODAN6000模数化配电系统、ID2000低压配电柜、MCC马达控制中心、ID配电箱，以及自主研发的MODAQO－X低压智能配电系统。所有产品通过德国和国内权威机构的型式试验，运用于电站、石化、电子、水处理、工矿、机场、学校、商业建筑、市政工程等行业。该公司于2002年通过德国DQS和中国方圆委ISO9001－2000质量体系双认证，于2005年通过中国方圆委ISO-14001环境管理体系认证，于2007年通过OHSAS18001职业健康安全管理体系认证。该公司2000年被科学技术部认定为重点高新技术企业，资信等级连续八年被评为AAA级，产品入选国家第三批全国城乡电网建设与改造所需主要设备产品及生产企业推荐目录，2003年公司产品通过国家强制性产品认证（3C认证）。2007年销售收入10.24亿元，基本内销；纳税总额4714万元，利润总额1亿元，净利润1亿元，从业人数13549人。（章存保）

【镇江强凌电子有限公司】 镇江强凌电子有限公司位于镇江市学府路200号，由美国ELLISYAN、严兆陵共同投资，生产和销售电子镇流器、灯具及零部件及其他绿色节能产品。2007年销售收入9.13亿元，全部内销；纳税总额4287万元，利润总额4049万元，净利润3564万元，从业人数5295人。

（章存保）

【江苏久正光电有限公司】 2007年，江苏久正光电有限公司销售收入6.33亿元，其中内销0.92亿元；纳税总额1774万元，利润总额3115万元，净利润3115万元，从业人数1104人。（章存保）

【镇江西门子母线有限公司】 镇江西门子母线有限公司是由西门子（中国）和大全集团合资组建，总投资2000万马克，双方投资比例各占50%，专业生产母线槽输配电系统，是亚洲最大的母线槽生产基地。引进新一代母线槽输配电系统，产品所有元器件及绝大部分材料由德国总部提供。拥有德国制造的母线槽装配流水线3套，各种钣金加工设备，气动装配台80余台。产品按ISO9001标准进行企业管理、质量管理，通过英国ASTA认证、德国波恩实验室认证、中国CCC认证等。2007年销售收入6.18亿元，其中内销5.98亿元；纳税总额4461万元，利润总额6672万元，净利润5871万元，从业人数461人。（章存保）

【现代重工（中国）电气有限公司】 现代重工（中国）电气有限公司是韩国现代重工业株式会社投资组建的独资企业，位于扬中市新坝科技园现代路9号，占地面积17万平方米。公司设有三大工厂：高压断路器工厂、配电盘工厂、中低压断路器工厂。主要产品有：72.5～800千伏SF6组合电器（GIS）、0.4～40.5千伏开关柜、40.5千伏SF6气体绝缘金属铠装柜（C－GIS）、船用开关设备和控制台、真空断路器（VCB）、空气断路器（ACB）、塑壳断路器接触器（MC-CBMS）、微型断路器（MCB）及双电源切换装置等。该公司相继通过ISO9001：2000质量管理体系、ISO14001及OHSAS18001职业健康安全环境管理体系认证，并获得“AAA级企业资信等级”证书。2007年销售收入5.43亿元，其中内销2.86亿元；纳税总额2101万元，利润总额－138万元，净利润－138万元，从业人数756人。（章存保）

【江苏大全封闭母线有限公司】 江苏大全封闭母线有限公司前身为江苏长江沃特电气有限公司，成立于1994年，隶属大全集团（原江苏长江电气集团），并与德国ETE公司合资，是中国电力系统专业从事封闭母线制造的国家大型一类企业。该公司年销售收入5亿元，国内市场占有率55%以上。该公司是国内唯一生产过厂用小离相封闭母线（10千伏）和具有运行业绩的公司，国内唯一具备设计、制造超长垂直段母线并有运行业绩的制造商，国内唯一具备设计制造70万千瓦以上机组配套母线且有运行业绩的封闭母线制造商，并通过中国方圆委ISO9001质量体系、ISO14001：2004环境管理体系、OHSAS18001：2001职业健康安全管理体系认证。2007年销售收入5.17亿元，其中内销5.14亿元；纳税总额4731万元，利润总额1.37亿元，净利润1.37亿元，从业人数380人。

（章存保）

轻工业

【概况】 2008年，全市有轻工业生产企业334家，从业人员75722人，工业销售产值435.79亿元，产品销售收入376.38亿元，利税总额37.95亿元，利润2548亿元。其中农副食品加工业37家，从业人员2551人，工业销售产值36.51亿元，产品销售收入36.76亿元，利税总额9189万元，利润5784万元；食品制造业13家，从业人员2809人，工业销售产值12.7亿元，产品销售收入12.48亿元，利税总额1.02亿元，利润4324万元；饮料制造业6家，从业人员679人，工业销售产值2.85亿元，产品销售收入2.18亿元，利税总额2292万元，利润782万元；皮革、毛皮、羽毛（绒）及其制品业78家，从业人员9452人，工业销售产值22.84亿元，产品销售收入21.52亿元，利税总额1.56亿元，利润8761万元；木材加工及木、竹、藤、棕、草制品业14家，从业人员16583人，工业销售产值97.91亿元，产品销售收入97.91亿元，利税总额5.74亿元，利润1.79亿元；家具制造业4家，从业人员511人，工业销售产值1.37亿元，产品销售收入1.35亿元，利税总额1673万元，利润1070万元；造纸及纸制品业43家，从业人员11372人，工业销售产值190.62亿元，产品销售收入134.39亿元，利税总额23.22亿元，利润19.42亿元；印刷业和记录媒介的复制30家，从业人员3429人，工业销售产值8.15亿元，产品销售收入7.84亿元，利税总额7512万元，利润3699万元；文教体育用品制造业48家，从业人员20551人，工业销售产值36.33亿元，产品销售收入35.93亿元，利税总额2.45亿元，利润9047万元；工艺品及其他制造业58家，从业人员7521人，工业销售产值23.78亿元，产品销售收入23.73亿元，利税总额1.65亿元，利润7607万元；废弃资源和废旧材料回收加工业3家，从业人员264人，工业销售产值2.74亿元，产品销售收入2.29亿元，利税总额2434万元，利润1610万元。

（丽 书）

【金东纸业（江苏）有限公司】 2008年1月1日，原金东纸业（江苏）有限公司正式转制为金东纸业（江苏）股份有限公司，成为镇江市第一家由有限公司转制为股份有限公司的外资企业。位列2008年度中国企业500强第477位、2008年度中国制造业企业500强第278位和2008年度中国企业效益200佳第119位。2008年4月26日，金东三号机连续72小时车速保持1750米/分钟，再次刷新由三号机之前创造的1720米/分钟世界纪录。12月，由全国印刷标准化技术委员会(SAC/TC 170)和金东纸业(江苏)股份有限公司共同组建的"全国纸张印刷适性标准化试验基地"在镇江举行签约及揭牌仪式，是我国印刷业组建的第7个印刷标准化试验基地。2007年，该公司销售收入98.41亿元，其中国内销售68.86亿元；纳税总额9.66亿元，利润总额21.22亿元，净利润20.68亿元，从业人数5293人。（章存保）

【江苏恒顺集团有限公司】 2008年，江苏恒顺集团有限公司(以下简称恒顺集团)全年实现营业收入7.2亿元，利税4981万元；其中，主营调味品实现销售5.06亿元，比上年增长20%，产销食醋约14万吨。

该公司恒顺工业园首期建设基本竣工。一期工程累计投入资金4亿元，生产车间、办公大楼和配套辅助设施基本建成，并部分投入使用。食醋车间成功进行试投产，新增食醋产能12.5万吨/年。灌装生产线进入最后设备安装调试的扫尾阶段。恒顺中新合资公司实现规范运作。公司制度建设初步完成，前两批216名员工通过公开公平的竞聘方式上岗，并对新上岗人员进行全面系统培训。

机制创新全面启动。打破恒顺传统国有企业干部选拔、劳动用工和薪酬分配制度，实施全员竞争上岗和绩效考核。中层干部由原来的90名压缩为52名。推行以岗位工资为主体的不同类型人员薪资体系。

退城进区有序实施。根据退城进区计划，中山路老厂区实施停产，南徐路等厂区逐步减产。新公司员工分批选聘和劳动关系调整依法实施，实施老职工离岗休养安置方案。

集团管理体制逐步完善。集团公司、上市公司、合资公司的管理定位得到明确，组织机构设置相应到位，恒顺集团全系统的基础管理科学化、制度化、规范化。

全年，恒顺集团先后获得"江苏省质量管理优秀企业""江苏省农业产业化优秀龙头企业""首届江苏慈善之星企业"、镇江市"安全生产先进企业""发展和谐企业"等称号。此外，集团灌装一车间被中华全国总工会首批命名为"全国工人先锋号"。恒顺集团当选中国调味品协会会长单位。（李美兵）

【恒顺香醋50万吨项目工程(首期)竣工试产】 2008年8月，恒顺香醋50万吨项目工程(首期)竣工试产。该项目工程是由恒顺集团与新加坡第一家食品厂、超级集团共同建设的合资合作项目，是镇江市"十一五"期间重点推进的大项目之一。项目位于丹徒新区工业园，分两期建设，一期工程于2006年12月16日正式开工建设，占地27.73公顷。共建成大小建筑单体近20座，建筑面积14.3万平方米。其中包括建筑体量最大的单体工程——制醋车间，其建筑面积超过7万平方米，在生产全过程中使用计算机技术、传感技术、通讯技术等一系列高新技术。在制酒工序采用DCS微机集散控制系统，其发酵罐单只容积340立方米，为同行业最大的发酵罐。在制醅工序，继续采用恒顺自行设计制作的全自动翻醅机，醋醅楼醋池总长度13公里。在熟醋勾兑工序，从计量、勾兑到泵醋全过程实现自动化操作。该工程全部达产后，恒顺香醋年生产能力预计达到20万吨，居国内食醋业之首。8月19日，恒顺集团组织相关生产技术人员进行试投产，首批投入的糯米经过酒、醅、淋等各道工序后，于9月26日产出第一批香醋，经化验酸度5.55，同时氨基酸、还原糖等理化指标也都达标，标志着50万吨项目一期工程取得成功。（李美兵）

【大亚人造板集团有限公司】 大亚人造板集团有限公司位于丹阳开发区大亚南路北侧，是大亚科技集团最大的投资板块。大亚科技集团有木业、包装、IT三大产业和汽配业务，旗下拥有"DARE-GLOBAL""圣象地板""宏耐地板""圣象康树""大亚铝业""大亚科技"等品牌。大亚人造板集团在中国拥有八个生产基地，其中包括四条年产30万立方米和一条年产20万立方米中/高密度纤维板连续压机生产线(欧洲进口)、两条年产10万立方米的多层压机生产线、一条年产超过60万立方米的均质刨花板连续压机生产线(欧洲进口)，年生产总规模220万立方米。2007年销售收入6.94亿元，全部内销；纳税总额4668万元，利润总额8518万元，净利润7819万元，从业人数450人。（章存保）

【镇江大东纸业有限公司】 2007年，镇江大东纸业有限公司销售收入6.04亿元，其中内销5.99亿元；纳税总额4787万元，利润总额6188万元，净利润6188万元，从业人数1648人。（章存保）

纺织丝绸工业

【概况】 2008年，全市有纺织工业生产企业303家，从业人员56244人，工业销售产值143.66亿元，产品销售收入143.01亿元，利税总额8.95亿元，利润3.36亿元。其中纺织业156家，从业人员27212人，工业销售产值78.83亿元，产品销售收入78.89亿元，利税总额4.55亿元，利润1.38亿元；纺织服装、鞋、帽制造业147家，从业人员29032人，工业销售产值64.83亿元，产品销售收入64.12亿元，利税总额4.4亿元，利润1.97亿元。（丽 书）

交通·邮政

责任编校：姚丽华

水陆交通综述

【概况】 2008年，镇江市完成交通基础设施建设投资60亿元，比上年增长148%，完成拆迁量超过100万平方米，创历史新高。至2008年底，镇江市公路总里程达6475.152公里、公路网密度达168.32公里/百平方公里，其中高速公路153.104公里、一级公路610.651公里、二级公路708.479公里、三级公路795.66公里、四级公路4207.258公里。内河航道总里程579.08公里，其中四级航道18.46公里、五级航道24.28公里、六级航道46.21公里、七级航道22.35公里，等外航道467.78公里。通航船闸1座。内河码头泊位143个，码头总延长7809米。

铁路建设。京沪高速铁路、沪宁城际铁路镇江段全面开工建设。镇江市在沿线率先完成京沪高速铁路、沪宁城际铁路镇江段征地拆迁任务。宁杭城际铁路镇江段征地拆迁全面启动。

公路建设。完成市域干线公路网调整方案、乡道网规划编报工作。镇江市长江大桥建设指挥部成立，泰州大桥及南接线工程征地拆迁、招投标等前期工作进展顺利。镇大公路开工建设。宁杭高速公路镇江段、243省道句容段、延茅公路、团山路、长山路等工程建成通车。243省道镇江段获全省“五大环境友好型工程”，镇江市交通局获“镇江市城市建设有功单位”称号。

航道建设。在全省率先建成苏南运河“四级改三级”工程陵口先导段，二级挡墙首次采用生态护岸新工艺，实现航道建设与生态环保、自然环境的和谐统一。

站场建设。沪宁城际铁路镇江站站前广场建设启动。扬中一级汽车站投入使用。交通重点工程质监覆盖率、公开招投标率均达100%，未发生重大质量事故。

2008年，镇江市完成农村公路建设投资1.53亿元，新建、改建农村公路337公里。对市域内6981公里农村公路进行普查并建立数据库。53个乡镇（街道）全部设立农村公路养护机构。超额完成镇江市政府下达给交通部门的为民办实事任务，新建、改建农村公路危桥22座，燕舞桥建成通车。新建3座农村客运站，句容、丹阳完成城乡客运一体化改造，扬中开通公交1号线，改写扬中无公交车的历史。提前完成3道乡镇渡口改造。

2008年，镇江市公路、水路交通服务业增加值达39.1亿元，比上年增长16%。镇江市累计完成公路旅客运输量1.0092亿人次，周转量53.55亿人公里，比上年增长15.4%和18.5%；完成公路货物运输量6568万吨，周转量30.32亿吨公里，比上年增长15.8%和16.2%；完成水路货物运输量571万吨，周转量13.39亿吨公里，比上年增长11.7%和14.4%。镇江市内河港口完成货物吞吐量1350万吨，比上年增长31.8%。新增集装箱车、罐式车等特种、专用运输车辆582辆6178吨，增长17%和29%。更新客车213辆，中高档客车比例达70%。客运班线446条，镇江市客运班车公司化经营率达75%。新增专用船舶9艘计1.3万载重吨、海船1艘计5016载重吨，载重吨分别比上年增长46%和17%。镇江首家水上专业“驾校”成立，全国船员远程考试点落户镇江。以“96520”为平台，组建镇江市维修救援网络，开通24小时维修咨询救援热线。

镇江市交通系统向四川地震灾区捐款200余万元和总价值约250万元公路抢通保通设备，开通公路、水路和旅客运输3个救灾绿色通道，对各类抗震救灾物资实行优先免费放行，帮助返回灾区的群众和支援灾区的人员组织运力，提供优先服务。抗雪灾、保畅通工作取得胜利。调集人财物，昼夜奋战，保证境内国省干线公路、润扬大桥、沪宁高速公路等重要通道的安全畅通；开辟应急绿色通道，保证旅客和农副产品以及煤炭、成品油等国家重点物资运输，把雪灾影响降到最小。交通安全保持稳定，较好地完成奥运、春节、国庆等期间的安全稳定任务，辖区水域连续41个月未发生一起死亡事故。出台《全市干线公路桥梁养护管理实施细则》，有效处置241省道丹阳北二环大桥重大安全隐患，避免重大安全事故发生。成功救助遇险船舶72艘、180余人，挽回直接经济损失856万元，救助成功率100%。一项科技成果获市政府科技进步一等奖，两项科技成果获市政府科技进步三等奖，镇江市交通局获“镇江市科技进步目标管理先进集体”称号。

镇江市政府出台《镇江市公路建筑控制区管理办法》，交通部门制订《公路行政执法自由裁量权指导性标准》，修订《运政许可工作规范》，编制《镇江市内河船舶载运危险化学品现场监管简明手册》。125部交通法律、法规、规章和558项行政执法职权得到梳理确认，4个规范性文件被废止。714名持证执法人员参加年审考试。开展公路综合环境整治月、船舶防污染专项治理等活动。全市10条250公里国省干线公路创建成交通事故综合预防示范工程。新建省级文明样板路和绿色通道51.3公里，国省干线公路好路率92.4%，超限运输率控制在5%以下。苏南运河镇江段通过全国样板航道复检。推行六级以上干线航道临跨过河设施许可前的两级机构联合勘察制，干线航道通航保证率90%，船闸通航保证率95%。229艘计3.4万吨外挂船舶和850名船员回归。市行政中心交通窗口全年受理办件7556件,比上年增长1.3%,办结率100%,保持"优质服务竞赛优胜窗口"称号。镇江市德龙港务联运有限公司转让至镇江市韦岗铁矿有限公司。江苏省镇江船厂有限公司获镇江市首个"全国劳动关系和谐企业"称号。 (卞贻辉)

【京沪高速铁路镇江段开工】 京沪高速铁路全长1318公里,总投资2209亿元,其中:镇江段全长约75公里,总投资约110亿元,设镇江高铁站1个。镇江高铁站设在丹徒区诈输村东侧,九华山路与312国道交汇处,采用高架车站的方案,面积为6000平方米。京沪高速铁路的主要技术标准为:双线高速铁路,线路80%是以桥梁或隧道形式通过,设计速度350公里/小时,工程于2008年4月开工,预计2012年建成通车。牵引种类为电力,列车类型为动车组。其中70%以上技术依靠自主创新及国产化。全线年设计旅客输送能力为单向8000万人次。建成后,镇江到上海车程45分钟,镇江到北京车程4小时。 (朱 海)

【沪宁城际铁路镇江段开工】 沪宁城际铁路镇江段于2008年7月开工,由中铁三、四、十、二十四局负责施工。沪宁城际铁路全长300公里(江苏段长269公里),投资估算500亿元,列车设计时速300公里/小时,其大站直达运行300公里/小时,站站停靠的160公里/小时,最小行车间隔时间为3分钟,近期最大区段客流密度为4850万人/年。沪宁城际铁路镇江段长87.109公里,其中句容市20.25公里,市区段(丹徒、润州)38.07公里,丹阳市28.79公里。路线走向基本与既有沪宁线或京沪高速铁路并行,镇江境内设有宝华山、镇江、丹徒、丹阳四个站,预留下蜀、高资南、陵口、吕城四个站。 (周鹤生)

【宁杭高速公路(二期)镇江段建成通车】 宁杭高速公路(二期)镇江段在句容市郭庄镇境内,长度7.6公里,投资3.2亿元,有句容西互通1处,由中铁一局、溧阳路桥公司负责施工。2005年8月开工建设,2008年9月通车。宁杭高速公路南京至溧水段是江苏省"五纵、九横、五联"高速公路网"纵四"的组成部分。路线起点于南京市绕城公路,终点和南京至杭州高速公路一期工程主线起点桂庄枢纽相接。路线经过南京市白下区、秦淮区、江宁区,镇江句容市和溧水县,全长37.277公里,双向6车道,设计行车速度120公里/小时,投资31.32亿元。 (周鹤生)

【团山路(含长山路)建成通车】 团山路(含长山路)是镇江南徐新城内重要的城市干道,由镇江市交通局承建,镇江市交通投资建设发展公司作为项目主体实施建设。其中,团山路西起宁镇公路,向东穿越整个南徐新城中心区,东接九华山路,全长2.5公里;长山路南起团山路,北至南徐大道,全长0.7公里。团山路(含长山路)工程自2006年6月28日开工建设,至2008年8月竣工,道路按城市主干道I级标准设计,双向四车道,路幅宽40米,路面结构采用沥青砼路面,全线设3×20米跨径长山灌渠桥一座,工程总投资3.2亿元。 (张晓俊)

【江苏省镇江市路桥工程总公司】 2008年,镇江市路桥工程总公司实现经营收入8.0264亿元,利税2428万元,与上年持平。该公司在镇江、苏州、深圳等地区的项目开发中,中标工程项目34个,中标合同总额19.4亿元。前三季度,该公司工程项目在推进过程中,克服资金紧张、原材料涨价、地方矛盾突出等困难,继续推进工程进展。四季度,各项目部优化计划管理和施工组织,加快工程进度,并在业主开展的劳动竞赛中取得较好成绩。临连高速公路5A标被评为"路基样板"和"大干100天优胜单位",济徐高速公路2标克服前期征地拆迁滞后、地方矛盾干扰大等困难,取得二、三季度优质优价考核"优"等级和文明施工标杆工地评比第一名。 (管乐清)

公路运输

【概况】 2008年,全年累计完成干线公路建设投资14.96亿元。243省道句容段(46.6公里)建成通车,241省道大泊至花王公司段基本完成主体工程,122省道丹阳城区段和句容城区段达到序时进度要求,238省道扬中段、镇江市区段和340省道句容段相继开工建设。实施首件工程认可制,工程优良率95%以上,工程质量监督覆盖率100%。

公路部门完成104国道、238省道、338省道等路段养护大中修专项工程。新建122省道、241省道、243省道省级文明样板路和绿色通道51.3公里,全市国省干线公路好路率92.4%,县道好路率75%。10条国省干线250公里创建成道路交通事故综合预防示范工程。出台《全市干线公路桥梁养护管理实施细则》《市县两级公路管理机构养护职能规定》《全市公路交通突发公共事件应急总预案》和《路政特情、养护保障、桥梁中断、收费站管理突发事件应急子预案》等规范性文件。

运管部门完成扬中客运新站建设,油坊站、上会站、宝堰站完成主体工程建设,宝华物流危险品专用车场建设项目完工。全市客运班车公司化经营率75%,高于全省平均水平。全年新增4S店4家,3家维修企业由二类升为一类,淘汰9家资质不达标企业。在句容市白兔镇农副产品集中区建立农村物流示范点,在丹阳依托滨江、红马物流基地配送当地产品、零部件和原材料。

运管部门建立定期召开市场信息发布会制度,率先在全省向社会发布客运市场供求状况。向社会公布维修、驾培企业信誉等级,发布维修、驾培指导价和水陆货运价格信息,引导市场消费行为。自行研发营运车辆二级维护到期催告预警系统,利用短信提醒车主到期维护。以"96520"为平台,在全市首次组建维修救援网络,有23家企业加入。

在全市33所驾校安装500多个系统终端,通过系统受理学员报名,核签培训记录,得到省运管局推广。驾校培训做到驾培教材、教学车辆标志、工作流程"三统一"。所有新增旅游客运、一类班线、高速班线车辆和危货运输车辆均安装使用GPS。市区所有客运站、全市二级以上客运站及新建并已投入使用的农村客运站全部实现联网售票。74家企业被评定AAA级。推进"江苏快客""江苏快货""江苏快修"品牌建设,35辆客车、11条货运线路、10家维修企业通过江苏省运输管理局评选。各级运管机构全面通过ISO 9001管理质量体系审核。 (王鹤鹏 耿兴仁)

【243省道句容段通车】 2008年12月,243省道(禄口机场路)句容段竣工通车。镇江到禄口机场快速通道全长80公里,其中在镇江境内约为65公里,分成市区段和句容段。市区段于2007年11月竣工通车,句容段46.6公里全面完成,镇江市区到禄口机场车程50分钟。 (蒋 慧)

【243省道镇江段建设工程获表彰】 2008年,243省道镇江段建设工程被省交通厅授予"五大环境友好型工程"称号。243省道镇江段在建设过程中,坚持保护环境、彰显城市山林特色、与建设社会主义新农村相结合的建设理念。在道路绿化景观施工方案上,利用线路穿五州山脉、跨越六道涵水库、毗邻佛教名

刹净因寺、依托十里长山、途经韦岗抗日纪念碑等地形地貌和人文历史资源，是镇江市西部一条绿色景观大道。全线绿化面积近35万平方米，种植乔灌木100余种，数量100多万株。塑石为景、植物造景10余处，总投资1400万元，为全市增加绿化面积60多万平方米。（蒋　慧）

【镇大公路拓宽改造工程启动】　该工程于2008年10月16日开工，2008年9月底前完成规定范围内的征地拆迁任务，10月实现工程无障碍施工，计划2009年底建成通车。按城市一级主干道结合一级公路标准建设，双向8车道，设计时速100公里。起点为左湖互通，向东南在上埠货场附近接上老路，沿老路向前拓宽，终止于通港路交叉口。道路全长13.8公里，其中新建左湖至上埠段1.9公里，路基红线宽60米，沥青砼路面，两侧设置辅道，并预留城市快速公共交通。（蒋　慧）

【公路管理兑现六项便民措施】　2008年5月7日，镇江市公路管理处兑现六项便民措施：一是开足公路收费道口，保持收费道口畅通。继续推广公路收费站综合稽查系统建设，整合公路执法资源，提高执法效能。二是规范实施行政许可流程，提高许可服务效率。三是完善行政执法责任制，完善行政执法公示，为公众提供相关政策法规服务咨询。四是推进243省道等干线公路服务设施建设，方便广大驾乘人员。五是丰富各类路况信息内容，通过广播、网站等方式为公众提供出行信息服务。六是健全公路养路费征收车辆档案数据和缴费信息，完善多种非现金支付手段，优化银行代征点，实行车辆缴费信息短信提示，方便车主缴费。（蒋　慧）

【建立农村公路（桥梁）数据库】　截至2008年8月20日，为掌握镇江市农村公路（桥梁）的分布情况和技术状况，镇江市公路管理处完成对全市范围内的农村公路和桥梁的技术状况统计和评定，对全市6979公里的农村公路和804座农村公路桥梁进行调查摸底，其中县道为1054公里、乡道为2416公里、村道为3509公里；在一桥一档的基础上，根据建、改造部门及年代，评定桥梁等级，其中一至三类桥梁为530座，四、五类桥梁为274座，摸清各行政等级农村公路的技术状况，形成较为准确的农村公路数据库，为全市农村公路管理养护计划和决策以及桥梁安全的动态监控提供一整套基础数据档案。（蒋　慧）

【维修救援网络组建成功】　2008年10月28日，镇江市以信誉企业为依托，以"96520"为平台，以GPS公司为中心，首次组建维修救援网络，首批入网企业23家，覆盖所有县区和车型。截至2008年底，共受理求助电话40余起。（耿兴仁）

内河水路运输

【概况】　2008年，镇江市航道部门投资1.3亿元，在全省率先完成苏南运河"四级改三级"先导段建设任务。苏南运河"四级改三级"镇江段整治工程建设指挥部成立。省交通厅苏交计〔2008〕250号文件批复开展镇江谏壁三线船闸前期工作。编制《镇江市内河航道网规划》《苏南运河镇江段三线船闸预可性研究报告》。投资1207.5万元，完成香草河、新鹤溪河、通济河、大道河口等疏浚项目，共疏浚144593立方米。完成香草河团结桥口门趸船码头工程，完成航道扫床353.03公里。干线航道通航保证率、船闸通航保证率、优良闸次率、航标正常率分别达到90%、95%、99%和99%。谏壁船闸船舶通过量1.04亿吨，货物通过量6434.47万吨，优良闸次率100%，连续三年船舶通过量破亿吨大关。通过交通部苏南运河文明样板航道第二次复查验收。配合做好丹阳北二环桥危桥拆除方案的拟订和现场管理。更新改造苏南运河5号左右通航标，对辖区25座发光标志坚持定期现场检查。对新建的241省道公路桥跨苏南运河，京沪高速铁路跨苏南运河和九曲河实施行政许可。

地方海事部门围绕奥运安保开展以维护大运河通航环境为主的专项整治活动，排除隐患64起，限期整改1起。建立水上水下施工安全评估机制，实施安全维护评估、水工安全检查、过程定期安全分析、工程结束评审等标准化监管机制。镇江市地方海事局城区海事处、丹阳市地方海事处两处制定专项维护措施和规定，专门成立水上维护指挥部，实施海巡艇、CCTV水上交通安全视频监控系统全程控制的立体维护方案，进行全天候24小时维护。全年辖区通过船队10600个、单船131900艘，船舶通过量突破1亿吨，货物通过量6300多万吨。连续44个月未发生一起水上一般及以上交通死亡、沉船事故、污染水域事故、因监管不到位而造成的严重航道堵塞和塌桥事故。制定通航水域应急保障机制、船舶发生严重堵塞应急联动机制、水上突发交通事故应急联动机制、内涝与船舶征调保障机制和交通及后勤保障等机制。全年成功救助遇险船舶178艘，避免沉船12艘，救助人员180人，挽回经济损失855.8万元，救助成功率100%。全面推行海事现场综合执法计算机应用系统、船舶检验发证系统、船舶签证网络版、计算机收费系统、新中大财务系统等管理系统，船员计算机考试系统升级扩容。实现安全检查与行政处罚、船员培训与考试、科协体制和行政体制的分离。对全市范围内22座桥梁统一设置警示标志和通航标志。完成扬中、句容、丹阳三道乡镇渡口改造，通过标准化渡口验收。全国内河船员计算机终端考试远程监控点落户镇江，全市船员考试信息化工作居全省前列。镇江市海翔船员培训中心成立，成为全市首家水上"驾校"，实现船员培训考试分离。全年全市外挂船回归229艘，34089吨，船员850人。在全市推出船舶检验监理制和《关于船舶建造检验检查的若干规定》，实施自检、厂检、验船师检验的三级检验制度，提高检验效率，促进船舶质量的提升。全年（含浙江）完成船舶检验22万吨，是上年的四倍多。《镇江市内河船舶载运危险化学品现场检查应急处置简明指导手册》通过省级专家审定。初步完成苏南运河镇江段视频监控点"无缝隙覆盖"选址、布点前期调研及各项准备工作。（袁　焰　陈　敏）

【苏南运河镇江段首家水上服务区开建】　2008年，该水上服务区经省发改委批准并进入施工阶段。该项目计划选址方案位于运河进口往南处的镇江市丹徒区辛丰镇，在丹徒区境内辛丰公路桥上游、航道左岸（5K+938～6K+465）处，设计规模为450×50（M）。该工程项目包括靠泊码头、锚地、陆域服务设施等，陆域服务设施各功能包含加油站及废油回收设施，船舶维修、零配件销售及交易市场，航运管理中心、船用物资补给站等，以解决船民备件、备品和生活物资补给问题，提供船舶维修等各类业务服务船民。（袁　焰）

【苏南运河陵口先导段航道整治工程完成】　2008年11月20日，苏南运河镇江陵口先导段"四级改三级"航道整治工程完工。该工程于2007年6月1日开工，2008年12月25日通过省航道局组织的交工验收并交付试运行。造价可控，工期目标实现，质量优良，没有发生安全及质量事故，在全省率先完成苏南运河"四级改三级"先导段建设任务。该工程完成投资1.3亿元，累计完成水下土方102万立方米，一级重立式驳岸

8563延米，地下连续墙363延米，二级生态挡墙2.59万平方米，累计拆除房屋8086平方米，设置农用电灌站和泵站9座，砍伐树木1.5万棵，征用临时用地41.3公顷。（袁 焰）

【“东方明珠一号”游轮建成下水】 2008年5月8日，由上海东方明珠旅游公司订建的“东方明珠一号”豪华游轮，在扬中市西来桥镇由江苏苏洋船舶工程有限公司建成下水。该豪华游轮于2008年北京奥运会和2010年上海世博会期间，投入黄浦江旅游专线接待中外游客。“东方明珠一号”豪华游轮全长50米、型宽13米、型深3.5米、航速15节，设有400余个观光客位，还有可供商务活动的大小会议厅、宴会厅、歌舞厅、卡拉OK厅、豪华包厢等。这是上海东方明珠旅游公司的23艘豪华游轮中，在镇江扬中订建的第一艘样船。（陈 敏）

【镇江“省高技术船舶及配套设备产业基地”被列为省“双倍增”计划】 2008年6月20日，《江苏省镇江高技术船舶及配套设备高新技术产业基地发展规划》获得省科技厅批准，并被列为江苏省新一轮高新技术产业“双倍增”计划（到2010年全省高新技术产业产值确保20000亿元，力争达23000亿元，实现在第一轮“双倍增”目标7500亿元的基础上再增两倍，占规模以上工业产值比重达30%以上）实施重点。该规划明确，在“十一五”期间，重点建设“特种船舶”“船舶动力装置”“船舶辅机”和“船舶锚链”等四大高科技研发中心。（陈 敏）

【全国等级船员计算机远程考试系统在镇江建成】 2008年6月21日，镇江市全国等级船员计算机远程考试系统通过交通部海事局船员考试中心评估。镇江市等级船员考试分中心被确定为全省三个船员无纸化考试远程考点之一。该系统与交通部海事局专网连接，可进行全国高等级船员无纸化远程考试和网上远程阅卷工作，实现高等级船员考试全国联网。2008年10月10日，镇江市海翔船员培训中心正式开班。（陈 敏）

【江苏科技大学浙江船舶研究院在临海揭牌】 2008年7月23日，江苏科技大学浙江船舶研究院在浙江省船舶工业重镇临海市揭牌。地处东南沿海改革开放前沿、我国民营经济最为活跃地区之一的浙江省，船舶工业发展近年来踏上了快车道。在浙江省台州市与江苏省镇江市两地民营造船企业和船检管理部门交往日益频繁的情况下，江苏科技大学浙江船舶研究院的设立，顺应了科技创新与产业升级的趋势。该研究院下设数字化设计中心、船舶教育培训中心、船舶数字检测中心、船舶焊工考培中心、船舶监理中心、船舶配套中心等六个中心，并辅以船舶数字化设计、船舶涂装、设备检测、监理评估、工程咨询于一体。按照科技合作协议，该研究院发挥学科人才优势和高等院校船舶专业科研优势，为浙江省船舶科技创新提供服务平台。浙江省与江苏科技大学的“联姻”，旨在借助高校人才和学科研发两个优势，加快船舶新高技术成果转化和产业升级，提升船舶工业及船舶装备制造业自主创新能力。（陈 敏）

【苏南运河首座船舶垃圾收集站竣工投用】 2008年12月23日，苏南运河首座船舶垃圾收集站竣工。该垃圾收集站占地100平方米，采用HYHB－1200B立式生产垃圾压缩机，集船舶垃圾回收、压缩、储运等功能为一体，日处理能力50吨。该站的建成加强了对辖区流域船舶垃圾治理，并保护了水体环境。同时，苏南运河镇江段首个丹阳船舶油废水回收站建设同步竣工，一并投入使用。（陈 敏）

城市公共交通

【概况】 2008年，镇江市公共交通总公司完成客运收入1.22亿元、客运量9545万人次、总行驶里程3643万公里，分别比上年增长10.26%、2.45%和3.84%。全年车次执行率96.16%、首末班准点率99.84%。公司有职工1858人，资产总值1.56亿元，下辖6个营运公司、1个旅游汽车出租公司、1个汽车修理厂、

表16-1 **2008年镇江市新开通和优化公交线路一览表**

	线路名称	开通时间	基本线路走向
新开通线路	135路	08－28	松盛园、东吴路、解放路、官塘路、镇丹路、农副产品批发市场
	130路	11－26	松盛园、东吴路、长江路、中山北路、朱方路、三茅宫
	线路名称	优化时间	具体优化情况
优化线路	20路	02－18	延伸至红豆购物广场
	116路	06－26	优化至经十二路运行
	123路	06－26	优化至花山东路运行
	8路	06－26	部分班次调整至创业园区运行
	21路	07－18	延伸至上党农贸市场
	105路	09－22	延伸至党校
	28路	10－28	延伸至红豆购物广场
	9路	11－26	延伸至第二人民医院
	14路	11－26	延伸至第二人民医院

（陈 文）

表16-2 **2008年镇江市新建（增）公交站点一览表**

道路名称	站点名称	数量
九华山路	江科大南校区西门、九华山路、檀山社区、莲花洞村、白龙山南路、卢湾村各1对	12
经十二路南段	创业园区1对	2
南徐大道西延	南徐大道、小牛村各1对，另有14个站台建成未使用	18
九华山支路	5个站台建成未使用	5
健康路西延	2个站台建成未使用	2
镇丹公路	市农副产品批发市场	1
合 计	40	

（陈 文）

1 个广告公司和 1 所机动车驾驶员培训学校；有公共汽车 728 辆，城市万人公交拥有率达 12 标台，营运线路 55 条，线路总长 791.5 公里，日客运量 28 万人次。全面完成为民办实事项目，投入 3000 余万元，新购置环保节能公交车 90 辆，新辟和优化公交线路 11 条。12 月 10 日，在火车站广场举行城市公交 10 路、6 路车辆更新发车仪式，新投放 30 辆公交车，全线更新 10 路、6 路车型。开展创建"示范线、精品线、标兵车"等优质服务竞赛活动，塑造行业新形象，涌现一批先进典型和先进事迹。该公司被评为省建设系统抗击雪灾先进集体、市安全诚信优秀企业、市"安康杯"竞赛优胜企业、市工资集体协商推进工作先进单位等称号，公交 W61113 车组被命名为全国青年文明号，"城市公共交通智能调度系统"获市科技进步三等奖。

2008 年，市区有出租汽车 1254 辆，从业人员 3000 人，年客运总量 3200 万人次。出租汽车爱心车队被评为镇江市首届"大爱之星"。全年举办培训班 59 期，培训人员 2487 人次，查处各类违章 382 起。市政公用局克服出租汽车行业全国性不稳定、管理难度大的压力，在确保行业稳定的前提下，制定《镇江市区出租汽车新一轮更新实施办法》。从 10 月初开始，按照自主自愿、市场化推进的原则，推进市区出租汽车新一轮更新，年内有 700 余辆提前更新，达到总量的 55%。新更新的出租汽车统一安装税控计价器、GPS、LED 显示屏和新式顶灯等设施，以公司为单位统一车身颜色和专用标志。按照"双 70"（公司车辆规模达到 70 辆以上，注册资本金达到 70 万元以上）的要求，引导公司通过兼并重组、合资合作经营等方式做大做优，公司由原来的 19 家整合为 8 家。与公安部门联动，对城市客运市场进行集中整治，组织开展"集中整治月"和"百日专项整治"行动，查处"黑车"76 辆。（陈　文）

【推进城市公交场站建设】 2008 年，镇江市确定南徐新城、丹徒新城和镇江新区公交停车场用地，面积 10 万平方米，是原停车场面积的 1.5 倍，全部建成后可容纳 500 辆公交车停放。完成南徐新城公交停车场省土地征用专项指标、方案设计和专项评审、土地征用补偿等工作，10 月初开工建设。建成并启用江大公交枢纽站，基本建成江科大西校区公交枢纽站。（陈　文）

【完成市政府为民办实事城市公交项目】 2008 年，镇江市投入 3000 余万元，新购置环保节能公交车 90 辆，占年计划的 112.5%，提档更新 10 路、6 路、21 路、23 路等车型。新辟和优化公交线路 11 条，占年计划的 137.5%，新开通市区直达农副产品批发市场的 135 路和连接市区东西部区域的 130 路，调整优化 20 路、116 路、123 路、105 路、9 路、14 路等线路。公交线路逐步向丹徒区乡镇延伸服务，将丹徒新城内部循环线 138 路优化至丹徒区医院运行，将 21 路延伸至上党镇农贸市场，将 6 路部分班次延伸至丹徒区实验学校。在全市放心消费用户满意度调查中，城市公交综合满意率 84.96%，在全市 18 个综合服务行业中名列第四位。（陈　文）

【市区出租汽车每辆补贴 5092.97 元】 2008 年 6 月，根据省财政厅、省建设厅通知要求，镇江市区出租汽车统一按每辆 5092.97 元标准计补，其中中央和省财政补助 4405.3 元/辆，市财政补助 687.67 元/辆。具体为：对 6 月 20 日新调价部分中央财政承担 40%，省财政承担 36%（含养路费减征 40 元/辆·月），其余 24% 由市财政承担，补贴时间为 6 个月。对 2008 年 5 月前历次成品油调价的补贴资金，负担比例执行 2007 年政策。两次补贴合并后，统一执行上述补贴标准。市财政、市政公用部门在 7 月 1 日前将该次出租汽车财政补贴全部直接发放到市区 1254 辆出租汽车车主手中。（陈　文）

【关爱在镇江的四川籍地震灾区出租汽车司机】 2008 年，镇江市市政公用局联合客管处、出租车行业协会发出倡议，在行业内部开展向四川籍地震灾区出租汽车司机定向募捐活动。5 月 16 日，组织召开四川籍地震灾区司机座谈会，将首批募集到的 3.4 万元善款发放到 28 名四川籍司机手中。对在镇江从事出租汽车经营的 119 名四川籍司机逐一进行走访，了解其家中受灾情况，帮助其联系当地政府和家人，解决各类困难。同时加强对全行业安全营运、文明服务方面的教育，确保行业经营秩序平稳有序。（陈　文）

邮　政

【概况】 2008 年，全市（含辖市）完成邮政业务总量 33453.74 万元、业务收入 27384.96 万元，分别比上年增长 14.90% 和 10.92%。其中，镇江邮政局完成邮政业务总量 13197.51 万元、业务收入 12465.77 万元，分别比上年增长 9.28% 和 9.34%。

坚持科学发展，提升公司价值。在调整结构中加快发展，切实转变发展方式，邮政经营工作取得显著成效，企业公司价值得到快速提升。各项邮政业务呈现持续增长态势，函件、速递、报刊等业务收入占比不断提高：函件业务收入占邮政业务总收入的比重由上年的 10.09% 提高至 12.73%，速递业务收入占邮政业务总收入的比重由上年的 15.03% 提高至 18.90%，报刊业务收入占邮政业务总收入的比重由上年的 9.63% 提高至 10.23%。企业经营性现金流持续增加，财务状况改善。大客户对收入的贡献率提高，在线大客户数比上年同期增长 35.96%。

注重科学管理，提高企业管理水平。推行责任中心全成本损益核算，改进财务管理工作。出台责任中心资金管理考核办法，对各专业实行月度收支预算制管理和模拟现金流考核，规范财务行为。建立健全干部人事档案，加强人力资源管理。1 人被评为江苏省邮政公司技术专家，1 人被评为镇江市技术专家，9 人被评为局内技术专家。与各类用工人员依法签订劳动合同，规范劳动用工管理。加强经济责任审计和工程项目审计，严格合同审查会签制度。规范视察检查工作，出台《镇江邮政局视检管理岗位积分考评及奖惩办法》，加大对专业管理岗位的检查力度，初步形成"一级查一级，下级为上级负责"的检查体系。突出抓好奥运安全工作，重点加强对邮件、资金、车辆、网运等的安全检查，确保奥运期间邮政通信安全生产无事故。抓好平安邮政创建工作，全市营业网点安防达标率达 100%。落实"执行、闭环、持续改进"的管理理念，逐步形成镇江邮政特有的知识管理体系。

深化内部改革，增强企业发展活力。推进邮政体制改革，做好邮政储蓄银行组建工作，初步完成邮政速递物流公司的筹建工作。推行全成本损益核算办法，突出经营管理的过程化控制，做到"预算、结算、核算"三算合一。强化损益核算结果的应用，为业务发展、绩效考核、管理决策提供科学依据。深化人事和分配制度改革，初步建立核算标准科学规范、考核基础指标客观准确，能力、责任、业绩、薪酬四点一线的激励机制。

坚持服务制胜宗旨，改进邮政服务工作。一是改变传统的"以产品为中心"的服务理念，树立"以客户为中心"的服务理念，围绕客户需求，提升邮政服务质量。二是加大硬件投入，改造邮政服务网点 19 个、投递工作场所 19 处，为投递人员新配电动自行车 362 辆，改善服务环境和工作条件。三是为战胜自然灾害提供服务。成立抗冰雪、保畅通领导小组，实行 24 小时调度值班制，疏运报刊邮件、抢运救灾物资，确保邮政绿色通道的高效畅通和机要邮件、党报党刊的正常通信。支持抗震救灾，抽调 3 辆邮政车辆为灾区运送帐篷；开通免费汇兑的绿色通道，为迅速恢复灾区通信、保障邮件安全、支持灾后重建工作提供服务。四是加强服务监督的制度化管理，执行《镇江邮政局客户投诉闭环处理办法》，妥善处理客户投诉。出台《镇江邮政局服务质量奖励与考核办法》《"银企对账单"业务处理流程及奖惩办法（试行）》和《全区速递业务通信质量管理及奖惩办法（试行）》。在两次邮政服务质量综合满意度调查活动测评中，镇江邮政服务质量综合满意度 87.36 分。

坚持以人为本，推进和谐创建工作。深化文明行业创建工作，开展以出资人满意、客户满意、员工满意和社会满意为主要内容的"四满意"活动。定期召开职工代表联席会议，向职工代表公布全局财务状况和生产经营情况。组织慰问离退休人员和重病困难职工。开展抗震救灾捐款活动，向灾区捐款 17 万余元，缴纳"特殊党费"4 万余元。实施"员工素质提升工程"，熊万骏获镇江市"五一劳动奖章"，解加平入选"镇江市十佳新人"；《抢运，为了灾区的人民》入选江苏邮政"十佳文明服务新事"，姚桥支局等 7 个班组入选江苏邮政"百优班组"，荣炳支局等 7 个班组获江苏邮政"优星班组"称号。（高向阳）

【镇江邮政储蓄理财中心开业】 镇江邮政储蓄理财中心是班组级生产机构，于 2008 年 1 月 16 日开业。拥有从业人员 9 人，业务范围包括邮政储蓄、代理保险、小额质押贷款、代售国债、基金和理财产品。位于镇江市商业城北侧（解放路邮政支局第二层），内设服务总台、VIP 高端客户接待室、业务洽谈区、网上自助银行服务区和现金业务办理区等，营业面积 380 平方米。开业前接受客户预约登记购买"创富一号"理财产品的金额 3700 万元，业绩列全国第四。该理财中心提供个性化、差别化、综合性、一站式服务，实现客户资产的保值、增值，帮助客户实现财富价值的最大化，并根据客户需要创新、完善服务产品，满足客户个性化的需求。（高向阳）

【开办内地—香港限时专递次日递业务】 为适应市场需要、增强市场竞争力，镇江邮政局于 2008 年 3 月 3 日开办内地—香港限时专递次日递业务。该业务是指寄往香港指定区域且单件重量在 35 公斤及其以下的快件，在次日下午 18:00 时前完成投递的速递业务。该业务丰富了境外次日递业务的开办国家和地区，是邮政速递开展的又一项速递服务。（高向阳）

表 16-3

2008 年镇江邮政局邮政网点一览表

城市邮政网点		农村邮政网点	
名　称	邮政编码	名　称	邮政编码
解放路邮政支局	212001	大港邮政支局	212132
大西路邮政支局	212002	大路邮政支局	212133
梦溪路邮政支局	212003	丁岗邮政支局	212134
火车站邮政支局	212004	石桥邮政支局	212135
三茅宫邮政支局	212005	姚桥邮政支局	212136
谏壁邮政支局	212006	高桥邮政支局	212137
中山东路邮政支局	212007	儒里邮政所	212139
东吴路邮政支局	212008	辛丰邮政支局	212141
汝山邮政支局	212016	黄墟邮政支局	212142
江苏大学邮政支局	212013	三山邮政支局	212143
丹徒邮政支局	212014	江心洲邮政支局	212144
花山湾邮政支局	212003	上党邮政支局	212121
正东路邮政支局	212001	上会邮政支局	212124
甘露寺邮政支局	212003	宝堰邮政支局	212125
黄山南路邮政支局	212004	荣炳邮政支局	212126
官塘桥邮政支局	212011	谷阳邮政支局	212127
蒋乔邮政支局	212021	石马邮政支局	212113
运河路邮政支局	212003	高资邮政支局	212114
和平路邮政支局	212002	世业洲邮政支局	212115
七里甸邮政支局	212017		
松村路邮政支局	212008		

（高向阳）

信息化建设

责任编校：毛向阳

综　述

【概况】 2008年，镇江市信息产业迅速发展，电子制造业经济指标位列全省第八，软件业列全省第五，电子信息产业规模占全部工业经济销售收入的9.6%，成为全市重点培育和发展的支柱产业。全市信息产业实现销售收入224亿元，比上年增长54.5%。其中，电子产品制造业174亿元，软件业30亿元，通信服务业20亿元。全市农村信息化综合信息服务试点建设基本完成，“数字镇江”建设取得新的突破，电子政务建设得到加强。年底，全市电子口岸共8家上线单位，45项网上审批项目，主要实现船舶申报的流程流转、出口货物检验检疫、进出口人员申报、船舶GPS(全球定位系统)信息共享等。句容市、扬中市在发展改革和经济贸易委员会增挂信息产业局的牌子，至此，各辖市基本建立信息化与产业管理机构，初步形成全市信息化和电子信息产业的管理体系。全年争取国家电子发展基金、省软件和集成电路专项资金共2250万元，创历史新高。三个薄膜太阳能电池及设备项目落户新区，镇江成为全球第四个生产薄膜太阳能电池及设备的地区。 (陶迪明)

【无线电管理】 截至2008年12月底，全市有10个单位新设和增设专用无线电台178部，撤销、报废各类无线电台343部，收回频率22个，换发电台执照1886份。全市现有注册无线电发射设备9690部，移动电话117.44万部(含新增移动电话27.59万部)，无线市话31.40万部，累计各类无线电发射设备总量为149.81万部。

全年开展执法检查24次，处理违章4起、设备26部；实施监听监测2910小时，完成5个业务频段的监测任务，发现并查清不明电台(信号)9个，受理并排除干扰3起，检测无线电发射设备223部。 (王洪富)

【承担国家统一考试的反无线电作弊监管】 根据国家和省教育、无线电管理、公安等部门的统一部署，2008年，镇江市无线电管理办公室承担国家的研究生入学、公务员招考、普通高校招生、司法、医师资格、成人高校招生等6项统一考试的镇江考区反无线电作弊监管工作。先后动用技术设备126台(部)严密掌控考场电磁环境动向。在1月19日至20日全国研究生统一考试过程中，镇江考区发现和有效技术压制作弊无线电信号5个，查获考场作弊嫌疑人2批、3人，截获处理无线电作弊工具4件。

市无线电管理办公室被江苏省无线电管理局评为2008年全国研究生考试无线电管理专项应急任务有功单位，两人被评为有功个人。 (王洪富)

【完成北京奥运会无线电保障任务】 2008年，按照国家和江苏省无线电管理局统一部署和要求，镇江市无线电管理办公室选派专门技术人员赴北京参加奥运会无线电保障工作，圆满完成任务。沈亮楠被表彰为北京奥运会、残奥会无线电安全保障优秀队员。做好与奥运关联的工作，加强火炬传递频率的重点监测。应扬州市无线电管理部门的邀请，选派无线电监测技术人员到扬州市奥运火炬传递现场配合做好奥运火炬传递的现场监测保障工作。 (王洪富)

【无线电台站数据核查清理登记】 2008年，市无线电管理办公室在全市范围内展开无线电台站数据核查清理登记工作，完成全市23个系统145个单位约9000部台站设备资料的输入，生成技术资料表6817份，录入数据约14万条。完成台站数据清理登记工作任务。 (王洪富)

【《关于加快“数字镇江”建设的意见》出台】 镇江市政府2008年12月出台该《意见》，确立镇江市信息化建设的总体思路，坚持政府规划、政策引导、重点推进、市场化运作的原则，集约化建设先进适用的城市信息交互网络，强化基础数据库、公共交换共享平台等支撑环境建设，加速电子政务应用系统建设，推进社会公共服务领域信息化，提升经济领域的信息化水平。 (鲍　健　赵志燕)

信息化应用

【概况】 2008年，全市形成一批信息化带动型企业和以信息技术为特征的高新技术产品，推进一批信息技术应用项目，实施以信息化带动社会主义新农村致福工程等在全国有影响的信息化亮点工程。 (鲍　健)

【社区信息化建设】 2007年12月，镇江市被列为江苏省社区信息化试点城市。2008年，全市社区信息化工作深入展开。一是整合现有资源，完善全市社区信息化管理与服务平台，结合现有社区管理信息系统，做好源头人口基本数据的采集与录入等工作，完善现有管理平台，重点建设社区基本信息管理系统、社区电子台账、社区综合查询系统等。二是建好镇江社区门户网站，实现与居民互动，建立社区服务呼叫中心、社区卫

生服务系统等。通过一年的建设与应用，形成人人关心、支持和参与社区信息化建设的良好局面。（鲍 健）

【农村信息化建设】 2008年，全市农村信息化落实市政府《镇江市农村信息化综合信息服务试点建设三年工作方案（2007年－2009年）》建设要求，召开两次全市农村信息化综合信息服务试点工作推进会，通过现场参观和交流，明确试点工作目标和要求。在原平台基础上，整合资源，实现一网多用。在保证平台稳定运行的基础上，搭建村务管理应用系统、专家咨询应用系统、农家乐应用系统和短信应用系统，实现一网多用。并将农村党员干部现代远程教育、文化信息资源共享工程积累的资源及市发改委的农业龙头企业信息、市物价局的农资价格信息、市农林局的涉农科技信息等资源统一融合到平台上，形成区域内信息汇聚。建立示范点，实现以点带面。到年底，全市605个行政村全部建有信息服务点。在服务点的基础上建20个示范镇，100个示范村，50个示范企业，并将工业和信息化部赠送的电脑有侧重向其中18个示范镇、27个示范村、2个示范企业配送，用于农民培训、上网，信息员信息收集、上传等工作。与中国电信镇江分公司进行合作，进镇入村，对农民进行免费培训和体验。制订《镇江市信息大篷车使用方案》，印刷《新农村致福网宣传册》《江苏农家乐宣传册》《2009年新农村年历画》等。信息大篷车开进全市19个镇100多个村，培训农民1000多人次。组织全市农民参加江苏省农民（家庭）上网技能大赛，全市共有1.6万名农民参加比赛，占全省参赛农民的23%，居全省第二。（鲍 健）

【电子政务网络平台初步建成】 2008年，全市电子政务纵横互联的网络平台初步建成，横向市级116家党政部门实现互联，纵向与省政府办公厅以及7个辖市（区）实现贯通。电子政务应用系统建设逐年拓展。先后建成公文无纸化传输、数字证书分中心、网上并联审批。政府门户网站建设不断增强。以“中国镇江”门户网站为龙头，覆盖大部分市级部门和各辖市（区）的政府网站体系基本形成。作为政府电子政务子系统的电子口岸建设，增加镇江电子口岸船舶GPS信息共享系统，平台实现7806个业务网上办理工作。（赵志燕）

【软件业发展迅猛】 2008年，全市软件产品销售首次突破30亿元，比上年增长50%；新增9家软件企业，增长80%；新增软件产品19个，增长110%；新增2家系统集成三、四级资质认证企业，增长67%；新增CMMI（能力成熟度模型集成）三级认证企业12家，增长600%。（孙 勇）

【《关于打造百亿级软件园区的实施意见》出台】 市委、市政府高度重视软件产业发展，2008年出台的该《意见》主动接轨沪宁，主要是对接南京，接受产业辐射和转移，加强园区基础设施和公共平台建设，加快产业集聚，壮大产业规模，加强招商引资，扩大产业增量，以重点企业为龙头，以骨干产品群为基础，以嵌入式软件、软件出口和服务业外包为突破口，扶持特色产品，培育骨干产品集群，形成软件产业规模化、集约化、特色化发展格局。（孙 勇）

信息产品制造

【概况】 2008年，全市电子信息产品制造企业克服不利因素的影响，实现销售收入174亿元，比上年净增58.57亿元，增长43%，实现利税10.3亿元，增长42.7%，实现利润5.86亿元，增长55.9%。其中企业数最多的是电子元件工业，有75家；工业总产值和销售收入最高的是电子信息机电产品工业，分别为87.98亿元和82.79亿元；销售收入和实现利润增幅最高的是电子器件工业，分别增长166.1%和321.4%；销售收入降幅最大的是家电制造工业，下降33.2%。（朱华龙）

【江苏（镇江）太阳能光伏产业园】 2008年7月，江苏（镇江）太阳能光伏产业园通过江苏省信息产业厅认定，成为国内首家太阳能光伏省级园区，同时也是镇江市首家省级电子信息产业园区。园区现有大成硅科技、辉煌硅能源、环太硅科技、大全集团等20余家光伏企业，涉及太阳能电池用单晶硅棒、多晶硅锭、单晶硅片、多晶硅片、太阳能电池封装、电池组件、太阳能电站、太阳能路灯、太阳能庭院灯等光伏产业上、中、下游产品。（朱华龙）

【江苏（镇江）绿色照明产业园】 2008年12月，江苏（镇江）绿色照明产业园通过江苏省信息产业厅认定，成为镇江市第二家省级电子信息产业园区。园区有国家高新技术企业2家，省、市级高新技术企业13家，省级企业技术中心2家，拥有以江苏强凌、镇江强凌、江苏稳润、江苏奥雷、金港磁性、天安电器电信为核心的电子元器件生产企业57家，初步形成从衬底材料、外延片、芯片、封装到应用产品及配套材料等较为完整的产业链。（朱华龙）

【三个薄膜太阳能电池项目落户镇江】 2008年，三个薄膜太阳能电池及设备制造项目落户镇江市，镇江成为全球第四个能生产薄膜太阳能电池生产设备及薄膜太阳能电池的地区。一是亚洲太阳科技有限公司投资4500万美元的高效能薄膜太阳能电池生产设备项目，2009年上半年，第一条生产线可进入安装、调试；二是剑桥薄膜太阳有限公司投资9000万美元强效薄膜太阳能电池项目，计划3年内发展到4条生产线。三是香港圣睿太阳科技有限公司总投资5亿美元的360WM（兆瓦）薄膜太阳能电池项目于2009年10月投产。（陶迪明）

【巨宝科技公司成立】 2008年6月，世界第二大笔记本电脑生产商仁宝电子和全球最大笔记本电脑外壳生产商巨腾国际并购句容台资企业华叶新技有限公司，新成立巨宝科技有限公司，总投资6亿美元，主要从事笔记本电脑外壳的生产、研发、销售。公司全部达产后，年销售可达70亿元，年创利税约10亿元。（陶迪明）

通信服务业

【概况】 2008年底，全市固定电话总数132万户，移动电话总数188万户，合计320万户，百户家庭电话拥有量超过350部，电脑拥有量45台。互联网用户27万户，光缆线路总长度约5000公里。全市广播电视人口综合覆盖率100%，有线电视用户入户率达66.45%。全年通信服务业实现业务收入20亿元。（王爱华）

【中国电信镇江分公司】 2008年，中国电信镇江分公司优化资源配置，在发展固定电话、小灵通及宽带传统业务和用户的同时，拓展号码百事通、商务领航新业务及基于宽带网络的iTV（网络视讯）等转型业务，承接运营原联通CDMA（“码分多址”数字无线通信技术）网络，推出天翼移动业务品牌。全年实现业务收入8.31亿元，比上年增长2.47%。非话收入占比达48.6%，提升10.8个百分点。增值业务收入结构发生变化，七彩铃音、互联星空、IDC（因特网数据中心）

及 iTV 比重上升，智能网与短信业务占收入的比重下降。“114”、“118114”话务量累计增幅列全省第四位。商务领航业务收入占比重比上年提高 4.7 个百分点，居全省第一；“我的 e 家”收入占比提升 0.8 个百分点，用户累计达 13.4 万户。公司先后获江苏省五一劳动奖状、江苏省诚信单位、江苏省和谐劳动关系模范企业等荣誉。（谢月珍）

【在原联通 CDMA 基础上推出移动新品牌】 2008 年 10 月 1 日起，C（CDMA）网业务划归中国电信，镇江电信精心筹备，实现原联通 CDMA 网络和用户的平稳承接，并在此基础上推出自己的移动业务品牌——天翼和移动业务号段“189”。

镇江电信共推出天翼大众、时尚、商旅、畅聊套餐，商务领航基础包、家装包套餐，家庭客户融合套餐、校园客户学子 e 行套餐等 11 种天翼业务套餐，同步推出总机服务，C + W 无线宽带、爱音乐、同时振铃、统一充值 5 项天翼新产品，满足各个层面的用户需求。网络优化同步进行，基站数量从原来的 258 个增加到 271 个，话务量从移交时的 4000erl（爱尔兰）上升到 10000erl，网络质量和网络效能稳步提升。出账用户从 4.61 万户增加到 7.23 万户，增长 56.9%。（谢月珍）

【电信宽带发展】 2008 年，镇江电信延伸农村，村村通宽带工程，建设城市无线宽带，并借助移动业务的回归，建设 CDWA + WLAN 的无线宽带方式，提升镇江电信宽带网络质量和接入方式。

无线宽带在企业、旅馆、图书馆，咖啡厅、楼宇、工厂和高校等场合得到广泛的应用，覆盖无线宽带热点区域 200 余处。4 月 29 日，镇江市网络媒体招商发布会召开，现场 50 多家网站代表通过中国电信的无线宽带上网方式，将镇江市民营经济 1100 条招商信息实时传递到世界的每个角落。2008 年净增宽带用户 5.16 万户，累计达到 24.1 万户，在固定电话中的渗透达到 27.2%。

（谢月珍）

【中国移动江苏公司镇江分公司】 2008 年，公司网络规模不断扩大，全网可承载用户超过 200 万户；网络质量不断提升，全年累计新建基站 148 个，新建室内覆盖系统 146 处，网络覆盖率达 99.23%，最佳语音质量达 97.58%，移动数据业务下载速率达到每秒 167kb（千比特）；应急通信保障能力不断加强，完成突发自然灾害、重大体育赛事的通信保障工作。

公司不断拓展业务范围，向用户提供主要包括飞信、手机报、无线音乐俱乐部、号簿管家、139 邮箱、手机上网、超级随 E 行等新业务。其中，镇江本地手机报自 2006 年 12 月创刊以来陆续推出镇江精华版、县市版等 7 个版本，为 12 万用户提供新闻咨询、本地热点、生活便民信息等内容；全年累计有 60 万用户使用移动手机上网业务，体验随时随地无线上网冲浪的乐趣。

公司面对暴雪灾害、地震灾害等重大事件时，派出志愿者支援一线，组织员工捐款 15 万余元，数百名员工做献血预约登记；开展关爱弱势群体的爱心大行动、对口扶贫、参加慈善一日捐等活动。

公司在全省试点单联电子发票项目。单联电子发票应用后，营业前台只需给客户打印一联发票，原来发票存根联的功能由电子发票全面替代。该模式解决发票种类多、联数多、手工操作繁琐、查询困难、存储浪费资源等问题。

公司进行营业前台业务流程再造项目建设，根据第二代身份证内嵌身份识别芯片的特点，在客户办理业务时，通过专用设备直接读取客户身份证信息，辅以密码校验方式，实现客户身份信息电子化读取、存储和检索功能，用以替代现有的身份证复印留存方式，促进业务办理和管理上的变革。

公司为市城市管理行政执法局建设“数字化城管”系统，该系统由特定的掌上终端和信息管理中心组成，按照“一个中心、两级平台、三种职能、四级管理网络”的组织架构，建立市、区两级数字化城市管理平台，强化信息收集、指挥协调和监督考核三项职能，完善市、区、街道、社区四级城市管理网络。

公司为市人大常委会打造的电子政务平台“人大门户网”开通。公司为教育行业打造“教育直通车”业务，拓展原“校信通”业务的内涵。

公司推出让广大客户在奥运年享受到五星级的金牌服务，开展多种形式的移动客户体验行活动，公司通过多种途径邀请客户对移动服务进行评价及监督，将提高客户的参与度作为改进服务水平的重要手段。组织开展欢乐社区行——百场免费电影进社区等系列公益活动。（张婷婷）

【移动公司加快信息化为农服务】 2008 年，移动镇江分公司围绕建设社会主义新农村的目标，加快农村信息基础设施建设，发展各类适农、惠农、助农信息产品，加强信息技术在农业、农村的应用。推进移动信息化示范村镇建设，全市信息化示范镇签约率 89%，信息化示范村覆盖率 76%。

公司开通“农信通”业务，为农民和涉农单位发送及时、准确、权威的富农、惠农信息，累计发展用户 21 万余户，占全市农业人口总数的 12.7%，每月收集、发布涉农信息 180 多万条，初步起到传递信息、引导农民的作用。（张婷婷）

【中国联通镇江分公司】 2008 年，联通镇江分公司进行融合重组。公司克服重组带来的人员思想动荡，市场竞争激烈、内需不足等重重困难，完成镇江联通与镇江网通的融合，完成与镇江电信进行 C 网工程的交接。全年镇江联通全部开通 G 网一期 900M（兆）基站 56 个，1800M 基站 23 个。G 网二期新建 900M 基站完成选址 38 个。在网络优化上，调整天馈 200 多个扇区，修改频点达 300 多个，减扩载频 300 多次，工作量均为历年之最。

春节期间启动情系江苏联通温暖行动，外来务工手机使用者在节日期间可享受 20 分钟国内长途免费打服务，对无法回家过年的外来务工人员赠送年货慰问。“5·12”汶川大地震后，镇江联通除捐款捐物，同时为到灾区的用户赠送话费。此外，镇江联通还参与“情系江苏关爱未来”捐助百名贫困生、捐助希望小学等一系列公益活动。

镇江联通获 2007 年～2008 年江苏省诚信单位、2005 年～2006 年江苏省精神文明建设先进单位等称号。

（孙 云）

城市建设与管理

责任编校：毛向阳

综　述

【概况】 2008年，镇江市区共实施城建项目114项，当年完成投资140亿元，其中实施城建重点工程39项，当年完成投资70亿元。市区共实施拆迁面积245万平方米，完成拆迁178万平方米。

完成各类规划项目编制500项，发放规划选址意见书94份、用地规划许可证157份、建设工程规划许可证411份，完成测绘工程项目700项。

南徐新城新行政办公楼开工建设，建成九华山路、九华山支路等11条道路，总长13公里，完成团结河改道。规划展示馆主体封顶，启动体育会展中心征地拆迁工作。南徐新城拆迁安置房封顶43万平方米，竣工37万平方米，交付20万平方米，凤凰家园一期340户拆迁户回迁。

整治周家河新村等22处积水区(点)和市区59万平方米老住宅小区，改造街巷道路67条、2.5万平方米。对李家大山等片区进行二次供水改造，区域供水管网基本实现乡镇全覆盖。建成西津渡、解放路高架桥停车场。实现公交客运收入1.22亿元，新增环保节能公交车90辆，新辟和优化线路11条。推进市区出租车新一轮更新，更新车辆700辆。

建成南徐大道西延、健康路西延东段和江洲路一期工程，完成跑马山支路和塔山桥改造。开工建设南徐新城公交停车场和城市照明控制中心，建成公交江苏大学枢纽站。全面实施西津渡历史文化街区二期保护工程，小码头传统商贸街对外开放。完成大港污水处理厂扩建和丹徒污水处理厂提标工程，京口、谏壁污水处理厂土建主体工程完工，开工建设大港第二污水处理厂，征润洲水源口保护工程开始拆迁。实施句容天然气利用工程，发展天然气民用户8000户，销售天然气1.35亿立方米。

完成11个省级环境综合整治示范试点村庄、2个特色村庄环境整治和改造，高桥镇获市新型示范小城镇称号。建成扬中新坝华威村和丹徒世业卫星村2个全省农村生活污水处理试点项目。开工建设环太湖流域省级农村生活污水集中处理项目，13项基本建成。

坚持依法拆迁、阳光拆迁、惠民拆迁、和谐拆迁，强化拆迁属地负责制和拆迁工作督导制，市区核发拆迁许可37件，培训拆迁人员2000多人次，受理裁决案件93件，调解结案88件。

建筑业总产值256亿元，比上年增长15%。市区办理发包项目409个，发包率、招标率、应公开招标率保持100%。全面推进住宅工程质量分户验收工作，14项工程获省优"扬子杯"，67项获得市优"金山杯"。55个项目被评为省级文明工地。规范施工图设计审查和抗震设防工作，共审查项目945项，审查面积400万平方米。

市区完成房地产开发投资57亿元，住宅竣工面积103万平方米，下降22.2%；住宅新开工面积151万平方米，下降16.7%；住宅销售面积101万平方米，下降35.9%。开工建设经济适用房21万平方米，竣工10万平方米。严格执行住宅小区先验收后交付制度。

建设系统共设立市级以上科技项目19项，4项分获省建筑科技和市科技进步二、三等奖，完成市级以上鉴定验收10项，全年投入科技经费800万元。有4人获镇江市中青年专家荣誉称号。全面推进新建建筑节能全覆盖。

支援"5·12"汶川大地震灾区重建，在全省率先完成对绵竹市援建1403套活动板房任务。对口支援绵竹市板桥镇恢复重建，组织专家完成该镇3.7万平方米的房屋鉴定工作，开展板桥小学、卫生院、幼儿园重建工程。（贾泽栋）

【镇江市城市建设投资公司】 该公司推进城建项目融资，2008年新增贷款14.73亿元，年末融资净余额46.7亿元，全年周转金额28亿元，支付贷款利息3.5亿元，未发生一笔逾期债务。全年城建资金总投入10.42亿元，投入项目40个，其中投入南徐新城建设资金6.03亿元，投入市区城建重点工程2.25亿元，投入征地拆迁资金2.14亿元，保障南徐新城区基础设施等城建项目的实施。

扩大运作项目储备，完成征润洲污水处理厂二期等共计35亿元项目前期工作。公司土地储备增至543.07公顷。推进征地拆迁工作，完成拆迁36万平方米。

实施资产重组，构建集团运作平台。完成自来水公司、水业公司全部资产和华润燃气公司国有股权注入，合并重组中房、房投公司，集团化运作框架初具雏形。截至年底，公司总资产规模达240亿元。同时，深化企业内部改革重组，着力打造城市基础设施建设、房地产开发、名城保护及现代服务业、公共资产运营。

推进南徐新城安居房建设，累计竣工18.65万平方米，封顶22.5万平方米。启动金山水城、小米山、草场湾等3项安居房建设工程。启动双井路棚户区50万平方米的城市新民居方案设计和拆迁工程。

全面启动西津渡二期保护建设工程。基本完成大华饭店组团建筑立面改造、老码头3号多跨厂房和独立厂房改造。建成生态停车场。完成云台山北坡亮化及山体通道工程。完成赛珍珠对外文化交流中心三期工程建设。初步构筑镇江旅游服务业新平台。启动镇江老码头文化创意产业园招商,完成小码头街传统商贸街招商。街区旅游观光人次累计约达20万人。推进房屋拆迁和置换工作。完成清代救生专用码头的遗迹、文化标识展示。玉山大码头考古工作取得重大发现。编撰《西津渡文化系列丛书》。（杜效溥）

城市建设重点工程

【概况】 2008年,镇江市区实施城建重点工程39项,其中重中之重工程16项,当年建成13项(含上年结转)、完成投资90亿元,跨年度26项。

重点工程建设实行"指挥部制",南徐新城区、北部滨水区、京沪高速铁路、沪宁城际轨道建设等分别由市领导任总指挥,强化征地拆迁、规划建设等工作的组织协调,对各项重点工程,明确责任主体,强化进度要求,落实工作责任,集中精力推进。截至年底,39项重点工程中,有9项基本完成,完成投资70亿元。2007年结转的重点工程九华山路、团山路、长山路、南徐大道西延等全面竣工。

2008年,以群众住房条件和生活环境改善为重点,市政府15项为民办实事项目中,有8项属于城市建设范畴,截至年底全面或超额完成。新建成丁卯、林隐路2个菜市场,完成永安路、花山湾、人民街、牌湾、王家巷、京口闸、三茅宫、谷阳和丹凤9个菜市场升级改造;完成燕舞桥、塔山桥改造主体工程,完成农村公路危桥改造21座;完成烈士陵园周边滑坡治理和东吴路74号南侧山体滑坡治理,整治周家河新村、光明村、梳儿巷16号和岗子下53号等低洼积水区,改造永安路9号等67条街巷、面积2.49万平方米,完成118处、总面积20860平方米直管公房改造,实施完成中华路及支路、京畿路、斜桥街和山门口街的路灯设施更新改造;开工新城市花园、凤凰家园、九华山庄等11个经济适用房(拆迁定建房)小区,规划建筑面积约95万平方米,完成2008年第二批廉租住房保障家庭116户的实物配租;南徐新城公交停车场建设完成停车坪主体工程,新购置环保节能公交车90辆,新辟或优化公交线路11条;新建成西津渡停车场(泊位88个)、解放路高架桥下停车场(泊位85个),金山广场停车场(泊位263个)完成地下主体工程施工,同时通过新增设社会停车场、主干道路内临时停车点和在老住宅小区整治中增加停车泊位的办法,全年累计增加停车泊位1600余个;区域供水实现乡镇全覆盖。（贾泽栋）

【九华山路】 北起南徐大道,南接312国道,道路全长4.66公里,规划红线30米,总投资约2.9亿元。2006年6月开工,2008年7月竣工。监理单位市工程建设监理公司,设计单位市规划设计院,施工单位省交通工程集团有限公司(桥)、市政建设工程总公司(道路、排水)。在建设过程中坚持"生态优先,环境优先"原则,整个绿化工程用地25万平方米。该项目是南徐新城区骨架道路之一,它的建成完善南徐新城区路网,拉大城市框架。（鄂丽琴）

【九华山支路】 北起黄山中路,南至南徐大道,全长910米,规划红线30米,工程总投资约5500万元,道路建设工程按城市次干道Ⅰ级标准实施建设。2007年4月开工,2008年10月竣工。该道路是连接黄山中路与南徐大道的一条城市次干道,也是南徐新城区基础建设的重要组成部分。监理单位市工程建设监理公司,设计单位市规划设计院,施工单位市政设施管理处。（鄂丽琴）

【长山西路】 位于长山灌渠风光带内,从团山路到凤凰山路,道路全长1050米,道路红线宽20米,总投资约6280万元,按城市支路Ⅰ级标准建设。2007年11月开工,2008年12月竣工。监理单位市建科工程监理有限公司,设计单位市规划设计院,施工单位市政建设工程总公司。该路是南徐新城拆迁安置房的重要交通枢纽,它的建成进一步完善南徐新城区基础建设配套,提高道路沿线周边地区环境质量。（鄂丽琴）

【凤凰山路一期】 西起润兴路,东至长山西路,全长630米,规划红线40米,工程总投资1500万元。2008年2月开工,2009年3月竣工。监理单位市建科工程监理有限公司,设计单位市规划设计院,施工单位市政建设工程总公司。该项目是南徐新城"五横三纵"路网中重要的东西向道路,是凤凰家园农民安置小区联系南徐新城区的重要通道。（鄂丽琴）

【健康路西延东段】 东起解放路,西至运河路(含该交叉口),道路全长320米,其中包括长51米、宽32米的三跨桥梁一座,在道路交叉口加宽至38米,总投资约6500万元,按照城市次干道Ⅱ级标准实施建设。2007年5月开工,2008年10月竣工。监理单位市政工程监理有限公司,设计单位市规划设计院,施工单位市政设施管理处(道路、排水),润扬交通工程处(桥梁)。该道路是又一条贯穿城区东西向的重要干道,使正东路与黄山南路直接相连并跨越古运河。它的建成将有效缓解中山路交通压力,改善沿线综合环境。（鄂丽琴）

【塔山桥重建】 重建的塔山桥桥长46米,宽30米,按照7度地震烈度设计,总投资约980万元。2008年4月开工,同年12月竣工。监理单位江苏润通交通工程监理咨询有限公司,设计单位市规划设计院,施工单位市路桥工程总公司。（鄂丽琴）

【南徐大道西延】 以戴家门路为界分东、西两段,全长4450米,建设工程总投资约1.65亿元。其中,东段长3100米,道路规划红线宽度为70米,建设主体为市国土资源局、市土地收购储备中心;西段长1350米,道路规划红线宽度为60米,建设主体为市建设局。工程按城市主干道Ⅰ级标准设计,双向六车道,道路绿化率约50%。2007年6月开工,2008年7月竣工。监理单位市方圆建设监理咨询有限公司,设计单位市规划设计院,施工单位市政建设工程总公司。（鄂丽琴）

【黄山中路(中段)】 北起朱方路,南至九华山北路,长600米、宽35米,总投资约3400万元,按城市主干道Ⅰ级标准建设。2008年5月开工,当年12月竣工。监理单位市建科工程监理有限公司,设计单位市规划设计院,施工单位淮安第二市政公司。（鄂丽琴）

【国防园】 监理单位市建科工程监理有限公司,设计单位江苏中森设计有限公司,施工单位江苏新润建筑安装工程有限公司。2007年8月开工,2008年12月竣工。该项目是全市最大的双拥工程。(参见第76页)（鄂丽琴）

城市规划

【概况】 2008年,市规划局为实现"优化发展、加速提升"目标提供全方位规划服务。市规划局获南徐新城区及北部滨水区建设工程贡献奖,被评为沪宁城际铁路、京沪高速铁路镇江段建设先进单位。

编制各类规划项目500余项。完成镇江市旧城区改造控制性详细规划(润州山路地区)、丁卯地区发展概念规划(原丁卯南片区控制性详细规划)、镇江市城中村试点片区规划(庄泉村和双井路北片区)、镇江市主城地区1:1000道路网规划、镇江名城博览区城市设计、镇江市2009年城建计划和拉萨市达孜县总体规划修编等七项指令性任务。完成镇江市城市综合交通规划、丹徒高新技术产业园概念规划、扬中市老城区控规、丹阳市城市绿线规划、司徒南镇区控规及城市设计。围绕"南城北水"建设,完成凤凰家园二期建设、滨江外环路工程等城市内部交通工程规划设计。按照省建设厅下达的村庄规划编制任务,重点完成1个特色村村庄规划、66个村庄规划、837个村庄平面布局规划和1个省重点中心镇控规编制试点控规编制任务。完成大路、姚桥乡镇总体规划及集镇控制性规划、新区东部污水处理系统规划及中心商贸区南片污水收集系统规划。

对华地集团商业项目、二重项目、柳工集团等市、区大项目的规划问题,做到主动上门、随叫随到、跟踪服务。对"南城北水""三山"和南山景区旅游打包项目、城市基础设施等争取国家投资项目,在规定时间内完成规划打包方案并办理行政许可手续。同时严格执行市委文件规定,对外资项目实行首犯不罚,免于处罚的违法建设案件7起,面积为1.54万平方米。全年发放规划选址意见书94份,面积1208.86万平方米;用地规划许可证157份,面积907.57万平方米;建设工程规划许可证411份,面积235万平方米;办理管线许可证22份,长度约73万米;工程竣工验收255份,面积197万平方米。协助润州区政府在"南城北水"地块拆迁80户,面积2万平方米。

完成测绘工程项目700余项。主要有:镇江城市部件调查80平方公里;江心洲、茅山、赤山及句容8个乡镇1:1000航测132平方公里,丹徒谷阳片区1:1000航测95平方公里,丹徒区建设局沿江公路片区、西林禅寺1:1000修测11平方公里;建筑物放线250项计1000余幢;验线108项计500余幢;规划及管线竣工图测绘200余项计400余公顷;1:500、1:1000零星图测图108项计1060公顷。编绘完成1:5000地形图200平方公里,根据三维可视化浏览项目要求完成镇江市1:2000DEM、DOM图(数字高程模型、数字正摄影像图)制作308平方公里,完成1:1000地形图居民地构面240平方公里(不含主城区120平方公里)。完成勘察工程130项。共编写桩基施工等勘察说明77份,编写施工图审查回复意见80份,编写质量报告102份,编写投标书60份。累计机械钻孔进尺8.27万米,静力触探进尺3.78万米;土样试验6880筒。

审核建设工程档案834份,整理入库各类档案1.07万卷,拍摄存档照片6298张,录像资料4620分钟,提供利用档案854人次,调档2562卷。开展业务指导71人次,组织业务培训4次,受训70人次,召开业务座谈3次,出具地下管线现状资料查询移交联系单80份。建设工程档案"报送责任书"签订率达100%、"专项验收意见书"和"接收证明"达到90%以上。

市规划系统自筹资金200多万元用于设备更新、软件开发、项目和课题研究、培养和引进人才,科技人才工作健康持续发展。《镇江金桥大道地区发展与城市设计研究》等获市科技进步三等奖,《城市勘测业务管理系统》获江苏省测绘科技进步二等奖,《镇江市高精度三维大地基准的建立》获全国城市勘测优秀奖,《镇江市污水处理规划(2007-2020)》等获省优秀规划三等奖。有10篇论文在省级以上刊物发表。

2008年,市规划局组织专业队伍赴四川灾区进行规划对口支援。完成绵竹市板桥镇灾后重建总体规划和绵竹市板桥镇中心小学、中心幼儿园、卫生院详细规划及绵竹市板桥镇29处农房聚居点修建性详细规划,为灾区重建发挥规划保障作用。（刘　俊）

【《镇江市城市综合交通规划(2008-2020)》通过专家论证】 2008年12月26日,江苏省建设厅在碧榆园举行《镇江市城市综合交通规划(2008-2020)》成果论证会。该《规划》在纲要基础上进行有针对性的修改和完善,对城市交通现状特征、问题及发展趋势进行深入分析和评价,对城市交通供求进行分析与测试,按照区域交通一体化、公交优先、可持续发展等战略,制定对外交通、道路网、公共交通、轨道交通、静态交通、慢行系统等规划,提出近期建设和远景预控的要求。（刘　俊）

【完成规划展示馆主体工程】 市规划展示馆于2007年12月29日奠基,2008年12月28日主体工程顺利完成。规划展示馆建设工程是南徐新城首座公共建筑,是南徐新城区整体规划的一部分。规划展示馆占地1.5公顷,建设规模约为2.02万平方米,其中,上部建筑约为1.40万平方米,地下室6155平方米,总投资约1.1亿元,由市政府投资建设。规划展示馆工程建设采用代建制形式,由市干道指挥部代建中心承揽代建,也成为南徐新城首个代建项目。（张炳林）

村镇建设

【概况】 2008年,全市加强城乡统筹,大力推进村庄建设整治,加大乡镇基础设施建设力度,将城市公共基础设施建设有序向农村延伸,小城镇的集聚功能不断增强。完成对大路、丁岗、姚桥、高资、下蜀等5个乡镇的区域供水工程建设,需镇江市区供水的13个乡镇实现区域供水工程全面覆盖。全市乡镇新增道

省级康居示范村——丹阳市新桥镇群楼村健身广场一角　(于汇文)

路面积160万平方米，人均道路面积32平方米，新增公共绿地26万平方米，人均公共绿地5.7平方米，新建垃圾中转站12个。丹徒区高桥镇获市新型示范小城镇称号。

根据省政府办《关于公布2008年全省环境整治试点村名单的通知》精神，全面完成11个省级环境整治试点示范村庄和2个省级特色示范村庄的建设改造任务，完成村内主次干道2.65万米，铺设排水管道1.83万米，新增垃圾箱401个，新建公厕20座，新增路灯533盏，新增绿地面积4.93万平方米，清理乱搭乱建3650平方米，清理乱堆乱放369处，清理露天粪坑926个，试点村庄环境面貌明显改善。丹阳市访仙镇蔡塔村等4个村庄获省级康居示范村称号，丹徒区高桥镇四方桥村等9个村庄获市级康居示范村称号。（马　静）

【推进农村生活污水处理设施试点建设】 2008年上半年，在润州区嶂山村进行试点，采用微动力地埋式污水处理加人工湿地处理工艺，建成日处理量20吨，覆盖50户~70户居民的生活污水处理设施。下半年，分别请南京大学和解放军理工大学对2个省级试点村庄扬中市新坝镇华威村和丹徒区世业镇卫星村项目进行设计，华威村一期投入40余万元，日处理能力达到100吨。卫星村的生活污水采取利用技术，把生活污水用于农田和林木灌溉，多余污水进行生态绿地净化处理，受到社会各界好评。同时，根据省政府的要求，全市开工建设47个太湖流域农村生活污水处理设施，到年底有13个项目基本完成。

（马　静）

市政公用事业

【概况】 2008年，市政公用局完成各项目标任务。

全年完成公交客运收入1.22亿元，比上年增长10.26%，完成客运量9546万人次。新增环保节能公交车90辆，城市万人拥有公交车辆达12标台，新辟和优化公交线路11条。南徐新城、丹徒新城停车场全面开工建设，建成江大枢纽站并投入使用，江科大西校区枢纽站主体建筑封顶。

从10月初开始，按照"总量控制、做大做优，政策扶持、市场运作，规范操作、确保稳定"原则，推进市区出租汽车新一轮更新，年内有700余辆提前更新，达到总量的55%，提升行业形象。

市区道路完好率95.5%，主干道亮灯率98.55%，次干道和街巷亮灯率98%。8月开工建设城市照明控制中心，完成投资1000万元，主体结构达四层。实施67条街巷和8个老小区道路改造8.49万平方米、排水管道1.65万米、安装路灯417盏。完成中华路、京畿路等地段路灯改造，完成跑马山支路改造和江滨路、和平路、天桥路、谷阳北路护栏出新。建成并启用解放路高架桥停车场，新增停车泊位100个，对市区路内停车场实行集中统一管理。

全面落实安全生产责任制，全局系统未发生重大交通、火灾和一般以上设备事故，确保年初雨雪冰冻灾害期间安全运营和奥运期间行业稳定。严格执行各项政策规定，驻中心窗口再次被市政府评为"群众最满意窗口"。强化为民服务意识，办理市人大建议和政协提案53件，办理来信来访1503件。

全局系统向"5·12"汶川大地震灾区献爱心，各类捐款45万元，向川籍出租汽车司机定向募捐3.4万元。

市政公用局组织对城市公交、道路、街巷和路灯设施进行全面普查，并对公交站棚站牌、主次干道和市政设施缺损部分进行集中维修和改造。9月至12月，连续四个月被市城管委评定为城市长效管理优秀，年终综合考评名列全市第二，被评为全市城市长效管理优秀单位。市政公用局还荣获镇江市文明机关、安全生产先进集体、双拥"五创"三等功等市级荣誉。

2008年，全市共销售液化石油气8万余吨，天然气约1.4亿立方米。全市未发生燃气责任事故，安全生产形势稳定。取缔12个液化气供应点，要求74处液化气供应点限期整改。督促重点单位对燃气管线、设施进行拉网式防泄漏巡查，市区管道燃气供应企业入户安全检查5万余户，发现户内微漏气300余处，发现户外轻微漏气80余处，较大隐患3处，均得到及时处理。加强专项检查，对液化气贮罐厂(站)及供应点组织检查48次，收缴过期钢瓶57只，督促贮罐站送检钢瓶3.57万只，检查中发现事故隐患27处，下发整改通知书6份，全部整改完毕。（陈　文　朱　佳）

【完成街巷、路灯改造等民心工程】 2008年7月底，市政公用局完成中华路、京畿路、斜桥街、山门口街路灯改造工程，改造更新路灯80盏，新装"三遥"节点5座、控制箱6台。10月底完成染坊巷、吉安里、大孙家巷、永安路9号、松盛园巷10号等67条街巷道路改造，共实施道路改造面积2.49万平方米、排水管道5641米、路灯227盏。11月底完成润州船厂、甘露片区、华星小区等8个老小区改造中的道路、排水、路灯工程，共实施道路改造面积6万平方米、排水管道1.1万米、路灯190盏。（陈　文）

【推进城建重点工程建设】 2008年，市政公用系统单位全力参与城市建设，强化工程项目化管理，加快推进承接的市政工程建设。市政总公司在手工程28项，中标工作量达2.02亿元，实现产值1.26亿元，完成九华山路2标段、南徐路西延西段、大港港南路等工程，新河西岸道路工程获市"金山杯"优质奖。市政设施处在手工程9项，完成九华山支路、健康路西延等工程。路灯管理处在手工程11项，完成南徐路西延东段、中山北路北延等路灯安装工程。（陈　文）

【自来水】 2008年，市自来水公司全面完成单位目标责任状各项任务。全年完成售水量7293.57万立方米，比上年增长4.14%。水质全部达到国家新的卫生标准。水费回收率98.72%，创历史新高；管损率实绩为19.62%，下降0.17个百分点。

李家大山、铁路水厂剩余片区的二次供水改造完成。水源口各项保护任务基本完成。加强原水水质监控，强化水厂制水工艺，做好在线监测系统的维护，确保城市供水水质达标。通过省建设厅城市饮用水安全保障考核达标工作。推进城郊结合部户表改造和老城区一户一表改造工作。重点加大象山镇六个社区的供水改造力度，完成除长江村以外5个社区的改造。配合城建重点工作，做好52条道路的供水管网配套建设，按照时序做好金山水厂扩建工程的前期工作。

自来水公司投资8557万元实施主管道覆盖到各乡镇的工作，供水主管道铺设至姚桥、丁岗、大路镇。高资、下蜀供水主管道随沿江高等级公路同步实施。

2008年，市自来水公司获江苏省和谐劳动关系模范企业称号、镇江市五创全国双拥模范城先进单位、镇江市平安企业创建先进单位等荣誉称号。

（王　芳）

房地产开发

【概况】 2008年，房地产开发工作应对国家宏观调控政策，保持健康、平稳、有序发展，产业发展更趋科学、理性，住房供应结构进一步合理,房地产市场秩序进一步规范。

全市完成房地产开发投资88.9亿元,比上年下降0.3%;住宅竣工面积221万平方米,增长5.7%;住宅施工面积746.5万平方米,增长5.7%;住宅新开工面积278.2万平方米,下降7.2%。市区完成房地产开发投资57亿元,住宅竣工面积103万平方米,下降22.2%;住宅新开工面积151万平方米,下降16.7%;住宅销售面积101万平方米,下降35.9%。

鼓励房地产开发企业做大做强做优,开展全市房地产综合实力10强企业和优秀企业评选活动,同时推荐部分企业参加2007年度江苏省房地产业综合实力50强企业的评选,嘉源公司和润阳公司2家房地产开发企业获2007年度江苏省房地产业综合实力50强企业称号。推荐部分在建精品楼盘参加江苏省优秀住宅的评选,冠城国际、君临南山、钻石铭苑、海德公园和魏玛假日5个楼盘获得优秀住宅奖。　（张　磊）

【出台《关于进一步促进我市房地产业健康发展的若干意见》】 2008年,为促进房地产市场健康发展,市政府出台《关于进一步促进我市房地产业健康发展的若干意见》,内容涉及强化政府协调服务、降低企业成本、完善拆迁政策、加大房地产信贷投放、放宽房地产市场价格管理、减轻企业负担、规范涉房收费等13个方面。　（张　磊）

【镇江润阳房地产开发有限公司】 公司成立于2001年8月30日,连续5年获江苏省房地产业综合实力50强企业和镇江市房地产综合实力十强企业等荣誉,2006年获得中国房地产诚信企业称号,成为镇江唯一获此殊荣的房地产开发企业。主要开发项目有阳光世纪花园和我家山水。项目坐落于镇江市区东北部,北临长江,处于北固山和焦山视线走廊,是北湖滨水区的大型成熟项目,占地面积约66.67公顷,规划建成40万平方米城市型超大规模别墅示范城,已建成交付37万平方米,入住业主近2500户。其中我家山水项目先后获中国住交会·名盘、江苏省优秀住宅金奖、全国物业管理示范住宅小区等多项荣誉。　（张　磊）

【无锡红豆置业有限公司】 是红豆集团旗下的房地产开发企业。2008年3月,无锡红豆置业有限公司镇江分公司开发的香江花城项目获建设部颁发的首届国家房地产行业综合性大奖——广厦奖。　（张　磊）

【海德置业有限公司】 镇江海德置业有限公司所属的海南开维集团总部在海口,是一家综合性集团公司。公司的主导产业为房地产开发,房地产业在全国有4个事业部。镇江海德公园住宅小区是江苏事业部重点打造的一个项目,小区位于大港新区核心地段,占地33.33公顷,建筑面积40多万平方米,居住户3000户左右,2008年获江苏省优秀住宅称号。　（张　磊）

【江苏申华置业有限公司】 是中国房地产综合实力100强企业,总注册资本1亿元。公司开发的申华·冠城国际开发项目,总建筑面积20多万平方米,其中住宅15万平方米,商业酒店5万平方米,地下停车场近6万平方米。项目地块位于南徐新城中央,以"城市山林"为设计主题,布局和谐自然,呈现现代欧式风格,配以花园洋房、联排别墅、高层景观洋房及商业办公等高端物业。　（张　磊）

建筑业

【概况】 2008年,在宏观经济不确定因素增多、行业发展面临复杂局面的情况下,全市建筑业继续保持稳步发展。

全市完成建筑业总产值256.02亿元,行业增加值51.03亿元,全行业实现利润9.63亿元,利税总额18.96亿元。在省外施工的2项装饰工程获全国装饰工程质量奖,14项工程获江苏省"扬子杯"优质工程奖,3项建筑工程获"扬子杯"省外优质工程奖,67项工程获镇江市"金山杯"优质工程奖,94项工程被评为市优质结构工程。

建筑企业集团初具规模。加大对龙头骨干企业的培育扶持力度,引导市内龙头骨干企业建立健全母子公司组织体系,调整企业资质结构,完善企业本部和区域公司组织架构,先后成立镇江建工建设集团有限公司和江苏镇江安装集团有限公司,为增强市场开拓能力奠定基础。

专业承包企业发展速度加快,专业企业占全市建筑企业总数的59.5%,产值占全行业的比重32.2%。江苏合发集团连续5年进入全省装饰企业20强,江苏华泰装饰公司三年四次夺得全国装饰最高奖,镇江蓝舶防腐有限公司参与苏通大桥、宁波跨海大桥等国家重大工程建设,企业知名度和市场竞争力提升。

外埠建筑市场开拓能力增强,全市建筑企业在镇江市区域外完成建筑业总产值130.68亿元,占全市建筑业总产值的51.04%,增长12.6%;外向型经济不断拓展,境外完成建筑业总产值7853万美元,增长26.1%。

建筑业企业结合自身条件和资源,淡化主业与副业界限,向二、三产业延伸,多种经营产值比重上升,全年完成多种经营产值27.3亿元,增长13%。

加强建筑市场管理。以建设工程信息网为核心,做好与省招投标4.0监管系统的对接统一工作,形成政务公开与简化程序相结合、透明管理与高效服务相结合的信息平台,提高招投标活动透明度。组建资深评标专家库,满足电子远程评标和国有工程项目评标需要。严格实施安全许可制度,全市有176个项目被评为市级文明工地,55个项目被评为省级文明工地。　（贯泽栋）

表18-1　**2008年度镇江市获江苏省优质工程"扬子杯"项目表**

序号	工程名称	施工单位	参建单位	监理单位	项目经理
1	镇江海关业务技术楼	镇江第二建筑工程有限公司	江苏华泰装饰工程有限公司	镇江方圆建设监理咨询有限公司	高士年 何天定
2	镇江市第一中学扩建工程科技实验楼	镇江建工建设集团有限公司	—	镇江市兴华工程建设监理有限责任公司	李　平
3	镇江聆湖尚郡一期别墅小区	镇江索普建筑安装工程有限责任公司	—	镇江方圆建设监理咨询有限公司	陈国兴 徐连芳 余暑安 戴建平 徐连富

续表 18-1

序号	工程名称	施工单位	参建单位	监理单位	项目经理
4	镇江供电公司综合楼	江苏通州四建集团有限公司	–	江苏科技建设监理有限公司	温建成
5	镇溧高速荣炳服务区房建 ZL－ZJ52 标	南通五建建设工程有限公司	–	扬州市建苑工程监理有限责任公司	陈冬权
6	扬中市行政中心主楼	中厦建设集团有限公司	–	江苏苏洋工程监理有限公司	钟正海
7	丹阳市交通局行政执法中心	江苏丹凤集团有限公司	–	–	钱春浩
8	镇江梦溪嘉苑 2 号地块 B1、B3 号楼	浙江海天建设集团有限公司	–	–	赵红明 赵纯心
9	江苏大学研究生公寓 4 号楼	镇江建工建设集团有限公司	–	–	杨宏兵
10	镇江红豆购物广场	中天建设集团有限公司	–	镇江方圆建设监理咨询有限公司	张永忠
11	江苏肯帝亚木业有限公司新厂区 1 号厂房	江苏埃菲尔钢结构有限公司	–	–	张均义
12	句容富达工业园 10 号厂房	江苏茅山建设有限公司	–	–	汪友成
13	镇江市正汉泵业有限公司 1 号厂房	江苏旭阳建设投资集团有限公司	–	–	周圣德
14	江苏大学研究生公寓 3 号楼	江苏天宁建设工程有限公司	–	–	金玉平

（贾泽栋）

表 18-2

2008 年度镇江市获江苏省省外优质工程“扬子杯”项目表

序号	工程名称	施工单位	参建单位	监理单位	项目经理
1	通辽梅花生物科技有限公司办公楼	镇江建工建设集团有限公司	镇江市四达装饰有限公司	–	王　海 秦力平
2	江西检察官井冈山革命传统教育培训基地	镇江第二建筑工程有限公司	–	–	唐本余
3	河北省张石公路化稍营至蔚县段(张保界)高速公路 L3 标	江苏省交通工程集团有限公司	–	–	王纪源

（贾泽栋）

【江苏地质基桩工程公司】 2008 年，公司完成经济规模 3.28 亿元，全年地质工作实现收入 511 万元，比上年增长 27.8%。

全年开展 8 个矿产勘察项目和 20 个地质服务项目，提交各类报告（设计）59 份，提交的所有报告（设计）均通过相关部门（单位）组织的专家组论证。开展句容铜山铜钼矿详查工作、句容盘龙岗铜矿普查工作、马虎山铜矿普查项目的前期准备工作、南京市江宁区螺丝宕铜矿普查项目的复电阻率法物探工作、句容仑山金矿普查工作等，句容林场大山头建筑石料、盘龙岗铁矿和磁山头铁矿详查项目也都进展顺利。

全年工程勘察完成产值 1150 万元，共 360 个工程，较上年增长 15%，有 10 余项设计报告获镇江市优秀勘察报告设计奖，2 项设计报告获江苏省优秀勘察报告设计奖。工程勘察设计院获全国勘察设计行业诚信建设先进单位称号。

全年完成钻孔灌注桩、高压旋喷桩、滑坡锚杆桩、深层搅拌桩、静压桩等桩基工程项目 170 个。公司发布的《旋挖钻进成孔灌注桩施工工法》经专家评审定为镇江市工法。5 月和 7 月，省人防办主任张永康、镇江市副市长陈杰分别视察公司施工的镇江斜桥街至山门口街地下人防通道旋喷及围护桩工程，并给予较好评价。年底，公司施工的镇江市行政中心政府办公大楼桩基工程提前 30 天顺利竣工。（曾宪本）

【中交二航局第三工程有限公司】 2008 年，公司施工工程 58 项，完成施工产值 20.5 亿元，创市优工程 3 项，部优工程 2 项，国家优质工程金奖 1 项。

11 月 25 日，公司取得国家商务部批准的对外经营权证书，公司除可以承包境外港口与航道、市政公用工程及境内国际招标工程外，还可对上述工程所需的设备、材料进行出口，为公司拓展海外业务打通“绿色通道”。

公司负责位于丹徒区高资镇二重集团镇江基地码头的建设。该项目拟新建码头泊位 3 个，码头岸线长度 709 米，引桥 3 座。华能海门电厂煤码头，是公司承建的第一个大型重力式沉箱码头工程，该工程位于广东省汕头市潮阳区海门镇洪桐村龙头山、广澳湾西侧龙头旱仔海岸。和黄项目是该公司在越南建造的第一个大型港口项目。项目由和记黄浦公司投资新建，包含一座码头和一个后方陆域堆场。南通洋口港区人工岛项目是该公司承揽的国内首座无遮掩外海施工的人工岛主体工程，位于江苏省南通市如东县滨海辐射沙洲的西太阳沙，开创外海建人工岛的先河。

2008 年，公司获江苏省建筑业最佳企业（连续 7 年）、江苏省精神文明建设先进单位、镇江市建筑业最佳企业称号。（刘　佳）

【华泰装饰公司获全国建筑工程装饰奖】 江苏华泰装饰工程有限公司承建的镇江海关业务技术综合楼内装饰工程、沈阳卓展时代广场外装饰幕墙工程获 2008 年全国建筑工程装饰奖，并创造镇江市建筑装饰企业工程创优两项第一：一是 1 年内企业同时获得公共建筑装饰类和建筑幕墙类内、外装饰 2 项国优奖；二是 2004 年以来公司连续 5 年 6

个项目获得国优奖。 （曹为忠）

【华泰装饰获对外承包工程经营权】 2008年10月，江苏华泰装饰工程有限公司被国家商务部批准开展对外承包建设装饰装修工程业务，并核准企业对外经营范围。至此，该公司成为镇江市唯一一家获得对外承包工程经营权的建筑装饰装修企业。 （曹为忠）

房产管理

【概况】 2008年，市房管局围绕“加速提升房管、房改工作新水平”这个中心，制定切实可行的保障政策，出台《关于解决城市低收入家庭住房困难的实施意见》《镇江市住房保障发展规划（2008－2010）》和《2008年度镇江市市区住房保障计划》。市区实施住房保障1347户、3575人，发放住房补贴199.74万元，其中租赁补贴631户、1395人，补贴176.09万元，租金核减518户、1574人，核减23.65万元。启动城市低收入困难家庭廉租住房保障工作，经申报确认、入户核查、媒体公示、社会监督等程序把关，完成114户最低收入家庭的廉租住房实物配租工作。完善市、辖市（区）、街道（乡镇）三级住房保障工作网络，在区、街道（镇）建立15个“一站式”廉租住房服务窗口。房地产市场难中稳进，全市完成房地产开发投资88.9亿元，其中市区完成开发投资56.67亿元。市区商品房平均成交价格每平方米4075元，比上年上涨13.70%，保持健康发展的态势。房管经济稳步增长，完成市区存量房交易7266户，面积81.51万平方米，其中二手房6042户；完成增量房交易10114户，其中商品房9722户，面积106.49万平方米，成交金额37.93亿元；办理抵押登记1.34万宗，权利价值60.65亿元；完成住房发证1.64万户，其中私房发证1.46万户，面积162.22万平方米。全年市区涉房税收达7.5亿元，征收房产交易契税1.09亿元，代征房屋租赁税2300万元，物业维修资金征收3335万元，累计征收2.17亿元。出台市区二手房交易资金监管办法，办理二手房资金托管业务114宗，托管资金2084万元。危旧房改造全力推进，超额完成市政府下达的2万平方米直管公房危房改造任务，全年完成118处、2.08万平方米，投入资金810万元，使465户、1250人家庭的居住条件得到改善。成立镇江市物业管理行业协会，规范物业行业自律行为，创造性开展物业管理目标考核责任制，推行物业行业缴纳风险保证金制度。香江花城住宅小区被建设部评为国家示范项目，镇江新区医院大楼等三个项目被省建设厅评为省优秀项目。组织开展服务大局、服务职工竞赛活动和文明班组、文明职工、工人先锋号创建活动。设立党员示范岗，增强全体干部职工的服务意识，提高职工的技能和服务水平。 （李晓艳）

2008年镇江市区商品房供需变化情况表（不含政策性用房）

表18-3 单位：万平方米

分类	商品房	与上年比（%）	商品住房	与上年比（%）
批准预售面积	207.07	13.52	164.89	8.41
年末累计可售面积	248.45	48.77	175.12	48.21
实际登记销售面积	128.4	－28.01	113.43	－29.71
其中：预售	114.93	－29.04	102.75	－30.03
现售	13.47	－17.87	10.68	－26.50
平均成交价格（元/平方米）	4075	13.70	3749	17.67

（李晓艳）

【《镇江市市区住房保障发展规划（2008－2010）》出台】 2008年8月25日，《镇江市市区住房保障发展规划（2008－2010）》出台。《规划》明确最低收入家庭、低收入家庭、中等偏低收入家庭和住房困难家庭的标准。2008年～2010年，镇江市将保障低收入住房困难家庭3.11万户次，建设或购置保障性住房6800套，建筑面积44.75万平方米，落实保障性住房用地供应计划0.39平方公里，实施危房改造建筑面积69万平方米，预计财政总投入住房保障资金1.67亿元，其中，发放廉租住房租赁补贴资金3197万元，实物配租资金8036万元，租金核减资金79万元，直管公房危房零星改造资金2400万元，共有产权住房资金3000万元。2008年实行以租赁补贴为主，租赁核减与实物配租为辅的廉租住房保障方式，重点解决最低收入家庭的住房困难，做到应保尽保，建设或购置保障性住房3100套，廉租住房100套，实施直管公房危房零星改造建筑面积2万平方米，成片改造双井路片区危旧房建筑面积17万平方米。2009年～2010年，在解决最低收入家庭、低收入家庭住房困难的基础上，通过建设与供应经济适用住房、共有产权住房等形式，逐步解决中等偏低收入家庭的住房困难。 （李晓艳）

【114户住房困难家庭享受廉租住房实物配租】 2008年，镇江市按照《镇江市市区廉租住房申请、审核及退出管理实施细则》规定，全年共有114户符合条件的住房困难家庭享受到廉租住房实物配租。实物配租采用轮候制，根据房源情况按轮候顺序分期分批落实。2008年申请享受廉租住房实物配租的家庭必须同时具备三个条件：一是共同生活的家庭成员，人均收入低于市政府规定标准；二是无房或者家庭人均住房建筑面积低于市政府规定标准；三是具有市区城镇常住户口满5年。 （李晓艳）

【出台存量房交易结算资金管理规定】 2008年8月15日，《镇江市关于加强存量房交易结算资金管理的规定》出台。《规定》明确从10月1日起，市区存量房交易当事人应当通过镇江市房地产交易所在银行开设客户交易结算资金专用存款账户，根据合同约定条件，划转交易资金。交易当事人也可以签署自担风险声明书，按照合同约定，由双方自行决定交易资金支付方式。房地产经纪机构、房地产经纪人员以及交易保证机构，不得通过客户交易结算资金专用存款账户以外的其他银行结算账户代收代付交易资金。该《规定》出台实施进一步规范了镇江市存量房交易结算资金管理工作。 （李晓艳）

【市区设立廉租住房申报“窗口”】 2008年根据国务院、省政府和市政府文件精神，镇江市在市区所属街道（镇）便民服务大厅设立廉租住房申报“窗口”，明确兼职受理人员，并配备专职人员。“窗口”具体的工作职责：负责廉租住房动态管理和进退机制的落实工作；负责管理所辖范围内廉租住房的申报工作；审验申报材料，落实入户核查和廉租住房保障户的相关联系工作。 （李晓艳）

【物业管理工作实施目标责任考核】 从2008年10月27日起，全市物业服务企业实施目标责任考核。市房管局成立物业管理工作考核领导小组，建立考核保证金制度，领导小组人员和物业服务企业经理（项目经理）每人均需交纳一定数额的考核保证金，根据全年考核工作完成情况，实施奖惩。 （李晓艳）

城市管理

【概况】 2008年，全市城市管理投入

720万元，新建垃圾转运站1座，新建、改建公厕23座，新购置2辆扫路车、3辆洒水车、4辆密闭清渣车和1辆吸粪车等环卫设施设备，同时添置一批不锈钢垃圾板车（箱）。市区道路机械化清扫面积达到300万平方米、占总面积的60%。新增"20小时保洁"道路10条，总数达67条。投入214万元对9个老小区的环卫基础设施进行改造出新。帮助协调解决一批群众关注的热点难点问题，如焦化厂宿舍楼无人清扫，大西路太和里无主建筑垃圾，东吴路188号12栋和13栋居民楼以及丽华小区、江滨新村三期、竹林山庄物管撤走后无人清扫等，市级新闻媒体也进行跟踪报道。

市城管局强化城市容貌管理，京口区、句容市和扬中市3个辖市（区）各建成1条市级市容管理示范路，京口区第一楼街步行街建成省级市容管理示范路。投入2080万元建成解放路高架桥、梦溪广场、明珠大厦等58处夜景灯光工程。拆除各类违规大型广告牌155处、4125平方米，清除违规横、条幅1548条，清理乱贴乱画31万多处，出新立面1.7万多平方米。同时，探索户外广告泊位市场化运作，对京江饭店北侧等市中心3块广告牌和解放路等路段55杆立杆灯箱的泊位使用权实行市场化运作，取得较好效果。

市城管局持续加大执法力度，着重对解放路、中山路、大市口广场、火车站广场等15条主干道和10个重点广场的卫生保洁、占道经营、市容市貌、违法建设等四方面实施"铁腕"整治。同时，集中力量开展违章、防违拆违、渣土抛洒滴漏等专项整治。全年承接各类保障任务120多次，查纠各类违法行为11万多起，办结案件8157宗，受理各类投诉9256起，其中职责范围内的2801起均100%办结。牵头累计拆除违法建设1086起、6.51万平方米，其中拆除新违建998起、5.56万平方米，查纠抛洒滴漏、带泥行驶等各类违章300多起，下达限期整改通知书83份。同时，制定出台《镇江市城市夜景灯饰设置管理暂行办法》，修订《镇江市市区城市建筑垃圾管理办法》等4个文件，并对77个规范性文件和121项行政权力进行清理。指导丹阳、南山城管执法（监察）队伍通过达标验收，全市11支城管执法队伍实现三年全部达省执法队伍规范化建设的目标。

2008年2月3日（农历12月27日），许津荣、陈杰等市领导在碧榆园金山厅宴请来自环卫一线的职工代表，并向全市环卫工人拜年。市领导详细听取环卫工人对环卫工作的建议和意见，并向广大环卫职工发放慰问金。

市城管局利用各种媒体进行宣传，全年共编发稿件380篇次，形成媒体、市民、城管相互交流、相互合作的多层次平台，使更多的市民了解城管、支持城管、参与城管。（戴劲松）

【"大城管"促市容环境面貌大改观】 2008年，市政府出台《关于进一步加强城市长效管理工作的意见》等4个文件，成立市城市管理协调委员会。市城市管理协调委员会下设办公室，办公室设在市城管局。市城市管理协调委员会办公室从2008年7月起对建成区范围内的5个区（管委会）、11个市职能部门实行大考评。截至12月底，各辖市（区）、各相关部门投入整治经费3158万元，考核经费177万元，新增保洁员780名，开展集中整治和专项整治275次，参加人员1.41万人次，整治主次干道266条，下发346份整改通知书中涉及到的近万件各类问题整改率达86%，市容环境面貌得到较大改变。（戴劲松）

【"数字化城管"投入试运行】 2008年，市城管局采用"移动出资总集成、电信部门相配合、政府租赁使用"的建设模式，建成一期数字化城管平台，并投入试运行。一期数字化城管平台数据库收集市区94平方公里范围内的26万个城市部件数据信息，将5个辖区（管委会）和11个职能部门涉及城管方面的部件7大类91小类、事件15大类110小类纳入考核体系，为城市管理快出成效创造技术条件。（戴劲松）

【市区34座公厕取消收费】 市城管局从2008年5月1日起，取消由市环卫部门管理的34座公厕的收费。这34座收费公厕，属京口区21座，润州区13座，分布在焦山公园门口、火车站、梦溪广场、镇江影剧院等地。公厕取消收费后，仍执行原来的开放时间。同时市城管部门加大保洁力度，实行专人管护，严格按照作业标准实施考核，保持公厕灯明、水畅、无异味，确保公厕取消收费后卫生标准不降低，服务质量不降格。向社会公布监督电话，接受广大市民的监督和投诉。（戴劲松）

【城管相对集中行政处罚权"重心下移"实施】 2008年，按照"属地管理、以区为主"的原则，根据市政府《关于镇江市城市管理相对集中行政处罚权"重心下移"实施方案》的要求，市城管执法机制由"统一领导、垂直管理、公安保障"调整为"一级主体、两级管理、公安保障"的新机制。在管辖范围上，市城管执法局（执法支队）主要负责建成区范围内城市建筑垃圾处置、户外广告设置管理方面的行政处罚职能；京口区、润州区执法分局（大队）分别负责所辖区域内其他相对集中的行政处罚职能。在人员配备上，市执法局（执法支队）保留执法人员50名，京口、润州执法分局（大队）执法人员各增加至100名。执法人员的编制和人事关系由市里统一管理。在组织领导上，京口、润州区执法分局（大队）驻区办公，接受所在区政府和市执法局双重领导，日常工作以区为主。在执法保障上，市公安局城管分局分别向京口区、润州区执法分局（大队）各派驻公安城管派出所，完成执法保障任务。在经费来源上，由市财政按2008年的预算基数直接划拨到区，实行包干，超支不补，节余归区。（戴劲松）

环境保护

责任编校：杨国祥

综　述

【概况】 2008年是镇江市向更高水平的小康社会迈进、实现经济社会与生态环境和谐发展的重要一年。市委、市政府紧扣生态文明理念，再掀生态市建设高潮，提出以生态市建设为龙头，全面提升城市品位和发展潜力，在2010年提前完成生态市建设目标任务。全市环保工作围绕国家生态市创建目标，着力从提高生态市建设指标、实现污染减排总量控制、推进太湖流域水污染治理、加大环境执法力度、维护群众环境权益、深入解决重点环境问题、优化发展环境推动经济建设、多措并举强化环保能力建设等七个方面强化全市环保工作。为推进生态市建设进程，全市建立了生态市建设工作联席会议制度及办公室，各辖市（区）也成立相应的领导机构和办事机构。9月3日，全市召开“争创全国文明城市和国家生态市”动员大会，市政府同19个相关部门和7个辖市（区）签订生态市建设目标责任状，并下发《关于加快推进镇江生态市建设工作的意见》，对2010年前生态市创建各项工作做出全面部署。市环保局根据2008年生态市创建的年度目标任务，分解落实生态市创建及国家环保模范城市复查迎检41项工作任务。市政府对生态市建设督查、宣传、考核出台具体方案，形成整体推进的有效机制。年内生态市建设年度目标任务基本完成，京口区象山镇等3个镇（街道）环境优美乡镇创建工作通过省级验收，丹阳市国家环保模范城市创建通过省级验收。农村综合环境整治加强，城乡生活垃圾无害化处置率保持在100%。全市6家单位开展循环经济试点，43家企业清洁生产通过考核验收。污染减排工作成绩显著，全市落实化学需氧量减排项目39个，减排化学需氧量3490吨；落实二氧化硫减排项目29个，减排二氧化硫1999吨。超额完成省政府下达的年度计划任务。太湖流域水污染治理取得明显成效，落实太湖流域环境资源补偿范围、标准，太湖流域建制镇生活污水处理设施全面开工建设，19座新建的城镇污水处理厂年内基本完工。71家被列入太湖流域重点污染源提标改造限期治理的工业企业与污水处理厂通过环保竣工验收。被列入太湖流域国家和省考核的6个断面水质监测达标率较上年提升15.29个百分点。环保执法监管有力，全市整体环境质量保持稳定，部分环境指标进一步改善。

（颜正清）

【《镇江生态市建设规划纲要》完成修编】 2008年，根据市委、市政府在2010年提前完成生态市建设目标任务的新决策，市环保局在相关部门的配合下，对《镇江生态市建设规划纲要》进行修编。8月21日，市政府正式将《镇江生态市建设规划纲要（修编）》下发。该《规划》从近期、中期和远期确定了镇江生态市建设的目标任务，从经济发展、资源环境、社会进步三大方面提出建设任务，确定了生态市8大系统建设工程、62个重点项目，以推动三大建设任务的顺利完成。同时，各辖市（区）生态县（市）建设规划以及全市45个乡镇（开发区、街道、农场）的环境规划修编和报批工作完成，为生态市建设奠定了基础。 （姚继承）

【深入推进环境治理“圆桌对话”机制】 继上年市环保局通过环境治理圆桌对话会议成功解决餐饮企业污染扰民问题后，2008年，市环保部门又通过居民、企业、环保部门三方“圆桌对话”会议协调解决了一家饭店的油烟污染问题，镇江的经验被国家环保部作为典型在全国推广，并被编入国家环保部宣教中心培训教材。 （陆　敏）

【市环保系统全力支援抗震救灾工作】 2008年，“5·12”汶川大地震发生后，市环保局干部职工共向灾区捐款42000多元，还有130名党员捐献62119元特别党费。此外，镇江市环保部门在环保部和江苏省环境监测中心的统一安排下，紧急调集精兵强将组成专业队迅速赶赴灾区开展环境监测。镇江市环境监测站现场监测室副科长刘晔携带便携式GC－MS应急监测仪器前往四川地震灾区德阳市、绵竹市，重点对当地的饮用水源地水质和环境质量开展监测，为及时监控四川地震灾区的环境质量提供科学依据，受到国家监测总站、四川省环保局表扬以及当地干部群众的好评。

（颜正清）

环境建设

【概况】 2008年，全市环境建设工作以全面小康社会环境质量指数达标和生态市创建为中心，推进水、大气、土壤等污染治理，加快环境基础设施和生态修复工程建设。开展环境优美乡镇、绿色社区、绿色学校、生态村创建活动，创建成省级环境优美乡镇6个、绿色社区3个、绿色学校11所。强化农村环境综合整治，完善“户分类、组保洁、村收集、镇运转，辖市（区）集中处理”环保机制，城乡生活垃圾无害化处置率达到100%。建成12个畜禽类便发酵床养殖技术示范点。开展循环经济试点，完成循环经济项目8个，53家企业进行清洁生产审核。建成全市污染源远程监控系统，数据监控企业201家，视频监控企业112家。全市化学需氧量排放在线监测覆盖率超过65%，二氧化硫排放在线监测覆盖率超过70%。（颜正清）

【开展生态市“细胞工程”创建】 创建环境优美乡镇、生态村、绿色学校、绿色社区是生态市建设的“细胞工程”和必备条件。根据生态市创建工作“两个80%”的基本要求，生态市所辖80%的县要达到生态县的标准，生态县所辖80%的乡镇要达到全国环境优美乡镇的标准，全国环境优美乡镇创建又需要有一定数量的生态村。2008年8月12日和10月19日，全市两次召开环境优美乡镇创建推进会，深入推进生态市“细胞工程”创建。截至年底，镇江新区大港街道、京口区象山镇、丹徒区世业镇等3个镇(街道)环境优美乡镇创建通过省级验收。全市创成省级绿色社区3个、市级绿色社区15个，省级绿色学校11家、市级绿色社区14家，市级生态村26个。11月22日，丹阳市国家环保模范城市通过省级验收。（孙纪英　曲新华）

【全面完成农村环境综合整治任务】 2008年，镇江市从强化农村垃圾处置、控制农业面源污染、开展河塘清淤疏浚三个方面入手，进一步加强农村环境综合整治与管理。巩固完善“户分类、组保洁、村收集、镇运转、辖市(区)集中处理”的机制，城乡生活垃圾无害化处置率保持在100%；大力推广测土施肥和病虫草害综合防治，氮肥使用量较2007年下降11.8%，化学农药使用量同比下降10.6%，建成畜禽粪便发酵床养殖技术示范点12个；县乡河道、村庄河塘疏浚及农村改厕工作超额完成年度计划，23个农村环境综合整治试点建设任务全面完成。（曹念东）

【加强集中式饮用水源地水质安全保障工作】 2008年，镇江市重新对日取水量万吨以上水源地保护区进行划定，制订并实施更加严格的监管措施；编制出台《水源地环境保护规划》《镇江市城市饮用水源地安全保障规划》等规划文本，持续开展对水源地污染源的拉网清查工作，积极推行区域供水，启动黄岗取水口延伸工程，保障全市人民的饮用水安全。（汤　虹）

【开展循环经济试点和清洁生产企业审核】 2008年，镇江市政府将清洁生产指标纳入各级政府目标责任状考核内容，与节能降耗、国民经济发展目标同步下达，同时考核。截至年底，全市共有6家单位开展循环经济试点工作，完成循环经济项目8个；53家企业进行清洁生产审核，43家单位通过考核验收。其中太湖流域化工企业14家，超额完成市政府下达的年度工作目标。各家开展清洁生产的企业均同时配套完善水污染防治设施，大力削减污染物的产生量与排放量。（赵硕伟）

【建成全市环境在线监测系统】 截至2008年12月，全市污染源远程监控系统已建成数据监控企业201家，视频监控企业112家，其中联入监控平台的数据监控企业128家，视频监控企业87家。该系统实施运行后，全市化学需氧量排放在线监测覆盖率超过65%，二氧化硫排放在线监测覆盖率超过70%。同时，加强新建项目的在线监控，对所有污染行业和排放总量达到一定规模的企业统一按要求安装远程监控设施，实现远程监控与“三同时”同步进行。（朱文仲　王　金）

环境管理

【概况】 2008年，市环保部门严格按照国家产业政策、城乡建设规划和环境保护的要求，加强项目审批管理，特别是对化工、造纸、印染、电镀等重污染项目一律从严把关。全市共审批建设项目环评文件3548件，其中工业项目环境影响报告书57件、报告表983件、登记表2508件，竣工验收736件，书面否决建设项目22件。对全市重大招商引资项目全程跟踪服务，做到提前介入，超前服务，靠前指导，主动向投资者介绍有关审批要求，帮助办理环保审批手续，环境审批效率和管理水平得到提高。（戴　群）

【开展建设项目环境审批和“三同时”管理专项执法检查】 2008年7月，镇江市环保局、监察局成立专项执法监察小组，对2006年以来新开工工业类建设项目环评报告书、报告表审批和“三同时”制度执行情况进行认真清查，对“三同时”制度执行不到位、项目环境监管不力、地方保护和执法不到位等问题，切实加以纠正和解决。专项执法检查中，对16个污染防治设施未配套到位的项目进行处罚，对35个未完成环保竣工验收的项目下达限期验收督办通知。由于全市项目清查工作准备充分，措施有力，顺利通过省纪委组织的建设项目环评审批和“三同时”制度执行情况专项执法监察。（戴　群　鲁　春）

【市环保局行政审批效率提高】 2008年，市环保局根据《中华人民共和国行政许可法》的要求，对全市环境保护审批事项进行清理，进一步减少审批项目，精简审批环节，压缩审批时间，提高行政效率，实行行政审批“一个窗口”对外。现行的报告书审批时间由法定的60个工作日压缩到10个工作日，报告表审批时间由法定的30个工作日压缩到5个工作日，登记表审批时间由法定的15个工作日压缩到3个工作日。同时，公开所有审批事项的服务内容、办事程序、申报材料、承诺期限、审批依据，并对社会公开发布《行政服务承诺书》和《行政许可六公开》，主动接受服务对象和社会的监督。（戴　群　鲁　春）

【继续开展企业环境行为信息公开化评级活动】 在2008年企业环境行为信息公开化的评级中，全市共有参评企业849家，较上年同期增加23家。经评定，全市获得绿色环境标志的企业63家，蓝色企业588家，黄色企业154家，红色企业34家，黑色企业10家，评定结果在“6·5”世界环境日通过新闻媒体公布。在此基础上，加强环保和信贷管理工作的协调配合，推进“绿色信贷”服务，将环境行为信息公开评级情况纳入银行征信系统，形成控制污染、优化资源配置、促进技术创新的合力。（张文辉）

【进一步规范环保行政执法行为】 2008年，为进一步明确环保部门行政执法范围和裁量尺度，规范行政执法行为，市环保局修订和完善《镇江市环境保护行政处罚自由裁量行为实施意见》，同时对项目审批、执法检查、信访和投诉办理、行政复议、责任追究等相关程序和制度进行修订完善。进一步规范行政处罚文书，深化环保行政处罚文书改革，全面实施“说理式行政处罚文书”的制作和使用。依据环境保护方面的法律法规，组织对市环保部门行政权力进行全面的清理，共清理出环保部门行政权力200多项，并报市政府法制办审核后全面公开。（李　明）

【市环保部门提高环保信访调处效率】 从2008年3月起，市环境监察支队每月编写信访月度通报，对未能及时办理的信访案件下达督办通知，限期办理并上报处理结果。全年市区共受理各类信访举报3990件，完成国家、省级、市级部门交办的环保信访举报428件；立案查处环境违法行为61件，罚款169万元；

举行行政处罚听证会 2 次，切实保障群众的环境权益。 （刘 玲）

太湖流域水污染治理

【概况】 2008 年，镇江市太湖流域水污染治理工作进展明显。

市东部地区属湖西水系，流域面积 1590 平方公里。京杭运河是镇江湖西水系的纽带，东西向有鹤溪河、永丰河、中心河、胜利河及香草河等；南北向有九曲河、丹金溧漕河、通济河、简渎河。经过多年疏浚改造，上述诸河均相互联通，交织成网，共同承担上述地区的引水排洪和通航任务。根据《江苏省太湖水污染防治条例》《太湖流域水环境综合治理总体方案》，以及省政府与镇江市政府签订的太湖水污染治理目标责任书，丹阳市、句容市以及丹徒区的全部行政区域被列入太湖流域综合治理范围。

省政府与市政府签订的太湖流域水污染治理目标责任书要求，2008 年全市被列入考核的断面水质监测指标达标率较 2007 年提高 10 个百分点，高新技术产业产值占地区工业产值比重达到 33%，服务业增加值增速达到 16%；丹阳、句容、丹徒等共有 28 个建制镇均要建设污水处理厂，并配套建设污水收集管网，年底前完成建设任务；新建污水处理厂以及现有的 3 家污水处理厂年底前完成除磷脱氮改造；开展循环经济建设和清洁生产；年底前农村垃圾全部实现集中收集、集中处置，建设日处理能力 350 吨的生活垃圾处理厂两座。镇江市基本完成上述目标任务。其中被列入考核的断面水质监测达标率比上年提高 15.29 个百分点，新建的 19 座城镇污水处理厂基本完工，新增农村生活垃圾处理能力 490 吨/日。丹阳市用于太湖流域污染治理的专项资金占当年新增财力的 20% 以上，句容市达 50% 以上。

（汤 立 颜正清）

【太湖流域被列入国家和省考核的断面水质监测达标率提高 15 个百分点以上】 2008 年，镇江市被列入太湖流域国控与省控的王家桥、吕城、前滕庄、黄埝桥、林家闸、旧县等 6 个断面水质，全年的监测达标率为 61.13%，比上年 45.84% 的达标率提高 15.29 个百分点，超过省政府要求提高 10 个百分点的考核目标 5.29 个百分点；全年有 11 个月的水质达标率较上年提升，水环境质量得到一定改善。 （汤 立）

【分解落实太湖流域环境区域资源补偿责任】 2008 年，镇江市太湖流域的丹金溧漕河（黄埝断面）、通济河（旧县断面）、大运河（吕城断面）被列入江苏省太湖流域环境资源补偿范围，确定补偿标准为：化学需氧量每吨 1.5 万元，氨氮每吨 10 万元，总磷每吨 10 万元。为确保补偿工作落到实处，年初市政府办下发《关于印发镇江市太湖流域环境资源区域补偿试点方案的通知》，明确按照"谁超标、谁补偿""多污染、多补偿"的原则，通过认真核算将补偿资金合理分解落实到各辖市（区），推动镇江太湖水系区域治理工作全面落实。 （汤 立）

2008 年 6 月，副市长陈照煌陪同国家污染源考核组在征润洲污水处理厂检查污染源治理工作 （颜 供）

【太湖流域建制镇生活污水处理设施全面开工建设】 2008 年，镇江市按照太湖流域水污染治理目标责任状要求，开工新建 19 座太湖流域城镇污水处理厂（丹阳 6 家、句容 8 家、丹徒 5 家）。截至年底，新建的 19 座城镇污水处理厂基本完工，2009 年初全面进入调试期。所有新建污水处理厂全部配套建设除磷脱氮设施，配套污水管网施工同步建设，主管网在 2009 年 2 月前全部完工。已建成投运的丹阳石城污水处理厂、句容市污水处理厂与丹徒新区污水处理厂除磷脱氮技术改造工程也已全部完工。 （汤 立）

【全市农业化学农药、氮肥使用量有所降低】 2008 年，全市氮肥使用量控制在 58695 吨，较上年的 66543 吨削减 7848 吨，下降 11.8%；全市化学农药使用量为 3695 吨，比上年削减 391.67 吨，下降 10.6%，比太湖水系污染治理目标责任状控制目标多减少 230 吨，超额完成全年的控制目标。全市积极开展入湖河道沿线农业面源污染的控制工作，进一步提高农业标准化生产水平，全面推广测土配方施肥、农药减量增效控污等先进适用技术，有效减少化肥、农药使用量。全年全市测土配方施肥面积达到 14.67 万公顷，病虫草害综合防治面积达到 17.33 万公顷。

（汤 立 曹念东）

【城乡生活垃圾处置与农村居民点生活污水设施建设完成年度目标】 2008 年，镇江市政府农村环境综合整治立足长效、舍得投入，在巩固农村垃圾"组保洁、村收集、镇运转、县处理"一体化处置机制上取得阶段性成果。在实践中总结出农村垃圾处置"4321"（"组、村、镇、县"4 级收运模式；"清扫、分类、收集"3 步收运机制；"有机可降解物实行堆肥处理、有机不可降解和无机等其他物质实行集中无害化处理"2 种处置分类法；每个自然村按照 1 人 ~2 人标准组建一支农村保洁队伍）的镇江模式，建立起一套科学规范、高效长期的农村垃圾处置管理体制和机制。全市太湖流域新增农村生活垃圾处理能力 490 吨/日。句容市天王填埋场与丹阳市毛甲垃圾处理场二期工程投入使用。16 个农村居民点生活污水处理设施基本建成。全面完成年度工作目标。

（汤 立 曹念东）

【完成太湖流域重点污染源提标改造限期治理任务】 2008 年，全市共有 82 家工业企业与污水处理厂（丹阳市 28 家，句容市 35 家，丹徒区 19 家）被列入太湖流域重点污染源提标改造限期治理任务，截至年底，71 家单位完成提标改造项目，并通过环保竣工验收，剩余11家不能按期实现达标排放的企业已全部强制关闭，目标责任状确定的工作目标如期完成。全市各级政府都高度重视太湖流域污染源的提标改造限期治理工作，大力实施企业排放达标升级工程，切切实实地让污染企业体验到“不是企业消灭污染，就是污染消灭企业”的环保理念，踏踏实实地按照太湖流域污水排放新标准实施达标升级。（汤　立　胡纪全）

【建成太湖流域船舶垃圾收集站与油废水回收站】 2008年12月，由镇江交通部门承建的位于丹阳京杭运河北二环桥南侧的船舶垃圾收集站与位于丹阳京杭运河红叶加油站处的油废水回收站分别按期完成建设任务。镇江市政府与省发改委、省交通厅联系，科学制订方案，申报与争取建设资金，并快速做好项目的各项前期基础准备工作，及时按照省里的统一规划，落实交通部门承担基建任务，使船舶垃圾收集站与油废水回收站按期建成并投入使用，环境效益显著。（汤　立　颜正清）

【3个辖市（区）增加用于太湖流域水污染治理专项资金】 2008年，镇江3个辖市（区）用于太湖流域水污染治理的资金占当年新增地方可用财力的比例达到10%～20%以上。其中，丹阳市当年新增地方可用财力为2.6亿元，用于水污染治理的投入达5672万元，占当年新增地方可用财力的21.82%；句容市当年新增地方可用财力1.4亿元，水污染治理的专项投入达7536.23万元，占当年新增财力的53.83%；丹徒区在年度财政紧张、无新增财力的情况下，仍然投入2008万元用于各类水污染治理工作。（汤　立　颜正清）

污染控制

【概况】 根据省环保厅《关于印发江苏省2008年主要污染物总量减排计划的通知》中认定的减排结果，2007年镇江市化学需氧量排放量4.29万吨，较2005年削减4.4%；二氧化硫排放量7.38万吨，削减21.4%，均完成了省政府下达的两年减排序时任务，其中二氧化硫已提前完成“十一五”期间削减20%的目标任务。2008年，省政府下达给镇江市的减排任务：化学需氧量削减2.2%，削减总量982吨；二氧化硫削减4%，削减总量3748吨。年初，市政府组织市各部门和辖市（区）制订落实2008年度主要污染物总量减排计划，将污染减排任务纳入相关部门领导和辖市（区）长年度目标考核责任状。市政府办公室、纪检（监察）和建设、环保等部门组成联合督查组，多次到各辖市（区）现场督查减排项目实施进展情况，查阅台账资料，提出整改意见和要求，并通报督查考核结果。市人大将减排工作作为年度执法检查重点内容，组织多次环境执法检查、视察活动，督促各级政府和相关职能部门切实重视和做好减排工作。市政协高度关注减排工作，积极建言献策，为实施减排工作起到了积极的推动作用。经过一年的努力，全市落实化学需氧量减排项目39个，减排项目削减量3490吨，年度削减比例达2.28%；二氧化硫减排项目29个，减排项目削减量1999吨，年度削减比例达8.57%。（胡纪全　袁桂珍）

【争取到省以上环保专项资金3000万元】 2008年，市环保部门深入到征润洲污水处理厂、万发化纤厂等减排重点单位指导落实减排任务，推动进展缓慢的地区和单位强化措施、落实责任、加快进度。加强台账资料整理完善工作，按照要求组织、收集、整理全市污染减排企业的台账资料，组织开展对各辖市（区）2007年度主要污染物减排工作的核查，核实各辖市（区）年度减排任务的完成情况。针对基层企业的实际情况，市环保部门加强与发改委、建设局、财政局等相关部门的配合协调，积极为企业争取减排资金。截止到年底，共争取到中央和省各类环保专项资金3000万元，市环保系统获中央减排能力建设资金补助300万元。（彭景志　胡纪全）

【开展“八查一提高”环境执法行动】 2008年，镇江在贯彻执行全省“六查一提高”环境执法行动的基础上，全市上下自加压力，扩大行动范围和区域，增加了化工企业治理和电镀行业整治的内容，在全市范围内开展“八查一提高”（查污染源现状和分布情况，查重点企业和重点流域整治情况，查“小化工”企业关停落实情况，查企业污染减排措施落实情况，查在线监控落实情况，查电镀行业专项整治情况，查小康环保指标达标情况，查环保部门环境监管任落实情况，提高环保系统执法水平）环境执法行动。行动期间，全市共出动执法人员2176人（次），检查企业681家（次），立案查处149家，对47家存在突出环境问题的企业责令停产整治并处罚款，对49家存在较大环境违法行为的企业责令限期整治并处罚款，对存在一般环境违法行为的企业全部下发了限期整治通知书。（汤　虹　叶佳周）

【重点地区、重点行业专项整治成效明显】 2008年，镇江市东部地区被列入重点整治范围的77个整治项目已基本完成。镇江新区化工园区和谏壁片区的废气排放企业正加紧进行深入治理。全市182家电镀企业已全部完成整治任务，其中被列入关闭取缔名单的37家电镀企业及酸洗表面处理企业已全部关闭取缔，电镀行业治理企业检查验收工作也已基本完成。对污染源开展拉网式清查，发现问题及时解决。加强对饮用水水源地的保护，调整集中式饮用水水源地的分布区域，集中式饮用水源地从75个调整为57个。（朱文仲　汤　虹）

【江苏镇江发电有限公司集中供热节能减排效果好】 2008年7月22日，江苏镇江发电有限公司与江苏建华管桩有限公司举行供热合同签字仪式，江苏镇江发电有限公司将在一期2台135兆瓦机组供热改造的基础上，向丹徒经济开发区和句容工业集中区18千米范围内的企业供热蒸汽580吨/时，届时每年可节约标煤达15万吨，可减少二氧化硫排放2900多吨、粉尘排放1500吨、灰渣排放15000吨。（胡纪全）

环境质量

【概况】 2008年，全市以生态市创建为目标，提高城市林木覆盖率，降低入河排污量，着力改善城乡环境质量，形成碧水蓝天、绿树白云相映衬、人与自然和谐相处的良好生态环境。经过全市上下的共同努力，全市整体环境质量保持稳定，部分环境指标进一步改善。其中：水环境，市区饮用水水源地水质达标率为100%，全市地表水33个监测断面水质良好；空气环境，市区环境空气优良天数为330天，占总监测天数的90.2%，主要污染物为可吸入颗粒物；声环境，市区区域环境噪声年均值为52.2dB（A），交通干线噪声年均值为66.5dB（A），达到有关功能区标准；辐射环境，全市共有涉源单位46家，使用非密封放射源单位6家，全年收贮废弃闲置放射源40枚。全年未发生辐射污染案件。（彭景志　邹云娣　高　平）

【环境空气质量保持稳定】 2008年，镇江市区空气污染指数（API）平均值处于良好等级，二氧化硫、二氧化氮、可吸入颗粒物平均浓度值分别为0.037mg/m³、0.035mg/m³、0.095mg/m³，市区环境空气污染级别达到Ⅰ级、Ⅱ级、Ⅲ级、Ⅳ级、Ⅴ级的天数分别为90天、240天、32天、2天、2天。空气环境优良天数占总监测天数的90.2%，影响市区环境空气质量的主要污染物为可吸入颗粒物。与2007年相比，二氧化硫浓度、二氧化氮浓度和可吸入颗粒物浓度基本持平，优良天数比例与上年相当。（王 岳）

【主要饮用水源地水质情况良好】
2008年，全市集中式饮用水水源地水质达标率为98.2%，其中，镇江市区金山水厂取水口、扬中二墩港取水口、句容北山水库取水口全年水质达标率保持在100%。市域内未发生一起影响饮用水水质的污染事件，确保了全市全年饮用水水质安全。根据监测结果，2008年1月～12月，4个取水口取水总量为15741.97万立方米，除丹阳长江黄港取水口9月份氨氮未达到《地表水环境质量标准》（GB3838－2002）Ⅲ类标准要求外，其他各地饮用水水源地水质均达到《地表水环境质量标准》Ⅲ类标准要求。（邹云娣 王 岳）

【全市辐射环境安全】 2008年初，市环保局对全市范围内辐射工作单位，特别是销售及使用放射源的重点单位进行辐射安全现场监督检查。4月22日，市环保局联合市公安局下发《关于迎"奥运"加强放射源安全管理的紧急通知》，就加强全市涉源单位辐射安全和防护工作提出明确要求。对全部46家涉源单位及部分使用射线装置单位进行现场监督检查，对金东纸业有限公司等8家单位的共计44枚废弃放射源进行安全收贮，消除辐射安全隐患。（高 平）

环境监测与科研

【概况】 2008年，全市环境数据监测与科研工作得到加强。全市11个空气自动监测站运行良好，数据有效捕获率均在90%以上；按时完成全市集中式饮用水源地水质达标率、城市区域环境噪声、交通干道噪声、功能区噪声的监测任务，对市区主要河流每月监测，严密监控水质变化。重点对全市流入太湖的水体加密监测，对太湖流域考核断面的周边污染源展开详细调查，开展重点水功能区和主要河道、水库及地下水的水质监测和信息发布工作。增加水质监测频次，每月发布水功能区水质通报，每季度发布深层地下水动态报告。同时，开展生态治理研究。在古运河、通济河开展水葫芦种植试验，利用水葫芦净化水体的功效，达到改善水质的作用。（邹云娣）

【环境监测能力不断增强】 2008年，市环保部门根据环境管理的需要和全市污染因子的特征，有针对性地进行监测装备水平的提升和能力拓展。重点强化有机监测、理化指标自动分析以及自动监测等能力建设。截至年底，市环保局实验室形成较为完备的分析体系，镇江市区四个国控点一氧化碳和臭氧自动监测设备正式运行，成为全省首家五个（一氧化碳、臭氧、二氧化氮、二氧化硫、直径小于10微米的悬浮颗粒物）监测项目全部运行的省辖市。同时，针对重点地区空气污染问题建设环境空气预警体系，完成城市东部地区第一个空气质量监测市控点建设，该点除常规监测外，还实现了氯气、氨气和含硫有机物的自动监测。（邹云娣 王 岳）

【环保科研取得多项新成果】 2008年，市环保局向省科技厅申报社会发展项目3项，向市科技局申报科研课题4项，向省环境监测科研基金申报科研课题1项，完成产学研协作2项。由市环保局承担的省科技厅课题《危险化学品污染事故应急监测与处置成套技术的研究》通过省级鉴定，该项目在污染发生及发展区域预警、环境污染应急处置方案的自动生成和系统集成应用方面达到国内先进水平。（张文辉）

【污染源普查工作通过国家核查】
2008年1月，由国务院统一部署的全国污染源普查工作，旨在全面掌握各类污染源的数量、行业和地区分布，主要污染源及其排放量、排放去向、污染治理水平和治理费用等情况，为产业结构调整和节能减排提供依据。全市境内所有排放污染物的工业源、农业源、生活源和集中式污染处理设施均为普查对象。2008年6月，镇江市顺利地通过污染源普查工作国家核查组的核查，并受到好评。在8月5日召开的省普查工作会议上，镇江市的普查质量获得通报表扬，丹阳市的普查质量全省排名第一。12月3日，全市污染源普查数据完成上报，共计普查工业污染源10822家，生活污染源3380家，农业污染源14353家，集中式污染治理设施11家，农机17912辆（台）。（张文辉）

【市环境监测中心站完成全省小康社会环境质量指数地表水达标率监测工作】
受省环境监测中心委托，2008年，镇江市环境监测中心站完成全省12个城市小康社会环境质量指数地表水496个断面7个项目共计610个样品的采样分析工作。在水样监测期间，除按照相关规定进行空白、加标、平行样的测定外，还测定各类有证标准物质质控样39个，合格率为100%，每个项目安排质量检查9次，并接受省质控样考核1次，接受第三方实验室质量检查1次，较好地保证了全省小康社会环境质量指数地表水的监测质量，为客观、准确的反映全省地表水的现状打下数据基础。（王 岳）

【镇江市成为臭氧层友好城市】 2005年10月，镇江市加入"淘汰消耗臭氧层物质、创建臭氧层友好省市"。经过两年的努力，全市圆满完成"加速淘汰消耗臭氧层物质、创建臭氧层友好省市项目绩效考核指标"的相关内容，于2008年9月通过环保部的验收。（张文辉）

旅游·园林

责任编校：缪　丹

旅　游

【概况】 2008年，镇江市各项旅游经济指标稳步增长。全年接待国内外游客1957.78万人次，比上年增长19.65%；旅游总收入214.52亿元，比上年增长18.2%。其中，接待国内游客1904.23万人次，比上年增长19.77%，国内旅游收入185.07亿元，比上年增长20.25%；接待入境游客53.55万人次，比上年增长15.4%；旅游创汇4.2亿美元，比上年增长15.8%。镇江市接待国内外游客数、旅游业总收入均列全省地级市第五位，其中，接待入境游客列第四位，旅游创汇列第三位。全市有旅游协会会员145家，新增会员34家。

完善旅游规划。市旅游局指导编制《丹阳市旅游产业发展规划》《茅山风景区建设规划》《丹阳眼镜城旅游功能建设规划》《丹阳南朝帝王陵墓石刻保护规划》《扬中雷公岛湿地生态园建设规划》《圌山风景区旅游建设规划》《世业洲旅游发展规划》等，并指导推进"十一五"旅游发展规划中的重点旅游建设项目，市区的金山湖景区工程、西津渡古街建设、世业洲东湖景区建设、句容的茅山景区道路及配套工程等4个创建项目，进入2008年省级重点旅游建设项目库。争取省级旅游发展专项资金500万元。

开展项目建设。全市全年完成旅游投入50亿元，其中，句容市政府直接投入2.5亿元，丹阳市政府仅投入石刻公园一项就达1亿元，市交通局投入2亿元建成茅山至九里景区高等级旅游道路。市区的金山广场、金山湖、荷花池广场、西津渡文化创意产业园、润州道院等新增旅游景区（点）相继建成并开门迎客；句容的茅山、宝华山，丹阳的嘉山、九里景区等全面推进景区扩容、品质提升工作。句容市的世茂大酒店、丹阳市的阅江金陵国际大酒店、京口区的皇冠假日酒店等3家五星级酒店全面开工建设，建成句容曙光国际酒店等；市公安局投入1000万元，完善道路标识标牌、新增停车泊位900个；市经贸委完成恒顺香醋文化长廊主体基建工程；市文化局扶持建设金山宝地"超越神话"演艺广场等。

开展各类创建活动。丹阳"中国优秀旅游城市"创建稳步推进；金山风景区创建"国家5A级旅游景区"通过省级评定，并报国家旅游局验收，茅山风景区向省旅游局递交"国家5A级旅游景区"创建报告；镇江国际饭店完成"五星"创建申报，全市新增四星级饭店2家，有10家星级饭店提交创绿色饭店申请报告；2家乡村旅游点通过省级"全国农业旅游示范点"的验收。

举办各种节庆活动。市旅游局牵头承办"2008中国镇江金山旅游文化节"，组织本地旅游单位与外地旅游单位签订132份旅游合作协议，吸引20多万名外地游客到镇江旅游。中国镇江金山旅游文化节入围"2008年度中国十大旅游节庆"活动评选。举办"春风又绿江南岸"镇江旅游节，来自北京、上海等地的100多名摄影记者参加"同一个镜头——走进镇江"全国百家媒体摄影名家采风活动开镜仪式。内地及港澳台地区主流新闻媒体多角度宣传报道本届旅游节，搜狐网、人民网、中国旅游网等近千家网站转载、报道，超过100万名网民浏览内容。还举办"赛珍珠大地之旅"秋游式、焦山桂花节、镇江特色菜肴品尝月、"快乐UP"大型广场活动、句容茅山旅游文

市委书记许津荣与德国驻沪领事馆代总领事卜布先生互赠旅游纪念品

（魏　兢）

化节、宝华山泡山节、“丹阳觅镜、镜觅丹阳”媒体采风活动、扬中江鲜美食节、扬中江蟹旅游文化节、丹徒区世业洲秋季旅游采摘活动、京口区乡村旅游文化节、润州区温泉旅游文化节等。

拓展市场,加强区域合作。市旅游局组团参加省旅游局组织的赴新加坡、马来西亚、日本、韩国、香港等国家和地区,以及北京地区的推介活动;参加中国国际(上海)旅游交易会、中国国内(郑州)旅游交易会、第12届长江三角洲(南京)旅游交易会、宁波投洽会等活动;组团赴北京、上海、浙江、安徽、福建、河南等省、市拓展客源市场;组织52辆大型自驾游车队赴徐州、宣城宣传镇江旅游。与南京、扬州签订旅游合作推广计划,联合打造“扬子江之旅”旅游品牌,组团赴台湾、厦门、福州、杭州等地推介。设立“世博旅游推广站”,启动“长三角世博主题体验之旅”专题合作项目,参加长三角旅游城市高峰论坛宁波峰会。邀请韩国驻沪领事馆人员,台湾旅行商大型考察团,江苏省“大运河”旅游线路调研组,荷中友协总裁,中国国旅总社负责人,以及苏州、无锡、淮安、吉安等城市旅游同行到镇江交流。推进镇江与连云港“南北挂钩”旅游合作,两地旅游局签订《旅游合作协议》。

加强媒体宣传。市旅游局邀请央视《走遍中国》栏目组拍摄七集专题旅游宣传片,首播重播总时长达10多个小时;邀请《北京电视台》旅游栏目组拍摄并播出9集旅游宣传片,在全省地市级城市中位列第一;邀请央视《为您服务——美食走天下》栏目组,浙江电视台《江南好》栏目组,上海教育电视台、南京电视台《从南京出发》摄制组等拍摄旅游专题片;邀请人民日报、中国旅游报、新华日报、人民网、新浪网等近百家主流媒体报道镇江旅游发展情况,其中在《中国旅游报》发表2000字以上文章近20篇。编印《水漫金山》旅游杂志,印制《畅游镇江》旅游画册(中、英、日三种文字对照)、《镇江旅游交通地图》(中、英文对照)、旅游书签等宣传品。

规范市场秩序。市旅游局确定“阳光操作、公开合同、公平条款、透明行程”旅行社操作四项原则,规范旅游组团合同示范文本、旅行社用车。发放《旅游消费指南》《游客出游告知书》,引导游客文明出游、理性消费。会同工商、公安、安监等部门联合执法,加强对各旅游重点环节、重点时段的检查,市旅游局质监所全年出动旅游执法检查300多人次,受理旅游投诉38件,收到各类咨询5000多人次,旅游投诉受理率、处理率、结案率、游客基本满意率均达95%以上。

重视教育培训。市旅游局选派机关干部赴香港参加短期培训,学习现代经济和旅游专业知识。推进导游考试工作,全市报名总人数1000人,全市导游总人数1694人。举办全市导游员研讨班,加强对导游人员的培养、教育和管理;举办“对话奥运、旅游镇江”英语大赛,培养并选拔一批优秀英语导游,为全省首创。加强对社会兼职导游的管理,组织开展“讲文明、树新风、迎奥运”活动,开展“优质服务竞赛月”活动,随旅行团发放“服务质量调查表”近千份,推荐204名导游员走向工作岗位,选拔100名社会导游进入优秀人才库,确定“十佳金牌导游员”。举办镇江、扬州、泰州面向欧美客源市场营销培训,旅游星级饭店、国家4A级旅游景区、乡村旅游点管理(经营人员)岗位培训及辖市(区)旅游局长研讨班,组织高层管理人员赴境外培训。

此外,在全市旅游行业开展“参与公益活动、奉献爱心”的活动,向四川汶川地震灾区捐款50多万元。镇江神州旅行社举办“神州心系灾区情,携手学子镇江游”活动,组织32名四川灾区学子参观镇江城市风貌。（蒋云峰）

【编制《镇江市振兴旅游业发展三年(2008~2010年)行动纲要》】 2008年8月,市旅游局会同市人大课题调研组,编制完成《镇江市振兴旅游业发展三年(2008~2010年)行动纲要》(以下简称《纲要》),并报市委、市政府联合行文下发。《纲要》提出,到2010年镇江市旅游经济指标比2007年翻一番,即:全市旅游总收入达到360亿元,旅游增加值达到183.6亿元,占全市GDP的比重确保达到9%力争10%。《纲要》指出,要着力提升镇江旅游产品内涵和市场竞争力,构建北部大江风貌板块、南山城市山林板块、茅山生态人文板块、丹阳商务旅游板块、扬中江鲜美食板块等五大旅游板块。《纲要》明确,镇江旅游市场定位是:“国内一体两翼、国际东南西北”。“一体两翼”是指国内市场以上海为重点的“长三角”“泛长三角”地区为核心市场,兼顾“环渤海旅游圈”市场和“泛珠三角旅游圈”市场;“东南西北”是指国际市场以日韩为重点的东亚、东南亚为主要市场,兼顾西欧、北美市场。（蒋云峰）

【征集镇江市旅游形象宣传主题语】 2008年4月,市旅游局组织召开镇江市旅游品牌策划创意课题开题会,向社会征集旅游形象主题语9287条,旅游标识126件,参赛作者来自全国30个省(市、自治区)以及境外3个国家和地区。经过三轮专家评选、公众投票,确定镇江市旅游形象宣传主题语录用奖是“何处望神州,满眼风光镇江游”,入围奖2条,鼓励奖4条;旅游标识录用奖空缺,入围奖2件,鼓励奖4件。（蒋云峰）

【旅游信息化建设】 2008年,市旅游局开展旅游信息平台建设,通过各类网络刊发信息超过1000条,其中,在国家旅游网刊发信息56条,在江苏省旅游网刊发信息量名列全省前茅。与德国彼路旅游国际公司合作,完成镇江旅游英文网站建设,实现与中文网站的链接。与江苏电信公司镇江分公司合作,推进“数字镇江”旅游信息工程,完善镇江旅游网功能,完成旅游局OA系统建设。与江苏移动公司镇江分公司合作,打造镇江“旅游通”品牌,建立无线手机旅游网,在市区主要景区设置手机自助导游服务、二维码导游服务和景点彩信点播;启动江苏省“12301”旅游呼叫中心数据采集工作;在元旦、春节、“五一”期间,向外地游客编发公益旅游短信100多万条,通过无线网络对到镇江的客情适时监控并分析,为提高旅游客源市场拓展的针对性、准确性提供科学依据。（蒋云峰）

园　林

【概况】 2008年,镇江市风景园林事业平稳发展,经济、社会和环境效益同步提升。

提升管理水平。全面推行市场化绿化管养模式,完善数字化考核、动态化管养机制,建立绿地管养全覆盖、检查考核全方位、卫生保洁全时段,保持干道、广场绿化整洁美观。坚持依法行政,全年完成行政审批事项262件,压缩审批时间2.4天。深化公园风景区“四化”考核内容,提升公园风景区环境质量。全面开展南山环境综合整治,开展3次市容环境集中整治,规范经营摊点20余处,清除卫生死角30多处,清理杂草、菜地2000多平方米,栽植各类苗木2万余株。

加强生态建设。启动国家生态园林城市创建工作,完成调查摸底、方案制定、动员部署、任务分解等前期准备工作。全市新增园林式单位和居住区35个,新增绿地260.5公顷,其中公共绿地70.6公顷,建成区绿地率、绿化覆盖率38.96%和42.12%,人均公共绿地14.5平方米。实施6.67公顷荒坡地改造和6.67公顷林相改造。以创建国家“5A”“4A”级旅游景区为载体,完善旅游基础设施建设，新建金山票务中心、金山游客服务中心、北固山游客服务中心和影视厅等，开工建设金山荷花池广场。维修出新焦山板桥书屋、汲江楼、壮观亭等。

加大惠民力度。推进京沪高铁、沪宁城际铁路、上铁地块、交投地块、万科檀山地块、磨笄山安置点、珍珠安置点、金山佛教广场等全市重点建设项目征地拆迁工作，全年完成征地73.33公顷、拆迁488户计7万多平方米。在京沪高铁征地拆迁中，实现“率先完成交地、率先完成拆迁”的目标，被市委、市政府评为先进单位。全力开展抢险排障，迅速启动抗雪抢险减灾应急预案，组织抗击雪灾保护城市树木工作，清理50余条道路1.5万余株行道树的积雪，集中清理断树残枝50余车，保护城市绿化成果，降低受灾程度。全年处理各类事件103起，处理危树156株。全年发行“惠民游园一卡通”7.2万多张，伯先公园免费开放一年来，接待游客40万人次，比上年增长33%。

优化经济结构。包装并推出30多条旅游新线路，开辟观光、休闲、购物等一日游、二日游新产品。全年接待游客410万人次，团队游客量比上年增长5.67%。实现绿化工程营收1915余万元，比上年增长46%。初步形成生产、施工、养护、技术外包及服务咨询绿色产业链。引进金山历史文化展览馆、南山寿茶等项目，到账资金500余万元。

（镇　园）

【镇江《三山风景名胜区总体规划》通过国务院审批】　2008年4月11日住房与城乡建设部批复，国务院原则同意《三山风景名胜区总体规划（2008年～2020年）》（以下简称《总体规划》）。三山风景名胜区面积为17.23平方公里。批复强调要按照《风景名胜区条例》及《总体规划》确定的分区分级保护要求，严格保护风景名胜区内文物古迹、自然水系、森林植被等风景名胜资源，特别要加强对碑林、金山寺等重要景点景物的保护管理，确保风景名胜资源的真实性和完整性。在风景名胜区外围保护地带要落实环境保护措施，协调好风景名胜区与城市的关系，维护自然和文化风貌。要依照《总体规划》要求，紧抓组织编制风景名胜区详细规划，按规定程序履行报批手续后，有计划、有步骤地进行区内各项建设。景区内不得建设有损生态环境和自然景观的工程，核心景区内严禁建设任何与资源和环境保护无关的项目。要依托镇江市江南化工厂以北地块建设风景名胜区旅游服务基地。按照近远期结合、分级布点的原则，严格控制风景名胜区内旅游服务设施的数量、用地和建筑规模，做好规划设计，做到建筑风格与景区环境相协调。同时强调《总体规划》是指风景名胜区保护、利用和管理的重要依据，必须抓紧制订风景名胜区保护与管理的实施细则。　（镇　园）

【《南山风景名胜总体规划》通过省政府审批】　2008年12月11日，江苏省人民政府批复，原则同意《南山风景名胜区总体规划（2008～2025）》划定的风景名胜区规划范围、核心景区范围和外围保护地带，同意总体规划确定的风景名胜区性质、规划布局及景区保护、建设与发展目标。批复强调南山风景名胜区是以城市山林、古寺名泉为特色，融生态保护、文化体验、旅游休闲及历史遗存展示等功能于一体的城市型省级风景名胜区。要按照“科学规划、统一管理、严格保护、永续利用”的原则，加强景区规划、保护、利用与管理工作，维护风景名胜资源的自然特性、生态功能、文化内涵与地方特色。要按照总体规划要求，抓紧组织编制风景名胜区详细规划。严格按程序审批景区内各类建设活动，核心景区内严禁建设任何与资源环境保护无关的项目。进一步加强景区环境综合整治，对与景观、环境不协调的建筑设施特别是景区内的居民点，要有计划有步骤地进行改造、拆除或搬迁，恢复自然生态和风景景观。按照《国务院风景名胜区条例》《江苏省风景名胜区管理条例》规定，强化风景名胜区管理机构综合管理职能，研究制订风景名胜区保护和管理专项制度，依法加强对景区规划实施和开发建设的监督管理，切实提高景区管理水平。　（镇　园）

【推进南山“天池”周边环境综合整治】

2008年1月23日下午，南山管委会开展推进“天池”周边环境综合整治活动，组织50余名公安、行政执法人员和工作人员，实施集中拆违、垃圾清运和植树覆绿等环境治理和生态修复行动。拆除违章建筑2处25平方米，清运各类垃圾300多吨，查处毁林事件2起。栽植龙柏等绿化树木50余株，改善“天池”周边的生态环境。同时，借整治活动，向附近单位和居民发放《南山风景名胜区管理暂行办法》，开展法治宣传教育。　（镇　园）

【举办首届金山庙会】　2008年2月7日～11日（大年初一至初五），金山风景区举行首届金山庙会。庙会有民间文化艺术表演、猜灯谜、对对联、节庆商品展示、美食小吃、擂吉祥鼓等活动，将民俗民艺和佛教文化融为一体，突显金山庙会民俗与佛教文化亮点。庙会期间接待游客4.6万人次。　（镇　园）

【举办金山“奥运之旅”游园会】　2008年3月1日～5月31日，金山风景区以园林花卉小品为表现手法，创新游园主题活动，举办“奥运之旅”游园会，接待游客近32万人次。游园会采用立体造型与浮雕相结合的手法，利用园林花卉植物进行艺术配置，营造出富有园林观赏性要求的“火炬传递”“追逐”“奥运手拉手”“最后的冲刺”“福娃摔跤”“自由体操”“心的传递——射箭”“奥运与浮雕”“中华武术”“水的畅想——游泳”“标枪”“网球”等十五组主题景点。同时，景区主干道布置以奥运人文为内容的宣传牌，烘托喜迎奥运的浓厚氛围，并通过地栽花卉与盆栽观赏植物相结合，立体塑造出以绿色为主调的游览空间。

（镇　园）

【金山风景区举办第五届荷花展】

2008年6月1日～8月15日，金山风景区举办第五届荷花展，展出近百余株碗莲、千余株缸荷和睡莲，布置荷花仙子、打鱼归来、童鱼戏荷、采莲归来、品荷、精品荷花、点燃激情、竹亭荷风、荷塘拾趣等12组小品，并配置地肤、菜叶草、一串红等草花数万盆，接待近15.7万名游客。荷花展期间，举办金山荷花展摄影大赛、“荷风金山”小记者采风活动、咏荷赞莲书法大赛、历届荷花展摄影获奖作品展、荷花美食节等系列活动。与《京江晚报》《江南时报》、my0511网站合作，举办荷花文化征文比赛，与镇江移动公司合作，推出景点详情点播业务及宣传短信。　（镇　园）

【金山风景区举办第五届“花漫金山”植物展】　2008年8月16日～11月15日，金山风景区举办第五届“花漫金山”植物展，接待游客26.9万人次。本次花卉植物展主要通过园艺造景手法重点布置：双龙戏珠、绿色秋韵、曲院绿意、百花齐放、海狮戏球、母子情深等十余组植物造型，并在景区的主干道、主景区等处布置蝴蝶兰组合、垂吊蓝猪耳、垂吊矮牵牛、凤梨组合、红掌、黄玉扇、飘香藤、火炬、红剑等近百种观赏性植物和时令花卉4万余盆。　（镇　园）

【焦山风景区举办“花漫浮玉”艺术展】

2008年3月1日～5月30日，焦山风景区举办“花漫浮玉”艺术展，接待游客5.1万人次。艺术展旨在表现传统乐器的魅力，通过排箫、琵琶、鼓等传统乐器造型进行立体花坛布置，分别在索道站、乾隆行宫、枫杨广场等主要景点诠释"云雀""十面埋伏""狮子吼"等经典古曲所呈现的意境。在鹤园设置"花""开""富""贵"四幅扇面书法造型,烘托传统艺术的文化韵味。运用音符和五线谱等营造出清灵活泼、欢乐祥和的游园环境,并用三色堇、孔雀花、万寿菊、一串红等十几个品种的2万余盆花卉进行花坛配置和环境布置,形成"花漫浮玉"意境。（镇 园）

【焦山风景区举办"圆梦八月·清凉一夏"艺术展】 2008年6月1日~8月31日,焦山风景区举办"圆梦八月·清凉一夏"艺术展,接待游客近8.4万人次。艺术展紧扣2008北京奥运会主题,由室内展与室外展两部分组成。室内展设在焦山乾隆行宫,以江苏"工人收藏家"夏文志与国际奥委会主席萨马兰奇的奥运情结为主题,展品170余件,包括夏文志与萨翁互赠的礼品实物40余件,夏文志4500余件体育收藏珍品中的精品100余件。室外展利用奥运五环、中国祥云、福娃、飘带等奥运元素进行图案组合设计,在焦山大门、定慧寺山门、索道站、待渡舫、碑林入口、鹤园、枫杨广场等景点布展聚焦、圆梦、圣火点燃、盛宴、喝彩等奥运小品10余组。（镇 园）

【盆景"醉听涛声"获全国盆景展创新奖】 2008年10月8日,第七届全国盆景展在南京玄武湖闭幕。镇江市有18件作品参展并取得优异成绩,其中崔兆华的盆景"醉听涛声"获创新奖(获创新奖的仅有2件作品),焦山的雀梅"生命之歌"、张宏泰的刺柏"凌凌风骨"、王年初的"迎客松"等3件盆景作品获银奖,王斌的"柏本有心"获铜奖。（镇 园）

【金山风景区启动荷花池改造工程】 市政府于2008年4月16日启动金山荷花池广场综合改造工程,该工程规划占地6300平方米,拆除临时建筑43户73间930平方米,新建近5300平方米的水景广场以及1669平方米的地下停车场和2646平方米的旅游配套服务设施,为游客提供一个集休闲、娱乐、集散为一体的城市广场。该工程计划于2009年10月前竣工交付使用。（镇 园）

【招隐三期工程"飞云阁"竣工】 "飞云阁"景点位于招隐景区最高点,为重檐三层八角攒尖顶形制,高20.57米,钢筋混凝土框架结构,占地面积3000平方米,其中建筑面积290平方米,地面铺装150平方米,道路170平方米。于2007年11月开工,2008年7月竣工。该工程由镇江市地景园林设计有限公司设计,镇江市锦华古典园林建筑有限公司承建。（镇 园）

飞云阁 （镇 园）

【南山风景区启动梅樱园建设项目】 2008年4月15日,中国镇江第16届中日友谊梅樱园活动暨南山梅樱园建设启动仪式在黄鹤山举行,来自日本津市、仓敷市和奈良市的30多位日本友人与镇江百余名市民共同植下200多株象征友谊的樱花树。新启动建设的黄鹤山中日友好梅樱园,计划用3~5年时间,种植1万株樱花和梅花。（镇 园）

【伯先公园义务护林队成立】 2008年3月7日,金山街道小街社区响应伯先公园发出的"从我做起,文明游园,共建美丽花园"的倡议,提出"保护好我们的后花园"的口号,成立伯先公园义务护林队,首批义务护林员由26名居民组成,每3人为一组,每天分上、下午两个班,坚持每班巡山不少于2小时。保护公园游园环境和服务设施。（镇 园）

【开展全民义务植树活动】 2008年3月9日上午,由名城镇江网等全市十大网站发起的"2008镇江网友大型公益植树活动"在京口区谏壁镇粮山河两侧5.33公顷的岗坡地上展开,1500多名网友参加活动。副省长、市委书记史和平,市委常委、秘书长李国忠,市委常委、市委宣传部部长张洪水到植树现场参加植树活动。此次活动共栽植香樟、女贞、橘树等苗木3000余株,这也是镇江市的第二块"网友林"。

3月12日下午,省委常委、副省长黄莉新在副省长、市委书记史和平的陪同下,视察镇江市绿化工作,并在丹徒段植树现场参加植树活动,共栽植香樟等苗木千余株。市领导郭礼荣、张庆生、陈主志、李国忠、李茂川、张洪水、冯士超、徐平、孙志安等参加植树活动。

3月20日上午,市长许津荣,市委常委、常务副市长江里程,副市长陈建设、陈杰、王萍、冯士超、曹当凌赴丹徒区世业洲参加植树活动。世业洲植树活动由机关工委、市绿化办牵头,自3月10日起,每天安排20余家单位400余人参加,筹集绿化经费200余万元,建成1万米以香樟为主要树种的江堤绿化带。

2008年,南山风景名胜区管委会与市人防办联合开展"共建人民防空林"活动。市人防办与南山风景名胜区以"绿化南山、美化家园"为主题,在黄鹤山景区投入20余万元,组织120余人,平整荒地1.2万平方米,栽植香樟300株、雪松100株、桂花200株、杜鹃200株、刚竹6000余株。市城管执法局在丹徒区镇荣公路西侧的缪家甸开展以"城管伴你成长"为主题的义务植树活动,所植女贞、广玉兰等苗木均为执法工作者自己购买。市烈士陵园连续11年开展"栽花植树慰英灵"活动,以树木认养为主。3月15日上午,140多位小朋友在家长的陪同下,在香江花城生活馆广场,参加由红豆牧业、红豆置业和香江花城社区居委会举办的第三届树木认养暨植树活动,通过活动从小培养他们爱绿、护绿意识,举办方还给每一个小朋友颁发"护绿小卫士"荣誉证书。3月19日下午,江苏大学学生和肯德基公司的员工,在校园内栽下一批桂花树。

（市绿化办 杨 震）

商贸流通

责任编校：戴 芸

综 述

【概况】 2008年，全市累计实现社会消费品零售总额410.21亿元，比上年增长23.8%，增幅创近14年来的新高。其中，批零贸易业实现社会消费品零售总额357.44亿元，比上年增长25.7%，餐饮业实现社会消费品零售总额44.41亿元，比上年增长20%；分地区看，增幅最高的京口区为27.5%，增幅最低的润州区为19.7%，两者相差7.8个百分点，地区间消费增长差距拉大。分城乡看，城镇实现社会消费品零售总额342.44亿元，增长26%；县以下实现67.77亿元，增长13.7%；城乡增幅相差12.3个百分点，农村市场占比下降到16.52%。全年商贸业累计实现增加值164.52亿元，增长17.4%；占服务业增加值的31%，占地区生产总值的11.58%，分别比上年提高1.6和0.8个百分点。其中，批发零售业增加值141.55亿元，增长17.4%，餐饮住宿业增加值22.97亿元，增长17.1%。2008年，镇江消费市场呈现两头低中间高的运行态势。前2个月，受天气等因素影响，消费增长偏缓，仅为21.8%，明显低于全省平均水平，增幅排名下滑至全省倒数第2位。从3月开始，消费增速逐步加快，6、7两月，增幅达到24.7%的最高点，位次上升至全省前6位。8月以后，受大环境影响，社会消费品零售总额增速逐月回落，年末增幅下降至23.8%，位次下降到全省第10位。

2008年消费市场特点：突发事件频发，保供压力加大。1月末江南雪灾、2月物价上涨过快、3月食用油供应紧张、5月抗震救灾、9月三鹿奶粉事件等一系列突发事件，影响市场稳定、供应保障。1月26日至2月5日抗雪保供期间，市政府召开保供紧急会议，下发《关于切实做好主要副食品供应保障工作的紧急通知》，部署保供工作。市区两家农副产品批发市场、7家重点零售企业组织销售蔬菜1500多吨、猪肉300多吨、家禽近200吨、水产100多吨。食用油供应紧张期间，市有关部门加强市场监测、打击违规经营、扩大商品采购、加强舆论引导。食用油批发企业加强与生产企业联系，扩大购油计划，增加市场食用油投入量；重点零售企业组织货源同时限购、限量放货，保证市场不脱销、不断货。三鹿事件发生后，市有关部门从9月下旬至年末，对乳制品产、销企业进行日报监控，并指导相关企业及时进行排查，按要求进行下架、封存、退货处理。

1月中旬，市政府全面部署抓好春节市场，围绕保障市场供应、加强价格监管、维护消费安全、繁荣商贸文化四个重点，组织开展“生肖第一年、子鼠又一春”商贸迎新春活动。组织商贸企业研究分析小长假特点和消费走势，抓住清明、端午等节日的民族特色，加大传统特色商品宣传促销力度，在历年节后消费低谷的3、4两月，社会消费品零售总额当月同比增幅分别为26.9%、26.2%，位居全省第一。5月、6月，社会销售品零售总额当月增幅为26.6%、25.4%。14家重点零售企业春节前十天，累计实现销售22592.5万元，同比增长32.88%，节日七天累计销售4616.96万元，同比增长21.53%；国庆黄金周期间累计销售11334.7万元，同比增长17.31%，增幅比上年提高近7个百分点。

大中型骨干商贸企业销售大幅增长。镇江商业城在年末大促销活动中，两日销售6000万元，创日销售额历史新高。镇江商业城、丹阳华地百货全年实现零售总额分别为6.7亿元、6.6亿元。大润发超市、旅游超市、万方超市等连锁企业零售总额增幅均超过20%。句容南山农庄、江苏金陵润扬大桥酒店实现零售总额2768万元、2371.3万元，分别增长105.55%、81%。丹阳香逸渔港、镇江味雅大酒店、句容江南美食城零售总额分别增长95.22%、68.28%、36.33%。

2008年是奥运之年，又是改革开放30周年和婚庆大年，奥运商品、婚庆商品消费量大幅上升，城市居民消费性支出中上升幅度最大的是居住、家庭设备用品类、杂项商品和服务类，分别增长31.7%、33.1%、35.5%。物价拉动作用明显。上半年，受食品、能源、黄金等价格上涨影响，居民消费价格指数一直保持高位运行。1月～6月居民消费价格总指数为106.8，高于上年同期3.4个百分点；食用油、肉品、鲜菜的价格指数分别达到148.5、128.9、116，食品类商品价格指数达119.3，高于上年同期12.2个百分点。下半年，物价指数逐步回落，年末居民消费价格总指数为105，仍高于上年1个百分点。物价上涨，导致居民生活消费支出增加，促进消费市场全面升温。

市经贸委会同有关部门和商贸各行业协会，多次调研走访商贸企业。4月25日组织召开商贸企业创新发展研讨会，5家重点商贸企业代表作交流发言，19家企业和4个行业协会书面交流。经贸委会同商贸各行业协会，有针对性地组织开展调研活动，结合市政府服务业三年翻番行动计划，拟制镇江商贸业三年翻番行动实施细则。

跟踪服务市区菜市场升级改造项目和商贸重点建设项目，确保各项目按序时进度有效推进。第一楼街商业步行街、丹阳森林家居广场、句容温州商贸城三期、惠龙港等已开业或试营业，国际工业品城、丹阳欧尚超市、句容福龙钢材市场、扬中文景广场等项目基本完成;华地百货、中浩国际、中国(丹阳)眼镜城、新区义乌小商品城等项目进展顺利。全年累计完成商贸投入62亿元,同比增长14.8%。

继续推进"万村千乡市场"工程,全年新建491家农家店,完成投资2660万元,建成26500平方米的农村商业网点,基本实现对农村市场全覆盖。通过一网多用,增强商贸对农业生产的支持度。推进市区菜市场标准化建设,年内完成新建菜市场2个,升级改造菜市场9个,为提前完成三年内全面实现市区现有28个菜市场升级改造的目标。

针对不同时期市场变化特点,加强对重点商品供求状况和价格变化情况监控,向市政府和上级主管部门报送相关情况,编发雪灾期间市场监测快报13期,食用油监测信息4期。根据国家商务部、省经贸委部署,会同工商、物价等部门组织开展零售场所塑料购物袋有偿使用专项整治和商品过度包装专项整治工作,通过媒体发布"限塑令",开展专项检查并取得成效。会同市委宣传部等有关部门,组织开展"百城万店无假货"示范街区创建工作,全市新增省级示范店5家、示范街1条。推进"社区双进"(便利消费进社区、便民服务进家庭)工程,组织条件成熟的社区申报省级社区商业示范区,新增省社区商业示范区3个,分别为:润州区七里甸街道四圩社区、京口区四牌楼街道香江花城社区、镇江新区大港街道港南花苑社区。组织劳动合同法专题讲座,开展为灾区伤病员无偿送营养餐、烹饪技艺交流、江鲜美食节、为贫困家庭送年夜饭等活动。

(周军捷)

【江苏省华茂贸易有限公司】 2008年,江苏省华茂贸易有限公司及其分、子公司实现食糖、名酒、烟花爆竹等销售1.6亿元,较上年增长7%。下属镇江旗舰五粮液专卖店再获全国"五粮液标杆店"称号。食糖经营是公司支柱之一。年内,雪灾、地震、金融危机等对食糖行情产生影响,公司收集信息,开拓电子商务,进行期货与现货贸易,采取灵活结算方式,规避风险,全年实现食糖经营创效105万元。

公司在南京投资控股江苏润华贸易有限公司实现从贸易型向生产型公司转变,建成食糖分装厂房一座,年分装食糖1万余吨,保证苏果超市等零售商小包装食糖供应。公司参股的江苏白玫化工有限公司,以生产化工原料元明粉为主,年产60万吨,完成生产、销售计划,取得利税2000万元。

(李　建)

放心工程

【概况】 2008年,镇江市蔬菜产销管理工作依靠"科技兴菜",提高保障供给能力。全年完成蔬菜播种33406.67公顷,比上年增长2.45%;上市蔬菜84.73万吨,比上年增长11.60%;完成蔬菜总产值18.52亿元,比上年增长28.61%。

加强蔬菜生产基地建设。出台《关于2008年市区新菜地建设相关补贴的实施意见》(镇政办发〔2008〕137号),在严格菜田征管基础上,明确全年蔬菜生产基地建设目标任务、建设标准、补贴标准、补贴办法。制定种菜直补政策,对在2008年经市政府审批新建蔬菜基地的种植户给予每公顷3000元补贴,一定三年不变。根据目标任务及计划进度要求,督促各级政府和职能部门,落实相关政策、调整田块、工程招投标等开工前准备工作。按计划推进市区133.33公顷蔬菜生产基地建设任务,京口区、润州区和镇江新区蔬菜生产基地建设项目结束,丹徒区进入施工阶段。根据"发展远郊、提高近郊"布局安排,增加资金投入,对润州和京口区老菜地道路、沟渠、涵管、节制闸等进行全面改造,增强抗击自然灾害能力。

加强质量安全管理。宣传《中华人民共和国农产品质量安全法》等法律法规以及国家禁止、限用和淘汰的农业投入品目录和范围,宣传《种菜十不准》等规定,规范经营者和使用者行为。开展技术培训,使菜农严格按照安全生产规程,科学、合理地使用农药。进行农业投入品专项整治,各辖市(区)农林局会同工商、质监、公安等部门,对菜区农药经营和用药情况,开展拉网式检查。各辖市(区)出动行政执法人员100多人次,检查各类农资产品生产和经营企业60多家。按照《农产品质量安全法》要求,各生产基地和生产大户都建立规范生产记录,对蔬菜生产全过程实行控制。推进农业标准化建设,龙头企业和专业合作组织按照统一规范要求建设。各辖区制定和申报省市级产品和生产技术规程6个,申报无公害蔬菜产品3个,无公害蔬菜生产基地266.67公顷。各辖区制定省级蔬菜产品和生产技术规程12个,市级蔬菜产品和生产技术规程44个;获得国家论证的无公害蔬菜产品50个,绿色产品3个,有机蔬菜产品3个,获得省级论证无公害蔬菜生产基地3200公顷。

推进"科技兴菜"。采用优良品种,开发引进一批产量高、质量优、抗逆性强的新品种、新品质,培育更高水平新品种,扩大繁育,提高良种自给率。润州区研究所"蔬菜品种提纯复壮"项目,提纯复壮的寒青、镇研三号辣椒、早丰豇豆、元白萝卜全部完成,提纯种子500多公斤。引进碧玉厚皮网文甜瓜、金珠樱桃番茄等20多个新品种。推广镇研系列品种15个,推广面积达到480公顷。京口区农经部门引进黑色先锋面包番茄、绿色苔菜等新品种26个,推广东风神神剑辣椒、法国番茄等品种6个,推广面积计10余公顷。润州区建立蔬菜科技示范户,培养科技种菜致富带头人,加强菜农科技队伍建设。丹阳市以"科技入户""新型农民培训"工程为载体,做到良种、技术、新产品、信息四到户,形成以户带户、以户带村、以村带镇的农业技术推广示范模式。各辖市(区)举办各类培训班20多期,对1000多名农技人员、农户、基地及专业合作经济组织人员进行技术培训。

健全检测网络,形成以市级农产品检测中心为龙头、区级检测为骨干、基地检测为基础的检测体系。严格实施蔬菜产地准出检测制度,对各区生产基地检测点进行严格检查,规范操作要求,健全检测台账记录。加强市场准入检测,制定《关于加强农产品批发市场监管工作意见》,督促农产品批发市场建立健全安全管理责任、检测检验、台账记录、不合格产品报告等项制度。加强行政监督检测,建立例行监测工作方案,实行月检月报制度,夏季实行半月检半月报制度。加强检测工作考核。制定《蔬菜农药残留监测工作考核细则》,对组织领导、监管措施、绩效目标等方面作出规定,年终考评。全市全年进行蔬菜农药残留快速检测25068批次,合格率99.5%。市农产品检测中心对8大类20多个品种659个样品进行常规检测,合格率96.2%。

各级蔬菜产销主管部门帮助蔬菜生产基地与市区各商场超市签订产销协议,通过场地挂钩形式,为产销双方搭建桥梁。扶持龙头企业,镇江新区为丰和等企业提供政策、资金、技术等方面服务,通过龙头企业规模和标准化生产,带动周边农户,实现企业增效、农民增收。丹阳市新办两家"三资"规模蔬菜生产加工企业,引导蔬菜生产从传统分散经营向区域化、规模化、特色化生产模式转变。开拓市场,发挥农业协会"传、帮、引、带"作用及农民经纪人作用,把基地生产的蔬菜向周边城市销售。全市有蔬菜协会等专业经济合作组织16个,会员种植面积2000公顷,销售量达14.5万吨。做好"绿色通道"工作,市区发放蔬菜运输车辆通行证60张，发放农民自产自销证1000余张。委托市蔬菜研究所编发《蔬菜病虫情报》12期，普及防病治虫知识，为菜农提供病虫害预报。构建"12316"蔬菜服务电话网络，建立登记、跟踪、反馈制度。对违规使用投入品等举报进行查处。服务电话开通以来，接受群众有关生产技术、相关政策等方面咨询电话20余次。

（王建林　邱洪潜）

【开展猪肉质量安全专项整治】 2008年，全市生猪进点屠宰51万头，市区"放心肉"上市13万头，进点屠宰13万头，县城以上城市生猪屠宰进点率100%。落实《中华人民共和国动物防疫法》和《生猪屠宰管理条例》，建立生猪屠宰管理工作责任制和责任追究制，市屠管办与各地签订生猪定点屠宰工作责任制。严格规范屠宰企业管理，对市区各屠宰场严格把好生猪进场、屠宰加工、肉品出场等环节，实行"一猪一票"制，严格场地消毒，未经检疫或检疫不合格猪肉，一律不得进场，实行"肉票证花四统一"。加大"瘦肉精"监测力度，对全市养殖户、屠宰场生猪及其产品"瘦肉精"进行监测。每天对市、县城区屠宰点进行"瘦肉精"检测，全年抽检样品3400份，其中送样480份。全市出动生猪屠宰管理执法检查20388人次，查处病害猪1643公斤，取缔私自屠宰点3个。

（刘常珍　戎沿华）

餐饮服务业

【概况】 2008年，市餐饮业营业额47.5亿元，比上年增长20%。由金聚楼烤鸭大酒店有限公司投资6000多万元兴建的集餐饮、客房、休闲为一体的镇江锦绣皇宫大酒店落成（学府路87号），总建筑面积4万平方米。

市餐饮协会与镇江工商部门联合印制《镇江餐饮业集体用餐预定协议书》；响应政府号召开展创建全行业"放心消费"活动；为镇江三怪美食申报省级非物质文化遗产；参加海口的第六届全国城市餐饮行业协会、商会工作研讨会；组织丹阳、扬中协会联谊会，并组织外出参观学习；完成《中国烹饪大典·江苏卷》的拍摄和收尾工作；协会发展新会员4家，编写简报9期；收好用好会费；被中国烹饪协会评为"抗击风雪、抗震救灾、奉献奥运"突出贡献团体奖。协会获2008年度"中华金厨奖"。

新的《中华人民共和国劳动合同法》实施后，协会组织三次专题研讨，请专家学者讲课。请南通餐饮协会会长、曾做过律师的刘树岚到镇江讲解餐饮业在执行劳动合同法中应注意的问题以及他的体会；邀请劳动和社会保障局仲裁处处长庄志南进行专题讲座；与劳动部门就餐饮业的劳动合同文本签订进行具体磋商。

协会组织两次会员单位厨师长和厨师参加常州海鲜大酒楼和无锡聚丰园大酒店举行的江苏沿江八城市烹饪技艺交流活动。协会邀请上海总厨俱乐部八位大师专程到镇江交流，现场制作六道海派菜点，并就"如何当好厨师长"展开讨论。海派菜粗菜细做、原材料使用健康时尚、讲究复合型口味，注意卫生、营养，敢于创新。协会每单月组织一次餐饮企业家联谊活动和每双月开展名厨菜品研讨活动。

"5·12"汶川大地震，协会组织50家会员单位无偿送营养餐活动。从5月30日午餐开始到6月14日结束，给在镇江医治的96名灾区伤病员和陪护亲属送去爱心营养餐。

协会配合名厨专业委员会举办冷盘、雕刻培训班，28人参加。协会举办中式烹调技师培训班，29名厨师参加，全部通过培训考核，晋升为技师。

9月19日~9月20日在苏州举行的第六届全国烹饪技能竞赛（江苏赛区）上，镇江团体获1枚金牌、2枚银牌、1枚铜牌，8名选手获个人金牌，5名选手被评为"江苏省五一创新能手"。

12月20日，由镇江市总工会、镇江市劳动和社会保障局、镇江市电视台、镇江市饮食服务行业协会组织举办的镇江市中式烹调职业技能电视大赛在润州区政府机关食堂举行。24家饭店、55名选手报名，观海楼选手陈艺林、宴春酒楼选手赵军、新华电宾馆选手何焰才获得大赛前三名，镇江宾馆选手王浩等其他6人获金奖，一泉宾馆选手秦军斌等15人获银奖，其余30人获铜奖。

餐饮业经营受金融危机影响。协会多次召开座谈会，了解情况，分析形势，研究对策，促进会员单位加强合作。天慧园宾馆开展吃螃蟹大赛，吸引消费；东宫大酒店举行首届"我爱美食"钓鱼比赛，刺激消费；醉仙楼等五店联动，搞青虾节，共进货源、降低成本；鑫园、和记、千禧龙等店的负责人关心时事政治，听专家学者讲座，了解情况，指导自主经营决策。

两次组织部分会员单位外出参观学习。组织6家单位去浙江义乌参加江、浙、沪餐饮企业家高层论坛活动；组织12家单位负责人到扬州、南通、淮安、连云港考察学习，并与南通餐饮协会结成友好协会城市。

协会配合镇江旅游文化节开展"镇江特色菜肴供应月活动"，配合苏州行业协会参加吴江震泽举办的第二届中国太湖农家菜美食节活动，配合上海餐饮行业协会参加上海第五届餐博会"长三角名厨展风采"绝技表演活动。

（市饮协　市烹协）

烟草专卖

【概况】 2008年，市烟草系统累计销售卷烟117277箱，比上年增长1.62%，实现税利71137万元，其中利润59576万元，分别增长11.97%和15.61%。全系统在销卷烟品牌32个、规格73个。全年累计销售全国20个重点骨干品牌卷烟74649.86箱，占总销量63.65%，增长7.1%。6月正式运行"按客户订单组织货源"业务流程。11月底，根据质量管理要求，委托市城调队进行客户满意度调查，经统计烟草局（公司）2008年度客户综合满意率为99.21%。12月，坐落在丹徒新区用于配送、仓储卷烟的新物流中心主体完工，先后实施询价采购和招投标项目26个，召开物流项目专题会议35次，投入建设资金约3500万元。创新工作领导小组设立创新课题21个，其中人事制度管理、市场管理、信息技术革新和党风廉政建设三个课题上报省公司立项。根据国家烟草专卖局部署，开展"物资采购、广告促销、工程投资项目"自查工作，分别制定自查整改方案，规范招标采购行为，通过省烟草专卖局的复查。参加慈善一日捐、为地震灾区捐款、交纳特殊党费、慰问孤寡老人和灾区伤员等活动，各类捐款捐物累计80多万元。

11月，通过省烟草专卖局党风廉政建设考核。层层签订2008年党风廉政建设责任书。贯彻落实《中华人民共和国劳动合同法》，完善劳务合同，改革用工形式，为"四定"（即定岗、定员、定职、定薪）工作奠定基础。全体员工均签订明示承诺书。市烟草专卖局获得2008年度"市纳税十强企业"和"精神文明建设十佳单位"称号。（宦　丽）

【卷烟市场管理】 2008年，市烟草专卖局打假破网工作取得成果，以"闪电"系列行动为契机，专项行动成效明显，查获"1·25""11·8"两起违法经营大案。全年累计查获违法卷烟81100条，其中假冒卷烟57400条，获得江苏省局通令嘉奖2次。累计端掉假烟窝点39个，移送相关部门拘留逮捕10人，判刑4人。全系统开展卷烟诚信经营示范街（巷）创建活动，丹徒区烟草专卖局向零售户发放便民联系卡，方便客户投诉咨询和举报。“3·15”期间组织焚烧假烟60500条，总标值约650万元。市烟草专卖局组织学习《烟草行业内部专卖管理监督工作规范（试行）》，明确职责，规范流程，组织内管软件操作培训，每季度针对卷烟购进、销售、库存、购销合同签订、准运证到货确认、扫码等重点环节进行全系统内管综合检查。（宦　丽）

粮　食

【概况】 2008年，全市粮食行业贯彻执行国家粮食购销政策，国有粮食企业收购粮食133万吨，销售粮食132万吨，超额完成省粮食局下达的调控目标任务。推进粮食产销衔接，与东北、广东、上海等产销区以及省内加强合作，在苏盐宿镇四市粮食产销衔接会上，签订粮食购销合同数量10万余吨。加强市级储备粮管理，成立储备粮管理领导小组，分析预测市场行情，安排储备粮轮换吞吐，发挥储备粮调控市场功能。加强粮油价格监测，每周向市政府、省粮食局报送粮食市场价格监测信息。制定《镇江市保障粮油供应稳定市场价格工作方案》，落实粮食经营者最低和最高库存数量，下达成品粮油储备计划，保障市场供应，确保粮食价格基本稳定。全市粮油质量检测仪器设备投入200多万元，提升检测能力和水平。继市粮油质检所跻身“国家粮食质量监测站”后，句容市粮油质检所通过“国家粮食质量监测站”考核验收。推进“放心粮油”工程，全市累计创建“放心粮油”销售店128家，全社会“放心粮油”市场占有率为75%。贯彻落实《粮食流通管理条例》《国务院关于完善粮食流通体制改革政策措施的意见》精神，加强人员培训、法制宣传、质检体系建设，开展面向全社会的粮食流通执法，市粮食局获得全国粮食流通监督检查先进单位称号。

全市粮食行业发展粮食产业化经营。丹阳市正大油脂有限公司获国家级农业产业化经营重点企业称号，“永昌”牌面粉、“香澳”牌大米获江苏省名牌产品称号。发展粮油精深加工，开发出小麦胚芽油、大豆多肽、大豆蛋白、酿制白醋、富维B醋、非油炸方便面等新产品。科技创新步伐加快，新上技改项目7个，技改资金投入1.07亿元。江苏江南面粉集团的“小麦膳食纤维”、镇江丹玉食品有限公司的“生物柴油”形成规模生产，全省榜上有名；8家企业的产品参加第八届全国粮油精品展，3个产品被选入江苏名优特展区。加强中心粮库建设，全市投入资金800多万元，修建仓容5万吨。抓好企业扭亏增盈工作，国有粮食购销企业以辖市（区）为单位实现全面盈利，实现利润379万元。

全市粮食行政管理部门围绕“维护市场秩序，服务宏观调控”主题，集中开展《粮食流通管理条例》颁布实施四周年系列宣传活动。强化“四专”执法体系落实，建立粮食行政执法责任制、联席会议联络员等工作制度，落实工作经费46.5万元，培训执法人员24名。开展粮食库存、收购资格和流通统计等监督检查工作；联合工商、质监、卫生、物价等部门开展最低收购价政策执行情况、奥运期间市场粮油质量、芝麻油质量、面粉加工企业产品质量和各类学校伙食单位成品粮油质量等执法检查活动。

全市粮食行政管理部门深入基层、走访农户、预测销售市场行情，关注粮情民生，谋划“农企共赢”。制定《粮食收购工作规范》，在粮食收购期间集中开展“优质服务月”“争创农民满意收购企业”等活动。举办全市粮食行业首届制粉工技能大赛，开全国粮食行业制粉工技能大赛先河。承办苏浙沪秋粮收购工作座谈会，邀请市人大代表、政协委员视察粮食工作，开展第28个“世界粮食日”宣传、“沿江地区面粉企业高峰论坛”“送科技、送政策、送服务、送温暖、送文化”等活动，参与“行风热线”等活动。（王志新）

【促进农民增收7180余万元】 2008年，全市粮食部门严格执行国家小麦最低收购价和稻谷临时存储收购政策，依质论价，政策公开、作价公平、计量公正，把国家惠农政策落到实处。由于粮食收购价格提高，直接增加农民收入7180余万元。发展订单粮食，引导农民调优种植结构，全市农业产业化经营重点企业建立订单粮食生产基地5.7万余公顷，带动21万户农民增收。加强与农村经济合作组织和农民经纪人合作，采取激励措施，调动粮食经纪人积极性，经纪人出售给国有粮食购销企业的粮食数量占收购总量的50%以上，方便农民出售余粮。启动储粮“丰产仓”工程，向社会主义新农村建设挂钩结对乡镇农民赠送丰产仓30个，推动农村科学储粮、促进农民节粮增收。（王志新）

【全市粮油工业经济增幅达20%】 2008年，全市粮油加工企业深入开展粮油加工企业增产增效活动，完成销售收入21.63亿元，实现利税6495万元，实现利润4581万元，比上年分别增长19.21%、21.45%、20.62%。列入统计的14家市级以上农业产业化经营重点企业完成销售收入19.48亿元、利税5720万元、利润3624万元，分别占全市粮油工业经济总量的90.09%、88.07%、79.11%。（王志新）

【军粮供应工作再次被列入镇江市“双拥”十件大事】 2008年，市军粮供应站在强化军粮质量管理、优化军粮供应服务的同时，加大军供网点基础设施建设，改善军粮供应环境，实现军粮供应硬件软件水平双提升。市军粮供应站继“连续两次荣获全国军粮供应管理先进单位”被列入镇江市2005年“双拥”十件大事后，“镇江双拥的标志性工程——军粮供应服务中心大楼建成投入使用”被列入2008年镇江市“双拥”十件大事。（王志新）

供销合作社

【概况】 2008年，镇江市供销合作社系统商品销售总额115亿元，其中：消费品零售25亿元，农资销售额6.8亿元；报表利润总额2110万元；农副产品收购额9.1亿元；连锁经营网点总数2464个，连锁销售额40亿元；培育骨干企业总数16个；新建扩建项目13个，项目投资额3.1亿元；新建扩建市场4个，市场交易额8亿元。

镇江市供销合作总社获全省系统综合业绩考评一等奖和创新工作先进单位称号，各辖市（区）社获得全省系统单项奖13个，全系统奖牌总数创历史之最；在江苏省供销合作总社第五次代表大会上，扬中市供销合作社主任施源被省人事厅、省供销合作总社授予“江苏省供销合作社十大标兵”称号，丹阳和扬中市供销合作社获全省系统十强县级供销合作社称号，丹徒区上党东贪为农服务中心获全省系统十佳为农服务社称号，丹阳市江南草菇专业合作社获全省系统十佳农民专业合作社称号，句容宝华供销合作社获全省系统十强基层供销合作社称号，扬中市三跃供销合作社、句容市宝华供销合作社入选全国百强基层社。

全系统为农服务社建设首次被纳入市政府为民办实事项目，行政村覆盖率93.6%，为全省系统第一；获省财政扶持的省级“四有”专业合作社4家，数量为全省系统第一;在全省系统第一家注册成立专业合作社联社——句容市赵亚夫农产品专业合作联社;农民经纪人培训工作走在全省系统前列,率先开展行业特有工种技能培训工作;率先在全省系统开展农作物病虫害"统防统治",开创为农服务新平台;率先在全省系统完成基层社改造重组任务;恢复中断多年的供销社农资淡储旺供、救灾化肥储备制度;争取政策扶持资金为历年之最;化解金融债务2.1亿元;市供销合作总社获得市信访稳定工作、创建和谐劳动关系先进单位称号,以及省供销合作总社"五代会"文娱演出特等奖。 (李 瑞)

【推进市政府为民办实事项目】 2008年对首次被纳入市政府为民办实事项目的为农服务社建设,全系统结合农村新型社区建设、经营网络重组整合、合作经济组织发展,强化为农服务社建设质量,全年新建二星级以上服务社100家,其中二星社34家、三星社43家、服务中心23家。累计建设为农服务社568家,其中二星级社87家、三星级社126家、服务中心43家。 (李 瑞)

【开展农作物病虫害"统防统治"试点】 2008年,镇江市供销合作总社率先在全省系统开展由政府组织、供销社牵头、农林和农机部门参与的农作物病虫害"统防统治"试点工作,推进专业化防治、规范化服务。年内,市政府支持28万元购买100台高效喷雾机,全市成立防病治虫专业服务队90个,服务人员312人,印发宣传材料3.5万份,服务乡镇28个、行政村81个、农户2.3万户,累计防治面积12000公顷次,无一起服务质量投诉。 (李 瑞)

【规范发展农民专业合作社】 2008年,供销合作社全系统累计发展经工商登记的农民专业合作社77家,入社社员2万余人,带动农户5万余户。创建"四有"示范社63家,其中省级14家,市级18家,县级31家。4家获得省财政扶持的省级"四有"专业合作社项目,取得扶持资金60万元。14家被列入全国总社"千社千品"富农工程,16家通过无公害农产品、有机农产品和绿色食品认证。句容市社联合便民超市公司、6家专业合作社,注册成立全省首家专业合作联社——句容市赵亚夫农产品专业合作联社,并在镇江市区开设镇江市优质农产品展销中心。 (李 瑞)

【落实市级农资储备任务】 2008年,市供销合作社恢复中断多年的市级农资淡储旺供、救灾化肥储备制度。落实化肥储备任务2000吨,市财政给予补贴资金30万元。全系统应对农资市场起伏大、变化快的困难,适时组织货源,通过配送经营,减少中间环节,杜绝假冒伪劣,减轻农民负担,确保"春耕""三夏""秋播"的农资需求。全年销售化肥32.6万吨,同比增长33.4%。销售农药3121吨,同比增长40.7%。对农民农资供应额7.23亿元,同比增长44.9%。

(李 瑞)

【农民经纪人培训】 2008年,供销合作社全系统以农民经纪人为重点开展职业技能培训。将农民经纪人培训纳入《镇江市全民科学素质行动纲要》。全年培训农民经纪人突破1000人,培训农民回收工112人、烟花爆竹营销员200人、"庄稼医生"40人。还受省再生行业协会委托,在句容举办一期废旧物资挑选工中级培训班。镇江市社联合句容市社制定农村远程教育帮扶方案,对挂钩村——句容市天王镇唐谷村给予远程教育资金支持。 (李 瑞)

【连锁经营见成效】 2008年,供销合作社全系统按照中央1号文件"供销社要加快组织创新、经营创新,推进农村现代流通网络工程建设"的要求,整合经营服务网络,推进现代经营方式,对接"万村千乡市场工程",累计发展农资、日用消费品、农副产品等连锁网点2464个,其中村级农资连锁店274个,连锁销售额同比增长38%。初步形成以县城配送中心为龙头、乡镇超市为骨干、为农服务社和村级农家店为终端的连锁经营网络体系。 (李 瑞)

石 油

【中国石油化工股份有限公司江苏镇江石油分公司】 2008年,镇江石油分公司全年完成销售总量34.4万吨,其中成品油零售量25.5万吨,比上年增长5%;零售量比重由2007年的72.2%提高到74.5%。股份公司实现销售收入22.42亿元,比上年增长23.25%。公司开业非油品门店17座。重点经营"非油品",充实"非油品"人员,建立例会制度,完善手续,合法经营。截至年底,公司在营站点中90%可以经营日用百货,80%可以经营汽车服务,45%可以经营食品、饮料,10座站开展彩票销售、实现烟草专卖。在营非油品门店进行统一形象改造,营业POS机全部安装到位,上线运行。组织培训"非油品"门店人员98人次,初步掌握非油品基本知识和营销技能。建立门店商品摆放、过期食品处置、财务处理等一系列管理制度。建立初步的商品供应商网络和运作方式。安全方面,发生冰雪自然灾害后,以预防为主,未发生人员伤亡事故。对监控重点站,提前通知油站按照预案拉起警戒线停止营业,员工配备安全帽坚守值班室,公司专门组成督察组对重点油站巡查,公司领导带队深入油站和库,组织除雪抗灾。除四座蒙古包罩棚坍塌外无一人伤亡。针对成品油资源保供时间长,油站现场矛盾冲突集中的状况,制定现场秩序维持预案,保证长时间安全保供。突出加油站施工安全管理。公司严格实行施工队伍准入制,重大作业现场审批和监督制度。将奥运会和残奥会期间的安全工作作为政治任务加以重视,逐站制订安全防恐预案,确保奥运期间安全生产。

(张 迎 刘益军)

【中国石油天然气股份有限公司江苏镇江销售分公司】 中国石油天然气股份有限公司江苏镇江销售分公司(以下简称中油镇江销售分公司)成立于2000年5月,系中国石油天然气股份有限公司江苏销售分公司全资公司,隶属于大型国有企业和境外上市公司——中国石油天然气股份有限公司(简称中国石油)。中油镇江销售分公司资产总值1亿元,年销售汽、柴油约12万吨。公司有加油站47座。租用镇江京惠油库发油,油库位于谏壁镇,拥有2.5万吨成品油码头、4万立方米的汽油储罐和6万立方米的柴油储罐,有4个陆路发货平台、16个发货位,日发货能力9000吨。中油镇江销售分公司曾先后被镇江市国税局、物价局、安监局授予A级信用纳税单位、价格诚信标兵单位和安全生产先进集体等称号。公司油品季度、年度抽检合格率100%,全年安全生产无重大责任事故。2008年,公司有1座五星级加油站、2座四星级加油站、6座三星级加油站。

2008年,公司销售成品油11.73万吨,较全年预算进度增加0.6万吨,完成全年预算进度的105%,其中汽油5.44万吨、柴油6.29万吨,柴汽比为1.2∶1。全年累计实现销售收入6.74亿元,其中非油业务实现销售收入195.37万元,比全年预算收入增加1.87亿元。陆续完成30座水陆加油站非油业务经营证照的变更手续,并先后开展便利店业务。便利店销售收入中汽车用品销售收入78.49万元、润滑油销售收入65.29万元、饮料30.91万元,分别占非油业务销售收入的40.1%、33.4%、15.8%。公司加大对员工的非油业务培训,进行润滑油、燃油精、轮胎等知识培训,组织学习非油品业务运作手册,召开非油业务经验交流会。制定、完善非油考核制度,下发非油业绩考核办法。公司轮胎、润滑油、便利店三大支柱共同发展,轮胎销售保持稳定,润滑油销售同比增长92%。

（叶尔南）

盐 业

【概况】 2008年,江苏省盐业集团镇江有限公司(镇江市盐务管理局)全年购进各类盐产品35256吨,完成计划的139.13%,为上年同期的102.92%;销售各类盐产品32484.2吨,完成计划的130.85%,为上年同期的109.77%。其中:食盐销售26308.9吨,完成计划123.86%,为上年同期的105.39%;小包装食盐销售15116.09吨,完成计划的111.64%,为上年同期的104.21%;品种盐销售426.75吨,为上年同期的153.83%;工业盐销售10068.3吨,完成计划的152.55%,为上年同期的123.15%。实现营业收入8097.9万元,完成计划的111.08%,为上年同期的130.13%;其中主营业务收入4968.53万元,为上年同期的111.73%。实现利润331.63万元,完成计划的110.54%。

（毛清臣）

【经营管理】 2008年,针对特大自然灾害、经济通胀、金融危机等严重事件可能引发的市场安全问题,公司克服成本上升、盐源紧张、工业盐价格上升、供需矛盾突出等困难,与生产企业协调,加大购进力度,保证各类盐产品供应和市场稳定。在抗击特大雨雪冰冻灾害中,迅速启动保障市场供应紧急预案,组织供应融雪用盐1000余吨;重点抓好批发企业达标创建工作,建立健全各项基础台账,加大资金投入,改善办公环境和仓储设施、提高质量管理和服务水平。全市四家食盐批发企业中,扬中盐业分公司、句容盐业分公司、配送调节中心三家被评为国家"AAA"级食盐批发企业;建立完善信息网络系统,完成财务管理系统和业务信息系统数据初始化工作,做好协同办公系统升级和应用工作,对网络管理员、财会、业务人员进行软件应用培训,初步形成符合流通现代化需要的一体化信息管理系统;组织开展企业管理年活动,改进企业内部各项管理。加强财务基础管理,突出财务预算管理和风险控制管理,严格控制各项成本费用;开展"节约型"企业创建活动,在全公司倡导增收节支、勤俭办企业;重视安全工作,贯彻落实"安全第一,预防为主"方针,严格执行安全生产责任制,在全公司范围组织开展安全生产百日督查专项行动和安全生产月活动,公司全年未发生安全生产事故。

（毛清臣）

【盐政执法】 2008年,公司构筑全市食盐安全保障体系。开展盐业法制宣传活动。借助"3·15"消费者权益保护日和"5·15"食盐加碘消除碘缺乏日宣传平台,联合卫生、食品、工商、教育等部门,组织开展"食盐安全健康访万家""淮盐保安送春联""碘缺乏病防治知识有奖问答""食盐放心消费创建"等活动,将集中宣传与日常访销宣传相结合,开展盐政法律法规、消除碘缺乏病和食盐安全知识等宣传教育活动;开展专项行动净化食盐市场。组织开展"淮盐保安送春联""千乡万户送碘盐""食盐保安护考"等专项行动,把农村地区、边界地区、农贸市场、大中小学食堂、餐饮行业等作为整治重点,加大对食盐市场监管力度,净化全市食盐市场环境,保证盐业市场稳定有序;整合全市盐政执法力量,建立集中统一指挥的盐政执法体制,镇江市组建成立盐业行政执法支队,各辖市(区)组建成立执法大队;举办二期全市盐政执法人员培训班,组织盐政执法人员认真学习行政法规和相关业务知识,提高执法人员综合素质和业务水平。全年出动盐政执法人员3500人次,查处盐业违法案件64起,没收盐产品8吨,罚没款23307元。经全省碘盐监测,镇江市碘盐合格率、合格碘盐食用率分别为99.51%和99.45%,均列全省第一,碘盐覆盖率为99.95%,列全省第二,碘盐"三率"水平在全省继续保持领先水平。

（毛清臣）

镇江市开展全国第十五届防治碘缺乏病日宣传启动仪式 （胡建兵）

【放心消费创建】 2008年,按照省放心消费创建活动办公室和省盐务管理局要求,在全市范围组织开展食盐放心消费创建活动。切实加强创建活动的组织领导和制度建设。成立创建工作领导小组,由主要领导总负责、分管领导具体负责,形成各相关部门分工负责、齐抓共管的工作机制;开展宣传教育和思想发动工作。结合实际,提出"打造沪宁线上食盐消费最安全城市"的创建目标,突出"商埠镇江、放心消费"主题,安排相关宣传工作;加强食盐质量监督检测工作,改善检测条件,扩大检测范围,从盐产品的进货、入库到销售都建立严密质量管理体系,对质量不合格或存在其他隐患食盐,实行退市制度;在全市范围建立起客户经理制和客户代表制;为应对突发事件,保障市场供应,维护社会稳定,制定出台《镇江市保障食盐市场供应应急预案》,提高应急处置能力和水平。通过创建活动,全市食盐专营服务水平提升,企业诚信经营和维护消费者权益意识强化,全市四家盐业批发企业中,市盐业公司、扬中盐业分公司、丹阳盐业分公司被评为全省食盐放心消费创建活动先进单位,句容盐业分公司被评为达标单位。

（毛清臣）

对外及对港澳台经济贸易

责任编校：刘爱玲

综 述

【概况】 2008年，镇江开放型经济克服国际经济形势剧烈波动和国内宏观政策不断调整带来的诸多不利因素叠加影响，取得新发展。

全市全年实际到位外资12.02亿美元，比上年增长12%；完成进出口总额74.62亿美元，增长18.1%，其中，出口总额42.54亿美元，增长15.3%；完成外经合同额3.06亿美元，增长21.4%，营业额2.56亿美元，增长20.2%，新派劳务5154人，增长15.9%。

坚持抓招商选资，引资规模和结构不断提升优化。围绕全市重点工程，加大产业招商力度。一批在谈外资大项目取得实质性突破，巨宝科技等项目开工建设，亚太科技薄膜太阳能、圣睿薄膜太阳能、大全多晶硅等项目成功签约，建成后将形成一个销售额超千亿元的薄膜太阳能新兴产业。一批在建外资大项目推进顺利，全市75个重点外资大项目，当年到位外资3.3亿美元，占全市实到外资比重27.5%，辉煌硅能源一期、沃得重工等15个项目建成投产。全市新批项目平均规模1044万美元，同比净增加320万美元。全市新批合同注册外资及净增资3000万美元以上项目25个。新批外资项目以现代制造业为主，服务业引资步伐加快。全市新批制造业鼓励类项目75个，合同注册外资6.01亿美元，占全市比重39.7%；新批服务业项目32个，合同注册外资3.52亿美元。

转型升级，外贸内生动力不断增强。丹阳被中国轻工工艺品进出口商会定为中国眼镜出口基地，被江苏省检验检疫局确定为五金工具集聚监管区，万新光学、东方光学成为中国眼镜出口基地企业，华宇灯具成为中国桅灯出口基地企业。全市有进出口实绩企业突破千家，达1160家，比上年增加371家。全市出口超亿美元企业4家，新增2家；新增出口超千万美元企业20家，累计达72家。民营企业出口12.25亿美元，增长22.2%。外资大项目带动进口，外商投资企业设备进口3.23亿美元，辉煌、环钛、山特维克、普莱克斯等在建项目净增进口2.7亿美元。一般贸易出口占全市比重达70.2%，比上年提高3.6个百分点。新兴市场开拓力度加大，全市出口超亿美元市场11个，新增3个；对俄罗斯、澳洲、中东、非洲出口增幅均在30%以上。境内外重点会展组展参展成效显著，500多家企业参加境内外会展，有力开拓了市场。

“走出去”发展，境外投资和大型工程项目不断拓展。全年新批境外投资项目5个，中方协议投资1075万美元，增长17%。收购兼并和加工贸易成为全市境外投资主要方式，天工投资3000万元收购具有160余年历史的肯纳英国百事通品牌，飞达集团在德国投资700万美元设立生产基地。省交通工程公司获得商务部认定的援外A级资格，二航三公司、华泰装饰公司成功获得对外承包工程经营权，镇江二建、镇江安装公司等企业正在积极申报。省交通工程公司总承包的印度尼西亚电厂码头项目，工程合同额达2.5亿元人民币。外派劳务管理工作进一步规范，市政府专门召开会议，研究出台意见，在统一扎口管理、强制出境保险、强化护照办理、提供法律保障等方面创新规范对外劳务管理举措。

机制创新，开发园区建设步伐不断加快。市委、市政府高度重视开发园区建设，专题召开全市开发园区工作会议，出台加快开发园区建设发展的6个指导性意见，对开发园区考核评价、人事编制管理、运行机制、领导薪酬、机构级别、行政审批等方面做出重大改革。加快开发园区“二次规划”“二次创新”，组织对省级开发园区控制性详规进行初审指导和专家会审。全市开发园区基础设施投入55.89亿元，是年度目标的2.8倍；开发园区实到外资8.41亿美元，占全市比重达70%，比上年提高10个百分点。构建开发区项目信息公共服务平台，统筹协调21个项目与相关开发园区对接。

以重点带一般，国际服务外包工作不断推进。镇江机电高职校被认定为首批省级国际服务外包人才培训基地，为全市服务外包产业发展搭建新的平台。江苏省国际服务外包示范区——镇江新区软件园二期工程开工建设。丹阳、京口、润州、句容、丹徒等服务外包载体规划和建设加快启动。组织服务外包专题招商，成功举办“镇江车船研发服务外包合作推介会”。全市新批国际服务外包企业9家，注册资本9814万美元。至2008年底，全市软件研发服务外包企业100多家，重点国际服务外包企业40多家，14家企业获得CMMI(能力成熟度模型集成)三级认证。全市服务外包企业规模虽然不大，但发展速度较快。按商务部网上统计，全市离岸服务外包合同额达4002万美元，居全省第四位，执行额2957万美元，居全省第五位，分别增长424%和712%，增幅全省第二。

合力推进，投资发展环境不断优化。出台《进一步简政放权优化镇江经济开发区发展环境的意见》《关于进一步优化收费环境的意见》等4个政策文件，在扩大新区经济审批权限、优惠收费、规范中介组织管理等方面实现新突破。全市开放型经济发展氛围良好，部门合力一路绿灯服务，辖市（区）主动作为，争相发展。市各部门共同研究促进投资贸易便利化各项措施，降低企业经营成本。全市有154个项目增资，全年增资额占全市合同外资额比重达31.6%，比上年提高8.6个百分点。海关、检验检疫、税务、银行、外经贸密切合作，为全市500多家次企业提供外经贸政策咨询和业务指导。全市外经贸系统向上争取各类外经贸扶持资金近6000万元，其中中小企业国际市场开拓资金连续两年位居全省第一。各辖市(区)结合实际情况，落实加快外经贸发展的政策措施。句容、扬中、丹徒、京口研究出台鼓励开放型经济发展的意见和政策，在财政扶持外贸出口企业、外资大项目引进、优化发展环境等方面取得明显成效。 (章存保)

【服务开放型经济举措创新】 2008年，镇江市外经贸局不断创新服务举措，投资软环境建设再上新台阶，入选市级机关作风建设和目标管理十佳单位。继点名服务制实施后，创新推出项目代办服务制。凡需上报省外经贸厅及商务部批准的项目，包括限额以上外资项目、进口设备免税确认书、外经营权申报、设立境外投资企业等，均由该局代为办理相关报批手续，提供全过程免费服务。为加快外资项目审批进程，在大项目审批绿色通道基础上，与市行政服务中心共建外资项目报批联席会议制度，每月定期召集有关部门做好项目报批咨询论证，确保项目报批一次成功。实施以来，已为中钛多晶硅、挪威船舶配件等13个外资项目开展论证并顺利完成报批手续。同时该局委托镇江新区审批市级权限内投资总额3000万美元以下的鼓励类、允许类外资项目，并专门刻制外资项目审批专用章、印制合同与章程审批文本，供镇江新区使用。重新规范审批流程，缩短审批时限，对举办境外非贸易性企业、外经经营权审核上报、设立境外公司和代表处、易制毒化学品进出口审核上报、机电证申报等五个项目的服务承诺时限进行再压缩，平均压缩时间达到一半以上。 (章存保)

【国际服务外包产业快速起步】 镇江市委、市政府把大力发展服务外包业作为全市科学发展的一项重要战略举措，在产业发展、环境优化、载体建设、企业培育、人才集聚、招商引智等方面快速启动，全面推进。2008年1月，镇江软件园被认定为省级国际服务外包示范区；12月，镇江机电高职校被认定为首批江苏省国际服务外包人才培训基地。

示范基地建设加快。省级服务外包示范区——镇江软件园在已有2万平方米研发外包大楼基础上，全面启动软件园二期1.58平方公里的规划和建设，快速启动33.33公顷起步区，兴建20万平方米服务外包研发大楼。加大对日服务外包招商力度，与日本留学生团队合作成立长江软件园有限公司，积极打造“日本—镇江软件园”特色服务外包产业园区。省级国际服务外包人才培训基地——镇江机电高职校依托镇江软件园、京口、润州、句容宝华软件园等各类载体，与国内外知名服务外包企业和培训机构合作，以培养综合性人才为目标，加快培养更多懂语言、有专业的IT领域复合型人才，加快服务外包人才培训实业化进程，全力打造省内一流服务外包品牌学校。

人才培育工作进一步加强。出台《镇江市引进培育创新创业领军人才三年行动计划》，提出加大包括服务外包领军人才在内的创新创业领军人才引进培育力度，设立领军人才专项资金，市本级每年不少于2000万元。举办“2008中国镇江发展新兴产业项目与人才对接洽谈会”，镇江软件园与南京大学、江苏大学签订软件开发专业技术人才培养合作协议。引导江大、江科大、镇江高专、机电高职校与润欣、天相、金钛等重点服务外包企业合作办学，培养人才。机电高职校与润欣公司开展为期4个月、全免费的对日软件外包人才培训。天相公司引进世界知名软件咨询公司——日本碧智三维，重点培养嵌入式软件开发和技术支持人才。以海外实训为途径，强化中高级服务外包人才培训。结合省政府“千名苏商海外培训工程”，组织全市软件、金融、物流等领域服务外包企业管理人员20多人，赴欧洲开展国际服务外包人才海外培训。

招商引智步伐加快。明确日本、印度等重点服务外包招商区域，赴上海、深圳、北京拜访跨国公司和世界500强的地区总部。2月份在上海举办“印度—中国镇江信息技术论坛”，推动镇江与印度软件和服务外包产业的合作与交流。上半年，市领导带队赴美国硅谷招聘人才。积极打造镇江软件研发外包产业发展特色，9月份举办镇江车船研发服务外包合作推介会，达成10个合作意向。当年全市新批服务外包外资项目8个，合同外资9465万美元；引进博士团队18个，海外高层次人才80名，高新产业化项目30多个。 (章存保)

对外及对港澳台贸易

【概况】 2008年，全市完成进出口总额74.62亿美元，同比增长18.1%。其中，出口总额42.54亿美元，增长15.3%；进口总额32.08亿美元，增长22%。

金融危机影响加深，单月进出口总额、出口总额出现负增长。2008年上半年，全市外贸增长较快，进出口总额、出口总额平均增幅在35%以上。受国际金融危机等因素影响，三季度开始，进出口总额、出口总额增幅明显放缓，平均增幅在15%左右；进入第四季度，外贸形势急转直下，11月、12月，月度进出口总额、出口总额均连续出现负增长，12月单月出口创近年来最深跌幅。

加工贸易稳定增长，外商投资设备进口保持高增长。2008年，全市一般贸易进出口总额49.83亿美元，比上年增长22.34%，占全市进出口总额的66.78%。其中，出口总额29.88亿美元，比上年增长21.66%，占全市出口总额的70.24%；进口总额19.95亿美元，比上年增长23.41%。加工贸易进出口总额21.57亿美元，比上年增长6.79%，占全市进出口总额的28.91%。其中，出口总额12.53亿美元，比上年增长1.87%，占全市出口总额的29.45%；进口总额9.04亿美元，比上年增长14.47%。全市外商投资设备进口总额达到3.23亿美元，比上年增长85.3%，占全市实到外资比重近27%，为近年来最高水平。

2008年，全市有进出口实绩企业突破1100家，达1160家，逾三分之一企业负增长。全市出口前30位企业出口额占全市出口总额的比重由一季度的最高值57.72%逐步下滑，三季度占比首次跌破50%，年底为48.96%，为近年来最低值。全市当年进出口负增长的企业达449家，占外贸有权企业的35.1%，进出口额比上年同期净减少8.81亿美元，平均下降幅度达47.1%。118家上年有实绩企业2008年无实绩。全市当年进出口超亿美元企业10家，其中出口超亿美元企业4家，比上年增加2家。全市进出口1000万美元以上企业107家，其中，出口超1000万美元企业72家。

传统市场出口不振，新兴市场出口持续快增。2008年，全市新增澳大利亚、俄罗斯、土耳其3个出口超亿美元市场(国别地区)，总数达到11个。其中，对美国、韩国、中国香港和台湾出口负增长，分别下降0.1%、0.6%、21.6%和0.9%；对欧盟、日本、东盟出口增速均有所放缓，分别增长24.4%、7.1%和35.8%。新兴市场开拓成效初显，对澳大利亚、俄罗斯、非洲、拉美、中东等出口增幅均在30%以上。

大类商品出口放缓，部分地方特色

产品出口形势严峻。2008年,全市机电产品增幅进一步放缓,出口额14.27亿美元,比上年增长15.36%;高新技术产品出口先扬后抑,出口额1.45亿美元,同比下滑3.06%;农副产品出口额6268万美元,比上年增长16.62%;纺织品受益于下半年政策托市,出口额3.15亿美元,增长21.15%。全市新增焦煤、眼镜、铝材和塑料制品4类出口超亿美元商品,总数达9种。焦煤、钢材、铝材、医药品、医疗器械、电线电缆出口增幅较高,而纸张、汽车零部件、自行车、水泥、化肥、钛白粉则下滑较大。(章存保)

【外贸会展参展企业明显增加】 2008年春秋两届广交会,共组织全市265家企业参展,同比增长52%;参展展位432个,增长77%。第18届华交会,镇江分团有37家企业参展,获48个展位。此外,全年还组织25家企业参加第12届江苏出口商品展、美国拉斯维加斯五金工具展、俄罗斯国际五金工具展、第7届沙伽中国商品交易会和第5届马来西亚中国进出口商品展等国外重大展会,获各类展位28个。(张新兰)

【出口产业基地建设继续扩大】 2008年3月,"丹阳出口五金工具产业集聚监管示范区"揭牌成立。丹阳市政府、镇江外经贸局、镇江检验检疫局联合签署《关于"丹阳出口五金工具产业集聚监管示范区"建设的实施意见》,整合部门政策优势,重点扶持区内企业创建知名品牌,放大品牌效应,在示范区内实施更为方便、快捷的检验监管体系,实现减负增效提速。丹阳五金工具生产企业400多家,产品出口50多个国家和地区,是全国最大的麻花钻和丝锥生产基地,麻花钻约占全国生产总量的70%;是世界上最大高速工具钢生产基地,生产量占全国的80%,占世界市场份额的30%~40%。

7月,中国轻工工艺品进出口商会与丹阳市共建"中国桅灯出口基地",江苏华宇灯具有限公司被授予"中国桅灯出口基地企业"称号。丹阳拥有桅灯生产制造企业10余家,从业人员5000余人,是国内最大的桅灯生产基地。其中,江苏华宇灯具有限公司也是国内生产规模和产量最大的桅灯生产企业。

10月,中国轻工工艺品进出口商会授予丹阳"中国眼镜出口基地"称号,万新光学和东方光学两企业也被授予"中国眼镜出口基地企业"。作为世界上最大的镜片生产基地和亚洲最大的眼镜产品集散地,丹阳拥有662家眼镜企业,镜架产量占国内三分之一,镜片产量占国内70%,占全球50%,并获得"中国眼镜产业基地"称号,"国家眼镜产品质量监督检验中心"也于2006年落户丹阳。(章存保)

广交会镇江企业展区一角 (张新兰)

【索普集团成功应对美国"337"调查】 2008年2月,美国对中国乙酸启动"337"调查,涉及江苏索普集团及其子公司。在江苏省外经贸厅、镇江市外经贸局指导和支持下,索普集团积极应对美国发起的针对索普集团醋酸产品的"337"调查。经过近半年的艰苦努力,2008年6月,美国塞拉尼斯公司无条件向美国国际贸易委员会(ITC)撤销对江苏索普集团的"337"调查诉讼请求,索普集团赢得一场跨国知识产权保护案的胜利,成功守护了中国自主研发的醋酸产品进入国际市场的通行证。(章存保)

【帮助中小外贸企业应对金融危机】 加大关检税银贸合作力度,为企业提供政策服务。市外经贸局会同镇江检验检疫局推进中小企业质量认证工作,截至2008年底,镇江企业通过中国质量认证中心(CQC)认证企业和签约企业均超过100家。与镇江海关、镇江检验检疫局、镇江国税局、国家外汇管理局镇江中心支局等部门合作,举办新春联谊沙龙、服务企业交流座谈会、互动交流会、"出口退税政策"报告会、海关减免税暨外贸政策宣讲会等活动近10场次,累计到会企业500多家次。加大国际市场开拓力度,为企业提供服务平台。发挥广交会等传统贸易平台作用的同时,积极开展电子商务培训,联系江苏省外经贸厅专家举办镇江市国际电子商务培训班,免费为全市120多家进出口企业的150余名管理人员和业务经理进行培训。加大对上争取力度,为企业提供扶持服务。围绕国家、省、市各级外经贸鼓励扶持政策,积极做好对上争取。帮助全市213家重点中小外贸企业上报635个项目,争取中小企业国际市场开拓资金、机电产品研发资金、高新技术研发补贴资金等各类扶持资金2700多万元。引导外贸公司向产业链上游延伸,实行"工贸结合",采取"品牌+基地"发展模式,加快转型升级。全市有10多家外贸公司涉足生产领域,建立了自己的出口生产基地。(章存保)

表22-1 **2008年镇江市辖市(区)进出口商品额完成情况一览表** 单位:万美元

地区	进出口		出口		进口	
	累计数	比上年增长(%)	累计数	比上年增长(%)	累计数	比上年增长(%)
合计	746168	18.2	425361	15.4	320807	22.1
丹阳市	158214	29.1	135002	30.4	23212	22.1
外贸企业	20792	73.1	19745	77.1	1047	22.0

续表 22-1

地　区	进出口		出　口		进　口	
	累计数	比上年增长(%)	累计数	比上年增长(%)	累计数	比上年增长(%)
生产企业	55262	19.0	52529	19.5	2733	10.9
三资企业	82160	28.2	62728	29.6	19432	23.9
句容市	36476	-16.0	27812	-15.4	8664	-17.8
外贸企业	501	136.1	491	140.1	10	30.8
生产企业	7576	73.4	5924	43.9	1652	553.7
三资企业	28399	-26.9	21397	-25.1	7002	-31.8
扬中市	56646	72.1	22622	33.2	34024	113.5
外贸企业	3052	55.6	3043	58.4	9	-78.7
生产企业	6440	4.5	4501	42.9	1939	-35.7
三资企业	47154	90.1	15078	26.5	32076	149.0
丹徒区	39611	55.7	33033	54.3	6578	63.5
外贸企业	1197	-1.3	1197	-1.3	0	-87.7
生产企业	21898	80.7	18706	75.6	3192	117.8
三资企业	16516	36.4	13130	37.5	3386	32.4
京口区	62947	33.4	55732	29.9	7215	67.2
外贸企业	31146	11.2	30139	18.7	1007	-61.6
三资企业	14246	77.7	8438	26.2	5808	336.5
生产企业	17555	57.0	17155	58.5	400	10.8
润州区	58013	18.0	39596	11.4	18417	35.1
外贸企业	32369	15.8	23672	12.4	8697	26.2
生产企业	11366	85.7	6876	41.4	4490	139.5
三资企业	14278	-16.3	9048	-25.8	5230	7.5
镇江新区	320007	11.5	97794	-1.3	222213	18.1
外贸企业	1719	46.2	1715	50.2	4	-88.4
三资企业	309378	12.5	89884	3.0	219494	16.9
生产企业	8910	-15.9	6195	-41.9	2715	259.8
镇江市区	14254	3.7	13770	-2.7	484	27.7
生产企业	11212	6.0	10761	-2.3	451	40.5
三资企业	3042	-86.7	3009	-78.4	33	-88.3

注：因部分企业属地管理调整，同比增长幅度按调整后计算。　　（张梅梅）

表 22-2

2008 年镇江市进出口商品 1000 万美元以上企业一览表

单位：万美元

企业名称	出　口		进出口	
	累计数	比上年增长(%)	累计数	比上年增长(%)
金东纸业(江苏)股份有限公司	67805	-1.42	144932	6.09
镇江奇美化工有限公司	676		64082	
镇江联成化学工业有限公司	651		25290	
镇江国亨化学有限公司	4		18268	
镇江环太硅科技有限公司	491		16696	
镇江焦化煤气集团有限公司	12730	116.68	15910	114.97
江苏天工工具有限公司	13527	18.21	14014	22.4
江苏索普(集团)有限公司	9643	7.91	13282	13.09
镇江鼎胜铝业有限公司	10816	77.98	10816	77.98
辉煌硅能源(镇江)有限公司	-		10220	
镇江泛华进出口有限公司	7692	5.2	9730	-12.66
优利德(江苏)化工有限公司	188		7336	
镇江美驰轻型车系统(第二)有限公司	4778	-8.24	7309	-22.45
江苏久正光电有限公司	3656	-46.29	7275	-47.73
大赛璐安全系统(江苏)有限公司	2289		7124	
江苏飞达工具对外贸易有限公司	6831	219.65	6831	219.65
镇江原源进出口有限公司	5635	137.46	5635	137.46
镇江星际化工有限公司	112		5158	
句容市宁武化工厂	3525	36.73	5109	82.27

续表 22-2

企业名称	出口		进出口	
	累计数	比上年增长(%)	累计数	比上年增长(%)
汽巴精化(江苏)有限公司	198		4879	
普莱克斯(镇江)工业气体有限公司	-		4748	
江苏沃得植保机械有限公司	3579	83.35	4743	94.07
圣象集团有限公司	4116	2.98	4373	1.51
江苏飞达工具集团股份有限公司	4280	9.66	4305	9.99
镇江爱迪进出口有限责任公司	4207	19.55	4277	20.11
道达尔华东润滑油(镇江)有限公司	-		4162	
镇江华星国际贸易有限责任公司	3404	10.70	4090	31.85
镇江江南化工有限公司	3961	-57.68	3961	-57.68
现代重工(中国)电气有限公司	1616		3825	
句容都茂自行车有限公司	3683	-29.85	3739	-31.81
江苏大亚沃得轻合金有限公司	3663	-41.00	3664	-41.00
镇江市汉华进出口有限公司	3556	16.63	3644	-13.86
镇江苏惠乳胶制品有限公司	2695	5.11	3629	8.39
丹阳市海尚国际商务有限公司	3445	43.66	3598	44.61
金顺重机(江苏)有限公司	3030	30.10	3348	32.80
镇江中船设备有限公司	282		3318	
江苏丹阳福荣制衣有限公司	3001	35.85	3173	33.49
华东泰克西汽车铸造有限公司	2876	91.35	3110	27.93
丹阳建达塑胶工业有限公司	1932	20.60	3060	5.77
华东联合制罐有限公司	1		2891	
镇江汇天国际贸易有限责任公司	2810	17.87	2811	17.86
元鼎饰材实业(镇江)有限公司	2226	3.10	2773	-6.67
丹阳市荣华贸易有限责任公司	2507	50.75	2511	49.46
凯迩必液压工业(镇江)有限公司	218		2509	
怀特(中国)驱动产品有限公司	1209		2490	
山特维克材料科技(中国)有限公司	-		2315	
凯迩必机械工业(镇江)有限公司	20		2285	
江苏索普化工股份有限公司	2273	9.49	2273	9.49
镇江市宝华半挂车配件有限公司	2245	34.19	2265	26.18
江苏宏达新材料股份有限公司	729		2229	
江苏圆通汽车贸易有限责任公司	2226	9.28	2227	9.33
江苏多多塑胶工业有限公司	1296		2143	
镇江万新光学有限公司	1631	18.53	2113	11.21
江苏惠通集团有限责任公司	2052	69.45	2084	68.34
丹阳地亚木业有限公司	2030		2030	
正茂集团有限责任公司	2005	-33.43	2011	-33.61
镇江茂源化工有限公司	1963	31.39	1994	5.22
华盟家饰工业有限公司	1908	32.96	1986	22.37
江苏希西维轴承有限公司	1883	43.19	1888	43.47
句容华叶新科技有限公司	315		1861	
镇江中船瓦锡兰螺旋桨有限公司	1403		1836	
句容台泥水泥有限公司	1786		1834	
中粮包装(镇江)制盖有限公司	-		1822	
镇江南帝化工有限公司	18		1712	
镇江京友窗帘有限公司	1625	35.76	1672	39.68
镇江远港物流有限公司	0		1607	
江苏省镇江船厂有限责任公司	248		1551	
镇江德利纺织制品有限公司	1523		1523	
镇江华晨华通路面机械有限公司	1521		1521	
壳牌(镇江)沥青有限公司	-		1508	
江苏丹毛纺织有限公司	1234		1503	
江苏喜乐天伦纺织品有限公司	1466		1466	

续表 22-2

企业名称	出口		进出口	
	累计数	比上年增长(%)	累计数	比上年增长(%)
镇江市瑞琪机械进出口有限公司	1394	-4.01	1394	-4.01
镇江市震东电光源有限公司	1386	11.05	1386	11.05
阿雷蒙紧固件(镇江)有限公司	443		1382	
镇江振邦化工有限公司	1371	27.53	1371	27.53
江苏领先电子有限公司	686		1346	
丹阳市华一医疗器械有限公司	1342		1343	
恒宝股份有限公司	512		1338	
镇江大力液压马达有限责任公司	1329		1329	
五矿镇江进出口贸易有限公司	1310		1310	
丹阳太平橡塑制品有限公司	1251	21.81	1285	25.12
江苏双仪光学器材有限公司	100		1273	
镇江诺伊费德船用设备有限公司	1085		1267	
江苏华阳金属管件有限公司	970	-24.87	1267	-21.65
丹阳市精益铝业有限公司	1255		1266	
镇江东莞碳素焦化有限公司	1261		1261	
镇江市多禾商贸有限公司	1202	-24.12	1249	-22.91
丹阳市晶工工具有限公司	1228	-21.98	1228	-21.84
镇江市友格加特通讯技术有限公司	1207		1207	
镇江富通轻工国际贸易有限公司	1196	6.12	1196	6.12
丹阳华久辐条制造有限公司	1079		1184	
镇江大邦进出口贸易有限公司	453		1177	
双锋格雷斯海姆医药玻璃(丹阳)有限公司	826		1171	
江苏金茂制链有限公司	1138		1138	
镇江环球光学有限公司	658		1122	
凯美科瑞亚(江苏)化学有限公司	982	-16.15	1106	-10.01
江苏华宇灯具有限公司	1100	4.07	1100	4.07
江苏瑞邦贸易有限公司	1092	8.23	1092	8.23
丹阳镇威汽配有限公司	865		1079	
江苏福仕特集团化工有限公司	7		1074	
镇江信偌化工进出口有限公司	1038	-0.29	1039	-0.29
镇江苏华轻工进出口有限公司	1010	-3.81	1036	-2.82
江苏大同制鞋工业有限公司	858		1015	
镇江佳峰儿童用品有限公司	1011	-2.41	1013	-2.51
镇江一马先制衣有限公司	1011		1011	
海昌隐形眼镜有限公司	32		1004	

注:2008年开始,出口1000万美元以上企业一览表改为进出口1000万美元以上企业一览表,新增企业因往年数据不详,增长格为空白。

(张梅梅)

表 22-3

2008年镇江市出口商品超亿美元国家(地区)一览表

单位:万美元

国别(地区)	累计数	比上年增长(%)	占全市(%)
欧盟	73894	23.47	17.37
美国	71808	-1.19	16.88
东盟	42548	7.24	10.00
日本	39137	36.39	9.20
韩国	23942	0.93	5.62
印度	18486	18.97	4.35
中国香港	16349	-21.87	3.83
澳大利亚	12648	54.18	2.96
中国台湾	11666	-0.06	2.75
俄罗斯	11316	48.11	2.68
土耳其	10675	16.91	2.51
合计	332469	11.61	78.16

(张梅梅)

表 22-4　**2008 年镇江市出口 1000 万美元以上商品一览表**　单位:万美元

商品名称	累计数	比上年增长(%)	占全市(%)
纸及纸板(未切成形的)	68394	-1.16	16.06
手用或机用工具	22835	8.44	5.37
服装及着衣附件	19129	12.77	4.50
钢材	18002	72.80	4.23
纺织纱线、织物及制品	14892	29.13	3.50
眼镜架及镜片	11474	28.68	2.70
未锻造的铝及铝材	11273	64.07	2.66
塑料制品	10319	20.18	2.42
汽车零件	7596	-19.69	1.79
鞋类	6832	31.87	1.60
锚链	4539	13.78	1.06
通断及保护电路装置及零件	3797	21.35	0.89
旅行用品及箱包	3708	27.73	0.87
摩托车及自行车的零件	3702	33.50	0.87
锁	3390	-6.95	0.80
电动机及发电机	3384	7.05	0.80
电视、收音机及无线电讯设备的零、附件	3112	73.76	0.73
乳胶手套	3090	2.62	0.73
床垫、寝具及类似品	2528	27.48	0.59
鬃刷	2471	25.05	0.59
灯具、照明装置及类似品	2321	27.39	0.54
自行车	2270	-23.94	0.54
医疗仪器及器械	2224	71.60	0.52
二极管及类似半导体器件	2149	34.06	0.49
家具及其零件	1984	9.50	0.47
玻璃制品	1923	44.59	0.45
水泥	1786	-69.45	0.42
船舶	1743	37.79	0.40
医药品	1258	87.60	0.31
钢铁或铜制标准紧固件	1007	40.17	0.24
合　　计	243132	10.19	57.15

(张梅梅)

利用外资及港澳台资

【概况】 2008 年,全市完成商务部确认实到外资 12.02 亿美元,比上年增长 12%;新批工商登记注册企业 146 家,比上年下降 46.33%;完成合同注册外资 23.34 亿美元,比上年增长 1.04%。

利用外资规模不断扩大。新批项目合同外资平均规模 1044 万美元,比上年同期提高 320 万美元。新批合同外资及净增资 3000 万美元以上项目 25 个,比上年同期增加 6 个。一批在谈外资大项目取得实质性突破,亚太科技薄膜太阳能、圣睿薄膜太阳能、大全多晶硅等项目成功签约。一批在建外资大项目推进顺利,全市 75 个重点外资大项目,到位外资 3.3 亿美元,占全市到位外资比重 27.5%。辉煌硅能源一期、沃得重工等 15 个项目建成投产,巨宝科技、普莱克斯等 14 个项目开工建设,储备中远川崎大功率柴油机、山特维克后续项目等 11 个超亿美元项目信息。

利用外资结构更趋优化。全市新批制造业鼓励类项目 75 个,占全市新批项目总数的 51.4%;合同注册外资 6.01 亿美元,占全市合同注册外资比重 25.8%。新批服务业项目 32 个,合同注册外资 3.52 亿美元,占全市比重 15.1%;其中,新批房地产项目 2 个,合同注册外资 7360 万美元,全年房地产实到外资 9459 万美元。制造业、服务业实到外资分别增长 9% 和 18%,农业实到外资是上年的 2.56 倍。外资来源地主要是港台、欧美、东南亚地区,其中港台地区合同注册外资占全市比重 68.69%,欧美、东南亚分别占到 17.18% 和 6.58%。这三个地区实到外资分别占全市的 68.75%、20.5%、3.18%。

增资扩股比重明显提升。全市共有 154 家外商投资企业增资,增加合同外资 7.38 亿美元,比上年增长 9.5%,占全市合同注册外资的 31.6%。　(洪　涛)

【产业招商显成效】 2008 年,全市产业招商大力推进一批新能源、新材料产业外资大项目,这些项目建成后将在镇江形成一个销售超千亿元的薄膜太阳能新兴产业。其中,圣睿薄膜太阳能电池项目总投资 5 亿美元,项目占地 10 公顷,分 5 年建设;一期占地 3.33 公顷,投资 3600 万美元;圣睿不仅投资薄膜太阳能电池项目,还将投资薄膜太阳能设备、TCO 玻璃及太阳能发电站等上下游产业链项目。台湾亚洲太阳科技有限公司总投资 4500 万美元,主要从事高效能薄膜太阳能电池生产设备和关联零部件的研发、生产调试和销售。预期 5 年内将滚动发展成为年产约 48 条高效能薄膜太阳能电池生产线,实现年产值 60 亿美元,年税前利润 15 亿美元。香港剑桥薄膜太阳有限公司项目总投资 9000 万美元,主要从事薄膜太阳能电池的研发、生产和销售,其生产设备为台湾亚洲太阳科技有限公司生产的高效能薄膜太阳能电池生产线。公司计划3年内发展到4条生产线，预期3年内实现年产值约9亿美元，年税前利润约4.5亿美元。多晶硅是信息产业和太阳能光伏产业的基石，多晶硅原料的奇缺成为太阳能光伏产业发展的瓶颈。国内最大的多晶硅原料生产项目——大全集团年产6000吨的多晶硅工厂项目是大全集团通过引进世界最先进核心技术独资开发的多晶硅项目，分两期建设，每期3000吨。

（洪 涛）

2008年镇江市外商及港澳台商投资企业批准情况表

表22-5

（投资总额1000万美元以上项目）

项目名称	合作各方		经营范围	投资总额（万美元）	合同外资（万美元）
市 直					
中德环保科技（镇江）有限公司		中德环保科技（香港）有限公司	环保设备装置的制造以及资源再生产品的研发、生产和销售	9800	5050
镇江均和重工有限公司	上海均和集团有限公司	香港汇通集团有限公司	船用配套设备（舱盖板设备、辅助甲板机械）的开发、制造和销售	4980	1800
亚洲薄膜太阳科技（镇江）有限公司	镇江新区经济开发总公司	台湾亚洲太阳科技有限公司	薄膜太阳能电池生产设备及电池的研发和制造；销售本公司产品	4500	765
镇江绿野中钛科技有限公司		香港中钛科技有限公司	磷肥废液综合利用技术的开发与转让，咨询顾问服务	2998	2000
镇江市中金重工科技有限公司		香港世纪丰泰投资管理有限公司	煤矿机械设备、安全仪器仪表、非开挖管道铺设设备、建筑机械设备、环保设备及配件的开发、制造、销售	2957.57	1607.38
镇江容光光能科技有限公司		香港陈梓骏	太阳能电池板的研发、生产和销售	1800	1000
镇江江骐风力发电设备有限公司		香港钱伟明	小型风力发电设备（1.5兆瓦以下）的研发、生产、销售及售后服务	1000	500
镇江润晶高纯化工有限公司	北京三川凯明工贸有限公司	菲律宾杨利国	电子化学品、有机电解产品、精细化工产品的生产、销售及相关产品的技术开发、咨询、转让、服务	1000	400
镇江新驱软件产业有限公司	镇江新区城市建设投资公司	台湾庄世良	软件开发、服务外包及企业管理服务；软件产业园基础实施开发、建设	2980	350
镇江东方康翔机电科技有限公司		台湾朱一飞	稀土永磁发电机、发电机组及配套产品的研发、生产和销售	2500	1400
镇江中兴氟制品有限公司		台湾朱一飞	高分子材料及含氟制品的生产、销售	2000	1000
镇江兆源光热科技有限公司		台湾郭立信	研发、生产和销售用于电脑CPU和电子元件散热、LED散热、LED背光模块散热的超热导管和散热器，以及太阳能超热导热光热发电、太阳能热水器光热集热器等产品	1600	800
镇江万镪塑胶制品有限公司		台湾熊震宇	生产和销售各类可降解塑胶填充母料	1000	600
江苏聚龙电力设备有限公司		加拿大苏祥琴	加工、制造支吊架、高低压开关柜、母线槽、桥架、地面线槽、滑触线、阀门及仪表管阀件，销售自产产品	2900	2000
江苏富能电子科技有限公司	浙江大益电子有限公司	美国全球绿色能源有限公司	大功率LED照明灯、电子产品的研发、生产和销售	9980	3600

续表 22-5

项目名称	合作各方		经营范围	投资总额（万美元）	合同外资（万美元）
江苏奥凯电气有限公司		美国徐兰凤	生产、销售输配电设备、框架短路器、高低压开关柜、高低压封闭母线及电缆桥架	2400	1600
镇江泛亚汽车零部件有限公司		美国 STANDARD GEAR & AXLE INC	生产和销售汽车专用高强度紧固件、汽车零部件、电器零部件及模具	1200	750
丹徒区					
申启星海洋工程装备制造（镇江）有限公司		香港中国国际海洋工程有限公司	海洋工程机械装备，大型桥梁、海上石油平台模块，钢结构产品的生产和销售	2980	2500
镇江市高富机械有限公司		香港何云开	机械零配件的生产、销售	2980	2800
欣博机械（镇江）有限公司		香港正欣国际投资有限公司	机械零部件的生产、销售	2980	2850
镇江晟华机械有限公司		香港沈坚敏	印刷机械、真空泵、气泵	2950	2900
镇江龙楼饭店有限公司		香港新加州酒店集团有限公司	餐饮管理、餐饮	1500	1000
镇江正草堂中草药有限公司		香港张立新	中草药的收购加工、研发和销售（国家限制和禁止的除外）	1500	1200
江苏沃隆机械有限公司	镇江沃亨机械有限公司	香港中融国际投资集团有限公司	生产和销售木工机械、传动机械、林业机械、破碎机、液压机械等	1000	450
镇江市立野汽车配件有限公司		日本立野武男	汽车零配件的生产和销售	2980	2960
镇江海欣玻璃制品有限公司		台湾游柏衔	生产设计新玻璃制品、压花玻璃、日用玻璃；销售本公司生产的产品并提供售后服务	5000	3800
镇江金昱电光源有限公司		台湾陈鹏友	生产销售光电器件、指示灯、照明器件和电光源设备	2800	1800
镇江弘顺电子有限公司		英国汪伟国	生产、销售电子元器件、汽车灯泡	2900	2800
镇江星豪农业旅游发展有限公司		意大利何筱燕	花卉生产与苗圃基地的建设、经营及配套服务	5000	3500
镇江兴桥船舶修造有限公司	镇江市亚星船舶修造有限公司	英属维尔京群岛海星船舶贸易有限公司	船舶及配套设备的维修、安装、制造和销售	1500	392
镇江兴中旅游开发有限公司		加拿大赵慧中	旅游景点建设经营、园林种植、花卉苗木、绿化、基础设施及市政土石方工程等	1200	1000
江苏瑞莱克斯鞋业有限公司		美国李金甫	鞋、帽及毛皮制品的生产和销售	1000	600
京口区					
镇江闽乐建材有限公司		香港陈玉文	新型加气环保砌块的生产和销售	2000	1200
镇江泰联基业商贸有限公司		香港欧祥	服装、鞋帽、工艺美术品、钟表、纺织品、玩具、日用化学品、五金交电、化工产品、家用电器、家具、机电产品、照相器材、通讯器材、体育用品、电脑、文化用品、健身器材、黄金珠宝饰品、副食品，冷冻食品、保健食品、熟食卤菜、酒类的批发、零售；进出口商品的售后服务；摄影	2000	2000

续表 22-5

项目名称	合作各方		经营范围	投资总额（万美元）	合同外资（万美元）
镇江乐宾百货有限公司		香港曜兴投资有限公司	百货、服装、鞋帽、工艺美术品、钟表、纺织品、玩具、日用化学品、五金交电、化工产品（不含危险化学品）、家用电器、家具、机电产品、照相器材、通讯器材（地面接收设施除外）、体育用品、电脑、文化用品、健身器材、黄金珠宝饰品、粮油及其制品、副食品、冷冻食品、保健食品的批发、零售	1100	1100
镇江仁居建筑安装工程有限公司		香港林岚	建筑工程、建筑基础工程的施工，水电安装，建筑物的装潢装修，钢结构工程的施工。	1000	500
镇江瑞德可夫仓储有限公司		新加坡蓝柯夫有限公司	一般货物仓储及相关信息咨询服务（有毒、有害、危险品及散货除外）	1600	880
镇江鸿泰节能技术有限公司		台湾张兴平	从事节约能源技术开发及生产技术和工艺的开发	2000	1500
镇江大江船舶制造有限公司	镇江汇川电子有限公司	台湾朱昌辉	船舶（含分段）及海洋工程装备的制造、设计和修理	1000	299.88
润州区					
镇江立浩机电科技有限公司		香港陈立	研发、检测、生产销售全自动冷阴极管及其设备、全自动节能灯设备	2000	1778
江苏胜华船舶有限公司	南京胜华船舶制造有限公司	新加坡胜德国际私人有限公司	船舶制造、修理，金属构件、建筑构件制造，物资仓储、装卸，经营自产机电产品、机电设备、仪器备件	4880	1000
镇江圣恒软件科技有限公司		韩国权圣恒	软件产品的开发与生产	2900	2800
镇江平皓机电有限公司		台湾王皓平	电子接插件的生产和销售	5500	4800
镇江仁瑞科技有限公司		台湾郭瑞仁	软件产品的生产、开发	2990	2988
安德森（中国）有限公司		挪威 ANDERSEN HOLDING AS	船舶配套设备、石油钻采专用设备、配电开关控制设备、电力电子元器件，新型节能环保建筑材料制造和销售；软件开发	7500	2500
镇江澳源金茂机械有限公司		澳大利亚王涛	生产和销售轻工机械、水泥机械、农用机械、船用齿轮箱	1800	1800
丹阳市					
江苏天汇置地有限公司	江苏天坤集团有限公司	香港汇通国际投资有限公司	在江苏省丹阳市阜阳路4号0406112号地块开发普通住宅楼、商业用房，出租、出售及物业管理，基础设施及其他土木工程建设	9800	6860
丹阳福民再生资源有限公司	丹阳市同源金属贸易有限公司	香港正欣国际投资有限公司	废纸、废金属回收分拣	4980	1815
丹阳鹏鷂污水处理有限公司		香港丹阳水务投资有限公司	污水处理及相关服务	2980	1200
丹阳世纪新能源有限公司	无锡索泰克科技有限公司	香港中国光电投资有限公司	半导体材料、多晶硅材料的生产销售；进出口业务（不含分销）	2860.4	715.1
丹阳正源织造有限公司		香港正源国际控股有限公司	高档纺织面料的生产和销售	1800	1200
必得重工机械（丹阳）有限公司		马来西亚必得控股有限公司	制造销售塔吊、港口机械及相关机电产品（须经国家专项审批的项目除外），提供相关产品技术及配套服务	1400	700

续表22-5

项目名称	合作各方		经营范围	投资总额（万美元）	合同外资（万美元）
江苏丹辅特种设备有限公司	丹阳锅炉辅机厂有限公司	台湾阎大昌	脱硫环保设备、化工压力容器、特种钢管的生产销售	2000	1000
贺利氏催化器（丹阳）有限公司	江苏金长江环保汽摩消声器有限公司	德国贺利氏股份管理有限公司	内燃机引擎尾气净化控制装置的生产销售；此类装置的进出口贸易和批发（以上商品进出口不涉及国营贸易、进出口配额许可证、出口配额招标、出口许可证等专项管理的商品）；提供售后服务	1465	410.2
江苏庆翔半导体有限公司		美国昌盛有限责任公司	从事频率控制与选择元件、混合集成电路、电力电子器件、光电子器件、模拟集成电路及相关设备的开发、设计、制造、测试、销售、维修与技术咨询；芯片设计与生产；光刻板制作；电子专用材料开发与制造；电子专用设备、测试仪器、工模具制造	9988	4000
傅氏国际（丹阳）双金属线缆有限公司		美国傅氏控股有限公司	有色金属复合材料、新型合金材料及电线的生产加工及销售；有色金属复合材料、新型合金材料的研发；货物技术进出口（进口分销除外；法律、法规限制的项目取得许可证后方可经营）	2998	2998
丹阳苏鹏汽配有限公司	丹阳市东方车灯有限公司	美国 CHANG RUI PING	汽车摩托车灯具、塑件、工程车配件的制造和销售，进出口业务（不含分销业务）	2000	700
江苏乾唐硅晶体有限公司	江苏中值电子有限公司	美国 GREATLIN 国际集团	生产销售多晶硅产品	1000	680
镇江欧尚超市有限公司		欧尚（中国）投资有限公司（投资性公司投资）	1. 商品零售批发（包括代销、寄售：百货、化妆品、食品、饮料、糖酒、粮油制品、小包装盐、纺织、服装及日用品、工艺饰品、金银饰品、文化体育用品及器材、家用电器及器材、家用电器及电子产品、五金、家具及室内装修材料）； 2. 组织国内产品出口业务； 3. 自营商品的进出口业务	2500	1000
句容市					
江苏创禾珠宝发展有限公司		香港恒田珠宝首饰有限公司	珠宝、首饰、电子元件、五金交电、办公设备的批发、零售、佣金代理（拍卖除外）（涉及配额许可证管理、专项规定管理的商品按照国家有关规定办理）	6000	3000
江苏君行健建筑脚手架有限公司		香港伟溢国际投资集团有限公司	脚手架的生产与销售	2000	1000
江苏仑山湖会议服务有限公司		香港永嘉国际投资有限公司	会议服务	1500	900
江苏绿林庄生态农业开发有限公司		香港苏氏农业开发投资有限公司	农产品种植、销售；畜产品养殖、销售；旅游产品设计、开发、加工、销售	1500	1000
镇江紫云农庄有限公司		香港联邦国际资本有限公司	生态农业园观光；农副产品的种植、养殖、加工、贸易	1000	500

续表 22-5

项目名称	合作各方		经营范围	投资总额（万美元）	合同外资（万美元）
宝宝好儿童用品（江苏）有限公司		宝宝好（澳门）贸易商行	童车、童床及儿童用品、塑料制品，木制品，儿童针织制品、玩具生产、销售	2998	2000
江苏高德生态农业发展有限公司		澳门刘梦庭	生态农业园观光休闲；苗圃、花卉、农副产品的种植、养殖、销售	2500	1000
句容华运车料有限公司		台湾邱华香	自行车配件的生产与销售	2500	2200
句容华体体育用品有限公司		台湾赖沛然	足球加工与销售	1500	800
江苏瑞波斯特运动用品有限公司		法国 LOIRAT JEAN-MARIE	服装、服饰、鞋帽系列产品的生产与销售；运动器材的生产与销售	1200	600
江苏嘉信宝华软件科技有限公司		英属维尔京群岛嘉信投资有限公司	软件产品开发、生产、销售；软件外包服务平台建设；生物技术及产品的研发、生产、销售	8500	2980
句容旭城五金塑胶有限公司		澳大利亚黄石坚	自行车零配件、五金制品、塑胶制品、金属（塑钢）门窗的生产及销售	1000	500
扬中市					
赛锡光伏科技（扬中）有限公司		德国赛锡科技公司	对半导体级和太阳能级晶片生产过程中所产生的碳化硅（SiC）和聚乙二醇（PEG）的切割液进行综合处理和利用；对磨料和粉末进行处理和再利用；销售本公司产品；提供切割液综合处理和利用的技术服务	2980	2600
扬中普诺电气有限公司	江苏南自通华电气集团有限公司	加拿大 HUNG CHIA CHI	生产销售光伏并网逆变器	1500	1224

（洪　涛）

2008 年镇江市外商及港澳台商直接投资情况统计表

表 22-6　（商务部确认数）　单位：万美元

辖市（区）	实际到位外资		工商登记注册企业			
			合同注册外资		新注册企业数（个）	
	实际完成	比上年增长（%）	实际完成	比上年增长（%）	实际完成	比上年增长（%）
合　计	120175.45	12.00	233400.00	1.4	146	-46.33
丹阳市	20082.26	-5.56	55253.51	8.92	36	-41.94
句容市	25360.53	49.01	27283.02	-23.44	23	-54.91
扬中市	13474.01	1.80	16997.59	3.07	8	-71.43
丹徒区	11292.33	26.31	37836.77	22.96	23	-46.52
京口区	8038.29	8.20	21193.50	93.81	14	16.67
润州区	4557.91	-26.66	16287.76	-11.14	10	-52.39
镇江新区	38251.12	15.99	51207.97	-24.68	32	-41.82

注：由于外资项目有共享、数据调整、未计算市直外资等原因，各辖市（区）数据之和与全市总数有误差。

（洪　涛）

对外经济技术合作

【概况】　2008 年，全市新签外经合同额 3.06 亿美元，比上年增长 21.4%；实现营业额 2.56 亿美元，增长 20.2%；新派劳务 5154 人，增长 15.9%；期末在外劳务 11244 人。

外经经营主体扩容提速。中交二航局第三工程有限公司、江苏华泰装饰工程有限公司外经经营权获商务部批准，当年新增外经经营权企业 2 家，创下年新批外经经营资格企业最高纪录。全市外经有权企业达 10 家，其中 8 家有对外承包工程经营权；省交通工程公司新获商务部对外援助实施企业 A 级资格，全市有 2 家企业获此资格。

工程承包企业承建境外大型工程。镇江建工集团承接阿曼水泥公司 SAOG 二次扩建项目（4000T/D）工程以及伊拉克 SCP 项目 5300T/D 水泥生产线土

表 22-7 **2008 年镇江市对外承包工程劳务合作情况一览表** 单位:万美元

地　区	合同额		营业额		对外劳务人数(人)		
	累计数	比上年增长(%)	累计数	比上年增长(%)	累计数	比上年增长(%)	期末在外人数
全市合计	30589.7	21.2	25632.1	20.6	5154	15.9	11244
丹阳市	1503.7	46.0	900.7	26.8	757	30.5	2249
句容市	530.2	15.9	796.6	31.1	400	7.5	1328
扬中市	867.3	26.4	801.1	2.5	604	3.8	1742
丹徒区	903.0	-4.0	1218.0	3.5	577	1.2	1392
京口区	772.0	13.6	718.0	9.2	595	4.9	736
润州区	921.0	-8.3	722.0	4.6	510	5.6	971
市　直	25092.5	22.8	20475.7	23.1	1711	32.4	2826

（张朝春）

建工程等项目。省交通工程公司承建印度尼西亚 Pacitan 电厂码头设计施工总承包工程,合同额为 2.5 亿元人民币。镇江国际公司依托“中式园林”品牌,扎根欧洲市场,成功获得中国驻匈牙利、塞浦路斯等国使领馆工程。（冷建蓉）

【对外劳务管理六大创新举措】 2008 年,针对近年来对外劳务纠纷及突发事件频发,镇江市政府出台《关于进一步加强对外劳务管理工作的实施意见》,推出六项创新举措,规范对外劳务管理工作。一是统一扎口管理。针对对外劳务多头管理情况,市政府明确对外劳务项目由外经贸部门统一扎口备案,对外劳务人员招收统一扎口报名窗口。对外劳务有权企业必须到辖市(区)外经贸部门办理同意在当地招收对外劳务人员的意见函,市外经贸部门根据辖市(区)外经贸部门的意见函办理项目备案手续。对外劳务经营单位不得通过除省主管部门认定的对外劳务报名窗口(劳动力市场、人才市场或政府部门设立的其他专门机构)以外的其他途径招收劳务人员。二是强制出境保险。一些对外劳务人员在没有任何一方为其办理出境人员意外伤害保险时,便盲目出国,给处理境外纠纷或突发事件带来困难。市政府要求对外劳务经营单位必须为对外劳务人员办理出境人员团体意外伤害保险,每人每年 300 元保费,保额最高可达 30 万元。外经贸部门在出具同意招工意见函时,要核查有关保险资料。三是强化护照办理。部分对外劳务经营单位违规操作,私招乱募,骗办护照签证,成为对外劳务纠纷和突发事件的主要根源。市政府规定各公共媒体凭市外经贸局的项目备案手续发布广告,公安部门凭市外经贸局的项目备案手续办理护照,公安部门办理护照时,对明显有出境劳务倾向的人员,要认真询查其出境目的和去向,当地派出所可协助调查其财产状况、有无正当职业,引导对外劳务人员通过正规渠道办理手续,降低风险,保护自身合法权益。四是足额交纳备用金。市政府提出严格备用金管理,中介企业必须向注册地辖市(区)外经贸部门交纳备用金,金额不得低于 10 万元人民币,并要求在实施意见出台后 1 个月内交齐。五是分类管理建立“黑名单”。市政府确定由外经贸部门牵头,工商、劳动保障、外事等部门配合,建立全市对外劳务经营单位信息库、对外劳务人员信息库、境外相关雇主信息库,并实施信息共享。对当年发生境外纠纷或突发事件负有直接责任的单位或劳务人员做出分类等级下调直至取消资格;对等级偏低的单位或个人建立“黑名单”,有关部门在办理手续时从严把关。六是提供法律保障。市政府提倡对外劳务经营单位聘请涉外劳务专门律师作为法律顾问,司法行政部门应向有关单位和个人推荐涉外劳务专业律师名单和全市法律援助机构名录。项目备案过程中,必要时通过司法行政部门邀请精通涉外劳务法律法规的律师参与,对有困难的劳务人员或其家属,提供必要的法律援助。（冷建蓉）

国际贸易促进

【概况】 2008 年,全市共签发出口货物一般原产地证 16000 份,比上年增长 8.5%;国际商事证明书 907 份,使领馆认证 730 份,与上年持平;代办 ATA 单证册 15 份;新增会员企业 180 家,会员企业总数 1060 家;组织出国团 19 个;举办业务培训 8 期,参加学习 900 人次。

组展业务取得重大突破。镇江贸促会争取摊位首次突破 100 个,全年完成摊位 106 个,参展面积 1000 多平方米。参展团组更具规模,赴境外参展人数达 200 人,其中超过 15 人以上的团组有 6 个,参展企业达到 91 家。镇江贸促会自行组团赴境外参展,扩大镇江产品在国际展会上的整体影响力,成功组织香港礼品展和电子展、德国科隆少儿用品和自行车展、日本富山汽配展、印度五金工具展等参展团;首次与境外机构联合举办地区市场专题推介会,6 月～7 月,与香港环球资源公司在丹阳联合召开印度市场专题推介会,11 月组织 6 家企业赴印度孟买参展,效果良好。

维护企业权益高效准确。通过高效准确的出证认证和涉外法律服务,确保企业产品顺利出口,保障企业合法权益不受侵害。针对年初百年不遇的雪灾,出证认证部为有关企业出具与雪灾相关的不可抗力证明,此类事实性证明由支会出具尚属首次,已作为实质性证明书的典型案例备案总会资料库。规范辖市(区)签证点工作,实行所有业务 AB 角制度,提高工作效率,确保服务质量。拓宽认证业务范围,与江苏省药监局建立长期合作关系,为企业出具《医疗器械自由销售证明书》。成功调解涉外纠纷案件,9 月与江苏省贸促会共同努力,成功调解丹阳企业与科威特客户的贸易纠纷案,既为企业挽回了损失,也获得外商赞同,该案已成为省贸促系统涉外商事调解成功典型案例。

促进对外合作稳步推进。组织企业参加“欧盟—中国机械建筑经贸合作项目”对口洽谈,组织镇江建工建设集团与俄罗斯工商联东亚代表处就俄罗斯相关项目进行洽谈;组织造纸、工具、纺织等企业,与美国专家进行交流,了解美国市场的准入条件;根据“用并购代替投资、用交易代替招商”的外资理念,组织企业参加“PE 投资中国之旅(江苏站)”活动,与 80 多家 PE(私募股权投资)机构进行现场交流与沟通。加强同境外相关机构和商会组织的交流合作,与巴西国际协作组织签订友好合作框架协议,举行“中国与巴西的合作”镇江推介会,来自全市 60 多家企业及相关部门参加会议,镇江韦岗铁矿与巴西客人就进口矿石业务进行洽谈;接待“中阿合作论坛国

镇江市最大的外贸公司——镇江市泛华进出口有限公司新办公大楼

（泛　华）

家工商会人员研修班”人员到镇江考察交流，扩大与阿拉伯国家的经济合作；邀请香港环球资源总经理及业务部门负责人到镇江洽谈展会等业务合作。

加强与省会、兄弟支会的联系和交流，3月份，镇江贸促会筹办第九届江浙二省市级贸促会联席会议，江、浙、皖三省20家支会参加会议。加强与地方部门合作，1月与海关、外经贸局联合举办新春联谊沙龙，就如何优化投资环境、利用国家扶持政策促进企业发展、企业经营中的热点等方面进行互动交流。

服务载体建设加快。成立镇江新斯路商务咨询有限公司和中贸国际商务展览有限公司，为企业提供完善的涉外服务；与中国人保镇江财险公司签订合作协议，共同建立涉外保险服务平台，将认证服务向更广的范围延伸。（黄　蓓　王　璐）

【为企业提供优质服务】 信息服务不断优化。安排专人负责搜集和整理瞬息万变的国际经贸信息和政策动态，迅速向企业传递，便于企业及时了解政策变化，及早采取应对措施，抢抓发展机遇，开拓新业务。建立以贸促网站为主、《国际经贸资讯》等其他方式为辅的多元化信息传递途径。上半年，改建完善镇江贸促网，界面、操作更加人性化，内容、信息更加实用化。针对欧盟推行新的化工产品标准，及时组织企业参加关于化学品注册、评估、许可和限制法（REACH法规）的学习，邀请英国SNQA公司专家，进行有关REACH法规预注册培训、讲解、答疑。针对一些新获得进出口经营权的企业对网上申请认证业务不熟悉的情况，义务为新注册企业的申领员进行出认证业务培训。顺利完成全国外贸会计资格证书和国际商务单证员全国统考镇江考区工作。

（黄　蓓　王　璐）

境外及港澳台企业

【概况】 2008年，全市新批境外及港澳台企业4家，投资总额1196.7万美元，中方协议投资额首次突破千万美元，达到1074.69万美元。开展全市“走出去”企业调研，向全市重点企业和出口规模企业发放问卷调查表100多份，获得境外投资意向46条，充实完善全市境外投资项目库。抓好“走出去”人才培训，组织参加“境外投资培训班”和省外经贸厅举办的有关国家投资市场和政策介绍会，帮助企业了解和掌握国家有关政策，收效明显。（冷建蓉）

【飞达工具“德国造”】 飞达集团2005年在德国购买土地6.67公顷，建成15000平方米的仓库，成立物流中心，把飞达的大旗插到了世界工具制造中心。2008年，德国飞达工厂实现销售超过1000万欧元，不仅畅销欧洲市场，还出口到土耳其、南美等国家和地区。飞达以“德国制造”的身份避开反倾销干扰，“飞达”钻头，直接出口每个只有5元人民币；在德国的产品打上“FEIDA”（飞达）牌子，售价可达20多元人民币。2008年初，飞达集团独立投资600万美元的境外投资项目——飞达德国公司获商务部批准，下半年，该项目增资200万美元获批，总投资达800万美元，中方协议投资700万美元，成为镇江企业境外投资成功典范。（章存保）

表22-8　**2008年镇江市新设境外及港澳台企业情况一览表**　单位：万美元

境外及港澳台企业名称	中方企业名称	国别	行业	经营范围	投资总额	中方协议投资	出资方式	性质	批准日期
飞达德国工具有限公司	江苏飞达工具股份有限公司	德国	工具	五金工具及板材的研发、生产销售	600	600	现汇	非贸易	2008－02
韩国鼎胜铝业株式会社	镇江鼎胜铝业有限公司	韩国	铝业	进出口贸易	10.7	5.89	现汇	贸易	2008－03
飞达德国工具有限公司	江苏飞达工具股份有限公司	德国	工具	五金工具及板材的研发、生产销售	200	100	实物（增资）	非贸易	2008－10
TUVSHINGARAVY有限公司	丹阳市兴隆车辆部件有限公司	蒙古	矿业	矿产开发	300	300	现汇	非贸易	2008－12
阳光希望（布隆迪）有限公司	镇江阳光制氧设备有限公司	布隆迪	医药	研发、加工生产销售医药、制氧设备	86	68.8	实物	非贸易	2008－12

（冷建蓉）

港口·口岸

责任编校：刘爱玲

综 述

【概况】 2008年，全市口岸和港口系统坚持科学发展，在拓展发展思路上下工夫，在转变发展方式上谋突破，在争创发展成果上求实效，基本完成年度各项目标任务。受国际和国内宏观经济形势影响，镇江港生产运输增速减缓。全年完成货物吞吐量8705万吨，比上年同期增长11.3%，完成集装箱吞吐量29.24万标箱，比上年同期增长2.2%，增长势头趋缓。外贸运输形势严峻，完成外贸货物吞吐量1162万吨，比上年同期下降13.9%。全年港口建设累计完成投资5.59亿元。港口安全生产形势稳定，港口行政管理不断强化，港口对外开放稳步推进，行业精神文明建设扎实有效。 （冯 杨）

【港口规划建设新进展】 2008年，扬中港区总体规划通过交通运输部和省政府组织的联合审查，新民洲港区总体规划进入报批程序，高桥港区总体规划启动编制工作。全年港口建设累计完成投资5.59亿元，开工和续建码头泊位15个，建成泊位数9个，其中万吨级以上泊位3个，新增码头通过能力707万吨。港口公用基础设施建设情况进展良好，谏壁港区焦南航道上段进港公用航道建设完成，高资海轮锚地开工建设，定易洲锚地改造方案通过省港口局审查，扬中夹江进港航道建设方案已邀请省级专家指导，高资河进港航道工程和扬中板沙圩锚地前期工作积极推进。继续加强港口工程建设程序管理，组织对谏壁电厂码头等两个工程的初步设计进行审查，对建华管桩码头等五个工程的施工图设计进行审批，对索普码头等三个工程进行招投标备案，对蓝波船舶制造舾装码头等两个工程进行开工备案，对惠龙码头等三个工程进行试运行备案和竣工验收。 （冯 杨）

【镇江市口岸和港口行政执法支队成立】 2008年4月29日，江苏省13个省辖市港口行政管理机构中第一支行政执法队伍——镇江市口岸和港口行政执法支队在镇江一泉宾馆举行成立揭牌仪式。镇江市口岸和港口行政执法支队根据《中华人民共和国港口法》《江苏省港口条例》等法律、法规，对镇江全市沿江港口单位有关岸线使用、港口工程建设、港口经营管理、港口安全生产、港口统计、规费征收及港口环境保护等活动进行监督检查，开展行政执法，建立并维护好口岸和港口合法有序、公平公正的良好环境，保障口岸和港口科学、健康发展。 （冯 杨）

【学习贯彻《江苏省港口条例》】 《江苏省港口条例》于2008年1月19日经江苏省第十届人民代表大会常务委员会第三十五次会议审议通过，自2008年6月1日起正式施行。6月3日，镇江市口岸和港口管理局召开镇江港学习贯彻《江苏省港口条例》动员大会，邀请省交通厅法规处处长高锦安作专题辅导讲座，对现行港口管理体制、强化港口规划编制、规范港口岸线审批、创新港口发展模式和加强港口安全管理等内容作深入讲解，全市沿江各港口企业、代理公司70余人参加学习培训。同时，镇江市口岸和港口管理局制订详细的宣传贯彻计划，开展执法人员学习培训、广场展牌宣传、咨询，深入港口企业宣传法律条款、知识竞赛等系列活动，使社会各界和沿江各港口企业及相关单位深入了解和熟

江苏省港口设施保安演习在镇江举行 （局 办）

知《江苏省港口条例》。（冯　杨）

【江苏省港口设施保安演习在镇江举行】 2008年7月12日上午9时50分，随着3颗红色信号弹升空，以“履行国际公约，打造平安港口，促奥运成功举办”为主题的江苏省港口保安设施演习在镇江港大港三期港区拉开帷幕。在模拟事件中，某国际恐怖组织的5名恐怖分子，策划对停靠在镇江港大港三期11号泊位的A国籍杂货船舶进行爆炸袭击，以使港口设施和船舶遭到毁灭性破坏及人员伤亡。演习中，长航公安局镇江分局、镇江海事局、边检站、消防支队、“120”急救中心等单位按照指挥中心指令，密切配合，调离船只，排除爆炸物，通过及时有效处置，成功阻止这起恐怖袭击事件的发生。整个演习过程在一个小时内干净利落地完成。演习过程分别展示了港口设施在1级、2级、3级保安状态下的各项保安措施和工作程序，以及消防应急预案和人身伤害应急预案的执行情况，包括保安等级的变化、船港配合等过程，从而对港口设施保安计划中所确定的各项软硬件保安措施和程序进行检验，以提高港口设施保安组织及保安人员的实际操作水平和综合反应能力。江苏省交通厅副厅长、省港口管理局局长王昌保，镇江市副市长陈建设担任此次演习总指挥。演习参加人员达300多人，出动警车、保安巡逻车、消防车、救护车等各类车辆10余辆，出动海巡艇、公安艇、拖消两用艇等各类船舶11艘。（冯　杨）

【镇江惠龙公司码头正式对外开放】 镇江长江惠龙港务有限公司（简称镇江惠龙公司）为适应和加快自身发展，做大做强港口物流业，提出了码头对外开放的申请。在完善查验设施和具备相关条件后，市口岸和港口管理局组织口岸检察机关对惠龙码头对外开放进行预验收，并上报省政府。经省口岸办组织省级口岸检察机关验收，获得顺利通过。2008年8月27日，省政府发文（苏政复〔2008〕47号《省政府关于同意镇江惠龙长江港务有限公司码头对外开放的批复》）正式批准该码头对外开放。至此，镇江口岸有对外开放码头泊位29个，其中万吨级泊位21个，为镇江外向型经济发展和推进沿江大开发战略目标提供了坚实基础。（冯　杨）

【14家港口企业获“平安港口”称号】 自2007年底开始，由市口岸和港口局、市综治办、市公安局、镇江口岸各查验机关、长航公安局镇江分局等单位共同组成创建工作领导小组，在沿江港口企业中深入开展“平安港口”创建活动。14家创建单位根据市“平安港口”创建实施意见和考核验收标准，结合本单位发展实际，积极建立和完善各项创建制度，制定各专项预案，强化责任，落实措施，加大技术、物资投入，完善安全保卫设施。金东纸业股份公司投入资金170余万元，建立先进的闭路电视监控系统和“电子巡更”制度；镇江港务集团结合隐患治理投入300余万元，增加监控设施，完善监控系统，实现对码头、主要出入口及通道、危险品作业场所等重点部位的有效监控，确保安全运行。创建单位还结合企业安全生产实际，开展“安全操作能手”“平安操作1000台时”“平安班组”“百日安全竞赛”等各项平安竞赛活动，丰富创建活动形式和内容，增强创建工作实效性，有效提高了职工的安全操作技能，促进了企业安全生产。“平安港口”创建一年，实现港口无治安刑事案件、无偷渡走私行为、无病虫疫情入境、无重大安全责任事故发生的“四无”创建目标。2008年12月17日，全市沿江首批参与创建的14家港口企业被授予“平安港口”称号。（冯　杨）

【为“5·12”汶川大地震灾民捐款捐物】 2008年5月14日，镇江市口岸和港口管理局在全市港口和口岸系统范围发出向“5·12”汶川大地震灾民捐款的紧急倡议，号召全系统广大干部职工积极行动起来，伸出援助之手，奉献一片爱心，帮助灾区人民渡过难关。各单位高度重视捐款活动，认真做好捐款宣传工作，仅一天时间就捐款80余万元，并通过市红十字会捐向地震灾区。5月23日，市口岸和港口管理局又向全系统党员发出交纳“特殊党费”的倡议，仅一天时间就收到“特殊党费”20余万元，为灾区人民重建家园、恢复生产贡献绵薄之力。（冯　杨）

港口生产经营和服务

【概况】 2008年受国际和国内宏观经济形势影响，镇江港生产运输增速减缓，外贸运输生产下降明显。口岸和港口生产企业努力应对复杂多变的国内外经济形势，积极巩固传统业务，多方拓展组织货源，保持与武钢、重钢、马钢等大型钢厂及宝钢国际、中国五矿等大型贸易客户的合作，吸引西气东输二线工程钢管在镇江港作业，保证港口货源总量，推进口岸和港口生产稳步发展。同时做精船代、货代和理货业务，以优质服务促进业务提升。全年完成货物吞吐量8705万吨，比上年同期增长11.3%，公用码头比上年同期增长7.5%，企业自备码头比上年同期增长15%。镇江港务集团有限公司完成吞吐量4208万吨、外贸量870万吨、集装箱量19.2万标准箱（含大港三期工程）。完成集装箱吞吐量29.24万标箱，比上年同期增长2.2%，增长势头趋缓。完成外贸货物吞吐量1162万吨，比上年同期下降13.9%。（冯　杨）

【镇江港口有限责任公司】 2008年，镇江港口有限责任公司以科学发展观为指导，积极调整发展思路，落实国资监管要求，整合港口资源，狠抓项目推进，积极履行投资管理职能，港口生产经营和工程建设等取得新成绩。

履行出资人职责，强化国有股权管理。对出资单位，按公司法和现代企业制度要求，在人事委派、议事规则、经营考核、利润分配等方面，建立健全各项监管制度。按组织程序委派董事、监事，并制定《外派人员管理规定》。建立健全投资企业监事会，制定《监事会议事规则》，按照规定程序独立有效地对董事、经理和其他高级管理人员及公司财务情况进行监督和检查。按照国资委要求，做好对投资企业生产经营和工程建设推进情况等考核工作，建立资料和报表报送、经济运行分析等制度。维护地方国有权益，对历史上遗留的改制资产确权、利润分配等，按照法律规范进行操作。港口资产重组进程加快，镇江港务集团有限公司和国投镇江港有限公司重组合并工作取得实质性进展，资产评估、股权比例和治理结构安排、合并方案等工作顺利进行，计划在2009年初完成重组合并。

调整发展思路，加强投资管理。在生产经营与资本经营分离基础上，强化公司的港口投资主体地位，构建港口建设投资平台。推动投资决策民主化、科学化建设，强化投资风险管理与控制，强化项目的技术和经济可行性分析论证。调整组织架构，国有股权监管和投资监管职能不断加强。调整引资思路，作好项目开发和引资工作，充分发挥国有资本优势，吸引有资金实力和经营能力的投资主体参与港口建设和营运。

投资企业生产经营总体保持平稳。2008年，在全球经济动荡与国家宏观调控的交织影响下，港口市场起伏多变，面对不利形势，港口生产单位克难奋进，保持与武钢、重钢、马钢等大型钢厂及宝钢国际、中国五矿等大型贸易客户的合作，吸引西气东输二线工程钢管在镇江港作业，保证港口货源总量稳定。

港口重点建设项目持续推进。至2008年底，镇江港大港港区三期工程累计完成投资逾13亿元，主体及配套工程全部完工，处于试生产阶段，亦开始进行竣工验收和对外开放工作。镇江港扬中港区兴隆一期工程累计完成投资近4亿元，水工、陆域主体工程已经完工，进入工程配套和收尾阶段。镇江港大港港区四期工程前期准备工作于2008年4月1日正式启动，规划建设2个5万吨级集装箱泊位，工程测量勘探、运量预测、船型论证、专项评审等工作顺利完成，工程可行性研究报告已经定稿待审，力争2009年下半年开工建设。 （公司办）

【镇江港务集团有限公司】 2008年，镇江港务集团奋力抗击严重灾害气候和国际金融危机影响，强化生产货源市场组织，持续推进管理流程优化和管理要素整合，紧紧围绕市场拓展、效率效益及和谐企业建设等方面扎实开展工作，保持港口持续健康稳定发展，港口各项事业取得新进步。

生产经营保持稳健增长。在全球经济动荡与国家宏观调控的交织影响下，抢抓市场机遇，从容应对货源紧缺危机。与武钢、重钢、马钢等大型钢厂以及宝钢国际、中国五矿等大型贸易客户的合作深度和力度得到持续加强，巩固西气东输二线工程进口钢管中转业务。整合港口生产资源，完善装卸功能，优化仓储工艺，提升仓储水平，合理调配，科学组织生产，保证重点船作业线，提高装卸效率，充分发挥长江港口铁矿石中转基地作用，继续保持全国最大元明粉出口港地位。2008年，镇江港务集团完成货物吞吐量4208万吨，比上年增长7.5%；完成装卸自然吨2316万吨，比上年增长9.8%；完成外贸货物吞吐量870万吨，比上年下降10.3%；完成集装箱量19.2万标准箱，比上年增长0.3%。实现总收入5.16亿元，比上年增长15.4%，实现利润总额3572万元，比上年减少23.9%，收入成本率93.08%。

港口基本建设加快推进，设施进一步完善。大港三期工程全面完工，工程实际投资额134416.68万元。更新改造投入9501.69万元，其中设备更新改造5265.15万元，基本建设4236.54万元。大港港区4号、5号泊位加固改造工程通过市级初验。完成龙门港区和大港港区环保改造工程，港区污水处理达到排放标准。全回转拖轮投入运营。建设仓储场地近20万平方米。新增设备设施陆续启用，极大地提升了港口综合通过能力。初步完成全港口岸电子监控系统安装。

创新管理机制，实行精益化管理体系。建立机关工作目标、生产组织、物资设备、工程建设、绩效考评、资金成本、和谐港口建设等指标考核体系；组建财务会计中心，实行财务管理集团化、专业化。实行对标和风险管理，提高综合管理素能。贯彻新《中华人民共和国劳动合同法》，完成外用工管理体制转换。推进后勤辅助产业、主业延伸产业重组整合。全面推广设备“5S”（整理、整顿、清扫、清洁、素养）管理和点检保养，重大机损事故为零。成功组织“2008江苏港口设施保安演习”活动。全年未发生等级以上事故，无工亡、重伤、重大机损事故。组织全港班组长素质拓展培训，大力推行首席员工、星级员工制度，启动“名师带徒”活动，全年各类办班和适应性培训共9386人次，技能鉴定培训549人、对外特种作业操作证培训742人，承办镇江市2008年港口机械职工职业技能竞赛，4人获得镇江市“技术能手”称号，8人获得镇江市“五一技术标兵”称号。建立镇江市企业首个劳模创新工作室。全国央企职工叉车技能大赛获得单人铜奖。入选市“劳动关系和谐企业”“劳动关系诚信企业”“平安港口”荣誉称号，龙门分公司门机班被评为全国“工人先锋号”，大港分公司张国兴被授予全国五一劳动奖章，监理公司陈永忠获“江苏省重点工程建设劳动竞赛功臣个人”称号，大港分公司陈伟民被授予镇江市五一劳动奖章，大港分公司现场调度班被评为镇江市“工人先锋号”，轮驳分公司港拖1004轮被评为长航“工人先锋号”、镇江市“五一”文明班组，港拖902轮被评为长航“青年文明号”。 （蔡顺忠）

【大港港区环保改造工程通过验收】 2008年11月25日，大港港区环保改造工程通过镇江市港口工程质量监督站验收投入使用，标志着镇江港口环保生产达到国家标准。该工程应国家、省、市环保部门要求，配合国家重点工程大港三期工程环保验收，由镇江港务集团投资1120万元，建设煤、矿、硫磺污水处理系统各一套，疏通港区堆场污水管道，港区生产废水经污水处理站出水均达SS70标准。11月28日，环境保护部、交通运输部环保办公室、江苏省环保厅、镇江市环保局对大港港区一、二、三期工程进行环保现场检查验收，验收组认为，大港港区环境保护手续齐全，主要污染物达标排放，符合环境保护验收条件，同意通过环境保护验收。

（蔡顺忠）

2008年镇江港务集团主要货种吞吐量表

表23-1

货种	吞吐量（万吨）	占全年总量（%）	比上年增长（%）
金属矿石	2820.01	67.0	17.4
水泥	261.03	6.2	-30.2
非金属矿石	310.32	7.4	-7.8
煤炭及制品	410.42	9.8	27.8
化学肥料及农药	80.79	1.9	-35.8

（蔡顺忠）

2008年镇江港务集团主要外贸货物吞吐量表

表23-2

货种	吞吐量（万吨）	占全年总量（%）	比上年增长（%）
金属矿石	326.64	37.5	-2.4
水泥	130.48	15	-30.3
非金属矿石	143.62	16.5	-13.8
化学肥料及农药	39.49	4.5	-35.8
化工原料及制品	21.27	2.4	-28.9

（蔡顺忠）

【镇江中远物流有限公司】 2008年，该公司面对席卷全球的金融危机影响，全体员工奋力拼搏，除传统的船代、货代业务外，产品物流、工程物流、供应链融资等三大物流板块基本形成，并进一步推进空运和国内集装箱海运业务发展，全年完成集装箱进出口箱量61000标准箱，完成外贸货运代理量320余万吨。该公司为适应箱量不断增长的操作需求和总部为未来物流业务发展而推行的FOCUS货运系统，对原有操作模式进行大刀阔斧改革，搭建为未来5年箱运业务稳步发展提供有力支持的操作平台，为未来给客户提供尽善尽美的服务奠定坚实基础。在营销人员严重不足情况下，该公司克服2008年新增的运力过剩、油价飞涨、外贸形势在全球金融危机袭击下每况愈下的不利因素，坚持有针对性地与集装箱公司、船公司一道走访丹阳、扬中、镇江新区等外贸企业，并陆续成功开发一些新客户（大亚、天工、鼎盛、金盛、江苏运达、南京莆田、扬州亿豪等）。同时继2007年开发与山东德瑞兴公司、河南周口益海集团铁水联运模式后，继续拓展揽货触角，先后与内蒙古、天津、北京、广东的客户或同行展开业务合作。2008年，除金东纸业以外，其他客户业务量比上年增长29%，保证了全年箱量指标的顺利完成，进一步增强了市场抗风险能力。 （谢 蓓）

【江苏中外运有限公司镇江分公司】 2008年,该公司代理海运集装箱16401标准箱,海运大宗散杂货155万吨,船务代理977艘次,航空快件25836票,空运普货471吨,代理铁路集装箱476标准箱,报关10488票,报检9057票。该公司努力充实营销力量,强化销售策略,充分挖掘潜力,努力拓展市场,向市场要货源,从市场找资源。实行内外贸集装箱、大宗散货、陆路运输等一条龙的销售策略和优质服务,与港务、检查检验等单位联合开展营销公关,精心培植有后发之力的目标性大客户。新拓展为普莱克斯公司代理操作进口设备业务。2008年,公司新开辟代理尿素、氧化铁等货种近15万吨,内贸散货5万吨。公司代理报关业务在镇江口岸8家报关企业中排列第一,在专业报关行中保持差错率最低的水平,并且被评为2008年南京关区唯一的优秀报关企业。 (闵杏华)

【江苏远东快鹿物流有限公司镇江分公司】 2008年,该公司完成代理进出口集装箱10100标准箱,比上年下降18%;其中代理出口集装箱4640标准箱,比上年增长12%;代理进口集装箱5460标准箱,比上年下降33%,主要是公司代理的LG公司化学原料从4月开始停止从韩国进口乳胶而改用国产原料,以及全球金融危机的影响使代理进口量骤然下降。公司全年代理内贸集装箱210标准箱。2008年初,该公司为更好拓展业务,搬迁至镇江海关新大楼办公,以优良的工作环境面向广大客户。 (公司办)

【江苏中远国际货运有限公司镇江分公司】 2008年,该公司围绕经营目标,立足本企业,以人为本,全体员工为完成全年经济指标共同努力。在全球金融危机、经济低迷环境下,公司克服重重困难,开拓进取,全年完成集装箱吞吐量49614标准箱,完成集装箱代理量23706标准箱,超过全年指标的12%。

(公司办)

【镇江中海船务代理有限公司】 2008年,该公司克服种种不利因素,在激烈的市场竞争中努力拼搏,全年代理外贸进出口货物40万吨。全年在服务质量上客户投诉为零,无安全责任事故及违纪违规现象。公司遵循以市场为导向、服务为根本的宗旨理念,紧紧围绕市场、客户、港口、服务质量开展一系列专题活动,打造良好的口岸及市场环境,创造了较好经济效益。 (公司办)

【镇江中联理货有限公司】 该公司由中联理货有限公司与镇江港口有限责任公司投资组建。经营范围包括:国际、国内航线船舶的理货业务;国际、国内集装箱理箱业务;集装箱装、拆箱理货业务;货物的计量、丈量业务;监装、监卸业务;货损、箱损检定等业务。公司为向各有关单位提供最好、最快、最先进、最公正的高附加值服务,全面运用集装箱业务操作管理信息系统,努力提升理货技术含量。在镇江口岸率先实现与海关数据联网,提高数据传输的准确性和适时性,做到集装箱理货无纸化管理和信息、数据共享,受到各有关单位的欢迎和赞誉。2008年,公司完成件杂货理货量23.89万吨,集装箱船舶理货量16.8万标准箱,集装箱装、拆箱理货量2.78万标准箱。船舶到数率、制单合格率、委托方满意率均为100%。 (公司办)

【镇江市外轮供应有限公司】 2008年,受国际金融危机影响,外轮和远洋轮购买力下降。面对艰难形势,公司全体员工坚持立足实际、信誉第一、以优取胜的经营理念,依据各个港口的具体情况使用不同的经营策略和经营模式,研究船舶的来向,及时调整商品结构,丰富免税品销售种类,最大限度地挖掘业务潜力。坚持按照海关和总公司免税品销售政策运作,合法经营,合理操作,保障了公司供应渠道的稳定。公司全年供应船舶1260艘,其中镇江本港供应船舶277艘,外埠供应船舶983艘,全年实现免税品销售额906万元。 (公司办)

【中石化长江燃料有限公司镇江分公司】 中石化长江燃料有限公司镇江分公司是经国家经贸委批准专门从事长江水上成品油销售的企业,担负为地方港口、运输船舶及个体船舶销售、供应燃润油料等多项业务,是国家计量合格单位,也是通过江苏省海事部门考核认定的首批长江水上服务区建设单位。2008年,该公司为镇江港区运输船舶服务逾万艘次,全年柴油销售总量101386吨,比上年增长38.4%,实现镇江分公司销量历史性突破。公司相继开辟镇江、扬州和泰州的保税油业务,全年受供外轮36艘,涉及19个国家和地区。该公司始终把客户需求作为导向,常年为客户免费提供潮汐表、天气预报、生活用水及咨询、代购等服务,开展鼠年有礼、清凉一夏、中秋送情、真情回报等有奖促销活动,体现"以人为本,关爱客户""效益第一,服务至上"的经营理念。公司开展安全培训教育,提高职工安全预控技能。全年组织各类培训10期,参加人数达百余人,为全面提高员工整体素质、保证安全生产打下坚实基础,全年未发生任何重大安全责任事故。 (高 峰)

港口运行和管理

【概况】 2008年,市口岸和港口管理局共受理行政许可、服务事项27件,全部办结。其中办理港口经营业务许可15件,办理港口经营变更5件,办理岸线申请上报4件,办理注销2件,办理港口设施保安初审1件。行政许可审批事项办理时限压缩近三分之二,企业申请事项最快的一天办结。建成内网办公系统,所有行政审批(服务)事项均被纳入内网办公系统,进一步控制内部办理环节,压缩办理时间。港口行政执法支队成立以来,针对沿江岸线的开发、使用及个别港口企业违规建设、非法经营等行为,组织联合执法调查,对不同的调查对象提出相应处理意见,重点帮助企业抓好整改,严格执行"首次不罚"规定,未发生企业投诉事件。按上级部署,组织全市沿江港口行业开展"隐患排查治理""百日安全专项督查""危险货物港口作业安全专家会诊"等行动。全年港辖区排查一般事故隐患1978项,整改1971项,整改率达99.6%。专家会诊管理缺陷和隐患64项,已整改60项,整改率达93.8%。全年受理审批危险货物港口作业船舶5256艘次,装卸危险货物483.2万吨。针对镇江一些企业港口码头泊位不能适应靠泊大船的情况,组织海事、引航、设计单位和专家进行会商,在确保安全前提下争取一船一议的办法停靠,全年批准停靠42艘次,卸装140万吨。

(冯 杨)

【长江南京航道局镇江航道管理处】 2008年,该处于年初克服罕见雪灾,按计划完成171座航标的数字航道设备安装工作。在洪水季节,以及北京奥运会、残奥会期间,以建设"畅通航道、文明航道、和谐航道、数字航道"为己任,确保航道安全稳定。全年完成航标维护87722座天,为年计划的125%;航标维护正常率1000‰;10.5米深水保证率100%;测量完成1606换算平方公里,为年计划的136%;机务设备完好率100%。航道畅通,安全无事故,职工队伍稳定和谐。经营创收达1100万元,为国家征收航养费3100万元。继续获江苏省口岸先进单位、镇江市文明单位称号;在南京航道局7个基层单位三个文明考核中,继续保持前三名。

该处积极依法行政,为沿江经济服

务,开展对外服务承诺活动,上报临河建筑项目14个。行政执法人员执法责任明确,积极宣传《中华人民共和国航标管理法》等法规。及时处理非法采砂或"超吃水"船舶等破坏航道的行为,确保航道畅通。优质高效完成各类专用标设置、扫床测量等项工程。

2008年,该处完成数字航道建设,航道图实现电子化,航标实现遥测遥控,水位实现遥测遥报,航道信息发布实现实时发布,大幅提高了长江航运安全。加强长江运输船舶管理,提高航道维护管理质量,实现长江航务信息资源的整合、共享,进一步挖掘长江航道的通航潜力。 (沈彦军)

【长江引航中心镇江引航站】 2008年,该站共引领中外籍船舶4385艘次,其中,引航3194艘次,专程移泊1191艘次;航行里程74万余公里,总吨4113万吨,净吨2243万吨。全年除发生一起上报小事故外,安全形势总体保持稳定。该站继续保持全国"青年文明号"称号和镇江市"文明单位"称号。"5·12"汶川大地震发生后,该站党、团、工会联合向全站职工发出献爱心捐款号召,全体干部职工积极参加,共92人次参加捐款活动,捐款总额达43410元,其中,单位党员交纳特殊党费情况在6月13日《人民日报》头版专题新闻《千万共产党员的大爱真情》中给予报道。 (范冬青)

【确保电煤运输不中断】 2008年1月25日上午,长江引航中心镇江引航站接到镇江高资电厂煤炭储量严重不足、请尽快安排电煤船"永隆久"轮连夜进江的告急电话。"永隆久"轮,船长199米、吃水10米,运载镇江高资电厂急需的电煤4万吨,按常规船长超过145米以上的海轮不能安排夜间通过尹公洲复杂航段,接到求援电话后,镇江引航站想客户之所想、急客户之所急,立即制订引航方案,申请海巡艇护航,安排共产党员、高级引航员曾亚军和一级引航员虞书豪赶赴江阴登轮交接,一路上他们克服重重困难,夜航通过尹公洲,于25日晚安全靠泊镇江高资电厂专用码头。

1月29日下午,调度室又接到告急电话,因煤炭储量告急,泰州电厂面临断煤限产的急迫局面,急切要求安排电煤船"国远1号"轮夜航进江靠泰州电厂。"国远1号"轮,船长225米,吃水10.5米,运载电煤4.6万吨。引航站领导经反复考虑,在一线引航员已超负荷工作情况下,最后决定满足电厂要求。当晚八时半,从清早六点就出门工作、已连续引领2条外轮而休息不足的一级引航员陈国生领受引航任务,和引航员林宁一道赶赴江阴海轮交接区,于次日凌晨登上"国远1号"轮,安全将电煤船引领到泰州电厂专用码头。 (范冬青)

【中国船级社镇江办事处】 2008年,该处切实加强以安全质量为核心的安全文化建设,始终把安全质量工作放在首位,加强重点船舶、重点水域及春运和黄金周等重点时期的安全质量工作,未发生一起人身伤亡事故和办公场所安全事故。进一步完善单位内部管理,加强检验业务管理工作水平,对承担的重点检验项目、高风险检验项目及时进行跟踪、指导,必要时请分社领导亲临检验现场指导。实施对镇江当地船公司赴欧、美、日本、新加坡等地船舶跟踪,确保审核、监控到位,促进船公司和船舶安全管理体系有效运行,全年未因ISM(国际船舶安全营运和防止污染管理规则)和ISPS(国际船舶和港口设施保安规则)审核出现问题而滞留。加强产品检验评审工作,对每个认可和日常检验申请进行认真评审,对各项检验全过程进行控制,加大监控力度。对重点工作进行重点控制,对需要技术协调的工作成立项目组,统一协调,统一要求,力求一次性把工作做对做好,案卷一次性合格率达100%,未发生检验责任投诉。该处努力树立法律意识、安全意识、质量意识和服务意识,做到不违规进行检验、不发人情证、关系证和不进行有偿中介,维护中国船级社良好形象,全年未发生任何违法违纪事件,未发生任何被服务单位投诉事件,收到礼金全部上缴,年终通过上级检查和考核。2008年,驻镇江船厂验船师项目组被授予"省级机关青年文明号"称号。虽然受全球金融危机影响,业务总收入仍达到1300万元,比上年增长18.18%。其中入级船舶检验收入172万元,比上年增长4.24%;非入级船舶检验收入370万元,与上年持平;产品检验收入758万元,比上年增长34.16%。人均创收108万元,实现年初制定的再创人均创收百万元的目标。 (办公室)

检查、检验、检疫

【概况】 2008年,口岸各查验单位依法行政,为国把关,服务镇江经济,促进地方发展,为保障口岸安全、高效与畅通,维护一方平安做出了突出贡献。镇江海关征收入库税款34.6亿元,创下历史新高;镇江海事局办理国际航行船舶手续1762艘次;镇江出入境检验检疫局检验检疫出入境货值30.1亿美元;镇江边防检查站检查出入境船舶700余艘次、人员1.2万余人次;长航公安局镇江分局侦破刑事案件百余起。完成镇江发电有限公司3号泊位、镇江惠龙公司码头的对外开放,大港三期口岸查验配套设施建设积极推进,协调五峰山船厂、大港三期码头和镇江惠龙公司码头临时停靠外轮40多艘次。 (冯 杨)

【镇江海关】 2008年,镇江海关监管进出境船舶1837艘次,监管进出境人员(船员)22194人次;监管进出境货物1099.6万吨;全年征收税款34.6亿元,比上年增长38%;审批进口设备货值5.0671亿美元,减免税额7.5396亿元。

镇江海关围绕征管质量重点抓好三个环节:一是进一步加强价格审核工作,一般贸易价格水平和大宗商品及重点敏感商品价格水平始终保持在绿区范围;二是强化归类审核工作,建立每周及月度归类差异跟踪制度,确保全年进口同名商品的归类"零"差异纪录;三是强化报关质量管理,通过加强对报关企业培训和指导,严格申报规范要求,不断降低删单率和退单率。

在做好奥运安保工作同时,镇江海关强力推进监管场所整顿规范工作,明确公用码头监管关企配合的9个重点,提出7大项27条监管场所整改内容,完善分类管理机制,围绕大监管思路,积极探索建立以场站管理为基础、以风险管理为核心、以分类管理为前提、以智能监控为手段、以舱单管理为线索的监管链条健全有效的口岸监管模式,完善业务一线监管格局。

加强政务保障工作。2008年4月,镇江海关综合档案室通过海关总署特级档案室复查评估检查;年内建成并开通镇江海关互联网网站,提供海关政务公开、业务咨询、举报投诉等项目服务,继续协助南京海关做好"关长专线"的后台服务和"海关网上服务大厅"等载体的维护工作。 (姜 浩)

【加工贸易管理改革】 2008年,镇江海关重点抓好"四项试点""两个推进"和"一项课题"。即开展手册电子化、引入第三方社会中介机构进行辅助核查、实行H2000保税核查作业管理系统以及H2000加工贸易深加工结转子系统四项试点;推进联网监管和出口加工区辅助管理平台建设;认真做好海关总署指定的2-苯二甲酸二壬酯、2-苯二甲酸二辛酯两个商品加工贸易单耗标准的制定课题。针对金东公司产品进出口量较大、企业按月成本核算实际情况,引入虚

拟栈板关务管理模式，在栈板中准确记录每一批次的实际单耗，有利于企业报核和海关核查核销。（姜 浩）

【建立新型管理模式】 2008年，镇江海关健全风险管理工作机制，积极开展风险分析监控和处置，探索建立以风险管理为基础、各部门普遍参与、缉私部门深度融合的综合管理模式，并以实施新《中华人民共和国海关企业分类管理办法》为契机，在对企业守法情况进行评估基础上，开展关企合作，整合实施与企业风险类型、守法水平相适应的便捷监管模式，年内在金东纸业公司进行了试点。

（姜 浩）

【完善和创新企业稽查工作方式】 2008年，镇江海关在工作重心上实现以注重查发企业问题为主向监督企业进出口活动、查发企业各类问题、验证企业守法状况、完善海关内部管理并重转变，积极开展常规稽查、专项稽查和验证稽查。加强与相关部门联系配合，逐步建立健全企业稽查、风险管理和企业管理"三位一体"工作机制，完善"信息采集—风险分析—稽查验证—评估和应用"基本作业环节，创建以循环作业为显著特征的新型作业模式。（姜 浩）

【打造海关文化品牌】 2008年，镇江海关将新时代"忠诚公正，兴关强国"海关精神贯穿于思想政治工作、职业道德教育等各项具体工作中，先后组织开展"海关精神"大讨论、"海关精神在我心中"征文和主题演讲、"向爱岗敬业模范陆辉萍同志学习""坚定理想信念，争做廉洁表率"等系列活动，使"共建和谐海关，共创美好未来，共享发展成果"的建关理念深入人心，并且在21年发展历史积淀之上，提炼出镇江海关人"三个劲"精神："克己奉公、锲而不舍的韧劲；团结拼搏、敢打硬仗的拼劲；迎难而上、奋发有为的闯劲"。重点打造"每月讲堂""关员论坛"《京江潮》电子期刊、文化长廊四个文化品牌。（姜 浩）

【镇江海关缉私分局】 2008年，该局共立案调查行政案件23起，案值4147.26万元，涉税212.72万元，结案20起，行政罚没入库688.71万元。侦查刑事案件2起，案值52800万元，涉税22344.9万元，抓获犯罪嫌疑人5名，罚没入库381.9万元。作为17个涉奥海关之一，该分局认真贯彻落实全国海关奥运安全保卫工作会议精神和南京海关缉私局关于奥运安全保卫工作的各项部署和要求，强化思想，狠抓落实，为平安奥运的顺利举办作出了积极贡献。经各部门协作配合，镇江口岸在北京奥运期间各方面工作有序开展，无异常情况发生。

（徐高虎）

【打击敏感商品出口走私违法活动专项行动】 2008年6月～11月，镇江海关缉私分局在镇江海关辖区范围内开展打击粮食、化肥、稀土、镁砂、钢铁及其制品等重点敏感商品出口走私违法活动的专项行动，并根据上级机关要求在随后的行动中将有关出口商品范围进一步延伸到国家宏观调控重点关注的商品领域。在此次专项行动中，该局根据线索及时立案侦办湖北宜化肥业有限公司走私出口化肥案（案值52400万元，涉嫌偷逃税款22300万元），抓获犯罪嫌疑人4名，依法扣押涉案款项5000万元，依法收取案件处理担保金111万元。同时还立案调查违反海关监管规定案件3起。

（徐高虎）

【镇江出入境检验检疫局】 2008年，该局共检验检疫进出境货物56263批，货值367346万美元，批次比上年同期下降7.31%，金额增长37.2%；入境验证报检48批，货值182万美元；出境核查货证报检224批，货值2542万美元。船舶检疫1174艘；集装箱检疫94407标准箱，发现问题箱3938标准箱；出入境人员查验19185人次；健康检查7952人次，艾滋病监测6359人次，发现病例2279人次；预防接种2813人次。检疫不合格货物220批，发现各类违法违规行为94起。签发各类原产地证19883份，货值81253万美元。发现动植物病虫害51种，病媒昆虫和啮齿动物6种，自镇江港开港以来首次截获黑斑海花蝇、厩螫蝇疫情。

该局坚持服务地方经济发展，开展服务企业百日行动，推出十六条服务镇江经济具体措施和10条优化镇江港口发展措施，实施"信息服务、标准服务、法律援助、企业管理"四个服务企业平台。注重挖掘潜力，制定"立足特色、快抓机遇、分类发展、突破重点、整合资源、加速建设"的实验室发展规划，申报标准制修订项目27个，科研项目14项；推荐国家检验检疫局立项1项，省检验检疫局立项2项；1项国家标准通过鉴定，1项科研项目通过评审。10月10日，镇江检验检疫局企事业发展中心正式成立，力求为镇江经济社会发展提供更好更全面服务。

2008年，港口办事处被命名为省级青年文明号，检务科被评为十佳文明窗口。（李千荣 赵 鹏）

【发现引进设备严重安全隐患】 2008年5月，镇江检验检疫局在引进设备监管中，发现台湾原庆机械工业有限公司生产的BC－600型水平裁纱机存在严重安全隐患；部分工序没有安全防护装置，工人在操作过程中，易将手误入压料装置甚至误入往返运动的高速旋转的切割刀具下导致伤害。该局要求制造商按要求进行整改，并对存在安全隐患的设备进行调查，发现该型号裁纱机已在大陆售出近百台，存在严重安全隐患，国家质检总局对此高度重视，在全国范围内发出风险警示。（李千荣 赵 鹏）

【镇江检验检疫局新区办事处成立】 2008年5月6日，镇江检验检疫局新区办事处正式挂牌成立。至此，镇江检验检疫局共有丹阳办事处、镇江港办事处和镇江新区办事处三个副处级办事机构。随着镇江新区外向型经济快速发展，检验检疫要求不断加强，镇江新区年检验检疫出入境货物近1.5万多批，占镇江地区出入境检验检疫总批次的30%。镇江新区检验检疫办事处成立后，区内进出口企业直接在办事处办理全部出入境检验检疫业务，大大缩短检验签证周期，提高通关效率，降低企业成本，镇江新区投资环境进一步优化。

（李千荣 赵 鹏）

【国家级机动车辆及零部件检测重点实验室落户丹阳】 2008年8月6日，由镇江检验检疫局和丹阳市人民政府双方共同筹建的国家级机动车辆及零部件检测重点实验室——镇江车用灯具实验室在丹阳奠基筹建。该实验室依托丹阳产业优势，为广大车用灯具企业提供更好、更快、更全面、更权威的检测，为灯具研发和产业发展提供更好的保障。同时，积极开发世界著名汽车汽配产品认证、检测公司的技术服务外包业务，发展质量技术服务外包，推动、引领相关高科技产业和服务外包业的发展，帮助灯具企业产品顺利获取国际市场准入资格。

（李千荣 赵 鹏）

【推进亿吨大港建设十项服务措施】 2008年，为服务镇江港快速发展，把镇江港早日建成亿吨大港，镇江检验检疫局推出十项服务措施，即积极开展"青年文明号"创建和"党员示范岗"争创活动；加强镇江口岸检疫监管，确保镇江口岸安全对外开放；建立"通报通取"的出入境检验检疫报检签证模式；实行"全天候、全过程"服务；加强实验室建设，提高实验室检测能力；加强港检沟通；加快物流速度，降低物流成本；加强电子口岸建

设；设立“局长直通车”；开展“诚信口岸、和谐检验检疫”主题活动等措施服务镇江口岸发展。（李千荣　赵　鹏）

【开展抗震救灾】 2008年5月12日，四川汶川发生大地震，镇江检验检疫局迅速成立以局长陶卫忠为组长、党组成员为组员的抗震救灾领导小组。派出江晓华、吕成孝两人随江苏检疫检验局组成的消毒防疫小组奔赴四川地震灾区受灾最严重的北川地区执行消毒防疫任务。他们在灾区防疫一线，发扬特别能吃苦、特别能战斗、特别能奉献、特别能忍耐的精神，圆满完成任务，受到江苏检验检疫局表彰。局广大干部职工积极捐款支援灾区重建工作。党组成员每人带头捐款1000元，全局干部职工捐款41000多元，88名共产党员交纳特殊党费32312元。检验检疫人员纷纷向局党组递交请战书，提出要用所学专长，竭尽全力为灾区疫情防控作出贡献。

（李千荣　赵　鹏）

【江苏口岸首次进口加拿大大豆】 2008年11月18日，镇江检验检疫局对来自加拿大的4标准箱共80.4吨非转基因大豆进行现场检疫。这是镇江港首次进境大豆，也是江苏口岸首次进境加拿大大豆。为加强加拿大进境大豆检验检疫工作，该局提前介入、认真准备，多次召开业务会研究制定具体检验检疫程序，确保了首次进口加拿大大豆检验检疫任务的完成。

（李千荣　赵　鹏）

【镇江蝴蝶兰首次出口】 2008年6月，第一批镇江产蝴蝶兰种苗在荷兰顺利通关，实现镇江地区蝴蝶兰首次走出国门。由于出口种苗检疫及除害处理的难度和风险较大，该局积极帮助企业加强检疫监管。引导企业增强疫情观念和风险意识，向企业详细介绍苗木检验检疫要求和检验检疫的运作程序；加强技术监督和生产指导，加大现场检疫监管力度，对每个品种及其所带土壤都抽样送植物检验实验室检验，准确了解每个品种及土壤所带线虫种类，做到心中有数；督促企业建立生产基地，帮助企业建立出口种苗花卉种植、加工、包装、储运、出口等全过程质量安全保障体系，推行“公司+基地+标准化”管理模式，确保出口种苗花卉质量安全；检验检疫人员深入基地现场指导、组织防治，对防治人员进行技术培训，确保出口蝴蝶兰安全。

（李千荣　赵　鹏）

【镇江口岸恢复进口废钢】 2008年11月，一批来自美国的2.85万吨废钢从镇江港进境，这是镇江口岸进口废钢业务中断两年后重新恢复。前几年，国际市场废钢价格高涨，与国内价格形成严重倒挂，国内钢铁企业基本停止进口废钢。2008年国际市场废钢价格直线下降，逼近甚至低于国内价格，进口废钢贸易又红火起来。镇江口岸再次进口废钢对镇江港口经济有一定促进作用。

（李千荣　赵　鹏）

【镇江地区首次出口密胺餐具】 2008年10月，镇江市句容长庆工艺品厂生产的密胺餐具经镇江检验检疫局检验合格顺利出口到韩国，这是镇江地区密胺餐具首次走出国门。该局热情服务企业出口，到企业宣讲相关法律法规和标准要求，督促企业建立健全质量安全控制体系，确保出口密胺餐具安全。

（李千荣　赵　鹏）

【镇江市98家企业签订进出口产品质量安全承诺书】 2008年4月3日，镇江检验检疫局组织召开镇江市进出口玩具、服装和小家电等企业专项整治宣传贯彻大会，全面启动重点产品专项整治工作。镇江地区98家玩具、服装和小家电生产企业的负责人签订进出口产品质量安全承诺书，确保生产的出口产品质量安全，自觉维护“中国制造”的良好形象。（李千荣　赵　鹏）

【镇江海事局】 2008年，镇江海事局为1912艘次中外籍国际航行船舶（其中外轮1684艘次）办理进出口岸手续；为114491艘次船舶办理进出港口签证手续；为7742艘次载运危险货物船舶办理申报审批手续；为994艘次淡吃水9.7米以上或船长205米以上的超大型船舶办理审核论证进出港口手续；完成船舶登记122艘次；查处各类海事违法案件774起，实施船舶安全检查812艘次，查出缺陷8793项，滞留船舶46艘次；征收规费3736.49万元，审批各类水上水下施工作业44项，施工水域保持安全无事故良好纪录。

镇江海事局立足“有效监管，优质服务”，以“强素质、塑形象，为旗帜添光彩”主题实践活动为载体，进一步强化现场安全巡航，加强对重点船舶、重点水域、重点时段安全监管，全年巡航170846海里，巡航时间14045.6小时，组织实施全程维护881艘次，专项维护3496艘次，靠离泊维护161艘次。牵头联合相关单位，形成镇扬联合管控机制、宁镇扬常泰联动巡航机制和镇江涉水执法单位联动机制，有效形成水上交通安全管理合力。主动作为，优质服务，认真做好辖区泰州大桥、中国二重集团（镇江）重大技术装备制造基地和联合水泥码头等重大涉水工程的安全监管与服务工作。推出党员现实表现考核积分管理办法，得到市委组织部认可，在辖市（区）和全市十多家单位试行推广；局指挥中心被继续认定为全国青年文明号优秀青年集体，大港海事处被继续认定为省级青年文明号优秀青年集体，财务处获市级巾帼文明岗荣誉，10个执法窗口政风评议综合满意率达95.05%。（局　办）

【组织开展“安全隐患治理年”专项活动】 2008年，镇江海事局贯彻落实国务院、交通部、部海事局、省安委会有关文件精神，深入开展“安全隐患治理年”专项活动，建立隐患动态排查和跟踪整改、隐患分级分类管理、隐患挂牌督办、隐患沟通协调和总结评估机制。组织“春雷1号、2号、3号”三次涉水单位联合执法专项行动，有效整治辖区各水域非法采砂现象。全年督促相关安全生产主体整改一般隐患19个、重大安全隐患8个，得到交通部督察组充分肯定。

（局　办）

【重大自然灾害防抗】 2008年，面对年初罕见的大范围持续低温雨雪冰冻灾害，镇江海事局无惧冰雪，迎难而上，认真贯彻落实相关工作预案，开辟赈灾物资船舶、煤电油运输船舶相关手续办理的“绿色通道”，灾害期间投入执法人员1224人次，监督检查进出港船舶6817艘次，巡航821次，出动执法车辆344辆次，VTS监管船舶12000余艘次，维护大型船舶689艘次，有效保证航道畅通和旅客过往安全。“5·12”汶川大地震发生后，镇江海事局全力保障辖区水上“生命之路”安全畅通，保障抗震救灾物资及时安全通过辖区并组织干部职工积极捐款捐物达13万多元。（局　办）

【完成辖区奥运安保任务】 北京奥运会和残奥会期间，镇江海事局高度重视辖区安全和船舶安保工作，建立24小时应急值班制度，组建由局领导、局机关中层干部、基层部门负责人和具体岗位人员组成的立体化应急值班待命网络。严格国际航行船舶进口岸审批，增加对桥区水域、渡运水域、大桥施工作业区、水源保护地、危险品锚地和狭窄航道的巡查频度；督促客汽渡单位、危险品码头和其他对外开放单位制订并落实应急预案和防范措施；对9艘驶往青岛港和28艘直接通过三峡的船舶实施开航前安全检查，滞留船舶10艘次，滞留率达27%。

奥运期间辖区安全创历史同期最高水平。（局　办）

【"5·27"重大船舶碰撞事故】 2008年5月27日11点20分，在镇江与南京交界水域，长江119号浮附近，下水海轮"江夏展"轮与同向行驶的"阅江号"轮发生碰撞，造成"阅江号"轮翻沉，24人全部落水。镇江海事局接报后，立即启动应急预案，有序开展搜救、调查、安置、宣传等工作。事故发生后15分钟，在江苏省政府、江苏省水上搜救中心和镇江市人民政府指导下，该局组织救起落水人员16人(1人送往医院途中抢救无效死亡)，经过18小时奋战，沉船打捞出水，消除了对长江通航的影响。至31日，另外8名死亡人员遗体全部找到。（局　办）

【过江构造设施安全管理】 2008年，镇江海事局向桥梁、供电、电信等过江构造设施单位发出《关于加强过江构造设施安全管理工作的通告》，要求落实包括重新测量并公布安全尺度等防船舶碰撞措施。积极向当地政府和相关单位反映扬中二桥通航和桥梁安全的矛盾，促成在扬中二桥通航桥孔二座桥墩平台周围成功安装防撞警示标志杆。内部进一步明确船舶通过过江构造设施的管理程序。8月27日，成功消除一起水面以上高度超过五峰山架空过江高压电缆设计通航净空高度近5米的超高船舶"富宁山"轮可能触损高压电缆的重大事故隐患。（局　办）

【水上搜救能力进一步提高】 2008年，镇江海事局分析辖区监管规律，科学布设应急待命点7处；制定出台《VTS值班指挥实用手册》和《搜救实用手册》简本；组织开展水上搜救工作，及时为遇险船舶、人员提供全方位救助。全年共接警313起，接警后30分钟内海巡艇均到达事故现场；组织实施水上救助行动313次，出动救助船艇326艘次，成功救助船舶495艘次，人员993人次，人命救助成功率为98.8%，超出上级指标8.8个百分点，下半年人命救助成功率达到100%。组织开展海轮防失控、船舶防碰撞大桥等6次专题演习，两次组织内部一线人员和辖区相关船舶公司水上从业人员开展巡航技能培训和搜救技能、急救知识培训，120余名人员参加。

9月27日，由镇江市政府举办、镇江海事局承办的镇江市新中国成立以来规模最大的"长江一号"水上防污综合演习成功举行。演习共设置险情处置、水陆救生、消防灭火、水上及岸滩清污、水源及生态湿地保护五项内容，参演单位35家共500多人，参演船舶36艘，参演车辆13辆，VTS、GPS、GIS、AIS、CCTV等水上高科技定位、监控、指挥手段得到充分应用。中国水上搜救中心、省搜救中心、周边市区有关领导及中海集团等有关企业领导共300余人现场观摩此次演习。（局　办）

【服务地方经济发展】 2008年，镇江海事局大力支持地方经济发展，服务重点项目。在支持港口发展过程中主动做到"四提前"，即提前介入、提前沟通、提前宣传、提前服务。泰州大桥、中国二重集团(镇江)重大技术装备制造基地和联合水泥码头等重大涉水工程施工前，提前上门宣传相关政策，沟通水上安全监管要求，并为相关业主提供咨询服务。编写船舶修造业服务手册，建立辖区船舶修造厂资料库，进一步完善辖区修造企业修造船舶下水、试航报备手续，实施修理船舶污染物质报告制。坚持实施集装箱船舶绿色通道制度，为进出镇江港的集装箱船舶提供便利。组织科研院校和通航专家参加《扬中港区进出港航路实船试验方案》评审会，成功开展大型海船现场实船试验，筹划开辟镇江扬中港区进出港航路。9月25日，载有291名日本游客的日本籍邮轮"太平洋维纳斯号"安全平稳靠泊镇江，镇江海事局采取VTS重点监控，海巡艇全程护航的举措和优质服务获得好评。（局　办）

【镇江边防检查站】 2008年，该站坚持以服务地方经济发展为己任，以人民满意为标准，始终围绕中心，服务大局，自觉践行执法为民、服务为民的要求，深入实行爱民固边战略，不断提高边检服务水平，积极推出一系列亲民便民利民服务措施，认真履行边防职能，严厉打击涉边违法犯罪活动，全力打造平安和谐口岸，圆满完成以边检执勤为中心的各项任务。全年共检查出入境船舶1203艘次，比上年同期减少4%。检查出入境人员13231人次。12月4日，以俄罗斯联邦安全总局边防局第一副局长多罗辛上将为代表的俄罗斯边防代表团一行7人，在公安部边防局副局长郭顺、省边防总队总队长倪荣陪同下到镇江边检站进行考察访问。该站连续12年安全无事故，连续13年被评为镇江市文明单位，连续18年被评为口岸工作先进集体。（办公室）

【长航公安局镇江分局】 2008年，该局共接处警2030起，破获刑事案件132起，打击处理55人，查处治安案件1530起，处置群体性事件16起，查纠交通违章3609起。该局始终保持"严打"态势，强化侦查破案。通过缜密侦查、集中出击，先后破获物流犯罪案件124起，案值达300余万元，抓获犯罪嫌疑人63名，追缴赃款、赃物折计人民币150余万元。1月份破获价值60多万元的铁矿粉(400吨)职务侵占案，4月份破获价值10万余元的化肥盗窃案，5月份破获价值80多万元的精铁粉盗窃案，8月份破获价值60多万元的废钢盗窃案，10月份破获1起故意杀人案。以打促治，以打保安，有力维护辖区治安稳定。

该局以开展奥运安保、打击非法采砂等专项活动为切入点，坚持日常管理与专项整治相结合，多次与边防、海事、水利等部门开展联合执法，先后对辖区水域内的"货郎船"、非法采砂船进行集中整治。在由江苏省水利厅统一组织的"春雷一号"和"统一清江"等专项整治行动中，抓获特大型采砂船"皖无为008"号。全年全局共出动警力2000多人次、船艇280余艘次，拆除整改船舶不规范无线电通讯设备37套，抓获非法采砂船只40余条，查处阻航碍航等行政案件1530起，有力保障了港口生产，维护了航运秩序。

在强抓公安业务工作同时，该局党委始终坚持"政治建警、从严治警、科教强警、从优待警"方针，以抓规范为着力点，努力推进队伍正规化建设，逐步形成按制度办事，靠制度管人的有效制约机制。2008年2月中央电视台新闻频道《法治在线》栏目专门播出镇江分局打击水运物流犯罪专题片——《"鬼"船之迷》，充分展示了长航公安局镇江分局办案民警不畏艰辛、英勇顽强的过硬作风和不怕牺牲、勇于超越的昂扬斗志，展示了该局服务长江经济发展能力，提升了长航公安知名度。

加强基础建设，坚持软、硬并举。该局新办公楼5月8日开工至年底已完成主体工程建设，6月份在大港港区建立起水上基地，12月份完成泰州派出所新办公用房改造装修工作。通过上级拨发与自筹购置，新增船艇2艘、车辆6辆、计算机13台、单警装备52套，进一步提升了实战支撑能力。（办公室）

财　政

【概况】 2008年，全市各级财政部门支持经济发展，保障重点支出，创新体制机制，各项工作取得新突破。全年共完成财政总收入233.2亿元，比上年增长14.73%，完成一般预算收入85.66亿元，比上年增长6.7%。税收收入占一般预算收入的比重81.92%，比上年提高3.52个百分点，在全省排名第六。

优化收入结构取得新进展。认真分析宏观经济形势对企业的影响，及时主动调整财税收入征收导向，加强收入预测分析，保证财税收入合理增长。启用新的非税收入收缴系统，提高非税收入收缴效率，促进耕地占用税、契税征管的精细化、信息化。把握税收收入和非税收入的恰当比例，提高税收收入质量，确保财政收入应收尽收和及时入库。

服务经济发展取得新成效。综合运用财税政策、资金等服务手段，帮助企业应对困难、加快发展。用足用好财税优惠政策，为企业办理各项出口免抵调和政策性减免退税总额28亿元，取消或停征行政事业性收费和政府性基金87项，将综合调节基金费率由4%降低到1%，为企业减负约1.8亿元。突出对科学发展的政策激励，参与制定实施“千百亿工程”等一系列促进发展的创新举措，加大专项资金整合力度，引导全市经济优化升级。加大对企业的有效投入，全年用于扶持经济发展的支出总量超过10亿元，争取市级以上各类专项资金3亿多元，重点兑现大项目、规模企业、高新技术产品等奖励扶持政策。支持企业构建自主创新平台，争取国家和省级科技成果转化资金1.5亿元，带动全市企业自筹科技投入30亿元。优化企业发展环境，完善中小企业发展专项资金管理办法，加强政策培训和指导，为中小企业担保机构争取奖励资金831万元。创新服务业扶持手段，市级首次设立服务业外包产业发展专项资金，支持服务业大项目建设和重点骨干企业发展壮大。

完善支农机制迈出新步伐。扩大公共财政覆盖农村的范围和领域，健全支农资金投入机制，全年支农支出总量5.08亿元，重点用于水利、防洪、河道清淤、农桥等基础设施建设。加快现代农业发展步伐，兑现高效规模农业奖励资金，加大土地治理和农业综合开发投入，实施农业保险补贴政策。落实支农直补政策，发放水稻直补、农资增支综合补贴、农机、良种茶改造等各类直补资金1.44亿元。

民生保障能力得到新提高。全市用于社会保障和就业支出5亿元，完善养老金扩面征缴举措，支持实施市区居民养老补贴政策，加大对弱势群体的帮扶力度，支持满足低收入家庭廉租房需求，发放物价上涨、成品油涨价补贴和廉租房保障金7093万元。优先保障和发展教育，落实4600万元支持实行义务教育免费提供课本政策，安排267万元加大对困难学生的资助力度，争取省级奖励资金5600万元完成化解农村义务教育债务任务。整合各类公共卫生服务专项资金2000万元，支持构建城乡统一的公共卫生服务平台，促进公共卫生服务职能向社区转移，安排1.36亿元用于提高新型农村合作医疗财政补助标准。加大公益性文体事业投入，安排1000万元支持举办首届“文化嘉年华”活动，落实公共博物馆、纪念馆免费开放政策。改善城市生态环境，申报太湖水环境治理项目，加大污染防治、清洁生产和循环经济项目建设投入。支持城建重点工程建设，市直安排城建资金2.62亿元，帮助四大投资公司融资贷款38亿元，确保城市建设资金链有序衔接，投入4500万元整治改造老小区、老街巷42.88万平方米，新建、改造菜市场10个。扶持房地产业“走出低谷”，出台降低契税等促进房地产业稳定发展的财税政策。

财政改革实现新突破。加快推进财政管理体制改革，分析省新一轮分税制财政体制改革对全市的影响，出台新一轮市区财政体制调整方案，合理调整市区财税分配关系。推进预算改革，在市直行政事业单位全面推行以“收支脱钩”为主要特点的零基预算改革。深化财政基础管理改革，围绕预算指标的规范化和精细化管理，强化预算执行分析、动态跟踪和过程控制。加大国库集中支付力度，市直国库集中支付总量53亿元，在全省率先实现乡镇国库集中支付改革。强化政府采购预算执行和网络化运作，全市政府采购总额17亿元，节约资金2.8亿元。

财政支出绩效实现新提升。落实行政事业单位公用经费压缩5%、严格控制年终追加等系列节支举措，确保年度部门预算和财政总预算“双平衡”。稳妥实施规范公务员津补贴政策，落实有效的配套措施，确保津补贴改革顺利实施。增强支出绩效意识，开展劳动再就业、科技合作计划项目等财政支出绩效评价。完善财政“大监督”体系，继续实施以部门预算为主线，涵盖专项资金使用、非税收入管理等内容的综合检查。加强国库资金调度监控，采取有效措施防范财政风险，争取省豁免镇江市债务资金5600万元。

（万　晶）

表 24-1

2008 年镇江市财政收支情况表(按项目)

单位:万元

项　　目	2008 年	2007 年	增长(%)
财政总收入	2332006	2032674	14.73
其中:工商税收(总额)	1354648	1232060	9.95
耕地占用税	14519	10494	38.36
契税	67777	61456	10.29
排污水资源费收入	10772	8719	23.55
教育附加	21137	18621	13.51
其他收入	38	826	-95.40
基金收入	740170	555435	33.26

项　　目	2008 年	2007 年	增长(%)
财政总支出	1721574	1506652	14.26
其中:一般公共服务	178982	151813	17.90
公共安全	105759	83349	26.89
教育	181077	158400	14.32
科学技术	24743	20096	23.12
文化体育与传媒	14558	14816	-1.74
社会保障和就业	54799	40931	33.88
医疗卫生	41456	37323	11.07
环境保护	22062	17547	25.73
城乡社区事务	117328	93391	25.63
农林水事务	73463	62405	17.72
交通运输	11917	13740	-13.27
工业商业金融事务	84080	84626	-0.65
其他支出	52700	56821	-7.25
地震灾后恢复重建支出	2250	-	-
基金支出	755834	670898	12.66

(林　海)

表 24-2

2008 年镇江市财政收支情况表(按地区)

单位:万元

地　区	财政收入						财政支出					
	财政总收入			地方财政一般预算收入			财政总支出			地方财政一般预算支出		
	2008 年	2007 年	增长(%)	2008 年	2007 年	增长(%)	2008 年	2007 年	增长(%)	2008 年	2007 年	增长(%)
全　市	2332006	2032674	14.73	856600	802565	6.73	1721574	1506652	14.26	965740	835754	15.55
市　级	1300660	1246104	4.38	466140	480327	-2.95	978046	957681	2.13	512450	475844	7.69
县　级	1031346	786570	31.12	390461	322238	21.17	743528	548971	35.44	453290	359910	25.95
市本级	835966	790610	5.74	239672	256480	-6.55	785016	764256	2.72	354085	330901	7.01
市　直	568497	568094	0.07	138082	168268	-17.94	646994	664090	-2.57	275422	268644	2.52
新　区	267469	222516	20.20	101590	88212	15.17	138022	100166	37.79	78663	62257	26.35
京　口	146525	141975	3.20	83000	77175	7.55	45349	45444	-0.21	44678	38712	15.41
润　州	144235	128349	12.38	73468	64406	14.07	41107	37284	10.25	40108	33449	19.91
丹　徒	173934	185170	-6.07	70000	82266	-14.91	106574	110697	-3.72	73579	72782	1.10
丹　阳	550287	415444	32.46	200002	167056	19.72	368110	267339	37.69	209008	173796	20.26
扬　中	256031	200748	27.54	95440	80124	19.12	160065	121738	31.48	105071	83382	26.01
句　容	225028	170378	32.08	95018	75058	26.59	215353	159894	34.68	139211	102732	35.51

(林　海)

【市区财政管理体制调整方案出台】 2008 年,为对接省新一轮分税制财政体制调整,市财政局对市区财政管理体制进行调整。完善属地征管,将竞争性企业下划各区实行属地管理,将不易按行政区域划分的公共性、跨区域企业、行业及市级具有控股权的企业、市政府作为投资主体的城建重点工程等税收确定为市级收入。理顺财权事权,按照“财随事转”的原则,将部分民政事务如城市低保、基层组织运转等方面的支出下放区级政府财政负担。对市承担的部分事权下移时,同时下划支出基数补助各区,提升市、区两级政府社会公共事业管理水平和效率。建立市区地方财力共享机制,在税源划分、分成比例等方面给予适当倾斜,自 2009 年起,经常性税收收入市与区分成比例为市与京口区、润州区按 50%∶50% 比例分成,市与镇江新区、丹徒区按 20%∶80% 比例分成。健全转移支付制度,根据基本公共服务均等化要求,通过专项补助方式,加大辖区重大民生等公共性转移支付力度。建立预算级次界定管理机制,完善财、税、库联网系统,建立市区企业纳税信息动态共享机制。加强财税监管和收入预算级次审计,杜绝税收返还、变相补贴等,为经济发展营造公平有序的财税环境。

(严明礼)

【行政事业单位零基预算改革施行】 2008 年,市政府出台《进一步完善行政事业单位零基预算管理暂行办法》,在市直行政单位、全额拨款事业单位全面推行零基预算改革。一是实行收支脱钩,对单位取得的各类收入实行政府统筹,单位履行职能所需支出根据预算年度相关因素和事项的轻重缓急,由财政部门按照“一保吃饭、二保运转、三促发展”的要求统筹安排;二是实行合理分档,结合单位性质,对公用定额进行分档,确保单位基本运转;三是实行综合预算,财政部门综合政府预算内外财力,统筹安排好年度预算,提高预算单位经费保障水平;四是实行项目库管理,财政对单位项目实行项目库管理,对项目实施跟踪问效和绩效评价。市财政局先后出台规范非税收入征收管理、取消单位基本账户、

整合专项资金及建立和完善项目绩效评价机制等配套措施。（严明礼）

【推行公务卡支付结算制度】 在2007年市本级15个行政事业单位开展公务卡支付结算试点工作的基础上，2008年，市财政局在市级行政事业单位全面推行公务卡支付结算制度。加强宣传和培训，完善公务卡使用制度，细化公务卡应用范围，规范公务卡报销结算程序，规定凡金额在500元以上的支出一律使用公务卡结算。优化用款环境，要求两家代理银行增加POS机布点，在市区加油站等商家新增POS机，使公务卡刷卡更为方便。2008年，市级277家行政事业单位开卡6375张，累计刷卡16947笔，消费总额2809万元，平均每月消费金额234.1万元，平均每卡消费1657元，其中公务结算报销447万元。（朱永芳）

【开展非税收入收缴管理规范年活动】 2008年，市财政局开展"非税收入收缴管理规范年"专项活动。深入宣传，举行媒体见面会。利用报纸和网络发布政策解读及具体操作规程等。加强联系交流，举办6期非税收入收缴管理政策培训班，及时与辖区财政部门、代理银行、主管部门、执收单位及缴款人进行沟通。通过上门走访、召开座谈会、发放调查问卷、举行知识竞赛、征集论文等形式，与单位、部门进行互动。完善管理制度，建立城区一体化的非税收入收缴体系，改进征缴方式，实行"单位开票，银行代收，实时入库（专户）"的征缴方式，加强项目、账户和票据管理，重新建立项目库、升级与代理银行对接的软件系统，全面清理老票据。2008年，所有行政事业单位资金均被纳入财政专户管理，杜绝"往来"与"收入"类项目的"串户"行为，市直行政事业性收费比上年增长5%，行政事业性收费收入呈现结构性回归。

（孙明祥）

【推进政策性农业保险工作】 2008年，市财政局推进以政府为主导、商业保险公司为承办主体、农业生产者互保为补充、财政给予适当保费补贴的政策性农业保险机制。扩大政策性农业保险试点范围，全市小麦承保面积77333公顷，油菜承保面积25253公顷，水稻承保面积93533公顷，水稻承保水平97.25%，小麦、油菜承保水平均超过全省平均。加大补贴资金争取力度，2008年争取省拨保险保费奖励2101万元，其中水稻1683万元，小麦及油菜366万元；承保能繁母猪4.3万头，获省保险保费奖励52万元。加大保险理赔力度，按照"不惜赔、不滥赔、快速赔"的要求，及时将赔付金额通过"一折通"在规定时间内赔付到位。截至年末，共赔付小麦、油菜11.02万元，水稻357.64万元，能繁母猪243.14万元。提高补贴资金使用效率，制定《镇江市农业保险会计核算科目及其使用说明》，规范农业保险会计核算，开设农业保险基金专户，对财政保费补贴资金实行国库集中支付，各镇财政所相应开设基金专户，封闭运行，专款专用。（刘 斌）

【健全困难群众生活补贴机制】 2008年，市财政局完善财政补贴机制，保障弱势群体基本生活。继续执行城乡居民最低生活保障标准增长机制，在2007年将城市低保标准提高至每人每月280元的基础上，从2008年7月起将市区城市居民最低生活保障标准提高至每人每月330元，农村人口最低生活保障标准提高至每人每月220元，全年发放低保补贴2088.86万元，发放节日慰问金222.99万元。建立价格上涨动态补贴机制，物价补贴标准达到每人每季度70元，全年市财政发放物价上涨补贴资金133.79万元，全市10649名特困群众受到补贴；同时，从2008年7月起实行每人每月15元的油价补贴政策。完善特殊群体生活补贴救助机制，从2008年1月起，对镇江市无固定收入的重残人员，按照城乡低保标准的100%发放生活救助金，救助标准随城乡低保标准的调整而自行调整，全年向5903名无固定收入重残人员发放生活救助金。对按月领取失业保险金的失业人员，发放一次性生活补贴每人200元。（周立平）

【提高教育经费保障水平】 2008年，全市预算内城乡教育资金投入实行"五个提高"：提高生均定额公用经费标准，对2008年义务教育学校生均定额公用经费标准由2007年每生每年470元提高到500元，对非义务教育学校生均定额公用经费标准由2007年每生每年50元提高到60元；提高校舍维修费标准，由自1993年起一直执行的每平方米2元的标准提高到5元，总计增加经费125万元；提高教师福利待遇，明确以2006年为基数，到"十一五"末，教师奖金福利待遇提高幅度不低于50%，教师购房补贴发放总额每年递增10%；提高在职拔尖人才待遇，特级教师、市级学科带头人、市级骨干教师拔尖人才奖励标准分别提高到每年12000元、6000元和1200元。提高困难学生资助水平，对义务教育阶段家庭经济困难的寄宿生，小学生每生每年补助生活费500元、初中生每生每年补助生活费750元，对非义务教育阶段家庭经济困难的寄宿生，实行"两免一补"政策，免学费、免代办费、补助生活费每生每年1000元。（陈定华）

【加大支持节能减排力度】 2008年，市财政局安排2000万元专项资金，推进全社会节能减排和发展循环经济。重点支持形成独具地方特色的以煤焦化副产品为主体的"资源—产品—废弃物—再生资源"的闭路循环系统和区域循环产业链等，并以此带动社会资本投资环保事业。增加财政对企业科研的直接投入，实施技术开发补贴、加速折旧等有利于拓展企业技术创新空间的财政政策，鼓励企业自主研究节能、节水、清洁生产、"零排放"技术、能量梯级利用技术、流程工业能源综合利用技术等各项有利于资源循环利用和集约利用的技术，依靠科技力量实现节能减排、发展循环经济。加大污染源治理力度，落实国家产业政策，强制淘汰生产能力落后的工艺与设备，依法关闭污染严重的造纸、化工、印染等企业，促进产业结构调整和优化升级，加快形成环境友好型产业体系。强化环境执法监管，健全环境在线监测体系，2008年累计投入300多万元专项资金，在277家国控、省控和市控重点污染源全部安装在线自动监控装置，并与环保部门联网，实行在线监测。改进污染源治理资金及污染防治基金项目审批、资金拨付和跟踪问效的方式，引导专项资金投向防治环境污染和遏制生态破坏的重点区域和行业。（张跃明）

【出台住房公积金便民惠民新政策】 2008年，市财政局在全市范围内开办住房公积金按月提取还贷业务，简化提取公积金还贷手续，减轻借款职工的还贷压力。出台帮助灾区职工抗震救灾专项政策，在镇江市行政区域内缴存公积金的成都市、阿坝市等灾区户籍的职工及其配偶，从2008年5月28日起至9月底可一次性提取公积金账户余额进行救治亲属、重建房屋等灾后重建工作。对中低收入家庭职工和新就业人员出台公积金提取和贷款优惠政策，中低收入家庭购买90平方米以下普通商品住房及经济适用住房的，申请公积金贷款和提取公积金的首付比例由原来的30%下调为20%。中低收入家庭租房，可每年提取一次本人和配偶公积金支付房租；购买经济适用房的，可提取本人和配偶公积金支付首付款；购买自住住房的，公积金贷款可贷额度可上浮30%，申请时间由购房取得房产证后1年以内放宽到2年以内。上调住房公积金贷款最高额度，对夫妻双方均符合购房贷款条件的，每户最高贷款额度由30万元上调为40万元，只有一方符合条件的，最高贷款额度由15万元上调为20万元。2008年，全市共归集住房公积金12.88亿元，新增开户职工25427人，全年向6580户职工发放个人住房贷款10.13亿元。

（朱　贞）

国　税

【概况】 2008年，全市国税系统入库税收904273万元，比上年增加75077万元，增长9.05%。完成一般预算收入230972万元，比上年增加23967万元，增长11.58%。税收弹性系数0.67，全市宏观税负6.36%，比上年下降0.47个百分点。

一、税种情况

1. 国内增值税。全年入库718979万元，比上年增长6.94%。

2. 企业所得税。自2008年1月1日，执行新的《中华人民共和国企业所得税法》，原外商投资企业和外国企业所得税统一为企业所得税。全年入库145628万元，比上年增长29.44%。

3. 银行储蓄利息所得个人所得税。全年入库11821万元，比上年下降39.87%。

4. 车辆购置税。全年入库23348万元，比上年增长9.22%。

5. 消费税。全年入库4497万元，比上年增长35.25%。

6. 海关代征261920万元。

二、国税月度收入情况

2008年，国税月度收入前高后低。受雪灾和国际金融危机等影响，全市国税收入波动异常，呈先扬后抑态势，特别进入9月后，全市增值税应纳税款出现负增长。（见图24-1、图24-2）

三、经济税收结构组成情况

2008年，股份公司和私营企业发展较快。全市股份公司入库税收231540万元，比上年增长16.31%；私营经济入库税收190088万元，比上年增长26.29%。国有和集体经济全年减收，比上年分别下降17.53%和1.14%。涉外企业入库314150万元，比上年增长8.74%。（见图24-3）

四、重点行业入库增值税情况

2008年，重点行业直接入库增值税同比下降。火力发电等10个重点行业直接入库增值税20.73亿元，比上年减收2.63亿元，下降11.26%，对全市增值税直接收入贡献率32.21%，比上年下降7.5百分点。（见表24-3）

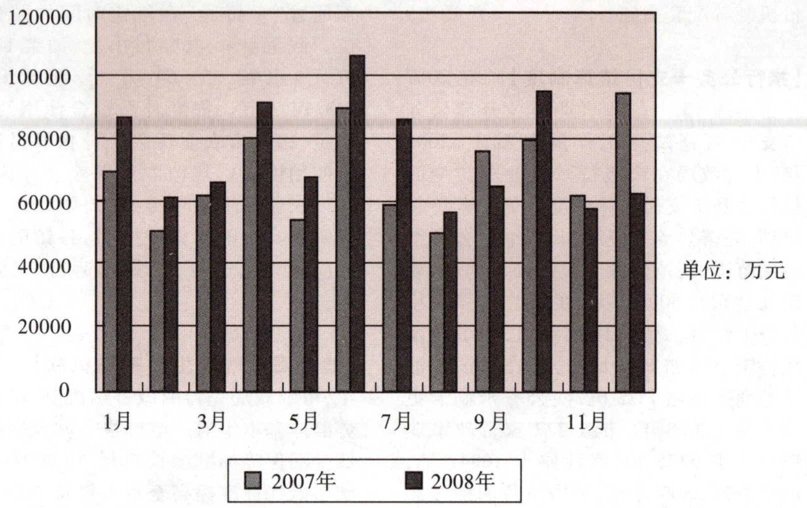

图24-1　2007年和2008年各月镇江市增值税全口径收入对比图

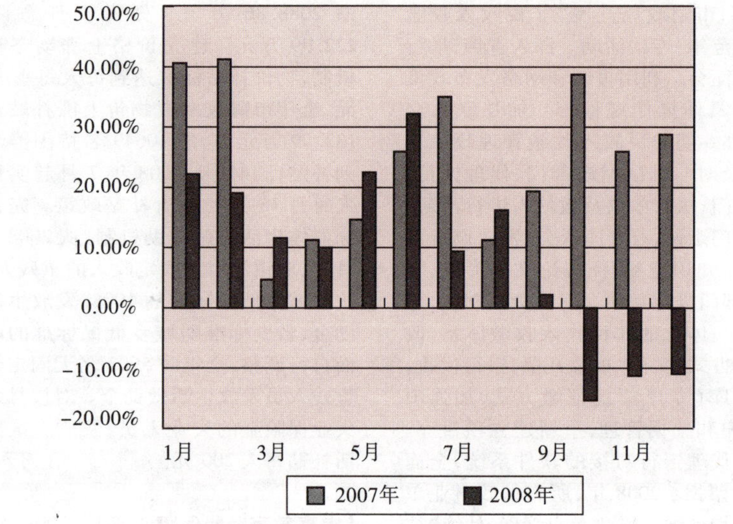

图24-2　2007年和2008年各月镇江市增值税应纳税款增长情况图

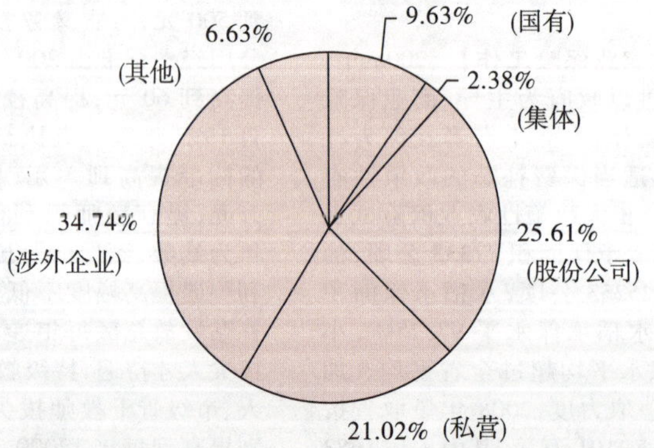

图24-3　2008年镇江市税收组成情况图（按经济类型）

2008年镇江市重点行业入库增值税税收情况统计表

表24-3　　单位:万元

行业	2008年	2007年	增长(%)
火力发电	47824	65498	-26.98
机制纸及纸板制造	22552	35900	-37.18
汽车零部件及配件制造	23938	23602	1.42
电力供应	21671	21893	-1.01
配电开关控制设备制造	19917	17994	10.69
其他基础化学原料制造	14180	17932	-20.92
纺织服装制造	15765	14630	7.76
其他未列明的电气机械制造	17837	13684	30.35
其他未列明的制造业	12353	11662	5.93
烟草制品批发	11237	10783	4.21
合计	207273	233576	-11.26

五、重点税源企业情况

2007年直接入库增值税在500万元以上的143家企业,2008年合计入库增值税31.3亿元,比上年减少1.02亿元,下降3.14%,对全市增值税直接收入贡献率48.64%,比上年下降6.29个百分点。有74家企业增收,69家企业减收。其中金东纸业、镇江发电有限公司、谏壁发电厂、江苏索普集团和国电江苏谏壁发电有限公司等5家亿元企业合计直接入库增值税78568万元,比上年下降28.82%。

2008年镇江市亿元企业增值税税收收入情况统计表

表24-4　　单位:万元

纳税人名称	增值税直接入库	比2007年增长额	增长(%)
金东纸业(江苏)股份有限公司	20040	-12089	-37.63
江苏镇江发电有限公司	23434	-7684	-24.69
中国国电集团公司谏壁发电厂	13611	-8173	-37.52
江苏索普(集团)有限公司	12252	-2819	-18.7
国电江苏谏壁发电有限公司	9231	-1041	-10.14
合计	78568	-31806	-28.82

六、地区税收收入完成情况

2008年,地区间国税收入不平衡。辖市(区)发展好于市区。2008年,市区税收增长3.13%,辖市(区)增长16.18%。

2008年镇江市国税税收收入情况统计表(按地区全口径)

表24-5　　单位:万元

地区	税收收入	比2007年增长额	增长(%)
市区	466947	14177	3.13
丹阳市	232907	25834	12.48
句容市	73528	13751	23.00
扬中市	130891	21315	19.45
合计	904273	75077	9.05

(巫晓政)

【完善税收征管】 2008年,市国税局围绕"核实税基、提升税负"目标,加强管理基础建设,完善征管联动机制,推行分行业分类型分风险等级管理,提高税收征管质量和效率。实施国税、地税联合办证,实现工商、税务和国税、地税信息交换与比对,税务登记准确率超过95%。加强对非正常户认定管理,清理非正常户74户。采取完善管理制度、定期分析检测、点评通报考核和督促整改纠错等措施,加强对征管数据信息维护和管理,全年修改错误数据近9万条,组织补录纳税人申报财务报表信息3580户次。开展普通发票专项整治,建立普通发票长效管理机制。对5070家企业进行用票检查,发现问题585家,补税罚款122万元。开发使用个体定额工具软件,实现个体定额计算机系统管理。承担全省国税系统基层管理平台软件和普通发票管理信息系统试点任务。

建立并实施统一对上接收、统一对下发布、部门联动整合的税源联动管理平台。加强税源行业管理,整理总结30个行业(产品)的管理模型和典型案例,促进税源行业管理的深入。对743户纳税人进行所得税征收方式调整。对建筑、安装和餐饮行业组织开展行业调研,建立并推广餐饮业预警监控管理模型。对特殊行业和特殊类型的纳税人进行风险管理,组织开展纯企业所得税纳税人国、地税营业收入申报差异核查,第三方信息加强风险控制。对200户纳税人进行所得税汇算清缴复查,补税447万元。

规范纳税评估工作。按照税收分析发现问题、税负比较查找原因的工作方法,运用投入产出、能耗、工时和第三方信息等实用数据,合理确定税负预警区间,建立行业评估模型。对1812户纳税人进行增值税评估,补税2522万元;对1670户纳税人进行所得税评估,补税4736万元,调减亏损9456万元。　　(巫晓政)

【加强税收执法】 2008年,市国税局推行税收执法管理信息系统,强化执法责任考核,促进执法行为规范,执法过错信息逐步减少。对58人次进行执法过错追究,经济惩戒8731元。围绕5类21项异常信息指标,组织开展税务执法自查,督促纳税人补税208万元,调增应税所得额631万元。组织开展集中执法检查,规范税收执法水平,对全市243户纳税人实施税务稽查,补税罚款2733万元。　　(巫晓政)

【优化纳税服务】 2008年,市国税局系统开展"四全两效一品牌"主题实践活动。主要内容是"全员换位思考,全员排找差距,全员明确责任,全员落实行动,对内提高效率、对外创造效益,树立国税服务e站品牌",以纳税人为中心开展纳税服务。开展"全员、全心、全程、全面"服务,丰富窗口服务内涵。按照"协商自愿、免费培训、积极稳妥"的原则,在全省首先倡导推行企业办税员制度。实施免费的办税业务培训、税收政策解读、办税提醒、办税质量反馈等服务措施,促进办税员掌握各类涉税事项办理技能,强化涉税事项办理过程中纳税人申办和税务机关受理职责。分7批对市区1275名办税员进行培训和考试,在全市发放《办税员手册》4260本。落实税收政策。完成新办企业、农业产业化企业、科技创新企业、现代服务业、民营经济、就业再就业企业、重点项目骨干企业、出口创汇企业等八类税收优惠政策的梳理汇总,制成《税收优惠政策折页》5000套4万份进行宣传解读辅导。以全市"千百亿工程"项目、中小型企业、纳税人涉税需求为服务重点,制定扩大内需促进发展"十八条"政策措施。宣传、落实扩大一般纳税人新购设备抵扣范围、小规模征收率调低、矿产品税率调高等增值税转型改革的措施,实行"千百亿工程"重点企业和项目领导挂钩服务,引导、帮扶企业应对金融危机。39家企业被首批认定为高新技术企业。全年办理增值税退税3.35亿元,办理所得税免抵退税2.09亿元,办理出口退税21亿元(其中调库9亿元),办理征前免税4亿元。全年兑现各类税收优惠政策累计超过30亿元。市国税局被中央文明委表彰为全国精神文明建设工作先进单位,丹阳市国税局一分局被中央文明委表彰为全国文明单位,句容市国税局被表彰为2008年度江苏省国税系统先进单位、镇江市2008年度精神文明建设十佳单位,市国税局窗口被镇江市政府授予行政服务中心"群众最满意窗口";市国税局被表彰为镇江市2008年度行政执法工作先进单位。

(巫晓政)

【开展税收服务性调研】 2008年7月，市国税局对投资大项目、高新技术、自主创新、现代服务企业、大型出口企业和农业龙头企业开展税收服务调研，提出税收建议141条，落实相关税收优惠11件次，开展针对性税收政策解读111户次。11月，开展国税服务"千户行"活动，对重点税源户、优惠政策兑现大户、出口退税大企业、政策重点扶持企业等1000户企业实施调研服务，现场为企业特事特办，落实税收优惠。年底为企业缓解7.6亿元资金压力，为镇江船厂等3家企业办理按生产进度退税3100万元，为台泥水泥、苏惠乳胶等2家老长贸企业特事特办退税2100万元。为企业量身定制《税收政策服务建议书》，进行跟踪和回访。 （巫晓政）

【加强税收信息化建设】 2008年，市国税局建立市级综合征管软件运维平台，及时发布普通发票、纳税申报、行业税负、欠税等异常信息，为加强税源管理提供信息支持。组织开展重点税源预警分析软件省局试点，加强对重点税源监控管理。开发使用办税员管理信息系统，提高管理效率，减少办税成本。加强纳税人基础数据信息审核比对，加强对增值税专用发票认证和稽核，金税工程"四率"（认证抵扣率、报税率、一般纳税人档案信息采集率、存根联采集率）保持100%。40%的专用发票量、35%的增值税一般纳税人实施专用发票网上认证。 （巫晓政）

地 税

【概况】 2008年，全市地税系统组织各项收入906086万元，比上年增加132240万元，增长17.1%。其中：组织税收收入546115万元，比上年增加54168万元，增长11%；征收社会保险费273391万元，比上年增加59181万元，增长27.6%。

加强重点税源监控。健全税收管理员、分局、市局的三级监控网络。加强房屋出租、个人住宅装潢、车船税等零散税源的管理，突出重点税源征收。开发国、地税联合办证软件，在全市范围内推广。开展"走进企业、深化服务、共谋发展"调研活动。对年纳税额50万元以上的847家企业进行走访。突出重点行业、重点税源、重点税种、重点企业的纳税评估，全市共评估14157户，评估税款1.22亿元，占税收收入的2.2%。自主研发国、地税数据比对信息系统，通过数据比对，查补地方税、费1200万元。在全省率先将原有网上申报和个税离线申报两个软件合并，网上申报率从年初的61%提高到96.07%，个人所得税全员全额申报率100%。坚持依法行政。实施分类分级稽查、专项检查、涉税举报检查。全市检查420家，查补税款7199万元，入库率98.22%，平均处罚率21.57%，查实率99.52%。纳税人自查申报入库税

表24-6 **2008年镇江市地方税主要税种收入统计表** 单位：万元

税 种	合 计	市 区	丹徒区	丹阳市	句容市	扬中市
营业税	209577	103974	14405	43646	27090	20462
比上年增收	20356	3064	-2960	7204	7696	5352
比上年增长(%)	10.8	3.0	-17.0	19.8	39.7	35.4
城建税	46420	19725	4330	10927	3642	7796
比上年增收	2656	1313	-2183	1270	528	1728
比上年增长(%)	6.1	7.1	-33.5	13.2	17.0	28.5
企业所得税	112806	64872	9558	25913	5452	7011
比上年增收	1004	10359	-14101	4022	865	-141
比上年增长(%)	0.9	19.0	-59.6	18.4	18.9	-2.0
房产税	22613	10046	2357	6090	1536	2584
比上年增收	3544	1200	717	868	367	392
比上年增长(%)	18.6	13.6	43.7	16.6	31.4	17.9
土地使用税	32769	14323	3206	9737	3653	1850
比上年增收	11720	4221	-458	5517	1810	630
比上年增长(%)	55.7	41.8	-12.5	130.7	98.2	51.6
个人所得税	83243	40865	6288	17056	7641	11393
比上年增收	10282	2833	1025	4410	1163	851
比上年增长(%)	14.1	7.4	19.5	34.9	18.0	8.1

（袁荣林）

表24-7 **2008年镇江市地方税收分地区收入统计表** 单位：万元

收入地区			合 计	市 区	丹徒区	丹阳市	句容市	扬中市
地方各税		2008年度	546115	269165	43030	123385	56009	54526
		比上年增收	54168	23348	-18269	25564	13676	9849
		比上年增长(%)	11.0	9.5	-29.8	26.1	32.3	22.0
其中	市县级收入	2008年度	506842	248126	41701	112920	53350	50745
		比上年增收	45147	19862	-18657	22351	12968	8623
		比上年增长(%)	9.8	8.7	-30.9	24.7	32.1	20.5
	省级收入	2008年度	39273	21039	1329	10465	2659	3781
		比上年增收	9021	3486	388	3213	708	1226
		比上年增长(%)	29.8	19.9	41.2	44.3	36.3	48.0

（袁荣林）

款4463.7万元,查处100万元以上的大要案10起,移送司法机关案件2起。开展行政权力网上公开透明运行活动,清理相关行政权力88项,全年开展4次税收执法专项检查活动。各项税收优惠政策有效落实,全年减免各类税费3.6亿元。 (黄继明 方平香)

【市地税局纳税服务中心成立】 2008年4月,市地税局成立纳税服务中心(第四分局),集中纳税服务的各项功能。增设排队叫号系统,添置网上申报自助计算机。开展"为基层减负、为纳税人减负"工作,制定实施《纳税服务工作规范》,在资料报送、流程简化、软件优化、服务提升、考核检查、审批环节等六个方面减负37项,其中为纳税人减负18项,为基层减负19项,减并报表26种。推进政府信息公开,按照要求上网公开18大项56小项270条税收信息,2008年所有应公开政府信息全部、及时上网公开。打造"12366"品牌服务,全年"12366"服务热线共受理咨询电话28024次,地税网站点击率达300万次,更新和发布涉税信息958条,网上解答纳税人提出的涉税疑难问题456条。 (黄继明 方平香)

审 计

【概况】 2008年,全市各级审计机关完成审计项目331个,查出违规金额100638万元,损失浪费金额4077万元,管理不规范金额249407万元,查处小金库18个,应上缴财政19476万元,减少财政补贴3196万元,归还原渠道资金3541万元,调账处理21870万元,提交审计信息778篇,被各级采用777篇(次),向司法机关和纪检监察部门移送疑点和案件线索11条,向社会发布审计结果公告87篇。市审计局获全市文明机关、机关作风评议先进单位、行政执法工作先进单位、首批学法用法示范机关等称号。

全年审计工作的特点:1. 预算执行审计突出专题分析。主要对全市近三年财政结构、土地出让收入、可用财力的变化情况及发展趋势进行对比分析,提出改进市直与辖市(区)财力分成结算方法、加大财政调整力度的意见。对18家行政事业单位人员支出、项目支出、公务用车支出及政府采购执行情况进行了重点审计,揭示人员经费普遍超支、项目支出挪作他用等问题引起市领导的高度重视,要求整改到位。2. 工程跟踪审计规范投资行为。全市审计部门对工程建设投资项目的审计监督坚持关口前移,从源头遏制工程造价高估冒算。句容市审计局与监察局、财政局联合印发《关于规范政府投资项目概算预算审核工作的通知》,对政府投资项目进行全程跟踪监督。3. 经济责任审计促进成果运用。2008年全市审计机关对76名领导干部进行经济责任审计,与市纪委、市委组织部、市人事局、市监察局和市国资委联合出台《镇江市领导干部(人员)任期经济责任审计结果运用的实施意见(试行)》,进一步促进全市经济责任审计成果的运用制度化和规范化。4. 专项资金审计关注民生民权。全市各级审计机关重点加强对农村新五件实事专项资金、财政支出资金以及社会保障基金等项目的审计和审计调查。市审计局在养老、医疗、生育、工伤、失业保险基金审计中,重点检查资金平衡、管理和机构经费情况,为市人大调研社会保障工作提供详实的数据和资料。京口区审计局在对财政拨付土地复垦资金审计中发现专款未专用及结余被挤占等问题,及时督促相关单位进行整改。5. 交办事项审计确保审计质量。各级审计部门对抗震救灾资金、物资和特殊党费及低温冰雪专项救灾资金、物资进行审计,促进救灾款物募集、接收、上缴、分配、拨付和管理工作的完善。对反映部分保质期短的捐赠物资未能及时运往灾区的问题,经审计建议,督促相关部门采取果断措施,避免可能形成的经济损失。对市房屋投资公司、润扬大桥投资经营管理有限公司资产、负债、损益进行审计,为政府领导决策提供可靠的依据。 (白汉明)

【财政预算执行审计】 2008年,全市审计机关在全市财政预算执行审计中共查出预算编报不实资金3231万元,未按规定征收、缴纳预算收入资金10503万元,滞留闲置资金3477万元,违规改变用途资金9813万元,超预算列支资金5819万元,账外资产1548万元,上缴财政1535万元,提出加强预算管理的审计建议97条,被采纳42条。市审计局主要审计财政部门具体组织预算执行和地税、新区参加预算执行的情况,加大对部门预算单位的审计力度,对市教育局等18家行政事业单位执行2007年度部门预算执行情况进行审计。重点对2005年至2007年的财政收入进行分析,将财政对社保、教育、农林水利、医疗卫生等方面的扶持力度进行前后年度比较,对新增的税收组成(企业所得税、个人所得税、土地增值税)进行剖析,提出改进市

表24-8 **2008年镇江市国家审计机关审计情况统计表** 单位:万元

名称		审计单位(个)	查出主要问题			应缴财政资金	已缴财政资金	应归还原渠道资金	应减少财政拨款资金	应调账金额	提交审计工作报告信息(篇)	
			违规金额	管理不规范金额	损失浪费金额						合计	其中:采用
合计		331	100638	249407	4077	19476	19476	3541	3196	21870	778	777
按地区分	市局	70	59844	55390	172	13500	13500	–	3035	16689	127	151
	辖市(区)局	261	40794	194017	3905	5976	5976	3541	161	5181	651	626
按类分	预算执行	23	27541	122530	38	8499	8499	12	–	491	48	48
	财政决算	12	47487	25218	–	9899	9899	2823	–	4456	52	52
	专项资金	76	4582	66452	154	89	89	383	–	166	204	204
	行政事业	131	10817	28720	3815	317	317	323	–	9295	268	267
	固定资产	78	10040	2968	–	641	641	–	3196	3507	168	168
	企业	11	171	3519	70	31	31	–	–	3955	38	38

(姜爱贵)

直与辖市（区）财力分成结算方法，加大对财政调控力度的意见。扬中市审计局在“同级审”工作中对市政公用设施配套费进行专项审计调查，发现征收不足的问题比较严重，扬中市政府根据审计建议对相关文件作了修改，并责成主管部门清理追缴欠收资金。（张　菁）

【固定资产投资审计】 2008 年，市审计局对 10 个固定资产投资工程项目进行审计，主要包括黄山中路一期、塔山西路、戴家门路、跃进路二期、243 省道镇江段扩建、第三人民医院迁建工程等 6 个政府重点工程，建设项目涉及市交通、建设、水利、卫生 4 个系统。审计的重点主要是城建项目的工程造价，建设资金的管理、使用、征地拆迁安置补偿费用等。审计项目总投资 60684.99 万元。经审计，核减工程结算造价 1079.08 万元，减少工程成本支出 984.54 万元。同时将审计关口前移，对九华山路建设工程、市公安局迁建交巡警车辆管理所工程、市广播电视中心大楼建设工程等 3 个工程项目进行跟踪审计，实现对项目建设全过程的各个环节进行控制，跟踪审计发出审计意见书 54 份，提出审计意见 122 条，帮助建设单位节省工程支出 1496.44 万元。

审计查出的主要问题：部分城建项目批复预算时间滞后、拆迁概算编制不严谨，多列支拆迁成本，工程造价高估冒算，部分建设单位管理费超支严重。市审计局对查出的问题提出审计建议。（王　冰）

【经济责任审计】 2008 年，全市审计机关对 69 名领导干部进行经济责任审计，查出单位违规金额 23347 万元、管理不规范金额 23211 万元。市审计局完成市委组织部委托的经济责任审计项目有 13 项，其中，地方党政领导干部经济责任审计 1 项，部门行政事业单位领导干部经济责任审计 12 项；离任审计 8 项，任中审计 5 项，占 38.5%。审计共查出违纪违规、管理不规范、损失浪费金额 32570 万元。

丹阳市审计局在经济责任审计中发现经济案件线索 3 条，移送后有 2 名涉案人员受到处分。句容市审计局在经济责任审计中查出“账外账”4 个，查处违纪人员 3 人。

在地方（辖市、区）党政领导经济责任审计中发现的主要问题：一是自定政策对地方财税收入先征后返，不符合国务院和省政府的相关政策规定。二是土地出让金收支欠规范，主要表现为至 2007 年末土地出让金 29817 万元未及时收缴；三是部分财政收支没有被纳入预算管理；四是机关事业养老金挤占了企业养老保险基金，不符合省财政厅等部门的相关规定；五是城市投资公司融资规模较大，2007 年末负债余额占全市政府负债总额 43.65%；六是部分单位向内部教职工和企业集资，至审计时借款还未归还。

在部门行政事业单位领导经济责任审计中发现的主要问题：一是未能严格执行部门预算，主要有 6 家单位，表现为编制预算收入不完整、未经财政部门批准自行调整预算、经费支出挤占项目支出、未编制完整的财务决算等；二是有 3 家单位，财政专项资金使用效益不高，有挤占挪用情况；三是固定资产管理不够规范，有 6 家单位的工程竣工已投入使用多年而未办理竣工决算、资产移交未办理交接手续，以致账实不符，形成账外资产；四是违规处置资产，主要有 4 家单位，表现为未经相关部门批准擅自转让土地使用权和房产、自行核销应收账款等；五是依法收费不够规范；六是过度负债建设，还本付息压力及财务风险较大；七是对以前年度审计意见落实不到位；八是对下属单位监管不严。市政府、市纪委、市委组织部等部门，要求被审计单位对违纪违规问题加以整改。

（姚卫东）

【企业审计】 2008 年，全市对 11 家企业的资产、负债、损益情况进行审计，审计表明，大部分企业改制后经济运行情况良好，但也存在一些问题，如会计资料失真，经营管理不善，内控制度不全等。2007 年 6 月，市审计局在审计市路桥工程公司时发现，该公司承担的沪宁 HN－DZ 标工程项目因担保纠纷，致使 650 万元工程款难以收回，该项目多付工程款 443.16 万元，市路桥公司应收丁卯路二环线工程款 21.39 万元，101 网化工程款 68.97 万元，其账龄分别达 11 年和 8 年，至今尚未处理。针对审计发现的问题，市审计局提出审计建议。（马　艳）

【抗震救灾款物审计】 “5·12”汶川大地震后，全市审计机关开展汶川地震抗震救灾资金物资审计。全市抽调 24 名审计人员、组成 8 个审计组，进行 6 次分阶段专项审计。对全市有关部门组织接受、拨付、管理抗震救灾资金物资情况实施全方位、全过程的跟踪审计监督，并向社会公开审计结果。经审计，至 2008 年 12 月 20 日，全市接受社会捐赠款（含特殊党、团、工会费）1.2816 亿元，物资价值 2112 万元，捐赠款向江苏省汇总后绝大部分拨付灾区，物资全部发给灾民。

11 月 10 日～14 日，由镇江市纪委、监察局、纠风办、发改委、财政局和审计局等部门 5 人组成的抗震救灾资金物资使用情况监督检查组，赴四川省绵竹市板桥镇，对该市抗震救灾资金物资使用情况，特别是援建项目资金使用情况进行检查。对援建四川省绵竹市板桥镇的首批项目——板桥小学、板桥卫生院、板桥幼儿园等 3 个项目现场进行实地查看。现场反映，3 个项目工程已开工建设，总投资 2600 万元，计划于 2009 年 5 月前交付使用。（周文华）

【农村中小学义务教育公用经费保障情况审计调查】 2008 年 9 月～10 月，市审计局组织 7 个辖市（区）审计局对农

审计人员现场察看农村水利建设工程　（白汉明）

村中小学义务教育公用经费保障情况进行审计调查，经审计发现：1. 生均公用经费城乡倒挂的原因主要是农村学校的招生规模急剧下降；2. 各地化解教育债务压力较大，部分中小学出现"边还旧债，边借新债"现象；3. 部分地区机构调整不到位，如句容市华阳镇变相保留独立的教育行政管理机构；4. 镇江市财政未将省级公用经费补助及时下拨。调查结果形成5篇审计信息上报市政府，市领导要求对有关问题整改到位。（周文华）

【财政支农资金审计】 2008年，全市审计机关对2006至2007年财政支农资金进行审计。审计结果显示，财政支农资金总投入2006年为193032.03万元，2007年为269097.8万元，同比分别增加65473.63万元和76065.77万元、增长51.33%和39.41%。全市财政经常性收入2006年为507640万元，增长19.27%；2007年为653321万元，增长28.7%。财政支农投入增长幅度高于同期财政经常性收入的增长幅度。但部分支农资金在安排、使用和管理中还存在一些问题：1. 部分耕地开垦费被截留、挤占、挪用或闲置未发挥效益，总额3775.32万元。2. 农业土地开发资金超范围开支732.64万元。3. 建设项目财政配套资金1830万元未到位。4. 建设计划滞后，缺乏对实际工作的指导性。如农村道路建设，部分道路已完工，建设计划才下达。5. 资金分配使用分散、滞留，难以发挥支农资金的集约效益。如扬中市农发基金大部分单位是1万元～2万元的小额补助，很难起到集中财力解决突出问题的作用。6. 部分乡镇文化站举债建设。丹阳市2007年建设完工的10个乡镇文化站，负债1023.59万元，占总投资的47.05%。7. 部分财政支农项目没有执行招投标和政府采购规定，资金总额4282.89万元。8. 农村合作医疗基金累计结余较多。审计确认，2006年末，全市农村合作医疗基金累计结余4954.18万元，结余率52.43%；2007年末为3893.70万元，结余率29.53%。按照规定不符合基金累计结余控制在当年度筹集基金总额的10%左右的要求，全市基金结余超出较多。针对存在问题，市审计局提出建议。（宋道清）

【社会保障资金审计】 2008年，市审计局继续对市直企业职工基本养老保险基金、医疗保险基金、失业保险基金、工伤保险基金、生育保险基金等五项社保基金进行审计。审计发现的主要问题：一是在基金征收中，有些单位部分基金未参保、少缴和漏缴基金、基金欠款较大和少征收滞纳金；二是在基金支付中，存在部分社保基金被挤占、相关机构审核把关不严，造成多支付社保基金；三是在基金管理方面，存在对基金预、决算管理制度执行不严，未能执行银行优惠利率，部分基金收支核算不实等问题。针对存在的问题，市审计局要求相关基金管理部门进行整改。（田茂松）

【审计信息化建设】 2008年，全市审计机关以推进计算机审计为重点，全面部署审计管理系统（OA），推广应用现场审计实施系统（AO）审计，加强培训计算机审计人才和网络建设。市审计局投入170万元进行计算机中心机房和大型数据实验室建设，购置服务器设备，通过VPN方式将市审计局与辖市（区）审计局实现连接。新建成的审计管理系统，实现AO与OA的交互使用及管理，提高审计工作整体效率。全市达到100%审计项目使用AO进行审计和100%审计人员使用AO进行审计的"双百"要求，120人报名参加审计署AO培训认证考试。有12篇专家经验入选江苏省计算机审计专家经验库，16篇AO应用实例在省审计厅评选中入选。（陈亚平）

【内部审计】 2008年，全市内审机构完成各类审计项目4910个，其中市本级内审机构完成各类审计项目4087个，查出损失浪费金额3917万元，促进增收节支3070万元，纠正违规金额2800万元，提出建议被采纳的1674条，发现案件线索4起，向司法机关移送2起，建议行政处分的5人。（陆才喜）

表24-9 **2008年镇江市内部审计情况统计表** 单位：万元

名称	审计项目(个)							查出损失浪费金额	促进增收节支金额
	合计	财政财务收支审计	经济效益审计	经济责任审计	基本建设审计	专项资金审计	其他		
合计	4910	1854	192	244	1372	41	1207	6013	3240
市本级	4087	1415	162	163	1340	18	989	3917	3070
辖市(区)	823	439	30	81	32	23	218	2096	170

（姜爱贵）

金 融

责任编校：翁红霞

综 述

【概况】 2008年，全市银行业金融机构适应货币政策由从紧向适度宽松的转变，积极应对复杂多变的国内外经济金融形势，全市经济金融保持平稳较快的发展势头。各项存款高速增长，各项融资进一步扩大，信贷增量超上年，信贷结构优化调整，贷款质量明显改善，经营效益稳步提升，投资理财持续降温，保险市场平稳运行，有力支持地方经济平稳健康发展。

年末，全市金融机构本外币各项存款余额1285.72亿元，比年初增加244.6亿元，同比多增152.6亿元，增长23.5%。其中，企事业存款余额376.92亿元，比年初增加28.93亿元，同比少增30.16亿元；储蓄存款余额693.35亿元，比年初增加157.43亿元，同比多增153亿元；委托存款余额3.30亿元，比年初增加3.10亿元，同比多增2.93亿元；其他存款余额212.15亿元，比年初增加55.15亿元，同比多增26.86亿元。从币种结构看，人民币存款余额1262.71亿元，比年初增加239.51亿元；外汇存款余额3.37亿美元，比年初增加0.91亿美元。从期限结构来看，存款定期化特点明显，全年新增活期存款24.99亿元，同比少增33.95亿元；新增定期存款161.37亿元，同比多增156.78亿元。

年末，全市银行融资总量1224.69亿元，比年初增加221.62亿元，同比多增71.07亿元，增长22.09%。各商业银行推出多种新型信贷融资产品，吸引异地资金或民间资金投入。年末，异地金融机构通过银团贷款、联合贷款渠道对本地企业的贷款余额30.62亿元，银行通过信托产品为企业融资6.3亿元，通过信贷资产转让业务置换存量信贷规模2.01亿元。

年末，全市金融机构本外币各项贷款余额965.66亿元，比年初增加145.49亿元，同比多增13.69亿元，增长17.74%。从贷款结构看，本外币短期贷款余额513.20亿元，比年初增加57.80亿元，同比少增33.71亿元；本外币中、长期贷款余额357.61亿元，比年初增加62.49亿元，同比少增9.6亿元；票据融资余额77.94亿元，比年初增加19.48亿元，同比多增58.86亿元；其他贷款余额16.76亿元，比年初增加5.65亿元，同比少增2.53亿元；各项垫款余额0.15亿元，比年初增加0.07亿元，同比多增0.66亿元。从贷款币种看，人民币贷款余额920.98亿元，比年初增加154.57亿元，同比多增33.58亿元；外币贷款余额6.54亿美元，比年初减少0.82亿美元，同比少增2.68亿美元。从新增贷款机构间分布和地区分布来看，金融机构间分布较为均衡，其中，市农行、市建行、市工行和市农村合作金融机构信贷投放力度较大，累计新增103.06亿元，占全部新增贷款70.83%。地区分布上市区贷款占比上升，市区新增贷款74.77亿元，同比多增27.5亿元，占51.39%；三辖市新增贷款70.72亿元，同比少增13.78亿元，占比同比下降15.5个百分点。从信贷投向看，信贷资金主要投向制造业、城市交通基础设施建设、个人贷款、农业、交通运输和仓储等5个行业和领域，共新增贷款127.05亿元，占全部新增贷款的87.33%。城市基础设施建设和农业新增贷款分别为36.09亿元和7.84亿元，占全部新增贷款的比重分别比上年增加21.2个百分点和6.29个百分点。中小企业贷款余额552.75亿元，比年初增加79.61亿元，涉农贷款余额175.26亿元，比年初增加27.3亿元。个人贷款需求不足，余额119.8亿元，比年初增加17.22亿元，同比少增14.5亿元。房地产信贷增速回落，房地产开发贷款余额47.68亿元，比年初新增3.12亿元，同比少增11.41亿元；个人住房贷款余额75.42亿元，比年初增加12.85亿元，同比少增8.78亿元。

2008年，全市金融机构贷款质量明显改善，经营效益稳步提升。不良贷款余额和不良贷款率呈大幅“双降”态势。年末，按五级分类口径，全市各银行业金融机构不良贷款比年初下降23.28亿元，

表25-1 **2008年镇江市银行融资情况统计表** 单位：亿元

项 目	2008年末	比年初增加	增长(%)
本外币各项贷款	965.66	145.49	17.74
银行承兑汇票、信用证、保函	219.60	66.32	43.27
委托贷款	39.43	9.81	33.13
合 计	1224.69	221.62	22.09

（施光群）

表25-2 **2008年镇江市个人理财产品情况统计表** 单位：万元

时间	基金认、申购	基金赎回	股民保证金增长	股票交易量
2008年	560304	535501	-55337	8272348
2007年	1501800	753300	88247	13887713

（施光群）

不良贷款率比年初下降3.24个百分点。全市银行业金融机构加大存量不良资产的处置力度，核销不良贷款1.61亿元，现金清收不良贷款4.19亿元，处置抵债资产0.45亿元，市农业银行政策性剥离不良贷款23.01亿元，通过其他方式压降不良贷款2.43亿元。全市银行业金融机构共实现利润27.42亿元，同比增加8.56亿元，增长45.39%。其中，存贷利差收入43.61亿元，中间业务收入6.96亿元。

2008年，全市各证券营业网点股票交易额827.23亿元，同比减少561.54亿元；股民保证金余额8.5亿元，比年初下降5.53亿元。全市各银行累计代理基金认购、申购56.03亿元，同比下降94.15亿元。代理基金赎回53.55亿元，同比下降21.78亿元。全年，基金、股票净流出资金3.05亿元，而上年同期净流入83.7亿元。

2008年，保险市场平稳运行，全市实现保费收入32.85亿元，同比增长26.6%；理赔支出及给付9.25亿元，同比增长43.9%。财产险保费收入平稳增长，理赔支出明显上升，全年实现保费收入7.04亿元，同比增长11.3%；理赔支出累计4.38亿元，同比增长34.7%。寿险收入增长较快，给付明显提高，累计实现保费收入25.81亿元，同比增长31.6%；理赔支出累计4.86亿元，同比增长53.3%。

2008年，全市现金收付量小幅下降，现金流通呈净投放态势。全市现金收付量6112.93亿元，减少124.68亿元，下降2.0%。其中，现金支出3104.54亿元，减少54.07亿元，下降1.71%；现金收入3008.39亿元，减少70.61亿元，下降2.29%。现金净投放96.15亿元，增加16.53亿元，增长20.76%。

2008年，全市外汇收支保持平稳增长态势。全市涉外收入57.94亿美元，同比增长14.62%，其中，货物贸易项下44.52亿美元，同比增长16.6%；服务贸易项下1.25亿美元，同比增长13.7%；资本项下11.0亿美元，同比增长4.91%；对私收入1.17亿美元，同比增长52.9%。全市涉外支出31.9亿美元，同比增长16.6%，其中，货物贸易项下28.49亿美元，同比增长17%；服务贸易项下1.5亿美元，同比增长33%；资本项下1.08亿美元，同比增长29%；对私付汇0.56亿美元，同比增长71%。国际收支实现顺差26亿美元，同比增长18.2%。

2008年，全市各外汇指定银行结汇47.34亿美元，同比增长19.55%，其中，货物贸易项下结汇35.75亿美元，同比增长27.7%；服务贸易项下0.7亿美元，同比增长17.5%；资本项下8.95亿美元，同比下降5.3%。全市各外汇指定银行售汇24.58亿美元，同比增长56.9%，其中，货物贸易项下18.28亿美元，同比增长64.59%；服务贸易项下1.47亿美元，同比增长46%；资本项下4.26亿美元，同比增长70%。结售汇实现顺差22.76亿美元，同比下降4.89%。

（施光群）

【金融改革】 2008年，全市金融改革步伐加快。市农业发展银行推进经营转型，信贷投放逐步向农村基础建设项目和实体经济延伸。市农业银行剥离人民币不良资产23亿元。邮政储蓄银行镇江市分行挂牌成立，全市69个支行形成运行稳定的金融网点体系，增强金融支农的实力。华夏银行和香港大新银行分别在镇江筹备设立分行。农村合作金融机构改革取得新进展，扬中市农联社组建为辖内第二家农村合作银行。小额贷款组织试点工作加快推进，7月20日，江苏省首家小额贷款公司——丹阳市天工惠农农村小额贷款有限公司开业，年末贷款余额8110万元，累计发放贷款20043万元，涉农贷款占全部贷款比重98%。积极筹建扬中市、句容市小额贷款公司。进行丹徒区、润州区、新区及丹阳市第二家小额贷款公司股东招标工作。推动农业政策性保险业务，增强农民抵御自然灾害的能力，丰富金融支持新农村建设的手段。 （施光群）

中国人民银行镇江市中心支行

【概况】 2008年，人行镇江市中心支行贯彻执行宏观调控政策，维护辖区金融稳定，提高金融服务水平，有效促进辖区经济金融又好又快发展。2008年4月，被市委、市政府授予2007年度市级机关作风建设和目标管理十佳单位荣誉称号。

（施光群）

【货币信贷】 2008年，人行镇江市中心支行引导各金融机构合理把握信贷投放的规模、进度和结构，促进全市货币信贷总量均衡增长，贷款结构进一步优化。组织开展3次银企合作活动和3次金融支农对接活动。组织召开镇江市“绿色金融”座谈会暨银企合作促进会，全市8家银行业金融机构与112家企业签订69.1亿元的合作协议，比上年增加14.12亿元。组织辖内企业参加江苏省“百企千亿”银企对接活动，上报项目16个，申请贷款132.6亿元。组织开展中小企业专题融资洽谈会，312家企业与金融机构达成合作意向，计划新增授信19.58亿元。组织辖内三市支行开展金融支农专题对接会，授信规模54亿元。

加强信贷窗口指导和政策调控，优化信贷结构。市政府下发《关于推动“绿色金融”发展的指导意见》，指导全市金融机构加大对科技创新和节能环保领域的信贷支持，促进“绿色金融”机制的建立。制定《2008年镇江市金融支农工作计划》，从加强窗口指导、金融支农创新试点、信贷支农对接、小额贷款组织试点、农民工金融服务等多个方面，对金融支农工作进行全面计划。开展农业信贷需求调查和支农信贷政策导向效果评估，在各辖市和丹徒区分别选择一个乡镇作为联系点，了解基层农户和企业的资金需求，评估支农信贷政策导向效果。组织开展科技、微小企业两项贷款风险补偿申报工作，申报科技贷款和微小企业贷款风险补偿605万元。完善小额担保贷款政策，与财政、劳动及承办银行联合出台《关于进一步完善小额担保贷款政策的补充意见》，适度增加担保基金，放大贷款额度，扩大惠及范围。

综合运用货币政策工具，完成金融宏观调控任务。加强对农村合作金融机构的信贷规划，引导其合理控制信贷增量和节奏。加强信贷监测，实行信贷增量旬报制度，引导其信贷投放进度。加强利率和存款准备金率的政策落实和执行管理，推进利率市场化改革，加大Shibor（上海银行间拆借利率）宣传力度，做好贴现利率形成机制改革的准备工作。

改进调查研究和监测分析，为落实货币政策提供决策参考。结合货币政策调整等重大政策，开展快速调查，反映经济金融运行中热点及深层次的问题，并提出合理建议。全年共完成货币监测专题报告15篇，开展50余次专题调研。

加强政策沟通和宣传。全年召开3次金融工作座谈会或经济金融形势分析会，多次上报专报件，做好政策沟通，出台《人民银行镇江市中心支行对外沟通和磋商办法》，建立金融稳定协调小组成员单位联络员制度、房地产金融联席会议制度等一系列沟通磋商制度，争取与经济综合部门的合作。加强金融新闻宣传，运用地方电台、电视台、报纸等新闻媒体，宣传货币信贷政策动态和金融支持扩大内需、中小企业和"三农"的状况，争取良好的舆论环境。 （施光群）

【加强金融生态建设】 2008年，人行镇江市中心支行以创建"金融生态县"为重点，推动辖内金融生态环境建设。出台《镇江市金融生态县创建考核办法（试行）》。组织开展金融生态县创建考核活动，丹阳市被认定为全省首批省级金融生态达标县，扬中市正积极创建第二批省级金融生态达标县。镇江市金融稳定工作协调小组被省金融稳定工作协调小组评为金融生态县创建先进单位。

以风险监测评估为支点，防范辖区系统性金融风险。通过实地调查和研究，重点了解从紧货币政策下法人金融机构的风险隐患及适度宽松货币政策下金融机构信贷投放冲动，加强预警，防止信贷投放的大起大落。及时向分行、市委、市政府反映民间非法融资事件问题，将事态迅速控制在可控范围内。加强对银行理财产品、金融衍生产品及金融资产质量的监测，完善改制企业金融债务落实证明操作程序，全年共办理改制企业金融债权保全证明16家，落实银行债权21023万元。

以推进农村金融改革为重点，完善农村金融服务体系。加强对市农业发展银行、市农业银行、市邮政储蓄银行改革及农业保险改革情况的跟踪监测，增强农村金融机构支农工作合力。做好农村信用社改革的后续监测工作。11月，扬中市农联社成功组建为辖内第二家农村合作银行。加快推进小额贷款组织试点工作，在省内率先组建丹阳市天工惠农农村小额贷款有限公司，并出台监测管理办法，对小额贷款公司按月进行监测，加强业务指导，推动小额贷款公司试点全面推开。

推进征信系统的建设和管理，做好贷款卡的发放核准和年审工作，全辖参审企业年审率91%，比上年提高近10个百分点。推进担保机构信用评级和中小企业信用评级工作，全年共完成3家担保机构和108家中小企业的信用评级工作。稳步推进中小企业信用体系建设，全年共征集中小企业信用档案9945户。推进农村信用体系建设，建立农户信用电子档案5100余户。加大征信系统资源的利用，全年受理信用报告查询和异议处理500多笔。做好改制企业金融债权确认工作和关联企业调查。推进非银行信息采集工作，与市工商局签订《信用体系建设共建协议》，并将企业拖欠工资信息和企业、个人法院诉讼信息纳入征信系统，企业欠税信息入系统工作取得新突破。

以反洗钱工作为切入点，规范金融市场秩序。组织对银行、证券、保险业金融机构落实反洗钱义务情况进行4次现场检查，发现识别客户身份类问题85条，大额和可疑交易类问题13条，安排诫勉谈话35人次，增强金融机构反洗钱工作意识。完成9家银行业金融机构反洗钱非现场评估工作。开展反洗钱专项行动，协助海关、公安等侦察部门对6起涉嫌反洗钱行为的侦办工作给予支持。与镇江海关缉私分局拟订《关于打击走私和洗钱犯罪合作协议》，参与镇江市禁毒委员会活动，加强打击毒品犯罪和洗钱犯罪之间的协作。 （施光群）

【金融服务】 2008年，人行镇江市中心支行创新创优金融服务工作，拓展服务手段和功能，金融服务水平有新提高。

金融统计基础工作进一步加强。规范和完善统计制度，制定出台中间业务和银行融资业务统计的规范性文件。加强统计管理，开展涉农贷款专项核查，了解涉农贷款专项统计制度执行情况，就存在的问题开展集体约见谈话和针对性业务培训，提高数据质量。

现代化支付体系建设进一步推进。推广网上对账系统，利用现有的设备和网络，实施每日网上对账，防范因与开户单位对账滞后所造成的资金风险。组织实施农村支付"快通工程"，推广农民工银行卡，向农村推广非现金支付结算工具，扩大同城交换覆盖面。加大非现金支付工具推广力度，做好农民工银行卡和公务卡的宣传推广和管理工作。与公安部门联合开展银行卡违法犯罪专项整治行动。开展"迎奥运放心用卡安全支付"集中宣传活动。推进银行本票业务全覆盖，新增签发网点336个，办理本票业务6000笔，金额25亿元。推广依托小额支付系统办理华东三省一市汇票业务，提高资金周转速度。

国库服务新体系建设进一步深化。全年办理各项业务55万笔，金额250亿元，各级库款报解实现"零在途""零差错"和"零风险"。拓展国库服务领域，协调财政、地税和银行等部门实施预算外非税收入信息化工程，实现预算外非税收入与税款同步收缴、国库汇集。开展涉农资金直接拨付业务，提高涉农资金发放的及时性。实施统计分析数据大集中，提高国库业务数据统计的准确性和时效性。开展"国债知识进社区"服务活动，强化国债宣传，提升国债发行和兑付服务水平。对冰雪灾害和汶川大地震救灾资金拨付开辟紧急拨款绿色通道，及时将2420万元救灾款项拨付到位。

货币发行和现金管理工作进一步加强。以建设一级发行库为目标，做好发行库区封闭式改造，组织开展发行库规范化管理推进月活动。规范出入库业务操作流程，全辖共投放发行基金179亿元，回笼101亿元，未发生任何差错。做好现金供应和管理工作，制定《镇江市银行业机构存取现金预约制度实施办法》，严格要求各开户银行按照预约的券别、金额办理业务，保证现金出入库业务的有序进行。加快推进反假货币网络建设，全市30个反假货币宣传服务站均符合"四个一"标准。开展反假宣传和培训，先后8次对反假货币宣传站反假宣传员及部分企业会计组织培训，培训422人次。 （施光群）

【外汇管理】 2008年，人行镇江市中心支行受理办结外商投资企业外汇登记66笔，资本金账户开立、变更170笔，外商直接投资询证540笔，金额53803万美元。审批资本项下结汇117笔，外债登记32笔，还本付息67笔，特批预收预付货款40笔。外方未分配利润转增资本及利润再投资26笔，境外投资及减资购付汇15笔，经常项下共发放出口核销单49141份。受理办结进口付汇报审核销11530笔，金额202718万美元。出口核销52222笔，金额458192万美元。

推动落实对外贸易和投资便利化措施。简化进口企业异地付汇工作，实行长三角地区贸易进口异地付汇备案改革。开展服务贸易对外支付税务备案试点工作，推进镇江市服务贸易对外支付税务备案表管理系统建设。通过向上争取政策，为相关企业申请3800万美元的外债规模。通过下放权限，将资本金结汇权限下放到全市经营外汇业务的银行网点，方便外商投资企业办理资本金结汇。

重视外汇收支统计与监测，维护国际收支平衡。完善外商投资企业本外币分析监测系统的分析体系和框架。强化大额申报核查和统监核查工作。全年核查申报数据96976笔，金额82.62亿美元，申报率100%。（施光群）

银行业监督管理

【概况】 2008年，镇江银监分局加强窗口指导，落实“区别对待、有保有压”信贷政策，通过召开监管例会、开展监管访谈、制发监管意见、组织专题调研、下发《加强银行业授信管理通知》等方式，对银行业贯彻宏观政策、调整信贷结构、支持经济发展作出监管提示。银行业信贷结构更趋合理，全市重点企业、重点项目以及绩优中小企业得到有效支持，压缩“两高一剩”（高耗能、高污染、产能过剩）等调控行业贷款30亿元，不良贷款继续实现双降，五级分类不良贷款余额31.59亿元，比年初减少23.28亿元，不良贷款率为3.27%，比年初下降3.24个百分点。加强市场准入监管，全年共受理各类行政许可事项345项，开展大型银行高管履职评价活动，对地方法人金融机构1名问题突出的拟任职人员暂缓任职资格核准。加强现场检查，组织开展银行业高管人员履职情况检查、商业银行理财业务暗访调查、中行镇江分行个人理财业务持续跟踪检查以及江苏银行镇江分行不良资产管理和处置情况检查等，派出20个检查组，累计工作量2000人（天），检查机构数142个，检查金额81.31亿元，提出整改意见129条，责成有关银行业金融机构处理责任人51人。加强非现场监管，制定《镇江银行业三年发展规划》，开展监管评级，编制机构概览，修订《镇江银监分局法人分支机构非现场监管信息系统运行管理暂行办法》，开展信息系统运用培训，组织实施监管员走访制度，编制非现场监管统计月报和统计季报，建立数据质量督查和纠错制度，发出纠错单9次，纠正错误18处。加强监管调研，上报各类动态信息、监管调研210篇，被上级录用71篇。开展“合规文化建设推进年”活动，加强信息科技风险监管，协同推进“平安金融”创建活动，配合开展处置非法集资工作，全市银行业实现“零案件”的良好局面。

做好引进新型银行基础工作，加强与股份制银行和外资银行沟通联系。华夏银行镇江分行、香港大新银行镇江分行、浦东发展银行镇江支行已经银监会正式批准筹建。

深化银行业改革。邮储银行镇江市分行在全省首家完成组建工作，扬中农村合作银行于12月28日挂牌开业，江苏银行镇江分行主要经营管理指标进档升位，农村中小法人金融机构核心监管指标进步度明显提高。工行、中行、建行的股份制改造效应在基层分支机构逐步显现，农行股份制改造、农发行商业化经营等各项银行业改革措施成效初显。

保护金融消费者权益。规范处理来信来访，全年共受理来信36件，来电、来访40余次，办结率100%，督促各银行业妥善处理金融消费服务投诉，密切关注、合理引导公众舆论。做好奥运金融服务工作，组织辖区商业银行开展奥运金融服务、奥运IT风险自查工作，组织监管人员进行查访，督促辖区各银行机构全面提升银行业服务水平。促成7家银行机构与市自来水公司和市华润燃气有限公司集体签订代收水、气费用协议，督促银行合理设置网点、加强公告宣传、推广替代工具、加强员工培训，为广大市民提供便捷的金融服务。下发《关于进一步加强和改进银行窗口服务的意见》。针对个别利用银行自助机具盗取客户银行卡信息诈骗案件，在全辖通报情况，提示操作风险。加强社会公众宣传教育，在镇江人民广播电台建立“银行监管之声”宣传窗口，参加《行风热线》专题直播节目。（周家宁）

【中国银监会主席刘明康到镇江考察】 2008年5月10日，中国银监会主席刘明康到镇江考察。市委书记许津荣、代市长刘捍东等陪同。刘明康主席在考察时强调，银监部门要准确把握当前国际国内宏观经济金融形势，正确认识银行业面临的机遇和挑战，高度关注信用风险、市场风险、操作风险、流动性风险和信息科技风险，有针对性地开展调查研究，特别是在宏观调控和从紧货币政策下，将推动“有保有压”的原则要求在基层落到实处，促进产业结构升级。中小法人机构在建立小企业贷款“六项机制”上要有创新。银行监管部门要督促银行之间加强信息沟通，在处理部分企业资金链可能断裂的问题上从大局出发，及时向监管部门备案。（周家宁）

【开展“合规文化建设推进年”活动】 2008年，镇江银监分局以构建银行业案件防控长效机制为重点，组织召开案件防控工作会议，制定下发案件防控实施意见，签订案件防控责任书，发出合规文化倡议书，组织合规文化主题演讲比赛，开展案件防控分析排查，组织对辖内银行业金融机构63个网点进行案件防控督查，投入753个工作日，提出督查整改意见51条。将案件防控工作纳入日常监管考核，审核农村合作金融机构案件防控工作方案，督促各农村合作金融机构领导班子成员实行分片包干，全市银行业实现安全运营无案件。（周家宁）

【开展处置非法集资工作】 2008年，镇江银监分局牵头下发《镇江市防范和处置非法集资工作方案》，开展非法集资风险排查，组织召开全市处置非法集资工作会议，跟踪处置安徽某公司、丹阳岳某等涉嫌非法集资活动，对群众举报反映句容某乡镇出现“金融调剂中心”，会同当地政府和有关部门及时终止其违规行为，全部清除相关宣传标识。同时，利用新闻媒体专题宣传报道关于非法集资的形式、表现、危害以及相关政策规定，正确引导社会舆论和公众行为。

（周家宁）

【防范地方中小法人银行流动性风险】 2008年，镇江银监分局对银行业金融机构特别是农村中小法人金融机构明确和重申流动性管理要求，做好流动性状况监测，建立流动性预警机制，制定应急管理预案。按照四条存贷比警戒线，按月对存贷比等流动性指标进行监测，督促存贷比高的机构加强流动性管理。年末，全市农村合作金融机构资本充足率9.11%，比年初上升3.02个百分点，贷款损失准备充足率107.29%，比年初上升51.58个百分点。（周家宁）

【加强对小企业金融服务】 2008年，镇江银监分局制定小企业授信工作考核办法，与市经贸委联合开通小企业融资服务专网。网址：http://smezj.zhenjiang.net.cn。配合市财政局等单位开展银行业风险补偿专项资金申报审核，召开小企业贷款工作座谈会和担保业务推介会，支持市建行引进淡马锡小企业业务模式并予以推广。协调丹阳市政府拨款2400万元对银行小企业信贷产品贴息，引导辖内银行特别是中小法人金融机构完善小企业贷款机制建设，下发《关于推进农村合作金融机构小企业贷款工作的通知》，增强全市银行业为小企业金融服务作用。全市银行小企业授信户数27894户，比年初增加1582户，小企业贷款余额95.90亿元，比年初增加17.03亿元，增长19.63%，高出全市贷款平均增幅1.89个百分点。（周家宁）

【提升金融服务“三农”水平】 2008年，镇江银监分局督促银行业提高农业贷款比重，提升政策性银行的支农功能，鼓励大型商业银行分支机构加大对县域经济支持力度，配合有关部门开展担保保险等机制创新，组织农村合作金融机构外出学习，召开推进金融服务"三农"工作座谈会、金融支持农村合作经济组织促进会，推动农村合作金融机构拓展青年创业贷款、妇女创业贷款、"惠农通"等信贷新产品，指导辖内农村合作金融机构制定《农民专业合作组织贷款管理办法》，帮助农户和农村合作经济组织缓解贷款难问题，银农合作形式进一步拓展，支农信贷投放进一步加大。全市银行涉农贷款余额（包括农发行、农行、农村合作金融机构和邮储银行对农村企业及各类组织、农户、涉农城市企业发放的贷款）266.51 亿元，占贷款总额 27.60%，比年初增加 46.38 亿元，增长 21.07%，高出全市贷款平均增幅 3.33 个百分点。

（周家宁）

银　行

·中国农业发展银行镇江市分行·

【概况】　截至2008 年末，全行累计投放各项贷款 43.48 亿元，同比减少 11.43 亿元；各项贷款余额 40.87 亿元，比年初增加 2.73 亿元，增长 7.16%；不良贷款余额和占比分别为 614 万元和 0.15%，分别比年初下降 1179 万元和 0.32 个百分点。各项存款余额 8.21 亿元，比年初增加 0.87 亿元，增长 11.85%。中间业务收入 56 万元。年末，综合收息率达 99.70%，实现账面利润 1.26 亿元，同比增加 0.34 亿元，增长 36.96%，人均实现创利 115 万元。全年经营实现安全无事故。全行实现 2 个一级行、2 个二级行。

风险防范机制不断完善。全行在加强贷前调查、强化信贷风险预警能力、内部风险控制、完善担保抵押措施和风险补偿机制的基础上，建立贷款风险监测、预警、事后监督、补偿机制等体系，完善风险提示跟进制度，强化事后监督程序，有效控制风险。全行以规范化管理为手段，狠抓制度和各项监督约束机制的建立健全，在整章建制、目标分解、质量考核三个环节进行探索。市分行成立基础管理工作督导小组，完善贷款审查委员会和财务审查委员会的有关审查、决策工作机制，建立重大事项集体审议、大额费用集体审批、大宗物品集体采购等行务公开决策体系，以条线专项管理，配合上级行的督导检查，建立基础管理规范化的长效机制。精神文明建设取得成效。开展案件专项治理，加强企业文化建设，全行的各项经营管理迈上新台阶。

（俞立新）

【实施信贷结构调整】　2008 年，市农发行适应宏观调控形势，调整发展思路，立足于支持本地企业做大做强做优，探索业务良性循环的发展之路。针对异地收购业务风险大、管理难的现状，结合上级行的相关管理要求，严格控制此类业务的新发生，对异地收购业务存量贷款全力进行清降，当年全行异地购销业务净下降 4.2 亿元，年末此类贷款仅剩 2 家企业（省内），贷款余额 2000 万元。加快新业务拓展速度，全年共支持优质项目 12 个，发放贷款 18.35 亿元。年末，新业务贷款余额 18.43 亿元，占贷款总额 45.09%，比年初增加 8.43 亿元，增长 84.23%。

（俞立新）

【建立基础管理规范化长效机制】　2008 年，市农发行狠抓基础管理规范化。一是狠抓整章建制。重新修订、完善各项业务操作规程和规章制度。市分行根据内设机构调整后职能的转变，对部分管理制度、考核办法等进行修改，编印《制度汇编》，做到人手一册。二是按照规范化管理的要求，以业务专业条线管理为主，落实工作目标责任制，明确考核内容和标准，落实规范化管理相关责任人，细化、分解任务。三是结合省行督导组的检查，针对审计反映和暴露的问题，举一反三，特别是信贷工作中的手续、程序、规范等问题，在检查中做好整改。四是狠抓责任落实，强化规范化建设中责任制的考核。特别是信贷和会计业务操作过程中的责任落实，对检查发现的问题和造成的后果，实行责任追究制度，建立规范化管理工作长效机制，全行连续 7 年实现规范化管理达标。

（俞立新）

·中国工商银行股份有限公司镇江分行·

【概况】　2008 年，镇江工行以科学发展观为引领，以提升核心竞争力为主线，主动应对经济金融环境，全行经营管理实现新跨越。

系统综合考评大幅提升。在全省工行系统行长经营绩效考评中列第 3 位；综合排名首次进入全国二级分行 20 强，列 19 位，比上年前进 11 位。其中，在总行的二级分行经营绩效考评中列 25 位，比上年前进 10 位。丹阳支行被评为省分行十佳县支行，大港支行、分行营业部首次进入全省精品城区支行和十佳城区支行，分列第二位和第六位。

效益质量迈上新台阶。实现拨备前利润 6.44 亿元，增长 35.2%；实收利息 10.94 亿元，同比增加 2.41 亿元，收息率 99%；贷款收益率 7.78%，较年初提高 0.88 个百分点。

各项业务快速发展。各项存款新增 35.03 亿元，比上年增长 23%，其中对公存款新增 14.14 亿元，储蓄存款新增 20.89 亿元。人民币各项贷款新增 25.67 亿元，其中个人贷款新增 3.73 亿元，增量市场占比 30.63%，位居全市第一。实现中间业务收入 1.86 亿元，比上年增长 60%。

经营结构持续改善。全年新开信贷户 107 个，其中法人户 51 个、小企业户 56 个。新开人民币对公结算净增 3267 户，其中基本户 1893 户。新拓展国际结算和外汇资金客户 217 户。个人中高端客户总量 5.59 万户，净增 11883 户。信贷客户结构中，A + 级以上客户贷款余额占比 94.25%，比年初提高 1.87 个百分点。

内部管理和风险控制成效明显。全行本外币五级分类不良贷款余额 1.04 亿元，不良贷款率 0.69%，分别较年初下降 0.19 亿元和 0.29 个百分点；累计处置不良贷款 0.56 亿元，占年初不良贷款余额 45.75%；1999 年以来新增贷款不良率 0.1%，连续 9 年控制在核定的风险线之内；当年正常关注类贷款劣变率 0.23%，年内清收处置 1790 万元；实现连续 7 年无案件发生。

加强企业文化建设。开展员工教育培训，全年组织各类培训 182 期 5316 人次。市工行获镇江市经济社会发展服务业十佳单位和镇江市银行业行风建设先进单位称号，扬中支行被省总工会评为模范职工之家，中山支行营业处被中国银行业协会评为中国银行业文明规范服务示范单位，丹阳支行方向学被授予全国金融五一劳动奖章称号。全行有"全国青年文明号"1 个，总行级"青年文明号"1 个，省分行"五星级网点"5 个。

加强学会建设、学术研讨、科普宣传和咨询服务。撰写各类课题报告 117 篇，其中，获省城市金融学会评选一等奖 3 篇，二等奖 4 篇，三等奖 8 篇；获市政府哲学社会科学优秀成果评选三等奖 2 篇。2008 年 9 月 5 日，市工行城市金融学会被评为全国先进学会。　（符淡宁）

【举办"年金营造和谐"推介会】　2008 年3 月 26 日，镇江工行与年金业务合作伙伴平安养老保险公司联手举办"年金营造和谐"推介会,促销企业年金业务。省分行机构部、平安保险江苏省分公司、市劳动和社会保障局相关领导、22家客户代表参加了推介会。江苏福世特建设工程公司等7家企业现场与分行签订《企业年金业务三方合作意向协议》。全年镇江分行新签企业年金客户19户,其中正式年金4户、如意养老1号企业年金1户、福利公积金年金14户,新增账户管理数4339户,托管资金544.15万元。 (符淡宁)

【丹阳支行成功运作大亚集团股权并购项目】 2008年初,丹阳大亚科技集团公司拟收购其下子公司圣象集团40%股权,并向多家金融机构提出为其安排股权融资的意向。市工行丹阳支行在了解客户信息后,寻求省工行及市分行支持,参与其收购资金安排的方案设计。向客户征询3.8亿元"并购+信托"模式的融资方案,获得客户认可。5月5日,收购双方律师办理股权交割手续,标志着大亚科技集团公司成功收购圣象集团40%股权,实现企业的战略目标。 (符淡宁)

【开展公司客户集中营销活动】 为适时掌握客户经营动态,了解客户金融服务需求,推进公司业务的延伸与转型,市工行自2008年7月下旬至9月末,在全辖开展以"走近客户、综合营销"为主题的信贷客户集中营销活动。全行集中走访434家法人客户,其中小企业332家、不良贷款户4家。活动期间,公司部与市工商联还联合召开中小企业银企合作推介会,市工商联、丹徒区工商联相关人员与60多名客户代表参加会议,向客户宣传工行支持中小企业发展的经营理念,并进行金融产品推介。9月末,全行小企业贷款比年初增加45557万元,完成省行计划的113.89%。国际贸易融资发生额、年金签约户数、网上银行新增客户、信用卡等均完成或超额完成序时计划。 (符淡宁)

·中国农业银行镇江市分行·

【概况】 2008年,市农行面对国内外经济金融形势急剧变化的严峻挑战,开拓创新,全面提升经营管理水平,各项业务提质增效。年末,全行各项存款余额269.49亿元,比年初增加47亿元,总量、增量份额继续保持全市同业第一。各项贷款余额187.67亿元,剔除剥离因素比年初增加28.3亿元,创历史新高,增量列同业第一。信贷潜在风险客户退出、"三化"(制度化、规范化、科学化)达标、贷款到期收回率均完成目标任务,全行信贷结构进一步优化,优良客户信贷占比明显提高。不良贷款余额和占比分别比上年初减少19.3亿元和下降10.65个百分点。国际结算19.07亿美元,市场份额继续保持第二。发卡量、卡消费、卡中间业务收入均领跑同业,电子交易占比60.48%,比上年提高11.7个百分点,达全省较高水平。新增发卡31.2万张,卡消费32.3亿元。新增网上银行注册客户25510户,网上银行累计交易766亿元。成功营销金穗永隆联名借记卡及开展网上支付、恢复自有商户等新业务。

实施信贷审批体制改革,控制信贷风险,提高信贷业务运作水平。辖内7个支行的个人信贷业务,均实现从申请受理、调查审查、审批通知等内部运作程序的全过程网上作业。

开展合规文化教育、会计条线"五个力"(执行力、控制力、约束力、凝聚力、向心力)、企业文化建设大讨论和《中国农业银行员工行为守则》教育检查活动,强化普法培训与教育考核,员工"爱岗敬业、诚实守信、勤勉尽职、依法合规"意识明显增强。开展"迎新春""奥运在我身边"服务礼仪非现场比赛和PK赛。推进党风廉政建设和案件专项治理,实现无案件、无重大责任事故、信访数量下降、引发风险的违规违纪问题下降的好局面。市农行系统首获江苏省文明行业称号。 (朱国庆 戴舜水)

【投行业务收入突破2000万元】 2008年,市农行围绕金融市场不断发展的新型需求,借助传统业务平台逐步融入市场,制定完善"5+N"财务顾问服务示范文本,抓好全市拟上市企业服务。以唯一一家银行参与金东纸业上市财务顾问服务(IPO),成为全国农行系统内第一也是唯一操作该项业务的二级分行。以代理行身份参与国家开发银行组建的京沪高铁、沪宁城际银团贷款。企业年金正式、意向性签约共64户,户数和金额在全省农行均名列前茅。年末,投行业务收入2332万元,完成年度目标的117%。 (朱国庆 戴舜水)

【制定出台服务"三农"试点实施方案】 2008年,市农行被省农行确定为服务"三农"试点行之一,制定具体实施方案,主要内容:根据镇江市经济发展现状及市农行基本情况,明确服务"三农"的总体思路、基本原则和主要目标;确定农业产业化龙头企业、农业合作组织、农业特色资源与产业基地、县域中小企业、县域商品流通体系建设、种田和养殖大户、农村城镇化和农村基础设施建设等服务"三农"试点的重点领域;细化并落实以惠农卡为载体、以农户小额贷款为重点的服务"三农"的主要工作措施和具体实施步骤;健全推动试点工作的组织架构;创新"三农"信贷政策,扩大"三农"信贷审批权限,完善"三农"贷款信用评级体系。 (朱国庆 戴舜水)

【深化网点转型】 2008年,市农行在加快网点建设的同时推进"以四个进一步转移"为主要内容的网点二次转型,即,对公业务向企业网上银行和转账电话渠道、个人存单存折业务向卡业务、柜面银行卡业务向自助机具渠道、自助机具业务向成本更低的电子渠道转移,取得"客户满意度、员工满意度、电子交易占比、营销功能和服务效率"五提高和"柜面业务量、柜员劳动强度和网点负担"三下降的明显成效。全年转型网点超过50个,导入标杆网点建设44个。 (朱国庆 戴舜水)

【推出实物黄金买卖】 2008年,市农行为满足城乡居民日益多元化的投资理财需求,参与理财业务同业市场竞争,在下辖润州支行推出理财新品实物黄金买卖,分10克、30克、50克、100克四种规格。年末,销售黄金8070克,金额172万元。 (朱国庆 戴舜水)

【清收不良贷款成效明显】 2008年,市农行加强诉讼调查、证据搜集和上报论证关,遵循"动态监控、及时预警、证据充分、方案可行、把握时机、快速处置"的工作原则,强化预警,灵活运用仲裁、外聘律师、公开悬赏等手段加大清收力度,有效提高诉讼效益。全年收回现金6235.34万元,占全部收回不良贷款的68.9%。其中,以诉讼方式收回现金2920.4万元,以非诉讼方式收回现金3314.94万元。同时,案件胜诉率和执结率进一步提高,诉讼费用管理进一步规范。 (朱国庆 戴舜水)

·中国银行股份有限公司镇江分行·

【概况】 2008年,镇江中行以科学发展为主线,以价值创造和管理质量提升为重点,传导"收益覆盖风险"的经营理念,按照"负债立行、风控保行、服务强行"的经营思路,围绕目标,紧盯市场,研究同业。确立新业务发展定位，狠抓工作落实，提高核心竞争力。打造银企对接的内外部平台，推进公司业务管理流程的改进和同城架构的整合工作。建立重点客户的融资绿色通道。上半年，通过资产转卖、票据转贴现、海外协议付款等多种渠道调整贷款规模，保证对重点项目、重点客户信贷支持。四季度，面对金融危机对经济造成的严重影响，镇江中行对接国家关于拉动内需的有关政策，与骨干企业对接，主动叙做城建基础设施建设项目贷款，满足客户多层面、全方位的金融需要和产品需求。全年经营净利润 39474 万元，增长 31.66%。年末，本外币存款余额（含金融机构存款）187.01 亿元，新增 43.29 亿元。人民币各项存款比年初新增 31499 万元，完成年度计划 262.5%，全辖排名第一。人民币贷款新增 20.42 亿元。实现个人中间业务收入 1130 万元，计划完成率列省辖分行第一。中银卡业务市场竞争力提升。年末，中行银行卡净收益增长 57.89%，列省辖分行第一。中银卡活动率 58.05%，比年初提高 8.37 个百分点，居省辖分行第一。连续 5 次被江苏省精神文明建设指导委员会评为江苏省文明单位，连续 6 次被镇江市委、市政府评为镇江市文明行业，并获 2008 年镇江市国有企业改革工作先进集体、社会治安综合治理和平安创建工作先进单位称号和江苏省消费者协会颁发的 2006～2007 年度诚信单位称号。 （周太银 章 漫）

【优化业务渠道和网点资源设置】 2008 年，镇江中行以提高渠道创利能力为核心，遵循有形渠道与无形渠道并重、软件建设与硬件建设并重，突出渠道组织管理标准化、渠道经营流程标准化、渠道资源配置标准化。全年实施 3 家网点迁址，撤销 2 家低产低效网点，建设 4 家自助银行，实施 12 个项目的网点标准化改造工作，16 家分理处升格为支行。加强自助渠道建设和电子渠道建设，全面持续推广新版总行网上银行，促进传统业务从物理渠道向自助渠道和电子渠道的迁移。加强柜员综合素质培训，重视网点的厅堂布置，营造良好服务氛围。

（周太银 章 漫）

【中小企业业务正式启动】 2008 年1月，镇江中行经总行批准成为全国中行系统小企业授信业务试点行之一，总行授权镇江中行可直接办理小企业各项业务，镇江中行中小企业业务得到快速发展。在授信业务品种上，先后开办贸易融资、开证、票据、保函及贷款等业务品种，探索货押融资及大型企业上下游供应链融资等业务新领域。全年累计发放中小企业贷款 1.79 亿元。

（周太银 章 漫）

【金融产品创新】 2008 年，镇江中行推进总行、省行推出的新业务、新产品，寻求新的突破和发展，保持并提升中行产品在镇江市场的竞争力和创利能力。在同业首家推出保证金外汇买卖业务，为客户提供杠杆式外汇投资交易新品，产品的“本金放大”和“多空双向选择”的两大功能吸引了投资者的热情参与，全年中行客户的外汇保证金交易量 5.76 亿美元。在同业（镇江地区所有银行）中首先推出杂币汇利达产品，在人民币稳定大幅升值的背景下向客户全面推广，全年叙做 3200 万欧元、34 亿日元的杂币汇利达业务，省中行将这一创新举措向省辖推介。先后在海外代付、国内信用证项下福费廷等产品上取得突破，针对地区特点，挖掘客户需求，以产品拉动业务量，国内信用证项下福费廷产品叙做量占全省叙做量近 50%，连续 4 年对公外汇资金产品、国际结算及贸易融资产品的推广与运用情况在江苏省中行系统内名列前茅。10 月，镇江中行在江苏省中行举办的国际结算专项产品竞赛活动中，产品贡献率（竞赛产品发生额/该行国际结算业务量）42.48%，名列第一。 （周太银 章 漫）

【镇江中行营业部被评为全国级文明优质服务示范窗口】 2008 年，镇江中行营业部围绕各项工作目标和工作重点，加强服务体系建设，引导员工认知“服务工作无小事”，树立“服务创造价值”“服务必须因客而变”的价值观。在部门开展“一张笑脸、一个承诺、一句问候、一张服务卡、一份满意”的“五个一”工程和“我的客户在哪里”等活动，营造良好的企业文化氛围，推进服务领先，实现责任到位、服务到位，每位员工树立“以客户为中心”理念，自觉将服务领先作为工作的出发点和落脚点，服务中“追求卓越”。在服务奥运的过程中，开展奥运服务月“零缺陷”活动，确保在各个内外部渠道的整体服务水平符合奥运金融服务工作的要求，取得良好的社会效应。镇江中行营业部荣获省行级文明优质示范窗口称号，被中国银行业协会评为全国级文明优质服务示范窗口。

（周太银 章 漫）

【奥运金融服务工作获省行通报表彰】 2008 年，镇江中行做好奥运金融服务工作，用奥运精神和文化倡导拼搏精神，提升中行品牌形象和品牌价值，利用奥运平台把中行的业务做大做强，把奥运精神细化到产品和服务之中。北京奥运期间，镇江中行在全辖营业网点内对涉及奥运金融服务的主要业务、收费及个人结售汇币种均设置中英文标识，统一格式，印制及张贴相关标识和张贴个人结售汇币种中英文对照表，并及时维护外汇汇率屏，确保其正常运行。全辖 ATM 设备统一使用中、英文双语界面，打印凭条和故障凭条均提供中、英文双语服务，并在凭条的空白处加印中、英文的客户服务电话。在全辖员工中开展奥运英语培训，提高营业网点员工的英语服务水平，选派英语水平较高的员工，到窗口一线兼职大堂经理，大堂经理在岗率达 100%。3 人被中国银行总行选定为北京奥运会志愿者，分别参加北京、沈阳赛区的奥运金融服务。镇江中行为北京奥运会提供的金融服务受到江苏省中行的通报表彰，市行营业部被省中行评为江苏省奥运服务先进单位。

（周太银 章 漫）

·中国建设银行股份有限公司镇江分行·

【概况】 2008 年，镇江建行贯彻落实科学发展观，加快转型，强化内控，积极应对复杂多变的经济金融形势，转变业务发展方式，各项工作再创佳绩。

经营效益再创新高。全年实现拨备前利润 5.35 亿元，同比增加 1.12 亿元，增长 26.5%；经济资本回报率 32.72%，总资产净回报率 2.28%，成本收入比 37.25%。

负债业务快速增长。各项存款余额 190.82 亿元，新增 44.77 亿元。其中，一般性存款余额 190.58 亿元，新增 44.70 亿元。一般性存款中，储蓄和企业存款余额分别达 97.75 亿元、92.83 亿元，分别新增 26.29 亿元、18.41 亿元。

资产业务提速发展。主动适应国家宏观调控要求，严格执行贷款投放计划，加大存量资源挖掘和结构调整力度，优先保证政府重点项目、重点企业和优质小企业客户信贷需求，积极发展个人住房贷款。年末，各项贷款余额 150.64 亿元，新增 25.40 亿元。其中，公司类贷款余额 120.48 亿元，新增 22.14 亿元。个人类贷款余额 30.16 亿元，新增 3.26 亿元。

中间业务实现翻番。全年实现中间业务收入 2.36 亿元，为上年的 2.11 倍。中间业务净收入占主营业务收入比重 27.41%，比上年末增长 11.25%。

战略性业务强势增长。全年累计完

成国际结算量20.56亿美元，同比增长22.7%，累计完成结售汇10.89亿美元。新增贷记卡客户29190户，完成贷记卡消费额10.88亿元，同比多增6.39亿元，增长142.61%。完成贷记卡透支额1.20亿元，新增借记卡12.85万张，同比多增2.15万张，完成借记卡消费额7.38亿元。

资产质量持续优化。完善风险管理和审批体制，推进平行作业。制定授信审批限时制度和审批绿色通道实施细则，落实信贷审批承诺制，优化审批流程。制定风险管理考评办法及信贷基础管理评比办法，加强信贷基础管理及信贷政策传导。实施“重点行、重点项目”战略，加大不良贷款处置力度。推进“个人类贷款标准化催收作业流程体系”建设，加大个人类不良贷款催收力度。运用公开拍卖、打包出售等多种方式，加快处置存量抵债资产。专项清理损失类不良资产，消化其他非信贷不良资产。年末，不良贷款额18164万元，比年初下降5158万元；不良贷款率1.21%，比年初下降0.65个百分点；累计处置各类不良资产8834万元，实现不良资产现金回收6755万元，KPI（关键业绩）指标中实现不良资产处置贡献6227万元。

提升服务质量。镇江建行全年投入1831万元，购置1个网点，装修改造9个网点，迁址改造3个网点，新增财富管理中心和贵宾理财中心各1个。新增自助设备40台，新增自助银行9家。柜面销售平台系统顺利上线。城区网点试行服务外包托管式管理，统一服务规范、培训、量化检查考核。开展“迎奥运优质服务竞赛”系列活动，获省分行系统唯一的江苏省诚信单位称号。

风险控制能力持续提高。开展会计基础工作等级验收，5个一级单位全部通过省分行验收。全面实施会计主管委派制管理工程，开展各类检查1208人次，发现整改问题2183条。实施账户集中管理，更新（变更）账户资料6663户，完成率在省分行系统名列前茅。组织营运作业与管理等新系统上线运行，开展电子对账工作，对账单回收率99.88%。全年投入400余万元建设安全防范基础设施，排查并有效整改安全隐患48处。落实安全保卫责任制，确保奥运期间各项业务安全稳定运行。开展创建“平安建行”活动，所辖机构全部通过安全评估验收。开展“规范操守行为，珍惜职业生涯”“合规文化建设推进年”“学规章、知行止、查隐患、防案件”等活动，贯彻大额资金风险、银行承兑汇票操作风险防控方案，巩固“三基工程”（基础管理、基层机构管理、基层机构负责人管理）和合规分行创建成果，实现基层机构“零案件、零事故”。 （徐 平 吴丹青）

【成立中小企业中心】 2008年1月，根据总分行统一部署，承担建行小企业业务模式试点工作，引进“淡马锡”（参见第221页）先进理念、方法和工具，结合镇江分行实际情况，成立中小企业中心，实行准事业部制专业化经营和“信贷工厂”模式标准化作业，采取“名单制”营销方式，实施动态、集中、专业化风险管理，初步形成具有镇江特色的服务小企业新模式，中央电视台在《新闻30分》栏目对新模式给予专题报道。年末，小企业非贴现贷款客户368户，新增123户；小企业贷款余额25.73亿元，新增13.72亿元，为上年的2.34倍，新增额在省分行系统名列第一。 （徐 平 吴丹青）

【业务转型加快发展】 2008年，镇江建行调整行业、客户和产品结构，固定资产类贷款新增13.44亿元，占公司类贷款新增比重60.7%。AA级客户较年初新增50户，A级以上客户非贴现贷款余额100.26亿元，余额占比85.43%。主动退出名单客户中，全退16户、部分退出18户，合计金额1.75亿元。网点转型稳步推进，新增转型网点28家，转型网点达到54家，各项关键质量指标均达到或超过预定目标。电子银行及个人投资理财业务快速发展，新增企业高级网银客户333户，新增个人高级网银、手机银行及短信银行客户54112户。销售“利得盈新股自由行”理财产品29.37亿元；销售基金19.32亿元；销售保险4.47亿元，同比多增3.49亿元，增长353.09%；销售黄金1.32亿元。

（徐 平 吴丹青）

【金融创新显成效】 2008年，镇江建行探索贷款替代产品新渠道，在建行系统首家与中国邮政储蓄银行合作，开展联合贷款业务，吸纳增量贷款资金4.68亿元。成功发行首笔“乾图理财”人民币信托理财产品。牵头组建镇江市金融系统首例房地产银团项目——“维科·江山名洲”二期银团项目。加强产品创新，推出项目经济评价和建设资金监管业务。开办国内保理业务和国内信用证业务，保理业务量居省分行系统首位。在建行系统首家与中国进出口银行合作开展进口代付业务，在省分行系统办理首笔针对俄罗斯市场的涉外工程类保函。首次与新加坡分行、东京分行等海外分行开展代付业务。 （徐 平 吴丹青）

·交通银行股份有限公司镇江分行·

【概况】 2008年，镇江交行各项业务加快发展，主要业务全部完成省分行指标，指标完成率居全辖（江苏省分行，下同）前列。

人民币各项存款余额98.9亿元，比年初增加16.3亿元，增长19.72%，完成计划116.4%；外币存款余额3356万美元，比年初增加529万美元，增长18.71%，完成计划106.47%。人民币各项贷款余额78.62亿元，比年初增加16.44亿元，增长26.44%，年均增量完成计划108.41%。实现国际结算6.74亿美元，同比增加1.64亿美元；海外去委业务完成8601万美元，完成计划101.55%。

按照五级分类，正常类贷款占比91.33%，余额比年初增加17.67亿元，占比上升5.66%；关注类贷款占比5.19%，余额比年初下降2.57亿元，占比下降5.29%。实现中间业务收入5676万元。实现拨备后利润2.56亿元，同比增加5800万元，增长29.3%。

精神文明建设成绩显著，镇江交行被省总工会、省分行评为模范职工之家，被镇江市评为镇江银行业行风评议先进单位、北部滨水区建设先进单位和中小企业金融服务先进单位，镇江交行中山西路支行被评为镇江市五一文明班组，分行营业部、丹阳支行营业部被评为镇江市服务示范单位，南门支行被评为镇江市巾帼示范岗，船院支行获江苏省巾帼示范岗称号，中山东路支行获江苏省银行业协会服务示范单位的称号。

（林 忠）

【业务经营质量提高】 2008年，镇江交行坚持把效益放在首位，净边际利率最高达3.72%，经济利润与上年同期相比，最高增幅达53%。加强资产负债期限结构管理，中长期贷款增加10.9亿元，占比48.09%，实现资产收益最大化。全行拨备后利润完成进度计划109%，利润创分行历史新高，人均资产和人均创利位居镇江同业之首。

负债业务突破百亿元。镇江交行以发展沃德和交银理财等中高端客户为重点，以加大交叉销售和代发业务为吸储手段，以发展对公客户往来结算为资金沉淀的措施，推进银行存款稳步增长，储蓄余额31.84亿元，新增6.97亿元，完成全年计划183.42%，全年均排在全辖前列。负债业务实现迅猛发展，6月各项存款跨越百亿台阶，下半年基本保持在百亿元高位稳定运行。各项存款和储蓄存款计划完成率始终保持全辖第二，提前实现分行负债业务三年三大步，从原来倒数第二跨进全辖前三甲行列的目标。

信贷业务科学投放。2008 年，镇江交行主动顺应国家宏观调控政策由从紧到放宽的大幅度变化，以总行绿色信贷政策和银监会有关要求为指引，在前 9 个月从紧金融政策下，科学把握投放节奏，严控"两高"（高能耗、高污染）行业客户信贷投放，全部投入到优质企业的建设中，支持类行业贷款比年初增长 3.94 亿元。10 月，国家放宽金融信贷政策后，镇江交行加大优质客户和优质项目的营销和储备，一次向省行上报 20 个优质新项目，全部是全市骨干龙头企业和重点工程，前十大授信户信贷总额比年初增加 9.7 亿元。拓展零售信贷业务，专门设立零售信贷部，根据中小企业特点，优化信贷流程，推出循环贷款等新产品，提高分行资源和市场的整合效率。年末，零售贷款余额 10.26 亿元，比年初增加 2.6 亿元；展业通贷款余额 1.57 亿元，新增 2719 万元；个人贷款余额 8.91 亿元，新增 2.16 亿元。

转型业务发展提速。镇江交行强化理财业务的发展，壮大中高端客户群，中高端客户全年新增 2442 户。年末，理财客户 5729 户，沃德达标一类客户 784 户，中高端客户资产总额超过 20 亿元。2008 年 9 月，成功营销代发市级公务员津补贴 3818 户，吸纳资金 4880 万元。全年贷记卡发卡量新增 43005 张，借记卡新增 49817 张，均超额完成省分行计划，贷记卡发卡量居于全市首位。各项公、私战略业务全面推进，年金托管规模和账管规模、个人网上银行新增客户、投行业务、满金宝业务、银保通等均超过计划 150% 以上，蕴通供应链链属企业和蕴通账户两个新型财富管理业务实现零突破。（林 忠）

【资产质量明显改善】 2008 年，镇江交行全年有效化解关注类贷款 7 户，余额 4.1 亿元；化解逾期贷款风险 6 户，余额 4817 万元，其中现金全额收回 1012 万元。加大对潜在风险贷款的化解，现金全额收回风险较大的可能发生逾期的贷款 4060 万元。加大减持退出力度，对被列入总行风险排查减退名单的客户定责定量到人，全年共减退 15 户，余额 1.6 亿元。调整信贷结构，做好借新还旧的压降。借新还旧贷款户数比年初下降 9 户，余额下降 9036 万元，下降幅度 55.6%。借新还旧贷款从最高的近 20 亿元压缩到 6 户 7228 万元，借新还旧贷款在全辖占比从最高 30% 下降到 5%，降低了资产质量风险。加强对不良资产的清收和处置。上半年，成功拍卖处置 3 家企业的股权，现金收回 124.4 万元，完成全年计划 248.8%。全行非信贷不良资产从年初 1001 万元下降到 130 万元，完成省分行下达全年任务的 1742%。12 月上旬，成功现金收回北京电视机厂 1160 万元不良贷款，查封 1500 万元股权，为后续对该企业不良资产清收变现工作打下坚实基础。全年完成 6000 万元的清收处置任务。（林 忠）

【开展内部控制管理活动】 2008 年，镇江交行提高内控能力、强化优质服务。一是开展"合规文化推进年"活动，夯实规范化基础。重新修订、补充和新建各条线相关内控制度 37 项，建立健全覆盖所有业务品种和业务操作环节的规章制度，强化合规意识和合规行为。开展为期一个月的合规风险排查活动，10 月开展会计示范行活动，推进全行合规建设迈上新台阶。二是开展"案件防控责任年"活动，强化安全防范工作。突出"环节控制"，坚持定期对计算机系统、安保和消防系统、信息披露系统、核心账务系统等应急预案进行测试和演练，保证其处于适用状态。开展专项检查和分行综合性检查，每月各项检查网点覆盖率 100%，全年未发生一起责任事故和案件。三是开展"质量提升年"活动，提高内控管理水平。成立资产保全部，加强清收和核销工作，完善风险管理的组织架构。推进贷后监管，强化责任追究机制。四是开展"优质文明服务深化年"活动。建立健全优质文明服务管理责任制，完善柜面服务满意度评价系统和便民设施，张贴服务承诺，增强员工优质、文明、高效服务的意识。首次被镇江市银行业评为行风建设先进单位。（林 忠）

【网点建设迈上新台阶】 2008 年，镇江交行投入近 100 万元为每个网点配备保安，累计 48 人，增加网点厅堂的安全保卫，增强客户的安全感。招聘 24 人配备到各营业网点担任大堂助理，协助大堂经理引导客户、分流业务、答疑解惑，有效提高一线网点的服务质量。

加强精品网点建设，完成 6 个网点装修改造和 2 个沃德财富中心建设，撤并 2 个低产网点，在扬中设立第一家营业网点。新增自助设备 33 台，新建和改造自助服务区 10 家。自助设备总量 99 台，自助服务区 23 家。全行自助设备业务量由原来在全省交行的末位上升到第二，自助交易占全部业务量的 56%，居全辖首位。加强网点安全防范投入，全行总计投入 300 多万元，实现所有网点远程数字监控改造。（林 忠）

·江苏银行镇江分行·

【概况】 2008 年，江苏银行镇江分行以"调结构，抓转型"为重点，围绕改革、发展、管理主线，坚持"做大负债业务，做优资产业务，突破中间业务"的指导思想和"紧中求进，紧中求效，紧中求好"的发展思路，通过理顺管理架构、健全考核激励机制、完善内控管理制度等措施强化内部管理。各项业务进入良性发展轨道，主要经营指标增长迅速，综合效益明显改善，资产质量进一步提高，市场竞争力有效提升。

资产负债业务发展迅速，市场份额有所提升。年末，各项本外币存款余额 93.75 亿元，比年初增加 17.97 亿元，增长 23.7%，其中对公存款余额 61.26 亿元，新增 12.82 亿元；储蓄存款余额 32.49 亿元，比年初新增 5.14 亿元。各项存款余额占市场份额 7.29%，比年初提高 0.01 个百分点。各项本外币贷款余额 64.78 亿元，比年初增加 10.18 亿元，增长 18.7%。各项贷款余额占市场份额 6.71%，比年初提高 0.23 个百分点。年末，分行小企业贷款户数 310 户，比年初新增 78 户，完成总行年目标任务的 173%，贷款余额 5.90 亿元，比年初新增 2.37 亿元，增长 67%。

经营效益明显改善，收入结构更趋合理。年末，中间业务净收入 1708.26 万元，比上年同期增加 2489.69 万元，其中个人金融各类中间业务收入突破 147.27 万元。全行实现拨备前利润 18707 万元，比上年同期增加 17380 万元。

不良贷款实现"双降"，资产质量进一步改善。年末，分行表内不良贷款余额 28617 万元，比年初减少 3013 万元，不良贷款率 4.42%，比年初下降 1.38 个百分点。全年回购打包资产总额 14305 万元。

根据分行网点布局调整战略，11 月 27 日，镇江分行辖内第二家县级支行江苏银行扬中支行正式开业。全年完成 8 个网点的标准化改造。通过对各项内部管理制度梳理、补充完善，各类业务专项检查和内部审计，全方位、全过程规范各项业务的操作。实现财务集中管理，完善和推进财务会计主管委派制，各项基础管理工作得以提升。

国际结算业务实现新突破。年末，

分行国际结算量4.25亿美元，完成全年目标任务的106.36%；结售汇量3.38亿美元，完成全年目标任务225.05%。实现国际结算中间业务收入439万元，完成总行下达全年目标任务146%。

（贾小静　袁小荣）

【完成分行改制转型】　2008年，镇江分行全面完成改制（事业改企业）转型工作，为符合提前退休条件的112人办理提前退休手续，分行与全行员工依法签订新的劳动合同。4月，按照总行统一要求，分行结合企业转型组织开展以“定职责、定岗位、定编制、定薪酬”为主要内容的“四定”工作。开展员工岗位“双选”，同时建立完善薪酬体系，顺利完成“四定”工作。

根据市场变化和自身业务发展需要，对支行机构进行整合，将原11家一级支行整合为5家一级支行；同时对公司业务、个人金融业务和中间业务实施条线管理，各业务条线、各业务拓展团队更加明晰各自业务发展定位及其发展空间，业务发展的联动作用得到充分发挥。

（贾小静　袁小荣）

【票据业务快速发展】　2008年，镇江分行发展票据业务，采取分层次的激励措施，实行逐笔计价、与绩效直接挂钩，调动各营销机构、营销团队的积极性。5月8日，分行成立票据中心，规范票据业务管理，不断发展新业务伙伴，拓宽转贴现渠道。密切关注市场变化，及时调整贴现定价。

年末，分行直贴票据发生额33.64亿元，比上年增加22.9亿元，增长213%；全年直贴业务量2126笔，比上年增加942笔，增长80%。全年转贴现买入6.08亿元、回购3亿元。全年综合收益贴现综合收益率11.69%，贴现净收益1800万元。　（贾小静　袁小荣）

【数据大集中顺利完成】　2008年3月24日，江苏银行实施全辖数据大集中。上线期间加强组织协调，做好相关项目测试和数据移植工作，按时保质完成静态数据验证和跟账工作。新系统运行平稳。新业务操作平台更大范围支持金融新业务上线、金融新产品推出，操作系统安全性能得到提高。

（贾小静　袁小荣）

·镇江市农村信用合作社联合社·

【概况】　2008年，市农村信用社系统开拓城乡市场，突出支持“三农”，转换经营机制，强化风险管理，开展案件专项治理，改善金融服务，全市农村信用社改革与发展取得较好业绩。

年末，全市农村信用社各项存款余额168.13亿元，比年初净增30.38亿元，增长22.05%，同比多增12.8亿元，增幅同比上升7.42个百分点。各项贷款余额133.47亿元，比年初净增24.22亿元，增长22.15%，同比多增2.66亿元。新增存贷比79.73%，余额存贷比79.38%。按五级分类计算，不良贷款余额7.64亿元，比年初下降3.59亿元；占比5.73%，比年初下降4.55个百分点。抵债资产7735万元，比年初下降106万元。全辖不良贷款余额和不良率持续实现双降。

经营绩效明显提升。2008年，全市农村信用社实现营业收入12.6亿元，比上年增加3.7亿元，增长41.6%；营业支出10.6亿元，比上年增加3.3亿元，增长45.2%；全辖收支轧抵后利润总额1.7亿元，比上年增加1771万元。

推进体制机制改革。市联社加快经营机制转换，组织辖市（区）联社（农合行）理（董）事长、主任（行长）分别赴先进地区农村合作金融机构考察学习，并进行专题座谈，查找全市农村信用社在机制转换方面存在的差距，提出改变传统的经营理念的总体要求，辖市（区）联社（农合行）找准经营机制转换、改革和发展的阻力，实施进档升位目标。扬中联社改制为农村合作银行，这是继丹阳农村合作银行之后镇江市成立的第二家农村合作银行，标志着全市农村合作金融发展进入新的阶段。

增强市场竞争能力。2008年，全市农村信用社把握发展机遇，增强市场竞争能力，加大业务拓展力度。丹阳农村合作银行制定详细的工作思路，从细微处入手，从大客户突破。句容联社实行全员绩效考核，强化账户开设和新业务拓展工作，全年有9个月新增存款增幅列句容市金融机构第一。扬中农村合作银行开办代收医疗保险业务。丹徒联社对存款实行长效管理考核，建立书面分析报告制度和巡查制度。　（倪献国）

【支农服务成效显著】　2008年，全市农村信用社落实国家从稳健到从紧到适度宽松的货币政策，加大农村合作金融对经济增长的支持力度，促进地方经济较快发展，支持扩大内需。全市农村信用社优化信贷结构，加大对民生工程、“三农”、中小企业、自主创新、扩大消费等方面的金融支持，简化工作流程，完善授信管理，提高办贷效率。准确定位“三农”，重点支持高效农业、规模农业及农业龙头企业发展，增强带动和辐射功能。完善农户经济档案，推广农户小额信用贷款业务，大力发放农民创业担保基金贷款。全年新增农户贷款21840万元，发放农民创业担保基金贷款1677万元，核发农户贷款证13.26万本，发放农户小额信用贷款7154万元，发放联保贷款386万元。　（倪献国）

【加快构建风险防范体系】　2008年，全市农村信用社制定案件防控工作计划，层层签订案件防控责任书。完善制度，加强制度的执行，内控制度体系更加健全。加大对案件专项治理问题的整改落实，对查处情况“回头看”。围绕“平安金融”创建，完善安全保卫、技防物防设施，实现全年安全无事故。强化信贷管理，提升资产质量。对信贷管理制度进行梳理，建立更具操作性的信贷管理制度体系。强化财务和审计工作，市联社举办全市新会计准则培训班。注重审计工作创新，探索风险控制和综合治理相结合的审计新模式，全市农村信用社开展审计项目158个，发出整改通知126份。　（倪献国）

·中国邮政储蓄银行有限责任公司江苏省镇江市分行·

【概况】　2008年3月18日，中国邮政储蓄银行镇江分行正式挂牌成立，下设丹阳、句容、扬中一级支行。全区设有邮政储蓄网点共118个，其中一类支行16个、二类支行51个、代理网点51个。

依托和发挥网络优势，完善城乡金融服务功能，以零售业务和中间业务为主，为城市社区和农村地区居民提供基础金融服务。与邮政局紧密合作，在稳定邮储余额的同时，发展以绿卡为载体的中间业务、理财业务和资产类业务，实现邮政金融业务的持续发展。

年末，全行累计实现金融业务总收入10246万元，利差收入7557万元，占73.76%；非利差收入2689万元，占26.24%。各项存款余额72.43亿元，其中，人民币储蓄存款余额71.92亿元，比上年末增加14.19亿元，增长24.59%，对公存款余额5069万元，外币储蓄存款折合人民币16.95万元。人民币储蓄存款中，活期存款余额15.5亿元，活期占比21.5%，活期余额比上年末增加3.29亿元，增长26.95%。

全区累计代理保险3.18亿元，比上

年同期增长92.73%。代销各类理财产品3.05亿元,各类基金0.79亿元。累计发放小额信用贷款1.26亿元,贷款余额10950.2万元。年末,全区绿卡结存户数55.88万户,其中活动卡户数45.58万户,占总户数82%,本年新发绿卡17.45万张;全区发展“商易通”1103台,沉淀资金2536万元;开发国内汇票76.59万笔,金额14.85亿元,兑付国内汇票41.19万笔,金额5.3亿元。

风险防范管理深入开展。镇江分行加强内控管理,完善信用风险管理制度体系。加强对审计体制规范建设,成立审计部和风险合规部,强化内部控制。开展案件专项治理大检查,抓好事后跟踪和整改落实。完善电子稽查系统,强化风险提示,每天安排专人值机,对3~5级预警信息进行及时核实和督促检查。加强企业文化建设,加强银行员工信贷业务、理财业务等知识的培训。155人通过中国银行业从业人员资格认证考试(一项科目),占全区银行现有员工总数54.96%。

(夏毅力 韦 霞)

【开办小额信贷业务】 2008年8月1日,镇江分行成立小额信贷营业部,正式开办小额信用贷款业务,打破邮政储蓄20多年“只存不贷”的单一经营模式。信贷业务执行“小额速贷、整贷零还、有偿使用、持续发展”的原则。年末,镇江全区累计发放小额信用贷款1.26亿元。

(夏毅力 韦 霞)

【个人理财业务快速发展】 2008年,镇江分行个人理财产品业务快速发展。1月成立解放路理财中心,加强产品创新,适应不同层次、不同偏好、不同风险承受能力的客户群的需要。全年发行“财富”“汇票盈”等人民币理财产品,代销各类理财产品3.05亿元,销售量位居全省前列。发行各类外币储蓄理财产品,期限3个月至13个月不等,主要针对美元理财。年末,外币储蓄存款折合人民币16.95万元。

(夏毅力 韦 霞)

保 险

【概况】 2008年,全市保险机构增至44家,其中保险公司35家,保险中介代理机构9家。全市专业网点255个,兼业代理网点652个,保险从业人员12029人,其中正式员工1945人,保险营销员8780人,兼业代理网点代理人员1304人。全年保费收入32.85亿元,比上年增长26.61%,其中10家财产险公司保费收入7.04亿元,比上年增长11.3%;17家人寿保险公司保费收入25.81亿元,比上年增长31.6%。

面对国际金融危机影响,全行业采取有效应对措施,在稳定保险市场秩序的同时,调整险种结构,拓展新险种业务,全年提前超额完成市政府下达的考核目标。在保险机构快速增多、保险业务快速增长的情况下,全行业不断强化行业自律,全力推进诚信建设,通过行风评议、放心消费、服务创优等系列活动,进一步提升行业的服务品质。

加强商业保险社会管理职能的发挥,政府倡导的政策性农业保险、联防治安保险、机动车交通事故责任强制保险、各类公众责任保险均取得新的进展。全市财产险公司联合组建市区道路交通事故保险理赔处理中心,对轻微事故集中理赔,为市区道路畅通提供便捷的保险服务。

表25-3 **2008年镇江市财产保险业务统计表** 单位:万元

单位		承保金额	保费收入											同比增长(%)	赔款支出		市场份额(%)
			企财险	家财险	交强险	机车险	运输险	责任险	保证险	人意险	健康险	其他险	累计		累计	赔付率(%)	
人保产险	市区	7648275	1612	-82	2505	5964	627	522	-2	163	9	1195	12513	20.4	5535	44.2	–
	丹阳	4046808	1238	17	1716	3798	219	484	0	242	–	796	8510	14.7	5755	67.6	–
	句容	1577243	188	17	626	1348	65	159	0	68	–	668	3139	12.8	2412	76.8	–
	扬中	1365856	364	32	404	951	52	110	79	61	–	158	2211	6.8	1408	63.7	–
	合计	14638182	3402	-16	5251	12061	963	1275	77	534	9	2817	26373	16.4	15110	57.3	37.5
太保产险	市区	4602299	2926	0	641	1735	952	76	-7	721	–	762	7806	10.7	3271	41.9	–
	丹阳	1931323	309	-3	369	1244	17	2	–	284	–	–	2222	12.4	2022	91.0	–
	句容	175965	122	-1	144	315	–	–	-1	170	–	5	754	2.3	414	54.9	–
	扬中	1230724	677	11	282	949	323	39	–	44	–	3	2328	17.6	1298	55.8	–
	合计	7940311	4034	7	1436	4243	1292	117	-8	1219	0	770	13110	11.7	7005	53.4	18.6
平安产险	市区	1214372	169	–	651	1611	193	11	–	99	5	177	2916	26	1485	50.9	–
	丹阳	652162	426	–	237	652	59	6	–	81	1	104	1566	13	1369	87.4	–
	句容	234045	136	–	117	228	4	6	–	23	–	48	562	-7	853	151.8	–
	扬中	225300	66	–	130	289	1	8	–	17	–	30	541	24	500	92.4	–
	合计	2325879	797	0	1135	2780	257	31	0	220	6	359	5585	15.7	4207	75.3	7.9
天安产险	市区	396660	123	11	178	475	45	7	-5	30	5	70	939	-18.8	1095	116.6	–
	丹阳	38801	3	0	29	130	0	2	-7	9	1	0	167	-59.1	503	301.2	–
	句容	59236	36	0	54	147	9	0	0	3	0	0	249	-38.5	367	147.4	–
	扬中	368115	135	5	53	136	51	21	10	32	2	5	450	-11.4	325	72.2	–
	合计	862812	297	16	314	888	105	30	-2	74	8	75	1805	-27.2	2290	126.9	2.6
大众产险	市区	146071	64	7	77	176	23	5	–	4	–	-2	354	-64.8	756	213.6	–
	丹阳	39046	18	–	40	119	–	–	–	–	–	–	177	-66.2	606	342.4	–
	句容	3826	1	–	12	14	–	–	–	–	–	–	27	–	3	11.1	–
	扬中	67497	36	–	53	154	4	–	–	1	–	–	248	14.3	165	66.5	–
	合计	256440	119	7	182	463	27	5	0	5	0	-2	806	-53.8	1530	189.8	1.1

续表 25-3

单位		承保金额	保费收入											同比增长（%）	赔款支出		市场份额（%）
			企财险	家财险	交强险	机车险	运输险	责任险	保证险	人意险	健康险	其他险	累计		累计	赔付率（%）	
中华联合产险	市区	827488	51	10	999	1964	4	3	-1	183	34	57	3304	-27.0	3210	97.2	-
	丹阳	384903	78	-2	541	1031	-	2	-1	91	36	-	1776	-17.0	1303	73.4	-
	句容	196176	16	-1	242	276	-	0	0	42	11	-	586	-27.0	525	89.6	-
	扬中	119463	8	0	205	326	-	1	0	55	11	-	606	19.0	438	72.3	-
	合计	1528030	153	7	1987	3597	4	6	-2	371	92	57	6272	-21.5	5476	87.3	8.9
永安产险	市区	506738	100	12	395	704	51	12	-	105	-	35	1414	-15.8	817	57.8	-
	丹阳	53071	27	-	104	201	-	2	-	14	-	-	348	-42	222	63.8	-
	句容	67025	23	-	103	172	-	5	-	33	-	-	336	-45.6	422	125.6	-
	扬中	30529	1	-2	70	137	2	4	-	5	-	-	217	-45.5	204	94.0	-
	合计	657363	151	10	672	1214	53	23	0	157	0	35	2315	-29.8	1665	71.9	3.3
安邦产险	市区	1119036	42	3	377	723	43	31	-	292	-	25	1536	-35.9	1715	111.7	-
	丹阳	86711	25	-	106	317	1	-	-	8	-	-	457	-14.7	149	32.6	-
	句容	42545	11	-	102	117	-	-	-	10	-	-	240	-35.3	85	35.4	-
	扬中	32898	15	-	102	123	-	1	-	-	-	-	241	-0.8	96	39.8	-
	合计	1281190	93	3	687	1280	44	32	0	310	0	25	2474	-30.2	2045	82.7	3.5
阳光产险	市区	230577	27	2	174	351	17	33	-	16	-	-	620	-9.9	512	82.6	-
	丹阳	84751	44	-	118	135	-	-	-	1	-	-	298	9.5	237	79.5	-
	句容	7133	3	-	11	16	-	-	-	5	-	-	35	-	11	31.4	-
	扬中	159	-	-	-	1	-	-	-	-	-	-	1	-	-	-	-
	合计	322620	74	2	303	503	17	33	0	22	0	0	954	-0.6	760	79.7	1.4
都邦产险	市区	828633	181	0	489	1143	56	7	0	73	0	0	1949	2.8	1095	56.2	2.8
太平产险	市区	267053	69	0	283	661	45	3	0	40	0	0	1101	389.3	332	30.2	1.6
华安产险	市区	65451	2	10	9	66	-	-	-	22	-	-	109	-50.7	154	141.3	-
	丹阳	855	-	-	1	4	-	-	-	-	-	-	5	-95.6	100	-	
	合计	66306	2	10	10	70	0	0	0	22	0	0	114	-66.4	254	222.8	0.2
大地产险	市区	254363	20	-	194	376	24	16	-	53	3	169	855	35.7	318	37.2	-
	丹阳	61799	4	-	135	280	-	-	-	6	-	-	425	70.7	230	54.1	-
	句容	1882788	8	-	117	169	-	-	-	8	-	-	302	313.7	96	31.8	-
	扬中	45137	10	-	81	159	-	1	-	2	-	-	253	336.2	180	71.1	-
	合计	2244087	42	0	527	984	24	17	0	69	3	169	1835	81.7	824	44.9	2.6
中银产险	市区	940502	350	14	494	1589	37	41	-	53	-	9	2587	399.4	824	31.9	3.7
华泰产险	市区	125540	15	1	75	260	10	34	-	17	-	3	415	865.1	43	10.4	0.6
国寿产险	市区	397017	79	21	586	841	10	5	-	86	-	27	1655	-	308	18.6	-
	丹阳	30245	1	1	42	70	0	-	-	0	-	-	114	-	2	1.8	-
	句容	10306	1	0	22	45	0	-	-	1	-	-	69	-	2	2.9	-
	扬中	13423	3	0	22	47	2	-	-	0	-	-	74	-	2	2.7	-
	合计	450991	84	22	672	1003	12	5	0	87	0	27	1912	-	314	16.4	2.7
渤海产险	市区	142325	73	0	134	275	4	0	0	26	0	0	512	-	37	7.2	0.7

续表 25-3

单位		承保金额	保费收入											同比增长(%)	赔款支出		市场份额(%)
			企财险	家财险	交强险	机车险	运输险	责任险	保证险	人意险	健康险	其他险	累计		累计	赔付率(%)	
民安产险	市区	152336	94	–	24	91	58	–	–	11	–	–	278	–	7	2.5	0.4
合计	市区	19864736	5997	9	8285	19005	2199	806	-15	1994	56	2527	40863	17.6	21514	52.6	58.1
	丹阳	7410475	2173	13	3438	7981	296	498	-8	736	38	900	16065	2.8	12498	77.8	22.8
	句容	4256288	545	15	1550	2847	78	170	-1	363	11	721	6299	-1.6	5190	82.4	8.9
	扬中	3499101	1315	46	1402	3272	435	185	89	217	13	196	7170	10.3	4616	64.4	10.2
合计		35030600	10030	83	14675	33105	3008	1659	65	3310	118	4344	70397	11.3	43818	62.2	100

（镇保办）

表 25-4

2008 年镇江市人寿保险业务统计表

单位:万元

单位		保费收入							同比增长(%)	给付金额			退保金额	承保人次	市场份额(%)
		合计	其中							理赔给付	其他给付	合计			
			首年新单	首年期缴	续收	直销	营销	代理							
中国人寿	市区	43896	26143	5331	17753	5987	22367	15542	19.1	1591	10495	12086	10941	2897834	–
	丹阳	49743	27670	8910	22073	2982	30843	15918	28.2	1687	11877	13564	7217	952039	–
	句容	20116	12873	3353	7243	1236	10328	8552	52.5	702	3439	4141	1775	1340787	–
	扬中	26073	14143	4358	11930	1182	16256	8635	32.6	818	7282	8100	4498	618151	–
	合计	139828	80829	21952	58999	11387	79794	48647	28.9	4798	33093	37891	24431	5808811	54.18
太保寿险	市区	12730	7371	1043	5359	2750	6335	3646	-4.4	392	4389	4781	4181	301766	–
	丹阳	4725	2997	416	1728	129	2124	2472	44.9	130	249	379	708	56203	–
	句容	3809	1846	530	1963	39	2515	1255	25.5	112	105	217	285	39119	–
	扬中	3171	1787	408	1384	143	1812	1215	8.1	168	160	328	384	45854	–
	合计	24435	14001	2397	10434	3061	12786	8588	8.4	802	4903	5705	5558	442942	9.47
平安寿险	市区	16858	6409	2521	10451	2072	12953	7636	48.2	475	807	1282	1403	8732	–
	丹阳	18673	7014	2763	11659	–	14184	–	33.6	537	902	1439	1566	11483	–
	句容	3480	1380	568	2129	–	2906	–	-10.8	105	162	267	285	1233	–
	扬中	2935	1138	428	1766	–	2195	–	-9.7	106	140	246	238	1116	–
	合计	41946	15941	6280	26005	2072	32238	7636	29.1	1223	2011	3234	3492	22564	16.25
新华寿险	市区	5646	2430	1050	3216	279	3647	1720	26.9	54	378	432	1275	7787	–
	丹阳	373	114	114	259	–	373	–	-39.5	16	–	16	35	711	–
	句容	457	147	147	310	–	457	–	-18.5	19	–	19	25	776	–
	扬中	465	154	154	311	–	465	–	-9.5	17	–	17	28	894	–
	合计	6941	2845	1465	4096	279	4942	1720	13.0	106	378	484	1363	10168	2.69
泰康寿险	市区	11872	10102	897	1770	93	2914	8865	80.29	126	1003	1129	1666	8165	–
	丹阳	2748	2027	804	721	–	1597	1151	143.2	7	2	9	125	2184	–
	句容	1711	1115	437	596	–	1071	640	108.7	13	10	23	73	1193	–
	扬中	410	249	0	161	–	161	249	153.1	2	3	5	25	160	–
	合计	16741	13493	2138	3248	93	5743	10905	92.5	148	1018	1166	1889	11702	6.49
太平寿险	市区	7949	6779	1094	1170	1992	1310	4647	-29.7	87	–	87	229	8664	–
	丹阳	451	254	356	197	–	451	–	-31.7	10	–	10	14	803	–
	句容	461	412	413	49	–	461	–	-14.5	2	–	2	2	1232	–
	合计	8861	7445	1863	1416	1992	2222	4647	-29.1	99	0	99	245	10699	3.43
民生寿险	市区	1282	802	330	480	11	764	507	123.3	42	–	42	63	892	–
	丹阳	211	54	45	157	–	211	–	12.8	–	–	0	–	240	–
	句容	146	131	129	15	–	146	–	–	–	–	0	–	369	–
	扬中	173	43	34	130	–	173	–	-2.26	–	–	0	–	123	–
	合计	1812	1030	538	782	11	1294	507	83.4	42	0	42	63	1624	0.70
合众寿险	市区	1572	1345	1345	227	834	313	425	-21	–	–	0	16	12223	–
	丹阳	957	891	891	66	–	163	794	122	–	–	0	2	4728	–
	句容	186	135	135	51	–	186	–	21.5	–	–	0	1	8949	–
	合计	2715	2371	2371	344	834	662	1219	5.0	0	0	0	19	25900	1.05

续表 25-4

单　位		保费收入							同比增长（%）	给付金额			退保金额	承保人次	市场份额（%）
		合计	其　中							理赔给付	其他给付	合计			
			首年新单	首年期缴	续收	直销	营销	代理							
生命寿险	市区	2178	2064	458	114	76	431	1671	74.5	–	–	0	48	1317	–
	丹阳	210	187	147	23	–	200	8	176.3	–	–	0	–	196	–
	句容	183	142	158	41	–	185	–	147.3	–	–	0	–	218	–
	扬中	337	317	229	20	–	337	–	1673.3	–	–	0	–	291	–
	合计	2908	2710	992	198	76	1153	1679	105.2	0	0	0	48	2022	1.13
中宏寿险	市区	682	442	413	240	0	682	0	147.1	19	–	19	12	4338	0.26
华夏寿险	市区	4633	4633	928	0	113	322	4198	–	2	–	2	110	2237	–
	丹阳	587	587	–	–	–	587	–	–	–	–	0	–	1322	–
	句容	57	57	–	–	–	57	–	–	–	–	–	–	143	–
	合计	5277	5277	928	0	113	966	4198	–	2	0	2	110	3702	2.04
嘉禾寿险	市区	2176	2176	390	0	39	454	1683	–	–	–	0	216	3168	0.84
海康寿险	市区	2424	2424	1	0	0	0	2424	–	–	–	0	2050	179	0.94
国泰寿险	市区	87	87	0	0	0	87	0	–	–	–	0	0	293	0.03
正德寿险	市区	1138	1138	1133	0	3	207	928	–	–	–	0	63	1969	0.44
长城寿险	市区	92	92	0	0	0	92	0	–	–	–	0	0	214	0.04
合计	市区	115215	74437	16934	40780	14249	52878	53892	30.9	2788	17072	19860	22273	3259778	44.6
	丹阳	78678	41795	14446	36883	3111	50733	20343	33.0	2387	13030	15417	9667	1029909	30.5
	句容	30606	18238	5870	12397	1275	18312	10447	37.1	953	3716	4669	2446	1394019	11.9
	扬中	33564	17831	5611	15702	1325	21399	10099	25.6	1111	7585	8696	5173	666589	13.0
合计		258063	152301	42861	105762	19960	143322	94781	31.6	7239	41403	48642	39559	6350295	100.0

（镇保协）

全年共承担各类风险12909亿元，比上年增长203.03%，其中财产保险公司承保3503亿元，比上年增长28.93%。有效参保人数798万人次，人寿保险公司承保635万人次。全年共处理各类理赔案23万件，赔付9.25亿元，其中财产保险公司理赔14万件，赔付4.38亿元；人寿保险公司理赔9万件，给付4.86亿元。（镇保协）

【中国人民财产保险股份有限公司镇江市分公司】 2008年，公司实现保费收入26373万元，比上年增长16.4%，市场份额37.5%，比上年增加1.7个百分点。辖市（区）发展速度均高于市场平均水平。车险业务稳定增长，保费收入17312万元，同比增长9.6%，市场份额36.2%；非车险业务保费收入9061万元，同比增长32%，市场份额40.1%。综合成本率95.1%，同比下降11.6%，保费应收率降到6.1%。当年提取未决赔款准备金净额1608万元，报表累计未决赔款准备金净额8791万元。2008年，承保全市医疗责任险、火灾公众责任险等行业统保业务，新增索普集团年产60万吨醋酸造气工艺技术改造项目的建筑安装工程保险业务、中电电器保险业务、京沪高铁镇江标段土建工程保险业务等一系列大项目。行业主导地位稳固，业务结构保持均衡。

农险业务成效显著。全年承保水稻9.36万公顷，三麦11.97万公顷，油菜4.6万公顷，能繁母猪41685头。在55个乡镇建立三农保险服务站，678个村建立三农保险服务点，建立和完善镇江市农业保险制度研究课题。

服务民生，保障功能充分显现。全年累计承担风险责任金额近1500亿元，处理各类赔案41155件，支付赔款1.51亿元。非车险赔案2591件，赔付金额4449.2万元，同比增加1809万元。及时处理医疗责任险赔案、丹阳长丰纸业火灾赔案等重大案件。在年初罕见雪灾中，及时查勘施救定损，赔付金额近3000万元。“95518”服务专线全年话务总量达281208个，同比增长20.15%。客户节期间，开展客户拜访、黄金周自驾游、客户座谈会及满意度调查等一系列互动活动。在“拥有人保财险，喜看北京奥运——万张奥运门票大抽奖活动”中，向全市30位幸运客户赠送奥运赛事门票。

改革创新，管理机制持续优化。在全省系统率先搭建事业部制经营管理框架，进行流程再造、分解职能和理顺机制。推出"柜员制"服务。加强应收保费、未决赔案、数据质量管理，推进全面预算管理和分险种核算。

2008年，公司被市保险行业协会评为第二届诚信服务创优活动三星级先进单位，被省消费者协会授予2007～2008年度江苏省诚信单位，连续2次被市消费者协会评为消费者信得过单位。公司直属营销服务部被总公司授予全国个人代理营销标杆团队荣誉称号。

（刘海燕）

【中国人寿保险股份有限公司镇江市分公司】 2008年，公司坚持科学发展，各项工作取得新进展。全年实现保费收入13.98亿元，同比增长28.9%，市场占有率达54.18%。全年累计给付保险金额3.79亿元。

优化业务结构，经营绩效稳步提升。全年实现首年期缴保费收入2.19亿元，同比增长31.7%，高出全省平均水平2.88个百分点。十年期及以上期缴保费收入1.01亿元，同比增长23.6%。全市系统实现短险保费收入4652.9万元，同比增长11.35%，其中意外险保费收入2652.6万元，同比增长11.9%。在加强业务结构调整的同时，注重开源节流，提高经营效益，市分公司年度绩效考核位居全省系统先进行列。

加大创新发展力度，区域竞争能力增强。围绕全年发展目标，研究确立24项年度重点工作项目，提出中心网点建设、振兴城区发展战略、销售一体化建设等创新举措，增强区域竞争能力。发挥中心网点功能，制定《中心网点运营手册》和《团险展业属地化管理试行办法》等规范管理、促进发展的规章制度，开展中心网点评比，加强保险先进村建设和驻村代表建设。制定促进镇江城区队伍、业务发展的专项方案。加强销售一体化建设，各业务渠道充分利用自身资源，加大短险拓展力度。

抓好管理服务工作，统筹发展水平不断提高。制定下发《市分公司案件防范责任实施办法》，重新修订《治本抓源头责任制管理办法》，把风险控制责任落到具体岗位。突出印章使用管理、重要单证管理、重点业务员管理等六项效能监督，制定整改措施，完善内控制度。在省分公司年度考核中，镇江市分公司内控合规工作考核得分列全省第三。提高业务处理时效、电话回访成功率、问题件解决率和投诉结案率。在全辖推行新单首期非现金收付和续期转账工作，严格执行核保、保全及大额疑难理赔案件的审批权限，防止虚假保费、违规承保、虚假理赔等案件的发生。组织开展"牵手"系列客户服务活动和第二届客户服务节活动。建立前、后台联席会议制度，加强运营部门和销售部门之间的相互协作、沟通协调。 （张小军）

【中国太平洋财产保险股份有限公司镇江中心支公司】 2008年，公司完成保费收入1.311亿元，同比增加1368万元，完成全年计划102.42%，市场份额18.6%。其中，非车险保费收入7431万元，同比增加754万元，增长11%；车险保费收入5679万元，同比增加614万元，增长12%。公司共结赔案151519件，赔款支出7005万元，赔付率53.4%。

公司坚持科学决策，注重将专业知识和市场发展实际相结合，对复杂环境进行分析，定期研究经营发展措施。完善考核机制，明确目标任务。围绕年度目标任务，对经营目标进行逐项分解落实。加强责任制考核，签订责任状。在班子成员中实行目标责任追究制，与机构、业务部门签订目标责任状，在员工中实行指标任务考核制，在公司形成权责清晰、奖罚分明的工作机制。

采取有效措施，实现稳健发展。坚持优先发展效益险种，给予费用支持，使核心业务稳居镇江市场第一。注重与大客户保持良好关系，做好与总公司密切联系大项目的承保工作，拓展和巩固重大项目，相继承保泰州大桥、联诚化工、辉煌多硅晶、鼎胜铝业等一批新项目。主承保建筑工程人身伤害意外伤害险和火灾公众责任险，建筑工程人身意外险销售团队获总公司重大项目开拓银质奖。参与承保供电局、邮政局保险业务及全市医疗责任险。独家承保农机政策性保险及国税系统车险和私家车保险。发展车商、俱乐部代理和渠道业务。增设新区支公司，丹徒营销服务部升格为支公司。

注重细微关爱，提升公司品牌。创新服务手段，完善客户服务体系，增加查勘人员和车辆，保证快速理赔。夏季开展"赠送一瓶水"的客户关爱活动，为客户提供周到的服务。柜面添置意见箱、饮水机等便民设施，员工统一着装，挂牌上岗。亮化办公大楼，树立企业外在形象。参与镇江市"3·15"大型宣传活动，树立公司优质服务的保险品牌。

合规依法经营，加强管控能力。公司坚持依法合规经营，设立合规管理兼职岗位，完善内控制度。强化预算控制，严格资金管理。规范承保理赔服务流程，提高承保快速通过率和理赔结案率。加强应收保费管理，明确责任，落实到人，严密监控应收保费。组织业务检查，制定整改措施。做好防灾工作，加强对重点单位和易发生灾情单位的检查。

践行诚信服务，倡导企业文化。公司弘扬"诚信天下、稳健一生、追求卓越"的太保核心价值观，坚持将诚信作为生存之本，始终把客户满意度作为工作的标准和起点，建立和完善员工诚信服务制度和客户投诉机制，利用电台、报纸、广播等多种媒体公布、公开服务承诺，自觉接受社会和公众监督。在2008年保险行业调查中，公司为零投诉，再次被省消费者协会评为省诚信单位。

（金 怡）

【中国太平洋人寿保险股份有限公司镇江中心支公司】 2008年，公司坚持规范经营，诚信服务，各项业务均取得较好的成绩。全年实现保费收入2.44亿元，超过年度计划1900万元，同比增长8.4%。其中，个险业务实现保费收入1.27亿元，超过年度计划100万元，第一次进入亿元营销规模保费行列；银行代理业务实现保费收入8589万元，超过年度计划近1930万元；团体业务年金险保费收入2498万元，意外健康险保费收入488万元。

坚持规范经营，落实内控制度，倡导和推行合规文化，坚持诚信服务，提高服务品质，提升管理水平。服务向下延伸，县支机构标准化建设通过验收。开展服务创新活动，成立营运中心一站式服务窗口。全年为社会各类企业、个人处理理赔案件1915件，赔付金额801.88万元。其中意外险赔付269.4万元，健康险赔付277.12万元，寿险赔付255.36万元。2008年，公司被评为镇江市消费者信得过单位、诚信服务先进单位和社会治安综合治理先进单位。 （谢 琳）

【中国平安财产保险股份有限公司镇江中心支公司】 2008年，公司秉承"品质优先，利润导向，遵纪守法，挑战新高"十六字指导方针，坚持诚信经营，加强销售渠道建设，提高公司在市场中的竞争力，各项工作取得新成绩。

年末，公司保费收入5585万元，同比增长15.7%，市场份额7.9%。其中：车险保费收入3915万元，占总保费70.11%；财产险保费收入1444万元，占总保费25.85%；意外健康险保费收入226万元，占总保费4.05%。

加强员工教育，提升规范经营意识。加强销售培训，开拓个人销售产品渠道，加强传统渠道的维护，拓展新代理点，维护银行业、专业代理公司合作关系。加大车行4S店的拓展力度,在拓展新车业务的同时,尝试与车行建立客户资源共享合作,促进客户的二次开发。

建立健全内控制度,杜绝违规行为发生,加强诚信展业教育,建立健全核保、核赔、人力、财务、行政等管理制度,通过基础工作的完善促进团队整体销售能力的提升,组织架构、人员队伍、销售保持稳定发展。建立完善的投诉管理机制,制定投诉管理暂行办法,专门设置投诉电话专线,建立投诉登记台账记录和处理结果记录。建立客户回访机制,制定客户电话回访管理办法,完善客户服务体系,提高客户服务质量,让客户感受到平安"恒久关怀,共享平安"的真挚情怀。公司连续2次被江苏省消费者协会评为江苏省诚信单位,连续9年被评为镇江市消费者信得过单位,并获2006~2007年度全市保险行业三星级诚信服务先进单位称号,连续5次获镇江市政府采购定点单位资格。 （邹慧芬）

【中国平安人寿保险股份有限公司镇江中心支公司】 2008年,中国平安人寿保险股份有限公司镇江中心支公司贯彻落实总公司战略部署,开拓创新,拓展业务渠道。全年实现保费收入4.19亿元,同比增长29.1%。主要指标完成率位居全省系统前列。

公司履行服务承诺,依法合规经营、诚信服务,提高客户服务满意度。提高客户服务工作质量,职场服务环境得到优化,为客户提供"主动、简单、及时、方便、可靠"的P-STAR服务体验。严格执行首问负责制。对不同客户需求,开展差异化服务。对高端客户开展全面体检服务,多次对乡镇等客户开展理赔相关知识及健康讲座。推行多渠道、多元化服务,提升客户满意度。及时推行网上客户自助服务系统,客户可以在足不出户的情况下进行地址、联系电话、账户等变更。公司客户满意度95%以上,在全省名列前茅。组织员工学习反商业贿赂、反洗钱法等。杜绝弄虚作假,坚持诚信第一。开展多形式学习宣传引导。在公司职场开辟专栏,对典型案例进行分析。规范公司业务人员销售行为,实施人才兴业战略,加大竞争考核,培养优秀的经营管理队伍、专业技术队伍、保险销售队伍。 （朱笑颐）

【天安保险股份有限公司镇江中心支公司】 2008年,公司坚持效益优先,主动化解历史遗留问题,确保公司经营管理全面合规,各项经营指标朝着良好的方向发展。全年实现保费收入1805万元,其中非车险占比33.15%,同比增长6.6%,非车险占比在全省天安保险系统位居第三。赔付支出2290万元。

公司开展形式多样的经营竞赛活动。一季度人身险竞赛,二季度"我行我能、全员过半"劳动竞赛,三季度"加油北京、2008非车险产品竞赛",四季度"合规促效益、转型增效益"竞赛,有效提高公司的活力,凝聚公司的竞争力,激发全体员工的工作热情。

严格执行报、立案跟踪制度,加强内、外勤、查勘员间的有效协调,实行"首问责任制",严格遵守省公司"两访一查"制度,并对外勤查勘人员服务态度质量进行跟踪调查。承保理赔保持与客户电话沟通,及时了解客户对承保理赔环节的信息反馈,使回访制度落到实处。公司的客户满意度得到提高。

（任淑丽）

【新华人寿保险股份有限公司镇江中心支公司】 2008年,公司实现保费收入6941万元,比上年增长13%,其中个险业务2464万元,提前两个月超额完成分公司下达的年度目标,代理期缴、团体短险比重大幅提高,业务结构持续优化。公司为客户提供快速、高效的理赔服务。全年支付各类保险赔款484万元,件数394件,理赔时效平均4天。 （杨立栋）

【泰康人寿保险股份有限公司镇江中心支公司】 2008年,公司以组织发展、县域保险和机构建设为核心,各项业务发展和经营管理水平均得到提高。全年实现保费收入16741万元,同比增长92.5%,承保11702人次,全年支付各类赔款1166万元。

大力推进县域保险工作,全年共开设乡镇级营销服务部6家,在全国"丰收杯"竞赛中,有3家乡镇服务部入围全系统百强乡镇服务部。坚持稳健经营,加强内控建设,防范经营风险。持续改进服务质量,加强服务人员培训,提高服务人员综合素质,实现专业、高效、周到的服务。改善契约品质,加强对业务人员法律法规的培训,以诚信优良的服务参与市场竞争。 （张敏泉）

【中华联合财产保险股份有限公司镇江中心支公司】 公司落实科学发展观,以业务发展为中心,加强内部管理,提高基础管理的质量和水平。以人为本,全面加强班子和队伍建设,提高执行能力。加强考核机制、激励机制和培训机制,实行人力资源转型。实行精细化管理,工作流程优化、工作标准细化、督查考核量化。2008年,公司实现保费收入6272万元,在镇江18家财险公司中名列第三,市场份额占比8.9%,其中:车险保费收入5584万元,非车险保费收入688万元。各项赔款5476万元。 （徐小卫）

【永安财产保险股份有限公司镇江中心支公司】 2008年,公司坚持以效益为中心,坚持优化险种结构,以优质的客户服务推动业务平稳发展。年末,全辖签单保费收入2315万元,比2007年减少978万元。满期赔付率100%,超过全省平均数26.4个百分点,总体车险赔付率超全省平均数38个百分点。财产险满期赔付率21.6%,低于全省平均数37个百分点,人意险满期赔付率36%,低于全省平均数1.5个百分点。当年结案率88.17%,累计结案率94.64%,不立案率7.27%。做到"不惜赔、不滥赔",只要手续齐全,就及时结案。做好电话回访和电子信息平台的利用工作。严格考核兑现,以保监会提出的见费出单文件精神为指导,严格控制应收保费,年末应收率2.3%。

2008年,公司在省海事油污责任险招标中成功中标,扩大了永安公司在江苏的影响。公司在全市30多个邮政支局设立出单点,多次到各乡镇所巡回讲解车险知识,在全市邮政支局营造与永安合作的良好氛围。11月,镇江邮政局302台车辆对外招标,公司成功中标。实行"首问负责制",提高工作效率和服务质量。加大培训力度,提高员工的服务技能和业务水平。以劳动竞赛为重点,推动业务平稳发展。公司通过"开门红"竞赛,一季度实现保费收入669万元,创全年最高。二季度公司开展"团结拼搏90天、创佳绩迎奥运"旅游竞赛,当季实现签单保费收入623万元。下半年公司开展非车险业务竞赛,每周通报全市完成情况,督促落后单位及时赶上。公司非车险保险收入下半年比上半年增加85万元。推动卡式业务的发展,优化险种结构,四季度实现卡式业务签单1800张。 （周开林）

【太平财产保险有限公司镇江中心支公司(筹)】 太平保险是拥有海外经营经验的保险公司,2001年恢复国内保险业务,2004年1月,镇江营销服务部成立。2008年10月,镇江营销部筹备中心支公司。公司以科学发展观为统领,秉承"诚信、奉献、和谐、分享"的核心价值观,深化经营过程管理,提升业务经营品质,以市场份额为发展主线,以自留保费综合成本率为经营底线,以合规发展为警示红线,以保费应收率为资金防线,搭建镇江太平财产保险公司组织、队伍、管理和渠道业务平台，夯实镇江太平发展的基础。全年保费收入1100万元，应收保费率0.48%，赔付率30.2%，公司以较好的增长态势良性发展。（刘杭燕）

【太平人寿保险股份有限公司镇江中心支公司】 2008年，公司始终保持强劲的发展态势，全年保费收入8861万元。个险业务、团险业务、银行代理业务（简称个险、团险、银保）均衡发展：个险保费收入2222万元，其中个险和银保13个月继续率均完成总公司指标。银保完成保费收入4647万元，其中期缴业务717万元，超额完成分公司下达的期缴任务，业务品质进一步提升。团险业务1992万元，短险、分红、健康等业务项目均有所覆盖。

公司开展多种形式的客户回馈活动，先后举办答谢酒会、健康知识讲座等客户活动。2008年，公司被镇江市消费者协会评为消费者信得过单位。

（郭 青）

【民生人寿保险股份有限公司镇江中心支公司】 公司坚持"文化立司、专业致胜"的经营理念，秉承"亲和诚信、尊重沟通、简单务实"的管理理念，贯彻落实"公司服务好客户、内勤服务好外勤、后援服务好一线、领导服务好员工"的服务理念，稳健经营，各项工作稳步发展。个险新单业务稳健发展。2008年，全年保费收入1812万元，其中首年期缴保费收入538万元，续期保费收入782万元，13个月继续率77%。全年受理理赔报案121件，获赔119件，理赔支出42万余元，其中单件10万元的有2件。2008年，无一例客户投诉案件，在镇江市场树立良好的品牌形象。

贯彻总公司"非常6+1"特色理赔服务，"1"即一切以客户为中心，"6"即六项特色服务措施。第一项："及时雨"——上门送赔款服务，对于赔付金额在10万元以上的案件，理赔人员将上门送理赔金。第二项："倒赔钱"——延滞支付利息服务。对于赔付金额在400元以上的非调查案件，10日内结案，超过10日未结案的，民生人寿将从第11日起向客户支付利息。第三项："解燃眉"——预付赔款服务。在初步确定保险责任的前提下，向客户提供预付赔款服务，以解客户的燃眉之急。第四项："快回答"——投诉案件快速书面回复服务。客户对理赔结论或赔付金额有异议提出申诉的，5个工作日内将复核结论书面通知客户。第五项："加急报"——给付通知及回访跟踪服务。理赔案件结案后，将在24小时内以短信或电话形式通知客户办理领款手续。第六项："马上给"——小额案件即时给付服务。对于赔付金额在400元以下的案件，提供立即给付理赔金服务。

（顾芬花）

【都邦财产保险股份有限公司镇江中心支公司】 2008年，公司围绕"开源节流、精耕细作、突出效益、健康发展"的经营方针展开工作，业务规模跨上新台阶。全年保费收入1949万元，其中：机动车险保费收入1632万元，企业财产险保费收入181万元，意外健康险保费收入73万元。

规范管理取得新成效。公司推动以核保核赔、财务、人事行政、销售管理为重点的基础管理达标工作，全员规范管理的意识明显增强，机构规范基础管理工作成效显著。队伍建设实现新跨越。公司各层次、各条线、各岗位员工培训有新进展，队伍整体素质、团队管理水平不断提升，以"创造快乐"为核心的企业文化得到员工和行业内外的认同。

（夏 冰）

【阳光财产保险股份有限公司镇江中心支公司】 阳光保险总部设在北京，是国内七大保险集团之一，由中国石化、南方航空、中国铝业、中国外运、广东电力等国有大型企业集团为主发起组建。阳光公司始终坚持为客户创造价值、使员工富有成就、为社会营造和谐、让股东获得厚报的使命，并注重公司业务发展和企业文化建设。公司坚持以客户为中心，较早实现车险的"通赔通付"。年末，"远程定损"系统投入试运行。2008年，阳光公司获"年度最佳企业文化奖"。

2006年8月，镇江中心支公司经江苏保监局批准开业。2008年12月，阳光财险镇江中心支公司完成机构网络架构，下设综合管理部、财务部、业务管理部，营业一部、营业二部2个团队以及丹阳营销服务部、句容营销服务部、扬中营销服务部3个四级机构。

2008年，镇江中心支公司全年保费收入954万元，其中企财险74万元、交强险303万元、机车险503万元、人身险22万元。市场份额1.4%，保费收入同比增长率下降0.6个百分点。赔款支出760万元，赔付率79.7%。（傅 蓉）

【合众人寿保险股份有限公司镇江中心支公司】 合众人寿保险股份有限公司是中国十大寿险公司之一，合众人寿股东由中发实业集团、意大利联合圣保罗银行、日本太阳生命保险株式会社等国内外知名企业组成。合众人寿率行业之先提出"合众保险，理赔不难"的服务举措。

2006年3月，合众人寿保险股份有限公司镇江中心支公司成立。公司下设丹阳、句容营销服务部。秉承"合和各方利益，实现多赢共好"的核心价值理念，有效平衡和协调处理好各种矛盾，创造内和外顺、众心归一的事业发展环境，为社会大众提供人文关怀的寿险产品和服务。2008年，实现保费收入2715万元，同比增长11%。加强基础管理，调整险种结构，细化考核指标，有效提升执行力。优化服务流程，提升岗位技能。通过客户回访、客户联谊会等方式宣传公司品牌，提升客户满意度。坚持合众理赔六大特色服务（24小时受理电话报案、咨询、上门服务、延滞付利息、预付赔款简单案件即时结案、结案通知及回访），在兑现保单承诺时，使客户亲身感受到合众的亲情式服务。公司秉承"最好的产品在合众、最好的服务在合众"的服务战略和"诚信服务、始终如一"的服务理念，以专业、规范的服务，培育公司忠诚客户群，提高公司持续发展力。

（汤 杰）

【生命人寿保险股份有限公司镇江中心支公司】 生命人寿保险股份有限公司是一家国际化股份制专业寿险公司，成立于2001年12月28日，总部设在深圳。股东由首钢总公司、大连实德、东京海上日动等多家国内外资金雄厚的企业构成。

生命人寿保险股份有限公司镇江中心支公司于2006年8月开业，公司秉持"内诚于心，外信于行"的核心价值观，奉行"以人为本、尊重生命"的经营理念，倡导求新、求变、求发展的经营作风。重视合规经营，推广诚信展业，以优质的服务、良好的信誉赢得客户的信任。2008年，镇江中心支公司全年保费收入2908万元，个险业务、银行代理业务、团险业务均衡发展。2008年末，公司推出新产品"鑫福人生"两全保险（分红型），生命金尊两全保险被中国保险行业协会、中国保险学会、行业媒体及全国各大院校评为最佳理财保险产品奖。

（倪成刚）

【中宏人寿保险股份有限公司镇江营销服务部】 2008年，中宏人寿镇江市营销服务部实现保费收入682万元，全年给付金额19万元。坚持诚信规范服务，做到每单必访，客户回访率100%，继续实现全年客户零投诉。在保险行业组织的第三届诚信服务创优活动中，2008年度考核评比综合评分列全市人寿保险公司第四、外（合）资公司第一。公司强化内部管理，提升员工素质，增强公司内涵品质，124名营销员全部实现持资格证和展业证上岗。连续两年在行业内未收到同业投诉，受到市保险行业协会的好评。（周禹岑）

【中国大地财产保险股份有限公司镇江中心支公司】 2008年，公司业务稳健发展，内控管理明显加强，销售渠道进一步拓宽，服务体系化建设迈出新步伐。全年实现保费收入1835万元，同比增长81.68%，其中车险占82.27%，非车险占13.78%，人身险占3.79%，健康险占0.16%。

以科学发展观为指导，切实转变增长方式，以实现承保利润为目标，确保有效益可持续发展。公司渠道建设工作初见成效，相继与银行、信用社、邮政及车行、车友俱乐部建立固定的合作关系，与两家专业代理公司保持长期合作关系。优化业务结构，加大非车险效益险种业务的占比，重点发展沿海内河船舶保险、船舶建造险业务。拓展银行信贷资产保险业务。重点发展企业财产保险、货物运输保险等传统非车保险业务。

为加快理赔速度，提高结案率，全面提升公司理赔服务水平，公司制定简易赔案实施细则，实行限时服务，客户无须上门办理索赔手续即可取得转账赔款。2008年，公司办理简易赔案260余件。实施服务品牌战略，继续推动"车险全国通赔"和"赔案网上查询"等特色服务。开展客户体验日活动，通过与客户的互动，增进相互了解，并主动接受客户监督，体验车险全国县级通赔所带来的跨越地域、跨越时间的便捷服务，下发《客户体验活动意见建议反馈表》，主动征求客户的意见和建议，受到客户一致好评。（马俊贤）

【中银财产保险股份有限公司镇江中心支公司】 中银保险有限公司是经中国保监会批准设立的全国性财产保险公司。作为中国银行的全资附属机构，公司采用银行保险创新经营模式，利用中国银行的品牌、渠道、客户资源和业务机会，通过与中国银行的无缝连接，形成银行保险合力，提升集团竞争力，提高客户忠诚度，满足客户一体化金融服务需求。与多家银行建立业务合作关系，并有多次成功的银保合作案例。

2007年9月，中银保险有限公司镇江中心支公司成立，公司围绕"敬业、专业、效率"的核心价值观，倡导"奋进争先、追求卓越"的企业精神，以致力于打造中国技术领先、服务最好的保险品牌为目标，为客户提供最适合的保险产品和优质便捷的服务。

2008年，镇江中心支公司全年保费收入2587万元，在全市18家财产险公司中名列第五。全年共处理赔案5527件，支付赔款824万元。（王虹）

【华泰财产保险股份有限公司镇江中心支公司】 华泰财产保险股份有限公司是中国第一家全国性股份制财产保险公司，1996年8月29日在北京正式开业，公司注册资本金13.83亿元。华泰财产保险股份有限公司为全国科技保险试点公司。首批科技保险试点险种有：高新技术企业产品研发责任保险、高新技术关键研发设备物质损失险、高新技术企业研发营业中断保险、高新技术企业高管人员和关键研发人员团体人身意外伤害保险、高新技术企业高管人员和关键研发人员住院医疗费用团体保险、高新技术企业出口信用保险等。华泰财险独家经营的特色险种有场所污染责任险和地震险。场所污染责任险较适合镇江地区的化工企业。2007年12月13日，华泰财险镇江中心支公司成立。2008年，公司以集约化管理、专业化经营、质量效益型发展道路的经营理念为指引，全年完成保费收入415万元，赔款支出43.7万元，保费满期赔付率50%，结案率95%，无一例争议赔案，得到社会各界客户的好评。（彭红莲）

【海康人寿保险股份有限公司镇江营销服务部】 海康人寿保险有限公司由荷兰全球人寿保险集团与中国海洋石油总公司于2002年5月各出资50%组建，2003年5月正式营业。海康保险总部位于上海，注册资本为12亿元，在北京、江苏、山东、浙江、广东和天津建立省级分公司。

2008年4月28日，海康保险镇江营销服务部正式成立，首先开设银行保险事业部，并在镇江迅速开通中、农、工、建四大银行以及江苏银行的销售渠道，开设80余个销售网点，成为镇江首家与银行建立合作关系的外资保险公司。年末，海康镇江营销服务部累计保费收入2424万元。（施文霞）

【嘉禾人寿保险股份有限公司镇江营销服务部】 嘉禾人寿保险股份有限公司是由北京中关村科学城建设股份有限公司、联想控股有限公司、重庆国际信托投资公司等六家资金实力雄厚的企业发起组建的全国性人寿保险公司。公司总部设在北京。

2008年1月30日，嘉禾人寿镇江营销服务部开业。公司为客户提供高效、便捷、周到的服务，让客户投保前有信心、投保后能放心、理赔时能安心。全年实现保费收入2176万元。（刘玉洁）

【华夏人寿保险股份有限公司镇江中心支公司】 华夏人寿保险股份有限公司成立于2006年12月。率先在国内引入"重大疾病二次赔付"的保险产品，推动我国重大疾病保险产品的更新换代。华夏人寿是我国首个加入中国志愿者工作委员会并成为企业会员的保险公司，通过与中国志愿者工作委员会的深入合作，致力于汶川孤儿的长期资助，持续关注我国的公益事业，组织和参与各种志愿活动，将"传递爱与责任"的核心价值发扬光大。

华夏人寿保险股份有限公司镇江中心支公司于2008年2月29日获准开业。4月～8月相继开设丹阳界牌、句容、丹阳3个营销服务部。全年公司保费收入5277万元，在全市17家寿险公司中，业绩排列第七。（凌春燕）

【中国人寿财产保险股份有限公司镇江中心支公司】 中国人寿财产保险公司镇江中心支公司2007年12月25日筹建，2008年3月省保监局批准成立，4月7日正式开业。坚持中心支公司和县支公司同步筹建，5月末全面完成所属三个县支公司筹建申报等系列工作，9月19日，县支公司获省保监局批准成立。2008年，保费收入1912万元，市场份额2.72%，其中非车险业务237万元，占比12.40%。从5月起，连续7个月每月保费规模位居镇江市场第六。

公司通过各项制度的制定和完善、执行和检查，加强基础管理工作，避免重发展轻管理、讲管理不发展的现象发生，严格依法合规诚信经营，增强可持续发展力。建立科学决策制度，弘扬中国人寿"成人达己、成己为人"文化，利用各种机会宣传公司的品牌和文化，营造严谨、高效、进取、协作的工作氛围。组织形式多样的职工文化活动，通过司务公开民主管理工作，扩大员工的知情权、参与权、监督权，有效调动全体员工的积极性和创造性。加强各类教育培训，提高科学发展能力。倡导全员学习，贯彻"培训是最大的福利"。对管理者开展财务培训，对营销人员开展各种保险产品、营销技巧培训，提升员工的业务和管理水平。（谢鹭）

【国泰人寿保险有限责任公司江苏分公司镇江营销服务部】 国泰人寿保险有限责任公司是由中国东航集团与国泰人寿保险股份有限公司于2004年12月共

同出资成立的第一家跨越海峡两岸的合资寿险公司,注册资本8亿元,双方各持有50%的股权,总部设在上海,是台湾地区第一家进入大陆市场并正式获得营业资格的金融企业。国泰人寿是祖国大陆保险业第一家引进国际LOMA执业诚信培训及认证的寿险公司。公司首推的长期看护保险,填补了大陆寿险业的空白。

2008年6月12日,国泰人寿镇江营销服务部成立。营销服务部秉承台湾国泰人寿先进的管理理念和卓越的管理体制,坚持可持续发展战略,在实现保费收入和人力平台双增长的同时,重视客户利益,在镇江市场树立国泰人寿的形象。营销服务部还与多家银行和企业建立长期合作关系,开拓多方位业务渠道,优化业务结构。全年实现保费收入87万元。（陈 佳）

【正德人寿保险股份有限公司镇江中心支公司】 正德人寿保险股份有限公司镇江中心支公司在2008年3月28日经江苏省保监局批准筹建,2008年7月10日由江苏省保监局验收获准开业。2008年11月18日,正德人寿保险股份有限公司镇江中心支公司丹阳支公司经江苏省保监局批准筹建。年末,公司实现保费收入1138万元。其中:个险保费收入210万元、银行代理保费收入928万元。（狄建英）

证 券

【华泰证券股份有限公司镇江中山东路证券营业部】 2008年,市场震荡调整,延续下行走势。低迷的行情中,华泰证券镇江营业部提高认识、量化考核,适应公司转型要求,调整工作重心。营业部进行VI改造工程。经过前期设计、准备,VI改造工程于10月正式开工,并顺利于年底完成。对员工的技能、素质、知识结构等多方面提出更高的要求。

理财产品销售实现突破。营业部加强理财产品销售,加大培训和考核,将销售业绩与员工的薪酬挂钩,直接体现"多劳多得"的分配原则,以此调动员工的积极性。在年末华泰紫金鼎产品销售中,营业部完成公司考核指标的70%,创营业部历年来最好的销售成绩。（史 薇）

【申银万国证券股份有限公司镇江营业部】 2008年,营业部交易总量198亿元,市场占比0.045%,开放式基金全年保有量近2亿元,在市场疲软情况下新增开户数3000户。在句容市设立证券服务部从事相关业务。

2008年1月,营业部与镇江各商业银行建立客户结算资金第三方存管业务合作关系,为投资者资金安全保驾护航。推出的申银万国证券理财一号产品在全年市场亏损情况下,保持良好业绩,得到客户一致好评。营业部全面代理期货中介业务。（陆晨阳）

【南京证券有限责任公司镇江中山东路证券营业部】 2008年,镇江中山东路证券营业部秉承南京证券有限责任公司"规范发展、稳健经营"的方针,各项经营指标呈现良好态势,全年完成交易量175.6亿元,手续费收入2792万元,利润2050万元,股票型、债券型、现金增利型、混合型等各种基金销售形势良好。（常 斌）

【光大证券股份有限公司丹阳中新路证券营业部】 2008年,丹阳营业部股票基金权证交易量284.60亿元,市场占有率0.42‰,比上年增长20%,新增开户3343户,实现利润总额3354万元。

2008年,丹阳营业部根据公司"树立一个理念、建立一支队伍、强化一个抓手、形成一套体系、培育一种文化"的"内控建设五个一"工程精神,细化营业部的内部风险控制体系,重新梳理完善营业部各项业务操作流程。重点业务、关键岗位实行双人操作、复核制度,设立专职风险控制人员对营业部各个业务环节进行风险监控,做到事前提醒,事中监督,事后上报。全年营业部无风险事件发生,各项经营活动保持健康发展。营业部在公司的各项稽核检查中均取得较高的评分,并被公司评为2008年度先进营业部。

完成账户规范工作,为推进客户关系管理奠定基础。自2007年8月末全面完成客户交易结算资金多银行第三方存管工作后,2008年初,营业部全力推进规范清理不合格账户最后阶段的工作。通过建立健全工作机制和技术保障,加强督导、保障实施,将账户清理规范工作与业务开展、合规管理、投资者教育及营销服务紧密结合,重视和落实账户规范长效管理。全年,营业部共清理规范不合格客户资金账户近2万户,清理规范不合格深、沪股东账户近4万户。

推进渠道营销,加强营销团队建设与管理。2008年,面对资本市场和行业发生的重大变化,营业部继续深入推进"网络+网点+营销+服务"二次转型工作。一是加强与完善银行渠道营销,与各个银行的约80家银行网点保持良好的业务宣传和客户营销合作关系。二是在监管机构以及公司的批准下,统一开发、运用营销渠道资源,统一建设、管理渠道经纪人团队,统一策划营销项目,提高营销规模效力。三是重视对乡镇企业的营销工作,通过银行、税务和乡镇政府等渠道与企业保持密切关系,促使营业部各项营销工作稳步发展。

做好客户服务工作,更新完善服务手段。营业部建立健全客户资料数据库,对新增客户资料每日及时进行更新,将公司研究所每日晨会纪要和营业部晨会研究结果,通过短信平台及时发送给广大投资者,便于投资者对市场和个股的把握。2008年,营业部与丹阳广播电台联合举办《光大证券每日谈股论今》节目,投资者可通过该节目与营业部咨询人员直接连线对个股进行点评及大盘走势的分析等。2008年,借助公司的力量,营业部推出"金股信"短信服务系统和"金阳光"投资决策系统,为广大投资者提供强有力的投资决策依据,受到广大投资者的喜爱和好评。（李晓君）

民营经济

责任编校：戴　芸

综　述

【概况】 2008年，全市私营个体企业数11.21万户。其中：私营企业累计25459户，比上年底增长17.9%；个体工商户累计86655户，比上年底增长2.8%。私个注册资本在上年突破400亿元基础上，达到499.5亿元，比上年底增长23.97%。全市完成民营投资383.3亿元，增长26%，高于全市固定资产投资增幅3.8个百分点。至年底，民营企业获中国驰名商标累计达21件，其中2008年新获12件，超过2007年前历年的总和。全市民营企业完成高新企业技术产值675亿元，占全市的80%，比上年提高3.1个百分点。全市完成民营经济增加值767.95亿元，占GDP的比重54.5%，比上年提升0.4个百分点。全年实现税收73.41亿元。全市民营经济就业人数突破100万人，达103万人。其中私个经济吸纳人员首次突破50万人，达51.4万人。　　（刘荷生　欧旭丹）

表26-1　**2008年镇江市个体工商户基本情况统计表**

行业分类	合计			其中：本期开业		
	户数（户）	从业人员（人）	资金数额（万元）	户数（户）	从业人员（人）	资金数额（万元）
合　计	86655	137868	352202.77	14816	23031	103983.04
农、林、牧、渔业	604	1137	9613.57	237	439	3994.60
采矿业	70	680	971.60	1	1	60.00
制造业	10553	32473	66667.02	1133	4095	12142.02
电力、燃气及水的生产和供应业	27	75	444.45	1	1	5.00
建筑业	304	646	3192.50	67	137	783.82
交通运输、仓储和邮政业	5801	6351	30381.10	313	363	2215.46
信息传输、计算机服务和软件业	142	194	584.30	38	51	143.40
批发和零售业	52296	67604	166142.77	10627	13447	69078.63
住宿和餐饮业	6235	12267	32058.14	1005	2165	7427.13
金融业	2	2	10.00	1	1	10.00
房地产业	115	181	296.41	33	51	75.26
租赁和商务服务业	638	992	3430.90	132	207	829.40
其中：广告业	62	110	305.30	10	19	37.00
科学研究、技术服务和地质勘查业	18	29	58.08	5	6	25.00
水利、环境和公共设施管理业	8	12	82.80	1	1	60.00
居民服务和其他服务业	9036	13896	32306.28	1149	1899	6478.12
教　育	9	16	70.80	5	7	11.90
卫生、社会保障和社会福利业	76	90	237.70	5	11	28.50
文化、体育和娱乐业	719	1221	5649.35	63	149	614.80
其　他	2	2	5.00	–	–	–

（朱　伟）

表 26-2

2008 年镇江市私营企业基本情况统计表

行业分类	合计				其中：本期开业			
	家数（家）	投资者人数（人）	雇工人数（人）	注册资本（万元）	家数（家）	投资者人数（人）	雇工人数（人）	注册资本（万元）
合　计	25459	49098	376239	4642839.72	3937	6318	30219	628893.09
农、林、牧、渔业	468	824	3796	89985.61	135	187	1030	38743.00
采矿业	31	71	829	5795.66	3	5	58	250.00
制造业	11514	21074	250397	2185335.79	1371	2162	15710	208055.70
电力、燃气及水的生产和供应业	39	108	519	15047.02	4	8	148	9648.40
建筑业	1356	3166	31829	417960.13	253	418	1495	28025.88
交通运输、仓储和邮政业	631	1329	9398	61639.16	78	141	482	10888.00
信息传输、计算机服务和软件业	634	1127	2135	35814.79	95	173	352	5531.00
批发和零售业	7157	13497	47311	824389.49	1423	2258	6888	166834.11
住宿和餐饮业	324	529	4653	14957.76	35	33	244	1661.00
金融业	37	149	1091	58153.20	10	22	54	32010.00
房地产业	601	1498	6255	563569.02	76	106	485	40279.00
租赁和商务服务业	1290	2944	7127	193755.66	262	497	1714	58440.00
其中：广告业	313	640	1100	16740.50	55	98	260	3651.00
科学研究、技术服务和地质勘察业	361	915	3184	108903.75	89	181	969	22209.00
水利、环境和公共设施管理业	71	186	842	17836.00	7	10	57	2428.00
居民服务和其他服务业	778	1396	5880	41183.98	77	88	349	2397.00
教　育	11	20	77	927.00	2	2	17	562.00
卫生、社会保障和社会福利业	15	22	313	1595.30	2	2	90	120.00
文化、体育和娱乐业	140	243	603	5960.40	15	25	77	811.00
其　他	1	–	–	30.00	–	–	–	–

（朱　伟）

政策与管理

【概况】 2008 年，市委、市政府出台《关于进一步促进全民创业的若干意见》（镇发〔2008〕38 号）。市民发办制定《2008 年镇江市民营经济工作意见》《镇江市培育规模工业企业政策扶持办法》《镇江市小企业创业基地认定暂行办法》《镇江市社会中介组织信用评价实施办法（试行）》等指导文件。重点检查《中华人民共和国中小企业促进法》和《江苏省中小企业促进条例》实施情况，形成报告。市经贸委联合市相关部门就《省政府关于取消和停止征收部分行政事业性收费和政府性基金项目的通知》《镇江市政府关于进一步优化收费环境的意见》等文件落实情况开展督查，全年减轻企业负担约 2.6 亿元。市、辖市（区）两级安排专项资金 6000 万元以上，市经贸委向国家和省争取有关民营企业政策扶持资金 5000 万元以上。全面启动中介组织信用评价，对重点行业中介组织开展走访，组织召开座谈会，在全市范围内征集对中介组织信用评价信息。开展“创业镇江”活动。组织全市各地开展系列民营经济专题宣传报道、举办镇商论坛、宏观形势对策等讲座，改版网站、开通服务热线。市经贸委会同有关部门通过电信、移动、网站等平台，在全市组织开展全民有奖评选“创业新星”活动，累计收到有效投票近 10 万张。推进“民企万人培训”工程、“百人千企”辅导等活动，全市民营经济系统开展创业技能培训 1.4 万多人次，向创业人员免费发放 2000 余本创业辅导手册。举办江苏省第九期民营、中小企业主管理研修（镇江）班，全市 83 名企业负责人参加学习。针对初创企业存在的融资难、用地难、成功率低等瓶颈，总结推广成功经验，开展指导培育，加快小企业创业基地建设，在全市认定首批 12 个市级小企业创业基地，入驻企业近 500 家。其中 7 个基地被列入省重点培育基地，润州小企业创业基地被评为省级小企业创业示范基地。

开展“百日百团百亿”民营经济招商活动，全年吸纳民资到位数 175 亿元。全年全市组织招商小分队 500 批次以上，在手洽谈项目 480 个。4 月 29 日，全市举办“投资宝地，财富镇江”网络、媒体大型民营经济信息发布会，邀请新浪网、新华网、网易等 60 多家国内著名综合性、专业性网站代表，以及省、市各大主流媒体新闻单位记者，发布全市民营经济招商信息 1000 条以上。1 周内，招商项目网页点击率 200 万次。全面启动省重点产业集群规划编制，加快各产业集聚区基础设施建设、开展“百户企业进园区”活动，全市产业集聚进程加快。组织 150 多家企业参加第三届中国国际中小企业交易会、第五届 APEC 中小企业技术交流暨展览会、第五届中国国际中小企业博览会、镇江与蚌埠对接等交流活动。

重点组织大亚等 3 家企业申报国家认定企业技术中心建设，组织 9 家企业申报省认定企业技术中心工作。全年全市民企新增省级以上技术中心 6 家，其中国家级 1 家。对各地工业投资完成情况和重大项目推进情况进行动态跟踪，其中对省、市级重大项目，明确专人负责。第一楼街步行街、丹阳森林家居广场开业，惠龙物流、国际工业品城、句容福龙钢材市场一期工程完工。全市民营规模定报企业比上年底净增 600 家以上，创历史最好水平。对一批接近亿元临界点企业，全力扶持，引导其向“专、精、特、新”方向发展，全年销售超亿元民营工业企业累计 275 家，比上年净增 113 家。引导民营企业加快股份制、公司制改造，加强培育辅导、牵线搭桥等方面服务，宏达新材、鱼跃医疗在深圳上市，全市累计有 6 家民企在境内外上市。

市经贸委组织开展“三送两为”（送信心、送政策、送服务，为企业家鼓劲、为企业服务）活动，将千余份最新政策汇编送给企业。开展融资需求调查，广泛收集企业资金需求信息 575 份，提供给全市金融机构开展对接。发展亿元担保机构，壮大融资担保规模。至年底，全市中小企业信用担保机构累计 20 家，其中亿元担保机构5家,比上年底增加3家;全市担保机构注册资本累计11.6亿元,比上年底增长27.6%,全年为企业提供贷款担保总额15.7亿元。在全省率先开展中小企业服务需求调查。强化民营经济运行检测,加快建立"民营企业(乡镇企业)网上直报系统",对30强民营企业、部分亿元企业和成长型中小企业,从用电异动情况、产品市场需求、价格变化情况、效益变动情况等进行跟踪分析,为科学决策提供依据。 (刘荷生 欧旭丹)

【推广小企业业务"镇江模式"】 2008年6月,市经贸委与建设银行镇江分行联手合作,抓住镇江市成为全国建设银行系统首家"建行—淡马锡"中小企业融资模式试点契机,通过搭建全市中小企业融资服务平台,推进"建行—淡马锡"中小企业融资模式,形成"镇江模式"。具体做法是在二级分行设立小企业业中心作为经营主体,配备专门人员从事专门的小企业业务,中心内设信贷工厂,采用专业化、标准化、流水线式的小企业业务流程,将客户营销与中后台管理相分离,提高交叉销售能力,控制操作风险和道德风险。(参见第205页)

(刘荷生 欧旭丹)

【全市产业集群发展态势良好】 2008年,16个产业集群(园区)新增投入95.5亿元,累计727亿元;规划面积1.42万公顷,累计开发面积4840公顷;入驻集群企业3807家,比上年增加441家;实现增加值249.9亿元,比上年增长28.52%;实现营业收入992.8亿元,增长23.07%;实现利润57.1亿元,增长31.9%;实交税金44.6亿元,增长13.2%。丹阳眼镜产业集群和扬中工程电器产业集群入选中国社会科学院工业经济研究所评定的"2008年中国百佳产业集群"。 (刘荷生 欧旭丹)

【5家企业参加第五届中国国际中小企业博览会】 2008年,江苏爱伦家纺有限公司、釜玛机械(江苏)有限公司、句容华正电气有限公司、江苏东煌家用纺织制品有限公司和江苏柳工机械有限公司等5家企业参加中博会,引起参会中外客商关注。江苏爱伦家纺有限公司正在争创"中国驰名商标"和"中国名牌"产品,该企业产品以新颖花式和过硬质量吸引中外客商。据不完全统计,该届中博会,镇江市参展企业洽谈意向项目20项,达成意向性交易金额3500万元以上。 (刘荷生 欧旭丹)

【6家企业入选省民营企业纳税百强】 2008年,镇江市6家民营企业依法纳税,合法经营,被省委统战部、省经贸委、省国税局、省地税局和省工商联6家单位联合评为省民营企业纳税百强企业。分别是:江苏飞达工具股份有限公司(第29位)、大全集团有限公司(第32位)、江苏沃得机电有限公司(第54位)、中电电气集团有限公司(第65位)、江苏船山集团有限责任公司(第66位)、江苏鸿泰钢铁有限公司(第94位)。 (刘荷生 欧旭丹)

【全市评选出十佳"创业新星"和十佳"创业先锋"】 2008年3月起,市经贸委、市委统战部、镇江工商局、市工商联、市科技局、市统计局联合在全市组织开展全民评选"创业新星"活动。在对组织推荐和公开征集的82份推荐材料及被推荐者审核后,推选出20名候选人,通过电信、移动、网站有奖评选和专家评选,评出10名"创业新星"和10名"创业先锋"。

十佳"创业新星"一览表

表26-3

姓名	工作单位
岳八金	镇江市华星特种刀具制造有限公司总经理
王翔宇	江苏视悦光学有限公司总经理 丹阳市美亚房地产开发有限公司总经理
赵仁义	镇江新区仁义工具制造厂厂长
卞国兰	镇江市润州区辰光畜牧良种场场长
张迅	镇江市海达科技有限公司总经理
王伟	镇江金乐蓄电池有限公司董事长、总经理
徐华美	丹阳市云阳镇巴菲特概念餐厅总经理
严加彬	江苏海纳机电集团有限公司董事长
唐崇国	江苏向荣电气有限公司总经理
赵熙海	句容市白兔新蕾针织帽厂厂长

十佳"创业先锋"一览表

表26-4

姓名	工作单位
周成林	镇江市思航电子科技有限公司总经理
陆晓明	句容东升混凝土工程有限公司总经理
王强	江苏康欣医疗设备有限公司总经理
张荣平	江苏迅弛汽车部件有限公司总经理
张伟	镇江嘉源电力设备有限公司董事长
张华勤	江苏华鼎电气有限公司总经理
陶道福	江苏梵夫鞋业有限公司总经理
韦东	镇江市润州区八分饱餐馆总经理
黄国良	丹阳市君豪家纺有限公司总经理
王卫国	镇江新区润进铸造材料厂厂长

(刘荷生 欧旭丹)

【全市中小企业融资洽谈会】 为应对严峻的经济形势、缓解中小企业融资困难,2008年10月23日,由市政府主办、市经贸委和人行镇江中心支行承办的全市中小企业融资洽谈会举行,现场进行金融产品和金融服务宣传、项目推介、政策咨询和融资洽谈,12家金融机构与312户企业达成合作意向,合作金额19.58亿元;当场签订银企合作协议企业24家,合作金额3.25亿元。

(刘荷生 欧旭丹)

【全市工业经济发展10强镇排定座次】 2008年,按照乡镇工业销售和财政收入,评出2008年全市工业经济发展10强镇。依次为:扬中市新坝镇、丹阳市后巷镇、扬中市三茅镇、丹阳市云阳镇、句容市下蜀镇、扬中市油坊镇、丹阳市吕城镇、丹阳市新桥镇、丹阳市皇塘镇、丹阳市埤城镇。 (刘荷生 欧旭丹)

【全省首家民资农村小额贷款公司成立】 2008年7月21日,江苏省首家由民间资本发起组建的农村小额贷款公司——丹阳市天工惠农农村小额贷款有限公司正式挂牌营业。该公司是一家准金融机构,注册资本6000万元,主要由江苏天工集团以及四位民间自然人共同出资组建。公司致力于面向"三农"提供小额贷款服务,弥补农村金融功能缺陷,规范发展民间借贷,支持新农村建设。 (刘荷生 欧旭丹)

【开通小企业融资在线服务平台】 2008年,镇江市经贸委与镇江银监分局联合制作的"小企业融资在线服务平台"在镇江市中小企业网开通。该平台设置银行业机构、担保机构、融资须知、政企服务平台等版块,详细介绍各担保公司、商业银行推出的相关融资服务、业务流程等内容。平台的搭建是镇江市为拓宽中小企业融资渠道的探索和尝试,将有助于促进银、企、保三方的信息沟通和合作,为缓解中小企业"融资难"发挥作用。 (刘荷生 欧旭丹)

民营经济协会

【概况】 2008年,镇江市民营经济协会设有市直、新区、招商市场、装饰城4家分会,会员单位包括丹阳市民营经济协会、句容市民营经济协会、扬中市民营经济协会、京口区民营经济协会、润州区民营经济协会。 (黄莉)

【建立全省首个民营企业家国防教育基地】 2008年10月，镇江市民营经济协会在驻镇江部队中建立两个民营企业家国防教育基地，并正式启动民营企业家"国防教育日"活动。首批20多名骨干民营企业家在当地某部队基地接受国防教育，参观部队官兵内务、训练，观看展示军队防空导弹基本性能介绍影片，并在靶场进行实弹射击，与部队官员一起体验军营生活。活动强化民营企业国防教育，促使民营企业家国防教育经常化、制度化，填补全省民营企业国防教育的空白。 （黄 莉）

【开设首届民营企业接班人培训班】 2008年，镇江市民营经济协会、镇江工商局利用4个月时间在全市范围内开展"万家民营企业接班人培养需求"调研，决定开设民营企业接班人培训班。8月4日，镇江市民营企业接班人培训班在市委党校开课，开展首届为期3天的培训活动，培训内容包括职业道德与诚信建设、创新思维与创新人才、心理拓展等。全市107名民营企业家接班人参加培训，其中最小的20岁，最大的40岁。国家级心理咨询师、省委党校知名教授、市委党校专家学者应邀进行授课。 （黄 莉）

【指导创业就业活动】 2008年1月28日，召开"2007年度调研成果"推介会，45名民企负责人、市科学技术协会成员、课题组专家共同对《镇江民营企业自主创新的现状调查和对策研究》《关于加快镇江市私营经济发展质量的调研》调研成果交流探讨，就如何将调研成果转化为经济发展动力达成一致意见。4月27日，组织下岗失业人员再就业专场招聘会，803家民营企业进场招聘，提供就业岗位14289个，签订用工劳动合同4830份。11月12日，举办知名民营企业人才专场招聘会，120家知名民营企业进驻江苏科技大学，签订意向分配协议110份。 （黄 莉）

【举办民营企业发展论坛】 2008年1月10日召开2008年度首届"镇商论坛"专家报告会，邀请清华大学崔国文教授就当前宏观经济形势与企业运行之道作报告，200多名民营企业家聆听报告，并就企业创新发展、国际国内经济形势等进行交流。10月13日举办中国宏观经济走势及民营经济发展对策论坛，著名经济学家茅于轼做客论坛，就中国宏观经济走势及民营经济发展对策演讲，帮助企业开拓发展思路，创新发展理念，深化企业文化建设。全市320名民营企业负责人、高等院校专家学者参加论坛。11月20日举办"国际金融风暴中的企业应对策略"专家讲座，邀请中国国际金融学会理事裴平教授讲课，近千名企业家到场聆听并参与讨论。 （黄 莉）

【会员向灾区群众献爱心】 2008年，"5·12"汶川大地震发生后，市民营经济协会立即通过民营经济网站、短信服务平台等向会员发出向灾区群众献爱心的倡议，并主动向市红十字会申请在协会设立捐赠点。各级民营经济协会接受会员捐款人民币769.60万元，港币2000元，棉被、雨伞等物资折合人民币160万元，所有捐款、物资全部交付当地民政及红十字会送往灾区。江苏飞达有限公司董事长朱国平、镇江液压件总厂董事长潘正东、镇江金佰利文教用品有限公司董事长蔡政、镇江市东方制冷空调设备配件有限公司董事长谭荣生四名会员被中国个私协会评为全国个协系统抗震救灾无私奉献会员。 （黄 莉）

【民营经济协会建设】 2008年7月14日，召开市民营经济协会第七次代表大会，讨论通过财务收支情况报告、《镇江市民营经济协会章程》修订案，选举产生协会七届理事会及其领导机构。开展非公有制企业党建"双报"工作（登记申报、年检年报），发放"双报"表格、宣传资料2万余份，开展党员"政治生日"活动。加强民营经济关工委基层组织网络建设，建立基层关工委工作站35个。 （黄 莉）

民资民企

【概况】 2008年，全市围绕实施"千百亿"工程五大产业开展专题招商。全年引进民资合同项目215个，合同利用民资295亿元。总投资25亿元的江苏润昌船舶重工有限公司远洋船舶制造（扬中）、总投资15.8亿元的江苏银茂集团控股公司年产10万吨电解锌（丹阳）、总投资7.2亿元的镇江佳扬系泊链有限公司系泊链（润州）、总投资5亿元的广东棠棣实业有限公司五金制品（句容）、总投资2.3亿元江苏港盛重工有限公司大型港口机械制造（京口）等一批重点民资项目开工。江南化工、鸿泰钢铁、鼎胜铝业、精功汽车等4家企业2008年销售收入均超过20亿元，位居全市工业企业销售前20强；三产方面，大部分市场由外地民资投资建设，建成镇江工业品城交易中心、月星家居广场、新区的亿都置业建材市场、宏大置业小商品市场等一批市场。"2008中国工业行业排头兵企业"榜单揭晓，在全国508个行业中，大全集团在配电开关控制设备制造行业领域获"排头兵"称号。 （刘荷生 欧旭丹）

【镇江浙江商会】 2008年，在镇江的浙商2万余人，总投资逾200亿元。镇江浙江商会发展会员单位10个，其中副会长5名（镇江宏大置业有限公司董事长林延快、上海农工商建设发展有限公司总经理赖文秀、镇江鑫浩机电有限公司董事长潘小斌、镇江亚太置业有限公司总经理张高峰、镇江亿都家居建材城有限公司总经理陈玲凤）、理事单位1名（镇江泰康养生会所有限公司总经理季青）。商会有镇江市人大代表1名（周文）、市政协委员2名（吕永忠、董薇薇）、区人大代表3名（池万明、杨秀云、陈正豪）、区政协委员3名（陈继先、陈晖、胡明巧）。商会会长周文、副会长陈志炎被市纪委和监察局聘为党风党纪监督员和特邀监察员，执行会长陈时飞被市城管局、监督局聘为行风监督员。3月12日，浙江省工商联副主席邓国安、陈以正一行五人到镇江浙江商会调研。

商会组织商会、浙江同乡会人员参加镇江长菱雪佛兰乐驰汽车4S店、五菱汽车4S店、镇江义乌小商品城、江苏融众典当行、镇江珠峰海鲜酒店等开工、开业典礼。商会多次举办和组织参加"镇江浙商市场投资研讨会"、市工商联举办的"推进思想解放 推动科学发展"研讨会、市经贸委举办的"镇江商贸经济创新发展研讨会"等。组织会员单位参加南大裴平教授主讲的"国际金融风暴中的企业应对策略"名家讲坛、郎咸平"新形势下的新思维——认知经济形势，应对发展危机"讲座等活动。

商会派人外出参加兄弟商会重大活动，并发出贺信。会长周文，执行会长陈时飞，常务副会长钱国华、蔡丰林、俞良夫，副会长叶坚、杨秀云、夏茂贤、潘小斌等人参加及祝贺江苏省浙江商会、南京台州商会、江都浙江商会、如皋市浙江商会、泰州市浙江商会等成立、周年庆典及换届等活动。秘书长吴仁伟等参加在盐城、句容、常州举办的在苏浙江籍商会和在宁商会秘书长沙龙联谊会、洽谈会。12月12日，会长周文、常务副会长钱国华、秘书长吴仁伟等参加句容市浙江商会成立大会。

7月12日~13日，商会会长周文等代表镇江市浙江商会参加"对接南京共谋发展——句容投资环境说明会"。在宁商会秘书长沙龙40余人到句容市考察学习。由市经协办组织，商会常务副会长蔡丰林、俞良夫参加南京禄口国际机场与德国汉莎航空公司联手在市碧榆园举办的“南京都市圈航空服务一体化，圆您与欧洲零距离的梦想”推介会，介绍刚刚开通的南京直飞法兰克福欧洲航线。

5月13日下午，镇江浙江商会向广大会员发出赈灾倡议书，在镇江的浙商自发捐款。镇江数码港董事长林伟庆代表企业捐款2.16万元。金欧雅瓷砖支持镇江红十字会印制“大爱镇江——抗震救灾义捐倡议书”。5月22日，镇江市慈善总会、镇江浙江商会、镇江市台湾同胞投资企业协会、镇江广播电视总台联合主办“大爱镇江，情系灾区——牵挂你的人有我”古城镇江抗震救灾晚会。镇江浙江商会现场捐款23万余元。在镇江的浙商总计捐款逾百万。

9月20日，中国工商银行镇江分行与镇江浙江商会举办镇江浙商中秋联谊会。30多名浙商客户参加会议，工商银行授信给浙商16亿元贷款额度。

商会邀请邮政储蓄银行镇江市解放路支行信贷部负责人，为理事推介“邮政储蓄‘好借好还’商户联保/保证贷款”项目。该项目具有无抵押、放款快、方式活等特点，适合中小企业尤其是小企业流动资金贷款。邮政储蓄银行镇江市解放路支行还将在此基础上，推出个人经营性房产抵押商务贷款，最高额度100万元。

10月19日，亿都建材城开工。亿都家居建材城项目总投资8亿元，规划占地28公顷，总建筑面积30万平方米，是镇江市唯一的一级建材批发市场，形成陶瓷、洁具、石材、板材、木材、厨具、家具、灯具家居饰品等13个专业批发市场区。运营后年营业额可达50亿元，年创利税5亿元。亚太五金电器城项目总投资2.3亿元，总建筑面积约10万平方米，项目销售集电器、五金及数码产品等为一体。预计完全运营后形成50亿元的营业额，年创利税5亿元。星宝汽配港总投资1亿美元，注册资金3500万美元，以汽车展示与销售、高档车4S店和汽车配件市场等为主要经营范围，完全运营后可形成40亿元的营业额，年创利税4亿元。

5月，商会邀请安徽宿松等地招商团在镇江举办安徽省宿松县招商引资推进会，并组织部分会员赴宿松县考察。商会副秘书长、理事谢鑑鹤牵头投资3000万元，在宿松投资建设安徽省快鹿水泥有限公司。宿松县地处大别山南麓，是皖、鄂、赣三省七县结合部，方圆100公里以内没有水泥厂，投建的水泥有限公司将于2009年6月建成，预计年产100万吨。

11月17日，由镇江浙江商会等单位主办，北京大军书画网承办的“为国家画中堂的画家”——王俊松书画展在镇江博物馆举行开幕式。

商会分别为丹徒沟南砖瓦厂、丹徒沪江砖瓦厂、金华浙商、丹阳临江饼干店等企业、浙江籍人士解决工厂停工、股权分割、追索债权、刑事羁押等棘手矛盾。

（蒋立群）

【镇江义乌小商品城】 2008年5月24日，镇江义乌小商品城举行开工庆典仪式。镇江义乌小商品城坐落在丁卯片区江奎集团原主厂区，总投资1.8亿元，占地3.96公顷，总建筑面积5.7万平方米，主要经营各类小商品批发、零售以及酒店经营。项目预计于2009年5月建成，运营后年销售预计达20亿元，利税2亿元。8月18日，镇江义乌小商品城对外招商，来自浙江、福建、安徽和江苏苏州、无锡的小商品业主、客商八批700多人次，签订租赁协议219户，出租商铺451间，加上即将签约的全国连锁品牌ITAT入驻，出租面积将达42%。

（蒋立群）

·小资料·

“建行—淡马锡”中小企业融资模式

“淡马锡”三个字是马来语“Temasek”的音译。淡马锡公司成立于1974年，是由新加坡财政部负责监管、以私人名义注册的一家控股公司，被认为是全球国有企业佼佼者。近年来淡马锡公司参股中国建设银行、中国银行、中国民生银行。建设银行引进具有国际先进水平的淡马锡小企业业务模式，指定镇江分行作为全国试点机构，结合建行专业化经营要求和实际，构建小企业信贷业务模式，即“镇江模式”。

“镇江模式”的主要措施包括：（1）银行层面。“镇江模式”以设立的小企业中心为经营载体，下设市场客户部、信贷业务部、品质管理部三个部门，将分散于各业务部门和支行的小企业岗位人员、审批权限、风险管理等信贷资源整合再造，变分散为集中，变兼顾为专业。“镇江模式”将分属于业务部和支行的小企业客户经理集中，按区域设立6个客户经理团队，实行主动的名单制营销，细分小企业市场，高度重视营销规划和目标客户筛选工作，进行针对性的营销、动态管理和维护，视不同企业融资需求，设计个性化信贷产品，有效提高销售成功率。“镇江模式”简化受理、评价等环节，构建标准化作业、流水式审核的信贷业务运作流程，单笔业务的各项审批要素只要符合预设的允许值，即可快速通过，从业务受理到正式放款平均用时为5.7个工作日，比以往缩短5.2个工作日，办理效率提高近1倍；对管理规范、销售稳定的小企业，贷款办理用时1～3天即可办结。“镇江模式”放宽信贷政策的强制约束，下放部分信贷业务审批权，如建行镇江分行拥有1000万元固定资产贷款、3000万元流动资金贷款审批权，抵押物范围更广，增加存货、应收账款质押等；对优质小企业客户还可提供20%的信用放款。“镇江模式”的风险控制以客户风险评级、产品风险评级为核心，通过早期预警、软回收、信用恢复、硬回收等环节，实现风险管控流程化操作，根据企业规模和使用产品的不同风险等级，灵活动态地为客户确定更加合理的授信额度。（2）政府层面。基本形成由市经贸委和建行镇江分行牵头，以辖市（区）中小企业主管部门、建行各支行为支撑的两级工作体系。该体系发挥经贸系统熟悉中小企业的资源优势，建行镇江分行中小企业中心的专业优势，汇聚中小企业服务机构的力量，营造全市中小企业更加宽松的融资环境。

“镇江模式”已初步实现银行开展小企业授信业务的三个有效：小企业业务风险得到有效识别、化解和防范；实现标准化作业，运作效率和服务能力得到有效提高；集约化经营，规模效应明显，运作成本有效降低。

（欧旭丹）

科技综述

【概况】 2008年，全市科技工作坚持以科学发展观为统领，紧紧围绕在全省率先建成创新型城市这一目标，加快提高自主创新能力，加快高新技术产业发展步伐，加快推进产业升级，着力打造自主创新平台，提高科技综合竞争力，各项工作取得显著成效。

高新技术产业发展再上新台阶。全市高新技术产业保持强劲的发展态势。全年新认定省级高新技术产品100个，省级自主创新产品7个，高新技术企业70家；全市实现高新技术产业产值843.4亿元，同比增长29.4%，高于全省10个百分点，占全市规模以上工业总产值的比重达30.3%，比上年提升3个百分点；高新技术企业创利税66.5亿元，增长42.4%，高于全市平均水平24.4个百分点，占全市规模工业利税的31.6%。

科技计划项目实施取得新进展。新批准立项省级以上各类科技计划项目138项，其中有12个项目获省科技成果转化资金项目立项，全年共为企业争取上级拨款资助超1.8亿元，创下镇江历年来向上争取项目数和资金数之最。首次启动实施绿色能源、交通运载、新型功能材料、生态循环农业、节能减排等5个重大科技专项，并集中了市本级科技三项费用的50%以上给予重点支持，有力推动了全市产业结构的优化调整和转型升级。

科技惠民取得新成效。新增省以上社会发展科技计划项目41个，总资助经费达1230万元，实施科技示范工程，科技成果的百姓惠及面进一步扩大。推进"科技强警示范市"建设，并通过公安部、科技部组织的验收。大力推进实施节能减排科技支撑行动，实现了水泥行业、火电行业、工业三废处理等领域节能减排共性技术与关键技术的新突破。科技兴农取得新成效。组织实施省级以上农业科技计划项目10个，新认定6家省级农业科技型企业；新增省级现代农业科技园2个、新建市级农业科技示范园6个。加强农作物品种、规模化蔬菜鲜果、园艺和特色水产等领域的技术攻关，促进农业增效、农民增收。

科技创新能力有了新提升。全市取得重要科技成果100多项，其中获国家技术发明二等奖1项、国家科技进步二等奖1项，省级科学技术奖励项目16项；丹化醋酐项目生产工艺创新成功，开创了我国醋酐行业发展的新纪元。

知识产权工作实现新突破。全年全市申请专利7339件，其中发明专利申请1133件，授权专利2581件，同比分别增长41.11%、81.28%和27.65%。"知识产权服务百企工程"深入推进，推进专利实施和专利成果转化计划项目505个，百亿元GDP专利授权数和发明专利申请数分别位于全省第2位和第3位。

科技创新创业载体建设有了新提高。省级大学科技园建设加快推进。新增6家省级孵化器，全市孵化器建设总面积近20万平方米。新引进2家国家级重大研发分支机构，新增1家省级外资研发机构。新增省级科技公共服务平台4个、省科技服务业骨干机构的服务能力建设项目4项、省高技术重点试验室1家、省级工程技术研究中心8家。市生产力促进中心被评为"国家级示范中心"。

产学研合作取得新成果。成功举办"中日生态循环农业新技术推广会"，引进新技术20项，签订合作项目10项。在江苏省首届跨国技术转移大会上，全市共签约引进科技合作项目5项。举办"2008中国镇江军民两用科技成果对接洽谈会"，签订各类科技合作项目30多项。全市签订各类产学研合作项目100多项，有500多项高科技成果落户镇江。

科技创新环境进一步优化。省高新技术企业享受15%所得税、技术开发费加计扣除等有关鼓励企业科技投入的各项优惠政策得到有效落实，为企业减税近亿元。启动"331"行动计划（即"镇江市创新创业领军人才引进培育三年行动计划"），设立2000万元的"领军人才专项资金"，大力吸引海外高层次人才、领军型人才落户镇江。有12名高层次人才获"省高层次创业创新人才引进和培育计划"与省"双千人才工程"拨款资助。加大科技奖励力度，评选出2008年度镇江市自主创新重大成果2项和杰出人才2名，并给予重奖。

2008年，镇江被批准为"国家知识产权示范城市创建市"；国家科技部将宏达硅橡胶项目列入"对俄合作专项"，成为全市国际科技合作有史以来最大的政府拨款项目；镇江跻身科技部对俄科技合作基地合作联盟，被认定为"国家新材料国际科技合作基地"；高技术船舶及其配套设备产业基地被认定为省"百亿"级高新技术产业基地。全市科技进步综合实力位列全省第五。 （王　强）

【科技投入】 2008年，全市继续加快构建"以政府投入为引导，企业投入为主体，银行信贷为支撑，风险投资机构及民间资金等社会投入为补充"的多渠道、多元化科技创新投入体系，通过各种渠道不断加大科技投入总量。据不完全统计，年内全社会科技投入达40亿元左右，R&D（研究和开发）经费支出占GDP的比重达1.65%，其中大中型企业R&D经费投入超过19亿元。积极加大政府科技投入，全年全市各级财政科技拨款总额达28587万元，发挥了"四两拨千斤"的引导和带动作用。积极对上争取科技拨款经费，获得国家、省级科技拨款近2亿元，有效扶持了一批高水平科技项目加快实施。积极推动落实科技创新政策，科技局、国税局、地税局、人民银行等部门积极协作，推动落实"企业研发投入按15%抵扣所得税"等科技创新优惠政策，落实减免税6000万元左右，科技孵化器（高新技术创业服务中心）内企业减免税额约300万元；积极推动落实高新技术企业享受相关税收优惠政策，以减免税收方式帮助企业加大科技投入；帮助全市相关银行及风险投资机构获得省科技项目贷款风险补贴和创业投资风险补助246万元，进一步调动银行对企业发放科技贷款的积极性。（张　松）

【2个农业科技园被确定为省现代农业科技园区】 2008年，由镇江万山红遍农业园建设的"句容万山红遍农业科技园区"，丹阳市吟春碧芽茶业有限公司建设的"丹阳农业科技园区"，被确定为江苏省第一批现代农业科技园。上述园区以葡萄、桃、草莓、梨等应时鲜果，以及名优绿茶的优质、安全、高效技术体系为主导产业，总面积1200公顷，其中设施农业面积约313公顷，拥有研发机构4个，年内研发经费投入620万元，实施省、市农业科技项目19项，引进推广新品种、新技术61个，获得科技成果16项，专利14件，品种权6个，年培训农民21000多人，带动科技示范户177户。园区建设总投资9000多万元，建成后年销售额超过1亿元，年利税1300多万元，农业科技创新、转化及带动农民致富的辐射能力将大大提高，为全市高效农业规模化发展起到积极推动作用。（王志强）

【6家企业被确定为省农业科技型企业】 为加快推进农业科技创新，建立健全以企业为主体的农业创新体系，推动"技术、人才、企业、基地"一体化建设，江苏省从2008年开始确认省级农业科技型企业，全市有恒丰（镇江）食品有限公司、镇江市长江乳业有限公司、江苏江南生物科技有限公司、丹阳市吟春碧芽茶业有限公司、丹阳市江南面粉有限公司、天宁香料（江苏）有限公司等6家企业被确定为江苏省第一批农业科技型企业。6家企业涉及种植、养殖、农产品加工等行业，主要品牌产品年销售额合计6.2亿元，拥有自主品牌产品8个，知名品牌、驰名商标8个，拥有自主知识产权99项，其中专利81项，年研究与开发经费2272万元。这些企业具有较强技术创新能力，技术水平在同行业中较高，有独立的研发机构或具有长期稳定合作的技术依托单位，企业主要品牌产品具有自主知识产权，具有较大市场潜力。省、市科技部门集成各类科技计划，支持农业科技企业培育。通过省级农业科技型企业的培育，为促进现代农业发展、高效农业规模化、"农业增效农民增收"做出积极贡献。（王志强）

【全市新认定6个市农业科技示范园】 为进一步加强农业科技示范园区建设，让农业科技示范园区在发展高效规模农业、调整农业产业结构、加快农业科技成果转化、推进现代农业进程中发挥更大作用。2008年，经过组织申报、专家会议咨询、现场考察，并经市政府批准，镇江市发酵床养殖科技示范园等6家单位被确认为市级农业科技示范园。具体名单见表27-1。

科技管理

【概况】 2008年，全市科技管理工作紧紧围绕"以科技促经济，以科技促发展"的指导思想，深入实施"十一五"科技发展规划，积极开展"自主创新能力提升年"活动，全市科技创新工作再上新台阶，自主创新能力得到进一步提升。年初，组织召开全市科技创新大会，发布全市科技工作意见，全面部署科技创新工作。市科技进步目标管理和党政领导科技与人才工作责任管理体系进一步优化完善，强化R&D投入、创新平台建设和高层次人才引进，重点和针对性更加突出。积极开展科技进步统计监测和高新技术产业统计等特色工作，为宏观决策提供有效数据支撑。镇江市再次被评为全省科技统计工作先进市，列全省第一。组织实施国家、省、市各类科技计划项目1200多项，争取上级拨款经费近2亿元，全市R&D投入占GDP比重达1.65%；进一步完善科技计划"组评分离"选拔模式，不断强化科技项目跟踪管理，科技计划管理工作广受好评。据全省科技进步统计监测结果显示，镇江市科技进步状况综合评价继续保持全省第五位，其中高新技术产业产值占工业总产值比重、每10万人口专利申请/授权数、科技活动人员占从业人员比重等指标居全省前列。（张　松）

【科技管理队伍进一步壮大】 2008年，全市科教兴市领导小组发挥积极作用，在市委、市政府领导下，科技、教育、组织、宣传、发改委、经贸、财政、人事、劳动和社会保障、税务、人行、科协等成员单位配合协作，共同推动全市科技创新工作。年内依托市生产力促进中心，成立市科技统计中心，统一承担科技统计业务的具体工作。全市科技管理机构建设得到进一步完善，调整充实了部分人员，市及辖市（区）科技系统共有各类工作人员163人，乡镇（开发区、园区）共有科技助理67人。其中：镇江市科技局工作人员37人；丹阳市科技局33人，科技助理15人；句容市科技局26人，科技助理11人；扬中市科技局22人，科技助理6人；丹徒区科技局23人，科技助理11人；京口区科技局6人，科技助理8人；润州区科技局12人，科技助理9人；镇江新区经科局4人，科技助理7人。（张　松）

【完善科技与人才目标责任管理】 2008年，继续深化实施全市科技进步工作目标管理和辖市（区、局）党政领导科技与人才工作目标责任管理，较好地体现了推动科技创新工作的"抓手"作用。进一步优化考核指标体系：增加对科技三项经费及时下拨到位、推动技术开发加计扣除等科技政策落实的考核内容，

表27-1　**2008年镇江市农业科技示范园一览表**

序号	园区名称	申报单位	主导产业	所在地
1	镇江市发酵床养殖科技示范园	丹徒区天成畜禽生态养殖场	生猪、鸡	丹徒区
2	镇江市中药材科技示范园	句容市九龙药材有限公司	中药材	句容市
3	镇江市生态农业科技示范园	镇江南山农艺有限公司	生态种植养殖	润州区
4	镇江市吟春碧芽茶叶科技示范园	丹阳市吟春碧芽茶业有限公司	茶叶	丹阳市
5	镇江市长江名贵鱼养殖科技示范园	扬中市利佳生态特种水产养殖有限公司	长江名贵鱼	扬中市
6	镇江市珍稀濒危绿化树种科技示范园	江苏汤氏园林有限公司	苗木（濒危绿化树种）	句容市

（王志强）

突出对科技创新平台建设的引导，细化对50强企业培育和技术需求等考核内容，优化对发明专利申请授权等的导向；在党政领导科技人才工作考核指标中，强化推动孵化器建设、高层次创新人才引进和培育等考核内容。为进一步统一考核办法，今后不再签订责任状，改由市政府下发目标任务书。年中，组织开展科技进步目标管理实施情况调查，发布上半年科技进步目标管理实施情况通报。年底，对22个责任单位、54位领导干部（其中党政主要领导32位，行政分管领导22位）进行考核，评选出科技进步目标管理先进集体一等奖8个、二等奖3个、三等奖5个，科技与人才工作优秀领导干部2名，党政领导科技与人才工作目标责任制考核先进个人16名，由市科教兴市领导小组和市人才工作领导小组给予表彰。（张　松）

【开展自主创新重大成果奖与自主创新杰出人才奖评选】 2008年，全市继续开展自主创新重大成果奖与自主创新杰出人才奖评选活动，在各地科技部门初审推荐的基础上，经过专家评审、现场考察和评选委员会投票表决、公示等程序，经市委、市政府研究决定，授予江苏索普（集团）有限公司的“羰基合成醋酸新型高效催化剂”、中电电气集团有限公司的“智能矿用防爆移动负荷中心”为2008年度镇江市自主创新重大成果奖；授予镇江中船设备有限公司副总经理吴登林，江苏丹化醋酐有限公司总经理兼总工程师王斌为2008年度镇江市自主创新杰出人才奖。给予自主创新重大成果每项20万元的奖励；给予自主创新杰出人才每人10万元的奖励，并享受市劳动模范待遇。（肖晨帆）

【加强软科学研究计划项目管理】 2008年，市级软科学研究计划立项突出对自主创新研究、产业发展研究、知识产权战略研究、和谐社会研究和社会主义新农村研究五个重点方向的支持。共受理95个项目，批准立项46个，投入经费90万元。江苏大学孙梅的《镇江市节能减排监管机制研究》、市发改委谈沁磊的《镇江市优化产业投资结构的发展战略研究》等项目得到重点资助。对19个已按合同要求完成研究任务的项目批准结题，其中市委党校张欣平等《镇江市南徐新城建设中存在的问题与对策研究》和市政府林枫等《镇江市主动对接宁镇扬经济板块的战略研究》两项研究成果，通过《软科学研究快报》的方式及时发送给相关领导和部门作决策参考。推荐申报省级软科学研究项目29个，获批准立项3个。（吴国源）

【技术市场发育发展加快】 2008年，镇江市技术合同成交金额再创新高，全市认定登记技术合同1050项，成交总金额44818万元，比上年增长10.48%。平均每份技术合同成交金额达到44.6万元，比上一年增长44.8%。技术开发、技术转让、技术咨询、技术服务四类技术合同成交金额较上年有所增加，其中技术服务合同成交金额为19169.84万元，技术开发合同成交金额18402万元，技术转让合同成交金额6830.26万元，技术咨询合同416.55万元。在成交合同中，涉及技术秘密、计算机软件著作权、专利、动植物新品种等知识产权的技术合同计34项，成交金额5698万元。全市共有17项各级政府科技计划项目成果进入技术市场，技术合同成交金额达到8173万元，占全市技术合同成交总额的18.23%。（肖晨帆）

科技合作

【概况】 2008年，全市围绕“十一五”科技发展规划，以“加强科技合作，吸引科技人才，开放配置资源，促进成果转化”为宗旨，推进科技合作，增强企业创新能力，提升产业竞争力，促进全市经济社会又好又快发展。一是广泛征集企业技术需求，收集最新科技成果信息。全年共征集企业技术需求166项并汇编成册，拜访科研院所50多家，收集科研院所科技成果1000多项。二是搭建产学研交流合作平台，促进科技成果转化。组织参加江苏省首届跨国技术转移大会，举办中日生态循环农业新技术推广会和2008中国镇江军民两用科技成果对接洽谈会等产学研合作活动10多场，签订各类产学研合作项目100多项。（肖晨帆）

【举办“2008中国镇江军民两用科技成果对接洽谈会”】 2008年11月20日，省科技厅、镇江市政府在碧榆园宾馆国际会议中心举办2008中国镇江军民两用科技成果对接洽谈会，会议围绕高技术船舶及配套、新材料两个重点领域高新技术产业的发展，搭建产学研合作平台。中国工程院院士、国际宇航科学院院士、中国航天科技集团科技委主任王礼恒，中国科学院院士陈达分别作专题学术报告。市科技局局长柏晓宏向与会专家学者推介全市166项技术需求。来自国防科技工业系统的中船重工第704研究所、南京航空航天大学、海军工程大学分别向镇江企业发布了一批高科技成果。会上，全市60多家高新技术企业与来自国家国防科技工业系统的专家学者展开对接洽谈，共签订各类科技合作项目30多项。（肖晨帆）

【举办“中日生态循环农业新技术推广会”】 由镇江市政府主办，日本农山渔村文化协会和市科技局、市农林局承办的“中日生态循环农业新技术推广会”于2008年7月3日～5日在镇江市碧榆园举行，参加推广会的来宾有日本农业专家12名，国内领导和专家20多名，镇江市领导及相关人员150多人参加会议。通过推广会，引进日本先进实用技术16项，9位日本专家进行技术推介，10

中日生态循环农业新技术推广会　（王　强）

个项目签订合作协议。"化感作用在循环生态农业中的应用""快速养分测试法"等新技术不仅具有前瞻性,同时也具有很强的可操作性,这些新技术的推广和运用,为提高全市的农业技术水平奠定基础。 (王志强)

【镇江跻身科技部对俄科技合作基地合作联盟】 2008年2月26日,科技部召开"对俄科技合作基地合作联盟"成立大会,镇江作为55个国家级"对俄科技合作基地"的代表之一出席会议并签订《对俄科技合作基地合作联盟协议书》。根据联盟各成员单位达成的协议,合作联盟将建立信息共享与定期交流机制,共同探讨对俄合作需求、技术攻关、基地建设和成果产业化等方面的问题和建议,寻求有效的解决方案。镇江跻身国家科技部对俄科技合作基地合作联盟,标志着镇江已经成为科技部国际科技合作的重点布局城市之一,对于进一步扩大对外科技合作和交流,吸引高层次国外科技专家到镇江工作将起到重要的作用。 (刘建图)

【镇江组团赴俄罗斯、白俄罗斯推进科技合作项目】 2008年2月26日,镇江市科技局组团赴俄罗斯、白俄罗斯就"陶瓷天线""生物农药"等2007年中、俄、乌、白科技合作洽谈会重点签约项目进行考察、洽谈和推动。此次考察活动共访问俄罗斯、白俄罗斯2个国家3个城市的6家研究机构,进行9场次的项目洽谈和交流,推进3个合作项目,签订正式合作协议2项,达成意向合作协议3项,达到预期的目的和效果。期间,考察团成功召开中国镇江旅俄华人学者座谈会,来自俄罗斯门捷列夫化工大学等著名院校研究所的16名专家学者参加座谈。座谈会向与会专家介绍了镇江的地理位置、产业结构、科技进步等基本情况,以及优秀人才到镇江创业的相关优惠政策,热情邀请旅俄华人专家学者到镇江落户发展。参会的专家学者纷纷介绍了他们的研究方向和研究成果,并与镇江的企业家进行了项目交流,共有3个项目达成初步合作意向。 (刘建图)

【三项科技合作协议在省跨国技术转移大会上集中签约】 在2008年11月19日召开的中国江苏首届跨国技术转移大会上,镇江市的江苏宏达新材料股份有限公司、丹阳太平橡塑制品有限公司和江苏耕耘化学有限公司分别与俄罗斯元素研究所、德国EMSTEC公司和俄罗斯毒素制剂研究所签订的科技合作协议参加大会集中签约。镇江市共邀请来自美国、日本、加拿大、澳大利亚、俄罗斯、白俄罗斯等国家的18个科研单位的23名科技专家参加该次大会。其中来自俄罗斯元素研究所的阿列科谢叶娃·叶琳娜被江苏省科技厅聘为江苏科技发展海外科技顾问。经过会前深入对接和会议期间的洽谈,镇江企业与国外科研机构达成了一批跨国技术转移合作意向,并有5个项目正式签约,分别涉及新材料、装备制造和生物技术领域,这些项目的实施将对全市的产业升级起到一定的推进作用。 (刘建图)

科技计划

【概况】 2008年,全市紧扣"十一五"发展规划,积极围绕经济社会发展中心任务组织实施科技计划,推动全社会加大科技投入,强化科技创新。重点组织实施5个重大科技专项,继续在市级科技计划中全面推行"组评分离"的项目选拔机制,科技计划项目立项阳光操作,公开透明,得到广泛好评。据统计,全市全年共组织实施市级以上科技项目1200多项,其中组织申报省级以上各类科技计划项目400多项,被批准立项149项,争取省以上科技拨款19879.1万元,在各省辖市中居于前列。项目实施产生良好的经济和社会效益,其中142个在研省级项目总投入30.59亿元,年内实现新增产值80.15亿元、利税15.02亿元、出口创汇4.03亿美元,比上年分别增长26%、16%、123%;农业新技术示范推广面积64.02万公顷;累计在核心期刊发表论文538篇(其中SCI收录87篇,EI收录163篇),出版专著10本,软件著作权47项,申请专利1035件(其中发明专利316件),专利授权369件(其中发明专利59件),获国家、省科技进步奖34项,取得新品种、新装置、新工艺、技术标准等成果达546项,均比上年实现大幅度增长。通过项目实施,引进、培养和留住了一批高层次创业创新人才,为全市跨越发展提供了新的支撑。 (张 松)

【12个项目被列入省科技成果转化资金项目】 2008年,全市经过认真组织,共筛选申报省科技成果转化资金项目39项,其中重大产业专项项目13项,高层次人才成果转化项目8项,其他类项目18项。经过省科技厅组织的技术专家评审、综合评审、现场考察论证三轮严格筛选,镇江市有12个项目列入当年的省科技成果转化资金项目,安排支持经费1.24亿元。项目主要分布于现代装备与制造、新材料、电子信息、生物技术与新药、能源与环境保护、高科技农业等领域。 (肖晨帆)

【镇江一项目获得"十一五"国家科技支撑计划立项】 2008年,经科技部批准,镇江菇业有限公司承担的"食用菌工厂化生产关键技术研究示范"项目获得"十一五"国家科技支撑计划立项,同时获得资金拨款384万元。项目将研发符合中国国情和发展方向的食用菌工厂化生产技术体系,开发出工厂化栽培条件和参数,建立栽培环境中央监控系统、栽培专家系统和质量跟踪体系,建成年产1000吨鲜菇的工厂化生产线一条。这是由镇江市农业企业主持的第一个"十一五"国家科技支撑计划项目。

(王志强)

【镇江一项目获得国家农业科技成果转化资金项目资助】 2008年,经科技部批准,江苏大学承担的"农产品酿造糟渣农用资源化技术及产业化"项目获得国家农业科技成果转化资金项目立项,同时获得国家转化资金拨款50万元。项目围绕酿造糟渣低能耗生产工艺及关键技术进行产业化开发,开展快速发酵菌种筛选培养、发酵配料和环境调控技术集成、优化产品配方与工艺、完善湿醋糟燃烧及热能循环干燥技术等研究,建立有机基质、肥料和饲料三条生产线,达产后年产量约10万吨,销售收入9860万元,净利润60万元,节约治污成本600万元。将酿造糟渣转化为基质肥料和畜禽业的饲料,开辟了农业生产新的资源途径,丰富了产业链新的增长点,带来更多的就业机会,增加农民收入,进而推动农业产业结构和种植结构的调整。

(王志强)

【12人(团队)获省高层次创新创业人才引进计划资助】 2008年,省委组织部、省科技厅、省人事厅联合开展"高层次创业创新人才引进计划",经各市申报、全省组织专家评审、现场考察、媒体公示、省人才工作领导小组研究确定,镇江市有12名高层次创业创新人才被列入引进计划,获得每人100万元的资助。其中高层次技术创新人才(团队)5名,分别是丹阳市精密合金有限公司陆敏、丹阳市中亚玻纤厂路志坚、句容三泰服饰辅料有限公司钱晓明(团队)、江苏恒顺集团公司李巧英、江苏佳誉信实业有限公司袁晓姿。高层次技术创业人才(团队)7名,分别是江苏申模数字化制造技术有限公司孔啸(团队)、亚旗技术服务(江苏)有限公司陈宇晓、丹阳枫叶生物

表 27-2

2008 年镇江市科技成果转化专项资金项目立项一览表

序号	项目名称	承担单位
1	千吨级 PAN 基高性能碳纤维的开发及产业化	江苏恒神纤维材料有限公司
2	智能型风电接入变电站关键技术的开发与产业化	镇江天力变压器有限公司
3	高性能显示用液晶材料技术开发及产业化	江苏康祥集团公司
4	新型复方抗高血压制剂——尼群洛尔片的关键技术开发与产业	江苏吉贝尔药业有限公司
5	利用安卡红曲菌、黑曲霉菌及植物乳酸杆菌生产功能性镇江香醋的开发与产业化	恒丰(镇江)食品有限公司
6	智能型开关设备开发与产业化	江苏镇安电力设备有限公司
7	大型飞机用喷射成形 7055 铝合金轮毂及机体构件的研制与产业化	江苏豪然喷射成形合金有限公司
8	导电金球及其延伸产品 ACF 的工业化研究	镇江爱邦电子科技有限公司
9	高速机车专用向心关节轴承开发及产业化	江苏希西维轴承有限公司
10	舰船自动电站成套设备关键技术开发及产业化	镇江船舶电器有限责任公司
11	一类新药抗系统性红斑狼疮生物药的开发及产业化	大元生物科技有限公司
12	具有自主知识产权的音视频压缩/解压缩(AVS CODEC)商用集成芯片的研制和产业化	镇江唐桥微电子有限公司

(肖晨帆)

表 27-3

2008 年镇江市获省科技成果转化资金项目立项一览表

序号	项目名称	承担单位
1	大载药量亲水性中药巴布剂关键技术开发与产业化	江苏七O七天然制药有限公司
2	基于数字化设计制造技术的大功率多功能深海石油平台支援船开发与产业化	江苏省镇江船厂有限责任公司
3	大中型火电机组半干半湿法烟气脱硫除尘关键技术开发及产业化	镇江市电站辅机厂
4	高性能铜包铝电力母排高效制备技术的开发及产业化	华鹏集团公司
5	高性能低成本铸造多晶硅片先进制备技术开发与产业化	镇江环太硅科技有限公司
6	低品质纸浆废液资源化利用关键技术开发与产业化	江苏特密斯混凝土外加剂有限公司
7	核动力蒸汽发生器传热管关键技术开发与产业化	江苏巍华精密合金有限公司
8	新型特种船舶自动化集成系统开发及产业化	镇江市亿华系统集成有限公司
9	茶叶质量安全关键技术及装备的创新与产业化	丹阳市吟春碧芽茶业有限公司
10	油脂饼粕功能多肽生产关键技术及其产品开发	丹阳市正大油脂有限公司
11	自主品牌 CMXD630-64K 大功率船用发电机开发及产业化	镇江中船现代发电设备有限公司
12	抗干扰高可靠性煤矿安全监控系统关键技术开发与产业化	镇江中煤电子有限公司

(肖晨帆)

科技发展有限公司卢英(团队)、江苏金正自控阀门有限公司金锺镐(团队)、镇江佳得信息技术有限公司周晓冬、江苏豪然喷射成形合金有限公司张豪(团队)、江苏句容驰遨运动器材有限公司芮裕亭。(肖晨帆)

【镇江国际科技合作获国家资助取得历史性突破】 2008 年 7 月，由江苏宏达新材料股份有限公司引进俄罗斯技术开发的硅橡胶项目，顺利通过专家评审，获得科技部对俄合作专项资金 445 万元资助，这是全市国际科技合作有史以来最大的拨款项目。该项目总投资 3490 万元，技术水平处于国际领先。项目完成后，能突破硅橡胶的生产技术瓶颈，进一步拓宽产品的应用领域，从而整体提升国家硅橡胶的生产技术水平，对完善国家硅橡胶产业链起到积极的推动作用。(刘建图)

【社会发展科技计划新进展】 2008 年，全市社会发展科技计划坚持科技惠民宗旨，加大对建设生态文明的科技投入，首次在全市启动实施节能减排重大科技专项。重点围绕全市化工、电力、造纸、冶金、酿造等行业中的节能减排重大技术需求，以技术攻关、规模化推广应用和示范工程建设为专项支持的重点方向。江苏索普、焦化集团、恒顺集团等 6 家企业申报的节能减排项目，经过专家咨询、现场考察等评审程序被列入重大科技专项，共安排科技经费 190 万元，带动企业投入节能减排资金 5300 万元。项目完成后，一批制约全市行业、企业节能减排的技术瓶颈问题将得到较好的解决，科技进步对节能减排工作的支撑作用将明显提高。按照“打造民生科技”的总体工作部署，全年组织申报省社会发展计划项目 32 项。市区“北部滨水区水环境建设关键技术研究及工程示范”被列入全省 10 大科技惠民示范工程，获得经费资助 100 万元。全年围绕改善民生的四大领域(人口健康、生态环境、人居环境、公共安全)，组织市级社会发展科技计划项目 120 余项。依照相关管理规定，共下达指令性计划 73 项，安排科技经费 360 万元，下达指导性计划 74 项。(居秋生)

【科技基础条件建设步伐加快】 2008 年，全市采取依托高校、联合企业、产学研合作共建方式，推动科技基础条件建设大发展。江苏大学联合精功镇江汽车制造有限公司等企业共建的“江苏省道路载运工具新技术应用重点实验室”项目被省科技厅批准立项，获得经费资助 300 万元，填补了全市省级高技术研究重点实验室的空白；江苏稳润光电的 LED 封装与应用、大全集团的电力电器检测等 4 家科技公共服务平台，被省科技厅批准建设，每家获得经费资助 100 万元。两年来，全市省级科技公共服务平台从无到有，已增至 6 家。省船舶研究所、江大流体中心等 4 家科技服务业骨干机构的服务能力建设项目被省科技厅批准立项，每家得到经费资助 20 万元，对推动全市科技服务业品牌建设起到积极作用。在应用基础研究和创新型人才培养方面，获省基础研究计划(自然科学基金）立项28项，获得经费资助220万元。在提升企业的研发和工程化水平方面，太阳能级硅材料工程技术研究中心、PAN基碳纤维工程技术研究中心、高温合金工程技术研究中心、半导体光器件与照明工程技术研究中心、微丸制剂药物工程技术研究中心等8家省级工程技术研究中心获省科技厅批准建设，新建数量为历年之最。全年围绕提高新型功能材料、交通载运、节能减排、生态农业等领域的研发和工程化水平，共立项建设碳纤维、高温合金、汽车检具制造等8家市级工程中心，安排科技经费160万元。（居秋生）

高新技术产业化

【概况】 2008年，全市紧紧围绕提升高新技术企业技术创新能力和水平，促进高新技术产业化，积极组织按新标准推荐符合条件的企业申报认定高新技术企业，同时积极组织认定省级高新技术产品，在各级各类科技计划的组织实施中，围绕高新技术优势产业和新兴产业，吸纳科技人才与资本要素，强化高新技术企业群和产品群的培育，进一步加快国家级高新技术"一园四基地"（中俄机电一体化产业园、丹阳新材料产业基地、扬中电力电器产业基地、镇江光电子与通信元器件产业基地、镇江沿江绿色化工产业基地）建设。国家火炬计划"一园四基地"在全市高新技术产业发展进程中进一步发挥重要载体作用，基地内新增65项省级高新技术产品，有25家企业通过国家新标准高新技术企业认定。全年基地内企业承担355项高技术产品开发，产业基地显现出较强的优势产业放大效应和新兴产业的集聚效应。26个项目被列入国家火炬计划，该批项目总投资56475万元，其中贷款26050万元，项目达产后预计新增销售27.5亿元，新增利税62013万元。全市新增10项国家级重点新产品，"ABH500型沥青混合料搅拌设备""高性能环氧沥青复合材料"2项国家重点新产品各获得科技部50万元拨款支持。全年新认定省级高新技术产品121项，按国家新标准通过省有关部门联合组织认定的高新技术企业70家，省第二批自主创新型试点企业3家，中电电气集团有限公司申报国家自主创新型试点企业；全年新增14项省工业科技攻关项目、16项科技部科技型中小企业创新基金项目、9项省中小企业创新资金项目，26项国家级火炬计划项目。据全市高新技术产业统计调查结果，2008年度全市高新技术产业完成产值843.4亿元，占全市规模工业产值的30.3%，比上年增长29.4%。（周建容）

【6家科技孵化器通过省级认定】 2008年，全市有江苏镇江润州高新技术创业服务中心、江苏句容高新技术创业服务中心、江苏大学—江苏科技大学、江苏丹阳科技创业园、江苏镇江京口科技高新技术创业服务中心、江苏镇江慧谷快鹿科技园等被认定为省级科技孵化器。（周建容）

表27-4 **2008年镇江市获省工业科技攻关计划项目立项一览表**

序号	项目编号	项目名称	承担单位	省拨款(万元)
1	BE2008154	千吨级PAN基高性能碳纤维核心装备研制与开发	江苏恒神纤维材料有限公司	200
2	BE2008117	水合肼分离提纯研发及应用	江苏索普(集团)有限公司	80
3	BE2008113	MEMS内嵌式、便携式智能红外光谱探测器研发	江苏惠通集团有限公司	50
4	BE2008106	全数字虚拟仪表嵌入式自适应控制软件系统研发	江苏新通达电器有限公司	30
5	BE2008107	毫米波浮动式盲插连接器技术及产品研发	江苏呈飞电子有限公司	50
6	BE2008108	OLED关键原材料三苯胺及其衍生化合物的关键合成技术研发	镇江市海通化工有限公司	50
7	BE2008109	TFT-LCD用高档混合液晶材料研发	江苏康祥集团公司	50
8	BE2008110	高效能太阳能电池陷光结构与刻蚀的关键激光技术与装备研发	江苏大学	50
9	BE2008111	燃料电池非氟质子交换膜及其膜组件MEA的研发	江苏赛瑞科技工程有限公司	50
10	BE2008112	大吨位起重永磁设备研发	镇江市江南矿山机电设备有限公司	50
11	BE2008114	城市公交电动客车电子控制空气悬架研发	江苏大学	50
12	BE2008115	草酸二甲酯加氢生产乙二醇研发	江苏丹化集团有限责任公司	50
13	BE2008116	大型燃煤锅炉吸附—等离子体脱硫及硫资源化利用技术研发	镇江远东环保机械设备厂	50
14	BE2008118	新一代高淬透性高强铝合金	江苏大学	30
合计				840

（周建容）

表27-5 **2008年镇江市获省级中小企业创新资金项目立项一览表**

序号	项目编号	项目名称	承担单位	资助金额
1	BC2008139	结合太阳能空气集热器的海水/苦咸水淡化小型处理装置	镇江同盛环保设备工程有限公司	30
2	BC2008140	适用于GIS系统的空间数据库引擎的开发	镇江雅迅软件有限责任公司	30
3	BC2008141	基于人工智能组合优化和GIS技术的企业级物流管理和决策系统	镇江优捷信息技术有限公司	30
4	BC2008142	基于双DSP和ETO技术功率器件技术的高压大功率变频调速系统	镇江市思航电子科技有限公司	30
5	BC2008143	通信3G用微波电缆组件的开发与产业化	镇江恒吉昌电子有限公司	30
6	BC2008144	Selectfluor氟化烯酮硅醚合成α-氟代羧酸新技术国内应用研究和二次开发	镇江蓝德特药业科技有限公司	30
7	BC2008145	田能TM自来水管网管理地理信息系统	镇江佳得信息技术有限公司	30
8	BC2008146	新型ED治疗药物的新技术的研究及规模化开发	丹阳吉尔生化有限公司	30
9	BC2008147	太阳能光伏并网发电变换控制系统	江苏中澳光伏能源科技有限公司	30
合计				270

（周建容）

表 27-6

2008 年镇江市获科技部科技型中小企业技术创新基金项目立项一览表

序号	项目编号	项 目 名 称	承 担 单 位	国家拨款(万元)
1	08C26113200670	超纯净高性能镍基高温合金关键技术开发与产业化	丹阳市精密合金厂	65
2	08C26213200503	高速低功耗闪存芯片的研发和产业化	镇江隆智半导体有限公司	90
3	08C26213200647	高效特种液下污水泵关键技术开发及产业化	江苏国泉泵业制造有限公司	80
4	08C26113200656	移动式智能高效射流自吸泵的系列开发及产业化	镇江远大泵业有限公司	50
5	08C26213200483	基于 SOA 的移动销售员目标管理系统(SMBO)	镇江智诚软件有限公司	50
6	08C26213200491	3G 双频段无源互调测试仪	镇江新区澳华测控技术有限公司	65
7	08C26213200538	基于欧Ⅲ排放标准车用柴油机电控单元的研发与产业化	镇江恒驰科技有限公司	60
8	08C26213200547	低成本全自动透析器复用装置	镇江高冠医疗器械有限公司	60
9	08C26213200559	KS1200A/1200V 集成大功率双向晶闸管	江苏威斯特整流器有限公司	80
10	08C26213200571	濒危地道药材茅苍术栽培开发及规范化种植	句容市九龙药材有限公司	65
11	08C26213200617	智能化高节能电焊条干燥系统	镇江中油船舶电器有限公司	60
12	08C26213200622	110 瓦大功率高亮度 LED 智能化路灯	江苏通华机电成套有限公司	65
13	08C26213200633	一次风粉双可调煤粉分配器及在线监测系统	镇江格林韦尔电力有限公司	60
14	08C26213200634	GZJK－Ⅱ高效脉冲自洁式空气过滤器	镇江华强电力设备厂	60
15	08C26213200649	高效节能聚结分离式油净化装置	镇江市科能电力设备有限公司	65
16	08C26213201833	金钛企业集群协同目标管理系统	镇江金钛软件有限公司	140
合 计				1115

（周建容）

表 27-7

2008 年镇江市获国家级火炬计划项目立项一览表

序号	项目编号	项目名称	承担单位
1	2008GH010222	敏捷造船集成管理软件应用和产业化	镇江市金舟软件有限责任公司
2	2008GH010242	智能化万用学习编程遥控器	江苏惠通集团有限责任公司
3	2008GH010234	Green Power 电源供应器(适配器)	江苏领先电子有限公司
4	2008GH020264	年产 500 吨嘧霉胺原药及制剂	江苏耕耘化学有限公司
5	2008GH040407	轿车多功能电机齿轮盖	镇江泛沃汽车零部件有限公司
6	2008GH030366	TMS－MJ 木聚系混凝土高效减水剂	江苏特密斯混凝土外加剂有限公司
7	2008GH030328	大尺寸颗粒增强包覆层双金属复合轧辊	镇江亚丰钢铁轧辊有限公司
8	2008GH030380	多层纳米复合膜改性的高速钢直柄麻花钻	江苏飞达工具股份有限公司
9	2008GH030281	高性能 SMC/BMC 复合材料及其制品	镇江育达复合材料有限公司
10	2008GH030367	挤出型电缆电线制品用硅橡胶专用料	江苏宏达新材料股份有限公司
11	2008GH030296	高强双卡套式管接头	江苏星河集团有限公司
12	2008GH030345	晶须复合材料增强动平衡光纤盘	丹阳市誉球通用电器有限责任公司
13	2008GH040381	电动机车专用低噪鼓风机	江苏知民通风设备有限公司
14	2008GH040451	ZPSG 整流变频变压器	中电电气集团有限公司
15	2008GH040496	SCLY 型潜水深井采卤泵	镇江正汉泵业有限公司
16	2008GH040470	CLG766 挖掘装载机	江苏柳工机械有限公司
17	2008GH040467	CNCL 系列异形螺杆数控铣床	江苏齐航数控机床有限责任公司
18	2008GH040396	2LTLZ60 型沥青摊铺机	镇江华晨华通路面机械有限公司
19	2008GH040401	智能电动轮椅车	江苏鱼跃医疗设备股份有限公司
20	2008GH040417	具有智能模块的新型永磁机构高压真空断路器	镇江市诚翔电器有限责任公司
21	2008GH040526	年产 600 万套精密轴承	江苏钱潮轴承有限公司
22	2008GH050570	FDXB－40.5/0.69/T 风力发电用预装箱式变电站	镇江天力变压器有限公司
23	2008GH040479	L21/31 中速柴油机国产化	镇江中船设备有限公司
24	2008GH040449	休闲艇柴油机主机设备	镇江四洋柴油机制造有限公司
25	2008GH050574	NCC 汽油加氢催化剂	江苏佳誉信实业有限公司
26	2008GH060587	BVRE－5 型加油站油气排放处理装置产业化	江苏惠利特环保设备有限公司

（周建容）

表 27-8

2008 年镇江市新增国家级重点新产品一览表

序号	项目编号	项 目 名 称	承 担 单 位	备 注
1	2008GRC10026	ABH4500 型沥青混合料搅拌设备	镇江华晨华通路面机械有限公司	50 万元
2	2008GRC10038	高性能环氧沥青复合材料	句容市宁武化工有限公司	50 万元
3	2008GRC10204	SRNQY 耐高温 VV 接线牵引变压器	中电电气集团有限公司(江苏中电输配电设备有限公司)	
4	2008GRC10077	WPU－058 水性防腐蚀涂料	江苏荣昌化工有限公司	
5	2008GRC10149	高效节能大型一体式导热油炉防爆电加热器	镇江裕太防爆电加热器有限公司	
6	2008GRC10109	塑料专用金红石型二氧化钛	江苏镇钛化工有限公司	

续表 27-8

序号	项目编号	项 目 名 称	承 担 单 位	备 注
7	2008GRC10211	QD24 桥式堆包机	镇江电磁设备厂有限责任公司	
8	2008GRC10185	高性能油菜联合收割机	江苏沃得农业机械有限公司	
9	2008GRC10072	全自动高速听装包装生产线设备	丹阳仅一包装设备有限公司	
10	2008GRC10095	超纯净、高性能镍基高温合金	丹阳市精密合金厂有限公司	

（周建容）

表 27-9

2008 年镇江市按国家新标准认定的高新技术企业一览表

序 号	企 业 名 称	所在地	序 号	企 业 名 称	所在地
1	沃得精机(中国)有限公司	丹阳市	36	镇江大力液压马达有限责任公司	丹徒区
2	恒宝股份有限公司	丹阳市	37	江苏耕耘化学有限公司	丹徒区
3	大亚科技股份有限公司	丹阳市	38	江苏特密斯混凝土外加剂有限公司	丹徒区
4	丹阳市华东工程塑料有限公司	丹阳市	39	江苏镇安电力设备有限公司	丹徒区
5	江苏恒神纤维材料有限公司	丹阳市	40	江苏希西维轴承有限公司	丹徒区
6	丹阳市精密合金厂有限公司	丹阳市	41	江苏索普(集团)有限公司	京口区
7	江苏鱼跃医疗设备股份有限公司	丹阳市	42	镇江市金舟软件有限责任公司	京口区
8	江苏超力电器有限公司	丹阳市	43	镇江市宝华半挂车配件有限公司	京口区
9	丹阳仅一包装设备有限公司	丹阳市	44	镇江明润信息科技有限公司	京口区
10	镇江万新光学眼镜有限公司	丹阳市	45	镇江中煤电子有限公司	京口区
11	江苏丹毛纺织有限公司	丹阳市	46	镇江华晨华通路面机械有限公司	润州区
12	江苏中亚新材料股份有限公司	丹阳市	47	镇江华东电力设备制造厂	润州区
13	丹阳中超化工有限公司	丹阳市	48	镇江汉邦科技有限公司	润州区
14	江苏文光车辆附件有限公司	丹阳市	49	江苏七〇七天然制药有限公司	润州区
15	江苏皇马农化有限公司	丹阳市	50	镇江中船设备有限公司	润州区
16	江苏华阳金属管件有限公司	句容市	51	镇江电磁设备厂有限责任公司	润州区
17	句容市宁武化工有限公司	句容市	52	江苏柳工机械有限公司	润州区
18	镇江天力变压器有限公司	句容市	53	镇江飞亚轴承有限责任公司	润州区
19	天宁香料(江苏)有限公司	句容市	54	镇江天安电信电器有限公司	润州区
20	句容市兴春化工有限公司	句容市	55	镇江市邦禾机电装备有限公司	润州区
21	江苏省绿盾植保农药实验有限公司	句容市	56	江苏江大源生态生物科技有限公司	新区
22	江苏大全长江电器股份有限公司	扬中市	57	镇江泛沃汽车零部件有限公司	新区
23	镇江默勒电器有限公司	扬中市	58	江苏齐航数控机床有限责任公司	新区
24	江苏大全凯帆电器有限公司	扬中市	59	江苏江大环境工程有限责任公司	新区
25	镇江西门子母线有限公司	扬中市	60	江苏吉贝尔药业有限公司	新区
26	江苏中电设备有限公司	扬中市	61	镇江东方生物工程设备技术有限责任公司	新区
27	江苏华强电力设备有限公司	扬中市	62	江苏国泉泵业制造有限公司	新区
28	镇江天和生物技术有限公司	扬中市	63	金东纸业(江苏)股份有限公司	新区
29	江苏天源华威电气集团有限公司	扬中市	64	江苏稳润光电有限公司	新区
30	江苏宏达新材料股份有限公司	扬中市	65	镇江联成化学工业有限公司	新区
31	镇江市电站辅机厂	扬中市	66	镇江美驰轻型车系统(第二)有限公司	新区
32	江苏康尔臭氧有限公司	扬中市	67	江苏万佳科技开发有限公司	新区
33	江苏联合化工有限公司	扬中市	68	江苏太白集团有限公司	新区
34	镇江环太硅科技有限公司	扬中市	69	镇江江大科技有限责任公司	新区
35	江苏荣昌化工有限公司	扬中市	70	江苏新世纪江南环保有限公司	新区

（周建容）

表 27-10

2008 年镇江市获认定的省级自主创新产品一览表

序号	产品名称	承担单位	所在地
1	金舟造船成本管理系统软件 V2.1	镇江市金舟软件有限责任公司	京口区
2	金舟影子工厂实验教学系统软件 V1.0	镇江市金舟软件有限责任公司	京口区
3	EPC 全电子控制摊铺机	镇江华晨华通路面机械有限公司	润州区
4	利可君片	江苏吉贝尔药业有限公司	镇江新区
5	109S 系列全液压转向器	镇江液压件厂有限责任公司	润州区
6	高性能环氧沥青	句容市宁武化工有限公司	句容市
7	挤出型电缆电线制品用硅橡胶专用料	江苏宏达化工股份有限公司	扬中市

（周建容）

表 27-11　**2008 年镇江市新增省级高新技术产品一览表**

序号	产品编号	产品名称	企业名称	当年销售（万元）	主管部门
1	081121G001N	NEX40 金属铠装移开式开关柜	江苏镇安电力设备有限公司	1000	丹徒区
2	081121G002N	高分子改性麻塑合金板	丹阳市新华龙汽车软饰件厂	300	丹阳市
3	081121G003N	模拟人类思维方式基于 CPLD 的在线监测装置	丹阳市亚创电子电力自动化设备厂	1400	丹阳市
4	081121G004N	耐电晕聚酰亚胺薄膜	江苏冰城电材有限公司	3000	丹阳市
5	081121G005N	耙吸疏浚监测平台	镇江明润信息科技有限公司	2772	京口区
6	081121G006N	电解质分析仪	镇江奥迪康医疗仪器有限责任公司	790	镇江新区
7	081121G007N	满足欧 III(欧 IV))排放标准车用发动机电子控制单元 HT5	镇江恒驰科技有限公司	380	镇江新区
8	081121G008N	RCDB/RCDD 悬挂式自冷电磁除铁器	镇江市江南矿山机电设备有限公司	552	镇江新区
9	081121G009N	RCDJ/RCDK 超强水冷电磁除铁器	镇江市江南矿山机电设备有限公司	630	镇江新区
10	081121G010N	长效盐酸多西环素(赛米先)注射液	镇江威特药业有限责任公司	2400	镇江新区
11	081121G011N	NXAC－12－4000A/63KA 交流金属铠装移开式封闭开关设备	华鹏集团公司 江苏西门控电器有限公司	9800	扬中市
12	081121G012N	高强超低温聚氨酯保冷管壳	江苏大力城电气有限公司	950	扬中市
13	081121G013N	DQC－40.5 城市轨道交通用气体绝缘开关柜	江苏大全长江电器股份有限公司	730	扬中市
14	081121G014N	油气回收成套设备	江苏惠利特环保设备有限公司	8500	扬中市
15	081121G015N	110 瓦大功率高亮度 LED 智能化路灯	江苏通华机电成套有限公司	1975	扬中市
16	081121G016N	高效节能组合式折流杆旋流管换热器	扬中市腾峰换热设备制造有限公司	2300	扬中市
17	081121G017N	改进型低耗能不锈钢丝退火炉	镇江中油船舶电器有限公司	1200	扬中市
18	081121G018N	智能化节能型电焊条干燥系统	镇江中油船舶电器有限公司	1860	扬中市
19	081181G0019N	自浮式输油橡胶管	丹阳太平橡塑制品有限公司	1080	丹阳市
20	081102G0020N	2.92mm 微带连接器	镇江惠通元四接插件有限公司	605	京口区
21	081183G0021W	PPH－0137－03AA 手机镜头	江苏久禾光电有限公司	1200	句容市
22	081183G0022N	T2277－084 抗静电衬布	江苏句容三泰服饰辅料有限公司	1000	句容市
23	081183G0023N	36%咪鲜胺多菌灵可湿性粉剂	江苏省绿盾植保农药实验有限公司	200	句容市
24	081183G0024N	钛酸钡高压电容器(电容芯棒)	句容市华通电器有限公司	1080	句容市
25	081183G0025W	磁控重量拉力机	句容振兴运动器材有限公司	2100	句容市
26	081183G0026N	呼吸麻醉机内部线束	镇江市博格电子有限公司	5600	句容市
27	081111G0027N	四分之一波长高频同轴避雷器	镇江天安电信电器有限公司	850	润州区
28	081101G0028N	便携式旋转机械设备故障诊断仪	江苏千鹏诊断工程有限公司	1400	镇江新区
29	081101G0029N	3G 无源互调测试仪(PIM ANALYZER)	镇江新区澳华测控技术有限公司	623	镇江新区
30	081182G0030N	挤出型电缆电线制品用硅橡胶专用料	江苏宏达新材料股份有限公司	1500	扬中市
31	081182G0031N	胶辊用高性能硅橡胶	江苏宏达新材料股份有限公司	2250	扬中市
32	081182G0032N	光伏并网逆变器	江苏南自通华新能源电力有限公司	600	扬中市
33	081182G0033N	ZA 型高效、长寿太阳能照明灯	江苏中澳光伏能源科技有限公司	1474	扬中市
34	081182G0034N	HZL－II 型大型电站环境噪声综合治理成套设备	江苏中能电力设备有限公司	1835	扬中市
35	081182G0035N	ZNHK－II 型大型燃煤电厂干灰库成套装备	江苏中能电力设备有限公司	1760	扬中市
36	081182G0036N	直吹式制粉系统双可调煤粉分配器	江苏中能电力设备有限公司	1053	扬中市
37	081182G0037W	HMGS－G20 SF6 气体绝缘开关柜	现代重工(中国)电气有限公司	4800	扬中市
38	081182G0038N	改性高性能氟橡胶混炼胶	扬中市橡胶塑料厂	600	扬中市
39	081182G0039N	电缆专用高强轻桥装置	镇江安华电气有限公司	600	扬中市
40	081182G0040W	NCQ 型循环流化床锅炉床料添加系统	镇江纽普兰气力输送有限公司	1840	扬中市
41	081182G0041N	矿用高性能聚乙烯管材	镇江荣诚管业有限公司	2500	扬中市
42	081182G0042N	源瓶专用组合管阀件	镇江瑞昊工程塑料有限公司	400	扬中市
43	081182G0043N	高效节能大型一体式导热油炉防爆电加热器	镇江裕太防爆电加热器有限公司	2800	扬中市
44	081182G0044N	SCR(H)BH10－100～1600/10 型非晶合金干式电力变压器	中电电气集团有限公司	4800	扬中市
45	081182G0045N	CS(CBF)D－125～3500/1(10)型大容量船用变压器	中电电气集团有限公司(江苏中电变压器制造有限公司)	1400	扬中市
46	081182G0046N	PSC(BF)D－100～3500/10 型海洋平台变压器	中电电气集团有限公司(江苏中电变压器制造有限公司)	1100	扬中市
47	081121G0047N	压缩式雾化器	江苏富林医疗设备有限公司	385	丹徒区
48	081121G0048N	智能型医用制氧机	江苏富林医疗设备有限公司	660	丹徒区
49	081121G0049N	特密斯 TMS－YJM 木聚系高效减水剂	江苏特密斯混凝土外加剂有限公司	855	丹徒区
50	081121G0050N	特密斯 TMS－YJ 型新型聚羧酸高效减水剂	江苏特密斯混凝土外加剂有限公司	855	丹徒区
51	081121G0051N	耐冲击深沟球轴承	江苏希西维轴承有限公司	232	镇江新区
52	081121G0052N	远航豪华长头重型卡车	精功镇江汽车制造有限公司	3100	丹徒区

续表 27-11

序号	产品编号	产品名称	企业名称	当年销售（万元）	主管部门
53	081121G0053W	低成本全自动透析器复用装置	镇江高冠医疗器械有限公司	800	丹徒区
54	081121G0054N	低温固化和水下固化型粘钢结构胶	镇江市天益工程科技有限公司	240	丹徒区
55	081121G0055N	3G 中频传输五芯同轴电缆组件	镇江通达电子有限公司	420	丹阳市
56	081121G0056N	中频馈线电涌保护器	镇江通达电子有限公司	528	丹阳市
57	081121G0057N	PTF－WGT 多功能全自动信封机	镇江现代印刷机器厂	1280	丹徒区
58	081181G0058N	高档特种动物纤维精纺面料	江苏丹毛纺织有限公司	1198	丹阳市
59	081102G0059N	复合萃取乙酸乙脂	江苏索普（集团）有限公司	151680	京口区
60	081102G0060N	RBGY－5 型热泵式干衣机	镇江华亿机电科技有限公司	2000	京口区
61	081102G0061N	YFS 型 24 芯深水快速分离圆形电连接器	镇江惠通元二接插件有限公司	1200	京口区
62	081102G0062N	碳化网状阻燃毡	镇江通达内饰材料有限公司	710	丹阳市
63	081102G0063N	KJ101N 煤矿安全监控系统	镇江中煤电子有限公司	5000	京口区
64	081183G0064N	DWTZ－70 机车辅助压缩机组	江苏德厚机电有限公司	1160	句容市
65	081183G0065N	高性能负离子缓释型光固化（UV）木器漆	江苏海田化学有限公司	2000	句容市
66	081183G0066N	高性能光固化活性生态（UV）木器漆	江苏海田化学有限公司	2000	句容市
67	081183G0067N	超低温（－196℃）天然液化气船用（LNG）316L TEE DN250 SCH10S 三通	江苏华阳金属管件有限公司	1089	句容市
68	081183G0068N	耐高温奥氏体不锈钢 310S R（C）DN200 * 150 SCH40S 大小头	江苏华阳金属管件有限公司	825	句容市
69	081183G0069N	大跨径钢桥用环氧沥青粘结层 HLN－2451	句容市宁武化工有限公司	1100	句容市
70	081183G0070N	高速公路用环氧沥青粘结层 HLN－7611	句容市宁武化工有限公司	1100	句容市
71	081183G0071N	机场用环氧沥青粘结层 HLN－3611	句容市宁武化工有限公司	1100	句容市
72	081183G0072W	2,2－二溴－3－次氮基丙酰胺（DBNPA）	凯美科瑞亚（江苏）化工有限公司	8050	句容市
73	081183G0073W	8,10－十二烷二烯－1－醇（DDDOL）	凯美科瑞亚（江苏）化工有限公司	3780	句容市
74	081183G0074N	汽车覆盖件用 SMC 材料	镇江育达复合材料有限公司	1800	句容市
75	081111G0075N	船用中板连铸连轧生产线专用滚针轴承研发	镇江飞亚轴承有限责任公司	175	润州区
76	081111G0076N	新型轿车 CTYQ 离合器分离轴承单元研发	镇江飞亚轴承有限责任公司	300	润州区
77	081111G0077N	高效节能大功率高压变频装置	镇江华东电力设备制造厂	600	润州区
78	081111G0078N	PSJG 秸秆破碎机	镇江市金正造纸机械厂	3120	润州区
79	081111G0079W	高摩擦系数铸型尼龙旁承磨耗板	镇江铁科橡塑制品有限公司	2400	润州区
80	081111G0080W	重载铁路货车转向架交叉杆聚酯弹性垫	镇江铁科橡塑制品有限公司	2120	润州区
81	081111G0081N	高终点感扭矩摆线转阀式全液压转向器	镇江液压件厂有限责任公司	10210	润州区
82	081111G0082N	集成比例放大型全液压转向器	镇江液压件厂有限责任公司	1273	润州区
83	081101G0083N	风力发电专用智能化低压断路器	江苏辉能电气有限公司	2185	镇江新区
84	081101G0084W	利可君片	江苏吉贝尔药业有限公司	10688	镇江新区
85	081101G0085N	7/16－KFD 宽频高可靠性射频同轴连接器	镇江华坚电子有限公司	525	镇江新区
86	081182G0086N	锆刚玉重负荷强力砂带	扬中市江南砂布有限公司	6471	镇江新区
87	081182G0087W	半脆刚玉精磨砂带	镇江锋芒磨具有限公司	4826	镇江新区
88	081182G0088N	实现溶解氧（DO）自控智能灭菌生物反应器	镇江市丰泽生物工程设备制造厂	1650	镇江新区
89	081182G0089N	SCLY 型潜水深井采卤泵	镇江正汉泵业有限公司	2200	扬中市
90	081121G0090N	空调用滚动轴承	江苏希西维轴承有限公司	400	镇江新区
91	081121G0091N	汽车球头拉杆轴承	江苏希西维轴承有限公司	266	镇江新区
92	081121G0092N	防潮配电箱	江苏镇安电力设备有限公司	2400	丹徒区
93	081121G0093N	BMR 轴配流摆线液压马达	镇江大力液压马达有限责任公司	2100	句容市
94	081181G0094W	多列充填包装机	丹阳仅一包装设备有限公司	1400	丹阳市
95	081181G0095N	激光焊接高速金刚石薄壁工程干钻	丹阳市华锋钻石工具机械有限公司	1900	丹阳市
96	081183G0096N	NCC 汽油加氢脱硫催化剂	江苏佳誉信实业有限公司	1800	句容市
97	081183G0097N	6% 杀螟丹水剂	江苏省绿盾植保农药实验有限公司	1080	句容市
98	081183G0098N	聚酰亚胺薄膜——聚酯薄膜云母绕包铜扁线	江苏五洲电磁线有限公司	4000	句容市
99	081183G0099N	FDXB－40.5/0.69/T 风力发电用预装箱式变电站	镇江天力变压器有限公司	3300	句容市
100	081111G0100W	HX－L29（7/16）射频同轴连接器	江苏华兴通讯科技有限公司	3450	润州区
101	081111G0101N	CLG365 滑移转向装载机	江苏柳工机械有限公司	255	润州区
102	081111G0102N	CLG766 挖掘装载机	江苏柳工机械有限公司	1400	润州区
103	081111G0103N	CLG816 轮式装载机	江苏柳工机械有限公司	5850	润州区
104	081111G0104N	CLG836 轮式装载机	江苏柳工机械有限公司	5250	润州区

续表 27-11

序号	产品编号	产品名称	企业名称	当年销售（万元）	主管部门
105	081111G0105W	金胆片	江苏七〇七天然制药有限公司	2400	润州区
106	081111G0106W	镇江膏药	江苏七〇七天然制药有限公司	2000	润州区
107	081111G0107W	DT3 电压监测仪	镇江泰利丰电子有限公司	520	润州区
108	081101G0108N	LQWC 型切割泵	江苏国泉泵业制造有限公司	420	镇江新区
109	081101G0109W	美洛昔康凝胶	江苏吉贝尔药业有限公司	6250	镇江新区
110	081101G0110N	高固含高灰份高平滑环保型铜版纸	金东纸业（江苏）股份有限公司	250136	镇江新区
111	081101G0111N	松厚型亚光双面铜版纸	金东纸业（江苏）股份有限公司	606	镇江新区
112	081101G0112N	高性能管状电加热元件	镇江市东方制冷空调设备配件有限公司	9933	镇江新区
113	081101G0113N	铝合金车轮热处理生产线设备	镇江市裕久精机制造有限公司	1800	镇江新区
114	081101G0114N	多元镍钛形状记忆合金	镇江忆诺唯记忆合金有限公司	1370	镇江新区
115	081182G0115N	KYN18－12 高原型户内铠装式交流金属封闭开关设备	江苏大全长江电器股份有限公司	2299	扬中市
116	081182G0116N	钢衬超高分子量聚乙烯管材	江苏金波新材料科技有限公司	600	扬中市
117	081182G0117N	节能型多功能海、淡水制冰机	扬中市高达制冰机械有限公司	150	扬中市
118	081182G0118N	高效能油净化自动装置	镇江市长江机电设备厂	2800	扬中市
119	081182G0119N	高弹性抗老化安全联轴器	镇江市华阳机电制造有限公司	2000	扬中市
120	081182G0120N	组合阀盖式截止阀	镇江市华阳机电制造有限公司	1450	扬中市
121	081182G0121N	LCMX6 密集绝缘母线槽	镇江中建电器厂	3000	扬中市

（周建容）

科技成果

【概况】 2008 年，全市科技成果鉴定 120 项。获国家技术发明二等奖 1 项，获 2008 年度省科技进步奖 16 项，其中二等奖 2 项，三等奖 14 项。受理市科技进步奖申报项目 115 项，评出获奖项目 58 项，其中一等奖 4 项，二等奖 19 项，三等奖 35 项，获奖项目中工业项目 23 项，占授奖总数的 39.7%；农业项目 6 项，占授奖总数的 10.3%；社会事业项目 29 项，占授奖总数的 50%。

（肖晨帆）

表 27-12 **2008 年镇江市获国家技术发明奖项目一览表**

序号	奖励等级	项目名称	主要完成人员
1	二等奖	食品、农产品品质无损检测新技术和融合技术的开发	赵杰文（江苏大学）、黄星奕（江苏大学）、邹小波（江苏大学）、蔡健荣（江苏大学）、刘木华（江苏大学）、陈全胜（江苏大学）

（肖晨帆）

表 27-13 **2008 年度镇江市获江苏省科技进步奖项目一览表**

序号	奖励等级	项目名称	完成单位
1	二等奖	超纯净高性能镍基高温合金	丹阳市精密合金厂有限公司
2	二等奖	高性能节能环保型发动机的激光珩磨技术与装备	江苏大学，常柴股份有限公司，一汽解放汽车有限公司无锡柴油机厂，扬州柴油机有限责任公司
3	三等奖	离散制造企业信息集成系统研究开发及其在开关电气行业应用	大全集团有限公司，北京清软英泰信息技术有限公司，江苏大学
4	三等奖	微结构反应技术制备生物柴油及产业化	江苏洁美生物能源有限公司
5	三等奖	大型电站高效环保节能技术及装备研发及产业化	江苏中能电力设备有限公司
6	三等奖	CAM－01Z 型不受煤种变化影响的飞灰含碳量监测系统	镇江施达尔电气有限公司
7	三等奖	KJ101－45B 甲烷传感器	镇江中煤电子有限公司
8	三等奖	数字存储示波器	江苏绿扬电子仪器集团有限公司
9	三等奖	耐电晕聚酰亚胺薄膜的开发与产业化	江苏冰城电材有限公司
10	三等奖	商业轮转机印刷用高档涂布纸的开发与产业化	金东纸业（江苏）股份有限公司
11	三等奖	CD40 体系表达在冠脉不稳定斑块及再狭窄中的实验与临床研究	江苏大学附属医院，东南大学附属中大医院
12	三等奖	间质干细胞分化及安全性研究	江苏大学，南京师范大学生命科学学院，江苏大学附属医院
13	三等奖	拮抗酵母防治水果病害及作用机制研究	江苏大学
14	三等奖	微型射流式喷灌机组的研究开发与产业化	江苏大学，金坛天鹅喷灌机械有限公司
15	三等奖	软开关逆变式节能焊机的研究及推广应用	江苏科技大学，镇江市天华机电产品有限责任公司，凯尔达电焊机有限公司
16	三等奖	船舶数字化制造技术应用研究与实施	江苏科技大学，江苏现代造船技术有限公司

（肖晨帆）

【全市首个省科技成果转化资金项目通过验收】 2008年7月，江苏丹化醋酐有限公司承担的省科技成果转化专项资金项目"液相羰基合成醋酐成果产业化开发"，顺利通过省科技厅组织的专家验收，这是镇江承担的36项省科技成果转化专项资金项目中首个通过验收的项目。该项目2004年获得省科技厅经费支持1500万元，项目实施三年来，累计生产醋酐122341.88吨，实现工业增加值35082.68万元、产值91331.28万元、销售收入90077.34万元，上缴国家税收总额6180.98万元，净利润19994.68万元，超额完成项目合同要求。该项目的成功实施，在国内首次形成一整套液相羰基合成醋酐专有技术，是打破国外公司的技术封锁和垄断，改变我国醋酐行业整体技术落后状况，打造我国醋酐行业的标志性工程。（肖晨帆）

【中日合作编制的《句容市农业农村发展战略规划》正式出版】 为了有计划、有目的地引进更多日本的新技术、新品种，由镇江市科技局、句容市政府、日本农山渔村文化协会共同制定、历经一年多时间编制的《农村发展研究——江苏省句容市农业农村经济发展战略规划》，于2008年12月由中国农业出版社正式出版。中日合作编制的这部《规划》集全局性、战略性、前瞻性和可操作性于一体，既参考了日本的发展模式，又根植于句容的实际现状，对句容市乃至江苏丘陵山区今后很长一段时间内的农业农村发展有较强的指导性，特别是《规划》立足于发展农业生产力，通过发展高效农业实现农民致富，完全符合社会主义新农村建设的要求。（王志强）

【"传统特色风鸭深加工关键技术研究与新产品开发"通过成果鉴定】 2008年12月6日，由句容市茅山百事特鸭业有限公司承担的市农业科技计划项目"传统特色风鸭深加工关键技术研究与新产品开发"通过市科技局组织的科技成果鉴定。专家组一致认为，传统特色风鸭深加工关键技术研究与新产品开发成果总体水平居国内领先。通过对传统特色"风鸭"加工过程中常规理化指标及蛋白质水解和脂质氧化以及风味形成机理的研究，确定传统特色"风鸭"加工高温成熟新工艺，风干成熟温度比传统工艺提高8℃～10℃，缩短了风干成熟时间，提高生产效率和产品的风味品质，实现了传统"风鸭"风干成熟新工艺的标准化管理。项目研发新产品3个，新工艺技术1项，新装备1套，制定新产品技术标准2个，申请专利2项，建成80万只/年"风鸭"生产线一条。通过加工带动形成樱桃谷鸭繁育—养殖—屠宰—深加工"公司＋基地＋农户"规模化示范基地。项目达产后可形成每年2500万元销售，养殖樱桃谷鸭农民每年可增收160万元。（王志强）

【发酵床养鸡技术被摄制成数字电影】 2008年，在发酵床养猪的基础上，市有关部门又成功地将这项技术应用于养鸡上。与发酵床养猪相比，发酵床养鸡材料来源更加广泛、发酵床的建造更加简易。中央电视台农业频道专程到镇江拍摄发酵床养鸡的专题节目。2008年6月该节目播出后，在全国产生较大的影响，成为该频道的推荐节目，视频点击人数达3万多人。这项技术已在省内应用推广。（沈晓昆）

【发酵床养猪技术通过省科技成果鉴定】 由镇江丹徒区天成畜禽生态养殖场承担并完成的发酵床养猪研究与应用项目，2008年1月，通过省科技厅组织的科技成果鉴定。课题组在引进、消化、吸收的基础上进行再创新，对发酵床猪舍的结构和功能、发酵床的结构、垫料的替代进行了大量的试验，对养殖效果、环境效果、猪肉品质等进行检测，形成了适合本地特点的一整套养殖技术，已在省内外应用推广，取得明显的经济效益、社会效益、生态效益。与会专家一致认为，该项目环保、生态，为养猪业的可持续发展提供了一种新的发展模式，成果达到国内领先水平。该项目是镇江继稻鸭共作之后，又一中日农业科技合作发展生态畜牧业的新亮点。发酵床养猪还被中国农业电影制片厂摄制成数字电影放映。7月，副省长黄莉新亲临视察，要求在全省范围内加大应用推广力度。8月，省农林厅在镇江召开全省发酵床养猪推广会，推动该项目在全省的应用推广。（沈晓昆）

【零日龄放鸭技术通过省科技成果鉴定】 零日龄放鸭是指雏鸭孵化出壳羽毛干后就直接放入稻鸭共作大田的一种新技术。零日龄放鸭省去了现行稻鸭共作与传统养鸭中的保温育雏与驯水环节，具有省工、节本、简便、鸭成活率高等优点，是稻鸭共作技术的新成果、新发展。镇江水禽研究所经过三年的研究，通过耐水性试验，明确不同日龄的雏鸭以零日龄鸭耐水性最强，不同品种的鸭以役用鸭耐水性最强。对零日龄放鸭期间的气象条件、配套技术进行研究，掌握了零日龄放鸭的全套技术。该所边研究边推广，2007～2008年，已在省内外应用推广530多公顷，推动了稻鸭共作技术健康稳步发展。2008年8月，该技术通过省科技成果鉴定。（沈晓昆）

知识产权工作

【概况】 2008年，全市知识产权工作按照"激励创造、有效运用、依法保护、科学管理"的方针，有效实施知识产权战略，在服务经济、服务科技工作中实现新跨越。开展以"尊重知识产权，赞美发明创造"为主题的宣传教育活动，知识产权创造热情进一步高涨，年专利申请超100件的企业达15家。全市全年申请专利7339件，比上年增长41.11%，列全省第六位，其中发明专利申请1133件，比上年增长81.28%；专利授权量为2581件，比上年增长27.65%，列全省第五位。全市百亿元GDP专利授权182件，列全省第二位，仅次于苏州；百亿元GDP专利申请516件，列全省第三位。开展知识产权"对接大上海，融入长三角"活动，推进"知识产权服务百企工程"和专利实施计划，加快专利技术产业化步伐。完成省级高新技术企业专利状况调查。制定出台《镇江市企事业单位知识产权战略推进计划管理办法》《关于加强辖市（区）专利行政执法工作的意见》，加强知识产权保护和专利行政执法工作，有效开展专利纠纷调处与"雷雨"知识产权执法专项行动，维护专利权人的合法权益和公平规范的市场竞争秩序。全年共处理专利侵权纠纷10件，其中正式立案8件；调解结案2件；因管辖原因向省局移送6件，所有案件均结案。开展"知识产权高校行动计划"，提升高校知识产权管理能力和社会化服务能力，江苏省知识产权局在江苏大学设立江苏省知识产权研究中心并于2008年9月27日挂牌。江苏大学、江苏科技大学、江苏农林职业技术学院、镇江高专四所高校申请专利463件，其中发明专利354件，授权专利154件，举办各类知识产权培训45场，培训师生近2000人次。启动知识产权后备人才培养计划，计划用2～3年时间遴选100名知识产权后备人才，经单位推荐、学术团体举荐和个人自荐及培训考试等方式，年内已选拔32名知识产权后备人员。在整体上提升区域知识产权创造、运用、保护和管理能力，促进创新型城市建设，被国家知识产权局批准为国家知识产权示范城市创建市。（吴国源）

【启动国家知识产权示范城市创建活

动】 在2007年12月通过国家知识产权试点城市验收的基础上，镇江全面启动国家知识产权示范市创建活动。该项活动坚持“激励创造，有效运用，合理保护，科学管理”方针，以全面提高知识产权综合管理能力、科技创新能力和产业国际竞争能力为核心，以加强法制建设、完善市场环境、强化管理职能、提高公共服务水平为目标，使知识产权工作真正成为推动全市经济社会更好更快发展的强大引擎。2008年5月13日，举行全市国家知识产权示范城市创建启动仪式，国家知识产权局副局长张勤、代市长刘捍东等出席启动仪式并为市国家知识产权示范市创建市揭牌。 （丁文斌）

【实施发明专利申请优势企业培育计划】 2008年，市知识产权局为提升企业知识产权创造、运用、保护和管理的能力及水平，启动实施发明专利申请优势企业培育计划。计划的目的是推动企业把知识产权工作纳入技术创新和生产经营各个环节，提高企业运用知识产权制度实施自主创新和引进消化吸收再创新的能力。计划的重点是扶持年发明专利申请达到10件以上的企业。在各级知识产权部门的大力推动下，全市发明专利申请优势企业培育计划取得较好效果。年底，市区有8家企业专利申请超过10件，最多的一家企业是江苏国泉泵业制造有限公司，2008年申请发明专利达到15件。 （丁文斌）

【3项知识产权项目获省专项经费100万元】 2008年，镇江华晨华通路面机械有限公司获得江苏省企业知识产权战略推进计划项目经费20万元，镇江红宝利电子有限公司和镇江万奇电器设备有限公司分别获得省专利实施计划专项经费40万元。3项知识产权项目获得经费总数列全省第二，仅次于泰州的110万元。 （丁文斌）

【38个项目在第六届中国国际发明展览会上获奖】 2008年10月19日，由中国发明者协会、发明者协会国际联合会、江苏省科技厅、苏州市政府共同主办的“第六届国际发明展览会”在苏州闭幕。全市共组织46家企事业单位50个项目参加第六届中国国际发明展览会，经大会专家评审团评审，全市有38个项目获奖，其中金奖12项、银奖9项和铜奖17项。江苏南自通华新能源电力有限公司的“尖伏并网逆变器”项目在获得金奖的同时还获得环保发明奖，此奖项江苏省仅两家企业获得。 （丁文斌）

【市本级财政专利资助和奖励首次突破200万元】 2008年，市政府落实专利资助和奖励政策，市本级财政安排资助和奖励资金199.08万元，其中，专利申请资助项目1913件，安排资助资金129.38万元；授权发明专利奖励项目102件，每件奖励3000元，计30.6万元；发明专利申请优势企业（单位，含高校）22家，申请发明专利391件，每件发明专利申请另奖励1000元，计39.1万元，PCT专利申请资助2件，计1.7万元，共计200.7万元，扣除上年重复资助0.48万元，实际资助200.3万元。 （丁文斌）

【开展“雷雨”“天网”知识产权执法专项行动】 2008年3月至6月期间，根据国家知识产权局的统一部署，全市实施“雷雨”“天网”知识产权执法专项行动。“雷雨”行动的主要任务是打击知识产权侵权假冒行为；“天网”行动的主要任务是打击涉及专利的诈骗行为。专项行动确定以食品、医药等为重点领域，以全市“正版正货”承诺试点单位、综合商场、大型超市及其他商品集散地为突破口，有计划、有步骤地开展专项检查和集中整治执法活动，严厉打击假冒他人专利和冒充专利行为，及时处理专利侵权纠纷，引导和督促经营者建立并遵守知识产权制度，切实维护消费者的权益和市场秩序。市知识产权局联合工商和版权行政管理部门，对市区所有综合商场、电器专卖场和大型超市开展专项执法行动，对带有专利标记的708种共计30470件商品进行逐一核查，核查出问题专利标记123件，涉及问题商品2429件，均进行严肃处理。 （吴国源）

【开展全市首届优秀专利奖评选】 2008年，为了鼓励发明创造，促进发明创造成果的推广应用，推动科技进步和经济社会发展，市科技局、知识产权局联合开展首届镇江市优秀专利奖评选和表彰工作。为此，首先制定了《镇江市优秀专利奖评选办法》；在此基础上，经专利权人申报、主管部门推荐、专家评审、社会公示等评选程序，“焦炉生产煅烧石油焦的工艺方法”等10件专利获得首届镇江市优秀专利奖。 （吴国源）

表27-14

2008年镇江市首届优秀专利奖获奖项目名单

序号	专利名称	专利号	专利权人	发明人
1	焦炉生产煅烧石油焦的工艺方法	ZL00112490.0	镇江焦化煤气集团公司	苏启善 万红根 柳去迟 罗亦鸣 冯金龙
2	轮转机印刷用涂布纸及生产方法	ZL200310112619.3	金东纸业（江苏）股份有限公司	黄良典
3	脉冲自洁式空气过滤器	ZL200610038819.2	镇江华强电力设备厂	陈廷国
4	纳米碳酸钙乳胶手套的制造方法	ZL200410041738.9	镇江华扬乳胶制品有限公司	钱迎春 张平 徐金辉 高尚
5	草坪根茎采集贮存种植方法及专用根茎采集机	ZL200410014103.X	江苏山水园林建设有限公司	姚锁坤 蒋志峰 刘永华 刘奎 姚锁平 陶巧金
6	有机硅高温胶原料甲基混合环体脱除微量水的方法及装置	ZL200510037925.4	江苏宏达新材料股份有限公司	祝纪才 朱德洪 陈江明 徐连英
7	一种车用高模量填充隔音阻尼降噪片材及其制备方法	ZL200510022621.0	丹阳市华东工程塑料有限公司	王东川 钱时杰 朱华平
8	变压器漆包扁线生产工艺方法	ZL200510039125.6	句容市电磁线公司	孙国平 蒋国梁
9	一种纯天然彩色兔毛绒织品的制作方法	ZL200410065219.6	巫德保 潘建忠	巫德保 潘建忠
10	超临界萃取复合微波辅助萃取分离蜂胶有效成分的方法	ZL02137946.7	江苏江大源生态生物科技有限公司	马海乐 李国文 骆琳

（吴国源）

防震减灾

【概况】 2008年，是极不平凡的一年，无论是“5·12”汶川大地震，还是“7·6”“8·7”句容有感地震，既是对市地震局工作的检验，也给今后的工作提出了许多新的挑战。面对“5·12”汶川大地震和句容有感地震引发的恐震现象，以及地震所暴露出的建设工程抗震设防不达标和建筑质量问题等新情况，市地震局积极应对，知难而进，坚持做好地震监测预报工作，扎实推进抗震设防管理工作，有效推进地震应急救援体系建设，广泛开展防震减灾宣传，普及防震减灾知识，加强机关自身建设，提升干部队伍素质，在建立健全地震监测预报、震灾预防、紧急救援三大工作体系方面均取得新的进展。市地震局编写的《江苏省2009年度地震趋势研究报告》在全省评比中获得优秀奖。2009年1月在南京召开的江苏省2008年度市县防震减灾工作综合评比会上，镇江市获得全省防震减灾工作综合评比优秀奖和灾害预防工作单项第一名。 （黎建新）

【应对“5·12”汶川大地震和句容有感地震】 2008年5月12日14时28分，四川省汶川县发生M_S8.0级强震，镇江部分群众有震感。地震发生后，市地震局在第一时间编发《震情通报》上报市委、市政府有关领导，为地震应急救援工作提供决策依据。市地震局按地震应急预案职责分工落实责任，加强对各地震监测台站和宏观观测网点管理，及时收集、上报地震前兆和宏观异常信息。对全市范围内相继出现的“地震云”“市区石头巷14幢地面发烫”“荣炳官舍村水井溢水”“丹徒宝堰老街地面裂缝”“凤凰山蚂蚁搬家”等宏观异常现象，及时进行现场调查核实。利用镇江电视台等媒体，及时向市民介绍地震趋势和有关地震应急避险知识，并明确告知市民近期镇江发生破坏性地震可能性不大，消除市民恐震心理，维持良好的社会生产生活秩序。7月，结合镇江市防震减灾工作现状，组织召开“汶川大地震”思考与对策专题研讨会，系统总结分析汶川大地震对镇江市防震减灾工作的启示。市地震局编写的《面对地震大家谈》一书，受到省地震局与兄弟市地震部门的好评。7月6日18时43分，在南京市栖霞区与句容市交界处（北纬32.1°，东经119.1°）发生M_L3.6级地震，镇江市部分地区震感较明显。地震发生后，市地震局立即启动有感地震应急预案，有序开展地震应急工作。市地震局领导与有关人员连夜赶往句容开展震情会商和维护社会稳定工作，并迅速向市委、市政府通报震情。利用镇江电视台等媒体和市地震局网站以及中国移动短信平台，及时向市民通报省地震局地震会商意见，密切跟踪震情发展，及时消除地震带来的社会恐慌。 （黎建新）

【强化地震监测和前兆处理工作】 2008年，市地震局制定《2008年震情监视和短临跟踪实施方案》《镇江市有感地震短信发布范围暂行规定》，修订和完善《镇江市地震局震后早期趋势快速判定工作技术方案》《镇江市地震局短、临预报方案》《镇江市地震局震情会商制度》等。加强奥运会、节假日期间的震情监视、跟踪工作。全年共召开4次震情趋势会商会。市地震台测震仪运转率达99%以上，市数字前兆观测系统运行良好。市地震监测台网共记录到20个近震和地方震，镇江境内共记录到3次小震活动，分别是7月6日在南京市栖霞区与句容市交界处发生的M_L3.6级地震、8月6日在句容市发生的M_L1.5级地震、8月7日在句容市发生的M_L1.8级地震，小震活动水平正常。全年共处理宏、微观异常7起，提交异常报告5份，上报《震情》3期，编发《震情简报》16期，速报地震3个。4月，国家发改委专项稽查组到镇江，对“十五”期间完成、目前已进入试运行观测阶段的市宽频带数字地震台、市数字固定强震动观测台、市信息网络节点项目进行专项稽查，对项目的基础设施建设、仪器设备配套及工程项目运行等给予充分肯定。 （黎建新）

【拓展地震群测群防工作】 2008年，为及时捕捉有效的地震前兆信息，市地震局加强市长江乳品公司奶牛场等宏观观测点的建设，对原有的10个宏观观测点进行优化调整，新增丹徒天成畜禽生态养殖场、丹徒宝堰小康猪厂、江心洲大套等7个宏观观测点，并为周家岗技术生态园等加挂了宏观观测标志牌，进一步规范宏观观测。全市共有11个正规的宏观观测点，217名地震信息速报人员，地震灾情速报网和地震宏观观测网已初具规模。编印《宏观观测记录本》发送到宏观观测点相关人员手中，对有关人员进行定期培训，使其掌握地震宏观前兆信息收集和进行动物震兆观察的方法，并与宏观观测网点有关单位签订异常情况及时反应协议书。 （黎建新）

【市地震监测台网中心项目开工】 总投资380万元，融地震监测、应急指挥、科普宣传三位一体的市地震监测台网中心项目是省数字地震监测台网重要子台之一，也是镇江市“十一五”防震减灾重点项目。从年初开始，先后完成项目规划、设计、工程设计及招投标等前期工作，于2008年12月18日开工建设。为支持该项目建设，省地震局下发《关于镇江市地震监测台网中心仪器设备和技术系统配套的批复》（苏震函〔2008〕153号），同意提供与此配套的相关仪器设备和技术系统。该项目建成后，将进一步提升镇江防震减灾的综合能力。 （黎建新）

【加强防震减灾法制工作】 2008年，市地震局加强防震减灾地方规章建设，编印《建设工程地震安全性评价有关规定》，修订《镇江市地震安全性评价管理细则》，整理、规范行政执法文书。5月，聘请法律顾问。9月，派4人参加镇江市行政复议应诉人员业务培训，并为4人办理行政复议与应诉人员证件。10月，对2007年12月31日以前以市政府或以市政府办公室名义印发的现行有效的有关防震减灾工作的政府规范性文件和2008年7月以前市地震局制定的现行有效的部门规范性文件进行全面清理，完成《清理审核市级机关行政权力表》填报工作。11月，组织有关人员参加镇江市领导干部和公务员“五五”普法培训和考试。12月，市地震局开展地震行政执法自查活动。市全面推进依法行政工作领导小组办公室对市地震局行政执法工作进行检查，对市地震局行政执法工作给予充分肯定。市地震局对10多个在建重大建设项目进行现场执法检查，并对拒不整改的1个项目建设单位开展现场调查取证工作，督促其依法进行地震安全性评价工作。全年共发出地震安全性评价告知函15份，整改通知6份。 （黎建新）

【提升抗震设防管理水平】 2008年1月，副市长陈杰主持召开全市防震减灾工作专题会议，并下发专题会议纪要。会议明确将抗震设防要求管理作为建设项目的前置条件，同时要求各相关职能部门要密切配合，严格把关。抗震设防要求管理工作取得实质性进展。市行政服务中心地震局窗口全年共审批建设项目108项，办结率达100%，其中，须做安全性评价项目28项，完成安全性评价项目10项，安全性评价项目管理到位率较往年有较大幅度提升，未发生服务对象投诉现象。派员参加2008年度江苏省二级地震安全性评价工程师资格培训和考试,并取得4人通过考试的好成绩。
（黎建新）

【强化地震应急救援准备工作】 2008年1月,市地震局组织开展一次破坏性地震应急演练。9月,在句容二中开展地震应急避震演练。11月,在丹阳云阳小学开展地震应急疏散演练。通过系列演练活动,进一步明确职责分工,使相关部门和人员熟悉应急工作程序,提高地震应急反应能力。4月,重新修订印发《镇江市地震局有感地震应急处置办法》。6月市防震减灾工作联席会议办公室发文要求全市各有关单位重新修订地震应急预案,全市40多个部门和单位制定或修订了《预案》。11月,市地震局将全市地震应急预案汇编成《镇江市地震应急预案汇编》。7月,在全省率先召开全市防震减灾工作联席会议。会议结合镇江实际,分析全市防震减灾工作面临的形势,提出下一阶段工作目标、工作思路及工作措施。副市长陈杰出席会议并与各辖市(区)分管市(区)长签订2008年工作目标责任状。省地震局副局长张振亚出席会议并作题为《汶川大地震及江苏防震减灾》报告。8月,市政府根据人事变动情况和工作需要调整市防震减灾工作联席会议成员名单。同月,为动员和扩大地震应急救援社会力量,市地震局与团市委一道在市区组建一支地震应急志愿者队伍,并和市志愿者协会联合举办首批地震应急志愿者培训班。12月,完成春江潮广场、北固山绿地等2个地震应急避难场所建设任务。新添地震应急车辆、数码发电机等地震应急设备,地震应急准备工作取得新进展。
（黎建新）

【开展防震减灾宣传】 2008年,市地震局重点实施落实扬中一中、丹阳云阳一小和云阳中学等省级防震减灾科普示范学校创建工作。11月,由市地震局牵头,汇同市教育局、市科协进行自查,对在检查过程中发现的问题提出进一步完善的意见。12月,扬中一中、丹阳云阳一小和云阳中学被省防震减灾科普示范学校创建工作领导小组命名为第三批“江苏省防震减灾科普示范学校”。2月,为纪念《中华人民共和国防震减灾法》颁布施行10周年,市地震局开展一系列宣传教育活动,组织人员撰写纪念文章在有关报纸、杂志上发表刊登,悬挂宣传横幅、展牌和展板,召开专题学习会,在市区主要干道旁边设立宣传点,向市民发放宣传材料。“5·12”汶川大地震发生后,市地震局与镇江电视台联合制作防震减灾专题节目,接受镇江人民广播电台电话连线采访,并回答市民提出的问题;在江苏科技大学等单位举办4场地震科普知识讲座;在市外国语学校等市属9所学校举办地震科普知识巡回展。5月17日,市地震局组织全体人员参加全国科技活动周暨镇江市第二十届科普宣传周活动,并获得江苏省科普宣传周领导小组授予的“2008年全国科技活动周暨江苏省第二十届科普宣传周先进集体”荣誉称号。全年市地震局共编印《镇江防震减灾》简报4期,70余篇反映防震减灾工作动态的宣传稿件在有关刊物和媒体上发表。
（黎建新）

气　象

【概况】 镇江气象系统实行江苏省气象局与镇江市人民政府双重领导,以江苏省气象主管机构领导为主的管理体制,承担镇江行政区域内气象工作的行政管理职能,依法履行气象主管机构的各项职能,2008年底,全市在职干部职工88人。

市各级气象部门适应防灾减灾、保障人民生命财产安全、支撑可持续发展的需求,落实“公共气象、安全气象、资源气象”的发展理念,按照构建现代气象业务体系的要求,制定为领导决策服务的周全方案。全年向市委、市政府报送各类决策气象信息100余条。发布《重要天气报告》54期,《专题天气报告》64期,《专项天气报告》4期,《气候评价》17期,《灾情快报》6期。发布重要天气及灾害性预警信号等气象信息80条,发送人次达700万。决策服务材料多次得到市委、市政府领导的表扬和批示,在市有关部门领导中获得好评。
（陆海泉　居小虎）

【完善气象为农服务工作】 2008年,市气象局共制作完成作物病虫气象预报、生态与农业气象、作物产量气象预报、特色农业气象、农业气象灾害监测等专题服务50余期,为各级地方政府和50多个对口单位及农户发送农业气象服务材料1800多份。在特色农业气象服务方面比往年有很大进步,市气象局下发《关于开展特色农业专项服务的意见》,要求重点服务特色农业项目。丹徒区气象局选择蚕桑和茶叶作为特色农业气象服务的对象,以气象资料、专题农业气象服务材料、科研活动的气象技术指导以及气象观测仪器支持等形式进行服务;丹阳市气象局重点服务司徒镇杏虎村高效农业基地,为该基地安装气象电子显示屏,并根据作物不同生长期提供气象服务,遇有突发天气及时发布信息。句容市气象局针对葡萄花期和挂果期容易遭受病虫危害情况,与农业部门联系,通过手机短信方式,主动给各乡镇信息员和葡萄种植户提供气象服务,为农户在葡萄花期和挂果期预防用药选择理想天气,使病虫防治取得良好效果。扬中市气象局与农林部门合作,对特色农业的发展状况进行摸底调查,了解特色农业生产经营对专项气象服务的需求,制定相应的气象服务措施。
（陆海泉　居小虎）

【以远程教育手段扩大气象服务覆盖面】 2008年,气象局根据市委组织部以远程教育网服务新农村建设的精神,利用远程教育网平台扩大气象服务覆盖面。气象局以结对单位张小虎专业葡萄合作社作为重点服务示范点,了解实际需求,制定工作方案,开展有针对性的气象服务。为合作社培训中心布设、安装数据线,购置课桌、椅子并配备安装了电脑和投影仪,安装天气预报电子显示屏,每天5次发布最新的天气预报和灾害性天气警报。在服务内容上紧紧围绕葡萄生产,形成覆盖产前、产中、产后全过程的系列化服务流程,重点做好降水、大风、初霜冻等预报服务,为生产各阶段提供气候条件分析和合理化建议。同时,以示范点服务为契机,建立远程教育致富工程对象单位天气预报服务平台,为所有对象单位(各乡镇、村领导)提供重要天气、转折性天气和灾害性天气预警、预报。在关键农事季节通过该平台及时发布天气预测和灾害性天气预警并提出防御建议。从5月建立平台起至年底,已累计为服务对象发送近十万条短信。对一些突发性和局地性的强对流天气,根据强天气出现的地区提前1到3小时有针对性地发送短信到相关地区的领导手机中。为“镇江市党员干部现代远程教育网”提供天气预报和气象与农事的各种分析预报材料,为该网站提供每天三次更新的24小时天气预报,每月更新的“农业气象情报”和不定期更新的“生态与农业气象”“作物产量气象预报”“农业气象病虫害预测预报”“特色农业气象服务”“灾害性天气对农业生产的影响”等气象为农服务材料,使气象更好地为农业生产服务。
（陆海泉　居小虎）

【以科研支撑地质灾害预警服务】 2008年,市气象局与市国土资源局决定共同建立“镇江市斜坡地质灾害与气象的关系分析研究以及气象预报预警系统”项目，获得市科技局立项。成立镇江市斜坡地质灾害预测预警工作小组，通过网络、传真、电话等方式互传气象预报和地质灾害预报结果，并进行预报会商，确定预报等级。等级预测预警会商结果通过专题天气报告的形式报市斜坡地质灾害防治指挥部，并通过手机短信发送给斜坡地质灾害防治指挥部成员。

建成市—区—街道—居委会四级监测网络，分区包干，层层落实，具体到人，发现险情，及时上报。在重点防治区域采用专业监测，完善监测手段，形成高水平的立体综合监测网。采用常规外观测量方法与 GPS 相结合，利用一个点的水平垂直位移，来测出这个点的下滑位移，保证在精度、速度、实效性等方面满足滑坡监测要求。监测分为正常监测和特殊监测。对监测数据进行整理建档，做出分析报告，为预测预警、滑坡治理工作提供科学依据。同时，在易发地质灾害地区句容、丹阳市分别建立相应的工作平台，做好当地地质灾害分区预测预警服务工作。该项目的实施有效提升了镇江地质环境与气象因素耦合作用机制的学术研究水平。2008 年，该项目被评为江苏省气象局科研开发二等奖，论文《镇江市斜坡地质灾害的气象条件分析及预报》在《气象科学》增刊上发表。

（陆海泉　居小虎）

水　文

【概况】　江苏省水文水资源勘测局镇江分局在省水文水资源勘测局领导和市水行政主管部门指导下，对本市行政区域内的水文工作及行业实施管理。截至 2008 年底，分局现有在职职工 43 人，下辖国家防汛指挥系统镇江水情分中心、江苏省水环境监测中心镇江分中心以及湖西和句容 2 个水文水资源监测中心，全市建有水文（位）站 9 个，雨量站 11 个，地下水位站 11 处，水质监测断面 116 处，另还有几十处地方管理的汛期报汛站点。分局常年担负着镇江市境内主要江河湖库的水位、流量、降水、蒸发、水质、泥沙及水土流失等信息的监测收集、分析评价工作，建立和管理全市水文数据库，进行暴雨洪水、长江潮位的分析预报，为政府防灾减灾决策提供水文技术支持。开展全市江河湖库水功能区划分及地下水水量和水质监测并编发水功能区水质通报和水资源简（公）报。2008 年，分局继续被京口区评为计划生育先进单位。再次通过江苏省水利厅组织的建设项目水资源论证乙级资质单位资质延审。镇江水环境监测分中心获得省级财政支持，争取到资金 1000 多万元，实施监测设备升级改造，使分局水环境监测能力大为提高。分局在党员干部中开展学习实践科学发展观活动。“5·12”汶川大地震发生后，全局职工踊跃捐款，共计捐款 2.925 万元。　（傅太生）

【水文监测】　2008 年，根据省水文局下达的站网计划，分局全面完成水文测验工作。自记水位、降水等资料完好率均为 100%，创连续 11 年无中断缺测的好成绩。收集、整编降水、蒸发资料 19 站年，累计 28430 字组数；水（潮）位资料 10 个站年，累计字组数 10100；流量断面 7 处，累计字组数 25300。全站区共计收集、整编字组数 63830。　（傅太生）

【水环境监测】　2008 年，分局在继续做好江河湖库常规水质监测的同时，重点加强城市重要供水水源地、入河排污口和市界断面的水质监测工作，对全市境内 44 个水功能区（47 个断面）、14 处入河排污口、7 处地下水水质监测站点实施动态监测，监测项目 30 个，取水样 600 多个，获得水质数据 9000 多个。此外，全年还对 10 个企业进行 2 次退水监测，继续开展谏壁闸邻近水域及入河排污口水质水量监测工作。为保证居民饮水安全，根据上级有关要求，从 2008 年 10 月 15 日起每月 5 日、15 日、25 日对镇江市征润洲等 5 个集中式饮用水水源地进行采样监测，监测项目 10 个，资料及时上报省水文局汇总制发《江苏省饮用水水源地水质旬报》。全年编制《水功能区水质通报》12 期，《深层地下水动态监测季报》3 期，完成《2007 年镇江市水功能区水环境质量通报》《2007 年镇江市水资源公报》《镇江市 2007 年深层地下水动态监测报告》的编制。完成《镇江市城市饮用水水源地安全保障规划》《镇江市入河排污口规划》和《句容市节水型城市规划》的编制并通过省水利厅组织的专家评审，《镇江市城市饮用水水源地安全保障规划》修编后正式上报镇江市政府批准实施。　（傅太生）

【水文情报】　2008 年，分局共向水利部、省水文局、镇江市防办发送水情报文 4927 份，接收邻省、市水情报文 37439 份。市传省水情报文再次达到无差错，至此，分局水情传输连续 7 年无错报，迟报率仅为 0.036%。分局除做好日常水情测报工作外，还进一步强化水情分析工作并将其制度化，以水情简讯、水情分析等多种形式定期或不定期向省水文局、市防指和各辖市（区）防指（内网）提供镇江及周边地区的水情形势，同时通过镇江水文信息网、电话及短消息等方式及时、准确地提供给各级领导，为各级领导部署防汛防旱工作提供决策依据。全年共编发水情简讯 10 期、水情分析 11 次、水情报表 154 份、短消息 111 条，通过电话回答有关咨询 160 余次。

（傅太生）

【长江潮位预报】　2008 年 6 月中旬到 9 月中旬，分局前后共运用镇江潮位预报方案对镇扬汽渡长江潮位进行 25 潮次预报作业，合格率达 96%，预见期从 24 小时到 72 小时，预报误差范围为 0 ~ 0.31m（平均 0.08m）。　（傅太生）

科协工作

【概况】　2008 年，全市各级科协和所属学会，深入学习党的十七大精神，认真贯彻中央书记处关于科协工作的意见，积极落实中国科协、省科协提出的年度要求和市委“优化发展，加速提升”的思路，以进一步解放思想、推动科学发展为主线，以争先创优为目标，在广大科技工作者中开展“建言献策，创新克难”活动。积极组织开展软科学课题研究，共确定《“南山北水”城市架构下水生态系统建设对策研究》《镇江市粮食高产增效创建关键技术的研究与推广》等 15 个研究课题。承办以“建设生态文明，促进科学发展”为主题的江苏生态文明论坛暨第四届镇江科技论坛。制定实施《镇江市 2008 年度全民科学素质行动计划》。为充分发挥科普画廊的载体作用，更好地利用科普画廊向公众普及科学知识，11 月 25 日，市科协牵头组织开展科普画廊内容设计征集评选工作。进行首次公众科学素养调查，并于 8 月 18 日召开新闻发布会向社会公布结果。建立由 138 名专家、学者和学科带头人组成的镇江市全民科学素质教育讲师团，为提高四个重点人群的科学素质提供服务。制定并实施《2008 年镇江市科协系统节能减排科普行动计划》，全年共组织开展 38 项节能减排科普行动。认真组织开展以“节能·环保·和谐”为主题的镇江市第二十届科普宣传周活动。编写《全民科学素质教育导读》，开展全民科学素质知识竞赛活动，扎实推进实施“百千万科技兴农富民工程”。青少年科普活动取得实效。组织开展有 95 所中小学和幼儿园参加的市青少年科技创新大赛活动，参赛内容包括科幻绘画、发明创造、技术创新、信息技术应用、科技小论文等。经过竞赛评委会认真评审，全市共评出个人特等奖31项，一等奖78项，二等奖188项、三等奖299项；优秀科技辅导员、优秀指导教师31名，优秀组织学校15所。在此基础上，市科协推荐370件作品参加省青少年科技创新大赛，获得一等奖8项、二等奖10项、三等奖26项。全市有93000多人参加全国金钥匙科技知识竞赛（江苏赛区）活动，共有55人获得一等奖、165人获得二等奖、338人获得三等奖，镇江市代表队获团体一等奖。组织开展"节粮在我心中"科学体验活动，增强青少年节约能源资源的意识和社会责任感，提高科学素质。组织开展科普进军营活动，与驻镇江某部"红一连"共建军营科普活动室，市科协向部队捐赠等离子彩电、DVD等科普器材和部分科普图书、光盘等。大力开展国内外学术交流，拓展科技创新体系建设。在扬中市科协建立"院士专家服务中心"。2008年12月，与日本农山渔村文化协会合作共建的"中日现代农业科技合作实验基地"在江苏天禄茶林有限公司挂牌。积极组织开展争先创优工作，在2007年的基础上调整和完善了2008年争创省科协综合工作先进单位目标任务分解表，对6个单项先进要求的54项具体任务进行分解，获得省科协年度工作创新奖。

（陆 煊 罗 悦）

【开展"建言献策，创新克难"活动】 2008年初，市科协以1号文件下发《关于在全市广大科技工作者中开展"建言献策，创新克难"活动的意见》，全市各级科协和所属学会组织广大科技工作者参与这项活动，申报科技项目48项。市老专家协会向省老科技工作者协会上报了《有机紫甘薯的研究与开发》等10个科技创新与攻关项目。市科协确定了15个软科学课题研究项目，《"南山北水"城市架构下水生态系统建设对策研究》《镇江市粮食高产增效创建关键技术的研究与推广》《镇江市效能电厂建设的现状及其对策研究》《建设新农村背景下镇江地区养老保险体系的建设和完善》《如何形成硅橡胶产业链的对策与研究》《关于建立船舶开发区的构想及其对策研究》等软课题项目获得市领导充分肯定。（陆 煊 罗 悦）

【举办江苏生态文明论坛暨第四届镇江科技论坛】 2008年12月11日～13日，由镇江市政府与省科协、南京林业大学联合主办，市科协承办的"江苏生态文明论坛暨第四届镇江科技论坛"在丹徒区世业镇润扬大桥饭店举行。论坛以"建设生态文明，促进科学发展"为主题，同时开展有"建设生态城市，美化历史名城"等3个分论坛和全市各学会举办的48场学术交流活动。全国政协人口资源与环境委员会副主任、中国生态文化协会会长、中国林学会理事长江泽慧教授作了《中国生态文化的内涵与方向》的主题报告。中科院院士、著名土壤地理学家、国务院学位委员会学科评议组成员、中国科学院农业研究委员会主任赵其国，南京林业大学副校长、江苏省生态学会理事长薛建辉教授，中科院南京地理与湖泊研究所研究员孔繁翔，江苏大学副校长、江苏省生态学会副理事长李萍萍教授，分别作《生态建设与生态文明》《湿地生态功能与保护利用对策》《太湖蓝藻水华的预测预警》《太湖流域农业面源污染》等专题报告。市各学会、协会、研究会400多人参加论坛活动。论坛共筛选出115篇论文汇编成册出版。（陆 煊 罗 悦）

【首次开展全市公众科学素养调查】 为掌握全市公众科学素养的现状，有针对性地制定提高公众科学素质的措施，市科协与市统计局联合开展全市首次公众科学素养调查。2008年3月13日在市统计局会议室举行启动仪式。这次调查采用2007年江苏省公众科学素质调查问卷，按照国际通用的统计抽样调查方法与标准进行。经对850个样本调查分析，全市具有公众科学素养的比例为2.94%，这一结果于8月18日通过新闻发布会向社会进行发布。

（陆 煊 罗 悦）

【成立镇江市全民科学素质教育讲师团】 为建立健全全民科学素质教育长效机制，充分发挥驻镇江高校、科研院所和全市各领域的科技人才优势，造就一支热心科普公益事业的师资队伍，为提高四个重点人群的科学素质提供服务，2008年5月，镇江市全民科学素质教育讲师团成立。讲师团成员由138名专家、学者和学科带头人组成，是从各地各部门申报的300多名热心科普公益事业、业务技术过硬、专业特长明显的专家代表中挑选产生的，学科范围包含农业、林业、农机、畜牧、水产、机械、化工、船舶、电气、计算机、医疗卫生、教育、管理等68个专业。讲师团成员根据全市全民科学素质教育的任务，结合自身的专业特长和工作实践，共撰写专题讲座讲稿160多个，市科协根据上报讲座课题的针对性和实用性，从中选定94个讲座课题，在镇江市公众科技网上发布。各地区各部门可根据需要选择课题，邀请讲师团成员开展讲座。

（陆 煊 罗 悦）

【制定实施《2008年镇江市科协系统节能减排科普行动计划》】 2008年1月24日，市科协制定下发《2008年镇江市科协系统节能减排科普行动计划》，全年共组织开展38项节能减排科普行动。具体内容包括在社区、学校和有关公共场所举办"节约能源资源、保护生态环境、保障安全健康"主题科普巡回展览；面向畜禽养殖户举办发酵床养猪、发酵床养鸡等实用技术培训班；在市科普示范社区中开展以节能减排为主题的科普影视周活动；在"科普大篷车"电视专栏中突出安排节能减排的内容；在镇江公众科技网上开设节能减排专栏；在重大科普节日期间组织科学素质教育讲师团成员到社区、企业开展节能减排专题讲座等。（陆 煊 罗 悦）

【举办全国第八届科技活动周暨镇江市第二十届科普宣传周活动】 2008年5月17日上午，以"节能·环保·和谐"为主题的全国第八届科技活动周暨镇江市第二十届科普宣传周活动在大市口广场拉开帷幕。环保、建设、水利、工商、质监、药监、卫生、计生、供电、农林、科技、地震、气象、档案、江苏科技大等成员单位和市级学会、协会在大市口广场开展科普宣传、咨询活动。举办"节能减排""安全健康"主题展览；开展了一系列互动性强的科普活动，如农药残留物检测方法、假酒假药鉴别、急救知识演示等，专家义诊、电力大篷车、发放环保袋、展示节能节水材料等；开展地震知识、手足口病防治等热点问题咨询活动。科普活动周期间，全市各部门、各单位共组织开展100多项系列科普活动。

（陆 煊 罗 悦）

【开展全民科学素质知识竞赛活动】 2008年，为广泛开展面向公众的科学知识教育、传播和普及活动，营造学科学、爱科学、讲科学、用科学的良好社会氛围，切实提高全市公众科学素质，使"节约能源资源、保护生态环境、保障安全健康"成为全民的共识和自觉行动，根据《镇江市2008年度全民科学素质行动计划》和镇江市2008年全国科普日活动的安排，市委组织部、市委宣传部、市人事局、教育局、农林局、劳动和社会保障局、市总工会、市妇联、团市委、市广电局、镇江日报社和市科协联合在全市范围内举办全民科学素质知识竞赛活动。这次全民科学素质知识竞赛活动分为个人赛和团体赛。个人赛于9月17日起开赛，参赛对象为未成年人、农民、城镇劳动人口、领导干部和公务员等四个重点人群，全市共收到个人有效答卷18800份，其中有近百份答卷来自四川、湖南、山东等省的打工者以及在新疆、上海、山东等地服役、打工回镇江探亲的人员。竞赛产生优胜个人100名。团体赛参赛对象由各辖市（区）、镇江新区从个人赛取得优异成绩者中（每个重点人群各选1人）选4人组成1～2个代表队参赛，全市组成10个团体代表队参加团体赛的预赛和决赛，11月22日举行团体赛决赛。团体赛共产生一等奖1个，二等奖2个，三等奖3个。句容市代表队一举获得团体一等奖和二等奖。

（陆 煊 罗 悦）

【科普诗词征集活动评选结果揭晓】 2008年，为努力营造“政府推动，全民参与，提升素质，促进和谐”的浓厚氛围，市科协、市文联、镇江日报社、市作家协会联合组织开展了面向全国的科普诗词征集活动。活动从3月14日起正式展开，以提高全民科学素质、弘扬科学精神、普及科学知识、传播科学思想、倡导科学方法为主题，倡导作品具有科学性、针对性和导向性。共收到了来自北京、天津、浙江、江西、湖南、湖北、四川、广东、江苏等地60多个市诗词爱好者撰写的365首诗词，内容涉及科技创新、科学发展、科学生活、航空航天、信息技术、农业发展等多个领域，其中不乏立意深刻、主题鲜明、构思新颖、内涵丰富、贴近实际的佳作，既反映了科学发展历史，又体现了当今科技成果，还展望了科技发展远景。经市文联、镇江日报社、市科协组成的专家小组评审，成都童花池的《华夏的巨星》、句容唐军的《征服未来》等4件作品获一等奖，8件作品获二等奖，18件作品获三等奖。评奖结果于2009年初向社会公布。 （陆 煊 罗 悦）

【举办“开启科学之门”科普报告会】 2008年9月20日，作为镇江市“全国科普日”活动系列活动内容之一的“开启科学之门”科普报告会，由市科协邀请南京大学博士生导师林德宏教授到市图书馆“文心讲堂”作“开启科学之门”科普报告。林教授用生动的语言，叙述介绍科学的殿堂里深藏着无限的奥秘，无尽的财富，从牛顿发现万有引力到法拉第、麦克斯韦创立电磁学理论再到爱因斯坦打开相对论的“大门”，通俗易懂地讲解科学家打开一扇扇科学之门的思路和方法。使广大听众了解科学家开启科学之门的钥匙。共有学生、市民和科技工作者300余人参加。 （陆 煊 罗 悦）

【评比表彰“百千万科技兴农富民工程”先进集体、个人】 “百千万科技兴农富民工程”实施以来，为振兴农村、富裕农民起到积极推动作用，为全面总结全市组织实施“百千万科技兴农富民工程”所取得的成绩，及时表彰为农业增效农民增收做出突出贡献的先进集体和先进个人，2008年6月3日，市委组织部、市委农办、市农林局、市科协联合印发《关于做好实施“百千万科技兴农富民工程”评比表彰工作的通知》（镇科协〔2008〕32号），在辖市（区）、乡镇推荐、初评的基础上，由市评审组决定授予丹阳市埤城镇门楼村等11个单位“科技兴农富民示范村（示范单位、示范学会）”荣誉称号，授予黄杰文等20人“科技兴农富民功臣”荣誉称号。

（陆 煊 罗 悦）

【开展科普进军营活动】 2008年“八一”前夕，市科协与驻镇江某部“红一连”开展共建军营科普活动室活动，市科协给军营科普活动室捐赠了等离子彩电、DVD等科普器材和部分科普图书、光盘。在部队举办了“节约能源资源，保护生态环境，保障安全健康”主题的科普展览。邀请江苏科技大学教授为部队官兵作信息安全科普知识讲座，受到部队官兵好评。 （陆 煊 罗 悦）

【成立“院士专家服务中心”和“院士专家工作站”】 在中国科协科技咨询中心和省科技咨询中心的大力支持和指导下，经过市科协积极争取，2008年11月9日，“院士专家服务中心”在扬中市科协挂牌成立，同时在大全集团有限公司、南自华通电气集团两个企业建立“院士专家工作站”，中国科协和省科技厅共给予220万元的经费资助。院士专家向扬中推荐高新技术和专利成果80多项，为扬中市提出的13类20个技术难题、创新需求项目进行把脉，寻求解决方案，有6个项目签订合作协议。

（陆 煊 罗 悦）

【举办第三届镇江经济科技论坛】 由市科协、江苏科技大学、国电谏壁发电厂科协主办，《科技与市场》杂志社承办的第三届镇江经济科技论坛于2008年12月20日在“文心讲堂”举行。论坛以“世界金融风暴及其对中国的影响”为主题，着重就金融风暴对中国实体经济的影响、中国政府采取的对策、企业将面临的困境及对策建议等进行研讨，帮助企业拓展视野，提供企业宏观决策的信息和科学决策的方式、方法。北京大学经济学院院长助理、教授、博导章政作《金融危机与我国企业的战略转型》的主题演讲，章政教授深刻分析了本次金融危机的原因和本质，及其对中国宏观经济和企业的影响，通过对企业的微观分析和成长性理论分析，阐述了中国企业的战略转型方向。领导、企业家、学者等200多人参加论坛。

（陆 煊 罗 悦）

【建立“中日现代农业科技合作实验基地”】 近年来，市科协充分发挥国际民间科技交流主渠道作用，积极开展与日本的农业科技交流与合作，推广日本农业新技术、新品种等，为繁荣镇江农村经济作贡献。2008年12月，在市科协的努力下，江苏省科学技术协会与日本农山渔村文化协会达成一致，决定在镇江市农业科普示范基地——江苏天禄茶林有限公司，合作共建“中日现代农业科技合作实验基地”。这是继举办“中日现代农业论坛”之后的又一次创新性的务实合作。中日双方将以实验基地为依托，发挥各自人才、技术、资源优势，引进日本现代农业管理经验和新技术、新品种，形成67公顷优质茶、20公顷应时鲜果、47公顷高档花卉苗木的高效农业示范区，使基地“经济上立得住、品牌上叫得响”，成为中日农业科技合作的典范。

（陆 煊 罗 悦）

【青少年科技活动丰富多彩】 2008年，全市有93000多人参加省“金钥匙”科技知识竞赛活动。组织95所中小学和幼儿园开展镇江市青少年科技创新大赛活动，共收到作品941件，编印了《2008·镇江市青少年科技创新大赛优秀作品集》。开展“节粮在我身边”体验调查活动。组织950名学生参加“英特尔”求知计划培训活动，有2件作品被收录全国英特尔求知计划系列主题台历中，全国仅12件作品入选。邀请国家地震局位梦华教授到镇江为96所学校的300多名科技辅导员进行科普讲座。润州区成功承办第十四届全国青少年信息学奥林匹克联赛（江苏赛区）“润欣杯”中学组复赛，全市获得一等奖15个，二等奖64个。 （陆 煊 罗 悦）

【句容老方葡萄协会等单位和个人获奖】 2008年11月10日，中国科协和财政部下发《关于表彰2008年全国科普惠农兴村计划先进单位和带头人的决定》（科协发普字〔2008〕49号），句容春城老方葡萄协会被评为全国科普惠农兴村计划先进单位，获20万元经费奖励。丹徒区天成畜禽生态养殖场、扬中市三叶咸秧草有限公司顾国祥分别获得省科普惠

农兴村计划优秀农村科普示范基地、农村科普带头人称号，分别获得6万元和2万元的奖励。（陆煊 罗悦）

【市科技干部进修中心开展学历教育出成果】 自2006年市委组织部、市教育局、市科协联合下发《关于在全市农村党员基层干部科技素质培训中开展省农村自学考试工作的通知》以来，市科协科技干部进修中心为基层农村及社会培养了120名自考大专毕业生。2008年又有32名自考毕业生走向农村、走向社会，注册在读大专自学助考生200余人。

（陆煊 罗悦）

社会科学

【概况】 2008年，市社科联为全市在优化发展中加速提升区域竞争力建言献策，不断推进理论创新，提升工作平台，打造精品工程，加强队伍建设，为全市经济社会更好更快发展提供智力支撑。开展推进社科普及、课题研究、学术交流、学会建设等工作，突出“联”的优势，把全市高校、党校、社科所（室）、讲师团和党政部门研究机构五路大军整合起来，优化资源配置，形成理论研究、服务发展的合力。开展文化产业调研，协办“市民大讲堂”，举办社科普及宣传周，社科普及工作获省社科联“组织活动奖”和“特色活动奖”；与市委宣传部联合举办“社科理论界解放思想研讨会”，与市消协联合举办“镇江市消费文化研讨会”，与市文明办联合举办“大爱镇江”品牌建设研讨会，与南京、扬州社科联联合举办“宁镇扬文化板块构建与共同发展”论坛；首届社科学术大会征集到论文161篇，经过评选，共评出一等奖10项、二等奖20项、三等奖27项；3个学会被评为“全国先进学会”；组织力量编撰出版《中国城市发展丛书（镇江卷）》，调整编委会组成人员和编写人员，召开多次编写座谈会，数易其稿，编写提纲基本定稿，并得到了省编写指导委员会的肯定。参加省社科联组织的文体活动，获得省社科界首届乒乓球比赛团体和男单两项冠军。（严忠沛）

【全市社科课题研究成果丰富】 2008年，市社科联积极组织全市社科成果参加省社科联“应用研究精品工程奖”评奖活动，共获得一等奖3项，二等奖9项，获奖总数比上一次评比增加70%，在全省紧随南京、苏州，位列第三；组织申请省社科联“社科应用研究精品工程”课题立项，共收到申报课题38项，经审核，向省社科联推荐20项，获得立项资助6项，立项不资助2项。立项总数在省辖市社科联中名列前茅。江苏大学梅强的《产业集群内中小企业创业研究》、施国洪的《图书馆服务质量评价体系研究》、金丽馥的《新农村建设中的失地农民社会保障问题研究》三项课题获得2008年度国家社科基金立项。市人口学会完成联合国和国家计生委“生殖健康/计划生育战略领导能力建设研究”的课题。（薛玉刚）

【开展文化产业发展调研】 2008年，市社科联组织开展关于镇江文化产业大发展大繁荣的课题研究。通过赴杭州、苏州、常州等文化产业相对发达地区的学习考察，结合对镇江实际的深入调研，通过广泛的听取群众意见和多次的专家座谈会研讨，初步形成《积极拓展投资空间 促进镇江文化产业又好又快发展》《文化体制调研报告》《镇江市西津渡文化创意产业园规划方案》《大市口文化商圈初步设想》《北固夜园策划方案》等阶段性调研成果。在此基础上，根据市领导的指示精神，充分调动社科智力资源，通力合作，完成了《关于镇江市市区三年（2008～2010年）文化产业重点项目的实施意见》，其主要精神被形成市委文件。2008年，市社科联以《动漫产业现状及发展对策建议》《建立镇江文化创意产业园》《新一轮思想解放新论》《大爱镇江品牌建设研讨会文集》为课题，编印了四期《社联策论》供领导参阅，为市委、政府决策提供智力服务。（薛玉刚）

【加强学会规范化建设】 2008年，市社科联进一步开展学会规范化建设。3月，召开社科联学会工作会议，对学会工作进行回顾和总结，评选出10家示范学会、10家先进学会和21名先进学会工作者；会议制定下发《关于开展学会工作“达标创优”活动的意见》，将学会评先评优的标准细化和量化。加强对各学会有针对性的管理和指导，促进学会间的交流和合作，开展对青年理论骨干的培养，优化基础学科的建设，使学会工作得到加强。经评审，全市社科界优秀学会比例达到38%，达标学会达到65%。市社科联配合市民政部门完成各学会的年检工作，指导市保险学会、金融学会、纪检监察学会等10家学会完成换届。新成立市社科专家学会。对镇江市国际税收研究会的成立筹备工作给予指导。2008年9月，在内蒙古包头召开的全国大中城市社科联第十九次工作会议上，市社科联推荐的镇江市历史文化名城研究会、镇江市工商行政管理学会、镇江市城市金融学会被评为“全国先进学会”，市工商行政管理学会在大会上交流学会工作经验。（薛玉刚）

【开展第五届社会科学普及宣传周活动】 2008年9月，配合全省社会科学普及宣传活动，市社科联组织开展了镇江市第五届社会科学普及宣传周活动，此次活动以“传播和谐文化，促进科学发展”为主题，以宣传党的十七大精神、纪念改革开放30周年为重点，以提高人民群众的思想道德素质、科学文化素质和身心健康素质为目的，以求真务实、真抓实干、务求实效的精神，着力创新科普机制，整合科普资源，开展了六大类十七项内容丰富、形式多样的社会科学普及活

举办“大爱镇江”品牌建设研讨会（社科联）

动，为镇江“优化发展，加速提升”营造良好氛围。活动受到社会各界的广泛关注，产生了广泛而深刻的影响，被省社科联授予“组织活动奖”和“特色活动奖”。主要活动：一是举办了“和谐，我们的责任”科普电影周。共放映20场次，观众达5000人。二是举办多场人文讲座。主要有：“领导干部新知识论坛”由南京大学商学院张二震教授作《当前世界经济走势及其对中国的影响》讲座，“市民大讲堂”由武汉大学李工真教授作《人口问题与现代化》报告，国防大学少将杨毅在江苏科技大学作《国家安全形势与战略运筹》的报告，扬中市建行张玉梅主讲“女性家庭理财”，市旅游学校讲师潘俊主讲“商务礼仪”。三是举办培训、征文等理论学术活动。主要有“大爱镇江研讨会”“纪念改革开放30周年征文”“法制型工商建设征文”“和谐税收建设研讨会”等。四是举办“百部优秀社科读物网上推荐”活动，并有奖征集读书心得。五是开展社科知识有奖竞赛。发放问卷1500份，并抽评出一等奖5名、二等奖10名、三等奖50名。六是专题活动。市人口学会开展以“婚育新风，文化镇江；关注人口，共创和谐”为主题的人口文化宣传月活动。（薛玉刚）

【市党的建设学会开展党建理论调研】 2008年，市党的建设学会突出“加强党的建设，为建设社会主义新农村提供坚强的组织保证”课题，开展农村基层党组织工作创新研究；组织全市党建工作者研讨“建立长效机制，保持和发展党的先进性”，形成了“镇江市着力构建保持党的先进性长效机制”、镇江市无职党员“设岗定职”工作长效机制两项理论成果；在《镇江日报》和《镇江广播电视报》开辟了“党旗飘飘”专栏，宣传全市先进党组织和优秀共产党员的先进事迹。11月22日，联合上海市领导科学学会和京口区委举办镇江市京口社区党建论坛，来自北京、上海、南京的党建理论专家与全市的党建工作者围绕“社区党建文化的理论与实践”这一主题，积极探讨弘扬党建文化、建设和谐社区的新思路。编印《2008年度镇江市组工系统调研成果汇编》文集。实施党员“先锋工程”的系列理论文章先后被《人民日报》、中央电视台、中组部《党建研究》及《新华日报》等采用，收到良好的宣传效果。（王会明）

【市纪检监察学会开展专题理论调研】 2008年，市纪检监察学会按照市纪委“确定主体部门，明晰权力节点，分类实施监控，谋求切实效果”的工作思路，选择句容市和润州区作为试点单位，有效推进重要权力关键节点监控机制的建设，得到省、市纪委领导的充分肯定。学会的《加强勤政廉政建设，促进工作作风转变》《改革部门纪检监察领导体制的实践与思考》《民政系统加强内部制度体系建设与创新》等调研文章被媒体采录或参加省级大会交流。杨建调研撰写的《深入推进党务公开的实践探索和理性思考》论文，获得全省党的纪律检查机关恢复重建30周年纪念大会暨理论研讨会论文评比一等奖，并应邀参加中纪委组织召开的纪念大会。（周 巍）

【市工商学会调研课题成果多】 2008年，市工商学会充分发挥学会工作服务中心的“增智”作用，精选20个调研课题，科学分工，分类指导，明确责任，强化督查，完成《工商执法程序化》《集中办案模式改革》《传销现状分析》《食品安全长效监管》《商品广告监管》《镇江私营企业发展质量的调查报告》《当前我市传销现状分析及对策建议》《民企小额贷款公司发展存在的六大瓶颈》等一批调研成果。为实现资源共享，促进成果的运用和转化，在国家、省、市级刊物发表调研文章116篇，其中有13项成果被省、市政务动态（信息）编录；有5项成果分别获得省、市优秀调研成果一、二、三等奖。由于工作成绩突出，工商学会被市社科联评为“镇江示范学会”。（张其云）

【宁镇扬文化板块构建与共同发展论坛】 2008年11月14日，由南京、镇江、扬州三市社科联共同主办的宁镇扬文化板块构建与共同发展论坛在扬州大学虹桥专家楼召开，来自宁镇扬三市社科联系统及有关高校的领导和专家学者50多人参加论坛。专家学者们在研讨中围绕党的十七大精神和省委、省政府战略大局，一方面从宏观角度围绕“宁镇扬文化板块”的文化精髓、城市特色、总体架构、合作前景等进行前瞻性的研究；另一方面从应用角度深入探讨宁镇扬文化产业集群发展、文化资源开发、休闲产业和旅游产业的经营、旅游城市与生态城市建设等具体工作，积极地为党委政府出谋划策，为解决当前“宁镇扬文化板块”构建和发展过程中的热点、难点问题提供新的工作思路。（薛玉刚）

【市社会科学专家协会成立】 为了顺应镇江“优化发展，加速提升”的发展要求，推进人才强市战略，加强全市高层次人才队伍建设，2008年9月，镇江市社会科学专家协会召开成立大会。会议选举出协会理事68人，常务理事44人。老领导吴树南、江苏大学党委书记范明任名誉会长，潘文瑜任会长。社会科学专家协会致力于更好地发挥和利用全市专家人才的集体智慧和聪明才智，促进全市经济、社会、文化的协调发展。（薛玉刚）

【《人类银河系的明珠——基因开创新时代》出版】 2008年8月，该书由中国华文出版社出版发行，全书423千字，作者为朱仲贤。该书介绍了人类的起源和发展，对人类史进行历史时期和时代的划分，提出推动人类和人类社会进化、进步的5个推动力假说。解释为什么现生智人能创造现代文明。阐述生命科学时代（基因经济）的生产力和资源共享社会的主要特征，并对遥远的将来人类如何演变和科学技术发展大方向进行推测。（叶 卜）

教 育

责任编校：缪 丹

综 述

【概况】 2008年，全市教育系统在县域教育现代化创建、教育教学质量提高、队伍建设“三三三”工程、维护和发展教育民生等重点工作中取得新成绩。开展新一轮解放思想大讨论活动，确立教育系统活动的“一个主题”——办人民满意教育，“两大重点”——学习、实践教育发展与人的发展规律和树立“做人要大气，做事要精细”的时代新风。结合纪念改革开放30周年、迎接奥运会及抗震救灾精神的学习宣传，开展“和谐校园”建设，加强学校周边环境综合治理，累计投入2000万元学校安全技防设施，创建市安全文明学校191所。以“大爱镇江，爱在教育”为主题，开展“感动校园十佳(学生)之星”“感动学校十佳教师”“感动教育十大社会人物”系列评选活动，营造尊师重教的良好氛围，展示镇江教育发展的新形象。

立足学生全面发展，实施素质教育，教育质量有新提高。加强对师生的社会主义核心价值体系教育，举办“镇江·绵竹学生手拉手夏令营”等特色活动。开展“阳光体育”活动，做好艺术教育、审美教育和心理健康教育工作，坚持开展“课程改革校校行”活动，以“轻负担，高质量”为目标，推进素质教育，逐步构建全市0岁～6岁学前教育体系、全市义务教育阶段教学质量评价与检测体系，制定《镇江市市属初中教育教学质量评估方案(试行)》等文件，在各级各类学校开展“高奏教育管理主旋律”活动，促进教学质量和效益的提高。丹徒区上党中学、镇江市实验高中接受省三、四星级高中评估验收。

开展职业教育专题调研，制定《推进中等职业教育持续健康发展实施方案》，开展市合格职业学校评估工作，完成市属职业学校布局调整。教育服务经济社会发展的能力得到增强。全年创建省四星级职业学校2所，三星级4所，争取国家级实训基地项目1个，省级软件基地1个，创省示范专业7个，省级课改实验点4个，参加全省师生职业技能大赛，70人次分获一、二、三等奖。职校毕业生双证率超过99%，就业率超过96%，其中80%的学生直接服务于镇江市各用人单位。丹阳职教中心2名学生在2008年全国职业院校技能大赛中获二等奖。

深化教师队伍建设“三三三”工程，增强教师队伍素质。开展“城乡教师手拉手”活动，实施“千校万师支援农村教育”工程，先后选派100多名教师赴连云港等苏北偏僻的农村支教；开展“专业技能大练兵”活动，成立2个劳模团队创新工作室、10个名师工作室，组织学科带头人视频课和网页评比，接受西藏地区102名初中校长挂职培训任务；开展“三关心”行动，为市属中学教师办好十件实事。近三年来，全市先后有近200名教师受到国家、省市级综合表彰，有3000多名教师成为各级学科带头人和骨干教师，全市各级各类学校教师学历达标率位居全省各市第一。截至2008年底，全市有省教授级中学高级教师9名，省特级教师56名，省“三三三”工程培养对象9名，镇江市名校长17名。以全市基本实现教育现代化为目标，推进县级区域教育现代化建设。2008年，句容市、丹徒区、京口区、润州区和镇江新区接受省区域教育现代化建设水平评估验收。市委、市政府先后召开常务会议和现场推进会，推进教育现代化创建工作。开展教研活动促进教学质量提高。2008年7月～10月，市教育局教研室举办从幼儿园到高中所有学段的新教材培训，涉及13门学科，参训人员1000多人，邀请多名专家进行新教材特点、新课程课堂教学策略等方面的讲座，提高实施新课程的实际操作能力。先后组织10所学校的教学调研，帮助学校了解、掌握并解决一些实际问题。举行小学语文常态课教学研讨活动，围绕“关注常态的课堂”和“注重良好学习习惯的培养”，进行课堂教学、集体备课的展示及学习习惯培养经验交流等。继续实施省级重点课题“普通中学‘双案制’教学策略的研究”，各学科教研员带领一批骨干教师先后编写教学案47册，形成覆盖初中各年级九门文化学科的具有较强实效性和可操作性的一整套教学案。

坚持育人为本，推进教育公平。全市义务教育免除课本费小学14万人、1753万元，初中9.6万人、2880万元；免杂费6284万元，其中省财政补贴1377万元，市财政补助415万元，县级财政补助4492万元。全市对义务教育阶段贫困生资助205万元，其中：补助“低保家庭”学生1167人、减免19万元，补助贫困寄宿生2759人、补助生活费160万元，其他补助26万元；补助普通高中贫困学生3609人、资金400万元，对中职学生15040人发放校内助学金和国家助学金2200万元。实施“教育收费民主监督卡”制度。2008年5月9日，教育部副部长陈小娅到镇江考察调研基础教育工作，重点了解外来民工子女学习、生活情况和学校推进阳光体育运动等情况。

2008年，全市幼儿入园率96%，九年义务教育人口覆盖率100%，初中毕业升学率99.38%，高中阶段教育毛入学率105.81%，高等教育毛入学率60.06%，优质教育资源学生覆盖率超过70%，人均预期受教育年限达14.40年，教育改革发展的各项主要指标继续居于

全省前列。（裴　伟）

【招生考试情况】 2008 年，全市 18577 人报名参加普通高校招生全国统一考试，考生总数比上年减少 726 人，减幅为 3.76%，录取新生 16251 人，录取率 87.48%，比上年提高 2.24 个百分点。其中本科录取 8907 人（体育、艺术类除外），比上年增加 160 人，占报名人数的 47.95%，占全市录取人数的 54.81%。全市有 8559 人报名参加成人高校招生考试，比上年减少近 1000 人，本、专科录取 5934 人和 6115 人，录取率为 69.33%，比上年提高 6 个百分点。全市有初中应届毕业生 33414 人，参加中考考生有 28535 人，设立考点 107 个，考场 1005 个。参加中考初二地理、生物的为 31831 人，设立考点 103 个，设立考场 1114 个。全市高职、普通中专计划数 2748 人，录取新生 2512 人，其中五年制师范 194 人，高职院校 2318 人，普通中专 511 人。全年各类考试报名总人数 78328 人，比上年增长 6.63%，其中学历考试报名人数为 37806 人，非学历考试报名人数为 40522 人，比上年增长 14.66%。（毛建国）

【公布 2007 年辖市（区）政府教育督导报告】 根据 2008 年新修订的县（市、区）级政府教育工作督导评估和考核标准，市委组织部、市教育局、市政府教育督导室制定《2007 年度辖市、区人民政府教育工作督导评估和考核标准》。从 2008 年 2 月开始，辖市（区）政府对照标准进行自查。3 月 19 日 ~4 月 29 日，由市政府教育督导室牵头组成考核组，对 2007 年以来各地政府依法履行教育工作职责的情况进行市级复查。复查中突出三大重点，即预算内教育经费依法做到“三增长一提高”和建立义务教育经费保障机制、教育费附加征管用情况、落实教师队伍建设政策等。经考核组综合评议、量化评分确定考核等第：扬中市、丹徒区、镇江新区、润州区、丹阳市为“优秀”等第；京口区、句容市为“良好”等第。（赵　平）

【教育科学研究】 2008 年，市教育科学研究所召开全市教育科研总结表彰会，表彰市第二届教育科研先进单位 71 个、先进个人 100 名和先进工作者 42 名。省教育科学“十一五”规划 2008 年立项课题的主持人、市教育科研基地学校的代表等 200 多人参加会议。领衔申报省教育科学“十一五”规划课题“优质教学资源下乡工程运行机制的理论与实践”，被立为重点资助项目，并完成前期研究工作；组织中小学、幼儿园成功申报省教育科学规划 2008 年滚动课题 9 项，其中重点资助课题 3 项、重点自筹课题 1 项、立项课题 5 项。组织开展省市级“十一五”教育科学课题（第二批）的开题活动，300 多人接受培训；围绕课程改革、学校发展、教师成长等主题开展“校长论坛”“教师沙龙”等形式多样的研讨活动；依托市级教育科研基地，组织同类课题合作活动；配合学校举办专家报告会、经验交流会、成果展示会等各类研究活动。（赵　联）

基础教育

【概况】 2008 年，全市有普通高中 27 所（其中四星级学校 9 所），在校学生 51633 人。普通初中 89 所，在校学生 90657 人。小学 145 所，在校学生 13409 人。特殊教育学校 5 所，在校学生 925 人。幼儿园 188 所，在园幼儿 57322 人。（向建文）

【幼儿教育】 2008 年，全市幼儿园总数 188 所，其中教育部门办园 34 所、乡镇办园 80 所、村办园 7 所、社会力量办园 67 所，办班点 90 个；公办园占幼儿园总数 64.4%，形成以公办幼儿园为主体、民办幼儿园为补充的办园格局。省示范园 65 所、省优质园 50 所，省优质园优质率达 61.17%。（贡　青）

【免费提供教科书】 根据省教育厅和财政厅 2007 年联合发布的《关于做好 2008 年春季全省义务教育阶段学生免费提供教科书工作的通知》，从 2008 年春季学期开始，全省建立部分课程教科书循环使用制度，确保全省城乡义务教育阶段学生“课前到书、免费用书、人手一册”。镇江市纳入循环使用的包括：小学《科学》《音乐》《美术》（或《艺术》）、《信息技术》，初中《音乐》《美术》（或《艺术》）、《体育与健康》《信息技术》。免费教科书发放对象为：全市城乡义务教育公办学校学生，县以上教育行政部门批准的民办学校义务教育阶段学生。免费提供教科书范围是省 2008 年春季普通中小学教学用书目录规定的一至九年级学生用教科书，包括国家课程教科书、地方课程教科书以及有关学科补充习题、图册和填充图册、英语磁带。（裴　伟）

【评选“感动校园之星”】 2008 年 4 月 19 日，2007 年度“感动校园之星”颁奖典礼在中山路小学举行。“感动校园之星”评选活动是市教育局在全市中小学开展“感动校园”主题教育活动的重要内容，旨在进一步加强社会主义荣辱观，弘扬中华民族传统美德，提高广大青少年学生的思想道德水平。经过推荐、初选、终审，10 名学生被评为镇江市“十佳感动校园之星”，54 名学生被评为镇江市“感动校园之星”，74 名学生获得镇江市“感动校园之星”提名奖。（农　农）

【京剧进中小学课堂】 2008 年，教育部确定在义务教育阶段一至九年级音乐课程中增加有关京剧教学的内容，并在部分省、市试点。镇江是江苏（试点省）8 个试点城市之一。确定市试点学校 4 所，包括京口实验学校、桃园中心小学、镇江市第三中学和丹阳市实验初级中学。

“感动校园之星”颁奖典礼现场　（教育局）

表 28-1 **2008 年镇江市区普通高中录取分数线一览表**

学 校	热点高中名额分配	实验班(赛班)	统 招	择 校
镇 中	564 分	–	579 分	553 分
一 中	565 分	–	575 分	532 分
国际学校	–	–	–	495 分
实验高中	–	560 分	534 分	505 分
二 中	–	553 分	500 分(第一志愿) 505 分(第二志愿)	480 分(第一志愿) 485 分(第二志愿)
九 中	–	–	480 分(第一志愿) 485 分(第二志愿)	450 分(第一志愿) 455 分(第二志愿)

(向建文)

试点学校 3 名音乐教师赴沈阳师范大学参加培训。 (裴 伟)

【调整中考政策】 2008 年 5 月下旬,市教育局对公布的 2008 年镇江市高中阶段招生部分政策进行调整。调整涉及两个方面:一、在优录政策方面,原确定的其他现役军人子女和经国务院批准享受政府特殊津贴的专家、市级以上有突出贡献的中青年专家、市级学术技术带头人子女以及外来投资"一卡通"持有者子女等不再享受中考加分。当年优录对象是:1. 革命烈士子女和驻边疆国境的县(市)、沙漠区、国家确定的边远地区中的三类地区及军队确定的特、一、二类岛屿部队现役军人子女在录取时,加 20 分投档;2. 华侨子女、港澳台子女及残疾军人子女、因公牺牲军人子女、一至四级残疾军人子女在录取时,加 10 分投档;3. 少数民族考生在录取时,加 5 分投档。二、在热点普通高中指标生分配政策方面,根据省教育厅《关于初中毕业生升学考试与普通高中招生制度改革的若干意见》,结合镇江市实际,从 2009 年起各地必须将热点公办普通高中 50% 以上的招生计划,依据初中毕业生数、办学水平等情况,按比例定向分配到各初中。 (裴 伟)

【外来务工人员子女接受义务教育】 2008 年,全市义务教育阶段学校就读的外来务工人员子女总数 3.45 万人,其中小学生 2.5 万人,初中生 0.95 万人,外来务工人员子女全部在全日制公办小学和初中就学。镇江市把统筹安排外来务工人员子女接受义务教育工作,列入对各级政府年度考核目标。根据外来务工人员情况,将部分公办学校改办成重点招收农民工子女的学校,确保在师资质量、硬件建设、管理水平等方面与其他公办学校一视同仁。财政部门将外来务工人员子女就学期间的公用经费纳入财政预算,公用经费与本地学生按同一标准拨付,教育费附加按相同标准划拨,确保外来务工人员子女教育经费的投入。全市投入专项经费 191 万元,主要用于接收进城务工就业农民子女人数较多学校的设备购置、校舍维修和师资培训。同时,鼓励机关团体、企事业单位和公民个人捐款、捐物,资助家庭困难的进城务工就业农民子女就学。教育部门广泛宣传,让进城务工人员了解国家有关政策,放心送子女在务工所在地上学。物价部门加大检查力度,坚决制止对外来务工人员子女入学乱收费。劳动监察部门加强对社会劳动用工的检查,严禁企业事业单位招收录用未成年人。 (裴 伟)

【江苏省初中教师研修基地在江南学校揭牌】 2008 年 7 月 1 日,江苏省教师培训中心初中教师研修基地揭牌仪式暨镇江市江南学校暑期教师培训班开班典礼在市江南学校举行。江南学校作为 4 家省初中教师研修基地之一,在省内首家挂牌。市江南学校与省教师培训中心合作建立教师研修基地,除了利用省教科院、省教育学院及省教师培训中心的优质教育资源为江南学校提供师资培训外,还将承担镇江市及省内其他地区初中教师的培训工作。双方合作期限为三年半,总投入 100 万元,目标是共同打造一支高素质的教师队伍,培养出一大批具有市级以上骨干教师和学科带头人水平的名师。 (王克勤)

【普通高考成绩达线人数增加】 2008 年,全市本二以上达线人数(不包含提前录取和体育、艺术类达线考生)5191 人,比上年增加 332 人,增长 6.83%。其中,丹阳市本二达线人数 1919 人,比上年增加 158 人,增幅居全市第一。市区高考参考人数比上年减少 10.86%,达线人数为 1002 人。全市最高投档分为 435 分,考生是江苏省镇江第一中学李心欣。省镇江中学本二以上达线人数 472 人,省镇江一中本二以上达线人数 361 人,市实验高中本二以上达线人数 146 人。 (裴 伟)

【明确学校体育工作目标】 2008 年 9 月 23 日,市教育局、体育局召开全市学校体育工作会议,要求各中小学校切实把学校体育工作摆上重要位置,做到"五确保",即确保开足上好体育课、确保学生每天锻炼 1 小时、确保学生参与阳光体育运动、确保学生充足的睡眠时间、确保学生每年 1 次健康体检,到 2010 年,实现学校体育工作整体水平明显提升,学生耐力、力量、柔韧性等体能素质明显提升,体育后备人才数量和质量明显提升,肥胖和近视发生率明显下降。会议要求各中小学校严格执行国家对体育课程的规定,任何学校不得以任何理由削减或挤占体育课时;每天上午必须安排 25 分钟~30 分钟的"大课间"体育活动,没有体育课的当天下午必须组织学生进行 1 小时的集体锻炼,寄宿制学校必须每天组织学生早锻炼;开展"人人参与、个个争先"的阳光体育运动,保证大多数学生达到《国家学生体质健康标准》;严格控制学生到校和放学时间,严格遵守小学生 6 小时、初中生 7 小时、高中生 8 小时在校集中学习时间的规定,在家长支持配合下,确保小学生每天睡眠 10 小时、初中生 9 小时、高中生 8 小时;组织学生每年进行一次常规健康体检,遏制学生视力下降趋势。同时,关心肥胖学生的健康,鼓励帮助他们坚持体育锻炼,养成科学的饮食习惯,有效控制体重增长。 (马正汉)

【中央媒体采访中小学生阳光体育运动】 (参见第 272 页) (裴 伟)

【美国中小学校长到镇江考察】 2008 年 6 月 28 日,国家汉语国际推广领导小组办公室邀请第三批"汉语桥——美国中小学校长访华之旅"大型组团的部分成员到镇江考察,20 多位美国犹他州中小学校长和教育官员访问镇江第一中学和市外国语学校。犹他州奥斯特学校校长科琳·黛丝丽称,许多美国人都知道镇江是诺贝尔文学奖获得者赛珍珠的中国故乡。同时希望中美两国的教师和孩子们经常交流,促进两国文化教育的共

同发展。（裴　伟）

【启动义务教育阶段教学秩序专项督导】 2008年，教育部门启动义务教育阶段教学秩序专项督导，内容包括：各地各校认真执行课程计划，开齐开足课程的情况；落实"健康第一"思想，加强学校体育工作，增强学生体质，保证学生每天1小时体育活动时间和足够睡眠时间的情况；规范使用教辅用书情况，重点检查学校有无统一组织购买、指定购买、推荐购买规定之外的教辅报纸、刊物、书籍；加强常规管理，提高设施设备使用效益的情况；控制学生在校活动总量，特别是严控中小学生下午放学时间的情况；利用节假日（含双休日）违规补课和收费的情况；教育行政部门和学校结合本地本校实际，建立、健全和创新学校管理制度，构建长效管理机制的情况。对屡查屡犯的学校，教育行政部门和督导部门采取措施严厉查处；从10月份开始，定期在市教育信息网专栏中公示被举报的学校、举报的问题、学校查纠答复和督导查处情况。将群众、师生反映强烈、问题突出的学校，列为市重点督导对象。被列为市重点督导对象的，或受到省、市通报批评的，市属学校年终综合考核不能被评为优秀，其他学校在市级评优评先的项目中实行一票否决，两年内取消市级评选资格。（裴　伟）

【中国教育技术协会中小学专业委员会2008年年会在镇江举行】 2008年10月28日～29日，中国教育技术协会中小学专业委员会2008年年会在镇江举行，200多名成员单位代表参加会议。中国教育技术协会中小学专业委员会成立于1995年，是中国教育技术协会领导下的全国专业性、学术性、群众性团体组织。此次年会是中小学专业委员会成立4个协作研究会以来召开的首次年会。（裴　伟）

【镇江市少年宫】 2008年，市少年宫组织群众性文化公益活动34次，参与学生6万人次；全年兴趣培训2万多人次。获得江苏省教育学会系统先进单位称号，3人被评为江苏省校外教育先进个人；在第十三届全国中小学书法美术比赛中，9名学员获一等奖；在省中小学书法展示赛中，26位学员获金奖；在全国电子琴比赛省赛中学员获二等奖。加强课程建设，引进郎郎少儿英语和幼儿情景识读两项品牌课程；优化课程结构，形成阶梯式课程体系，调整班级规模，推进艺术类中小班授课；开发折纸、无线电科普等原创课程；举办书法临帖比赛、"快乐大作文"现场作文赛、新概念、剑桥英语口语比赛、"迎奥运、促和谐"征文、七彩假日书画征文等活动。（汤莉莉）

职业技术教育

【概况】 2008年，全市有中等职业技术学校21所，其中包括普通中专5所、成人中专4所，职业高中10所，在校学生37518人，当年招生11609人。（雨　生）

【镇江机电高职学校】 镇江机电高职学校是国家级重点中等职业技术学校，是国家六部委认定的数控技术应用专业技能型紧缺人才培养培训基地。设有机电、艺术旅游、信息电子、财经商贸、汽车化工五大类专业群30多个专业。2008年3月28日，来自苏州、无锡、常州及镇江市的40家企业代表到学校参加校企合作恳谈会。根据合作协议，包括苏州国巨电子、冠捷科技、永强科技，无锡尚德太阳能电力、软通软件，常州常兴科技以及镇江市金东纸业、奇美化工、惠通集团、液压件厂等，涉及机械、电子、化工、光电等行业的40家企业成为学生实训实习基地，学校为企业定点培养和输送人才。12月8日，在江苏省国际服务外包企业协会成立大会暨省级服务外包人才培训基地授牌大会上，镇江机电高等职业技术学校被授予省级服务外包人才培训基地称号，成为镇江唯一一家入围的单位，并享受国家和省有关服务外包人才培训的优惠政策。（匡　霞）

【举行全市职校技能大赛】 2008年11月底，全市职业学校技能大赛在机电高职学校和旅游学校举行。14所职业学校代表队的629名师生参加比赛，其中460名学生参加20个项目比赛，169名教师参加14个项目比赛，是历届大赛中项目覆盖最广、参加人数最多的一次。竞赛优胜者代表镇江市参加省职业院校技能比赛。江苏省从2008年起对参加全国技能大赛取得优异成绩的学校、个人进行表彰奖励；对贡献突出的院校（企业）授予"江苏省职业教育技能大赛集训基地"称号。对在全国、全省技能大赛中取得优异成绩的学校、专业，在有关建设项目安排、星级评估、示范学校推荐评审等方面还要进一步予以倾斜；对获优异成绩的个人进一步落实完善对口单招等政策。（雨　生　匡　霞）

【镇江市旅游学校迁址】 镇江市旅游学校始创于1984年，在原镇江市第十七中学的基础上创办。1998年，与原镇江市第十六中学高中部合并，位于宝盖路244号，占地0.9公顷。1999年，被省教育厅公布为省级重点职业中学。2006年，作为市政府为民办实事项目之一，市旅游学校开始易地新建。新校区位于八公洞路55号。学校占地6.93公顷，建筑面积36123.76平方米，可容纳2000余名学生，建有教学实训楼、食堂宿舍楼、图书艺术楼、风雨操场和旅游研发培训中心等建筑群。有烹饪、旅游、信息技术、商贸、艺术等五大类专业，其中三个省、市级示范专业，在校生1580人，教职工122人，专任教师87人，专任教师具有本科及以上学历者82%，专任教师中具有中级以上职称的有52人，占专任教师的59.7%。"双师型"教师40人，占专任专业教师的66.7%。（郑学斌）

【民办教育】 2008年，全市有各类民办教育机构230家，其中民办高校1所，民办二级学院2所，民办中小学28所，民办幼儿园70所，各类民办非学历教育机构129所。在校民办学生9.3万人，年培训人数86452人次。民办学校总资产达61573万元。民办中小学占全市中小学总数的12%，民办幼儿园占全市幼儿园的36%。（蔡飞星）

高等教育

【概况】 2008年，全市有普通高校5所，在校学生77293人，教职工9068人，其中专任教师4757人。新增高校成人教育校外教学点17个。江苏大学、江苏科技大学有博士生606人，硕士生5574人，研究生指导教师953人。（路玉娟）

·江苏大学·

【概况】 江苏大学是江苏省省属、以工科为特色的教学研究型综合性大学，于2001年8月，由原江苏理工大学、镇江医学院、镇江师专合并组建而成。

2008年，学校全日制在校生35000余人，其中各类研究生近7000人，留学生200余人。设有76个本科专业，涵盖工学、理学、医学、管理学、经济学、法学、文学、教育学、历史学等9大学科门类。拥有6个博士后科研流动站，5个博士学位授权一级学科，33个博士点，100个硕士点，2个国家重点学科，1个国家重点（培育）学科，4个江苏省国家重点学科、重点实验室培育建设点，1个教育部重点实验室，10 个江苏省重点学科，11 个江苏省重点实验室、工程中心，16 个工程硕士授权领域和 MBA 专业学位授予权。拥有一所三级甲等附属医院、江苏大学出版社，设有教育部科技查新工作站。《江苏大学学报》（自然科学版）为《EI》来源期刊。

学校在国家技术发明奖、国家杰出青年基金、国家特色专业建设点方面实现突破；全国百篇优秀博士学位论文连续三年榜上有名；获批一批"十一五"国家重大科技专项和国家"863"重点项目等高层次课题，科研总经费首次超过 2 亿元，其中纵向经费 7000 万元；召开学科建设与研究生教育工作会议，制定《加强学科建设与研究生教育工作的若干意见》；机械工程、动力工程及工程热物理、农业工程、管理科学与工程四个学科被定为江苏省一级学科重点学科，一级重点学科数并列全省第七位。新增国家精品课程 1 门；推进"拔尖人才与科技创新团队培养工程"，新增省"三三三"工程中青年科技领军人才 3 人、省"六大人才高峰"4 人，省"青蓝工程"14 人；召开第二次学科建设与研究生教育工作会议暨纪念恢复研究生教育 30 周年大会。拓展国际合作与交流，培养的首位外国博士留学生顺利毕业。实施"本科教学质量与教学改革工程"。2008 届毕业生就业率 96.13%。赵杰文教授指导的农产品加工及贮藏工程学科邹小波博士的学位论文入选全国优秀博士学位论文。学校获"挑战杯"中国大学生创业计划大赛银奖 1 项铜奖 2 项、中国青少年科技创新奖 1 项、全国大学生数学建模竞赛特等奖 1 项一等奖 2 项、全国大学生英语竞赛特等奖 2 项一等奖 3 项、全国大学生节能减排社会实践竞赛二等奖 2 项三等奖 1 项，2 名同学获得"中国大学生自强之星"提名奖，6 名同学获"江苏省百名青年学子之星"称号，校女子足球队获首届世界大学生室内五人制女足锦标赛季军，校男子排球队获中国大学生排球联赛亚军。《江苏大学学报（社科版）》进入中国人文社科核心期刊和全国中文核心期刊，附属医院通过三级医院评审，启用江苏大学校园形象标识系统。学校连续 5 年获江苏省高校毕业生就业工作先进集体称号，被列入首批江苏省大学生创业教育示范学校。 （贾敬远 卞丽华）

【举行江苏大学第二次党代会】 2008 年 11 月 28 日～29 日，江苏大学第二次党代会召开，会议总结五年来学校改革发展所取得的成绩和经验，分析学校发展面临的机遇和挑战，提出今后五年学校工作的指导思想、奋斗目标和主要任务，选举产生新一届党委和纪委。大会提出，通过五年奋斗，把学校建设成为"工科特色更加鲜明，若干学科国内一流、国际有影响，多学科协调发展的高水平教学研究型综合性大学"。

（贾敬远 卞丽华）

【一项科研成果获国家技术发明二等奖】 2008 年，赵杰文主持的科研成果"食品、农产品品质无损检测新技术和融合技术的开发"，获国家技术发明二等奖。该项目属现代食品检测技术、现代电子信息技术、人工智能与模式识别等技术交叉渗透的新领域，是理论和技术高度融合、基础研究和应用开发并重的基础应用型项目。该项目的实施使中国食品农产品无损检测的科研水平、技术水平总体达到国际先进水平，部分项目研究成果达到国际领先水平。

（贾敬远 卞丽华）

【科学研究成果显著】 2008 年，江苏大学获省部级奖 26 项，SCI 收录论文 283 篇，专利授权 107 件，其中发明专利 63 件。科学研究院张弛发表论文的影响因子达到 8.19。江苏大学首个科技厅高技术重点实验室"江苏省道路载运工具新技术应用重点实验室"获批，"江苏省中小企业发展研究基地"被列为首批江苏省哲学社会科学研究基地，"江苏大学—江苏科技大学镇江大学科技园"获批为江苏省大学科技园。《江苏大学学报》（社科版）2008 年进入"双核心"，被中国社科院《中国人文社会科学核心期刊要览（2008 版）》和北京大学图书馆《中文核心期刊目录（2008 版）》收录。到访境外专家、学者超过 700 人次，主办各类国际会议，参会海外专家 400 余人；学校先后有 500 多人次参加各类国际会议。 （贾敬远 卞丽华）

【江苏大学保险研究所挂牌】 2008 年 6 月，"江苏大学保险研究所"挂牌成立，保险研究所外联内合，以江苏大学师资为核心，汇聚大批业界知名专家学者，通过产、学、研优势互补，合作共联，使之成为既具有深厚保险理论功底又深谙中国保险行业实际的研究基地。保险研究所还向江苏省科委申报了《保险公司社会责任研究》2008 年度研究课题。

（刘 亮）

·江苏科技大学·

【概况】 江苏科技大学是以工为主，工、管、农、文、理、经、教等诸学科协调发展的多科性大学。其前身是 1933 年上海大公职业学校，1970 年迁到镇江，更名为镇江船舶工业学校，1978 年升格为镇江船舶学院，1993 年更名为华东船舶工业学院，1999 年、2000 年，江苏省江海贸易学校、中国农科院蚕业研究所先后并入，2004 年更名为江苏科技大学。2006 年 12 月，学校通过教育部本科教学水平评估，成为江苏省重点建设高校。

学校有镇江东、南、西 3 个校区和张家港校区，以及北京研究院、上海研究院、浙江研究院和驻上海办事处。有 48 个本科专业及方向，有 1 个博士点，27 个硕士点，8 个工程硕士培养领域，1 个农业推广硕士培养领域，10 个高校教师在职攻读硕士学位专业。有 1 个国家级特色专业、4 个省级品牌、特色专业；6 个省级重点学科、3 个省部级重点实验室、1 个省级公共技术服务平台；2 个省级实验教学示范中心。

2008 年，学校有各类在校学生 23500 余人，其中研究生近 2200 人，普通本科生 19400 余人。中国人民解放军在学校设立后备军官选拔培训工作办公室，有国防生 400 余人。有教职工 1870 余名，其中专任教师 1000 余名，有正高 116 名、副高 339 名。

2008 年，学校通过军工科研质量管理体系的扩项审核。学校连续 16 年被评为江苏省文明单位和全国大学生社会实践活动先进单位。 （张彦同）

【召开江苏科技大学第一次党代会】 2008 年 6 月 18 日～19 日，中共江苏科技大学第一次代表大会召开。大会通过《中共江苏科技大学第一次代表大会关于中共江苏科技大学委员会工作报告的决议》《中共江苏科技大学第一次代表大会关于中共江苏科技大学纪律检查委员会工作报告的决议》。大会选举产生中共江苏科技大学第一届委员会委员和纪律检查委员会委员。

会议明确坚持内涵发展、特色发展、人才强校、和谐发展的战略，确定到 2033 年把学校建设成为以服务船舶工业为主要特色，适应中国造船业和海军建设需要，在人才培养、科学研究和社会服务方面具有自身优势，国内知名、国际有影响的多科性大学的发展目标。 （张彦同）

【推进"质量工程"】 2008 年，江苏科技大学完成 2008 级本科专业培养方案、教学大纲的修订，启动校级优秀教学团队建设；新增 1 个国家级特色专业建设点，新增 2 个省级品牌、特色专业建设点，新增 2 门省级精品课程；获批教育部全国

高等学校教学研究中心教改项目3项，参研项目2项；获省级教学成果二等奖1项，获高等学校“十一五”规划教材4部。（张彦同）

【加强学科建设】 2008年，江苏科技大学的船舶与海洋工程被评为江苏省一级学科重点学科，遴选出4个校级重点学科、4个校级培育学科；获得高校教师在职攻读硕士学位授权资格，新增10个高校教师在职攻读硕士学位专业，专业学位培养类型达到3个。（张彦同）

【科研工作成绩显著】 2008年，江苏科技大学申报纵向科研计划254项，签订科技开发、科技服务等各类横向科技合同303项，各类科研经费9446万元。学校获得省级以上科技奖励11项。通过军工科研质量管理体系的扩项审核。（张彦同）

·镇江市高等专科学校·

【概况】 镇江市高等专科学校是经教育部正式批准成立的一所公办综合性普通高等学校。1992年3月，由镇江市职业大学、镇江教育学院、江苏广播电视大学镇江市分校合并组建而成。2001年5月，省劳动经济学校成建制并入。2003年3月，省丹阳师范学校成建制并入，同年，市中小学教师培训中心并入。学校设有机械工程系、电子与信息工程系、化工系、管理系、旅游系、艺术设计系、外语系、教师教育系、人文科学系、社科部、基础部、体育部、国际教育学院、成人教育学院、师资培训中心和高等职业教育研究所等42个专业或专业方向。教学仪器设备总值4000万元，校内实验实训室68个，校内实训基地10个，校外实训实习基地88个，建有校园网络系统、外语调频发射台和语音实验室，教室基本上均能使用现代化多媒体教学系统。图书馆藏书45.67万册，电子图书90万种，中外文期刊有数千种。《镇江高专学报》先后被评为“全国高职高专优秀学报一等奖”“中国高校特色科技期刊”。

2008年，学校占地面积44公顷，有全日制在校生近8000人，教职员工630人，具有副高及以上职称教师164人。学校在全市招收五年制师范学生200人，除在本省招生外，面向上海、浙江、山东、四川、吉林、海南等11个省招收普通专科生2300人。毕业生就业率98.94%，用人单位对毕业生评价的称职率保持在95%以上。学校获得省、市文明单位、省安全文明单位称号，被评为省职业教育先进单位、省科研工作先进集体等。学校先后与美国、日本、加拿大、澳大利亚、新加坡等国家的高校和教育机构建立合作关系，与加拿大荷兰学院、澳大利亚亚历山大科技学院、新西兰奥克兰商学院等学校联合开办6个专业、12个国际合作教育班。

6月16日，学校新校门正式启用，结束多年来进校门爬坡的历史。（朱洪春）

【加强国际合作办学】 2008年9月，镇江市高等专科学校有两个中外合作办学项目获教育部复核批准。至此，高专与加拿大荷兰学院合作举办的4个专业全部获得教育部复核批准，并获得《中华人民共和国中外合作办学项目批准书》。2008年11月，学校与加拿大荷兰学院签署合作举办第5个专业的协议书，拓展中加合作办学领域。2008年12月，由镇江市高等专科学校和加拿大荷兰学院联合举办的第二届中国—加拿大国际合作办学研讨会落幕，来自加拿大和中国的多所高校代表50多人出席研讨会。学校还继续办好与新西兰、澳大利亚的合作办学项目，加强与日本、韩国、德国等国高校的合作。截至2008年底，镇江市高等专科学校中外合作办学规模达7个专业、17个班级、520余人；有5届毕业生顺利毕业，历届中加班毕业生就业率达100%。（朱洪春）

【庄重获江苏省青年学子十佳“自强之星”称号】 2008年，镇江市高等专科学校艺术设计系装潢艺术设计和建筑工程艺术专业D06班庄重获江苏省青年学子十佳“自强之星”称号。1999年8月底，庄重由上海新华儿童医院确诊为“动静脉脑血管畸形、脑下水管狭窄”引起耳鸣、复视、脑积水等症状，脑出血引发右半身瘫痪。他在学习、生活中自强自立，勇敢克服自身缺陷，各项成绩名列前茅，从400余名候选人中脱颖而出，获得江苏省青年学子十佳“自强之星”称号。（朱洪春）

·江苏农林职业技术学院·

【概况】 江苏农林职业技术学院创办于1923年，是公办全日制普通高校，隶属于江苏省农林厅。学院主校区坐落于句容市城区，分校区在南京市江宁区。

学院设有风景园林（林学）、农艺、畜牧兽医、生物工程、信息工程、机电工程、经济贸易、社会科学与艺术等8个系58个专业。2008年，学校在校生12435人。有教职工697人，专任教师557人，其中副高以上职称171人，“双师型”教师占专任教师总数的71%。图书馆馆藏纸质图书33万册，中外文报刊642种，网络数字电子文献折合图书约30万册。

学院占地220公顷，建筑面积34万平方米，建成“一主三区”的办学格局：由南北两个校区组成的主校区以及江宁校区、江苏农林科技示范园和高庙科技示范园。2008年，学院兼并高庙职中和高庙茶场，筹建高庙休闲观光农业科技示范园，办学实力进一步增强。（刘文明）

【承办江苏省第六届农民运动会】 2008年5月16日～18日，江苏农林职业技术学院与句容市政府联合承办省第六届农民运动会。运动会设21个比赛项目，13个省辖市的2200多名农民运动员组成13支代表队参赛。（参见第272页）（刘文明）

【举办三大论坛暨85周年校庆】 2008年12月12日，江苏农林职业技术学院举办中国林草产业发展与生态文明建设高层论坛开幕式暨学院85周年庆典，历届校友代表和学生代表近4000人参加庆典活动。校庆期间，与中国林学会、中国草学会、中国教育发展战略学会举办“城乡林业统筹发展与生态文明建设”“草业产业发展与生态文明建设”“农业职业教育改革发展”高层论坛。（刘文明）

【启动农业观光生态园建设】 2008年，根据与句容市政府签署的合作办学协议，句容市高庙茶场和高庙职中原址并入江苏农林职业技术学院。市政府划拨123.33公顷土地，转让2万多平方米建筑物与学院合作建设高庙休闲观光农业科技示范园。学院完成高庙职中和茶场的接收工作，并启动茗苑茶业公司注册、茶场土地的划界测量工作，邀请国内知名行业专家对高庙园区建设规划进行论证。（刘文明）

·金山职业技术学院·

【概况】 金山职业技术学院是经江苏省政府、教育部批准，独立设置的全日制民办普通高校。学院设有机电系、计算机系、管理系、外语系、基础部5个系（部），开设建筑工程管理、工程造价、电气自动化技术、应用电子技术、汽车技术服务与营销、计算机网络技术、电子商务、会计与审计、物流管理、商务英语、建筑装饰工程技术等18个专业，学制3

年，面向全国招生。

学院由台湾企业家和教育界人士投资兴建。投资者中有7位董事分别在广州、上海、昆山、太仓等地建有企业，为毕业生提供就业渠道。学院一期工程占地26.67公顷，建成11万多平方米建筑。学院拥有大型计算机中心、千兆校园宽带网、学生公寓网络、15个多媒体教室、5个大型阶梯教室、1个多功能学术报告厅、4个现代化语音教室和电子电工实验室、EDA实验室、汽车结构实验室等校内实验实训室38个，建有校外实训基地22个；建有现代化教学大楼、实训大楼、图书馆大楼、学生公寓、大学生活动中心、风雨灯光球场、标准塑胶田径运动场等。

2008年，学院有教职员工200余人，在校生近4000人。确定电气自动化和会审、会电专业为特色专业，明确专业的建设目标和建设方案，预计在三年内将特色专业建成省内领先、国内知名的品牌专业。同时，加强重点学科建设，对大学英语、工程造价、CAD等6门课程进行课程改革，提高教学水平。学院建成包括电工电子、汽车结构实验室等在内的38个校内实验实训基地，为学院培养动手能力强的应用型人才创造条件。举办各种技能大赛，提高学生动手实践能力。学院注重对骨干教师的培养，采用一系列鼓励政策激励教师发表著作，参与教材编写等。2008年，全院教师共发表论文50多篇。机电系邓玉良作为副主编参与编著《数字电子技术》（冶金工业出版社）教材出版。学院被省建设厅评为"园林式单位"，被省公安厅、教育厅评为"安全文明校园"。（金　山）

教师队伍

【概况】 2008年，全市各级各类学校（含高等学校）共有教师27581人，其中普通高中教师3677人，学历达标率98.37%；中等职业学校教师1755人，初中教师6522人，有大专学历以上的占99.23%；小学教师8279人，特殊教育学校教师110人，幼儿园教师2481人，学历达标率99.68%。（裴　伟）

【镇江市被评为省师资队伍建设先进市】 2008年，镇江市被省教育厅评为江苏省师资队伍建设先进市，江苏大学被评为师资队伍建设先进单位，扬中市被评为省师资队伍建设先进县。近几年来，市教育局贯彻落实科学发展观和"教师是教育第一资源"的思想，探索人才的成长规律和人才的培养机制，逐步形成由"三爱"（爱教育、爱学生、爱自己）教育、"三大"（教育思想大讨论、专业知识大学习、专业技能大练兵）活动、"三关心"（关心教师思想、关心教师情感、关心教师生活）行动构成的，具有鲜明镇江特色的教师队伍建设"三三三"工程，教师学历达标率居全省第一，名、特、优教师不断涌现，教育质量大幅提高。《中国教育报》《新华日报》《成才导报》等在头版刊登镇江市教师队伍建设方面的经验。（孙和平）

【新增省特级教师18名】 2008年9月，省教育厅公布江苏省第十批特级教师名单，其中镇江市有18人：刘正才、吴铁俊、包云鹏、包昌升、曹慧、姜洪根、徐杰、杜庆宏、陈大庆、王泰山、林伟民、仲伟贵、徐梦吟、陈跃红、张学伟、侯建成、朱禾勤、史方志。至此，全市有88人先后获省特级教师称号。（孙和平）

【市教育局为教师办十件实事】 2008年，市教育局采取"实事拉动"策略，投入资金2000余万元，为市属学校教师办十件实事：教师奖金福利待遇比2006年提高200%；大幅提高教师购房补贴发放总额；为教师未成年子女办理"重大事故保险"和"大病保险"；为教师购买游园卡；为45周岁以上在职中学高级教师每年安排1次体检；提高拔尖人才待遇，特级教师、学科带头人、市级骨干教师年奖励标准分别提高到12000元、6000元、1200元，在农村工作的拔尖人才奖励标准再提高50%；建立以"心语阁"命名的教师心理咨询中心，缓解教师心理压力等。（裴　伟）

【成立十个名教师工作室】 为培养教育专家和市级以上拔尖人才，生成、开发优质教育教学资源，经过自我申报、专家评审等环节，在全市有较高知名度的教授级中学高级教师、特级教师、市级学科带头人中，评出丁双六、王泰山、包昌升、刘新春、朱春晓、张金保、张锁荣、束鹏芳、高月琴、潘晓芙等十个名教师工作室，每个工作室拨给经费2万元。（孙和平）

教育经费

【概况】 2008年，全市教育经费总投入27.67亿元，其中：预算内教育经费总投入为17.13亿元，占教育经费总投入的61.92%；教育费附加及地方教育附加投入2.56亿元，占教育经费总投入的9.24%；事业收入6.4亿元，占教育经费总投入的23.14%。2008年，市直教育经费投入（包括技工学校、高专、行业办学等经费投入）6.32亿元，预算内教育经费总投入为2.93亿元，占教育经费总投入的46.44%；教育费附加及地方教育附加投入6329.6万元，占教育经费总投入的10.02%；事业收入2.21亿元，占教育经费总投入的34.97%。（焦叶飞）

金山职业技术学院全景　（金　山）

文 化

责任编校：缪 丹

综 述

【概况】 2008年，镇江市以“彰显名城文化，文化繁荣镇江”为总体思路，以“展现文化魅力，扩大文化影响”为重点突破，推进文化事业、文化产业和文化队伍建设，塑造镇江文化新形象。

开展大型活动。开展镇江市首届文化嘉年华活动，举办“金山旅游文化节——满眼风光镇江游”等专场文艺演出10多场，推出“这个冬天不太冷”文化系列活动。

繁荣文化艺术创作。音乐剧《水漫金山》被评为2007～2008年江苏省舞台艺术精品工程优秀剧目。创作“百米长卷国画咏镇江——《新第一江山图》”。选送的72件作品分别获省“五星工程奖”金、银、铜和入选奖。启动舞台剧《新龙凤呈祥》创作和纪录片《诗话镇江》的拍摄。设立文化艺术广玉兰奖，举办各类赛事，完善繁荣文化艺术创作的长效激励机制。

开展文化公益行动。推出“文心公益行动”。“文心剧场——镇江文化新地标”举办8场演出；“文心影院——场场给你‘好看’”放映电影25部，并推出“纪念改革开放30年主题电影周”活动；“文心讲堂——倾听文化的声音”邀请名家到镇江讲座。

推进基层文化建设。推进“送戏、送电影、送图书”工程。茅山新四军纪念馆新展厅竣工对外开放。

加强文化遗产保护。开展第三次全国文物普查工作。开展文物保护单位申报、遗址保护、文物修缮、规划编制和考古调查等工作。完成华阳洞摩崖石刻、圌山报恩塔、葛洪丹井等修缮、整治工程。完成“非物质文化遗产”普查工作。公布全市第二批非物质文化遗产名录。

助推文化产业发展。创意文化衍生产品，推出“白蛇传”文化月饼。召开“市首届文化产业招商会”，引导社会资本投资文化事业项目建设。推出博物馆“馆藏佛教文物精品展”，推进大西路文化产业商圈建设。引导西津渡“老码头文化创意产业园”和“影视拍摄基地”建设。

加强文化市场管理。精简行政审批程序，优化经济发展软环境。制定《镇江市互联网上网服务营业场所总量布局规划（2008～2010年）》。强化行业自律，成立、改选市网吧行业协会、印刷行业协会、出版发行行业协会。加强文化市场监管，建立娱乐场所《营业日志》制度，开展“扫黄打非”等专项整治行动，完成非法音像制品集中收缴行动、文化市场奥运保障行动等任务。加大知识产权保护力度，推进软件正版化工作。 （文 嘉）

【非物质文化遗产保护】 2008年，镇江市的扬剧、古琴艺术（梅庵琴派）、封缸酒酿造技艺、秦淮灯彩等4个项目被列入第二批国家级“非遗”项目名录，12名民间艺术家被江苏省政府公布为第二批省级非物质文化遗产项目代表性传承人。建立全市第二批“非遗”项目名录，18项“非遗”项目经专家评议、市政府批准后对外公布，包括民间文学类2项、传统音乐类2项、传统舞蹈类3项、传统戏曲类1项、曲艺类1项、传统美术类2项、传统技艺类3项、民俗类4项。各辖市（区）均公布县级名录，建立起“四级保护体系”。 （文 嘉）

【开展“第三个文化遗产日”活动】 2008年6月，由中国非物质文化遗产保护中心、江苏省文化厅和镇江市政府主办，江苏省非物质文化遗产保护中心、镇江市委宣传部、镇江市文化局承办的“第三个中国‘文化遗产日’江苏省系列活动·人类非物质文化遗产镇江展演”活动在镇江举行。2000多名市民参加活动，500多名高校学生与古琴艺术名家进行交流。6月7日，“江苏省非物质文化遗产摄影展”在镇江博物馆开幕，展出近200幅摄影作品，反映江苏省非物质文化遗产面貌和保护工作成果。当日，“流淌的记忆——民间艺术嘉年华”活动在镇江第一楼街步行街举行，通过包粽子、织鸭蛋网比赛，剪纸、泥塑比赛，田歌、扬剧演出，蛋雕、挑花，舞龙、马灯阵舞表演等，集中展示镇江地域的民俗风情。当晚，“第三个中国‘文化遗产日’江苏省系列活动·中国‘人类非物质文化遗产代表作’镇江展演”开幕式在镇江影剧院举行。开幕式后，江苏省昆剧院表演昆曲《牡丹亭》。6月14日，来自上海、浙江、福建、天津等地以及镇江梦溪琴社的10多名古琴名家，在镇江举行“和鸣——古琴艺术进大学”活动以及“七弦风骚——古琴名家音乐会”。6月21日晚，蒙古族长调民歌和新疆维吾尔木卡姆艺术在镇江金海岸演艺大舞台上演，演出《纳瓦木卡姆》选段、维吾尔族民间歌舞《喀群赛乃姆》、维吾尔民族器乐演奏《木卡姆·迈尔乎里》和《拉克木卡姆·第二达斯坦》等“十二木卡姆”代表作。 （文 嘉）

【镇江市民间艺术作品在“中国·南京文交会”上获奖】 2008年11月2日，由镇江民间文化艺术馆组织的瓷刻、竹编、乱针绣等4件作品在中国·南京文化产业交易会暨江苏省艺博杯工艺美术精品展上获奖。镇江民间文化艺术馆选调的瓷刻《天禄》、邮票拼贴画《西厢记组画》、竹编《梅兰竹菊》等20多件作品参加中国·南京文化产业交易会，选送的作品体现“人无我有、人有我优，最具镇江地域特色”的文化理念。邵同义的瓷刻作品《宫妓图》获金奖，耿月新的竹编作品《百帝图》《观世音菩萨》分获银、铜奖，石丽君的乱针绣作品《悠然》获铜奖。（文 嘉）

文学艺术

【概况】 2008年，全市文艺事业取得新成绩。

举办艺术活动。2月21日，市文联举办“盛世良宵——2008镇江市文学艺术界元宵节联欢晚会”。3月19日，市文联、市文化局联合举办2008年全国和省以上重大文艺赛事信息发布会。开展纪念改革开放30周年系列文艺活动。市美协、市书协举办纪念改革开放30周年美术书法作品展；市摄影协会承办“辉煌巨变”——江苏省纪念改革开放30周年摄影巡回展，编辑出版反映改革开放30年的《镇江市优秀摄影作品集》《镇江摄影文论》；市剧协组织纪念改革开放30周年暨镇江市职工京剧协会成立20周年“国韵流芳”——镇江京剧晚会；市作协与市政协文史委、镇江日报社副刊部联合举办“纪念改革开放三十周年征文”，出版作品集《从梦想到跨越》。开展迎奥运系列艺术活动。举办“爱我镇江”系列文化惠民活动。市文联被省文联评选为“美在新江苏”创作采风活动优秀组织奖。

文艺创作精品多、获奖多。宇文家林书法作品《王世贞论书》获中国书法林散之奖，并因此获得“金山奖”提名奖。华允庆创作的《记下幸福的时刻》获得第九届上海国际摄影展纪实类铜奖。小品《疏通“官”道》获得江苏省第五届小戏小品大赛导演奖、优秀演员奖、演员奖和剧目三等奖。王伟理创作的《白蛇传奇》获得中国戏剧文学会剧本征集优秀剧本奖。孙永斌获得全国职工歌手大赛银奖，孙铃爱获得长三角歌手大赛银奖，沈礼康获得全国吉他大赛少年组银奖等。市舞蹈家协会会同相关单位创作编排舞蹈《车水汉子》获得江苏省五星工程奖金奖。“镇江作家网”开通。马季的网络文学理论专著和长篇小说《读屏时代的写作——网络文学十年史》获中国当代文学研究会奖。饶雪漫连续3年位列全国作家实力排行榜前10位。《破解“弱农”致富之谜》等3篇报告文学入选《江苏省纪念改革开放30年报告文学集》。出版《千古江山》《瘗鹤铭·1937》等近20部文学作品。《苏州青》等18部作品获第三届镇江市文学奖。原创大型音乐剧《水漫金山》被评为2007～2008年江苏省舞台艺术精品工程优秀剧目。整合全市老中青书画家，集体创作“百米长卷国画咏镇江——《新第一江山图》”。组织作品参加省“五星工程奖”等奖项的评选，72件作品分获金、银、铜和入选奖，获奖数创历年之最。启动舞台剧《龙凤呈祥》创作和五集人文纪录片《诗话镇江》的拍摄。设立文化艺术广玉兰奖并举行首届颁奖晚会，完善繁荣文化艺术创作的长效激励机制。

文艺队伍建设加强。市文联会同市人事局首次对2006年以来在镇江文艺发展和繁荣中作出突出贡献的先进集体和先进文艺工作者进行评比表彰。实施新秀工程中期培养计划。文艺新秀姚炜被省文联、省剧协评为“江苏省优秀青年戏剧人才”。市文联举办镇江市文艺家读书班、镇江市书法篆刻双年展面向社会举办音乐、书画艺术考级，2000多名考生参加等级考试。开通镇江文学艺术网，开设20多个栏目。启动文艺人才信息库建设。在市各文艺家协会开展“我为文艺发展献计策”建言献策活动。制定市文联《关于违反优化经济发展环境相关政策规定的处理办法》。句容市文联被评为2008年度江苏省先进县（市）文联。（殷启茹 文 嘉）

【《梨园娃》等作品入选“2008中国百家金陵画展”】 2008年10月25日，以“数风流人物”为主题，由中国美术家协会、中共江苏省委宣传部、省文化厅、省文联主办的“2008中国百家金陵画展（油画）”在南京开幕。镇江市画家沈荣油画作品《梨园娃》从近3000件参赛作品中脱颖而出，入选“百佳”。张乾元撰写的美术论文《创新形式净化情感——2008中国百家金陵画展（油画）侧记》入选中国百家金陵画展（油画）论文集。自2005年起，“中国百家金陵画展”单年展出中国画100幅，双年展出油画100幅。（殷启茹）

【举办文艺家读书班】 2008年9月9日，市文联在一泉礼堂举办“2008年镇江市文艺家读书班”，邀请赵亚夫作《探索现代农业发展之路》报告，省文联创研部毛贵民作《浅谈接受美学》报告，报告文学《昆山之路》的作者杨守松讲授《文学与现实》，宋成玺作《在科学发展观指导下推动文艺发展和繁荣》报告。全市文学、戏曲、音乐、舞蹈、美术、书法、摄影、民间文艺、影视等九个艺术门类的近百名艺术家参加两天的封闭式学习。（殷启茹）

【开展百名文艺家“爱我镇江”大型创作采风活动】 2008年5月23日，镇江市委宣传部、镇江市文联启动百名文艺家“爱我镇江”大型创作采风暨“送欢乐下基层”活动，纪念毛泽东同志《延安文艺座谈会上的讲话》发表66周年。系列采风活动至7月初结束。市委宣传部、市文联组织各个艺术门类的文艺家、市第二期文艺新秀工程培养新秀和市政协文艺界委员活动小组代表100多人围绕新农村建设、现代工业、民俗风情和典型人物等4个专题，赴丹阳、句容、丹徒、镇江新区等地创作采风。采风团组织类型多样的“送欢乐下基层”活动，采用歌舞、戏剧、小品现场演出，送图书进农村，现场创作书画作品，拍摄全家福等形式为基层群众提供文化服务。（殷启茹）

【王川撰稿数字电影《心中观世音》】 由镇江作家、画家王川撰稿的数字电影《心中观世音》于2008年10月18日在海天佛国普陀山首映。这是一部片长70分钟的大型数字电影纪录片，由北京中视华阳国际文化传播公司、珠海九鑫文化传播有限公司联合摄制，张鑫导演。影片全方位介绍世界观音文化，内容涉及宗教和文化，于2007年11月普陀山观音文化节时开机。于2008年10月28日在全球发行。（殷启茹）

【首届文化艺术广玉兰奖颁奖】 2008年6月28日晚，2008镇江市文化嘉年华活动闭幕式暨首届文化艺术广玉兰奖颁奖晚会在镇江体育馆举行。文化艺术广玉兰奖由镇江市文化局设立，定期对镇江新创作的优秀文化艺术作品，及其创作人员和单位进行表彰和奖励，设广玉兰大奖、广玉兰奖、广玉兰提名奖、广玉兰新人新作奖、广玉兰成就奖等奖项。在首届文化艺术广玉兰奖中，无伴奏女声民歌组合《南乡田歌》和音乐剧《水漫金山》获得广玉兰大奖，扬州评话《戚老七养鳖》等7个作品获广玉兰奖，童声独唱《草莓花》等8个作品获广玉兰提名奖，音乐剧《水漫金山》“法海”的扮演者姚炜、草书《春江花月夜》的作者等获新人新作奖。（文 嘉）

【新版音乐剧《水漫金山》接受省专家组验收】 2008年11月10日晚，新版音乐剧《水漫金山》在镇江影剧院上演，接受江苏省文化厅舞台艺术精品工程剧目的终审验收。专家组认为：新版音乐剧《水漫金山》以“因为爱”为主线，强化舞蹈的编排空间与艺术的立意层次，渲染音乐的冲击力和浪漫的情调氛围，融入现代的审美气息和凝练的语言对白，突出人与神、人与妖、人与人之间的情感冲突与布局安排，打破以往程式化的戏剧样式，体现全新的视听价值和艺术效果。副市长王萍及省专家组成员和1000多名市民观看演出。（文　嘉）

【创作《新第一江山图》——百米国画长卷】 2008年，镇江画院集结老、中、青30余名画家，创作完成《新第一江山图》，用书画艺术地记录、展现当代镇江城市的面貌特质和民居百姓的多彩生活。作品以长卷形式，采用篇章式创作，装裱后高约110厘米、长近100米。创作中借用电视镜头的推移手法，将西画的“焦点透视”与中国画的“散点透视”相结合，吸收西画的色彩，使画面更富节奏感和生动感。整个长卷分为三个篇章：第一篇章《江左形胜》，以圌山为起点，逆江而上至润扬大桥，镇江“三山”、长江路风光带、西津古渡、润扬大桥等景物及历史人文景观贯穿整个篇章，以写实的手法艺术性地表现城市标志性建筑以及重点文化设施；第二篇章《和谐家园》，表现镇江城市的繁华街市、文化娱乐、健身休闲等现代生活场景；第三篇章《山川辉映》，以田野、茶场、果园、水库等为背景，描绘句容茅山雄峙、新区圌山秀色、扬中江上绿洲、丹阳六朝石刻、丹徒十里长山等。三篇章间及各篇章内，以相关书法、篆刻印章及市花杜鹃、市树广玉兰等串联。《新第一江山图》创作完成后陈列在镇江画院。原中共中央政治局常委、国务院副总理李岚清为国画长卷题字“江山多娇”。（文　嘉）

群众文化

【概况】 2008年，举办镇江首届文化嘉年华活动，集中推出32项活动。举办“欢乐家园”广场文化活动24场，承办2008北京·叙叙家乡情，春节团拜会，春节慰问全市科技人才、劳模、老干部迎春茶话会等专场文艺演出10多场。配合2008镇江金山旅游文化节创作专题大型晚会“满眼风光镇江游”。以“公益”和“免费”为关键词，整合公共文化服务资源，推出文心公益行动，包括文心剧场、文心影院和文心讲堂等。推出“这个冬天不太冷”文化系列活动，举办12项文艺活动。

完成乡镇（街道）文化站达标建设48个，建成村（社区）文化活动室670个，“农家书屋”建成495个。推进“三送”工程，市文化局被评为江苏省“三下乡”活动先进集体。句容市、丹阳市皇塘镇被命名为“中国民间文化艺术之乡”。扬中市被授予省“特色文化之乡”称号。茅山新四军纪念馆新展厅竣工对外开放。扬中市新坝大剧院建成并对外运营。丹徒区建成冷遹纪念馆并于12月18日举行开馆仪式。（文　嘉）

【举办镇江市首届文化嘉年华活动】 2008年4月～6月，由市委宣传部和镇江市文化局主办的首届文化嘉年华活动，推出央视电影频道《爱电影》栏目送·学晚会、打捞《瘗鹤铭》碑石文化行动暨拍摄《探秘瘗鹤铭》专题片、精品折子戏展演、世界“非遗”镇江展演、网络文化镇江行等32项活动。

4月30日～5月7日，由市委宣传部、市文化局、建设局主办，市城市建设投资公司协办，市文化馆承办的“欢乐家园”广场文化活动系列演出，分别在大市口广场、梦溪广场和三茅宫广场共演出21场。

5月6日，万科企业股份有限公司董事局主席王石应邀做客镇江市图书馆“文心讲堂”，畅谈“放下”与“坚持”的人生体会；5月11日，“于丹教授报告会”暨于丹新作《于丹〈论语〉感悟》赠书仪式在市图书馆“文心讲堂”举行；5月23日，2008北京奥运圣火接力珠峰传递登山队队长王勇峰走进市图书馆“文心讲堂”，讲述奥运火炬登顶珠峰背后的故事。

5月10日，国家一级演员于魁智率中国京剧院一团在镇江影剧院上演经典折子戏，包括群戏《大登殿》、花脸戏《赤桑镇》、武生戏《武松打店》等京剧名段。6月9日，江苏省京剧院新编大型历史京剧《西施归越》登陆镇江影剧院。6月21日，京剧现代戏《智取威虎山》在镇江影剧院上演。

5月17日，曾获得2005～2006年国家舞台艺术精品优秀剧目的历史话剧《立秋》在镇江影剧院上演。《立秋》的票房收入扣除最低成本外，全部捐献给“5·12”汶川大地震灾区，支援灾区救灾工作。山西省话剧院职工捐款6100元，市艺术剧院捐款8400元，市影剧院捐款5000元，加上《立秋》票房收益3万元，共4.95万元转交镇江市民政部门。5月23日，先锋话剧《天上人间》在镇江影剧院上演。

5月18日第32个“国际博物馆日”，镇江博物馆、市文物商店举办纪念活动。当天上午，“镇江民间收藏品鉴宝估值大会”在聆湖尚郡名流会所举行，邀请5名国家及省级相关收藏品鉴定专家为镇江文物收藏爱好者进行鉴宝估值。下午，唐寿民收藏文物捐赠仪式在镇江博物馆学术报告厅举行，国家文物鉴定委员会委员研究员张浦生为收藏爱好者作“元青花鉴赏知识讲座”。

6月25日，“今夜镇江最美”——庆祝第18个全国“土地日”专场文艺晚会在镇江影剧院举行；6月28日，“2008镇江市文化嘉年华活动闭幕式暨首届文化艺术广玉兰奖颁奖晚会”在镇江体育馆举行。（文　嘉）

【开展文心公益行动】 2008年，市委宣传部、市文化局向社会推出“文心公益行动——都有一颗文化的心”。“文心公益行动”包括3个子项目：“文心剧场——文化镇江新地标”举办“长城随想——闵惠芬诗与乐民族音乐会”“足

欢乐家园广场文化活动现场　（市文化局）

尖上的诗”芭蕾舞专场、“冬之恋”诗歌散文朗诵鉴赏会等12场演出,“文心影院——场场给你‘好看’”放映近30部电影,“文心讲堂——倾听文化的声音”邀请于丹、阎崇年、纪连海、温元凯等10多位名人名家到镇江讲座。“文心公益行动”通过各类媒体以及网络、手机短信等发布活动信息,与公众开展互动交流,了解百姓的文化需求,为群众提供最需要的文化产品。（文 嘉）

【举行“这个冬天不太冷”文化系列活动】 2008年12月18日,镇江市委宣传部、市文化局召开新闻发布会,推出“这个冬天不太冷”文化系列活动,通过12项各具特色的精彩舞台演出,展现改革开放三十年的辉煌成就和精神转变。活动主要有“岁月回响30年”——纪念改革开放三十年镇江文化在行动、“春之声”——中国·奥地利艺术家交流音乐会、赵本山家乡艺术团“二人转”专场晚会、中行之声——“心声·心曲·心灵”诗与歌的对话、全球通之夜——上海爱乐乐团新年音乐会、新年祈福撞钟群众文艺演出活动、从零点开始——免费电影通宵看、中行之春——俄罗斯(前苏联)经典电影歌曲新年交响音乐会、镇江建工建设集团倾情奉献“我的民工兄弟”2009新年综艺晚会、新恒顺·新起点——恒顺集团春节联欢晚会、音乐剧《水漫金山》免费公演活动,整个活动以“笑口常开——郭德纲德云社相声专场”压轴收场。（文 嘉）

文化产业

【概况】 2008年,镇江市文化产业得到初步发展。

研究、制定《镇江市互联网上网服务营业场所总量布局规划(2008～2010年)》。强化行业自律,于9月26日成立市“网吧行业协会”。通过广场法律咨询、举办培训班等形式,提高行政执法人员的执法水平和市场主体依法经营的自觉性。2008年9月17日,市文化局在市文化馆举办全市文化系统依法行政培训班。市直文化、文物、新闻出版部门的分管领导和行政管理、行政执法人员,各辖市(区)文化(体)局、新区社会发展局的分管领导和行政管理、行政执法人员共70余人参加培训。开展安全专项检查工作,与公安等部门联合执法,对全市游戏机经营场所进行整治,取缔10家存在大量安全隐患、无证照经营场所,收缴电子游戏机176台、电脑板10块。加强文化市场监管,建立娱乐场所《营业日志》制度,开展“扫黄打非”等专项整治行动,完成非法音像制品集中收缴行动、文化市场奥运保障行动等任务,并与京口公安分局联合行动,破获“9·25”盗版侵权案,收缴盗版音像制品18581张、涉嫌淫秽音像制品480多张。镇江市文化局被国家版权局评为2006～2007年度全国“查处侵权盗版案件有功集体”一等奖。

镇江市文化局行政管辖范围及基层单位文化产业经营收入5.3亿元,比上年增长23.6%。整合资源,包装、推出35个文化产业项目,并于12月1日召开镇江市首届文化产业招商会。引导社会资本在大市口文化娱乐商圈建设“迪诺欢乐世界”等6个项目。举办博物馆“馆藏佛教文物精品展”,推进大西路文化产业商圈建设。引导西津渡“老码头文化创意产业园”和“影视拍摄基地”建设,该项目被评为“江苏省文化产业示范基地”。争取国家、省级财政各类专项资金1169.7万元,其中省文化产业引导资金300万元。（文 嘉）

【影剧事业】 镇江影剧院文心影院于2008年10月17日启动。“文心影院——场场给你‘好看’”是“文心公益行动”的子项目之一,每周五晚7:00放映,三片连映(冬季为二片连映)。文心影院免费不免票,每周一上午开始领票,主要领票对象为普通市民、在校大学生、农民工等。周末影院采用门前大幅海报、网上发布等形式定期公布放映片目,并以月为单位举办专题影展。

镇江影剧院环保影院每天放映两场,放映时间为下午2:30和晚7:00,除农历新年放假三天外,全年无休。2008年放映影片67部,放映场次1100余场,观众人数2.2万人。

新华影城在2008年实施第三轮内部改造,并取得放映收入379万元的业绩,比上年增长10%。全年放映6193场,观众15.7万人次,比上年增长13%。

镇江中影(东方影城)2008年实现票房351万余元,卖品收入65万余元,放映7165场,观影152838人次,平均票价为22.98元,平均上座率为13.18%。（文 嘉）

【大型高清人文纪录片《诗话镇江》开机】 2008年12月10日,五集高清人文纪录片《诗话镇江》在金山公园芙蓉楼前开机。《诗话镇江》由中央新闻纪录电影制片厂(即央视新影中心)、中共镇江市委宣传部、镇江市文化局联合拍摄,片长200分钟。第一集《千古兴亡多少事》以国事兴亡为背景,讲述镇江城市兴衰的历史命运;第二集《潮落潮生渡口风》从今朝的古渡遗址回溯昔日帝国经济命脉的依托;第三集《画出楼台云水间》讲述镇江自然山水背后的人文往事;第四集《一片冰心在玉壶》讲述镇江以诗文汇集的历代名家;第五集《春风又绿江南岸》以王安石的千古一叹“春风又绿江南岸,明月何时照我还”引发古今变革的思考。（文 嘉）

【镇江首届文化产业招商会召开】 2008年12月1日,镇江市首届文化产业招商会在镇江博物馆开幕。招商会推出项目35个,文化系统市直单位发布项目24个,投资总额超过5亿元、引资总额超过2.8亿元。丹徒、京口、润州、镇江新区等各分团及其他单位推介项目11个。招商项目涵盖艺术精品生产、大型文化活动、文化旅游、文化休闲娱乐、文化传媒、文化科技、艺术品开发、文化产业园区等八大类35个项目。茅山新四军纪念馆的合作开发建设“红色之旅茅山体验园”为文化系统推介的最大项目,该项目规划占地面积21.33公顷、建筑面积1.83万平方米、总投资额3.8亿元,引资总额1.9亿元。（文 嘉）

【镇江市文物商店迁址大西路】 2008年4月27日,镇江市文物商店举行45周年店庆暨新址开业仪式。整体搬迁至大西路的市文物商店,与银山门古玩城相邻,新经营场所营业面积近500平方米,新增明清家具部,为镇江的文保旧居布展以及市民收藏提供服务。镇江市文物商店成立于1963年,是镇江市唯一的文物专营单位,也是全国同行业成立较早的老店之一,成立之初位于大西路山巷附近,20世纪80年代搬迁至解放路。45年来,文物商店为国家级博物馆输送各类文物300多件。（文 嘉）

图书馆事业

【概况】 2008年,镇江图书事业取得发展。全市图书馆书刊文献总量为503.03万册。市图书馆“文心讲堂”邀请名人名家到镇江作讲座,举办“4·23”世界读书日等各类读书活动,建成“镇江地区文献资源共享联合体”和盲人阅览室。京口区图书馆馆藏图书达10万册,润州区完成区图书馆建设。

（徐 苏 文 嘉）

【镇江市图书馆】 2008年,镇江市图书馆的书刊文献总量为88万册。市图书馆接待读者56.36万人次，外借图书、光盘流通55.22万册（件）次，分编新书3.33万册（其中少儿图书5753册），视听文献2630件，新书利用率达80%以上。设立10多处馆外图书流通点，挑选225种古籍申报国家及省级珍贵古籍。召开镇江市图书馆学会第五次会员代表大会，选举产生新一届图书馆学会理事会。设立“校园推荐书目”专架，利用网络开展图书推介和宣传，解答网友咨询。加入江苏省和上海市图书馆网上联合知识导航站，开展网上专家咨询服务。定期编辑《视点》专题信息，为江滨医院等7家单位提供定向信息服务。“文心图书管理软件”在更多单位推广使用。开展读书活动，举办“喜欢镇江的N个理由”网络征文大赛、“4·23”世界读书日暨“网络文化镇江行”活动。“文心讲堂”举办讲座50余场，主要有阎崇年“康熙与读书”报告会、钱永波“优秀历史文化是名城镇江的巨大软实力”报告会、王石“让灵魂跟上脚步”报告会、“于丹镇江行”报告会、王勇峰“讲述奥运火炬登顶珠峰背后的故事”报告会、温元凯“中国财富新机遇”报告会等。举办第七届“图书馆杯”少儿棋类大赛，全市300名小选手参赛。举办奥运图片展，开展《福娃迎奥运》动画放映活动。中国“文心雕龙”资料中心收集、整理224篇20世纪以来发表的论文、论著，组织论文赴北京参加“《文心雕龙》与21世纪文论研究国际学术研讨会”。推进镇江市“文化信息资源共享工程”建设，为基层站点提供维护、辅导76次，开展活动20场，吸引3000多人次参加。完成“镇图网站”和“文心雕龙资料中心”网站改版工作。（徐苏文嘉）

【江苏大学图书馆】 2008年，江苏大学图书馆的书刊文献总量为210万册。图书馆开展“品书交友，书香溢园”书友会、毕业班捐书、“百科知识竞赛”等活动。与江苏大学团委联合举办“南方基金&KUKE数字音乐图书馆进校园”活动。

推进资源整合，制订《江苏大学资源点藏规则》，确定《江苏大学馆藏核心期刊目录》，减少纸本外文期刊定购数。开展“江苏大学研究生信息获取与利用服务月”活动，组织实施《图书馆重点学科和项目定题服务方案》，发布个性化信息咨询服务系统。设计《江苏大学三大检索论文收录库》、数字资源评价系统，完成《大学排行榜中的江苏大学》研究报告。开展江苏大学图书馆首届“信息素质教育学术研讨会及教学研讨活动”，启动“信息素质教育网站”建设。

提升科研学科建设与社会服务工作水平，申报“情报学”校级重点学科，申报各级各类课题12项，获批7项。申请发明专利2个。参与“图书馆质量管理体系研究”项目获国家社科基金资助，申报的Jalis三期建设项目“车辆工程特色数据库”获省教育厅资助。完成科技查新1200项。筹备成立镇江市医学情报中心，完成《图书情报研究》创刊报批工作。制定《新馆功能布局方案》《图书馆资源配置及具体实施方案》等，推进新馆建设。（徐苏文嘉）

【江苏科技大学图书馆】 2008年，采购中文图书99505册、外文图书585册，中文现刊1300多种2032份，外文现刊132种，报纸70种142份；拥有电子数据库25个（cnki系列、万方系列、Ei、ScienceDirect、Springerlink、Ebscohost、国道外文、超星、维普等）、学术搜索平台1个（读秀）。截至2008年底，江苏科技大学图书馆的书刊文献总量为1340408册，其中中文图书南校区229931册，西校区114324册，张家港校区75498册。

全年外借图书308437册次，归还图书314486册次，书刊阅览129331人次，电子文献阅览58621人次。开展新生入馆教育4200多人次。完成“同方”“万方”系列数据库、维普中文期刊、超星电子图书、ScienceDirect、Ei、国道、Springer与Ebscohost外刊等中外文数据库的年度续订工作。新增读秀学术搜索平台，新增ScienceDirect外文库2个学科内容。完成清华同方镜像站点、全国报刊索引等数据库的维护与数据更新工作。开展外文数据库培训工作，邀请爱思维尔培训员作题为《利用ScienceDirect获取前沿学术信息与Elsevier期刊投稿》的讲座，举办CNKI使用培训活动。组织实施“2008年图书馆研究与开发项目”申报、评审工作。开展江苏科技大学第16届青年教师论文交流会。全馆在各类会议及刊物上共发表学术论文35篇。

张家港校区馆完成馆网站前期版面设计，入藏中文新书10689种、24913册，订购期刊241种、报纸11种，初步形成馆藏体系。（徐苏文嘉）

【镇江高等专科学校图书馆】 2008年，镇江高等专科学校图书馆的书刊文献总量为46.5万册。学校调整图书馆书库布局，新设还书架，艺术类书画欣赏、板报报头、摄影等专架，方便读者借阅。成立读书协会，有会员220名。开展征文比赛、专题讲座等读书交流活动，新建学校读书协会网站。建设学校重点学科导航库，建成“旅游与酒店管理”“艺术设计”导航库并对外开放使用。建立学科馆员制、图情教授制度。聘请专业对口且热心图书馆事业的教师为图情教授，配合学科馆员开展信息咨询服务。配合学校“2+1”教学模式改革，延长开放时间，做好读者服务。（徐苏文嘉）

【“镇江地区文献资源共享联合体”开通】 2008年12月18日，“镇江地区文献资源共享联合体（www.zjgxt.net）”开通。“共享联合体”是镇江图书馆事业发展的一项基础性工程，以镇江市图书馆、江苏大学图书馆、江苏科技大学图书馆、镇江高等专科学校图书馆为资源提供主体，按照“统筹协调、相互支持、形成合力、促进发展”的原则，成员馆负责对所藏各类文献信息在整个地区范围内实现共建共享。（徐苏文嘉）

文博事业

【概况】 2008年，镇江市开展第三次全国文物普查工作。全市共调查登记不可移动文物点1540处，新发现丹阳吴国城址、西津渡小码头、句容城头山遗址等文物点430处，复查文物2103处。镇江市文化局接手赛珍珠故居管理；向省文物局申报第七批“国保”单位，通过率居全省第一；梦溪园局部复建工程完成拆迁筹备工作；《镇江铁瓮城遗址保护规划》经省文物局通过后正上报市政府待批准后实施；完成陆小波故居修缮工程；推进《大运河镇江段保护规划》的编制及大运河整体申遗工作，完成大运河（镇江段）沿线文化遗产的调查工作；完成京沪高速铁路工程镇江段的考古调查工作；配合《瘗鹤铭》碑石打捞工程，开展相关考古工作。

镇江博物馆开展建馆50周年系列活动。焦山碑刻博物馆组织开展打捞“瘗鹤铭”大型文化行动暨中央电视台《探索·发现》专题片“探秘《瘗鹤铭》”拍摄活动。茅山新四军纪念馆举办创建茅山抗日根据地暨韦岗战斗胜利70周年纪念活动。完成老展厅的维修改造、韦岗战斗胜利纪念馆扩建工程方案的制订，新展厅于4月28日揭幕。全年征集文物资料400余件。专题片《军号声探秘》在中央电视台《走遍中国》栏目播出。

自4月29日起，镇江博物馆对外免费开放。此外，茅山新四军纪念馆、镇江民间文化艺术馆、镇江画院以及丹阳市博物馆、句容市博物馆等也实施免费开放。推进全省博物馆馆藏文物定级工作，成立镇江市文物定级工作组。

（小军文嘉）

【铁瓮城遗址保护工作】 2008年3月12日,《镇江铁瓮城遗址保护规划》获省文物局正式批复原则通过,于12月10日经镇江市政府常务会议讨论通过。铁瓮城遗址是镇江主城区内最大的单体遗址,保护规划的正式通过,为今后整体保护和合理利用奠定基础。 (小 军 文 嘉)

【实施陆小波故居修缮工程】 2008年,陆小波故居修缮工程落实修缮经费200万元,完成修缮方案制订并进行专家论证,2008年7月正式开工,完成近50件破残家具的修缮工作。同时,编制陈列布展大纲和陆小波墓环境整治方案。

(小 军 文 嘉)

【推进大运河整体申遗工作】 2008年,镇江市积极推进《大运河镇江段保护规划》的编制及大运河整体申遗工作,与省文物局、东南大学建筑设计院签订《大运河保护规划设计合同》。市政府于11月21日成立大运河镇江段保护规划编制领导小组,12月3日召开领导小组第一次全体成员会议。 (小 军 文 嘉)

【全国重点文物保护单位申报】 2007年6月,镇江市政府成立第七批全国重点文物保护单位申报领导小组。2008年,市文化局制定《镇江市申报第七批全国重点文物保护单位工作计划》,镇江市遴选20处具有重要历史、艺术、科学价值的文物古迹向省文物局申报,经初审通过铁瓮城遗址、西津渡小码头遗址、救生会旧址、镇江赛珍珠旧居、镇江商会旧址、赵伯先墓、镇江蚕种场旧址、甘露寺铁塔、葛城遗址、延陵季子碑、解放上海战役总前委旧址、隆昌寺、春城土墩墓群、新四军联合抗日会议会址、冷遹旧居、圌山抗英炮台遗址、赵伯先故居、烟墩山墓地等18处,通过率居全省第一。

(小 军 文 嘉)

【抢救地下文物】 2008年,南京博物院、丹阳市文化局和镇江博物馆完成吴国城址和神墩的考古发掘工作。镇江市文化局和丹阳市政府于2008年10月11日组织召开神墩专家论证会,确认神墩为西周时期的祭坛遗址。镇江博物馆完成京沪高速铁路工程的考古调查和发掘工作,完成《沪宁城际铁路沿线文物资源调查报告》。全年配合城市建设完成考古勘探和发掘项目14个,勘探面积达72万平方米,发掘面积达7000平方米,出土文物标本488件。

(小 军 文 嘉)

【打捞"瘗鹤铭"碑石】 2008年6月3日,"盛世壮举——打捞'瘗鹤铭'碑石"文化行动启动仪式暨中央电视台《探索·发现》专题片《探秘瘗鹤铭》开机仪式在焦山景区举行。"瘗鹤铭"摩崖石刻是隶书向楷书发展过渡时期珍贵的实物遗存,"瘗鹤铭"残石打捞考古工作于10月8日正式开始。打捞考古工程动用一艘60吨~100吨打捞船(配潜水设备及潜水员2名)、一艘挖泥船、两条小工作艇,利用现代化的打捞技术,包括GPS技术、超声波技术、多波束水下地形测量技术及潜水等,对焦山西麓江滩进行一次科学、全面的打捞考古作业,出水石头达数百吨之多。在打捞上来的上千个石块中,经初步鉴别,发现有人工刻痕迹的石块有五六个。其中在两个石块上,有"之""遽""化"三个字,"之"和"遽"在一个石块上,其中"遽"字下部残缺。专题片《瘗鹤铭》于2009年4月27日、28日在央视十套《探索·发现》栏目播出。 (小 军 文 嘉)

出水546号石"化"字拓片

(市文化局)

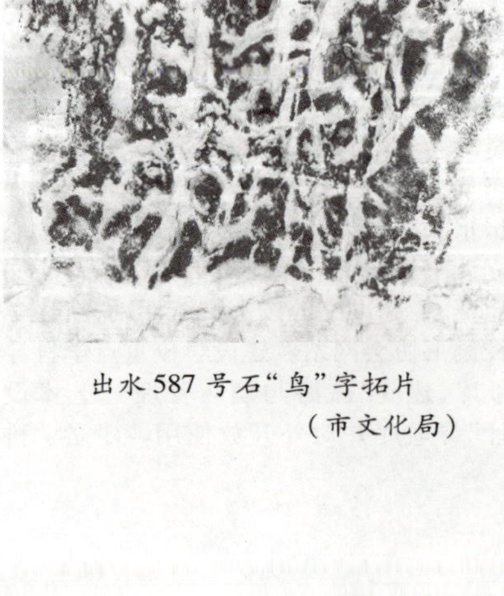

出水587号石"鸟"字拓片

(市文化局)

出水977号石"之遽"字拓片

(市文化局)

【庆祝镇江博物馆建馆50周年系列活动】 2008年,镇江博物馆举办系列活动庆祝建馆50周年。出版重要学术成果《镇江出土吴国青铜器》图录、完成宣传片《镇江文明之光》拍摄、完成与省吴文化学会联合举办"镇江吴文化国际学术研讨会"的筹备工作。组织完成国家文物局立项的"吴国青铜器粉状锈治理与修复保护"第一阶段工作,完成吴国青铜器粉状锈治理与修复保护128件。与南京博物院等单位合作,完成江苏省科技厅立项课题"吴国青铜器的粉状锈治理与修复保护技术应用"2008年的阶段性工作。举办11个临时展览。

(小 军 文 嘉)

历史文化名城研究与建设

【概况】 2008年,镇江市历史文化名城研究取得新进展。

开展学术研究。镇江市历史文化名城研究会举办第九次学术研讨会,承办江苏省炎黄文化研究会二届三次学术研讨会,参加北京《文心雕龙》和21世纪文论研究国际学术研讨会，开展“民国江苏省会镇江研究”。启动《镇江史料研究荟萃》编撰工作，完成“南山风景名胜区”“金山、焦山、北固山公园”“老宴春饭店”三个实地调研报告。

进行咨询服务。为镇江“名城风貌区”详规修编提供历史文化专题研究成果，参加镇江市地名规划论证会，完成招隐景区第三期工程新景点文化装饰设计方案，协助策划镇江京口闸古运河历史文化展示方案。（纪　东）

【举办镇江市历史文化名城研究会第九次学术研讨会】 2008年3月8日，镇江市历史文化名城研究会在镇江一泉宾馆金山厅召开第九次学术研讨会暨2008年年会。参会会员128人。参加此次学术研讨会交流的论文有51篇，内容涉及人文精神、山水生态、历史与遗迹保护、历史人物、文艺作品、园林与旅游、历史传说、名城保护与建设等8个方面。大会交流发表的论文有：钱永波《当前名城研究中的几个问题》，肖梦龙《镇江吴文化考古的又一重要发现——丹阳珥陵葛城》，朱珠《镇江古运河的申遗与品质保护》，史健洁《整体谋划“南山北水”名城特色文章，焕发名城风貌区生机活力》，方开鸿《试论名城镇江山水生态城市建设》，马万顺《对南山风景名胜区水环境的认识与思考》，王玉国《试论镇江人文精神的内涵界定及其价值和意义》，童文经《镇江民居“三合院”》。

大会针对名城保护和建设提出加深历史文化研究、加强生态建设和环境保护、保护和建设历史文化街区、理顺风景名胜区的体制、发展现代旅游业、重视丹阳葛城和西津渡的考古、加强寺庙管理等27条建议和意见。（纪　东）

【开展“名城风貌区”历史文化专题研究】 镇江市历史文化名城研究会受市规划设计研究院的委托，2008年3月～8月，组织和完成“名城风貌区”历史文化的专题研究及其保护利用建议方案。风貌区位于市区的西部，东起电力路，南至宝盖路、京畿路，西至中山北路、运粮河，北至长江，是西津渡、伯先路、大龙王巷三个历史文化街区所在地，总面积2平方公里左右。研究会建立名城风貌区历史文化研究课题组，对该区域的文保单位、历史文化、危房修建和房地产开发、大西路商业街经营现状和振兴之路、历史上民族工商业的发展、江河变迁和老港兴衰等问题进行系统调查，形成文本2.6万字、附件10件共8.4万字的专题研究报告。

报告针对风貌区存在的如建筑老化、基础实施落后、老街巷破旧杂乱，商业服务业衰退、经济活力下降，人口锐减、生活质量低下、缺乏人气和活力等问题，提出保护和利用的对策：1. 统筹安排城市建设，对老城区实行保护和建设并举。2. 加快西区基础设施的配套与建设，改善居民住宅条件。3. 整合旅游资源，做大做强旅游业。4. 推进大西路商业街振兴工程。5. 利用北部滨江区和历史风貌环境控制区进行适度房地产开发建设。（纪　东）

【开展“民国江苏省会镇江研究”】 “民国江苏省会镇江研究”是镇江市历史文化名城研究会2008年的重点研究课题，并经过省级专家评审和省社科联核准，被列为2008年度江苏省社科联研究课题项目。

民国期间，江苏省政府于1928年7月经投票决定镇江为江苏省会，1929年2月由南京迁至镇江办公，1937年镇江沦陷前迁往苏北等地，抗日战争胜利后又迁回镇江，直至1949年初，前后时间长达20年。2008年，镇江市历史文化名城研究会组建“民国江苏省会镇江研究”课题组，确定大事记，行政体制、机构、人事，城市、园林、交通建设，民族工商业的发展，教育、卫生、文化、艺术、体育等社会事业，地质、蚕桑、农业等科技事业，韩国临时政府在镇江，军事，其他重大事件等专题。2008年底，完成报送省社科联的《民国江苏省会镇江研究报告》。2009年初，形成课题研究文本与民国江苏省会资料，同时提出对民国江苏省会镇江遗存保护和利用建议方案。（纪　东）

【西津渡历史文化街区开街】 2008年4月29日，西津渡历史文化街区开街。西津渡历史文化街区位于镇江城市西北部、云台山下、长江之滨，是一条长达1800米、厚载1300多年的文脉清晰、积淀丰厚的历史文化发展轴线。街区内现存有2个国家级文保单位、14个省市级文保单位。自20世纪90年代末起，镇江市对街区实施保护更新，基本完成一期工程，累计完成投资约1.5亿元，修缮唐小山楼、宋观音洞、元昭关塔、明铁柱宫、清救生会和英领事馆等十多处重要文物建筑；置换500户民居，维修传统民房；修建蒜山游园、西津雅苑等景观建筑；收购工业厂房，规划建设文化创意产业园；完成救生文化博物馆、观音文化展示馆和古渡码头考古挖掘工作；形成多种业态、特色经营的小码头一条街。西津渡历史文化街区获得联合国教科文组织亚太地区文化遗产优秀保护奖、国家茅以升科学技术奖、江苏省人居环境范例奖，成为全国历史文化街区保护的“西津模式”。（城投公司）

赛珍珠研究与纪念活动

【概况】 2008年是美国女作家赛珍珠获诺贝尔文学奖70周年，经省政府批准，镇江市于10月举办赛珍珠获诺贝尔文学奖70周年纪念系列活动。系列活动包括赛珍珠获诺贝尔文学奖70周年纪念暨镇江市国际友好交流大会、赛珍珠国际学术研讨会、文化名人故居纪念馆协作联谊会、赛珍珠纪念馆开馆及博爱亭揭牌仪式、赛珍珠与学刊特色建设座谈会、“赛珍珠大地之旅”开游仪式、赛珍珠国际组织全球年会等。海内外赛珍珠研究学者，美国赛珍珠国际组织，韩国、越南、菲律宾、泰国及中国台湾的赛珍珠基金会，德国曼海姆市政府友好交流团、日本津市政府友好交流团、日本仓敷市政府友好交流团、日本津市第25次友好市民代表团、日本津市艺术文化交流团，海内外旅行商代表等320多人参加系列活动。（纪　东）

【美国赛珍珠国际全球机构首脑会议和董事大会在镇江召开】 2008年10月15日～17日，美国赛珍珠国际全球机构首脑会议和董事大会在镇江国际饭店召开。美国赛珍珠国际总裁珍妮特·明泽主持开幕式。来自美国、菲律宾、越南、韩国、泰国的国际组织董事30多人出席开幕式。赛珍珠国际是赛珍珠生前创立的非营利性国际组织，致力于赛珍珠在全球的遗存保护，致力于赛珍珠生前梦想的具体实现：提高儿童（主要是亚裔儿童）的生活质量、拓展儿童的发展机遇、促进不同文化之间的理解和交流、反对种族歧视和偏见、提倡全球范围的人道主义关怀。会议期间，江苏大学教授周卫京作题为《中国传统节日文化》的报告。（裴　伟）

【举办纪念赛珍珠获诺贝尔文学奖70周年暨镇江市国际友好交流大会】 2008年10月18日，纪念赛珍珠获诺贝尔文学奖70周年暨镇江市国际友好交流大会在碧榆园举行。美国赛珍珠国际董事长、总裁、总部代表，及其驻韩国、泰国、菲律宾、越南等国和中国台湾地区办事处董事、代表，赛珍珠国际文化交流团，日本津市、仓敷市代表团，德国曼海姆市代表团，美国驻华外交官员，中央、省有关部门领导，海内外学者、专家等300多名中外嘉宾应邀出席大会。市委书记许津荣在大会上致欢迎词。代市长刘捍东发表题为《携手推动合作共创美好未来》演讲，并建议：继续坚持和睦共处、互惠共赢的合作宗旨，继续坚持以文化交流为载体、多领域合作的目标取向，继续坚持突出特色、开拓创新的工作方法；加强交流，深化合作，共创美好未来。省文联主席顾浩、广西壮族自治区原政协副主席贺祥麟、中国人民外交学会副会长陈永龙、美国驻沪总领事康碧翠、赛珍珠国际董事长浦莱斯勒、日本仓敷市议会议长平井弘明、日本津市副市长福田圭司、德国曼海姆市前第一副市长罗伯特·艾格尔，以及南京师范大学外国语学院副院长姚君伟等分别致辞。全国政协外事委员会主任赵启正、中国人民对外友好协会会长陈昊苏，美国国会联邦众议院议员帕特里克·马飞，宾夕法尼亚州参议院、众议院、州政府，巴克斯县政府，英国著名作家希拉里，国内著名作家、学者王蒙、乐黛云、陈忠实、陶洁等向大会发来贺信。美国驻上海总领事康碧翠向代市长刘捍东赠送一本论述美中关系的书籍。

纪念活动期间，镇江还举办"赛珍珠大地之旅"开游仪式等活动。赛珍珠文化交流团在赛珍珠生前生活、工作过的母校——镇江市第二中学（原崇实女中），观看"赛珍珠国际班"学生的表演，听取孙氏太极拳、镇江烹饪、书画等中国文化课的讲解并观看表演，感受赛珍珠作品中描绘的中国文化和镇江风俗。

（裴 伟）

【举办赛珍珠国际学术研讨会】 2008年10月18日，赛珍珠国际学术研讨会在镇江举行。研讨会由中央民族大学郭英剑、南京师范大学姚君伟相继主持。有30多位外宾和60多位中外学者、作家参加研讨，提交论文（提要）70篇，22位学者作大会交流。市赛珍珠研究会副会长蔡文俊代表研究会发言，回顾20世纪80年代以来镇江在赛珍珠研究领域所做的工作。本次会议中外学者提交的论文在研究上更加深入，理论意识也得到加强。除赛珍珠代表作《大地》外，有许多学者将其学术触角伸向其他作品，如传记《战斗的天使》《流放》，小说《不死的芦苇》《帝国女人》，以及《水浒传》的翻译研究等。研究还出现由文本研究向思想研究的转向。中国社会科学院教授张恩和以赛珍珠的《大地》和《水浒传》翻译等为例，联系她所从事的社会慈善活动，分析出赛珍珠在这里面所表现出的博爱精神和人道主义。浙江工商大学副教授叶旭军认为，赛珍珠中西文化和合思想的形成有其历史、文化、社会和宗教渊源，这一思想丰富的内涵对当下建构一种全球和合共生的文化价值体系具有重要的借鉴意义。镇江市刘龙、李臻、王玉国、周卫京等在发言或论文中回顾和总结镇江或个人所做的研究过程，包括对与赛珍珠有过交往的人士的"抢救式"采访。这次活动中，专家们从不同的视角、不同的学科、不同的层面，全方位、多领域诠释了赛珍珠及其作品的内涵，揭示了其物质和历史社会价值。与会学者认为，镇江市建立了一个以研究赛珍珠为主旨的学术网络，搭建了一个与赛珍珠亲密接触的学术平台。

（裴 伟）

【举行赛珍珠与学刊特色建设座谈会】

2008年10月19日，赛珍珠与学刊特色建设座谈会在镇江举行，《江海学刊》《江苏社会科学》《学海》《南京大学学报》《南京师范大学学报》《江苏大学学报》《宿州学院学报》近20家社会科学期刊的主编、副主编以及赛珍珠研究专家郭英剑、姚君伟出席座谈会。《江苏大学学报（社科版）》常务副主编芮月英介绍学报办刊情况，尤其是"赛珍珠专题研究"等特色栏目建设情况。《江苏大学学报（社科版）》"赛珍珠专题研究"专栏源自原《镇江师专学报（社科版）》，开设于1996年，刊发论文近百篇，为推动赛珍珠研究、促进异质文化交流作出贡献，成为镇江赛珍珠研究的"学术名片"。（裴 伟）

【赛珍珠纪念馆开馆】 2008年10月19日，赛珍珠纪念馆开馆。纪念馆位于登云山赛珍珠故居南侧，占地面积约4500平方米，建筑面积近500平方米，建筑风格与赛珍珠故居风格基本一致。赛珍珠纪念馆以图片展板为主，辅以遗迹实物，以"人桥"为主线，分专题系统介绍赛珍珠的生平、主要著作及她从事慈善事业的情况。展览收集图片210多张，其中历史照片10张，收藏陈列重要题词20多件、文物10件。为丰富纪念馆展品，赛珍珠国际、巴克斯县赛珍珠故居赠送了赛珍珠生前服装、赛珍珠铜像及赛珍珠从事慈善事业的珍贵资料。镇江市赛珍珠研究会对纪念馆周边环境进行整修和绿化，在馆西侧新建"博爱亭"，这座纪念亭高4.8米，底边长3.6米，为正方形花岗岩四角亭，象征着赛珍珠博爱友善的精神。

（裴 伟）

【文化名人故居纪念馆协作联谊会】

2008年10月18日，文化名人故居纪念馆协作联谊会在镇江举行。北京老舍故居、郭沫若故居，上海宋庆龄故居、鲁迅纪念馆，福建林语堂研究会，浙江徐志摩故居，安徽绩溪胡适故居，镇江赛珍珠故居等20家故居（纪念馆）负责人参会。与会者从纪念馆的发展与利用、加强名人故居纪念馆的合作、名人故居纪念馆的文物保护与利用等方面发表看法。会议达成共识：赛珍珠生平展将择机赴各地展出，包括"老舍生平和著作研究展览"、话剧《茶馆》等在内的文化名人展览、演出将走进镇江。

（裴 伟）

【新版《中国大百科全书》修订"赛珍珠"条目】 于2009年4月出版的《中国大百科全书（第二版）》对第一版的内容进行修订，其中对"赛珍珠"条目作了较大修改，删除第一版中"晚年的政论主要为美国的外交政策辩护，并攻击共产主义。她自称热爱中国，但她爱的是中国封建社会的旧文化"等对赛珍珠带有政治烙印式的表述文字。增加"先后在镇江、上海、宿州、南京、北京、庐山等地居住近40年。称镇江为她的中国故乡。""在镇江崇实女中、南京金陵大学和中央大学执教英语。""曾担任联合援华会主席（1941）、东西方协会主席（1941）、美国作家协会主席（1951）。"等内容。对赛珍珠所著作品的表述也更加客观，把"她被称为'中国通'，但她在《大地上的房子》三部曲〔《大地》（1931）、《儿子们》（1932）、《分家》（1935）〕中所描绘的并不是中国社会的真实面貌，也没有反映中国人民的命运。在《北京来信》（1957）和《梁太太的三个女儿》（1969）中，她更明显地流露出对社会主义新中国的敌对情绪"，改为"《大地上的房子》三部曲〔《大地》（1931）、《儿子们》（1932）、《分家》（1935）〕、《东风·西风》《龙子》《市民》《帝国的妇女》《异乡客》《战斗的天使》《母亲》《我的几个世界》和《慈禧太后》等。这些作品大多取材于中国，反映了清末民初中国农村的社会风貌。"（裴 伟）

新闻出版

责任编校：丁秋波

综　述

【概况】 2008 年，镇江市建成农家书屋 495 个。全市印刷企业新设立和变更 65 家，其中新设立 7 家。新设立出版物发行（含批发）单位 5 家，变更 11 家。新申办连续性内部资料性出版物准印证 3 个，发放一次性内部资料准印证 2 个。中彩印务有限公司争取到省文化产业引导资金 100 万元。15 家企业完成软件正版化工作，版权保护走进校园。市委宣传部、市文化局等部门联合开展“农民读书节”活动。市文化局进乡村开展 3 场科普知识讲座。6 月，市新闻出版局获“全国查处侵权盗版工作有功集体一等奖”，是全省唯一获得有功集体一等奖单位。（顾　云）

【农家书屋建设】 2008 年，镇江全市建成公益性农家书屋 495 个，占全市行政村总数的 80% 以上，镇江新区、京口区、润州区相继实现农家书屋全覆盖。丹阳市、句容市、扬中市、丹徒区有 18 个乡镇实现农家书屋全覆盖。获得中央财政和省财政奖励资金 42 万元；获得省财政资助资金 30 万元；接收省新华发行集团捐助的书橱和图书，在茅山老区建成农家书屋 24 个；市新闻出版局与中国光华科技基金会联系，募集资金 15 万元，为辖市（区）配备 55 个农家书屋的图书。拍摄反映全市农家书屋建设、管理、使用情况的电视片《书屋飘香，情满农家》送省新闻出版局参评。（顾　云）

出版管理

【概况】 2008 年，镇江市版权局开展版权保护宣传教育，继续推进企业软件正版化，严厉打击侵权盗版案件。坚持促进行业发展与加强行业监管并重的管理思路，探索长效管理机制，促进出版行业健康有序发展。

4 月 26 日是第八个世界知识产权日，镇江市知识产权网站（www.zjip.gov.cn）于这天开通；市版权局与市知识产权保护相关部门一起制作展牌，在大市口广场宣传版权保护知识，接受群众咨询。版权保护宣传教育 2008 年首次走进校园，在江苏大学、江苏科技大学和镇江高专流动展出版权保护宣传展牌；市版权局与镇江高专联合举办“从我做起，拒绝盗版——版权保护走进大学”专题讲座；市版权局与团市委联合开展“创新与未来——青少年版权保护主题教育活动”，举办中小学生“从我做起，抵制盗版”主题班会活动。上半年开始版权登记工作，全年全市受理版权登记 7 例。重点推进 15 家企业使用正版软件，督促其中使用盗版软件的单位全部换购正版软件。

市版权局下发《关于禁止预装盗版软件的通知》至市区 40 余家计算机销售单位。市版权局联合市工商部门检查 14 家计算机销售单位，对检查发现的预装盗版软件，当场卸载，并对业主批评教育。市版权局与市卫生部门联合下发《关于开展我市医院行业软件正版化工作的通知》，推进全市医院行业使用正版软件工作。查处省“扫黄”办和省版权局批转以及权利人投诉的 17 个网络侵权盗版案件和 5 个涉嫌出版、印刷、发行案件。9 月 25 日，市新闻出版局与公安部门成功端掉一个非法盗版音像制品销售窝点。全年累计出动行政执法人员 8042 人次、车辆 1104 台次，检查各类经营场所 3742 家次，收缴盗版书刊 2 万多册，收缴盗版光盘 27.32 万盘。年底，镇江市重新成立报刊审读工作小组，聘请 4 名审读员，从 2009 年 1 月开始审读工作。（顾　云）

【印刷行业管理】 2008 年 12 月，镇江市有 472 家印刷企业，比上年增加 5 家，其中出版物印刷企业 15 家，包装装潢印刷品印刷企业 216 家，专项印刷企业 7 家，其他印刷品印刷企业 234 家。全市有印刷从业人员 13392 人，比上年下降 8.76%。全年印刷企业工业总产值 345913 万元，比上年下降 10.7%。2008 年，全市印刷企业在质量管理、生产能力、技术设备、人才培训等方面较上年有较大提高，30 多家企业添置更新设备。受金融危机冲击，部分为外贸生产企业做包装的企业生产销售出现较大幅度下滑，导致全年工业总产值下降、资金紧张、工人流失，但多数企业通过缩减开支、降低成本、技术改造等措施提高效率，利用国家扩大内需的时机转做国内市场，拓展新业务，加快资金周转，应对危机，取得较好成绩。全年市印刷企业利润总额 33785 万元，比上年增长 11.6%。在 4 月至 6 月印刷复制业专项检查行动中，全市检查印刷企业 233 家。举办两期印刷法规培训班，全市包装、装潢、印刷企业厂长、经理 230 人参加培训，培训内容为出版印刷管理、商标管理、用工管理的法律法规，95% 的参培人员通过考试。（顾　云）

【召开镇江市印刷行业协会第二届会员代表大会】 2008 年 11 月 20 日，召开镇江市印刷行业协会第二届会员代表大会。会议通过修改后的《镇江市印刷行业协会章程》，选举产生新一届理事会成员。市印刷行业协会成立于 2001 年，2008 年有 127 家会员单位。协会依照“桥梁、纽带、服务、发展”的方针，以“服务企业、规

表 30-1

2008 年镇江市公开发行报纸一览表

报纸名称	刊　号	刊　期	地　址	联系电话
镇江日报	CN32－0015	日　报	镇江市中山东路4号	85010029
京江晚报	CN32－0064	日　报	镇江市中山东路4号	85010029
江苏声屏·镇江广播电视	CN32－0082/04	周　报	镇江市中山西路94号广电大楼	85222812
丹阳日报	CN32－0070	周六报	丹阳市开发区东方路报业大厦	86983009
江苏大学报	CN32－0809/G	半月报	镇江市学府路301号	88780023
江苏科技大学报	CN32－0821/(G)	旬　报	镇江市梦溪路2号 江苏科技大学教三大楼606室	84401042
镇江高等专科学校报	CN32－0838－(G)	20　天	镇江市学府路61号	88962919

（顾　云）

表 30-2

2008 年镇江市公开发行期刊一览表

期刊名称	国内统一连续出版物号	刊期	地　址	联系电话
金　山	CN32－1035/I	月　刊	镇江市正东路141号	84402821
蚕业科学	CN32－1115/S	季　刊	镇江市四摆渡中国农科院蚕业研究所	85616835
中国蚕业	CN32－1421/S	季　刊	镇江市四摆渡中国农科院蚕业研究所	85616593
江苏调味副食品	CN32－1235/TS	双月刊	镇江市中山西路84号	85237752
江苏船舶	CN32－1230－U	双月刊	镇江市正东路37号	84422493
农业装备技术	CN32－1646/S	双月刊	镇江市学府路71号	84403490
排灌机械	CN32－1171－TH	季　刊	镇江市学府路301号	88797778
江苏实用心电学杂志	CN32－1484/R	双月刊	镇江市解放路438号	85021159
江苏大学学报(自然科学版)	32－1450－N	双月刊	镇江市梦溪园巷30号	84446934
江苏大学学报(社科版)	32－1655－C	季　刊	镇江市梦溪园巷30号	84446934
江苏大学学报(医学版)	32－1434－R	季　刊	镇江市梦溪园巷30号	84446934
江苏大学学报(高教版)	32－1075－G	季　刊	镇江市梦溪园巷30号	84446934
江苏科技大学学报(社科版)	32－1422－U	双月刊	镇江市梦溪路2号	84401105
江苏科技大学学报(自然科学版)	32－1608－C	季　刊	镇江市梦溪路2号	84401105
镇江高专学报	CN32－1511/G4	季　刊	镇江市学府路61号	88962117

（顾　云）

表 30-3

2008 年驻镇江市记者站一览表

记者站名称	地　址	邮　编	联系电话
江苏工人报镇江记者站	镇江市梦溪路5号	212003	84413010
江苏法制报社镇江记者站	镇江市学府路3号	212001	84492776
新华日报社镇江记者站	镇江市正东路39号	212001	84425718
扬子晚报镇江记者站	镇江市梦溪路4号3－205室	212000	84491110
江苏电力报镇江记者站	镇江市电力路182号	212001	84021202
江南时报镇江记者站	镇江市中山西路98号外贸大厦3楼	212004	13852900926

（顾　云）

范行业、发展产业”为工作重点，克服金融震荡带来的负面影响，组织会员活动，谋求行业共同发展。（顾　云）

【镇江市出版物发行业协会成立】 2008年11月17日，镇江市出版物发行业协会召开成立大会，全市44家出版物发行单位参会。会上表决通过镇江市出版物发行业协会章程、协会会费收取使用办法，选举产生第一届理事会理事，推选镇江新华书店有限责任公司执行董事刘强担任理事会会长。至2008年底，全市有449家出版物发行网点。其中，新华书店系统40家，邮政系统120家，社会发行网点289家；零售网点441家，批发单位8家。从业人员1237人。全市网点经营面积24077平方米，销售总额27142.9万元。（顾　云）

镇江日报社

【概况】 2008年，镇江日报社服务全市改革发展大局，新闻宣传、经营发展等各项工作取得新成绩。报社推出以“为党旗添新彩，为报社立新功”为主题的“双新”主题教育实践活动，重点开展一次以“贯彻党的十七大精神，践行科学发展观”为主题的学习培训活动、“我向社长献一计”的合理化建议等“八个一”活动，推动报社各项工作的开展。全年两报记者向省级以上新闻媒体发文字稿超过50篇，对宣传镇江起到很好的作用。全年实现广告收入5500万元，增幅5%。两报发行量超过9.4万份。顺利回购报社八楼，实现大楼产权完整性，员工收入较上年有所增加。镇江日报社获得江苏省软件正版化工作示范单位称号，档案工作被认定为省一级标准，“国家一级文物《镇江沦陷记》手稿回家”“我市开展生命急救公益行动”入选镇江市第12届精神文明建设新人新事“十佳新事”。报社办公楼获2007年度市区夜景灯饰建设优胜项目。有4件作品获第22届中国地市报新闻奖;3件作品获全国赵超构新闻奖,其中一等奖1件;15件新闻作品获江苏省报纸优秀作品,其中一等奖2件;5件作品获镇江新闻奖。

围绕市委、市政府中心工作,重点策划、重点报道、重点宣传重大主题。突出贯彻党的十七大精神和科学发展观宣传,突出解放思想大讨论活动的宣传,开辟《学习贯彻十七大精神　全面落实科学发展观》《更好更快发展　决战全面小康》和《感同身受看小康系列报道》等专栏,分别刊发全市决战全面小康之科技进步篇、文化繁荣篇、城市建设篇等数十篇稿件。2008年10月12日,“两报一网”(《镇江日报》《京江晚报》及金山网)组织党的十七届三中全会精神的宣传报道,多方位解读会议精神。推出“我市农村‘三大合作’系列报道”(三大合作:农民专业合作,农村土地股份合作,农村社区股份合作)。此前,两报相继组织关于全市农村和农业发展的报道,为迎接三中全会召开营造良好舆论氛围。

2008年,国际国内发生一些始料未及的突发事件,如雪灾、藏独分子干扰圣火传递、“5·12”汶川大地震等,这些事件都成为社会关注热点。镇江日报社发挥党报优势,执行上级有关纪律,牢牢把握正确导向,做好原创报道,发挥润滑剂、推进器的作用。

针对2008年以来,企业面临着原材料价格、用工成本、人民币升值的“三高”困境,两报深入采访,推出《在新挑战中前行》《共度时艰　共创和谐》等专栏,引导企业增强信心。拆迁难是城市建设中常见问题,两报抓住城建中的热点、难点,推出“润州区2008大拆迁”等系列报道,为城建工作营造良好舆论氛围,得到市委书记许津荣肯定。

为提升办报水平,在参考读者调查的数据分析和专家建议基础上,12月下旬对日报进行改版试刊,增加本地新闻,突出民生报道,优化社会新闻,增加新闻评论,深化新闻解读,体现报纸贴近性、思想性和权威性。在版面和栏目设置方面,增强周刊的整体性、专题性和原创性。试刊后,得到读者广泛好评。加大对网站人力和物力投入,年内进行三次改版,调整栏目设置,丰富内容。10月,《镇江画报》创刊。　（邹永东）

【组织新一轮解放思想大讨论的报道】 2008年4月9日,《镇江日报》《京江晚报》及金山网启动“推进思想解放,推动科学发展”大讨论战役性报道。两报投入多个重要版面,全面报道镇江市贯彻省委十一届四次全会精神,推动新一轮解放思想大讨论。《镇江日报》配发社论并推出“纵论新一轮解放思想”系列言论,先后刊发一组七篇高质量的评论员文章,刊发各地各部门的讨论动态、学习体会文章、典型报道等100余篇。《京江晚报》开辟时评专栏和访谈类集锦。两报还开设《解放思想　科学发展》专栏进行深度报道,对市委领导干部研讨会、党政代表团考察南通和苏州、解放思想现场推进会等都作了大篇幅重点报道。　（邹永东）

【强化民生的报道】 年初,两报刊发市委、市政府“2008年1号文件”的消息,配发评论员文章。5月,日报在一版专门设置《百姓纪事》栏目,用于介绍群众身边的普通人和事。两报继续抓好老小区改造、社区自治、低保户收入调整、扶贫济困、物价等与民生相关的新闻报道。凸显媒体社会责任,发挥报社优势,策划一系列社会活动。“助贫困学子回家过年”“农家放心菜　情暖贫困人”“爱到中秋分外浓”“幸福老人,为您祝福”“寻访恩师大行动”等系列活动,收到弘扬社会风气的良好效果。“增华阁”青少年作文大赛6市联动,有4万名中小学生参加大赛。组织“镇江日报律师志愿团进社区”活动,10家律师事务所的律师志愿者们进入活动现场,为社区居民提供法律咨询。9月11日,晚报与镇江交友网联合开展“社会儿女助老圆梦”活动,吸引百余名市民和部分单位团体参与,有32位老人心愿得以圆满实现,引起很大的社会反响。通过强化民生的报道,增强党报宣传工作亲和力。　（邹永东）

【纪念改革开放30周年】 从2008年2月6日起,《京江晚报》推出“改革开放30年,我们这样过春节”系列报道,从衣、食、住、行等方面,反映改革开放30年来全市人民群众过年的深刻变化。5月5日,《镇江日报》启动“改革开放30年镇江30件大事”评选活动。9月8日,日报推出纪念改革开放30周年系列报道,分别为《历史记忆》《今昔巨变》《风流人物》三个篇章,回顾改革历程,讲述人民生活发生的变化,展示先进典型人物风采。9月16日,日报选派记者参与纪念改革开放30周年“省市党报记者环省行”采访报道。　（邹永东）

【组织“5·12”汶川大地震专题报道】 2008年5月13日,即“5·12”汶川大地震发生的次日,《镇江日报》和《京江晚报》通过刊发新华社的权威稿件,全面报道有关情况。通过电话连线、手机短信等方式,联系赴川抗震的镇江籍志愿者,采写一批来自抗震一线的报道。安排记者跟踪在市区收治灾区伤员的各大医院,及时报道相关情况。日报刊发关于抗震救灾的文字稿件213篇,其中新华社稿件109篇,自主采写稿件104篇。　（邹永东）

【做好抗雪救灾专题报道】 2008年1月27日,镇江市遭遇50年一遇的大雪袭击。《镇江日报》和《京江晚报》推出关注连日暴雪系列报道,报道连日暴雪对全市群众生产生活的影响,反映全市上下一心抗雪救灾的火热场景。其中《润扬大桥,必须在零点开通!》一稿,成为此次抗灾报道亮点。晚报以60个整版的篇幅进行报道,并推出特别报道《暴雪肆虐镇江众志成城,冰天雪地真情涌动城乡——2008年镇江军民抗击50年一遇大暴雪纪实》。　（邹永东）

【突出城市建设的宣传】 从2008年6月9日起,《镇江日报》和《京江晚报》全方位报道全市新一轮城市建设大潮。推出《支持城建工程,建设美好家园》《聚焦今年城建重点工程》《南徐新城建设走笔》《聚焦今年城建重点工程》等系列报道。集中宣传“两铁”(京沪高速铁路、沪宁城际铁路)等全国和镇江市南徐新城、北部滨水区、健康路西延等重大建设工程的建设情况。　（邹永东）

【推出先进典型史建和的报道】 2008年4月21日,《镇江日报》一版刊发通讯《一片赤诚浇铸红色丰碑——记茅山新四军纪念馆馆长史建和》,《京江晚报》刊发整版稿件《史建和:茅山精神的守望者》,全面报道史建和在文博岗位20多年艰苦创业的先进事迹。在他的精神鼓舞下,茅山新四军纪念馆成为全国“红色旅游”经典景区,新四军的红色军号永远嘹亮,激励一代代中华儿女为祖国更加繁荣昌盛而努力奋斗。　（邹永东）

【开办《奥运特刊》】 2008年8月7日起,“两报一网”发挥地方主流媒体优势,为读者奉献“奥运大餐”。《镇江日报》首次采用对开四版、双面彩色印刷的形式,推出21期《奥运特刊》,全景式深度报道北京奥运会。《京江晚报》推出20期《奥运特刊》,除前三期8版外,其余都是每天16版,双面套彩,形成强势的视觉效果,并以“望海潮”“西江月”“百字令”“壶中天”等词牌命名版面,令人耳目一新。金山网在北京奥运会期间开设“奥韵”专题电子杂志(周刊)。　（邹永东）

【资助贫困学子回家过年】 2008年1月9日，京江晚报联合中国电信镇江分公司、江苏大学学工处、江苏科技大学学工处联合开展“爱心没有距离，家就在身边——助贫困学子回家过年”活动。此活动得到热心市民支持，募得善款9万多元，驻镇高校335名贫困大学生受到资助，得以顺利回家过年。（邹永东）

【举办“农家放心菜，情暖贫困人”爱心认购活动】 2008年1月27日，镇江日报社在红豆购物广场举办“农家放心菜，情暖贫困人”爱心认购活动。有10家参展商提供20多种地产年货，5000多名市民踏雪认购年货献爱心。活动销售产品数万件，参展商捐出净利润6000多元，用于购买年货送给城市贫困家庭。活动使100户困难家庭得到充满爱意的绿色蔬菜，并领取100元爱心基金。

（邹永东）

【组织文明市民家庭共度中秋活动】 2008年9月13日，镇江日报社与市文明办联合主办“我们的节日——爱到中秋分外浓”晚会，来自全市几十家文明市民家庭代表在金陵润扬大酒店共度中秋团圆夜，共享大家庭温暖。市委宣传部副部长卜晓放、镇江日报社社长周国建、奥运银牌获得者陈琳和农业专家赵亚夫共同切分大月饼。参加活动的还有江苏省首例实现捐献造血干细胞的志愿者戚熙娟，支援四川的志愿者，城市重点工程的建设者，现役军人，来自印度、尼泊尔的留学生，普通市民。镇江大酒店、市公交总公司、康盛剧社、九鼎传媒、百灵鲜花礼仪有限责任公司等单位参与活动。南京艺术学院大三学生、刚刚获得全国十佳歌手称号的镇江女孩谈笑也为大家放歌一曲。（邹永东）

【寻访恩师大行动】 2008年9月10日，镇江日报社在金山风景区芙蓉楼举行“寻访恩师大行动”联欢会。教师节前夕开展的“寻访恩师大行动”，足迹遍布全市城乡，并通过电话、网络等手段，连接扬州、南通、重庆、上海、北京、合肥，甚至连线到美国，帮助一批阔别数十年的师生重逢，了却一批市民寻找恩师的多年心愿，报道一批师生情谊绵长的感人故事，在全社会倡导尊师重教的新风尚。（邹永东）

【聚焦《镇江沦陷记》影像版】 2008年11月5日，在镇江沦陷71周年前夕，《镇江日报》推出《〈镇江沦陷记〉“影像版”解读》和系列报道《走进尘封的历史 聚焦镇江沦陷记影像版》，引起社会广泛关注。一批镇江沦陷初期老照片被发现。这批老照片不仅记录了当年日军侵占镇江后的暴行，而且真实地反映了那段时期镇江的城市建设和市井风貌。一批老照片被镇江市回购、珍藏。12月7日，镇江日报社和西津渡建设发展公司联合举办的“走进尘封的历史——镇江沦陷记影像版大型图片展”，吸引数千名市民前来观看。（邹永东）

【“增华阁”青少年作文大赛走向省内五市】 2008年11月30日，镇江日报社第21届“增华阁”作文比赛举行，首次与南通、常州、宿迁、徐州、扬州五个城市联动，开辟省内五大赛区，邀请省内五市爱好写作的青少年参与竞赛，以文会友，共同提高。增华阁作文大赛从1988年第一届起，成功举办过20届。参赛人数由第一届的700多人，增长到第21届的4万名中小学生参赛。（邹永东）

【深化人事制度改革】 2008年6月24日，镇江日报社召开动员大会，拉开深化机构人事制度改革的序幕。报社改革调整内设机构，根据各部室的工作职能定员、定岗、定责，编制《镇江日报社岗位说明书》，在保持正常工作秩序前提下，从7月1日起至8月底，顺利实施中层干部竞争上岗和全体员工双向选择。一批人才脱颖而出，人才配置得到优化，促进了报社人员内部正常交流和部室和谐建设。（邹永东）

【《镇江画报》创刊】 2008年10月，由7月16日成立的镇江日报社江南书画院创办的双月刊《镇江画报》面世。《镇江画报》采用大度八开彩色印刷，以独特新颖的摄影风格、编排方式赞美家乡、讴歌时代，用光与影、笔与墨记录镇江秀美的自然风貌、人文景观和博大精深的历史文化。《镇江画报》采用市场运作方法推出，填补全市出版史上的空白。

（邹永东）

广播电视

【概况】 2008年，镇江市广播电视局实现宣传、事业发展、产业、管理、改革、队伍建设六个突破，取得良好成果。专题片《重塑白蛇传》获第十届对外宣传彩桥奖一等奖，《看镇江》栏目《人间白蛇，千年米芾》获第二届“记录中国”评比人文栏目铜奖，《飘舞的黄丝带》获江苏省社教长篇节目一等奖，《水稻机械直播技术应用与推广》获省科教类作品一等奖，电视散文《水墨凤凰》获中国旅游电视节目一等奖。电台、电视台在中央媒体黄金时段新闻栏目中播出稿件113条，省级媒体全年超过1000条。其中中央电视台《新闻联播》用稿15条，中央人民广播电台新闻节目用稿51条，用稿量保持全省前三名的地位。

广电媒体开设系列专栏，引入专家视点，引导百姓互动，担当解放思想的舆论先行者。加强与央视《新闻联播》合作，派记者赴京报道“北京、镇江一线牵”。以《行风热线》《维权热线》等监督类栏目为依托，为群众解决实际困难。开设《优化发展、加速提升》专栏，对市直和各辖市（区）的大项目实行扫描。强化“5·12”汶川大地震、奥运主题、改革开放30周年的报道。打造“大爱镇江”城市名片。与社会各界联合开展近30场晚会、竞赛类直播活动。5月11日~17日，镇江人民广播电台承办市首届企业体育节，1万多人参与。

实施新型考核办法，强化岗位管理和绩效挂钩，把收听收视率、广告吸纳量作为考核重要内容。推行激励型分配，各单位定额上交，超收分成。召开总台第一次工会代表大会和第一次职代会，建立各级工会组织。广电各单位推进配套改革，电视台实施新闻改革和电视栏目制改革，部分栏目实施制片人制的试点。电台深化广播频率制改革，引导经济、新闻、交通三套频率之间适度良性竞争。全年经营创收大幅增长，首次实现总台创收过亿元目标。（范梅源）

【启动有线数字电视整体转换】 2009年1月17日，镇江市有线数字电视整体转换工程启动。同日，江苏省广电网络公司镇江分公司挂牌。该公司为镇江市广播电视网络的唯一运营机构，负责镇江市广电网络的建设、开发、经营和管理，对镇江主城区有线电视用户实行统一管理。有线数字电视整体转换项目被列入市政府2009年六件为民办实事项目之一。从2008年起，镇江广电借全省网络整合契机，在成功整合京口、润州、镇江新区网络的基础上，经过多次谈判，争取到省网络信息总公司的支持，由省公司投资1.8亿元在镇江实施数字电视整体平移。按计划，市区18万户有线电视用户将在2009年完成数字电视整体平移。实施整体转换后，镇江有线数字电视公共节目套数67套，连同互动付费频道等总套数123套，并新增10套数字广播节目供用户收听。（季镇仲）

【确保奥运等重要保障期的安全传输】

2008年，镇江广电网络部门加强网络

及设备维护，完成雪冻灾害、“5·12”汶川大地震、全国“两会”、奥运等一系列重要保障期安全播出，保持网络传输、电视发射、中波广播发射的优良安全播放率，全年无人为责任停播事故。特别是奥运前后，正值镇江广电网络中心向江苏省网络信息公司镇江分公司交接划转过渡期，网络部门排查运行模式、保障机制衔接中的薄弱点，加强技术防范，完善工作预案，保障奥运主题宣传，包括广电总台首创本地奥运专业频率、市电台以1224 频率与全国广播联盟合作的全程报道奥运火炬在国内外的传递和市电视台派记者赴京采访开办的《镇江人看奥运》节目。（范梅源）

【宣传改革开放 30 周年】 2008 年 1 月～12 月，镇江市广电总台推出系列专栏和活动，宣传改革开放 30 周年。市电台开办《见证历史》《三十年新词录》等栏目，开展“我这三十年——百姓故事”征文活动，与重大事件的发生地电台进行节目合作与联合采访。市电视台开展“纪念改革开放三十周年特别报道——大地飞歌”大型新闻行动，拍摄“我这三十年”系列人物片，策划《回望30 年——“第一次”》栏目，组建“30 年巨变”采访团，启动直播车现场访谈，寻访当年老市长、发改委主任等改革开放的重要见证人和决策人，寻访当年改革重要事件见证者中的“第一个”或“第一批”。5 月，市电视台举办以改革开放为题材的电视剧展播月活动。（范梅源）

【宣传抗震救灾】 2008 年“5·12”汶川大地震发生后，镇江市广电总台采取贴近第一现场的系列新闻行动。电台、电视台在一个月内播发抗震救灾报道 300 多条，组织“大震之后的思考”等系列言论，派出骨干记者以及心理志愿者奔赴汶川灾区，实地制作 3 个多小时的一线节目，采写 3 万多字的稿件，拍摄 200 多幅珍贵的救灾一线图片，直接对灾区群众实施心理辅导。市电台、电视台、广电报社分别组织大型赈灾义演活动，募集善款 100 多万元。镇江广电总台与绵竹广电局达成结对关系，将“大爱镇江”与“大爱绵竹”联系在一起。（范梅源）

【打造“大爱镇江”城市名片】 2009 年 1 月 1 日，镇江市委、市政府和凤凰卫视联合主办，市委宣传部、市文明办、市广电总台联合承办“大爱镇江新闻人物颁奖典礼”。活动以晚会的形式，宣传“大爱镇江”城市品牌，并借助国际化传媒凤凰卫视的平台，推介镇江“亲山临水、大爱镇江”的城市特质。凤凰卫视著名主持人胡一虎、陈晓楠，凤凰卫视著名评论员杨锦麟等为主持嘉宾；镇江精神文明建设的重要典型赵亚夫等为获奖嘉宾。镇江电视台现场全程直播，凤凰卫视用 90 分钟的篇幅三次播出。

2008 年 4 月，《大爱镇江——镇江电视台特别记录》一书出版。该书总顾问张洪水，主编戈矛，中央电视台主持人白岩松作序。这是镇江广电第一部由栏目独立运作发行的出版物，首次提出“大爱镇江”的城市品牌理念，初创“大爱镇江新闻人物颁奖典礼”构想。依托此书创意成功举办“大爱镇江新闻人物颁奖典礼”，并由中国国际广播音像出版社出版发行晚会 DVD。（胡照怀）

【举办首届广电文化产业节】 2008 年 4 月，镇江市广电总台举办首届广电文化产业节。产业节由节目创新高层讲坛、30 年精品节目回顾、新锐主持人见面会、第一楼街广场歌友会、全民健身登山、电台奥运频率合作签约、电视台《水漫金山》动漫片合作签约、名城镇江网合作签约、“明天有约金海岸”合作签约、与央视索福瑞公司的合作签约、电视纪录片《人间白蛇》杀青仪式等项目组成。（范梅源）

【镇江广电中心工程主体结构封顶】 2008 年，镇江广电中心工程持续进展。3 月，成功锁定上海某大型上市公司，以 1.21 亿元的价格成功实现广电中心部分地块上市，创造全市土地拍卖的标王，接上资金链，缓解资金困难，保证大楼建设。2008 年 9 月 28 日，大楼主体结构封顶。镇江市广播电视中心 2005 年 12 月 26 日开工，工程预算投资 4 亿多元，占地 4 公顷，建筑面积 5 万多平方米，主楼设计高度 138 米。至 2007 年底，完成建筑面积 2.1 万平方米，主楼和裙楼建至 4 层。（范梅源）

【开通镇江传媒网】 2008 年 7 月～12 月，镇江广电总台筹建镇江传媒网（WWW. ZJMC. TV）。网站依托电视新闻和节目的视频服务、电台网站的音频视频服务、平面媒体《镇江广播电视报》的内容链接等资源，实现新兴网络媒体与广播电视传统媒体资源的链接，集视频音频发布、服务资讯、论坛互动于一体，并将镇江广电的政务内容融入其中，达到全媒体整体发布信息的整合效果。2008 年 12 月，镇江人民广播电台网站试运行。电台三套频率的所有节目能在网上实时收听，部分节目可以实现即时收看，三套频率的重点节目音频、《行风热线》等品牌节目的视频实现网上点播，网上论坛也帮助主持人与听众及网友进一步互动，“看得见的广播”成为现实。2009 年 1 月 15 日，镇江传媒网开通。省、市 10 余家报纸和网站都予以报道。（范梅源）

【改版《直播镇江》】 2008 年 8 月，镇江电视台全面改版新闻直播节目《直播镇江》，新推出《新闻镇江》和《今晚九点半》。改版后的《新闻镇江》设今日头条、新闻总汇、镇江各地、镇江·COM、周末时评、媒体大搜索等子栏目；《今晚九点半》坚持贴近实际、贴近群众、贴近生活的原则，第一时间、第一现场真实记录基层社会事件。（胡照怀）

【解放思想大讨论】 2008 年 1 月～12 月，镇江市广电总台开设系列专栏，引入专家视点，引导百姓互动，担当解放思想的舆论先行者。市电台开设《思想解放进行时》《思想解放启示录》等专栏，解读思想解放新举措。市电视台开展“推进思想解放、推动科学发展”的解放思想大讨论，设立《十七大报告解读》《专家视点》《领导论坛》等栏目；选取 11 个解放思想的先进典型，特邀 12 名资深专家学者进行时事评论，就解放思想、推进科学发展进行深入报道。（范梅源）

【推进广播电视村村通工程】 2008 年，镇江市被列入农村新五件实事的广播电视村村通工程迅速进展，完成 20 户以上通有线电视自然村改造 148 个，超过当年完成改造 140 个自然村的预定指标。广播电视村村通总体计划要求在 2010 年之前，全市 20 户以上已通电自然村应完成村村通改造 846 个，总户数近 5 万户。（范梅源）

【“3·15”系列直播节目】 2008 年 3 月，镇江电台围绕中国消协 2008 年主题“消费与责任”，组织“2008《维权热线》在行动——消费与责任”“3·15”系列直播节目。3 月 10 日～14 日，每天一个主题，围绕商品质量、售后服务、餐饮、物价、通讯业和房地产等消费热点，邀请行业主管部门的领导和专家、消费者协会和法律界的专业人士、企业界领导、听众代表走进直播室互动交流，谈消费、谈维权、谈责任。每档节目的录音和照片都在当天上传到维权热线网络版，实现在线收听。（葛少华）

【电台节目走进社区】 2008 年，镇江电台多档节目以不同主题走进社区，开门办广播。4 月，《心灵相约》节目组的心理志愿者走进大学山社区，面对社区居民进行一对一心理辅导；《音乐新境界》栏目在红豆购物广场举办“镇江首届乐队音乐节”，全国蓝调冠军“布树”乐队等为社区市民奉献音乐盛宴。5月，《心灵相约》节目组走进镇中校园，举办“缓解压力、直面高考”青少年心理健康大型报告会。6月，镇江经济广播电台组织高考爱心车队公益活动，100辆出租车穿行大街小巷，为高考学子提供免费服务；经济广播频率举办“特别的爱给特别的你”赈灾义卖义演晚会，对地震灾区孤残儿童奉献关爱。（葛少华）

【开展数字电影放映活动】 2008年5月，镇江电台调研数字电影赢利模式，主动涉足数字电影市场，克服无设备、无技术、无资源等困难，借用隶属于文化部门的丹阳市电影公司的设备进行市场运作，先后有十多家企事业单位加盟。7月～9月，走进江滨新村、香江花城、我家山水、润州广场、山巷社区、桃花山庄、跃进桥广场、谷阳新村小区等八个社区和广场，免费放映电影30多场，累计观众2万多人次，达到社会效益和经济效益双赢。（葛少华）

图书发行

【概况】 2008年，镇江新华书店有限责任公司以市场为导向，以效益为中心，围绕集团公司创百亿集团、构建中国现代书业第一网的总体目标和发展思路，多元发展，开拓进取，实现销售、利润稳步提高。做好股改上市各项准备工作，坚持两手抓，确保两不误，正确处理好股改、稳定和经营的关系，图书发行工作保持稳定、持续、健康发展势头。全年图书销售（含丹徒）7433.15万元，实现利润147.56万元，国有资产保值增值率107%，全面完成集团公司下达的各项指标。镇江新华书店有限责任公司2007年11月由原江苏省镇江市新华书店整体改制，2008年3月使用新企业名称。辖市丹阳、句容、扬中新华书店也分别整体改制，于2008年3月使用新企业名称，即丹阳、句容、扬中新华书店有限责任公司。（王永萍）

【凤凰句容书城建成开业】 2008年10月26日上午，凤凰句容书城建成开业。凤凰句容书城位于句容市东大街黄金地段，2006年2月开工，总投资3000余万元，占地面积4150平方米，地上六层，地下一层，总建筑面积13080平方米，2008年7月竣工，7月9日试营业。凤凰句容书城隶属句容新华书店有限责任公司，是以图书经营为主、兼营文体用品和音像制品等的综合型卖场。其中卖场面积1万平方米，主营面积2500平方米，图书品种约4万种。凤凰句容书城是句容市规模最大、品种最多、设施最完备的图书卖场，一楼主营社科文艺类书籍，二楼主营期刊、音像、文化用品、电子数码产品，三楼主营少儿文教类书籍。书城开业后，成为句容市文化行业新亮点。（王永萍）

凤凰句容书城 （王永萍）

【发行政治理论读物】 2008年，镇江新华书店坚持正确的发行方向，围绕党和政府中心工作，做好相关政治理论读物和重点图书、新闻图片、音像资料的征订发行工作。常年在中山东路书城醒目位置设立不同专题的政治理论读物专架，方便读者选购。全年发行各类政治理论读物和重点推荐图书价值40余万元，为服务大局作出贡献。（王永萍）

【做好首次免费教材发行工作】 2008年年初，镇江新华书店抓好中小学免费教材的首次发行工作。由于遭遇严重雪灾的恶劣条件，镇江新华书店想方设法克服困难，抢时间、争速度，做好课本发放的各项准备工作，安排各学校课本发放日程表，联系共建单位——驻镇江部队汽训大队送课本的车辆，安排书店人员集中发放课本。有的学校路途较远，有的要送几次，新华书店都在1月25日暴雪来临之前，将第一批中小学课本全部安全送达各个学校。春节刚过，第二次免费教材发放工作又紧张展开，及时送到各个学校，实现中小学课本第三十年的“课前到书，人手一册”目标。（王永萍）

【举办读书报告会和售书活动】 2008年5月6日，镇江市文化局、交通局主办，镇江新华书店与中信出版社、市图书馆承办“让灵魂跟上脚步”——万科集团董事局主席王石镇江读者见面会。5月11日，市委宣传部、市文化局主办，镇江新华书店与市图书馆承办于丹教授报告会暨于丹新作《于丹〈论语〉感悟》赠书仪式及签售活动。两次报告会后分别签售王石、于丹的图书400册和3000册，价值8万元。

7月25日，镇江新华书店和国资委为纪念改革开放30周年，特邀北京大学中国企业研究室主任、著名财经作家吴晓波到镇江作“中国企业——激荡三十年”专题报告会，受到全市各行业领导、有关改制企业负责人欢迎。销售吴晓波《激荡三十年——中国企业1978—2008》一书200套，价值1.54万元。

2008年，镇江新华书店邀请沈石溪、曹文轩、金波、冰波、彭懿、伍美珍等六位少儿文学作家到镇江，在全市的31所小学举办读书报告会和作文讲座，并进行签售活动，签售图书价值31.5万元。句容新华书店邀请少儿作家晓玲叮当在城乡中小学举办8场签名售书活动，签售图书7800册，价值10多万元。扬中新华书店邀请著名中医学者、《求人不如求己》一书的作者中里巴人到扬中，为千余名离退休老干部举办健康讲座，现场签售《求人不如求己》1000册。（王永萍）

【服务新农村建设】 2008年，镇江各新华书店继续配合市委宣传部、新闻出版局推进农家书屋建设。镇江、句容新华书店捐建6个农家书屋，捐赠图书6000多册、价值7.6万元，书架30个；为30家农家书屋配供价值42万元的图书。镇江、扬中新华书店配合市委宣传部、新闻出版局、文体局、科协、乡镇文化站开展送书下乡活动87次，销售图书金额38.08万元。丹阳新华书店会同当地主管部门，走遍丹阳每个村镇，在界牌、皇塘、后巷等镇兴建59家农家书屋，配备图书价值80多万元。镇江新华书店还向"城乡共建，文明结对"的结对单位东风新家园捐赠图书价值12000元。

（王永萍）

【捐资助学献爱心】 2008年，镇江新华书店向梦溪小学的20名智障贫困学生、七里小学的20名贫困生及南门小学的农民工子女捐赠图书、书包、文具用品价值近1万元。继续通过"希望工程"资助全市20名贫困生。

在"5·12"汶川大地震发生后，镇江新华书店全体员工捐款18060元。党员、团员、青年响应市委宣传部和集团公司团委号召，再次捐款9300元，表达广大新华人与灾区人民骨肉之情，弘扬"大爱镇江"精神。6月初，一批震区伤员送到镇江市治疗，其中有位学生需要人教版课本，镇江新华书店及时与集团公司、出版社联系订购，店领导将课本及学习工具书送到病房。后又了解统计其他在镇江的震区教师、学生伤员需要课本的情况，全部满足他们的需要。

（王永萍）

【开展"奥运精神伴我成长"主题教育活动】 2008年，句容新华书店有限责任公司在全市中小学生中，开展以"奥运精神伴我成长"为主题的读书教育活动，发放活动用书47480册，价值27.94万元。句容新华书店多年开展各类主题教育活动，多次受到中国关心下一代工作委员会、教育部关心下一代工作委员会、共青团中央宣传部等六部委的联合表彰。

（王永萍）

表30-4 **2008年镇江新华书店有限责任公司经营情况一览表**

店名	销售总额（万元）	册数（万册）	利润总额（万元）	利税总额（万元）	劳动生产率（万元/人）	年末固定资产原值（万元）
镇江	6446.10	650.00	132.22	352.13	49.59	910.56
丹阳	4560.77	457.00	155.25	360.35	78.63	2169.73
句容	3285.12	329.00	138.26	282.62	58.66	538.69
扬中	1781.06	178.00	69.21	80.96	49.47	401.38
丹徒	987.05	97.00	15.34	55.80	28.20	588.57
合计	17060.10	1711.00	510.28	1131.86	52.91	4608.93

（李明华）

表30-5 **2008年镇江市营业面积100平方米以上的市区出版物发行网点一览表**

单位名称	地址	联系电话
镇江市润州区成才书店	中山西路32号	85220776
镇江博世图书有限公司	梦溪路50－3号	88838610
镇江市京口明星书城	中山东路51号地下一楼	85897000
镇江市京口明星书城解放路店	解放路256－2号	85033000
镇江世纪联华超市有限公司	禹山北路1－1号	88980500
镇江市京口区开卷书店	解放路17号	84405243
镇江市京口先锋书店	梦溪路15－0号	84437903
镇江新华书店有限责任公司中山东路书城	中山东路222号	85023176
镇江新华书店有限责任公司大路门店	新区大路镇长江路东侧	85023176
镇江新华书店有限责任公司文化宫门店	梦溪路5号	85023176
镇江新华书店有限责任公司东门门店	梦溪路38号	85023176
镇江新华书店有限责任公司谏壁门店	谏壁镇	85023176
镇江新华书店有限责任公司大港门店	大港港口路小商品市场11幢	85023176
镇江新华书店有限责任公司农工商门店	矿机路1号	85023176
镇江新华书店有限责任公司观音桥巷门店	观音桥巷39号	85023176
镇江新华书店有限责任公司红豆广场门店	红豆购物广场B3区201、201号	85023176
镇江新华书店有限责任公司中山桥门店	中山东路432号	85023176
镇江新华书店有限责任公司大西路门店	大西路472号	85023176
镇江职教图书服务部	大西路怡海家园99号C座111	85219166

（顾　云）

卫 生

责任编校：丁秋波

综 述

【概况】 2008年，镇江市区卫生总资产比上年增长14.87%，净资产增长11.58%，医院业务收入较上年增长16.67%，药品收入占医药收入比例稳定在40%以下，百元医疗收入消耗卫生材料15.8元，门诊、住院均次费用处于全省较低水平。全年19家二级以上医院全部被纳入市一级药品和卫生材料招标采购，集中招标药品4276个品种规格，招标采购额5.02亿元，占药品总采购量的98.2%，让利于患者6120万元。

全市新增无害化卫生户厕52848户，占年度任务数的132%，超额完成省下达4万户改厕任务，全市卫生户厕普及率83%。完成24个镇社区卫生服务中心基本设备和40个村社区卫生服务站设备建设任务，润州区完成省级社区卫生服务先进区考核评估。卫生部部长陈竺、党组书记高强、副部长刘谦，省长罗志军、副省长何权等先后到镇江市调研社区卫生工作。

开展血防"春风V号"行动，查螺和药物灭螺分别完成省下达任务的118%和122%，京口区实现"血吸虫病传播控制"目标。开展对适龄儿童11种疫苗免费接种，累计接种20万人次，各类疫苗接种率90%以上，达到省规定指标。开展"放心消费"活动，完成100家"放心消费"单位创建任务。开展"蓝盾一至四号"系列行动，累计出动卫生监督员5000多人次，检查单位3800多家。配合环保部门做好环保模范城市复查迎检和生态城市创建工作，指导辖市创建国家卫生城市工作，丹阳市通过国家卫生城市考核验收。全市新建成省级卫生村13个，建成"亿万农民健康促进行动"示范镇18个，无吸烟单位27个。镇江、丹阳、句容、扬中通过省灭鼠先进城市复查考核。

加强手足口病防治，做好抗震救灾工作，处置"问题奶粉"事件，提高卫生应急能力。提升医院发展平台，改善医疗服务，门诊坚持"一站式"服务，严格执行首诊、首问负责制，建立新型住院病人责任医师、责任护士制度。完善医患纠纷院内外处理机制，推进医疗责任保险，医疗事故比上年下降44%。

55项科研课题获得各级科技部门立项，其中国家自然基金项目1项、省自然基金项目7项、市科技局社会发展项目49项。获江苏省科技进步三等奖1项，镇江市科技进步一等奖1项、二等奖6项、三等奖10项。引进开展新技术、新项目53项，多数新技术新项目填补省内空白，达到国内先进水平。农村中医工作取得新进展，扬中市通过省中医药管理局的评审，成为全市第二家获得江苏省农村中医工作先进市荣誉的县市。12月，句容市江苏省农村中医工作先进市的创建工作阶段目标通过镇江市级检查验收。

市卫生局办公楼顺利搬迁，市紧急医疗救援指挥中心、扬中市人民医院病房大楼投入使用，扬中市公共卫生大楼、市第三人民医院结核病楼完成封顶，市第一人民医院投资3亿元的内科医技楼开工建设，市口腔医院改扩建进展顺利，市中医院门诊综合病房楼奠基开工。11月，市中医院通过省卫生厅、省中医药管理局三级中医院评审，江大附院、市第一人民医院通过省卫生厅三级甲等医院评审。

全市卫生系统新增五一文明班组2个、五一文明岗3个、劳模创新工作室1个、省级青年文明号3个、市级青年文明号15个。全市二级及以上医院出院病人问卷函调综合满意度89.27%，比上年提高0.66个百分点。市第四人民医院、江大附院的综合满意率在全省60家医院中名列第5位和第14位。王海波、崔恒熙、周亚平、孙炳伟、赵康仁获省"百名医德医风标兵"称号。市卫生监督所被中国科教文卫体工会授予"全国抗震救灾重建家园工人先锋号"称号，姜洪方、潘展鹏被评为江苏省五一劳动奖章获得者。

（钱 锋）

【卫生机构、床位和人员】 2008年，镇江市有各级各类卫生机构911个，比上年增加1个。其中隶属于卫生部门的有136个：医院31所，比上年减少1所，原烧伤医院改为部队医院，地方不再纳入统计；卫生院70所，妇幼保健院（站、所）6个，疾病控制中心7个，卫生监督（检验）机构7个，其他卫生单位15个。其他部门诊所、医务室、卫生所和社区卫生服务站775个。

床位：全市实有病床8644张，比上年增加78张，其中医院病床6010张，比上年增加226张，占全市病床总数的69.52%。综合医院、中医院和卫生院分别有病床4169张、699张和2259张，分别占病床总数的48.23%、8.09%和26.13%。

人员：全市有卫生人员17131人，比上年增加439人，其中卫生技术人员14253人，比上年增加515人，占人员总数的83.2%，全市每千人拥有卫生技术人员5.3人。全市有执业（助理）医师5121人，注册护士4363人，每千人拥有执业（助理）医师和注册护士分别为1.9人和1.62人。隶属于卫生部门的136个卫生机构有卫生人员13946人，比上年减少292人，占人员总数的81.41%。其中卫生技术人员、其他技术人员、管理人员和工勤人员分别为11149人、632人、911人、1254人，分别占人员总数的65.08%、3.69%、5.32%、7.32%。

（朱月兰）

【卫生收支情况】 财政拨款：2008年，镇江市各级各类医疗卫生机构争取到财政拨款29497万元，比上年增加2319万元，增长8.53%。其中：中医事业单位拨款1921万元，比上年增加756万元，增长64.89%；市直医疗卫生单位财政拨款13857.11万元，比上年减少258.92万元，比上年下降1.83%。筹集国债资金290万元，用于基层卫生机构改善基础设施建设。

收入情况：全市医疗机构实现业务收入221006万元，比上年增加32788万元，增长17.42%。在业务收入构成中，医疗收入112908万元，增长17.61%；药品收入105272万元，增长16.92%。药品收入占业务收入的比重为47.63%，比上年下降0.21%，其中城市医院的药占比为41.05%。全市卫生机构实现事业收入17584万元，比上年增加1328万元，增长8.17%。

支出情况：全市医疗机构实际支出233889万元，比上年增加28277万元，增长13.75%，支出增幅低于收入增幅3.87个百分点。全市卫生机构支出34998万元，比上年增加5689万元，增长19.41%。

均次费用：全市医疗机构每门诊人次收费117.07元，比上年增加2.05元，增长1.78%；出院者平均医药费用5356.16元，每人次增加786.58元，增长17.21%。

（吕　娟）

疾病预防控制与卫生监督

【概况】 2008年，镇江市实现无重大传染病疫情、无食物中毒、无急性职业中毒、无预防接种差错事故发生的目标。累计诊治手足口病患儿2300例，其中住院454例，重症5例，未发生死亡病例，其间对54个托幼机构和班级按规定停课一周。派出疾控监督人员37人赴四川抗震救灾和对口支援，市卫生监督所被中国科教文卫体工会授予“全国抗震救灾重建家园工人先锋号”称号，市疾控中心被省卫生厅评为抗震救灾先进单位，8名疾控监督人员被批准“火线”入党，11人分别获国家和省级抗震救灾先进个人称号。“三鹿奶粉事件”发生后，开展餐饮企业和食品经营单位拉网式检查，查处和销毁一批三鹿牌婴儿配方奶粉。市卫生局率先在全省实行疾控与监督工作绩效考核，其做法得到省卫生厅充分肯定。

全年登记报告乙类传染病14种6033例，比上年下降4.62%，其中肝炎下降52.74%，首次实现年发病率不列入全省前五位。开展艾滋病疫情检测14.3万人次，发现艾滋病感染者33例。全市干预娱乐场所820家，覆盖率52%，市疾控中心美沙酮门诊入组治疗吸毒者208人。新发现初治结核病涂阳病人837例，保持高发现率、高治愈率，完成卫生部规定指标。完成“春风Ⅴ号”行动灭螺会战，灭螺2160万平方米；重点人群查病9.3万人次，完成省市级重点灭螺工程7项；京口区实现“血吸虫病传播控制”目标。实施江苏省儿童扩大免疫规划，创建29家预防接种示范门诊，预防接种20余万人次，保持27年无白喉、18年无脊灰野毒株病例。启动农村基本公共卫生服务项目达标镇创建工作，12个建制镇完成达标任务。在全省率先开展农村基本公共卫生服务项目绩效考核，筹集项目服务经费1476万元，资金到位率109.67%，项目完成率110.73%。

全市集镇以上餐饮和学校食堂量化分级3648家，实施率97.6%，A级餐饮企业108家，所有新、改、扩建的学校食堂全部实现绘制布局图纸施工和设置二次更衣间，学校建成A级食堂27家、消除C级食堂43家。全年检查餐饮单位34680家次，出动执法人员14200人次，查处违法案件782起，立案查处232起，取缔无证经营92家，实施行政罚款82万元。开展“蓝盾一至四号”系列行动以及“放心消费”“诚信企业”“食品卫生示范街”等活动。研制“镇江市职业病危害项目单位基本情况数据库系统”软件，电子化管理职业病危害项目单位，对罗地亚化学品有限公司等17家职业危害企业进行职业病危害预评价。完成食品和其他相关产品卫生监督抽检18项次，公示和依法处置抽检不合格产品。

京口区卫生监督所投入使用，丹阳市疾控监督综合大楼完成装潢，扬中市卫生监督大楼主体封顶，润州区疾控大楼开始调研论证和选址。扬中市疾控中心实验室获得国家认可实验室检测资质，句容市和丹徒区分别获得省级职业卫生服务资质和省级职业健康监护机构、职业卫生技术服务资质。市公共卫生公益电话“12320”和紧急救援指挥系统“120”完成省级联网。全市二级以上医疗机构均成立卫生应急办公室。句容市启动卫生应急示范市创建工作，建立卫生应急专家库系统和8大类160人的卫生应急处置队伍。

（耿锁龙）

【在全省率先推行说理式行政执法制度】 2008年，镇江市卫生局在上年试点基础上，推行说理式执法文书制作模式，以说理式执法为载体，探索卫生行政执法新方法、新机制。围绕说理式行政处罚决定书制作等五项内容，开展系列培训活动。制定说理式卫生行政执法文书规范，在卫生行政处罚案件实施中，执行现场调查取证、书写案件调查终结报告以及行政处罚决定书的制作，均能以说理式行政执法文书为标准。至11月底，全市制作说理式行政处罚决定书788份，占一般程序处罚案例的46%。苏州、淮安、扬州等地先后组团到镇江市参观学习。

（耿锁龙）

【推行厨房布局图施工制度】 2008年，镇江市在所有新、改、扩建餐饮单位和学校食堂推行厨房布局图施工制度，确保厨房改造效果。卫生监督员深入餐饮单位反复讨论厨房改造图纸、修改方案，指导厨房改造。全年使用厨房布局图施工率100%。全年为食品生产经营单位和学校食堂绘制图纸1627份，其中为餐饮单位绘制布局平面图1163份，促进全市餐饮单位和学校食堂规范化管理。

（耿锁龙）

【推行餐饮单位电子监控管理】 2008年，镇江市在2006年对有条件的大型餐饮单位、大中专学校食堂开展电子监控管理试点基础上，对有条件的中型以上餐饮企业推行电子监控管理。至年底，全市有380多家餐饮单位统一配备电子监控摄像设备，有的单位安装2个至5个摄像头。监控资料保存期限为15天。这一措施有利于掌握关键部位卫生管理状况，为提高自身管理能力、预防不安全因素发生提供证据保障。

（耿锁龙）

【开展农村基本公共卫生服务项目达标建设活动】 2008年，镇江市财政局、卫生局为实施农民健康工程，做好农村基本公共卫生服务项目工作，联合发文要求：从2008年起，用三年时间，分别对全市41个建制镇开展农村基本公共卫生服务项目达标建设活动。至年底，经各地自查和市级复查，有12个建制镇达标。每个达标乡镇分别得到3万元奖励。这项工作为全省首创，其做法在《江苏省农村基本公共卫生服务工作简报》2008年第4期中刊登。

（耿锁龙）

爱国卫生

【概况】 2008年，镇江市掀起大规模的城乡爱国卫生运动，取得明显成效。开展全民健康教育，全市新增“亿万农民健康促进行动”示范镇18个，全面完成国家和省级监测项目，联合教育部门开展“健康促进学校”创建活动，推荐申报省级“健康促进学校”15所，建成3所。开展城乡环境卫生综合整治，丹阳市被全国爱卫会命名为“国家卫生城市”；全市申报省、市级卫生镇、村95个，其中已命名省级卫生村13个；推进病媒生物防治工作，镇江市及丹阳、句容、扬中三辖市全部通过省爱卫会组织的灭鼠先进城市复查考核。 （施清泉）

【推行城市卫生长效管理】 2008年7月，镇江市政府结合构建大城管格局，成立镇江市城市管理协调委员会，建立国家卫生城市复查年由卫生部门牵头、非复查年由城管部门牵头的长效管理机制。启动按月考评和年度考评制度，实行多部门联合办公考评，根据考评细则每月进行暗访抽查、计分排名，并在媒体上公布。市主要领导和分管领导参加每月市容检查和点评，年度结果作为政府对各辖区、各部门年度目标管理考核依据之一。各辖区、各部门根据城市长效管理目标任务和要求，重点围绕“主干道市容环境集中整治月”和“次干道市容环境集中整治”活动，落实长效管理各项措施，逐步解决城市管理中存在的一批重点、热点、难点问题，加大防违拆违力度，遏制占道经营现象，规范城市交通秩序，提升卫生保洁质量，改变市容环境面貌。 （施清泉）

【深入开展健康教育】 2008年，镇江市组织健康教育宣讲团深入城乡社区、农村，举办大型健康教育讲座150场次。在电台、电视台、报纸等媒体开辟“卫生与健康”等专栏，刊登、播发各类疾病预防控制和卫生保健知识宣传信息300多篇。在做好防病宣传日、科普宣传周等宣传主题活动基础上，加强健康教育阵地建设。全市新增健康教育专栏200个，新制作各类展板300块，分发各类健康教育宣传资料120万份。以“健康促进学校”创建为载体，开展学校健康教育。推荐申报省级“健康促进学校”15所，建成3所。开展“亿万农民健康促进行动”，全年新增“行动示范镇”18个。以健康示范社区创建为平台，开展全民健康生活方式主题活动，提高人民群众防病保健意识。完成国家级中国成人健康素养知识监测和省级烟草流行项目监测。 （施清泉）

【推行除四害长效管理】 2008年8月，镇江市政府召开除四害（苍蝇、蚊子、老鼠、蟑螂）长效管理工作会议，再掀一场以除四害为主的夏秋季爱国卫生运动。会议要求通过两轮大规模除四害行动，完善防四害设施，打好四害歼灭战。镇江市爱国卫生办公室成立除四害长效管理领导小组，与城市管理协调委员会沟通，建立督查对接机制，及时交流除四害长效管理督查问题和整改情况，将除四害长效管理作为重要指标纳入城市长效管理机制，进行每月和每年度的督查考评计分；利用省灭鼠先进城市复查考核、文明城市创建等契机，组织除四害长效管理专项检查。各地结合城乡环境综合整治，把除害防病作为城市长效管理、预防控制疾病、保障人民健康的一项重要措施，常抓不懈，采取环境综合治理与药物消杀、突击与经常、治标与治本相结合的方法，开展以灭鼠、灭蟑为重点的夏季除四害活动，将四害密度控制在国家规定范围内。镇江市及丹阳、句容、扬中三辖市全部通过省爱卫会组织的灭鼠先进城市复查考核。 （施清泉）

农村、社区、妇幼卫生

【概况】 2008年，镇江各地实施农民健康工程，抓住新型农村合作医疗制度、基本公共卫生服务项目和农村基本服务能力建设三大重点任务，推进农村卫生工作。加大对社区卫生服务的投入，深化社区卫生运行体制机制改革，提升社区卫生服务能力。加强妇幼卫生行业管理，对全市从事母婴保健和计划生育技术服务的68家医疗保健机构重新核发执业许可证，对达不到要求的机构取消助产技术执业资格。全市用于农村卫生机构建设改造、设备装备更新资金超过1000万元，80%的乡村卫生机构完成标准化建设任务，农村卫生机构服务条件显著改善。开展社区卫生服务运行机制改革试点工作，在京口、润州两区试行社区卫生机构收支两条线管理体制。继续做好社区药品零差率使用制度。社区卫生服务建立责任医师制度和团队服务模式，实行居民健康网络化管理。通过建立健康保健服务协议和送小药箱活动，为离休干部提供社区卫生服务。加强社区卫生服务机构标准化建设，申报省级示范中心13个，京口区四牌楼、象山社区和润州区七里甸社区卫生服务中心建成“江苏省城市示范社区卫生服务中心”。在京口、润州和镇江新区探索“两保合一”运作模式，为统筹城乡发展探索一条新路，8月被卫生部确定为全国新型农村合作医疗与城镇居民基本医疗保险相衔接试点地区。加强妇幼卫生行业管理，依法规范母婴保健技术服务执业许可。全年全市孕产妇死亡率为0，婴儿死亡率和出生缺陷发生率分别为4.32‰和11.27‰，新生儿疾病筛查率92%。丹阳市导墅镇双元社区卫生服务站乡村医生张宝生被卫生部授予“全国优秀乡村医生”称号。 （陈 宏 徐 庆）

【加强新型农村合作医疗制度建设】 2008年，镇江市按照“增加补助、扩大受益、强化管理、巩固提高”的总体要求，加强新型农村合作医疗制度建设。为引导参加合作医疗农民到基层医疗机构就诊，提高实际补偿比，在全市启动按病种付费试点工作，制定住院按病种结算的通知、首批按病种结算参考病种、首批住院按病种结算疾病诊断依据及治愈好转标准等3个文件，筛选出30个病种的指导价格。全市参加合作医疗163.26万人，参加合作医疗率99.49%，与南京、常州并列全省第1名。全市人均筹资标准125元，比上年提高33元，增幅35.87%。全市总筹资1.89亿元，比上年增加0.59亿元。其中各级财政补助1.24亿元，比2007年增加0.53亿元。各地区补偿封顶线均超6万元，最高达15万元。全市有220.65万人次获得补偿，参加合作医疗群众住院医药费用实行补偿比为33.24%，其中可结报费用补偿比为39.46%，分别比上年提高2.76和2.62个百分点。全市基金支出1.76亿元，基金使用率93.3%。句容市获得江苏省新型农村合作医疗管理先进单位称号。 （陈 宏 徐 庆）

【提升社区卫生服务能力】 2008年，镇江市为从根本上破解制约社区卫生服务发展的体制性障碍，制定《镇江市社区卫生服务机构设置和编制标准实施意见》。《意见》规定政府举办的社区卫生服务中心为公益性事业单位，具体规定机构设置、法人登记、工作职责、人员编制、床位设置、编制管理等，要求兼顾城市和农村、兼顾人头编制和床位编制、兼顾乡镇卫生院和医院转型设立机构法人登记的区分。在省内率先制定《镇江市城市社区卫生服务公共卫生服务项目和考核补助标准》和《镇江市城市社区卫生服务机构工作台账资料归档管理目录》两个规范性文件。将社区公共卫生服务明确为七大类17项58个小项，依据量化考核得分下拨社区卫生服务市级补助资金，建立"经费跟着服务走"的社区卫生科学考核评价机制。全市社区卫生服务中心按照每个团队2名全科医生、2名社区护士和1名公共卫生医生，服务2个至3个社区居委会、3000户居民的要求，组建73支全科服务团队，对居民实行网络化健康管理，由原来提供单一的医疗服务转变为卫生调查、健康指导、慢病管理、健康教育等综合服务，构建医生与群众"亦医亦友"的和谐医患关系。下发《镇江市社会医疗保险社区卫生服务机构用药目录》，确定社区常用药品998种、1288个规格剂型，为全国零差率使用药品品种最多的城市。全年社区卫生服务机构药品让利1820万元，社区药品平均降价30%。规定合作医疗和居民医疗保险参保居民在社区卫生服务机构就诊的，享受40%的门诊报销待遇，引导参保居民在社区卫生服务机构首诊。全年对社区卫生服务机构补偿1861.79万元，为社区卫生服务发展提供有力保障。在社区卫生服务中心就诊年满70周岁以上的社会医疗救助对象，接受"基本医疗服务包"每人500元救助资金，全市救助500人25万元。全市完成城市社区门诊工作量259.53万人次，比上年增长69%，居民社区门诊比例43.1%，居民对社区卫生服务满意率94%。（陈　宏　徐　庆）

【建成妇幼保健信息网络系统】 2008年，镇江市卫生局通过招标采购方法，为各社区卫生服务中心（镇卫生院）免费配备计算机140台，通过完成硬件配置、网络铺设、人员培训、试运行等工作，妇幼保健信息网络系统在全市建成运行。该系统是在市妇幼保健院建立镇江市妇幼保健信息管理中心，各医疗保健机构建立终端，覆盖全市的妇幼保健广域网。该系统包括妇女儿童基础档案管理、孕产期保健服务管理、孕产妇高危管理、儿童健康体检管理、体弱儿管理、出生医学证明管理、妇幼卫生统计报表等多个分系统模块。孕产妇和儿童在医疗保健机构建立妇幼保健信息管理卡（CPU卡），可凭卡自行选择全市范围内具备母婴保健技术服务资格的社区卫生服务中心（镇卫生院）接受服务。镇江城区（京口、润州、镇江新区）范围内的CPU卡内虚拟预置人民币200元，服务对象可以在社区卫生服务机构接受免费或部分免费的妇幼保健服务。

（陈　宏　徐　庆）

医政管理

【概况】 2008年，镇江市卫生局医政管理工作以平安医院创建为抓手，以"质量、安全、服务、费用"为核心，提升医疗质量，保障医疗安全。完善医疗事故、重大医疗纠纷预防和应急处理机制，全市二级及以上医院全部参加医疗责任保险。医疗纠纷投诉较上年下降15%。全年完成498名执业医师的注册、900人参加全国执业医师资格实践技能考试、758人参加全国执业医师资格综合笔试、290名护士首次注册、4396名护士延续注册、辖市（区）卫生行政部门和19所二级以上医疗机构护士执业注册联网管理信息系统安装、全市5250名护士注册信息的录入审核换证等工作。市卫生局在全市开展第一批名中医评选工作，经过自我申报、单位推荐、局长办公会议研究通过、社会公示等程序，许祥生等23人成为镇江市第一批名中医。为纪念"5·12"国际护士节，在全市范围内开展明星护士、优秀护士评选活动，王芝等10人被评为明星护士，顾秀珍等10人被评为优秀护士。（倪晓琴）

【2008年医院诊疗情况】 2008年医院诊疗人次数（不含诊所）：镇江全市总诊疗人次1131.53万人次，比上年增长18.76%，人均诊疗次数4.21次，其中门、急诊人次为1083.6万人次，比上年增长19.38%。综合医院、中医院和卫生院的门、急诊人次分别为451.79万人次、81.08万人次和318.32万人次，分别比上年增长4.78%、12.89%和-2.65%。

住院人数：全市住院人数19.81万人，比上年增长4.21%，人均住院次数为0.07次。其中综合医院、中医院和卫生院的住院人数分别为12.15万人、1.43万人和3.48万人。

病床使用情况：全市病床使用率为68.94%，比上年增长0.57个百分点。其中医院病床使用率为82.84%，综合医院、中医院和卫生院的病床使用率分别为84.04%、64.50%和34.81%。

平均住院日：全市出院病人平均住院日10天，与上年基本持平。其中医院10.7天，比上年少0.6天；综合医院、中医院和卫生院平均住院日9.9天、11.3天和7.4天。（朱月兰）

【完成"三鹿奶粉事件"救治任务】 2008年"三鹿奶粉事件"发生后，镇江市卫生局按照省卫生厅部署，于9月12日成立以局长李照金为组长的镇江市婴幼儿奶粉事件应急领导小组，明确市直综合医院和各辖市（区）人民医院、儿童医院、妇幼保健院为定点收治医院，江大附院和市第一人民医院为重症患儿定点收治医院。进行全员业务理论知识培训，举办"食用问题奶粉的婴幼儿泌尿道结石诊治知识"培训班。至12月3日，全市各定点医院筛查婴幼儿44863例，初步确诊婴幼儿泌尿道结石患病儿童888例，其中住院55例，无重症和死亡病例。按照卫生部、卫生厅紧急电视电话会议要求，核实收录2008年12月2日之前所有"问题奶粉"的患儿信息，将最后明确诊断的900例患儿详细信息录入上报卫生部婴幼儿奶粉事件诊断患儿信息数据库。

（倪晓琴）

【完成"5·12"汶川大地震救灾任务】 "5·12"汶川大地震发生后，镇江市卫生局按照省卫生厅部署，在第一时间选派疾病预防和卫生监督专业人员18人、医疗救护车4辆、驾驶员8人，奔赴抗震前线。全局向灾区派出应急医疗队、心理干预医疗队、卫生防疫及卫生监督应急队等医疗卫生救援队13批次180人次，支援灾区什邡市北川县开展医疗救治、防疫、卫生监督等工作。其中，医疗分队5批次52人次；疾控监督分队8批次39人次；派出救护车8辆，赴南京机场转运伤员；赴成都接收伤员医疗专家队21人，救护车92辆，接回灾区伤员96名；赴扬州接收伤员医疗专家队40人，救护车30辆，接回伤员35人；赴绵竹板桥重建医疗队14人。全市四家医院接收救治伤员131人、危重伤员4人。经过精心治疗护理，全部康复出院。

（倪晓琴）

【举办"中医中药中国行"大型科普活动】 2008年12月10日上午9时58分，"中医中药中国行"江苏省镇江站的启动仪式在大市口广场准时开始。国家中医药管理局办公厅处长李昱、省中医药局主任戴运良、市政府副市长王萍，"中医中药中国行"镇江市组委会成员单位的22位领导出席启动仪式。李昱发表讲话并代表"中医中药中国行"全国组委会向镇江市赠送中医药科普图书和医疗物资，镇江市中医院和镇江京口区卫生局领导代表镇江市接受捐赠。镇江市名中医代表、镇江市中医院副院长史亚祥宣读倡议书。与会人员与群众共同观看镇江市中医院医护人员编排的文体表演，共同在"弘扬国粹、爱我中医"签名墙签名。开展义诊咨询，发放科普资料，发放回收中医调查表，进行中草药辨认、中药猜谜、互动游戏等活动。下午在镇江市中医院、镇江市京口区清和园礼堂分别举行社区医生培训和健康讲座。活动参加单位21家，群众3000人；医疗机构11家，义诊专家40人。

（倪晓琴）

【建立惠民（慈善）医疗救助制度】 2008年，镇江市卫生局与市财政局、医保局、老干部局联合下发《关于依托社区卫生服务中心（站）为离休干部提供医疗保健服务的办法》，为60岁以上老人开展送体检活动。城区社区卫生服务中心全年为5.22万名60岁以上老人免费体检。配合市有关部门出台《镇江市慈善资金助医办法》，明确慈善救助医院、慈善医疗救助对象、社会医疗救助与慈善助医制度相衔接的有关规定。市区开设慈善医疗救助医院6家，7月～12月实施慈善救助60人次，减免3.19万元。全年优惠门急诊病人12029人次，优惠出院病人1422人次，减免各项费用239.6万元。

（倪晓琴）

【科研教学及人才培养】 2008年，镇江市卫生局根据《镇江市重点专科建设实施办法》，跟踪考核全部（23个）市级临床重点专科，通报批评未达到周期建设标准的江大附院骨科、句容市人民医院神经内科，要求限期整改。全年用于重点专科建设专项经费1000万元。引进消化吸收新技术、新项目53项，给予162万元专项经费的扶持和奖励。全年获准国家级继续医学教育项目2项、省级8项，评审公布市级项目214项。完成744名各级各类卫生技术人员继续教育证书验证工作，验证合格率95%。举办神经内科、消化内科、妇产科、皮肤科四个专题的继续医学教育社区行活动，全市社区卫生服务中心、站的350多名医务人员参加培训。完成290名护理人员规范化培训理论考试和实践技能考试工作。

农村卫生技术人员培训按照省教育厅、省卫生厅《关于开展在岗乡村医生中专学历补偿教育工作的通知》要求，开展以提高执业能力为核心的全市在岗乡村医生中专学历补偿教育工作。市卫生局召开4次专题会议，落实乡村医生中专学历补偿教育工作，4月、6月分别完成486人、49人的报名、资格审查、考生信息统计、考试录取工作，495人通过入学考试，录取率94%。完成全市1011名各类农村卫生技术人员的培训和教学管理工作任务，其中乡镇卫生机构管理人员44人，全科医生365人、骨干医生53人，社区护士263人、乡村医生156人，中医中专学历教育130人。提前一年完成省卫生厅下达的“十一五”农村卫生技术人员培训任务。

（倪晓琴）

【完善医疗纠纷处理机制】 2008年，镇江市参加医疗责任保险的二级及以上医疗机构18所，一级医疗机构68所。各医疗机构及时完结医疗纠纷赔偿案件，理赔金额96.52万元。建立完善医疗纠纷调处机构，市卫生局与市公安局制定《镇江市医疗事故、医疗纠纷预防和处置办法》，明确各级医疗机构的任务、职责。建立全市医疗纠纷预防和处置网络。建立医患纠纷第三方调解机制。全年医疗投诉112人次，医疗事故鉴定30例，鉴定为医疗事故的4起。

（倪晓琴）

【卫生部领导到镇江调研卫生工作】 2008年1月16日，卫生部部长陈竺到镇江市调研卫生事业改革发展情况。他实地考察市第三人民医院、市疾病预防控制中心、市卫生监督所、京口区健康路社区卫生服务中心、市第一人民医院等单位，他充分肯定镇江市近年来在公共卫生设施建设和卫生事业改革发展所取得的成就，要求把“病有所医”和“建立基本医疗卫生制度，提高全民健康水平”作为改善民生的重要工作。他说：全国新一轮医疗卫生制度改革即将启动，希望镇江继续担当先行者，在发展社区卫生服务工作中，加强对全科医生和全科护士的培养，提升社区卫生服务能力和队伍水平，实现社区卫生服务的重点由重医轻防向预防为主转变。

2008年4月25日～26日，卫生部党组书记高强、副部长刘谦一行在镇江市调研社区卫生工作。他们先后参观镇江市妇幼保健院、京口区健康路社区卫生服务中心、江滨新村社区卫生服务站，听取镇江市社区卫生工作专题汇报。高强对镇江市社区卫生工作的成效及在医疗保险制度建设方面的探索表示肯定。他说：镇江率先在全国推行医疗体制改革试点13年来，探索出一整套好的经验和做法，促进社区卫生服务的发展经验值得借鉴；新一轮医疗体制改革又开始了，镇江有很好基础，希望再做先锋，让老百姓得到更多实惠。

（钱 锋）

【罗志军到镇江专题调研卫生工作】 2008年7月22日，江苏省省长罗志军到镇江专题调研卫生工作。他在镇江听取各方意见和建议后指出：卫生事业发展还不能满足人民群众日益增长的医疗卫生需求，医疗保障制度还不够健全，公立医疗机构运行机制有待完善。他要求：积极稳妥推进医药卫生体制改革，完善公共卫生服务体系，加快发展城乡基层医疗卫生服务，逐步提高城乡居民基本医疗保障水平，着力解决群众反映强烈的看病就医问题，努力为卫生改革发展创造良好环境条件。

（钱 锋）

【规范社区卫生服务机构医保费用管理】 2008年，镇江市卫生局和医保结算中心发挥“就诊人头”结算导向作用，防止过度用药、滥用药等不规范行为发生，对不同功能、不同区域的社区卫生服务机构下达不同的“就诊人头”指标，从源头上引导基层医疗单位严格执行“三合理”（合理检查、合理治疗、合理用药）原则，以保证有限的医保基金能真正用

2008年4月25日～26日，卫生部党组书记高强（左二）、卫生部副部长刘谦（左三）视察镇江市健康路社区卫生服务中心

（仇宇平）

在参保人员的医疗消费上。实行业务定点对口指导，重点指导几家政策执行没有完全到位的社区卫生服务机构。通过辅导，解决所有社区卫生服务机构中慢性病建档和治疗等方面存在的共性问题。专项督查社区医保政策的落实情况，重点督查慢性病人、居民医疗保险转诊登记制度的执行情况，确保提供安全、价廉、便捷的服务。完善医保政策，调研全市39家定点社区卫生服务机构医保政策执行情况，就社区优惠政策的补偿主体以及社区卫生服务机构的可持续发展向政府提出建议。2008年，社区卫生服务机构发生应由医保基金支付费用6665万元，比上年增加1314万元，增长25%，增幅比上年大幅下降。（龚舒琴）

【二三级医院医保费用超总额预算指标创历年新低】 2008年，镇江市8所二级以上医疗机构实际出现超支400余万元，超支额度较上年有较大幅度下降，创近年来新低。二三级医院作为医保费用使用的“龙头”单位，医改实施以来，如何有效缓解市区二三级医院医保指标出现超支的矛盾，一直是结算中心的管理重点。2008年，在力求科学合理结算前提下，医保中心多管齐下，各医院主动配合，总额预算指标出现超支的矛盾大大缓解。其做法：一是实行结算指标动态分析反馈制度，二是推行指标执行通报和退报制度，三是实行指标异常警示制度。（龚舒琴）

【规范定点医务所（室）集中供药工作】 2008年，镇江市率先对定点医务所室药品实行集中采购供应，所有药品采供实行全程网络化管理。医保结算中心吸收社区卫生服务机构药品集中招标采购中好的做法，下发《关于进一步完善医保集中供药工作的通知》，在市医保定点社区卫生服务机构集中招标的1288个药品中，结合医务所室的实际用药现状，筛选其中的500多个品种，建立定点医务所（室）新的集中供药目录库。定点供药单位向定点医务所（室）供应的药品价格，均执行同期市社区药品招标价，根据物价部门的有关规定实行顺加作价，作为定点医务所（室）向就诊人员供应的最高零售价。加大价格监管力度，定点医务所（室）药品的跟标价比原集中供应价格低7.31%，顺价作价的零售药品价格比原零售价低9.1%，实现更大程度的让利于参保患者。（龚舒琴）

红十字会

【概况】 镇江市红十字会成立于1911年，发展到2008年有人员编制5人，基层组织214个，会员105402人，大型募捐有抗击非典265万元、东南亚海啸140万元、“5·12”汶川大地震3155万元。镇江市无偿献血从1995年起步，至2008年底，参加无偿献血15.41万人，献血量4421.21万毫升，临床医疗用血100%为无偿献血。市红十字会1991年开始公民遗体捐献登记工作，到2008年底接受公民遗体捐献登记200余例，有10例实现捐献遗愿，2008年登记13例。

2008年年初，市红十字会为16个红十字社区服务站挂牌，其中迎江社区被省红十字会评为先进单位。2008年为四川、西藏等地震灾区抗震救灾募捐方面的工作，受到市委、市政府和上级红十字会的好评。年初，镇江市遭受50年来罕见的暴风雪，西藏达孜县委、县政府向镇江捐款20万元。市红十字会接收后，及时下拨扬中、句容两市救助冰雪灾害和支持灾后重建工作。句容市红十字会成立“博爱学校”建设项目领导小组，争取省红十字会立项资金20万元、市财政配套资金20万元、自筹资金5万元，全部用于项目建设，提升校园文化和校园无障碍环境建设水平。（吴贤当）

【红十字宣传】 2008年，镇江市红十字会结合各种活动和纪念日，加强红十字宣传。结合年初的雪灾、“5·12”汶川大地震和西藏地震等自然灾害，在各种媒体开展宣传。在镇江0511网站百姓话题栏目刊载《镇江骨髓造血干细胞捐献再掀热潮》的文章；5月13日，发出“为四川汶川地震灾区募捐的紧急呼吁”，网络点击率86175人次；10月20日，发出“为西藏达孜县地震灾区募捐的呼吁”，点击率5500人次。中国红十字会网站报道镇江骨髓造血干细胞捐献和镇江市建立黄丝带网络志愿者服务队的情况。全年在报纸杂志上发表60多篇宣传文章，电视台报道50多次，广播电台报道30多次，编发红十字简报500余份。

结合世界红十字日和世界献血者日，开展宣传工作。在镇江大润发超市门前广场开展艾滋病预防宣传，发放安全套300多只，组织万人签名活动，江苏大学200余名大学生志愿者参与宣传。12月1日，与卫生部门共同深入江苏科技大学校园及社区，开展艾滋病预防宣传。（吴贤当）

【抗震救灾凸现大爱精神】 2008年“5·12”汶川大地震发生后，镇江市红十字会在第一时间向社会各界发出为四川地震灾区募捐的紧急呼吁。自5月13日起，市红十字会接待社会各界向灾区捐款捐物。至10月底，接待单位和个人捐款3000多笔，募集款物总计3154.94万元，其中捐款2679.66万元，物资折价475.28万元。所捐款物通过省红十字会用于灾区活动板房建设1000万元，发往省红十字会的救灾物资475.28万元，定向捐助四川绵竹市建希望小学115万元，其他款项和物资通过相关渠道发往相对应的灾区，支援灾区重建工作。全市红十字会系统干部带头向灾区捐款1.7万元，交纳特殊党费9000元。

市第一人民医院、江苏大学附属医院、市第四人民医院、解放军第359医院接收四川地震灾区伤病员131人。端午节，市红十字会与正东路街道，迎江、鱼巷、千秋桥、姚一湾社区红十字服务站，镇江怀润堂大药房的志愿者们一起，给在镇江的震区伤员及陪护人员送去价值2000余元的绿豆糕、524只咸鸭蛋、1250只粽子，表示节日问候与祝福。5月21日，为帮助四川安县茶坪乡灾区到镇江投亲靠友的14位受灾群众，市红十字会和志愿者到火车站接站，为他们准备3000余元食品和生活用品，与有关部门联系安排临时住处。

2008年，市红十字会江苏省红十字会被评为支援汶川抗震救灾先进集体；吴贤当、黄恩华、徐子洋被评为江苏省红十字会系统抗震救灾先进个人，杨珏、宋英东被评为优秀志愿者。吴锦平被中国红十字会总会评为优秀志愿者；周以泰、张学超、仲庆被中国红十字会总会评为红十字会员之星，羊城、杨荣康、孙霞被评为志愿者之星。（吴贤当）

【支援西藏达孜县抗震救灾】 2008年10月6日16时15分，西藏当雄地区发生6.6级强烈地震，造成达孜县316户牧民受灾，直接和间接经济损失600余万元。10月20日，镇江市红十字会发出向西藏达孜县地震灾区募捐的呼吁，在20天时间里收到捐款31万元。市红十字会及时把爱心捐款汇到达孜县政府。达孜县委、县政府给镇江市委、市政府及红十字会发来感谢信。（吴贤当）

【开展“红十字博爱送万家”活动】 2008年春节前夕，镇江市红十字会在江苏省红十字会和镇江市民营企业家支持下，筹措物资和资金36.5万元，开展“红十字博爱送万家”活动。1月23日，市红十字会在西津古渡社区举行救助款物发放仪式，并上门慰问弱势群体和特困家庭。活动发放人民币15万元，大米800袋，食油500桶，棉被1000床，价值13万元的服装。帮助全市500个特困家庭、18个麻风病休养员、20个贫困学生、6个白血病青少年。白血病青少年每人救助5000元，贫困学生每人600元，麻风病休养员和部分特困家庭500元。句容、丹阳、扬中、京口、润州各红十字会都积极开展博爱送万家活动。（吴贤当）

【普及救护知识提高公民救护意识】2008年，镇江市红十字会及时向各辖市（区）红十字会转发省红十字会"苏红〔2008〕132号"文件，要求开展"世界急救日"纪念活动。丹阳市红十字会举办汽车驾驶员卫生救护培训班19期，初训1500人次，复训1200人次。扬中市红十字会为镇江德利纺织品有限公司等4家合资企业开展救护知识普及培训，培训救护员40人。9月3日，市红十字会在镇江市高等专科学校旅游系首次增开"急救知识与技能"新课程，对象为旅游系06、07、08届酒店管理专业学生，培训2000人次。9月初至9月25日，市卫生局、市红十字会、市急救中心联合开展"急救杯——心肺复苏操作比赛"，市直各医疗单位医生、护士、部分工勤人员参加比赛，镇江市中医院获团体第一名，市第三人民医院周萍、中医院庄磊、急救中心张勤获一等奖。"5·8"期间，市红十字会在镇江市第三、第四中学开展"5·8"红十字青少年与奥运同行——自救互救知识竞赛，1000名青少年参加知识竞赛答题。（吴贤当）

【开展骨髓造血干细胞捐献及无偿献血】2008年3月23日，镇江市再次掀起捐献骨髓造血干细胞热潮。镇江市红十字会、镇江市团市委再次联合在大市口广场开展"2008——镇江青年骨髓捐献志愿者行动"。参加捐献和参加志愿服务的志愿者达千余人，当天采集造血干细胞血样标本598人份，使镇江市入库的血样标本总数达到近万人份，位于江苏省前列。至2008年底，镇江市有18位骨髓造血干细胞的成功捐献者。

镇江市红十字会与市中心血站在"6·14"第五个世界献血日期间共同开展系列活动：邀请28位无偿献血积极分子和志愿者积极分子参加江浙四市荣誉市民免费参观学习；6月14日召开无偿献血志愿者工作会议，市民无偿献血志愿者服务队成员及高校志愿者服务队负责人50人参加会议；举办稀有血型献血者联谊会，35人参加活动；以发送短信和寄发明信片的形式向无偿献血者表示节日慰问，寄明信片2000份；在全市四所高校六个校区开展宣传活动。全年无偿献血23597人次、725万毫升。全市临床用血100%来自无偿献血。（吴贤当）

【加强红十字社区服务站和志愿者队伍建设】2008年4月2日，镇江市红十字会在鱼巷社区召开"红十字社区服务站规范化建设工作会议暨授牌仪式"，为迎江、鱼巷、东桃、山门口等16个红十字社区服务站授牌。会议要求突出"以人为本、扶危济困、共建和谐"的主题，推动红十字社区服务工作迈上新台阶。

3月28日，举行"黄丝带爱心资金"募集启动仪式暨《飘舞的黄丝带》图书首发式，原市委常委、常务副市长、市红十字会会长江里程为黄丝带网络志愿者服务队授旗，500名志愿者参加启动仪式，18位成功捐献造血干细胞志愿者向全体市民发出"永飘黄丝带，共抗白血病"的倡议。（吴贤当）

【纪念"5·8"世界红十字日活动】2008年"5·8"世界红十字日，镇江市红十字会围绕"携手人道，关爱生命，服务弱势"主题开展纪念活动：到镇江社会福利院，为弱势儿童送去200余套、价值2万余元儿童服装，组织市第二人民医院医疗专家为福利院老人免费体检和诊治疾病；下发《关于开展红十字"爱心一元捐"活动的通知》，在全市各辖市（区）红十字会和教育局、各大专院校、市属各学校开展"爱心一元捐"活动；筹措资金，救助更多的白血病青少年。丹阳、句容、扬中、丹徒等红十字会在当地开展"5·8"街头宣传活动。（吴贤当）

特色专科

【镇江市第二人民医院泌尿外科】该科2008年有主任医师1名，副主任医师2名，主治及住院医师5名，碎石中心操作技师1名，护理人员12名。该科开设床位20张，拥有钬激光、体外碎石机、尿流率检测仪、输尿管镜、电切镜、三晶片高分辨率显像系统、高频电刀、腹腔镜、臂机、B超机及监护仪、膀胱镜、尿道内切开镜等现代化先进设备，从事肾上腺肿瘤、肾肿瘤、前列腺增生症、女性膀胱颈梗阻、腺性膀胱炎、膀胱和尿道肿瘤等常见疾病治疗工作，特别在腔内泌尿外科手术、泌尿外科腹腔镜手术及泌尿系肿瘤手术的临床实践与研究方面形成独特优势和满意临床效果。

该科自1988年引进镇江市第一台液电体外震波碎石机以来，在诊治肾、输尿管、膀胱结石方面的技术一直处于市内领先地位。2006年，又率先引进国际最先进的钬激光技术，使镇江市微创碎石技术跨上一个新台阶。该科将体外冲击波碎石、腔镜、钬激光结合使用综合治疗泌尿系结石，效果非常好，年收治量900多例。（蒋栋明）

【镇江市中医院中西医结合消化科】该科在消化道肿瘤早期诊断和综合防治、炎症性肠病中西医结合诊治、功能性胃肠病中西医结合治疗、慢性肝病及其并发症防治等方面富有特色。该科为省重点专科建设单位，2008年有省名中医2名、市名中医2名、主任医师5名、副主任医师3名、护师（士）14名。主任医师任南新为省中医脾胃病专业委员会副主任委员、江苏省名中医、市中医消化科学术技术带头人。他研制的"胃炎灵冲剂""肠炎灵冲剂"等系列中成药，治疗各种胃炎和肠炎疗效显著。

该科配有先进的电子十二指肠镜、电子胃镜、富士能电子肠镜、X光机、光学显微镜、电脑图像分析系统。该科消化内镜检查和镜下治疗技术、病理诊断技术达省级先进水平。开展的中医药特色疗法——降酶汤，主治急、慢性肝炎、活动性肝硬化、脂肪肝、胆囊炎等疾病；内镜下中药喷洒止血法，用于各种原因的消化道出血；中药直肠（灌肠）治疗以左半结肠为主的活动期溃疡性结肠炎，尤其对消除便血及肛门刺激症状收效显著。（魏 晴）

【镇江市口腔医院】该院经过50多年的发展，2008年成为集口腔医疗、教学、科研、预防为一体的二级口腔专科医院，承担全市牙病防治、指导及安徽医科大学口腔医学院、苏州卫生职业技术学院、泰州职业技术学院、芜湖卫校口腔专业的实习任务。全院2008年有职工106人，其中正主任医师1名、副主任医师2名、硕士研究生4名、主治医师28名、住院医师33名，开设床位15张。

医院拥有口腔综合治疗椅50张、全景X光机2台、挂壁式牙片机1台、高压蒸汽手机消毒柜5台，拥有口腔数字成像系统、根管治疗仪、麻醉机、牙种植机、烤瓷机、喷砂洁牙机、头影测量分析与图像数据库管理系统等设备。医院率先开展的人工种植牙技术、烤瓷牙技术，填补市内空白。磁性附着体义齿的应用解决全口缺牙患者固位差难题，填补省内空白。医院的口腔内科、口腔颌面外科、口腔修复科、口腔正畸科、口腔预防保健科等专科建设富有特色。该院被市政府授予科技进步先进单位称号，被评为第九届"物价计量信得过"单位，镇江市第五届"消费者信得过"单位，获镇江市文明单位称号。

（魏 晴）

体 育

责任编校：丁秋波

综 述

【概况】 2008年，镇江市体育工作紧紧抓住北京奥运会的重大历史机遇，按照以人为本、改善民生、服务大众的总体要求，突出公益普惠、民本民生、和谐建设、服务能力。举行迎新年万人健身长跑活动、迎奥运倒计时100天庆祝活动、庆祝北京奥运会开幕暨镇江市传统民间健身项目展示活动、迎奥运“人人健身家家乐”体育社区行活动、全民健身月活动等“与奥运同行”全民健身系列活动。投入近百万元在农村新建安装1000个小篮板，拆除更新安装健身器材12处120多件。举办镇江市第13届运动会，运动会历时8个月，设33个比赛项目，参赛运动员5000多人。召开全市备战省第17届运动会动员大会，围绕目标，明确项目布局和金牌任务，并与辖市（区）及承训单位签订目标责任状。成功承办2008年全国少年男子排球（甲组）比赛、2008年全国U－19男子足球联赛、2008年全国象棋甲级联赛（江苏—上海）、2008年全国少年乒乓球锦标赛、2008年江苏省少儿羽毛球比赛、2008年江苏省少儿象棋比赛、2008年江苏省少儿围棋比赛。5月16日晚，中国、塞尔维亚男篮明星争霸赛在丹阳市体育馆举行。9月14日，中国、朝鲜女足对抗赛在丹阳市六中举行。全年向省优秀运动队输送8名优秀运动员，向省体校输送23名学员。排球运动员陈平入选国家队，曲棍球运动员陈燕、左心昱入选国家女子曲棍球青年队。首次参加奥运会的镇江籍运动员陈玲，在北京奥运会上与队友一起获得女子射箭团体亚军。薛飞获得全国田径锦标赛女子1500米冠军，在北京奥运会女子5000米比赛中名列第13名。

确定镇江体育会展中心建筑规划设计方案。全市新增电脑体育彩票销售站点68个，累计488个。全市2008年体育彩票销售2.63亿元。镇江市获得2008年江苏省市级体育工作先进单位称号。镇江市体育局获得国家体育总局“全民健身活动优秀组织奖”，被评为江苏省体育彩票工作先进单位。京口区文体局被国家体育总局评为全民健身活动先进单位。镇江市体育运动学校和镇江市乒乓球运动学校被国家体育总局确定为“国家高水平体育后备人才基地”。

（姜立田）

【对外体育交流】 2008年10月24日～30日，镇江市以8名中小学生为主的青少年游泳代表团一行12人，应镇江友好城市日本仓敷市市长伊东香织邀请，对日本进行为期7天的友好访问。代表团参加由中国、韩国、泰国和日本四国近300名运动员参赛的仓敷市民第三届体育大会“仓敷国际青少年游泳大会”，获得五金一银一铜。访日期间代表团与仓敷市政府、仓敷市体育协会有关官员就推动两市体育交流事宜交换意见。

（于 波）

群众体育

【概况】 2008年，镇江市群众体育工作围绕“全民健身与奥运同行”主题，新建全民健身工程（点）135个，京口区、润州区、镇江新区的乡镇、街道文体活动中心基本建成。投入近百万元在农村新建1000个小篮板，拆除并及时更新东吴广场等12处全民健身点器材。新成立市风筝协会、模型运动协会、木兰拳协会、围棋协会、游泳协会，镇江市信鸽协会、残疾人体育协会、无线电运动协会、保龄球运动协会、篮球协会、棋类协会换届。全年创建城乡社区体育健身俱乐部790个，其中省级15个、市级7个、县（区）级52个，乡镇（街道）级129个，村（社区）级587个。培训社会体育指导员1800名，全市辖市（区）全部建成国民体质监测中心，全年为1.5万名群众体质测试。镇江市体育局获得国家体育总局“全民健身活动优秀组织奖”，京口区文体局被国家体育总局评为全民健身活动先进单位。镇江市润州区文体局、丹阳市体育局、句容市文体局、扬中市文体局、镇江新区社会发展局获得江苏省全民健身月活动优秀组织奖，镇江市市级机关工委、镇江市国有资产监督管理委员会、江苏沃得集团、中国电信丹阳分公司、扬中市新坝镇人民政府、扬中市油坊镇人民政府、润州区蒋乔镇人民政府、镇江市宝塔路小学、镇江市港务集团有限公司大港分公司获得江苏省全民健身月活动先进单位称号。5月11日，镇江市首届企业体育节在市体育馆开幕。5月11日～17日，体育节每天推出一项比赛，包括工间操、登山、游泳、钓鱼、棋牌、拔河、职工迎奥运长跑等，有100多家企业的1万多名职工参加比赛活动。

（姜立田）

【迎新年万人健身长跑】 2008年1月1日上午，镇江市迎新年万人健身长跑活动在市体育场举行。长跑启动仪式由市委副书记张庆生主持。在升国旗仪式后，市委书记史和平发表新年致辞，市长许津荣为长跑发令。长跑队伍由机关、学校、部队、企事业单位、街道、乡镇等283个方阵组成。长跑队伍从市体育场出发，沿健康路、解放路到长江路，全程2000多米。

（姜立田）

【民间传统健身项目展示活动】 2008年8月8日奥运会开幕式当天，“祝福北京奥运——镇江市民间传统健身项目展示”活动在市体育馆举行。市委常委、宣传部部长张洪水出席活动。传统健身项目展示以中华武术为主，有陈式太极拳、单匕首、双匕首、板凳拳、岳家拳、龙形剑、陈式太极扇、陈式太极剑、吴式太极拳、武式太极拳和武当太极剑、枪术、形意双刀、西凉掌等，丹徒区荣炳塘北舞龙队也参加展示。主办方市体育局希望通过这次展示活动，让更多的人加入武术学习、演练的行列，使中华武术代代相传，发扬光大。 （姜立田）

【迎奥运“人人健身家家乐”体育社区行】 2008年上半年，市体育局组织迎奥运“人人健身家家乐”体育社区行活动。活动先后在宝塔路、四牌楼、大港、大市口、和平路街道举办，为社区送去健身表演、健身器材、健身科学书籍，还在社区开展免费国民体质测试、健身骨干培训、健身科普讲座、健身器材维修等活动。 （姜立田）

【开展全民健身月活动】 2008年6月14日，镇江市全民健身月活动启动仪式在工人影剧院举行，副市长王萍宣布全市全民健身月活动正式启动。启动仪式后，举行了镇江市第一届街舞挑战赛，来自全市6支队伍的60多名街舞爱好者参加团体、个人和斗舞比赛。市黑泡泡街舞社团BREAKIN队获得团体冠军，市第7街街舞社团BREAKIN队和市RECALL街舞组合分别获得团体第二、第三名；江苏科技大学南校区JUST队的顾骏获得个人赛冠军，市黑泡泡街舞社团的董伟和李盛杰分别获得个人赛第二、第三名；董伟、谢凯分获斗舞比赛冠、亚军。各辖市（区）相继举行全民健身月启动仪式，开展系列全民健身活动。

（姜立田）

【全民健身工程点建设】 2008年，镇江市投入近100万元在农村新安装1000个小篮板，投入近300万元在城乡新建全民健身工程（点）135个。京口区、润州区、镇江新区的乡镇、街道文体活动中心基本建成。在京口、润州建有维修站的基础上，镇江新区成立维修站，对全民健身器材使用情况实行动态管理，对损坏的健身器材及时组织维修，确保全民健身器材安全完好。拆除并及时更新东吴广场、京口广场、江滨新村一社区、广东山庄社区阳棚山和珍珠路等12处120多件全民健身点器材。

（姜立田）

【《武魂》《搏击》连载孙氏三十六手太极拳】 2008年，镇江市作者编写的《孙氏三十六手太极拳诠真》，在全国武术刊物《武魂》第7期至第11期和《搏击》第8期至2009年第1期上连载。孙氏三十六手太极拳，又名“中正拳”，系孙禄堂晚年所创。该拳以武氏太极为主体，融入形意、八卦乃至外家拳之精华，有“开合活步太极”之称。孙在任江苏省国术馆副馆长兼教务长期间（1928年～1931年），结识江南名医、“三学（佛学、易学、医学）博士”陈健侯，并收他为徒，闭门授以该拳。陈授徒极少，完整地学完这套拳的仅张祚玉一人。陈辞世后，张公开传授“三十六手”。张的弟子及再传弟子散布沪宁一带，以镇江为多，从而形成孙氏独特的镇江一脉。

《武魂》《搏击》杂志特邀尤志心（陈健侯之婿、1964年拜陈为师）、孔小安（陈再传弟子、市武协副主席）、卢顺生（陈再传弟子、市武协原秘书长），将该拳重新整理发表，全文4.1万字，264幅图片，整套套路由孔小安演练。 （尤志心）

【社会体育指导员技能大赛暨晨练风采展示活动】 2008年4月30日是迎奥运倒计时100天，镇江市社会体育指导员技能大赛暨晨练风采展示活动在大市口广场举行，1500多人参加比赛和展示活动。参加社会体育指导员技能大赛的项目有健身舞蹈、太极拳、太极扇、健美操、武术等。活动现场表演健身舞蹈、健美操、武术等节目。同日，各辖市（区）举行形式多样的庆祝活动，市老年体协在市体育馆举行江苏省老年人体育节镇江分会场启动仪式，2000多名老年人参加。 （姜立田）

【张秀英获“全国社会体育指导员之星”称号】 2008年12月，国家体育总局在南京市召开全国社会体育指导员之星颁奖大会，为十名“全国社会体育指导员之星”颁奖，扬中市新坝镇二级社会体育指导员张秀英获此殊荣。（参见第309页）

（姜立田）

【镇江市青少年阳光体育俱乐部成为国家级俱乐部】 2008年4月，镇江市青少年阳光体育俱乐部申报国家级体育俱乐部获得批准。该俱乐部依附于镇江实验学校，成立于2004年，是由市体育局体彩公益金资助、集培训与比赛为一体的青少年体育俱乐部，也是润州区第一所以中小学生体育活动为主体的高级别的青少年体育俱乐部。为使俱乐部更好发展，学校改建篮球场6片，新建田径场、足球场、综合体育馆、乒乓馆、舞蹈房、器材室等场馆。俱乐部利用场地、器材、师资等优势对附近学校及社区青少年学生开放，成为镇江西区体育活动的中心。 （姜立田）

【开展学生阳光体育运动】 2007年4月29日，镇江市启动学生阳光体育运动。随后专门成立“学生阳光体育运动领导小组”，组织、协调、指导各地各校开展学生阳光体育运动，并按照“教育引导与养成习惯相结合、普及与提高相结合、校内与校外相结合、活动与安全相结合”的原则开展学生阳光体育运动，努力做到100%的学校开展这项活动，100%的学生参与这项活动。各地各校在原有田径、篮球、排球、足球、乒乓球、健美操、毽绳等常规项目比赛基础上，结合阳光体育运动特点和实施《国家学生体质健康标准》要求，把“冬季三项”（跳绳、踢毽子、长跑）、立定跳远、掷实心球、仰卧起坐、引体向上等项目列入体育竞赛项目。实施阳光体育运动与中考体育考试相结合，要求学生努力掌握两项体育技能，把学生平时体育锻炼情况以一定比例（3分～5分）计入中考体育考试总分，激励学生养成良好体育锻炼习惯。2008年5月10日，新华社、人民日报、中央电视台等21家国家级新闻媒体的30名记者，到镇江一中、外国语学校、八叉巷小学采访阳光体育运动。 （姜立田）

【获全国青少年业余无线电通信锦标赛金牌4枚】 2008年7月25日～7月29日，全国青少年业余无线电通信锦标赛在浙江绍兴举行，来自全国117支代表队的480多名选手参加高中、初中、小学组的通信知识、对讲机通信、短波机上操作、无线电装机四个项目的比赛。镇江市派出32名运动员参赛，在团体比赛中获得短波机上操作小学组和对讲机通信小学组两项第一，在个人赛中红旗小学俱乐部的宋诗皓/赵义昕获得对讲机通信小学组第一名，红旗小学俱乐部的薛雨晴获得短波机上操作小学组女子个人全能第一名。 （姜立田）

【辖市承办体育赛事】 2008年5月16日，江苏省第六届农民运动会在江苏农林职业技术学院体育馆开幕。运动会由省农业厅、省体育局、省农民体协主办，句容市人民政府和江苏农林职业技术学院联合承办。省委常委、副省长黄莉新宣布开幕，省政协副主席陈宝田、江苏省军区副司令员刘长意、镇江市代市长刘捍东出席开幕式。中国农民体协秘书长王富来、省农林厅厅长吴沛良分别致贺词、开幕词。运动会设比赛项目 21 个，13 个省辖市全部组团参赛，参赛运动员 2200 多人。在句容主会场设高跷竞速、打弹弓、拖重物、30 米搬重物赛跑、原地抛掷秧苗等 14 项贴近农民生产生活的特色体育比赛项目，在连云港、南通、苏州和省军区分会场设舞龙、秧歌、钓鱼、龙舟等 7 个比赛项目。镇江市组队参加除龙舟赛以外的 20 个项目。

2008 年 5 月 27 日～29 日，全国部分沿海城市第 15 届门球比赛在丹阳市举行。浙江、福建、江苏三省的部分沿海城市 20 支门球队参加比赛，丹阳市、舟山市定海区和浙江玉环县代表队分获前三名。

2008 年 5 月 28 日，江苏南钢队对浙江万马队男子篮球对抗赛在扬中市新坝镇体育馆举行。比赛双方知名运动员全部出场，经过 4 场角逐，最终江苏南钢队以 83：66 战胜浙江万马队。（姜立田）

【江苏大学女足获首届世界大学生室内五人制女足锦标赛第三名】 2008 年 9 月 7 日～13 日，江苏大学女子足球队在巴西维多利亚举行的首届世界大学生室内五人制女足锦标赛上，代表中国大学生队参赛获得第三名。巴西队在决赛中战胜葡萄牙队获得本届比赛冠军，哥斯达黎加队、巴拉圭队、乌拉圭队、伊朗队、墨西哥队分获第四名至第八名。比赛有 12 个国家的大学生代表队参加，其中有五人制足球开展较好的美洲球队六支。中国代表队克服时差、饮食不适等困难，在没有五人制比赛经验的情况下，凭借第一轮轮空和正确的战略及良好的十一人制基础，经过五场角逐，获得第三名。（姜立田）

【市业余足球俱乐部联赛】 2008 年 11 月 30 日，镇江市足协主办的第二届镇江市业余足球俱乐部联赛在市体育场结束。普菲克、鲁宝、双峰、顶点四支队伍，经过三个周末 6 轮 12 场双循环赛，按积分排定名次：普菲克 5 胜 1 负积 15 分排名第一，鲁宝 4 胜 2 负积 12 分获得第二，双峰、顶点分列第三、第四名。（姜立田）

【华东地区体育舞蹈公开赛】 4 月 20 日，2008 年华东地区体育舞蹈公开赛在江苏大学体育馆举行。公开赛由江苏大学体育部和镇江市体育舞蹈协会共同主办，来自江苏、安徽、浙江 30 多个城市 44 支代表队 1200 多名体育舞蹈爱好者参加比赛。参赛选手年龄最小的 8 岁，最大的 60 岁，比赛设摩登舞、拉丁舞、交谊舞和团体舞四个系列。（姜立田）

【朱春华获第 17 届亚洲铁人三项锦标赛金牌】 2008 年 5 月 2 日，第 17 届亚洲铁人三项（游泳、自行车、跑步）锦标赛暨 2008 年全国铁人三项冠军杯系列赛在广州举行。镇江市冬泳协会女选手朱春华参加业余组 50 岁～59 岁标准距离年龄组比赛获得冠军，成绩为 2 小时 55 分。这是朱春华近年来获得的第四次铁人三项全国冠军，巩固了镇江女子业余铁人三项运动在全国的领先地位。（姜立田）

竞技体育

【概况】 2008 年，镇江市竞技体育以举办市第 13 届运动会和备战省第 17 届运动会为主。镇江市第 13 届运动会期间，召开群众体育先进表彰大会和体育科学论文报告会。组队参加江苏省比赛获得好成绩，武术（套路）队、柔道队、击剑队、羽毛球队、丹徒武术（散打）队和丹阳男子篮球队共获金牌 15 枚。成功承办 2008 年全国少年男子排球（甲组）比赛、2008 年全国 U－19 男子足球联赛、2008 年全国象棋甲级联赛（江苏—上海）、2008 年全国少年乒乓球锦标赛 4 项全国竞赛。成功承办 2008 年江苏省少儿羽毛球比赛、2008 年江苏省少儿象棋比赛、2008 年江苏省少儿围棋比赛 3 项省级竞赛。向省运动队输送 8 名优秀运动员，其中跆拳道 2 名、乒乓球 1 名、羽毛球 2 名、武术散打 1 名、曲棍球 2 名，向省体校输送 23 人。男排运动员陈平、江啸入选国家二队，同年 11 月陈平又入选国家队。丹阳第六中学女足队员黄柳霏入选国家集训队，扬中女子曲棍球队严慧清、左心昱、丁彦文、施莉、周利斯等 5 人入选国家少年队，陈燕、左心昱入选女子曲棍球国家青年队。在北京奥运会上，首次参加奥运会的镇江籍运动员陈玲与队友团结拼搏，获得女子射箭团体亚军，为镇江人民争得荣誉，得到市政府专项奖励。薛飞在北京奥运会女子 5000 米比赛中名列第 13 名。薛飞还获得全国田径锦标赛女子 1500 米冠军。张国凤在世界智运会中国象棋女团赛中与队友协作夺得冠军。陈玘/陈晴获全国乒乓球锦标赛混双冠军。镇江市体育运动学校和镇江市乒乓球运动学校被国家体育总局确定为“国家高水平体育后备人才基地”。（姜立田）

【镇江市第 13 届运动会会徽征集】 2008 年 2 月 13 日～3 月 20 日，镇江市第 13 届运动会会徽征集活动历时 36 天，收到全国各地作品 70 多件，经过专家评审、大会组委会审定，上海刘元旺创作的作品获得一等奖，被确定为镇江市第 13 届运动会会徽（如图）。另有二等奖作品 2 件、三等奖作品 5 件。镇江市第 13 届运动会会徽由汉字“镇”字的首字母“Z”及汉字“江”和数字“13”巧妙组合，以中国传统书法的笔触流畅且富有力度的凸显飞奔的运动员形象，体现镇江体育健儿奋力拼搏的进取精神。运动员头部同时还代表太阳，字母“Z”既代表运动员手臂，也表示长江，标明镇江地域特色和特征。整个会徽表达镇江市全民健身迎奥运、与奥运同行的主题思想，展现镇江人民全民参与的热情和团结拼搏、奋力争先的体育精神。（姜立田）

【镇江市第 13 届运动会】 2008 年 10 月 11 日上午，镇江市第 13 届运动会开幕式在镇江市体育场举行。市领导许津荣、刘捍东、郭礼荣、李国忠、张洪水、卢

镇江市第 13 届运动会会徽　（姜立田）

章平、王萍、宋敬伟出席开幕式，省体育局局长殷宝林致贺词。开幕式上举行《和谐镇江》大型文体表演。镇江市第13届市运动会历时8个月，设青少年部、高校部、技校部、职工部和老年人部5个部33个项目，参赛运动员5000多人。有21人打破35项年龄组纪录，15个代表团获体育道德风尚奖，17个代表团获优秀组织奖。运动会期间，召开群众体育先进表彰大会，总结过去4年群众体育工作的成功经验，48个群众体育先进单位和48名先进个人受表彰。会议部署今后一个时期全市群众体育工作的目标和任务。同时召开体育科学论文报告会，6篇获得一等奖的论文在会上进行学术交流。10月14日，镇江市第13届运动会闭幕式在京口饭店举行。闭幕式上为获奖单位颁奖。代表团总分和金牌总数的第一名为京口区，润州区、丹阳市、扬中市分获第二、第三、第四名。

（姜立田）

【备战省第17届运动会】 2008年3月11日，镇江市召开备战江苏省第17届运动会动员大会，围绕目标，明确项目布局和金牌任务，与辖市（区）及承训单位签订目标责任状。引进3名教练员和20余名运动员，全年在省注册运动员500余人。全年贯彻以赛促训方针，武术（套路）队参加省青少年年度比赛获得金牌4枚，柔道队、击剑队、羽毛球队各获得金牌3枚，组建不到一年的市队区办丹徒武术（散打）队和市队县办丹阳男子篮球队参加省青少年年度比赛各获金牌1枚。丹阳市六中、云阳中学、河阳中心小学等五所学校将代表镇江参加第17届省运会青少年部男子篮球、女子足球、武术、摔跤、田径、跆拳道等6个项目的比赛。11月4日，丹阳市召开动员会，全面谋划和备战省第17届运动会。

（姜立田）

【承办全国少年乒乓球锦标赛】 2008年9月3日～9日，2008年全国少年乒乓球锦标赛在镇江市体育馆举行，来自全国32个单位54支男女代表队400多名运动员、教练员、裁判员参加比赛。比赛设男女团体、男女单打4个项目。通信体协队、河北队分获男子团体冠亚军，江苏队、河南队分获女子团体冠亚军，北京队闫安、广东队刘舒健分获男子单打冠亚军，黑龙江队邹阳、李彤分获女子单打冠亚军。（姜立田）

【承办全国象棋甲级联赛江苏对上海比赛】 6月18日，2008年全国象棋甲级联赛男子团体赛第14轮江苏队主场坐镇镇江宾馆迎战卫冕冠军上海队。对阵情况：徐天红对万春林、李群对孙勇征、徐超对谢靖、王斌对洪智。李群对孙勇征、徐超对谢靖、王斌对洪智都战成平局。按照联赛规则，四盘比赛都战成平局主队为输。此刻的徐天红对万春林成为整场比赛的关键。后半程，徐天红大举进攻，杀出重围，最终战胜对手，江苏以1胜3平的结果力克上海。现场挂盘讲解，近百名象棋爱好者到场观战。2008年全国象棋甲级联赛有12支队伍参赛，实行主客场双循环赛。

（姜立田）

【承办全国少年排球锦标赛】 3月4日～10日，2008年全国少年男子排球锦标赛（甲组）在镇江举行，来自全国各地的15支队伍参赛。比赛排名按照单循环赛成绩排名得分加综合素质得分再加特高队员加分计算出总得分。山东队、江苏队、辽宁队、上海队、浙江队、湖北队分列前六名，镇江市体育运动学校男子（甲组）排球队代表镇江参赛，获得第10名。（姜立田）

【承办全国U－19足球联赛】 2008年4月7日～19日，全国U－19足球联赛部分比赛在镇江举行。在镇江比赛的8支队伍分别是江苏舜天、浙江绿城、河北足协、北京国安、武汉光古、青岛中能、重庆南方、成都谢菲联。通过单循环赛决出排名：北京国安积16分名列榜首，河北足协积14分列第二名，江苏舜天和成都谢菲联同积11分分列第三、第四名。2008年，全国U－19足球联赛分两个阶段进行，第一阶段分为两个赛区，除8支队伍在镇江比赛外还有9支队伍同时在河南平顶山比赛。镇江市被省体育局评为2008年度承办全国以上体育竞赛优秀赛区。（姜立田）

【陈玲获得北京奥运会射箭女子团体亚军】 2008年8月10日，中国女子射箭队在北京奥运会上获得团体亚军，22岁的镇江籍运动员陈玲以3个10环、4个9环、1个8环的成绩，成为中国队发挥最稳定、得分最多的队员。2004雅典奥运会上，射箭女子团体决赛在中韩两队之间展开，中国队最终以1环之差败北。4年后北京奥运会，中韩两队再次双双闯入决赛。8月10日决战打响，奥运会射箭团体比赛规定每队上场3人，每人射8箭。韩国队最终以224环的总成绩夺冠，中国队的总成绩是215环。

8月29日上午，镇江市政府在体育局召开北京奥运会射箭女子团体银牌获得者陈玲载誉归来庆功会。陈玲介绍自己此次征战北京奥运的历程，陈玲启蒙教练、镇江市运动学校射箭高级教练赵志香回顾陈玲成长经历，副市长王萍代表镇江市政府向陈玲颁发奖金10万元。

（姜立田）

【薛飞列北京奥运会女子5000米第13名】 2008年8月22日，镇江籍运动员薛飞代表中国队参加北京奥运会女子5000米决赛，以16分09秒84的成绩获得第13名。埃塞俄比亚名将迪巴巴以15分41秒40的成绩获得冠军，土耳其人阿贝莱盖塞排名第二，埃塞俄比亚选手德法尔位居第三。（姜立田）

【薛飞在全国田径锦标赛女子1500米决赛中获得冠军】 2008年10月13日，镇江籍运动员薛飞在石家庄举行的全国田径锦标赛女子1500米决赛中，代表江苏队参赛，以4分14秒19的成绩获得冠军。（姜立田）

【陈玘/陈晴获全国乒乓球锦标赛混双冠军】 11月22日，2008年全国乒乓球锦标赛决赛在张家港市举行，江苏队的陈玘/陈晴夺得冠军。陈玘/陈晴先后淘汰了山东、通信体协、四川、广东、天津队的选手。闯进决赛后，面对北京队两名世界冠军马龙/郭焱的强强组合，陈玘/陈晴的配合显得更默契，最终以4∶2为江苏队夺得本次全国锦标赛第一个单项冠军。这也是陈晴继2004年在无锡夺得全国锦标赛女双冠军（与张晓武配合）后，获得的第二个全国冠军。（姜立田）

【张国凤获得世界智运会中国象棋女团冠军】 2008年10月14日，首届世界智力运动会女子象棋团体赛在北京国际会议中心落幕，由镇江籍棋手、中国象棋特级大师张国凤和队友胡明、唐丹组成的中国队，七轮全胜夺得冠军。在10月11日开始的七轮单循环赛中，前六轮中国队连战连捷，到14日进行最后一轮比赛前，中国队与澳大利亚队同为六连胜，积12分，但中国队以总局分23分高过澳大利亚队1分的优势处于领先。最后一轮比赛对阵澳大利亚队只需打平即可夺冠。中国队派出张国凤和唐丹迎战由中国前国手黄子君和刘璧君组成的澳大利亚队。结果唐丹战胜黄子君，张国凤与对手战成和局，中国队最终以七轮全胜积14分的战绩夺得冠军。本届世界智运会10月3日～18日在北京举行，设桥牌、国际象棋、围棋、国际跳棋和象棋等5个比赛项目，来自143个国家和地区的3000余名运动员参赛。（姜立田）

【镇江市8名奥运火炬手】 镇江市8位市民成为北京2008年奥运会火炬接力火炬手。他们分别是赵亚夫、赵宇振、赵国伟、陈吕荣、戚熙娟、时文玉、徐军、朱爱君(参见《镇江年鉴(2008)》第269页)。2008年5月27日,8名火炬手在南京参加北京奥运火炬传递活动。

(姜立田)

【5名国家级裁判担任北京奥运会技术官员】 镇江市有5名国家级裁判担任2008年北京奥运会技术官员。他们分别是乒乓球国际级裁判、镇江第四人民医院刘裴(女),射箭国家级裁判、镇江市体育局尤卫东,排球国家级裁判、江苏大学刘春忠,沙滩排球国家级裁判、镇江市体育局于洋,棒球国家级裁判、江苏科技大学刘静春。 (姜立田)

【两所体校成为国家高水平体育后备人才基地】 2008年,国家体育总局为贯彻《奥运争光计划纲要》,实施国家奥运战略后备人才精品工程,促进竞技体育可持续发展,对各省(区、市)申报的2005年~2008年周期内作出贡献的"国家高水平体育后备人才基地"备选体校进行审核,计划每年对每个命名后的"基地"投入训练经费40万元,连续投入4年。2009年1月,国家体育总局作出《关于命名北京什刹海等310所体校为"国家高水平体育后备人才基地"的决定》,镇江市体育运动学校和镇江市乒乓球运动学校名列其中。 (姜立田)

【李富荣到镇江指导工作】 2008年9月18日,亚洲乒联主席、国家体育总局原副局长李富荣在镇江市乒乓球运动学校指导工作。他对小学员们说:"看到你们,我就想起了自己小时候,那时训练条件非常差,甚至国家队的训练条件也赶不上你们现在的水平。非常希望能够在未来的世界杯和奥运会比赛场上看到你们的身影。"李富荣还为镇江市乒乓球运动学校题字:培养幼苗,祖国未来。

(姜立田)

体育产业

【概况】 2008年,镇江市体育产业以体育彩票销售为主,新增销售站点68个,全市电脑体育彩票站点488个。加强站点建设,提高服务质量,完成高频站点和新增站点形象包装。举办多场体彩专家讲座和销售员培训。加强体彩宣传,举办江苏省"体彩奥运嘉年华"活动,加大即开彩票上市前的宣传力度,完善即开彩票交款、销售、兑奖、领票工作流程。初步建立销售代表制度,加强社会网点建设。全市体育彩票销售2.63亿元,其中电脑体育彩票2.23亿元,即开型彩票0.4亿元。5月16日,镇江体育馆庆祝建馆30周年,特邀朝鲜国家杂技团表演"绚丽之旅"大型惊险杂技,省体育局副局长颜争鸣和市委常委、宣传部部长张洪水到场祝贺,并观看表演。 (姜立田)

【镇江体育会展中心建筑规划设计方案确定】 2008年12月,镇江体育会展中心建筑规划设计方案确定(如图)。该中心位于南徐新城核心区,占地46公顷,总投资14亿元。主要设施有2.7万座的体育场,6000多座的体育会展馆,包括游泳馆、网球馆、乒乓球馆和全民健身馆在内的1450座的综合训练馆。中心由中国建筑西南设计研究院规划设计。规划理念:一是突出"城市山林、大江风貌和文化交融"的构思理念,二是突出塑造生态化"城市节点"设计理念。规划结构为"两轴四片一面":"两轴"即景观文化轴和体育会展轴,"四片"即竞赛会展区、综合训练区、体育公园区和预留发展区,"一面"即沿檀山路的形象展示面。 (姜立田)

【"体彩奥运嘉年华"活动】 2008年5月10日,江苏省"体彩奥运嘉年华"活动在大市口广场举行,5000多名市民参加活动。举办体彩十年历史回顾展,展出民国时期体育彩票、新中国成立后各地体育彩票、北京奥运会基金奖券、中国体育彩票和江苏体育彩票等各式票样收藏品。乒乓球、足球等简易奥运竞赛项目让市民体验奥运比赛的快乐。现场表演由体彩玩法规则和体彩知识演变成的互动游戏《全民健身学跳舞》《快乐扑克》和中国体彩奥运主题曲《顶呱刮》等节目。在现场进行的摇奖活动中,一位幸运市民获得由雅典奥运会举重冠军张国政签名的国家队队服。奥运即开型体彩"顶呱刮"在现场发行。 (姜立田)

表32-1 **2008年镇江市电脑体育彩票中大奖一览表**

时 间	销售站点	期号	奖金(万元)	玩法
4月29日	11085	08065	500	7位数
11月3日	11735	08190	500	7位数
11月8日	11056	08135	500	超级大乐透

(姜立田)

镇江体育会展中心效果图 (姜立田)

社会生活

责任编校：戴　芸

民政工作

【概况】 2008年7月1日起，全市城市和农村低保标准分别提高到每人每月330元和220元，建立按季度实施低保对象物价上涨动态补贴机制。截至年底，全市农村五保户5535人，其中集中供养3564人，集中供养率64.4%，集中供养标准为3246元/年，分散供养标准为2543元/年。

慈善救助。开展“慈善一日捐”活动，募集善款982万多元；开展抗震救灾专项募捐活动，市慈善总会募集468万元。开展助学“圆梦”行动，支出慈善救助资金49.1万元，救助市区困难家庭学生334人，资助市特教中心聋人听力助训设备一套；开展助残“健行”行动，为市区79名残疾人安装假肢；开展助残“复明”行动，为市区100名贫困老年白内障患者实施复明手术；开展“温暖”行动，对遭受突发性天灾人祸困难家庭和其他特困家庭，给予一次性救助，447名群众获得总额98.5万元的资金帮助。

救灾应急。镇江市遭受低温冰雪灾害，下拨省专项抗击雨雪冰冻灾害救灾补助资金400万元，全市恢复重建230间雪灾倒塌民房、1921间损坏民房，5月底全部完工。开展创建国家级减灾示范社区工作，在社区普遍开辟减灾宣传画廊或橱窗，举办全市综合减灾和社会救助知识有奖竞赛系列活动，在京口和润州两区各建立一个社区减灾紧急避难场所（京口区江滨第一社区、润州区三茅宫第一社区）。

建设城乡和谐社区。完成第三届社区居委会换届选举工作，全市一户一票直选率60%以上，其中京口区100%。市民政局、财政局下发《关于调整社区工作人员工资待遇和解决基本医疗保险的通知》，社区工作人员人均增资100元，解决基本医疗保险。全市第八届村委会换届工作完成，村民和居民自治率分别为98.5%和96.5%，均超过省定指标。举办村民自治成果展览，开展《中华人民共和国村委会组织法》颁布十周年纪念活动。组织64名村主任参加全市第四期村委会主任示范培训班。

落实抚恤优待政策。建立抚恤补助标准自然增长机制，各类重点优抚对象抚恤金自然增长比例上调2～5个百分点，连续五年持卡发放。各辖市（区）建立基地型、合作型、安置型、挂靠型、项目扶持服务型等各类优抚基地60余个、致富示范点54个、帮扶项目130余项，累计投入资金2000多万元，辐射面为优抚对象的20%，参与对象人均年收益3000至10000元，包括务工补贴、生活和住房补助、医疗救助和重大节日慰问等方面。对近1700名二等伤残军人及伤残军人遗属进行普查，按城镇居民低保标准给予生活补助，各级落实补助经费450余万元。烈士陵园完成滑坡治理和烈士骨灰存放室改造工程。开展“北固红枫”烈士事迹宣讲活动，宣讲团被市文明委命名为镇江市首届优质服务品牌。

安置退役士兵。全市接收退役士兵1268人，需安置城镇退役士兵556人，安置率99.5%，自谋职业率98%。落实军休干部“两个待遇”（政治待遇、生活待遇），军粮差价补贴、离休干部服装费补助、离退休干部遗属生活定补调整和住院伙食补助调整。明确市区无军籍退休退职职工享受地方津补贴规定。

发展养老服务事业。重新修改和完善民办老年公寓建设标准，制定出台《镇江市老年人福利机构新增床位资助暂行办法》，实行民办公助优惠政策和财政以奖代补的办法，推进建设民办养老机构和老年日间照料机构。成立镇江市养老服务协会，依托市社会福利服务中心成立全市养老服务技能培训中心，对各类养老服务机构中专业从事养老护理工作的管理和服务人员开展职业技能培训。

福彩销售突破历史纪录。2008年完成福利彩票销售1.21亿元，其中即开票销售1387万元，为2007年的7.5倍。丹阳彩票销售位列全省第9位，成为全省福彩销售十强县（市）。对全市276家福利企业进行年检，新办福利企业56家，安置残疾职工8700人。

开展社会事务工作。市社会福利服务中心在实施“明天计划”项目中，为3名具备手术适应症的孤残儿童实施手术。市儿童福利院重建工程被列入国家发改委、民政部“蓝天计划”资助项目，完成立项、规划设计等工作。市救助管理站暨流浪未成年人救助保护中心迁址建设，完成前期规划设计和审批。丹阳、句容、扬中、丹徒婚姻登记处规范化建设通过国家民政部验收。全市统一开通江苏省婚姻登记管理信息系统，实现结婚登记信息全省联网。北京奥运会开幕当天全市办理结婚登记808对，创市单日登记历史新纪录。推进绿色殡葬，促进殡葬改革健康发展。

管理区划地名。出台《镇江市区地名命名、更名审批程序》。新建住宅小区安装门楼牌按国颁标准做到全覆盖。颁布实施《镇江市城市地名总体规划》。镇江地名信息数据库管理系统与镇江区划地名网建设进入试运行阶段，实现省、市、县三级地名信息无障碍交换，实时更新。镇江市7条县际界线全部签订《创建平安边界协议书》，4条市际界线全部被纳入平安创建规范管理中。市民政局创建平安边界做法，被江苏省民政厅推荐到全国平安边界建设经验交流会上交流，被评为全省行政区域界线管理工作先进集体。

2008年，全国首次进行社会工作者职业水平专业任职资格考试，全市400人报名，315人参加考试，全科通过77人。其中，助理社工师67人，社工师10人，总通过率24%，比全国11%的通过率高出13个百分点。

截至年底，全市建成农村社区服务中心504个，占全部建制村的83%，总建筑面积41.5万平方米，总投入2.3亿元。市政府为此下拨专项补贴资金306万元。

规范机关管理服务。编印《镇江市民政局规章制度汇编》和《民政工作法规政策汇编》，分别收录43项机关管理制度和79项民政工作法规政策。

（殷建容）

【支援四川灾区抗震救灾】 2008年，“5·12”汶川大地震发生后，全市民政系统和慈善机构累计接受社会捐款捐物折合人民币8895万元，其中，捐款7159.77万元人民币、1.9万元新台币、35欧元，捐物折合人民币1585万元。先后调拨、使用资金3338万元，物资1585万元，支援地震灾区开展抗震救灾和恢复重建。（殷建容）

【建立城乡困难群众临时生活救助制度】 2008年10月，市政府办公室转发市民政局关于《镇江市城乡困难群众临时生活社会救助暂行办法》，从12月起施行。《办法》规定：本地城乡居民家庭人均收入高于低保标准但低于2倍以内，因患大重疾病、遭遇突发性灾害或因子女入学费用过高等因素，导致家庭基本生活困难时，由当地民政部门根据其临时生活困难原因、种类及实际困难程度等实际情况，进行分类施救，在一年内分别给予500～3000元不等的临时生活救助。（殷建容）

【无固定收入重残人员生活救助工作】 2008年4月，市民政局、财政局、卫生局、残联等四部门联合下发《镇江市无固定收入重残人员生活救助实施办法》，丹阳、句容、扬中三个辖市及丹徒区出台地区实施办法，从2008年1月1日起全面实施，对全市享受城乡低保待遇以外的无固定收入重残人员，参照当地城乡低保标准100%发放生活救助金。全市共有符合救助条件的重残人员5903人，其中城市714人、农村5189人，他们的生活救助金参照城乡低保办法实行社会化发放。（殷建容）

人口和计划生育

【概况】 2008年，全市计划生育率保持99%以上，人口自然增长率在2‰以内，出生人口性别比保持正常，群众满意率90%以上。市人口计生委先后被评为全国科技活动暨省二十届科普宣传周先进集体、全省人口和计划生育工作先进集体、2005～2007年度镇江市文明机关、全市学法用法示范机关、全市社会治安综合治理先进部门、2008年度市级机关作风建设和目标管理十佳单位。

新建市及县（区）级世代服务中心6家、一般乡镇以上世代服务中心29家、村（社区）世代服务室531个，城乡计划生育服务体系覆盖率分别是60%和76%。全市开设各类业务培训、技能训练、岗位练兵和乡村医生中专学历补偿教育培训班32场次，人员培训面70%。10月30日，市人口计生领导小组在句容市召开全市人口和计划生育服务体系建设推进会，下发《镇江市关于进一步加强人口和计划生育服务体系建设的意见》，确定全市计生服务体系建设力争在全省提前一年实现城乡全覆盖目标。

各地开展人口文化大院、新农村新家庭文化书屋等创建活动，新建村级人口文化大院386个、生育文化园区10个、新农村文化屋（图书角）22个。

市人口计生委召开全市人口计生宣传教育工作会议，部署“婚育新风、文化镇江；关注人口、共创和谐”主题人口文化宣传月工作。开展“关爱女孩”主题文艺调演、“青春·奥运·和谐”——青少年美术摄影大赛、纪念《公开信》发表28周年、流动人口计划生育服务管理等系列活动。扬中市开展《阳光宝贝》——加强婴幼儿素质教育专题活动，被江苏省教育电视台“人口与家庭”栏目专题选播。

10月，由省人口计生委组织的婚育新风文艺团为驻镇江73056部队官兵演出。人口文化宣传暨婚育新风文艺演出进军营活动现场，太平洋保险公司镇江中心支公司向全市500名贫困孤女捐赠总保额1250万元的意外综合保险，10名贫困孤女代表接受社会捐赠。

全市用人口计生公益金慰问计生困难家庭271户，累计确认农村奖扶对象10869名、独生子女伤残死亡特扶对象1387名，发放奖扶、特扶等资金748.73万元。12月25日，镇江市政府办公室向全市发布《关于对持独生子女父母光荣证退休的企业职工实行一次性奖励进行集中调查登记的通告》（镇政办发〔2008〕226号），就1996年1月1日～2007年12月31日期间，经本市各级劳动保障部门批准、按企业职工基本养老保险规定办理退休手续、且子女在1963年1月1日以后出生的三类持证退休职工对象进行调查统计，全面展开城镇企业持证退休职工一次性奖励政策兑现集中登记、资格审核确认工作。

全市62037名计划生育群众参与生育关怀系列保险，投保金额达240.67万元，保险覆盖规模居全省第三，增幅列全省第一。4月，市计生协会认真贯彻落实省人口计生委、计生协会《关于做好计划生育系列保险工作的通知》精神，修订完善生育关怀系列保险试点方案，在全市全面推开生育关怀系列保险工作。

全市实施违法生育专项治理行动，查实违法生育82例，立案70例，依法征收社会抚养费73.83万元。6月邀请省人口计生委、省高院行政庭，对县、乡两级183名行政执法人员进行专题业务培训，规范人口计生行政行为。规范全市行政执法自由裁量标准。实行阳光计生“违规执法监督卡”服务，将行政执法全过程纳入当事人全方位监督之中。推行说理式行政执法文书。

12月1日～3日，省财政厅、省人口计生委在镇江专题召开新农村新家庭计划工作会议，向全省推广镇江市人口计生新农村新家庭建设经验做法。新一轮乡镇综合配套改革中，各级机构队伍保持稳定，机构一家未少、人员一个未减、编制一个未缩。按照“五有五无”“五星级”示范标准，形成丹徒区槐荫村、句容市西冯村、扬中新坝镇等一大批人口计生新农村新家庭建设村（社区）典型。

（王玉明）

【“十一五”人口计生工作通过省中期评估】 2008年9月19日～20日，省人口与计划生育工作领导小组组成综合调查组，对镇江市“十一五”期间人口和计划生育目标管理责任制落实情况进行中期评估验收。“十一五”中期评估，市人口和计划生育目标管理责任制主要指标完成情况如下：计划生育率99%以上；孕前—围孕期保健率90%以上；出生人口性别比保持在正常范围内；流动人口管理服务率90%以上；依法管理、优质服务和群众满意率90%以上；计划生育机构队伍建设基本达标；政策基本兑现；财政人均人口和计划生育事务支出，2007年底为20.59元，2008年上半年为11.6元。（王玉明）

【实施“出生缺陷干预、提升人口素质”

项目】 2008年，市委、市政府将“出生缺陷干预、提升人口素质”工作列入为民办实事项目，在全市范围内实施以出生缺陷零级干预、孕前一级干预和孕前筛查、诊断为主要内容的二级预防工作，全市孕前指导普及率95%，累计服务新婚夫妇逾18000对，项目时间提前2个月，任务超额完成30%。市委、市政府发挥社会保险社会保障功能，以政府买单的形式向城区每位接受过优生筛查的新婚夫妇免费赠送“优生筛查”保险，缓解缺陷儿出生给家庭和社会带来的经济负担。（王玉明）

【推进避孕节育/生殖健康/家庭保健促进计划】 2008年，全市避孕节育/生殖健康/家庭保健促进工作，以生殖健康普查为重点，把农民工、流动人口一并纳入目标人群，服务城乡育龄妇女累积逾50万人次，查出宫颈癌103例，乳腺癌18例。全市避孕节育知情选择率98.4%，随访服务率91.1%，孕前—围孕期保健率97.9%，群众的满意度在95%以上。（王玉明）

【举办人口和生殖健康全球合作伙伴项目交流会】 2008年10月，美国·约翰霍普金斯大学盖茨人口和生殖健康全球合作伙伴项目交流会在镇江市举行。美国盖茨人口和生殖健康研究所主任艾米·崔，埃及、埃塞俄比亚、加纳、巴基斯坦、尼日利亚等七国25名专家学者参与会议交流。南京人口国际培训中心、南京人口管理干部学院专家参与项目交流。市人口计生委主任衰平就镇江人口计生系统学习型组织建设合作项目进行经验介绍。（王玉明）

【创办全省人口计生系统第一份市级综合期刊《镇江人口》】 2008年，市人口计生委在全省人口计生系统创办第一份市级综合期刊《镇江人口》，以人口理论探讨、交流工作和传播新型婚育风尚为主旨。成立编委会，健全编辑工作规章制度。3月创刊号发行，期刊按季发行，内容丰富、装帧精美，内设刊首语、政务公开、人口信息、理论实践、专题报道、婚育新风尚、优生优育、计生与养生、深度阅读等9个专栏。（王玉明）

【开展人口计生“双评”活动】 2008年11月，按照国家、省人口计生委统一部署，全市人口计生系统结合依法行政实际，将育龄群众对人口计生工作的满意度评价、计划生育政务公开、技术服务、文明执法、流动人口、管理和服务等5项内容列为评议重点，选择在京口、润州请流动人口农民工评计生，在丹阳、句容、扬中、丹徒、镇江新区请农民评计生。全市“双评”活动问卷调查农民5300名，流动人口、农民工1200名，征集归纳群众意见建议23条。（王玉明）

老龄工作

【概况】 2008年底，全市60岁以上老年人口45万，占总人口的17.6%，其中80岁以上老人6.4万人，占老年人口的14.4%。100岁以上老年人口88人。市政府出台《老年居民养老补贴暂行办法》，印发《镇江市老年保障和社会福利服务工作分解指标（2008～2012年）》，推进城乡养老社会保障体系建设。镇江市区新添5家托老所，京口区和新区先后建成老年人活动中心。年初市政府办公室印发《2008年全市老龄工作意见》。市委、市政府对市老龄工作委员会组成人员进行调整充实，召开全体组成人员会议。市政府和市老龄委分别对第三轮敬老模范创建活动中涌现的敬老模范镇（街道）和村（社区）给予表彰。市老龄办等五部门、团体联合开展孝亲敬老主题教育系列活动，评选出一批敬老模范家庭和模范人物。市老龄办与市文化局举办第五届全市老年文艺汇演。10月7日，结合庆祝市第21个敬老节，在大市口广场举行汇演。全市完成15万余名老年人的省版老年优待证登记发放。

8月22日，市委、市政府对市老龄工作委员会组成人员进行调整充实。调整后的市老龄委由市委书记许津荣和老领导钱永波、黄选能、姜启才担任名誉主任。市委常委、政法委书记黄宝荣担任主任。副市长曹当凌担任执行主任。

8月25日，市政府办公室转发市老龄办等19个部门、团体联合提出的《镇江市老年保障和福利服务工作分解指标（2008～2012年）》，明确该届政府未来五年中老年社会保障、社会福利和优待、社会服务、社会参与及权益保障责任目标。

4月21日，市政协成立由市政协副主席宋敬伟牵头和10名市政协常委、委员组成的调研组，围绕镇江市为老服务体系建设主题，4月23日～5月16日连续安排5场由不同地区、不同类型人员参加的专题座谈会，先后在京口区、润州区和镇江新区进行调研。7月31日向市委、市政府提出《关于积极应对人口老龄化，推进我市为老服务体系建设的建议》。

6月16日，市文明办、市老龄办、市教育局、团市委和市妇联联合发出《关于组织开展“大爱镇江”——孝亲敬老主题教育活动的通知》，市老龄办分别与市教育局、团市委和市妇联联合，在全市青少年、重点是中小学生中，开展以孝亲敬老为主要内容的传统教育活动；发动志愿者开展与高龄、“空巢”、独居和残疾老人等困难老人结对帮扶，向困难老人献爱心送温暖活动；开展创建敬老模范活动，在全市每个镇和街道评选产生1户敬老模范家庭和1名敬老模范人物，树立敬老典型。

为庆祝第29届奥运会在中国首都北京举行，纪念中国改革开放三十周年，8月8日，由市老龄委主办、市老年书画协会承办的“庆奥运颂盛世老年书画作品展”在镇江画院开幕，201件作品参展。

9月16日、17日，由市老龄办、市文化局主办，市文化馆承办，中国平安保险有限公司镇江中心支公司协办的第五届全市老年文艺汇演在市文化馆举行。来自各辖市（区）、市各有关团体、企事业单位2000多名老年人，表演100多个节目，涵盖声乐、器乐、舞蹈、戏剧、曲艺等多种形式，参演人数、参赛节目创历届之最。参演年龄最长者达82岁。经过专家评审组评审，评出荣誉奖3名，一等奖10名、二等奖20名、三等奖20名、鼓励奖30名。（唐敏 黄自）

【改善老年人保障和福利】 2008年1月6日，市委、市政府出台《关于进一步改善和保障民生的意见》，市区医疗救助对象扩展为城市“三无人员”、城乡低保人员、农村五保户、在乡精简老职工等。对年满70岁以上救助对象，在其定点社区卫生服务机构门诊时，规定目录内费用个人不付费；住院费用年个人支付超过500元以上部分，医疗救助资金补助比例由50%提高到60%。自2008年起，将连续三年上调企业退休人员养老金标准，确保养老金按时足额发放。根据经济发展、低保标准提高水平，相应提高城市“三无”和农村五保老人基本生活保障标准。从2008年起，将村级补助资金中用于五保供养专项经费实行单列并逐步增加资助额，对孤老优抚对象实行集中供养，确保到2010年农村五保集中供养率70%以上，并逐步提高供养水平。对城乡享受低保、年满70岁老人，按低保标准120%发放低保金。逐步实施为经济困难且无子女或子女无能力照料的高龄老年人居家养老由政府出资购买社会服务。（唐敏）

【建立尊老金普惠制】 1998年，镇江市开始对百岁以上老人每月发100元长寿补贴金。在此基础上,2008年首度实施包括90岁以上老人在内的"尊老金"福利制度。即在每年敬老节前对全市90岁以上老人每人发给200元慰问金,自2008年1月起100岁以上老人每月另发给150元长寿生活补贴。辖市(区)2250名高龄老人敬老节领到慰问金,两级财政支出52.56万元。句容市明确每年敬老节向90岁以上无社会保障收入老人每人发给300元慰问金,全年发放15.9万元。扬中市对90岁以上老人按月发给尊老金,其中,90~99岁每人50元,100岁以上每人200元,为751名90岁以上高龄老人发放尊老金41.54万元。全市县级以上尊老金发放总计110万元。 (唐 敏 黄 自)

【实施《老年居民养老补贴暂行办法》】 2008年4月17日,市政府印发《镇江市市区老年居民养老补贴暂行办法》。市劳动保障部门会同财政、公安、民政、人事等部门制定实施细则。《办法》规定,具有市区累计15年以上户籍、现居住在市区、年满60周岁没有养老社会保障待遇的城乡居民,自2008年7月1日起可以享受政府养老补贴。具体标准为,60~79周岁每人每月补贴50元,80周岁以上每人每月补贴100元。句容市和丹徒区结合实际制定当地实施办法并组织实施。镇江市市区近2.5万名老年人享受补贴,市、区两级财政支付1667.12万元。 (唐 敏 黄 自)

【镇江市养老服务协会成立】 2008年7月18日,市民政局、市老龄办在京城饭店召开镇江市养老服务协会成立大会暨一届一次理事会。大会选举通过第一届理事会组成人员,市民政局副局长吴当、市劳动和社会保障局副局长封汉桥等38人当选理事。市社会福利中心、市老年公寓、市区部分民办老年公寓、各辖市社会福利中心、全市农村敬老院、市直及驻镇江大中型企事业单位退管组织、老年团体、涉老服务行业等115家单位成为市养老服务协会的首批团体会员。

(唐 敏)

【表彰敬老模范家庭和模范人物】 2008年6月,市老龄办和市妇联发出《关于在全市开展"大爱镇江"敬老模范家庭创建和敬老模范人物评选活动的通知》,经过各地老龄办和妇联组织基层群众评选、推荐,在《江南时报》和0511网公示后,9月4日,对乔火荣等44户家庭和杨锁法等44人,分别授予敬老模范家庭和敬老模范人物称号。 (唐 敏)

【市政府命名第三批敬老模范镇(街道)】 2008年12月23日,市政府发出《关于命名全市第三批(2007~2008年度)敬老模范镇(街道)的通知》(镇政发〔2008〕87号),决定授予丹阳市云阳镇、丹阳市珥陵镇、句容市下蜀镇、扬中市新坝镇、扬中市经济开发区、丹徒区荣炳盐资源区、京口区正东路街道、润州区金山街道、镇江新区大路镇为全市第三批(2007~2008年度)敬老模范镇(街道)称号。同时,对经过考核的2003~2004年度全市第一批和2005~2006年度全市第二批敬老模范镇(街道)继续予以确认。至此,全市有22个镇、街道先后被市政府命名为敬老模范镇(街道)。

(唐 敏)

民族工作

【概况】 2008年,全市有回、蒙古、满等41个少数民族、16256人(含未识别民族10人),少数民族人口占全市人口总数的0.57%。全市有清真饮食习惯的回、维吾尔、撒拉、塔吉克、东乡等10个少数民族的人口约1.3万人,经省民族事务委员会(以下简称省民委)确认的第一批清真食品基本供应点4个。全市有民族学校2所(镇江市五条街民族实验小学、镇江穆源民族学校),丹阳六中新疆内地高中班(开设6个班),全市新确定少数民族聚居村2个,回民小组1个,分别为句容市边城镇佴池民族村、丹徒世业卫星民族村和润州工业园区大桥村庆丰圩回民小组。

市政府召开专题会议,对全市落实党和国家的民族政策,特别是民族平等政策的情况开展全面检查。召开"王家湾公墓界桩"问题工作会议,妥善解决私拔"界桩"、汉墓入葬等问题,完善规范回民殡葬管理服务。针对2.4公顷回民祖坟动迁引发的信访上访,召开六部门(特邀交通部门)专题会议。办理市政协六届一次委员提案"少数民族大学生吃清真餐难的问题",变清真窗口为清真餐厅。推进少数民族村组的基础设施建设。组织辖市(区)局长赴连云港市、高邮市实地考察民族村新农村建设,对丹徒、句容民族村组基础建设开展两次调研。首次将少数民族低保户纳入市领导"双节"慰问计划,市委常委、政法委书记黄宝荣赴句容慰问少数民族困难群众。会同市教育局联合召开全市民族教育工作座谈会,丹阳第六中学(新疆班)、穆源民族学校、五条街民族实验小学、江滨中学、江南中学校长在会上介绍各校开展民族团结教育活动情况。启动"民族教育从娃娃抓起"基础工作,举行世业回民村民族幼儿园揭牌仪式,穆源民族小学与回民村民族幼儿园开展结对助教活动。召开少数民族地区到镇挂职干部座谈会,关心甘肃、青海到镇江民族地区干部工作与生活。以弘扬抗震救灾的民族精神和北京奥运的创新拼搏精神为主题,连续5年开展民族团结进步宣传文化月等系列活动。京口区、润州区民族工作示范社区举办"民族一家亲"广场宣传文化活动暨"江苏省民族工作示范社区"授牌仪式。2月~4月,全市民族系统开展对外来少数民族烫伤儿童小阿旦爱心救助专项行动,《京江晚报》刊登系列报道。《城市民族工作的探索与实践》的调研课题获得2005年~2007年全市优秀调研成果三等奖。

7月5日~6日,全省"迎奥运"歌舞比赛在南京海军指挥学院举行,镇江穆源民族学校的18名学生和少数民族代表塔娜(蒙古族)分别获得舞蹈、声乐2项二等奖,受到省民委、文化厅联合奖励。 (唐玉川)

【镇江少数民族同胞支援地震灾区】 2008年,"5·12"汶川特大地震灾害发生后,市民族团结促进会、民族用品企业和民族学校师生捐款99072元,并通过有关部门捐赠灾区同胞。端午节前夕,市民族团结促进会专程前往医院看望在镇江治疗的灾区羌、回、藏族等少数民族同胞,向少数民族伤员送上慰问金及粽子、咸蛋。 (唐玉川)

【镇江与西藏达孜县对口支援取得新成果】 2008年9月,以西藏达孜县委书记孙沛然,达孜县委副书记、县长次仁央宗为团长的达孜县党政代表团一行20人到镇江,共商对口支援、加强合作、共同发展大计,市委市政府向达孜县捐赠300万元。1994年起,镇江市与达孜县结对挂钩、对口支援,先后选派五批16名干部援藏,接收达孜县22名县、乡级干部到镇江挂职学习,为达孜县培训16名医护教学管理人员,规划、建材等部门还派出18名技术人员赴达孜工作。14年来,镇江市从人才、资金、项目等各方面对达孜县给予援助,无偿投入资金总计3000多万元,为当地建成一批标志性工程。 (唐玉川)

【西藏百名中学校长到镇江挂职交流】 为落实国务院"智力援藏"精神,2008年10月7日~12月10日,西藏102名中学校长分3批在镇江市外国语学校、江南学校、三中、四中、江苏科技大学附中和江滨中学等6所初中挂职学习交流，每批学习交流时间为20天，采取分散挂职锻炼和集中学习交流相结合的培训方法。（唐玉川）

【江苏大学清真餐厅挂牌开业】 2008年9月1日，江苏大学清真餐厅挂牌开业。在市政协六届一次全会上，政协委员提案建议高校将“清真”窗口另建成餐厅，为高校少数民族学生就餐提供良好环境。江苏大学投入近60万元，聘请6名回族员工，开办一座600平方米、布局合理、设施完善、具有民族饮食特色的清真餐厅。市政协副主席、江大副校长宋余庆与市民族宗教事务局局长王曙明为清真餐厅授予由江苏省民族事务委员会监制的“清真”标志牌。（唐玉川）

宗教工作

【概况】 2008年，全市宗教活动场所开展“迎奥运创百日安全”活动，确保北京奥运会和残奥会期间宗教活动场所安全稳定。市民族宗教局被市委、市政府表彰为奥运会残奥会期间信访稳定工作先进集体。组织2006年~2007年度模范宗教活动场所评比，16个场所受到表彰。开展“宗教与和谐镇江”主题教育活动。金山寺创建国家5A景区，参与金山文化广场建设并举行第十六届新年祈福撞钟活动。市新基督教堂完成规划选址。4月，市区宗教团体、宗教活动场所向市慈善总会捐款10多万元。5月，全市宗教界为“5·12”汶川地震灾区捐款41.3万元。

4月11日，郭礼荣等市政协领导调研宗教工作，视察金山寺、大西路福音堂、新古润礼拜寺等宗教活动场所，实地查看寺院、教堂建设管理情况，听取场所负责人介绍，听取市民族宗教局领导关于全市宗教工作情况汇报。

10月20日，市民族宗教局召开全市宗教活动场所管理工作经验交流会。金山江天禅寺等16个模范宗教活动场所受到表彰。茅山道院、焦山定慧寺、山巷清真寺、京口区丹徒镇基督教堂四个模范宗教活动场所负责人在会上作经验介绍。

9月27日，省伊斯兰教协会与南师大联办社会学专业自学考试大专班在古润礼拜寺举行开学典礼暨省伊协培训中心在镇江落户仪式。三至五年内，古润礼拜寺将建成江苏宗教教育培训中心、研究中心和会议中心。

11月25日，润州宗教文化研究会正式成立。研究会以“爱国、团结、稳定、服务”为宗旨，力求挖掘、整理、研究、继承、发展和弘扬宝贵的宗教文化艺术遗产，为宗教界有识之士和有志于研究宗教文化艺术和学术人士搭建共同研究探讨平台。来自市、区宗教界和学术界30名代表出席成立大会，润州区民宗局局长王宏平当选会长。

（丁开明 薛龙和 田 军）

【新基督教堂项目协议签订】 2008年3月6日，市基督教两会（三自爱国运动委员会和基督教协会）与丹徒新城管委会举行新基督教堂土地项目签约仪式。根据协议，丹徒新城管委会划拨位于丹徒新城九华山路以西、驸马山庄以东1.33公顷土地给市基督教两会，用以建设总投资为2000万元的市基督教新教堂。

（丁开明）

【台湾法鼓山大陆佛教圣迹巡礼团参访焦山定慧寺】 应国家宗教局邀请，2008年9月24日，台湾法鼓山方丈果东法师率大陆佛教圣迹巡礼团一行60人到焦山定慧寺参观访问。焦山是法鼓山祖庭，两山法乳一脉、因缘殊胜。果东法师一行受到焦山定慧寺住持心澄法师及僧众欢迎。省宗教局局长王军在定慧寺千佛殿会见果东法师一行并互赠礼品。

（丁开明）

【第三次中国道教宫观生态保护论坛在句容举行】 2008年10月27日，由省道教协会主办，陕西省道教协会、陕西省社科院和世界宗教与环境保护基金会协办，句容市茅山道院、陕西省太白山铁甲生态道观承办的第三次中国道教宫观生态保护论坛在句容市举行。来自联合国、英国、丹麦、荷兰的国际代表，全国各地道观道长，有关社会科学专家学者120多人参加论坛。联合国开发计划署、生态管理基金会、世界宗教与环境保护基金会等国际组织官员，全国、省、镇江市宗教局有关领导，中国道教协会会长任法融以及句容市相关领导出席开幕式。联合国开发计划署常务主任、联合国秘书长气候变化小组主席奥瓦·科文博士在开幕式上发表讲话。论坛收到论文21篇，近14万字。3天研讨期间，与会人员就过去几年来对生态道观建设的理论探讨及实践、生态道观的模式、关于中国道观未来7年环境保护行动计划的建议、如何筹备并组织未来道教生态保护论坛以及其他环境保护活动的联系网等7个方面议题进行深入讨论。在29日上午闭幕式上宣读中国道观未来7年（2010年~2017年）环境保护行动计划草案，发表生态道观《茅山宣言》。

（黄爱平 刘 惠）

关心下一代工作

【概况】 2008年12月3日，以市委名义由市委组织部、市关工委、市委老干部局联合召开市加强“五老”（老干部、老专家、老战士、老教师、老模范）队伍建设，做好关心下一代工作联席会议。各辖市（区）委组织部、关工委、老干部局和市文明办、教育局、政法委、司法局、民政局、人事局、文化局、科协、工商局、总工会、团市委、妇联、军分区政治部负责人出席会议，会议形成《关于加强“五老”队伍建设，做好关心下一代工作的意见》，明确建立联席会议协调机制的目的、功能和各职能部门所担负的职责。镇江新区于12月5日召开联席会议，建立协调机制，其他辖市（区）也相继落实此项工作。全市参加关心下一代工作的“五老”及志愿者86229人，比2007年增加19077人，增幅28%。丹徒区“五老”队伍增至2.23万余人，占全区60岁以上“五老”总数的63.7%，其中骨干1.2万余人。

10月14日~15日，省关工委、省教育厅在镇江召开全省高校关心下一代工作经验交流会，省各辖市关工委、教育局和近120所高校代表出席会议。江苏大学、镇江高专等15所高校关工委在会上交流工作经验，江苏大学党委向全省高校党委发出进一步关心和支持关心下一代事业的倡议书，会议代表现场观摩江大关心下一代工作情况。

“5·12”汶川大地震发生后，各地关工委单独或与有关部门联合举办赈灾募捐活动和抗震救灾英模报告会。镇江新区民营经济关工委发动全区民企老板捐出抗震救灾款510万元。全市关工委系统募集抗震救灾款927万元。丹阳市关工委与有关部门在市人民广场举办“庆六一心系灾区、情系未来”广场文艺晚会。

在全省举办的“纪念改革开放30周年，老少同赞家乡巨变”征文竞赛活动中，市各级关工委组织“五老”和青少年撰写征文，7个月内，向省关工委报送各类体裁、题材参赛征文2000余篇。全市194篇征文获奖，其中一等奖12篇、二等奖23篇、三等奖36篇、优秀奖123篇。镇江市关工委获组织奖。市关工委在应征作品中，组织有关专家评选出188篇“好作品”，其中，“五老”组31篇、学生组157篇。

全市各级关工委筹集助学助困资金273.9万元，受助学生达5166名，受助“孤、残、病”青少年儿童1014名。全市9856名留守儿童，其中7542名与“五老”结对帮扶，1563名儿童落实“代理妈妈”。针对全市现有流动儿童（外来务工人员子女）近3100人，占全市中小学生近10%的情况，市关工委组织力量对丹阳、扬中、京口、润州和镇江新区的6所小学、10个社区进行调研，并向市委、市政府呈送调查报告，提出对招收流动儿童较多的学校给予政策扶持和财力支持等改进流动儿童教育管理工作的4点建议。市关工委组织辖市（区）关工委对全市孤、残、弃儿童的生存和教育等情况作普遍调查，向市委、市政府报送调查报告。全年有2982名“五老”参加对失足青少年的结对帮教工作，建立帮教小组618个，接受帮教青少年3517人。

2008年清明节是国家法定放假的第一个清明节，镇江市直各校关工委配合有关部门组织8000余名学生参加祭扫活动，占学生总数的37%。市关工委与市文明办等部门在烈士陵园举行“北固红枫赞”大型诗歌朗诵活动，1500余名大中小学生参加。丹阳市80多所学校组织120余次集体祭扫烈士墓活动，参加师生达3万余人次。丹阳市全州中心小学组织全体学生到岳飞后裔岳霖故居——培棠村岳氏宗祠诵岳飞诗词，唱《满江红》和《精忠报国》。

各地关工委利用暑期组织青少年开展道德教育和实践活动。京口区贺家弄社区关工委联合江大人文学院学生开展“账本细述小康路”主题教育活动，邀请社区内被中央电视台誉为“活账本”的离休干部叶滋荃与青少年学生广泛交流，从提高生活水平的角度，细述改革开放的伟大成就。润州区关工委与镇江实验学校联合组织50多名中小学生参加“童眼看镇江，感受新镇江”夏令营。丹徒区高桥镇安丰村大有圩校外辅导站组织学生逐户调查全圩村民30年前后生活状况，写出调查文章。市关工委关爱青少年校外活动实验中心组织47名小学生（其中流动儿童25名）到南京十月军校举办体验红军长征的军事夏令营。各地关工委发动未成年人参加“学英雄少年、为奥运添彩，做有道德的人”网上签名留言活动，全市有5800余名学生上网签名留言，其中镇江新区1784人。

（莫仲钧）

【加强校外教育辅导站建设】 2008年，市和有关辖市（区）关工委分别组织人员到南京市玄武区锁金村等社区学习以校外教育辅导站为载体，实行学校、家庭、社会三方面教育协调发展的经验。京口区在12个社区进行试点。各地整理或新建一批校外教育辅导站。丹徒区建校外辅导站205个，留守儿童较多的上党镇9个行政村建辅导站37个，从事辅导的“五老”142人，辅导留守儿童近900人。句容市153个村和38个社区，已建辅导站108个，其中边城、郭庄和天王3镇覆盖面100%。镇江市关工委关爱青少年校外活动实验中心联合润州区何家湾小学开办“四点钟学校”，重点对流动儿童开放；丹徒区荣炳盐资源区退休教师吴金川创办的寄宿制辅导站，主要吸收留守儿童辅导。4月底，中央电视台到镇江采访实验中心和吴金川辅导站，5月分两次在该台“聚焦三农”节目中播出。润州区迎江、京口闸、杨家门等社区也先后开办“四点钟学校”；京口区四牌楼街道江一社区利用街道文体中心开办江滨校外校，解决孩子放学后无人管和假日学生无去处等问题。10月30日，市关工委召开全市进一步加强校外教育辅导站建设工作会议，推出在全市试行的《村（社区）校外教育中心辅导站规范建设的基本条件》，会后形成《关于进一步推进校外教育辅导站建设的意见》，市委办、市政府办于11月27日转发各地执行。截至年底，全市建各种校外教育辅导站826个，参加辅导的“五老”5145人，辅导学生66729人。

（莫仲钧）

【开展“迎奥运、颂改革、建设美好江苏”教育活动】 2008年，全市组织三项教育报告团489个，11433名“五老”参与活动，编写教材643篇，受众68.17余万人。市关工委推荐句容作为省关工委三项教育活动联系点。句容市关工委会同天王镇关工委在天王中心小学举行示范性的“我们唱着东方红，走进奥运新时代”主题教育宣讲报告会和“讲文明、树新风、为奥运加油”主题队会，总结推广白兔镇关工委开展三项教育活动的做法。句容市在三项教育活动中，举行宣讲报告会、座谈会、演讲会229场，43960人次参加，组织近1.5万人次青少年做社会调查或参观访问。扬中市关工委组织60多名“五老”宣讲党的十七大精神和改革开放30年成就112场，受众3.85万人次。扬中市就组织“五老”报告团、宣讲团的经验在省三项教育总结交流会上作典型介绍。（莫仲钧）

【学习“科技兴农模范”赵亚夫】 2008年，根据市委《关于在全市开展向赵亚夫同志学习活动的通知》精神，市关工委于8月专门发出通知，要求各级关工委和广大“五老”向赵亚夫学习。句容市关工委在边城、黄梅、郭庄3镇4个贫困村试点，从资金等方面帮助234户引进杭白菊，进行技术指导，落实种植30公顷。该市华阳镇关工委会同有关部门指导成立家禽、草坪、水稻种植等6个经济合作社，其中由钱家边村关工委副主任陈长生领头、40余户参加的家禽养殖合作社全年出售家禽250万只，销售额达3000多万元，户均净收入5万元。该市开发区关工委针对失地青年就业难问题，组织开展失地青年就业技能培训，423人参加培训，420人找到工作岗位。句容市4.2万名农村青年参加各级关工委组织的农业科技培训。镇江市关工委多次利用《简讯》和会议积极宣传推广句容的做法和经验。11月，省关工委常务副主任沙人麟等一行到句容考察。

（莫仲钧）

【“五老”网吧义务监督工作受省表彰】 2008年，全市关工委系统组织920名“五老”担任网吧义务监督员，协助文化、工商等管理部门开展对371家营业性网吧和226家营业性电子游戏机室的监管工作。12月，省文化厅、省关工委召开全省“五老”网吧义务监督工作总结表彰大会，全市22名“五老”被授予“全省优秀‘五老’网吧义务监督员”称号；丹阳市关工委、扬中市关工委、句容市文体局获全省“五老”网吧义务监督工作组织奖。（莫仲钧）

【驻镇江高校第八次“百名教授老区行”活动】 2008年12月14日，江苏大学、江苏科技大学、镇江高等专科学校和江苏农林职业技术学院关工委在丹徒区上党镇上会集镇联合举行第八次“百名教授老区行”系列活动。117名老教授、老专家、老干部和部分在职员工参加活动，向该镇59名特困生发放2.95万元助学款，捐赠3160册人文科技图书和两台风琴，发放种植养殖资料50余种3500余份，为老区人民提供科技、法律、医疗咨询和维修家电、书写春联等各种服务2800余人次。（莫仲钧）

残疾人工作

【概况】 2008年，镇江市残联开拓福利企业集中安置、按比例分散就业、扶持个体创业、劳动力转移、盲人定向就业、扶贫基地吸纳等就业渠道，安排残疾人就业1036名。加大残保金征收力度，促进残疾人就业。城镇残疾人就业率上升到

93%。全年组织552名残疾人参加裱画、服装等培训。全市创办4个省级残疾人扶贫示范基地、8个市级基地,扶贫开发解决温饱475人,农村贫困残疾人危房改造66户。丹阳市开展"光明工程",扬中市政府开展"双联四送",丹徒区80多个单位和部门参加"春晖"行动,扶持2100人,帮助解决资金200多万元,就业40多人。市残联召开组建专题工作会议,县及51个镇(街道)全部完成换届工作。配备残疾人专职委员,完成岗前培训。

筹措资金实施助听、助明、助行,给贫困精神病人免费服药的"三助一给"康复工程。对30名0~6岁聋儿进行抢救性语训。全年实施1800例复明手术。慈善复明行动救助324名贫困白内障患者。推行"新万里行"活动,发放功能性假肢80条。在慈善总会支持下,实施免费给贫困精神病人服药工程,全年惠及1683户家庭。

全市配备训练器械的社区卫生中心161个,培训康复指导员80人,康复员138人,康复室设置率和康复协调员配备率超过80%。接受社区康复服务残疾人9058人。继上年扬中、京口、润州通过省级验收,2008年丹阳市经验收合格,被列为省级社区康复示范区(县)。扬中市申请创建国家级社区康复示范市。

经中央政法委、全国人大法工委、司法部等部门推荐,作为全国8个城市之一,镇江市参与中央电视台特别节目《残疾人保障》,以"12·4法制服务动车组"形式在市一泉宾馆芙蓉楼举办广场论坛。张继钢、金晶及江苏籍残奥冠军,中残联、省残联及市领导等出席。该专题片片长45分钟,12月3日国际残疾人日在全国播放。开展第十八次"全国助残日"及"聋人节""盲人节"等活动。百余篇残疾人事业稿件为市以上新闻媒体采用。组稿选送9篇新闻作品参加全省残疾人事业好新闻评选,其中获电视类一等奖一个,报刊类二等奖一个,摄影类二、三等奖各一个。聋人协会组织活动,自行编辑通讯。

各级残联对780名贫困、脑瘫、可控性精神类残疾人进行重点就业扶持。9月24日,市残联和劳动局举办"金秋残疾人就业专项招聘会",14家单位与160人达成用工意向。

举办第三届残疾人职业技能比赛,各辖市(区)组队50余名选手,参加服装、柳编、电焊、电脑维修等9个大项的比赛。组队参加江苏省第四届残疾人职业技能竞赛选拔赛,在竹编项目中获第一、三名,电焊获第二名,计算机组装获第三名,有3人获新秀奖,在13个省辖市中列团体总分第三。选拔、组队参加全省残疾人游泳锦标赛。全市10名运动员参加集训、比赛。开展特奥示范社区创建活动。组织残疾人参加省盲人象棋、盲人诗歌朗诵大赛,盲人选手史然获朗诵比赛全省第二名。

全市安排3批600辆轮椅的捐赠发放,一是接收中国残疾人福利基金会定向捐赠50辆;二是和世界轮椅基金会合作,为丹阳市捐赠300辆;三是和市妇联合作,接收美国圣徒基金会以贫困残疾妇女儿童为主要捐赠对象的250辆轮椅、250件助行器,价值36.5万元。

(孙　萍)

【支援灾区抗震救灾】 2008年,"5·12"汶川大地震发生后,市、县两级均成立抗震救灾领导小组及办公室,建立工作汇报制度。市残联联合卫生系统成立"中国残联国家康复医疗队江苏分队镇江小分队",快速施行131名从四川到镇江治疗的伤员早期康复干预。在131人中,脑外科伤致残3人、截肢3人、其他致残125人。市残联筹资为其中60名地震伤员装配矫形器25副,配发轮椅48辆,拐杖14.5副。残联调用部分事业基金,筹集康复经费15万元用于配发辅助器具。市残联捐款及党员缴纳特殊党费、残疾人自发捐款共计10500元。

(孙　萍)

【0~6岁残疾儿童抢救性康复工作】 2008年,按照省颁标准与财政部门联系落实50%配套经费,制订方案,选择训练机构,落实康复地点、训练时间。对镇江市第一批省财政补助的152名残疾儿童开展全面康复训练。全年收训聋儿33人,贫困智障儿童训练111人,肢残儿童机构训练44人,进行质量跟踪,确保康复训练效果。分别在江滨医院及丹阳市第二人民医院建成2个脑瘫康复中心。

(孙　萍)

【创建"白内障无障碍市"活动】 2008年,10部门联合下发《镇江市创建"白内障无障碍市"工作意见》。全市将白内障复明手术纳入城乡医疗保险和新农合医疗报销目录,贫困白内障患者手术经费列入政府预算,建立白内障复明手术的长效机制,在2008年目标考核中实行"一票否决制"。丹阳、丹徒、京口、润州年内通过省"白内障无障碍市(区)"验收。对低视力配用助视器58人,盲人定向行走训练47人。丹阳市设立低视力技术指导中心,定点医院及专门的服务店、配镜店。

(孙　萍)

【完成残疾人安养庇护所建设】 2008年5月18日(全国第18个助残日),市级残疾人安养庇护所——"梦溪启聪园"举行揭牌仪式。庇护所选址在靳家巷小学内,总面积近4000平方米。7月,市残联召开全市安养庇护机构建设推进会。丹徒区建立一所爱心农疗站,扬中市建立一个工疗站,至年底已有30多名残疾人试训。"梦溪启聪园"及"丹徒区江心洲爱心农疗站"均通过省级验收,被列为"江苏省残疾人庇护安养示范基地"。残疾人安养庇护机构主要服务于智障、轻度精神残疾人,内有专业的医教人员给予他们生活照料、生存与生活技能、医疗与康复训练,并组织他们参加文化、体育活动和简单的生产劳动,让他们逐步融入社会,与正常人进行交流、沟通。

(孙　萍)

【完善残疾人保障制度】 2008年,针对重残人员各级政府先后出台《无固定收入重残人员生活救助实施办法》。经残联、民政、卫生、财政部门调查核定,全市有持证重度残疾人12355人,其中:城市1798人,农村10557人。已被纳入低保的1314人,其中:城市264人,农村1050人。通过财政预算、残疾人就业保障金、福彩公益金等渠道筹措资金1280.47万元。从2008年1月起,以城市每月280元~330元,农村每月160元~220元的标准,救助无固定收入重残人员5903人。各级政府《城镇医疗保险暂行规定》明确对享受低保、持证的重度残疾人予以财政全额补贴,对自付医保规定费用由医疗救助资金支付50%,并每两年提供一次免费体检。全市93%以上的农村残疾人进入新型农村合作医疗保险。全市276个福利企业,8000余名残疾职工全部参加4个保险。全市参加社会保险11589人。符合低保条件的残疾人实现应保尽保,标准高于最低保障线的15%~20%。丹阳市政府还在《关于进一步改善和保障民生意见》文件中明确对贫困学生的学习补助每学年500元~1000元的标准;对城市低保无房家庭实行廉租住房实物配租制。(孙　萍)

【参与北京残奥会】 2008年,句容盲人运动员许娟及徐国俊入选国家队。在北京残奥会上,许娟所在球队获盲人门球银牌,徐国俊所在球队获脑瘫足球第八名。许娟被省政府记一等功,获省、市"三八"红旗手称号。句容市在徐娟外训期间每天补助20元,丹阳市推荐徐国俊到埤城晶谷特种钢厂上班。市残联还推荐选拔3名优秀女聋人演员参加北京残奥会大型开闭幕式《星星你好》《永不

停跳的舞步》等节目的表演。（孙　萍）

慈善基金工作

【概况】 2008年，市慈善总会本级募集各类资金（含增值）1398.11万元，其中抗震救灾捐款474.7万元，各类救助支出450.1万元，救助3432人次，当年结存448.11万元。截至年底，市本级慈善资金总规模（含认捐）17749万元，账面实际结存资金5862.9万元。全市慈善资金总规模（含认捐）79895.24万元；账面实际结存资金14006.24万元；全年救助支出1358.8万元，救助8168人次。

市、区两级慈善总会联合教育部门，在贫困家庭的大学、高中、职高新生、孤儿学生和市特教中心智障学生中开展“慈善助学圆梦”行动。对贫困家庭大学新生一次性救助入学经费3000元，贫困高中、职高新生一次性救助入学经费1000元；并对小学到大学各个阶段的孤儿学生给予生活费救助，大学孤儿学生每人每年3000元，中小学孤儿学生每人每年2000元，特教学校智障学生每人每年1000元。“圆梦”行动资助375人，支出资金49.1万元。

市慈善总会资助市特教中心一套价值近22万元的进口语音助训设备，帮助聋哑学生恢复听力，学习讲话，经过试训，效果良好。

应镇江市驻四川绵竹市板桥镇抗震救灾指挥组呼吁，对该镇27名受灾贫困大学新生，给予每人3000元的入学费救助，支付慈善资金8.1万元。

市慈善总会与市残联联手实施慈善助残“健行行动”。资助市区低保和低保边缘家庭79名贫困残疾人安装普及型假肢，安装假肢80条（其中一人为双肢），所需12万元资金，全部由市慈善资金支付。

市慈善总会与市残联共同实施慈善助残“复明行动”，对市区100名低保及低保边缘家庭的贫困老年白内障患者施行“复明”手术。所需费用12万元，全部由市慈善资金支付。

年底前，给予市区447名特困对象2000元至3000元的一次性救助，其中，癌症、白血病、肾衰竭患者359人；火灾、车祸等不幸事故遭遇者28人；其他特困对象60人。发放慈善资金98.5万元。

实施特殊、应急性慈善救助。对一些向市领导和慈善机构求助的重病人和其他意外不幸者，调查核实后，对确需救助的，经集体研究及时给予紧急性救助，全年救助65人，支出13.48万元。“六一”儿童节当天，市慈善总会专门看望慰问5名患癌症、白血病的重病儿童，送去节日祝福和救助金。市慈善总会资助市癌症康复中心5万元，为癌症患者提供康复培训和置办必要设备。

年底前，市慈善总会资助京口、润洲、丹徒、新区等四个区每区6万元，共24万元，专项用于慈善超市建设。

配合实施全国和省慈善机构有关救助项目。实施抢救先天性心脏病儿童“心蕊”二期工程。全市调查出患病儿童24名，符合手术条件的10名，分别在省第一人民医院和南京儿童医院接受手术治疗后全部恢复健康。支出医药费27.11万元，人均近3万元，患儿家庭承担10%，其余由省、市和辖市（区）三级慈善总会支付。争取到中华慈善总会支持句容市白兔镇敬老院50万元的房屋修建费，当年实施完毕。完成省慈善总会“情暖江苏”大型慰问活动分配镇江市600户的慰问实施工作，慰问每户大米20公斤、食用油10公升，总价值12万元。分发省慈善总会下拨的20万元新建慈善超市扶持款。（薛文婷）

【抗震救灾捐款】 2008年，“5·12”汶川大地震发生后，市慈善总会在第一时间启动抗震救灾捐款机制，及时公布抗震救灾捐款热线和账号，并率先从市慈善资金中向地震灾区捐款20万元。市慈善总会与市广电总台、镇江浙江商会、镇江台资企业协会联合举办“镇江人民情系汶川”大型广场义演晚会，与镇江商业城联合举办“情系地震灾区”义卖活动，与镇江高等专科学校大学生志愿者联合举行“镇江人民与汶川人民心连心”广场募集活动。全市慈善机构会同民政部门募集抗震救灾捐款7159.77万元，捐物折合人民币1585万元；其中市慈善总会单独接收捐款472.7万元。捐赠款物全部及时用于抗震救灾。（薛文婷）

【爱在镇江·慈善一日捐】 2008年4月，在市区开展“2008爱在镇江·慈善一日捐”活动。市委、市政府直接推动，市四套班子领导带头捐款。市慈善总会会同市级机关工委等八个部门单位，发出开展“慈善一日捐”活动倡议，市慈善总会主要负责人作“慈善一日捐”活动的电视讲话。市委宣传部和市各新闻单位对“慈善一日捐”活动展开强势宣传。截至5月上旬，市区“慈善一日捐”活动募集善款974.63万元，其中市本级374.63万元，所有善款均用于慈善救助。（薛文婷）

【《镇江市慈善资金助医办法》出台】 2008年6月，市慈善总会会同市医改办、民政、卫生、财政、医保、医保结算中心等部门单位联合出台《镇江市慈善资金助医办法》，自7月1日起在市区范围内实施。慈善助医办法与医疗保险、医疗救助紧密接轨，在市区确定6家慈善救助医院（第二人民医院、第四人民医院、京口区人民医院、润州区人民医院、丹徒区人民医院、第一人民医院镇江新区分院），另设第三人民医院传染病科为慈善专科，规定凡参加市城乡居民合作医疗保险的城乡低保人员、市总工会确定的特困职工、农村五保对象、六十年代精简下放职工、民政集中供养的孤残人员等6种对象，发生大病到慈善医院住院治疗，先享受惠民医院“五免五减半”政

2008“圆梦”行动慈善助学金首发仪式　　（甘培华）

策，入院预付金按50%缴纳，发生的政策内住院费先按合作医疗保险规定报销应报部分，然后由政府医疗救助60%，剩下部分再由慈善资金救助60%。该项救助措施覆盖困难群众2万人，年需要支出资金约300万元，由市、区两级慈善总会按六四比例分担。

对癌症、肾衰竭病人在门诊化疗、血透个人负担的制度内医药费救助60%。实施半年，有115人次享受受慈善助医待遇，救助医疗费7.06万元，人均613元。最多一人受助2720元。

（殷建容　薛文婷）

【开展认捐活动】 2008年，市索普、恒顺、船山、金东、奇美、焦化、韦岗、太白、城投、亚东置业、谏壁发电、镇江发电、交投、水投14家认捐企业向市慈善总会缴纳当年捐款580万元。镇江商业城连续两年每年捐赠10万元。辖市（区）慈善资金规模增加：丹阳市当年认捐3亿元，当年实际到账资金1100万元；扬中市认捐8520万元，镇江新区认捐5990万元，京口区认捐款4500万元。（薛文婷）

人民生活

【概况】 2008年，全市居民收入不断增加，人民生活继续改善。全市在岗职工平均工资30958元，增长14.5%，其中：市区34530元，增长13.4%；丹阳市27602元，增长15.4%；扬中市27097元，增长17.9%；句容市25500元，增长15.5%。在全市在岗职工平均工资中：企业单位26341元，增长13.5%；事业单位38813元，增长17.1%；机关单位53633元，增长19.0%。

据200户城市家庭抽样调查显示：2008年，城市居民人均可支配收入19044元，比上年增长13.5%；人均消费性支出为12218元，比上年增长1.7%。其中：食品类支出4931元，增长6.7%，占比重40.5%；衣着类支出1126元，增长9.2%，占比重9.3%；娱乐教育文化服务类支出1769元，下降7.8%，占比重14.5%；家庭设备用品及服务类支出1011元，增长33.1%，占比重8.3%；医疗保健类支出667元，增长2.5%，占比重5.5%；交通与通讯类支出880元，下降42.8%，占比重7.2%；居住类支出1293元，增长31.7%，占比重10.3%；杂项商品及服务类支出541元，增长35.5%，占比重4.4%。

据580户农村家庭抽样调查显示：2008年，农村居民人均年末住房面积47.92平方米，人均拥有住房价值24539元。农村居民人均纯收入8703元，比上年增长13.5%，农村居民人均生活消费支出6580元，比上年增长12.6%。其中：食品类支出2585元，增长12.3%，占比重39.3%；衣着类支出430元，增长10.6%，占比重6.5%；居住类支出774元，增长16.9%，占比重11.8%；家庭设备用品类支出394元，增长17.8%，占比重6.0%；交通和通讯类支出764元，增长14.0%，占比重11.6%；文化教育娱乐类支出1106元，增长11.0%，占比重16.8%；医疗保健类支出407元，增长17.8%，占比重6.2%；其他商品和服务类支出120元，下降15.9%，占比重1.8%。（吕联泰）

2008年城市每百户居民家庭耐用消费品拥有量一览表

表33-1　　单位：每百户拥有量

品　名	单位	年末拥有量
家用汽车	辆	5.0
摩托车	辆	16.0
助力车	辆	64.5
洗衣机	台	106.0
电冰箱	台	102.5
彩色电视机	台	174.0
家用电脑	台	75.5
组合音响	套	26.0
摄像机	架	8.5
照相机	架	45.5
钢　琴	架	3.0
其他中高档乐器	件	10.0
微波炉	台	97.0
空调器	台	165.0
淋浴热水器	台	95.0
消毒碗柜	台	8.0
健身器材	套	4.5
移动电话	部	169.5

注：本表根据对200户家庭抽样调查资料统计。

（吕联泰）

2008年农村每百户居民家庭耐用消费品拥有量一览表

表33-2　　单位：每百户拥有量

品　名	单位	年末拥有量
洗衣机	台	87
电冰箱	台	82
空调机	台	90
抽油烟机	台	30
吸尘器	台	4
微波炉	台	43
热水器	台	82
#太阳能热水器	台	77
自行车	辆	172
#电动自行车	辆	61
摩托车	台	65
汽车（生活用）	台	4
固定电话机	部	100
移动电话	部	165
#接入互联网的	部	7
彩色电视机	台	153
#接入有线电视网的	台	131
黑白电视机	台	12
#接入有线电视网的	台	7
摄像机	台	2
影碟机	台	51
照相机	架	12
家用计算机	台	29
#接入互联网的	台	23
中高档乐器	件	1

注：本表根据对580户家庭抽样调查资料统计。（吕联泰）

【城市居民家庭居住条件状况】 据城市居民每百户抽样调查显示，居民住房成套率达84.5%，人均住房建筑面积34.2平方米。每百户城市居民家庭按建筑面积分：人均8～12平方米2户，人均12～16平方米1.5户，人均16～20平方米6户，人均20～24平方米14户，人均24～28平方米11.5户，人均28～30平方米3.5户，人均30～35平方米18户，人均35平方米以上家庭43.5户。按房屋产权分：租赁公房和租赁私房户占5.5%、自有房户占94.5%。居民无卫生设备户数占3.0%，有厕所无浴室户数和使用公用卫生设备户数占7.5%，浴室与厕所齐全户数占89.5%。家庭拥有空调设备户数占89%，使用管道天然气户数占73%，家庭电话普及率99%。（吕联泰）

辖市（区）

责任编校：傅雪元

丹阳市

【概况】 全市总面积1047.44平方公里，耕地面积5.548万公顷。辖13个镇、1个开发区和1个练湖管委会，有54个居民委员会和224个村民委员会。2008年年末总户数288016户，总人口80.65万人，其中非农业人口20.03万人。全年共完成地区生产总值425.45亿元，增长13.4%；人均7713美元，增长15.1%。财政总收入55亿元，增长32.5%，地方财政一般预算收入突破20亿元，增长20%。社会消费品零售总额110.79亿元，增长24.5%。城镇居民人均可支配收入1.87万元，增长12.6%。农民人均纯收入9070元，增长12.6%。物价综合指数累计比为105。

全市工业总产值达1013亿元，增长21.9%。实现工业销售885.91亿元、增加值201.3亿元、利税67.36亿元，分别增长24.7%、18.7%、21.4%。新增定报企业312家、亿元企业13家、10亿元企业3家。组织实施各类科技项目386项，其中，国家星火计划2项、火炬计划4项，省重大科技成果转化项目3项、科技支撑计划项目6项，共获扶持资金4314万元。48个重点科技项目被列为市"三大计划"支持项目，获扶持资金2770万元。新认定国家级高新技术企业15家、高新技术产品6项，高新技术产品销售收入达180亿元，增长40%。鱼跃医疗成为全市第六家上市企业。新获国家级品牌12件，累计达44件，品牌贡献率列全省县（市）第四位。国家级车辆灯具检测重点实验室落户丹阳。丹阳被命名为"中国桅灯出口基地""中国眼镜出口基地"和"省五金工具产业集聚监管示范区"。眼镜产业集群入选2008年度全国百佳产业集群。

全市粮食生产连续五年丰收，总产量达45.63万吨。"三资"投入农业9.16亿元，新增高效农业面积4166.67公顷，高效农业比重比上年提高7.7个百分点。复垦整理土地1753.33公顷，新增耕地163公顷，改造中低产田1066.67公顷，开发区撇洪西河、通济河填塘固基、舟山水库除险加固等一批防洪抗旱工程全面完成。新建新农村集中式农民安置小区26.7万平方米。新增农民专业合作、土地股份合作、社区股份合作组织78个，流转土地10553.33公顷。新增省级名牌农产品1个，新认定无公害农产品5个、绿色食品1个。安排专项资金1.43亿元，推进农村新五件实事，其中开展农村劳动力转移技能培训8200人、实用技术培训2.41万人、创业培训1200人；新（改）建农村公路84公里；疏浚河道150公里、清淤村庄河塘810个；新增农村无害化卫生户厕1.52万户，普及率达95.3%。

全年实现三产增加值152.45亿元，增长14.0%，占GDP的35.8%。三产投入31.5亿元，增长23%。设立以1000万元为基数、年递增10%的现代服务业发展引导基金。中国眼镜城被列为首批省级服务业集聚区，省重点服务业项目森林国际家居城（一期）及锦豪国际大酒店全面开业，欧尚超市、九里季子庙（二期）等一批现代服务业重点项目加快建设。新增贷款44.9亿元。全省首创天工惠农小额贷款公司成立运行。

全年完成全社会固定资产投资143.83亿元，增长23.4%，其中工业性投入108.47亿元，增长23.1%。全年组织实施内资5000万元以上、外资1000万美元以上项目113个，其中沃得高性能冲床、天工高速钢薄板精锻、双峰医药玻璃等一批重大项目建成投产，恒神碳纤维、飞达中板（二期）、大力神热镀锌板、绿叶循环硫化床锅炉等一批重大项目进展顺利。

全年成功举办"百日招商"、金秋经贸洽谈会、"温州客商丹阳行"等重大招商活动。加拿大专业人士创业基地、国际生物工程科技创业园等一批高新技术孵化器建成使用。实际利用外资2.26亿美元。完成进出口总额15.81亿美元，增长29%，其中出口13.51亿美元，增长30.5%。完成外派劳务合同额1504万美元，增长46%。新派出国劳务757人，增长30.5%。实际利用市外民资68.22亿元，新增私营企业805家、个体工商户3414户、注册资本18.70亿元。

丹阳市经济开发区入选"长三角最具投资价值开发区"行列。实现工业销售170亿元，实际到账外资1亿美元，分别占全市总量的19.5%、44%。启动实施北部10平方公里产业集聚区建设，基础设施投入13亿元，基本形成主干道路框架。云阳高新区总投资2亿美元的庆翔半导体项目成功落户。各镇、练湖工业集中区完成基础设施投入7.5亿元，建成标准化厂房38万平方米。

全市创建国家卫生城市通过国家级考核验收。创建国家环境保护模范城市通过省级考核。创建省园林城市通过省级调研。新增绿地面积6.8万平方米，城区绿化覆盖率达40.8%。6个镇级污水处理厂及全市各镇配套收集管网工程全面开工。开发区污水处理厂、石城污水处理厂除磷脱氮改造工程顺利竣工。全面关闭境内采石宕口，关闭小化工企业24家、小砖瓦窑厂13家。万元地区生产总值能耗下降4.5%。二氧化硫、化学需氧量排放总量分别削减795吨、263吨。成功创成国家级生态示范区。

全市编制《城乡统筹发展规划》《城市地下空间开发利用规划》《中心城区发展战略规划》《城市道路网规划》以及590个新农村集中居住点规划。制定出台《重点工程建设项目管理办法》。京沪高铁、沪宁城际(丹阳段)建设全面启动。市行政中心、会展中心、奥体中心、兰陵路拓宽,以及241省道和122省道(城区段)拓改、丹茅路、振兴路、庆丰路建设和苏南运河“四改三”(陵口先导段)整治、城北护城河整治、市区123幢无物管楼房改造等一批工程基本竣工。区域供水、污水处理、老垃圾填埋场、北二环西延、齐梁路改造、沪宁铁路丹阳货场搬迁等重点工程加快推进。

全年新增城镇就业9200人,转移农村劳动力1.3万人;新建经济适用房1.6万平方米;全面实施江心洲(丹阳)取水口工程,已完成施工量的40%;投资7250万元,全面启动职教园建设;全面完成城乡数字有线电视整体转换工程,用户达23.4万户;全面建设农村社区卫生服务站达标工程,共建成152个,达标率100%;实施全市村级老年活动中心达标工程,共建成231个,达标率100%;开展慈善冠名基金募集工作,募集基金达3.17亿元;认真实施食品药品安全工程,通过省级农村药品“两网”示范市验收,省食品安全示范市及放心消费城市创建工作扎实推进。

全年征缴社保基金5.2亿元,征缴率达98%。企业养老、医疗、失业保险参保人数分别净增1.08万人、1.5万人、2000人。农村社会养老、合作医疗保险参保人数分别净增5716人、2000人。出台《关于进一步做好“零就业家庭”就业援助工作的意见》等优惠政策,城镇登记失业率控制在2.85%。健全失地农民保障机制,共有2.8万人纳入被征地农民基本生活保障,全年累计发放保养金5.4亿元。城乡低保标准分别提高至每月330元、220元,实现应保尽保。“五保”集中供养率达70.4%。以助医、助学、助困、助残为重点,为2927名困难群众发放慈善救助金261万元。开展“挂镇、帮村、扶户”结对帮扶工作,茅山老区发展步伐加快。募集3615.8万元,支援四川地震灾区。

全市提高公共财政支出比例,安排财政支出10.09亿元,增长28.7%,高于地方一般预算支出9.4个百分点。市被评为省幼儿教育先进市和省实施素质教育先进市。普通高考本科录取人数占总人口比重达4‰。市职教中心通过省四星级考核验收。与中科院合作,打造文化科技产业园。南朝陵墓石刻遗址保护规划获国家文物局批准。人口计生工作被评为省示范市。信息化工作被评为中国城市信息化50强。史志工作获省先进集体优秀奖,《丹阳年鉴(2007)》获第四届全国年鉴编校质量检查评比一等奖。

全市创新“五五”普法教育,建成国家级民主法治村1个,省级11个。深入创建“平安丹阳”,实现了省社会治安安全县(市、区)“六连冠”目标。

(史志办)

【组织机构及领导成员名单】

中共丹阳市委员会

书　记　李茂川
副书记　王常生
　　　　聂刚健
　　　　过利平(2008-03~　)
常　委　陈步荣(　~2008-02)
　　　　张仁海　沈岳方
　　　　马耿良(　~2008-01)
　　　　许　文(2008-01~　)
　　　　刘正泰　周爱仙(女)
　　　　李　刚(　~2008-01)
　　　　白连生

丹阳市人大常委会

主　任　冷书成
副主任　陈步荣
　　　　金国平　韩效平
　　　　刘云珍(女)

丹阳市人民政府

市　长　王常生
副市长　张仁海　马耿良
　　　　张红娣(女)
　　　　王金祥　李　刚　任剑平
市长助理　张刘苟(2008-01~　)

政协丹阳市委员会

主　席　王　健(女)
副主席　徐三保
　　　　李金连　荆国南
　　　　刘友群(女)
　　　　徐　翔
　　　　钱留梅(女)
　　　　杨志峰

中共丹阳市纪律检查委员会

书　记　陈步荣(　~2008-01)
　　　　许　文(2008-01~　)

丹阳市人民法院

院　长　姚　强

丹阳市人民检察院

检察长　朱　毅

2008年丹阳市乡镇主要党政领导名单

表34-1

乡镇	书记	镇长
司徒镇	赵立群	孙国林
延陵镇	李忠法	盛嘉华
珥陵镇	曾金森	聂美红
导墅镇	蒋兆祥	张荣海
皇塘镇	林丹如	荆锁枚
吕城镇	赵丹心	黄锁荣
陵口镇	徐国庆	殷　军
访仙镇	符卫国	吉士英
新桥镇	符红海	杨文军
界牌镇	王东良	汪　涛
后巷镇	沈留海	丁耀斌
埤城镇	吴国庆	王　华
云阳镇	任剑平	戈光华
练湖管理区	刘宝祥	朱林荣

(史志办)

【丹阳举行撤县设市20周年庆典暨经贸洽谈会】　2008年10月28日,丹阳举行撤县设市20周年庆典暨金秋经贸洽谈会。原总后勤部政委和全国人大法工委副主任周坤仁上将,全国人大环境资源委员会委员姜云宝,总后勤部军需部部长周林和,原北京理工大学校长、两院院士王越,中央党史研究室副主任李忠杰,中国交通集团董事长周纪昌,原江苏省人大常委会副主任方之焯,镇江市委书记许津荣,淮安市委书记刘永忠等应邀出席。

(史志办)

【丹阳成为中国眼镜出口基地】　2008年10月29日,丹阳“中国眼镜出口基地”揭牌。万新光学和东方光学两企业也被授牌为“中国眼镜出口基地企业”。丹阳是世界上最大的镜片生产基地和亚洲最大的眼镜产品集散地,拥有662个眼镜企业,镜架产量占国内1/3,镜片产量占国内70%,占全球50%,并获得“中国眼镜产业基地”称号,2006年“国家眼镜产品质量监督检验中心”落户丹阳。中国轻工工艺品进出口商会与丹阳市政府共建中国眼镜出口基地,以进一步发挥丹阳眼镜产业的规模优势,将丹阳建成为全国眼镜产业的示范基地。

(史志办)

【丹阳入选中国城市信息化50强】　2008年5月27日,由亚太地区城市信息化合作办公室和中国计算机用户协会共同举办的中国城市信息化50强评选活动落下帷幕,丹阳市入选“中国城市信息化50强”。

(史志办)

【丹阳入选中国特色魅力城市】 丹阳市入选"2008 年度中国特色魅力城市200 强",江苏省入选城市有 16 个,排名分别为:南京、苏州、无锡、常州、徐州、扬州、南通、连云港、淮安、盐城、昆山、泰州、常熟、丹阳、张家港、宜兴。中国特色魅力城市 200 强,由世界著名品牌大会主办机构世界品牌组织、美中经贸总商会和环球城市电视台世界城市研究中心联合推选。 (史志办)

【丹阳眼镜入选"中国百佳产业集群"】 2008 年 11 月,中国社会科学院工业经济研究所公布"2008 中国百佳产业集群"的获选名单,丹阳市的眼镜产业集群名列其中。此次是继 2007 年"中国百佳产业集群"首次评选后的第二届评选,评选在严格遵照首届数十项评选指标的基础上,还增加地域品牌形象、政府推动力、集群的独特性、集群的集聚密度、产业链互补功能、集群创新能力等多项指标。 (史志办)

【丹阳列中国县域商标百强县第 18 位】 2008 年 11 月,《中国工商报》发布"2008 年县域商标发展 TOP100 名单",丹阳市名列第 18 位,在江苏省上榜的 21 个县级市中名列第 5 位。截至 2008 年 6 月 30 日,丹阳市共拥有注册商标 4668 件;中国驰名商标 4 件(不含司法认定的驰名商标),分别是"堂皇"床单、"万新"眼镜、"飞达"钻头、"鱼跃"医疗设备;江苏省著名商标 49 件。 (史志办)

【新桥后巷跻身全国乡镇综合实力 500 强】 2008 年 12 月,"2008 中国乡镇综合实力 500 强"名单揭晓,丹阳市新桥镇和后巷镇名列其中,分别排在第 174 位和第 249 位。此次中国乡镇综合实力 500 强是由中国社会工作委员会乡镇委员会组织,根据乡镇综合实力,由相关部门和专家评定产生的。 (史志办)

句容市

【概况】 全市总面积 1385 平方公里,其中耕地面积 46985 公顷。年末常住人口 61.23 万人,比上年增加 0.07 万人。年末户籍总人口 57.82 万人,比上年减少 0.05 万人。有 31 个少数民族。辖 10 镇、1 个省级经济开发区、3 个旅游风景区管委会、14 个农林场圃,以及 38 个社区居民委员会、153 个村民委员会。

2008 年,全市按照"决胜小康、加速赶超"目标,推进"五大板块"建设,改善民生,经济社会呈现又好又快发展。全年实现地区生产总值 180.20 亿元,按可比价计算,比上年增长 12.8%。其中:第一产业增加值 14 亿元,比上年增长 4.1%;第二产业增加值 106.63 亿元,比上年增长 12.7%,其中工业增加值 99.51 亿元,比上年增长 12.9%;第三产业增加值 59.57 亿元,比上年增长 15.4%。经济结构进一步优化,第三产业发展较快。二三产业增加值占 GDP 比重 92.2%,比上年提高 0.2 个百分点,三次产业结构由上年的 8 : 59.8 : 32.2 调整为 7.7 : 59.2 : 33.1。实现财政总收入 22.5 亿元,比上年增长 32.1%;其中:一般预算收入 9.5 亿元,比上年增长 26.6%。完成全社会固定资产投资 89.99 亿元,比上年增长 23.1%;社会消费品零售总额 51.24 亿元,比上年增长 21.1%;外贸出口总额 2.78 亿美元,比上年下降 15.5%。城镇居民人均可支配收入 18473 元,比上年增长 14 %。农民人均纯收入 8003 元,比上年增长 14.6%。全市城镇、农村居民人均生活消费性支出分别比上年增长 26.2% 和 14%,人均住房面积分别为 38.2 和 41 平方米。

全年实现农业现价总产值 25.72 亿元,比上年增长 14.5%。粮棉油产量两升一降,粮食总产量 30.55 万吨,增长 2.3%;棉花总产量 0.16 万吨,比上年下降 22.8%;油料总产量 3.91 万吨,增长 10.8%。养殖业形势明显好转,全市生猪出栏量 1.5 万吨,增长 5.5%;家禽出栏量 246 万羽,增长 9.2%;水产品产量 2.25 万吨,增长 10.4%。年末拥有农业机械总动力 44.8 万千瓦,增长 3.7%。

2008 年新增高效农业 4666.67 公顷,其中设施农业 1466.67 公顷,后白、茅山、白兔等农业基地连片开发超 666.67 公顷。新认定农业龙头企业 17 家,新成立农民经济合作组织 47 家,带动农户 2.1 万户。完成长江提水站、10 座小水库除险加固、天王翻水站改造主体工程和老便民河水利血防工程,整治村庄河塘 237 座,疏浚河道 23.2 公里,改造中低产田 1933.33 公顷。实施耕地复垦项目 56 个,新增耕地 212.73 公顷,盘活存量土地 295.93 公顷,获"省土地

表 34-2

2008 年丹阳市各镇(区)经济社会发展基本情况一览表

镇(区)名称	土地面积(平方公里)	耕地面积(公顷)	户籍总人口(人)	地区生产总值(亿元)	财政收入(万元)	到账外资及港澳台资(万美元)	外贸进出口总额(万美元)	农民人均纯收入(元)	参加农村社会养老保险(人)
司徒镇	121.29	6481	60828	23.07	28062	705	9715	7420	–
延陵镇	115.43	6306	67015	16.0	10444	375	4161	7388	24500
珥陵镇	83.71	4628	52053	11.75	7603	139	1180	8138	19400
导墅镇	80.56	4859	50582	23.19	12516	225	1579	8900	14500
皇塘镇	80.54	4216	57961	26.06	19065	499	7411	9520	42410
吕城镇	67.89	4035	51051	22.64	22441	93	5054	9670	12900
陵口镇	64.45	3809	45373	12.50	6219	185	2577	8766	14951
访仙镇	73.84	4286	51777	15.52	13806	384	4035	8108	22001
新桥镇	26.18	1205	31129	23.64	23181	584	2760	15050	–
界牌镇	23.71	970	40496	28.51	21749	369	4862	16200	12000
后巷镇	63.87	2484	53243	60.34	45721	4523	37719	12429	–
埤城镇	73.22	3258	37264	22.94	15776	858	9044	7680	–
云阳镇	103.1	5133	96462	41.13	43351	3941	16532	9300	13278
练湖管理区	18.35	569	8390	8.21	6506	412	1438	10050	–

(尹宏蔚)

执法模范市”创建工作先进单位。完成省级生态公益林调整1000公顷，森林覆盖率达25.3%。

2008年完成工业投入70亿元，比上年增长29.6%。规模以上工业实现增加值91.45亿元，销售收入366.66亿元，利税24.25亿元，比上年分别增长18%、29.7%、26.9%。新增定报工业企业138家。成立句容市首家省级高层次人才创业园，新引进本科以上人才472人，3个创新创业人才引进项目获得省级专项资助；创成省级工程技术中心2家、高新技术创业服务中心1家。新认定国家级高新技术企业6家、省级以上科技项目14个、产品17个，创成省级以上名牌4个，授权专利385件，高新技术产业产值翻番。

全年实施72项重点工程，财政直接投资12亿元。新开工500万元以上工业项目63个，总投资67.9亿元，其中超千万元项目61个，超亿元项目14个。华电火力发电项目快速推进，大全铁路电气一期、久维压力容器项目竣工投产，立成强机械、宝华动力电源等7个项目主体工程封顶，巨宝科技、毅马五金、美尔顿车业等重大项目开工建设。全年新批工商注册外资企业28家，注册利用外资2.73亿美元，实际利用外资2.54亿美元，比上年增长49%，总量、增幅均居镇江辖市第一。开发区实际利用外资占全市比上升到53.8%。新建西五环、崇明路西延等园区道路10公里，供电、供气、绿化等配套设施同步到位，黄金花园安置小区一期交付使用。临港工业集中区建设全面铺开，长江花园安置小区封顶，建成华电路、建华路等4条区间道路，拉开“四纵二横”园区框架。宝华新城建设推进，仙林东路建成通车，11条市政道路开工，给排水、天然气、数字电视等配套设施加速完善。南部旅游板块投入2.5亿元，建成东进路、大茅路、盘山公路、句曲中路等旅游配套设施。空港新区编制核心区总体规划和园区控制性规划，完成6平方公里园区拆迁。全年新批民营企业800家、个体工商户4500户，合计新增注册资本26.5亿元。

全年接待国内旅游者430万人，比上年增长22.4%；国内旅游收入25亿元，增长25%。接待海外旅游者17.89万人，年增长6.7%。旅游外汇收入1.35亿美元，增长4.63%。有星级饭店6个，星级饭店客房总数295间。编制全市乡村旅游总体规划，成功举办茅山旅游文化节、宝华泡山节等特色节庆活动。实施区划调整，理顺茅山风景区管理体制，建成道教文化广场、喜客泉等新景点；宝华山完成南坡路拓宽、杨柳泉村改造工程，新开辟2家旅游纪念品市场；赤山湖开发概念规划通过初审。深入开展“万村千乡”工程，新增农家店126个、配送中心2个。

全年公共财政用于民生的投入占一般预算收入11.5%。全面小康25项指标达到省定目标值，通过省级调研和民意调查。开展“脱贫攻坚、决胜小康”活动，30个经济薄弱村开工建设各类项目272个，完成投入4785万元；吸纳各类资本4600万元，兴办农业示范园及工业项目22个，带动农户3.1万户，农民人均增收1200元，高出全市平均水平300多元，村级集体经济收入平均提高3万元。

全年培训农村劳动力8239人、下岗失业人员5638人，提供就业岗位1.2万个，转移农村劳动力1.6万人，实现失业人员再就业2023人，城镇登记失业率控制在3%以内。成功举办首届“政银农”合作恳谈会，累计发放各类小额创业贷款1930万元，扶持种养大户2374户，实现自主创业8309人。企业养老保险扩面新增1.3万人，城镇职工养老、医疗、失业三大保险参保率分别达到97.6%、97.8%、95.9%。医保“惠普工程”深入推进，新农合参保率100%，大病保险报销比例上调10个百分点，最高补偿标准上调至6万元。城乡低保标准分别提高到每人每月330元和220元；农村五保户集中供养和分散供养标准分别提高到每人每年2600元和2200元；救助无固定收入重残人员482万元，发放城区低保家庭廉租房补贴，2万平方米经济适用房主体工程竣工，投入360万元改造农村危房200户。

宁杭高速、243省道、沿江高等级公路句容段和茅延公路建成通车；122省道句容段一期路基工程完工，沪宁城际、京沪高铁句容段征地拆迁任务完成。全年新建农村道路155公里，改造县乡道路37公里，改建农村桥梁86座。建成河滨南路、福地路东延、学府路一期工程，改造建设路、文昌路、府东巷等城区道路及5条道路路灯。句容湖引水工程竣工，宝华镇用上南京自来水，下蜀镇接受镇江区域供水。市区和宝华镇接通管道天然气。建成天王垃圾填埋场一期工程，全市生活垃圾实现集中收集、集中处理。完成玉清河、杜家山水系活水工程，北山水库溢洪河城区段防洪工程及句容河橡胶坝主体工程。完成110千伏福地变、和平变，220千伏龙华线等15条电网新改建工程。启动国家生态市创建工作，完成生态市、环境优美乡镇规划报批。关停化工企业6家、轧石企业80家、选矿企业6家，治理污染企业31家，否决污染项目9个，新增清洁生产达标企业8家。实施40条城市道路绿化改造工程，城区新增绿地30万平方米。

全市教育现代化省定16项创建指标全面达标。农村义务教育阶段学校债务全部化解，发放困难学生生活补助43万元、高中生助学金594万元、生源地信用助学贷款153万元；市人民医院病房大楼二期开工建设，宝华卫生院完成整体搬迁。创成省级计划生育“世代服务”中心4家，发放计划生育奖扶金141万元。“秦淮花灯”被列入国家级非物质文化遗产保护名录，华阳洞摩崖石刻被列入省级文保单位，承办省第六届农民运动会。慈善捐赠月募集善款1150万元，救助困难群众767人次；支援灾区抗震救灾，各界捐赠达1106万元。成立镇江市首家“农民工法制学校”。出台开发区和重点工业园区减免收费办法，108项即办事项入驻行政服务中心。开展治理商业贿赂行动，全年完成各类审计项目103项，核减工程造价1.43亿元。 （丁 阁）

【组织机构及领导成员名单】

中共句容市委员会

书　记　童国祥
副书记　尹卫东
　　　　孙昌桂(女)
常　委　杨庆荣(　~2008-01)
　　　　商　震
　　　　朱建禾
　　　　胡培红(女，　~2008-12)
　　　　王永京(2008-12~　)
　　　　张映桥
　　　　章壮钧(2008-01~)
　　　　秦德明
　　　　张德军
　　　　张宇轩

句容市人大常委会

主　任　童国祥
党组书记　杨庆荣
副主任　杨庆荣
　　　　郭道贵
　　　　易立富
　　　　王良言
　　　　吴小香(女)

句容市人民政府

市　长　尹卫东
副市长　商　震
　　　　高庆华
　　　　周春芳
　　　　王　琴(女)

石继纲
彭良豪
市长助理　陆金火（2008－01～　）

政协句容市委员会

主　席　王远根
副主席　徐之宝
黄　培
王　林
谢荣洲
倪定胜
王道银（女）

中共句容市纪律检查委员会

书　记　胡培红（女，　～2008－12）
王永京（2008－12～　）

句容市人民法院

院　长　卜士凡

句容市人民检察院

检察长　毛康林

2008年句容市乡镇主要党政领导名单

表34-3

乡　镇	书　记	镇　长
华阳镇	蔡家红	王素俊
黄梅镇	侯华锋	桑学军
宝华镇	陈善乐	嵇晓群
下蜀镇	王吉武	刘冬友
边城镇	张广新	周　俊
白兔镇	孙卫军	查兆娣
郭庄镇	徐胜宝	纪文华
后白镇	王大金	周奇恒
天王镇	陈建业	徐龙喜
茅山镇	金　伟	高志祥

（丁　阁）

【句容建成省定全面小康社会】 2008年，句容全面小康四大类18项25条指标全部达到省定目标值，顺利通过省级调研。12月21日，通过省民调中心组织的小康满意度电话调查。（丁　阁）

【句容开展脱贫攻坚帮扶活动】 2008年，全市开展以"脱贫攻坚、决胜小康"为主题的帮扶活动。把农民人均纯收入低于全市平均水平、村级集体经济收入低于10万元、有发展资源和潜力的30个村作为帮扶对象，利用三年时间脱贫致富。截至年底，30个经济薄弱村编制完成发展规划，选择相应的产业发展项目，道路建设、塘坝改造、河塘疏浚等基础设施工程快速推进。（丁　阁）

【句容建成全省第一家农民专业合作社】 2008年12月18日，"赵亚夫农产品专业合作联社"（以下简称联社）正式成立。联社由农业科技专家、央视2007年度全国十大三农人物赵亚夫发起，市供销合作总社、天王戴庄有机农业专业合作社等和全市700余家农户联合组建。这是全省第一家合作社再联合、入社农民再入社的农民专业合作联社。（丁　阁）

【句容"五大板块"建设全面启动】 2007年12月，句容市提出"五大板块"（省级经济开发区、宝华新城、临港工业集中区、郭庄道口板块、南部旅游板块）建设的发展战略，全面对接南京、承接南京辐射。2008年，"五大板块"先后编制高标准规划，实施72项重点工程，财政直接投资12亿元，建设规模和工程投入为历年之最，五大板块集聚效应初步显现。（丁　阁）

【句容评选首届十大创业之星和十佳新人新事】 2008年1月，句容市首届2007年度十大"创业之星"和精神文明建设"十佳新人新事"评选活动启动，经过基层推荐、组织初选、媒体公示、市民投票、评委审定等程序，评选产生丁家林等十大"创业之星"；热心公益的青年企业家应军等十人被评为句容市首届精神文明建设"十佳新人新事"。（丁　阁）

【句容承办江苏省第六届农民运动会】
（参见第272页）（丁　阁）

【句容举办第三次中国生态道观论坛】 2008年10月27～29日，在句容市举行第三次道教宫观生态保护论坛，联合国和英国、丹麦、荷兰等国的代表，全国各地道观道长，有关社会科学专家学者120余人参加论坛。联合国开发计划署常务主任、联合国秘书长气候变化小组主席奥瓦・科文博士发表演讲，指出"60岁的联合国要向2000多岁的中国道教学习生态保护智慧"，肯定道教生态思想与实践在解决全球生态危机中的特殊作用。中国道教协会会长任法融就中国道教思想和理论如何在新形势下促进环境保护和构建和谐社会发表讲话。论坛共收到论文21篇，14万字。（丁　阁）

【茅山入选"中国十大道教文化旅游胜地"】 5月，由国家宗教局牵头、中国民族报社主办、新浪旅游频道独家网络支持的"2007・中国十大道教文化旅游胜地推介活动"，近千个景区景点报名，800万名网民投票，产生中国道教十个道教文化旅游胜地。茅山景区入围"中国十大道教文化旅游胜地"。入围"中国十大道教文化旅游胜地"的景点有：湖北武当山、北京白云观、四川青城山、安徽齐云山、江苏茅山、江西龙虎山、陕西重阳宫、山东崂山、甘肃崆峒山、山西解州关帝庙。茅山是江苏省唯一一家入选的景点。（丁　阁）

【句容城乡客运一体化工程完成】 2008年7月21日，句容举行城乡客运一体化通车仪式，标志着全市城乡客运一体化改造工程圆满完成。城乡客运一体化改造涉及句容至宝华、下蜀、茅山、天王、郭庄、春城、城隍庙等8条农公班线129辆农巴车，华通客运公司投资2200余万元购置70辆新型宇通客车投放农公班线运营。改造后的城乡客运实行"四统一"（即统一车型、统一标识、统一票价、统一进站排班发车），其中票价平均下浮10%以上。原农公班线合理调整为农公主线、镇村区间线和城市公交线三类网络客运班线。（阙秀贵　杨　健）

【243省道句容段建成通车】 2006年6月开工建设的243省道句容段，全长46.6公里，起点与镇江市润州区相接，终点与南京江宁区相连，经过句容市边城、华阳、后白和郭庄等镇，按一级公路标准建设，双向四车道，路基宽26米（部分段30.25米），沥青砼路面，设计行车速度100公里/小时，工程概算总投资5.8亿元，2008年12月30日全线建成通车。这是句容公路建设史上第一条自主建设的一级公路。（阙秀贵　杨　健）

【句容举办第二届宝华山泡山节论坛】 2008年4月11日，句容在南京举办2008中国第二届宝华山泡山节——"泡山"生活研讨会，省旅游局副局长张骥、省社会科学院世界经济所所长田伯平、南京大学城市科学研究中心主任张鸿雁、南京市社会科学院院长叶南客、南京大学哲学系教授赖永海等20多位高校、院所的知名专家、学者及句容市领导参加。政府领导和学术专家从当前"泡山"生活模式对于社会发展的促进作用进行讨论，同时提出宝贵的意见和建议。（丁　阁）

【《南京日报・句容版》正式出版】 2008年，句容市积极实施全面对接南京战略，加快对接南京的步伐，更好地在南京宣传、推介句容，选择在南京地区发行量大、影响面广的《南京日报》A5版开辟句容专版。2008年10月9日，首期《南京日报・句容版》正式发行。（丁　阁）

表 34-4 **2008 年句容市各镇经济社会发展基本情况一览表**

镇(区)名称	土地面积(平方公里)	耕地面积(公顷)	户籍总人口(人)	地区生产总值(万元)	财政收入(万元)	到账外资及港澳台资(万美元)	外贸进出口总额(万美元)	#出口总额(万美元)	农民人均纯收入(元)	城镇居民人均可支配收入(元)	参加农村社会养老保险(人)
华阳镇	116	3476	42967	143990	20862	8719.5	–	33950	8714	–	1267
黄梅镇	120.68	3742	45270	122730	5363	1061.44	–	118181	8103	–	750
宝华镇	100	1153	23791	65000	8515	1890	5981	47850	8718	–	4200
下蜀镇	122	2341	40152	151000	32000	8335	–	8900	8316	–	6300
边城镇	109	2952	35491	108000	8520	2236	2800	35400	8310	–	11500
白兔镇	115	4512	40344	108664	7240	3100	18126	117822	8002	–	929
郭庄镇	117	4719	54911	155834	4365	3500	2850	188783	7605	16854	5588
后白镇	143.28	4776	54854	139000	8466	1053	1526	121480	8020	16000	3000
天王镇	131.54	4707	55691	149972	3846	4453	–	6380	7615	16500	12087
茅山镇	81	2967	28954	63489	3777	5600	240	4120	8012	16080	4776

（丁　阁）

扬中市

【概况】 全市总面积331平方公里，耕地面积10290公顷，比2007年减少350公顷。2008年年末总户数110122户，总人口274895人，其中男135854人，女139041人，人口自然增长率-2.4‰。辖5个镇、1个省级开发区、87个行政村、2297个村民小组。2008年实现地区生产总值172.8亿元，增长13.4%，人均52966元。财政总收入25.6亿元，增长27.5%，三次产业比重为3.1∶59.9∶37.0。实现服务业增加值63.99亿元，社会消费品零售总额49.34亿元，增长21.4%。城镇居民人均可支配收入20812元，增长14.1%，农民人均纯收入10100元，增长12.8%。年末金融机构各项存款余额162.54亿元，居民储蓄存款103.92亿元，人均储蓄存款37814元。

全年实现农业总产值9.01亿元，增长14.2%。粮食总产量10.4万吨，比上年增长12.0%。全市新增高效农田面积1000公顷，新增设施农田面积347公顷。新建土地股份合作社6家，全市农民专业合作、土地股份合作、社区股份合作组织总数达41家。制定出台《关于加快发展村级经济，有效增加村集体收入的若干意见》，拓宽集体收入渠道。市财政兑现农业奖励资金222万元，累计发放粮食直补、农资增支等补贴资金1211万元。取消向农民收取的排涝费和水利工程费，减轻农民负担260多万元。继续开展“千河疏浚”“万木增绿”“万家洁净”等行动，全年整治河港820条，农村水环境进一步改善，完成造林面积533公顷，农村垃圾集中收集处理实现常态化。

全年实现工业销售358.9亿元，利税36.1亿元，实现增加值109.4亿元，同比分别增长28.3%、32.7%和27.6%。辉煌硅能源一期工程竣工投产，初步形成硅材料及光伏产业链，建立首家太阳能光伏产业省级园区，电力电器产业基地进一步彰显；总投资25亿元的润昌船舶项目部分投产。全年完成全社会固定资产投资62.6亿元，增长23.8%，实施了亿元以上项目11个，完成工业性投入50.5亿元，增长33.6%。销售超亿元企业达52家，以电力、电器为主产品的企业31家，完成销售收入236.3亿元。宏达新材在深市中小创业板成功上市。中电电气获全市首枚中国驰名商标。沿江工业集中区、新坝科技园区、新材料工业园区、船舶工业集中区“四大板块”建设力度加快。全市新办民营企业480家，新增个体工商户1287户，新增注册民营资本12.2亿元，民营工业企业完成产值311.7亿元，增长30.2%，占全市工业经济总量的77.9%。

全市新批外资项目8个，实际利用外资1.35亿美元，进出口总额5亿美元，其中自营出口2亿美元，增长33%。《镇江港扬中港区总体规划》获交通部、省政府批准，沿江深水岸线开发有序推进，兴隆港区一期工程稳步实施。

组织编制新老城区控制性详规以及城市综合交通规划，完善城市总体规划和各镇总体规划。翠竹路、新扬路南延、汽车客运新站、市人民医院综合病房大楼、城北市民健身广场、第二污水处理厂建成并投入运营，238省道改线工程（八桥段）初步具备通车条件，泰州长江公路大桥征地拆迁工作全面启动。建成乡村公路100公里。区域供水主干网铺设至八桥镇。修编完善《扬中市生态市建设规划》，全市建成省级生态村3家。大力实施节能减排，万元GDP综合能耗下降4%，化学需氧量和二氧化硫减排完成年度任务。

全市高新技术产业完成产值188.5亿元，占规模工业的比重达55.9%；全年新认定高新技术企业14家；承担科技部国际合作项目1个、省重大科技成果转化项目3个。新增博士后工作站1家，省级工程技术中心2家。扬中高新技术创业服务中心首期9200平方米的孵化用房开工建设。

2008年制定《扬中市被征地农民基本生活保障实施办法》，新增转移劳动力2313人，新增城镇就业8880人，登记失业率控制在1.5%以下，各镇（区）全部达到省“充分就业镇”标准。新增农村基本养老保险参保8023人，参保率达85%；新型合作医疗保险参保率99%；城镇职工“五项保险”参保率均在98.7%以上。全年改造农村危房69户，共发放慈善救助资金265万元。全年取消和停止行政事业性收费项目59个，政府基金项目2个，规范和调整行政事业性收费项目63个。全年受理各类行政审批事项2.3万余件，办结率78%。办理各类建议和提案449件。（蔡德才）

【组织机构及领导成员名单】

中共扬中市委员会

书　记　王守和（　～2008－04）
　　　　凌　苏（2008－04～　）
副书记　孙乾贵（2008－04～　）
　　　　冯锦跃

常　委　施健华
　　　　顾小俊
　　　　薛　政（　~2008-06）
　　　　唐崇林
　　　　王继兰
　　　　朱晓阳
　　　　马建生
　　　　宋卫东（2008-06~　）
　　　　蔡　敏

扬中市人大常委会

主　任　赵根林
副主任　施祝生
　　　　徐新华
　　　　陈来娣（女）
　　　　蒋金龙（2007-12~　）
　　　　丁海基
　　　　周志华

扬中市人民政府

市　长　凌　苏（　~2008-04）
代市长　孙乾贵（2008-04~　）
副市长　施健华
　　　　唐崇林
　　　　徐　平（　~2008.12）
　　　　沈大银
　　　　戴少华
　　　　蔡　萍（女）
　　　　鄂有阳（2007-12~　）

政协扬中市委员会

主　席　戴正春（2007-12~　）
副主席　王子龙
　　　　吴昌荣
　　　　常　云
　　　　汤树良
　　　　张万龙

中共扬中市纪律检查委员会

书　记　顾小俊

扬中市人民法院

院　长　余新优

扬中市人民检察院

检察长　景双彬

2008年扬中市乡镇主要党政领导名单

表34-5

乡　镇	书　记	镇　长
新坝镇	朱晓阳	文层耕
三茅镇	马家胜	翟德智
油坊镇	王成明	林成春
八桥镇	丁德祥	周春林
西来桥镇	陈泰鸿	陈　兵

（蔡德才）

【镇江港扬中港区总体规划获批】 镇江港扬中港区总体规划通过了交通运输部和省政府的联合审批。批复规划港区港口岸线62.7公里，其中长江岸线29.2公里，夹江岸线33.5公里。港区划分为兴隆、八桥、西来桥、夹江四个作业区。兴隆作业区是以散、杂货和集装箱运输为主的综合性作业区；八桥作业区以散、杂货运输为主，主要为后方临港产业区的能源、原材料和产成品提供公共运输服务，同时服务于船舶工业等装备制造业的发展；西来桥作业区是以大宗散货运输为主的综合性作业区；夹江作业区主要服务本地经济发展所需的矿石、建筑材料、城市生活物资运输。

（蔡德才）

【《天堑·1949》在扬中开机拍摄】 反映渡江战役前夕中国人民解放军谍报工作的30集电视连续剧《天堑·1949》2008年10月9日在扬中市国防园正式开机。该电视剧由北京中伟华韵国际影视传媒有限公司、中国电视艺术家协会联合拍摄，总投资近2000万元，制作周期8个月。该剧由著名导演吴子牛执导，中央戏剧学院教授、著名剧作家顾海波任编剧，知名演员陶泽如任男主角。该片将在中央电视台、国内18个省市和台湾地区以及日本、东南亚等地区播出。

（蔡德才）

【张秀英入选“全国十大明星社会体育指导员”】 2002年张秀英退休后，在新坝镇老年协会的帮助下，组建该镇第一个晨练点。六年寒暑，这个健身点正常参加锻炼的队员已发展近200人，日常健身项目60多个。张秀英经常带领骨干队员深入各村辅导健身项目，形成了一人带一组、一组带一村、一村带一片的良好效果。在2008年首届全国群众喜爱的社会体育指导员评选大会上，扬中市新坝科技广场晨练队队长张秀英作为全省唯一候选人，从上千名竞争者中脱颖而出，入选“全国十大明星社会体育指导员”。

（蔡德才）

【泰州长江公路大桥南塔、南锚基础工程进展顺利】 2007年12月26日，泰州长江大桥正式开工建设。工程北起宁通高速公路泰州宣堡镇西，主桥于永安洲北部跨越长江主航道，经扬中南跨夹江。其中主桥总长6.82公里，采用主跨为两个1680米的三塔悬索桥方案，通航净高在设计最高通航水位上不小于50米，主航道孔净宽度不小于760米。夹江桥长2.9公里。两岸及扬中接线长约52公里。该桥南塔基础工程高180米，共需打桩46根。2008年4月13日开始桩基施工，10月份完成承台浇筑。南锚锭为目前国内最大的水中沉井基础，由中铁大桥局二公司负责施工。基础采用矩形沉井基础，沉井长67.9米，宽52米，高41米，共分8节。12月底，沉井清基已经封底。南锚和南塔之间的引桥长420米。整个工程计划于2009年12月21日完工。

（蔡德才）

【施正荣被英国《卫报》评为“可拯救地球的50人”之一】 在英国著名媒体《卫报》评选“可以拯救地球的50人”的活动中，扬中籍科学家、尚德太阳能电力有限公司董事长施正荣位居榜中。多年来，施正荣致力于清洁能源的研发和市场运用，在推进生态文明建设方面作出了开创性的贡献。

（蔡德才）

【宏达新材成功上市】 2008年2月1日，江苏宏达新材料股份有限公司在深圳证券交易所中小企业板块正式挂牌上市，实现扬中本土企业境内上市零的突破。证券代码为002211，公开发行数量为6100万股，发行股数占发行后总股本比例为25.22%，企业募集资金6.4亿元。募集资金主要用于企业进一步扩大单体和硅橡胶的生产规模，增加公司的研发能力，公司最迟在2010年具备7.5万吨硅氧烷单体、3万吨高温硅橡胶的生产能力，形成高温硅橡胶的一体化生产，继续在高温硅橡胶领域保持国内第一的地位。

（蔡德才）

【国内第一家太阳能光伏产业省级园区获准设立】 2008年6月27日，江苏（镇江）太阳能光伏产业园经江苏省信息产业厅批准设立。产业园位于扬中市沿江工业集中区内，规划面积3平方公里，为国内太阳能光伏产业首家省级园区。7月18日，大全集团年生产能力1500多吨多晶硅项目成功投产，为扬中光伏产业的发展提供重要的原材料来源。8月3日，总投资5亿美元，占地33万平方米，年生产能力1500兆瓦的辉煌硅能源（镇江）一期工程正式竣工投产。以辉煌硅能源为代表的环太科技、大全集团、宝泓光伏等20家光伏企业产品涉及光伏产业的上中下游，初步形成了光伏产业链。（蔡德才）

表 34-6 **2008 年扬中市各镇经济社会发展基本情况一览表**

镇(区)名称	土地面积(平方公里)	耕地面积(公顷)	户籍总人口(人)	地区生产总值(亿元)	财政收入(万元)	到账外资及港澳台资(万美元)	外贸进出口总额(万美元)	农民人均纯收入(元)	参加农村社会养老保险(人)
新坝镇	49.2	2360	47127	44.9	59534	2528	11880	13165	9600
三茅镇	80.5	2374	116015	43.1	44856	1172	3788	9680	7607
油坊镇	46.2	1781	42244	18.05	18887	5559	11197	9736	14874
八桥镇	55.6	1680	30757	10.99	10690	–	2401	9118	1040(新增)
西来桥镇	16.1	562.14	16138	4.12	4225	–	105	7206	3000

(蔡德才)

丹徒区

【概况】 全区总面积 610.5 平方公里,其中耕地面积 27167 公顷。辖 7 个镇、2 个园区和丹徒新城管委会,计 88 个村民委员会和 14 个居委会;另设有丹徒经济开发区,有农林场圃 7 个。2008 年年末总户数 100589 户,总人口 279096 人,其中非农人口 70809 人。年内出生 1974 人,出生率 7.1‰;死亡 1907 人,死亡率 6.86‰。全区人口自然增长率 0.24‰。

全区完成地区生产总值 120 亿元,比上年增长 13.5%,人均 GDP 达到 4.1 万元。规模以上固定资产投资 75.4 亿元,增长 40.4%。一、二、三产比例调整为 6.0∶60.2∶33.8。完成财政总收入 17.4 亿元,地方一般预算收入 7 亿元。

全区粮食总产 18.73 万吨,增长 23.2%。4 个"万亩"、26 个"千亩"工程积极实施,高效农业作业面积 8400 公顷,纯效益 2.98 亿元,增长 24.3%。"百企百村百亿"活动深入开展,67 个村与重点规模企业结对联建。投入农业"三资"总额 5.1 亿元,增长 12%。新建农民专业合作经济组织 31 个、农村土地股份合作社 12 家,入会入社农户达 2.04 万户。投入水利建设资金 2623 万元,完成土方 342.6 万立方米。农业综合开发投入 2815 万元,治理面积 933.33 公顷。实施国家和省级土地复垦项目 5 个,净增耕地 152.4 公顷。

全区规模以上工业实现销售 272.1 亿元,增长 31.5%;增加值 71.8 亿元,增长 19.5%;利税 22 亿元,增长 12%。完成规模以上工业性投资 52.4 亿元,增长 52.3%;新增销售亿元以上企业 14 家,累计实现销售 26 亿元。新增省、市高新技术产品 8 个,实现高新技术产品销售 60 亿元,增长 35.4%。

全区实现第三产业增加值 40.5 亿元,增长 15.2%;完成社会消费品零售总额 24.2 亿元,增长 17.3%。城市酒店、世纪联华超市、乐百味餐饮等一批服务业项目进展顺利。世业洲"农家乐"被命名为国家农业旅游示范点,江心洲柑橘节成功举办,龙恩木屋等乡村旅游市场和消费进一步扩大,累计接待游客 160 万人,实现旅游总收入 1.8 亿元。

全区重点挂牌的 122 个项目,有 83 个得到实质性推进,开竣工率达 68%,实际完成投资 53 亿元。恒顺 50 万吨香醋、沃得工程机械、森茂食用菌等重大项目竣工投产,华龙管业、崇佑建材、国家模具 CAD 工程丹徒中心等重大项目开工建设,真空制盐等一批战略性项目有序跟进,总投资 85 亿元的二重集团重大技术装备制造基地落户丹徒。

全年新批注册 1000 万美元以上外资项目 10 个;完成工商注册合同外资 3.5 亿美元,增长 13.6%;实到外资 1.25 亿美元,增长 40%;长三角精细化工、帝高力装饰材料等外资项目加快推进。实际吸纳民资 27.8 亿元,增长 19.6%。完成外贸进出口总额 3.5 亿美元,其中出口 2.9 亿美元,增长 61%;完成外经合同额 903 万美元,营业额 1218 万美元,新增境外劳务输出 570 人次。

在全市率先完成"两铁"丹徒段征地拆迁工作。经十二路丹徒段开工建设,沿江高等级公路、新城西环路南延工程全线贯通。全年完成拆迁面积 21 万平方米,开工建设安置房、廉租房 15 万平方米,竣工交付 9 万平方米。长山小镇综合开发正式启动,米芾书法公园规划通过评审。开发区环境和岸线整治成效显著,区域环评获得批准,顺利跨入省第二批循环经济试点园区行列。世业洲星耀度假酒店、花园镇二期等工程有序推进。星火技术密集区辛黄二线竣工通车。丹徒规划建设展示馆、体育馆相继建成,城区"一纵一横"自来水管网改造工程交付使用,新城"两河、四景、八路"景观工程如期完成。新增人防工程 5000 平方米。全年完成小城镇建设总量 17.2 万平方米。"生态丹徒"建设新增绿化面积 1066.66 公顷,全区森林覆盖率上升到 20.9%。关闭化工、电镀企业 10 家,关停采石、砖瓦企业 17 家。节能减排工作落实有力,万元 GDP 能耗降至 1.07 吨标准煤,化学需氧量和二氧化硫减排任务超额完成。乡镇开工建设污水处理厂 5 个,铺设污水收集管网 92 公里,太湖流域水环境综合治理顺利实施。全国生态区创建工作全面开展,高桥、高资、辛丰、世业、宝堰 5 个镇环保规划通过评审,谷阳镇槐荫村等 26 个村成功跨入省、市生态村行列。

制定出台优化收费环境政策,减免、降低涉企收费项目及标准 23 项。乡镇机构改革试点工作率先完成。全区 63 个村建成市级规范化社区。全年引进本科以上各类人才 364 名,其中硕士研究生以上高层次人才 28 名。重大科技成果转化项目取得历史性突破,争取国家和省市科技专项经费 2000 余万元,新立市级以上科技项目 26 项,申请专利 850 件。全年财政用于改善和保障民生的投入突破 2 亿元,为历年之最。

全年新增就业岗位 3812 个,扶持弱势群体就业 326 人,城镇登记失业率控制在 2.39%。转移农村劳动力 7309 人,带动农民增收 7140 万元。新办民营企业 242 家、个体工商户 1244 户,新增注册资本 4.2 亿元,完成规模以上民间投资 43 亿元。全年城镇居民人均可支配收入 18200 元,增长 13.5%;农民人均纯收入 8100 元,增长 15.6%。区域供水新增受益人口 11.3 万人;完成农村危桥改造 50 座;清淤河道 9 条、32.2 公里,维修改造灌溉站、排涝站 26 座;新建农村道路 80 公里,完成农村改厕 6000 户。城镇职工养老、医疗、失业三大保险覆盖率分别达到 97.1%、97.3% 和 95.1%,新型农村合作医疗参合率达 99.5%。

区第二轮地方志编纂工作有序推进。冷遹纪念馆对外开放。乡镇综合性文化站和 78 个村级文体活动室相继建成。全区 99% 的自然村开通有线电视,扩大农村收视 7500 户,提前两年完成

"村村通"工程。创省市级文明行业、文明村镇、文明单位105个。（殷　明）

【组织机构及领导成员名单】

中共丹徒区委员会

书　记　曹当凌（　～2008－03）
　　　　丁　憬（2008－03～　）
副书记　陈　琳（女，2008－03～　）
　　　　孙沛然（正县级，支藏）
　　　　唐洪生
　　　　丁　憬（　～2008－03）
　　　　毕增立（女，　～2008－03）
常　委　许志涛
　　　　张国金
　　　　张纪成
　　　　韩宏亮（支藏）
　　　　尹卫民
　　　　叶向东
　　　　凌荣春
　　　　李幸福（2008－12～　）
　　　　徐新祥（　～2008－03）
　　　　严文忠（　～2008－03）
　　　　谢继步（　～2008－12）

丹徒区人大常委会

主　任　张锦荣
副主任　冷安康
　　　　丁国方
　　　　戴登庆
　　　　王卫方（女）

丹徒区人民政府

区　长　丁　憬（　～2008－03）
代区长　陈　琳（女，2008－03～　）
副区长　张纪成
　　　　杜秀芹（女）
　　　　徐新祥
　　　　殷利民
　　　　杨伟民
　　　　赵志强

政协丹徒区委员会

主　席　毕增立（女）
副主席　黄河图
　　　　殷红林
　　　　李文敏
　　　　郭祥明
　　　　江　灿

中共丹徒区纪律检查委员会

书　记　许志涛

丹徒区人民法院

院　长　施吉祥

丹徒区人民检察院

检察长　高春荣

2008年丹徒区乡镇（区）主要党政领导名单

表34-7

乡镇（区）	书　记	镇长（主任）
高桥镇	赵永斌	龙　飞
辛丰镇	凌荣春	孙　铁
谷阳镇	徐申锋	张　宾
上党镇	程道云	洪　伟
宝堰镇	孙和平	潘成桃
高资镇	谢继步	孙建中
世业镇	赵玉华	王继富
江心洲生态区	林玉祥	朱　峰
荣炳盐资源区	朱　毅	季道远

（殷　明）

【二重（镇江）装备制造基地开工】2008年12月28日，丹徒经济开发区中国二重（镇江）重大技术装备制造基地一期工程开工。中国二重集团总部在四川德阳，始建于1958年，有员工1.2万余人，总资产100亿元，是中国最大的重大技术装备制造基地和装备制造业领军企业。中国二重（镇江）重大技术装备制造基地项目总投资80亿元～85亿元，规划用地200公顷，使用长江岸线800米和内河岸线800米，根据"一次规划、分期建设、滚动发展"的原则，分3期实施。一期工程总投资31亿元，建设1万吨级、2万吨级和4万吨级重件码头，建设1700吨级重型厂房，新增大批重型机械加工设备等；将形成年产3套第三代核电重型装备、1万吨重型容器、组装3套1.5万吨以上重大装备的生产能力，建成后可实现年销售50亿元。（殷　明）

【镇荣公路建成绿化景观道】2008年初，丹徒区将镇荣公路绿化工程列为区政府为民办实事项目之一。到7月底，完成绿化总投资2000余万元，自丹徒新城光明村至荣炳与金坛交界处，38公里公路两侧各建成30米宽绿化带，绿化总面积208万平方米，其中铺植草皮10.5万平方米，栽植香樟7.7万株、意杨2.8万株、紫薇2.3万株，镇荣公路成为一条布局合理、品种多样、四季有花、景观优美的"丹徒生态第一路"。（殷　明）

【国家"CAD工程"项目在丹徒新城开工】2008年7月26日，国家模具CAD工程研究中心丹徒中心、国家数字化制造技术中心丹徒中心暨江苏申模数字化制造技术有限公司在丹徒新城生态工业园内奠基。国家模具CAD工程研究中心是中国工程院院士、上海交通大学教授雪榆创办，面向国民经济和国防的若干主要制造业及相关领域，在塑性成形工艺和模具装备、数字化制造技术等领域进行的科技研发应用单位。丹徒中心计划总投资近亿元，占地4公顷，建筑面积4.2万平方米；引进教授、高级工程师15名，博士以上学历人才20名。主要从事数字化制造技术研发，各类模具、检具的研发制造；汽车零部件产品、汽车自动生产线、其他机械及工业产品的研发制造。（殷　明）

【江心洲生态农业旅游区概念性规划通过评审】2008年1月初，由江苏省、镇江市旅游专家以及丹徒区建设、规划、国土、农林、水利、旅游等部门相关人员组成审议小组，对江心洲生态农业旅游区概念性规划进行评审。该概念性规划，由浙江省国际旅游规划设计院编制，把江心洲未来开发定位成以生态农业为基础、现代农业科技示范为龙头、特色休闲度假为亮点，集生态农业观光、科技研发、休闲度假、娱乐购物以及农产品生产、加工、销售为一体的生态农业乡村旅游区；总体围绕"一心一环二带九区"规划布局，"一心"指集镇中心区，"一环"指环江心岛的沿江景观大道，"二带"为绿色长廊观光带和河套观光带，"九区"为集镇商贸中心区、入口服务区、农家乐休闲区、生态农业观光区、现代科技农业示范区、水产养殖示范区、乡村休闲度假区、潜水坝观光休闲区和白鳍豚自然保护区。（殷　明）

【丹徒区实现技防设施村镇全覆盖】至2008年底，丹徒区区、镇财政累计投入1600多万元，安装电子摄像头2500只；在每个村设立警务室，配专人负责监控电子屏幕并定期巡逻；镇派出所建成技防监控中心，与村及各监控点联网，在全市率先实现技防设施村镇全覆盖。从2003年起，该区就提出建设"技防城"目标，2005年在丹徒新城首批建成监控点65个，使丹徒新城主城区内行人10分钟就可被摄像机摄录1次；同年又启动"技防镇"建设，至2006年底，全区13个镇派出所建成技防监控中心；2008年初建设"技防村"，至9月底，全区88个行政村，在各主要路口、村口关键部位安装电子摄像头673只，全天候摄录人车出入情况，并保存摄像资料一段时间，以备事后查询，实现"电子警察"进村入户保平安。（殷　明）

【华东地区首个太空育种实验基地落户丹徒】2008年12月6日，中国空间技术研究院北京东方红航天生物技术有限公司与丹徒区世业焕阳瓜果农业园签订

表 34-8

2008 年丹徒区各镇(区)经济社会发展基本情况一览表

镇(区)名称	土地面积(平方公里)	耕地面积(公顷)	户籍总人口(人)	地区生产总值(亿元)	财政收入(万元)	到账外资及港澳台资(万美元)	外贸进出口总额(万美元)	农民人均纯收入(元)	参加农村社会养老保险(人)
高桥镇	40.2	1230	20164	4.32	4000	130	4000	8124	7855
辛丰镇	76.2	2769	48438	20.1	13400	455	–	9574	7968
谷阳镇	46.75	2078	25588	9.19	9780	1020	–	8509	6036
上党镇	128	4065	49402	17.2	6760	922	1374	8010	12504
宝堰镇	40.19	1538	25148	5.46	3675	60	–	8013	6133
高资镇	100.52	1796	42376	30.29	7300	2975	1848	9760	2815
世业镇	44	1504	14355	3.26	2053	202	–	8109	5585
江心洲园区	13.46	411	8191	1.53	2662	231	–	7688	1702
荣炳盐业区	45	1532	20441	4.68	4435	180	–	7580	12474

(殷　明)

长期合作协议,在世业洲成立华东地区首个太空育种实验基地。根据协议,东方红航天生物技术有限公司负责利用返回式卫星为焕阳瓜果农业园搭载优质农作物品种,每年无偿提供选育成功的太空新品种5个;焕阳农业园负责在世业洲建设33.33公顷太空育种实验基地,进行航天农作物新品种的选育、试验、示范、扩繁和推广。(殷　明)

【丹徒区获市以上科技经费2000多万元】 2008年,丹徒区把科技创新能力视为区域核心竞争力,先后启动实施"传统产业改造工程""科技创新双百工程"和"科技项目育苗工程"。全年组织规模科技协作活动12场次,收集发布技术难题46项,与高校院所签订产学研合作项目80多个,联合开展技术攻关项目26项;引进农业新产品23个,推广农业新技术12项;组织近百家企业与国内34个高校院所建立长期技术协作关系;全区复核高新技术企业5个,实施市级高新技术改造传统产业8项,新认定高新技术产品8个,全年高新技术产品完成销售收入62.8亿元;全区新立国家、省、市级重点科技计划项目14类26项,争取科技经费2000多万元,其中正东生态农业发展中心"食用菌产业关键技术研究与开发"获国家农业支撑计划立项;江苏特密斯混凝土外加剂有限公司"低品质纸浆废液资源化利用关键技术开发与产业化"获省成果转化资金1000万元。(殷　明)

【丹徒区农村"三大合作"组织超100个】 2008年,丹徒区强化"三大合作"组织建设,以"四个万亩"、26个"千亩"工程带动全区高效农业规模化发展。到年底,全区有农村"三大合作"组织108个,其中专业协会、专业合作社88个,入会、入社农民1.69万人,销售农产品2.4万吨;土地合作社20个,入股土地7666.67公顷,入股农民5800户。全区建成省级"四有"农民专业合作组织6个,市级5个,区级10个,培训农民6221人次。"三大合作"组织销售农产品收入达9500万元,吸引农户及工商户投资近1.1亿元,加入合作社的农户所得收入,比一般农户每户增加200元~2000元,增收30%以上。(殷　明)

京口区

【概况】 全区总面积118平方公里,耕地1174公顷。辖2个镇、4个街道、2个场圃、1个省级工业园区,共10个行政村、66个社区。2008年末总人口336880人,总户数119081户。实现地区生产总值60.5亿元,比上年增长14.7%。财政总收入14.7亿元,地方一般预算收入8.3亿元,分别比上年增长3.2%和7.6%。全社会固定资产投资100亿元,比上年增长35%。合同注册外资2.12亿美元,实际到位外资8038万美元。城镇居民人均可支配收入19611元,农民人均纯收入9238元,分别比上年增长13.5%和12.5%。

全年完成社会消费品零售总额100.7亿元,比上年增长25.8%,增幅列全市第一。第一楼街步行街开街营业,华地国际购物中心、皇冠假日酒店、南徐国际大厦等项目顺利推进,恒顺商业广场、宜必思酒店、百富商业中心、滨江时代广场等项目开工建设,中储粮仓储物流项目通过国家发改委审批,获得首批国债资金扶持,拆迁工作正式启动。

全年实现定报工业增加值49亿元,销售195亿元,利税16亿元,分别比上年增长19.1%、32%和20%。新增定报工业企业32家,销售超亿元企业29家。港盛重工当年开工当年投产。科捷新能源、宝华半挂搬迁项目成功签约。鸿泰技改项目通过用地审批。索普醋酸造气、普莱克斯空气分离等项目建设顺利。全区引进"三资"开发农业2.8亿元,新增高效农业166.67公顷,新增农村合作经济组织10个。瑞京农业科技示范园与江苏大学等单位合作研究的"优质珍稀食用菌周年生产技术与装备"项目获得市科技进步二等奖。新增省级高新技术企业5家。建成京口软件园,引进8家软件企业入驻。创成省级高新技术创业服务中心。高新技术产业增加值占规模工业增加值比重达到37.5%,比上年提高2.5个百分点。争取各类科技扶持资金2260万元,为区历史之最。园区京鼎大道全线通车。22万伏变电所建成使用。新民洲港区规划获得交通部批复。两大园区完成基础设施投入6.7亿元。新民大道二期、横港路、兴港路开工建设。

成立全市首家创业服务指导中心,设立创业资金,扶持创业599人。村(社区)劳动保障服务平台在全市率先实现全覆盖,新增城镇就业6082人,转移农村劳动力973人。新增社会养老保险扩面13840人,征缴基金4.4亿元。新型合作医疗参保率保持100%。建成区老年活动中心。安置被征地农民595人。发放廉租房补贴56万元。投入1.35亿元完成南门小学合并改造,异地改建区特殊教育中心,开工建设恒美小学,建成区社区教育培训学院并通过省级验收,新增及改造学校各类功能室140余个,添置信息化设备1300余套。减免义务教育阶段学生课本费190余万元。新增省"优质幼儿园"11所。区政府获得江苏省县级人民政府教育工作省级督导评估考核先进单位称号。建成区卫生监督所和计生指导站,为3000名新婚人员免费提供婚检。社区卫生药品销售"零差价"让利群众920万元。血吸虫病传播控制通过省级达标验收。开展首届"文化艺术节""全民健身节"等群众性活动。康盛剧社的"扬剧"、梦溪琴社的"古琴艺术——梅庵琴派"被列入第二批国家非物质文化遗产名录。区文体局荣获全国"全民健身月"先进单位称号。区文联创作的书法作品被北京奥组委珍藏并陈列于“水立方”。

全年累计拆迁40万平方米。双井路棚户区改造拆迁全面启动。谏辛公路、镇大公路等项目拆迁创造“又快又好”的新成绩。建成东风新家园、方家湾新社区等安置房8万多平方米，回迁600户。全力协助做好健康路西延、谏壁和京口污水处理厂等市重点工程建设工作。大力开展市容环境集中整治活动，在2008年全市综合考评中荣获优秀等次。完成永安路、花山湾、丹凤农贸市场改造升级，整治老小区近40万平方米，拆除违法建设3万多平方米。加大国家环境优美乡镇、生态村、绿色社区创建力度。完成化工企业专项整治3家。新增绿化造林333.3公顷。

全区20家单位被评为省文明单位、文明社区、文明镇（村）和精神文明建设先进单位。京口区被团中央授予“全国青年中心建设先进区”称号，被省委组织部、省教育厅、省政府教育督导团联合表彰为“江苏省县级人民政府教育工作省级督导评估考核先进单位”，被江苏省信访工作领导小组命名为“全省信访工作‘三无’县（市、区）”。区文体局获全国“全民健身月”先进单位称号，江一社区被省委、省政府授予“文明社区标兵”称号，酒海街社区“流动妇女（儿童）之家”受到联合国国际劳工组织高度评价，公安京口分局被省委、省政府授予“全省打击犯罪工作先进集体”荣誉称号，京口区法院先后获得“全省优秀法院”“全省法院改革开放三十周年英模集体”和“全省模范职工之家”荣誉称号，华润社区李鹤皋家庭被省环保厅与省妇联联合授予“江苏省绿色家庭”称号。（罗其富）

【组织机构及领导成员名单】

中共京口区委员会

书　记　胡宗元
副书记　郭　建
　　　　孙国平
常　委　胡云霞（女）　徐建锋
　　　　姚敬源　魏春林　倪兆顺
　　　　何光荣

京口区人大常委会

主　任　胡宗元
副主任　戴善民　徐　军　严柳生
　　　　郑苏真（女）

京口区人民政府

区　长　郭　建
副区长　胡云霞（女）　徐建锋
　　　　蒋嵩峰　余国根
　　　　曹丽虹（女）　马国进

政协京口区委员会

主　席　贾国祥
副主席　朱长龙　谢志荣　姜厚荣
　　　　陆春生　沈成钧

中共京口区纪律检查委员会

书　记　姚敬源

京口区人民法院

院　长　尉利亚

京口区人民检察院

检察长　柳建华

2008年京口区乡镇（街道）主要党政领导名单

表34-9

乡镇（街道）	书　记	镇长（主任）
象山镇	陈跃生	李　牧
谏壁镇	朱定明	陆炳西
正东路街道	虞　军	谢根龙
健康路街道	张立明	郎德虎
大市口街道	刘　平	姚　峰
四牌楼街道	王永平	仇　洋
共青团农场	马荣虎	马荣虎

（许俊超　段广凤）

【都天庙大雄宝殿重建】 位于京口区宝塔山东南侧的都天庙，于2008年1月25日举行大雄宝殿重建奠基仪式。相传“都天庙”是明朝崇祯年间僧人若味和尚所建，迄今已有近400年历史，号称有房屋九十九间半。都天庙因清末诗人龚自珍在这里写下著名的《己亥杂诗》“九州生气恃风雷，万马齐喑究可哀。我劝天公重抖擞，不拘一格降人才”而闻名。1937年，日寇侵占镇江后，寺庙大多数建筑物被毁。这次新建的大雄宝殿占地面积0.35公顷，总投资300多万元。（罗其富）

【京口举办国内首个社区党建文化论坛】 社区党建文化论坛于2008年11月22日～23日在京口召开。来自北京、上海、南京、镇江等省内外党建研究专家出席会议。该论坛是以社区为区域、党建为主题、文化为纽带的党建研讨会。与会人员通过主题论坛、专题会议、现场参观等多种活动形式，深入研究探讨社区党建文化的先进性、指导性、普及性、生动性、广泛性和多样性。社区党建文化论坛其形式和内容在全国尚属首例。（罗其富）

【京口区科技创新亮点频现】 2008年，全区重新认定省级高新技术企业5家，高新技术产业增加值占规模工业增加值比重达到37.5%。金舟软件5项产品获得软件著作权，得到省重大科技成果转化资金500万元资助。“新型特种船舶自动化集成系统研发及其产业化”和“抗干扰高可靠性煤矿安全监控系统关键技术开发与产业化”获省级重大科技成果转化项目拨款1600万元。镇江蓝德特药业科技有限公司和镇江佳得信息技术有限公司两个项目获省中小创新基金项目拨款60万元。镇江明润信息科技有限公司、海龙艾默生（镇江）能源科技有限公司、镇江泰丰电工设备制造有限公司等9家企业申报市工业科技攻关项目获185万元资助，为历年申报项目数最多和资助经费数额最大的一次。镇江市新民洲生态养殖有限公司、江苏扬子江林业科技有限公司等5家企业申报市农业科技计划项目获45万元经费资助。江苏鸿泰钢铁有限公司、镇江江大科茂信息系统有限责任公司等4家企业申报市社会发展科技计划项目获50万元经费资助。由索普集团与中国科学院化学研究所共同申报的“一种正负离子型双金属催化剂及制备方法和应用”项目获国家专利奖金奖，为市唯一获金奖项目。华亿机电科技有限公司研发的“热泵式干衣机”产品通过市级鉴定，其总体技术达到国内领先水平。“优质珍稀食用菌周年生产技术与装备”项目获市级科技进步二等奖。（罗其富）

【京口江一社区开办“四点钟学校”】 2008年4月10日，四牌楼街道江一社区成立“四点钟学校”。“四点钟学校”是以社区为阵地，以志愿者活动为抓手，以德育教育为重点，着重解决小学生放学后缺乏管理的问题。“四点钟学校”每周一至周五下午4:30至6:00开设“学区课外桌”，每周六、日开设“周末讲学堂”，并定期开展“课外主题园”活动。（罗其富）

【京口社区环境圆桌对话项目获奖】 2008年，大市口街道华润新村社区通过圆桌会议协调解决面馆油烟、噪音扰民问题。华润新村社区的“圆桌会议”模式在全省几个试点城市中是成功的第一例。国家环境保护部宣传教育中心授予大市口街道办事处“社区环境圆桌对话项目优秀组织单位”、华润新村社区先进社区称号。（罗其富）

【京口恒顺商业广场开工建设】 该项目位于学府路教顶山地块，占地2.7公顷，由恒顺房地产开发有限公司投资建设,总投资43000万元,规划建筑面积46500平方米,其中购物中心建筑面积45000平方米,其他商业建筑1500平方米,机动车停车位708个。该项目于2008年11月28日开工建设,预计2009年10月竣工。（罗其富）

【京口黄浦置业滨江时代广场北楼开工】 该项目位于长江路与电力路交叉口西北侧,由上海黄浦置业有限公司投资建设,总投资4.5亿元,规划建筑面积5.5万平方米,主体建筑23层,其中北楼建筑面积12110平方米。该项目于2008年12月19日开工建设,预计2009年10月竣工。（罗其富）

【京口"两路一桥"开工建设】 2008年3月15日,京口区与市交通投资公司就谏辛路、华诚路和燕舞桥修建工程签约。其中总投资达亿元谏辛公路拓宽改造工程,北接镇大公路,南连沿江公路(338省道),规划红线宽60米,全长2382米。华诚路西起工业园区内的京阳大道,东与谏辛公路相连,规划红线宽18米,全长320米。重建后的燕舞桥桥面宽为37米。（罗其富）

【京口区公布首批非物质文化遗产名录】 2008年,京口区公布首批非物质文化遗产名录共有15项,其中康盛剧社的"扬剧"、梦溪琴社的"古琴艺术——梅庵琴派"被列入第二批国家非物质文化遗产名录;唐老一正斋膏药文化被列入省级保护项目;剪纸(字)、铜版彩画、扎染画缋、缝纫机绣等7个项目被列入镇江市级保护项目。（罗其富）

【京口区成立全市首家创业服务指导中心】 该中心于2008年4月23日揭牌。中心为创业者提供创业项目推荐、创业技巧培训、创业资金筹措、落实创业优惠政策等服务,同时还提供专家后续指导服务。为保证创业者创业成功率,该中心设立自主创业奖励基金,在市区落实4家企业作为创业基地,为创业者模拟创业环境,让他们在基地进行一段时间的"见习",体验创业过程的各个环节。（罗其富）

【全市最大老年活动中心投入使用】 总投入500万元的京口区老年活动中心由京口区原江滨小学改造而成,于2008年10月7日竣工。该中心占地0.41公顷,分设老年大学、老年影剧院、老年书画展厅、健身康复室等十余个区域,是一个集学习展览、文体娱乐、健身休闲等于一体,设计新颖、功能齐全、设施先进的综合性活动场所。（罗其富）

【京口区提前两年完成中小学布局调整】 至2008年底,全区中小学布局调整累计投入3.6亿元,撤并中小学16所,易地新建、改扩建学校18所,总面积达7.5万平方米。改造校舍1.54万平方米,维修校舍6.29万平方米。改造功能教室140个,新添电脑1190台,新增多媒体投影设备45套。形成省、市级以上艺术教育特色学校和体育项目传统学校16所,所有学校实现宽带上网,"校校通"工程全部达到省定二类标准。提前两年实现"十一五"中小学布局调整规划目标。（罗其富）

润州区

【概况】 全区总面积132.68平方公里,其中耕地面积1561.15公顷,林地面积107.78公顷,茶园面积215.53公顷,另有淡水养殖面积766.67公顷。辖1个镇、4个街道、3个场圃和1个省级工业园区,15个行政村、51个城市社区(居委会)。2008年年末户籍总人口24.09万人。

全年实现地区生产总值134亿元,比上年增长12.7%。全口径财政收入14.6亿元,其中地方一般预算收入7.3亿元,增长14%;规模以上固定资产投资82.5亿元,增长22.8%。合同注册外资1.91亿美元,实际到位外资3006万美元;吸纳民资30亿元。城镇居民人均可支配收入19144元,农民人均纯收入8961元,分别比上年增长13%和12%。

全年完成全口径工业销售180亿元,工业利税16亿元,分别增长19%、25%。定报企业增加至184家,销售、利税分别占全口径工业的83.9%、93.8%,分别提升2.1个百分点和2.9个百分点。销售超亿元企业23家,占定报工业销售达66.9%,其中2家企业超10亿元。规模以上工业投资占全部工业投资的85%。三大主导产业销售、利税分别占定报工业的41.3%和39.2%。江苏镇江船舶及配套设备高新技术产业化基地挂牌。实现全社会消费品零售总额50.1亿元,比上年增长19.5%;服务业增加值65.6亿元,增长13.1%。惠龙港国际码头、月星九润家具城、中小电子产业科创中心被列为省、市级服务业集聚区。制定出台扶持高创中心建设、创新基金管理等政策,实现高新技术产品销售60亿元,占定报工业销售的36.2%,提高2个百分点。市级以上科技项目立项84个,争取资金2633万元,其中获省重大科技成果转化项目2个、扶持资金2000万元。科技创新活动周成功举办,与4所高校达成产学研长期合作协议。润州高创中心成功通过省级验收,引进博士生创业团队2个、入孵企业31家。

全年有23个超亿元大项目完成投资25亿元。续建项目竣工率和新上项目开工率均为75%,超额完成市委、市政府"两个60%"的要求。9个项目被列入省、市重点项目。蓝波造船等7个项目新增销售10亿元。凯迪隆商贸、焦煤研发大楼、柳工二期、怀特二期等项目主体完工。中船柴油机、柳工三期等8个大项目加速推进,南钢等10家钢材销售

表34-10 2008年京口区各镇(街道、场圃)经济社会发展基本情况一览表

镇(区)名称	土地面积(平方公里)	耕地面积(公顷)	户籍总人口(人)	财政收入(万元)	到账外资及港澳台资(万美元)	外贸进出口总额(万美元)	城镇居民人均可支配收入(元)
象山镇	43	219	45022	15320	1960	8300	19000
谏壁镇	31.89	518.13	32944	26929	2633	–	–
正东路街道	5.77	–	57845	5942	92	–	19270
健康路街道	5.4	–	75833	14931	882.3	20080	19300
大市口街道	4	–	63128	12948	1100	7500	–
四牌楼街道	3.5	–	59455	8753	3200	4000	–
共青团农场	22.5	458.7	1282	329	2721	–	–

（殷　红）

企业入驻惠龙港国际，康士伯控制系统项目签约。

全年引进推广名特优新品种40个，新认证绿色食品1个、无公害农产品3个、基地1个。新增著名商标1个、知名商标2个、名牌产品1个。“小白菜新品种”项目正式启动。全面启动“百企百村百亿”行动，引进“三资”开发农业项目18个、总投资2.1亿元。新增高效农业263公顷、占比75.7%，居全市首位。新增设施农业108公顷、“三大合作”组织9个，建设省、市级农业标准化示范区5个。拥有市级以上农业龙头企业6家。完成回龙、长山湾水库除险加固工程。疏浚河道13.1公里、清淤河塘20个，复垦土地58.18公顷，绿化造林220公顷，森林覆盖率达21.5%。

全年新增个体工商户1700个，私营企业430家，注册资本6.52亿元。新增就业5509人，下岗失业人员再就业2030人，再就业培训2267人，城镇职工失业率维持在3%以下。失地农民安置2385人、组织培训1282人次，转移农村劳动力1026人。全年社会养老保险新增扩面1.05万人，缴纳养老金3.64亿元，享受老年居民养老补贴5229人。失业保险参保率达98.2%，新农合参保率达99%。新增城市低保户478人，发放城乡低保金1662万元、抗灾补助金41万元、各类补贴398.3万元。廉租房实物配租64套。“慈善一日捐”募集善款152.4万元，企业冠名基金8600万元，向汶川地震灾区捐款捐物342万元。九华山路、团山路等6条道路建成通车，团结河改道竣工，庄泉村、城市西出口改造前期工作启动。全年累计拆迁5863户、115万平方米，建设安置房68.7万平方米，回迁安置拆迁户463户、6.65万平方米。老小区改造21万平方米，菜市场升级改造5个，三茅宫、李家大山垃圾中转站完成改造。全年组织拆违行动160次，拆除违建1.84万平方米。取缔小电镀生产企业6家，整治废弃宕口3个，治理滑坡4处，华工生产企业整治或搬迁5家，北部滨水区企业搬迁36家，COD减排35.7吨。蒋乔镇创建全国环境优美乡镇规划编制完成，市区首家分散式自然村污水处理系统建成。完成第一次全国污染现场普查和汇总上报。

全年投入3.1亿元，新建公办幼儿园5所，新增校舍8.5万平方米。镇江实验学校扩建等工程全部竣工，全区中小学布局调整基本完成。区图书馆建成。通过社区卫生服务先进区复评和示范中心创建，“春风五号”灭螺任务完成。迎江路社区被命名为“全国文化先进社区”。《润州年鉴(2007)》获全国编校质量二等奖。成功争创“全省残疾人社区康复先进区”。民事纠纷调解率、成功率、社会矛盾直接调解成功率均为100%。 （田 崇）

【组织机构及领导成员名单】

中共润州区委员会

书　记　宦祥宝（　～2008－02）
　　　　庄兆林（2008－02～　）
副书记　庄兆林（　～2008－02）
　　　　王冬生（2008－03～　）
　　　　王明龙
常　委　殷　敏（女　～2008－02）
　　　　缪杏沛
　　　　范永放
　　　　戴非平
　　　　周继春（　～2008－05）
　　　　毛　健（2008－02～　）
　　　　董和建
　　　　胡新春（2008－05～　）

润州区人大常委会

主　任　王惠亮
副主任　朱贵玉
　　　　夏雨林
　　　　罗秀龙
　　　　易丽娟（女）

润州区人民政府

区　长　庄兆林（　～2008－03）
代区长　王冬生（2008－03～　）
副区长　戴非平
　　　　高亚明
　　　　李幸福（　～2008－12）
　　　　蔡文龙
　　　　许向阳（女）
　　　　彭忠东（2009－01～　）
　　　　刘凯成

政协润州区委员会

主　席　姚元龙
副主席　周建华
　　　　徐邦义
　　　　蒋卫东
　　　　祝中昊
　　　　蔡　飞

中共润州区纪律检查委员会

书　记　范永放

润州区人民法院

院　长　吴　猛

润州区人民检察院

检察长　叶志发

2008年润州区乡镇(街道)主要党政领导名单

表34-11

乡镇(街道)	书　记	镇长(主任)
蒋乔镇	贾　晟	张庆松
七里甸街道	马云明	张春平
宝塔路街道	吴福平	吕朝霞
和平路街道	董文生	祝昌镜
金山街道	吕朝霞	强益铭
黄山园艺场	吴英国	吴英国
水产养殖场	孙祥波	刘国民
茶叶良种场	解月华(主持工作)	
润州民发委	王志庭	田　伟

（谢竟美）

【润州区完成百万大拆迁】 2008年，润州区承担全市艰巨的拆迁任务。区委、区政府建立“领导挂钩、部门参与、属地责任”的工作机制，坚持“依法、阳光、惠民、和谐”拆迁。从4月1日起，区级机关抽调400多名机关干部，由17名区领导挂帅组成17个拆迁小组，与项目所在地的镇、街道、村、社区上千名党员干部一起，深入到拆迁户居（村）民家中，开展艰苦细致的思想宣传、组织发动工作，至2008年底，完成京沪高速铁路、沪宁城际铁路、南徐新城、北部滨水区、中山北路北延、健康路西延等40多个国家、省、市重点工程项目，拆迁5863户、面积115万平方米，最快时单周拆迁突破500户，创造拆迁工作的润州速度，铸就“迎难而上、奋勇争先”的“润州精神”。

（润志办）

【省政协主席张连珍察看润州生态农业】 2008年8月13日，省政协主席张连珍在市委书记许津荣、市政协主席郭礼荣等陪同下，调研润州区生态建设情况。张连珍一行先后察看镇江嶂山蝴蝶兰基地、润州区蔬菜研究所。嶂山蝴蝶兰基地主要生产蝴蝶兰种苗及成品花，有700多个蝴蝶兰品种，年生产出口各类高档蝴蝶兰苗500多万株，每年有70%的产品出口。张连珍肯定科技兴农是农业发展的重要方向。 （润志办）

【润州高新技术创业服务中心成立】 2008年2月20日，润州高新技术创业服务中心获省级认定，成为2008年江苏省首批、镇江辖市(区)首家高创中心，实现镇江辖市(区)科技孵化器建设的“零的突破”。润州高创中心，被列为国家“十一五”小企业创业基地、江苏省小企业创业示范基地、江苏省社会化服务示范单位、江苏省绿色照明园区、江苏大学产学研基地。2008年新扩展孵化办公用房2500平方米，建成加工检测中心、专家公寓、科技文体中心、社区教育中心；引进6家中介服务机构入驻高创中心引进入孵企业15家，项目6个，包括海归博士团队2个；申报各类国家、省、市区级科技项目8个；指导帮助企业申报创新基金和各类科技攻关项目44项；2008年10月25日至31日成功举办“2008·润州科技创业活动周”活动。

（袁　萍）

【润州迎江路社区获“全国文化先进社区”称号】 在2008年11月上旬举办的全国第六届“四进社区”文艺展演活动中，润州区金山街道迎江路社区被中宣部、中央文明办、文化部、中国文联联合表彰为“全国文化先进社区”，这是江苏省苏南地区唯一获此殊荣的社区。近年来，迎江路社区抢抓省、市、区文化硬件设施达标建设的新机遇，加快社区硬件设施建设，相继建成功能齐全、格调高雅的“金山文化大院”等群众文化活动场所，为丰富居民的精神文化生活，提供崭新的平台。社区坚持“以特色创品牌，以文化促和谐”，以专业文化人才为核心和骨干，吸收民间群众文艺爱好者，打造属于自己的文化产品，先后成立“菊吟京剧票友社团”“老妈妈宣传队”等民间文化组织，开展社区文化艺术节、邻里节、美食文化欢乐节等一系列活动，受到社区群众的普遍欢迎。（金山街道）

【润州社区党组织换届“公推直选”做法在全市推广】 2008年，润州区共有51个社区党组织，其中3个社区党委，37个社区党总支，11个社区党支部，社区党员5000余人。为做好社区党组织“公推直选”试点工作，确定了金星社区党支部、同德里社区党总支等7个不同特点的社区作为党组织“公推直选”试点单位。试点工作主要采取“4+1”模式，所谓“4”，即选举时，根据党组织委员、书记、副书记产生的不同顺序和方法，概括形成4种“公推直选”模式。社区党组织根据实际情况，采取其中一种最适合本社区的选举模式，选举产生新一届党组织领导班子；所谓“1”，即部分党员数量较多的社区通过召开党员代表大会，结合4种模式，公推直选社区党组织领导班子。2008年9月24日，市委组织部在润州区召开社区党组织换届“公推直选”试点工作汇报研讨会，充分肯定了润州区推行社区党组织换届“公推直选”试点工作取得的成果，并在全市推广。

（润组办）

【中船大功率柴油机生产基地开工】 2008年5月12日，中船集团镇江中船设备有限公司大功率柴油机生产基地在润州工业园区开工。该生产基地总投资12亿元，是2008年省工业重点项目、江苏船舶产业集群重点项目，也是国家船舶产业中长期规划项目。中船大功率柴油机生产基地占地约27公顷，一期投资8亿元，厂房面积6万余平方米，预计2009年6月建成投产，计划年生产100台大功率柴油机，实现年销售额30亿元。（润志办）

【润州与山西晋城市城区结友好区】 2008年5月5日，润州区与山西省晋城市城区在碧榆园签订缔结友好城区协议，双方将本着相互促进、共同发展的原则，在各个领域开展合作。晋城市城区是原晋城县（市）的一部分，历史悠久，城区总面积149.6平方公里，辖1个镇、7个街道办事处。晋城市城区矿产资源十分丰富，煤炭总储量约12.4亿吨。近年来，晋城市城区加快经济结构调整，改变以煤炭为主的单一的资源消耗型产业布局，经济和社会各项事业取得了长足进展。签约仪式后，晋城市城区党政代表团实地参观了镇江国际工业品城、蝴蝶兰基地、江苏柳工等项目。（润志办）

表34-12　**2008年润州区各镇（街道、管委会）经济社会发展基本情况一览表**

镇(区)名称	土地面积(平方公里)	耕地面积(公顷)	户籍总人口(人)	地区生产总值(亿元)	财政收入(万元)	到账外资及港澳台资(万美元)	外贸进出口总额(万美元)	农民人均纯收入(元)	参加农村社会养老保险(人)
蒋乔镇	38.2	620	19046	22.2	29312	780	–	8895	18562
七里甸街道	18	27.59	66026	16.8	21000	695	3403	9570	–
宝塔路街道	7.63	–	74712	–	35200	330	1650	–	–
和平路街道	26	84.35	51300	–	12700	287	6000	–	19144
金山街道	6	–	59666	–	7736	24	13000	–	–
民营经济管委会	3.4	0.7	3650	6.93	–	721	–	–	–

（田　崇）

镇江新区·开发园区

责任编校：杨正宏

综　述

【概况】 2008年，镇江市各开发园区建设步伐不断加快。全市7家省级开发园区新批外商投资项目106个，实际到位外资8.41亿美元（商务部确认数，下同），比上年增长34%，占镇江市当年实到外资比重70%；基础设施投入首次突破50亿元，达到55.89亿元，增长39.3%；业务总收入1813.8亿元，增长25.2%；一般预算收入突破20亿元大关，达到20.2亿元，增长32.2%；进出口总额39.42亿美元，增长10.2%，其中出口16.14亿美元，增长7.2%。

镇江经济开发区实到外资41116万美元（含市直项目），增长26.9%，居全省130家省级以上开发园区第13位；丹阳经济开发区实到外资突破1亿美元，达1.01亿美元，增长87.9%，居全省第51位，比上年前移13位；句容经济开发区实到外资1.54亿美元，增长31.4%，居全省第35位，前移2位；扬中经济开发区实到外资3835万美元，比上年下降25.9%，居全省第85位，排位后移19位；丹徒经济开发区实到外资8077万美元，增长66.8%，居全省第60位，前移8位。京口工业园区实到外资3524万美元，增长206.2%，居全省第86位，前移20位；润州工业园区实到外资2022万美元，下降3%，居全省第97位，后移3位。镇江出口加工区实到外资1516.72万美元，在全省14家出口加工区中居第9位。

截至2008年底，全市7个省级开发园区累计开发63平方公里，完成基础设施投入208.1亿元，完成全社会固定资产投资近1000亿元。累计落户项目近4000个，建成投产企业约2800家，其中高新技术企业100多家，研发中心及科技孵化器44个；累计实际到位外资57.6亿美元，注册内资100多亿元；就业人数近16万人。　（章存保）

表35-1　**2008年镇江市省级开发园区情况统计表**

地　区	实际到位外资（万美元）					业务总收入（亿元）				一般预算收入（万元）			
	当年数	比上年（%）	占当地比重（%）	全省排位 2007年	全省排位 2008年	当年数	比上年（%）	全省排位 2007年	全省排位 2008年	当年数	比上年（%）	全省排位 2007年	全省排位 2008年
镇江经济开发区	41116	26.9	–	11	13	894.6	31.6	18	20	101590	15.2	22	24
丹阳经济开发区	10107	87.9	50.3	64	51	435.3	15.5	31	36	40180	42.9	60	60
句容经济开发区	15407	31.4	60.8	37	35	143.7	23.3	69	75	17850	27	83	97
扬中经济开发区	3835	-25.9	28.5	66	85	105.1	19.3	79	87	12651	34.8	102	111
丹徒经济开发区	8077	66.8	71.5	68	60	146.8	23.9	68	74	18691	166.3	110	91
京口工业园区	3524	206.2	43.8	106	86	55.5	24.4	113	118	5122	53.3	124	127
润州工业园区	2022	-3.0	44.4	94	97	32.9	35.6	123	125	5905	119.7	126	126
合　计	84088	34.0	70.0	8	7	1813.9	25.2	7	9	201989	32.2	10	11

地　区	进出口总额（万美元）					出口额（万美元）				基础设施投入（万元）			
	当年数	比上年（%）	占当地比重（%）	全省排位 2007年	全省排位 2008年	当年数	比上年（%）	全省排位 2007年	全省排位 2008年	当年数	比上年（%）	全省排位 2007年	全省排位 2008年
镇江经济开发区	312522	13.3	–	14	14	96903	8.1	17	24	168000	17.1	19	22
丹阳经济开发区	40708	5.8	25.7	40	42	34169	10.3	38	43	108130	71.6	57	39
句容经济开发区	16627	-32.4	45.6	51	62	10287	-32.8	55	71	100600	100.6	68	43
扬中经济开发区	8756	-0.3	15.5	76	85	5485	5.1	80	90	31603	4.5	91	100
丹徒经济开发区	1848	40.9	4.7	117	119	841	-4.8	118	123	65000	53.1	78	63
京口工业园区	12060	77.6	19.2	84	74	12046	77.6	74	65	51800	139.9	99	73
润州工业园区	1659	-1.9	2.9	113	120	1645	0.3	109	118	33808	-32.7	67	93
合　计	394180	10.2	52.8	6	6	161376	7.2	8	8	558941	39.3	10	10

注：1. 排位单位为全省130家省级以上经济开发区。
2. 镇江经济开发区实际到账外资数含市直企业，不含市直企业实际到账外资数为38251万美元。

（李　昕）

【镇江市开发园区体制机制改革指导意见出台】 2008年12月4日，市委、市政府出台加快经济开发区建设发展的“1+5”指导性意见，即1个主体文件《关于加快和促进开发区建设发展的意见》和5个配套文件。

《关于加快和促进开发区建设发展的意见》明确各开发园区工作目标：业务总收入年均增幅高于全省开发园区年均增幅10个百分点以上；地方财政一般预算收入年均增幅高于所在地同级地方财政一般预算收入年均增幅5个百分点以上，其中镇江新区年均增幅高于全市地方财政一般预算收入年均增幅10个百分点；实际利用外资完成市当年下达的分解指标，且年均增幅高于全省经济开发区年均增幅10个百分点；已开发工业项目用地单位产出效率（工业增加值）年均增长20%以上；已开发面积单位税收收入年均增长20%以上。

《镇江市省级开发区考核评价暂行办法》明确开发园区考评指标和激励指标，考核总得分作为开发园区评先创优和核定开发园区开发总公司经营者绩效年薪的依据。考核结果同时作为各辖市（区）、镇江新区党政主要领导实绩考核的重要内容列入辖市（区）、镇江新区综合考核。

《镇江市省级开发区开发总公司绩效考核薪酬管理暂行办法》确定经营者实行年薪制。年薪收入由基本年薪、绩效年薪两个部分组成，其中绩效年薪为经营者在完成相应考核指标后获得的绩效报酬，最高为基本年薪的2倍，同时与考核指标完成情况挂钩，当考核分数达不到60分时，不能获得绩效年薪。对在环境保护、安全生产、社会稳定、遵守党纪国法方面出现重大问题，造成严重不良后果或经济重大损失的，对主要责任人获得绩效年薪实行一票否决。

《关于改革省级开发区人事编制管理工作的意见》明确开发园区实行党工委、管委会、开发总公司三位一体运转模式，形成以经济开发为主、社会管理为辅的格局。对开发园区用人规模实行总量控制，由同级机构编制委员会重新核定人员限额，只减不增，其中直接从事招商引资人员不得低于核定管委会（总公司）人员的20%。

《关于切实加强开发区土地节约集约利用工作的意见》要求提高用地准入门槛，进入镇江、丹阳、扬中经济开发区，京口、润州工业园区和丹徒经济开发区谷阳片区工业园区项目用地的投资强度不得低于4500万元/公顷，进入句容经济开发区、丹徒经济开发区高资片区工业项目用地的投资强度不得低于3750万元/公顷，进入其他工业集中区工业项目用地的投资强度不得低于3000万元/公顷；项目注册资本不得低于项目总投资的30%；对固定资产投资额低于3000万元的工业项目，国土部门不得供地。

《镇江市省级开发区优化审批流程完善审批服务的实施办法》对项目审批明确实施范围、审批流程、审批服务等。

（章存保）

【丹徒经济开发区区域环境影响评价获省批准】 2008年8月，丹徒经济开发区区域环境影响评价获得省环保厅批复，同时被省经贸委、省环保厅、省外经贸厅列为江苏省第二批循环经济试点。近几年，丹徒经济开发区循环经济发展成果初步显现：园区内企业逐步形成企业间原料产品供应关系，发电厂粉煤灰、煤渣、脱硫石膏等固体废物在建材行业得到综合利用，热电厂直排循环冷却水在焦化厂二次利用，减少资源用量和污染排放。鹤林水泥厂余热发电项目自给率达40%，折合减少标准煤使用4万吨，减排二氧化碳11万吨、二氧化硫120吨。

（李　昕）

镇江新区

【概况】 镇江新区总面积218.9平方公里，人口21.7万人，下辖3个镇和2个街道，享有国家级开发区相应经济审批权限和行政级别。2008年，镇江新区完成地区生产总值170.1亿元，比上年增长17.3%。

2008年，镇江新区工业企业完成产值539.73亿元，比上年增长28.0%；全年实现销售收入540.52亿元，增长30.53%；实现利税53.64亿元，增长25.25%；实现利润42.29亿元，增长32.73%，其中定报工业企业实现销售收入456.16亿元，增长26.29%；完成利税49.45亿元，增长24.89%；实现利润40.08亿元，增长33.58%。完成全社会固定资产投资129.35亿元，比上年增长23.8%；完成全社会工业性投资95.10亿元，增长23.2%。全年民营经济完成产值147.10亿元，比上年增长51.1%；实现销售收入149.62亿元，增长67.75%；实现利税17.59亿元，增长177.08%。全年新增区属规模以上工业企业47家。完成财政总收入26.75亿元，完成年度调整预算的100.19%，比上年增长20.2%；其中地方一般预算收入10.16亿元，完成年度调整预算的100.09%，增长15.17%。完成财政总支出13.8亿元，增长37.17%；一般预算支出7.87亿元，增长25.72%。

2008年，镇江新区引进外资项目54个，其中增资项目22个，总投资1000万美元以上项目25个，引进外资大项目7个。实际到位外资3.82亿美元（商务部确认数，不含市直企业），增长15.99%；进出口总额31.3亿美元，增长13.3%，其中自营出口9.69亿美元，实际利用内资21亿元。大项目注册外资2.65亿美元，是上年的2.5倍，占全区注册外资比重51.8%，其中环保产业项目2个，船舶配件、汽车零部件、光电子、医疗服务业和精细化工项目各1个，改变了化工项目偏重的大项目引进状况。

截至年底，镇江新区在建及竣工项目92个，其中在建项目65个，总投资125.03亿元。在建外资项目42个，总投资10.22亿美元；内资项目23个，总投资48.35亿元。2008年新开工项目39个，总投资77.07亿元。全年竣工项目27个，总投资37.47亿元，其中外资项目14个，总投资3.08亿美元，内资项目13个，总投资14.35亿元。

2008年建成道路总长23.85公里，包括港南路、港中路南延、赵声南路、扬子江路、银山南路等19个主次干道工程。

2008年，镇江新区建筑业新开工项目58项，单位工程232个，工程造价9.26亿元，建筑面积151.4万平方米，竣工项目252个，竣工面积88.4万平方米。全年在镇江新区立项的国有资产及其控股项目在市招标办办理公开招标的项目18项，工程总造价3.17亿元；在镇江新区办理招标手续126项（镇江新区投资20万元～100万元项目），工程总造价1.08亿元。办理质量报监手续232份，报监率100%。核发建筑工程施工许可证102份，办理合同鉴证142份，合同鉴证率100%。上半年有20项工程获得市优质结构工程称号。开展拆迁“百日会战”活动，全年完成拆迁面积24万平方米。

全区完成国有土地登记发证2100份。房产抵押近1000份，抵押金额8亿元，面积70余万平方米。农村集体土地登记发证148份，发证现场查勘率100%。税费征收1034万元。海德公园一期、丽景花园及银山鑫城四期共12.5万平方米住宅小区竣工验收。镇江新区医院被评为江苏省物业管理示范大厦。

2008年，镇江新区一站式窗口有13个部门入驻，受理各类行政审批和服务事项2839件，办结2839件，办结率100%。

2008年，镇江新区农民人均纯收入

8298元,比上年增长3.6%。新增农村三大合作(农民专业合作、农村社区股份合作、农村土地股份合作)组织38家,累计达49家,其中新增农民专业合作社29家、土地股份合作社9家。新增高效农业种养面积1087公顷,其中新增设施农业面积204公顷、高效渔业面积74公顷,全区高效农业面积占耕地面积约40%。全区完成造林面积近200公顷,8个行政村达到新农村建设村庄绿化合格村标准,全区森林覆盖率达19.3%。户用沼气项目完成200户,建成规模养殖场小型沼气工程1个。对18个建制村、149条河道(塘坝)清淤整治,完成土方量50.64万立方米,清淤乡级河道6条、16.29公里,土方量24.98万立方米。投入454.11万元完成以捆山河填塘固基等为主的冬春水利工程,维修姚桥镇5座通江涵闸,维修改造王巷村勤北电灌站、北角电灌站。

2008年,镇江新区实行教育资源优化配置,形成职业学校1所、初中4所和中心小学7所;有中学生4183人、小学生7623人,有中小学教师965人。学前教育毛入园率、小学巩固率、初中巩固率分别达93%、100%、99.8%,初中毕业生升学率达98%;创省级幼儿园5所、市级教育信息化先进学校5所、市级学生行为规范示范校2所、市A级食堂2所。2008年,镇江新区完成6个社区卫生服务中心、2个城区卫生服务站和39个农村卫生服务站的建设,居民在15分钟内能得到医疗服务。新型农村合作医疗参合率100%;完成改水改厕任务,血防查灭螺80万平方米,建成"农民健康促进"试点乡镇1个、"健康促进"学校2所,建成留守儿童服务站1所。文化大院、星级示范村(居)创建率80%,人口出生率4‰。成立基层体育俱乐部、协会15个,培养社会体育指导员201人。推进文物普查工作,公布区级非物质文化遗产名录36项、市级非物质文化遗产名录7项,申报省级非物质文化遗产名录1项、国家级非物质文化遗产名录1项;开展平安文化市场创建活动,查处"黑网吧"5家,收缴电脑主机41台,收缴非法出版物、音像制品1.2万余册(张)。

2008年,镇江新区新增城镇就业1900人,农村劳动力转移2874人,农村劳动力培训3441人,10个社区、50个村均达充分(转移)就业标准。全区新增扩面参保缴费人数10394人,拉动基金收入4078万元。被征地农民基本生活保障制度覆盖全区,新安置被征地农民1883人,累计安置被征地农民14720人,其中参加被征地农民基本生活保障9203人。全区符合老年居民养老补贴条件的对象15840人,从7月起发放养老补贴。全年立案受理各类劳动争议375件,处理结案337件,案外调解425件,通过仲裁处理为劳动者追回经济损失379.8万元。劳动保障监察网格化覆盖率达100%。至年底,全区村村均有500平方米以上的农村社区服务中心,其中70%城市社区服务中心不少于1200平方米。党的建设实施村级阵地达标建设,全区49个村(含村居合一)有47个达标。新建8个社区党员干部现代远程教育终端接收站点。 (新区办)

2008年黄明节,镇江新区十万民众外出踏青登圌山 (新区办)

【完成"三年大提升"目标任务】 2006年初,镇江新区提出"三年大提升"各项目标任务,至2008年,全区地区生产总值、财政总收入、一般预算收入、规模固定资产投资、规模工业销售分别由2005年的88.66亿元、12.5亿元、4.78亿元、61亿元、260.2亿元增长到2008年的171亿元、26.7亿元、10.15亿元、122亿元、467亿元,对全市贡献份额分别增长1.83、4.08、6.09、5.61、2.17个百分点;其他各项经济指标均以30%左右速度快速提升,实现三年翻一番,其中,工商注册外资、实际利用外资、规模以上固定资产投资等项指标一直排名全市第一。丁岗、大路、姚桥等镇被划入镇江新区管理三年来,三镇经济总量跃上新平台。

不断调整优化三次产业比重,服务业增加值占地区生产总值比重由2005年的11.42%上升到2008年的14.68%。深化"三园一中心"(中国镇江留学人员创业园、镇江软件园、镇江市大学科技园、镇江高新技术创业服务中心)控制性规划,细化夹江岸线利用研究方案,重新编制新的产业发展和空间布局规划。发展高新技术产业和先进装备制造业,产业规模增量翻番。三年高技术产品销售、利税年平均增长率分别达32.7%、28.2%,财政投入科技三项经费增幅为39%。利用外资在全省123家省级以上开发区中排名逐年上升,2008年,实到外资3.82亿美元,创历史新高。三年累计实到外资9.48亿美元,在全市的占比由2005年的28.6%提升到2008年的31.3%。三年引进大全多晶硅、山特维克新型合金管、恒顺达生物能源等12个超亿美元外资大项目和南华精制糖等3个总投资10亿元内资大项目。成功创建省级国际服务外包示范区、软件园及大学科技园,成立高投创业投资公司,各级工程技术研究中心累计26家。与江苏大学和江苏科技大学联合建立人才培养基地2个、高层次人才创新创业基地2个,引进海外领军型创业团队7家,引进硕士、博士100余人。

稳妥开展拆迁工作,三年拆迁70多万平方米。2008年,围绕镇大公路拓宽改造开展拆迁工作"百日会战"活动。三年城建投入30.6亿元,建成经十二路、港南路、港中路南延等道路工程,改扩建丁岗、大路和姚桥等镇的公路。丁卯·沃得市民广场、银山公园、人民公园如期建成并免费对外开放。创建全国环境优美乡镇,建设丁岗葛村省级康居示范村。开展农村综合环境整治,建立村庄保洁长效管理机制。推行ISO 14001环境管理体系认证。搞好节能减排,先后关停38家采石宕口、42家轧石企业、67座各类砖瓦窑,整治11家电镀企业,集中设立电镀科技环保园。三年教育投入2.5亿元,优化配置教育资源,推进教育现代化建设,省市教育年度综合考评连年保持优秀。健全完善疾病预防控制和救治体系，实现卫生服务网络全覆盖。1万平方米人力资源配置市场建成使用，三年城镇新增就业8500人，转移农村劳动力10800人次。全区一半建制村达到示范性农村社区标准。筹建农村小额贷款担保公司，扶持农民创业创富。社会保障体系覆盖城乡，全区企业职工基本养老保险、城镇职工基本医疗保险和城镇失业保险覆盖面均超97%。为所有村干部办理养老保险和医疗保险。发展慈善事业，实施中心敬老院、慈爱中心等一系列工程。（陈　瑜）

【镇江高新技术产业开发园区】 2008年，镇江高新技术产业开发园区实现销售收入67.9亿元，比上年增长29.1%；完成工业总产值68.5亿元，增长25.3%；实现利税7.15亿元，增长10.7%；实现利润4.8亿元，增长11.6%。其中规模以上工业企业实现工业销售收入63.2亿元，增长27.1%；实现工业总产值65亿元，增长26.9%；实现利税7.1亿元，增长12.7%；实现利润4.6亿元，增长9.5%。完成固定资产投入12.01亿元，增长25%。（张俊峰）

【镇江高新技术创业服务中心】 2008年，镇江高新技术创业服务中心新引进孵化企业11家，毕业企业2家；在孵企业总计65家，累计毕业企业23家。在孵企业实现产值1.28亿元，销售收入1.25亿元，利润总额1142万元，上缴税收474万元，出口创汇59万美元，产值、销售、利润总额、税收和出口创汇分别比上年增长99%、93%、290%、14%、26%。毕业企业完成工业产值6.6亿元，实现销售收入5.9亿元，利润总额7740万元，上缴税收2488万元，分别比上年增长61%、51%、27%和44%。组织和辅导园区企业申报各类科技计划项目80余项，其中省级以上科技计划项目49项，获得无偿拨款1500多万元。组织企业申报高新技术企业获批7家，高新技术产品获批5项，软件企业获批4家，软件产品获批8项，6家企业获得CMMI－Ⅲ级资质；组织企业申请专利361项，其中发明专利61项；授权专利32件，其中发明专利5件。平台建设进一步加强，镇江大学科技园升级为省级大学科技园。与省高投集团合作成立镇江高投创业投资有限公司，为中小型科技企业提供融资服务。引进中智集团并设立镇江中策信息技术公司，加强软件及国际服务外包人才培训工作。（张　荣）

【镇江出口加工区】 2008年，镇江出口加工区实现销售7432万元，进出口总额1376.05万美元，深加工结转额246万美元。新批项目6个，增资项目1个，投资总额7920万美元，注册资本3330万美元，实际到位外资1516.72万美元。建立出口加工区辅助管理系统。由于美国次贷危机引发的全球金融危机的影响，园区经济增速放缓，有3家企业停产或退区。（任晓峰）

【2008“银山之春”投资洽谈会】 2008年5月8日举办2008“银山之春”投资洽谈会。洽谈会期间，镇江新区签约外资项目28个，合同外资5.91亿美元，完成计划6亿美元的98.6%，注册资本3000万美元以上的大项目8个；签约内资项目15个，合同内资9.43亿元，完成计划18亿元的52.4%。有21个国家、地区和国内各地的250多名客商与会。有12个项目参加集中签约，项目总投资14.2亿美元，合同外资5.03亿美元。其中，总投资3亿美元以上项目2个，总投资0.3亿元～1亿美元项目8个。8个外资大项目的合同外资4.31亿美元，占所有签约合同外资总数的70%以上。（陈　瑜　郑惠芳）

【开展农村“三百”行动】 2008年，镇江新区参加全市以百村、百企、百亿为内容的农村“三百”行动，全区35个建制村分别与1家以上企业结对挂钩，参与结对企业42家，结对率100%。全年实施结对项目16个，其中高效农业项目5个、基础设施和环境整治项目5个、社会公共事业项目6个，项目总投资1615万元。“三百”行动促成温氏畜牧、丰和生态、远清花卉公司等一批与村合作共建的典型。（张　敏　陈　瑜）

【推进高效农业项目建设】 2008年重点推进6个市级重点高效农业项目，除圌山休闲农业观光园项目外，千亩设施园艺示范区、圌山休闲农业观光园、千亩高效渔业养殖、千亩水生蔬菜、家禽规模养殖等5个千亩以上重点项目基本建成。建成丁岗镇留村应时鲜果、大路武桥龙虾养殖、东岳设施葡萄、姚桥儒里鲭鱼养殖、大港街道王巷家禽养殖小区等一批农业基地，千亩设施园艺基地和照临、章村养殖小区进一步扩大。依托千亩设施蔬菜基地建成集生产、包装、配送、直销一条龙产供销体系。（张　敏）

【一路两公园建成】 港南路2008年2月开工建设，12月底建成通车。港南路西起通港路，东至姚大公路，全长10.2公里，路宽40米，项目总投资2亿元，按市政道路Ⅰ级标准建设。施工单位有镇江市市政建设工程总公司、马鞍山市市政建设有限责任公司、江苏省交通工程集团有限公司、泰兴市市政工程有限公司。港南路是镇江新区通往姚桥镇的主干道，也是镇江新区连接泰州长江公路大桥的重要通道。

镇江新区体育公园2008年7月1日开工建设，年底竣工。体育公园位于中心商贸区，在镇大铁路南侧、赵声路东侧，占地8公顷，总投资2800万元，工程包括门球场2个、篮球场6个、排球场2个、羽毛球场2个、乒乓球馆1个和室外游泳池、中心广场、象棋广场各1个，以及4.4万平方米绿化、园内道路等其他设施。

镇江新区人民公园2007年12月底开工，2008年8月竣工。人民公园地处金港大道南侧、银山鑫城西侧，占地4.5公顷，总投资2500万元。工程包括广场2.7万平方米、配套绿化1万平方米、中心音乐喷泉1个、各类景观灯450余盏及有关配套设施。公园中心音乐喷泉是全市最大旱地音乐喷泉，占地1600平方米。人民公园是继银山公园之后镇江新区建成的第二座免费开放公园。（曹建霞）

【平安新区和法治新区建设】 2008年，镇江新区实现平安新区建设“四连冠”和法治新区建设新突破。破获刑事案件759起，破案率比上年增加4.7个百分点，“八类案件”破案率达93%，杀人案件破案率达100%，破获丁卯“3·26”恶性杀人碎尸抛尸案。全区各级调解中心调处各类矛盾纠纷589起，调解成功578起，调解率达100%，调解成功率达98%。

推进“技防进村入户到田头”，建成技防镇（街道）5个，技防村建成率达100%。建成社会面监控中心137个，监控探头总数达526个，基本建成技防新区。全区镇（街道）政法综治工作中心建成率达100%。开展18项系列创平安活动，平安村（社区）、平安校园、平安工地、平安医院建成率达100%。开展社区矫正、安置帮教和预防青少年违法犯罪工作，全区99名社区矫正对象重新犯罪率为零，刑释解教人员帮教率达100%，安置率达90%以上，在校中小学生犯罪率连续七年为零。推进政法系统执法规范化建设，开展争创“十佳规范执法示范单位（部门）”和“十佳规范执法先进个人”活动。大路镇被市委、市政府表彰为首批法治镇（街道）创建工作先进单位。4个村（社区）被评为省民主法治示范社区；32个村（社区）被命名为市

民主法治村(社区),创建率达全区村(社区)总数70%以上。 (徐 鹏)

【镇江新区中小企业投资担保有限公司】 2008年,公司为88家企业提供249笔6.27亿元的担保资金,比上年增长67.02%。公司成立4年累计为142家企业提供493笔12.54亿元的资金扶持。全年未发生贷款项目代偿及损失。全年受保企业增加销售收入6.42亿元,增加就业岗位823个,新增税收3000万元;受保企业累计销售收入增长13.25亿元,新增1800个就业岗位,新增税收6320万元。2008年,被国家开发银行江苏省分行列为镇江市助贷机构,授权公司对中小企业贷款项目自主开发、考察和评审,向国家开发银行江苏省分行推荐项目并提供信用保证,履行对借款人的贷后管理等监管责任。

(张建宪 陈 瑜)

【丁岗镇】 全镇总面积35.36平方公里,耕地1505.5公顷,集镇面积1.53平方公里,村民委员会6个。2008年年末总人口20802人,总户数7670户,人口自然增长率-1.97‰。

2008年实现地区生产总值2.37亿元,农业增加值0.3亿元,工业增加值1.57亿元,第三产业增加值0.5亿元。财政收入3400万元,一般预算收入1400万元,农民人均纯收入7886元,城镇居民人均可支配收入9563元,规模以上固定资产投资1.51亿元,社会消费品零售总额0.26亿元,农村劳动力转移人数600人。农业投入2000万元。工业销售额10.12亿元,工业利税3962万元,销售额500万元以上企业14家。外贸出口2571万元。私营企业97家。高新技术企业2家,高新技术产品2个,高新技术产品销售收入5000万元。自来水普及率93%。参加农村社会养老保险730人,各项储蓄存款余额1.96亿元。

2008年,全镇成功引进西班牙理疗手镯、新型门锁等24个项目,总投资近6亿元,达产后新增年销售9.7亿元,税收5100万元。开工建设项目14个,总投资2.7亿元。

培植砂糖柑橘、鲜食玉米、茶叶、温氏养鸡、中华史氏鲟、银杏虫子鸡等种养殖基地7个。清淤河塘48座,疏浚县乡骨干河道9.2公里,总土方量33.4万立方米。完成植树造林45公顷,铺设农村水泥路20公里。整治出新集镇中心街两侧建筑3500平方米。6个建制村社区服务中心均通过上级民政部门验收,试点推广农村沼气超过200户,农村垃圾处置长效管理工作位居全区前列。

申报市级专利实施项目6项,新产品试制计划1项,专利申请86件。新增社保人员734人、拉动社保基金228万元,连续两年在全市乡镇(街道)中率先完成社保扩面征缴任务。在全区率先启动镇党员服务中心建设。镇政法综治中心成为全市样板。全镇向四川地震灾区累计捐款达32万元。

党委书记 夏志远
镇 长 朱 良

(凌 皓)

【大路镇】 全镇总面积41.67平方公里,耕地1447公顷,集镇面积5.21平方公里,村民委员会9个,居民(社区)居委会1个。2008年年末总人口28433人,总户数11765户,人口自然增长率-5.71‰。

2008年实现地区生产总值3.8亿元,农业增加值0.3亿元,工业增加值2.37亿元,第三产业增加值1.10亿元。财政收入4245万元,一般预算收入1959万元,农民人均纯收入8080元。全社会固定资产投资1.7亿元。农村劳动力转移人数408人,新增城镇就业人数389人。农业投入623万元,工业销售额13.89亿元,工业利税5502万元,销售额500万元以上企业15家。外贸进出口总额9560万元,私营企业173家,高新技术企业2家,高新技术产品4个,高新技术产品销售收入1.1亿元,自来水普及率95%,参加农村社会养老保险5050人,各项储蓄存款余额2.34亿元。

建成照临有机米新技术种植20公顷和有机蔬菜种植13.3公顷及两个占地4.7公顷的温氏养殖小区;建成武桥特种水产养殖16.7公顷、东岳葡萄园种植3.3公顷、宗张鲜切花生产13.3公顷等。投入资金260多万元,进行集镇河整治工程,其中投入资金200万元,新建提排两用站1座。连续5年被镇江市评为社会治安安全镇,9个建制村、38家企业均建成技防村(企业),24座排灌站全部安装防盗报警系统。2008年被评为市法治镇江法治镇建设先进单位,9个建制村全部被评为镇江市民主法治示范村。

党委书记 徐子荣
镇 长 王丽娜

(王永红)

【姚桥镇】 全镇总面积55.88平方公里,耕地2946.67公顷,集镇面积3.2平方公里,村民委员会14个,居民(社区)居委会2个。2008年年末总人口42106人,总户数16178户,人口自然增长率-3.16‰。

2008年实现地区生产总值5.03亿元,农业增加值0.62亿元,工业增加值3.19亿元,第三产业增加值1.22亿元。财政收入5977万元,一般预算收入1800万元,农民人均纯收入8030元。全社会固定资产投资2.74亿元。农村劳动力转移人数876人,新增城镇就业人数318人。工业销售额12.06亿元,工业利税8800万元,销售额500万元以上企业14家,外资及港澳合资企业2家,私营企业285家。高新技术企业2家,高新技术产品3个,高新技术产品销售收入11.8亿元。自来水普及率94.15%,参加农村社会养老保险1430人。总投资160万元的姚桥镇敬老院竣工交付使用,主楼建筑面积1300平方米,可容纳120人入住。

农业产业结构调整有成效。投资建设以下项目:一是100公顷的长江岸线水产养殖基地,其中浅水藕67公顷、精养鱼33公顷、螃蟹6.7公顷、龙虾20公顷(含复合种植种类),儒里村投资450万元的22公顷风鱼养殖项目正式落户;二是建设以仲宝村为龙头的家禽养殖基地,建筑总面积8000平方米;三是以石桥和儒里两村为龙头的生猪养殖基地,年出栏生猪1万头;四是以华山、红光为龙头的蔬菜种植基地67公顷。此外,三桥村新生圩新增绿壳蛋鸡养殖项目4000平方米,总投资80万元。改扩建11座农桥,包括敬老院桥、陈甸桥、刘家桥、迎北桥、迎茂桥、八字桥、张家巷桥、三桥中心桥、朱家桥、北埝吴桥、庄徐桥,总投资193万元,12月底全部竣工。投入90余万元,对仲宝村、大东村、迎滨村等7个村庄河道清淤疏浚,疏通河道总长20公里,清淤土方19万立方米。围绕绿色高效生态农业建设,推行化肥农药双减增效技术。

党委书记 王 忠
镇 长 眭尔佳

(陈 琳)

【大港街道】 总面积68.3平方公里,耕地945.16公顷,集镇面积11平方公里,村民委员会14个、居民(社区)委员会5个(其中新增赵庄居委会)。年末总人口51910人,总户数22625户,人口自然增长率6.45‰。

2008年实现地区生产总值18.5亿元,其中,农业增加值0.3亿元,工业增加值11.73亿元,第三产业增加值6.47亿元。财政收入2.02亿元,一般预算收入1.28亿元。城镇居民人均可支配收入18949元,农民人均纯收入9522元。全社会固定资产投资21.73亿元。农村劳动力转移612人,新增城镇就业621

人。农业投入 270 万元。工业销售额 50.85 亿元,工业利税 2.6 亿元。销售额 500 万元以上企业 35 家。外资及港澳台资企业 28 家,2008 年新批 6 家。2008 年实际到账外资 6800 万美元。外贸进出口总额 2253 万美元,其中出口 1631 万美元。私营企业 263 家,高新技术企业 2 家,高新技术产品 7 个,高新技术产品销售收入 8 亿元。自来水普及率 100%,参加农村社会养老保险 1.2 万人,各项存款余额 3.9 亿元。

全年获得市级以上荣誉 10 多项,街道党的先进性建设、环境优美乡镇创建、民兵预备役建设等工作在全区乃至全市展示新亮点。投入 500 余万元,推进实施“城乡一体化”实事工程,对王巷、北角、东方、厚角、大港、龙泉等 6 个村实施环境大整治,新建道路 20 余公里,安装路灯 180 余盏,推进农村改厕 1000 余座,清淤河塘 18 个,完成土方 10 万立方米,改善农村生活环境。举办第三届社区百名寿星祝寿会,表彰“三好”(好儿女、好媳妇、好家庭)敬老典型,对社区 1700 余名 70 岁以上老年人发放“和谐幸福卡”,为老年人理发、就医、沐浴等给予优惠。举办庆六一“特殊红包”赠送大会,为 25 名贫困学生和 3 名四川地震灾区学生颁发助学金 6500 元。

党委书记　贺宏福

街道主任　赵建平

(田银军)

【丁卯街道】　总面积 25 平方公里。辖 4 个村民委员会(即张许村、横山村、凤凰山村、渣泽村,原润南村撤销)、3 个社区(其中谷阳、戴家巷合并到丁卯社区),年末总人口 40698 人,总户数 9717 户,人口增长率 2‰。

2008 年实现地区生产总值 9.39 亿元。财政收入 1.4 亿元,一般预算收入 6700 万元。农民人均纯收入 9536 元,城镇居民人均可支配收入 19028 元。全社会固定资产投资 9 亿元,农村劳动力转移人数 305 人,新增城镇就业人数 652 人,扶持创业 42 人。工业销售 18.5 亿元,实现利税 8000 万元。销售额 500 万元以上企业 18 家,外资及港澳台资企业 5 家,当年新批 5 家,实际到账外资及港澳台资 2855.41 万美元。私营企业 80 家,高新技术企业 7 家,高新技术产品 12 个。自来水普及率 100%。

2008 年,丁卯街道打造镇江市新商业中心。丁卯中心商贸城集中开工仪式上集中签约义乌小商品市场、亿都建材城、五金电器市场、星宝汽配港等项目。沃尔玛超市于 10 月进场装修。成功引进总投资 7.2 亿元港币重型机械制造和总投资 3.2 亿元港币中金重工等大项目。全年街道社会总产值 42.6 亿元,建设以宝德汽车和奥迪城市展厅为代表、多品牌 4S 店聚集的丁卯桥路汽贸一条街。整合原润南工业园,建造鑫鼎茂工业园 B 区。丁卯文体活动中心、党员服务中心、社区教育中心、老年活动中心的建成为片区百姓提供一流的文化活动场所。2008 年市政府为民办实事重点工程——谷阳菜市场升级改造工程通过市级验收。2008 年获省农业普查先进集体称号。

党委书记　倪　宏

街道主任　王开吉

(司徒俊)

辖市(区)经济开发园区

【丹阳经济开发区】　2008 年,丹阳经济开发区实际到位外资 1.01 亿美元,比上年增长 87.9%,占丹阳市实到外资比重 50.3%;实现业务总收入 435.3 亿元,增长 15.5%;一般预算收入 4.02 亿元,增长 42.9%;基础设施投入 10.81 亿元,增长 71.6%;完成进出口 4.07 亿美元,增长 5.8%,其中出口 3.42 亿美元,增长 10.3%;实现工业销售 170 亿元,占丹阳市的 19.5%。

实施规划推动发展。按照“工业集聚区、商贸物流区、科技先导区、丹阳新城区”的发展定位,加快经济开发区的功能集聚、产业整合和城市化进程。“金融商贸、行政商住、产业集中、生态休闲”四大空间发展板块初具雏形。眼镜光学、五金工具、木业制品等传统产业得到提升,开展精密制造、高新材料、新型能源和化学医药四大新型主导产业发展规划和企业培育工作。10 平方公里精密制造工业区重点发展汽车零部件、高档工具等先进制造产业,9 平方公里高新材料工业区重点发展碳纤维、复合金属、高温合金和半导体材料等高新材料产业,3 平方公里新型能源工业区重点发展太阳能光伏、LED 照明、风能发电组件等新型能源产业,12 平方公里化学医药工业区发展精细化工、生物医药等化学医药产业。

发展大项目。总投资 10 亿元的大力神彩涂板、总投资 14 亿元的大亚木业二期工程装饰板、总投资 5 亿元的肯帝亚木业高档地板、总投资 3.5 亿元的彤明汽车电器和 5 个总投资分别超亿元项目的扩能改造,提升传统产业的市场竞争力。推进总投资 35 亿元的恒神碳纤维、总投资 2 亿美元的傅氏双金属、总投资 5000 万美元的海润半导体、总投资 5000 万美元的贺利氏汽车尾气处理装置等项目建设。推动通力机械、仅一包装、双仪光学等拟上市企业资本化运作,引进和培育丹阳国际生物科技研发中心、丹阳国家“863”项目产业基地,总投资 2 亿美元的庆翔半导体项目成功落户。

高品位建设发展平台。园区 30 平方公里基本形成主干道路框架,日处理 2 万吨污水的南部污水处理厂建成运营。重点建设高速公路以南丹阳新城区,加快建设凤翔花园、府前星座、东方盛世等现代化居住小区和大型商场(超市)、购物中心、步行商业街等商业配套网点建设,打造行政、文化、金融、商贸、商住五大中心;以中国眼镜城、华东皮革城、国际汽贸城、森林家居城和丹徒新区商贸城五大专业市场建设改造为重点,提高服务业比重。

可持续发展出成果。丹阳被命名为中国眼镜出口基地、省五金工具集聚监管区,区内企业万新光学、东方光学成为中国眼镜出口基地企业。引导资源消耗型企业进军资源市场,兴隆车辆部件有限公司在蒙古国投资 300 万美元成立 TUVSHINGARAVY 有限公司,从事矿产开发。

(李　昕)

【句容经济开发区】　2008 年,句容经济开发区实际到位外资 1.54 亿美元,比上年增长 31.4%,占句容市实到外资比重 60.8%;实现业务总收入 143.7 亿元,增长 23.3%;一般预算收入 1.79 亿元,增长 27%;基础设施投入 10.06 亿元,增长 100.6%;完成进出口 1.66 亿美元,下降 32.4%,其中出口 1.03 亿美元,下降 32.8%。

推进基础设施建设。开发区规划面积扩至 60 平方公里,涵盖黄梅和华阳工业园区,实现两镇一区完全对接。拆迁 34.6 万平方米,建成 40 万平方米的黄金花园安置小区,新建园区道路 20 公里,核心区道路与外部路网贯通,并同步配套水、电、气、通讯等设施。

举全市之力建设经济开发区。注重龙头项目招商和产业配套招商,促使提升光电子、运动器材等主导产业。总投资 6 亿美元的巨宝科技项目落户,使句容光电子产业年销售将达 100 亿元。美尔顿车业、百利机械、立成强机械等一批运动器材龙头企业相继投产,形成 7 家整车生产企业、26 家配套企业的运动器材产业群,年生产能力达 2000 万辆。句容市政府出台激励措施,实行镇区联动,

鼓励各镇将总投资1000万美元以上外资项目、3000万元以上内资项目引进经济开发区。 (李 昕)

【扬中经济开发区】 2008年,扬中经济开发区实际到位外资3835万美元,比上年下降25.9%,占扬中市实到外资比重为28.5%;业务总收入首破百亿元,达到105.1亿元,增长19.3%;一般预算收入破亿元大关,达1.27亿元,增长34.8%;基础设施投入3.16亿元,增长4.5%;完成进出口8756万美元,下降0.3%,其中出口5485万美元,增长5.1%。

2003年为呼应全省沿江开发战略,扬中市设立沿江工业集中区,并由经济开发区托管,经济开发区实际管辖面积达16.51平方公里。随着基础设施的不断完善,原经济开发区成为新城区,是扬中新兴的服务平台、商业平台和人居平台,沿江工业集中区发展成为扬中项目汇集之地、科技创新之地和产业集聚之地。实施桥港联动战略,引进浙江盈都等一批现代港口企业;依托诺伊费德船用设备项目,加快发展大进大出的装备制造等临港产业。成功创建省级(镇江)太阳能光伏产业园,引导扬中硅材料及光伏产业进区集中发展;利用联统置业创业平台,筹建科技孵化中心。

全区拥有电力电器企业近40家,其中有大全、中电等行业领军企业。辉煌硅能源一期工程竣工投产,二期工程顺利展开。正德电力、隆晟医药包装等项目开工建设。硅材料及光伏、装备制造、仓储物流等新兴产业加速集聚、迅速发展。以辉煌硅能源为龙头、尚昆科技、天辰硅酮密封等项目为配套的硅材料及光伏产业链初步形成。

加快推进园区载体建设,先后建成一批配套基础设施,在功能布局上明确工业、科研、服务等区域划分,设立"区中园",实现经济开发区整体环境的优化、美化。推进体制创新,科学设置经济开发区功能科室,构成"小政府大社会,小机构大服务"格局;注重服务质量,及时了解和掌握进区企业困难和问题,为区内企业提供一流的投资服务。

(李 昕)

【丹徒经济开发区】 2008年,丹徒经济开发区实际到位外资8077万美元,比上年增长66.8%,占丹徒区实到外资比重71.5%;实现业务总收入146.8亿元,增长23.9%;一般预算收入1.87亿元,增长166.3%;基础设施投入6.5亿元,增长53.1%;完成进出口1848万美元,增长40.9%,其中出口841万美元,下降4.8%。

推进重点工业项目。当年开工、竣工项目有:总投资5亿元的江苏鹤林水泥二期工程项目、总投资3.5亿元的华龙新型建材管桩项目、总投资1亿元的南京利德尔不饱和树脂项目、总投资85亿元的二重集团重装基地项目、总投资3.5亿元的镇江苏润高炭材有限公司高纯石墨扩建工程、总投资1亿元的镇江蓝德特药业科技有限公司药物中间体项目等。8月,中国二重与镇江市政府签订重大技术装备制造基地投资合作协议。该项目投资分为三期,首期使用土地53公顷、岸线800米,建设出产重型成套产品3万吨、核电产品1000吨、石油化工装备2万吨、加氢容器锻件产品5000吨和大型海洋设备、海水净化设备、船机、风力发电设备1000吨的重大技术装备制造基地。此外,兴建起重能力1500吨~2000吨的重装码头,同时建设配套生活区。

推进重点基础设施建设。重点基础设施项目有:总投资2.66亿元的沿江高等级公路、总投资3亿元的镇江嘉豪房地产8万平方米高档住宅、总投资5000万元的镇江博奇水务有限公司3万吨/日污水处理工程、总投资2000万元的集镇污水收集管网和双仙河绿化等环境整治工程、总投资4000万元的经济开发区蒸汽管网建设工程、总投资1.5亿元的10万平方米安置房建设、总投资5000万元的铁路专用线以及迎江大道铁路立交连接工程。其中,沿江高等级公路、蒸汽管网建设工程、污水处理厂及污水收集系统、8万平方米高档住宅、双仙河绿化及环境整治工程建成使用,10万平方米安置房工程一期4万平方米年底开工建设。铁路专用线项目完成审批及相关图纸制作。供水工程唧站主体一期工程竣工,通往石马片区及经济开发区的支管道年底前与金西水厂对接供水,惠及1.5万人。当年拆迁450多户、拆迁面积6万多平方米。 (李 昕)

【京口工业园区】 2008年,京口工业园区实际到位外资3524万美元,比上年增长206.2%,占京口区实到外资比重43.8%;实现业务总收入55.5亿元,增长24.4%;一般预算收入5122万元,增长53.3%;基础设施投入5.18亿元,增长139.9%;完成进出口1.21亿美元,增长77.6%,其中出口1.20亿美元,增长77.6%。

基础设施建设提升园区承载能力。园区4平方公里基本实现"六通一平"(通水、通电、通路、通邮、通讯、通气,土地平整),自筹自建1.2万平方米李华标准厂房建成;建成金阳大道、京鼎大道、华丰路,园区内部路网框架基本形成;运河以东11万伏变电所、运河以西22万伏变电所建成运营;日供水5万吨自来水主管网建成;谏壁地区污水处理厂工程将于2009年完成并部分投入使用;天然气管道接通,运河以西地区开始使用。

招商选资突出产业优势。截至2008年底,园区累计落户项目21个,计划总投资57亿元,其中,投产项目17个,总投资28亿元;在建项目4个,总投资29亿元。随着鼎胜铝业、鸿泰钢铁、永丰电光源一期、震东铜业、金特福工程机械、正恺电子、立新电子、亨通电器等一批项目投产,园区初步形成金属压延加工、机械制造、电器设备制造三大产业雏形。 (李 昕)

【润州工业园区】 2008年,润州工业园区实际到位外资2022万美元,比上年下降3%,占润州区实到外资比重44.4%;实现业务总收入32.9亿元,增长35.6%;一般预算收入5905万元,增长119.7%;基础设施投入3.38亿元,下降32.7%;完成进出口1659万美元,下降1.9%,其中出口1645万美元,增长0.3%。

以特种船舶制造及配套和港口物流为特色的产业集聚初步成型。总投资5亿元的江苏蓝波特种船舶制造扩建项目、总投资1.46亿美元的江苏胜华3万吨级~5万吨级多用途船舶制造项目、总投资1.02亿美元的惠龙港国际钢铁物流现代服务业项目、总投资4.28亿元的大通重工港口机械等沿长江岸线分布的四大项目建成运营。总投资10.2亿元的中船大功率中速柴油机、中小缸径船用柴油机及柴油机配件生产项目将建成为国内一流、国际知名的船用柴油机生产基地。江苏强凌电子节能灯项目、镇江液压工业园和挪威船舶配套工业园等一批项目继续建设。

加快园区基础设施建设。以市政道路建设为契机,做好征地拆迁等工作。金桥大道西延、戴家门路建成通车,南徐大道西延、沿江高等级公路、疏港路建成通车,园区土干道路网基本成型。总投资1936万元、总长6980米的园区排污管网全部建成。

园区服务效率高、节奏快。通过依法拆迁、阳光拆迁、和谐拆迁,上半年70天时间完成325户、8.43万平方米工业项目、上市地块和高速铁路、城际轻轨所涉及的拆迁工作。成功签约挪威工业园船舶配套项目,先后洽谈推进荷兰豪氏威马公司港口机械、中远川崎大功率柴油机、钢结构等项目。 (李 昕)

市级新任党政军领导

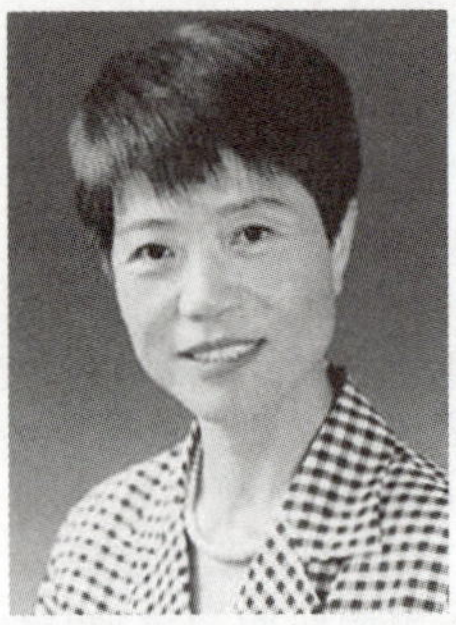

许津荣

2008年3月任中共镇江市委书记，2009年1月当选镇江市第六届人大常委会主任。简介参见《镇江年鉴（2004）》第332页。

（卢 军）

刘捍东

2008年4月任中共镇江市委副书记、代市长，2009年1月任中共镇江市委副书记、市长。

1959年8月生，安徽舒城人。1984年12月加入中国共产党，中央党校大学学历。1977年10月参加工作，1992年起历任江浦县珠江镇镇长、党委书记，江浦县委常委、县委副书记，县长、县委书记。2001年11月起历任南京市委常委、政法委书记，江浦县委书记、县长。2002年5月任南京市委常委、政法委书记，浦口区委书记，南京高新技术产业开发区党工委书记。2005年7月任南京市委常委、政法委书记、江宁区委书记，2006年9月任南京市委常委、江宁区委书记。

（王 康）

陈照煌

2008年6月任中共镇江市委常委、常务副市长。

1955年10月生，江苏泰兴人。1974年12月入党，省委党校研究生学历。1973年7月参加工作，1986年7月起历任如皋县丁西乡党委书记、县委宣传部部长、县委常委，1991年5月起任如皋市委常委、宣传部部长，1993年7月起历任如皋市委常委、副市长、通州市委副书记，1997年11月起任通州市委副书记、代市长、市长，2000年12月任通州市委书记，2006年9月任南通市委常委、通州市委书记。

（王 康）

张洪水

2008年1月任中共镇江市委常委、宣传部部长。简介参见《镇江年鉴（2007）》第369页。

（丽 书）

张甫雄

2008年6月任中共镇江市人大常委会代主任。简介参见《镇江年鉴（2006）》第369页。

（丽 书）

夏新平

2008年11月任镇江市副市长。

1954年1月生，江苏泰兴人。1974年10月入党，大专学历。1968年12月参加工作，1986年9月起历任扬州市公安局交警大队副教导员、副政委，1993年6月任扬州市公安局政治处主任，1998年5月任扬州市公安局副局长，2001年6月先后任扬州市公安局局长、党委副书记、党委书记，2003年11月任镇江市公安局局长、党委书记，2004年10月明确副市级，2006年7月任镇江市市长助理。2008年12月兼任镇江市委政法委副书记。

（王 超）

曹当凌

2008年2月任镇江市副市长。

1958年8月生，江苏句容人。1981年2月入党，省委党校研究生学历。1977年11月参加工作，1985年1月起历任句容县亭子乡党委书记、陈武乡党委书记、铜山钼铜矿党委书记、矿长、天王镇党委书记，1997年8月任句容市委常委、华阳镇党委书记，1998年10月任句容市委常委、组织部部长，2000年12月任句容市委副书记，2002年12月任镇江市委组织部副部长，2003年4月先后兼任市委企业工委书记、市国资委党委书记，2006年11月任丹徒区委书

记。2008年2月被中共江苏省委组织部和江苏省军区政治部表彰为党管武装好书记。（王 康）

王树均

2008年12月任镇江军分区政治委员。

1957年7月生，江苏通州人。中共党员。1976年12月入伍，大校军衔，历任营部书记、副指导员，团、师、军政治机关干事，南京军区政治部组织部干事、纪检部案审处处长、纪检监察处处长，连云港警备区副政委等职。曾参加过对越自卫反击战，多次立功受奖。（刘晓平）

第十一届全国人大代表

许津荣

2008年1月当选第十一届全国人民代表大会代表。2008年3月任中共镇江市委书记，2009年1月当选镇江市第六届人大常委会主任。简介参见《镇江年鉴（2004）》第332页。（卢 军）

姜 哲

江苏大学振动与噪声研究所所长、教授、博士生导师。2008年1月当选第十一届全国人民代表大会代表。1954年8月生，江苏镇江人。无党派人士，硕士学位。1971年9月在江苏省镇江焦化厂工作。1973年4月起在江苏省镇江动力机械厂工作。1974年9月起，在镇江农机学院内燃机专业学习。1978年2月任镇江农机学院教师。1994年2月任江苏大学振动与噪声研究所副所长。1995年2月任江苏大学振动与噪声研究所所长。曾为第九届、第十届全国人民代表大会代表。（组织部）

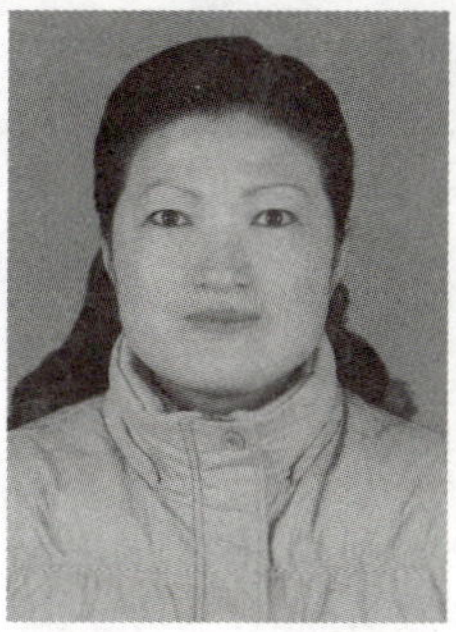

王龙芳

江苏省谏壁船闸管理所运行股水上雷锋班服务组组长。2008年1月当选第十一届全国人民代表大会代表。女，1964年2月生，江苏丹徒人。中共党员，中专文化。1980年7月起，在江苏省镇江南门汽车站工作。1987年1月任江苏省镇江长途汽车站站务员。1999年10月任江苏省镇江江天汽车集团镇江南门快客站站务员。2005年12月任江苏省谏壁船闸管理所运行股水上雷锋班服务组组长。曾为第十届全国人民代表大会代表。（组织部）

朱国平

江苏飞达工具集团股份有限公司董事长、党委书记。2008年1月当选第十一届全国人民代表大会代表。1960年6月生，江苏丹阳人。中共党员，大专文化，高级经济师。1978年应征入伍，1982年退伍。1982年1月起在江苏省丹阳市工具厂工作，分别任供销员、供销科长、副厂长等职。1992年1月任江苏省丹阳市飞达工具厂厂长。2002年6月任江苏飞达工具集团股份有限公司董事长、党委书记，兼任省工商联副会长、镇江市工商联副会长。曾为第十届全国人民代表大会代表。

（组织部）

叶有伟

江苏恒顺集团有限公司党委书记、董事长。2008年1月当选第十一届全国人民代表大会代表。1952年6月生，浙江宁海人。中共党员，研究生文化，高级经济师。1968年11月下放丹徒县辛丰镇插队劳动。1970年11月起在部队服役。1974年3月起，在江苏省外贸镇江中转冷库工作。1974年12月任镇江市京江饭店主任、副经理。1983年6月起，在江苏省电大企业管理专业学习。1986年9月任镇江市同兴楼菜馆、镇江市饮服公司、镇江大酒店总经理。1995年9月任镇江市贸易局副局长。1998年5月任江苏恒顺集团有限公司党委书记、董事长。2007年3月起，兼任江苏省镇江市工商联副会长。

（组织部）

模范人物

张国兴

镇江港务集团有限公司班长，2008年获全国五一劳动奖章。简介参见《镇江年鉴（2007）》第377页。

（叶兆国）

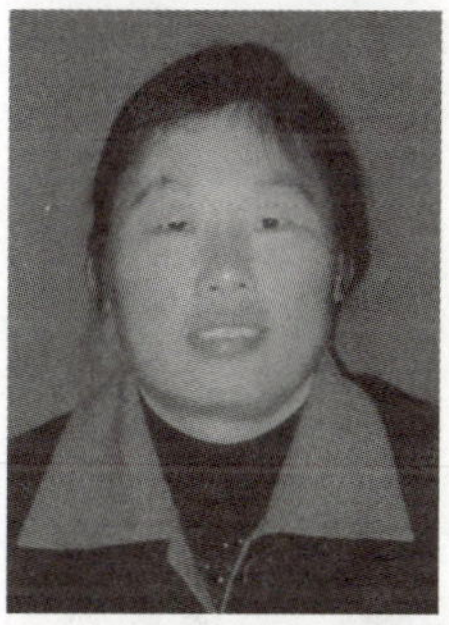

孙玉芳

镇江市润州区环境卫生管理所副队长，2008年获全国五一劳动奖章。简介参见《镇江年鉴（2007）》第375页。

（叶兆国）

徐 杰

江苏省镇江中学副校长，2008年获全国五一劳动奖章。简介参见《镇江年鉴（2008）》第315页。

（叶兆国）

于 波

2008年7月被公安部评为抗震救灾先进个人，被公安部消防局荣记个人一等功。

1983年10月生，四川郫县

人。高中文化。2000年12月入伍，2002年11月加入中国共产党，任镇江市公安消防支队特勤中队班长，二级士官。2004年至2007年连续四年被镇江市公安消防支队记三等功，2007年被评为全省公安消防部队“十佳士兵”，被命名为镇江市十大杰出青年卫士称号，并被公安部消防局评为公安消防部队执勤岗位练兵先进个人和公安消防部队2006～2007年度优秀消防卫士。

（董万青）

滕婉芬

江苏省镇江监狱女警中心主任。2008年被评为全国司法行政系统抗震救灾先进个人。

女，1963年8月生，江苏无锡人。大学学历。江苏省优秀监狱女警官，国家二级心理咨询师。她全身心投入罪犯心理矫治工作，加强心理学专业学习，实施罪犯心理危机干预，全力维护监狱安全稳定，多次受到嘉奖和表彰。2007年，她被聘为司法部首批七名服刑人员心理矫治专家之一。2008年被江苏省社科院评为副研究员。2008年5月，她克服困难，赶赴四川参加受灾监狱心理疏导工作。

（史　欣）

胡雪林

镇江市公安局公交分局副局长兼反扒大队大队长，2008年获全国公安系统二级英雄模范称号。

1960年11月生，江苏泰兴人。大专学历。1989年1月参加公安工作。从警19年来，他长期战斗在反扒工作第一线，先后抓获4000余名扒窃等违法犯罪嫌疑人，为群众挽回经济损失450余万元。先后荣立个人一等功、二等功各1次，三等功2次；曾获全国优秀人民警察、全国特级优秀人民警察、江苏省爱民标兵等称号。

（赵立源　王　超）

黄　俊　中国人寿保险股份有限公司镇江市分公司总经理，2008年获全国人寿系统先进个人称号。

1964年9月生，江苏扬中人。中共党员，大学文化。1983年起从事保险工作，历任中国人保扬中支公司秘书、人秘股长，中国人寿扬中支公司副经理、经理，2003年起历任中国人寿镇江市分公司党委委员、总经理助理、副总经理，2007年任中国人寿镇江市分公司党委书记、总经理。他结合镇江社会经济和公司发展实际，不断创新，推动整体工作有效提升，推动公司可持续发展能力的提高。近几年，他第一个在全省实行分职场经营，第一个运用营销员队伍优势开拓短险业务，提出打造精英销售团队的发展思路，推动了公司业绩全面发展。他曾获青年突击能手、全国人寿系统优秀共产党员等称号。

（张小军）

胡　振

镇江市史志办公室党组书记、主任，2008年获全国党史先进工作者称号。

1958年8月生，江苏镇江人。中共党员，大学文化。2004年10月调任镇江市史志办公室主任。在他领导下，镇江市史志办公室被评为2005～2006年度和2007～2008年度全省党史工作先进集体，被市委、市政府授予2005～2007年度文明机关称号，并被评为2008年镇江市市级机关作风建设和目标管理考核先进单位。

他多方协调、组织力量编撰《中国共产党镇江史》（第一卷，1919～1949），落实项目资金，2006年7月完成党史一卷本编撰并出版发行，该项目2007年获镇江市第七届哲学社会科学优秀成果一等奖。其后立即启动党史二卷本的征编工作。截至2008年末，党史二卷本完成初稿32万字，部分初稿征求意见和研讨。

他创新工作思路，运用党史成果，服务地方经济和社会建设，抓好党史宣传教育工作。四年来，镇江市党史部门结合重大党史纪念活动和市委、市政府中心工作，完成14本有关党史、地情书籍的编撰工作，累计1000万字。组织开展纪念抗战胜利60周年、纪念建党85周年以及地方重要党史人物和事件等纪念活动10余次，参加的社会各界人士累计达数千人之多。组织摄制镇江市第一部反映镇江地区抗日斗争历史面貌的电视纪录片——《京江烽火》，并在镇江电视台播放。2008年，围绕纪念改革开放30周年，组织编写出版《镇江改革开放30年大事记》。为纪念镇江解放60周年，及时开展《京江画卷》图册征编工作，并于翌年4月镇江解放60周年前夕面市。他注重加强地方党史资料的研究，组织力量挖掘整理以茅山为中心的苏南抗日根据地史料，编印出版《茅山抗日根据地简史》一书。在《创新》《镇江宣传》等期刊发表《以创新党史研究的实践 贯彻落实十七大精神》《用事实著实史》等理论文章，研究和探讨在新时期做好史志工作的经验和做法。其中《改革开放的不竭动力——再论思想解放》获镇江市2008年社科界学术大会三等奖，入选《探索创新奋进——江苏改革开放30周年论文选》，并参加江苏省纪念改革开放30周年理论研讨会。

（翁红霞）

陆介平

镇江市科技局（知识产权局）副局长，2008年被评为全国知识产权试点示范工作先进工作者。

1959年12月生，江苏武进人。东南大学计算机应用专业毕业，博士学位。2003年从事知识产权工作，特别是2005年知识产权试点工作以来，努力建立知识产权管理体系，加强知识产权保护，探索企业知识产权工作模式，所有辖市（区）都成立知识产权局，开展知识产权报告会、企业知识产权应用与管理论坛、高校知识产权行动计划、知识产权服务百企、普及知识产权企业行、知识产权万人培训计划以及在高新技术企业开展专利知识轮训等一系列创新管理工作，率先在全国开展知识产权后备人才的选拔和培养，专利行政执法队伍建设和专利行政执法、专利纠纷调处工作和企业知识产权预警机制建设均有新提高，成立镇江市知识产权保护协会，开通镇江市知识产权网，逐步建立起较为完善的知识产权服务体系。鼓励辖市（区）按照省试点示范标准，争创省级试点示范辖市（区），全市辖市（区）中，有5个成为省试点示范单位，丹阳市成为县级国家级知识产权试点城市。知识产权工作成效显著，全市专利申请量从2004年的1262件增加到2008年的7339件，其中发明专利从126件增加到1133件。2007年12月，镇江市通过国家知识产权试点城市验收，并于2008年3月被国家知识产权局确定为全国知识产权示范城市创建市，镇江市知识产权局连续5年被江苏省科技厅、江苏省知识产权局评为先进集体。（科　办）

尹　宁

镇江市科技局科技成果与技术市场处主任科员，2008年被评为全国科技管理系统先进工作者。

女，1953年10月生，江苏镇江人。自然科学副研究员。1975年起先后在河南省确山县红卫中学、河南省测绘局内业大队工作，1982年1月从西安冶金建筑学院毕业后在河北邯郸钢铁总公司炼铁厂工作，1983年5月在镇江市磷肥厂工作，1991年4月起在镇江市科技局工作。她主持编制完成镇江市科技发展“十一五”规划，具体负责争创全国科技进步先进市工作，为镇江市连续五次获得全国科技进步先进市做出成绩。研究制定多项科技计划及经费管理制度，推动计划项目实施，促进全市科技创新、科技成果转化和高新技术产业发展，镇江市科技计划管理工作和科技统计工作连年被省科技厅考核为“A”，被评为全省先进。在省、市重大科技成果转化计划、高层次创新创业人才计划和镇江市自主创新重大成果奖、杰出人才奖等工作中取得业绩，曾获市科技进步二等奖1项、三等奖1项，论文获镇江市优秀科技论文一、二等奖3篇。1999年被命名为镇江市“三八”红旗手、2003年被授予镇江市科技标兵等称号。（科　办）

刘宽心

镇江供电公司工会主席、京口区人大代表、京口区人大常委会委员，2008年被评为全国优秀工会工作者。

1961年10月生，江苏溧阳人。中共党员，大学学历。2005年6月任现职，他带领工会干部为创建职工之家、构建和谐企业作出贡献。一是构建和谐劳动关系。推进职代会制度、平等协商集体合同制度建设，提高职工代表提案的水平。深化厂务公开工作，率先在江苏省电力行业建立厂务公开质量管理体系。2007年初，公司被评为江苏省和谐劳动关系先进企业。二是以“安康杯”竞赛为载体，开展建功立业活动。组织职工代表安全巡查、“百问百查”竞赛，开展技能比武、群众性经济技术创新等劳动竞赛活动，引导职工“思维创新、技能创新、岗位创新”，不断提高职工安全生产和业务技能水平，为公司两度获全国“安康杯”竞赛优胜企业称号发挥了积极作用。三是开展“爱心活动”、实施“平安工程”，注重为职工办实事，建立困难职工档案，推进“困难职工援助基金”建设。连续三年开展职工体能测试活动，筹措资金在公司主要生产场所建立职工活动中心，并以文体协会为载体开展职工文体活动。四是加强工会组织建设，按工会标准化建设要求配齐配强工会干部和基层工会组织，推进“学习型组织”创建活动。公司工会连续多年被评为江苏省电力公司优秀基层工会。他曾被评为华东电力工会委员会优秀工会干部和江苏省优秀工会工作者。（黄　冰）

季　平

镇江市工商业联合会副会长（驻会），2008年被评为全国工商联系统先进个人。

1963年2月生，江苏姜堰人。无党派人士。1986年7月参加工作，历任镇江市黄山水泥厂化验室主任、润州区计划经济委员会综合科科长、京口区象山乡副乡长、京口区健康路街道办事处副主任、润州民营经济发展管理委员会副主任、润州区工商业联合会会长，1998年1月任润州区政协副主席，2007年3月任现职。他致力于民营经济的健康发展。在履行参政议政方面，经常深入各地民营企业和基层商会，组织开展各类调查研究活动，收集社情民意，及时向党委、政府部门建言献策，为民营经济发展争取宽松政策环境；在协助政府招商引资方面，联络海内外商会和企业家社团，参加镇江的大型招商活动，推动外地民营企业落户镇江创业兴业；在服务工商联会员企业和民营经济方面，为企业排忧解难，依法维护企业的正当权益，推动企业文化建设与和谐劳动关系的构建；在促进工商联建设方面，联络骨干民营企业，发展壮大工商联会员队伍和非公有制经济代表性人士队伍，改善和提升工商联为经济建设服务的功能。（市工商联）

张宝生

丹阳市导墅镇双元社区卫生服务站站长。2008年被评为全国优秀乡村医生。

1954年10月生，江苏丹阳人。1974年参加工作。30多年来，他刻苦勤奋，潜心学医，努力做“能治病救人、为乡亲解除疾病之苦的好医生”。大力推广使用中草药，采集、种植中草药，曾用中草药预防红眼病、乙型脑炎，取得明显效果。努力钻研医术，中医中药、针灸技术精良，成功诊治多起疑难杂症病例。他一心为农民服务，多次拒绝深圳、南京、常州等城市医疗机构的高薪聘请。2001年村卫生室转型为社区卫生服务站，他担任站长。他配合社区卫生服务中心做好儿童预防接种，定期向村民和患者宣传各类疾病预防保健知识。他传医术、育传人。他领导的双元社区卫生服务站以热心服务、优质服务、特色服务赢得群众信任，成为丹阳示范社区卫生服务站。（陈　宏）

张秀英

2008年被国家体育总局评为首届十大“全国社会体育指导员之星”。

女，1944年12月生，江苏扬中人，二级社会体育指导员。她1998年退休以来除雨雪天外，每天在扬中新坝镇科技广场晨练点接电源、放电线、开录音机、换磁带，义务教市民运动健身。在张秀英的组织带领下，新坝科技广场晨练点每天参加晨练的市民200多人。（姜立田）

赵宇振

镇江市公安局丹徒分局交巡警大队高资中队副中队长，2008年获江苏省人民满意的公务员称号。

2007年，他获得镇江市优秀共产党员称号。简介参见《镇江年鉴(2007)》第372页。

（赵立源　王　超）

时伟平

镇江市公安局新区分局丁岗派出所民警，2008年被授予“江苏省爱民模范”称号并记个人一等功。

1964年10月生，江苏丹徒人，中专学历。1985年参加公安工作。从警23年来，他坚持想群众所想、急群众所急，扎根社区，强化服务，在基层工作岗位上做出突出成绩。曾获江苏省新长征突击手称号并荣获镇江市五四奖章。（赵立源　王　超）

林琴琴

江苏丹棉集团有限公司纺纱分厂生产组长，2008年获江苏省五一劳动奖章。

女，1970年2月生，江苏丹阳人。中共党员。1988年参加工作，二十年来，她工作认真踏实，处处以党员标准严格要求自己。曾获集团公司标兵称号，2006年获第二届江苏省轻纺企业创建学习型十佳班组长称号。所在小组被评为“双文明班组”“五一”巾帼标兵岗。她作为一名一线的班组长，能团结小组全体成员，认真踏实做好每一项工作，严格遵守操作规程，严把质量关，曾多次避免质量事故的发生。其所在的第四小组工作量较大、纱线支数较粗，但小组成员毫无怨言。空暇时间，她带领小组成员帮助值车工跑巡回、抢接头、减少皮辊花，做好平揩车及翻改工作。第四小组在她的带领下，在机台清洁、文明生产、现场管理等各类检查中，都是轮班车间扣分最少的班组，生产成绩也名列前茅。曾获镇江市劳动模范称号。（叶兆国）

徐扣宏

江苏华阳金属管件有限公司采购部主任，2008年获江苏省五一劳动奖章。

1965年2月生，江苏句容人。大专学历。1984年参加工作。他从一名仓库保管员干起，多年来在工作上尽职尽责，一丝不苟，多次受到公司领导表扬，成为公司学习的模范。他对本职工作精益求精，刻苦钻研，建立良好的仓库保管信誉。几年来不断加强学习，各种管件的规格、材质、标准熟记于心。在采购部工作中，他廉洁自律，严格把住原材料质量关，对不合格品一律拒绝使用，不仅要求供货方产品质量过硬，并且要求有严格的软件资料，每批货进公司都详细填上供货方产品质量跟踪单。曾先后获句容市优秀科技工作者、镇江市优秀科技工作者、句容市劳动模范等称号。

（叶兆国）

张建伟

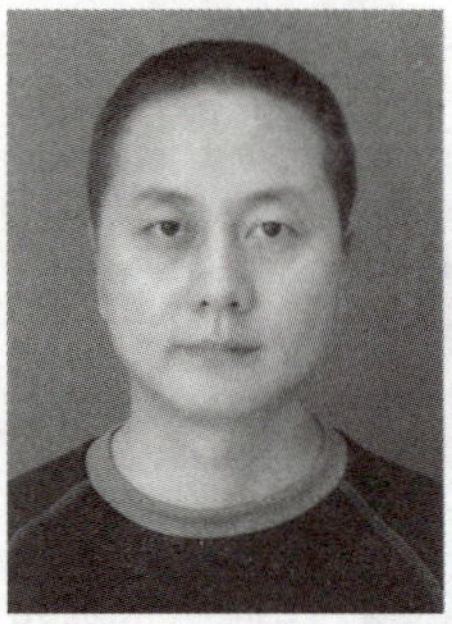

中国国电集团公司谏壁发电厂值长，2008年获江苏省五一劳动奖章。

1975年2月生，江苏丹阳人。大专学历。1995年参加工作，他先后获得中华技能大奖、全国电力行业技术能手、全国技术能手、全国优秀共青团员、国家电力公司优秀青年、江苏省创新能手、江苏省技术能手、江苏省青春创业风云人物、第六届镇江市十大杰出青年、镇江市杰出青年岗位能手、镇江市劳动模范等称号。他被评为有突出贡献技师，享受中国国电集团公司“168”优秀技能人才津贴，是国电集团公司优秀技术能手、国电二级奖章获得者。在生产工作中，他积极管理本值各项工作，带领团队遵守各种规章制度，处理各种大机组运行中的异常；积极争取发电量，调整机组和辅助设备的运行方式，掌握本值机组的主要经济指标完成情况，降低厂用电率和煤耗，提高机组的经济性。2006年9月，他代表谏壁发电厂参加国电集团公司30万千瓦火电机组运行值班员技能竞赛，获得个人第一，其所在集体获团体第一。（叶兆国）

夏春喜

镇江市公共交通总公司驾驶员，2008年获江苏省五一劳动奖章。

1958年10月生，江苏镇江人。中共党员。1976年参加工作，坚持安全文明行车，礼貌待客，优质便民服务，多次被总公司评为先进生产者，先后被评为镇江市“百佳”文明市民、镇江市劳动模范、全国建设系统劳动模范。他担任镇江公交四路线（火车站—焦山）班长以来，尽心尽力地为乘客提供方便，尤其对老人、小孩等特殊人群予以照顾。行车中，他严格遵守交通法规和各项操作规程，避免各类事故的发生。安全行驶40多万公里，节约汽油近2万升，车次执行率100%。他经常与班组司机交流驾驶经验，探讨调整油电路和常见故障的排除方法，共同提高业务技能。2003年，班组被授予江苏省五一劳动奖状，2006年被命名为全国城市公共交通文明线路，同年12月又被授予江苏省“优质服务窗口”称号。（叶兆国）

杨周鑫

江苏省交通工程集团有限公司班长，2008年获江苏省五一劳动奖章。

1976年4月生，江苏高淳人。中共党员，大专学历。他1998年参加工作，由一名普通的工人逐步成长为一名技术骨干、一名项目施工现场的管理者。在戴家门路工程DA标及跃进路拓宽改造工程BA标项目工程的施工中，他科学安排施工计划并狠抓落实，促进各部门高效运转。进场后，他组织编排了施工组织计划和施工现场作业面程序，展开施工。克服了资金紧缺、地方矛盾及沿线地质条件较为复杂等因素的影响，按照业主下达的阶段性目标持续推进，并实现桥梁工程全线贯通。项目部在预制场选址、处理地方矛盾支出与索赔费用、办公设施配置、办公话费支出、水电费及项目部临时设施建设等方面节约费用近100万元，获集团公司节约型项目建设活动检查第一名。曾获镇江市劳动模

范称号。（叶兆国）

张尤历

江苏大学附属医院副院长兼消化科主任，2008年获江苏省五一劳动奖章。

1957年7月生，山东海阳人。中共党员，医学博士。1977年参加工作，1979年考入南京医科大学医学系，1988年考取上海医科大学消化专业硕士研究生。1996年，考取上海医科大学博士研究生，获得两次“光华奖学金”。他撰写发表医学英文论文、国家级论文、省级论文以及译文20余篇。完成市科委科研课题1项、省科委立项科研课题1项，负责主持六项省科委科研课题。其中他主持申报的研究课题“幽门螺杆菌与胃十二指肠疾病关系的研究”，被列入2002年江苏省社会发展计划科技项目的计划性课题，获科研经费24万元。他被聘为南京医科大学联合培养硕士研究生导师，曾获镇江市五一劳动奖章、镇江市科技进步二等奖、镇江市先进科技工作者等称号，并被镇江市卫生局嘉奖、记三等功一次。（叶兆国）

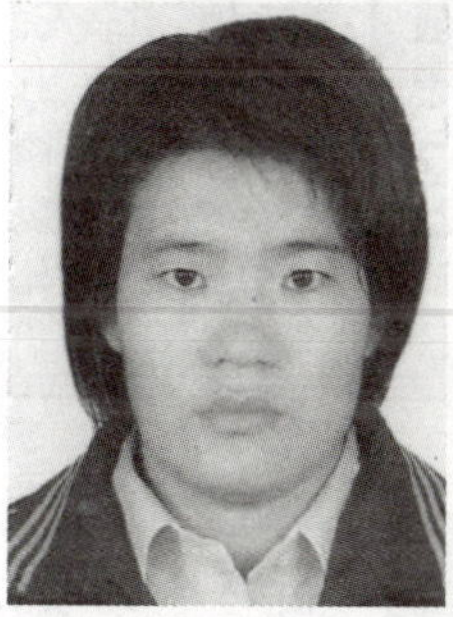

陈晓菊

大全集团有限公司研发中心元器件研究所所长，2008年获江苏省五一劳动奖章。

女，1972年3月生，陕西凤翔人。硕士学历。1995年参加工作。近几年先后获得江苏省科学进步奖三等奖、镇江市科学进步奖二等奖，是镇江市有突出贡献中青年专家。2007年获镇江市劳动模范称号。她主持研发和改进的KEW2系列智能型万能式断路器质量稳定，各项技术指标均处于国内领先或国际先进水平，2004年6月通过省级鉴定。她负责KFM2系列派生产品（双电源、漏电、直流及智能型等）的研发：2004年3月完成KFQ2系列双电源自动切换装置的开发，2005年6月完成KFM2L系列漏电断路器和KFM2Z系列塑壳直流断路器的开发。她还负责KFC2系列交流接触器及电容接触器的研发，其中KFC2系列交流接触器250以下7个规格通过型式试验和CCC认证。2006年该公司KFW2、KFM2系列断路器两项产品的销售额1.2亿元，销售利润1650万元，上缴税金近1500万元。近年来，她开始研发新一代KFM3系列智能型塑壳断路器和KFW3系列智能型万能式断路器。这两个系列是对KFM2和KFW2的更新换代产品，其各项性能指标均将明显优于国内产品，达到国际先进水平。

（叶兆国）

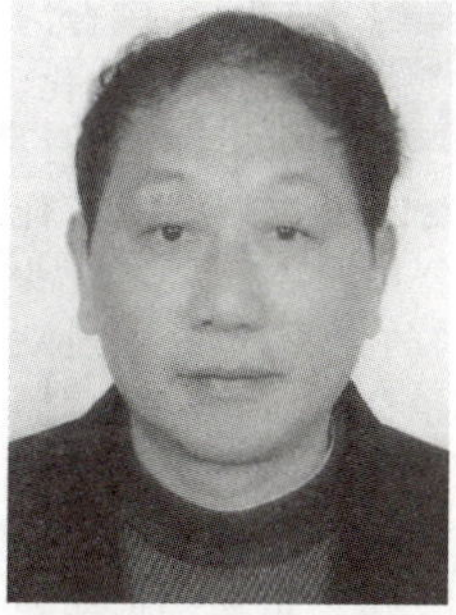

翟志高

镇江韦岗铁矿有限公司董事长、总经理，2008年获江苏省五一劳动奖章。

1948年10月生，江苏镇江人。中共党员，大学文化。1970年参加工作。在他的带领下，全矿员工将曾两次停缓建、背负4000万元债务、三大基建工程尚未结束、连续数月发不出工资的国有中型矿山，建设发展成为扭亏脱困，全员劳动生产率、工作效率、三产投入产出率等均居于全省同行榜首，主要技术指标在全国100多个矿山中处于前3名的现代化新型矿山。在发展企业方面，他开发发烟酸，拓宽硫酸销路，开发精细化工新品半胱胺盐酸盐，实现产品外贸出口；1999年利用地下热水开发温泉，扩大镇江市旅游资源；开发球团用铁精矿，扩大精品市场份额；2001年实施尾矿综合利用，年利用率达10万余吨；2006年实施长达12年之久的省重大安全隐患——采空区安全措施工程，确保井下生产安全；2007年，在他的主持下，与外单位合作建成全国首个进口铁矿粉加工基地，开通了与国际市场的通道。他被矿工们誉为“我们的好带头人”。曾获江苏省优秀党务工作者、镇江市劳动模范等称号。（叶兆国）

张宝华

镇江市公安局京口分局民警，2008年获江苏省五一劳动奖章。简介参见《镇江年鉴（2008）》第315页。

（叶兆国）

潘展鹏

镇江市第一人民医院骨科副主任医师，2008年获江苏省五一劳动奖章。

1963年3月生，江苏溧阳人。中国农工民主党成员，大学文化。1987年参加工作。“5·12”汶川大地震的第二天，他就参加镇江市第一人民医院组织的抗震救灾医疗队。在灾区，他连续工作3个昼夜，将伤员接上火车。在火车上，他把车厢当成是流动的病房，一刻不停地在车厢内为伤员查伤治疗。在医疗设备不全的情况下，他利用矿泉水瓶子制作出简易支架，为病人作牵引，减轻伤员痛苦。历时30多个小时火车车程，他连续超负荷工作。火车到达镇江后，他立刻又上手术台为急需救治的伤员动手术，时间持续5个多小时。第二天，他终因疲劳过度病倒，但他坚持赶到医院为伤员做手术。在他和同事们的努力下，经过3天奋战，为所有灾区伤员做完手术。大家都称他是四川伤员的“主心骨”。曾获中国农工党镇江市委优秀党员等称号。

（叶兆国）

姜洪方

镇江市疾病预防控制中心消毒与病媒生物防制科科长，2008年获江苏省五一劳动奖章。1972年11月生，江苏丹阳人。中共党员，大学学历，主管医师。1991年8月工作。2008年5月16日，他成为江苏省首批、镇江市第一批赴四川参加抗震救灾卫生防疫队员，经过三十多个小时的艰难跋涉，于17日上午11点到达受灾最严重的北川县。在连夜赶路、身心疲惫的状况下，他背负60多斤的消杀器械步行40分钟来到北川县城，立即投入到现场消杀工作中。此后每天，他穿梭在北川和乡村废墟间，徒步往返几公里取水配置药水进行喷洒，并检查各种消杀损伤的器械、保养器械的性能。他深入每村每户进行健康教育和卫生知识宣传。5月29日清晨，由于连夜的大暴雨使得5吨多用于消杀的漂粉精和泡腾片受潮发热，周围温度急剧升高达

60多摄氏度。他和其他医护人员、解放军战士投入抢险，面部、手部等身体十多处受到灼伤，挽救了营地周围及风向下游数万人的生命安全。

（魏 晴）

吴红燕

中国人寿保险股份有限公司镇江市分公司副总经理，2008年获江苏省五一劳动奖章。

女，1963年9月生，江苏丹阳人。中共党员，大学文化。1980年起在山东省夏津县中学任教，1984年调入中国人寿丹阳支公司，历任财务科科长、客服中心主任、公司副经理、经理，2008年4月起任中国人寿镇江市分公司党委委员、总经理助理、副总经理。她从事保险工作20余年，使丹阳支公司各项业务指标都位于全省县支公司前列，其中关键业务排名连续三年跻身全国县级支公司前十强。她领导的丹阳公司保费总量2007年达到4.9亿元，市场占有率一直保持在60%以上；销售队伍超千人，位列全省前列。丹阳支公司连续六年获省系统双文明建设先进单位称号，两次获省系统先进基层党组织称号，连续两个年度被评为江苏省文明行业。她曾获省先进个人、巾帼示范标兵、全国人寿系统“百朵金花”先进女职工称号。

（张小军）

黄良典

金东纸业（江苏）股份有限公司副总经理，2008年获江苏省五一劳动荣誉奖章。

1944年4月生，中国台湾人。大学文化。他从金东纸业创立之初即任职副总经理，先后分管生产、环境保护、管理营销、市场、研发、品保、服务等工作。他推动企业文化建设，主办公司刊物《太空梭》；推动管理革新与技术创新，创建学习型组织、提案制度、内外部满意度制度；推动公司知识产权工作，成立国家级浆纸研究中心；创办金东学院并担任讲师。在他的主导下，公司获得江苏省质量管理奖及镇江市企业文化建设先进单位等荣誉，公司及本人先后获得多项专利。他主导的服务、品牌、文化等工作，在由中国质量协会组织的调查中，均居同业之首。

（叶兆国）

林南荣

镇江佳峰儿童用品有限公司董事长，2008年获江苏省五一劳动荣誉奖章。

1946年3月生，中国台湾人。大学文化。1998年1月，他在润州民营开发区投资兴办镇江佳峰儿童用品有限公司。该公司是专业生产儿童汽车坐椅的企业，产品通过欧盟标准认证，全部销往英国、芬兰、美国等国际市场，2007年产值近亿元，年利税100多万美元，使该企业成为国内行业中颇具知名度的规模企业。企业为周边剩余劳动力就业作贡献，吸纳员工280多人，带头创办企业慈善基金。在他的领导下，企业获镇江市劳动关系和谐先进企业称号。他支持开展非公有制企业党建工作，该公司成为润州区第一家成立中共党组织的非公有制企业。

（叶兆国）

安德莱阿尼（Andreani）

华东泰克西汽车铸造有限公司副总经理，2008年获江苏省五一劳动荣誉奖章。

1967年5月生，意大利人。大学文化。他负责公司的生产和技术工作，统领一支近700人的团队，管理风格科学严谨、讲求实效。几年来，在他的领导下，公司实现系统化管理升级，各项关键性经营指标不断攀升，在技术优化、设备维护、质量提升、产能扩大等方面，为华东泰克西公司快速发展打基础。他也是懂生产技术的“洋专家”，熟谙每个生产流程，能够对工艺改进提供有价值的意见，对生产过程中的质量控制给予具体指导。他试着从东方文化的角度去处理事务。生产中发生问题，他会召集相关负责部门集体讨论，倾听各方意见后再做分析决策；巡视生产线的时候，发现工人操作不正确，他会主动提供成熟经验和方法；在新产品开发阶段，他连续四五个小时不离开生产线，加班至深夜12点。2007年获得镇江市政府“金山友谊奖”。

（叶兆国）

陈 玲

射箭运动员，2008年8月代表中国女子射箭队在北京奥运会上与队友获女子射箭团体亚军。

女，1987年6月生，江苏丹阳人。2008年8月10日，北京奥运会女子射箭决赛在中韩两队之间进行，中国队以215环的总成绩获得亚军。陈玲发挥出色，以三个10环、四个9环、一个8环的成绩，成为当场比赛中国队发挥最稳定、得分最多的队员。

（姜立田）

张国凤

中国象棋特级大师，首届世界智力运动会女子象棋团体赛冠军主力队员。

女，1975年11月生，江苏镇江人。2008年10月14日，首届世界智力运动会女子象棋团体赛在北京国际会议中心落幕，张国凤和队友胡明、唐丹组成的中国队，七轮全胜夺得冠军。

（姜立田）

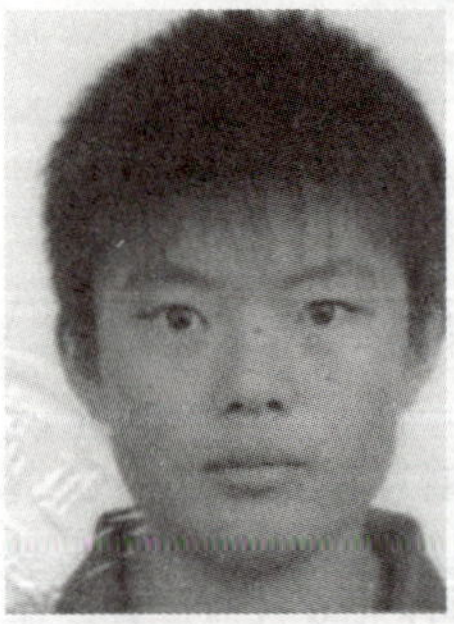

薛 飞

田径运动员，2008年全国田径锦标赛女子1500米冠军。

女，1989年8月生，江苏镇江人。2008年10月，在石家庄举行的全国田径锦标赛女子1500米决赛中，薛飞代表江苏队参赛，以4分14秒19的成绩获得冠军。同年8月代表中国队参加北京奥运会女子5000米比赛，决赛中以16分09秒84的成绩获得第13名。

（姜立田）

人物表录

2008年北京奥运会火炬接力镇江火炬手情况表

表36-1

姓 名	性别	单位、职务	主要事迹
赵亚夫	男	镇江市农科所研究员	推广新品种、新技术，帮助茅山老区数十万农民调整农业产业结构，大幅增加农民收入
赵宇振	男	镇江市公安局丹徒分局交巡警大队高资中队副中队长	从警以来一直在交通管理第一线工作，为道路畅通和保卫人民生命财产安全恪尽职守
赵国伟	男	丹阳市体育局副局长	热爱体育事业，弘扬奥运精神，在体育战线默默工作三十年
陈吕荣	男	江苏友谊手套服饰有限公司董事长兼总经理	关心奥运，热心公益，该公司生产的"友谊牌"手套被天安门国旗班护卫队和中国人民解放军陆海空三军仪仗队指定为专用手套
戚熙娟	女	江苏银行镇江市甘露支行员工	镇江市第一位、江苏省女性第一位捐献骨髓干细胞的普通市民
时文玉	男	镇江市实验初中离休干部	坚持长跑锻炼三十多年，多次参加全国老将运动会并多次获得金牌
徐 军	男	江苏省镇江市第四中学教师	初中化学教师，积极创办镇江市教育志愿活动
朱爱君	女	镇江市体育运动学校教练	1987年~2001年在江苏女排服役，曾代表江苏省参加国内外重大赛事并多次获得全国冠军。退役后担任镇江少年女排教练员，向省输送多名优秀运动员

（姜立田）

2008年镇江市首届"大爱之星"情况表

表36-2

姓 名 （团体名称）	性别	单位、职务	主要事迹
赵亚夫	男	原镇江市人大常委会副主任，镇江农科所所长、党委书记	农民致富的铺路人。为句容市发展现代高效农业，推进丘陵地区农业综合开发和农民致富作出贡献
陆明才	男	扬中市八桥镇红光村村民	"江上义翁"。先后在长江中救起船民21人，救援受灾船只9艘，并资助遇险船民
胡雪林	男	镇江市公安局公交分局副局长兼反扒大队大队长	优秀反扒民警。奋战在反扒第一线，19年来，共抓获各类违法犯罪嫌疑人4000余名，破获各类刑事案件3000余起，为群众挽回经济损失800余万元
朱国平	男	江苏飞达集团董事长	造福百姓的民营企业家。在做好企业的同时，累计捐款亿元，设立"国平爱心基金会""特困党员救助基金"，兴建省首家民工子女学校
怀 民	男	镇江市京口区双井路社区治保主任	"公推民选楼长"。义务巡防员和协管员，常年工作在警务站，协助民警破案数十起，平均每年义务奉献5760小时
李茂兰	女	镇江市润州区小街社区居民	"茶水奶奶"。15年来，坚持为行人提供免费茶水
陈素文	女	句容远东水泥公司职工	天堂短信传递人间至爱的好母亲。其丈夫援建北川水泥工程时在"5·12"汶川大地震中遇难，她忍着丧夫巨痛，在高考前一个月每天模仿丈夫口吻发短信激励女儿
吴 倩	女	中国残疾人艺术团成员	走进《千手观音》的聋哑女孩。在2008年北京残奥会开幕式上，表演了《永不停跳的舞步》，身残志坚、热爱生活
唐顺平	男	镇江市给排水处管线所机械疏通班班长	无私奉献的下水道疏通班班长。30年来，处理群众求助500余件，次次有回音，件件有落实
史建华	男	上海市公安消防总队化工区消防支队化一中队消四班班长	烈火中永生的消防班长。入伍11年，参加过灭火救援战斗数千次。2008年7月17日，在上海市奉贤区航南公路3358号雷盛德奎上海有限公司仓库火灾抢险中牺牲
徐志云	男	上海英雄制笔厂退休职工	捐出一生积蓄80余万元的退休老人。1992年从上海英雄制笔厂退休后，在丹阳新桥镇创办丹阳市志云制笔厂。捐出一生积蓄80余万元，用于家乡道路建设、医院设备更新、帮扶特困群众
戚熙娟	女	江苏银行镇江分行员工	"爱心大使"。割舍病中的5岁爱女，千里进京捐髓。并以自身行为带动更多市民投身骨髓捐献志愿者行动
"社会妈妈"	–	–	2003年，市妇联、京江晚报组织开展该活动，动员社会力量捐资助学。有近500个团体组织、家庭和个人参加，共收到善款50万元，1700名学童受助

续表 36-2

姓 名（团体名称）	性别	单位、职务	主要事迹
“生命志愿者”	–	–	依托“生命志愿者行动”组织开展活动，先后开展“镇江青年骨髓捐献志愿者行动”、《直播镇江》“生命志愿者”为您服务系列活动、“心灵相约”青少年心理健康咨询热线等志愿服务活动
镇江船艇学院学员四队官兵	–	–	从1983年开始，连续26年坚持扶残助残，用实际行动谱写军民鱼水新篇
“满城尽飘黄丝带”镇江网络爱心行动	–	–	名城镇江网牵头当地十大网站，通过网络发起募捐倡议，网上网下爱心互动，策划“飘舞的黄丝带”爱心救助行动，救助身患重病的江苏大学女大学生陈静
镇江出租汽车“爱心车服务队”	–	–	共有队员12名，成立于2003年1月。共做好人好事500多件，举行公益活动50多次，捐助弱势困难个体10多人，捐款捐物计6.5万元，为困难家庭和灾区募捐10多万元

（丽 书）

表 36-3

2008年度镇江市获省系统以上荣誉人物表

姓 名	性别	单位、职务（职称）	荣誉称号
吕 存	男	丹阳正则画院专业画家、研究员级高级工艺美术师	享受国务院政府特殊津贴
刘海东	男	江苏省镇江工商行政管理局局长、党组书记	全国工商行政管理系统优秀工商行政管理人员
何建平	男	镇江市丹阳工商行政管理局新桥分局局长	全国工商行政管理系统优秀工商行政管理人员
朱国林	男	镇江市丹阳工商管理局消费者权益保护科	全国工商系统12315行政执法体系建设工作先进个人
吴锦平	男	市第三人民医院医师	中国红十字会优秀志愿者
周以泰	男	镇江市红十字会秘书长	中国红十字会会员之星
张学超	男	原丹徒区卫生局局长	中国红十字会会员之星
仲 庆	男	江苏广庆电子材料有限公司总经理	中国红十字会会员之星
羊 城	男	江苏大学附属医院办公室副主任	中国红十字会志愿者之星
杨荣康	男	安利公司员工	中国红十字会志愿者之星
孙 霞	女	《京江晚报》记者	中国红十字会志愿者之星
倪新明	男	镇江军分区政治部干事	2007年度江苏省军区"十佳机关干部"
陈玉龙	男	镇江军分区政治部干事	江苏省军区优秀共产党员
孙隆毅	男	镇江军分区政治部干事	江苏省军区优秀纪检干部
魏春林	男	镇江市京口区人武部政治委员	江苏省军区优秀党务工作者
邓世安	男	江苏省镇江工商行政管理局副局长、党组副书记	江苏省工商行政管理局嘉奖
曹 军	男	江苏省镇江工商行政管理局经检支队副支队长	江苏省工商行政管理系统十佳经济卫士
刘 军	男	江苏省镇江工商行政管理局京口分局经检大队副大队长	江苏省工商行政管理系统办案能手
王海波	女	市第一人民医院小儿科主任	江苏省百名医德医风标兵
崔恒熙	男	市第一人民医院急诊外科副主任	江苏省百名医德医风标兵
周亚平	男	江苏大学附属医院中医内科主任	江苏省百名医德医风标兵
孙炳伟	男	江苏大学附属医院烧伤科主任	江苏省百名医德医风标兵
赵康仁	男	第四人民医院神经内科主任	江苏省百名医德医风标兵
王永隆	男	镇江中船设备有限公司高级技师	江苏省五一创新能手

（丽 书）

表 36-4

2008年镇江市在“5·12”汶川大地震抗震救灾中获得荣誉的人物表

姓 名	性别	单位、职务（职称）	荣誉称号
李光千	男	镇市江三维输送设备公司董事长	民建中央抗震救灾优秀会员
严 军	女	镇江市第二人民医院原儿科主任	农工党中央抗震救灾优秀党员
蔡国金	男	丹阳市疾控中心科长	农工党中央抗震救灾优秀党员
潘展鹏	男	镇江市第一人民医院骨科副主任医师	农工党中央抗震救灾优秀党员
朱国平	男	江苏飞达有限公司董事长	全国个私协会系统抗震救灾无私奉献会员
潘正东	男	镇江液压件总厂董事长	全国个私协会系统抗震救灾无私奉献会员
蔡 政	男	镇江金佰利文教用品有限公司董事长	全国个私协会系统抗震救灾无私奉献会员
谭荣生	男	镇江市东方制冷空调设备配件有限公司董事长	全国个私协会系统抗震救灾无私奉献会员
陈步俊	男	解放军第359医院骨科副主任	江苏省支援抗震救灾先进个人
尹红敏	女	民进镇江市委办公室副主任	民进江苏省委抗震救灾优秀会员

续表 36-4

姓 名	性别	单位、职务(职称)	荣誉称号
徐子洋	男	丹阳红十字会秘书长	江苏省红十字会抗震救灾先进个人
鄂金书	男	镇江市建设局局长	江苏省建设系统支援抗震救灾先进个人
李 宁	男	镇江市建设工程管理处副主任	江苏省建设系统支援抗震救灾先进个人
王东林	男	镇江市建设工程质量监督站副科长	江苏省建设系统支援抗震救灾先进个人
李路琪	男	镇江市建设局政策法规处副处长	江苏省建设系统支援抗震救灾先进个人
周建丰	男	镇江市建工集团总经理助理	江苏省建设系统支援抗震救灾先进个人
徐贵宝	男	镇江市建工集团安全部部长	江苏省建设系统支援抗震救灾先进个人
毛正辉	男	镇江市建工集团项目经理	江苏省建设系统支援抗震救灾先进个人
李必钟	男	镇江市建工集团项目经理	江苏省建设系统支援抗震救灾先进个人
王东流	男	镇江市建工集团施工员	江苏省建设系统支援抗震救灾先进个人
江晓华	男	镇江出入境检验检疫局	江苏省出入境检验检疫局抗震救灾先进个人
吕成孝	男	镇江出入境检验检疫局	江苏省出入境检验检疫局抗震救灾通报表扬

(丽 书)

2008 年获镇江市五一劳动奖章人物名录

姜月伟(女) 林田中 陈伟民 金 磊 张玉宏 张凤霞(女) 周 莉(女) 刘丽文(女) 金兆辰
叶 鸣 杨 斌 熊万俊 李 峻

(叶兆国)

2008 年金山友谊奖人物名录

蓝天(Arto Lehtinen) 斯约翰(Spillane John Michael) 卡强·鲍维尔·尤力耶维其(Качан Павел Юрьевич) 费扬(Yang Fei)
今尾雅博(Masahiro Imao) 雷蒙德·兰根多夫(Ramund Langendrof) 松田道郎(Matsuda Michiro)
布莱吉(Francois Didier Bleger)

(市外办)

表 36-5

2008 年镇江市获正高级专业技术资格人员情况表

姓 名	性别	出生年月	工作单位	专 业	资格名称
徐荣庆	男	1957－05	镇江市第三人民医院	政工	研究员级高级政工师
孙文平	男	1967－11	中共镇江市委党校	经济学	教 授
于建武	男	1957－10	镇江市信息化推进中心	软件与信息系统工程	研究员级高级工程师
臧秀平	男	1967－07	镇江市勘察工程总公司	建筑工程(设计)	研究员级高级工程师
张耀良	男	1961－11	镇江市长江爆破工程有限公司	建筑工程(施工)	研究员级高级工程师
王雅琴	女	1961－05	镇江市高等专科学校	图书	研究馆员
王 红	女	1953－07	镇江市文化局	艺术	一级艺术监督
袁曾亭	男	1951－08	镇江民间文艺馆	艺术	一级摄影师
马家俊	男	1952－01	镇江市艺术剧院	艺术	一级艺术监督
朱培尔	男	1962－06	中国书法杂志社	艺术	一级美术师
成秀萍	女	1966－11	镇江市高等专科学校	中文	教 授
尹卫东	男	1966－12	句容市人民政府	社会科学研究	研究员
金 荣	男	1966－07	江苏金荣恒顺律师事务所	律师	一级律师
汪 好	男	1959－11	镇江市档案局	档案管理	研究馆员
郐云娣	女	1966－08	镇江市环境监测中心站	环境监测	研究员级高级工程师
屈振国	男	1958－10	镇江市市委农村工作领导小组办公室	农学	农业技术推广研究员
陈笃江	男	1962－09	镇江市土壤肥料站	土壤肥料	农业技术推广研究员
王 剑	男	1964－06	镇江市第一人民医院	呼吸内科	主任医师
潘展鹏	男	1963－03	镇江市第一人民医院	骨外科	主任医师
崔恒熙	男	1966－02	镇江市第一人民医院	急诊医学	主任医师
周公民	男	1952－04	镇江市第一人民医院	普通外科	主任医师
邵东华	男	1964－12	镇江市第一人民医院	麻醉	主任医师

续表 36-5

姓　名	性别	出生年月	工作单位	专　业	资格名称
李兴平	男	1957－01	镇江市第一人民医院	口腔颌面外科	主任医师
尹罗庚	男	1965－11	镇江市第二人民医院	麻　醉	主任医师
梁红云	男	1967－02	镇江市第二人民医院	医院药学	主任药师
杨　平	男	1964－01	镇江市第二人民医院	卫生管理	研究员
金跃明	男	1967－08	镇江市第三人民医院	卫生管理	研究员
潘洪秋	男	1965－09	镇江市第三人民医院	结核病	主任医师
温　坚	女	1958－07	镇江市第四人民医院	妇产科	主任医师
严建春	男	1966－01	镇江市第四人民医院	医学影像(放射医学)	主任医师
曲洪芳	女	1964－11	镇江市第四人民医院	精神病	主任医师
赵康仁	男	1959－04	镇江市第四人民医院	神经内科	主任医师
陈宗福	男	1963－07	镇江市第四人民医院	神经内科	主任医师
吴善凤	女	1963－03	镇江市第四人民医院	临床护理	主任护师
薛祥龙	男	1964－06	丹阳市人民医院	消化内科	主任医师
徐荣海	男	1965－06	丹阳市人民医院	针灸科	主任中医师
伍传宏	男	1964－09	丹阳市疾病预防控制中心	传染性疾病控制	主任医师
严维高	男	1965－10	镇江市丹徒区人民医院	妇产科	主任医师
胡良荣	男	1957－01	江苏大学法学院	法　学	教　授
唐　恒	女	1969－11	江苏大学工商学院	技术经济	教　授
王露璐	女	1969－06	江苏大学人文学院	马克思主义理论公共课	教　授
李金坤	男	1953－03	江苏大学人文学院	古代文学	教　授
丁丹平	男	1965－05	江苏大学理学院	数　学	教　授
蔡国梁	男	1956－09	江苏大学理学院	应用数学	教　授
孙　梅	女	1964－04	江苏大学理学院	应用数学	教　授
王纪俊	男	1966－04	江苏大学理学院	物理学	教　授
姜廷顺	男	1963－05	江苏大学化工学院	应用化学	教　授
胡白香	女	1964－07	江苏大学理学院	力　学	教　授
谈梅兰	女	1959－11	江苏大学理学院	固体力学	教　授
路　森	男	1956－12	江苏大学理学院	固体力学	教　授
朱玉全	男	1965－10	江苏大学计算机学院	计算机	教　授
陈祖爵	男	1951－06	江苏大学计算机学院	计算机	教　授
马志强	男	1964－05	江苏大学工商学院	工商管理	教　授
傅明喜	男	1960－08	江苏大学材料学院	材料加工工程	教　授
汪建敏	男	1959－06	江苏大学材料学院	材料加工工程	教　授
黄达明	男	1962－10	江苏大学食品学院	农产品加工与贮藏工程	教　授
陈盛霞	女	1966－06	江苏大学医技学院	病原生物学	教　授
王胜军	男	1969－08	江苏大学医技学院	免疫学	教　授
李君荣	男	1963－08	江苏大学医学院	卫生统计学	教　授
凌智勇	男	1957－08	江苏大学机械学院	机械电子工程	教　授
王　霄	男	1964－04	江苏大学机械学院	机械工程	教　授
宋寿鹏	男	1967－04	江苏大学机械学院	机械电子工程	教　授
张西良	男	1964－08	江苏大学机械学院	机械设计及理论	教　授
陈汇龙	男	1961－07	江苏大学能动学院	流体机械及工程	教　授
陆伟刚	男	1948－07	江苏大学流体中心	流体机械及工程	研究员
高　鸣	女	1957－10	江苏大学党委宣传部	学生思想政治教育	教　授
赵建平	女	1953－10	江苏大学审计处	教育管理研究	研究员
张尤历	男	1957－07	江苏大学附属医院	消化内科	教　授
张国辉	男	1960－06	江苏大学医学部	心血管	教　授
沙振江	男	1956－07	江苏大学图书馆	图书情报	研究馆员
许苏眉	女	1963－05	江苏大学附属医院	核医学	主任医师
薛　玉	男	1955－03	江苏大学附属医院	超声医学	主任医师

续表 36-5

姓　名	性别	出生年月	工作单位	专　业	资格名称
王维佳	女	1961－08	江苏大学附属医院	妇产科	主任医师
王美云	女	1964－11	江苏大学附属医院	肾内科	主任医师
吴　莺	女	1964－05	江苏大学附属医院	消化内科	主任医师
许建辉	男	1965－09	江苏大学附属医院	口腔颌面外科	主任医师
姜正南	男	1966－07	江苏大学附属医院	心血管内科	主任医师
陈爱平	男	1965－06	江苏大学附属医院	口腔颌面外科	主任医师
吴　旻	男	1965－07	江苏大学附属医院	神经外科	主任医师
瞿建国	男	1966－12	江苏大学附属医院	普通外科	主任医师
刘　昌	男	1967－08	江苏大学附属医院	烧伤外科	主任医师
严金川	男	1965－09	江苏大学附属医院	心血管内科	主任医师
裴星洙	男	1954－10	江苏科技大学	力　学	教　授
李钦奉	男	1960－10	江苏科技大学	机械工程	教　授
肖　民	女	1969－07	江苏科技大学	动力机械及工程	教　授
聂宇宏	女	1968－03	江苏科技大学	热能动力	教　授
朱志宇	男	1971－08	江苏科技大学	自动化	教　授
姚慧丽	女	1964－07	江苏科技大学	管理科学与工程	教　授
袁永新	男	1966－08	江苏科技大学	数　学	教　授
吴贻玉	男	1968－09	江苏科技大学	马列主义公共课	教　授
周映春	女	1959－04	江苏科技大学	体育学	教　授
赵卫国	男	1966－10	江苏科技大学	农林畜牧	研究员
段先华	男	1965－12	江苏科技大学	计算机	教　授
夏纪林	女	1953－03	江苏科技大学	学生思想政治教育	教　授
吴　洁	女	1968－01	江苏科技大学	教育管理研究	研究员

（马　原　裴　伟）

逝世人物

徐福生

1918年3月生，湖南浏阳人。老红军，享受地市级待遇离休干部，原镇江地区行政公署教卫办副主任，1982年12月离休，2008年3月16日因病医治无效，不幸逝世，享年91岁。

他1930年4月参加革命工作，1932年12月入党，1932年5月参加中国工农红军，历任红十六军七师通讯员、红十六师四十九团副通讯排长、湘鄂赣军区东南分区司令部参谋兼通讯排长、湘鄂赣军区东南分区游击大队副大队长、新四军一支队司号长、新四军苏中军区司令部通讯连长、新四军华中一分区卫生部总务股股长、新四军华中一分区司令部四科副科长、苏北军区司令部总兵站二中心站站长、苏南军区司令部交通大队大队长、苏南军区卫生部医务学校行政主任。他先后参加江西朱水桥反顽战斗、江西丰林山战斗、苏北黄桥战斗、苏中皋南战斗、淮海战役等多次战斗。在部队通信、救护伤员、物资运输等方面作出贡献。

新中国成立后，他先后任苏南军区后勤部二军医院行政副院长、苏南军区后勤部野战医院行政副院长，地方康复医院副院长、地方康复医院院长、徐州市卫生局副局长、镇江地区卫生处副处长、镇江地区行署卫生局副局长、镇江地区行署卫生局局长、镇江地区行政公署教卫办副主任。

徐福生共产主义信念坚定，一贯勤勤恳恳、兢兢业业，先后立军队二等功、三等功、四等功各三次。1951年7月，被苏南军区政治部授予“模范代表”称号。离休后还关注改革开放和社会主义现代化建设，积极献言献策，并作多场传统报告。

（徐红军　陈　红）

大 事 记

责任编校：孙燕宾

1 月

1 日 “今世缘·国缘杯”2008 年镇江市迎新年万人健身长跑活动举行。

△ 《镇江市社会医疗保险办法》和《镇江市社会医疗救助办法》实施。70 周岁以上居民个人医保缴费部分由财政全额买单。基本医疗保险待遇封顶线 5 万元，合作医保年度累计最高补偿金额 15 万元，市财政安排的救助资金预算额度8 元/人。

4 日 镇江市第五次被命名为“全国双拥模范城”。

6 日～10 日 市委、市政府出台“一号文件”《关于进一步改善和保障民生的意见》，文件围绕实现“学有所教、劳有所得、病有所医、老有所养、住有所居”目标，从低保、教育、卫生等方面分别提出 51 个指标性数字。

△ 中国人民政治协商会议镇江市第六届委员会第一次会议召开。史和平作题为《为改善民生而共同努力》的讲话，郭礼荣作工作报告。会议选举产生 70 名市政协常委会组成人员。郭礼荣当选为市政协主席，赵腊根、宋余庆、赵庆荣、许能斌、宦祥宝、宋敬伟、徐平、孙志安当选为市政协副主席，陈惠祥当选为秘书长。

8 日～13 日 镇江市第六届人民代表大会第一次会议召开。史和平主持大会，许津荣作政府工作报告。大会选举史和平为市六届人大常委会主任，张甫雄、李壮云、陈苏、卢章平、王守和为副主任，蔡文俊为秘书长。选举产生 32 名市六届人大常委会委员。大会选举许津荣为镇江市市长，江里程、陈建设、陈杰、王萍、冯士超、曹当凌为副市长。

12 日 中国在美国首起胜诉的“双反”（反倾销和反补贴）案件——金东铜版纸案件在美商务部结案。

12 日～13 日 奥地利驻沪总领事凯泰斯到镇江进行工作访问。

13 日～28 日 镇江市全境出现 11 天降雪天气，其中 26 日、27 日、28 日连续 3 天普降暴雪，截至 28 日 12 时积雪深度为：镇江 37 厘米、句容 38 厘米、丹阳 34 厘米、扬中 33 厘米。

16 日 卫生部部长陈竺一行在省市领导何权、史和平、许津荣等陪同下调研镇江卫生事业改革发展情况。

△ 镇江市在 2007 年以大市为单位总体实现全面小康省定目标值。25 个指标中，以市为总体全市有 24 个达到省定全面小康指标值。

20 日 省委副书记张连珍、副省长何权带领省民政、教育、卫生、财政等部门及省残联负责人到镇江走访部队，慰问困难群众。

30 日 镇江市实施临时价格干预措施，品种范围主要是成品粮及粮食制品、食用植物油、猪肉和牛羊肉及其制品，牛奶和奶粉、鸡蛋、液化石油气等重要商品。

△ 王龙芳、叶有伟、朱国平、许津荣、姜哲等人当选为第十一届全国人民代表大会代表。

2 月

1 日 省委书记梁保华，省委常委、省委秘书长李云峰，副省长、市委书记史和平等检查指导镇江市抗雪救灾工作。

△ 宏达新材料股份有限公司在深圳证券交易所成功上市，成为镇江市第 10 家上市公司。

7 日 镇江市烈士陵园、镇江伯先公园、茅山新四军纪念馆、韦岗战斗胜利纪念碑、镇江市档案局、谏壁发电厂、冷遹纪念馆、新四军四县抗敌总会纪念馆、宗泽墓、瑞京农业科技园、镇江大港港区、赵伯先故居等场所从即日起免费向社会开放。

14 日 2008 年南徐新城区的建设项目基本确定，共有 6 大类 31 项，年度计划投资约 36 亿元。其中包括新行政服务中心和体育会展中心等多项场馆建设项目，黄山中路中段、凤凰山路等道路建设工程，新城市花园、九华山庄等安置房建设工程，九华山泄洪通道、公交停车场等基础设施项目。

△ 赵亚夫、赵宇振、赵国伟、陈吕荣、戚熙娟、时文玉、徐军、朱爱君等人成为北京奥运火炬手。

20 日 江苏省省长罗志军，副省长、省政府秘书长李小敏率省政府有关部门负责人到镇江调研指导工作。

△ 全国首个村级远程健康服务点落户丹阳市云阳镇青阳村。

23 日 镇江首个综合大学科技园挂牌。科技园由镇江市政府和江苏大学、江苏科技大学等共同出资 3000 万元，按照“校地共建、一园多校”模式建立。一期规划用地 6 公顷，建筑面积 2.2 万平方米；二期规划 20 公顷，分研发孵化区、成果转化区和产业集聚区。

△ 《镇江市排污许可证管理办法》颁布，于 3 月 1 日起施行。

25 日 由印度驻沪总领事馆与镇江市政府共同举办的印度—中国镇江信息技术论坛在上海举行。印度驻沪总领事白加尉与省、市领导史和平、江里程、李国忠、陈建设及印度知名软件企业驻沪负责人共同就加强印度与镇江软件和服务外包产业合作展开交流研讨。

3 月

9 日 印度驻沪总领事白加尉一行应邀到镇江市访问，副省长、市委书记史和平会见白加尉一行。

10 日 广东省委常委、省纪委书记朱明国，广东省纪委副书记丘海及广东各市纪委主要负责人一行在江苏省委常委、省纪委书记冯敏刚等人陪同下，到镇江市调研党务公开工作。

11 日 中纪委副书记张毅率有关部门负责人到镇江调研党务公开工作，在省市领导冯敏刚、史和平等陪同下到全国率先开展党务公开试点的丹阳市调查了解党务公开工作情况，并召开江苏省纪检监察工作汇报会和中纪委党务公开座谈会，观看镇江市党务公开专题片。

12 日 省委常委、副省长黄莉新在副省长、市委书记史和平的陪同下视察镇江绿化工作，并参加植树活动。

13 日 国际劳工组织"中国预防拐卖女童和青年妇女项目"（简称"防拐"项目）国家项目办专家组组长丁亚・莱卡卡率领调研组，对镇江市"防拐"项目开展情况进行考察。

22 日 镇江市举行"飘舞的黄丝带"大型公益行动，在大市口广场举办"黄丝带爱心资金"募集启动仪式暨《飘舞的黄丝带》图书首发式。

28 日 市委召开全市领导干部会议，宣布省委关于调整镇江市委主要领导的决定。许津荣任镇江市委书记。

29 日 省委常委、省军区司令员陈一远少将到镇江视察民兵军事训练工作。

△ 由江苏大学与美国韦恩州立大学共同设立的中美汽车研究院落户江大。

4 月

1 日 镇江市调整最低工资标准类别。镇江市区（含京口区、润州区、丹徒区、镇江新区）执行省一类最低工资标准，丹阳市、句容市、扬中市执行省二类最低工资标准。最低工资标准分为月最低工资标准和非全日制小时最低工资标准两部分。

4 日 国家发改委副主任、国家能源局局长张国宝，在省市领导罗志军、赵克志、许津荣等陪同下到大全集团考察。

△ 全国人大常委会原副委员长、民进中央原主席许嘉璐到镇江市视察。

15 日 中国・镇江第16届中日友谊梅樱园活动暨南山梅樱园建设启动仪式举行。

18 日 大市口地下过街通道规划一期工程——斜桥街至山门口街地下通道开工。地下通道层高约4米，南北长60米，东西长24米，中间通道8米，两旁各有8米宽的商铺用地，设计使用年限为70年，平战结合，总投资约2500万元。

△ "鱼跃医疗"在深交所上市，成为丹阳第6家上市企业。

21 日 市六届人大常委会举行第三次会议，会议决定由刘捍东代理镇江市市长。

23 日 省委常委、政法委书记林祥国到丹阳市就开展学习实践科学发展观教育活动进行调研。

25 日～26 日 卫生部党组书记、副部长高强，卫生部副部长刘谦一行到镇江调研社区卫生工作。副省长何权，省政府副秘书长朱步楼，省卫生厅厅长郭兴华，市委副书记、代市长刘捍东陪同调研。

28 日 镇江市在茅山举行茅山抗日根据地创建70周年纪念大会暨茅山新四军纪念馆新展厅揭幕典礼。

29 日 西津渡历史文化街区开街。

△ 即日起镇江博物馆免费对外开放。

△ 首次大型民营经济网上招商活动举行，发布信息1110条。其中先进制造业项目683条，现代服务业项目264条，现代高效农业项目163条。

5 月

4 日 省委常委、副省长黄莉新在镇江与苏南各市农业分管领导，就"转变农业发展方式、推进农业现代化建设"这一主题进行座谈。镇江市提出要着力培养种养技术能手、市场营销能手、农技服务能手。

5 日 副省长张卫国到联系点扬中市进行专题调研。

8 日 总投资14亿元的南华精制糖项目在镇江新区开工建设。项目占地26.67公顷，拟建设日处理2000吨原糖的炼糖厂，预计2010年3月全部建成投产。

9 日 教育部副部长陈小娅到镇江考察调研基础教育工作，重点是外来民工子女学习、生活情况和学校推进阳光体育运动的情况。

10 日 新华社、人民日报、光明日报、中国青年报、中央电视台、中国教育报、中国体育报、人民网等21家国家级新闻媒体到镇江市采访学生阳光体育运动。

12 日 中船集团镇江中船设备有限公司大功率柴油机生产基地在润州工业园区开工。基地占地约26.67公顷，厂房面积6万余平方米，一期投资8亿元，总投资12亿元。中国船舶工业集团公司副总经理谭作均，省市领导张桃林、许津荣、刘捍东、郭礼荣、李国忠、李壮云等出席开工仪式。

13 日 镇江市举行国家知识产权示范城市创建市启动仪式，国家知识产权局副局长张勤、代市长刘捍东出席启动仪式并揭牌。

16 日 江苏省第六届农民运动会在句容市江苏农林职业技术学院体育馆开幕，省委常委、副省长黄莉新出席并宣布开幕，省政协副主席陈宝田、江苏省军区副司令员刘长意、镇江市代市长刘捍东出席开幕式。

17 日 全国政协副主席阿不来提・阿不都热西提到镇江市视察。

20 日 副省长史和平到镇江市指导检查救火物资生产情况。

23 日 美国驻沪总领事季瑞达到镇江市进行工作访问。

27 日 在长江南京与镇江段交界大道河水域119号浮附近，一艘上海籍货轮"江夏展"轮与南京港务集团小客轮"阅江号"相撞，"阅江号"翻沉，船上24人落水（其中15人获救，9人死亡）。

28 日 省长罗志军、副省长史和平及省政府有关部门负责人到镇江市调研重大项目建设和煤电油运保障工作情况。

29 日～30 日 六届人大常委会第四次会议举行，会议决定由张甫雄代理市人大常委会主任。

6 月

4 日 市公安局为江苏奥雷光电有限公司总裁 LING CHEN(陈岭)颁发镇江市首张"外国人永久居留证"。

12 日 镇江市代市长刘捍东和加拿大新西敏市市长万恩·莱特分别代表两市签署建立友好交往城市关系备忘录,建立友好交往城市关系。

13 日 省政协主席张连珍、副主席张九汉带领省政协委员视察句容高效农业和生态环境建设,市领导刘捍东、郭礼荣等陪同视察。

17 日 市古城考古所在西津渡历史文化街区的考古工作中,发现清代救生会、义渡局的专设码头、道路等系列遗迹。

21 日 "我是镇江人"情系奥运书画名家邀请展在市博物馆开幕,李岚清为邀请展题写"我是镇江人"。

△ 镇江惠龙港首次接靠外轮"海之梦"(SEA DREAM)。

24 日 中央纪委邀请镇江市委到中央纪委北戴河培训中心作党务公开专题讲座。市委常委、市纪委书记杨建代表镇江市委在全国纪检监察干部第 142 期培训班上介绍镇江市探索和实践党务公开的做法经验。

26 日 贷款额为 7.85 亿元的京沪高速铁路和沪宁城际铁路镇江段工程征地拆迁项目银团贷款协议,在交通投资建设发展公司签约。

27 日 中韩(镇江)投资环境说明会在碧榆园国际会议中心举行。韩国驻上海总领事馆、华东地区 18 个城市的韩商会、大韩贸易投资振兴公社上海代表处、韩国贸易协会、韩国输出保险公社等驻华机构的负责人以及中韩两国的新闻媒体近 100 人应邀出席会议。

28 日 镇江援川建设大队建设的 1403 套活动板房交付绵竹市剑南镇政府,完成首批临时安置房援建任务。

△ 总投资 10.25 亿元的江苏液压工业园项目在润州区开工。项目占地 16.53 公顷,总建筑面积 15 万平方米。

△ 范明任江苏大学党委书记。

7 月

1 日 省委常委、副省长黄莉新在市领导张庆生、曹当凌等陪同下,调研镇江市高效农业。

△ 镇江市市区 24476 位老人从即月起将从邮政银行网点领取养老补贴,补贴额人均 70 元/月,年发放总额达 1656 万元。

2 日 镇江市启动"大爱镇江"主题活动,并特邀四川省绵竹市教育系统抗震救灾英模到镇江作事迹报告。

4 日 市六届人大常委会举行第五次会议,会议任命陈照煌为镇江市副市长。

△ 镇江市政府主办,日本农山渔村文化协会、市科技局、市农林局承办的 2008 中国·镇江中日生态循环农业新技术推广会在镇江开幕。会议期间,有关专家学者分别就有机农业技术、养殖技术、种植技术三个专题进行三场专场技术推介会,向与会人士推介先进的生态循环农业新技术。

△ "欢乐农家——2008 文化乡村行"系列活动在润州区蒋乔镇嶂山村启动。

6 日 18 时 43 分,在南京市栖霞区与句容市交界处发生 3.6 级地震。

8 日 9 点 25 分,镇江电网实用最高负荷和日用电量均创历史新高,最高供电负荷达 200.526 万千瓦,日用电量达 4167 万千瓦时。

10 日 中共镇江市五届六次全委会议召开,许津荣作工作报告。全会的主要任务是:全面深入贯彻落实党的十七大精神,按照中央和省委的部署要求,动员全市人民进一步解放思想、加快转变发展方式,着力把前一阶段解放思想学习研讨活动的成果,转化为推进镇江又好又快发展的具体实践,在科学发展的道路上开创镇江美好未来。

11 日 镇江市政府第一次全体(扩大)会议上全市确定奋斗目标:做人民群众喝彩的事。

14 日 镇江市区自来水的日供水量创历史新高,达 30.66 万吨。

16 日 丹阳市联合加拿大中国专业人士协会举办 2008 丹阳——海外人才引进与科技合作洽谈会,发布"高新生物技术项目孵化器""全数字耳聋助听器"等 28 个科技合作项目。

21 日 江苏省唯一一支大学生卫生防疫服务团队——江苏大学大学生志愿者灾区服务团入驻绵竹市东汽中学,为灾区群众重点提供卫生防疫服务。

22 日 省长罗志军、副省长何权率省卫生厅、劳动和社会保障厅、食品药品监督管理局、民政厅、财政厅、发改委等部门负责人到镇江调研卫生工作。

△ 省军区政委李笃信少将到镇江调研国防后备力量建设情况,听取镇江军分区关于部队全面建设的情况汇报,视察正在建设中的市国防园,并检查润州区、丹徒区基层人武工作。

26 日 国家模具 CAD 工程研究中心丹徒中心、国家数字化制造技术中心丹徒中心暨江苏申模数字化制造技术有限公司举行项目开工奠基仪式。中心由工程院院士阮雪榆创办,计划总投资近亿元,总建筑面积 4.2 万平方米。

8 月

6 日 市政府与中国第二重型机械集团公司正式签署《中国二重重大技术装备出口制造基地投资合作协议》,联手在镇江打造中国二重重大技术装备出口制造基地。一期工程投资额为 31 亿元,于 12 月 28 日在丹徒经济开发区正式开工。

10 日 镇江籍选手陈玲和队友合作在北京第 29 届奥运会女子射箭团体赛中为中国队夺得银牌。

12 日 南京军区副参谋长许纪文少将在省军区副司令员兼参谋长刘华建少将陪同下到镇江调研国防后备力量建设情况。

13 日 省政协主席张连珍在市领导许津荣、郭礼荣、李国忠等陪同下调研镇江市生态建设情况。

△ "我是一名政协委员"报告会举行,省政协主席张连珍,市领导许津荣、郭礼荣等与近 300 名省、市政协委员参加报告会。

16 日 省委书记梁保华到镇江市调研考察,对镇江 2008 年以来经济社会发展各项工作给予充分肯定,并对镇江发展提出要求。

20 日 中共镇江市委召开全市领导干部会议,传达贯彻省委书记梁保华在镇江调研时的重要讲话精神。会议要求全市各级领导干部,用 2~3 年时间缩小和先进地区之间的差距,努力实现镇江更好更大发展。

21 日 截至本日,江奎集团、大全集团、恒顺集团、大亚股份、金东纸业、华晨华通、宏达股份、金钛软件和恒宝股份、绿扬电子等10家企业建立博士后科研工作站，吸纳博士20余名，其他高层次人才80余名，参与承担科研项目50余项，其中10余项为国家、省级科研项目，申请专利9项，出版专著6本，在国内外刊物上发表学术论文60多篇。

24日 省政协副主席张九汉，省政协副主席、农工党江苏省委主委周健民带领省政协调研组到镇江调研农技推广人员培训工作，并在丹徒区召开省政协提案督办座谈会。

28日～29日 巴基斯坦驻沪总领事扎法尔·乌丁·马赫默德一行到镇江进行工作访问。

9 月

2日 受国家教育部委托，江苏大学女子足球队将代表全国大学生，参加在巴西维多利亚举行的第一届世界大学生女子五人制足球锦标赛。

5日 副省长史和平带领省经贸委、统计局、电力公司等部门负责人调研镇江市工业经济情况。

△ 罗萨娜·罗西率意大利托斯卡纳大区工会友好访华团到镇江访问。

△ 江苏省苏南人力资源市场在镇江市开工。市场位于市区丁卯桥路和宝塔山路交叉口，占地0.69公顷，建筑面积为1.66万平方米，其中主楼高11层，辅楼高5层，地下室1层。

8日 《镇江市区2008年慈善救助贫困白内障患者"复明"行动方案》出台，年内将有100名贫困白内障患者获得慈善救助。救助具体标准为：每名患者手术费用1000元，人工晶体、耗材等费用200元，合计1200元。

12日 美国慈心慈善事业基金会董事长谢政达一行到镇江市参观考察。

14日 由江苏大学主办，江苏大学MBA教育中心承办的2008联合国全球契约论坛在江大举行。论坛主题：建立可持续与和谐的社会——中国商界与学界的社会责任。

19日 2008中国镇江金山旅游文化节开幕。

20日 江苏省政府在镇江市召开"京沪高速铁路、沪宁城际铁路"江苏段建设第二次推进会。省委常委、常务副省长赵克志现场察看两条铁路在镇江市境内的建设情况。

△ 新疆维吾尔自治区党委常委宋爱荣率队到镇江考察。副省长史和平、市委书记许津荣在一泉宾馆国宾楼会见宋爱荣一行。

△ 以西藏达孜县委书记孙沛然，达孜县委副书记、县长次仁央宗为团长的达孜县党政代表团一行20人到镇江市考察。

23日 "2008年第十届江苏镇江焦山桂花节"开幕，"焦山在线"全国百家网络媒体焦山行仪式启动。

△ 全市12个高新技术产业化项目入选2008年江苏省重大科技成果转化专项资金项目，得到省科技成果转化资金拨款支持1.24亿元。

25日 最高人民检察院在镇江市召开全国部分省（区、市）检察机关深化检察改革座谈会。会议重点对检察机关深化检察改革五年规划进行了研究讨论。最高人民检察院副检察长孙谦，省人民检察院检察长徐安，市领导许津荣、黄宝荣，市人民检察院检察长蒋伟亮，以及北京市、内蒙古自治区、吉林省等15个省（区、市）人民检察院分管检察长、研究室主任出席会议。

26日 镇江市引进培育创新创业领军人才三年行动计划启动。根据该计划，在未来3年内，全市将围绕装备制造、绿色化工、造纸、新材料、特种金属等主导产业及现代服务业等新兴产业，每年引进10个领军人才团队和30名左右领军人才。

27日 省长助理、中国工程院院士徐南平到镇江调研科技创新工作。

△ 省知识产权局与江苏大学共建的江苏省知识产权研究中心揭牌仪式在江苏大学举行。

28日 镇江新区科技园开工建设。新区科技园规划总用地1.58平方公里，一期工程面积33.33公顷，先期建设4幢近4.5万平方米的标准厂房，可以满足30余家科技企业进行规模化或中试化生产。

29日 副省长史和平率省政府检查组到镇江检查安全生产。

10 月

7日 青海省副省长邓本太带队到镇江考察现代农业。

△ 镇江市"尊老金慰问制度"实施，全市2250名90岁以上老人每年重阳节前每人领取200元尊老金。自2008年1月起，全市百岁以上老人每人每月领取150元"长寿补贴"。

10日 挪威股东投资的安德森（中国）有限公司落户润州工业园区，成为镇江市第九家挂国家级名称的外商投资企业。

11日 镇江市第十三届运动会在市体育场开幕。

13日 大亚科技集团有限公司（第95名）、江苏飞达工具股份有限公司（第209名）、大全集团有限公司（第251名）、江苏天工工具有限公司（第272名）、中电电气集团有限公司（第288名）、江苏沃得机电集团有限公司（第367名）、江苏省交通工程集团有限公司（第494名）等企业入选全国民营企业500强。

17日 镇江市三家企业：江苏索普（集团）有限公司（第295位）、江苏大亚科技集团有限公司（第395位）、江苏大全集团有限公司（415位），进入2007年度"中国企业集团纳税五百强排行榜"。

18日 总投资25亿元的江苏润昌船舶重工有限公司举行全面投产庆典。一期工程投资15.5亿元，占用深水岸线1288米，建设2座5万吨级船台、材料码头、船体车间、集配中心等设施。

18日 纪念赛珍珠获诺贝尔文学奖70周年暨镇江市国际友好交流大会在碧榆园南徐厅举行。

19日 镇江市赛珍珠纪念馆举行开馆仪式，该馆位于润州山路登云山赛珍珠故居南侧，占地面积约450平方米。

21日 镇江市调整住房公积金贷款额度上限，职工单方购房贷款额度20万元，职工夫妻双方贷款额度40万元。

27日 镇江市部署公务员交流轮岗工作，计划跨部门交流正科职公务员80名左右，并在部门内部实行轮岗。

28日 "百名海外博士江苏行"镇江对接洽谈会举行。博士团成员与镇江市96家企事业单位对接洽谈，其中有68个项目达成初步合作意向。

30日 中国首个拥有自主知识产权的微型滑移（轮式）装载机在镇江江苏柳工小型工程机械研究所诞生，这是目前中国自主研发生产的最小滑移装载机。

△ 朱国平家族首登福布斯中国富豪榜，以13.6亿元的财富在400富豪中排名366位。

10月31日～11月2日 全球规划师联盟大会在镇江举行，来自世界22个国家的83名规划师，讨论城市化、贫困、气候变化三大主题，发表《镇江宣言》，这是镇江市协办的第一个国际性专业会议。联合国副秘书长、人居署总干事安娜·蒂贝琼卡博士,国家文物局局长单霁翔,国土资源部副部长王世元,副省长史和平等百余名国内外嘉宾参加会议。

11 月

1 日 国土资源部副部长王世元考察镇江市土地管理工作,考察丹阳市界牌镇实施万亩良田建设工程,观看界牌新村展示模型,并听取当地负责人的工作汇报。

△ 国家文物局局长单霁翔视察《瘗鹤铭》打捞现场。

△ 2008 农业信息化、自动化和电气化国际会议在镇江开幕,来自美国、荷兰、丹麦、日本以及国内高校、科研院所的知名专家、学者 140 人参加会议。

3 日 丹阳市皇塘镇获评"中国民间艺术之乡"。

4 日 镇江市对开展"两推一考"领导干部工作进行动员部署。市级机关、事业单位的 10 个副处级职位,辖市(区)的 30 个副科级职位实施"两轮推荐,差额考察"(简称"两推一考")。

△ 海峡两岸关系协会会长陈云林与台湾海峡交流基金会董事长江丙坤在台北签署《海峡两岸海运协议》。在该协议中明确双方现阶段相互开放的港口,镇江港是两岸直航后开放的十五个河港之一。

5 日 中共中央政治局委员、全国人大常委会副委员长、中华全国总工会主席王兆国,中华全国总工会副主席、书记处第一书记孙春兰在省市领导梁保华、罗志军、王国生、赵克志、张艳、许津荣、刘捍东等陪同下就贯彻落实中国工会第十五次全国代表大会精神,深入镇江市企业实地考察调研。

8 日 ~9 日 副省长史和平一行到镇江调研市大中型企业运营情况。

9 日 全市 11 个项目入选第二批省级非物质文化遗产项目代表性传承人名单。

14 日 江苏省军区政治委员李笃信少将到镇江预备役高炮二团,就部队学习实践科学发展观进行专题调研。

19 日 副省长何权一行到镇江调研中医发展情况。

20 日 镇江市政府与江苏银行股份有限公司在碧榆园签订全面战略合作协议。江苏银行在 2008 年 ~2010 年期间向镇江市提供 40 亿元的贷款。

22 日 省委书记梁保华,铁道部原副部长、国务院京沪高速铁路建设领导小组办公室副主任蔡庆华,省委常委、秘书长李云峰,副省长史和平等到镇江视察京沪高速铁路和沪宁城际铁路镇江段的建设情况。

21 日 ~22 日 市六届人大常委会第八次会议举行,会议审议通过关于任命夏新平为镇江市副市长的决定。

25 日 润州区金山街道迎江路社区被中宣部、中央文明办、文化部、中国文联联合表彰为"全国文化先进社区"。

25 日 ~26 日 国家安监总局副局长杨元元带队到镇江检查安全生产工作。

27 日 省委常委、常务副省长赵克志到镇江调研经济发展时强调,面对当前严峻的经济发展形势,政府将进一步加大支持力度,与企业共渡难关。

27 日 ~28 日 市委书记许津荣率镇江经贸代表团赴新加坡,参加"2008 新加坡——江苏经贸合作论坛",签约 3 个总投资在 5000 万美元以上的项目,其中新加坡高登置地有限公司总投资 1 亿美元的五星级国际酒店项目、新加坡邦建航运控股有限公司总投资 3.3 亿美元的海洋工程产品及船舶制造项目参加省重点合作项目签约仪式。

29 日 "飞向太空——中国载人航天(镇江)展"开幕。航天员杨利伟少将,市领导刘捍东、郭礼荣为开幕式剪彩。

△ 老挝工业和贸易部党委委员、干部组织局局长巴色·再翁曼率老挝干部考察团到镇江访问。

12 月

8 日 省委常委、省纪委书记冯敏刚一行到镇江调研反腐倡廉工作。

10 日 由中央新闻纪录电影制片厂(即央视新影中心)、市委宣传部、市文化局联合拍摄的《诗话镇江》在芙蓉楼开机。

14 日 驻镇江高校第八次"百名教授老区行"活动启动仪式在丹徒区上党镇上会大街举行。7 年来累计资助 720 余名老区贫困学生完成学业,四所驻镇江高校共为老区捐赠钱款 24 万多元。

18 日 南京军区副司令员兼海军东海舰队司令员徐洪猛中将、海军东海舰队政治部副主任顾礼康少将一行视察江苏科技大学。

△ 由镇江市区域内投资的海外华侨、华人,香港、澳门企业单位和个人组成的非营利性社会团体——镇江华商会成立,融锦集团董事长陈荣华为会长。

20 日 省人大代表、南京军区政治部副主任张玉玺少将率领省人大解放军代表视察组对镇江市工业经济和国防科技工业发展情况进行视察。

21 日 10 时左右,镇江气象台寒潮蓝色预警信号转变为黄色,24 小时内气温骤降 10℃,最低气温达到 -7℃至 -8℃。

24 日 双井路棚户区改造项目启动。

29 日 市委、市政府召开贯彻十七届三中全会精神推进农村改革发展大会,坚持把农民增收作为核心任务。

30 日 镇江市国防园竣工落成。该园占地 10.67 公顷、总投资 4800 万元。

31 日 金山广场落成剪彩,2009 年"祈福迎新"撞钟活动在金山广场举行。

书　目

表 38-1

2008 年镇江市部分作者著作书目一览表

书　　名	编著者	出版者	出版年月	字数（千字）
戴敦邦新绘和谐自然集	戴敦邦	上海辞书出版社	2006－08	－
戴敦邦缘画红楼录	戴敦邦	上海辞书出版社	2006－08	－
电视监控系统及其应用	李金伴	化学工业出版社	2007－10	399
农业机械设计手册	王光亮	中国农业科学技术出版社	2007－11	380
遗山词研究	赵永源	上海古籍出版社	2007－12	238
Pro/e 注塑模具设计与制造	肖爱民	化学工业出版社	2008－01	575
机械工程材料与加工工艺	马鹏飞	化学工业出版社	2008－01	458
VC ++程序设计解析与实训	张晓如	中国铁道出版社	2008－01	387
当代教育理论新探	张忠华	中国社会科学文献出版社	2008－01	385
电子技术三剑客电路检修	胡　斌	电子工业出版社	2008－01	340
VC ++程序设计	潘克勤	中国铁道出版社	2008－01	337
电子技术三剑客电路识图	胡　斌	电子工业出版社	2008－01	310
电子技术三剑客元器件	胡　斌	电子工业出版社	2008－01	310
读屏时代的写作	马　季	中国工人出版社	2008－01	200
万里澄澈	王厚明	大众文艺出版社	2008－01	170
公安机关办公室工作	赵立源	中国人民公安大学出版社	2008－01	156
那时月光	李　军	大众文艺出版社	2008－01	155
西部 还没有牛仔	张　璘	吉林人民出版社	2008－01	150
尼罗河 源头何处	张　璘	吉林人民出版社	2008－01	135
现代工程图学习题与解答	梁培生	上海交通大学出版社	2008－02	419
雁渡寒潭	饶雪漫	新世纪出版社	2008－02	150
当你孤单你会想起谁	饶雪漫	新世纪出版社	2008－02	140
星星堆满天	饶雪漫	新世纪出版社	2008－02	140
最熟悉的陌生人	饶雪漫	新世纪出版社	2008－02	130
任亦山书法作品集	任亦山	大众文艺出版社	2008－02	100
船体制图	杨永祥	国防工业出版社	2008－03	708
大爱镇江——镇江电视台特别记录	戈　矛	上海三联书店	2008－03	250
吕凤子画册	吕去疾、吕去病	天津人民美术出版社	2008－04	－
传感器手册	鲍丙豪	化学工业出版社	2008－04	774
UG 冲压模具设计与制造	李文超	化学工业出版社	2008－04	550

续表 38-1

书　　名	编著者	出版者	出版年月	字数（千字）
AutoCAD2008 电气设计实例解析	江　洪	机械工业出版社	2008－04	487
模具制造技术	张应龙	化学工业出版社	2008－04	487
网海淘金——成功网商创业案例	胡桂兰	清华大学出版社	2008－04	280
离歌	饶雪漫	万卷出版公司	2008－04	180
图表细说电子技师速成手册(超值版)	胡　斌	电子工业出版社	2008－05	740
2007 江苏省民营经济发展报告	省工商联、中小企业局	江苏人民出版社	2008－05	400
图表细说电子元器件(超值版)	胡　斌	电子工业出版社	2008－05	350
农村劳动力非农就业研究——从人力资本角度分析	陈　浩	中国农业出版社	2008－05	201
篮排球的教学理论与训练方法	覃立嵩、王素平	西安地图出版社	2008－05	160
心灵在黑夜飞翔	成秀虎	中国青年出版社	2008－05	100
excel 高效办公——财务管理	王伏虎	人民邮电出版社	2008－06	670
图表细说元器件及实用电路(超值版)	胡　斌	电子工业出版社	2008－06	590
图表细说电子技术识图(超值版)	胡　斌	电子工业出版社	2008－06	330
Recent Advances in Biomaterials Research	胡　杰	Transworld Research network	2008－06	250
镇江滨江湿地植物群落结构、功能及修复技术研究	李萍萍	科学出版社	2008－06	225
致晨诗集	张政权	中国文史出版社	2008－06	80
Excel 高效办公——市场与营销管理	丁昌萍	人民邮电出版社	2008－07	657
excel 高效办公——生产管理	杨　治	人民邮电出版社	2008－07	610
无机化学	谢吉民	人民卫生出版社	2008－07	521
应用统计学(第二版)	施金龙	南京大学出版社	2008－07	480
液压维修技术问答	张应龙	化学工业出版社	2008－07	339
哈克贝利费恩历险记	李新朝	山东文艺出版社	2008－07	259
镇江统计年鉴 2008	镇江市统计局	中国统计出版社	2008－08	1290
丹阳年鉴 2008	《丹阳年鉴》编辑部	方志出版社	2008－08	759
丹徒年鉴 2008	《丹徒年鉴》编辑部	方志出版社	2008－08	715
放大器电路入门突破	胡　斌	人民邮电出版社	2008－08	460
人类 银河系的明珠	朱仲贤	中国华文出版社	2008－08	423
电源电路识图入门突破	胡　斌	人民邮电出版社	2008－08	410
电子技术入门突破	胡　斌	人民邮电出版社	2008－08	390
国史札记	林蕴晖	东方出版中心	2008－08	365
计算机网络原理及工程应用	刘　镇	机械工业出版社	2008－08	352
电子电路识图入门突破	胡　斌	人民邮电出版社	2008－08	340
线性代数习题课教程	蒋家尚	苏州大学出版社	2008－08	182
木偶奇遇记	张　璘	山东文艺出版社	2008－08	124
镇江年鉴 2008	镇江市史志办公室	方志出版社	2008－09	1249
句容年鉴 2008	句容市史志办公室	方志出版社	2008－09	954
京口年鉴 2008	《京口年鉴》编辑部	方志出版社	2008－09	781
润州年鉴 2008	《润州年鉴》编辑部	方志出版社	2008－09	725
锻造加工技术	张应龙	化学工业出版社	2008－09	480
面向智能体的知识工程	程显毅	科学出版社	2008－09	350
中国城乡二元化社会保障制度的改革和创新	石宏伟	中国社会科学出版社	2008－09	290
千古江山	王　川	江苏文艺出版社	2008－09	280
绝代名姬杜秋娘	庐　山	太白文艺出版社	2008－09	240
云雀之声	王　川	太白文艺出版社	2008－09	180
洪宗礼文集	洪宗礼	江苏教育出版社	2008－10	2000
汉英语言思维模式对比研究	何南林	齐鲁书社	2008－10	715
开放路上	葛玉广	辽海出版社	2008－10	500
变频器使用指南	康　梅	化学工业出版社	2008－10	413
新编基础会计习题及解答(2008 版)	王秀萍	科学出版社	2008－10	323
不过是垃圾	格　非	春风文艺出版社	2008－10	306
漫 Girl	饶雪漫	长江文艺出版社	2008－10	300
戒指花	格　非	春风文艺出版社	2008－10	240
甜酸	饶雪漫	新世纪出版社	2008－10	200
电工电子技术实验指导	郑明辉	人民邮电出版社	2008－10	192

续表 38-1

书 名	编著者	出版者	出版年月	字数（千字）
叶玉森甲骨学论著整理与研究	叶玉渤	线装书局	2008－10	168
异步电路设计原理——系统透视	赵不贿	电子工业出版社	2008－11	430
突围——国门初开的岁月	李岚清	中央文献出版社	2008－11	330
九万里风鹏正举：纪念改革开放30年报告文学集	欧阳黔	江苏文艺出版社	2008－11	210
厚德为民——高德正传略	孙柔刚	江苏人民出版社	2008－11	200
商务与管理沟通	赵银德	机械工业出版社	2008－12	750
船舶与海洋平台结构	杨永祥	国防工业出版社	2008－12	323
镇江鲍氏名人诗词合集	王欣、鲍善本	中国文史出版社	2008－12	320
知识分子与大众：1880～1939年文学知识界的傲慢与偏见	吴庆宏	译林出版社	2008－12	204

注：本表补录了往年出版的部分书目。（史图尚恪叶卜）

表 38-2 **2008年江苏大学出版社出版图书书目一览表**

序号	书 名	编著者	出版时间	字数（千字）
1	特殊儿童心理健康教育	何侃等	2008－01	500
2	理工科信息检索与利用教程	袁润、刘红光	2008－01	425
3	医药信息检索与利用教程	周金元	2008－01	358
4	与成功相约	沈晓昕	2008－01	100
5	飘舞的黄丝带	镇江市委宣传部	2008－01	95
6	全面开拓新农村建设之路：镇江市农村典型调研报告	镇江市人民政府研究室	2008－03	430
7	图书馆学情报学新论	黄建年	2008－03	310
8	当代图书馆学情报学研究与探索	朱琴华	2008－03	296
9	摄影文论	袁曾亭	2008－05	120
10	2008中国高等教育管理：现实与理想	中国高教学会高教管理研究会秘书处	2008－06	554
11	基础会计学	张华、章文芳	2008－06	398
12	病理生理学	眭 建	2008－06	360
13	经济法律通论	高庆年	2008－07	560
14	医学影像技术	王骏、甘泉	2008－08	1060
15	审计学	姚瑞马	2008－08	750
16	政府与非营利组织会计	许良虎	2008－08	698
17	高级财务会计	陈留平	2008－08	670
18	博弈论基础要点注释与习题详解	李光久	2008－08	534
19	会计学	谢万健、邹香	2008－08	520
20	中级财务会计	朱和平、蒋平	2008－08	516
21	税法	张晓亮	2008－08	510
22	高级财务管理	孔玉生、徐惠珍	2008－08	480
23	税务筹划	冯群英、马娟	2008－08	470
24	管理会计	陈平、章文芳	2008－08	464
25	会计理论	张 斌	2008－08	440
26	基础会计	宋秀珍、牟伟明	2008－08	425
27	财务报表分析	邹香、谢万健	2008－08	400
28	金融企业会计	陈 平	2008－08	380
29	财务管理	孔玉生、蒋乃平	2008－08	370
30	成本会计学	赵智全、王春梅	2008－08	330
31	大学生安全教程（二版）	周阿亚	2008－08	240
32	净化日本	武村正义著 张旭伟译	2008－08	170
33	注意力——经营原理与实务	吴之洪、英莺敏著	2008－09	438
34	决胜网络——创业管理案例	胡桂兰、毛翠云	2008－09	390
35	数学能力与方法	吴维煊	2008－09	195
36	动力机械工作过程及其测试技术研究——李德桃教授论文选集	李德桃等	2008－11	1100
37	英语教师师本研究	陆巧玲、孔彩芳	2008－11	330
38	朱正伦书法作品	朱正伦	2008－11	320
39	中国法制建设——理念、方法及实践	魏小强、宫宝芝	2008－12	400

续表 38-2

序号	书　　名	编 著 者	出版时间	字数(千字)
40	梦溪笔谈说解	潘天华	2008-12	370
41	高职教育教学理念与模式创新	杨国祥等	2008-12	289
42	复杂性科学视野下的高校教师评价研究	周春燕	2008-12	152
43	从梦想到跨越:“我与改革开放30年”征文选	镇江市政协文史资料委员会	2008-12	140

(汪再非　徐云峰)

文　摘

沿铁经济发展战略思考

镇江市工商业联合会

京沪高速铁路和沪宁城际铁路,即“两铁”的建设和开通,会给镇江带来什么样的机遇和挑战?一是产业发展机遇。“两铁”开通,意味着镇江市进入以上海为中心的1小时辐射圈,接受产业结构转移和大城市的辐射,将从过去的“强弩之末”,变成未来的“水漫金山”。全市先进制造业将获得强有力的资本、技术与人才等要素支撑;现代服务业将获得突出的“同城效应”和“人气”;现代农业将获得更为广阔的市场。二是城市拓展机遇。“两铁”开通后,长三角城市网络将会重新整合,镇江市“两铁”沿线市镇布局将面临调整。以新面貌出现的大镇江将成为联结苏锡常、宁镇扬两大经济板块新节点。三是要素集聚机遇。“两铁”开通将使资本、人才、技术大量集中于沿线城市。镇江市可以发挥后发优势引进各类要素,促进经济社会全面发展。

镇江要抓住“两铁”开通的历史机遇,从单纯依托沿江优势,发展为依托沿江和沿铁两大优势,实施沿铁经济发展战略,实现江铁联动。为此,建议如下:

一、放大节点效应,打造沿铁经济发展“火车头”

镇江市位于上海经济圈和南京都市圈、苏南和苏北的结合部位,“两铁”将在镇江市设置10个站点(高铁2个、城铁8个),镇江的节点效应更加显现。要充分放大交通节点作用,推进城市与城市对接、公路与铁路对接、沿江和沿铁对接,提前做好承接大人流、大物流、大信息流的准备,使所有节点都成为拉动镇江市经济发展的火车头。

发挥乡镇站点优势,打造县域经济发展“火车头”。镇江市“两铁”沿线具有较好的产业基础,城铁沿途8个站点,将镇江市重点产业集群、现代服务业聚集区和高新技术产业带串联一体。除镇江、丹阳两个站点外,沿途6个乡镇站点更要充分重视“两铁”带来的机遇,学习日本小镇品川、欧洲小城兰斯利用高铁吸引大企业、大项目、大批市民落户等国外沿铁经济发展启示,发挥各自资源和产业特色优势,将所有6个乡镇站点都打造为拉动县域经济发展的火车头。

提升县域经济水平,打造镇江经济发展“火车头”。要抓住“两铁”开通带来的新一轮产业转移机遇,实现县域经济发展。各辖市(区)要抓好沿铁地区发展规划,利用沿线站点接轨沪、宁等大城市;推进沿铁地区开发区建设,高标准实现土地开发、产业开发和功能开发同步进行;主动做好产业调整、产业优化、产业升级,发挥县域经济火车头带动作用。

推动镇江经济跨越发展,勇闯全省经济发展第一方阵。当苏南地区发展面临艰难转型之时,镇江市负担相对较轻,发展舞台和空间较大,特别是“两铁”的建设开通,使这种后发优势得到更为广阔的释放渠道。要最大限度激活投资驱动,完成全社会固定资产投资1000亿元、主要经济指标增幅高于全省平均水平、快于沿江八市的目标,实现赶超和跨越,勇闯全省经济发展第一方阵。

二、呼应同城效应,实施经济结构战略调整

实施“千百亿工程”。“两铁”建设为镇江产业升级和“千百亿工程”创造良好条件,要推进装备制造、绿色化工、造纸、新材料、特种金属等优势产业发展。要通过政策引导,做强做大二重、大全、飞达、沃得、鼎胜、中电、奇美、金东、辉煌硅能源、焦化煤气、镇江船厂等产业龙头企业。推进眼镜、工程电器、船舶、光电子等十大重点产业集群建设,加快科技创新和品牌建设,提高产业核心竞争力。

发展现代服务业。“两铁”运行聚集的“人气”为镇江市现代服务业发展带来极大的机遇。要加速提升旅游业,依托镇江“南山北水、城市山林”的特有优势,推进实施《振兴镇江旅游业发展三年行动纲要》,建设旅游强市。要加快发展生产性服务业和生活性服务业,推进现代物流、服务外包、信息咨询、创意产业等发展,加快服务业集聚区建设步伐,带动产业调优调高。

发展高效农业。在沪宁沿线苏南城市群中,镇江农业资源优势和基础优势最为突出。要发展农村“三大合作”组织,开展“百村百企百亿”活动,完善惠农政策体系,发展绿色有机农业,培育区域特色品牌,提高市场占有率。

三、努力发挥后发优势,推动镇江跨越争先

加快南徐新城建设,塑造城市新中心。“两铁”镇江站的设置将会调整市区人流、物流、信息流等发展要素的空间布局。“两铁”经过镇江市区所形成的黄金三角区域,为镇江城市勾画出新的中心地带。要改变仅以大市口为中心的城市布局,将“金三角”建设成未来大镇江的心脏地带和新城区。同时我们要加快南徐新城建设,使南徐新城成为现代化新镇江的标志区。

加快建设“宜居城市”,吸引人才聚集。“两铁”开通后,人员流动性将大大增强。要借鉴欧洲中小城市以其低成本保持吸引力的经验,有意识地保持全市现有的低成本优势。通过自觉抑制土地成本、居住成本、企业运营成本等过度攀升,优化教育、医疗、生活等设施,营造健康安全、亲和自然、生活便捷的人居环境,建设“宜居城市”。加快实施“创新创业领军人才集聚工程”,吸引高层次领军人才、海外研发团队在镇江落户兴业。

加大招商选资力度,实现跨越发展。要抢抓中央“保增长、扩内需、促发展”政策机遇,加大招商选资力度,坚持生态环保与科学发展相结合、优化升级与集聚带动相结合、扩大就业与促进和谐相结合,引进与“千百亿工程”、现代服务业、生态市建设要求相一致的项目和企业,在未来3年~5年内把镇江市打造成为苏南最佳产业转移承接地。

(摘自政协镇江市六届二次全会大会发言)

区域工业经济发展规律的认识与思考

茅政平

1983年到2005年的23年中,镇江工业经济发展速度有17年超过10%,有9年超过20%,有7年超过30%,有1年超过40%,有1年超过50%。23年平均递增速度达19.5%(见本页图)。

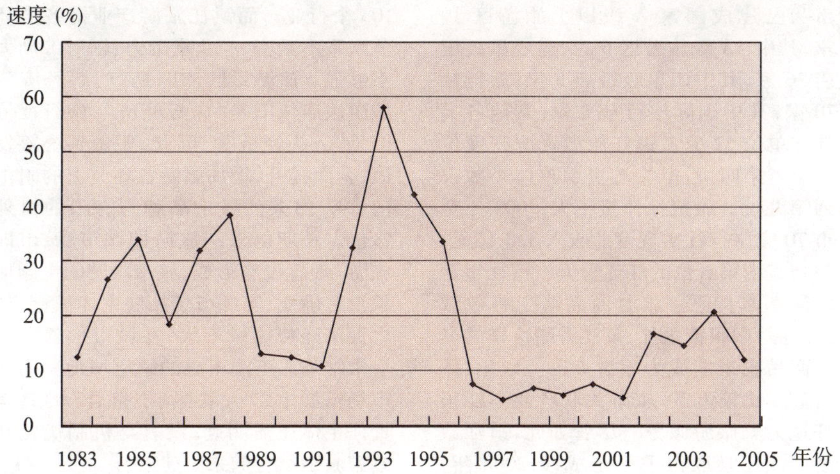

图38-1　　1983年~2005年镇江市工业经济发展速度点线图

点线图显示,23年中全市工业经济发展呈波浪式前进、螺旋式上升的态势,23年来共经历3个发展周期,每个周期(包括双峰、双谷)大致时间为7年~9年。周期的形成,主要是市场因素和宏观调控因素。在这三个周期中,高于平均递增速度的年份有9年,低于平均递增速度的年份有14年,分别占23年的39.1%和60.9%。波峰一侧和波谷一侧的比例为1:1.56。

纵观23年工业经济发展过程,对如何更好更快地发展工业经济,有一些感悟和思考。

一、必须全面认识和把握工业经济发展规律

——准确定位区域工业经济,明晰阶段性奋斗目标

在全面分析镇江工业经济的实际情况,研究和分析镇江工业经济在全省以及苏南的位置、发展趋向的基础上,审时度势,分阶段提出奋斗目标及主要措施。定位和目标是发展的关键,切忌华丽而空洞的、人云亦云的、相似的口号。目标既关注规模,更关注特色;既注重速度指标,更注重富民指标。目标确定后,要多年坚持,努力实现。注意在市一级引进有冲击力的产业、项目、企业,即市场前景好,产业链长,产品关联度大,贡献份额大的产业、项目、企业。

——在波浪式前进中,波峰和波谷都是机遇

工业经济的发展总是波浪式前进、螺旋式上升的,是呈现为周期性发展的,必然会出现“波峰”和“波谷”,这是不可避免的。从过去23年的工业生产实践来看,处于“波谷”一侧的年份要比“波峰”一侧多得多。因此,对组织工业生产来讲,“波峰”“波谷”都应该视为机遇,采取不同策略和方法提高工业经济运行质量。从一定意义上来讲,“波谷”更是机遇。逆风的方向,更适合飞翔;前进的阻力越大,飞翔的升力越大。“波谷”时期,市场比较优势更加凸现,调整和发展的空间更大。

——有取有舍,不断调整和支持支柱产业

20世纪90年代前半期,镇江市曾提出支柱产品为“化、纸、铝、材”,同时,扬州市提出“车、船、机、箱”,无锡市提出“生物医学、精密机床”等。显然,在产业的关联度和技术含量上,都有差距。在发展过程中,还是要不断有取有舍,及时调整,有“舍”才有“取”。一类是失去市场比较优势的,一类是高能耗、高污染的,都要坚决“舍”掉。这样,才能为新兴的支柱产业、重点企业发展腾出生产要素的空间。

——提升传统名牌知名度,打造新名牌

镇江真正叫得响的名牌不多,名牌和名牌效应的关注度还不够。传统名牌的载体是传统产品,在扩大产业、产品门类的同时,要加大对传统产品的专注度,毕竟传统名牌是与传统产品密不可分的。同时,从全球经济的角度,培育和打造新的国际名牌,把它作为一个重要的课题来研究,指导企业运作实践。

——优化环境,鼓励创业

鼓励创业对现实和未来经济规模的推动作用极大。要鼓励本土人士创业和鼓励外来人士到镇江创业并重。要提升企业家地位,指导创业途径,完善鼓励创业政策,特别注意引进一些有“冲击力”的项目、企业和创业人才。

创业和投资的环境问题已经有了很大的改善,但还没有从根本上解决。外来投资者和本土投资者把企业转到别处的事情也有发生。要真正认识到企业是创造价值的主体,是地方财政收入的主要来源,是我们的衣食父母,坚决纠正一些不正确的惯性思维和行为,扎扎实实、实心实意为企业服务,创造投资创业环境比较优势。

二、消除“资金饥渴症”,提高引资项目科技门槛

资金是工业生产的血液,任何时候,资金都是紧张的。20世纪90年代初期,引进外资项目成为各地区各工业主管局的重要任务之一,市政府也出台了鼓励引进外资的奖励政策和考核办法,极大地推动了这项工作。但是,也出现了一些问题。有的为了完成任务,特别是对引进外资项目数,只讲数量,不讲质量。曾经有过一个工业公司一年引进14个项目(合资企业),如今这些投资小、科技含量低的项目大多失去了市场比较优势;还有的患了“资金饥渴症”,饥不择食,拣到筐子就是菜,对资金密度、科技含量、能源及污染情况考虑不多。十多年过去了,现在引进外资(包括民资)项目已经到了一个新的阶段,必须消除“资金饥渴症”,提高引进资金的门槛,设立单个项目引进资金额的下限,设立科技含量、能源及污染控制指标,设定资金密集度指标,既注重短期利益,更注重长期目标;既注重经济效益,更注重环保效应。淡化以奖励为主的鼓励政策,注重综合性的组合推动措施。

三、着眼未来思考现在,适度推行新一轮所有权和经营权分离

全市大多数工业企业完成改制工作,成为股份制民营企业。在改制中,相当一部分原企业领导人或经营者成为控股大股东。改革推动和促进了企业发展,但是,应该看到,一段时间后,从企业更好更快发展出发,必须由层次更高的经营者来管理企业。要借鉴国内外好的经验,适时适度推行新一轮所有权和经营权分离。要结合实际,引进和打造高层次的职业经理人队伍,让那些有职业道德、职业水准的职业经理人走上管理的前台,完成资产保值增值,引领企业又好又快地发展。如果对这个问题没有深刻的认识,也就看不到其必然性,因此也就没有自觉性,没有原动力。从现在起,要做这方面的宣传规划和相应工作,以免形成影响工业经济发展的新“瓶颈”。

(摘自《镇江社会科学》2008-06)

镇江旅游产业发展思考

卢道富

镇江作为首批“中国优秀旅游城

市”,已建成国家A级以上旅游区19家,其中4A级旅游区6家;建成星级饭店36家,其中四星级饭店5家;旅行社70家,其中国际旅行社3家;其他各类涉旅单位52家。镇江旅游资源密度位列全省第四位,但旅游资源单体个数仅列第九位。旅行社体量不大,2007年全市70家旅行社实现营业收入3.3亿元,与列省内第五位的江苏舜天旅行社年营收额基本持平。旅游商品缺少有效载体,除丹阳眼镜之外,镇江香醋这样的名牌商品也未能成为旅游商品。娱乐、休闲业亦比较萧条,旅游关联产业不能很好地为大旅游服务。尽管如此,镇江旅游产业还是取得了一定成绩,2008年,全市全年接待国内外游客1957.78万人次,比上年增长19.65%;旅游总收入214.52亿元,比上年增长18.2%。旅游综合效益提升,在促进经济发展、增加财政收入和扩大社会就业等方面发挥积极作用。全市重点旅游景区建设步伐加快,北部滨水区、南山风景区、西津渡文化街区、世业洲旅游度假区以及茅山、宝华山、眼镜城等重点项目开发全面铺开,旅游产品形象有所提升。探索旅游业发展途径。强化行业管理,推进标准化建设,开展优化旅游发展环境主题活动,培育乡村旅游市场,整合红色旅游线路,逐步形成大旅游发展格局。开拓客源市场。开展媒体宣传,组织“走出去、请进来”推介活动,举办旅游“春风又绿江南岸”镇江旅游节、金山旅游节、茅山旅游文化节等系列旅游节庆,拓展境内外旅游客源市场。

制约镇江旅游业发展的问题。1. 丰富的旅游资源与弱质的整合力度。全市旅游资源分散、开发无序,多头管理、各自为战、联系松散的现象比较普遍,缺乏统筹、缺乏生机、缺乏活力,未形成点线面、区域一体化发展的大格局,造成全市旅游有资源优势,但没有转为产业优势,有比较优势,却没有竞争优势。2. 成熟的市场要求与弱化的政府导向。目前,镇江旅游业还停留在资源导向、产品导向上,没有真正转到政府导向、产业导向、市场导向上。全市在旅游项目建设、旅游品牌创建、旅游市场开发和争先创优工作中,还没有设立奖扶性引导资金。旅游管理体制机制需要强化,旅游发展环境需要优化,散布在各条口的诸多政策需要整合。而旅游产业由于资源的社会属性,天然地与政府主导分不开,因此,有必要强化政府主导,强化旅委会职能,制定出台政策措施,从组织上、制度上给予坚实保证。3. 多元的旅游要素与不强的发展合力。“吃、住、行、游、购、娱”构成旅游产业基本要素,涵盖社会103个行业。而镇江旅游产业链各个环节联系不紧密,产业集聚力、辐射带动力不够强。旅游景区依旧是“门票经济”,旅游饭店依旧是“床板经济”,旅行社依旧是“人头经济”。因此,要做到统筹发展,全面提升,增加旅游各环节上的附加值。4. 悠久的城市品牌与有限的对外宣传。长期以来,“旅游即城市、城市即旅游”理念没有形成,城市旅游的主题形象没有确立,客源市场拓展主体模糊,加之促销经费体量不大,在城市形象宣传上常常陷入不温不火的尴尬境地。而在市场拓展上,“大联盟、小整合”的具体责任主体还需明确,没有与机制优化和政策激励结合起来。建议:

一、优化旅游资源,培育市场主体。建议市委、市政府尽快把已经散落各处、垄断开发的资源归还给城市,而不是集中到哪个部门,要将其作为公共资源,作为旅游产业做大做强的全民资本,推进旅游资源优化配置和市场化运作。建议政府相关部门拿出“舍小家、顾大家”的决心,尽快做到从观念上进入市场,从行动上退出市场,尽快将旅游资源从行政、事业单位体制中解放出来。第一步,可以尝试通过有偿出让开发权、经营权、管理权,引导市场加大对全市旅游资源的开发利用力度;第二步,吸引本地及市外知名企业、集团加盟,参与或主导产品开发,做好资产重组,市场运作,让全市一流的资源,有一流的开发,催生一流的产品,实施一流的营销,做成一流的产业;第三步,培育成熟适应现代市场需求的旅游管理体制、机制,通过合并主体景区管理机构,推行所有权、管理权、经营权三权分离等措施,消除区域旅游合作的体制性障碍;尝试推进从单个景区“一票通”开始,逐步扩大范围,形成精品线路旅游“一票通”,最终实现全市旅游的“一票通”。

二、强化政府导向作用,提升整合水平。1. 市委、市政府旗帜鲜明地提出建设旅游强市的目标,对旅游产业发展给予更大关注、更强扶持,把旅游业作为全市国民经济支柱产业来合力推进,让全社会从观念上实现根本转变,从发展“旅游城市”向发展“城市旅游”转变。2. 制定镇江旅游三年振兴计划,提出新时期城市旅游振兴的工作目标,确定几大旅游建设板块,制定行之有效的工作措施,一以贯之、不遗余力、锲而不舍地加以推进,让旅游真正融入城市文化,让文化承载城市旅游。3. 建议出台一系列扶持政策,支持旅游业快速发展。因为,作为已充分市场化的酒店业、娱乐业、旅行社业等,迫切需要政府的产业导向和扶持政策;作为刚刚步入市场的旅游交通业、旅游商品业,需要政策的保护和引导;作为迫切需要进入市场的传统旅游景区,也是镇江城市旅游生产力核心所在,更需政策的激励和推进。4. 强化城市旅游管理职能。强化市旅委会职能,设立旅委会办公室常设机构,宏观研究、引导、推进、实施旅游产业化发展;建立健全各级政府部门旅游管理机构;实施目标管理、绩效考核,为旅游产业的发展提供强有力的组织保障和制度保障。

(《江苏旅游通讯》2008-06)

镇江地域文化的历史欠缺

严其林

镇江地域文化具有古老型、移民型及山水型等主要特点,文化积淀深厚,文化内涵丰富。但限于自身条件,在展现优势面的同时也存在历史欠缺,了解自身不足,审视演变轨迹,将加深对本地域文化的全面理解。

一、地域相对偏小,文化规模欠大

镇江地处长江下游南岸、宁镇山脉东端及宁镇山脉与茅山山脉的交接地带,与之关联的有丹徒、丹阳、金坛、句容4县地。历史上地域的地理区划与行政区划既有一致性,又不尽等同。宋、元、明及清前期镇江府辖有丹徒、丹阳、金坛3县,雍正八年(1730)清政府又将江宁府溧阳县划隶镇江。

镇江地域相对狭小,致镇江地区辖县数也较之相邻地区为少。明代应天府领县8、扬州府县7州3、镇江府县3、常州府县5、苏州府县7州1、松江府县3(《明史·地理志》);清代江宁府领县7、扬州府县6州2、镇江府县4厅1、常州府县8、苏州府县9厅2、松江府县7厅1(《清史稿·地理志》),无论明清,镇江府辖县数均少于相邻地区。

地域相对狭小,文化规模就相对要小。以进士数为例,一地进士数是封建社会人才分布的重要参照物,也是一地教育与科举发达与否的主要指标。明清543年中共开科202次,据进士题名碑录统计,明清苏州府共录进士1520余人、常州府1230余人、扬州府580余人、江宁府570余人、镇江府440余人。镇江府进士数低于苏州府、常州府、扬州府和江宁府,而高于松江府、淮安府和徐州府。进士数角逐的背后是文化、教育的角逐,而一地文化教育总量的多少除社会经济发展程度外,还同区域大小、人口总量成正比。清代溧阳如不改隶镇江,则清代镇江府进士数就会少许多。

二、商品经济单一,码头意识较重

因地貌条件受限,除部分沿江平原、湖

西平原及江中沙洲外，镇江境内多丘陵岗地，耕作不便，且易受水旱之灾，制约了农业与手工业的发展。早于六朝时期，吴中地区与宁镇地区的经济就已有高下之分。进入明清，随经济作物种植的扩大，江南地区商品经济进一步发达，苏州、杭州成为丝织业中心，松江成为棉纺业中心，江北扬州则成为制盐业集散地。苏松常杭嘉湖地带的工商业市镇星罗棋布，成为一景。镇江地区不仅市镇数少，规模也小，有学者统计明清两代江南千户以上的市镇集中于太湖周围各州县，宁镇地区则无一入选，表明封建社会后期宁镇地区与吴中地区的差距进一步拉大。

镇江历史上因水兴城、因港兴市，农业、手工业水平虽不及邻近地区，但运输繁忙，港口兴盛，过境贸易发达。自明清至近代，东南漕粮、商品粮、丝绸、棉布、木材及南北货等均需经镇江港过境或转输，舟车络绎成为一景，码头经济成为特色。但弊端显见：一是商业资本偏重于流通领域，与本地农业、手工业联系不多，对推动本地经济整体发展作用不明显。二是对外部市场依赖性大，码头兴衰常视外界条件变化而变化。三是地方色彩较浓，帮派性强，外埠曾视镇江为“老虎码头”。清末安徽亳州人郭鸿诒到镇江创办大照电灯公司，虽有张謇等实力派的支持，但仍受租界列强、封建军阀、地方官绅的排挤和刁难，经营惨淡，几近破产。鸦片战争后随外国资本主义掠夺的加剧，大运河北方段的浅涸及镇江城市江面的淤堵，以港口经济为主要特色的镇江工商业急速衰落，大码头渐成小码头，其间还错过一二次救市机遇，及至津浦铁路及沪宁铁路全线通车，镇江原有的东南交通枢纽地位丧失，很快由“锦绣之商场”，变成“寥落之冷埠”。

三、官体文化强势，群体文化欠丰

镇江境内山丘延绵，人口四方杂处，地方习俗保守，古代号称难治。《清史稿》称之：“最要，冲、繁、疲、难”。为维持统治秩序及国家机器运转，封建地方政府大都以强势姿态行政，表现在文化层面上就是重视官体文化，忽视群体文化。加之封建社会后期，镇江社会经济和城市发展相对滞后，明清时镇江文人社团偏少，群体创作欠丰，明显不如周边地区。以出版为例，明代南都金陵及吴中苏州的书坊遍及全城，多至数十家。镇江虽地近南都，又当南北往来要冲，但书坊只有两三家，反映出文化需求欠旺。

与文化需求欠旺相连的是文人社团活动不多。自明中叶起，南都（应天）及吴中地区文人交游、结社活动日益频繁。进入晚明，江南文化社团之多令人瞠目（参见《明清江苏文人年表》），与交游、结社活动同时呈现的是诗文书画的大量创作及学术流派的标新立异。与江南其他地区相比，明代镇江文人的交游与结社活动就沉寂了许多。见之于记载的主要有二，一是卜居京口的句容籍人笪鸠之子笪继良少结鸣合社，“以文章、节义相勖勉”（《乾隆镇江府志》卷36）；二是丹徒邬佐卿的交游及诗文会活动。但总体看，明代镇江地区的文人社团偏少，创作成果不及南都及吴中地区。入清，镇江诗坛、画坛也呈现过兴旺景象并涌现出地方名家，但诗坛未现公认流派；画坛虽自成派（京江画派），惜影响不远。晚清镇江学坛上出过柳兴恩兄弟（柳氏十世），为研究穀梁传的著名经学家，著述虽丰，但未形成学派团队。

四、移民影响显著，文化体貌变异

镇江当长江下游南北孔道，在两晋之交、唐安史之乱及两宋之交成为北方人口、中原人口大规模南下的东部人流走廊，也是北方文化、中原文化楔入江浙的前沿地带，文化冲撞激烈，变异明显。近代太平天国战争后至清末民初淮北民与江北民又不断涌入江南，寻求生机，土客文化再次整合。移民多次大量迁入，既推进了本地开发，也带入负面影响，尤其是近代移民落后因素多。在移民潮的不断冲击下，地处江南北沿的镇江文化面貌与母体吴地大相径庭，呈现地理位置在江南、文化表征是江北的特有现象。是故明清以来，江南（文化层面上的）多指镇江以东的苏南及浙北地区，即苏、松、常、杭、嘉、湖六府的行政范围。

（摘自《镇江日报》2009年1月12日）

镇江方言小札（上）

笪远毅

镇江地处北方方言和吴方言的接合部，其方言基本属性为北方方言的江淮次方言，但呈现出许多饶有趣味的过渡特征。

比如称谓，在镇江就颇复杂：“太太”在城里称祖母，东乡丹徒以东则是称呼曾祖母，不过二十里，称谓所指就差了一代！“爹爹”在城里称祖父，可是北方话是称呼父亲，也差了一代！北方称祖父“爷爷”，镇江称叔父“爷儿”。老派镇江话称父亲“爹爹”，这里爹念作“嗲”的阴平声（diɑ），显系方言底层吴语在镇江话中的孑遗。在南乡某些乡镇，“大大”称父亲，镇江话则是称呼伯父伯母，及对比父亲年长的人（不论性别）的尊称。孃孃（音 niɑ），镇江老派话称呼母亲，现在也有人称姑母，似乎是苏北方言的影响。近年来称呼又呈现出积极向普通话发展的迹象，爷爷、奶奶、爸爸、妈妈、伯伯、叔叔、阿姨已大规模进入镇江的称谓语中了。

说到称谓，镇江话有个有趣的情感音变现象。在一般情况下，双音节的称谓词的后一音节，读作轻声；可是在亲昵语气下，后一音节变成了阳平。比如：太太、大大、哥哥、姐姐。

镇江人的小名儿的构造也颇有趣。常见的是取学名的后二字，如“建国”“惠民”；或取后一字加“儿”“子”，如“华儿”“小明子”；或取单名叠音，如“婷婷”“珍珍”。为了图吉祥，也会另取吉字作小名，如“福子”“大顺儿”。而为了健康成长，会取一些可爱的动物名，如“阿龙”“虎儿”“小狮子”“小狗子”“兔儿”“鸭子”。同样，为了健康成长，易于养护，故意叫一个男孩子“丫头”“和尚”。还有根据爷爷或父亲年龄取名以资纪念的，如“四二子”“五十子”“五三子”。更有小名寄予爱昵情感的，如“小胖子”“小黑子”“毛团儿”。

镇江方音中有一些本地人习焉不察的其他方音。与左近的吴语有关系，自在当然。比如“胡蜂”的“胡”，按镇江话读，应作 hú，可是人们却说成 wú，究竟这是吴语的底层方音，还是现代吴音影响所致？又如“挺胸凸肚”的“凸”，镇江人有时说成“得”音，有时作“叠”音，送气声母读作不送气声母。“得福不觉”的“觉”，也读作吴音，不同于平常的镇江话。

还有一种“旗腔”，源于清代进驻镇江的旗人。经过300年的共处，旗腔基本上已经被镇江话同化，但也留下了对镇江话的影响。最重要的标志是，镇江话有相当发达的儿尾词，一江之隔的扬州就没有儿尾词。有些镇江话与旗腔和谐结合的词语，细细品味真有趣呢。试看“摸摸摸摸”这个俗语词，前两个“摸”念阴平，是旗腔字，后两个“摸”字作入声，念镇江音。同样，俗成语“摸鱼摸虾”“摸蛆摸鬼”中，前“摸”作旗腔，后“摸”作镇江音。又如“挖个塘儿”中的“挖”，就有旗腔和镇江音两种说法。老派镇江话“王八蛋”中的“八”，不念入声，而作旗腔“bɑ”。

镇江地处长江运河交汇处，江北移民对镇江话也颇有贡献。子尾词对儿尾词的冲击就是重要标志。在镇江老城的城外沿江，子尾词就比城里话多。城里说作“老头儿”“黄豆儿”“铅笔头儿”“小伢儿”，城外沿江则常能听到“老头子”“黄豆子”“铅笔头子”“小伢子”（“小”与“伢”合音作“xiá”）。“家去”在城里老派话里，作旗腔，“家”的声母是 j，“去”的声母是 k；如今整个市区竟在口语中被江北调改造成 gɑ ke 了！老镇江话的“筷儿”

如今大有被新镇江话"筷子"取代之势。"筷子"与"筷儿"在镇江话中共存,已不必硬说"筷子"是江北调了。

通泰话在镇江话中也有表现,镇江东乡沿江不必说了,市区也偶能发现。"独烧肉"(旧称红烧肉)中的"独",声母作送气音 t,便是一例。

蚯蚓,镇江话称曲蟮。"曲"在这里声母是 c,这是丹徒东乡音。

与许多方言一样,镇江话也有文读白读之分,比如,文读词"教师"的"教"的声母是"j",而口语中的白读词"教书"的"教"的声母则是"g"。试比较下列两组字音(前词是文读,后词是白读),就可发现这是一种规律。

1. 教师——教书
   比较——较手劲
   绞架——绞手巾把
   搅拌——作搅
   茭白——茭瓜
   校对——校秤
   发酵——涨酵
   家庭——张家长,李家短
   夹生——皮夹子
   时间——房间
   解放军——解纽子
   长江——姓江
   警戒——戒指儿
   秸秆——黄豆秸
   草芥——辣芥末
   街道——五条街
2. 推敲——敲门
   铅笔——铅桶量子
3. 下午——一下子
   瞎子——瞎说八道

规律很清楚:镇江话中有一类字,文读时声母是 j/q/x,韵母是齐齿呼;白读时声母是 g/k/h,韵母是开口呼。更专业的分析,拟另文专论。

除了文读白读之分,还有一种老派新派之别。从语音看,如,展毡詹沾战粘缠搧善闪陕单煽缮蟮,这些字的老派音声母是 j/q/x,新派音则作 z/c/s。从词汇说,如洋油、洋火、洋碱、洋钉、洋铁、电风、电棒、剃头、修头这些词,在新中国成立初年还很通行,现在早已被替换为煤油、火柴、肥皂、钉子、白铁、电风扇、手电筒、理发了。

从镇江话的发展趋势看,很明显,是以加速度走向普通话。青少年和社会窗口单位工作者的用语都是相当不错的普通话。即便是操着夹生的普通话,也反映出镇江人走出镇江,敞开家门,与更广阔的区域的人们对话的积极性。如果要给镇江人说普通话提供一点建议,这里仅就语音扼要地提示下列几点:

1. 要分清舌尖前音和舌尖后音声母(自治、辞呈、四时);
2. 要分清前鼻韵和后鼻韵韵母(阴影、根更);
3. 要分清声母 n、l、r(农、龙、绒、肉);
4. 要分清 r 和零声母(荣、容);
5. 把镇江话的鼻化韵母说成鼻韵母(安全、犯嫌、官办、半圆);
6. 不要把复元音韵母说成单元音韵母(头油、才来、号召、飘流、对头);
7. 入声要派入四声(一切、吃力、立业、决裂、历日、积极、接力);
8. 阴平调值要提高。

有时候在本地区具有极强表现力的方言用法,换一个地方就难以理解,或者索然无味了。就像中国的律诗翻译成外语,或笨拙无趣,或者荒唐恼人。下面几则镇江谣谚,非用镇江话读,不能体会其谐音之趣,或韵律之美。

胖子怕一(热),结巴子怕二,小车儿怕三(山),有钱人怕四(事),琉璃灯怕五(舞),□□怕六(肉),隔食病怕七(吃),坏鞋子怕八(拔),螃蟹怕九(酒),阴沟洞儿怕十(塞)。——方言童谣谐音

跟我学,变百脚;跟我走,变黄狗;跟我跑,变花猫。——方言童谣押韵

不冷不热,五谷不结。——方言农谚押韵

春雾雨,夏雾热,秋雾凉风,冬雾雪。——方言气象谚语押韵

假如上面几则方言谣谚,换用普通话读,则既不谐音,也不押韵,费解或趣味全无了。(摘自苏州大学出版社《镇江特色文化》)

题录

政治和经济

江苏丘陵山区资源综合开发基本思路探讨/储东涛、卢名辉/江苏大学学报 2008-03

宁镇扬船舶工业协同发展战略研究/陶永宏、戈铮/江苏科技大学学报 2008-02

镇江市旅游资源评价与开发策略/于萍/江苏科技大学学报 2008-03

关于加快镇江经济国际化进程的思考/巫长龙/镇江高专学报 2008-01

金融业发展对地方经济贡献度的实证研究——以镇江市为例/人行镇江市中心支行/镇江社会科学 2008-01

沿江六市服务业发展考察及启示/夏卫军/镇江社会科学 2008-03

镇江市农业产业化进程的特点及金融支持策略/顾强、荆勤、吴小平/镇江社会科学 2008-03

汇聚优势资源,构建发展平台——宁镇扬文化产业合作发展研究/秦艳贞、张海峰/镇江社会科学 2008-03

镇江市新能源产业发展战略与对策/市发改委、江大课题组/镇江社会科学 2008-4/5 合刊

镇江市服务业发展现状及对策/周解民、周军捷、周静玉/镇江社会科学 2008-4/5 合刊

提升镇江工业企业技术创新动力的对策研究/董洁/镇江社会科学 2008-4/5 合刊

浅谈美国"金融海啸"对镇江市经济的影响/荆勤/镇江社会科学 2008-4/5 合刊

农业产业化进程中的金融缺失及其弥合——对镇江地区农业产业化发展的调研/宋国云/镇江社会科学 2008-06

基于江苏品牌和市场互动机制的镇江名牌战略研究/李明星、唐恒、金玉成/镇江社会科学 2008-06

对我市服务业发展现状及对策的思考/周解民、周军捷、周静玉/镇江社会科学 2008-06

镇江市第二次农业普查主要数据公报/市统计局/镇江日报 2008-05-26

镇江市个私经济发展历程/赵农夫、赵建平、后鹏/镇江日报 2008-10-20

亿吨大港:在江河交汇处崛起/姚秀峰/镇江日报 2008-12-26

(叶 卜)

社 会

打造馆藏品牌,传承历史文化/殷爱玲/国家图书馆学刊 2008-02

图书馆对城市文化建设的张力/徐苏/图书馆工作 2008-03

高职高专学生社团问题的分析与对策——以镇江市高等专科学校为例/盛洁/镇江高专学报 2008-02

试论名城镇江山水生态市建设/方开鸿/镇江高专学报 2008-03

历史街区及周边地段保护与开发的几点思考/朱珠、罗爱红/镇江高专学报 2008-03

从镇江看江苏传统人文精神的内涵及现代价值/钱永波/镇江高专学报 2008-03

关于"大爱镇江"几个问题的述要/唐成海/镇江高专学报 2008-04

依托国际友城推进合作共赢——镇江市友好城市工作成果纪略/奚向红/江苏外事 2008-02

一位日本友城老市长的镇江情结/奚向

（叶 卜）

文史

“半路出家”的银行大家——聚焦中国近现代镇江籍金融家之赵棣华/张大华/镇江日报 2008-11-17

从船民子弟到博士银行家——聚焦中国近现代镇江籍金融家之徐国懋/张大华/镇江日报 2008-11-24

风体美诗、中西合璧——叶玉森翻译《矢与歌》别开生面/裴伟/镇江日报 2008-11-24

镇江沦陷初期老照片被我市购藏——台湾收藏家徐宗懋发现日军新罪证/T. Allom/镇江日报 2008-11-26

一把阳伞闯天下——聚焦中国近现代镇江籍金融家之唐寿民/张大华/镇江日报 2008-12-01

吴歌“月子弯弯”出于丹阳/吴宗海/镇江日报 2008-12-15

丹阳商人与旅沪同乡会/缪立新/镇江日报 2008-12-15

瘗鹤铭,能否再次华丽出水/古瑾、滕建锋/镇江日报 2008-12-22

石凯老人回忆《镇江沦陷记》誊抄细节/许益民/镇江日报 2008-12-26

群山绵亘又一峰——严保庸楹联丛谈/欣士敬/镇江日报 2008-12-29

镇江世耕堂金氏/严其林/京江晚报 2008-02-21

镇江籍话剧艺术家戴涯/朱志新/京江晚报 2008-02-22

桥梁、先行者、哺育者/宋建设/京江晚报 2008-10-06

（犀 泽 叶 卜）

赛珍珠研究

两株大树的召唤:《白鹿原》与《大地》比较研究/王仲生/当代文坛 2008-01

重温逝去的芬芳——镇江纪念赛珍珠获诺贝尔文学奖 70 周年侧记/刘标/华人时刊 2008-12

赛珍珠的大爱——在江苏镇江 2008 赛珍珠国际学术研讨会上的发言/张恩和/鲁迅研究月刊 2008-11

赛珍珠成名之路的国际因素/原杨/东华大学学报/2008-04

中西方文化交汇中的女性命运——兼论赛珍珠的文化立场的嬗变/张春蕾、宁波/广播电视大学学报 2008-04

小议赛珍珠与林语堂/姚君伟/新文学史料 2008-01

赛珍珠与鲁迅/方何荣/宿州学院学报 2008-01

我国对赛珍珠研究的起伏/林小玲/福建教育学院学报/2008-01

赛珍珠的女性世界观/常静/淄博师专学报 2008-03

对一部融通中西文化的文学巨著的寻踪与探赜——评邵体忠先生的《赛珍珠研究小札(代序)》/鄢化志/宿州学院学报 2008-02

中西宗教观的共融——赛珍珠作品《群芳亭》中的宗教观/陈超/长春大学学报 2008-03

一个外国人眼中的中国父道与孝道/孙梅、常洪/宿州学院学报 2008-03

大地上的异乡者——重评赛珍珠的《大地》/韩传喜、朱顺/社会科学论坛 2008-06

自塑形象——赛珍珠作品的美国形象/安徽文学 2008-12

顺从与反抗——从女性主义角度解读赛珍珠《大地》中的阿兰/庄晓敏、陈红/郑州航空工业管理学院学报 2008-04

乡村政治图景与社会品格想像——以赛珍珠的《大地》和《龙子》为例/孙宗广、陈凤云/苏州教育学院学报 2008-02

幻梦与原型:赛珍珠笔下的“中国话语”/朱骅/兰州学刊 2008-08

解读赛珍珠的中国情结/李慧莉/漯河职业技术学院学报 2008-06

赛珍珠笔下的恋父情结/罗海锋/经济研究导刊 2008-15

文化边缘人角色的跨文化书写——赛珍珠与汤亭亭比较/张尚信/四川外语学院学报 2008-05

大地的女儿们——评述赛珍珠《大地》三部曲之女性形象/汪玉枝、谢丹焰/辽宁行政学院学报 2008-11

解读赛珍珠的“自我反思”/金百林、欧阳晖/贵州工业大学学报 2008-04

赛珍珠《大地》对中国文化的展示和传播/钟再强/南通大学学报 2008-06

全球语境下赛珍珠跨文化写作研究/潘雁/赤峰学院学报 2008-12

试析赛珍珠英译《水浒传》研究史上的几次重要评价/钟再强/外语与外语教学 2008-12

浅析小说《大地》的艺术特色/钟再强/重庆科技学院学报(社会科学版) 2008-12

名著《吾国吾民》诞生始末/熊坤静/党史文苑 2008-05

赛珍珠笔下的中国“大地”/黄燕/内蒙古电大学刊 2008-11

《大地》:从小说到电影/姜智芹/艺苑 2008-07

新的研讨、新的成果——2008 中国镇江赛珍珠国际学术研讨会综述/张丹丽/江苏大学学报 2008-06

赛珍珠在中国的接受/姚君伟/江苏大学学报 2008-06

赛珍珠中西文化和合思想探究/叶旭军/江苏大学学报 2008-04

分享诺奖得主的“光荣与梦想”——2008 中国镇江赛珍珠国际学术研讨会成果综述/裴伟/镇江社会科学 2008-4/5 合刊

追寻赛珍珠的足迹/詹娜·波特努瓦/参考消息 2008-10-15

“Fah Shu Ching”——赛珍珠受奖演说中提到的一部佛经/裴伟/中华读书报 2008-6-11

别忘了她——赛珍珠/楼乘震/深圳商报 2008-10-20

赛珍珠与镇江/京江晚报 2008-10-16

赛珍珠主要作品年表与介绍/赛珍珠研究会/京江晚报 2008-10-17

来自社会各界的声音(赛珍珠评价)/京江晚报 2008-10-18

历史地看待赛珍珠和她的《大地》三部曲/王逢振/京江晚报 2008-10-18

怎样评价赛珍珠的贡献/汪应果/京江晚报 2008-10-18

赛珍珠的重要影响/陆渭南、贺莺/京江晚报 2008-10-18

罗燕和赛珍珠/裴伟/京江晚报 2008-10-23

徐迟与镇江赛珍珠研究会/刘龙/京江晚报 2008-11-20

附:赛珍珠研究部分硕士博士论文

题目/作者/导师/单位

赛珍珠与老舍之平民意识比较/俞文滟/朱希祥/华东师范大学

赛珍珠作品中的中西文化交融/李迎侠/王同坤/山东大学

赛珍珠:中美文化间的角色尴尬与期待/白艳红/麻玉霞/燕山大学

冲突与融合——赛珍珠及其小说《匿花》中的双重身份/谭进/姚君伟/南京师范大学

赛珍珠与萧红作品中的中国农民形象比较/廖语眉/胡亚敏/华中师范大学

谁是同胞?——解读赛珍珠《同胞》中的文化话语权力/张艳/朱卫红/华中师范大学

《大地》中的问题婚姻——赛珍珠隐伏的著者关注/李林臻/方开瑞/广东外语外贸大学

双重文化语境下的“中国形象”——论赛珍珠《大地》三部曲中的“异国形象”及其生成/周小英/晏红/四川外语学院

从乡土中国到现代中国——论赛珍珠跨文化的民族国家想像(博士论文)/孙宗广/刘锋杰

（犀 泽）

综　合

表 39-1

2008 年镇江市行政区划、土地面积及人口概况

项　目	单　位	全　市	市　区				丹阳市	扬中市	句容市
				京口区	润州区	丹徒区			
街　道	个	10	10	4	4	–	–	–	–
居民委员会	个	262	148	67	53	13	54	22	38
镇	个	41	13	2	1	7	13	5	10
村民委员会	个	605	143	10	15	83	224	85	153
土地面积	平方公里	3847	1082	118	130	611	1047	331	1387
#建成区面积	平方公里	141.45	98.18	–	–	–	18.57	9.51	15.19
总户数	万户	100.07	38.76	11.91	9.91	10.06	28.80	11.01	21.50
总人口	万人	268.77	102.81	33.69	24.34	27.91	80.65	27.49	57.82
#女	万人	134.09	50.82	16.22	11.93	14.12	40.49	13.90	28.88
农业人口	万人	148.27	36.96	3.80	3.97	20.83	60.62	20.06	30.63
非农业人口	万人	120.50	65.85	29.89	20.37	7.08	20.03	7.43	27.19
人口自然增长率	‰	-0.86	1.86	2.49	1.16	0.24	-1.62	-2.40	-3.89
乡村户数	万户	57.69	15.45	0.90	1.42	8.89	19.68	7.38	15.18
乡村人口	万人	169.16	45.01	2.18	4.64	26.65	58.81	21.06	44.28
乡村实有从业人员	万人	97.52	26.37	1.38	2.12	15.73	34.99	11.83	24.33

注：“市区”数据中含镇江新区。

表 39-2

2008 年镇江市经济社会主要指标

项目	单位	全市	市区	项目	单位	全市	市区
从业人员	万人	165.39	62.07	财产险	万元	4.38	2.15
地区生产总值	亿元	1408.14	629.69	人寿险	万元	4.86	1.99
第一产业	亿元	51.08	11.87	社会消费品零售总额	亿元	410.21	198.85
第二产业	亿元	843.40	380.17	居民消费价格总指数	%	–	105.0
#工业	亿元	774.67	336.78	国内旅游人数	万人	1904	967
第三产业	亿元	513.66	237.65	货运量	万吨	7329	4226
人均地区生产总值	元	46473	54279	客运量	万人	10499	5906
工农业总产值	亿元	2872.40	1243.04	港口货物吞吐量	万吨	10055	10055
工业总产值	亿元	2780.32	1222.74	邮电业务总量	亿元	28.77	14.07
农业总产值	亿元	92.08	20.30	全社会用电量	万千瓦时	1376869	742148
全社会固定资产投资完成额	亿元	718.50	422.05	工业用电	万千瓦时	1124770	613010
城镇固定资产投资	亿元	456.22	326.83	城乡居民生活用电	万千瓦时	126342	59015
房地产开发投资	亿元	97.03	64.81	在岗职工平均工资	元	30958	34530
进出口总额(海关数)	万美元	746077	494741	城镇登记失业率	%	2.54	2.43
出口总额	万美元	425209	239774	城镇居民人均可支配收入	元	–	19044
合同利用外资金额	万美元	233400	133866	城镇居民人均生活消费支出	元	–	12217
实际利用外资金额	万美元	120175	61259	农村居民人均纯收入	元	8703	–
财政收入	亿元	233.20	130.07	农村居民人均生活消费支出	元	6580	–
地方财政一般预算收入	亿元	85.66	46.61	高等学校在校学生数	万人	8.35	8.35
财政支出	亿元	172.16	97.80	中等专业学校在校学生数	万人	2.82	1.94
金融机构年末存款余额	亿元	1262.71	638.23	普通中学在校学生数	万人	14.23	4.82
居民储蓄存款余额	亿元	686.71	300.28	小学在校学生数	万人	13.46	5.15
金融机构年末贷款余额	亿元	920.98	481.48	幼儿园在园幼儿数	万人	5.73	2.24
保费收入	万元	32.85	15.61	卫生机构数	个	911	397
财产险	万元	7.04	4.09	卫生机构床位数	张	8644	4892
人寿险	万元	25.81	11.52	医院、卫生院技术人员	人	9824	5107
赔款和给付	万元	9.25	4.14	执业医师、执业助理医师	人	3809	2010

表 39-3

2008 年镇江市主要统计指标占江苏省的比重

项 目	单 位	江苏省	镇江市	镇江占全省比重(%)
土地面积	万平方公里	10.26	0.38	3.7
年末人口	万人	7676.50	267.78	3.5
地区生产总值	亿元	30312.61	1408.14	4.6
第一产业	亿元	2100.00	51.08	2.4
第二产业	亿元	16663.81	843.40	5.1
#工业	亿元	15068.98	774.67	5.1
第三产业	亿元	11548.80	513.66	4.4
人均地区生产总值	元	39622	46473	–
全社会固定资产投资完成额	亿元	15060.45	718.50	4.8
城镇固定资产投资	亿元	11369.62	456.22	4.0
房地产开发	亿元	3064.46	97.03	3.2
财政收入	亿元	7109.42	233.20	3.3
一般预算内财政收入	亿元	2731.41	85.66	3.1
地方财政一般预算支出	亿元	3247.49	96.57	3.0
金融机构年末存款余额	亿元	30317.48	1262.71	4.2
金融机构年末贷款余额	亿元	26160.72	920.98	3.5
农林牧渔业总产值	亿元	3590.64	92.08	2.6
粮食产量	万吨	3175.49	112.42	3.5
油料产量	万吨	32.60	6.69	20.5
肉类产量	万吨	204.90	6.55	3.2
水产品产量	万吨	425.00	8.23	1.9
工业总产值(规模以上)	亿元	64497.10	2780.32	4.3
社会消费品零售总额	亿元	9661.40	410.21	4.2
进出口总额(海关数)	亿美元	3922.68	74.61	1.9
#出口总额	亿美元	2380.36	42.52	1.8
合同利用外资金额	亿美元	507.26	23.34	4.6
实际利用外资金额	亿美元	251.20	12.02	4.8
在岗职工平均工资	元	31667	30958	–
城镇居民人均可支配收入	元	18680	19044	–
农村居民人均纯收入	元	7357	8703	–
居民储蓄存款余额	亿元	16721.18	686.71	4.1
居民消费价格总指数	%	105.4	105.0	–

表 39-4

2008 年镇江的一天

项 目	单 位	2008 年	2007 年	项 目	单 位	2008 年	2007 年
地区生产总值	万元	38579.0	33059.9	旅客客运量	万人	19.2	17.3
第一产业	万元	1399.5	1256.5	市区公共汽车乘客人数	万人次	26.1	25.5
第二产业	万元	23106.8	19772.6	居民储蓄存款余额	万元	18813.9	14495.4
第三产业	万元	14072.7	12030.8	全社会用电量	万千瓦小时	3772.2	3474.0
工农业总产值	万元	78695.9	73129.1	邮电业务总量	万元	788.2	745.4
工业总产值	万元	76173.2	70935.8	出生人数	人	54.9	54.7
农业总产值	万元	2522.7	2193.3	死亡人数	人	61.2	56.2
财政收入	万元	6389.1	5569.0	粮食产量	吨	3079.9	2760.0
财政支出	万元	4716.6	3802.8	油料产量	吨	183.2	158.7
社会消费品零售总额	万元	11238.6	9078.5	肉类产量	吨	179.5	170.1
进出口总额(海关数)	万美元	2044.0	1727.3	水产品产量	吨	225.4	221.6
实际利用外资	万美元	319.2	291.4	发电量	万千瓦小时	5964.1	6346.8
全社会固定资产投资完成额	万元	19685.0	16110.0	水泥产量	万吨	2.8	2.8
新增固定资产	万元	10052.6	7663.4	彩色电视机产量	台	106.6	227.9
施工房屋建筑面积	万平方米	2.3	1.8	食醋产量	吨	446.0	447.9
货物运输量	万吨	29.1	25.3	机制纸及纸板	吨	7061.4	6394.0

工　农　业

表 39-5

2008 年镇江市农林牧业生产情况

项　目	单　位	全　市	市　区	丹阳市	扬中市	句容市
一、粮食作物						
面　积	千公顷	175.93	41.67	70.88	15.21	48.17
单　产	公斤/公顷	6390	6203	6438	6830	6342
总　产	吨	1124156	258474	456301	103882	305499
二、油　料						
面　积	千公顷	30.86	7.38	5.10	0.67	17.71
单　产	公斤/公顷	2167	1992	2271	2166	2210
总　产	吨	66874	14700	11584	1451	39139
三、棉花(皮棉)						
面　积	千公顷	1.76	0.03	0.02	–	1.71
单　产	公斤/公顷	980	2467	1750	–	945
总　产	吨	1725	74	35	–	1616
四、林　业						
1. 当年造林面积合计	公顷	3041	1151	684	202	1004
(1)用材林	公顷	2553	893	650	102	908
(2)经济林	公顷	303	181	34	15	73
(3)防护林	公顷	143	56	–	85	2
2. 零星(四旁)植树	万株	407	102	188	26	91
3. 育苗面积	公顷	2652	240	929	50	1433
4. 当年苗木产量	万株	1410	25	1015	70	300
五、牧　业						
肉类总产量	万吨	6.55	2.48	2.34	0.38	1.35
生猪年内出栏数	万头	57.96	15.03	22.28	8.00	12.65
生猪年末存栏数	万头	54.51	15.68	18.36	9.75	10.72
羊年内出栏数	万只	4.58	0.47	1.46	1.13	1.52
羊年末存栏数	万只	3.66	0.63	1.11	0.95	0.97
家禽年内出栏数	万只	1223.90	539.20	388.50	51.60	244.60
家禽年末存栏数	万只	553.72	251.12	134.76	81.10	86.74
六、桑、茶、果						
茶园面积	公顷	4272	1024	777	–	2471
茶叶产量	吨	1225	344	450	–	431
果园面积	公顷	6468	794	415	214	5045
水果产量	吨	38956	6048	4218	3005	25685
桑园面积	公顷	1215	166	700	–	349

表 39-6

2008 年镇江市农业现代化基本情况

项　目	单位	全　市	市　区					丹阳市	扬中市	句容市
				京口区	润州区	丹徒区	新　区			
农用化肥施用量(折纯)	吨	98574	25723	1355	2466	12501	9401	30380	7225	35246
氮　肥	吨	46799	12066	590	1221	6382	3873	15572	4642	14519
磷　肥	吨	9205	906	152	139	357	258	523	723	7053
钾　肥	吨	6277	3253	130	100	431	2592	1578	415	1031
复合肥	吨	36293	9498	483	1006	5331	2678	12707	1445	12643
农用薄膜使用量	吨	2738	747	76	61	199	411	968	145	878
#地膜使用量	吨	1398	194	24	17	128	25	564	143	497
#地膜覆盖面积	公顷	5873	1902	208	201	1413	80	1552	269	2150
农用柴油使用量	吨	17960	4224	337	23	3303	561	6083	581	7072
农药使用量	吨	4189	660	38	41	357	224	1479	409	1641
农业机械总动力	千瓦	1351153	325255	59385	21804	184007	60059	457798	119600	448500
柴油机	千瓦	749843	180527	31688	5882	107539	35418	201116	57900	310300
汽油机	千瓦	87998	22504	6548	8328	3878	3750	44394	5600	15500
电动机	千瓦	513312	122224	21149	7594	72590	20891	212288	56100	122700
农业机械年末拥有量										
大中型拖拉机	台	1989	459	39	8	238	174	883	342	305
小型拖拉机	台	19289	4658	50	63	3924	621	4941	825	8865
水　泵	台	38160	11914	1326	977	6635	2976	6058	5958	14230
联合收割机	台	1815	361	26	2	204	129	1020	151	283
机动脱粒机	台	40882	1136	440	30	0	666	33833	1945	3968
机动喷雾(粉)机	台	7186	1248	53	11	291	893	2732	845	2361
饲料粉碎机	台	1850	420	33	56	216	115	886	64	480
农用运输车	辆	7334	1720	172	179	862	507	1471	726	3417

表 39-7

2008 年镇江市规模以上工业企业主要经济指标

单位:万元

项　目	全　市	市　区				丹阳市	扬中市	句容市
			京口区	润州区	丹徒区			
规模以上工业企业单位数(个)	2504	740	130	167	269	1005	404	355
#亏损企业(个)	347	127	16	37	23	146	56	18
工业总产值	27803156	12227399	1979428	1578442	2934708	8436704	3369334	3769719
工业增加值	6829188	3077284	482907	369640	746076	2012993	824451	914460
资产合计	20067240	9633555	1337340	1536651	1682406	5882333	2825044	1726308
#应收账款净额	2939138	938567	117847	199846	197587	1029972	725124	245475
负债合计	12702990	6153027	896604	985619	1091787	3774060	1759742	1016161
所有者权益合计	7364250	3480528	440736	551032	590619	2108273	1065302	710147
产品销售收入	25903357	11208740	1957713	1539009	2812738	7912616	3165363	3616638
利税总额	2101581	1031950	162041	154243	228705	517200	309897	242534
利润总额	1212888	668650	91603	92732	110891	279202	165017	100019
全部从业人员年平均人数	445685	131548	23321	32274	41408	170031	62643	81463

表 39-8

2008 年镇江市主要工业产品产量

产品名称	单位	实绩
一、冶金工业产品		
铁矿石(原矿)	万吨	44.11
生铁	万吨	8.47
成品钢材	万吨	265.56
铜材	吨	45194
铝材	吨	136894
二、电力工业产品		
发电量	亿千瓦小时	217.69
#谏壁发电厂	亿千瓦小时	67.17
三、炼焦工业产品		
焦炭	万吨	58.52
煤气生产量	万立方米	5022
四、化学工业产品		
硫酸(折 100%)	万吨	22.06
盐酸(含量 31% 以上)	万吨	0.92
醋酸	万吨	63.39
烧碱(折 100%)	万吨	11.90
合成氨	万吨	1.59
农用化肥(折 100%)	万吨	0.85
氮肥	万吨	0.85
化学农药(原药)	吨	47001
染料	吨	–
颜料	吨	44509
油漆	吨	27891
纯苯	吨	17321
商品液氯	吨	22159
中成药	吨	291
塑料树脂及共聚物	万吨	74.23
塑料助剂	吨	36477
橡胶助剂	吨	18125
五、机械工业产品		
电力电缆	公里	21675
电线	万公里	8.64
泵	台	782
金属切削机床	台	1774
民用钢质船舶	总吨	25349
汽车	辆	10690
改装汽车	辆	4345
内燃机	万千瓦	59.69
场上作业机械	台	231
收获机械	台	21870
粮食加工机械	台	8107
轴承	万套	116125
阀门	吨	20084
工业锅炉	蒸发量吨	2722
变压器	万千伏安	1213.72
金属切削工具	亿件	24.79
铸件	万吨	17.27
锁具	万把	1014.20
高低压开关板	万面	13.28
锚链	万吨	6.68
金属轧制设备	吨	125
桥架	万吨	39.79
母线	万米	63.23
六、建材工业产品		
水泥熟料	万吨	860.56
水泥	万吨	1006.38
加气混凝土	万立方米	14.58
水泥电杆	根	4433
水泥压力管	千米	47.25
水泥排水管	千米	3.44
玻璃纤维纱	万吨	1.79
石墨及碳素制品	万吨	45.30
七、纺织工业产品		
纱	万吨	4.13
布	万米	8347
纯棉布	万米	5835
棉混纺布	万米	2274
纯化纤布	万米	238
印染布	万米	5880
毛线	吨	405
丝织品	万米	2266
服装	万件	16072
革皮服装	万件	0.52
八、其他轻工产品		
机制纸及纸板	万吨	257.74
卫生陶瓷	万件	29.72
日用玻璃制品	万吨	20.39
塑料制品	万吨	13.41
电光源(灯泡)	万只	24049
灯具及照明装置	万只	447.77
自行车	万辆	95.93
彩色电视机	万台	3.89
激光视盘机	万台	74.98
照相机	万台	0.02
电子元件	亿只	11.15
饮料酒	千升	34641
软饮料	万吨	4.06
皮鞋	万双	642.21
布鞋	万双	4722
胶鞋	万双	89
配混合饲料	万吨	10
人造板	万立方米	174.95
复合地板	万平方米	2360
方便面	吨	13747
食用植物油	万吨	0.43
大米	万吨	4.75
面粉	万吨	69.94
酱油	万吨	0.51
食醋	万吨	16.28
眼镜	万副	806.93

基础建设

表 39-9

2008 年镇江市全社会固定资产投资完成情况

单位:万元

项　目	全　市	市　区					丹阳市	扬中市	句容市
			京口区	润州区	丹徒区	新　区			
全社会投资	7185010	4221458	1000899	921568	930615	1293466	1438257	625420	899875
#第一产业	129189	68533	7389	8125	39650	13369	25258	15420	19978
第二产业	4633319	2370874	447088	327207	601924	952655	1094145	510102	658198
#工　业	4577136	2334039	419688	325257	596139	950955	1084665	502234	656198
第三产业	2422502	1782051	546422	586236	289041	327442	318854	99898	221699
#民营投资	3832577	1985557	492511	457995	535257	499794	887854	438668	520498
规模以上投资	6145100	3693614	889614	831221	767639	1205140	1161486	584869	705131
#第一产业	19992	18892	512	–	18380	–	–	–	1100
第二产业	3898189	2080054	346940	266193	541988	924933	877603	475539	464993
#工　业	3846906	2046119	319540	265443	536203	924933	868123	467671	464993
第三产业	2226919	1594668	542162	565028	207271	280207	283883	109330	239038
#内　资	4613223	2536901	706018	727836	486863	616184	1006704	482621	586997
#国　有	817242	580860	194746	233521	60175	92418	117613	44353	74416
民营投资	3671120	1845656	480742	443532	425588	495794	874615	438268	512581
#私　营	2193011	836837	154839	189212	258047	234739	845801	170778	339595
港澳台投资	752399	479116	40506	18965	197296	222349	89438	79212	104633
外商投资	779478	677597	143090	84420	83480	366607	65344	23036	13501
#城镇规模投资	4562163	3268339	804698	739485	554802	1169354	646867	295497	351460
#房地产投资	970271	644540	251582	188744	78619	125595	142377	62295	121059
农村规模投资	1582937	425275	84916	91736	212837	35786	514619	289372	353671

国内贸易、外向型经济

表 39-10

2008 年镇江市社会消费品零售总额

单位:万元

项 目	全 市	市 区					丹阳市	扬中市	句容市
			京口区	润州区	丹徒区	新 区			
合 计	4102100	1988495	1006969	501872	266573	213081	1107857	493372	512376
#个 体	1665979	486559	205685	152016	101663	27195	702991	255410	221019
一、按所在地分									
市	3424388	1988495	1006969	501872	266573	213081	699615	335658	400620
县以下	677712	–	–	–	–	–	408242	157714	111756
二、按行业分									
批发和零售企业	3574372	1775478	913201	434048	235279	192950	918056	420860	459978
餐饮企业	444095	180293	83273	57539	19793	19688	154123	64197	45481
住宿企业	56928	32724	10495	10285	11501	443	8973	8315	6917
其 他	26705	–	–	–	–	–	26705	–	–
三、按规模分									
限额以上	1587766	1107259	659137	263916	40591	143615	194959	100988	184560
#批发和零售	1454439	1039529	623484	238053	36145	141847	176778	92366	172471
餐 饮	63982	45983	25965	16304	1983	1731	10622	1174	6202
住 宿	42640	21747	9688	9559	2463	37	7559	7448	5887
限额以下	2514334	881236	347832	237956	225982	69466	912898	392384	327816
#批发和零售	2119933	735949	289717	195995	199134	51103	767983	328494	287507
餐 饮	380113	134310	57308	41235	17810	17957	143502	63023	39279
住 宿	14288	10977	807	726	9038	406	1413	867	1030

表 39-11

2008 年镇江市外向型经济主要指标

项 目	单 位	全 市	市 区					丹阳市	扬中市	句容市
				京口区	润州区	丹徒区	新 区			
一、新注册企业数	个	146	79	14	10	23	32	36	8	23
二、协议利用外资	万美元	233400	133866	21194	16288	37837	51208	55254	16998	27283
三、实际利用外资	万美元	120175	61259	8038	4558	11292	38251	20082	13474	25361
四、进出口总额	万美元	746077	494741	62947	58013	39611	320907	158214	56646	36476
省级以上开发区进出口总额	万美元	394180	328089	12062	1659	1848	312522	40708	8756	16627
进口总额	万美元	320868	254967	7215	18417	6578	223113	23212	34025	8664
省级以上开发区进口总额	万美元	232804	216654	16	14	1007	215619	6539	3271	6340
出口总额	万美元	425209	239774	55732	39596	33033	97794	135002	22621	27812
省级以上开发区出口总额	万美元	161376	111435	12046	1645	841	96903	34169	5485	10287
五、新签对外承包劳务合同额	万美元	30590	27689	772	921	903	–	1504	867	530
六、对外承包劳务营业额	万美元	25633	23135	718	722	1218	–	901	801	797
七、对外劳务输出										
年末在外人数	人	11244	5925	736	971	1392	–	2249	1742	1328
全年新派人数	人	5154	3393	595	510	577	–	757	604	400

注:"市区"数据含市直属。

教育、卫生

表 39-12

2008 年镇江市教育事业概况

	学校数(所)	招生数(人)	在校学生数(人)	毕业生数(人)	专任教师数(人)
合　计	297	104594	414367	114053	25389
普通高等学校	5	23205	83473	18677	4757
普通中等专业学校	7	8740	28213	7804	691
普通中学	116	44303	142290	51658	10199
#高　中	27	16562	51633	18316	3677
初　中	89	27741	90657	33342	6522
职业高中	10	2869	9305	4489	913
技工学校	9	4625	15552	3265	440
小　学	145	20714	134609	28008	8279
特殊教育学校	5	138	925	152	110

表 39-13

2008 年镇江市市区普通高中教育基本情况

单位:人

项　目	在校学生				毕业生数	专任教师
		高一年级	高二年级	高三年级		
镇江中学	2759	960	919	880	955	231
镇江第一中学	2228	826	767	635	579	182
镇江市第二中学	1258	426	395	437	382	93
镇江市实验高级中学	2607	915	855	837	856	175
镇江市国际学校	116	116	–	–	–	12
镇江市第九中学	1221	311	489	421	464	94
镇江市实验学校魅力之城分校	164	–	–	164	243	44
镇江市丹徒区儒里中学	204	–	–	204	241	15
丹徒区上党高级中学	1616	646	554	416	582	109
江苏省大港中学	2453	858	799	796	870	189
镇江市谏壁中学	1369	436	489	444	432	101

表 39-14

2008 年镇江市卫生事业基本情况

项 目	单 位	全 市	市 区	丹阳市	扬中市	句容市
一、卫生机构数	个	911	397	228	102	184
#医 院	个	31	19	4	2	6
卫生院	个	70	24	24	6	16
疾病预防控制中心(防疫站)	个	7	4	1	1	1
妇幼保健院(所、站)	个	6	3	1	1	1
二、卫生机构床位数	张	8644	4892	2033	600	1119
#医 院	张	6010	4070	953	480	507
卫生院	张	2259	631	980	84	564
三、卫生工作人员	人	17131	8255	4248	1861	2767
四、卫生技术人员	人	14253	6809	3570	1483	2391
#执业(助理)医师	人	5121	2710	1097	606	708
注册护士	人	4363	2332	984	425	622
#卫生防疫人员	人	447	199	98	90	60
五、医院、卫生院技术人员	人	9824	5107	2429	834	1454
#执业(助理)医师	人	3809	2010	908	348	543
注册护士	人	3865	2107	894	297	567
六、妇幼保健						
5 岁以下儿童死亡率	‰	6.29	5.66	7.55	8.13	4.55
婴儿死亡率	‰	4.32	4.18	4.72	5.23	3.48
产妇住院分娩比例	%	99.99	100	99.99	99.95	100
七、医疗卫生水平及保障						
每千人拥有卫生机构床位数	张	3.22	4.76	2.52	2.18	1.94
每千人拥有医院(卫生院)床位数	张	3.1	4.6	2.4	2.1	1.9
每千人拥有卫生技术人员数	人	5.3	6.6	4.4	5.4	4.1
每千人拥有执业(助理)医师数	人	1.9	2.6	1.4	2.2	1.2
每千人拥有注册护士数	人	1.62	2.27	1.22	1.55	1.08
城镇基本医疗保险覆盖面	%	97.50	97.80	98.00	98.80	97.10
新型农村合作医疗覆盖面	%	99.50	99.71	100.00	100.00	100.00

人民生活

表 39-15

2008 年镇江市劳动工资主要综合指标

项目	单位	全市	市区				丹阳市	扬中市	句容市
				京口区	润州区	丹徒区			
城镇单位从业人员数	人	362423	194809	49047	45670	32561	79004	38743	49867
#在岗职工人数	人	345715	184039	46705	44448	32536	76151	37642	47883
城镇单位(国有)从业人员数	人	146473	78758	20826	16938	10858	35560	11144	21011
#在岗职工人数	人	138323	73814	19341	15907	10856	34149	11059	19301
城镇单位(集体)从业人员数	人	21868	9458	1938	1102	4992	4426	4394	3590
#在岗职工人数	人	21305	9277	1862	1029	4992	4284	4363	3381
城镇单位(其他)从业人员数	人	194082	106593	26283	27630	16711	39018	23205	25266
#在岗职工人数	人	186087	100948	25502	27512	16688	37718	22220	25201
城镇单位在岗职工工资总额	万元	1067404	635378	144722	131272	90414	210158	102340	119528
#国有单位	万元	554081	329184	82547	59990	39454	115998	39085	69814
集体单位	万元	50415	23178	3798	2362	11800	11115	9426	6696
其他单位	万元	462908	283016	58377	68920	39160	83045	53829	43018
城镇单位在岗职工平均工资	元	30958	34530	31070	29959	27570	27602	27097	25500
#国有单位	元	40061	44675	42897	37849	36196	33959	35243	36028
集体单位	元	23696	24768	20554	22864	23282	25957	21700	20340
其他单位	元	24995	28031	22904	25588	23274	22029	24102	17774

注:"市区"数据含市直属。

表 39-16

2008 年镇江市城市居民和农村居民生活基本情况

项目	单位	绝对数	项目	单位	绝对数
城市居民			农村居民		
调查户数	户	200	调查户数	户	580
平均每户家庭人口	人	2.8	平均每百户常住人口	人	343
平均每户就业人口	人	1.3	平均每百户 7-15 岁在校学生人数	人	22
平均每户离退休人口	人	0.8	平均每百户整半劳动力	人	261
平均每一就业者负担人数	人	2.1	平均每百户就业劳动力人数	人	260
平均每户就业面	%	48.0	平均每人年内新建(购)住房面积	平方米	1
现住房平均每人建筑面积	平方米	34.2	平均每人年末住房面积	平方米	48
#现住房平均每人使用面积	平方米	25.7	平均每人年末住房价值	元	24539
家庭总收入	元/人	20182	家庭总收入	元/人	11048
#可支配收入	元/人	19044	#人均纯收入	元/人	8703
#工薪收入	元/人	11986	#工薪收入	元/人	5180
经营净收入	元/人	916	经营净收入	元/人	5050
财产性收入	元/人	259	财产性收入	元/人	161
转移性收入	元/人	7021	转移性收入	元/人	657
#出售财物收入	元/人	75	家庭总支出	元/人	9494
#借贷收入	元/人	3500	#家庭经营费用支出	元/人	1904
家庭总支出	元/人	15558	生活消费支出	元/人	6580

表 39-17

2008 年镇江市城乡居民家庭生活消费支出

单位:元

项目	金额	项目	金额
城镇居民全年人均生活消费支出	12217	农村居民全年人均生活消费支出	6580
一、食品	4931		
#粮食类	279	#服务性	2104
油脂类	169		
肉类	756	#食品	2585
二、衣着	1126		
三、家庭设备用品及服务	1011	衣着	429
#耐用消费品	541	居住	774
四、医疗保健	667		
五、交通和通讯	880	家庭设备用品	394
#通讯	467		
六、教育文化娱乐服务	1769	交通和通讯	764
文化娱乐用品	469	文化教育娱乐	1106
文化娱乐服务	697		
教育费用	603	医疗保健	407
七、居住	1293		
八、杂项商品和服务	541	其他商品和服务	120

表 39-18

2008 年镇江市商品零售价格分类指数

项目	以上年价格为 100	项目	以上年价格为 100
商品零售价格总指数	104.8	九、交通、通讯用品	91.2
一、食品类	114.6	十、家具	100.0
二、饮料、烟酒	103.4	十一、化妆品类	99.4
三、服装、鞋帽类	98.8	十二、金银珠宝类	123.2
四、纺织品类	100.8	十三、中西药品及医疗保健用品类	99.3
五、家用电器及音像器材	98.0	十四、书报杂志及电子出版物类	109.3
六、文化办公用品	85.5	十五、燃料类	104.9
七、日用品	103.0	十六、建筑材料及五金电料类	106.3
八、体育娱乐用品	91.6		

表 39-19

2008 年镇江市居民消费价格分类指数

项　目	以上年价格为 100	项　目	以上年价格为 100
居民消费价格总指数	105.0	三、衣　着	98.5
非食品价格指数	99.7	服　装	99.9
服务项目价格指数	100.5	衣着材料	104.0
扣除鲜菜鲜果总指数	104.7	鞋、袜、帽	92.5
消费品价格指数	106.6	衣着加工服务	122.6
一、食　品	114.4	四、家庭设备用品及维修服务	102.5
粮　食	108.7	耐用消费品	101.6
淀粉及薯类	112.7	室内装饰品	102.0
干豆类及豆制品	140.8	床上用品	100.0
油　脂	127.9	家庭日用杂品	103.4
肉禽及其制品	115.1	家庭服务及加工维修服务	105.8
蛋	100.9	五、医疗保健和个人用品	101.2
水产品	111.9	医疗保健	99.6
菜	109.8	个人用品及服务	104.0
#鲜　菜	109.7	六、交通和通讯	99.0
调味品	104.9	交　通	101.9
糖	107.4	通　讯	95.6
茶及饮料	104.2	七、娱乐教育文化用品及服务	96.9
干鲜瓜果	120.6	文娱用耐用消费品及服务	82.2
#鲜　果	119.7	教　育	100.2
糕点饼干面包	115.2	文化娱乐用品	103.2
牛奶及奶制品	123.3	旅游及外出	94.9
在外用膳食品	114.0	八、居　住	101.0
其他食品及食品加工服务	105.1	建房及装修材料	102.9
二、烟酒及用品	103.1	租　房	100.5
烟　草	100.3	自有住房	100.4
酒	110.3	水、电、燃料	101.0

（统计局）

表 40-1

2008 年重要文件一览表

文件名	发文号	发文日期
国务院公布第二批国家级非物质文化遗产名录和第一批国家级非物质文化遗产扩展项目名录的通知	国发〔2008〕19 号	2008 - 06 - 13
省政府关于政府命名江苏省人口和计划生育工作示范县的决定	苏政发〔2008〕6 号	2008 - 01 - 10
省政府关于表彰 2007 年度财政收入增长较快贡献较大市县的决定	苏政发〔2008〕7 号	2008 - 01 - 15
省政府关于 2007 年度江苏省科技进步奖励的决定	苏政发〔2008〕43 号	2008 - 05 - 07
省政府关于表彰在第 29 届奥运会上取得优异成绩的集体和个人的决定	苏政发〔2008〕83 号	2008 - 09 - 01
省政府省军区关于表彰征兵工作先进单位的通知	苏政发〔2008〕86 号	2008 - 09 - 19
省政府关于 2008 年度江苏省农业技术推广奖励的决定	苏政发〔2008〕102 号	2008 - 12 - 05
省政府关于表彰全省创业明星的决定	苏政发〔2008〕114 号	2008 - 12 - 29
省政府关于命名第七批江苏省重合同守信用企业的决定	苏政发〔2008〕119 号	2009 - 01 - 05
省政府办公厅关于公布 2008 年全省环境整治试点村名单的通知	苏政办发〔2008〕55 号	2008 - 07 - 03
市委市政府《关于进一步改善和保障民生的意见》	镇发〔2008〕1 号	2008 - 01 - 06
市委市政府表彰 2007 年度镇江市自主创新重大成果和镇江市自主创新人杰出才的意见	镇发〔2008〕10 号	2008 - 02 - 15
关于开展新一轮解放思想大讨论的意见	镇发〔2008〕21 号	2008 - 04 - 11
关于加强农业基础建设促进农民增收的实施意见	镇发〔2008〕28 号	2008 - 06 - 10
关于实施千百亿工程的意见	镇发〔2008〕30 号	2008 - 07 - 16
市委市政府《关于进一步简政放权优化镇江经济开发区发展环境的意见》	镇发〔2008〕37 号	2008 - 08 - 07
市委市政府《关于进一步促进全民创业的若干意见》	镇发〔2008〕38 号	2008 - 08 - 18
市委市政府关于加快推进镇江生态市建设工作的意见	镇发〔2008〕45 号	2008 - 09 - 03
市委市政府《关于进一步加快发展农村合作经济组织的实施意见》	镇发〔2008〕59 号	2008 - 11 - 18
关于加快和促进开发区建设发展的意见	镇发〔2008〕60 号	2008 - 12 - 02
关于印发镇江市人民政府 2008 年工作要点的通知	镇政发〔2008〕1 号	2008 - 01 - 03
关于印发《镇江市排污许可证管理办法》的通知	镇政发〔2008〕6 号	2008 - 01 - 23
关于加强新一届政府廉政建设的意见	镇政发〔2008〕8 号	2008 - 01 - 31
关于下达 2008 年市政府为民办实事项目分解任务的通知	镇政发〔2008〕13 号	2008 - 02 - 03
关于印发镇江市 2008 年开放型经济考核奖励办法的通知	镇政发〔2008〕19 号	2008 - 02 - 25
关于印发 2008 年全市国民经济和社会发展目标任务分解的通知	镇政发〔2008〕25 号	2008 - 02 - 28
关于下达 2008 年城市建设项目分解任务的通知	镇政发〔2008〕36 号	2008 - 04 - 07
关于下达 2008 年重点项目投资计划的通知	镇政发〔2008〕37 号	2008 - 04 - 07
关于印发镇江市市区老年居民养老补贴暂行办法的通知	镇政发〔2008〕39 号	2008 - 04 - 18
关于镇江市农村(自然村)生活污水处理工程建设实施意见	镇政发〔2008〕40 号	2008 - 04 - 29
关于印发《镇江市建设工程安全防护文明施工费用管理暂行办法》的通知	镇政发〔2008〕48 号	2008 - 06 - 26
关于印发城市管理相对集中行政处罚权工作“重心下移”实施方案的通知	镇政发〔2008〕49 号	2008 - 07 - 01
关于深化完善企业改革工作的实施意见	镇政发〔2008〕50 号	2008 - 07 - 04
关于进一步加强城市长效管理工作的意见	镇政发〔2008〕53 号	2008 - 07 - 17
关于进一步加强城镇污水处理设施建设和管理的若干意见	镇政发〔2008〕54 号	2008 - 07 - 24
关于印发《镇江市城市夜景灯饰设置管理暂行办法》的通知	镇政发〔2008〕55 号	2008 - 07 - 24

续表 40-1

文件名	发文号	发文日期
关于进一步优化收费环境的意见	镇政发〔2008〕56 号	2008-08-01
关于解决城市低收入家庭住房困难的实施意见	镇政发〔2008〕57 号	2008-08-04
关于印发《镇江市市区住房保障发展规划(2008-2010)》的通知	镇政发〔2008〕59 号	2008-08-15
关于印发《镇江市水库资源与周边环境保护暂行办法》的通知	镇政发〔2008〕65 号	2008-09-05
关于推进企业上市工作的意见	镇政发〔2008〕66 号	2008-10-08
关于进一步促进我市房地产业健康稳定发展的若干意见	镇政发〔2008〕68 号	2008-10-24
关于进一步加强节能减排工作促进可持续发展的实施意见	镇政发〔2008〕75 号	2008-11-28
关于印发镇江市区财政管理体制调整方案的通知	镇政发〔2008〕78 号	2008-11-25
关于印发镇江市省级开发区考核评价暂行办法的通知	镇政发〔2008〕79 号	2008-11-27
关于改革省级开发区人事编制管理工作的意见	镇政发〔2008〕81 号	2008-11-28
关于切实加强开发区土地节约集约利用工作的意见	镇政发〔2008〕82 号	2008-12-01
关于印发镇江市省级开发区优化审批流程完善审批服务的实施办法的通知	镇政发〔2008〕83 号	2008-11-28
关于印发《镇江市市区居民社会养老保险暂行办法》的通知	镇政发〔2008〕89 号	2008-12-17
关于加快"数字镇江"建设的意见	镇政发〔2008〕93 号	2008-12-30
关于建立镇江市新型农村社会养老保险制度的指导意见	镇政发〔2008〕94 号	2008-12-30
关于印发镇江市船舶污染事故应急预案的通知	镇政办发〔2008〕4 号	2008-01-08
关于印发镇江市 2008 年安全生产工作要点的通知	镇政办发〔2008〕23 号	2008-02-18
关于印发镇江市城市突发供水事故应急处置预案的通知	镇政办发〔2008〕62 号	2008-03-28
关于印发镇江市培育规模工业企业政策扶持办法的通知	镇政办发〔2008〕63 号	2008-03-31
关于下达 2008 年全市现代农业发展目标任务的通知	镇政办发〔2008〕93 号	2008-05-05
关于加快发展农村合作经济组织的意见	镇政办发〔2008〕95 号	2008-05-05
关于印发镇江市 2008 年政务公开工作要点的通知	镇政办发〔2008〕99 号	2008-05-12
关于印发镇江市内河港口重特大事故应急救援预案的通知	镇政办发〔2008〕101 号	2008-05-13
关于 2008 年市区新菜地建设相关补贴的实施意见	镇政办发〔2008〕137 号	2008-07-04
关于印发《镇江市沿江港口重特大事故应急救援预案》的通知	镇政办发〔2008〕174 号	2008-09-12
关于转发市民政局《镇江市市区城乡困难群众临时生活救助暂行办法》的通知	镇政办发〔2008〕181 号	2008-10-13
关于开展行政权力网上公开透明运行工作的实施意见	镇政办发〔2008〕183 号	2008-10-15
关于印发镇江市包虫病疫情处置预案的通知	镇政办发〔2008〕189 号	2008-10-12
关于转发市物价局和市市政公用局《镇江市区城市客运出租汽车企业收费管理办法》的通知	镇政办发〔2008〕194 号	2008-11-10
转发市教育局关于加强城市建设配套设施建设意见的通知	镇政办发〔2008〕228 号	2008-12-18
关于加快有线电视数字化建设的实施意见	镇政办发〔2008〕232 号	2008-12-22

（张海斌　吴小娟）

表 40-2

2008 年镇江市市区标准地名命名(更名)情况表

标准地名	实体状况说明
江南华庭	位于润州路南段西侧，东至御景华庭居民住宅区，北至御桥巷
富润华庭	润州工业园区，东临二道河，西至富润路，南临运粮河，北临金桥大道
春色江南馨兰苑	位于三茅宫小区北侧，南至车站路西延段，西临月亮湾雅苑住宅小区，北临运粮河
檀香园	位于檀山路与中山西路交会处西南侧
京口美地	位于桃花坞新村十区三号，东至中医院，南至桃花坞路，西至桃花坞新村，北临古城公园
锦绣圌山花苑	位于镇江新区大路镇，东临新农贸市场，南至兴港东路，西临圌山，北至圌峰路
朴园	位于林隐路北侧，东临沪宁铁路，南至林隐路，总规划建筑面积 40 万平方米
逸翠园	位于镇江新区大港街道，东临港中路，南临镇大铁路，西至赵声路，北临东丰路，总规划建筑面积 13 万平方米
凤凰家园	位于长山灌渠西侧，东临长山灌渠，西至润兴路，北至润旺路，总规划建筑面积 29 万平方米
南山景园	位于南徐大道南侧，东至九华山路，南至团山路，北临南徐大道，总规划建筑面积 10 万平方米
香江世纪名城	位于江苏大学本部南侧，东至经十二路，南至东城绿洲居民住宅区，西至镇江方源化学有限公司，北至学府路，总规划建筑面积 23 万平方米
永隆城市广场	位于镇江新区丁卯街道，东至谷阳路，南至纬五路，西临康泰花园居民住宅区，北临古运河，总规划建筑面积 49 万平方米
中华国际冠城	位于檀山路与团山路交会处西北侧，东至檀山路，南至团山路，总规划建筑面积 20 万平方米
正太悠然居	位于润州路与金桥大道交会处西南侧，东临润州路，北至金桥大道，总规划建筑面积 13 万平方米
美馨嘉园	位于禹山路西段北侧，总规划建筑面积 18 万平方米
中南世纪城	位于东吴路东段东侧(原镇江焦化厂)，西至东吴路，北临江滨路向东延伸段，总规划建筑面积 60 万平方米
珍珠桥	位于古运河上与珍珠路相交的桥梁，长 51 米、宽 30 米。
学府华庭(更名)	位于学府路西段南侧(学府路 87 号)，东临焦顶山、西临原镇江市公安局车辆管理所，南临枫林湾住宅小区
华诚新村(更名)	位于京口区谏壁镇，东至谏辛公路，南临老鼠山河，西临京杭大运河，北临镇大公路

（徐雨平）

镇江市社会医疗保险定点零售药店自购药品目录

一、西药部分（94种）：甲硝唑片、小檗碱片、阿苯达唑片、哌嗪片、阿司匹林片、布洛芬片、缓释胶囊、对乙酰氨基酚片、复方对乙酰氨基酚片、缓解感冒症状的复方OTC制剂、萘普生片（胶囊、缓释片、缓释胶囊）、索米痛片、吲哚美辛片（胶囊、栓）、复方芦丁片、复合维生素B片、干酵母片、维生素A胶丸、维生素B_1片、维生素B_2片、维生素B_6片、维生素B_{12}片、维生素C、烟酸片、碳酸钙片、葡萄糖酸钙片、格列本脲片、格列吡嗪片、二甲双胍片、氯雷他定片（胶囊）、氯苯那敏片、茶苯海明片、赛庚啶片、异丙嗪片、酮替芬片（胶囊）、谷维素片、氯化铵片、溴己新片、复方甘草片、苯丙哌林片、喷托维林片、沙丁胺醇片、硫糖铝片、碳酸氢钠片、西咪替丁片（胶囊）、法莫替丁片、雷尼替丁片（胶囊）、甲氧氯普胺片、多酶片、乳酸菌素片、山莨菪碱片、溴丙胺太林片、多潘立酮片、酚酞片、开塞露溶液、葡醛内酯片、齐墩果酸片、水飞蓟宾片、苯丙醇胶丸、缓解消化道不适症状的复方OTC制剂、复方卡托普利片、复方降压片（复方利血平片）、复方硫酸双肼屈嗪片、硫酸亚铁片、肌苷片、叶酸片、曲克芦丁片、氯化钾片、口服补液盐、红霉素软膏（眼膏）、克罗米通乳膏、硼酸外用溶液、克霉唑软膏（阴道片、栓）、联苯苄唑乳膏、咪康唑软膏（栓）、酮康唑软膏（洗剂）、阿昔洛韦软膏、煤焦油洗剂、水杨酸软膏、丁酸氢化可的松软膏、鱼石脂软膏、炉甘石洗剂、尿素乳膏、尿素维E乳膏、曲安奈德新霉素贴膏、维A酸乳膏、氧化锌软膏、磺胺醋酰钠滴眼剂、金霉素眼膏、氯霉素滴眼剂、吡诺克辛滴眼剂、色甘酸钠滴眼液、呋麻滴鼻液、溶菌酶含片、麻黄碱滴鼻液、复方氯己定含漱液。

二、中成药部分（183种）：艾附暖宫丸、安神补心丸（颗粒、片）、八珍益母丸、白带丸、柏子养心丸、板蓝根颗粒（片、口服液）、半夏露糖浆、保和丸、保济丸（口服液）、鼻炎康片、鼻炎片、拨云退翳丸、补脾益肠丸、补中益气合剂（丸、颗粒）、参苓白术丸（散、颗粒）、参芪健胃颗粒、参苏丸（胶囊）、柴银口服液、沉香化滞丸、川贝枇杷糖浆、川贝止咳糖浆、川芎茶调丸（散、颗粒）、穿心莲片、创灼膏、刺五加胶囊（片）、丹栀逍遥丸、地奥心血康胶囊、跌打丸、冬凌草片、独活寄生合剂、耳聋左慈丸、二陈丸、二母宁嗽丸（片）、二至丸、法半夏枇杷膏、防风通圣丸、妇科千金胶囊（片）、妇科十味片、附子理中丸、复方板蓝根颗粒、复方丹参片、复方感冒灵颗粒（片）、复方罗布麻片、复方土槿皮酊、复方鲜竹沥液、复方鱼腥草片、感冒灵胶囊、感冒清热颗粒（胶囊）、固本咳喘片、固经丸、关节止痛膏、归脾丸（合剂）、桂附地黄丸（胶囊）、桂林西瓜霜（指粉剂）、桂龙咳喘宁胶囊、猴头菌片、护肝片、花红片、槐角丸、黄连上清丸（胶囊、片）、黄芪精口服液、黄芪颗粒、黄氏响声丸、活血止痛胶囊（膏）、藿胆丸、藿香正气水（丸、颗粒、胶囊、软胶囊、片、滴丸、口服液）、急支糖浆、加味逍遥丸、健脾丸、健胃消食片、接骨七厘片、解痉镇痛酊、金胆片、金莲花胶囊（片）、金银花露、京万红、荆防合剂（颗粒）、九华痔疮栓、橘红痰咳颗粒、橘红丸（颗粒、胶囊）、抗病毒颗粒（片、口服液）、咳喘宁片（口服液）、快胃片、连翘败毒丸（片）、良附丸、六君子丸、六神丸、六味地黄丸（胶囊、片、口服液）、六味能消胶囊、龙胆泻肝丸、麻仁丸、马应龙八宝眼膏、马应龙麝香痔疮膏、麦味地黄丸（口服液）、蜜炼川贝枇杷膏、明目地黄丸、木香顺气丸、脑立清丸（胶囊）、牛黄解毒片、女金丸（胶囊、片）、枇杷叶膏、普乐安胶囊（片）、707胃药胶囊、启脾丸（口服液）、杞菊地黄丸（胶囊、口服液）、气滞胃痛颗粒、强力枇杷露、清开灵颗粒（胶囊、软胶囊、片、口服液、滴丸）、清宁丸、清气化痰丸、清热解毒颗粒（胶囊、软胶囊、口服液）、清咽滴丸、祛痰灵口服液、人参归脾丸、人参健脾丸（片）、人参养荣丸、如意金黄散、三黄片、三金片、三七胶囊（片）、桑菊感冒颗粒（片）、涩肠止泻散、伤湿止痛膏、上清丸、蛇胆陈皮散（胶囊）、蛇胆川贝液（胶囊）、麝香追风膏、生脉饮（颗粒、胶囊）、生脉饮（党参方）、十滴水（软胶囊）、石斛夜光丸、双黄连颗粒（胶囊、片、口服液）、顺气化痰片、四君子合剂、痰咳净散（片）、烫疮油、天麻丸、天王补心丸、田七痛经胶囊、通便灵胶囊、通宣理肺丸（片）、痛经宝颗粒、维C银翘片、胃康灵胶囊、胃乐宁片、胃苏颗粒、乌鸡白凤丸（胶囊、片）、五味子糖浆、香菊感冒颗粒、香菊胶囊（片）、香连丸（片）、香砂六君丸、香砂平胃丸、香砂养胃丸（颗粒）、香砂枳术丸、消渴丸、消炎利胆片、消痔软膏、消肿止痛酊、逍遥丸（颗粒）、小柴胡颗粒（片）、杏苏止咳颗粒（口服液）、养阴清肺膏（糖浆、口服液）、益肝灵片、益母草膏（颗粒、胶囊、片）、银黄颗粒（片、含化片、口服液）、银翘解毒合剂（丸、颗粒、片、胶囊、液）、玉屏风颗粒（胶囊、口服液）、元胡止痛颗粒（胶囊、片、滴丸）、越鞠丸、云南白药（散剂、胶囊、膏、酊、气雾剂）、障眼明片、珍菊降压片、珍珠明目滴眼液、正柴胡饮颗粒、正天丸、知柏地黄丸（口服液）、止咳橘红颗粒、止咳丸、枳术颗粒、壮腰健肾丸（片）、左归丸、左金丸。 （王　翔）

表40-3

镇江市市区社会医疗保险定点医院（二级以上）

名　称	等　级	地　址	邮政编码	电　话
江苏大学附属医院	三级	解放路438号	212001	85026252
镇江市第一人民医院	三级	电力路8号	212001	85231018
镇江市第二人民医院	二级	长江路243号	212002	85287453
镇江市第三人民医院	二级	戴家门	212003	88970758
镇江市第三人民医院综合部	二级	丁卯桥路1号	212003	88970758
镇江市第四人民医院	三级	南门大街	212001	84423718
镇江市中医院	二级	桃花坞新村10区8号	212003	84426492
镇江市口腔医院	二级	大西路265号	212002	85283490
解放军第三五九医院	二级	中山东路8号	212001	85028161
镇江市东吴医院	二级	东吴路	212001	88811188
镇江市丹徒区人民医院	二级	丹徒新城金谷南路	212003	84421249

（王　翔）

表 40-4

镇江市市区社会医疗保险定点零售药店

名　　称	地　　址	邮政编码	电　话
镇江存仁堂医药连锁有限责任公司中山药店	中山西路 61 号	212002	85226928
镇江存仁堂医药连锁有限责任公司利民药店	大西路 336 号	212004	85273706
镇江存仁堂医药连锁有限责任公司公济药店	解放路 83 号	202001	85022779
镇江存仁堂医药连锁有限责任公司益民药店	谏壁新街 7 号	212006	83361388
镇江存仁堂医药连锁有限责任公司青年广场药店	运河路 101 号	212003	84425433
镇江存仁堂医药连锁有限责任公司七里药店	七里供销社商厦	212002	85612194
镇江存仁堂医药连锁有限责任公司梦溪药店	梦溪路 16 号	212001	84448110
镇江存仁堂医药连锁有限责任公司益寿堂药店	大港银杏家园 1 栋	212322	83171198
镇江存仁堂医药连锁有限责任公司同仁药店	中山东路 286 号	212001	85290507
镇江存仁堂医药连锁有限责任公司康盛药店	桃花坞路 140 号	212001	85285700
镇江存仁堂医药连锁有限责任公司老存仁堂药店	大西路 476 号	212001	85290507
镇江存仁堂医药连锁有限责任公司滨东药店	东吴路 60 号	212001	85285700
江苏大众海伦医药连锁有限公司电力路分店	电力路 2 号	212002	85248935
江苏大众海伦医药连锁有限公司桃花坞分店	桃花坞路 10 区 4 号	212003	88818702
镇江恒泰保健品有限公司恒泰药店	朱方路 102 号	212004	13305286537
镇江国泰大药房有限公司(紫金大厦店)	解放路紫金大厦	212001	85081928
镇江开泰大药房有限公司	梦溪路 56 号	212001	88830291
芝林大药房黄山店	电力路 2 号	212001	85215157

（王　翔）

表 40-5

镇江市市区社会医疗保险定点社区卫生服务机构

名　　称	地　　址	电　话
京口区健康路社区卫生服务中心	中山东路 239 号	85380661
京口区贺家弄社区卫生服务站	贺家弄 150 号	84423016
京口区花山湾社区卫生服务站	花山湾 108 号	88811114
京口区江滨新村社区卫生服务站	江滨新村 38 号	88800749
京口区正东路社区卫生服务中心	南门大街 248 号	84416657
京口区大市口社区卫生服务中心	大西路 108 号	85337616
京口区象山镇社区卫生服务中心	学府路 118 号	88786154
京口区丹徒镇社区卫生服务中心	丹徒镇东兴仁巷 77 号	88781729
京口区谏壁镇社区卫生服务中心	谏壁镇雩山街 27 号	83355115
京口区京口路社区卫生服务站	京口路居委会	84403933
京口区鼓楼岗社区卫生服务站	鼓楼岗二村 13 号	85034933
京口区四牌楼社区卫生服务中心	东吴路 153 号	85389462
京口区桃花坞社区卫生服务站	桃花坞路 225 号	88809813
京口区阳光世纪花园社区卫生服务站	龙吟坊 115 号	88852358
京口区新民洲港口产业园区社区卫生服务站	新民洲农场	83367004
京口区谏壁社区卫生服务中心西街社区卫生服务站	谏壁西街	83355032
润州区七里甸社区卫生服务中心	朱方路 245 号	85918446
润州区韦岗社区卫生服务中心	韦岗铁矿	85822044
润州区红光社区卫生服务站	王家湾 3 号	85211921
润州区金山社区卫生服务中心	大西路魏同兴巷 47 号	85918365
润州区桃园社区卫生服务站	桃园新村 35 幢东侧	85515331
润州区三茅宫社区卫生服务站	三茅宫新村	85624821
润州区中华路社区卫生服务站	十八进 8 号楼 2 楼	85918363
润州区和平路社区卫生服务中心	长江路 243 号	85278825－2298
润州区宝塔路社区卫生服务中心	矿机路 3 号	85918367－8002
润州区黄山南路社区卫生服务中心	黄山南路	85232080
润州区李家大山社区卫生服务站	李家大山 3 区 14 幢 1 号	85918267
润州区凤鸣新村社区卫生服务站	东岳巷 14 号	85918617
润州区官塘桥社区卫生服务中心	官塘桥镇	85918219
润州区蒋乔社区卫生服务中心	蒋乔镇	85918200
润州区蒋乔镇工业园区社区卫生服务站	金桥大道大桥村	85609921
新区大港社区卫生服务中心	兴港西路 48 号	85386002
新区丁卯社区卫生服务中心	谷阳新村二区 17 幢 7 号	88896120
新区银山鑫城卫生服务站	银山鑫城玫瑰苑 8 栋 166 号	83379966
新区港南社区卫生服务站	大港吉祥街 9 号	83177898

（王　翔）

索　　引

说　明

一、本索引采用主题分析方法编制。标引词中机构、单位名称按《简称全称对照表》,用简称。市机构、单位名称前不加"镇江市"或"市"。标引词按第一字汉语拼音音序排列;第一字相同,按第二字排列,依次类推。

二、类目、分目(次分目)名称用黑体字标明。标引词后的阿拉伯数字表示内容所在页码,数字后的拉丁字母a、b、c分别表示从左至右第一、二、三栏。标引词后第二个页码起,表示该索引参见内容所在位置;空一字起排的为上一标引词的附见内容。

三、《大事记》和彩色画页未编索引。

A

B

E

F

G

H

X

Y

Z

镇江市干道办（代建中心）承建工程

◎南徐路西延

◎国防园

2008年，干道办承建的项目数量、投资总规模等均创下新纪录，共承担建设局27项任务中的13项，加上2007年的续建项目和代建项目，达34项之多，总投资近20亿。其中道路桥梁建设工程26项，建设总长约30公里，代建项目8项，累计代建总投资约13亿元，房屋建筑面积约18万平方米。一年来，市干道办按照“工程推进年、管理提升年和作风建设年”的要求，相继完成九华山路、九华山支路、南徐路西延、长山西路、健康路西延东段、塔山桥重建工程、黄山中路中段、黄山西路中段、蛋山北路（西段）一期、檀山支路（南段）等工程。这些道路的建成，有效地缓解城市交通压力，进一步改善市民出行条件，完善城市交通路网，拉大城市框架，拓展城市空间，提升周边地块价值，使镇江城市面貌焕然一新。同时，军分区委托市干道办代建的镇江市国防园的竣工，标志着“代建制”管理模式成功地由道路桥梁向房建公建拓展。

◎九华山路

◎健康路西延东段

◎檀山支路

◎黄山中路中段

拼搏奋进的广电人

◎数字电视挂牌及整转仪式

◎镇江传媒网开通

2008年，镇江广播电视科学发展和拼搏奋进之年，在宣传、事业、改革等方面取得全面进步：

新闻改革卓有成效，《直播镇江》改版为《新闻镇江》，增设了《今晚九点半》《真实故事》，取得良好社会反响；广电中心建设稳步推进，筹集资金1.21亿元，9月份完成主体结构封顶，2009年底将整体搬迁；数字电视项目破题开局，成功引进资金1.8亿元，全面启动有线电视网络数字化改造；“大爱镇江”品牌展现魅力，成功举办“大爱镇江新闻人物颁奖典礼”，初步打造“大爱镇江”品牌；产业项目稳步推进，广电总台经营创收突破亿元；规范管理全面启动，制定实施总台系列规章制度，实行全新的绩效考核；安全播出经受挑战，面对抗雪、抗震、奥运等重要保障任务，全年没有出现一起传输播出事故。

随着广电业步入整合的时代，镇江广电正实施“一个中心、四个整合”的竞争方略。以舆论宣传为中心，正确把握舆论导向，全面服务镇江发展；整合地域资源，打造区域优质传媒；整合技术资源，打造现代科技传媒；整合人力资源，打造现代活力传媒；整合产业资源，打造现代融合传媒。

镇江广电，追求卓越。

◎电影《小城大爱》开拍

◎大爱镇江晚会

◎永远的邓丽君晚会

◎10月11日，镇江市第13届运动会在市体育场隆重开幕。本届市运会设33个项目，参赛运动员达5000多人。开幕式上，3000人参与的大型文体表演《和谐镇江》气势恢宏

◎北京奥运会女子射箭团体亚军获得者陈玲载誉归来与启蒙教练赵志香合影

2008 快速发展的镇江体育

◎北京奥运会火炬手戚熙娟在火炬传递中

2008年，镇江市体育工作紧紧抓住北京奥运会的重大历史机遇，按照以人为本、改善民生、服务大众的总体要求，更加突出公益普惠、民本民生、和谐建设和服务能力。迎新年万人健身长跑、迎奥运倒计时100天等“全民健身与奥运同行”系列活动此起彼伏。投入近百万元在农村新建安装1000个小篮板，拆除更新安装健身器材12处120多件。成功举办镇江市第13届运动会，积极备战省第17届运动会，向省优秀运动队输送8名运动员，向省体校输送23名运动员。在北京奥运会上，陈玲获得女子射箭团体亚军，薛飞名列女子5000米第13名。成功承办2008年全国少年男子排球（甲组）比赛、2008年全国U-19男子足球联赛、全国少年乒乓球锦标赛。占地46公顷、总投资14亿元的镇江体育会展中心建筑规划设计方案确定，2009年动工建设。电脑体育彩票新增销售站点68个，全市全年销售体育彩票2.63亿元。镇江市被评为江苏省市级体育工作先进单位。镇江市体育局获得国家体育总局“全民健身活动优秀组织奖”，被评为江苏省体育彩票工作先进单位。

◎成功承办全国少年乒乓球锦标赛

◎新建的大港体育公园

◎全民健身与奥运同行

镇江市外商投资企业协会

◎陈建设副市长为当选会长、副会长颁发证书

按照章程规定，四年一次的镇江市外商投资企业协会第六次会员代表大会如期于2008年12月17日在碧榆园国际会议厅举行。会员单位主要负责人、协会特邀顾问单位领导等120多人出席了大会。中国外企协会、江苏省外企协会、上海市外企协会，以及上海浦东新区外企协会等多家省内外协会发来祝贺信函。镇江市委、市人大、市政府、市政协，各辖市区党委、政府，镇江新区管委会，金东纸业（江苏）有限公司等80家会员企业送了祝贺花篮。大会听取并审议第五届理事会工作报告，提出了下一步工作意见，选举产生了第六届理事会。

在过去的四年里，镇江市外商投资企业协会按照协会章程宗旨的规定，贯彻执行国家对外开放政策，宣传鼓励外商投资的法律、法规，努力为会员服务，促进会员企业在镇江市经济建设和社会发展中发挥积极作用。主要工作有：宣传国家政策法规，举办了4场专题报告会；邀请协会特邀顾问单位和专家学者，采取座谈会、沙龙等形式，举办了8场服务外企专场活动；组织理事先后两次赴镇江新区和扬中市进行交流互访；参与创建劳动关系和谐企业和改善投资环境活动；配合市政府招商引资；参与和组织评优；组织业余文体活动和知识竞赛；加强协会自身建设，成立了韩资企业分会，2008年发展直接会员106家。

会议提出，新一届理事会要高度关注当前国际金融危机发展态势，面对协会工作面临的新形势、新问题、新要求，在认真总结以往工作的基础上，进一步发挥政府与企业的桥梁和纽带作用，在促进外商投资、引导会员企业健康发展、改善投资环境，以及帮助企业渡过难关等方面发挥积极作用，团结带领全体会员为镇江的对外开放事业、为构建和谐社会作出新的贡献。

大会选举产生了协会新一届领导机构，聘请了名誉会长、名誉副会长和特邀顾问。

副市长陈建设到会并讲话。

第六次会员代表大会

镇江市外商投资企业协会第六届理事会理事名单

（共54名，按姓氏拼音字母顺序排列）

安　江	邓　燕	范坤能	范明华	傅　华	傅　雷	符俊仁	高岛宪一	耿仲毅
古　德	杭祖安	华川海	黄友定	黄有进	黄振春	姜明德	角田敏政	金永文
李继学	李建兴	李兴基	林裕雀	刘　斌	刘　生	刘　阳	毛存光	倪　博
清水雅清	沈　军	沈　礼	王广德	王　进	王禄宝	王执铎	巫　斌	吴建华
吴省芳	西脇正树	熊新秋	许建华	严兆陵	杨　斌	杨富全	曾文昌	张建林
张景阳	张胜杰	张伟栋	张正吉	赵明盛	赵祝人	郑薰谟	朱建国	朱乐城

镇江市外商投资企业协会第六届理事会名誉会长、名誉副会长名单

名誉会长　陈建设　镇江市人民政府副市长
名誉副会长　张伟清　镇江市人民政府副秘书长
　　刘吉顺　镇江市对外贸易经济合作局局长

镇江市外商投资企业协会第六届理事会会长、副会长名单

会　长：杭祖安（市区）　镇江市外商投资企业协会第五届理事会会长

（副会长共17名，按姓氏拼音字母顺序排列）

副会长：傅　华（市区）　镇江市对外贸易经济合作局行政服务处处长
高岛宪一（丹阳）　大赛璐安全系统（江苏）有限公司总经理（日本）
古　德（润州）　怀特（中国）驱动产品有限公司总经理（美国）
黄有进（句容）　句容台泥水泥有限公司总经理（中国香港）
姜明德（润州）　华东联合制罐有限公司总经理（百慕大）
李继学（扬中）　现代重工（中国）电气有限公司总经理、镇江市外商投资企业协会韩资企业分会会长(韩国)
李建兴（新区）　镇江奇美化工有限公司总经理（美国）
毛存光（京口）　普莱克斯（镇江）工业气体有限公司总经理（美国）
沈　礼（市区）　镇江百盛商城有限公司总经理（中国香港）
王禄宝（扬中）　辉煌硅能源（镇江）有限公司总经理（中国香港）
王执铎（新区）　华东泰克西汽车铸造有限公司总经理(意大利)
吴省芳（新区）　金东纸业（江苏）有限公司总经理（新加坡）
西脇正树(新区)　凯迩必机械工业(镇江)有限公司总经理（日本）
熊新秋（新区）　镇江美驰轻型车系统有限公司总经理(法国)
杨富全（市区）　镇江市台湾同胞投资企业协会会长、江苏联合水泥有限公司总经理（中国台湾）
张景阳（丹徒）　金海宏业(镇江)石化有限公司董事长(中国香港)
朱建国（新区）　山特维克材料科技中国有限公司总经理（瑞典）

注：前括号中为单位所在地，后括号中为企业投资国别地区。

镇江市外商投资企业协会第六届理事会秘书长、副秘书长名单

秘书长：傅　华（兼）镇江市对外贸易经济合作局行政服务处长
副秘书长：陈建中　镇江市对外贸易经济合作局外资处副处长

◎杭祖安会长作工作报告

◎杨富全副会长主持大会

◎王执铎副会长作第六届理事会领导机构人选说明

建设农民致富之路

——市交通局农路办工作纪实

“决战三年，让农民兄弟走上水泥路或沥青路”这一句简单、朴实的口号，喊出了交通人致力于农村公路建设的决心和信心。在2003年初，镇江市122位人大代表提出《修乡村道路，解决部分乡村交通难》的议案后，在市政府农村五件实事工作领导小组的领导下，镇江市交通局农村公路建设管理办公室积极主动，本着“好事办好、实事办实”的原则，掀起了镇江市农村公路的建设高潮。

从2003年至今，全市农村公路经历了两个时期的发展：

第一时期：2003～2006年，即第一轮农村公路建设，着重建设通行政村的项目，全市共完成农村公路2143.36公里，共计完成投资12.51亿元。

第二时期：2007～2010年，规划和建设部门根据社会主义新农村发展要求规划的集中居住点道路，全市共有1712个规划集中居住点，包含未通达等级路居住点968个，涉及里程954.53公里。

截至2008年底，全市共完成农村公路2834.19公里，超2003年预期目标近60%。其中：县通乡179.10公里，乡通乡564.68公里，乡通行政村1642.64公里，通居民点道路447.77公里，共计完成投资13.90亿元。按照辖区分解：

丹阳市：完成716.54公里，投资4.17亿元；

句容市：完成1008.94公里，投资5.10亿元；

扬中市：完成263.55公里，投资0.90亿元；

丹徒区：完成606.78公里，投资2.91亿元；

京口区：完成58.93 公里， 投资2282.45万元；

润州区：完成69.02公里， 投资2375.0万元；

大港新区：完成110.43公里， 投资3499.4万元。

◎已建成的乡道

◎施工

◎已建成的村道

◎通村客运班车

如意江南

镇江市水利投资公司

滨水区局部鸟瞰图

滨水区2009上半年十大工程开工

滨江旅游专线效果图

“金泉花园”安置房效果图

金山湖整治：包括退渔还湖及防洪工程和景观配套工程，项目总投资7.79亿元。金山湖退渔还湖及防洪工程是以塔影湖和金山河为基础，将金山风景区周边渔塘进行退渔还湖，与内、外江相沟通，构建良好的水循环条件；并通过工程措施抵御长江洪水，排除内部涝水，确保金山湖区域的防洪除涝安全。根据工程实施内容分为湖面扩大工程、征润洲泵站及引河工程、江南桥闸站工程、金山湖引换水工程、渡口泵站工程、试办引河清淤等六个子项工程。

金山湖景观工程是结合国家级“三山”风景区的建设，作为金山风景名胜区的延续，在退渔还湖及防洪工程形成稳定湖面的基础上，通过建设环湖景观、道路、绿化及配套建筑设施，将金山湖建设成为一个面向中外游客及广大市民，以丰富的自然景观为优势，深厚的人文景观为品牌，集旅游、观光、游憩、休闲、娱乐等多种活动于一体，综合性开放式的风景游憩地。

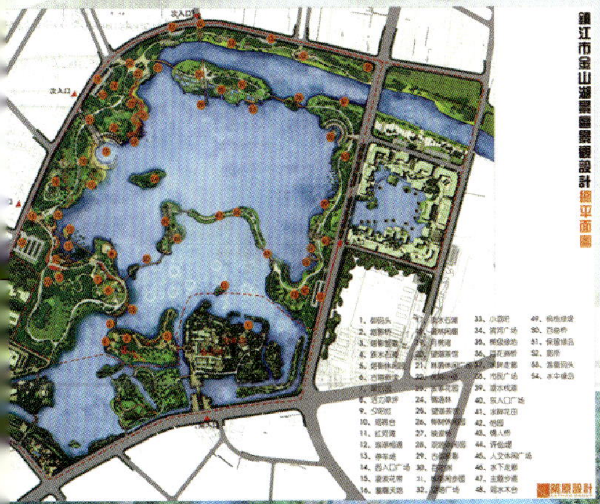

安置房：金泉花园一期工程1号地块的20栋约6万余平方米的住宅楼工程已全部竣工，2008年12月已经安置入住154户，安置住房200余套；2号地块共计住宅楼22栋约7万平方米，主体工程已全部完工，现正在进行小区配套工程施工。

金泉花园安置房二期工程占地16公顷，总建筑面积约21.2万平方米，共分4个地块。其中1号、3号地块均为集体土地拆迁安置房，2号地块为国有土地拆迁定建房，4号地块为商业配套用地。截至目前，1号、3号地块已于4月20日挂牌结束，由镇江佳丰开发建设有限公司和镇江润豪房地产开发有限公司成功摘牌，先期开工的两栋楼房主体部分已完成三层，下阶段安置房建设将进入全面施工阶段。

金山湖效果图

◎2009年2月20日下午，省委常委、副省长黄莉新一行在市长刘捍东、市委副书记张庆生、副市长曹当凌等陪同下视察北部滨水区建设

“十一五”期间镇江全面启动“南山北水”城市发展战略，进一步构建“一体两翼”的城市新格局。“北水”即北部滨水区，指长江路、东吴路、禹山北路以北，以内江为核心，含水面及长江滩地在内总面积约61.6平方公里的沿江临水区域。

北部滨水区的建设以“水”为核心，围绕“水”主体展开，充分构筑水文章。通过水利工程建设、水体改造及港口功能的转换等重大城市建设彻底迁移镇江老港，形成以湖面为主体的风景游览区，拟建设成为独具魅力和最具活力的城市滨水区，以及城区型与保护自然生态型的复合型城市滨水区。

至2008年，引航道水利枢纽工程、焦南闸工程、金山湖退淤还湖工程、金山广场工程、环湖路工程、外环路工程和中山北路北延工程已先后开工建设。其中2008年城建重点工程、北部滨水区建设的亮点工程——金山广场，于12月18日胜利完成了建设任务。

◎镇江北部滨水区总体规划图

◎引航道水利枢纽工程

◎金山湖工程

市委书记许津荣对滨水区建设寄语

要将镇江北部滨水区建成最具个性、最具活力的地区，形成最具魅力的滨江城市风貌，进而建成最具活力和魅力的现代化滨江生态园林城市，打造出顶级城市名片。

市委副书记张庆生对滨水区建设寄语

要着重发挥“863水环境专项”的品牌效应，把北部滨水区打造成更具观光美景，更具旅游、休闲乐趣，更具水上运动功能，更具带动性综合效益的环境提升工程。

镇江市水利投资公司

◎北部滨水区建设的亮点工程金山广场于2008年12月18日全面竣工

镇江市交通投资建设发展公司

◎生态大道——南徐路

镇江市交通投资建设发展公司成立于2001年10月，是镇江市人民政府批准建立的承担城市及交通建设市场化经营职能的特定主体，全民事业制单位，目前拥有注册资本2.1006亿元，总资产156亿元。公司下设两个全资子公司：镇江红星置业有限公司和镇江市红星工程有限公司，主营业务分别为房地产开发和工程建设管理，注册资本均为1亿元。

公司自成立以来，全力以赴参与城市基础设施建设，累计投资50余亿元，先后建成了引资大道——镇宝路、生态大道——南徐路、园林大道——檀山路、水景大道——润州路、人文大道——金桥路、团山路、戴家门路、沿江高等级公路、健康路等各具特色的城市景观道路，以投资方式参与了农村公路建设、312国道扩建、镇大公路拓宽等工程。公司还先后与万科、中住、亚东等国内多家知名房地产企业成功合作，上市出让土地200余公顷，引进开发了天和星城、城南映象、魅力之城、君临南山、亚东朴园等楼盘，获取土地出让金22亿元，为提高城市品位、促进城市发展作出了突出成绩。公司先后荣获江苏省五一劳动奖状、江苏省重点工程劳动竞赛功臣集体、镇江市五一劳动奖状、镇江市有功单位、镇江市文明单位、国资运营先进单位等多项荣誉称号。

◎健 康 路

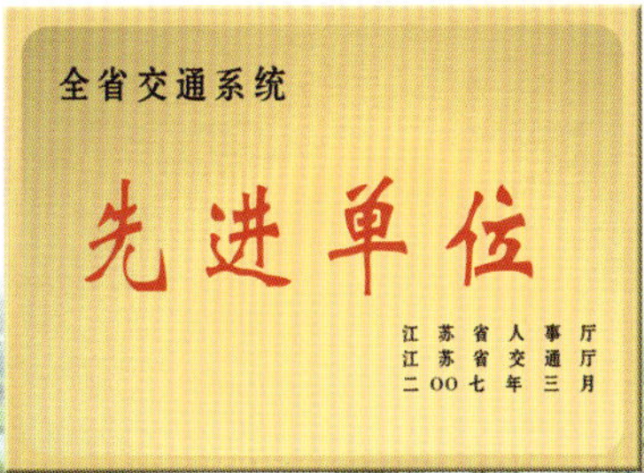

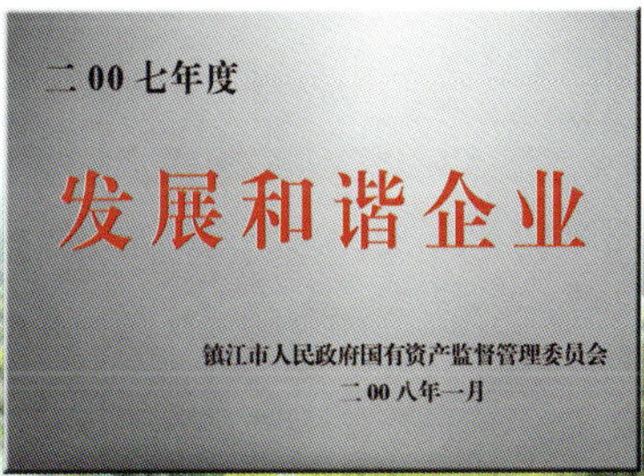

◎主任　冯智皓

镇江市产权交易中心（简称中心）是江苏省国资委确认的国有产权交易机构，镇江市国资委直属事业单位。中心为所有产权（物权、债权、股权、知识产权等）提供转让服务。依法开展政策咨询、信息发布、项目推荐、投资引导、招标竞价、产权鉴证、股权托管、设备调剂等服务活动。2002年以来配合镇江市国企改革，为250户企事业单位产权转让提供了服务。

2004年以来，国务院国资委、江苏省委、省国资委和镇江市委、市政府主要领导先后到中心视察、指导工作。《新华日报》《工人日报》《中国纪检监察报》等报刊多次刊登文章宣传报道中心的建设和发展情况。

2003年，中心在国内同类机构中率先通过ISO 9001质量管理体系认证。2004年，获“全省百强经纪企业”称号。2005年被市委、市政府授予“全市国有企业改革工作先进集体”。2006年，产权交易市场窗口被市总工会授于“五一文明岗”称号，产权转让服务岗位同时获全市党员示范岗称号。

◎评标室

镇江市产权交易中心

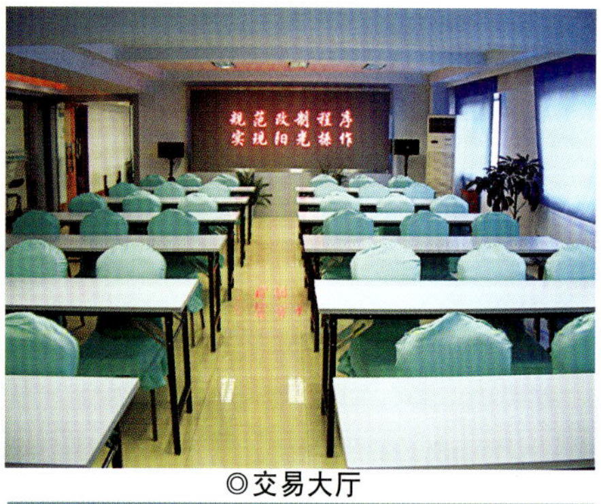

◎交易大厅

地　址：镇江市解放路22号八楼（京协大厦）
电　话：0511-84445008 84445009
传　真：0511-84446552
网　址：www.zjcqjy.com

◎办公场所

丹阳市人民检察院

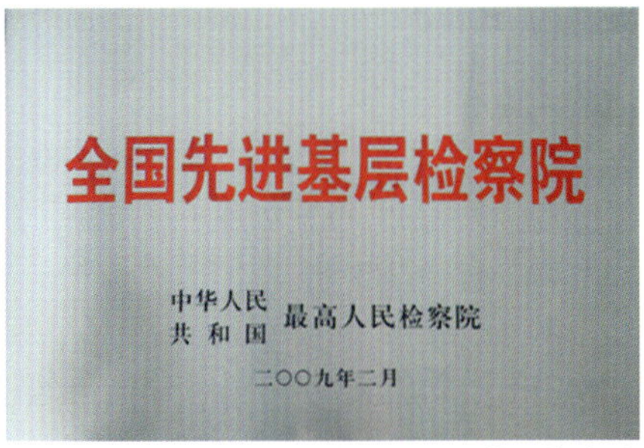

◎丹阳检察院连续三届获全国先进基层检察院称号

◎丹阳市人民检察院党组书记、检察长朱毅

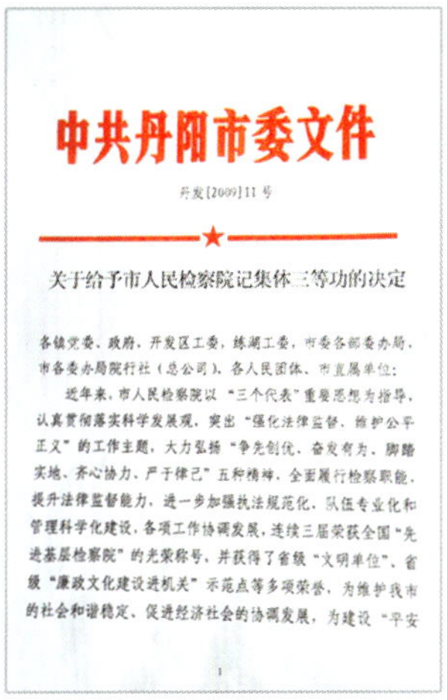

中共丹阳市委文件

丹发[2009]11号

关于给予市人民检察院记集体三等功的决定

各镇党委、政府，开发区工委，练湖工委，市委各部委办局，市各委办局院行社（总公司），各人民团体、市直属单位：

近年来，市人民检察院以"三个代表"重要思想为指导，认真贯彻落实科学发展观，突出"强化法律监督、维护公平正义"的工作主题，大力弘扬"争先创优、奋发有为、脚踏实地、齐心协力、严于律己"五种精神，全面履行检察职能，提升法律监督能力，进一步加强执法规范化、队伍专业化和管理科学化建设，各项工作协调发展，连续三届荣获全国"先进基层检察院"的光荣称号，并获得了省级"文明单位"、省级"廉政文化建设进机关"示范点等多项荣誉，为维护我市的社会和谐稳定、促进经济社会的协调发展，为建设"平安

1

◎丹阳检察院被丹阳市委、市政府记集体三等功

◎省委政法委书记林祥国（中）在镇江市委书记许津荣、丹阳市委书记李茂川、丹阳政法委书记周爱仙等领导陪同下，视察丹阳检察工作

◎镇江市检察机关执法规范化现场会在丹阳检察院召开

◎院领导带头向四川地震灾区捐款

◎干警参观执法规范化教育基地

◎丹阳检察院办公楼

丹阳市财政局

◎省财政厅厅长潘永和（右一）在丹阳市调研财政工作

◎镇江市政协副主席、财政局长许能斌（右二）在丹阳市调研财政工作

◎局党组成员集中学习

2008年，面对严峻的经济形势，丹阳市财政部门认真贯彻落实科学发展观和市委十一届四次、五次会议精神，按照“基础工作抓规范，重点工作抓特色，难点工作抓突破”的要求，积极创新财政体制机制，充分发挥财政职能作用，大力优化财政支出结构，突出支持加快转变经济发展方式，全力保障“三农”和以改善民生为重点的社会事业建设，财政改革与发展取得新进展。全年完成财政总收入55.02亿元，比2007年增加近14亿元，增长32.46%；完成一般预算收入20 亿元，增长19.72%。2008年，丹阳市财政局被江苏省财政厅评为行政事业单位资产清查先进单位，被江苏省总工会评为工会财会工作先进集体；被镇江市委、市政府、镇江军分区评为“双拥”工作嘉奖单位；被丹阳市委市政府命名为党建工作示范点、党务公开绩效试点单位和服务环境建设先进集体；在年终综合考核中名列第二；镇区11个财政所被评为“人民满意基层站所”，其中，云阳、导墅、访仙、埤城等四个财政所被评为镇江市级“人民满意基层站所”。

◎市财政局深入开展“服务环境建设提升年”活动

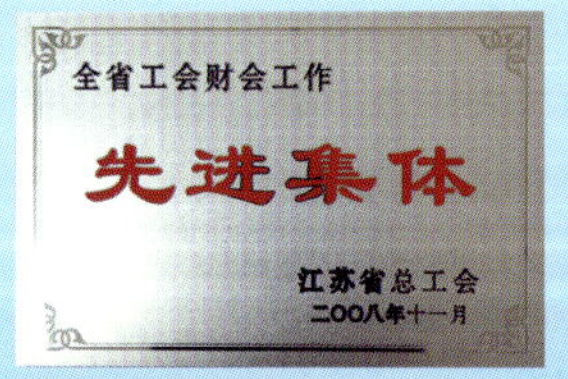

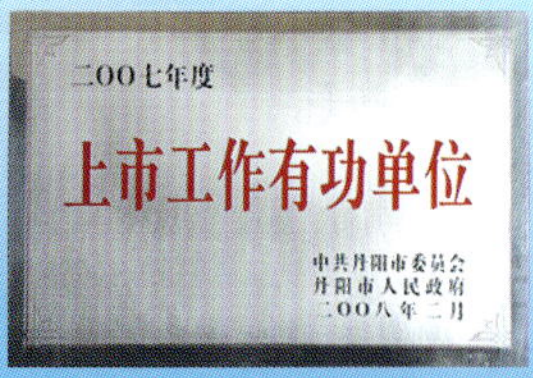

◎实行指纹考勤

◎机关党员干部积极捐款支持灾区重建

茅山风景区管理委员会

◎原中共中央政治局常委、中共中央纪委书记吴官正（左一）考察茅山风景区

◎老子神像

2008年，是茅山风景区历史转折的一年，是景区“大开发、大发展”的一年。一年来，茅山管委会紧紧围绕“建设国内著名风景名胜区、长三角重要旅游目的地、国家5A级旅游区”的目标，科学规划，坚决推进“五大板块”战略实施，推进管理体制调整，整合旅游资源，迅速有效地推进景区各项重点项目建设，较好地完成了景区各项目标任务，使景区逐步向着科学发展、协调发展、可持续发展的方向迈进。

茅山管委会按照市委、市政府要求，2008年4月完成景区行政区划调整，实行景政合一、两区合一的新体制；6月，又完成景区内部管理体制调整，由管委会对景区实施统一管理、统一经营，使景区向建立市场化经营机制方向迈出了关键性一步。新体制建立后，管委会积极采取各种有效举措，加大规范管理、宣传营销力度，茅山旅游品牌效应进一步扩大。在年初雪灾、四川地震以及金融危机等影响下，景区全年门票综合收入仍创历史新高。

2008年，景区共实施各类建设项目四大类三十五项，总投资达35亿元，其中已顺利完成全年实际总投资1.7亿元、价值约3亿元的各项建设目标。市政工程方面，完成了东进路、大茅路延伸段、集镇中心广场，镇区的亮化、绿化、人行道硬化及镇24小时供水等建设工程；景区景点方面，完成了核心景区盘山公路加固与防护设施完善、墓东水库至印宫22公里盘山道路建设、景区游步道、道教文化广场、喜客泉、华阳洞景点建设等系列工程；景区内各小型停车场、各景点门禁系统等配套设施得到进一步完善；占地13公顷的大型生态停车场、新游客中心前期土方平整、规划已完成；拆迁安置方面，顺利完成了近3万平方米的拆迁工程，2个安置小区工程已过半；休闲度假方面，总投3.5亿元占地13公顷的长龙山翔峰国际度假村、总投3亿元占地13公顷的翡翠山庄、总投2.5亿元占地10公顷的美加国际度假村、总投7000万元占地3公顷的茅山旅游休闲度假俱乐部等一大批配套项目正如火如荼的建设中；辖区建设以生态为先，农村工作扎实稳步推进；精神文明创建和基层民主法制建设硕果累累，党建、宣统、政协、武装工作稳步上升，茅山管委会力争在2～3年内把茅山建设成为国内著名旅游基地、养生基地、度假基地、培训基地。

摄影　何宪政，王道林

句容经济开发区

◎镇江市委书记许津荣（左二）视察巨宝项目工地

◎巨宝精密加工项目开工庆典

◎江苏句容高层次人才创业园授牌

◎福龙钢材市场开业庆典

◎曙光国际大酒店

◎黄金花园安置小区

◎开发区富达创业园标准厂房

句容市财政局

◎局长 吴新梅

◎省财政厅副厅长黄晓平到句容市调研乡镇卫生服务中心和卫生服务站建设工作

句容市财政局内设预算科等19个科室、华阳所等12个财政所。近年来，句容市财政工作在市委、市政府的正确领导下，在上级财政部门的大力支持下，深入学习实践科学发展观，积极克服全球金融危机给财政工作带来的困难和不利因素，全局上下团结拼搏，扎实工作，狠抓收支管理，深化财政改革，稳步推进公共财政体制建设，各项工作取得了新进展，新成绩，有力促进了全市经济和社会事业的全面、协调、持续发展。2008年，在政策性减税较多、经济增长放缓等不利因素影响下，全市财政收入仍然实现了规模与质量同步提升。财政收入规模不断扩大，全市财政总收入突破20亿元，达22.5亿元，增长32%；完成一般预算收入9.5亿元，增幅达到26.6%，增幅在苏南地区名列第五。财政收入质量不断提高，财政总收入占GDP比重为12.2%，比上年提高1.1个百分点；完成地方税收收入7.9亿元，税收收入占一般预算收入比重达到83.11%，比上年提高1.5个百分点；税收收入增幅达28.84%，增幅在苏南地区名列第三，被省政府授予“财政收入新增贡献先进单位”称号。

句容市财政工作会议

市财政局召开深入学习实践科学发展观活动动员大会

句容市下蜀镇

◎省委常委、纪委书记冯敏刚（右一）到下蜀镇调研权力监控工作

2008年，句容市下蜀镇坚持以科学发展观为指导，切实按照“决胜小康，加速赶超”的总体要求，坚持临港工业开发，自加压力、拼搏奋进，经济社会各项事业取得了长足发展，先后获得省文明镇创建工作先进镇、省体育强镇、镇江市工业经济发展十强镇、镇江市财政收入十强镇、句容市先进基层党委等荣誉称号。

◎下蜀镇重点项目句容毅马五金项目开工

◎临港工业集中区安置小区长江花园开工仪式

◎正在二期扩建中的句容台泥水泥有限公司

◎镇骨干企业江苏建华管桩有限公司

◎江苏金士达生物科技有限公司高档苗木

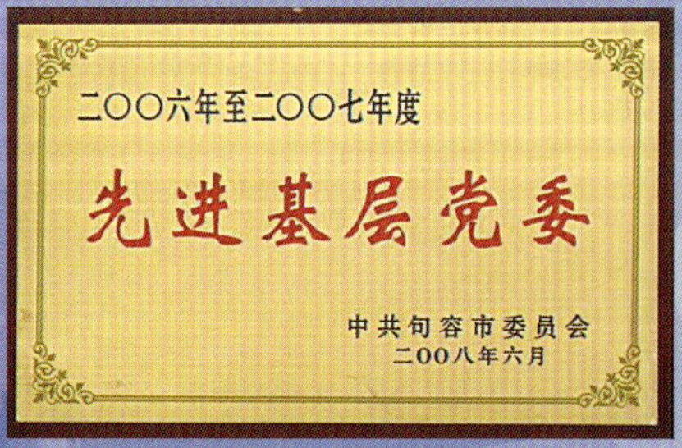

丹徒区建设局

◎区领导参观规划展示馆

2008年，丹徒区建设局以科学发展观为指导，积极化解资金紧、任务重、矛盾多等不利因素，围绕全面小康目标，唱响主旋律，打好主动仗，以超常规的动作开展工作。倾全局之力，建设完成总投资2500万元、建筑面积3000平方米的丹徒规划展示馆，并于11月29日正式开馆；仅用6个月时间，就完成1.4公里西环路南延道路工程，实现了当年开工、当年竣工通车；顺利完成新城拆迁项目9个，拆迁面积9.5万平方米，建设官庄新村、龙山路等安置房9万平方米，有力地保证了经十二路等重点工程建设。与此同时，强抓建设市场规范管理，强抓机关作风整顿，强抓党建和精神文明建设，有力地提升了行业形象。建设局因此在全区“三个文明”年度考核中荣获部门综合考核第三名，并被评为区机关作风建设和优化经济发展环境先进单位，又一次赢得了较大幅度的进档升位。

◎承建的丹徒规划展示馆开馆

◎承建的上党高级中学扩建工程开工

◎“城乡规划法”学习培训

◎西环路南延工程竣工

丹徒质量技术监督局

◎刘巍局长在全区质量工作会议上讲话

2008年，是质量兴区考核验收年。镇江市丹徒质量技术监督局在区委、区政府的正确领导下，在上级局的关心支持下，积极当好政府“参谋”，组织召开了8次质量联席会议，组织开展5次督查，帮助各部门、乡镇（园区）收集整理100余卷质量兴区工作台帐。全局干部职工心往一处想，劲往一处使，努力拼搏。12月，质量兴区顺利通过省级达标验收。

◎全区质量工作会议召开讲话

◎3月份全省质监系统办公室工作会议在世业旅游度假村召开

丹徒区谷阳镇槐荫村

◎村党支部书记 姜斗珠

槐荫村位于镇江市南郊12公里处，区位、交通优势非常优越，北距312国道5公里，南距沪宁高速3公里，扬溧高速、镇荣公路穿村而过。全村有4个自然村，辖17个村民小组，常住人口500户、2100人。全村占地面积3.48平方公里，村属企业5家，私营企业8家，2008年国民生产总值8300万元。人均收入8300元.村级一般性经济收入80万元。2006年，槐荫村被上级确定为省级社会主义新农村建设试点村。近年来连续两年被镇江市评为“双清双美先进村”，2007年被镇江市委市政府评为“农村环境整治先进村”“平安创建示范村”，2007年被评为省级“卫生村”，2008年被评为省级“生态村”以及省、市级非物质文化遗产保护单位等荣誉称号。

◎副省长何权（左二）到槐荫村视察工作

◎日本友人吉岗茂美（右）到槐荫村参观

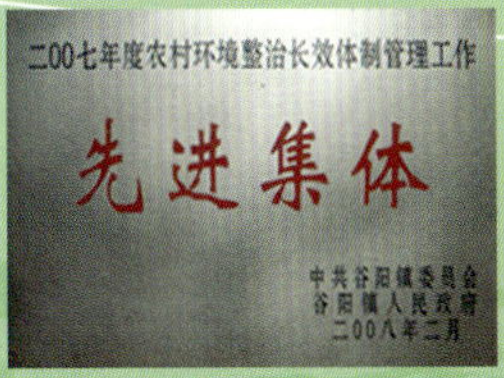

扬中市新坝镇

党委书记 朱晓阳

镇长 文层耕

新坝镇位于江苏省扬中市西北部，下辖16个行政村，1个农场，2个社区居委会，人口4.73万人。总面积49.2平方公里，耕地面积2360公顷。2008年，全镇实现地区生产总值44.84亿元，同比增长17.2%；实现财政总收入5.92亿元，增长23%。

2008年，全镇实现工业产值136.39亿元，销售额130.38亿元，在2007年率先建成百亿强镇的基础上实现了新的跨越。全镇现有近500家企业，其中亿元以上企业18家，市属三十强企业13家，定报企业79家，大全集团2008年产值达到57亿元。全镇形成电力电器、硅材料、钎焊材料、乳胶系列、磨具磨料、职业装等六大全国特色产业基地。其中电力电器产业规模达80亿元，占全国市场份额的15%以上，其中大全集团列全国电工行业十强企业第七位。宏达化工、苏惠乳胶、优美科科技材料（扬中）有限公司、长江渔具、康尔臭氧等企业已成长为全国同行业的“单打冠军”。全镇已与全国600多家科研院所、大专院校建立牢固的合作关系，拥有各类专业技术人员4000多名，其中中高级技术人员1000多名。全镇共建1家国家级技术研发中心、1家国家863计划成果转化基地、2家博士后工作站、1家省级工程技术研究中心，有国家级高新技术企业7家、省级高新技术企业23家、省级以上高新技术产品61家，创建中国名牌1个、国家免检产品7个。年专利申请量超百个。大全集团建立了国家级电力电器检测中心，并获准筹建电器附件标准化技术委员会桥架分技术委员会和母线槽工作组，并参加国际标准的起草工作。宏达化工成立中俄技术研究中心，并于2008年2月在深交所成功上市，成为全市第一家国内上市公司。大全集团被评为国家电工行业最具创新力的十强企业第一位。科技园区进入收获期，16个项目全部出产出效，全年实现产值30亿元，园区服务中心以及园区二期工程也正在快速建设之中。全镇完成合同注册外资1490万美元，实际利用外资2527万美元。农民人均纯收入13000元，全镇就业人数达21250人，占全镇劳动力总数的99%，54家企业签订了工资集体协商专项合同，促进农民工资性收入稳步增长。全镇硬质化道路总长超过245公里，形成镇通村、村通村、村通居、村通组四通八达的农村道路交通网络。集镇绿地覆盖率达到40%，人均绿地面积达到12平方米，超过省小城镇绿化标准，建立环境整治长效机制，完善垃圾收集转运的各项基础设施，率先完成第一轮河道清淤整治任务，骨干河港达到“水清、水净、水畅、岸洁”的标准。围绕建成覆盖全镇的农民保障网的目标，全年新增农村社会养老保险1568人、城镇养老保险1080人，农村居民养老保障率达90%以上，农村新型合作医疗保险继续保持全覆盖，建立了镇慈善分会，推进“3+1”帮扶活动，有效保障了贫困家庭的生产生活。全镇共申报创建省级文明村5家、文明单位3家，镇江市级文明村7家、文明单位13家，扬中市级文明村12家、文明单位30家，有20个家庭被镇党委命名为“双十佳和谐家庭”，新坝中学被评为“全国双合格示范家长学校”。

镇江市国土资源局京口分局

◎区委书记胡宗元（中）等视察地质灾害治理工程

◎市国土资源局局长雷志强调研指导分局工作

2008年，在市国土局党委和京口区委、区政府正确领导下，国土京口分局积极贯彻落实科学发展观，认真履行国土资源管理职能，深入开展文明创建活动，圆满完成了年度各项目标任务。连续第4年被表彰为全市国土资源管理工作先进单位，被表彰为全市土地开发复垦、闲置土地清理处置和地质灾害防治工作先进单位，被省国土资源厅表彰为信访工作先进集体；局党总支连续第三年被市国土局党委表彰为“五好”党总支；在区基层评议机关活动中，测评名次连续三年蝉联市直单位第一名。

◎部署斜坡地质防治工作

◎成立国土资源联合执法办公室暨警务室

镇江市京口工业园区

◎市长刘捍东亲临园区项目现场

◎常务副市长陈照煌（前右三）视察园区

江苏镇江京口工业园区是经江苏省人民政府批准的省级工业园区，园区规划面积13.3平方公里，一期规划4平方公里，以建设科技型、环保型、集约型的新型工业园区为发展目标。

园区明确以新材料（侧重金属压延、新能源材料）、电子电器、机械制造（汽车零部件）为主导的产业定位，突出发展高新科技产业（研发）类项目，主攻投资额大、带动性强、高附加值项目，力争将园区发展成为企业集群、产业集聚的新型工业区。

随着科捷新能源、非晶硅薄膜太阳能电池等一批高科技项目的落户，园区的产业优势更加明显；通过与信托公司、银行等金融机构的合作，融资瓶颈逐步打开；污水处理厂、110KV变电所、220KV变电所、老鼠山河排涝站以及金阳大道、京鼎大道、华诚路、华丰路、镇大公路、沿江公路、谏辛公路、华诚新村安置房等基础设施配套日益完善，园区形象大大提升，对项目的吸引力显著增强。

京口工业园区将按照科学发展观的要求，进一步抢抓机遇，克难奋进，加大招商引资和基础设施建设的力度，全面提升园区发展水平，实现更好更快发展！

◎许津荣（右一）会见绿洲公司董事长及韩商

◎区领导视察园区企业

◎相约京口共谋发展 京口工业园区投资说明会

◎绿洲公司与韩国周星公司签订合作协议

◎廉政教育进工地现场会

京口区卫生局

◎省长罗志军来我区调研社区卫生服务工作

◎党委书记、局长　赵慧

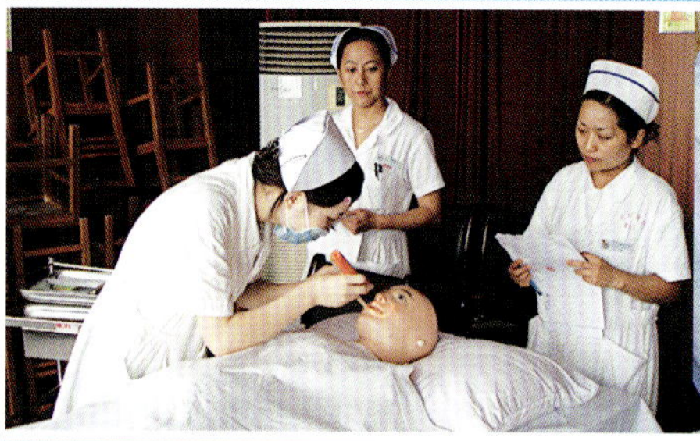

◎开展岗位技术练兵活动

◎卫生监督人员在进行食品卫生执法检查

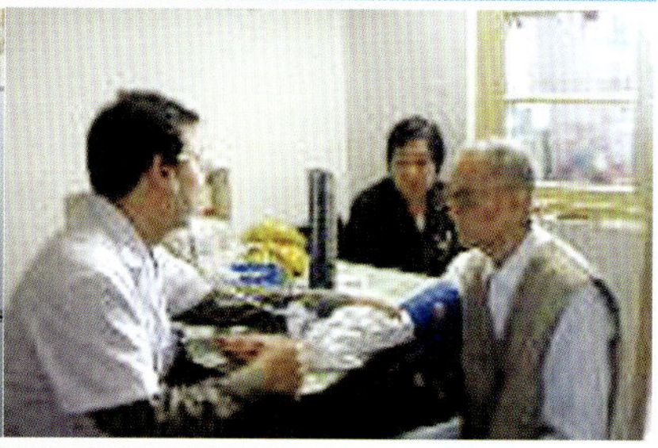

◎责任医生上门出诊

京口区卫生局牢固树立卫生工作为人民健康服务的观念，以实现“人人享的基本医疗卫生服务”为目标，全面启动城市社区卫生服务运行机制综合改革，解放思想，开拓进取，积极深化各项医疗改革，大力发展社区卫生服务，广泛开展“以病人为中心”的活动，规范医疗服务行为，提高医疗服务质量，不断强化疾病预防控制和卫生监督机制，推动全区卫生事业健康快速的发展。

◎新建成的区卫生综合大楼

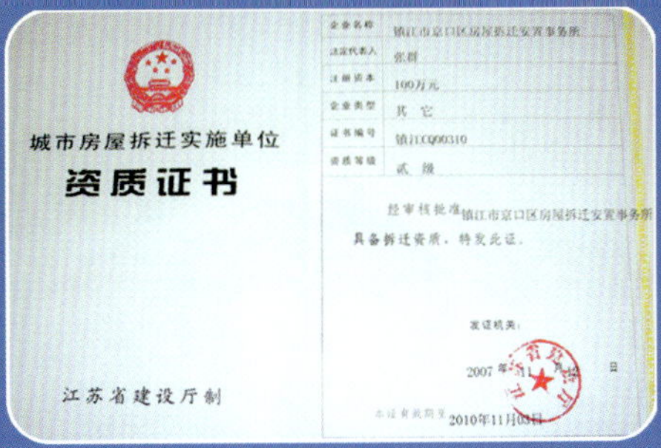

京口区房屋拆迁安置事务所成立于2000年12月6日。现有在编在职职工16名，机构下设五科一室，即：主任室、拆迁一科、拆迁二科、拆迁三科、拆迁四科、综合科。京口区房屋拆迁安置事务所组建以来，先后组织实施了学府路、经十二路、江滨大道、京岘山路、大市口第一楼街步行街等重点城建工程。同时，还组织实施了镇江市一中教育用地、镇江市高等专科学校教育用地、新华村地块、京岘山地块、东风村、方家湾和索普醋酸地块等项目的房屋拆迁安置工作。为城市建设和社会事业的发展作出了较大的贡献，2007年获得江苏“平安拆迁”先进集体光荣称号，得到了社会的公认和上级多次的表扬和嘉奖。

京口区房屋拆迁安置事务所

镇江市京口区谏

◎省人大代表视察综合环境整治活动

◎市长刘捍东（左二）视察中储粮镇江粮油有限公司

◎区委常委、组织部部长倪兆顺参加创业培训基地揭牌仪式

◎副区长蒋嵩峰视察并处理污水处理厂建设问题

◎三江会馆捐赠仪式

◎纪念改革开放30周年文艺汇演

◎为农民、农民工免费提供法律咨询

◎广泛开展慈善募捐活动

壁　镇

◎区委书记胡宗元（左二）视察谏壁地区环境综合整治工作

◎人大代表关注谏壁项目建设

◎庆“七一”报告会暨“学教大课堂”开课仪式

◎镇敬老院建院二十周年典礼

◎中储粮镇江粮油有限公司

◎镇江鸿泰钢铁

◎镇江市第十中学

◎市委书记许津荣视察京口软件园

◎举办第二届农民运

象山镇位于市区东郊，隶属于京口区，行政区划面积约43.5平方公里，下辖15个社区居委会、4个村委会，总人口约5.26万人，其中农业人口7917人，城镇居民人口44698人。焦山公园、宗泽墓等名胜古迹坐落境内。辖区内有江苏大学、镇江高专、镇江一中等大中专院校。2008年象山镇实现在地口径地区生产总值33亿元，一般预算收入1.35亿元，实现工业销售104亿元，定报工业销售100亿元，规模以上固定资产投资34亿元，规模工业投入18.5亿元，社会消费品零售总额6.5亿元，农民人均收入达9600元。2008年，该镇创建全国环境优美乡镇工作顺利通过考核组的考核验收。

◎镇党委书记 陈跃生

◎镇长

象山镇

Xiangshanzhen

◎常务副市长陈照煌视察象山镇

◎市、区领导视察意龙服饰

象山镇东风社区总面积2平方公里，下辖4个居民小组及华夏水木阳光、东风新家园和名仕家园三个住宅小区、总人口约5000人，社区党总支现有党员30名。现有办公房面积480平方米，实现了办公自动化。

东风社区商业步行街2005年12月开工建设，2006年12月竣工验收。步行街占地1.1公顷，规划总面积2.5万平方米，其中营业房面积2.05万平方米，总投资4500万元。水、电、天然气等附属设施安装完成，并通过各相关部门验收。已有百余家三产业主进驻东风商业步行街经营，经营项目覆盖旅馆、网吧、服装、美容、餐饮、商品百货等，其中佳佳网吧经营面积1200平方米，总投资500万元；超界网吧营业面积1000平方米，总投资350万元。东风社区正营造良好社会环境，提供一流优质服务，把东风社区打造成具有地方特色的经济基地。

东风社区还租用土地1.33公顷从事农贸市场建设，现建成面积1575平方米门面房，硬化场地1000平方米。拟新建面积为8000平方米的东风综合市场，以消除占道经营现象，改善江苏大学周边环境。

象山镇
东风社区

◎农民小区

◎步行街

◎东风新家园

象山镇上埠村

◎市、区领导视察上埠村，村支部书记霍顺福作现场汇报。前排左起：市政协主席郭礼荣（左二）、京口区委书记胡宗元（左三）、京口区区长郭建（左四）、京口区副区长余国根（左七）、上埠村党支部书记霍顺福（左六）

◎工厂女工

镇江市象山镇上埠村，地处象山镇东南，紧依古运河，相传古代有一皇帝登岸到村视察而得名。上埠村面积3.2平方公里，由大上埠、小上埠、东山村、西山头等自然村组成。

党支部书记霍顺福，团结干群，建设好以支部为核心的村级组织和一流的党员干部队伍。坚持学习邓小平理论和“三个代表”重要思想，在工作中学习实践科学发展观。2008年全村工业性投入1000万元，实现利税436万元。经济工作稳步挺进。阻燃剂有限公司及福利综合厂，产销两旺，效益良好。积极响应市政府的号召，抓好“百日整治”和“双清双美”活动，清洁水源，清洁田园，清洁家园，治理村庄内外的脏、乱、差。累计投入80万元，建成“富民”中心大道，在村中心（3、4组）新建健身广场，为5组干道安装路灯，全村新建改造垃圾箱9个，改造水沟3000余米，清淤塘坝2个，铺设草坪400平方米，栽插苗木1万多株，改造厕所250户，成立保洁队伍，实现垃圾收集、道路清扫、垃圾清运“三位一体”的保洁法。

2008年，上埠村通过省级“卫生村”验收，并被评为“省级文明村”，为镇大公路拓宽改造工程作出贡献。全村社会治安、平安创建、合作医疗等各项工作都取得实效，村民在发展中得到了实惠。如今鲜花盛开的上埠村，天蓝、水清、山绿、家园优美。村上的腰鼓队优美的舞姿，欢乐的鼓点，使古老的上埠村焕发出勃勃生机。

◎上埠春色

©13500 新海虎自航耙吸挖泥船

京口区正东路街道办事处

正东路街道位于镇江市区东南部，毗邻古运河，是镇江市、京口区两级政府所在地，辖区教育资源丰富，有江苏科技大学、镇江高等专科学校，学府路科技型企业集聚。辖区总面积5.77平方公里，下辖8个社区，总人口57762人，总户数17898户。2008年，街道先后获“江苏省优秀妇联组织”“镇江市法治镇（街道）创建工作先进单位”“镇江市社会治安安全街道”“镇江市基层武装工作达标建设先进单位”“市食品安全示范镇（街道）”“2007年度城管创优先进集体”“镇江市物业管理工作先进单位”等荣誉称号。

润州区教育局

◎市委书记许津荣（中）到魅力之城分校视察

◎李岚清接见润州区京剧小演员

◎润州区教育工作省级督导评估考核通报会

2008年，润州区教育事业紧紧围绕基本实现区域教育现代化目标，积极整合教育资源，全面加快重点工程建设，大力推进素质教育,全面提升教育质量，加强师资队伍建设，优化教育发展环境，全区各级各类教育实现了协调、均衡、快速发展。全区25所注册幼儿园中省标幼儿园达标率100%，学前三年幼儿户籍内入园率达93.1%。小学入学率、初中入学率均达100%，学年内辍学率为零，小学毕业生升学率达100%，初中毕业生升学率达100%，高中阶段教育毛入学率达105.81%,职高毕业生双证率达99%,职高就业率达98.12%。全区义务教育阶段学生入学率、巩固率、升学率均达省定指标，基本实现义务教育阶段校校无流生的总目标，超额完成市政府下达的目标任务。被区委、区政府评为提案承办先进单位，被市读书指导委员会评为“读书先进单位”。

◎庆祝第二十四个教师节

◎润扬幼儿园

◎开展篮球比赛

◎组织乒乓球比赛

镇江市润州区人民法院

2008年以来，润州法院以科学发展观为统领，坚持“三个至上”指导思想，全面贯彻“为大局服务、为人民司法”指导方针，积极践行“人民法官为人民”主题活动，忠实履行宪法与法律赋予的职责，全力服务“保增长、保民生、保稳定”工作，狠抓队伍建设和基层基础建设，被省高院荣记集体二等功，并被授予全省法院基层基础建设先进单位、两庭建设先进单位、信息化促进司法规范化建设示范点等荣誉称号，还被润州区委、区政府授予特别贡献单位等多项荣誉。结合深入持久开展司法规范化建设的要求，该院创新思维，以加强文化建设促进司法规范化建设，通过建设全市首家“法律道德教育基地”、提炼法院精神、举行摄影书画竞赛等活动，推动文化建设和司法规范化建设双赢。2008年12月30日，全省法院司法规范化建设经验交流会在润州法院举行，最高法院宣教部部长董文濮、省高院副院长胡道才、市委政法委书记黄宝荣、市中院院长帅巧芳、润州区委书记庄兆林等领导参加会议。

◎吴猛院长在全省司法规范化现场会会上做经验介绍

◎妥善审理全区首例黑社会犯罪案件，维护一方稳定

◎院长吴猛陪同中院领导深入华通华诚公司进行司法调研，全力服务保增长工作

◎2008年8月，市政法委书记黄宝荣参加该院法制道德教育基地启用仪式，并视察了启园

◎市中院院长帅巧芳、润州区委书记庄兆林视察文化长廊

◎市中院院长帅巧芳和市委常委、秘书长李国忠为该院“维护消费者权益合议庭”揭牌，加大保护民生力度

◎深入船头为渔民送法

◎加大投入建设科技法庭，被评为全省法院信息化示范点

◎法警大队被省高院复核为示范级警队，积极争创全国优秀法警大队

◎在获得全省优秀青少年维权岗的基础上，少年庭法官积极开展青少年维权工作，争创全国优秀青少年维权岗

省级文明镇

润州区蒋乔镇

◎镇党委书记　贾晟

◎镇党委副书记、镇长　张庆松

◎市、区领导在平山生态观光园植树

◎开展结对帮扶慰问

◎市农副产品批发市场

◎2009年乡土文化艺术年

◎新年工作动员部署会

◎汇科数码科技项目

◎积极争创环境优美乡镇

◎镇江欧派罗项目

◎人大代表视察丁卯巡回审判点

◎院领导走访企业

镇江经济开发区法院

2008年，镇江经济开发区法院全面贯彻党的十七大精神，深入学习实践科学发展观，狠抓队伍建设，围绕大局工作，服务发展，牢固树立司法为民理念，积极开展各项审判工作，实现队伍建设规范化、审判作风文明化，审执案件优质化，全力化解各类矛盾纠纷，法治环境得到进一步优化，司法满意度较高。全年共受理各类案件2607件，审（执）结2532件，结案率达97.01%。该院人均结案数384.04件，列全省第一。在江苏省法院30项考核和分析指标中，15项指标在镇江法院领先，5项指标在全省法院领先。2008年，该院被评为“镇江市维稳信访工作先进集体”、“全市法院集体三等功”等荣誉称号，执行局局长祁德胜获省法院个人二等功。

◎姚桥巡回审判点现场开庭

◎法官田间调解

◎开展廉洁司法知识竞赛

◎省高院法警总队领导阅警

◎丁岗镇文体活动中心落成典礼

崛起中的新丁岗

◎丁岗镇便民服务中心

◎丁岗镇千亩绿化林基地

丁岗——镇江新区的南大门。东临新区姚桥镇，南靠丹阳埤城镇，西接京口谏壁镇，北倚新区政治经济文化中心大港街道。全镇总面积40平方公里，集镇面积2平方公里，辖6个行政村。2008年末全镇总人口20637人，总户数7660户，企业273家，其中规模以上企业14家，从业人员900余人，初步形成了碳素制品、高压电器、汽车配件、机械制造等支柱产业。

丁岗镇划入镇江新区三年来，紧紧围绕新区党工委、管委会提出的“一年新起步、两年加速度、三年大提升”的奋斗目标，始终不渝地高扬发展主旋律，自加压力搞建设，统筹兼顾求发展，全镇经济建设和社会各项事业实现了又好又快发展的良好势头。特别是主要经济指标增幅明显。2008年全镇实现工业总产值10.8亿元，完成年计划的101.3%，增长35.2%；工业销售10.1亿元，完成年计划的101.2%，增长33%；利税3962万元，完成年计划的101.6%，增长23.2%。其中规模工业企业实现产值7.35亿元，销售6.91亿元，利税3076万元，分别完成年计划的144.1%、141%、146.5%，分别增长87.1%、88.9%、115.9%，分别为2005年的9.9倍、9.84倍、6.56倍。实现全口径财政收入3750万元，完成年计划的125%，增长92%，其中一般预算收入1417万元，完成年计划的109%，增长80.7%，增幅在全市53个乡镇（街道）中名列前三，分别为2005年的3.38倍和3倍。

2008年全镇成功引进了西班牙理疗手镯、新型门锁等23个项目，合同利用外资1000万欧元，合同利用内资5.2亿元。开工建设项目16个，总投资2.4亿元。培植沙糖柑桔、中华史氏鲟、银杏虫子鸡等种养殖基地7个，清淤河塘48座；铺设农村道路30公里。新增社保人员734人、拉动社保基金228万元，连续两年在全市乡镇（街道）中率先完成社保扩面征缴任务，并均被评为市社保扩面征缴工作先进集体。集镇建设、教育、文化等各项社会事业以及党建工作均取得明显成绩，被评为市安全生产先进单位、市社会治安安全镇、市信访工作“四无”乡镇、镇江新区2008年度先进集体等。

◎葛村农民健身广场

◎丹高电器有限公司

镇江新区丁卯街道办事处

◎新区党工委副书记王祥义（右一）、街道党工委书记倪宏（左一）慰问百岁老人

◎街道办事处主任王开吉接待来访群众

2008年，丁卯街道党工委、办事处一班人带领街道全体工作人员，紧扣经济建设中心，以大项目招商和三产服务业引资为抓手，突出发展“三高”产业，全力打造镇江市新商业中心。丁卯中心商贸城集中开工仪式的成功举办全面掀起了义乌小商品市场、亿都建材城、亚太五金电器市场、星宝汽配港、食品市场等项目的投资热潮。沃尔玛超市于2009年6月4日正式开业 。成功引进总投资7.2亿港币重型机械制造和总投资3.2亿港币的中金重工等大项目，招商取得了新的突破。打造了以宝德汽车和奥迪城市展厅为代表的多品牌4S店聚集的丁卯桥路汽贸一条街。整合了原润南工业园，倾力打造“鑫鼎茂工业园B区”，为更高层次的招商引资奠定了新的平台。丁卯文体活动中心、党员服务中心、社区教育中心、老年活动中心的建成为片区百姓提供了一流的文化活动场所。2008年市政府为民办实事重点工程——谷阳菜市场升级改造工程通过市级验收，投入使用方便了群众的生活。

荣誉

2008年省级农业普查先进集体

2008年江苏省“四无街道”

2008年度镇江市食品安全示范街道

廿载杏园写春秋　一派特色靓校园

——镇江卫生学校建校20周年巡礼

在全省卫生职业院校的“树林”里，镇江卫生学校是一棵茁壮成长的“树苗”，虽没有大树的魁梧和苍劲，却以她独有的特色显示出蓬勃的生机。20年来，镇江卫校人凝神聚力，呕心沥血，抓质量，创品牌，开拓奋进，错位发展，取得了显著的成绩。

筚路蓝缕始创业。镇江卫生学校前身为镇江市卫生进修学校。1988年3月成立学校筹备小组，当年暑期挂靠常州卫生学校开始招生，开设校医、医士、检验三个专业。1992年10月28日，经江苏省人民政府批准正式成立镇江卫生学校，1996年被评为合格中专学校。

从1988年首批招生至今，镇江卫生学校为社会培养5315名校医、护理等中等卫生专业人才，完成各类成人培训教育6400人次。学校筹建时，全校仅一幢教学楼，如今有教学楼、实验楼、办公楼、学生宿舍楼、学生公寓楼、图书馆、阶梯教室等11幢，教学过程中，师生使用了先进的现代化教学设施，高仿真度的实验设备。“锦江春色来天地，玉树浮云变古今”。20年来，镇江卫校逐步凝练、形成和发展着自己的办学特色，走出具有鲜明特色的办学之路。

克难求进谋发展，确立理念夯基础。2003年前后，面对职业教育办学竞争，学校一班人经过调研，卫校上上下下一致认定：只有“错位发展”，才能克服困难，走出困境。学校明确了“以质量求生存，以特色求发展，以改革创一流，不求做大，在做强上下功夫，不求全面、在做精上下功夫，面向社区、面向基层，培养中专护理人才”的办学与工作思路，强化“依法治校、明德持校、质量立校、特色兴校、科技强校”的办学理念，从2003年开始，学校是一年一台阶，五年大变样。学校决策者在抓硬件建设的同时，确立抓质量、创特色的发展思路。一是人才培养定位，二是规模与质量的抉择，三是品牌意识的确立。

围绕教学抓质量。学校始终坚持以教学工作为中心，形成了“以教学质量建设为核心，以护理学科建设为龙头，以课程改革为抓手，以教学日常管理为重点”的教学工作思路，用政策倾斜和人文关怀支持教学工作。抓硬件服务教学。学校自2003年9月开始，先后投入800余万元用于基础与教学设施建设。建成新的护理实训中心，为社区服务康复护理专业专门建立康复实训中心，相关康复训练设备基本配全。建成千兆校园网，达到省教育厅关于“校校通”工程第二层次的技术指标与要求，计算机中心与网络办公的电脑全部升级更新；学校所有教学人员每人配备一台笔记本电脑。建成两个64座高标准语音室，用于英语教学。配套完善与护理专业相匹配的各类实验室、示教室19个，学校所有教室配置多媒体教学设施。抓课改创新教学。2008年初，形成《镇江卫校教学计划及课程设置改革方案》。抓队伍保障教学。学校出台一系列鼓励教学人员提高综合素质的措施与办法，鼓励全校教职员工参加在职进修学习，提高学历层次。近年来，有1/3人员参加南京医科大学、苏州大学的研究生课程班学习，并有教师取得硕士学位，有1/2的教师参加各种专业的进修与培训，学校培训费支出按年均30%的速度递增。学校空余编制全部用于引进专业教师。抓考评促进教学。学校制定教师教学质量评价体系，同时实行教学督导制，督导组随机进班听课，检查教学计划、大纲执行情况。抓考风激励教学。实行“一带一导一促”的方法着力抓学风建设。“一带”即以教风带学风，教师带动学生学习；“一导”即引导学生将精力集中在学业上。“一促”即以考风促学风，从考风考纪入手，严格考试管理，实行教考分离等。

呕心沥血创辉煌。近年来，学校的社会声誉不断提升，市级“文明单位”、“安全文明”学校、“十佳平安校园”荣誉接踵而来，省级“优秀卫生职业教育工作者”“骨干教师”“优秀班主任”和市级“优秀教育工作者”榜上有名。

不断深化学校文化建设，重视发挥学生社团组织在校园文化建设和育人中的作用。学校每学年、每学期都要在职工和学生中开展主题教育活动，如：“好习惯，我在卫校养成；好作风，我在卫校树立”“塑自身文明形象，展未来天使风采”“弘扬学风，诚信守纪”“尊师爱校，绿色校园”“争做文明人，和谐在卫校”“大爱镇江---未来天使爱心”等活动。一个健康和谐、积极向上的校园文化氛围正在逐步形成。

拓宽渠道促就业。近年来，学校提出“立足镇江、面向江苏，走出本土、跨出国门”的就业目标，展现出职业教育“进口旺，出口畅”的良好势头。

2004年起，在校内独立举行应届毕业生就业“双选会”，连续五年获得成功。针对2008年5月12日《护士条例》正式实施的新形势，首次在全省中专招生中提出“控制底线”，把招生底线控制在中考总分的及格线之上并全面实现计划招生。连续多年的应届毕业生“双选会”显示，只要毕业生自我定位适当，“眼睛向下”，确立到基层、到农村社区就业的理念，毕业就能就业，不应成为就业困难。

自2006年起，学校生源由镇江地区扩展到全省各市，就业去向由镇江二级以上医院向二级以下医院，苏、锡、常、沪民营医院，驻苏南部队医院和社区卫生服务中心扩展。开通护理中专学生出国留学渠道，以“中国光华护士基金”为依托，连续三年实现学生到北京实习、就业、到国外留学等目标，2007年底开辟赴英国带薪实习的渠道，2008年就有8名护理专业学生赴英国带薪实习，2009年预计又将有相当部分同学实现赴英国带薪实习目标。

凝心聚力绘未来。现在的镇江卫生学校为江苏省仅有的一所面向全省招生的全日制中专护士学校，与南京医科大学继续教育学院、江苏省职工医科大学、苏州大学成人教育学院联合办学，开办成人高等教育，开设护理学（专科、专升本、高起本）、临床医学（专科、专升本）、预防医学（专升本）三个专业，承担省“农民健康工程”培训任务及乡村医生中专学历补偿教育，年注册学员达1360人。

“追风赶月向未来，春华秋实在杏坛”。学校在科学发展观的指引下，正积极探寻在“错位发展”基础上实现进一步发展的新途径。

江南名校 教韵流芳

◎美国坦佩市教育访问团参观中山路小学

◎市级学科带头人和骨干教师

历史

1950年，创建苏南镇江专区干部子女学校（1954年定现名）；

1960年，成为江苏省委批准的教学改革试点学校；

1978年，成为江苏省重点小学；

1980年，获江苏省政府嘉奖；

1991年以来，连续三届获得省模范学校称号（仅评过三届）、连续六届获得省文明单位称号；

1980年起，成为对外开放学校，成为镇江市的窗口学校，成为实施素质教育的先进典型，在全省同类学校中享有较高的声誉。

现状

现有2000多名学生，117名教职员工，占地面积仅7302.35平方米，是一所袖珍型学校。现阶段主要业绩如下：

1. 精良的教师队伍

学历层次在市内同类学校中位居第一。现有116名专任教师中，1名获硕士学位，本科学历的达41%，大专以上学历的占96%。

名优教师的数量和层次在市内同类学校中位居第一。有享受国务院特殊津贴的专家2名，先后培养出江苏省特级教师6名，全国优秀教师3名，全国茅以升家乡教育奖获得者2名，省优秀教育工作者6名，省新长征突击手3名，省劳动模范3名，市学科带头人、市骨干教师21名。

2. 一流的教学质量

一直是镇江地区教育、教学改革的排头兵。向来以科研引导学校的教育教学工作。

一直秉持为学生终生发展奠基的理念。所培养的学生品德优良、基础扎实、素质全面，长足的发展后劲为全市中学所公认。

3. 现代的数字校园

添置了必要的数字化设备。校园网络完善，已做到“班班通、室室通”，每班教室都配备了电脑、液晶投影仪等现代教学设备。

完成了扎实的数字化培训。改变了老师们的能力结构和教学模式。教育工作信息化水平高，被评为“市教育信息化工作十佳学校”。

4. 较高的社会美誉度

百姓心目中的首选小学。培养出的学生素质全面，可持续发展能力强，得到老百姓的普遍认可。

教育行政部门嘉奖的精品学校。

◎京口区健美操比赛获一等奖

◎学校学生参加“《同一首歌》走进镇江”大型演出

办规范而自由的教育
过完整而幸福的生活

◎读书节营造书香校园

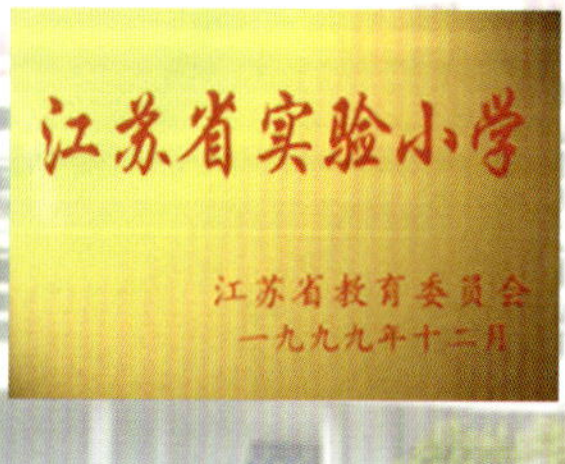

镇江市中山路中心小学

句容市下蜀中心小学

◎校长 孙建云

句容市下蜀中心小学为江苏省级实验小学，由黄香山于1927年在下蜀镇北玉泉寺创办，原名省栖霞乡村师范附属小学，是一所具有悠久历史和丰富文化底蕴的农村窗口学校。80多年来，学校三择校址，七易校名。2003年易地新建，新址位于下蜀镇人民街南侧，占地2公顷，建筑面积6375.5平方米。学校现有19个教学班级，学生866名，教职工69名，其中镇江市骨干教师1人，句容市学科带头人1名，句容市骨干教师4人。

近年来，学校积极推进素质教育，深入实践新课程改革理念，教育教学改革成果优异，先后被评为全国读书育人特色学校、全国助残先进集体、江苏省学校体育工作先进集体、镇江市中小学生行为规范示范学校、镇江市德育先进学校、镇江市安全文明校园、镇江市体育工作先进学校、镇江市教育信息化先进单位、镇江市语言文字规范化示范校、镇江市廉洁文化示范校、句容市首批艺术特色学校，被认定为全国经典诗文诵读实验示范学校、中国教育学会教师继续教育研究基地、镇江市文明单位、镇江市教育科研基地、镇江市体育传统项目学校（田径）、镇江市现代教育技术实验学校。学校办学经验多次在省、市媒体报道推广。

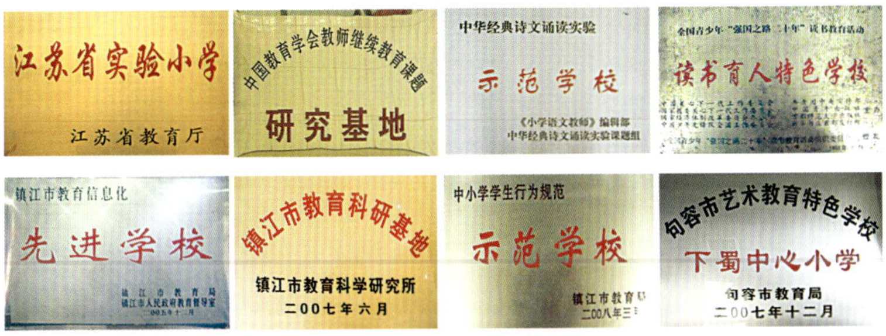

◎副市长王萍（中）到下蜀中心小学调研

◎团结奋进的学校教学骨干

◎讲故事比赛

◎ 读书节上著名儿童作家晓玲叮当与学校小记者在一起

◎举行教工趣味运动会

◎六一儿童节上学生们表演文艺节目

◎举行“大全”杯田径运动会

◎举行“激情奥运阳光校园读书活动”启动仪式

丹阳市界牌中心小学

◎校长 陈全福

地处美丽富饶的长江之滨界牌镇南大街，学校占地总面积3公顷，其中教学区占地2公顷，生活区、校办工业园区占地1公顷。校园内配备有多功能体育馆、8泳道游泳池和200米的塑胶田径场，开辟了网络教室、语音室、劳技教室、标本室等36个专用教室，建成了校园网。校内布局合理，景点设置优雅，环境优美，是省级实验小学、省模范学校、省绿色学校和省文明学校。

自20世纪90年代初起，学校依据地方经济特色，先后承担了江苏省“八五”“九五”和“十五”规划课题的研究任务，在实施劳技教育，扎实推进素质教育方面取得了令人瞩目的成绩，“十五”科研成果被评为江苏省第二届教育科学优秀成果一等奖，“十一五”综合实践活动研究课题再次省级立项，“以劳育人，全面发展”已成为学校鲜明的办学特色。

健全的人格，鲜明的个性，扎实的基础，创新的能力。

◎省教育现代化先进县市验收组领导到校检查

◎青年教师参加市课堂教学展示

◎参观界牌新农村

◎家政课上欢乐多

◎舞蹈“爱我中华”获市文娱会演一等奖

Http://jpzxx.dyedu.cn

镇江市宝堰中学

宝堰中学地处茅山老区，坐落于新四军四县抗敌总会所在地古镇宝堰。1948年底，一批带着播撒文明宏愿的有识之士，在这里创办了丹徒县第一所公办学校——镇江县立初级中学宝堰分校。解放后，成为丹徒县初级中学。1958年增设高中部，成为县属完全中学。60年的励精图治，薪火相传，学校面貌日新月异，办学条件日臻完善，办学质量突飞猛进。目前，学校占地面积5公顷，校舍面积1.5万平方米，绿化面积2万多平方米。现有教学班级16个，学生745名，教职员工60名，专任教师50名。

近年来，学校抢抓机遇，乘势而上，着力于校园改造和设施设备的更新，着眼于学校内涵的发展，着重于办学特色的彰显，紧紧围绕素质教育这一核心，加快教师队伍建设的进程，加深教育教学研究的层次，加强素质教育的推进，不断提升现代教育理念，不断提高教育管理水平，办学效益日益凸现，教学质量显著提高。

办学成果：

- 丹徒县“文明单位”（1995年）
- 江苏省“二五”普法先进集体（1996年）
- 江苏省德育工作先进学校（1997年）
- 镇江市贯彻两个“条例”先进集体（1998年）
- 江苏省示范初中（2004年）
- 镇江市“创三安五十佳”（2005年）
- 丹徒区科普工作先进集体（2006年）
- 镇江市安全文明学校（2007年）
- 镇江市信息化先进学校（2008年）

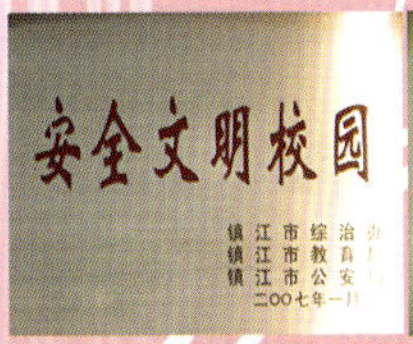

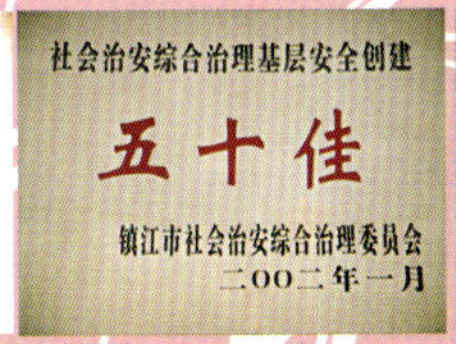

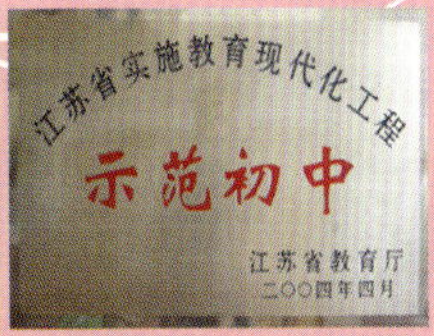

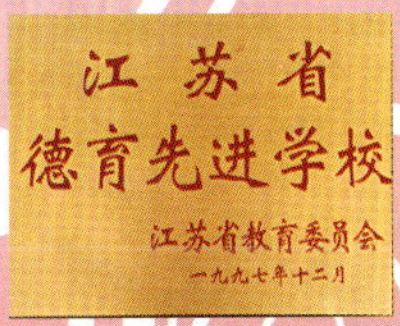

丹徒区 高资中学

Gaozi Middle Schoo

丹徒区高资中学创办于1988年，是江苏省教育现代化示范初中。学校教育教学设施齐全，现有18个教学班，800多名学生，60余名教师。校园面积近2万平方米，校园环境优美，文化氛围浓厚。

学校牢固确立“奠学生成才之基，铺教师成长之路，树学校精品之牌”的办学理念，以“博学、慎思、笃行”为校训，以“德馨、博学、体健、创新”为校风，全面贯彻教育教学方针，坚持以市级课题《“导学－迁移”课堂教学模式及教学生活情境化的实践研究》为学校主课题，优化课堂教学模式，引领教师角色的转变和教学理念的提升，形成一支爱生、敬业、严谨、协作的教师队伍。现有高级教师10人，市、区骨干教师7人。教师参加课堂教学比赛10多人次获市区一等奖，学生在各级各类竞赛中获奖100多人次。学校先后被评为丹徒区规范管理先进学校、丹徒区文明单位、镇江市安全文明校园、镇江市德育先进学校、镇江市教育信息化先进学校、镇江市绿色学校、江苏省教育现代化示范初中。

丹徒区

高资中心小学 Gaozi Primary School

◎朝气蓬勃的学校领导班子，左三为校长、特级教师包昌升

◎区教育局局长常建国（中）等为春晖楼奠基

高资中心小学创建于1912年，1979年更名为高资中心小学，1999年通过乡镇教育现代化工程的验收，2001年创建成江苏省实验小学，2008年建成建筑面积3023平方米的综合楼。学校有教学班24个，学生1100余名，在岗教师79名，其中，省特级教师1名，各级骨干教师17名。

学校以“好读书、守规范、勇创新”为校风，以“厚实、朴实、扎实”为教风，以“勤学、乐学、博学”为学风。办学宗旨是：学生有灵气——智慧灵动；教师有朝气——蓬勃向上；学校有生气——生机勃勃。学校先后荣获丹徒区文明单位、丹徒区十佳校园、丹徒区模范学校、丹徒区教育收费规范学校，镇江市文明单位、镇江市绿色学校、镇江市德育先进学校、镇江市贯彻体卫工作条例先进学校、镇江市五一巾帼标兵岗等荣誉称号，被确定为全国中小学科研兴校示范基地、江苏省教育科学研究所实验基地、镇江市消防教育基地、镇江市电化教育实验学校等。

◎博闻楼

◎书声亭

◎清泉廊

◎春晖楼

◎举办迎奥运服务礼仪PK赛

◎深入重点客户调研

◎高端客户联谊会现场

◎参加“大爱镇江”首届新闻人物颁奖晚会

◎举办服务“三农”试点工作讲座

2008年，围绕着“现代化全能型银行”这一战略目标，镇江农行进行了全方位、立体式的改革和创新；顺应党和人民赋予的“建设社会主义新农村”这一光荣而艰巨的历史使命，镇江农行进行一系列艰苦卓绝的尝试和探索，各项业务经营继续保持着高速、健康发展态势。

年末，全行各项存款达270亿元，总量、增量市场份额双居同业第一，各项贷款增量创历史新高。信贷潜在风险客户退出、“三化”（制度化、规范化、科学化）达标、贷款到期收回率均完成目标任务，全行信贷结构进一步优化，优良客户信贷占比明显提高。不良贷款余额和占比分别比上年初减少19.3亿元和10.65个百分点。国际结算实现19.07亿美元，市场份额继续保持第二。发卡量、卡消费、卡中间业务收入均领跑同业，电子交易占比60.48%，比上年提高11.7个百分点，达全省较好水平。新增发卡31.2万张，卡消费32.3亿元。新增网上银行注册客户25510户，网上银行累计交易766亿元。服务网络不断完善，服务方式不断优化，一批环境温馨、设施先进、功能齐备的理财中心、自助银行、精品网点正式投入使用。惠农卡、小额农贷等服务“三农”新举措制定出台并陆续付诸实践，农行城乡联动、两翼齐飞的独有优势正逐步显现。成功营销金穗永隆联名借记卡、网上支付、恢复自有商户等新业务。实施信贷审批体制改革，控制信贷风险，提高信贷业务运作水平。辖内7个支行的个人信贷业务，均实现从申请受理、调查审查、审批通知等内部运作程序的全过程网上作业。

中国农业银行镇江市分行

◎农总行、省分行在镇江调研网点转型

◎企业年金研讨会现场

◎举办“打造金牌大堂经理”培训

江苏银行镇江分行

江苏银行镇江分行原为镇江市商业银行，为顺应江苏全省金融改革发展形势，于2007年1月24日,与江苏省内无锡、苏州、南通、常州、淮安、徐州、扬州、盐城、连云港等10家城市商业银行新设成立为全新的现代股份制商业银行——江苏银行。

江苏银行镇江分行位于镇江市正东路28号，下辖分行营业部和京口、甘露、环城、大港、丹阳、扬中等6家支行计41个营业网点，从业人员600多名，至2008年末,各项存款94亿元，各项贷款65亿元。目前，分行主要业务品种包括存款、贷款、贴现、票据业务、“金山社保”卡、聚宝借记卡、信用卡、公务卡业务、国际业务和以代发养老金、代发工资、代理公用事业缴费和代理保险、代售国债等为基本内容的中间业务。

江苏银行镇江分行在江苏银行总行的带领下和支持下，继续坚持和传承城市商业银行“立足地方、立足中小、立足市民”的发展定位和机制灵活、决策灵敏的运营模式，经营管理更加优良，社会支持更加有力，比较优势更加明显，品牌形象更加鲜明，并努力建设成为“资本充足、内控严密、运营安全、服务和效益良好”的现代股份制商业银行。

◎"总经理接待日"时回答用户咨询

◎向特殊儿童进行爱心捐赠

中国移动通信集团江苏有限公司镇江分公司

◎冯士超副市长试用3G视频通话

中国移动通信集团江苏有限公司镇江分公司主要在镇江市范围内从事移动通信网络的运营、维护，向公众提供移动通信服务。截至2008年底，公司移动通信网络容量达200万户，基站总数近900个，基本实现了镇江全区网络无缝隙覆盖。全区营业厅、指定专营、特约代理点总数达300余处，收费网点800多处，极大地方便了客户办理各项移动通信综合业务。

公司认真贯彻"改革创新、只争朝夕、艰苦创业、团队合作"的企业精神和"沟通从心开始"的服务理念，不断追求"为客户提供满意服务"。公司积极投身于抗击冰雪、抗震救灾、支援奥运等各项重大社会事件中，尽己所能回报社会。曾先后获得2008年度"江苏省文明行业"、江苏省"诚信单位（2007～2008年度）"殊荣；同年，镇江营业厅获"全国巾帼文明岗"称号，杨斌总经理荣获镇江市"五一劳动奖章"。

目前，公司深入推进政府、工商、物流、旅游、教育等行业的信息化建设，全力推动民族产业TD-SCDMA建设，为加快"数字镇江"进程贡献力量。

◎向客户宣传环保理念

◎青年员工学雷锋

中国联合网络通信有限公司
镇江市分公司

◎省消协领导莅临镇江联通检查放心消费活动

◎镇江联通回报社会与江苏大学签订奖学金事宜

◎镇江联通强化培训提升服务

◎镇江联通与镇江网通领导共商融合事宜

中国电信股份有限公司镇江分公司**光缆局**

◎丹阳人武部护线宣传现场

◎丹阳市公安局护线宣传现场

中国电信股份有限公司镇江分公司光缆局是镇江地区电信光电缆线路专业化维护单位，现维护一级长途干线232.25皮长公里，二级长途干线259.66皮长公里，本地网光缆2956.45皮长公里，主干电缆1377.48皮长公里，配线电缆5688.076皮长公里，市话农话杆路3640.51杆程公里，市话农话管道882.94管程公里。

光缆局积极贯彻落实“预防为主，注重宣传，防抢结合”的电信线路维护方针，精心维护，科学管理，全力推进专业化维护，努力提高全民护线意识。连续多年圆满完成省、市公司维护质量考核指标，障碍处理和业务响应及时率达100%，有力地保障了网络质量和网络安全。实施综合化、专业化、差异化维护体系，将长途干线专业化维护优势持续延伸到本地网光缆维护中，确保网络畅通、维护质量提升和服务支撑高效。2008年被评为华东区优秀光缆局。

◎中铁二十四局护线宣传现场

◎上党镇政府护线宣传现场

◎光缆局打击电缆偷盗犯罪的人员在巡逻

◎高资镇护线宣传万人签名活动现场

◎句容 122 省道指挥部护线宣传现场

天翼
surfing
3G互联网手机
2009 YEARBOOK
年鉴
通信服务
镇江
3G让手机办公轻松自如
189邮箱
收件人
"纳米星" < 189012*****
抄送 通讯录
暗送 通讯录
标题
Re:收件人名字
邮件正文
======Original M
发送 存草稿
返回上一页
返回邮箱
网易 创始人兼CEO
3G让上网搜索更加简单
号码百事通
[北京]晴 转阴 13°C更多
票、订餐、地图、我的空间
世博票火热预订中
搜索
地图
118114 订机票、订酒店
号百春日好礼
城市名片[北京]
文 >三千年文化精髓
胜 >天坛、长城、故宫
名特 >驴打滚、茶汤、茯苓夹饼
美食 订餐 优惠券
想订更多美食，请拨118114
聚焦 | 吃瘦肉爆炒 让身体..
名店 | 京城百姓认可的品牌小吃
新店 | 咖啡厅推荐
生活 地图
118114，一个号码，百事皆通
便民 明日春雨润京城
优惠 百货春季特卖会
演出 话剧
天翼 带你畅游3G
Google（谷歌）全球副总裁
大中华区总裁
3G让即时通讯随时随地
联系人
添加联系人
添加联系人(3/5)
esurfing@189.cn
开始对话
详细资料
删除联系人
查看个人空间
阻止
同事(4/4)
家人(1/3)
朋友(1/1)
选项
开始对话
销售及在线服务微软大中华区总经理
MSN中国总裁
中国电信
CHINA TELECOM
世界触手可及
用户至上 用心服务 Customer First Service Foremost
中国电信镇江分公司
客户服务热线 10000
Customer Hotline

镇江市公共交通总公司

2008年，镇江市公共交通总公司有公共汽车728辆，营运线路60条（含专线），线路长度820.2公里，日均运送乘客27万人次，资产总值1.5亿元，从业人员1886名，承担着全市城市公共客运交通的主要任务。总公司下辖7个营运公司、1个修理厂、1个驾驶员培训中心、5座停车场和2座附属加油站，占地面积7万多平方米，是镇江市城市公共交通的骨干企业。

公交总公司围绕“全面达小康，建设新镇江”，把优先发展城市公共交通作为改善全市投资环境和人居环境、提升城市品位的重要内容，为人民群众出行提供“舒适、安全、便捷、高效、经济、环保”的服务。通过加快车辆更新，新辟、调整和优化公交线路，推进场站基础设施建设，开展优质服务竞赛活动等，使公交的服务功能不断增强，服务水平明显提升。企业先后荣获“江苏省城市公共交通先进企业”“江苏省建设系统抗击雪灾工作先进集体”“镇江服务业名牌”“镇江市劳动保障诚信示范企业”“镇江市五创全国双拥模范城三等功单位”“市建设系统目标管理优秀单位”“先进基层党组织”“科技进步先进单位”等称号，并继续保持了省、市文明单位称号。为民办实事工作完成，全年更新车辆90台，新辟、调整和优化公交线路11条。

GONGDIANGONGSI

◎第二届全国文明单位

◎江苏省电力公司总经理费圣英与镇江市委书记许津荣就镇江电网建设与发展进行会谈

◎公司举办“难忘2008”职工文艺演出活动

镇江供电公司

2008年，在镇江市委市政府和江苏电力公司的正确领导下，镇江供电公司紧紧围绕“一强三优”（电网坚强、资产优良、服务优质、业绩优秀）现代公司战略目标，积极应对抗震救灾、奥运保电、金融危机等考验，坚持科学发展，积极创新实践，加快推进电网发展和公司发展方式转变，各项工作稳中有进，目标任务全面完成，继续保持了平稳健康、快速发展的良好局面。全年供、售电量分别达到117.54和107.74亿千瓦时，同比增长11.03％；电网最高供电负荷达201.41万千瓦、最高日用电量4200万千瓦时，同比分别增长 7.42%、8.22％；电网容量规模实现五年翻一番。公司再次获得“全国文明单位”称号。

◎公司赴京奥运保电功臣凯旋归来

◎全市首座以20千伏供电的句容110千伏福地变电站建成投运

YES

ZHEN JIANG SHI SHI ZHENG JIAN SHE GONG CHENG ZONG GONG SI

镇江市市政建设工程总公司

架/桥/铺/路·造/福/人/民

◎总经理 蒋建君

总公司是承建道路、桥梁、排水、土石方工程的全民事业单位，省市政施工总承包二级企业，从事市政建设已有40多年的历史，现有职工371人，其中各类专业技术人员118人（中高级职称70人）。总公司技术力量雄厚，测试手段齐全，各类施工机械配套。总公司服务宗旨：以新技术、新工艺、新材料，为城市发展架桥铺路；用科学性、合理性、严谨性满足合同要求，赢得社会信誉；创高标准、高质量、高效益的精品工程，服务于经济建设。

多年来，总公司始终贯彻"精心施工、质量第一"的方针，以质量求信誉、以质量求生存、以质量求发展。狠抓施工质量，取得了显著成绩，受到了上级领导及业主的一致好评。2000年以来，总公司荣获江苏省最高质量奖"扬子杯"3项，省优工程12项，镇江市最高质量奖"金山杯"12项，市优工程12项。特别是近年来完成的长江路一、二、三期和镇宝路A段及学府路、黄山南路、京口路，中山北路拓改工程受到全市人民的一致好评，均获市"金山杯"和省"市政示范工程"奖。1999年总公司通过ISO 9002国际质量体系认证。2000年通过了江苏国际咨询有限公司AAA级评审，同年取得了重合同守信用证书。2001年～2008年获镇江市建筑业"优秀企业""最佳企业"荣誉称号。

总公司将以一流的质量、一流的速度、一流的服务、一流的信誉，为经济建设再作新贡献。

◎长江路一、二、三期工程荣获江苏省"市政示范工程"和镇江市"金山杯"奖

◎学府路工程荣获江苏省"市政示范工程"和镇江市"金山杯"奖

◎东吴路拓宽改造工程

◎镇宝路A段工程荣获江苏省"市政示范工程"和镇江市"金山杯"奖

◎京口路拓宽改造工程获江苏省“市政示范工程”和镇江市“金山杯”奖

◎镇江市第四中学400米标准田径场

◎黄山南路工程获江苏省“市政示范工程”和镇江市“金山杯”奖

◎中山北路拓宽改造工程获江苏省“市政示范工程”和“扬子杯”奖

◎总公司机械设备齐全，能承担各类大、中型市政工程

江苏省电力建设第三工程公司

◎国电泰州电厂1000MW机组工程被评为第六批全国新技术应用示范工程

成立于1958年，是专业从事火力发电厂、核电站工程建设的大型建筑安装综合型施工企业，具有建设部批准的国家电力工程施工总承包一级资质、房屋建筑工程施工总承包二级资质、火电设备安装工程专业承包一级资质、送变电工程专业承包一级资质、环保工程专业承包一级资质、国家核安全局批准的1000MWe民用核承压设备安装资质、国家质量监督检验检疫总局批准的压力管道GA1、GB1、GB2、GC1级安装资质。通过了GB/T19001-2000质量保证体系认证、GB/T24001-2004环境管理体系认证、GB/T28001-2001职业安全健康管理体系“三合一”体系认证，并分别获得国内、国际资格认证证书。通过了国家档案局一级企业档案工作目标管理认证。

50余年来，公司共建成发电厂40余座，移交机组总装机容量2610万千瓦，建成了一批有影响的全国重点工程：我国首座百万千瓦级火力发电厂——谏壁电厂、我国首座全套引进国外设备具有上世纪80年代先进水平的——华能南通电厂、国内最大的循环流化床机组——云南巡检司电厂、国内单机容量最大的核电站——江苏田湾核电站2×1000MW机组常规岛、江苏首台1000MW火电机组——国电泰州电厂1号机组。近年来，公司以“发展电力、创造精品”为使命，承建的工程均获得地方、省级或部级优质工程，公司四次荣获中国建筑业最高荣誉奖项——鲁班奖（两座火电站、两座变电站），2007年公司被建设部评为“创鲁班奖工程特别荣誉企业”，2009年2月荣获“全国电力建设功臣单位”称号，全国仅有4家电力建设企业获此殊荣。公司创造了11项全国施工企业新纪录，5个国家优质工程，保持了全国同行领先地位。公司相继荣获全国“五一劳动奖状”、全国优秀施工企业、全国用户满意施工企业、全国电力系统双文明单位、江苏省双文明单位、江苏省建筑业最佳企业、江苏省先进建筑业企业等多项荣誉称号。

截至2008年底，公司有员工2568人，总资产12.67亿元，净资产2.14亿元，固定资产净值2.06亿元。2008年在建项目有：施工的火电工程项目有10个，分别为：江苏吕四港电厂2×600MW一期工程2号、3号机组安装、国华陈家港电厂一期1×660MW、国华徐州发电有限公司1×1000MW机组（上大压小）工程、徐州彭城发电厂三期工程1×1000MW机组工程、徐矿综合利用发电有限公司一期2×300MW循环流化床机组、福建晋江天然气发电有限公司4×390MW级燃气-蒸汽联合循环发电机组、江苏射阳港电厂“上大压小”2×660MW超超临界燃煤发电机组、华能金陵电厂二期2×1000MW工程、大唐南京下关发电厂工程1×660MW工程、国电谏壁1×1000MW工程等，送变电工程有17个，其中变电站7个，线路10条。

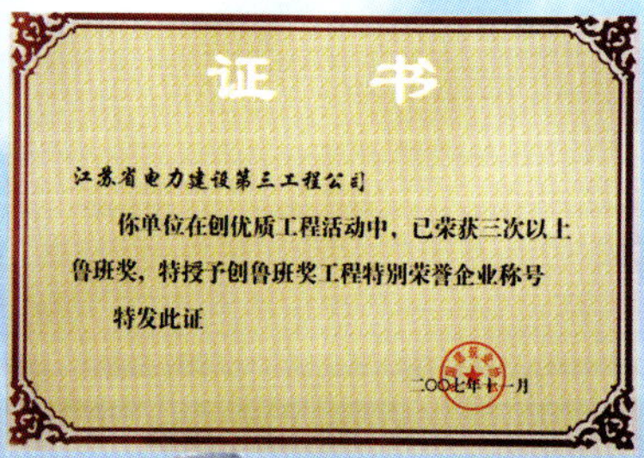

田湾核电2×1000MW常规岛工程获2008年度中国电力优质工程奖

江苏捷诚车载电子信息工程有限公司

◎全新的现代化厂房

江苏捷诚车载电子信息工程有限公司是信息产业部研制、开发、生产车载信息系统及特种专用车的定点企业。

企业着眼于国防现代化、信息化的需求，确立了“科技兴企”的长期发展目标，坚持科技进步、科技创新，通过不懈的努力，走出了一条新型的企业发展之路。

“十五”以来，企业累计完成技改投资2亿元，引进了一批具有国际先进水平的关键生产设备及检测设备，建成了国内一流的生产线。使企业的综合竞争力得到了快速提升，确立了企业在全国同行业的领先地位。

企业注重于加强科技协作，走产学研相结合的道路，与大专院校、科研院所结为利益共同体，定期进行技术交流，加强项目合作，优势互补，促进了科研成果项目产业化，极大地增强了企业的发展后劲。

“十五”以来，企业销售收入始终保持了年递增20%以上的强劲势头，产品品种也由过去的几十个品种迅速增长到现在的300个品种。

新厂区的建设，为企业构建了新的发展空间。进入新厂区后，企业将在新的起点上，运用新思维，实现跨越式发展。

企业将引进战略合作伙伴，实施资产重组，走借力快速发展之路。并在确保军品的稳定和持续发展的同时，开拓名品市场，为做大、做强、做优注入强劲动力。

预计到“十一五”期末，企业销售收入可比“十五”期末再翻一番，为国防建设和镇江的经济发展做出新的贡献。

镇江四建建设有限公司

◎28层无锡明珠大厦（获太湖杯奖）

◎湖北亚东水泥公司行政中心

◎通辽梅花生物科技办公楼（获省外扬子杯奖）

镇江四建建设有限公司系国家房屋建筑工程施工总承包一级资质企业，全国十佳工程施工企业、全国十佳工程承包商、江苏省AAA级重合同守信用企业、江苏省文明单位。2002年起先后通过ISO 9001：2000、ISO 14001：2004、OHSAS 18001体系认证。

公司具备承建各类工业民用建筑、构造物、轻重钢结构工程，以及装饰装潢、水电设备安装、消防报警系统、地基与基础等工程的能力，年施工能力可达25亿元以上。

公司滑模技术和轻重钢结构施工技术在行业内有较明显的竞争优势。

公司施工足迹遍及全国20多个省、市和越南、匈牙利、伊拉克等海外建筑市场。近年来，有20多项工程获得省、市优质工程奖，赢得了较高的社会信誉。

本公司一以贯之的秉承“以诚实守信为根，以公平竞争为本，以不断创新为枝，结和谐发展之果”的经营理念，进一步打造诚信品牌，为顾客提供满意的服务。

◎镇江恒顺集团厂房

◎西安浔阳水泥厂全景

◎丹阳市人民医院门急诊楼（省扬子杯奖）

◎江苏大通重工厂房与综合楼（金山杯奖）

荣誉证书

镇江四建建设有限公司：

荣获2007年度镇江市建筑业质量管理先进单位。

获奖证书

镇江四建建设有限公司：

你公司承建的“丹阳市人民医院门急诊楼”被荣获2007年度江苏省“扬子杯”优质工程奖。

镇江四建建设有限公司

全国十佳工程施工企业

中国工程建设监督管理协会

统一编号：2008-1299　二〇八年十二月

镇江市五峰茶场

镇江市五峰茶场位于镇江西郊，60公顷茶园分布在五洲山坡上，生态环境极佳，茶叶品种优良，年产茶叶近30吨，并通过了国家无公害农产品产地产品认证，在全省茶叶企业中首批通过QS认证，曾连续多年荣获“中茶杯”“陆羽杯”名特茶评比特等奖、一等奖，其中“彭公”牌金山翠芽、五峰迎春茶双双荣获国际名茶评比金奖。还获得“江苏省著名商标”和“江苏名牌农产品”称号。

五峰茶场自1986年2月创建以来，始终坚持科学种茶，不断更换优良品种，经过20多年的努力，现在已成为镇江市农业产业化经营龙头企业，全国12家茶叶科技示范基地之一。2006年，茶场投入800余万元，结合戴家门路的新建和茶场场区的搬迁，新建办公大楼，初、精制茶叶标准化车间和名优茶叶加工制造车间，包装车间，茶叶低温冷藏保鲜仓库，符合食品卫生要求的厂房和现代化配套实施用房共5600平方米。该企业严格执行企业标准和行业标准，建立了茶叶生产全过程的产品质量安全控制方案，完善茶叶质量追踪溯源制度。该企业将进一步坚持科学发展观，将茶叶品牌打得更响，产品质量做得更优更好。

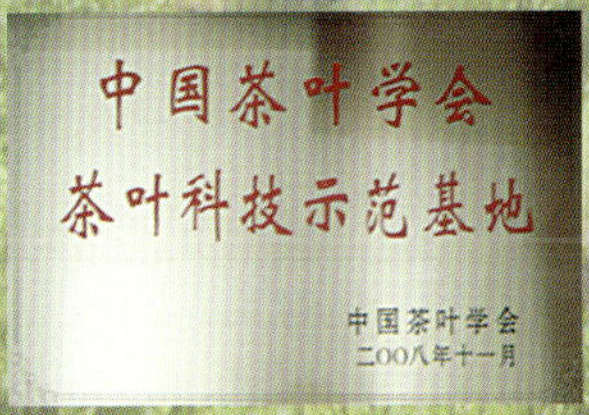

场长：戴德明　　手机：13705285866
电话：0511-85723277
传真：0511-85729277
地址：镇江西郊312国道270千米处
邮编：212111

镇江名和混凝土有限公司

镇江名和混凝土有限公司是日本“株式会社名和”投资兴建的外商独资企业，于2003年6月登记成立，2004年6月正式投入生产，占地面积2万平方米，总投资400万美元，注册资本252万美元，组建一个新型、环保、现代化生产的混凝土搅拌站，专业从事商品混凝土的研发、生产、销售和运输，年生产能力达180万立方米～250万立方米。

为扩大公司的规模与发展，公司先后与镇江环宇科技建材有限公司、江苏锐光砼业、丹阳建宇混凝土有限公司、镇江亨瑞德建材制品有限公司等五家公司合作经营，实现由镇江名和混凝土有限公司统一管理的连锁企业。公司全面引进意大利仕高玛全电脑操作系统，配备5台2立方米、2台3立方米双卧轴强制式搅拌机，引进106台日本五十铃混凝土搅拌车、26台混凝土泵车和2台60型、1台80型德国施维因高压柴油泵、11台装载机及全套混凝土试验检测设备，日产能力可达2万立方米。

公司位于丹徒新区工业区，交通便利，处于联结镇江市区、丹徒新区、大港新区、丹阳、句容等地的枢纽位置，业务范围全面覆盖至镇江市区、丹阳、扬中、句容、金坛、常州等多个城县地区。

总经理屠振杰也先后荣获“2005年～2006年度江苏省混凝土行业优秀企业家”称号，2006年度和2008年度两次荣获“中国混凝土行业优秀企业家”称号，这是全国混凝土行业里的最高荣誉。

市级荣誉：

- 2005年度镇江市免检企业
- 2006年度镇江市先进生产企业
- 2006年度镇江市散装水泥先进集体
- 2006年度江苏省优秀企业
- 2007年度江苏省优秀企业
- 2007年度镇江市散装水泥先进集体
- 2006～2008年度工商免检企业
- 十佳劳动关系和谐企业
- 2008年度丹徒区运输行业先进单位

省级荣誉：

- 2005～2006年度江苏混凝土行业最佳企业
- 2007～2008年度江苏混凝土行业最佳企业
- 2007年度道路货物运输五十佳质量信誉企业

国家级荣誉：

- 2004～2005年度中国混凝土行业优秀企业
- 2006～2007年度中国混凝土行业优秀企业

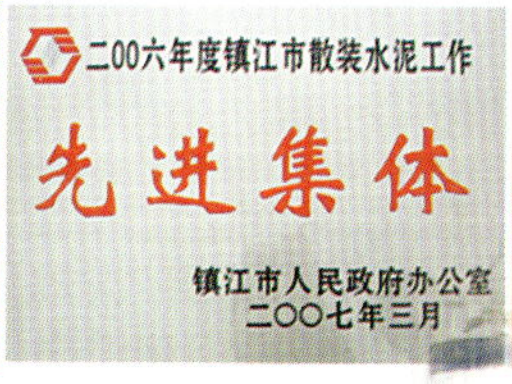

镇江李长荣综合石化工业有限公司

镇江李长荣综合石化工业有限公司是台湾李长荣化学工业股份有限公司在大陆投资的子公司，公司投资总额为7700万美元。工厂位于镇江市丹徒区高资镇的江苏省丹徒经济开发区，并拥有一座用于原料、成品进出口的4万吨级码头。台湾李长荣公司具有40余年石化产品专业生产经验，为亚洲主要石化溶剂生产公司，亦为台湾最大民营石化产品之仓储公司，举凡高压石化产品、液体石化气、丙烯系列产品等之生产，及一般液体、气体、石化产品皆有丰富的管理经验。

公司目前主要从事甲醛（年产量220000吨）、多聚甲醛（年产量60000吨）、甲缩醛（年产量80000吨）、甲基异丁基甲酮（年产量24000吨）的生产及销售，其中多聚甲醛及甲缩醛项目为国内最大的生产厂家，产能及品质皆居于领先地位。

◎白鹅绒

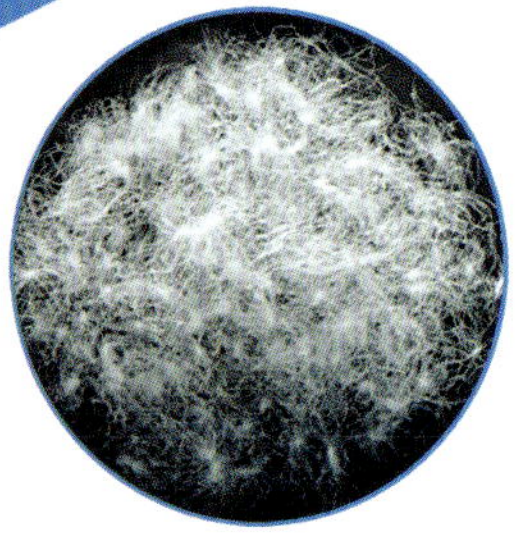
◎白鸭绒

◎羽绒被

◎羽绒服

江苏欣隆羽绒有限公司

江苏欣隆羽绒有限公司由总经理谈爱松先生于1993年创立，是以羽毛羽绒及相关制品生产为核心业务、内外贸并营的大型生产企业。公司坚持“品质第一、诚信经营、以人为本、服务至上”的经营管理理念，稳健发展，历经十多年的艰苦创业，已发展成为深受广大用户信赖的业界知名企业，并在上海、徐州、淮安、南京等成立分公司和分厂。

公司地处交通十分便利发达的江南古城丹阳，沪宁高速越境而过，距周遍主要城市南京、无锡、常州仅一小时车程，两小时车程可达杭州、苏州、上海等长江三角洲大部分城市。

公司目前总资产2亿元，占地10万平方米、拥有员工2000余名，拥有全自动羽绒水洗线12条，羽绒分毛机26台，年加工水洗羽毛羽绒能力可达8000吨。

公司拥有先进的羽绒生产加工工艺，并执行严格的过程检验，拥有一流的专业研发、设计、管理队伍并获得专利一项。公司拥有标准化羽绒实验室，并定期与国内国际权威实验室进行化验比对及交流。公司严格的质量管理和生产控制，保证了我公司产品的高质量，获得了国内外多家知名公司的认可和赞誉；并且公司在针对不同客户的各种要求的适应性方面具有独特的优势。公司销售现已覆盖欧、美、日、韩等二十几个国家和地区，并国内多家服装知名品牌提供羽绒半成品。

1998年，公司依托自身的原料和品质优势，积极开发羽绒制品，成立了服装生产车间及床上用品生产车间，车间有高速平缝机1000余台，并拥有全套相关设备，可生产各式羽绒服、棉服及单衣，年产服装500万件（套）。同时还为世界知名品牌公司提供优质羽绒制品的OEM加工服务。

1998年公司加入中国羽绒工业协会，并成为理事单位，多年来一直为推动中国羽绒事业的发展作积极的贡献。公司积极贯彻先进的生产及管理，2003年通过了ISO 9001：2000国际质量管理体系认证。公司还通过了美国联邦体系认证及多家国际知名品牌公司验厂。

◎缝制车间

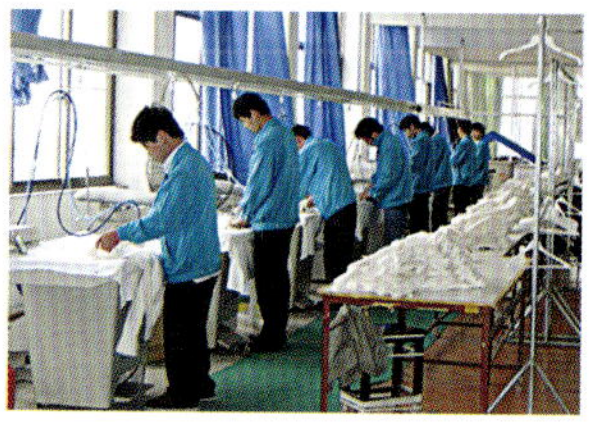
◎后整理车间

公司地址：江苏省丹阳市练湖工业园1号
公司网址：www.jsxlyr.com
羽绒部：联系电话：0086-511-86510006
86878687
联系传真：0086-511-86585088
邮箱：lisa@jsxlyr.com
服装部：联系电话：0086-511-86876788
86875888
联系传真：0086-511-86876866
邮箱：michele@jsxlyr.com
寝品部：联系电话：0511—86878568　86878566
联系传真：0511—86878599　邮箱：cicicao@jsxlyr.com

◎董事长　陈国平

◎面粉生产厂房

◎太阳能路灯庭院灯

江苏江南面粉集团公司

中国名牌产品证书

根据中国名牌战略推进委员会评价结果，特授予　丹阳市江南面粉有限公司　生产的丹星牌小麦粉为：

中国名牌产品

有效期：二〇〇七年九月至二〇一〇年九月

◎中国名牌产品证书

江苏江南面粉集团（以下简称“江南集团”）成立于2009年1月，其母公司是丹阳市江南面粉有限公司，创建于1993年，注册资本5000万元，公司资产总规模达6亿元人民币，为首批荣获江苏省农业产业化重点龙头企业。公司拥有15条布勒公司生产的国内最先进的小麦粉加工流水生产线，日处理小麦达4000余吨，年加工小麦120余万吨，年生产面粉80余万吨。公司主要产品有荣获“中国名牌产品”和“江苏省著名商标”称号的“丹星”牌特精粉、中筋粉、一等粉、二等粉、“7+1”营养强化面粉等。公司研发与独创的以“上一道”为品牌的面粉、面条、纤维片、胶囊等膳食纤维系列产品已迅速投放市场。

江南面粉有限公司注册资本5000万人民币，下辖开封江南面粉有限公司、巢湖江南面粉有限公司、江苏江南正强饲料有限公司、丹阳市江南面粉厂、泗阳苏北面粉厂、丹阳市丹星纺织有限公司六个子公司，合计注册资本达1.2亿元，同时，公司控股股东还在2006年投资5000万元设立了丹阳市天凝能源科技有限公司，2007年投资2000万元设立了江苏上一道科技股份有限公司，投资1750万元改制设立丹阳市天顺纺织印染有限公司，合并资产总规模达10亿元以上。

短短的十多年间一个小小的面粉作坊已迅猛发展成了以面粉精深加工为主业、集纺织印染、光伏太阳能、房地产开发、饲料加工制造为一体的综合企业集团。

公司在科技创新及产业化项目上与武汉工业学院、江南大学、江苏大学等科研院所、高等院校建立了良好的合作关系。2005年，公司充分利用武汉工业学院的科研成果，对现有的设备和技术进行改造，采用科学的配方和添加工艺，顺利实施了“‘7+1’营养强化面粉加工项目”，当年，项目通过了镇江市认证鉴定。2006年底，该项目顺利通过了国家公众营养与发展中心的审核。

◎涤纶色线

2006年，公司以敏锐的市场眼光和敢于创新的魄力迅速启动并投入未来有增长潜力的“小麦膳食纤维”项目的研发，“多酶分步法小麦麸膳食纤维生产技术开发及产业化项目”通过了江苏省科技厅的认证鉴定。2007年1月，公司在江苏丹阳隆重举行了“小麦膳食纤维”项目专家认证会暨“小麦膳食纤维”项目一期工程启动仪式，各级领导和专家对“小麦膳食纤维”项目给予了高度评价，认为“小麦膳食纤维”项目多项技术和产品填补了国内空白，确认该项目整体技术达到国际先进水平。该项目一期工程可日产膳食纤维粉8吨，年产2000吨，通过一年多的市场运作，已开发出以“上一道”为品牌的面粉、挂面、纤维片、胶囊等膳食纤维系列产品并投放市场。

江苏江南面粉集团在迅速拓展主业的同时，又将触角延伸到太阳能光伏产业，2006年就成立了丹阳市天凝能源科技有限公司，2008年就迅速发展到5000万注册资本的规模，虽然在2008年国内光伏产业遭遇到国际金融风暴的巨大影响，但太阳能被公认为21世纪最重要的新能源，太阳能作为一种环保能源，光热产业投入产出比最大，具有高可靠、长寿命、零排放的优点，必将成为今后国内可再生能源的朝阳产业。

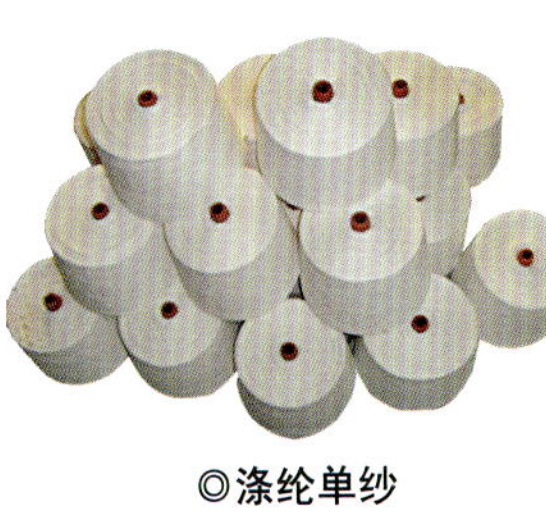
◎涤纶单纱

2009年是江南面粉集团面临重大转型的一年，是小麦精深加工取得新突破、新发展的一年。我们的总体思路和目标是：抢抓市场发展机遇，完善集团运营机制，强化管理降低成本，研发项目取得突破，品牌战略树立形象，经济总量实现翻番。

董事长：陈国平
地　址：江苏省丹阳市珥陵工业园区
电　话：0511-86691666
传　真：0511-86693911
邮　编：212362
网　址：www.jnmf.cnmf.net

◎丹星小麦粉系列

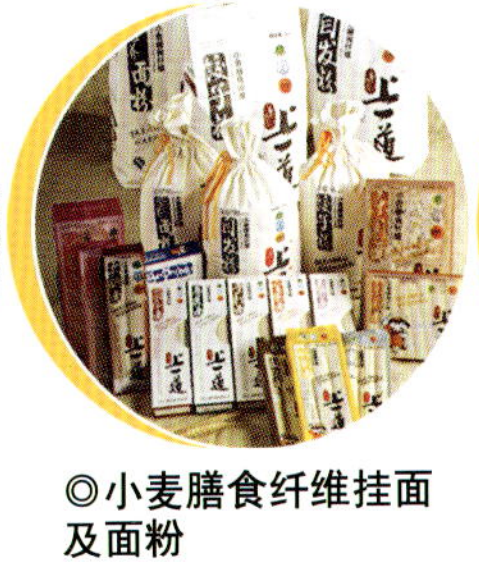
◎小麦膳食纤维挂面及面粉

◎膳食纤维挂面系列

句容市凤鸣酒业有限公司

FENGMING VINO

◎张小祥总经理

句容市第七届政协委员
江苏省酒类流通协会副秘书长
镇江市酒类协会副会长
句容市个协副会长
句容市商会副会长

句容市凤鸣酒业有限公司是一家专业性经营酒类产品的公司，创建于1996年5月，现位于句容市繁华地段华阳镇东门集镇，在总经理张小祥的带领下，现已发展成拥有员工100多名、专配货运车数10辆、销售网络遍布江苏各市县的句容地区较大酒业公司。

凤鸣酒业以独特的管理、资本、信誉优势，买断了由四川国池酒业有限公司荣誉出品的国池老窖系列、国池福系列在江苏的总经销权，成为五粮春酒句容地区唯一经销商以及五粮液酒句容地区专卖店，成功获得由泸州老窖股份有限公司荣誉出品的“泸州”牌一桶天下系列商务用酒在江苏的总经销权、由烟台张裕葡萄酿酒股份有限公司荣誉出品的张裕干红葡萄酒在句容的总经销权，以及由江西四特酒营销有限公司荣誉出品的四特酒系列在句容的总经销商，由江苏洋河酒厂股份有限公司荣誉出品的洋河蓝色经典5A级梦之蓝、洋河大曲蓝瓷酒、洋河金玉良缘、洋河大曲1979、新版洋河天之蓝酒在句容的经销商和指定团购商，以及法国原装进口卡娜菲干红系列在中国的总代理商。公司同时经销53度飞天茅台、15年茅台、1000毫升茅台、剑南春、水井坊等，以及果粒橙、雪碧、可口可乐等一系列大众饮品。2000年8月份，凤鸣酒业为实现跨区域销售，全面提高公司企业形象，先后成立了南京祥虎酒业有限公司、凤鸣酒业名酒名烟销售中心、句容市容川酒业有限公司。并于2003年4月份主动向句容市总工会申请成立了“句容市凤鸣酒业有限公司工会”，并于同年6月份主动向上一级党委申请成立了“句容市凤鸣酒业有限公司党支部”。为加强产品质量监督管理，制定了《产品质量管理制度》和《产品质量管理条例》。

◎句容市委常委、常务副市长商震给酒业商会会长张小祥授牌

凤鸣酒业凭借过硬的产品质量和良好的管理体系，先后被相关职能部门评为“镇江市商品质量信得过企业”“镇江市服务质量先进单位”，连续五年“镇江市重合同守信用企业”“镇江市消费者信得过单位”“镇江市百城万店无假货活动示范店”“AAA级资信企业”“镇江市光彩之星”“江苏省光彩之星”“江苏省青年文明号”等数十个荣誉称号。张小祥总经理先后任句容市政协第七、八届委员、句容市工商联副主席、句容私营经济协会副会长、句容市酒业商会会长、镇江市酒类协会副会长、江苏省酒类流通协会副秘书长。

公司招商热线：0511-85179799　13812367999

公司地址：江苏省句容市华阳镇东门桥东50米

◎凤鸣酒业全景

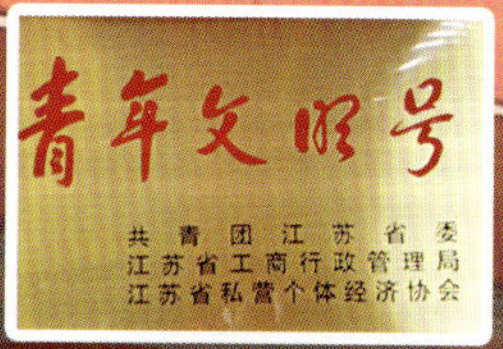

句容曙光国际大酒店
JuRong ShuGuang International Hotel

句容曙光国际大酒店是曙光旅业集团旗下一家按四星级标准建造的旅游商务酒店，隶属于中国曙光控股集团，总建筑面积4.2万平方米，总投资2亿多元，是句容市的标志性建筑。酒店主楼高21层，裙楼为4层，拥有总统套房、行政套房、标准间等各类客房226间（套）；餐饮、会议设施设备齐全，拥有功能齐全的大型宴会厅、中小餐厅、别具风格的雅间，康乐设施一应俱全，庭内配有网球场、游泳池等高档设施，是集餐饮住宿、娱乐休闲、商务会议为一体的现代化商务旅游酒店。

地　　址：江苏省句容市文昌东路2号

邮　　编：212400

总机号码：（0511）85099999

传真号码：（0511）85975555

曙光大酒店提供图片

镇江市华艺礼品公司

真情真意　尽在华艺

◎总经理 宜建新

镇江市华艺礼品公司是镇江大型专业礼品批发公司，有上千种商品，是多个国内知名品牌礼品的镇江总代理一级经销商，是企事业单位庆典、促销、会议的好帮手。

地址：镇江市电力路49号5楼（国税局旁）
电话：0511-85019929　15162975253
传真：0511-85088929
邮箱：huayilipin6789@163.com
网址：www.huayilipin.cn

◎厨房用品

◎陶瓷制品

◎小家电

◎床上用品

◎个性化定制礼品

丰泰龙山庄园

FENGTAI LONGSHAN MANOR

镇江丰泰房地产开发有限公司现有中高级职称2人、中级职称30人、初级职称20人，下设多个机构，聚集多方面技术人才，是一个凝聚力较强团队。先后开发和参与开发多个大型项目，如泗洪“现代名称”占地13公顷，淮安“东方康桥”占地10公顷，泗阳“环球机电名城”占地13公顷，以上开发项目从规划、设计到施工均受到社会好评。公司现在开发的镇江“龙山庄园”项目占地10公顷，位于丹徒新区千禧路168号，小区规划建筑面积12.5万平方米，绿化率35%。小区建筑主要以花园洋房为主，另有多层、跃层、联排、小高层及高层等多种户型，造型新颖、风格独特，景观优雅，欢迎社会各界人士光临指导。

万科
让建筑赞美生命
创业之星
镇江
万科魅力之城
魅力之城，镇江万科首席力作。尽享南徐新城中心区域的繁华前景，与南山国家森林公园遥相呼应，珍藏千年人文、绿意。
以亲地多层为主，小高层、联排等多种产品类型共同打造出的魅力之城大型人文社区，围绕交通、医疗、商业、教育、金融、休闲六大主题完美复制都市成熟生活氛围，伴随2008年镇江实验学校魅力之城分校开学，便利店、洗车场、餐饮店、蔬菜店等开始营业，便捷社区生活正式启动。
国内首屈一指的万科物业，秉持“全心全意全为您”的服务宗旨，集合17年专业服务经验，为魅力之城业主提供：“温馨夕阳红”“贴身秘书”“30分钟快速反应维修”“网格式安全管理模式”等9大贴心服务，全面展现万科物业的人文关怀，创造高尚生活体验。
镇江万科魅力之城，尊享值得骄傲一生的万科品质生活。
魅力之城
A Glamorous City
销售中心地址：檀山路10号
销售中心电话：0511-85611111
光荣之路
● 2008～2009年度消费者信得过楼盘
● 镇江市2007—2008年度房地产行业诚信单位
● 2007年度“江苏优秀住宅”
●《福布斯》“亚洲企业50强”
● 2008最具网络创新公益实践
● 2008中国房地产行业领导品牌
● 2008年中国蓝筹地产企业
● 集团董事会主席王石获得“中国改革开放30年30名杰出人物”和“中国改革开放30年30名经济人物”两项殊荣
● 集团董事会主席王石当选“30年30人：改革开放三十周年风云人物”